南　利明

ナチズムは夢か

ヨーロッパ近代の物語

keiso shobo

はしがき

　第二次世界大戦後、西ドイツを中心に、「自然法のルネサンス」と呼ばれる現象が出来する。たとえば、ラートブルフ。ナチスによる政権掌握の一年前、『法哲学』第三版に、価値相対主義の立場に立って、「何が正しいかを何人も確認できないとすれば、何人かが何が法であるべきかを確定しなければならない。……法を貫徹しうる者は、そのことによって、法を制定するべく召命されていることを証明しているのである(1)」と書いた彼が、ナチス崩壊後、「あらゆる法的規則よりも強力で、それに反する法律が法たる資格を欠くような、自然法または理性法と呼ばれる法の諸原則が存在する(2)」と主張し、「制定法の不法」に「制定法を超える法」を対置させた(3)ことは、法観念の転回を象徴する出来事であった。

　自然法論が、ジェノサイドに至り着いたナチスによる不法支配の原因を、法と法律を同一視し、「法律は法律だ」と唱える法実証主義に求めたのに対し、当の法実証主義は、逆に、不法支配は、全権授与法や断種法、人種法律、安楽死命令等がそうであるように、ワイマール憲法の基本原理や理念の否定により惹起されたものであり、民族の生存法則を梃子にした実定法秩序の破壊にこそ原因があると反論する。

　自然法か法実証主義か、いずれの立場に与するにせよ、これは、単に「法とは何か」といった形而上学的な問題関心にとどまらない、それを超えた、「ナチスの不正な法の支配の再来をいかに防止するか」という実践的な問題意識により支えられ導かれた論争であった。当時、論争が、当のドイツだけではなく、アメリカ、イギリス、フランス、イタリア、スペイン、さらには、日本、韓国等においても多くの関心を呼び、法学者のみならず、哲学者や倫理学者、神学者等も参加し、自然法論、法実証主義の陣営にわかれ、それぞれの立場から活発な議論が展開された背景に、ナチスの不法支配が投げ掛けた問題が、ドイツに限られたものでも、法律学に限られたものでもなく、現代国家に共通する普遍的な問題であるとの認識が存在していたと見て間違いない。

　もっとも、一九四九年の『ドイツ連邦共和国基本法』の制定に代表される実定法秩序の回復といった現象により、やがて法学者等の関心は急速に後退し、一九六〇年代に入って論争の「棚卸し」(4)が行われることにもなるのであるが、筆者は、論争を主導したラートブルフ等の問題意識のもつ重要性と緊要性は3／4世紀近くを経た今日においてもなお失われてはいないと考えるものである。それは、今日、個人主義を基盤に自由と民主主義を標榜しながら、国家権力がひたすら巨大化の道を歩み、国民統治の方法がますます巧妙化する状況を目の前にして、不法支配の原因を何に求めるかはともかく、近代の市民国家が長年にわたりその実現を目指してきた、個人の尊厳、自由、平等、平和、法の支配、立憲主義、民主主義等のラートブルフ言うところの「ことさらにする懐疑のみがその存在を疑いうる」(5)基本的価値や原理を護るべく、国家権力の恣意的支配、さらには、暴走に歯止めをかけ、批判的視座を確立することの重要性はいささかも減じられていないと思料されるからである。

その際、「法とは何か」といった問題設定が何の解決策にもならないことは、「自然法か法実証主義か」の対立図式そのものが、法秩序の回復によりほとんど意味をなさないものとなり、法学者等の関心を後退させる一因となったことを考えるならば容易に納得がいく。肝心なことは、ラートブルフ等が取り組み、後の世代に託した課題に真に応えるためには、先の図式をいったん解体し、「法とは何か」といった問題に先駆けて、何よりも先ずナチスの不法支配の実体を明らかにすることではなかったか。「悪魔を片づけてしまおうとするならば、悪魔の力と限界を知るために、先ずその手口を底の底まで見抜いておく必要がある」ということは、ここにおいても何ら変わりはない。そして、この問題に関して筆者が到達した一つの結論は、われわれが悪魔の手口を理解し、承知するには、ナチスの不法支配の実体、とりわけ、それを生み出し、その中核となったところの、当時一般に「指導者体制」の名で呼ばれたナチス第三ライヒの「憲法体制」の構造と本質の解明を抜きにしては不可能ではないかというものであった。

前著の『ナチス・ドイツの社会と国家——民族共同体の形成と展開』(1998, 勁草書房)は、そのための予備的研究として、副題にもあるように、憲法体制と不可分な「民族共同体」の在り様の分析を目的とするものであった。本書は、これを受け、「憲法体制」そのものをテーマとする。しかし、前著の出版から二〇年近く、この間、悪魔の手口を明らかにするには、憲法体制の解明だけでは不十分ではないか、第三ライヒをヨーロッパ近代の歴史に測鉛し、その本質を剔抉することが必要不可欠ではないか、との問題認識に至った次第である。

その結果は筆者にとって思いもかけないものであった。ナチズムは、巷間言われるような「ドイツに固有の出来事」でも「歴史上唯一無比の出来事」でもなく、人間を神に代わって世界の所有者にして支配者にせんとする、ルネサンスの時代にはじめてその姿をあらわし、以後ヨーロッパ近代が数百年にわたって追い求めた――その結果がどれほど悲劇的であろうと――「夢」の実現であり、近代に固有の、これからも繰り返されうるであろうごくありふれた結末ではなかったかという、このことであった。本書が、「第Ⅰ部　夢のはじまり」、「第Ⅱ部　夢の展開」、「結語　夢の結末」で構成される所以である。

「歴史は繰り返す」という。「一度目は悲劇として、二度目は喜劇として。」むろん、そっくりそのままの繰り返しなどありえない話ではある。姿を変えて、しかし、本質はさほど変わることなく、多くの場合、それと気付かないように繰り返されるのが常ではなかろうか。悪魔もまた歴史に学ぶこと、間違いなく、悪魔の手口もまたより巧妙化されること、必定である。今日のわれわれが、悪魔の掌にあって、それと気付かないうちに、既に、悲劇、いや、喜劇の主人公、あるいは、その助演者を演じていない保障はどこにもない。そうならないためには、いかなる歴史認識が必要か、いかなる批判的視座の確立が必要か。

未来を思い描くことは、人間にのみ許された特権である。過去を省みることもまた同様である。しかし、それは、権利であるだけでなく、同時に、人間に課せられた責務でもあることを忘れないでおこう。「過去に眼を閉ざす者は、現在も見えなくなる」――そうヴァイツゼッカー大統領がドイツ連邦議会において語ったのは今から三〇年余前、ナチス崩壊から四〇年後の一九八五年五月八日のことであった。いつの時代であれ、未来を語ることは、ただ、過去に正対し、現在を測鉛することによりはじめて可能となる。本書がはたしてその手掛かりの一つとなりえたか、読者の判断を仰ぎたいと思う。

勁草書房編集部の関戸詳子氏には、困難な出版事情の中、本書の刊行にご尽力いただき、加えて、貴重な助言をいただいたこと、感謝申し上げたい。

二〇一六年一〇月

南　利明

目次

凡例等

1　注は、各章ごとに番号をつけ、巻末にまとめて掲載した。
2　図、図版、表は、全体で通し番号をつけ、文中に（図1）（図版1）（表1）等と表示した。
3　外国語文献の内、邦訳のあるものは、参照・利用させていただいた。ただし、一部を除き、地の文との整合性等の理由から、訳文は筆者によることをお断りしておく。そのため、注記にあたっては、初出の際にのみ、翻訳者名・書名・出版年を記載した。
4　引用文中にある〔　〕は、筆者が追加した部分を表わす。
5　“Reichsgesetzblatt. Teil I”からの引用については、一部を除き、煩雑を避けるため、出所を注記しなかった。法律・命令の公布・布告の年月日を明記したので、これを手繰れば、引用した箇所を当たることが可能である。
6　“Führer”の訳語については、今回も頭を悩ました。前著とは異なり、“führen”“Führung”“Gefolgschaft”との関係から、それぞれに、「指導」、「指導部」、「指導者」、「被指導者団」の訳語を当てることとした。
7　未公刊史料の利用と引用につき、Bundesarchiv Koblenz及びZentralles Staatsarchiv der DDRの便宜と許可を得た。ここに記して感謝を申し上げる。

序　「ジェノサイドは近代的権力の夢であった」のか？

「あます所なく啓蒙された地表は勝ち誇った凶徴に輝いている。」[1]――故国を追われたホルクハイマーとアドルノが、亡命の地において大戦最中に執筆し脱稿したとされる『啓蒙の弁証法』の冒頭にこのように書いたとき、ナチスが生み出した「一種の新しい野蛮状態」[2]はその頂点を迎えようとしていた。安楽死であれ、最終解決であれ、精神病者や精神薄弱者等を劣等な血を持つ者として、あるいは、ユダヤ人を異なる血を有する者として、ただそのことだけを理由に、生きるに値しない生命と位置づけ、根こそぎの抹殺を計画し実行したナチスの所業を前にして、彼らが、そこに「啓蒙の神話への逆行」[3]を見いだし、「未開」、「野蛮」、「非合理主義」[4]といった言葉を投げつけたとして、何の不思議もない。あるいは、文化人類学者である青木は、二一世紀の到来を目前に控えた頃、『異文化理解への12章』の中で、「二〇世紀は非常に合理的な時代だと一方で言われていますが、もう一方ではまったく理不尽な反合理性が猛威をふるった時代であり、そこには文化の違いによる殺し合いが大きな役割を果たしているのです」と語り、その代表例として「ナチスのユダヤ人排斥」を挙げていた。[5]

他者からの評価を待つまでもない。ナチズム運動が、ヨーロッパ近代の相貌と本質を決定づけたルネサンス、さらには、そこに淵源を有する啓蒙の思想世界、並びに、一九／二〇世紀の政治生活におけるその一切の帰結に対する明確な「対抗運動」[6]であったことは、運動の当事者がつとに明言していたとおりである。ローゼンベルクは、一九二一年にミュンヘンではじめて開催されたナチス党大会からおよそ一ケ月後、党機関紙である『フェルキッシャー・ベオバハター』において、「一七八九年はわれわれすべてにとってユダヤ人解放の年を意味する。それは、ヨーロッパ文化の中に不毛の精神が誕生した瞬間であった」[7]との歴史認識を明らかにしていたし、その九年後、一九三三年の政権掌握から数えてその三年前、G・シュトラッサーが編集する『ナチズム通信』に掲載された「ドイツ革命に関する一四のテーゼ」は、これから彼らが企てようとする革命は「フランス大革命の世界像を破壊する革命」[8]であると宣言、ゲッベルスも、政権掌握直後の一九三三年四月一日、ユダヤ人に対する最初の組織的迫害行為となった商店や医師等に対するボイコット運動の開始を報知するラジオ演説の中で次のように公言した。「この革命の意義は精神的な事柄にある。われわれの希望は、自由主義の世界観並びに個人人格の賛美を除去し、それらを共同体精神によって置き換えることにある。再び個人の利害というものを国家と国民の共同の利害に組み込み、従属させなければならない。かくして、一七八九年は歴史から抹殺されるのだ。」[9]ナチス革命とは、畢竟、ヒトラーが党の地方幹部であるラウシュニングを相手に語っていたとおり、「フランス大革命のちょうど正反対となる革命」[10]であった。

安楽死であれ、最終解決であれ、ナチス革命から生み出された人類にとって未聞の出来事は、こうした彼らの言に見合ったものであり、そこに淵源をもつものであったことがよく分かる。もっとも、彼らの言葉を引照するまでもなく、その者がただ精神病者「である」、ユダヤ人「である」ことだけを理由にガス室に送り込む安楽死や最終解決のもつ反啓蒙的性格につき、あれこれ多言は要しない。それが「個人の尊厳」を国家建設の礎石とした啓蒙の精神世界の全否定であることは、誰にとっても、説明するまでもない、自明のことであったにちがいないのだから。

しかし、はたして、ナチズム運動を当事者の言うがまま額面通り「反啓蒙」であるととらえてよいものか。あるいは、また、それがもつ理解不可能の故をもって、安楽死や最終解決を「反合理性」の表現であると言いきってよいものか。

この点に関し、ホルクハイマーとアドルノの立ち位置はいささか微妙なものがある。彼らは、「啓蒙的思想は、……ほかならぬその概念のうちに、すでに、今日至るところで生起しているあの退行への萌芽を含んでいる。……啓蒙が神話へと逆行していく原因は、ことさらに逆行することを目的として考え出された、国家主義的、異教的等々の近代的神話のもとに求められるべきではなく、啓蒙そのもののうちに求められなければならない」[11]と主張する。つまり、「あます所なく啓蒙された地表を覆う勝ち誇った凶徴」は、啓蒙の対抗運動ではなく、「啓蒙の止むことのない自己崩壊」[12]の結果であったというわけだ。

ホルクハイマーより一世代半、アドルノより一世代若く、大戦中に青年期を送り、東西冷戦時代に研究者としてのスタートを切ったフーコーにとっても、二〇世紀が「もっとも攻撃的で、もっとも征服的」な時代であったことに変わりはない。[13]彼は、その象徴的な出来事に、スターリニズムと並んでナチズムを挙げ、強制収容所、さらにはジェノサイドに行き着いた体制に「大きな病い」を見いだした。[14]しかし、フーコーは、「病い」の原因は、啓蒙の否定でも、啓蒙の自己崩壊でもなく、端的に、啓蒙そのものに求められるべきとする。ナチズムは、一見そう感じられたにせよ、ヨーロッパ世界と無縁な、反合理的な出来事といったものではなく、むしろ、それは、ヨーロッパ世界にあって「われわれのシステムに絶えず潜在していた本質的で構造的な何ものか」[15]であり、ヨーロッパ近代を特徴づける「理性主義」[16]に由来し、それによって養われたものであったというわけだ。「ジェノサイドはまさに近代的権力の夢であった」、そうフーコーは結論する。[17]

あるいは、ハイデガー。亡命を余儀なくされたホルクハイマーやアドルノとは対照的に、ナチスによる政権掌握から三ケ月足らずの四月二一日にフライブルク大学総長に選出され、五月一日に入党、同月二七日に『ドイツ大学の自己主張』なる総長就任演説を行った彼は、バリバリの協力者であったといえようが、一年後に「当て外れと腹立ちをいくつも嘗めたあげく」[18]総長職を辞任した後は、党の監視の目が光る中、学究生活に立ち戻り、フォアソクラティカー、アリストテレス、デカルト、カント、ヘーゲル、シェリング、ニーチェ等の読解を通して、夕の国の哲学の原初に立ち返り、今日に至るまでヨーロッパ世界を規定してきた形而上学の思索に沈潜する。[19]それは、「存在」の思索であると同時に、哲学を通したナチズムとの対決、批判ともいうべき思索であり[20]、その中に、ナチズムを夕の国の存在史の中に測鉛する言説もまた残されることになる。大戦最中の一九四三年、その一四年前に行われ同年に出版されたフライブルク大学教授就任講演である『形而上学とは何か』の第四版に付した「後語」の中で、近代的思惟の特徴を「存在者についての別様の表象と別様の制作により、一切の存在者が意思への意思――『力への意思』がその先行形式として姿をあらわしはじめている――によって刻印づけられるあの真理の根本動向の中へと放ち入れられてある」[21]こととらえた彼は、「後語」に先立つ一九三五年夏学期の講義『形而上学入門』において、ナチズムの運動がそうした近代的思惟の表現の一つであることに相違はなく、その中にヨーロッパ近代の形而上学を規定してきた「内的真理と巨大さ」を見ることができるとする。[22]こうした観念は、大戦後間もなくのブレーメンでの『ゲーシュテル』と題する講演における「今や農業は機械化された食糧産業となり、その本質において、ガス室や絶滅収容所における死体の製造と同じものである」[23]との、いささか直截的な、それ故に彼の思索から遠い人たちを驚かせ物議を醸す物言いに表現されることになるのであるが、結局、ハイデガーにとっても、事はフーコーと変わりなく、ナチズム運動は「地球的規模で規定された技術と近代的人間の邂逅」[24]以外の何物でもなかった。

フーコーにしろ、ハイデガーにしろ、いずれも俄には納得しがたいテーゼではある。国家が、或る人々を、あるいは、或る人間集団を、彼らが特定の疾病や障害・欠陥を有するという、あるいは、彼らが特定の集団に属するという、ただその「存在」だけをもって罪となし、社会から排除し、果ては大量殺害に至る出来事が、何故、近代的権力の夢であり、近代的人間と技術の出会いの結果であったのか。

われわれがアウシュヴィッツのガス室の起源を問うとき、その答は、青木がいうように理性の否定にあったのか、あるいは、ホルクハイマーとアドルノがいうように理性の自己崩壊にあったのか、あるいは、フーコーやハイデガーがいうように理性の発現にあったのか。そのいずれが正解かによって、当然、ジェノサイドの再来防止のために書かれるべき処方箋も異なるものとなる。もし原因が理性の否定にあるのであれば「理性の復権」であり、もし理性の自己崩壊であれば「理性の批判」ということになるであろう。しかし、もしフーコーやハイデガーの診断が正しかったなら、われわれはいかなる処方箋を書けばよいのか、途方に暮れるしかない。そのことが近代の理性主義の必然的所産であったという限り、理性の復権はむろんのこと、理性の批判もおそらくは何の役にも立たないであろうから。理性の外に理性を統御する何らかの力がはたして存在するのか、もしそうした力が存在するとして、それはいかなるものであるのか、理性といかなる関係をもつのか、もちうるのか、あるいは、いっそのこと、理性の存在そのものを否定すべきなのか、否定できるのか、想像することさえ困難である。

はたして、ジェノサイドは近代の夢であったのか反近代の夢であったのか。その起源は、理性の否定にあったのか、理性の自己崩壊にあったのか、理性の発現にあったのか。改めて、「近代とは何か」、「理性とは何か」が問われなければならない。その際、ルネサンスに始まって二一世紀の今日に至るまで、国家や政治の領域にとどまらず、芸術、文化、科学、技術、経済、さらには日常の生活に至るまで、さまざまな領域を通底するヨーロッパ近代なる現象を刻印し底礎づける「形而上学」を明らかにすることが肝要である。それこそが、強制収容所、ジェノサイドに行き着いたナチズムをヨーロッパ近代の歴史の中に測鉛し、その存在史的性格を明らかにする上で、必要にして十分な作業と考えるからである。そのことに成功したとき、われわれは、ナチスの不法支配をもたらした「悪魔」の正体が何であるかを確認し、たとえそれを完全に退治するまでに至らなくとも、少なくとも、そのための処方箋を書く手掛かりぐらいは手にしうると期待してもよいのではなかろうか。

第Ⅰ部　夢のはじまり——ヨーロッパ近代の相貌と本質

第一章　科学的遠近法の誕生

1　絵画の革新

一　中世絵画の世界

「近代とは何か」を問うにあたって、先ず、一四／五世紀、アルプスの北と南、中でもイタリア、とりわけフィレンツェを中心に生み出された絵画の革新に目を向けよう。それは、フィレンツェが、単にイタリアにとどまらず、ヨーロッパにおける商業や産業、金融業の中心都市、国際都市として発展していく中で、ブルクハルトから「いくつかの偉大な事柄において、近代ヨーロッパ人全体の模範であり、最初の発現者である」(1)と評された都市であり、また、「いくつかの偉大な事柄」の中でも「絵画」が代表的な一つであったように、この時代、この地に出来した絵画の在り様の中に、近代の「端緒」ともなった出来事が見いだされると思料されるからである。

近代以前、絵画がキリスト教世界において占める位置について、トドロフは、グレゴリウスⅠ世（在位590–604）の「書かれたものが読む者に与えるもの、絵画はそれを文盲の者に提供する。絵画は文字を知らない者たちにとっての読書である」との言葉を引き、絵画は「宗教的観念の伝達」の道具としての役割を担ってきたとする。(2)画家たちもまたこうした使命の忠実な執行者たらんとしたのであり、たとえば、シエナの同業者組合が一三五五年に定めた規約の冒頭には、「神のみ恵みによって、われわれは、読む力のない無知の人々に、聖なる信仰の力をとおして、また、その力の中で達せられた不思議の事象を示すために、呼ばれたり」(3)との言葉が置かれていた。もっとも、事は無知の者に限られない。教養ある信者であれ、彼らに、イエスや聖母、聖人たちの物語、たとえば、受胎告知やキリストの誕生、エルサレム入城、最後の晩餐等々を生き生きと想起させ、信仰心を高めることも同様であったのであり、これらの働きにおいて、視覚に訴えかける絵画は言葉による表現以上に効果的な媒体であった。

絵画のこうした役割から明らかなことは、キリスト教世界にあって、絵画は、もっぱら、聖書の物語をモチーフとし、それを視覚化する「物語画」として存在しえたということである。そのため、個々の図像は、「諸観念の図解＝説明に、あるいは、キリスト教教義の証明」に仕えるべきものとされ、その結果、イエスや聖母、聖人はむろんのこと、動物や草木に至るまで、一切の図像が、言葉と同様に、前もって定められたコードにしたがって描かれ、読み解かれるべきメッセージとしての性格を帯びることとなった。たとえば、『受胎告知』の場面で決まって描かれる「白百合」が「マリアの純潔」を、『アダムとイヴ』に登場する「林檎の実」が「堕落」をそれぞれ象徴するように、図像は図像として意味があるのではなく、それらの価値は「図像が意味するもの、図像を超えたところにあるものから生み出された」のである。「見られるもの」ではなく「意味されるもの」、「可視的なもの」ではなく「可知的なもの」を表現する、そこに絵画の本質があった。(4)

中世絵画に固有の表現技法もまた、こうした絵画の本質と無関係ではなかった。先ず、人物や建物等の図像のパターン化した類型的描写が挙げられる。絵画が物語画であり、図像がメッセージとしての性格をもつ限り、コードを逸脱する表現の存在する余地はありえない。眼前にある人物や事物等をあるがままに描くことではなく、予め人々の心の裡に存する集合表象を絵画に投影することが画家の役割であった。(5) 彼らにとって、実際にモデルを使って描くことなど、思いも及ばないことであった。さらに、このことと関連して、バクサンドールは、「〔メッセージの受け手である信者は〕画家が自分の表現した物語や人物を押しつけることができるほど白紙の状態にあったわけではない」とする。教会は、『祈りの園』（1454）といった書物を通じて信者に対し、たとえば、「イエスの受難の物語」を心に焼き付け、その一挙一動をよりたやすく記憶するために、聖人等登場人物については「あなたのよく知っている人の姿を心に思い浮かべる」ことを、また、エルサレムのような街についても「あなたがよく知っている街を思い浮かべる」ことを勧めたのである。一人一人の信者が、聖書の物語を、それぞれ知人の姿、自分の街を借りてイメージする以上、画家は、すべての信者の心象に応えるためには、その具体的容貌・姿態についての証言が残されていると信じられていたイエスは別にして、マリアを含む人物や建物等を「あえて、ありふれた、個別的ではない、取り換え可能な」姿で描く必要があった。あるがままの個性的な表現はイメージの喚起、感情移入を妨げるものでしかなかった。(6)

次に指摘すべきは、中世絵画に固有の時間とシーンの表現である。物語が、一瞬の出来事ではなく、或る一定の時間の流れの中で生じる出来事を表現するものである以上、教会の壁面等の上に動きのない図像によりそれを表現するためには、一つの画面に明らかに異なる複数の「現在」を描くことが求められた。クロスビーは、中世の絵画に描かれた現在は、われわれがイメージする瞬間ではなく、プラグマティストのジェームズが提唱した現在の概念、「ナイフの刃というより、或る程度の幅をもった鞍」としての現在に近いという。さらに、画家たちは、「世界をもっとよく見るために、鞍から降りて周囲を歩き回った。もし、一度に二つ以上の視点から対象を観察することが重要な情報の伝達に役立つと思えば、彼らは躊躇うことなくそうした」のである。(7) われわれが中世絵画の中にしばしば見かける、複数の相互に独立した情景をバラバラに、場合によっては時間を重複して描いた作品は、こうした観念と技法、異時同図法による所産であった。

物語には、主役が存在し、それに見合った脇役が存在する。物語の中でのそれぞれの役割、位階を目に見える形で表現し、伝達する、もっとも簡単、有効な方法は、登場人物の大きさをその者の身分や格等の重要度に応じて表現することであった。イエスは、舞台の中央に位置するだけでは足りず、異様に大きな、バランスを欠いた姿で描かれ、他方、相対的に重要でない人物は、小さく、脇に追いやられてしまった。たとえば、キリスト降誕の場面におけるマリアとヨセフがそうである。あるがままの現実ではなく、「神学的現実」の描写こそが重要であった。(8)

最後が、空間の表現である。あるいは、正確には、空間の表現がなかった、というべきか。空間に代わって、あたかも空間がないかのように、本来空間があるべき場所には、元々それが内包する事物、たとえば人物や建物の集合体が描かれた。真空の存在を否定する中世人に相応しい表現法であったともいえようが、何故そうなのか。空間描写の欠落の由縁を、アンツェレフスキーは次のように解説する。「盛期中世の美術創造では人物像が中心に立っていた。人間を取り巻く現実世界は、それがキリストの救済の事蹟の状況を説明するのに不可欠である限りにおいてのみ意味をもちえた。壁画であれ、板絵であれ、写本装飾画であれ、ステンド・グラスであれ、形象表現は現実世界の写しではなく、その象徴であった。それ故に、表現は現実の空間の再現を大幅に放棄することができたのである。(9)」もっとも、彼らは空間を描かなかったのではなく、後に明らかにするように、そうすることが「できなかった」のではあるが。

二　新たな視覚の誕生

こうした中世絵画の世界からの転換が、一四／五世紀の時代、一般に「ルネサンス」と呼ばれる出来事の中で、また、それを象徴し、リードする出来事として生じたことは周知のとおりである。変化を表徴する絵画として、トドロフは、アルプスの以北、フランドルの地において誕生した『ベリー侯の豪華時禱書』を挙げる。ジャン善良王の第五子であり、フランス王シャルル五世の弟であるベリー侯ジャン（1340–1416）の依頼で、一五世紀初頭、おそらくは一四一一年頃、侯の宮廷絵師であるフランドルのポール・ド・ランブール（1385?–1416）と彼の二人の兄弟により制作が始まり、一四一六年に侯と三兄弟を襲った突然の死による中断を挟んで一五世紀末に完成したとされる[10]『時禱書』の中から、トドロフは冒頭のカレンダーに付された月歴図「一〇月」の彩飾画を取り上げ――むろん、他の月暦図でもよかったはずではあるが――、この中に、かつての中世絵画にはなかった、明らかにそれとは異なる世界を見ることができるとする。「穀物をついばむカササギたちは、何故この数なのか、何故この場にいるのか、何故案山子はこんな格好をしているのか、小舟に乗った男はどこへ向かっているのか、城壁の前を散歩する男たちは何を話し合っているのか。これらの疑問には、以前のような秩序だった答えはないが、それこそが重要なことなのである。風景のさまざまな断片は、それ自体のために観察され、表象される。それによって、世界の秩序が他の秩序に還元できないものであること、あるがままの姿で認識されるに値するものであることが証明されるのである。……ここで諸存在や諸事物が示されるとしたら、それは、それらの外にある何らかの意味を説明するためではなく、まさにそれら自身においてそこに存在しているためである。……絵画は、或る意味を伝達したり、あるべき態度を教授したりするものではもはやなく、目に見えるものを示すものとなった。つまり、絵画は視覚の芸術となったのである。[11]」

このような変化は王侯貴族の世界における特殊・例外的な出来事ではなかった。豪華さの点においてベリー侯の『時禱書』に比べるべくもなかったにせよ、同じ時期、アルプスを挟んで、フィレンツェの裕福な市民の間にも「何」を描くかについての変化が生まれていた。彼らは、教会の礼拝堂のためのフレスコ画や家庭用の祭壇画を工房に発注する一方で、婚礼家具であるカッソーネ（長持）、婚礼祝や誕生祝の贈り物のための板絵の制作にあたっては、旧来からの宗教的な図像にとどまらず、古典古代の神話や歴史、さらには、自分たちの貴族化した生活を象徴するピクニックや競馬といった世俗的な風景に題材を求めたのである。[12]

あるがままの現実に向けられた新たな視覚の登場は、この時期、聖像画についても大きな変化をもたらした。トドロフは、ベリー侯の依頼に基づき、先の『豪華時禱書』に先立って、ナルボンヌの祭壇飾布の画家（ジャン・ドルレアン？）やランブール兄弟、ヤン・ファン・エイクの手により一四〇八／〇九年頃に完成した[13]『ベリー公のいとも美しき時禱書[14]』から『キリスト降誕』と『東方三博士の礼拝』を取り上げ、ヨセフが、前者ではマリアと同じ大きさで、後者ではマリアと夫婦として描かれていることに注目する。あるいは、同時期の北方の画家コンラート・フォン・ゾーストの作品であるニーダーヴィルドゥンゲン教会の祭壇画を飾る『キリストの誕生』（1403）では、ヨセフは産褥の床で赤子を抱いて横たわるマリアの傍で火を吹きながらおかゆを煮ている姿で登場する。これらの図像にあっては、「ヨセフの服装、彼が手にしているもの、その振る舞いは、同時代の農夫やごく普通の男と何ら変わりはない。……いたるところで、彼は、単純で誰にでも理解できる身振りによって〔妻と赤子を〕守り、養い、世話をしている[15]。」同様の変化のより顕著な表現をロベール・カンパンの『受胎告知の祭壇画』（1424–1428）に見ることができる。ここでは、マリアが受胎告知を受ける部屋は当時のフランドルの中産階級の部屋そのものであり、マリアもまた、光輪もなく、告知にやってきた天使の存在に気づくこともなしに、ひとりソファーに座って静かに読書を楽しむごく普通の女性の姿で描かれている[16]。

こうした視覚の変化、とりわけ月歴図やカッソーネ等に表現された変化は、ルネサンス初期、ダンテ・アリギエーリ（1265–1321）やフランチェスコ・ペトラルカ（1304–1374）によってなされた「風景美の発見」と無関係ではなかったにちがいない。ブルクハルトは、イタリア人を「風景の姿を多かれ少なかれ美しいものとして知覚し享受した最初の近代人」であったとする[17]。そのことの故に、今日「登山の父」とも称されるペトラルカは、一三三六年四月二六日、「ただ、有名な高山の頂を見てみたいという願望にかられて」、弟とともに、アヴィニヨン近郊のヴァントゥウ山に登り、足下に雲が広がる頂上から、かつてハンニバルが越えたと伝えられる雪に覆われた峻厳なアルプスの峰々を望見し、広々と打ち開けた眺望を楽しんだ[18]。彼にとって、自然は、中世の人々にとってそうであったような悪霊の隠れ住む邪悪な不安に満ちた場などではなく、ただ、そこにあるがままの山や川、雲が織りなす「風景」として映じたのである[19]。大きな城を背景に、畑を耕し種を播く農民や案山子、カササギの群れといった田園風景をあるがままに描こうとしたランブール兄弟、あるいは、カッソーネ等にピクニックや競馬といった日常の風景を描くことを求めたフィレンツェの人びと、そして、山の頂からパノラマのように広がる遠い眺めを楽しもうとしたペトラルカ、彼らの間に、それまでの中世人にはなかった、世界への新たな眼差しの出来を見ることができる。

『時禱書』の月歴図等が今日いうところの「風景画」であったとするならば、同様の変化を表徴する絵画に「肖像画」

がある。オットー三世（在位 983–1002）の肖像画がそうであるような地位や身分の象徴的・類型的な表現ではなく、その者のあるがままの個性を描こうとする肖像画の起源は、ルネサンスの最初期、教会へ奉納する聖像画に描き込まれた寄進者の像に求められる。ジョット・ディ・ボンドーネ（1267?–1337）によって制作されたパドヴァのアレーナ（スクロヴェーニ）礼拝堂の『最後の審判』（1303–1305）。そこには、礼拝堂を寄進した銀行家であるエンリコ・スクロヴェーニの小さな肖像が、玉座に座る審判者イエスの足下、天国と地獄を分ける境界線から天国寄り、画面一番下に、肩に担いだ礼拝堂の模型を聖母に捧げる姿で描かれている。それは、あたかも、礼拝堂の寄進により、父が高利貸であったが故に本来自分も免れえないはずの地獄の業火から逃れることが許されるかのようにである。類型的ではなく、いかにも狡猾そうなとも見える個性豊かな表情で描かれたこの像をベッローシは「西洋絵画における最初の肖像画」であるとする[20]。もっとも、これが肖像画であることを認めるとして、いささか違和感があることもたしかである。礼拝堂建設の縁起を残すためといったところがせいぜいかもしれない。

壁画の片隅に群像の一人として慎ましく姿をあらわした寄進者は、やがて、一枚のタブローに独立した地位を獲得する。寄進が、壁画ではなく、写本や複数の板絵でもって構成される祭壇画の形で行われたことが変化の始まりであった。いずれの場合も、構成上、寄進者の姿は単独で一枚のタブローに描かれたのであり、これが露払いとなって、この後、「独立した肖像画」というジャンルが登場する。G・／P・フランカステルは、その最初の突然の出現として、一三五〇年頃の制作と推測される『聖者の紹介』の二枚折りの板絵を取り上げる。一枚目の板絵には、フランス・ヴァロワ朝ジャン二世（善良王）（在位 1350–1364）が祈りのために跪き、その背後で聖ドニが手振りで王を指している姿が、聖書や伝説をモチーフとしてではなく、「ありのままの日常」の姿で描かれている。この「自己自身を示すこと以外を目的としない表現形式」は、一〇年程後、善良王の横顔を写した作者不詳の肖像画に結実する[21]。「西欧においてもっとも古い独立した肖像画」とされる、この絵を描くにあたって、王は「あるがままの自分の姿、国王ではなく人間としての画像を欲した」のであり、彼は、王冠や勲章といった王の表徴を一切身に帯びることなく、「彼が生前こうであったろうと思われるよう」な、「傲慢さのまじった大胆さに、狡さを加味した道楽者」の姿をタブローに残している[22]。王の遺思はその後子や孫に受け継がれ、ベリー侯の肖像画のコレクションは一四一一年の火事で消失するものの、今日残る孫であるアンジュー・ルイ二世の肖像画（1415）の洗練された描写は、無骨な祖父のそれと比べ、半世紀余りの進化の大きさを実感させる。[23]

フランスから発した肖像画の流れは一四二〇／三〇年代にフィレンツェとフランドルに到達する。ジョルジュ・ヴァザーリ（1511–1574）の伝えるところによると、一四二二年四月一九日にサンタ・マリア・デル・カルミネ聖堂の奉献式が行われ、参列したマサッチョ（1401–1428）に祭典の様子を後世に伝える仕事が託された。修道院の回廊へと通じる扉の上の壁に、「手練の遠近法の技法」により、「まるで生きているかのごとく」に描かれた多くの市民の姿の中に、礼拝堂を寄進したアントーニオ・ブランカッチ――もっとも、この時点、彼はこの世の人ではなかったのではあるが――の他、メディチ家のジョヴァンニ・ディ・ビッチ、市の有力者であるニッコロ・ダ・ウッツァーノやバルトロメオ・ヴァローリ、画家や彫刻家であるブルネッレスキやドナッテロ、マソリーノ等の肖像が含まれ、後に板絵に描き直された彼らの肖像画はフィレンツェの貴族シモーネ・コルシの屋敷で見ることができたという。[24] 壁画は一六世紀末の修道院の改築工事により取り壊され、現在では部分的な素描模写が伝えられているだけであり、板絵についても、ほとんど残されていないものの、今日、唯一ボストンのガードナー美術館にある『若者の肖像』をマサッチョの作とすることについてほぼ異論はなく、この外套と頭巾を身に付けた横向きの胸像をアルベルティのものとする解釈も一部でなされている。[25] もしそのとおりだとすれば、ルネサンスの「万能人」[26] と謳われたアルベルティ一八歳の肖像画となる。

しかし、フィレンツェが「肖像画独自の美学を築き上げる」[27] には一五世紀の最後の三〇年を待たなければならなかったのに対し、肖像画芸術の一気の開花を経験したのは、フランドル／ネーデルラントの地においてであった。ロベール・カンパン（1375?–1444）、ヤン・ファン・エイク（1395?–1441）、ロヒール・ファン・デル・ウェイデン（1399?–1464）等の名が登場する。彼らは、イエスや聖母、聖人等に代わって、今現に生き暮らしている人びと、君主や聖職者、貴族、さらには、学者、芸術家、商人、職人等を、横顔だけでなく、3／4正面からのポーズを含め、それぞれの人物のすべてを一瞬の表情に切り取って、彼らの個性をあるがままに再現するべく描き始めた。[28] たとえば、カンパンの『ロベール・ド・マスミンの肖像』（1430?）、ファン・エイクの『赤いターバンの男』（1433）、『アルノルフィニ夫妻の肖像』（1434）、ウェイデンの『婦人の肖像』（1435／40）等がそうであり、この内、『赤いターバンの男』について、トドロフは、「そこに描かれているのが自画像だという証拠はどこにもない」ものの、「しかし、一連の推定から、この説得力ある仮説が導き出される」とし、これを「フランドル絵画の世界におけるはじめての自画像である」とする。[29] もっとも、たとえこれが自画像でなかったとしても、ファン・エイクは一年後『アルノルフィニ夫妻の肖像』の中にその姿をあらわすことになる。

三　空間表現への関心

風景画や肖像画は、絵画が、何かを象徴するものではなく、「目に見えるものを示すもの」へと変化したことのあらわれであったにせよ、絵画が完全な意味での視覚芸術となるためには、図像の意味作用の変化だけでは十分ではなかった。あれこれの人物や事物等が鑑賞者の眼差しに「まさにそれら自身においてそこに存在している」かのように映ずるためには、それに相応しい表現技法が求められ、生み出されねばならなかった。トドロフの言を借りていうならば、「目に見えるものだけではなく、ものの見え方」の変化が必要であった。[30] つまり、「何」を描くかと並んで、それを「如何」に描くかが問題であった。なるほど、フィレンツェにあってはいまだ物語画が「画家の至高究極の仕事」[31]であるとみなされていた時代にあって、「目に見えるもの」の革新に果たしたフランドル／ネーデルラントの画家たちの功績は大なるものがあったにせよ、また、そこには「驚くべき空間のイリュージョン」[32]を生み出す技法が既に見てとれるにせよ、「ものの見え方」の改革に取り組み、人物や事物を、類型的ではなく、「あるがままの姿」で描く技法の誕生と確立に決定的な役割を果たすことになったのは、イタリア、フィレンツェやシエナの画家たち、それも時期的にはフランドルの画家たちによる革新のずっと以前、一三／四世紀以降のこと、彼らの間で醸成されつつあった「新たな眼差し」の出来であった。

ドゥッチョ・ディ・ブオニンセーニャ（1255?–1319?）やジョット・ディ・ボンドーネ（1267?–1337）、そして、彼らの師であるジョヴァンニ・チマブーエ（?–1302）の名が挙げられる。自身も画家であり、後世に『画家・彫刻家・建築家列伝』（1550）を遺したヴァザーリが、ジョット、マサッチョ、ドナッテロ、ウッチェロ、フラ・アンジェリコ、レオナルド、ラファエロ、ミケランジェロ等フィレンツェを中心にルネサンス期に活躍した芸術家百数十名の生涯と作品を紹介した『列伝』の冒頭にチマブーエを置いたことは、絵画等の美術の世界におけるイタリア・ルネサンスの発端は彼にあるとの認識を宣言するものであった。その理由をヴァザーリは次のように解説する。「チマブーエは、構想を纏め、絵を描くことのやり方を最初に始めた人であるので、時間の流れを追うよりも様式の順序に従うことをでき得るかぎり努力しようとするこの『列伝』においても、彼が最初に位置することは、きわめて正当適切だからである。[33]」新たな様式とは、たとえば、「実際にモデルを使って描いた」こと、「ビザンティン風の強い輪郭線に対し、顔の表情や衣服、襞、その他の細部をいきいきと自然に柔らかく描いた」ことがそうであり[34]、チマブーエは「あるがままに」描き始めることにより「絵画革新の一番手」となったのである[35]。彼の後継者たちが、師の教えに忠実に、心の裡の表象ではなく、眼に映ずる「あるがままの自然」の描写を指導理念としたことは、チマブーエの孫弟子にあたるチェンニーノ・チェンニーニ（1360頃–1440頃）の「何故に師よりも絶えず自然に従って素描しなければならないか[36]」との言、あるいは、レオン・バッティスタ・アルベルティ（1404–1472）の「画家は自然からよく学びとることができるであろう[37]」との言に表現されている。時代が下って、レオナルド・ダ・ヴィンチ（1452–1519）もまた、ノートに、「絵画は自分の能力のなしうるかぎり自然を模倣する[38]」と書くことになるであろう。

しかし、フランカステルが「クワトロチェントの画家は一つの風景を前にして画架を立てるようなことはついぞなかった」と指摘したとおり[39]、「自然」を模倣せんとした彼らが向かった先は、今日のわれわれが想像するような自然風景ではなかった。そこに見られるのは、従来と何ら変わらない歴史画＝宗教画としての物語画、せいぜい人物画の世界であった。その点ではランブール兄弟等による『豪華時禱書』の方がはるかに自然的であったといえる。繰り返し語られ強調された「自然」、「自然の模倣」なる言葉は、何を描くかではなく、如何に描くか、つまりは、様式化され記号化されたビザンティン絵画からの解放のための戦略的なスローガンであった[40]。聖人等の人物描写に際して生身の人間をモデルとして使ったチマブーエがそうであるように、彼らにとっての「自然」とは「眼に映ずるがまま」の謂いであり、「自然の模倣」とは人物や事物を「あるがまま」に描くという画家としての態度表明であった。心の裡ではなく、眼に映ずる表象が問題であった。絵画が依然「宗教的観念伝達のための道具」であることに変わりはなかったにせよ、画家は、ゴンブリッチが指摘するように、「言葉代わりに絵を描く」ことを拒否し、それに代えて、「聖書の物語がまるでわれわれの眼の前で起こっているかのように」描き始めたのである[41]。

それでは、「あるがまま＝自然」の描写とはどのようなものであったのか。ジョットの初期の傑作とされるドミニコ会サンタ・クローチェ聖堂の『十字架上のキリスト』（1290頃）についてのヴォルフの解説が参考となる。「イエスの体は重苦しく垂れ下がり、血に染まった手が生気なくぶら下がっている。ジョットは解剖学的な『真実』を追求することにより、伝統的な優雅なプロポーションを変えたのである。体の長さは、もはや七頭身ではなく、六頭身にすぎない。そのため、体つきはよりずんぐりとしたものとなった。キリストの胸郭は体重の重みで撓み、一本の釘が重ねられた両足を貫通しうるように、膝は折り曲げられている。こうした一切が、かつての型どおりのキリストの華奢な体型や重さを感じさせない肉体の浮揚感からいかにかけ離れていることか。ジョットは、イタリア絵画の世界ではじめて、キリストをあるがままの人間として描写し、そこでは、拷問にかけられ死に行く生身の人間の苦しみが明白な現実感覚でとらえられている。(42)」

イエスや聖母、聖人等を「生き身の男女のように、動き、肉体を持ち、情感を発散する(43)」人間として描くこと、それが課題であった。何故アルベルティ(44)が人体の構図や動きの研究を画家の必須科目としたのか、何故レオナルドが、自然哲学、たとえば、力や運動、天文、光、空気、鳥の飛翔、とりわけ人体の解剖学に関する研究に没頭したのか、先のヴォルフの解説がその理由を明らかにしている。人物や事物をあるがままに描くためには、その前に、先ず、あるがままの状態を明らかにしなければならないこと、当然の理であった。画家は、画家である前に、自然の探求者であることを求められたのである。たとえば、アルベルティはいう。「注意すべきは肉体のすべての部位の均衡である。均衡は、〔各部位の〕大きさ、機能、性質、色彩、その他諸々の同様の事柄が一つの美に相応する場合にはじめて生まれる。もし、絵画の中で、頭が途方もなく大きく、胸が小さく、手が広く、足が膨れ、身体が浮腫んでいるとすれば、この構図は見るからに醜いことであろう。したがって、肉体の部位の大きさについて一定の法則に従うことが求められる。……自然が平均的な寸法を定めているのであり、それ故、それらを認識することは少なからず役に立つはずである。真摯な画家は自然を探求する労苦を厭わないであろう。(45)」建築家が、建物を設計し建設する際に、常に自然の法則を前提するように、画家もまた、自然の理法を前提に、それに即して構図を決め身体を描写するというわけだ。

しかしながら、人物であれ、事物であれ、それらがあたかもそこに存在しているかのように鑑賞者の目に映ずるためには、画面を構成する人物等の事象に係る自然の理法の解明だけでは十分ではなかった。何にもまして重要かつ必要なことは、三次元の空間及び人物・事物を二次元平面に的確に再現、再構成するための「科学的手法の開発」であった。(46)そのためには、中世絵画を規定してきた表現原理である、ものの描写に定位し、空間をそれが内包する人物や事物の集合体として描く表現原理そのものからの解放が実現されねばならなかった。中世末期、あるがままの自然を描くべく、それまで人物や事物へともっぱら向かっていた眼差しを宙吊りにし、「ものを取り囲む空間」の描写という新たな技法の開発に取り組み、「ものの見え方」の改革に立ち向かったのがドゥッチョであり、ジョットであった。

シエナ派の祖とされるドゥッチョの場合、初期の代表作であるサンタ・マリア・ノヴェッラ聖堂の『ルチェルライの聖母』(1285) がいまだものの描写の域を超えるものではなかったのに対し、もっともよく知られた晩年の作であるシエナ大聖堂の祭壇画『マイェスタ (荘厳の聖母)』(1308–1311) にあっては、そこに描かれた『最後の晩餐』や『カナの婚礼』、『マリアの死の告知』等に見られるように空間描写への志向をハッキリと確認することができる。[47] 同じ祭壇画の中の『キリストのエルサレム入城』についてのH・/A・ジャンソンの解説を聞いてみよう。「『キリストのエルサレム入城』は絵画の歴史の中でそれまで見たことのない何ものかを示している。彼の描く人物は、建築物によって創造され意味を与えられた空間に住んでいる。北方ゴシックの画家たちも建築的配置の再生を試みたが、完全な平面化によってのみそれをなしえたにすぎない。それに対し、ドゥッチョの世代のイタリアの画家たちは、ヘレニズム-ローマ期のイリュージョニズムの手法を十分に修得し、三次元的特質を損なわずにそのような枠組を描くことができた。『キリストのエルサレム入城』においては、建物は画面に空間を創出する機能をもっている」と。もっとも、そこには「ドゥッチョの遠近法の欠点がどうあれ」との留保が付けられていたのではあったが。[48] たしかに、ドゥッチョにあっては、後の遠近法がそうであるような、対応する左右の線の交点が画面の一点に集中する「消失点方式」はいまだ見られず、複数の交点が画面の中心線上に縦に並んであらわれる「消失軸方式」、「魚骨的構成」にとどまっていたことはパノフスキーや小山が指摘するところである。[49] さらに加えて、興味深いことは、『最後の晩餐』が、キリストを中心に彼を取り囲む使徒と背景の天井を魚骨的構成により描き、遠近法への接近を示しながら、下半を占める大きなテーブルの左右の端を平行に描いていることである。平行ではなく、当然、奥に向かって間隔が狭まる形でなければならない。ここには、遠近法の描写においてもっとも基本となる「単一の視点」の不在がはからずも露呈されている。[50]「ここで達成されているのは、さしあたり『部分平面』の遠近法的統一でしかなく、空間全体についてはもとよりのこと、平面の遠近法的統一化もいまだ果たされてはいない」とはパノフスキーの評である。[51]

空間描写への移行において決定的に重要な役割を果たすことになったのがフィレンツェのジョットである。ジョヴァンニ・ボッカッチョ (1313–1375) から、「無知な人々の目を楽しませるために絵を描いた一部の画家たちの誤りの下に何世紀にもわたり埋もれていた絵画という芸術を再び明るい場所に引き戻した」[52]と賞賛された彼の最初期の作品にアッシジのサン・フランチェスコ聖堂の上堂装飾がある。ベッローシは、この中から『イサクの祝福』(1295)と『エサウを拒否するイサク』(1295)を取り上げ、これらの作品には、その後、当のイタリアは無論のこと、フランドルのファン・エイクにまで連なる新しい空間描写の端緒を見ることができるとする。「これらのフレスコ画では、繊細かつ合理的に分節化された構造物の配置によって明確に限定された一つの空間が作り出されている。たとえば、その下にあるベッドとはっきり区別された薄い黄土色のシーツ、画面の手前と向こうで少し引かれたカーテンとそれを吊るす水平の棒、短縮法で描かれた斜めに開いた扉のある側壁、画面手前の明るい色の円柱、背後にある暗い壁に開いた小さな窓、背後から彼を支える召使いの顔の一部を覆い隠すイサクの光輪がそうである。このように構成された空間は奥行きのない非常に浅いものではあるが、画面を構成する各要素は緊密に連携しあって、相互の位置関係をはっきりと把握可能なものとしている。……こうした首尾一貫した空間概念は、疑いもなく、明らかにひとつの発見であり、その後の西洋絵画にとって計り知れないほどの価値をもつ革新であった。アッシジのフレスコ画に見られる明確な方法をもって構築された空間は、ただちに、そして広汎に喝采をもって迎えられた。最初はイタリアで、その後、とりわけ、一四世紀後半以降、イタリア以外の国においても。」

さらに、ベッローシは、「二次元の絵画平面に三次元の空間を幻想的に再構築しようというアイデア」が有した意義は、単に「絵画の新しい描き方」に止まるものではなかったとする。大事なことは「人間の感覚が知覚する現実世界に再び重要性が付与」されたことにあり、こうした感覚は、「超越的な彼岸の世界をほんとうの現実であると見なしていた中世では失われていた」ものであった。[53]

一〇年近く後、ジョットは「真に画期をなす」[54]更なる飛躍を遂げる。先に紹介したパドヴァのアレーナ(スクロヴェーニ)礼拝堂のために描いたイエスの生涯と受難の一連の作品がそうである。円熟期の代表作とされるこれらの壁画(1303–1305)[55]には、いまだ完璧とはいえないものの、「ほぼ」と評される遠近法による空間描写を見ることができる。小山はこれらを解説して次のようにいう。「『マリア伝』、『キリスト伝』の中に描かれたさまざまな建物の描き方は、一部を除いてほとんどが線遠近法的視覚である。室内を描いたものが四図あるが、それらの空間はルネサンスの諸作と変わらない。……中でも、線遠近法的にみてもっともすぐれていると思われるのは『金門の出会い』である。……門の両側に立つ塔の幅は、明らかに左側のほうが広く、その点は正確とはいえないが、この図を分析してみると、ほとんど正確に左右に二つの交点ができる。しかも、二点を結ぶ地平線は水平である。」[56]

ヴァザーリが「自然を師とし、自然をよく模倣せんとした」と指摘した[57]ジョットの急進的な構図は、彼を「当代随一の画家」と呼んだペトラルカからも、「画像が枠からはみ出し、人物の表情は今にもその声が聞こえてきそうなほど生々しい。こうした様式は危険である」と評されたほどであった[58]。あるいは、ボッカッチョの言。「〔ジョットは〕石筆や鵞筆や刷毛を使って、自然が生み出し支配する一切のものを、本物そっくりというのではなく、むしろ、本物と思われるほどに、寸分違わず描きました。そのため、彼が描いたものは人々の視覚をしばしば欺き、単に描かれたものでしかないものが本物のように思われたのです[59]。」ヴァザーリもまた、サン・フランチェスコ教会の壁面を飾る『泉の奇蹟』（1295–1300頃）に登場する地面に伏して泉の水を飲む農夫の姿を取り上げ、「生き身の人間が水を飲んでいるのではないかとさえ思われるほどである」と驚嘆の声を上げている[60]。今に伝わるジョットをめぐる逸話もこうした技巧の冴えから生まれたものであったとすれば納得がいく。彼がチマブーエのもとに寄宿していた少年時代、外出先から帰宅して仕事を続けようとした師が、タブローの人物の鼻先に止まった蠅を追おうと一度ならず手で払ったところ、それは師の留守中にジョットがいたずら半分に書き加えたものであったという[61]。おそらくはヴァザーリの想像力の所産であったのであろうが、ジョットにこそ相応しい、さもありなんと思われるエピソードではある。

ドヴォルシャックは、ジョットが実現した中世美術からの最大の革新を「構図上の原理」にあるとし、それを、おそらくは相互に関係し合う、以下の三点にまとめている。描く画家と描かれる対象の関係の客観化であり、人物の三次元空間への定着であり、人物・事物の自然な相互関連の描写である。ここには、もはや、中世絵画に特有の、抽象的理念にしたがって表現の諸要素を自由に構成し、関連づけ、人物を大地から切り離して空間に浮遊させる観念的な表現は見られない。かくして、ジョットは、「それまで等閑視されてきた遠近法的空間構成」を画家の取り組むべき課題として打ち立て、「新たな発展」の礎石を置いたのである[62]。

2　遠近法の科学的基礎づけ

一　プトレマイオスの『地理学』の到来

ジョットが、経験的に、いわば芸術家に固有の本能を頼りにして取り組んだ遠近法による空間描写は、一三四八年の猖獗を極めた黒死病の影響もあったのであろう、百年余の停滞の時を迎えるが、やがて、「隔世遺伝」的に[63]、一五世紀、フィレンツェの地において、フィリッポ・ブルネッレスキ（1377–1446）やアルベルティ（1404–1472）の手によって再生し、明確な絵画の技法として数学的に理論化され確立するに至った。「科学的」遠近法の誕生である。

「遠近法」という言葉に対応するイタリア語の prospettiva、英語の perspective がラテン語の perspectiva（光学）に由来することからもうかがえるように、遠近法の源流ははるか古典古代にまで遡りうるものであった。下村寅太郎によれば、遠近法は「数学的法則そのものとしては、すでに古代において、特にユークリッドの光学において完成されていた」のであり、「アラビアの学者を通じて西欧に伝えられ、一三世紀ではベッカムによって、一四世紀ではヴィテロによって摘要書に編纂され、……一五世紀ではすでに周知のもの」であった。しかし、それはあくまで「純粋に幾何学的な概念としてであり、「一つの公理（①視覚は対象と目とを直線的に結合する光線によって成立する　②この視線相互の状態はその視線にそれぞれ対応する視覚像における対象の各点の状態を規定する）から純粋に数学的に展開されるもの」にとどまっていた。元来、ものの見え方に関する学問でしかなかった perspectiva を絵画に応用するという、それまで誰も思いつかなかった発想により、視覚現象に正しく適合する平面像作成の技法の開発と理論的基礎付けに取り組んだのが、ブルネッレスキであり、アルベルティであり、クワトロチェントの画家たちであった。[64]

彼らがユークリッドの光学に関心をもつきっかけは何であったのか。クロスビーによれば、それは、一五世紀のはじめ頃、「プトレマイオスがその一三〇〇年ほど前に著した『地理学』の写本がフィレンツェに到来した」ことにある。「プトレマイオスは、この書物の中で、光の運動と人間の知覚に関するユークリッドの理論に基づいて、（緯度と経度の）碁盤目により曲面（地球の表面）を平面（地図）上に幾何学的な厳密さでもって描くためのルールを提示していた。これらのルールに真っ先に反応したのは、まちがいなく、地図製作者ではなく、画家のグループであった。[65]」ちなみに、山本は、写本の到来を一四〇九年のこととし、イタリア人の手によりギリシア語からラテン語に翻訳された『地理学』は、当初は地図なしで、のちには地図をともなって、手稿の形で流布したことを紹介する。[66]

もっとも、一五世紀初頭、やがて「遠近法」の名で呼ばれることになる絵画をめぐる視覚形式の変化が生じたのはイタリアだけではない。ほぼ同時期にアルプスを挟んだフランドル等の北方の地においても同様の変化の出来を見ることができる。イタリアにおける遠近法の登場を隔世遺伝と呼んだパノフスキーは、北方におけるそれを「異花受精」に譬えているように、[67]そこには相互的な影響が当然存在したのであろうが、あえて時間的な流れをいえば、ドゥッチョやジョットの投企に始まり、その後の長い断絶の時を経て、ブルネッレスキの実験、その数年後にファン・エイク兄弟、さらに、五ないし十年後にマサッチョが登場する。こうした時間的な先後の関係がどの程度確かであるか、意味をもつかはともかく、それよりも、われわれの興味をひくことは、「当初は新しい空間感覚で類似が認められるにせよ、原理の適用は北と南ではまったく異なっていた」とのクラークの指摘である。「北方では（常に特殊なケースであるデューラーを除いて）、遠近法は、その起源から一七世紀に至るまで経験的な問題に終止しつづけた。つまり、感覚的知覚の結果なのである。それは推量されたのであって、計量されたのではない。……ファン・エイク兄弟の遠近法は『判断』を扱ったのであって、『確証』を扱ったのではない。視覚の新たな様式の理論的・数学的な基礎づけはブルネッレスキによりはじめて行われた。」(68) アンツェレフスキーの指摘も参考になる。彼もまた、アルプス以北の世界では、「人物と空間の問題は、何よりも光と色とが支配する視覚的知覚の側から扱われた」のに対し、イタリアの画家の特徴は、「眼前の空間の視覚印象を正確に再現するために、彼らが prospetiva と呼ぶ幾何学的な体系を発展させた」ことにあったとする。(69)

二　ブルネッレスキの実験

何故、ブルネッレスキ等イタリアの画家たちは「感覚的知覚」で満足しなかったのか、できなかったのか。両者を分けたものは何であったのか。クラークは、ブルネッレスキ等が遠近法を発見するに至った背景として、数学者ルカ・パチョーリ（1445–1517）に代表される「数学的基礎に立った構想に対するフィレンツェ人特有の素質」があったことを挙げる。こうした素質の存在は、一二世紀から一三世紀はじめにかけてトスカナ地方の建築装飾にあらわれる幾何学的デザインへの志向、あるいは、計算盤の使用により日常的に数の世界と慣れ親しんできたフィレンツェの商人たちの思考法に徴候的に認められるのであり、副次的とはいえ、そうしたものから生み出されたものであった、と。(70) この問題については後ほど戻るとして、それでは、「視覚の新たな様式の理論的・数学的な基礎づけ」を行ったとされるブルネッレスキの「実験」とはいかなるものであったのか、次にそれを見てみよう。

ブルネッレスキ——金細工師にして彫刻家、建築家、数学者等として活躍、中でも、サンタ・マリア・デル・フィオーレ大聖堂のクーポラを設計・制作指揮をしたことで知られる典型的なルネサンスの万能人であった彼は、弟子であるアントニオ・マネッティ（1423–1497）の残した『ブルネッレスキ伝』によると、或る日、大聖堂の中央扉の中、入口から三ブラッチョ（一ブラッチョ＝約五八㎝）くらいの場所に立ち、そこから、大聖堂に正対して建つサン・ジョヴァンニ洗礼堂を半ブラッチョ四方の板に描き、空の部分に銀箔を貼り、その後、この絵の中に一つの穴を開けたという。穴の位置は、大聖堂の中央扉の内側、つまり彼が立ったその場所から真っ直ぐに洗礼堂を見た視線に当たる所にあり、穴は、絵の表側ではレンズ豆のように小さく、裏側ではピラミッド状に抉られ、丸い一ドゥカータ貨幣ほどの大きさに広げられていた。人が、洗礼堂に「距離」をとって「正対」し、この板を裏返して片方の手で持ち、裏側に開けた穴に眼を押し当て、もう一方の前に伸ばした手に四角い鏡を板に向き合うように持ち、鏡に絵を反射させながら、絵と鏡の距離を適宜に測り、穴から鏡を覗き見たとき、鏡に写った洗礼堂の絵が周囲の空や広場等に溶け込んで、マネッティが実際手に取って確かめたところ、全体が「まったく本当に見ているように思われた」という。[71]同様の実験を、ブルネッレスキは大聖堂から少し離れたシニョーリ広場においても行っている。「彼は、広場にある物と周囲の物を、広場の外に立ったときに見える限りに描いたのである。……その位置からは、シニョーリ館の西向きと北向きのファサードを全部眺めることが可能であった。表現された一切の事物に向かう視線がその一点に集中している様を眺めるのは驚嘆すべきことである。」この時、シニョーリ広場の狭さも影響してか、ブルネッレスキは、先の実験とは異なり、板絵の中に「視点の穴」を開けず、「見る人の任意に任せ」、また、空の部分に銀箔を貼る代わりに、「絵の軸線を建物の上部の輪郭線に沿って切る」だけで済ませたとされる。[72]

これらの実験は当時大評判を博したと伝えられるが、ブルネッレスキは、このような奇妙な方法で、おそらく、後に画家たちが線遠近法と呼ぶことになる技法にとって決定的に重要となる一歩――それは、また、後から見れば、ヨーロッパ近代の形而上学の扉を開く一歩でもあったのだが（第Ⅰ部第四章3参照）――を踏み出したと解される。一つは、対象から「距離」をとりそれに正対し、空間の或る一点に固定した眼から対象に照射される光線の束＝ユークリッドの視錐をその中間に一枚の平面を挿入することにより切断し、この表面に視覚像を「投影する」という仕掛けの考案であり[73]――それは、自覚的に世界を「像」としてとらえた最初の出来事でもあった（第Ⅰ部第四章4参照）――、今一つは、以上のことと関連して、画面に直交するすべての線が収斂する「消失点」の存在の確認であった。[74]

実験がいつ行われたか。『ブルネッレスキ伝』にも、アルベルティの『絵画論』[75]にも紹介がない。一四二〇年代頃とする説もあるが、おそらくは一四一〇年前後のことであったのであろう。もしそうだとすれば、プトレマイオスの『地理学』の写本の到来から間なしのこととなる。ブルネッレスキが実験的に明らかにした遠近法は、その後、ロレンツォ・ギベルティ（1381?–1455）、ドナッテロ（1386–1466）、フラ・アンジェリコ（1387–1455）、パオロ・ウッチェロ（1397–1475）、マサッチョ（1401–1428）、ピエロ・デラ・フランチェスカ（1412–1492）等に大きな影響を与え、彼らによって絵画の技法として開花し、「一四二〇年代の半ばにおいて、すでに画家たちのものであった」[76]とされる。中でも、フィレンツェ絵画の方向性を決定づけ、後に続く画家たちの模範とも克服の対象ともなったのが、ベレンソンが「ジョットの化身」[77]と呼んだマサッチョである。ブルネッレスキから秘密の技法として直接遠近法を伝授された彼は、二七歳で夭折、わずかにサン・ジョヴァンニ・ジョヴェナーレ三翼祭壇画（1423）やサンタ・マリア・ノヴェッラ聖堂の『聖三位一体』(1426–28)、マソリーノ・ダ・パニカーレ（1383–1447）と共同制作したサンタ・マリア・デル・カルミネ聖堂のブランカッチ礼拝堂の『貢ぎの銭』、『改宗者の洗礼』、『己の影で病を治す聖ペテロ』（1424–1427/8）等の限られた作品を遺したにすぎない。その彼の作品について、H・／A・ジャンソンは、「ブルネッレスキの科学的遠近法の完全な理解を示す」ものであり、「歴史上はじめて、描かれた内部空間の奥行を測り、その平面図を描き、建物を三次元に再生するために必要なデータのすべてを私たちに与える『合理的な』絵画空間の最初の例」であったとする[78]。ヴァザーリの『芸術家列伝』は、その成果のほどを、「マサッチョ以前のものはいわばあくまでも描かれた絵であり、マサッチョの作品はまさしく生きていて、真実そのもの、自然そのものである」との言葉に表現している[79]。

三　アルベルティの『絵画論』

ジョットが経験的に開始し、ブルネッレスキが実験的に基礎付け、マサッチョが絵画の技法として確立した遠近法を「絵画についての完全な技術と知識」[80]と評し、『絵画論』(1435）の中でこれに数学的な根拠づけを与えたのがアルベルティである。「対象を見えるがままに」描くという、「これまで誰も論じたことのない問題」[81]をテーマとしたこの著作により、また、それが写本の形で流布したことにより、それまでブルネッレスキを取り巻く小さなサークルの奥義にすぎなかった技法は広く画家や彫刻家の共有するところとなった。もっとも、アルベルティ自身には、このことが技法をめぐる厄介な議論を惹き起こすことになるのではとの懸念があったのかもしれない。翌年、『絵画論』をトスカナ語に書き直した際、ブルネッレスキに捧げられた献辞は次のような言葉で結ばれていた。「閑暇を見つけて、私のささやかな『絵画論』

を読んでくれると嬉しいのです。……それではどうか丁寧に私の本を読んでください。もし何か修正すべきことがあるようでしたら、直してください。私は、あら捜し屋にあれこれいわれないため、とりわけあなたの手で修正されることを希っている次第です。[82]」

アルベルティ——建築家、都市計画家、地図製作者、人文学者、自然哲学者、数学者等の多彩な顔をもちブルクハルトからルネサンスを代表する「万能の人間」と呼ばれた彼は、先ず、画家が或る距離をとって対峙する対象物の形態は、数学者がいうところの「視的光線」によってとらえられるとする。対象から距離をとり対象に正対し空間の一点に位置を定めた画家の眼と対象を最短距離で結ぶ「中心光線」を基準として、その両側に各々の角が他の角に等しい「外部光線」により面の輪郭と量、即ち、「上下の高さ、左右の広さ、遠近の奥行」が、そして、面の表面から眼に向かって発する「媒介光線」により色彩と光が構成される。[83]このとき、画家の眼に映ずる光景は、彼の「眼の奥」を先端とする「視的三角形」、いわば光のピラミッドとしてとらえられるのであり、[84]絵画とは、こうしたピラミッド、即ち、「与えられた距離と視点と光に応じて或る面上に線と色を以て人為的に表現されたピラミッド」の「截断面」にほかならない。[85]

以上の理論を基にして、アルベルティは、実際に「截断面をどのようにして作成するか」[86]、つまり、遠近法により絵を描く具体的な方法を教示する。彼の説明を聞こう。「はじめに、絵を描こうとする場所に、直角で構成された四角の枠を、自分が望む大きさで書き写す。この四角の枠は、それを通して、私がこれから描こうとするものを見るための開かれた窓とみなすことにしよう。次に、この絵の中に描こうとする人物の大きさを私の好み通りに決める。この人物の身長を三等分し、それぞれの部分を一ブラッチョ相当の長さとみなすことにする。それというのも、平均的な人間の身長はほぼ三ブラッチョであるからである。次に、四角形の底辺を、このブラッチョ〔相当の長さ〕を単位として、可能な限り分割する。四角形の底辺の長さは、私の眼の前に広がる舗道の私にもっとも近いところにある横幅に対応する。次に、四角形の中の私がもっともよいと思う所に一つの点を定める。これは、中心光線が貫通する場所であり、それ故、これを中心点と呼ぶ。この点の位置は、四角形の底辺を基準として、私が描く人物の身長を超えない高さにあれば、良しとする。このようにすれば、見る者〔画家〕と彼が描くもの〔モデル〕の両方が同じ一つの平面上に位置しているように見えるであろう。私が先に指示したところに置いた中心点から四角形の底辺に刻まれた各区分点に向けて直線を引く。**（図1）**これらの直線の役割は、〔この後、四角形の底辺に平行に引く〕横線の間隔が、無限の彼方〔消失点〕に向かって、それぞれどのように変化〔短縮〕するかを視覚的に示すことにある。……それぞれの横線の間隔をどのように逓減させてゆくかについては、次のような方法をとる。先ず、〔先の四角形とは別の場所に〕一つの小さなスペースをとり、そこに一本の直線〔横線〕を引き、さらに、この直線を、私が先に四角形の底辺を分割したのと同様の基準で分割する。次に、〔先の四角形の〕底辺から中心点までと同じ高さの〔任意の場所に〕一つの点を定め、〔そこから先に引いた横線と平行に直線を引き、また、その〕点から先に分割した直線〔横線〕上のそれぞれの区分点に向かって直線を引く。〔任意に定めた先の点が〕眼から絵までの距離を確定する。ここで、〔もっとも左に位置する区分点から〕数学者がいうところの垂線をすべての斜線を貫くように〔上に向かって〕引く。……この垂線がそれぞれの斜線と交わる点が連続する横線相互の間隔を決定する。(図2)〔こうして決定された間隔を元の四角形の左端に平行移動し、〕それらの点から〔底辺と〕平行にすべての線を引き、それらの線が〔先に中心点から四角形の底辺の各区分点に向かって引いた斜線と交差する〕ことにより、舗道の一つ一つの舗石が〔先に基準値とした〕一ブラッチョ相当の大きさでもって〔画面上では中心点に近づくほど小さく〕姿をあらわす。これらの平行線が正しく引かれたか否かは、絵の中に描かれたいくつもの四角形〔舗石〕の対角線〔の連なり〕が一直線を形成するかによって証明される。(図3)[87]」

図1

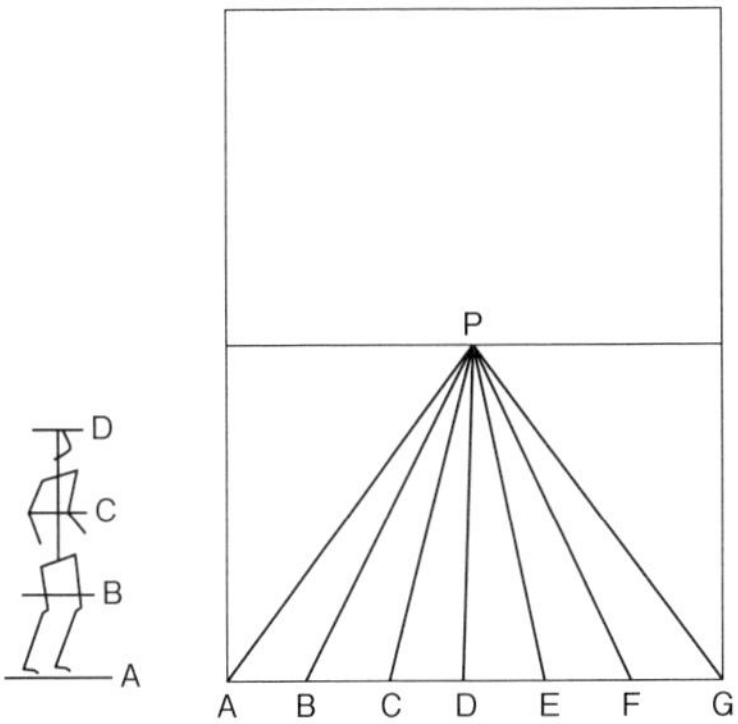

図2

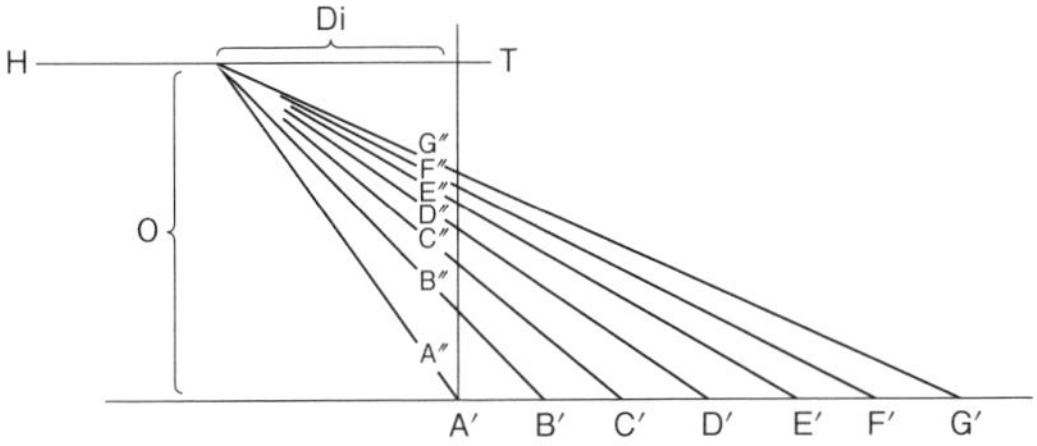

図3

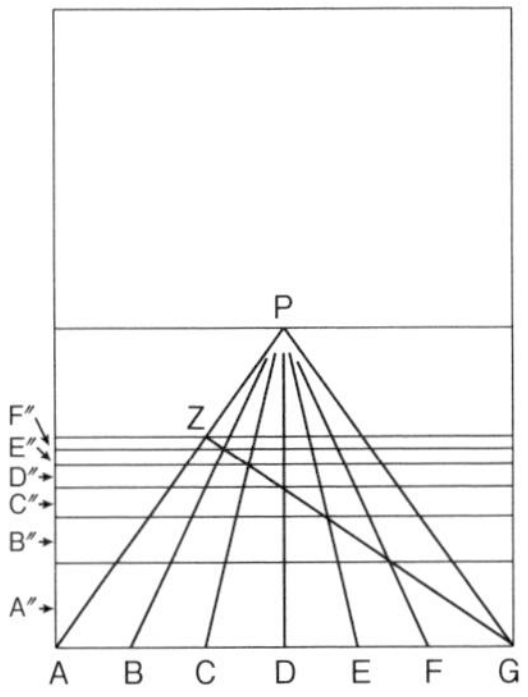

以上である。自然を師とし、自然をよく模倣せんとしたジョットの夢が、一〇〇年の時を経て、今ようやく科学的な裏付けをもって実現されるに至ったといえよう。もっとも、「絵画に対して繊細な理解力をもつ者にとって〔私の説く技法〕の理解は容易なことであろう[88]」とはいうものの、説明に省略が多く見られ、また、技法を言葉だけで説明する限界もあるのであろう、アルベルティが説く内容は難解であり、特に、中心点に向かって相互の間隔が逓減してゆく横線を引く方法は、彼の言葉を追っている限りでは、ほとんど理解不可能である。彼自身も限界を感じたのであろう。第二章において、改めて、次のように具象的な表現でもって技法の解説を試みている。

画家は、先ず、対象と距離をとり、空間の任意の一点に自らの眼を固定し、次に、眼と対象物との間に「薄い繊細に織られたヴェール」を置く。ヴェールを好みの色に染めてもよいし、糸の間隔を任意に設定することも可能である。このヴェールが、先に「四角のわく」とも「窓」とも呼ばれたものに相当し、ピラミッドの「截断面」を構成する。画家は、対象から距離をとり、固定した眼から、この薄いヴェールを透かして「光のピラミッド」をとらえ、人物であれ建物であれ、ヴェール越しにモデルを観察する。したがって、後に、アルブレヒト・デューラー（1471–1528）が遠近法を「透かして見ること（Durchsehung）＝透視図法」と言い換えた[89]ことは理由のないことではない。透視を行う際、ヴェールの縦線、横線を利用することにより、画家は、たとえば、人物の額をこの平行線の中に、鼻をあの平行線の中にというように、容易に「輪郭と面との限界を構成する」ことが可能となる。このようにして描かれた画像にあっては、画家の視点から発せられた奥行き方向のすべての線が、距離に比例して、面の輪郭と量の値を一定の比率で変化させながら、画面の一点、即ち、消失点に向かって収斂し、その結果、球状のもの、立体的なものが「浮き上がったように、モデルそっくりに見えることが期待される[90]。」

四　レオナルドの学＝絵画の確立への企図

レオナルドが画家にとっての「手綱」であり「舵」であると呼んだ[91]遠近法とは、畢竟、幾何学により構成された技法の謂いにほかならず、ヴェール越しにモデルと対峙する画家の眼差しは幾何学者のそれ以外の何物でもない。レオナルドが「遠近法のすべての問題は、五つの数学の用語——点、線、角、平面、立体——によって理解される[92]」というように、要は、幾何学の眼差しという、これまでとは「異なる眼」をもって、現実世界を幾何学的に見、構成する技法、そこに遠近法の本質がある。そう考えるならば、アルベルティが、画家を志す者が学ぶべき学問として、他の自由学芸を差し置いて、真っ先に「幾何学」を挙げたことも納得がいく。彼は、「私は古代の高潔な画家パンピロスの公理を好むものである」という。「パンピロスは、幾何学に深く通暁しない限り、いかなる画家もうまく描くことはできないと考えていた。完全で絶対的な絵画の術をすべて説明しようとするわれわれの指導は幾何学者によって容易に理解されるであろうが、幾何学の知識をもたぬ者には、われわれの画法だけでなく、他のどんな画法も理解できないであろう。(93)」あるいは、レオナルド。「何の理法もなく経験と眼の判断によって描く画家は、自分の前に置かれた一切のものを認識もせずにただそのまま自己のうちに写す鏡のごときもの(94)」にすぎないと語った彼は、さらに、いかにも彼ならではの言い回しにより、次のような言葉を付け加えた。即ち、「数学者でない者に私の仕事の原理は読めない(95)」と。われわれは、同様の観念を、やがて、「科学革命」を創始した一六／七世紀の自然哲学者たちの中に見いだすことになるはずである。(第I部第三章2参照)

このような遠近法の役割は、アルベルティにとって、単に絵画の新しい一つの技法といったものにとどまるものではなかった。それは、絵画の、そして、画家の在り様を革新する起爆剤としての役割を期待されてもいたのである。当時、絵画は、彫刻とともに、知識に根拠づけられ理論的基礎を有する自由学芸はむろんのこと、アンタルのいうところによれば、実践と技能に基づく機械技芸（織法、建築、航海、農耕、狩猟、医術、馬術）にさえ含まれなかったのであり(96)、画家もまた、ダンテやペトラルカから高く評価されたジョットやシモーネ・マルティーニ（1285?–1344）のような例外はあったにせよ、『ベリー侯のいとも美しき時禱書』を描いた一人とされる「ナルボンヌの祭壇飾布の画家」がそうであるように、たいていは名をもたない職人でしかなかった。彼らは、たとえばフィレンツェでは、守護聖者（聖ルカ）が同一であることと及び顔料の使用を理由に医師・薬種商の同業者組合に所属する、それも劣位のメンバーであり、工匠となって工房を主宰し、多くの徒弟を使い、注文主である教会や修道院、宮廷、市庁、同業者組合、同信会、裕福な商人等パトロンからのさまざまな要求・嗜好に応じて注文品を仕上げることを生業としていた(97)。それは文字通りの意味においてそうであったのであり、彼らが手がける注文品も今日いうところの「美術品」といったものに限られはしなかった。たとえば、マサッチョはローソク立ての鍍金の仕事を請け負い、ピエロは旗幟に絵を描き、ボッティチェッリはカッソーネの装飾画を描いたという(98)。マントヴァのゴンザーガ侯家に宮廷画家として仕えたアンドレア・マンテーニャ（1431–1506）のような希有な存在は別にして、画家は注文主との間で作品毎に個別の契約を交わすのが一般的であり、その契約内容にも職人としての彼らの身分がよく表現されていた。日当・価格や納期、作品の大きさ、使用する画材（金やウルトラマリン等）はむろんのこと、作品にとってもっとも重要となる主題や構想（様式、構図、人物像等）についても下絵等を使って細かな取り決めが交わされることも珍しくはなかった[99]。当代を代表する彫刻家であったギベルティほどの者であっても同様であり、彼が一四〇一年にサンタ・マリア・デル・フィオーレ大聖堂附属のサン・ジョヴァンニ洗礼堂東側門扉の制作を羅紗製造同業者組合から依頼されるに際して取り交わした契約書には、およそ芸術家に似つかわしくない、「仕事日には毎日自分自身が一日中仕事をしなければならない。もし仕事を休んだ場合には、その日の給金は差し引かれるものとする[100]」といった条項が置かれ、主題や構図についても、「ゴシック時代のピサーノの南側門扉とあらゆる点で同じように制作することを要求された」のである[101]。もっとも、注文主との間で契約が交わされる画家はまだ恵まれていたのかもしれない。一四世紀には、既成の作品を売買する市場が誕生し、画家と契約を交わす機会も経済的余裕もない人々は、商人を介して、気に入ったキリストの磔刑や聖母マリア、洗礼者ヨハネ等の絵画を買い求め、他方、画家は見えない顧客を相手に絵画を「生産」する手工業者となり、絵画は「商品」として流通する、そうした時代が始まっていた[102]。さらにいうならば、絵画は、トスカナ地方にとっては、絹や刺繍等と並ぶ特産品として、アヴィニヨンやパリを得意先とする重要な輸出品でもあった[103]。

画家が、大学教授や著述家、詩人、音楽家のような自由学芸にかかわる職業にある者の下位に置かれるのが常であったとして、それには、顔料や石膏を練り、膠を煮、石工や大工と一緒に働き、聖堂に組んだ足場の上に立ち、汚れた手で絵筆を握る、そうした「手の仕事」に携わる画家特有の仕事の在り様もまた大いに関係していたのであろう。自ら進んで「無学の人」を名乗り、「経験の弟子」を自認した[104]レオナルドのような人物にとって、こうした評価は耐え難いものであったにちがいない。「画家は、好みの服で着飾って、作品の前にゆったりと座り、優美な色のついた絵筆を軽快に動かす[105]」とあえて絵画の本質とは無関係な画家の職業の優雅さを強調し、他方で、「諸君が、絵画を、想像力から生み出されるものを手で表現する手仕事であるということを理由に、機械技芸であると呼ぶならば、著述家も心に浮かんだ事柄を手に持ったペンで表現するではないか[106]」といささか的外れの感のある憤懣をぶちまけ、返す刀で、「絵画は一瞬のうちにものの本質を示すのに対し、〔詩による表現は〕長たらしく退屈きわまりない[107]」等と絵画の詩に対する優位、というよりも、詩を貶める主張を執拗に繰り返した、その心情もよく分かろうというものである。レオナルドの嘆き、怒りにもかかわらず、このような階層化は、彼自身もまた一五歳になるかならぬの年でアンドレア・デル・ヴェロッキオ（1435?–1488）の工房に弟子入りしたように、子供の頃から親方の下で徒弟となって職人としての訓練を受けラテン語の読み書きにも無縁であった画家や彫刻家と、大学で自由学芸と専門教育を修めた人文主義者や自然哲学者との違いを反映するものでもあった。

既に一四〇〇年前後に年代記作家のフィリッポ・ヴィッラーニが絵画や彫刻を自由学芸に加えるべきと主張していたとされるが、(108)アルベルティ――彼自身は、フィレンツェの有力都市貴族の出身であり、ギリシア・ローマの古典に通じ、ボローニャ大学で教会法の学位を取得した典型的なユマニストであった――が『絵画論』で目指したことも、絵画や画家が置かれた現状に抗して、「あらゆる芸術の主人」(109)、「すべての芸術の花」(110)と彼がいう絵画の復権であり、「芸術家」(111)としての画家の社会的地位の向上、確立であった。そのために、彼は、一方で、画家となろうとする者に対し、自由学芸全般に通じ、詩人や雄弁家、学者と交わることにより「立派な人間となる」ことを要求し(112)、他方で、より重要なこととして、絵画の「学」としての確立を課題としたのである。『絵画論』はそのために捧げられた書であった。具体的には、画家に対し、描こうとする自然、とりわけ、人体の構図や動きの理法を解明することの必要性の自覚を促すこと(113)、そして、今一つは、このことがもっとも重要なことであったのだが、ジョット等が経験的に取り組んできた遠近法に数学的な根拠を付与することであった。(114)こうしたことにより、絵画は単なる手仕事の技を超えて、「学」としての地位を獲得し、画家はユマニストや自然哲学者と肩を並べることが可能となると考えられたのである。

もっとも、一方における「遠近法」の科学的基礎付け、他方における画家の芸術家としての地位の確立、この両者の関係を、額面通りに、絵画の「学」としての確立が画家の地位向上をもたらすといったこととしてのみとらえるならば、事の本質を見逃すことになる。無名の職人からの解放への志向が、レオナルドに典型的に見られるとおり、画家の中での自我意識の醸成抜きにはありえなかったように、また、遠近法も、後述するとおり、自我の確立があってはじめて可能となる技法であったように、両者はいずれも、画家の「個」としての自律を前提とする出来事として、ともに「ルネサンス的人間の自我意識」(115)の表現にほかならなかったということ、そこにこそ注意が向けられねばならない。トドロフは、彼がいうところの「画家＝主体の肯定」の表徴として、タブローへの体系的な署名や記銘、日付の記入、さらには、画面への自己の肖像の書き込みや自画像の作成を挙げているが、(116)ファン・エイクやレオナルド、デューラー等に典型的に見られるように、画家の自我意識の高まりを象徴する署名や自画像等の出現と遠近法の誕生・広がりが時を同じくし、同じ画家たちにより推進されたことは当然といえば当然のことであった。

絵画の「学」としての確立、そして、画家の地位向上というアルベルティの問題意識は、レオナルドがこれを受け継いだ。ブルクハルトが両者の関係を「創始者」と「完成者」のそれとしてとらえうるというように[117]、強い自我意識という点で人後に落ちないレオナルドほど後継者に相応しい人物は他にいなかったであろう。実際、レオナルドに対するアルベルティの理論的な影響について、クラークは、「彼が一四九〇年の『アシュパーナム手稿』を編纂していたとき、アルベルティの『絵画論』の写しを座右に置いていたことは確実である」とする[118]。レオナルドもまた、アルベルティの後継者に相応しく、画家の第一条件として、当然のことのように、「遠近法の優れた使い手である」ことを挙げ[119]、「実践は常に正しい理論によって根拠づけられねばならない」こと、絵画も例外ではなく、「遠近法こそが道標」であり、「それなしには、いかなる絵画も立派に制作されない」ことを強調する[120]。

遠近法に関するレオナルドの貢献に技法の拡大・深化がある。アルベルティ等により確立された遠近法を「眼から遠ざかるにつれて対象が縮小するという理法に関する線遠近法」と位置づけた彼は、さらに、これに三つの遠近法を付け加える。「眼から遠ざかるにつれて色彩が変化する理法に関する色彩遠近法」、「対象が遠くなるだけ不明瞭になる理法に関する消失遠近法」、「一線上に並んでいるように見える種々の建物の相異なる距離が空気の変化によって識別できる理法に関する空気遠近法」がそれである[121]。これらの遠近法が組み合わされることにより、線遠近法による「形象としての物の空間的統合」にとどまらず、「内容のある実在的な空間」の創造が可能となった[122]というだけではない。加えて、色彩や空気の在り様が時間の継起により変化するものである以上、空気遠近法等の新たな技法の提唱は、それまでの線遠近法によっては覆い隠されていた、しかし、もともとは遠近法に備わっていたはずの時間軸の存在を明らかにするものでもあった。アルベルティは繰り返し画家の眼差しの任意の一点への固定の必要性について語っていたが、自然が、そもそも、空間のみならず、光や色彩、空気の変化、つまり、時間の継起の中に存在するものである以上、画家の眼差しの固定は、単に空間だけではなく、同時に、そして、自動的に時間の任意の一点への固定を意味し、また、必要とするものであった。画家は、空間と時間の中に自己の身体を投錨し、そこを基点にして自然と距離をとり自然と対峙する。以後、マサッチョの『貢ぎの銭』やピエロ・デラ・フランチェスカの『笞打ち』等になお見られた異時同時法は特別な表現意図においてのみ採りうる技法となる。

遠近法のこうした拡大・深化と並んで、もう一つの、おそらくレオナルドにとって重要な課題は、アルベルティが半ば問題提起しただけに終わった「自然の理法」の探求と解明にあった。遠近法の修得の必要性を強調した先の言葉に続いてレオナルドは、「次いで、人間や他の動物の寸法について、さらに、建物やその他地上にあって無限の形態を有する物の形態について完全な知識をもつことが必要である。君が〔寸法や〕形態について知識をもてばもつほど、君の作品は賞賛すべきものになるだろう」という[123]。彼が生涯かけて取り組んだ自然の理法の解明、たとえば、力や運動、天文、光、空気、鳥の飛翔、人体の解剖学等々に関して残された厖大な研究の成果は、一見、自然哲学者＝レオナルドを想起させるものがある。しかし、彼の目的が、あくまでも、画家がより忠実に自然を描写するために必要な知識の獲得にあったことは間違いなく、そうしてはじめて、絵画は「『自然』の学[124]」となり、画家はユマニスト等の仲間入りを果たすことができると考えられたのである。したがって、下村が指摘するように、「科学的研究は画家としてのレオナルドにとっては絵画制作の一部[125]」にすぎず、彼が残した厖大なノートは、独立の科学論ではなく、「絵画・科学論」として位置づけられ、読まれるべき類のものであった[126]。レオナルドの目的は、手の仕事を知識によって裏付けることにあったのであり、われわれは、そこに、後の「技術」と「科学」の合体、「科学技術」の萌芽の出来を見ることができる。（第Ⅰ部第四章6参照）

アルベルティやレオナルドが求めた画家の地位向上はどうであったのか。はたして、彼らの願いは叶ったのか。それを確認しておこう。当代随一の数学者であり、かつてピエロの弟子でもあり、アルベルティやレオナルドとも親交があったパチョーリは、『算術・幾何学・比及び比例全書』（1494）において、「遠近法を四科〔幾何学、算術、天文学、音楽〕に加えるべき」との考えを明らかにしていたが[127]、ブラントによれば、その頃既に、画家は彫刻家や建築家とともにユマニストの一員として認められるようになっていたという[128]。変化は、画家が注文主との間で交わす契約内容にも反映され、一五世紀を通じて、使用される材料（絵の具）に対する関心の低下と、かつては見られなかった「画家の技量」に対する言及の増加が見られる。たとえば、サンドロ・ボッティチェッリ（1445–1510）が、サント・スピリト聖堂の家族礼拝堂に設置する祭壇画『聖母子と二人の聖ヨハネ』（1485）の制作に関して受け取った代金の明細には、「ウルトラマリン代二フロリン、金と板の調達に三八フロリン」と並んで、「画家の腕前に対し三五フロリン」とある[129]。こうした変化の背景として、アンタルは、「かつては技能的な熟練の問題であったことが、理論的知識に基づいた科学上の革新にますます多く依存するようになった」という事情を挙げ、「それを実践した人たちが単なる職人の域を脱し上層中流階級へと上昇できた」とする。[130]一六世紀はじめにヴェネチアへ旅したデューラーが故郷の友人に宛て「当地では私は紳士、国へ帰れば居候です」と書き送った手紙[131]からは、当時イタリアの画家たちが既に高い地位を手にしていた様子がうかがえる。実際、この時のデューラーは、「紳士」たるに相応しく、「ドイツの王侯たちの宿舎でもあるサン・バルトロメオ聖堂近くのペーター・ベンダーのゲストハウスに住むことを許された」という。[132]もっとも、アルプス以北においても、さほど遅くない時期に、同様の変化が生じたことを、ピーテル・ブリューゲル（父）（1525?–1569）が描く「七つの徳目シリーズ」の一つである『節制』（1560）が教えている。ブリューゲルは、画面中央に立つ「節制」の徳を体現するテンペランティアを取り囲むように七つの自由学芸の表徴を配置しているが、この中に、パチョーリの勧めに応じるかのように、文法や算術、音楽、天文学等と並べて「絵画」を描き加えた。ただし、キャンバスに向かって絵筆を走らせる画家——おそらくは、ブリューゲル本人なのであろう——は、あたかもそのことが新参者である彼に相応しいかのように、両替商とおぼしき三人の主従がアバカス（計算盤）を使って一心不乱に収支を計算しているその背後に、ただ一人で、きわめてつつましやかに、小さく、しかも、後ろ向きになった姿で登場する。

五　デューラーの『測定法教則』

絵画の「学」としての確立が実際の画家の地位向上にどの程度貢献したかはともかく、遠近法にかかわる技法・理論が、イタリアだけではなく、アルプス以北の地にも大きな影響を与え、一五／六世紀の絵画の在り様を決定的に変容させるに至ったことはたしかなところである。中でも、北方ルネサンスの画家、デューラーの名が挙げられねばならない。ブルネッレスキやアルベルティに始まった遠近法の科学的基礎づけは彼の手によって頂点へと導かれる。

金細工師の父の許で修業を積んだ後、絵画への思いを断ち難く、渋る父の許しを得て、一五歳のとき、隣人でもありニュルンベルク随一の画家でもあったミヒャエル・ヴォルゲムート（1439–1519）の工房に入門し、末期ゴシックの画家としての修業を始めたデューラーは、その後、二度のイタリア旅行により、一度は一九歳から始まった遍歴修業（1490–1495）の最後に、今一度はヨーロッパ中にその名が知れ渡った工匠として（1505–1507）、ヴェネチアやボローニャ、ローマを訪問、おそらくは、フィレンツェにも足を伸ばし、イタリア・ルネサンス絵画の息吹に直接触れる機会をもったと思われる。

最初の旅は遍歴の旅であった。彼が書き遺した「家譜」には、「私は一四九〇年の復活祭〔四月一一日〕の後に旅立って、一四九四年の四旬節〔五月一八日〕の後に戻ってきた」とある。(133) コルマール、バーゼル、ストラスブルク等ライン川上流の都市を経巡った四年間の遍歴修業の間に、彼は生涯の絵画の方向性を示唆する作品を残している。おそらく、バーゼルでの作と思われる一四九三年の『裸婦』。「不格好なドイツ娘」(134) ではあれ、それまでほとんど裸体画を知らなかった北方絵画の世界において、「実際のモデルによって写生した最初の裸体習作」となるこの作品に、アンツェレフスキーは、「後の彼の人体比例論研究を予告する先行作」を見いだすことができるとする。(135) あるいは、その前年の作と思われる『聖家族』。「付加よりもむしろ分割によって暗示されている異常に『近代的』な空間の処理に驚かされる」とパノフスキーはいう。「奥行きは、それぞれの背後に勢揃いした個々の単位の塊としてではなく、連続的広がりとして解釈され、この広がりは想像上の消失線に沿うかのように配置された蛇行する小川や樹木の列によって区分されている。(136)」アンツェレフスキーも、「人物群が風景空間の中に位置づけられ、奥行きが樹木の列にはっきりと読み取ることが可能な、見通しのきく明瞭な空間関係」について語っている。(137) こうした人体表現や空間描写への志向は、同時期の作品である『頭を支える自画像』(1492/93) やエリンギウム草を手にした『自画像』(1493) 等を生み出した「自分」というものへ向けられた眼差し、それを支える強い自我意識と無関係ではなかったにちがいない。

結婚により中断した遍歴の旅を、四カ月足らずで、デューラーは再開する。後半の旅の目的地はアルプスの彼方であった。ニュルンベルクを襲ったペストの流行からの逃避という事情が云々されるにせよ、結婚間もない彼を単身イタリアへ向かわせたものは、遍歴の旅の中でその姿をあらわした人体表現と空間描写への関心以外にはなかったであろう。デューラーの修業時代が末期ゴシックの絵画の強い影響下にあったことは疑いない。師のヴォルゲムートも、また、遍歴の旅の目的地であったコルマールのマルティン・ショーンガウアー (1450?-1491) も――一年半の遍歴の末にようやく師となるべき彼の許に辿り着いたとき、この偉大な画家は、おそらくはペストのせいであろう、既に他界した後であった――、いずれも末期ゴシックの画家であった。その彼にイタリアへの旅を決意させるほどの人体表現と空間描写への関心は、いつ、どこで、どのようにして生まれたものであったのか。

アンツェレフスキーによれば、二つの関心は、既に、遍歴の旅以前、徒弟時代に制作された『マリアとヨハネの間の十字架上のキリスト』（1489）に見いだされうるという。「十字架上の極端に細長いキリストの姿からは、デューラーがここではじめて裸体人物像の表現を試みたという印象を抱く。構成の要点は人物と空間の完全な統一である。磔刑の人物群が画面の前縁へ引き寄せられているとはいえ、それらは、風景の前にではなく、風景の中に立っている。……全体の構成からは、ショーンガウアーの大型磔刑銅版画から感化を受けたことを推測させるが、しかし、空間的なものの描出においてすでにコルマールの銅版画家の図表的な作品を越え出ている。(138)」四年にわたる遍歴修業は、『裸婦』や『聖家族』が教えるように、元からある人体及び空間描写への関心をさらに強化する旅となったのであろう。問題は、デューラーが旅の中で受けた影響がいかなるものであったか、である。『聖家族』に「異常に『近代的』な手法」を見たパノフスキーは、この手法は元来ネーデルラントのヘールトヘン・トット・シント・ヤンス（1465?–1495?）によって完成されたものであったとする。(139)そうだとすると、ヤンスの作品と触れ合う機会が旅のどこかであったということになろうか。あるいは、彼が活動するハールレムまで直接足を伸ばしたのか。さらに、ネーデルラントとの関わりについていえば、「家譜」が「私の父は長らくネーデルラントの大芸術家たちの許にいた(140)」と伝えていることが注目される。パノフスキーも、「息子デューラーは、ヤン・ファン・エイクやロヒール・ファン・デル・ウェイデンに対する崇拝と、或る程度はその伝統の中で教育された」としている。(141)それでは、アルプス以南、イタリア絵画からの影響はどうであったか。下村耕史は、「恐らくバーゼルでイタリア版画に触れたときある種のカルチャーショックをうけ」たのではなかろうか、と想像する。(142)いずれも推測の域を出ないにせよ、四年間の遍歴修業の旅が、それ以前からの経験ともあいまって、さらには、一三歳のときの自画像が暗示する彼自身の生まれもった個性や資質とも相まって、人体表現と空間描写への関心を掻き立て、「ドイツ後期ゴシックとイタリア・ルネサンスの邂逅(143)」が準備されたのではなかったか。

遍歴の旅の一環であった最初のヴェネチア訪問の旅（1494–95）は、ジェンティーレ・ベッリーニ（1429–1507）とジョヴァンニ・ベッリーニ（1431?–1516）の兄弟等との交流、さらには彼らを通じてマンテーニャ等イタリア絵画の新しい潮流と遭遇したことにより、(144)人体比例論や遠近法といった当時最新の技法に接する機会となったことはむろんのこと、生涯を決するより大きな感化を彼にもたらす旅ともなった。下村は、「イタリア美術を通して、古典古代の美術の価値とその復活の意義を認識し、それにより、それまで北方の美術家たちが自覚しなかった美術革新の必要を悟り、ひいては北方美術の独自な価値を自覚する」に至ったのであり、「北方ルネサンスはこのイタリア旅行から始まるといっても過言ではない」とする。[145]

一〇年後、デューラーは、ニュルンベルクで猖獗をきわめるペストに追われるように、再びアルプスを越える旅に出る。二度目となる今回のイタリア旅行は、最初の旅からの帰郷後に彼の中で醸成され、高まりをみせた問題意識――人体比例論と遠近法――を、イタリアの画家や学者との直接的な交流により、改めて確認し、解決するための旅であったのであろう。[146]旅の途中、ヴェネチアからニュルンベルク市参事会員にして古典学者であり、彼の絵画論研究のパートナーでもある故郷の友人ヴィリバルト・ピルクハイマー（1470–1530）に宛てた手紙には、「一一年前に大変気に入ったものが、今となってはもう気に入りません」とある。[147]

一一年前、最初のヴェネチア旅行において、ベッリーニ兄弟との出会い等、彼のその後の関心と絵画の在り様を左右するさまざまに重要な経験をしたデューラーではあるが、中でも、ヤコポ・デ・バルバリ（1445頃–1516）との出会いは色々な意味で生涯忘れ難いものであったようである。後年、当時の様子を、『人体均衡論四書』のピルクハイマー宛て献辞のための草稿（1523）の中で次のように回想している。

「私は、ヴェネチア生まれの愛すべき画家ヤーコブス〔ヤコポ・デ・バルバリ〕と呼ばれる一人の男の他に〔その当時〕人体比例についていくらかなりとも書いた人をまったく知りませんでした。彼は私に比例に基づいて作図された男女〔の像〕を示しました。……しかし、私はその当時いまだ若く、そうした事柄についてまったく聞いたことがありませんでした。……彼が私にその〔理論的な〕根拠を明かすつもりがないことに私は気づきました。そこで、私はそれを自分の問題として取り上げ、男性の手足の均衡について些か記しているウィトルーウィウスを読みました。こうして、私は上述の二人から端緒を受け、その後は、私自身の企図に即して日夜研鑽を重ねたのです。」[148]この時期の作品にヴェネチア娘をモデルとする『女性背面裸像』（1495）がある。この「堂々とした裸像」は、先の不格好なドイツ娘のそれと比較して、「デューラーの初期の発展において二年という短い歳月がどのような意味をもちえたかを雄弁に物語っている。」[149]帰郷後も、『女の浴場』（1496）や『男の浴場』（1496/97）において裸体群像を描き、さらに、ウィトルーウィウスの『建築論』を参考にアポロやディアーナ等をモデルとする裸体習作をあらわしたことは、「人体構造の合法則性」を解明するための取り組みの一環であったのであろう。[150]その「最初の結実」が一五〇四年に制作された銅版画とペン画による二点の『アダムとイヴ』であった[151]。

二度目のイタリア旅行に出る前に、これだけの経験を積んでいたデューラーにとって、人体比例論を深化させる上で、この旅の最中、おそらくは、フィレンツェにおいて、レオナルドやラファエロの作品と直に触れ、バルバリよりもはるかに優れた理論家であるアルベルティやレオナルドの著作に接し[152]、とりわけ、フィレンツェにおいて「レオナルドの人体解剖図のトレースを行う機会をもつことができたであろう[153]」ことは大きな意義をもち、人体比例の作図法に関して従来の「見解に根本的な変化をもたらす」ものとなったと想像される[154]。その成果は、一五〇七年の『アダムとイヴ』に確認することができる。三年前の同様の作品と比較して、ともに「できるかぎり完璧な人体の見本の提示」を意図したものでありながら[155]、「人間の表象」の在り様の相違は誰の眼にも明らかであった。ヴェルフリンは、ここに至って、「完全な身体における形の調和という新しい概念」が生み出されたとする[156]。

もう一つの旅の目的であった遠近法の技法と理論の修得はどうであったか。第一次イタリア旅行において、マンテーニャの『バッカス祭』、『海神の戦い』のトレース（1494）や、同じくマンテーニャの作品を模した『オルフェウスの死』の制作（1494）を通じて、「動く人体を空間内に正確に再現する[157]」ために必要な、人体並びに空間表現にかかわる創作の秘密の何がしかを「我がもの」とすることができたのであろう[158]。『女の浴場』（1496）はその成果であり、ハーネストはこれを「デューラーの作品における中心消失を用いたもっとも早い作例のひとつ[159]」に挙げている。マンテーニャの他、遠近法に関する師としては、ベッリーニ兄弟やヴィットレ・カルパッチョ（1455?–1525?）等の名が挙げられるが[160]、イタリア旅行の途次にブレンナー街道で写生した風景画、『トレント風景』（1495）や『北から見たインスブルック光景』（1495）は、わずかな期間に、空間構成に関して彼の中に大きな変化が出来したことを教えている。そこには、旅の直前に描かれたとされる『針金工場』（1494）や『聖ヨハネの墓地』（1494）に見られる「遠近法の訓練の欠如[161]」を示す空間描写はもはや見られない。なるほど、「いまだ線遠近法の法則が理解されていない」とはいえ、ゴシック的な様式化を排し、「地形を客観的にとらえ、風景に対して一貫して水平性という尺度を保ち続ける」新たな表現技法からは、彼がヴェネチアで得たであろう「新しい空間体験」、「三次元に対する新しい感情[162]」の表出を読み取ることができる。

しかし、デューラーにとっても、フィレンツェで確立された消失点原理に基づく正確な空間構成の実現は、ウッチェロ等多くの画家がそうであったように、困難を伴うものであったようである。その最初の試みに一四九五年頃に構想された

『キリストの笞刑』を挙げたアンツェレフスキーは、デューラーが「このもっとも初歩的な構成法則の適用においてすら、長い間いかに不確かであったか」は、数年後の『この人を見よ』に見られる遠近法的に不正確な建物の表現からも明らかなところであるとする[163]。それは、本来であれば、先ず空間を決定し、次にその中にさまざまな像を置くべきにもかかわらず、逆に、「先ずさまざまな像を作り出し、その後、空間を確定し、特徴づけるためにそれらを付け加えていった」ことによる[164]。ここには、「異常に『近代的』な空間の処理に驚かされる」と評された『聖家族』(1492)からの後退さえ指摘されうるのかもしれない。こうした不安定さからは、デューラーがいまだ技法の理論的な確立に至らず、経験的な手探りの状態にあったことが推測される。安定した破綻のない複雑な空間構成が実現されるのは、ようやく、『マリアへの受胎告知』(1503/4)や『キリストの誕生』(1504)、『緑の受難伝』(1504)中の『荊冠のキリスト』、『ピラトの前のキリスト』等においてであった。パノフスキーは、『キリストの誕生』を取り上げ、ここには「空間の限定が人物像の配置よりも先行するという構図の近代的な原理」の把握が見られ、「射影幾何学の観点からも欠点がない……完全な空間のまとまりが実現されている」として、「デューラーは、明らかに中世の空間概念を露呈していた『この人を見よ』が制作された一四九八／九九年から一五〇四年に至る間に、遠近法構成の技術的法則を我がものとした」と結論する[165]。たしかに、これらの作品には、アルベルティの『絵画論』やフィラレーテの『建築論』の影響をハッキリと見いだしうるのではあるが、その上で、なお、アンツェレフスキーは、「二つの理論書が論述しているさらに高度な構成法を、デューラーは知らなかったか、あるいは理解できなかったようにみえる」と指摘する[166]。

そうしたデューラーにとって、第二の旅は、模写や写本等からだけでは理解しがたい「高度な構成法」を直接会得するまたとない機会であったにちがいない[167]。求められるべきは、「これまでずっと経験的にしか学んでこなかった手法の理論的基礎」であった[168]。ヴェネチアからピルクハイマーに宛てた便りには、「もう一〇日もすれば当地の用が済みます。その後、ある御仁が私に伝授してくれるという秘密の遠近法の理論の件でボローニャまで馬で出かけることになるでしょう」と書かれている[169]。この人物が誰であったのか。パチョーリとする見解もあるが、アンツェレフスキーは、当時彼がフィレンツェにいたことを理由に、否定的であり、件の人物に教えを請うことができたかについても、「一五一〇年以前には、彼の作品に従来以上の遠近法の知識を示唆するものはなにもないため、この分野での教示を実際彼が受けたのかどうかさえ疑問となろう」としている[170]。これに対して、シュトリーダーは、おそらくパチョーリから教示されたとし[171]、パノフスキーは、誰と会ったかは不明とするものの、教示を受けたことについては否定しない[172]。

帰郷後、一五〇七年から一二年にかけて、「精力のかなりの部分」を遠近法の理論的研究に注ぐこととなったのも、イタリア旅行で思う通りの成果が得られなかったとすれば、納得がいく。パノフスキーは、最初のイタリア旅行が「直接かつ根本的に彼の美術制作に影響を与えるものであった」のに対して、二度目の滞在の主たる成果は「理論家としての使命を彼に意識させた」ことにあったとする。「これまで純粋に経験的観点から遠近法や人体比例論の問題に取り組んできた」デューラーは、今や「根底にある諸原理を洞察する必要性を実感して」ニュルンベルクへと戻ったのである[173]。ヴェネチアで入手したユークリッドの『原論』から、ピルクハイマーの協力を得て、『自然的遠近法』の要約版を作成し、あるいは、当時ニュルンベルクで出版されたばかりのジャン・ペルラン・ヴィアトール（?–1524）の『人為的遠近法』のドイツ語版である『美術の透視図法について』（1509）に基づいてであろう、「彼にとって最初となる正確な遠近法構成図を描いた」のもこの時期のことである[174]。ちなみに、構成図の一枚には一五〇九年の年記が残されている。これ以降の作品に、一五一四年に制作され、彼の代表作の一つともなった銅板画『書斎の聖ヒエロニムス』があるが、これは、パノフスキーが「数学的観点からみて完全に正確な絵画空間が構築されている」と評し[175]、あるいは、アンツェレフスキーが「アルベルティの方法によりはじめて遠近法にしたがって正確に構成した空間表現である」と評したように[176]、それまでの理論研究の集大成として位置づけられるものであった。

愈々、イタリア旅行の前から暖めていた絵画についての基礎的入門書の出版の機は熟したといえる。しかし、一時、「人体の比例」「馬体の比例」「建築の比例」「遠近法」「光」「色彩」についての章からなる『画生の糧』と題する絵画論の構想が立てられ、執筆が進められたものの、完成に至らず[177]、最終的には、ネーデルラントへの旅（1520–1521）から病を得て帰国した後、改めて「全精力」を理論研究に傾注した結果[178]、ようやく、最晩年になって、長年の研究は、『線、平面、立体におけるコンパスと定規による測定法教則』（1525）、『人体均衡論四書』（1528）として結実するに至った。

『測定法教則』の目的は、ピルクハイマーへの献辞に、「この教則は、理論を熱望するすべての人に裨益し、単に画家だけでなく、金細工師、彫刻家、石工、指物師及び尺度を使用するすべての者に役立つことができる」とあるように[179]、これまで多くの有能な若者が「何らの基礎もなく、ただ日常的な習慣に基づいてのみ教えられた絵画の技術」を基に、「無思慮にしかもただ自己の好みのままに〔作品を〕作ってきたにすぎない」現状に鑑みて、彼らのために、「あらゆる絵画の真の基礎」である「測定の理論」を手ほどきし、「彼らがコンパスと定規によって測定をなし、そこから正しい真理を認識し、……真のより偉大な理性に至ることができる」よう、「その機因を与える」ことにあった[180]。この献辞からは、画家等に向けた技術入門書あるいは解説書といった印象を受けるが、そして、そのことは決して間違いではないにせよ、本書を一読して明らかなことは、四書からなる『教則』が、デューラーの意図をはるかに超えてというべきか、文字通りの意味での「幾何学の書」であり、それも、単なる入門書・解説書の類にとどまらない、後にフランスの数学者シャールが『幾何学における起源と方法についての歴史的概観』(1837)の中でデューラーを「当時の幾何学者の中でも最高の学者とみなせる[181]」と評したごとく、「数学者デューラー会心の独創的な著作[182]」とも呼ぶべき第一級の専門書であったという事実である。何度も版を重ねた本書は、彼が最晩年に親交をもったヨアヒム・カメラリウス(1500–1574)の手によってラテン語に翻訳され、ケプラー、ガリレオ、エラスムスといった多くの自然哲学者、人文主義者の手にするところとなった[183]。ちなみに、山本が紹介するところによると、ケプラーは、楕円軌道の発見を告げた友人宛ての手紙(1605)の中で、「惑星の完全な軌道はデューラーが卵形と呼んでいる楕円です」と書いているという[184]。

デューラーの類稀な数学的素養の醸成には、下村耕史がいうところの、「ドイツで培われてきた数学及び幾何学の伝統と、当時としてはヨーロッパで最も先端的なニュルンベルクの数学的環境[185]」が大いに与って力があったのであろう。金細工師、画家としての修業時代の彼の周囲には、正五角形等の作図の手引書として画家等の職人の使用に広く供された『ドイツ幾何学』をはじめ、建築と金細工に関する幾何学的知識を伝える教本や、商人や測量士等を対象とした算術教科書等が存在するといった具合に、数学や幾何学の知識を得るに必要な環境がごく普通に備わり、また、ニュルンベルクは、ゲオルク・プールバッハ(1423–1461)、ヨハネス・レギオモンタヌス(1436–1476)、ニコラウス・クザーヌス(1401–1464)といった著名な数学者・天文学者が活躍した都市でもあった[186]。デューラーは、一五〇九年に父の代から親交のあった商人ベルンハルト・ヴァルターが遺したティアガルテン市門近くの家屋を購入しているが、このヴァルターは、レギオモンタヌスの後援者・共同研究者としても知られ、自らも、自宅に天体観測のための吹き抜けの露台を設置し、系統的な観測を行う等、天文学者として活躍[187]、彼の残した水星の観測記録は後にコペルニクスの『天球回転論』にも利用されることになる[188]、そうした人物であった。ヴァルターが蒐集した数学や天文学にかかわる蔵書は、レギオモンタヌスから受け継いだ書物を含め、彼の死後、ピルクハイマーの管理するところとなり、当然のこと、これらの蔵書を自由に閲覧する機会があったのであろう[189]、デューラーは、その中から、一五二三年に「画家にとって有用で、ピルクハイマーが高く評価する」一〇冊の書物を購入する[190]。こうした環境の中で生来の数学的素養に磨きをかけたデューラーが、「数学の理論を平面における立体の図形的描写に適用し、造形芸術のために数学上の知識を利用することができた[191]」ことに何の不思議もない。

第一書では、冒頭に、点、線に関するユークリッド的定義が置かれ、そこから出発して、直線、円形の線、波形線、鉛直線、渦巻線、卵殻線、円錐曲線、貝殻状の線、回転曲線等の解説と作図法が、第二書では、面を対象に、面、図形の定義から始まって、三角形、四角形、正多角形の解説と作図法、さらに、たとえば三角形から同じ面積の四角形を描く図形の変換や円の求積の問題が、第三書では、立体を対象に、円柱、角柱、円錐の定義を基にして、円柱、その装飾、柱頭、台座の作り方、塔の高さの計測法、日時計の作り方、円柱や塔に書き込む文字の大きさの均衡の決定方法等が、第四書では、コンパスと定規で作図される三種の立体、即ち、柱体、錐体、その頂点がすべて球に内接する五つの正立体について、展開図を含め、詳論され、その後、アルキメデスの立体、立方体の倍積の立方体の作成法（デロスの問題）が解説される。「絵画の技術」である遠近法に解説が及ぶのは、以上の議論を経た後、ようやく、最終節においてである。その冒頭に置かれた「さまざまな立体の構成法を示したので、このように構成されたものをあるがままに絵画で表現する方法を次に教えよう[192]」との言からは、デューラーが、遠近法を理解し修得する上で、いかに幾何学に係る知識や技術・技能を必要とし重要視していたかがよく分かる。

数学書として高い評価を得たにもかかわらず、絵画の解説書としては、逆に、いささか数学理論に偏重したきらいがないわけではなかった。実際、パノフスキーによると、ピルクハイマーの妹であり修道女であったエウフェミアが兄宛てに送った書簡には、「『教則』を楽しく読みましたが、私どもの修道院付の画家は同書がなくとも上手に描けるので読む必要がないと申しております」と書かれていた[193]。デューラーの長年の苦労と意気込みを思えば、いささか拍子抜けする話ではあるが、おそらく、それが現実であったのかもしれない。絵画の理論書としても、パノフスキーが、「技術的な発明は別にして、デューラーがイタリア人の展開した遠近法の学に加えたものは何一つなかった」と評するように、ブルネッレスキが実験的に確かめ、アルベルティが理論化し、マサッチョやウッチェロ等が実践の中で洗練した遠近法の技法を、より数学的に精緻化し、その作図法を具体的に詳論したもの、というのがこの書の性格であった。(194) もっとも、パノフスキーは、先の評に続けて、「とはいうものの、『測定法教則』の最終部分は二つの点で重要性を有する」と付け加えることを忘れていない。「第一には、これが、厳密な再現の問題が北方人の手によって厳密に科学的に論じられた最初の文献資料であるという点である。デューラーの先駆者の誰一人として、また、彼の同時代人のほとんどの者は、遠近法による絵画の構築のためのルールが視覚ピラミッドや円錐についてのユークリッドの考えに基づくという事実を理解していなかった。第二に、そこでは、遠近法は絵画や建築の補助手段としてとどまる運命にある技術的な訓練ではなく、数学の重要な一部門であり、今日一般射影幾何学として知られている学問へと発展する可能性があることが強調されている。(195)」

ユークリッドの光学の影響の下に、ブルネッレスキやアルベルティにより創始され、その後、レオナルドやデューラーに引き継がれた絵画の技法としての遠近法の幾何学的研究は、やがて、絵画の分野を超えて、一般幾何学の世界において、一七世紀のケプラーやデザルグにより明らかにされたユークリッドにはない「無限遠点」の概念を嚆矢に、以後、一八／九世紀において、モンジュやポンスレー等によって「射影幾何学」として結実する。クラインは、遠近法と射影幾何学の関係を、画家は「数学への借りを返し」、射影幾何学は「芸術から生まれた科学」として「数学のもっとも美しい分野」となったと表現する。(196) 以上からもうかがえるとおり、遠近法とは、幾何学により根拠づけられた技法、あるいは、幾何学そのものであったと結論しうるのであり、デューラーが『教則』で行った遠近法の精緻な数学的基礎付けの作業は、改めて、この絵画の技法の出自、特質を教えてくれるものでもあった。ダンテは、『饗宴』(1304–1307) の中で、「われわれは、諸天の位置を、prospettiva と呼ばれる技法、即ち、算術、幾何学に基づいて、感覚的かつ合理的に認識する」と語っていたが、(197) クワトロチェントの画家たちもまた、眼に見える現実世界を「数学的に認識」し、(198)「数学的空間へと変換」(199) させること、諸天の位置を探求する自然哲学者と何ら違いはなく、そのための技法が prospettiva であった。もっとも、ブルネッレスキやマサッチョ等の眼差しは、自然を透視する力において、同時代の自然哲学者のそれを遥かに凌駕する射程を有するものであったのではあるが。自然から距離をとり自然と正対する彼らの眼差しが、自然哲学の在り様を根底から覆し、自然哲学を新たな段階へと跳躍させる、そうした日が来るのもそう遠いことではない。(第Ⅰ部第三章参照)

3　構成的技法としての遠近法

一　前に‐対して‐立つ画家

遠近法が、「師匠たちの師匠たる自然[200]」を手本として、眼に映ずる「あるがままの自然」の描写を指導理念としたにせよ、遠近法を単純に「あるがままの自然を模倣する技法」とみなすならば、間違いではないが、その本質をとらえ損なうことにもなりかねない。フランカステルの言が参考となる。彼は、「人間の自然な視覚を具現するものがルネサンス絵画なのだなどとはもはや考えられないという確信」について語り、さらに、次のように指摘する。「この件についてレアリズムを説くことは間違っている。……今日、ルネサンスが自然の光景を忠実（?）に写しとるところから発したなどと考えている人々は、芸術的にも歴史的にも想像しうるかぎりのもっとも重大な誤解を犯している。ウッチェロもピエロも絵の具箱を背にして戸外に出かけるようなことはしなかった。……ルネサンス美術についての支配的な恐るべき誤解は、当時の芸術家たちの関心がありのままの世界を描くことにあったと人々が思い込んでいるこの事実に由来している[201]。」サイファーもまた、ルネサンスの画家たちは、「あまりに主知主義的であったがために、世界を『ある』がままに見ることをしなかった、あるいは、見ようと努めることすらしなかったことがある」とし、さらに、次のようにいう。芸術理論が実践から生まれた中世絵画とは異なり、ルネサンスでは芸術の実践が理論から生まれたのであり、ベレンソンが「イタリア・ルネサンスの画家の内部では常に人文主義者が芸術家を殺していた」と指摘していたとおり、多くの場合、ウッチェロやピエロがそうであるように、理論科学者であった画家たちは、「自分の美の世界に、一つの統一、比例の閉じた体系を押し被せようとした」のである、と[202]。

はたして、サイファーがいうように、ルネサンスにあって絵画は理論を検証するための手段でしかなかったのか、現実に被せられた理念の衣にすぎなかったのか、いささか過激に過ぎる感もあるが、少なくとも、ルネサンス絵画が素朴なレアリズムではなかったとの彼らの主張は、アルベルティの技法の解説等からも、首肯されうるのではなかろうか。なるほど、出来上がった絵画は、「まったく本当に見ているように思われた」（マネッティ）にせよ、そこに表現された現実は、「あるがまま」ではなく、二次元平面の上に「再編された現実[203]」以外の何ものでもなかったという、当たり前至極の事実である。ここで想起されるのは、「絵画は自分の能力のなしうるかぎり自然を模倣する[204]」としたレオナルドが、同時に、「画家は自然を相手に戦い、競い合う[205]」といい、さらには、

「何の理法もなく経験と眼の判断によって描く画家は、自分の前に置かれた一切のものを認識もせずにただそのまま自己のうちに写す鏡のごときものである」[206]と語っていたことである。意外の感もあるが、遠近法が眼に映ずる自然の描写を指導理念としていたことは、そのとおりであったにせよ、そのためには、鏡のようにあるがままの視覚に従うのではなく、佐藤の指摘にあるように「日常の視覚的態度をいったん停止する」[207]ことこそが肝要である、レオナルドが言わんとしたことはおそらくそうしたことであったのであろう。かつての中世絵画が、眼差しをもっぱら空間が内包する人物や事物へと差し向け、そのことにより、「ものを取り囲む空間」の描写に失敗、あるいは、放棄してしまっていたとするならば、遠近法にあっては、空間描写のため、先ず、そうした物へと向かう、日常的な、それ故人間にとってごく自然の眼差しを殊更に差し止め、宙吊りにし、距離をとり対峙することから始めなければならない、そうしてはじめて、画家は、空間描写に必要な、従来とは異なる眼差しを自己のものとすることが可能となるというわけであった。ジョットが、『イサクの祝福』や『エサウを拒否するイサク』において、「繊細かつ合理的に分節化された構造物の配置によって明確に限定された一つの空間」を生み出したとき、あるいは、遍歴時代のデューラーが、『聖家族』において、「人物群を風景空間の中に位置づけ、奥行きが樹木の列にはっきりと読み取ることが可能な、見通しのきく明瞭な空間関係」を表現することができたとき、彼らは、そのことを明確に自覚していたかはともかく、こうした眼差しの宙吊りを実現し、「異なる眼」を自己のものとしていた、そう考えて間違いはあるまい。

アルベルティの『絵画論』に登場する画家と人物や事物との間に置かれたヴェールは、このような物へと向かう日常的な視覚を宙吊りにし、物と距離をとり対峙するための眼に見える仕掛けであったのではなかったか。デューラーは、透視図法を構成する要素として、第一に、「そこから〔対象を〕見る眼」を、第二に、「見られる対象」を、そして、第三に、「眼と対象との隔たり」を挙げている[208]が、この言のとおり、見る画家と見られるモデルの間に「距離を作り出す」[209]ことに遠近法なる技法の要諦があった。それにより、はじめて、空間は「幾何学的なもの」として開示され――そこに、ハイデガーがコペルニクス等による自然哲学の新たな営みを特徴づけるとした「自然の数学的投企」の先駆けを見ることが可能である（第I部第三章1参照）――、単に物だけではなく、「物を取り囲む空間」の描写が可能となったのである。実際、アルベルティは、「一定の距離を置く」ことによって、あれこれの人物や事物が「浮き上がったように見え、量感をもって、本物そっくりに姿をあらわす」[210]と語っていたではないか。

ここには、カッシーラーがルネサンス精神に固有と呼んだ両極的な精神態度、「全面的に世界へと向かいながら、しかし、同時に、世界から全面的に自己を分離する」[211]精神態度をハッキリと見て取ることができる。それは、一言で表現すれば、「前に-対して-立つ（vor-gegenüber-stehen）」という、中世の時代には見られなかった、世界との新たな関係である。

デューラーは、一五一五年、長年にわたる遠近法研究の集大成と目される『書斎の聖ヒエロニムス』が制作された翌年に、およそ美術作品とは異なる一枚の「世界地図」[212]を描いている。ヨーロッパを中心にアラビア半島、東西インドを含む東半球を描いたこの地図は、ニュルンベルクの航海者にして地理学者、天文学者であったマルティン・ベーハイム（1459頃-1507）が一四九二年に制作し「大地の林檎」と名づけた現存最古の地球儀[213]をおそらくは下敷きにしてであろう、マクシミリアン皇帝の顧問学者であるヨハンネス・シュタービウスと天文学者コンラート・ハインフォーゲルの協力の下に制作され、枢機卿マテーウス・ランク・フォン・ヴェレンブルクへ献じられたものという。[214]「現実の幾何学的球体としての地球を描いた最初の地図」[215]とされるこの世界地図が、アンツェレフスキーの解説にあるように、「平面に地球儀の立体像を描くことをはじめて可能にした立体幾何学と遠近法へのデューラーの集中的研究を証明するもの」[216]であったとして、そして、おそらくは、デューラーの意図もまた自らの長年の研究成果を検証せんとしたことにあったと想像されるのであるが、この一枚の地図に対する今ここでのわれわれの興味と関心は、この経線と緯線の描きこまれた世界地図が、山本が指摘するとおり、「球体としての地球を文字通り地球外の一点からながめて写生した地球図」[217]であったという、その一点にある。人類がデューラーの視点――むろん、それはベーハイムの視点でもあったのだが――を実体験するには二〇世紀後半を待たなければならなかったが、彼の描いた地球図は、四〇〇年以上も昔に、人類がはじめて経験した「前に-対して-立つ」という世界への構えの表徴であった。

この新たな世界との関係が絵画の世界にもたらした事態をレオナルドは、「触れることのできぬものを触れられるように、平らなものを浮き上がっているように、〔鑑賞者の〕手近にあるものを遠いように思わせること、奇蹟さながらである」[218]と表現する。画家自身がそこに「奇蹟」の出来を見た遠近法は、事情を知らない当時の大半の人々の目に、ペトラルカやボッカッチョさえもがそう感じたように、摩訶不思議な驚異を生み出すいわば「一種の魔術」、さらには、危険な「妖術」[219]といった趣をもつ技法と映ったとして不思議はない。三次元空間を二次元平面に「本物とそっくりそのまま」[220]に再現するこのような技法を操るマサッチョやウッチェロ等クワ

図版1

トロチェントの画家たちはさしずめ「妖術使い」、「幻覚の創造者」[221]であったといってよい。

「前に-対して-立つ」こと、それが画家が手にした魔法の杖であった。さらに、もう一点、遠近法の忘れてならない要諦に、世界を前にした画家が、対象物が絶えず同一の様相を呈するように、自らの眼、それも、利き目である「片方の眼」を常に空間及び時間の任意の一点に固定しなければならないということがある。

こうした技法的な構図は、デューラーが『測定法教則』(1525)の末尾に付録として付した二葉の版画[222]、及び、死後に出版された『第二版』(1538)に追加された同様の二葉の版画[223]に確認することができる。デューラーは、これらの版画を使って、アルベルティが九〇年前の『絵画論』において解説した技法を文字通り眼に見える形で具象化することを試みているのであるが、岡田は、四葉の中から、アルベルティが解説する手法――「薄いヴェールを眼と対象物との間に置くことにより視的ピラミッドを構成する。」[224]――にもっとも近似した第二版にある『横たわる裸婦を描く男』(**図版1**)と称される版画を取り上げ、この作品の中に「ルネサンスの遠近法の理念をある意味で集約した形」を見ることができるとし、次のような絵解きを行っている。「画面の奥に遠望される景色からもわかるように、彼の視線の高さは、水平線の位置と完全に一致している。まるで画家の右眼から視覚光線のようなものが発されているかのように、まっすぐに長い水平線がくっきりと引かれているのである。次にスクリーンの存在である。それは、四角い木枠にはめ込まれた窓のようにも見える。この窓を通して画家は対象を観察する。画家は窓のこちら側に、対象は窓の向こう側に位置する。対象を的確に把握しようとするならば、画家は先ず、この対象からしかるべき距離をとらなければならない。そして対象がこの窓に映じるままを、写し取るのである。」[225]

はたして、画家が実際にデューラーの薦めに応じてスクリーンを置いて作画に取り組んだかは、先のエウフェミアの言葉からみても疑問ではあるが、これらの版画には、世界から距離をとりモデルと対峙する画家の「眼の固定」、しかも、それが「片眼」であることがハッキリと表現されている。眼の固定の必要性は容易に理解できるとして、その上さらに何故「片眼」でなければならなかったのか。どうやらそれにも理由があるらしい。辻は、「両眼視が比較的近距離の対象物の奥行きや立体感を判断するのに有効であるのに対して、単眼視は中距離以上、遠距離の対象物間の距離を判断するのに、いっそう有効である」との知覚生理学的な知見に基づいて、「遠くを見る眼である単眼視こそがルネサンスの遠近法に関係している」のであり、それによってでなければ「透視法も成立しなかった」とする。[226] たしかに、ブルネッレスキの例の実験的な板絵も片眼を穴に押し当てる仕掛けとなっていたことが想起されようが、岡田は、先の解説の中で、かかる固定した視点から対象を凝視する画家を「片眼の巨人キュクロプス」に準え、[227] パノフスキーもまた、『中心遠近法』全体は、完全に合理的な空間である無限で連続的で等質的な空間の形成を保証できるように、暗黙のうちに二つのきわめて重要な前提を立てている」とし、その第一の前提に、画家が「ただ一つの動くことのない眼で見ている」ことを挙げている。[228]

二　永遠に幾何学する画家

画家が、世界との間に一定の距離をとり、単眼、それも、幾何学の眼差しをもって、空間＝時間、つまりは、世界に対して任意の定められた位置に立つこと、すべてはそこから始まった。それにより、はじめて、画像の中心光線が決められ、描くべき面の輪郭や量、色彩、光、つまりは、光のピラミッドが構成される。そのとき、近くに、あるいは遠くにある山や川、人物、建物、家具等は、画家に対し、今と此処を基点とし、彼の眼の位置及び対象との距離の大小に相応して変化する相貌を差し出す。世界は、実体的・即自的存在ではなく、高さと幅と奥行きとのあいだの単なる関係の体系、「関数的存在」[229]へとその姿を変える。マネッティがまとめたブルネッレスキの技法の要諦が参考となる。「遠近法は、実際に、遠くの物や近くの物を人間の眼により知覚されるがままに正確かつ合理的に縮小拡大する科学の一種である。建物や平野や山の場所と配置が、それぞれの形態と大きさを伴って、眼とそれらの距離に相応した正確な比率によって決定される。」[230] デューラーも、遠近法を構成する要素として、先に紹介した、①そこから〔対象を〕見る眼、②見られる対象、③眼と対象との隔たりに加えて、④すべてのものが直線、つまり最短の線で見られること、そして、最後に、⑤見られるもの相互の比例的関係性を挙げていた。[231] 遠近法とは、畢竟、人物や事物から一定の距離を置いて、空間と時間の任意の固定した一点から前方に向かって照射される画家の眼差しから生まれる「比例の学」であった。世界の前に‐対して‐立つことは、画家にとって、世界を幾何学的に構成することと同じ一つの出来事であった。かくして、中世絵画を規定してきた四つの技法——①人物や建物等を定められたパターンにしたがって類型的に描写する技法、②複数の視点から相互に独立した情景をバラバラに、場合によっては時間を重複して描く技法、③登場人物の大きさをその者の身分や格等の重要度に応じて表現する技法、④空間をそれが内包する事物の集合体として描写する技法——からの解放が一挙に実現される。以後、絵画は、抽象的な概念作用ではなく、「一つのヴィジョンの結果」として自らを表現し、「一つの窓、即ち、そこから、誰か、ある個人が世界を観察する窓と等価物」となる[232]。

フランカステルは、「クワトロチェントの作品の中にわれわれは近代精神の特徴的な様相を見いだす」ことができるという[233]。たしかに、遠近法なる技法に容易に近代の認識論に固有の構成主義的な性格を確認しうるであろう。今日、ジョットの『金門の出会い』、マサッチョの『聖三位一体』、ウッチェロの『夜の狩猟』、レオナルドの『最後の晩餐』等を前にして、われわれがそこに見いだすものは、人間が「主体」となり自然が「客体」となる近代という時代の出来事の具体的な眼に見える最初の表現ではなかったか。(第Ⅰ部第四章3参照) いささか先走りの感を免れないが、彼らとともに、ヨーロッパ近代の形而上学の端緒が開かれ、「世界が像となる時代」(ハイデガー) が始まった、そう結論して差し支えないであろう。(第Ⅰ部第四章4参照)

フランカステルは、さらに、先の言を次のように敷衍する。「クワトロチェントの空間表現の基盤には世界を舞台とする主役としての人間の概念がある」[234]と。たしかに、遠近法は、「主体の操作を本質的契機」[235]とし、「個人的な主体性が絵画の構成原理のうちに入り込んだ」[236]人間中心主義的な技法であった。それにより、はじめて、画家は、空間と時間の二つの軸の交点、つまりは、デューラーがいう「そこ」に立って、ものそれ自体ではなく、「ものを取り囲む空間」を描写し、「空間の中に『もの』を定着させる」[237]ことができたのである。それは、「画家がたった一人で世界から距離をとり世界と対峙する『孤独』[238]と引き換えにようやく手に入れた報酬であった。画家は、このとき、トゥアンが指摘するように、「世界に所属しているというよりは、むしろ、円の中心から世界を組織し秩序づけている」[239]主体となった自分に気づくにちがいない。遠近法は、「自我領域を拡張する」[240]技法として、「人間の自信の増大と世界を操る自分の力への信頼を意味する」[241]とともに、さらには、「人間の意識を神的なものの容器にまで広げる」

力を発揮する。[242] それというのも、世界の「存在」はただひとえにその前に-対して-立つ「私」の存在如何にかかっているのだから。「私」が今此処に立つことにより世界はその姿を現し、「私」が位置を変えれば世界も相貌を変え、「私」が姿を消せば世界もまた消滅する。幾何学の眼差しをもって、神に代わり、世界の構成主体の高みに立つ「私」の姿を想像しようではないか。現に、アルベルティは、画家を「もう一つの神」に準え、[243] 絵画は「不在の人を現前させ、死んだ人をほとんど生きているかのようにする神のような力をもっている[244]」と語っていた。あるいは、レオナルド。「われわれはわれわれの芸術によって神の孫と呼ばれてよい[245]」、そう語った彼はさらにいう。「絵画の科学の神性なる所以は、画家の精神が神の精神に似たものに変わる点にある。画家は、自由な力をふるって、さまざまな動物、植物、果実、風景、田園、山々の崖崩れや、……色とりどりの花の咲き乱れる牧場の気持ちよく、すがすがしく、たのしそうな場所などのさまざまな自然を創り出しに赴く。[246]」そうである以上、デューラーが、己の姿をイエスに準えて一枚の板絵に表現したことに何の不思議もない。二八歳の作品とされるこの自画像をデューラー論の扉絵に置いたアンツェレフスキーは、「自己の肖像を救世主のそれに似せること」に、「神は人間を自分の像に似せて創造したという聖書の説く観念」にとどまらない、「神から創造力を賦与された芸術家（Künstler）はこの能力によって万物の創造者に似るという確信」が表現されていると解説する。[247]

「神は永遠に幾何学する。」――これはプラトンの言葉と伝えられるが、神がコンパスと定規を使って天地を創造したように、遠近法を手にした画家もまた自らを神とし自然を創造するべく「永遠に幾何学する。」

第二章　近代という時代

1　端緒の起源への問い

サイファーは、遠近法が前提とし、また、そこに表現された人間と世界の認識論的布置の変化と特徴を次のように総括する。「ルネサンス的遠近法のあの安定した理解しやすい配景図法は、まさしく神の消滅と人間精神の劇場である世界の再建を意味していた。それは観察者の観点から創造された世界である。その観察者はただ単に外に立っているということだけではなく、固定した一地点、割り振られた一つの位置に立っている観察者であった」と。その上で、サイファーは、この観察者、つまり画家を、「世界から隔絶」され、「世界を外から客観的に眺める」「傍観者」であると位置づけ、そこに「ルネサンス的人間の自我意識」が表現されているとする。(1)

たしかに、世界から距離をとり、世界を外から眺めることは、それまでの自己と世界との親和的な関係を殊更に断ち切り、世界を客観化することによりはじめて可能となるものであり、そうである限り、自他の区別を可能とする「自我意識」の出来があってはじめて生まれる世界への構えであったにちがいない。自我というものをもたない、あるいは、希薄な人間にとって、自己を日頃慣れ親しんだ世界から切り離し、殊更に世界の前に-対して-立つことなど思いもよらないことであったろう。

「如何」に描くかに関する革新であった遠近法だけではない。「何」を描くかに関する革新であった風景画や肖像画、自画像もまた「ルネサンス的人間の自我意識」の表現であったこと、何ら変わりはなかったはずである。それというのも、風景画であれ、肖像画、自画像であれ、それらは、いずれも、画家が、モデルである自然や人物、自己自身から距離をとり、一定の視点に立ってそれらを客観化し、構成することによりはじめて成立するものであったのだから。

「如何」にと「何」をめぐる革新が同時期に出来したことは決して偶然ではない、きわめて当然のことであった。実際、パドヴァのアレーナ礼拝堂の『最後の審判』を遠近法により描いたジョットがその中に寄進者であるスクロヴェーニの肖像を描き、さらに加えて、左下方に描かれた一群の人物中の「赤いガウンを着て黄色の頭巾をかぶった人物」が自画像と推測されること、あるいは、フランドルの地において遠近法の技法をいち早く開花させたファン・エイクが『アルノルフィニ夫妻の肖像』や『赤いターバンの男』と称される自画像を描いたこと、あるいは、遠近法の数学的基礎付けを生涯の課題としたデューラーが、当時北方にあっては珍しかった自画像と風景画を数多く残したこと、さらに付け加えるならば、『絵画論』の著者であるアルベルティが、「自刻像」を残し[2]、「手鏡を使って自画像を描いた[3]」と伝えられることが想起されてよい。

　遠近法なる技法、そして、風景画や肖像画、自画像が、「前に-対して-立つ」という人間と世界の新たな関係を前提とし、そこから生み出されたものであり、さらに、こうした世界への構えの淵源が「自我意識」に遡るものであったとした場合、それでは、この自我意識とは何であり、いつ、どこで、どのようにして生まれたのか。遠近法がヨーロッパ近代の端緒となった出来事であったとするならば、その端緒の「起源」が何であったのか、それが次に問われなければならない。

　むろん、ここでいう自我意識が、生後六〜一八カ月の間に経験する「鏡像段階」（ラカン）を経て幼児が三歳頃までに獲得するといわれる、どの時代であれ、どの社会であれ、人間であれば、誰もが有する、始源的な意味でのそれでないことはいうまでもない。それは、フランチェスコ・ペトラルカ（1304–1374）をして『自他の無知』（1367）において「人間の本性は何か、何のためにわれわれは生まれたのか、どこから来て、どこへ行くのかといったことを知らず、また、知ろうともせず、野獣や鳥や魚の性質を知ることがいったい何の役に立つのか[4]」と自問させた「私」であり、あるいは、ミシェル・エイケム・ド・モンテーニュ（1533–1592）が『随想録』（1580）において、「誰もが自分の前を見つめるが、私は自分の中を見つめる。私が関心をもつのはただ自分だけである[5]」とした「私」であり、ルネ・デカルト（1596–1650）が『方法序説』（1637）において、「〔外にある世界だけでなく〕私自身の内をも研究し、私が採るべき道を選ぶために私の精神のすべてを動員しようと決心した[6]」ときの「私」であり、ジャン・ジャック・ルソー（1712–1778）が『告白』（1770）の冒頭において、「私という人間は私しかいない（Moi seul）。私は自分の心を感じている。私は、私がこれまで出会った誰とも同じではない。私は、あえてそう信じるのであるが、今〔世界中に〕存在している誰とも同じではない。私が他の人たちよりも優れていないとしても、少なくとも、私は彼らとは違う人間である」[7]と語った、そうした「私」である。

2　空間の個人化

一　未分化の住居

サイファーいうところの「ルネサンス的」自我意識とは、畢竟、ペトラルカ等がいうこの「私」の謂いにほかならない。おそらくは、ルネサンス以前、中世の時代には存在しなかったであろう、かかる「意識」の発達や「自我」の形成を促したものは何であったのか。トゥアンは、『分節化された世界と自己——集団生活と個人意識』(1982) において、その要因を家屋の構造の変化に求め、[8]ヨーロッパ人が他の社会の人びと以上に高い価値を置き、「私」がそこに淵源を有する「個人」や「プライヴァシー」という観念は、一四／五世紀以降、フィレンツェをはじめとして、ヨーロッパの各地域で生じた居住空間の分節化、及び、それに伴う生活の変化の中から生まれてきたものであったとする。[9]

空間の分節化が始まる以前、中世初頭の家屋は、中央に炉床を置き、屋根まで吹き抜けの、いわば納屋のような構造をしていた。領主の家であれ、農民の家であれ、壁の材料が石か荒土か木かといったことを別にすれば、大きな違いはない。[10]一二世紀以降、内部が壁により二つに仕切られ、より大きな一方が炉を切った部屋（台所、広間）、もう一方が寝室や貯蔵室として利用されるタイプの家がヨーロッパの大方の地域に見られるようになる。[11]空間の分節化の始まりである。やがて、炉を持つ部屋を中心にして、経済状態や家族数に応じて、部屋が付け加えられていく。[12]

ル・ロワ・ラデュリが紹介する一四世紀はじめ頃のピレネーにあるプラド・ダイヨン村の或る家屋の場合、中央にある台所を挟んで夫婦と時折訪れる異端者のための二台の寝台を置いた貯蔵室と子供の部屋があったということから、この頃既に、中央を遠く離れた寒村にあっても、最低限の分節化が実現されていたのであろう。隣接する瓜二つの人口およそ二〇〇人戸数五〇戸ほどのモンタイユー村の残された記録からは、夫婦と子供の他に、場合によっては、老親や夫の兄弟姉妹、下男、下女、下宿人、さらには、豚や羊等の家畜までが同居する一家にあって、中心に炉を持つ部屋が、台所としてだけでなく、食堂でもあり、居間、寝室としても使われていたことが分かる。家畜も家族の一員であり、家の中で餌をやり、毎朝戸外へと連れ出すことが日課となる生活の中で、文字通り、職と住が一体化し、住居が畠や放牧場の延長であり、また、その逆でもあった。一日の労働が終わった後も、人びとは炉のある広間に集まり、灯りを頼りに夜なべ仕事に精を出したことであろう。広間はいわば「家の中の家」であり、

「ここで、人は食べ、人は死に、信仰の秘義や村内の噂を語り合った。」もっとも、噂話が聞かれてならない秘密に及んだ場合、関係のない家人は家から追い出されたのではあるが。壁があるにはあったが、「どの部屋でも話し声が手に取るように聞こえる」ほどの仕切りでしかなかった。その上、外側から家の屋根板の縁を頭で押し上げるだけで台所の中の様子を無遠慮に覗き見ることができ、その気になれば、横木一枚を動かせば家の中に潜り込み、あるいは、壁に開いた穴を通って隣家同士が行き来したという、およそ「家屋の遮蔽という問題は満足に解決されたためしがなかった」、プライヴァシーとは無縁な、そうした空間の中で人びとは暮らしていた。(13) もっとも、穴があろうと、声が筒抜けようと、薄い仕切壁があるだけましであったのかもしれない。トゥアンが紹介するフランスのオーベルニュの村では、一八世紀になっても、部屋が一つしかない小屋に普通に十人が詰め込まれ、兄弟、姉妹、いとこたちが小さなスペースに肩寄せ合って眠り、三世代が同じベッドに寝ることもあったというのだから。(14)

オーベルニュの村の様子からは、農村では長年の間にわたって見るべき変化がなかったことがうかがえるが、貴族や都市の裕福な市民の住宅にあっては、中世盛期から後期にかけての時代、部屋の分節化の進展が見られる。もっとも、そのことがただちに家族の成員の分離を実現したわけではなかったらしい。台所を除いてどの部屋もハッキリとは用途が定まってはいなかったし、さらに、当初の側廊下をもたない、各部屋が直接繋がる構造の家屋にあっては、或る部屋から別の部屋に行くためには結局誰かが居る部屋を通り抜けなければならず、その結果、お互いの生活にかかわらざるをえない状況に大きな違いはなかったからである。(15)

たとえば、一三世紀半ば頃、シャンパーニュの大市の一角を形成するトロワの裕福な商人の住居の場合、一階の仕事場と使用人の寝起きする屋根裏部屋に挟まれる形で、二階と三階に家族の居住スペースが設けられ、下の階には居間兼食堂となる大広間と台所が、上の階には主人一家の寝室があり、そこには夫婦の天蓋付の大きなベッドと子供用の小さなベッドが置かれていた。(16) ここでは、階による仕事と生活の場の分離が実現され、家族の居住空間の独立化がはかられているものの、部屋の分割は未だしの感を拭えない。あるいは、一四／五世紀、ドナウ河畔のレーゲンスブルクにおいて遠隔地交易や両替商、貨幣鋳造業を営んでいたルンティンガー家の場合、ここでは、部屋のより一層の分節化が見られる。夫婦と子供、商会及び鋳造所の従業員、下男、下女が暮らしていた五階建ての住居の構造は次のようであった。一階は、台所、従業員の寝室、倉庫、簡単な業務処理用の部屋、二階は、商談や訪問客、祝宴等のための公的空間として、大広間、小広間、次の間、三階は、日常の暮らしの空間として、家長の寝室、暖炉付居間、二つの次の間、屋根裏部屋があり、四階と五階は倉庫として使われていた。もっとも、ここでも、側廊下はなく、見取図からは、各部屋が直接繋がる構造であることが確認される。[17] 日々の暮らしにあっては、居間のある三階が「主婦と娘たち、下女の天下」[18]であったとされるように、依然として家族が日常の生活の大部分を大きな一部屋を中心に営んでいたことに変わりはなかったようである。

当時の人びとの間にあっては、たとえいくつもの部屋があったにせよ、「一人になりたいなどというのは胡散臭いこと」[19]と考えられ、家長を含め家族の誰もが「自分のためだけの私的な生活空間を要求することなどできない相談であった。」[20]それは、また、家長が家族全員の生活を把握し、時には監視する上で好都合なことでもあったのであろう。こうした暮らしの実際の様子は、ボルストが紹介する『役に立つ生活の知恵』(1476) の挿絵によく表現されている。商人の一家であろうか、壁際に暖炉、真ん中にテーブル、アルコーブにベッドを置き、天井に懸垂式の燭台が設けられた一つの部屋の中で、おそらくは夕食後のひと時、机の上で計算盤を使って帳簿の整理に勤しむ父親、その傍らで一緒に糸を紡いでいる母と娘、床に座って本を開いて勉強している小さな息子、母親の足元に置かれた揺りかごで眠っている赤子、その横におとなしく寝そべる犬の姿が描かれている。[21]

家の構造と並んで、注目すべきは、当時の家族が、むろんすべてではないにせよ、大家族であったということ、そして、家がもつ公共性である。貴族や裕福な商人、手工業者等の場合、先のルンティンガー家がそうであったように、夫婦と子供の他に、奉公人や使用人、書生、小僧、徒弟、下男、下女、小間使い等が一家を成し、一つ屋根の下で共に暮らしていた。アリエスが紹介するフランス南部のカルパントラの町では、一五世紀中葉、有力者である二三家は平均七・七人、或る貴族にいたっては二五人もの家族を擁していたという。こうした「大きな家」は、パブや居酒屋がやくざや売春婦、あらゆる毛色の山師等の溜まり場であった時代、まともな人びとが集える数少ない公共の場でもあったのであり、親類や友人、知人、隣人、客、商売仲間等々が顔を揃え、鳥や犬、猿、イタチ等の動物までもが一座を成し、さらに、ほとんどひっきりなしに、しかも時間に無頓着にやってくる来訪者がそれに加わった。[22] 文字通り、「あらゆる種類の人びと」が集まり、[23]「食事をする同じ部屋の中で、人びとは眠り、ダンスをし、仕事をし、客をもてなしてもいた」のである。[24]

家はいわば「社会の縮図」[25]であり、そこには、当然のことながら、今日いうところの公と私、内と外の区別は見られない。一三世紀の或る貴族にいたっては、誰彼の区別なく自宅に招き入れるために、天下の公道を自分の別荘の広間の真ん中を通るように付け替えさせさえしたという[26]。俄には信じられないような話ではあるが、部屋が一つしかない家屋、あるいは、大きな一部屋に多くの人々が集まって生活することが当たり前の時代、就寝時ともなれば、同じ部屋で、一つあるいは複数のベッドを、時には客も含め、老若男女が、しかも素裸で共用するということがごく普通に行われ[27]、高貴の身分の者であれ、下賤の者であれ、誰もが「睡眠のために別々の部屋が必要であるなどとは感じていなかった[28]。」今日であればもっともプライヴァシーが尊重され、求められるはずの就寝の場、ベッドのある部屋は「公的な場所でもあった」のだ。「だからこそ」とアリエスはいう、「〔就寝のためではなく〕団欒の場を確保するために、随意に開け閉めするカーテンでベッドを取り囲む必要もあった」のである[29]。先の天蓋付ベッドを備えたトロワの市民の家が想起されようが、トゥアンが紹介する一五世紀の宿屋の場合、より開放的な空間が広がっていた様子がうかがえる。そこには、一つの部屋に数多くのベッドが並べられ、カーテンの仕切りもなく、中には一つのベッドを二人で利用し、また、全裸で寝る様子が描かれている[30]。実際、モンテーニュの『旅日記』によると、もう一六世紀が終わろうとする頃のことではあるが、ローマへの旅の途中に立ち寄ったバーゼルの旅籠は、「寝台にカーテンはなく、一部屋に三台か四台の寝台がくっつき合っている」ような宿であった[31]。

老若男女が同じ部屋、さらには同じベッドを、しかも素裸で共用するという風習が「風紀の乱れ」をもたらさずに済まなかったであろうことは想像にかたくない。モンタイユー村の有力家族であるブロ家の場合、夫婦と子供の他に、老母、当主の未婚の兄弟姉妹、下女、妾を兼ねた下女、靴直しの下宿人等が一緒に暮らし――当家は村では数少ない二階家であった――、「それこそ仕放題の楽天地であった」という。主人と情婦の「家族公認」の情交はいわずもがな、誰もが就寝時に「衣服を脱いで裸となる[32]」風習に忠実に、「家族や下女や下宿人たちでごった返す家の中では、姦通する者もあれば、強姦者までいた[33]」というのもあながち誇張したことではなかったのであろう。

ミュシャンブレッドは、フランス西部、英仏海峡に近いクータンスの教区会議が雑魚寝の習慣に対して加えた一三七二年の非難を紹介している。「貧しさのせいか、素朴さのせいか、人びとは、自分の息子や娘、異母兄弟たちが七歳をこえてもまだ、思春期に至るまで自分たちと同じベッドで寝かせる習慣を捨てようとしない。そのせいで、しばしば彼らの間では近親相姦がおこり、その後も淫乱な肉欲の行為に溺れるような強い傾向が生まれてしまうのである。」教会による

「共同ベッドの習慣に対する闘い」にもかかわらず、梅毒という思いがけない援軍が海の向こうからやってくるまでの間、一五／六世紀のフランス社会にあっては、「性に対する寛容の空気が支配」し、農民や市民はむろんのこと、貴族階級や聖職者の間でさえ、「色欲の罪は大いに蔓延」し、「多くの女を騙してモノにした淫乱な男ほど、仲間うちで立派な奴と評価される」ごとく、「性的放縦」や「淫蕩行為」は「あたりまえのこと」になっていた。[34]

職住が明確に分離されず、雑多な人びと、加えて動物さえもが入り乱れ、四六時中喧噪と猥雑さが支配していたであろう家空間の中にあっては、家族にとっても、個々の成員にとっても「プライヴァシー」と呼ばれるものがなかったことは当然のこととして、現代のわれわれを驚かすことは、こうした状況がおよそ社会的身分や貧富の差と関係がなかったという事実である。たとえば、フランス王の場合。下層階級の人々や外国人等が宮殿への自由な出入りを許され、彼らは王が寝室を後にした途端群がってその中にまで立ち入ったという。[35] ことほどさように、宮廷社会では、「起床・就寝は直接社会生活の中に組み入れられていた」のであり、当時、「寝間着が人前に出るときに着用する他の一切の衣裳と同様に念入りに豪華につくられた」[36]のもそうした事情の故であったとすれば納得がいく。ルイ一四世（在位 1643–1715）は、二二歳になっても乳母と、また、太陽王と称される中年になってからも、毎朝八時三〇分に王を起こすことを仕事とする侍従の一人と寝室を共にしていた。[37] 食事も同様であった。アンリ三世（在位 1574–1589）は、およそ信じ難いことではあるが、宮殿にやってきた見物人から声をかけられながら食事を摂ったという。[38] ルイ一四世の時代、その頃は既にエチケットによる規制が始まっていたのではあるが、[39] 普段一人で摂る食事が、時には、三〇〇人以上の貴族と料理人と従僕により執り行われる宗教儀式と化し、しかも、それがヴェルサイユを訪れる一般の人々に見せ物として供せられたことは、[40] かつての習慣の名残であったのかもしれない。王の権力の表徴として大食と美食を衆人環視の中で誇示せんとしたルイ一四世はともかく、内気なアンリ三世にとってかかる事態は耐え難いものであったと想像されるが、[41] もし望みさえすればそれを実現しうる立場にあった彼らでさえ、食事と就寝という本来もっとも個人にかかわる生活の場において、さらには、ヴェルサイユの主であるルイ一四世が「ド・モンテスパン夫人のところに行くのに、前の寵妃であったド・ラ・ヴァリエール嬢の寝室をどうしても横切らないわけにはいかなかった」[42]という事情も加えて、プライヴァシーをもちえなかったということは、当時の人びとの生活が公と私の区別と無縁な世界で営まれていたことの証でもあった。文字通り、王を含めて、誰もが

「公衆の面前で生活」[43]し、誰もが「一人でいることはなかった」[44]のである。

家空間の中に外の世界が浸透したということは、裏を返していえば、人びとの生活が家の外の世界へと広がり、その中で営まれていたということでもあった。アリエスは、中世の街路は、「今日のアラブの諸都市に見られるように、仕事場、つまり職業生活の本拠であり、また、お喋り、会話、見せ物、遊び等の本拠でもあった」という。街路は、「個人生活の親密性に対立するものではなく、個人生活の延長であり、人びとの生活は家の中と同じくらいか、あるいは、もっと多く街路で営まれていた。」[45]オリーゴが描く、一四世紀イタリアの、まだ中世的な雰囲気を残すプラートの町はまさにそのような社会であった。フィレンツェの西北約二〇キロに位置し、市壁内に住む約一二〇〇〇人の大部分が商人と職人からなっていた、その町の「狭い通りの生活には、まったくといっていいほどプライヴァシーがなかった。すべての店は通りに向かって開けっ放しで、靴屋、馬具屋、仕立屋、金細工師、床屋などはみな人々の眼の前で仕事にはげんだ。……町の布告人が街角から街角へとその日のニュースをふれて回った。誕生、結婚、死亡、破産、奴隷の解放、無くなった財産や行方不明の家畜のリスト、乳母の募集まで。……処刑は公開で行われた。泥棒と売春婦は、裸で鞭打たれながら町を引き回され、偽金つくりと異端者は、荷馬車の後ろに括り付けられて引きずられたあげく、広場で生きたまま火あぶりにされた。町には常に何かしら見物するものがあった。……結婚式の際は、新郎新婦が親戚友人に付き添われて行列を作って町を練り歩いた。……葬式もまたそれに劣らぬ見ものだった。死者は棺の中に隠されるのではなく、最高に着飾って友人たちにかつがれ、夕暮れの町中を運ばれた。……泉や洗濯場には、毎日ラバ追いや女たちが集まった。長々と続くおしゃべりと笑い声……。夏の夕暮れには、男たちが市庁舎の下の長い石のベンチに何時間も座って町の噂話に花を咲かせた。……よそ事もみな、うちの事だった。」[46]デュルメンによれば、ドイツにあっては、一六〜八世紀になっても、住まいは「外部に対して閉じられてはいなかった」という。「家は通りに向かって、また、隣人に対して開かれていた。それは、家と仕事の分離がいまだ行われていなかったからということだけではなく、通りをも生活空間として取り込み、常に隣人の助けを当てにしていたからでもある。それ故、家共同体は外部に対して隔絶することはなく、隣人や、そればかりか見知らぬ者さえがいつでも家の中に入り込み、住居が社交の場となり一緒の仕事の場となるといったことがごく普通にありうることであった。それが隣人関係を強化し、他方では、家庭内の問題によそ者がしゃしゃり出てくるといった事態を生み出す原因ともなった。(47)」

外に広がった生活は必ずしも「噂話に興じる」といった平和的な交わりに終始したものではなかった。ミュシャンブレッドによれば、一五／六世紀のフランスの「まだ粗暴野卑」であった農村の下層民の世界においては、「暴力はパンと同じくらい日常的なもの」であり、「女の嫉妬、若者同士の争い、近隣者との諍いなどが渦を巻き、多くの血が流されずには済まなかった。(48)」未婚の若者が中心になって再婚者や年齢の釣り合わぬ結婚をした者ども、つまりは、彼らから結婚の機会を奪い取った輩を標的として行うシャリヴァリもまた、そうした暴力の儀式化された表現であった。(49)都市の住人も、さらには貴族や聖職者といった特権身分の者たちも決して農民に引けを取るものではなかった。誰もが「粗野で乱暴な風習をまもり」、「暴力の習慣を同じ仕方で生き」、暴力の倫理が「社会的風景のあらゆる場面に存在する」、そのような社会で暮らしていたのである。(50)

二　住居の分節化

こうした状況がいつ頃まで続いたか、いつ頃から人びとが社会や隣人から身を守り始めたかは、国や地域により、また、都市か農村か、あるいは、家族の置かれた社会的身分や地位、とりわけ経済力によっても大きく異なるものであったことは当然として、いち早く大きな変化を経験したのは、毛織物業や金融業等により財を成し、一三／四世紀に繁栄の絶頂を迎えたフィレンツェであった。この地においても、中世後期には、いまだ、外の世界と内の世界は自由に浸透しあっていたものの、一四世紀後半までに、貴族や裕福な商人たちは二つの世界の間に明確な閾を設けることに関心をもち始めた。世間を外に閉め出すべく、それから隔絶するように、家族の居住空間は造景された中庭に面して設けられ、さらに、それだけではなく、壁により分割された各部屋は、「家庭内の特定の機能を担うように設計され、家族のメンバー一人一人のための空間として認識されるようになった。(51)」

たとえば、フランチェスコ・ダティーニ（1335?–1410）のパラッツィオ。少年時代に故あって生まれ故郷であるプラートを去った彼が、アヴィニヨンで商いに成功し、三〇数年後、功成り名を遂げて、とうの昔にフィレンツェの統治下におさまった生まれ故郷に戻るため、一〇年の歳月をかけて一三九二年に完成させた一〇〇〇フローリンとも評価される瓦葺き・漆喰塗り二階建ての自宅は、フィレンツェの中心街に並ぶ三層、四層の豪壮な邸宅に比べれば見劣りするものであったにせよ、子供のない夫婦二人が生活するには十分なものであったと思われる。その間取りは、一四〇五年の財産目録によれば次のようであった。一階の部屋はすべて丸天井で、ホール、事務室、小さな貯蔵庫、台所、そして、アンジュー家のルイ二世も泊まったことがある二つの寝台を備えた客用寝室があった。二階には、中央に長さ八ブラッチョの食卓を置いた大きな居間、夫婦のための主寝室、二つの客用寝室、台所、物置、開廊がある。(52)ここでは、部屋の機能分化が実現されていることがよく分かる。側廊下は見当たらないものの、それぞれの部屋が、中央にある居間を取り囲むように、その周囲に配置されていることから見て、構造的には同様の独立性が保たれていたのであろう。部屋の壁や天井にはジョットの弟子であったタッデオ・ガッディ（1300頃–1366）の息子であるアーニョロ・ガッディ（1333頃–1396）等二人の画家の手によってフレスコ画が描かれていた。(53)ちなみに、二人から制作費二〇フローリンの請求を受けたダティーニは、何の根拠があってのことか、(54)「もしジョットが生きていたなら、もっと安かっただろうに」と文句をいったという。(55)先のリストの中に、今日的感覚からは当然あってしかるべき部屋が見当たらない。いずれもプライヴァシーにとって重要となるはずのトイレと風呂である。それはダティーニ家に限ったことではなかったが、トイレについては、移動用便器が大きい客用寝室とホールに置かれ、風呂についても、その代用としての足洗い用の二つの盥と、台所に床屋の使う丸い盥が一つ置かれていた。(56)母屋の他、井戸のある中庭には、二階の開廊と区別して「中庭のロッジア」と呼ばれた宴会等に供される開廊が、さらには、花壇を挟んで母屋と反対の端には商館が建っていた。(57)フィレンツェの中心街にあるパラッツィオの場合、一般に一階が店舗や事務所や工房等の用に供され、また、屋上に開廊を設けたケースがあることを考えれば、(58)母屋と別に商館や開廊があるダティーニの邸宅は規模において決して引けをとるものではなかったし、さらに、ここでは、職と住の分離がより明確な形で実現されていたともいえる。

もう一軒。ダティーニ家とほぼ同時期にフィレンツェ市内に建設された毛織物商人であるダヴァンツァーティ家のパラッツィオを見ておこう。現在も博物館として残るその館の様子をブラッカーは次のように紹介する。「邸宅は一四世紀末のフィレンツェ貴族の建築趣味を示している。外観は伝統的なものであって、高く幅の狭い正面の頂部にはロッジアが置かれ、塔の古風な厳格さを思わせる厳しく簡素な線からなっている。それに対し、内部は新しい生活様式への進歩が見いだされる。小さな開かれた中庭が限られた量の光と空気を邸内に導き入れていたが、光と空気は中世都市の家屋では珍しいものであった。一階は店舗や倉庫として使われ、上の二つの階が生活の場にあてられた。各階は一世帯が住める部屋の造りになっていた。というのも、フィレンツェの上流階級のあいだでは、結婚した息子たちが父の家族と同じ屋根の下に住むのが慣例となっていたからである。主要な部屋は街路に面していた。広々として優雅なこれらの広間は邸館の幅いっぱいを占め、宴会や歓迎会、一族の集まりといった特別な機会の使用に供せられた。主広間の隣には、それより小さな食堂があり、そして、家の裏側に向かって、家族一人一人の寝室が連なっていた。トイレは寝室に付属する小部屋に置かれていた。[59]」トイレを除けば、各人用の寝室等基本的な構成はダティーニ家のそれと大差なかったといえる。

フィレンツェの裕福な市民の間では、既に、一四／五世紀頃、内と外の世界が区別され、私的な空間への引き籠りとそれに見合った住居の分節化が実現されていたのであるが、それに対し、ヨーロッパの他の地域での変化のスピードははるかにゆっくりとしたものであった。たとえば、イングランドの場合。エリザベス一世（在位1558–1603）の治世下、経済的に繁栄し政治的にも重要であったエクセターでは、商人の家はたいてい三～四階建てで少なくとも一ダースの部屋（店、会計室、広間、客間、主人の寝室、召使の区画、台所、貯蔵室、倉庫、馬小屋）があったものの、奉公人や女中、下男を含む大家族の上に、純粋に家族のための部屋は限られており、また、側廊下がない構造のため、真にプライヴァシーを享受しえた部屋は一つか二つの寝室に限られていた。[60]あるいは、フランスの場合。市民階級の間で、各部屋が、居間、食堂、寝室等に機能分化し、廊下により相互に連絡しあいながらも独立性を保つという新しい私的空間の編成が実現され、家族が「街路や広場、集合的活動から引き籠りはじめる」のはようやくルイ一四世（1638–1715）の時代以降になってからであった。[61]ドイツの場合も、ほぼ変わりなく、先に紹介したルンティンガー家がそうであるように、部屋の分節化自体は一四／五世紀に見られるものの、「親密な、外に対して閉じられた『家』、家庭の生活は、そもそも一八世紀以降になってようやく生まれた」ものであった。[62]

このように見てくるならば、フィレンツェにおいて居住空間をめぐって生まれた変化がいかに早い時代のものであったかがよく分かる。家空間の分節化を可能とした財力の一早い蓄積といった経済状況の他、コムーネ（自治都市）の反豪族政策による核家族化もその要因として働いたのであろう。池上によるとその間の事情は次のようなものであった。「一一世紀から一三世紀にかけて、イタリア諸都市ではコンソルテリーアという一種の拡大世帯、多核世帯を貴族たちが構成して、一族が、一門の力と統合のシンボルである、高い塔と開廊を囲んで住んでいた。そこには直系傍系の親族のみか、役人、差配、秘書、奉公人、農民、兵士もくわわり、規約に従い、統領が治めた。しかし、一三世紀後半から一四世紀末にかけて、コムーネの反豪族政策の結果、次から次へとその大いなる親族組織から離脱して分離独立し、新たな家名と家紋をもつ家族が分出するにおよんで、コンソルテリーアは分解し、財産は男子のあいだで均分相続される。その時、悄然と立つ塔は、禁止・破壊されるか、高さが厳しく制限された。一四世紀の経過中に、貴族に遅れて商人・職人の家族も、この潮流に抗しえずに縮減し、核家族・単純世帯に近づくのである。」核家族の規模がどの程度のものであったか。池上は、一四二七年にミラノとの戦いにより膨れ上がる戦費の調達を目的に、それまでの直接税や間接税に代えて、家計毎の資産状況を基にした新たな課税制度（カタスタ）のために作成された資産台帳を基にして、「平均世帯三・八人」という数字を挙げている。[63]

フィレンツェを嚆矢とし、その後、ゆっくりとヨーロッパ各地域へと広がった居住空間と暮らしをめぐる変化、一方で、初期の単純な部屋の分割から始まって、仕事と生活の場の分離が実現するとともに、住空間が、用途別に、居間、食堂、応接室、客室、書斎、子供部屋、奉公人部屋等へと分化し、側廊下等の登場による各部屋の独立性の保障、さらに、とりわけ出入りするドアが一つしかない夫婦用、各人用の寝室が普通の存在となったこと、他方で、両親の兄弟姉妹やその家族等の一族郎党、さらには、徒弟や使用人等を含む大きな家族から夫婦と子供を中心とする小さな家族への移行が進んだこと、こうした変化により、家族の、さらに、個々の成員の「プライヴァシー」が確保されるに至ったであろうことは容易に想像される。[64]「空間の個人化」とでも呼ぶべき現象が始まったのである。近代以前の時代、公と私、職と住、外と内の世界が相互に浸透しあい、雑多な人びとが顔突き合わせ折り重なりあって暮らすことが当たり前のこととされてきた状況から大きく変化し、隣人や世間との間に閾を築き、分節化された居住空間の中で、プライヴァシーが確保され、家族だけの、さらには、自分のためだけの時間を過ごすことが可能になるにつれ、外へともっぱら向かっていた眼差しが内なる自己へと向き直され、人びとの社会的意識に一つの変化が生まれ、それまでなかった新たな意識が醸成されていったとして、何の不思議もない。「自分が自分であって、他人ではない」という自我意識、“Moi seul”の誕生である。

3　時間の個人化

一　公共時計の登場と普及

空間の個人化と並んで、ほぼ同じ時期、同じ地域で平行して進行したもう一つの出来事に「時間の個人化」がある。これもまた、自我意識の醸成に深くかかわりあう出来事であったこと、空間のそれに決してヒケを取るものではなかった。

中世盛期・後期の時代、その起源はおそらく六／七世紀にまで遡ることが可能であろうが、修道院や教会から、一日に七回、聖務日課（祈禱）の開始を告げ知らせる鐘が鳴り響いた。キリストの受難の物語にあわせて分節された、朝課（真夜中）、一時課（六時頃）、三時課（九時頃）、六時課（正午頃）、九時課（一五時頃）、晩課（一七時頃）、夜課（一八時から二〇時頃）のための鐘がそうである。他に、朝課と一時課の間に讃課（三時頃）が置かれることがあった。水時計や日時計、蠟燭による計時を基にして毎日欠かさず鳴らされる鐘の音は、単に祈りのための告知としてだけではなく、近隣の農村や都市の住民にとっても、日の出や日の入り、一番鶏の鳴き声といった自然の時計と並んで、あるいは、それに代わって、日々の生活や労働を規律する時計ともなっていた。たとえば、一三世紀、パリの縮絨工たち。「冬期、日の光で路上の人を識別できるようになるとすぐに」仕事を始めていた彼らの暮らしが[65]、やがて、教会の時間によって規律されるようになったことを、パリ市長ボワローが作成した『職人鑑』（1268）が伝えている。たとえば、「〔仕事は〕ノートルダム教会の晩課を告げる第一鐘まで……、土曜日は同教会の九時課の第一鐘までとする[66]。」もっとも、こうした変化は一斉、均一のものではなく、職業により、地域により異なる対応がとられていたことは、同じパリの白鞣工の一三二四年の規約が、「異なる二つの貨幣を見分けられること」を仕事に十分な明るさの基準として挙げ、あるいは、ハンブルクの一三七五年の鍛冶師規則が、労働時間は、秋期には「太陽が金色になる」と終わり、冬期には「昼と夜が分かれる」と終わるとしていたとおりである[67]。教会の時間の採用が労働の開始と終了の一律化という効用をもたらすものであったにせよ、不定時法を基礎とする教会の時間も所詮自然の時間と無関係ではなく、加えて、照明器具としては蠟燭やカンテラの類しかなかった時代、一日の労働が太陽の動きによって規律される事情は、いずれの時間を基準にするにせよ、大差なかったものと想像される。

当初修道院長等の宗教権力に留保されていた打鐘の権限が都市の権力の伸長とともに市民の手に移り[68]、また、一三／四世紀に脱進装置の発明にともない錘を動力とする歯車式の機械時計が登場したことにより[69]、今日確実に記録が残る事例としては、ミラノ（1336年）を皮切りに、パドヴァ（1344年）、フィレンツェ（1353年）、ジェノヴァ（1353年）、ボローニャ（1356年）、シエナ（1360年）等の大きな都市において、市庁舎等に塔時計＝公共時計が設置され、そこから二四に均等に分節された時刻が自動的に鐘により告知されるようになった[70]。ここでもまた、イタリアが「近代ヨーロッパ人全体の模範であり、最初の発現者であった。」ミラノ市の年代記は、聖処女礼拝堂、後のサン・ゴッタルド教会の塔の先端に据えられた「驚嘆すべき時計」の様子を今に伝えている。「時計は、一日に二四回、昼夜の別なく、一時間毎にハンマーで鐘を打ち鳴らす仕掛けになっていた。夜の最初の時刻には一度、二番目の時刻には二度、三番目には三度、四番目には四度鳴らされ、このようにしてそれぞれの時刻が区別されたのである。[71]」年代記の記録からは、公共時計は、その出現の当初から、旧来の不定時法ではなく、近代的な定時法を採用していたことが分かる。[72]こうした定時法が、時間は均質なもの、任意に数学的に分節可能なものであるとの観念を前提し、表現していたことは当然として、[73]定時法は、ロッスムによれば、「技術的な前提とは無関係に広がっていた」のであり、「多くの都市は、新しい技術よりも前に近代的な時刻法を導入しており、自動的に鐘を鳴らす塔時計を設置するための建築上、財政上又は人的な前提条件が満たされるまでは、鐘楼守用の時計と手動の時刻の鐘で間に合わせていた。[74]」

一三七〇年頃までに、神聖ローマ帝国、ネーデルラント、フランスの諸都市が公共時計を設置し、一四〇四年にヨーロッパの地理的境界ともいえるモスクワにまで普及の波が到達したことに見られるように、[75]北イタリアから始まった革新はたちまちのうちにヨーロッパ各地に伝播・拡大し、一五世紀の初頭には、公共時計の存在は、都市にとって自明のもの、[76]都市の住民にとっては、身分の如何にかかわらず、「なくてはならぬ必須のもの[77]」となっていた。一四〇〇年頃、人口一万人を超える大都市は一〇〇ほどあったが、その内七五の都市には既に公共時計に関する記録が見られる。[78]

或るドミニコ会修道士の「都市では人々は時計の助けを借りてみずからを統治する[79]」との言にあるように、市門の開閉からはじまって、市参事会や法廷の開始、市場における取引や工房での労働の始まりと終わり、夜間外出禁止の時間等々、市民の一日の生活のリズムは、一時間毎に均等に打たれる時計の鐘を基準にして分節化され、規律されたのである。たとえば、一四世紀後半から末にかけてのケルンでは、各種の規則により、参審裁判員の会合は午後一時に始まること、魚市場における鮭の販売開始は夏期においては午前六時以降、冬期においては八時以降であること、ザール布織師や甲冑製造師、製鞄師の仕事は午前五時以前に始めてはならず、最長午後九時までとし、鍛冶師の仕事は午前八時から午後五時までとすること、僧侶・学生・俗人・男・女、要するに大多数の人々の外出は午後一一時以降禁止すること等が定められていた。[80]都市の行政規則だけではない。一五世紀末のウルムの学校規則には、「六の鐘が鳴るや直ちに、教師は学校へ行き、生徒とともに『来れ、聖霊よ』を歌い、そのあと彼は（生徒の）名簿を読み上げ、それから文法の練習を始める。……

（午後）一二の鐘が鳴ると、校長自身が学校へ行き、一つ鳴るまで詩を読む」とあり[81]、教科の内容や難易度ではなく、機械的に分節された「時間割」にしたがって授業が進行していた様子がうかがえる。労働もまた同様であり、ゲオルク・アグリコラ（1494–1555）の『デ・レ・メタリカ』（1556）は鉱山の分節化された労働時間を紹介している。「昼夜二四時間が三交替に分けられ、各就業時間は七時間である。……第一の就業時間は午前四時に始まり一一時まで続く。第二の就業時間は一二時に始まって七時に終わる。……第三の就業時間は午後八時に始まり午前三時に終わる。……就業時間になると大きな鐘が鳴って鉱夫たちにそれを知らせる。この鐘が鳴り渡ると鉱夫たちはあちらからもこちらからもあらゆる路地から飛び出して鉱坑へと急ぐ[82]。」

もっとも、公共時計の普及がただちに各都市に共通する「統一的な時間」の実現をもたらしたわけではない。モンテーニュの『旅日記』に、ローマへの旅の途中に立ち寄ったランツベルクでは、「市の時計は、この地方の他のたくさんの時計と同じく、一五分ごとに鳴る。聞くところによると、ニュルンベルクの時計は一分ごとに鳴るそうだ」とあり、また、トレントでは、「一日を二分しないで、二四時間に数える」とあるように[83]、都市により打鐘の間隔や一二／二四時間制の相違が見られ、肝心な時刻の起点についても、ル＝ゴフによると、或る都市では「正午」であったり、別の都市では「午前零時」であったり、はたまた、「日の出」、「日の入り」が零時とされるといった違いがあった。ルネサンスの人々は「不確かな時間の中で生きていた」のであり、そこにあるのは都市毎の時間であっても、いまだ「国家の時間」は存在しなかった[84]。

都市の為政者や経営者等は、一定時間おきに市中に時を正確に告知する鐘の音を前提に、規則や決まりを設け、他方、住民等は、打ち鳴らされる鐘の回数を数えて、今何をすべきか、すべきでないか、自らの行動を律したのである。塔時計の鐘は都市生活を規律・支配し、職人や商人の生活にこれまでなかった規則正しさをもたらす働きをした。一四五二年七月二一日のパリ高等法院の判決文には、「シャルル五世が〔一三七〇年に時計を作らせたのは〕当時大時計が一つもなかったわれわれの都市パリを飾るためであり、われわれの高等法院とパリの住民たちがよりよく自らを統治し、規律正しくするためであった」とある[85]。同様に、リヨンでも、市の時計が必要な理由として、「名望ある市民、商人そして訪問者たちが、秩序ある生活」を営むためが挙げられていた[86]。規則正しく時刻を市中に告知する公共時計は、「良き法と秩序」の象徴であり、またその担保でもあった[87]。そのことが、時計が都市にとって不可欠なもの、都市の属性となったことの第一の意味であった。

二　私の時間の管理と活用

ブロックが封建時代の特徴の一つとした人びとの「時間に対する非常な無関心[88]」は、都市の住民にとってはすっかり過去のものとなった。その頃、都市と田舎の時間に天と地ほどの違いが生まれていたことをル・ロワ・ラデュリが描く一四世紀はじめのモンタイユー村の人びとが教えてくれる。「農民や羊飼い、職人たちは、短い時間経過をあらわすときには、『ちょっとの間』、『一息入れる間』、『しばらく休む間』等々はなはだ漠然とした表現をする。さもなければ、そう多くはないが、『一里』とか『四分の一里行けるくらい』と運動で時間を測っている。……時間の区分、つまり時刻には食事が目印になっている（昼食、夕食など）。同様に聖務日課で表現されることもある（三時課、九時課、晩課など）。だから、昼間時間は或る程度キリスト教化されている。これに対し、夜の時間区分はまったく宗教化されないままである。夜の時間区分を示すには視覚的、生理的、もしくは聴覚的な指標に訴えるにとどまっている。たとえば、『日が沈んだ』、『真っ暗な頃』、『寝入り端の頃』、『うつらうつらしかけた頃』、『一番鶏の頃』、『鶏が三度鳴いた頃』などである。……人びとは、必要とあらば、どんな仕事にでも取り組んだのだが、確固不動の時間表とは無縁であった。労働は長い不規則な休息時間が割り込んで穴だらけになったし、どうかすれば、〔仕事中に〕葡萄酒を持ち込んで友人と無駄話をする。……羊飼いは、哲人めいた時を送っている。草の生えるのを眺めるだけで、欠かせない予定で埋まった日程表などに縛られてはいない[89]。」

いわば時が止まったままの田舎に対し、都市の変化はとどまるところを知らないかのようである。当初鳴鐘時計にすぎなかった公共時計に、一五世紀の初頭以降、新たな装いが加わる。文字盤と時針が付加されたのである。オウデンブルクでは一四〇二年頃、シエナでは一四二四年にそれまでの塔時計に「一日の時刻を示す」文字盤が取り付けられ、パリの場合、一四一九年に王宮時計の管理人が文字盤のおかげで仕事が増えたとの苦情を申し立てている[90]。文字盤を備えた塔時計は、当時の画家が競ってそれを木版画や彩飾画等に描いたように[91]、都市に新たな風景をもたらした。とりわけ、夜間にあって松明やカンテラにより照明される仕掛け[92]は、漆黒の闇が支配するか、せいぜいわずかばかりの数の松明による常夜灯が設置されただけの市中にあって、ひときわ異彩を放ったにちがいない。むろん、事は単なる風景の変化にとどまるものではなかった。従来の聞く時間に「読む時間」が加わったのであり、その結果、人々は、随時、塔時計に目をやり、自分の必要に応じて時刻を確かめるという、これまでなかったたま

ったく新たな可能性を手に入れることともなったのである。(93)

もっとも、その塔時計によっても、個人による時間の自由な分節化、フレキシブルな管理と利用は困難を伴うものであったにちがいなく、それをはじめて容易にしたのが機械時計の随伴者として同時期に登場した砂時計である。古代の水時計との形態的類似の故に古くからあったものと思われがちな砂時計ではあるが、一四世紀に生まれた新しい技術的成果の一つであった。(94)絵画に残された最古の砂時計の描写としては、アンブロージョ・ロレンツェッティ（1290頃–1348）の作とされるシエナ市庁舎の平和の間に描かれた『善政と悪政の図』（1338–40）の中の砂時計を持つテンペランティアの像があり、(95)文書に残るもっとも古い言及例としては、カール五世の一三七九年の家財目録に機械時計三個と並ぶ砂時計一個の記録がある。(96)

砂時計は実際どのように使用されたのか。たとえば、一四六八年、シャルル・ル・テレメールとマルゲリット・ド・ヨークとの婚礼を祝って行われた騎乗槍試合の際、「試合時間を知らせるため、一人の小人が、半刻分の細砂で一杯になったガラス製の砂時計を立て、それからラッパを鳴らした。(97)」あるいは、ケルンでは、一四五〇年以降、市長主宰の会議が午前八時（冬期は九時）の時鐘とともに始まると、用務員が「四分の一時間で落ちる砂入りのガラス器」を立てたという。それは、砂が落ち終わった後にあらわれた者への給与を削減するためであった。(98)このことから、当時既に給金が時間の長さによって測られていたことがうかがえる。それはともかく、競技や会議に限らず、教会での説教、参事会での演説、法廷での弁論、取調室での拷問、工房での仕事、学校での授業、書斎での読書、台所での料理、休憩等々の時間の長さを任意に、あるいは、必要に応じて区切り、測ることができるようになったのも砂時計のおかげであった。(99)中でも、折からの大航海時代にあって、いまだ信頼性に劣り、また、塩害を受けやすい機械時計に代わって、砂時計は、長年の間、航海の歴史のなかで重要な役割を果たした。当直時間の測定には三〇分を一単位とする砂時計が使われ、八単位毎に交代を告げる鐘が鳴らされた。この他、海図上の位置を測定するために用いる天体観測用の砂時計、測程索と組み合わせて船の速度を算定するための一四秒または二八秒用の砂時計もまた必須の備品であった。(100)陸上においても、砂時計は旅人の有用な携行品となり、エラスムスやルターが使用したとされる旅行用の時計が今日まで伝えられている。(101)砂時計は、仕事や生活のさまざまなシーンにおいて、時間を自由に分節し飼いならす確実かつ不可欠な手段として大いに重宝されたのであり、先のロレンツェッティの『善政と悪政の図』をはじめとして、デューラーの『騎士と死と悪魔』（1513）や『メレンコリアⅠ』

（1514）、『書斎のヒエロニムス』（1514）がそうであるように、当時の多くの画家が、寓意として、あるいは小道具として、砂時計を描いたことは、それが時間の象徴であり、また、それだけ身近な存在であることの証でもあったということなのであろう。さらに、同じ時期、時計の小型化によって、裕福な家庭が掛時計や置時計を持つことも珍しいことではなくなった[102]。『ブルネッレスキ伝』が、「彼は複雑で色々な機構の歯車とバネが組み合わさった時計や目覚時計を作ったことがある[103]」と伝えているところを見ると、ブルネッレスキもまた時計の制作に携わった経験があったのであろう。ルネサンスの万能人であった彼に相応しいエピソードであり、彼の多彩な技芸に時計師のそれも含めねばならない。

文字盤を設置した塔時計や砂時計、小型時計の出現・普及のもつ意義は、時間を公共のものから個人のものへと拡大させたことにある。この変化は、携帯用時計の登場、さらに、一五世紀以降、錘に代わってゼンマイを動力とする容易に携帯可能な小型時計の出現[104]により一層加速される。リン・ホワイト・Jr.は、現存する最古のゼンマイを動力とする時計として、一四三〇年頃にブルゴーニュのフィリップ善公のためにつくられた置時計を挙げ、その他、一四五九年にフランス王が「純金で飾った錘のない小時計」を購入し、また、ミラノ公であるルドヴィコ・スフォルツァが一四八八年に自身と奥方のために「ペンダント式時計」の付属した衣服を注文したことを紹介する[105]。公共時計が、一日を二四の単位に分割することにより、為政者には市民の、教師には生徒の、経営者には労働者の、それぞれ生活と行動を管理・操作し、良き法と秩序を生み出す手段を提供したとするならば、砂時計や小型時計、携帯時計は、公共時計が開いた個人による時間の分節化、能動的な管理をより一層促進し、また、時間の管理を通じた個人の自律をより確実なものとする結果をもたらすものであった。空間の分節化によりプライヴァシーを得た人々は、時間の分節化により自分だけの独自の時間を生きる可能性を手にし始めたのである。そのことが、空間の分節化とならんで、自我意識の醸成・確立に寄与したであろうこと、容易に納得されうるところである。

それは、同時に、一人一人の人間にとって、時間の生き方が問題となる時代の始まりでもあった。ロッスムが紹介するダティーニが妻に宛てた手紙――「今晩二三時に私は同僚たちのところに呼ばれた。」「時間が足りない。今二一時だ。それなのに食べても飲んでもいない[106]。」――からは、哲学的な時間を生きていたモンタイユー村の羊飼いとは対照的に、早くも時間に追い立てられ、悲鳴をあげている都市生活者の様子をうかがうことができようが、アルベルティが、『絵画論』とほぼ平行するように執筆した『家族論』（1432-34/1441）

の中で、現代人の心得として、有限な時間の厳格な管理と有効利用の必要であることを説いたのもこうした背景があってのことであり、それは典型的なルネサンス人である彼にこそ相応しい役割でもあった。彼は、先ず、親となる者に対し、子供の誕生にあたって、場所や年月日、さらには、「時刻」を書き留め、「家の記録簿とか秘密帳簿に記す」ことを勧めている。(107)実際、デューラーの父は、むろんアルベルティの勧めなど知る由もなかったであろうが、子供の誕生に際して家譜に、「キリスト誕生後の一四七一年、聖ブルデンティアの日〔五月二一日〕、祈願節週の火曜日の六時に私の妻バルバラは私のために私の次男を産み、アントニー・コーブルガーが名付親となり、私の名をとってアルブレヒトと命名した」と書き記している。(108)こうした記録を残すことの理由に、アルベルティは「誕生日を知る必要が幾度となく生じる可能性がある」ことを挙げているが、(109)単にそれにとどまらず、ヨハネス・ケプラー（1571–1630）が後年「私の受胎が起こったのは一五七一年五月一六日午前四時三七分。私は、月足らずであったが、三二週目に、つまり二二四日と一〇時間を経て生まれた」(110)と書いたように、誕生、さらに遡って、受胎の瞬間というものが、そもそも自分という存在＝自我を確定する基点であり、"Moi seul" の出発点であることを考えれば、より納得がいく。

アルベルティは、この世に生を享けた者にとって「ほんとうに自分のものと呼べるもの」は何であるかと問いかけ、魂、身体、そして、「時間」がそれであるという。彼の言は、時間を神のものとみなし、「自分の持ち物ではない」としてきた従来のキリスト教の観念——それは、また、商いの世界での利子の否定にもつながったのであるが——を真っ向から否定するものでもあった。これら三つはいずれも個人に「自然から与えられた」もの、その中でも、時間は「もっとも貴重な」ものであり、アルベルティは、これに比べれば「両手や両目でさえ、それほどには自分自身のものとはいえない」とさえいう。(111)いかにも、「生涯にわたって知的なアイデンティティに取り憑かれた犠牲者であった」(112)と評されたアルベルティならではの観念であったといえようが、この貴重な時間をどのように有効に活用し、どのように管理すればよいか、いわば時間との付き合い方の教示がここでの眼目であった。「もし、人が、われわれの精神や不純な知性にこびりついている汚れや泥——無知や低劣な欲望や下劣な嗜好——を洗い流すため、また、学び、考え、立派な行為をするために時間を利用するならば、その時、彼は時間を自己のものにしたといえる。しかし、何らかの有為な仕事に携わることがいささかもなく、次々と時間を無為に過ぎるがままにしておく者は、確実に時間を失うこととなる。」現代に生きるわれわれにとっても耳の痛い話ではあるが、彼の教えはさらに具体的な指示へと続く。「時間をできる限りうまく利用し、決して無駄にしないことが私のやり方だ。……大切なことは、朝一番に、起床と同時に、『今日しなくてはならないことは何か』と自分に問うことである。それらを数え上げ、ざっと目を通し、考えた上で、それぞれに私の時間を配分する――これは朝のうちに行う、これは午後に回す、あれは夕方というようにである。……時間を見張り、時間を按分して計画を立てなくてはならない。たゆみなく働き、一時間たりといえども無駄にしてはならない。……朝、一日の全体の計画を立て、日中、計画を実行し、夜、眠りに就く前に、もう一度、その日に行ったことを反省するがよい。[113]」

アルベルティの言は、今や、時間は、誰のものでもない、「私」のものであり、一人一人にとっての有限な資源として、浪費すべきものではなく、節約し、管理し、有効に活用すべき対象となったことを教えている。時間の「個人化」である。そのための不可欠の道具が時計であり、時計の小型化や携帯化、つまりは個人化もまた必然であった。商人であれ、手工業者、吏員、教師、聖職者、家庭の主婦……であれ、身分や職業の如何にかかわらず、今や、自らの仕事や生活を統治しようとする誰にとっても、時計のない生活など考えられないものとなった。

こうした変化は、当時の彩飾写本等に描かれたテンペランティアのアトリビュート（象徴物）にも確認することができる。テンペランティアは、古代ローマに由来する「節制」の徳を象徴する女神であり、彼女が何をアトリビュートとするかは、それぞれの時代の節制観に応じて変化してきた。森が紹介するところによると、『カルル禿頭王の第一聖書』（846）の写本では何も持たなかった女神は、九世紀後半の『カンブレの福音書』では「松明と小瓶」を、一一世紀中頃の『聖ドニのミサ典書』では「水の入ったコップとワインの瓶」、スクロヴェーニ礼拝堂のジョットの『美徳と悪徳の寓意』（1303–05）では「紐で封じられた剣」、ジョットの弟子であるアンドレア・オルカーニャが制作したフィレンツェのオル・サン・ミケーレ教会の『聖櫃』（1349–59）の浮き彫りでは「コンパス」をそれぞれ手にする姿で描かれている。これらに代わって、「時計」が登場するもっとも初期の作品としては、先に紹介したシエナ市庁舎にあるロレンツェッティ（弟）の『善政と悪政の図』（1338–40）がある。そこでは、テンペランティアは、善政を表現する王たる審判人の左側に、寛大と正義の二人の女神に挟まれ、右手に砂時計を捧げ持つようにして座っている。その後、クリスティーヌ・ド・ピザンの『オテアの書簡』（1400）やハインリヒ・ゾイデの『知恵の時計』（1331–1334）の一五世紀に制作された彩飾写本に付された挿絵では節制のモチーフとして大きな背丈ほどの機械時計が、また、『四枢要徳の書』（1450）では頭上に小さな置時計を戴いたテンペランティアが、そして、ピーテル・ブリューゲル（父）の『節制』（1560）でも同様のテンペランティアが、いささか奇妙なことではあるが、七つの自由学芸の表徴に取り囲まれるようにして描かれている[114]。

テンペランティア（Temperanteia）と時計の結びつきについては、フルゴーニが、『善政と悪政の図』を解説する中で、誤って類推された語源＝tempus（時間）によるものであると指摘しているところではあるが[115]、この点に関して興味あることは、ピザンの『オテアの書簡』が、「節制は、また、女神とよばれるべきであろう。われわれの身体が多くの部分から作られ、理性によって規制されねばならないので、それをさまざまな歯車や測定器のついた時計として表わすことができよう。そしてまた、時計が調整されねばなんの役にも立たないように、われわれ人間の身体は、節制によって命令されなければ、なんら働きをもたない[116]」として、多くの器官から構成される身体と多くの部品から構成される機械時計を類比させ、ともに正常な機能のためには「節制による調整」が必要であると説いていることである。写本の挿絵の制作者がアトリビュートに時計を選んだ理由はこういうところにあったのであろうが、Temperanteia の本当の語源が temperare、「制御する」であることを考えれば、ピザンの意図はより明確なものとなる。およそ時間と無関係と思われる優雅な宮廷社会を暮らしの場としながらも、文筆で身を立てた知識人であるピザンにとって、自らの仕事や生活を統治する上で、時計のもつ実利的な機能や効果、その利用法は差し迫って重要なことであったのであろう。いずれにせよ、たとえそれが誤解に基づくものであったとはいえ、商人や手工業者等、時間の有効利用の必要性を自覚した当時の人びとが、有限な時間を節約・管理する手段としての時計と節制の女神であるテンペランティアの間に実体的な結びつきを感じ取ったとして不思議はなく、フルゴーニも、「すでにこのころでは、都市が栄えるのに伴い、稼ぎの根元でもあった時が貴重に感じられていたことは明らかであった[117]」ことを承認する。かくて、日々の生活が自然の時間に即して営まれる農業に代わって、商業や手工業が経済の中心を成す都市の生活の中で、時計を手にする節制の女神の像は、誰の目にも見える形で、“Time is precious”を表現し、さらには、“Time is money”の世界の到来の日が近いことを告げるものでもあった。ちなみに、ブリューゲルが、画面中央に立つテンペランティアを取り囲むように算術や幾何学、音楽、天文学等の七自由学芸の表徴を配置した中で、頭に置時計を戴いた彼女のすぐ目の前、視線の先に、計算盤を使って一心不乱に収支を計算している両替商とおぼしき三人の主従を置いたことは意図あってのことであったのかもしれない。

単に自然の時間の流れに受動的に身を委ねるのでも、あるいは、公共の時間にただ一方的に管理・支配されるのでもなく、さらには、日常的時間に追い立てられるのでもなく、一人一人が、他の誰でもない自分に固有の内的な時間意識をもち、そのことにより、唯一無二の自分という人格＝自我を計画的・能動的に実現・形成するべく、今を基点として、過ぎ去る時間を構成し、到来する時間を構想するという、いわば「時間の遠近法」の可能性がはじめて開かれたこと、それこそが、時間が均質となり、その時間を時計という手段により自由に分節可能となったことの帰結であり、果実であった。

4　個人化の揺籃としての都市

一　都市の再生

空間と時間の分節化が「自我意識＝個人」の誕生に深くかかわりあう出来事であったことが了解されたとして、それでは、何故、人びとは、一四世紀以降、空間と時間の分節化を開始し、それを押し進めたのか、そうした疑問が残される。分節化に先立って、それを求める「新たな意識」の出来があったはずである。それがなければ、人びとは、モンタイユー村の農民たちがそうであるように、従来のままの空間と時間の中で暮らしていたにちがいない。そうした意識は当然に分節化によって醸成される自我意識と無関係なものではなかったはずである。いわば自我意識の萌芽ともいうべき新たな意識の出来があって、はじめて、人びとは空間と時間の分節化を求めたのであり、分節化を可能とする経済的豊かさ、時間の場合には技術的革新が加わって、その実現を可能にしたのであろう。したがって、空間と時間の分節化がはじめて「個人」を生み出したのではなく、既に萌芽的に出来していた自我意識が分節化を求め、その分節化がさらに自我意識を強化し確立したというのが現実であったと思われる。実際、モリスは、一般に一五世紀イタリア・ルネサンスの所産とみなされてきた「個人の発見」は一一世紀半ばから一二世紀末の時代に遡ることができるとし、[118] イリイチも、『自我』あるいは『個人』という言葉の意味するものは一二世紀の偉大な発見の一つであった」とする。[119]

それでは、人びとを空間と時間の分節化へと向かわせることになるこの新たな意識はどのようにして生まれたのか。その揺籃はどこにあったのか。それが次に問われねばならない。空間と時間の分節化が「都市」を舞台にした出来事であった以上、「個人」の誕生につながる新たな意識の誕生地も当然都市をおいて他にはなかったとみて間違いないであろう。

ピレンヌは、一一世紀に入る前から、「商業のルネサンス」、「都市の復活」が、ヴェネチアとイタリア南部、フランドル海岸において始まったとする。[120] もっとも、「再生」がある以上、かつて「生」があり「死」があったにちがいない。彼の言い分はこうだ。八世紀、イスラムの侵入がそれまで古代世界を結び合わせていた地中海を「障壁」に変えてしまった。[121] それ以前、地中海は、コンスタンティノープルを首都とするローマ帝国の時代以来、東方と西方を繋ぐ交易路であり、中でもマルセイユは、コンスタンティノープルをはじめシリア、アフリカ、エジプト、イスパニア、イタリア等と結ぶ東西の物資の行き交う一大商業都市として繁栄を極め、東方の産物、たとえば、パピルス、香辛料、絹織物、葡萄酒、油を輸入し、内陸部へと送り込む要衝の地であった。[122] メロヴィング朝時代にマルセイユで鋳造された夥しい量の貨幣の存在はこの都市の隆盛を物語っている。[123] ところが、地中海共同世界は七世紀にイスラムがこの海の覇権を握ることにより「終末を迎える。[124]」西方世界の重心は北へと押し上げられ、フランク国家が「西方の運命の裁決者」となって立ちあらわれた。[125] ヨーロッパは、これ以降、当分の間、「封鎖国家」、「国外市場のない国家」[126]として、「自分自身の生活の資に依存して生きることを余儀なくされるに至った。[127]」商業は「とるに足りないもの」[128]、「副次的な役割しか果たさない」[129]ものとなり、マルセイユの港の寂れ[130]が象徴するように、「その名に値する交換経済の本質」を成す定期的で正常な商業活動、恒常的で組織的な流通、商人階級、都市にある商人の定住地といったものは消滅した。[131] 都市は、かろうじて、司教座聖堂のある「宗教行政の中心地」としてのみ残存し、[132] 社会的・経済的・法的意味における都市は姿を消すに至った。[133]

以上がピレンヌの主張である。もっとも、ブロックは、性急に「自然経済」とか「閉鎖経済」といった定式を立てないことが肝要であると釘を刺す。というのも、貨幣が枯渇したわけではなく、単に「欠乏した」だけであり、交換が行われなかったわけではなく、単に「極度に不規則であった」だけなのだから。[134] なるほど、西地中海からは長距離の航海がほとんど消えたにせよ、隣接諸文明との交流がまったく途絶えたわけではない。ピレンヌもまたヴェネチアがアドリア海を挟んでヨーロッパ的西方とは異なる世界に結び付けられていたことを否定しない。[135] 他にも、イスラムの支配下となったイスパニアとはピレネー山脈を越えるルートが、また、バイエルン地方からプラハを抜けドニエプル河畔のキエフ――さらに河を下ると、黒海を挟んで、その先にはコンスタンティノープルが位置している――へと至る北方の通路が細々とではあれ命脈を保っていたことをブロックは指摘する。[136] とはいえ、ピレンヌが強調するように、フランク王国が本質的に「農業国家」であったことは紛れも無い事実である。「土地以外の財産をもはや知らず、農業労働以外の労働をもはや知らない」国家であった。[137] 当然、国家の財政基盤も変化する。メロヴィング朝の時代に見られた「人頭税」は消え、君主の財源は「領地からあがる収入、征服した部族から徴収する貢ぎ物、戦利品」となる。「商業の衰退」は「通過税」が国庫に寄与しないことにもあらわれていた。[138] 貨幣の不足は役人の雇用を不可能とし、その代わりに、国家は「国家権力の減殺」を関心事とする貴族階級の中から彼らの代理人を調達することを強いられ、それが大帝没後の「急速な国家の崩壊」をもたらす因ともなった。[139] カール大帝は貨幣制度の改革を断行したものの、それは、銀貨の鋳造を金貨のそれに取って代わらせる改革であり、「流通と富の驚くべき衰退以外の何物でもなかった。」[140] 黄金の消滅の原因はひとえに「地中海の商業の途絶」にあった。「カロリング王朝のデナリウス銀貨の極めて軽い重量は彼らの帝国の経済的孤立を立証している。」[141]

もっとも、ここでも、ピレンヌの直截的かつ否定的な物言いに惑わされないようにしよう。「途絶」した商業とは、「その名に値する」交換経済、即ち、「恒常的で組織的」に行われる遠隔地間のそれであり、それも、ゼロとなったわけではなく、「副次的な役割しか果たさなくなった」というにすぎない。「若干の葡萄酒樽や塩樽の輸送、奴隷の密貿易、そして東方産奢侈品の行商」[142] が「とるに足りないもの」の中身であった。デナリウス銀貨の鋳造は帝国が純粋な「自然経済」ではなかったことの何よりの証である。それを必要とするだけの交換経済があったということだ。ただし、銀貨の「極めて軽い重量」は、商業圏が少額貨幣で事足りるような閉域的な在地商業の支配する世界であったことを物語る。それが「帝国の経済的孤立」――それも上記のような留保付の孤立の意味するところであったのであろう。

こうした閉塞状況に風穴を開けたのが、ヴァイキングやイスラム教徒、マジャール人といった外民族の侵入が止み、封建制の確立と歩調を合わせるように本格化した「開墾運動」であった。一〇／一一世紀以降のことである。ブロックは、それが「ヨーロッパの様相を一変させた」とする。[143] 既に、それ以前、リン・ホワイト・Jr.によると、「たぶん六世紀の終わりから、七世紀には確実に、ドイツの中部、西南部とラインラントでは人口の顕著な増大」が見られ、おそらくはスラブ族から伝えられた重粘土質の土壌に適した重量有輪犂の登場と普及が「この成長過程の基本的な要素」であった。[144] 重量犂の普及のスピードは地域によって異なりがあるものの、犂に限らず斧や鉈、鎌等の鉄製の農機具の普及、冬畑・夏畑・休閑地（牧畜）のサイクルで土地利用を行う三圃農法の登場、[145] 牛に代わる馬耕、馬具（蹄鉄、繋駕法）の改良、水車や風車の利用等の技術革新、さらには、「小気候最適期」とも「中世温暖期」とも呼ばれる九世紀前後から始まり一二／三世紀に至る気候の温暖化もあいまって、農業生産力の向上、人口増をもたらしたことは間違いなく、(146)開墾運動がこうした「高い出生率」により後押しされたものであったことをピレンヌは指摘する。「子沢山は、一一世紀には、農民の間でも貴族におけると同じく一般的なように見える。次三男がどこへ行っても大勢いて、生まれ故郷では窮屈な思いがし、遠くへ出て自分の運をためしてみようという気持ちに燃えている。……ヨーロッパのあらゆる地方で、人手はありあまる程提供され、この頃からその数を増していく開墾と築堤の大事業を説明するものは、明らかにこの労働力の潤沢さである。(147)」次三男を開墾運動へと駆り立てた要因として、他に、クーリッシェルは、農民に課された過重な賦役と貢租、荘園領主の恣意と残酷を挙げ、東部地方は有利な条件での土地の貸与を理由に農民を誘致し、彼らは世襲借地権を手に入れたのであるとする。(148)この他、間欠的に襲う飢饉もまた開墾への原動力の一つとなったのであろう。モンタナーリは、大雨といった天候不順を原因として、七五〇年から一一〇〇年に至る間、ヨーロッパ全域で二九回にも及ぶ飢饉の記憶が残されていることを指摘する。(149)

温暖な気候を味方に、人口増、技術革新、時には天候不順による飢饉にも後押しされたのであろう、ヨーロッパ内部に残された森林や荒地の開拓、湿地帯や沼沢地の干拓、イベリア半島の高原やエルベ河以東の広大な平地にまで及んだ開墾運動の様子をポンティングは次のように描いている。「ゲルマン民族によるヨーロッパ東部の開発の動きは、一〇世紀に始まって一三〇〇年ごろまで続き、この地域の民族地図を大きく塗り替えた。……移動の第一段階となった九一九～三二年にエルベ河とその支流のザーレ河の間の流域に入植し、これが東方植民の幕開けとなった。さらに、一〇一八年にゲルマン民族はウィーンを建設した。この後、ハンガリー人の攻撃によりしばらく停滞した東方植民は、一二世紀なかばに再び本格化し、ホルスタイン地方やメクレンブルク地方やブランデンブルク地方に定住が進んだ。……その後も東方への進出は続き、一一八六年にはバルト海岸のリボニア、クルランド、一二〇一年にはリガ、一二三一年には東プロイセンがゲルマン人の支配下に入った。さらに、一二四〇年までには、東はオーデル河流域とシレジア、南はエルツ山地とズデーテン山脈にまで達した。この動きは一三世紀末にようやく衰えをみせる。……スペインにおいては、いわゆるレコンキスタの動きの中で、アラブ人が立ち退いた後にキリスト教徒が次々と農村を建設した。この動きは一二世紀頃にもっとも活発となったが、東方植民と同様に、一四世紀に入ると停滞した。……自然林の破壊以外に、湿地や沼沢地の干拓や埋め立てによっても景観が大きく変えられた。……イギリス南東海岸のロムニー湿地では約一〇〇〇年のニューロムニーの建設を皮切りに干拓が始まった。……フランスでは、一一〇〇年ころからポワトゥ地方の低湿地が、五〇年程遅れてアルル周辺の低湿地が干拓された。イタリアでは、一二世紀はじめにポー河流域の干拓が始まった。……オランダでは、九〇〇年ころにフランドル地方やオランダのゼーラント州で干拓事業が始まり、その約三〇〇年ほど後になると、人口増加に伴う農地の需要増に対応するため干拓地が拡大していった。[150]」

さしもの開墾運動も、一四世紀初頭のペストの大流行による人口の大幅な減少、そして、その頃から始まった寒冷化もあって、収束に向かうこととなるのであるが、そこに至るまで、長期かつ広範にわたった事業の成果はいかなるものであったのか。耕地面積の拡大に関し、フェイガンは、六世紀に西部及び中部ヨーロッパの五分の四が森林か沼地であったのに対し、一二〇〇年になるとその面積は半分以下へと減少したとし[151]、人口増について、ジョーダンは、ウラル山脈以西の地域における人口の変化を、八〇〇年に二九〇〇万人、一〇〇〇年に三八〇〇万人、一二〇〇年に四九〇〇万人、一三四〇年に七〇〇〇万人と推定する。[152]

開墾運動がもたらした農業生産力の向上と人口増はヨーロッパを新たな発展段階へと導くに十分なものがあった。分業による手工業と商業の登場であり、そして、空間と時間の分節化の揺籃の場となる「都市」の復活がそうであった。ピレンヌがいう「商業のルネサンス」である。もっとも、ルネサンスの始まりは一一世紀に入る前から見られるところであり、その中心の一つがヴェネチアでありイタリア南部の都市であった。[153]ヴェネチアは、西方世界が内陸に閉じ込められた後も、東方世界へと開かれた窓としての役割を演じ、アドリア海に面する特異な地理的環境を生かして、終始コンスタンティノープルとの関係を保ち続け、小麦、葡萄酒、木材、塩、奴隷を輸出し、代わりに絹織物や香辛料を持ち帰り、一一／二世紀には「貨幣に満ち、人の満ちる」都市と謳われるほどとなっていた。[154]大きな交易の流れが途絶えれば、細い流れを支配した者が大きな利を得るのはいつの世にも変わらない道理である。ビザンツ帝国の支配下にあったアマルフィー、ナポリもまたコンスタンティノープルとの関係を維持し、回教圏との交易に躊躇しなかった。[155]しかし、彼らの競争相手であった北方に位置しティレニア海に面するジェノヴァ、ピサの場合は事情が明らかにちがった。彼らは、一一世紀初頭以降、「イスラムに対するキリストの兵士」となってサラセン人を地中海世界から追い落とす反撃に出る。[156]そして、第一次十字軍の開始（1096）は「イスラムの決定的な後退」を告げる出来事となった。[157]それ以来、地中海の門戸が開かれ、ローマ時代におけると同じように、「本質的にヨーロッパの海であるこの海の一方の端から他方の端まで自由交易が回復した。」[158]

地中海と並ぶもう一つの中心が、これもまた閉塞状況の中で外の世界との繋がりを維持してきたヨーロッパ北部（ロシア、ポーランド、スカンディナビア半島）に至る通商路である。ここでは、北海とバルト海を水路として、ブリュージュやゲント、イープル等のフランドルの都市、ケルンやマインツ等のドイツの都市が、東はロシアのキエフ、ノブゴロドから西はイングランドのロンドンに至る交易を支配する。やがて、この地域にあっては、リューベックを盟主とするハンザ同盟が大きな役割を演じることになるであろう。

一二世紀を境にして、回教世界やビザンツ世界、アフリカ北部、ヨーロッパ北部との交易が復活し活発化したこの時代、変化は単にそれら地域との関係が以前に比べ容易にまた緊密になったというだけにとどまらない。「もっとも肝要な特徴は、その関係の性格が変わった」ことにあるとブロックはいう。[159]「財の流れ」の反転が生じたのである。それ以前、貿易のバランスシートは、特に東方貿易において、奴隷の他に満足な輸出品をもたなかったこともあって、圧倒的にヨーロッパの入超に傾き、ヨーロッパ世界から金や銀が流出したのに対し、[160]この時期以降、ヨーロッパの側が「製品の強力な提供者」へと転じ、ヨーロッパへと向かう貨幣と貴金属の流れを生み出すに至った。[161]逆転の立役者となった産品が、イングランドが産出する羊毛を原料にして、フランドルやロンバルディア、トスカナで生産される毛織物であった。それはまた、商業が、単に遠隔地間の物産の交流にとどまらず、都市の手工業に基礎を置く時代の開始を意味していた。[162]オリエント、北方が征服の対象となり、後世に続くヨーロッパによる「世界の経済的征服」の始まりを告げた。その先兵となったのが、オリエントに対してはヴェネチアやジェノヴァ、ピサ、それに続くフィレンツェの商人たちであり、北方に対してはリューベック、ハンブルク、ケルン、ダンツィヒ等の商人たちであった。前者が、地中海、アドリア海を交易路として、東方の香辛料、染料、砂糖、果実、象牙、医薬品、宝石、絹織物といった高い運送費に見合う奢侈品を扱ったのに対し、後者は、バルト海、北海を舞台にして、海上輸送によって可能な重量物である北方の木材、木炭、小麦、魚（塩漬鰊、鱈）、鉄、銅等の生活必需品をもたらした。[163]

これら二つの人と物の流れが合流するところがシャンパーニュ伯領で開かれる大市である。毎年、四つの都市（トロワ、バル＝シュル＝オーブ、プロヴァン、ラニー）で合計六回、それぞれ六週間程度、年間を通してほとんど途切れることなく開催される大市には、フランス、イタリア、ドイツ、イングランド、スペイン、スイス、サヴォイ、フランドル、ブラバントから隊商が流れ込み、オリエントの香辛料や絹織物、北方の毛皮製品、フランドルやトスカナの毛織物、ドイツの麻織物等々、さまざまな産品の交換が行われた[164]。大市は、八日間の準備期間の後、織物の市、皮の市、秤の市の順で、それぞれ各一〇日間開催され、最後に五日間の決済期間が置かれていた。織物の市や皮の市はおおよそ見当がつく。秤の市は「目方や長さ、量で売買される商品」を対象とし、香辛料、薬品、染料、塩、金銀、宝石、鉄、鋼、錫、木材、木炭、原毛、絹糸、真綿、大麻、亜麻布、木綿、植物油、獣脂、ラード、ワックス、蜂蜜、砂糖、ナツメやレモン等の果実などが取り引きされた[165]。

東西南北に及ぶ交易の復活・活発化は、当然のこと、「貨幣」の本格的な需要をもたらした。あるいは、貨幣の流通があってはじめてそれが可能となったというべきか。商業活動が停滞したかつての時代、死者への贈与として墓に埋蔵され、あるいは、領主や教会、修道院等がこれを蓄蔵し、多くの場合使用機会のないまま鋳潰され食器類や装飾品に姿を変えるしかなかった貨幣は、「囚われの身から解放」され、ふたたび「交換の手段、価値の尺度」としての本来の生命を取り戻した[166]。一時、金銀の不足の故に、所有する金銀製品の三分の一の貨幣鋳造所への拠出の義務づけ、金細工匠が装飾品に使用する貴金属の最高重量の法定、貨幣に代わる皮幣の発行、穀物や胡椒等の実物貨幣の使用といった措置がとられたことは、当時の変化の激しさを物語っている[167]。これら一時しのぎの弥縫策に代わり、一三世紀に入って、ヴェネチア、ヴェローナ、フィレンツェ、ミラノ等で高額銀貨が鋳造され[168]、さらに、ジェノヴァが一一四九年にジェノヴィノ金貨を、フィレンツェが一二五二年にフローリン金貨、一二八四年にヴェネチアがドゥカート金貨を発行し、その後急速に他の地域にも普及したことは[169]、イタリア諸都市の繁栄のみならず、カール大帝による金貨鋳造の放棄と引き比べ、交流の広域化・大規模化、ヨーロッパ経済全体の復活を刻印づけるものであった[170]。それだけではない。同時期、「黒い貨幣」と呼ばれた少額貨幣――大抵は銅貨であった――の鋳造が「飛躍的に急増した」ことをル＝ゴフは指摘する。これもまた経済活動の拡大と無関係ではなかったはずである。たとえば、ヴェネチアのオボル硬貨、フィレンツェのドゥニエ硬貨がそうであり、「こうした低価値の貨幣の存在は、ほとんどすべての階層において、きわめて少額の取引での貨幣使用が増大したことを示している[171]。」

君主や都市、諸侯、司教、修道院等が貨幣鋳造権者となって金貨や銀貨、銅貨の鋳造が行われ、また、四〇〇年間貨幣品位が変更されなかったドゥカート金貨のような例外はあったにせよ、改鋳が繰り返されることにより、貨幣の価値が変動し、たいていは下落するのが常であった。[172]多数の貨幣が入り乱れ、改鋳による価値の変動が輪をかけた通貨の分裂と混乱が、物の生産にも交換にも携わらない、まったく新たな職業身分である両替商を生み出した。一〇世紀にパレルモの町にその存在が確認される両替商は、一二世紀の間にイタリアのほとんどの都市に普及し、イタリア商人が西ヨーロッパ各都市の両替業務を牛耳ることになる。[173]

二　貨幣による個人の解放

商業と手工業、金融業の復活と繁栄は、一二／三世紀以降、自治都市の誕生、国家や法の在り様に大きな変化をもたらすこととなるのであるが（第Ⅰ部第五章1参照）、変化は、制度や組織にとどまらず、人間関係や人びとの在り様、意識そのものにまで及ぶものであった。何よりも先ず、「自由」が都市の「本質的属性」となる。[174]封建的な領主への隷属関係が土地を前提として成り立つものであった限り、空間と時間を自由に行き来する商人――その起源が、食い詰め故郷を捨てた冒険者であったのか、[175]後に都市へと発展する定住地の住民であったのかはともかく[176]――はむろんのこと、城内に常住する在地商人や手工業者を含めて、彼らに対し、土地に緊縛された農民がそうであったような、人格的な負担を課すことの不可能性はいうまでもない。そうした彼らに対し、都市領主は、地代、あるいは、不動産税や関税、消費税等を課すことだけで満足せざるをえなかった。領主と市民の関係は貨幣を媒介とした関係となり、それ以上でもそれ以下でもない。いわば、市民は貨幣により身分的な隷属からの解放、対等な関係と自由を買い取ったのだといえよう。ただし、自由を恣意や放埒と取り違えないようにしよう。サザーンの指摘にもあるように、都市が手に入れた自由とは、何よりもまず、領主の恣意からの解放を意味していた。いつの時代であれ権力者の恣意が自由の最大の敵であることに変わりはない。日々の生活が「確固不動の規則によって支配される」ことが自由享受の前提である。騎士がより多く自由であったとするならば、それは彼らが「他の人々より多くの法に服していた」からでしかない。[177]都市の住民もまた、誓約により結ばれた仲間として、また、狭い市域で共同生活を営む者として、日常生活から商取引、行政、司法、治安等々にかかわってさまざまな法や規律に服すること、同様であった。都市が、やがて、自治権を獲得し、こうした法を自らの手によって生み出すことになる日もそう遠くはない。（第Ⅰ部第五章1参照）

自由の恩恵を受けた者は商人に限らない。農民もまた都市の繁栄の分け前に与った。かつての時代、貨幣の希少性の故に、物（穀物、葡萄酒、小麦粉、家畜、バター、チーズ、木材、布等）が領主への「賦課租」として、労働力（犂耕、播種、除草、収穫、干し草作り、運搬、機織り、土木工事等）が「賦役」としてやりとりされ、そのことが被扶持者として農民の領主への人格的な隷属を生み出す因ともなったのであるが、一二世紀以降、今や、領主も農民もともに交換経済の渦に巻き込まれ、前者が戦争や奢侈品のための貨幣を必要とし、後者が都市に農産物や労働力を供給し貨幣を手にするという状況の中で[178]、貨幣給付がかつての賦課租や賦役に取って代わり、領主が地代徴収を行う土地所有者と化したことは、農民の領主に対する「隷属関係を弛緩させ」、「農民に自己の経済を自由に処理する可能性を与え」、彼らを、「領主の労働用具から、自己の時間と労働力を意のままにする人間」に変えたのである[179]。貨幣給付への交代がいかに大きな意味をもつものであったか、クーリッシェルは、依然として賦役義務を負う土地が「非自由」と呼ばれ、賦役義務を貨幣給付により償却した土地が「自由」と呼ばれたイングランドの例を紹介する[180]。

貨幣のもつ力、貨幣と自由の意外ともいうべき関係を理解する上で、ジンメルの指摘が参考となる。彼によれば、義務者が権利者に対してもつ義務の内容の階梯が義務者の権利者への「人格的隷属」の在り様・程度を決定し、貨幣の流通が隷属からの解放を完成した。奴隷が自己の時間と労働力の一切を主人に提供しなければならない場合、これが第一段階である。ここでは、主人への全面的な隷属が不可避となる。次に、一定の労働生産物が要求される場合が第二段階である。これは、二つに分けられる。一つは領主の奴僕が収穫物の何割かを引き渡す場合、今一つは定められた絶対量の穀物や家畜等を引き渡す場合である。両者を比べた場合、後者の方が義務者により大きな自由、主人からの解放を実現する。というのも、前者が、領主の側に収穫全体への関心を呼び起こし、これが労働の管理や監視あるいは強制をもたらすのに対し、後者では、領主は収穫全体への関心をもつことはないからである。最後が、絶対量の引き渡しが貨幣に置き換えて行われる段階である。この場合に、はじめて、先の後者の場合になお領主の側に残っていた収穫物の出来具合への関心が失われ、「人格そのものの義務関係からの完全な自由と解放」が実現される。したがって、かつてローマ法が「任意のあらゆる財産請求は現物による履行が拒否されれば貨幣で支払ってもよい」と規定したとき、これが私法の領域での人格的な自由のいわば大憲章と呼ばれたことは理由のないことではない。市民がそうであったように、農民もまた「人格的な義務を貨幣で買い取った」のだ[181]。ここでも、変化の本質が「恣意性からの解放」にあったこと、了解されよう。ヘンリー・ブラクトン（?–1268）が「農奴は明日しなければならないことを今日知らない」との言葉で表現した、そうした他律的な隷属状態からの解放が貨幣によって実現されたのである。[182]

貨幣が開始した農奴身分からの解放は、都市がこれを完成させる。後に人口に膾炙する「都市の空気は自由にする」との言葉のとおり、誰であれ、領主に対する一切の隷属関係からの解放のためには、ただ「一年と一日を市壁内で生活」するだけで十分であった。領主の側が期限内に隷属関係を証明する証拠や証人を用意することができなければ、彼の異議申立権は時効によって消滅した。一一六五年にフランドルが手にした特許状には「何びとも都市に一年と一日滞留すれば自由を得る」とある。この他、同様の文言はイングランド（ノッチンガム、ニューカッスル等）、ドイツ（リューベック、ブラウンシュワイク等）、ルイ六世や七世治下のフランスの慣習法においても見いだされる。必要な滞在期間は、「一年と一日」に限られない。都市によっては、一年、一カ月、一週間、一日、中には、一時間もあったという。[183] 解放された彼らは、以後、都市の中で、差し当たりは、市民権をもたない、商人や手工業者の被雇者として人生をリセットしたのであろう。貨幣がもたらす新たな人間関係をブロックは、「被扶持者は〔四六時中〕主人の影の中で生きていたが、賃金労働者は、いったん仕事が終われば、ポケットに金を入れて自由に立ち去って行く[184]」との言葉で表現する。こうした賃金労働者の列にバイイもまた加わる。一二世紀に登場した彼らは、封与ではなく俸給により雇用される者として、封建的な位階制の外に立つ、言葉の完全な意味での「官僚」であり、彼らの出現がやがて新しいタイプの統治の可能性を開くことになる。[185]

商人であれ手工業者、労働者であれ、人びとは、貨幣というものにより、身分的な緊縛関係から解放され、自由と平等――むろん、その実態は身分的な位階に経済的なそれが取って代わるといった体のものでしかなく、また、そのことが新たな身分＝階級を再生産することとなったのではあるが――を手に入れ、「自律」した個人への一歩を踏み出した。もっとも、変化はそれにとどまらない。かつて、貨幣が不足し、交換が稀であった時代、人びとは、貴賤を問わず、「その時どきの資源に依存しなければならず、その場で資源を消費することを余儀なくされていた。[186]」しかし、貨幣の流通はこうした「その日暮らし」から彼らを解放した。単に交換手段であるにとどまらず、貨幣によって、人びとは自らが費やした過去の労働と時間を保存・蓄積し、さらには、将来、自己のために自己の計画と計算にしたがって何時でもそれを自由に利用することの可能性を手に入れたのである。こうした事態を指して、ブロックは、「貨幣とは、蓄積の可能性と期待の能力と将来の価値の予測とを意味するものである[187]」と表現する。貨幣によってはじめて「過去」と「未来」が生み出された——そう考えれば、都市の暮らしが、同じ時期、公共時計により規律されるようになったことも必然であった。時計が可能とした「時間の遠近法」は、貨幣によってはじめて現実のもの、意味あるものとなる。人は、貨幣を通して、現在の自己を知り、過去の自己と対面し、未来の自己を透視する。貨幣自体は無個性ではあれ、そこに蓄積された価値と可能性は「私」だけのものである。貨幣の中に自己を刻印するといってもよいし、貨幣は自己の分身であるといってもよい。貨幣は、他の誰とも同じではない「私」を写す鏡となる。貨幣、より端的には、それが表現する「数字」によって、「私」の存在が確認され、「私」の価値が測られ、「私」の可能性が画定される時代がこうして始まった。貨幣が個人の自律を担保するのであり、スパイクマンがジンメルの貨幣論を解説する中で語ったように、「近代精神はそのもっとも完全な表現を貨幣の中に見いだした」のである。(188)

ところで、貨幣の登場、存在が紀元前の時代に遡ることを考えれば、貨幣と「私」の関係、貨幣による自律した「個人」の出来は、何もヨーロッパ中世の時代に限られた出来事ではなかったはずである。NHKスペシャル取材班による『ヒューマン——なぜヒトは人間になれたのか』は、古代ギリシアの都市国家アテネ——貨幣を国際通貨とし経済の中心に据えた最初の国家であった——において、貨幣の登場が人間の意識にいかなる影響を与え変化をもたらしたかに関し、貨幣と個人の関係について興味ある出来事を紹介している。アテネにおける貨幣の登場は紀元前五五〇年頃のことであった。その後のラブリオ銀山の開発は高品位の銀貨を大量に鋳造し流通させることを可能とし、このことがアテネに空前の、それまでとは異なるタイプの繁栄をもたらした。遠く離れた北アフリカや黒海沿岸から大量の食料の輸入が可能となり、それによってアテネは人類史上はじめて土地の生産量の限界(自給率)を超えて人口が暮らす都市となった。今、われわれの関心から注目すべきは、「ギリシア悲劇」の登場が貨幣による繁栄の時代と重なっていたとの事実である。『ヒューマン』はエクセター大学のシーフォード博士の指摘を紹介する。「『ギリシア悲劇は何を扱っているのでしょうか。私は、その中心は個人の孤立だと思います。悲劇に登場するオイディプス王は、もっとも近い家族から疎外されています。彼は父親を殺し、母親と結婚し、母親は自殺を試み、自分の子どもたちとも離別します。彼は神からも嫌われ、この世界で完全に一人ぼっちです。そのような観念は、それまでにはなかったものです。』……『古代ギリシアには、コイン誕生前の演劇というものはありません。あったのはホメロスの叙事詩です。ホメロスの叙事詩には、人々が互いに助け合い、類縁関係、儀式などによって関わり合っていた、コイン誕生以前の社会が描かれています。』それに対し、コイン登場後のギリシア悲劇では、主に親族内での暴力を扱っている。これは顕著な変化である。『こうした悲劇の背景には、当時のギリシアの現実にあったお金の存在が関わっています。紀元前四世紀ごろの法廷での演説記録などから、現在のように、家族がお金をめぐって離散していたことが分かっています。悲劇は、このような社会の変化を反映したものだといえるでしょう。』しかし、と博士は付け加えた。その孤立は、ある一面、解放でもある、と。『誰もがコインをもつことができ、そして誰もがその額を増やすことができ、個人は他者とのあいだに友好の情がなくとも、コインによって関係を築くことができるのです。それこそが、コインのもたらした新しい側面です。コインは、新しい種類の個人をつくりました。完全に孤立した個人、自分自身のみの努力により、立ち上がりも倒れもする個人です。ほかの誰も必要としない、自分のみですべてをまかなうことのできてしまう個人です。それは解放であり、同時に孤立でもあります。』[189]

古代ギリシアにおいても、貨幣が「私」を写す鏡であり、「私」の可能性を開いたことがよく分かる話ではある。ギリシア悲劇だけではない。壺絵の表現技法としての黒絵式から赤絵式への転換が紀元前五三〇年頃に始まったこと（本章6参照）、ドラコンの立法（B.C.621）により口火を切られた民主政体への移行が対ペルシャ戦争（B.C.500–449）を経て完成されたこと、これらもまた貨幣の登場によりもたらされた「個人」の出来と無関係ではなかったはずである。当然、そこには、ソクラテスやプラトン、アリストテレス等の新しい思惟の到来も加わるであろう。さらに、アテネに先駆けて、前六七〇年にリュディアではじめて鋳造された貨幣をいち早く取り入れたイオニアの商工業都市ミレトスが、神話的な自然観から解放され自然を合理の眼でとらえるギリシア的思惟を開始したタレスやアナクシマンドロス等[190]の哲学者を育んだ都市であったとのヴェルナンや荒川の指摘も忘れないでおこう。（第I部第三章3参照）

スパイクマンがいう「貨幣の中にそのもっとも完全な表現を見いだした近代精神」の中に、同じように貨幣経済を生み出した古代ギリシアの「ポリスの精神」もまた含まれること、異論はないであろう。ヨーロッパが自然哲学や幾何学、論理学等の古代ギリシア思想と遭遇し受容を開始する一二世紀がちょうど都市と貨幣経済の復活、つまりは、ピレンヌが言う商業ルネサンスの時代であったことは決して偶然ではない。その上で、改めて、われわれは、二千数百年の時空を超えて、「近代精神」の淵源である個人と貨幣の思いがけない不思議な関係を確認することができる。両者のこうした繋がりが了解されるならば、一四世紀フィレンツェで開始された空間と時間の分節化に先立って、それを求める新たな意識、後の自我意識の萌芽ともいうべき意識を生み出したもの、それは都市であり、商業活動であり、なかんずく交換経済を支える生命線ともいえる「貨幣」であった、そう結論してよいのではなかろうか。

5　近代人の誕生

一　個人中心主義

都市を揺り籠とし貨幣経済の中で発芽し空間と時間の分節化により花開いた自我意識からいかなる果実がもたらされたのか。その出来が、自己との関係、他者との関係、社会との関係、国家との関係、歴史との関係、自然との関係等々、さらには、神との関係の在り方にまで影響を及ぼしたであろうことは、意識というものが元来そうした関係を切り結ぶ結節点である以上、当然のことであった。一四世紀、二つの分節化をいち早く経験したイタリア、とりわけ経済的繁栄の頂点を迎えたフィレンツェにおいて、他に先駆けて、人間の思惟や行動を根底において規定する世界への「構え」が根本的に変化し、以後、自己や他者、自然等との一切の関係は、自我意識を基点に、それを中心として編成し直され、再構築されてゆくことになる。それは、われわれが先に遠近法なる技法に見いだした、カッシーラーが指摘する「全面的に世界へと向かいながら、しかし、同時に、世界から全面的に自己を分離する」精神態度、即ち、世界から距離をとり世界と対峙する、一言でいうならば、「前に-対して-立つ」という人間と世界の新たな関係の出来である。ここに至って愈々ブルクハルトがいう「近代人」がその姿をあらわし始めた。

そのブルクハルトにより「最初の完全な近代人の一人」[191]と名指されたのがフランチェスコ・ペトラルカ（1304–1374）である。彼が企てたヴァントゥウ山への登山については既に見たところであるが、ブルクハルトはこの行動に近代人であることの表徴を見てとることができるという。中世人にはおよそ思いもよらなかったことであろう、何らの実用的動機もなく、「ただ、有名な高山の頂を見てみたいという願望にかられて」山頂に立ったペトラルカの前に、自然は、ただ、そこにあるがままの山や川、雲が織りなす「風景」となって、その姿をあらわした[192]。そこに、「前に-対して-立つ」という人間と世界の新たな関係の具象化された一つの姿を見てとることが可能である。

このとき、眼下に広がる眺望を楽しんだペトラルカは、いささか奇妙な、思いがけない行動をとる。「頂に立って心を高い世界へと遊ばせているうちに、〔日頃片時も手放さずに携えている〕アウグスティヌスの『告白』を読んでみたくなり」、「どこでも目にはいったところを読むつもりでその書を開いた」ところ、たまたま目にしたのは次の箇所であった。「人びとは外に出て、山々の頂、海の巨大な波浪、河の広大な流れ、広漠たる海原、星辰の運行に驚嘆の声をあげますが、自分自身のことを振り返ることはありません。」（第一〇巻第八章）ペトラルカは、その時の心境を、後に、聖アウグスティノ会士にして神学教授である師のディオニジに宛てた手紙の中で次のように報告している。「ほんとうに愕然としました。魂の他には何ら感嘆すべきものはなく、魂の偉大さにくらべれば何ものも偉大ではないということ、このことを私は異教の哲学者たちからさえもとっくに学んでおくべきだったのに、いまなお地上のものに感嘆している、そういう自分が腹立たしかったのです。今や私は、山を見ることには飽きてしまって、内なる眼を私自身へと振り向けました。そのときから、私たちが山を下りて麓に着くまで、私はひと言も発しませんでした。あのアウグスティヌスの言葉にすっかりとらえられ、沈黙の内省にふけったのです[193]。」

眼下に広がる風景美から眼差しを突然自分自身へと振り向けるというこの奇妙な行動の意味するところははたして何であったのか。彼自身の「今なお地上のものに感嘆している、そういう自分が腹立たしかった」との言から考えて、ペトラルカは、カッシーラーがいうように、アウグスティヌスの言葉によって「自然の直接的観照への欲求に歯止めをかけられ[194]」、風景美に心を奪われた自分自身を「反省」したという理解がもっとも自然なのであろう。しかしながら、「内なる眼を私自身へと振り向ける」、そうした自己にかかわる意識を有していたが故に、ペトラルカは、中世人が思いもよらなかったヴァントゥウ山への登山を敢行し、山頂に立って眼下に広がる山や川を風景として楽しむことができたのではなかったか。彼の奇妙な行動は、『登攀記』の翻訳者である近藤の指摘にあるように、「自然へとひらかれたこの美的感性や知的関心は、ペトラルカにおいては、自己の内面へと見ひらかれたまなざしと別物ではない。……自然の再発見と、人間としての自己の再発見とは、根底においては一つに結びついていた[195]」ことを証示するものではなかったか。ヴァントゥウ山の頂から見晴るかす風景を前にしたアウグスティヌスの言葉との出会い、それによる自己への内省は、「最初の完全な近代人」であるペトラルカにこそ相応しい経験であったというべきであり、ルネサンスの精神を特徴づける「前に‐対して‐立つ」という人間と世界の新たな関係の出来が自我意識と深くかかわりあい、それに由来することを改めてわれわれに教えてくれるエピソードではある。

ブルクハルトのよく知られた言葉を引用しておこう。彼は、『イタリア・ルネサンスの文化』第二章「個人の展開」の冒頭で中世人と近代人の意識の相異、近代人の特徴について語っている。「イタリア人は早くから近代的人間として形成された……。中世の時代、意識の二つの面――世界に向かう面と自己自身の内面に向かう面――は、共通の一枚のヴェールの下で、夢を見ているか、半覚醒の状態に置かれていた。そのヴェールは信仰と子供じみた偏見と妄想によって織り合わされており、人々はそれを通して不思議な色で染まった世界や歴史の姿を眺めたものである。人々は、自分自身については、ただ、種族、民族、党派、団体、家族、その他何らかの一般的な形式としてのみこれをとらえた。イタリアにおいてはじめて、このヴェールが風に吹き払われ、その結果、国家やその他世界のさまざまな事象を『客観的（objective）』に観察し、操作することが開始され、同時に、『主観的なもの（Subjektive）』が全力で立ち上がった。人間は、精神的な意味での『個人（Individuum）』となり、自分自身をそうした個人として認識するに至った。……一三世紀の末頃、個性的な人格をもったイタリア人が蠢き出し、それまで個人中心の観念（Individualismus）を抑圧してきた呪縛が完全に打ち破られ、多数の一つ一つの顔が無限の個性をもったものとしてその姿をあらわした。[196]」

二　日常の暮らしの変化

変化はペトラルカのような知識人に限られはしなかった。都市の復活、貨幣経済や空間と時間の分節化の進展具合に応じて、その広がりのスピードに違いはあったものの、イタリア、フィレンツェを震源とした変化は、ヨーロッパ世界のあらゆるところ、あらゆる人びとに及んだのであり――二一世紀の今日もなお地球的規模でそうした変化の過程の只中にあり、その勢いは近年ますます度を強めてさえいる――、さしあたり、人びとはごく身近な日常生活の場面や出来事の中にそのことを実感し経験したにちがいない。

個人用のナイフやスプーン、フォーク、カップ、皿等の食器の登場がそうである。近代以前、食器の類は共用とされ、大皿から手づかみで料理をとる、鉢にはいったスープやグラスのワインを回し飲みするといったことがごく普通に行われていた。一三世紀のタンホイザーの詩に、「粗暴な振る舞いをほめる人があり、スープ鉢を奪い取って、狂ったようにがぶ飲みする者もいるが、スープ鉢から直接に飲むのは無作法である[197]」とあるが、この頃、いまだ鉢から直接飲むことが珍しいことではなかったこと、しかし、それを「無作法」とする新しい感性が生まれていたことがうかがえる。もっとも、変化は緩慢であったようである。一四一四年一月六日に開かれたベリー侯ジャンの新年の祝宴を描いた彩飾画では、給仕が大きなナイフを使って肉を切り分け、テーブル上には複数の小皿が置かれているものの、個人用のナイフやスプーン、フォークの類は見当たらない[198]。あるいは、アーサー王と騎士たちが円卓を囲む宴会を描いた一六世紀の版画では、小皿の他に各人用のナイフが置かれているものの、共用の杯が一つしかなく、スプーンやフォークは見当たらない[199]。おそらく、宴席では、スープは共用のスプーンを使って口に運ばれたのであろう。エラスムスの『少年礼儀作法論』(1530)には、「渡されたスプーン」を使ってスープを飲んだ後、スプーンは「ナプキンで拭って返す」ようにとの指示がある[200]。肉料理はどうであったのか。ベリー候の祝宴に見られるように、給仕が大きなナイフを使って切り分けたとして、問題は、この後、彼らはこれをどのように口に運んだのか、である。樺山によると、「フォークとスプーンが出現するまえに、人びとはナイフだけで食事をさばいていた。テーブルの中央に盛られた丸焼き肉から、ナイフでそぎとった部分を左手にうけとった。そう、素手でたべたものだ[201]。」ルイ一四世の宮廷では、その頃既にフォークの使用が一部で始まっていたのであるが、それを良しとしない王は、夕食を共にした貴族たちにフォークの使用を禁じ、また、自らは家禽のごった煮を指できれいに平らげた[202]。「脂のついた指」はどう始末すればよかったのか。エラスムスは、「指をなめたり、上衣でふいたりするのはいずれも無作法である」とし、「テーブルクロスかナプキンを使う」ことを勧めている[203]。こうした時代にあっては、「人間の指はもっとも持ち運びに便利で自由に操ることのできる優雅な道具」であり、「礼儀作法にのっとった巧みな指さばきこそが優雅なマナーとして必要欠くべからざるもの」とみなされた[204]。やがて、個人用のスプーンやナイフが登場し、イタリアではパスタの普及と歩調を合わせるようにフォークが用いられるようになる[205]。もっとも、フォークに関しては、ダティーニ家にあって、「一二本の銀のフォークが〔当主である〕フランチェスコの部屋に鍵をかけてしまわれていた[206]」ところからみて、当初、日常的な食器としてよりも、貴重品として扱われていたのかもしれない。時代は下るが、モンテーニュの『旅日記』はバーデンで見聞したスイス人の食事作法を詳しく記録している。おそらく、「スプーンやフォークをあまり使わない[207]」という彼にとって目新しい習慣と映ったのであろう。「彼らはソースをたっぷりかけ、いろいろな煮込み料理をとる。でも、彼らは必ず客の数だけ銀の柄のついた木のスプーンを出す。それに、スイスではナイフを出さないことはない。彼らはこれを使って何でもとる。手を皿の中に入れるようなことは決してしない[208]。」さらに、ローマでのサンスの枢機卿との会食では、「ナプキンの上にパンとナイフとフォークとスプーンが置かれていた[209]。」地域により、身分により、また、個人の習慣や嗜好により変化は一様ではなかったのであろうが、自分用の食器の登場と使用は、自我意識の高まりの反映であることに間違いなく、食卓の作法への関心を高めただけでなく、「それまで高度に集団的な状態にとどまっていた〔食卓〕習慣を個人的なものにするのに役立った[210]」ことであろう。

食と並ぶ変化に就寝がある。個人用のベッド、寝室、寝間着の出現がそうである。『少年礼儀作法論』には、寝室の作法として、「もし君が仲間とベッドを共にすることがあるような場合、そのときは、たえず動き回って寝間着が脱げないように、また、掛布団を自分の方に引っ張って相手に迷惑をかけないようにすること[211]」とある。こうした規律からは、『作法論』を手にとって読むような人びとの間にあっては、この頃、既に、一つのベッドを複数の人間が使用することは当たり前のことではなくなっていたこと、また、全裸での就寝が過去の習慣となっていたことがうかがえる。モンテーニュが『随想録』(1580) に「私のベッドには天蓋やカーテンがどうしてもなくてはならないもの[212]」と書いたように、そして、その彼が、『随想録』の出版後に企てた長い旅の最終目的地であるローマでの滞在の際に、「寝室がそれぞれ独立していない」宿での宿泊を断り、代わりに、或るスペイン人から立派な三つの寝室、食堂、台所等を備えた家を月二〇エキュで借り受けたように[213]、多くの人びとにとってベッドや寝室の共用はもはや耐え難いものとなっていたのであろう。エリアスいうところの「睡眠の個人化[214]」の始まりである。寝間着の登場もそうした変化と無関係ではなかった。エリアスは、「フォークやハンカチとほぼ同じ時期に、寝間着もヨーロッパ中にごくゆっくりと普及していった」という。「それは、この時期に人類に生じた決定的な変革の一つの象徴をなしている。肉体と接触するものすべてに対する人間の敏感さが増大し、それまで羞恥心が見られなかった振る舞いにも羞恥心が伴うようになった[215]。」羞恥心が「自分」というものへの、そして、自分を見る他者への関心の高まりから生まれるものであること、納得されよう。

鏡の使用もまた同様であった。それが自分を見ることへの関心と不可分のものであることはいうまでもない。むろん、鏡の存在自体は目新しいものではない。ローマ人が鏡を作っていたことはよく知られているところであり、その起源はさらに遡ることが可能であろう。帝国の滅亡後ほとんど途絶えた鏡の生産は一二世紀頃から北ヨーロッパで再び始まった。フィレンツェも生産地の一つであったが、鏡の製造技術を完成させたのはヴェネチアである。一二〇〇年代のはじめには製造業者のギルドが誕生し、その後、市当局は、一二九一年に、技術流出の阻止、それに、防火を目的としてであろう、強制的に彼らをムラノ島に移住させた。[216]今に続くヴェネチアングラスの発祥である。ダティーニ家の壁に掛けられていた鏡がはたしてムラノ産のものであったかはさだかではないが、その鏡は、彼の親友である公証人マッツェイから一三九一年にダティーニの妻マルゲリータに次のような手紙とともに贈られたものであった。「私は、それを居間に掛けたり寝室に掛けたり、あげくには書斎にも掛けてみましたが、どこも似合わないのです。そこで、この世でいちばん高貴な場所、お宅の開廊の真ん中、優雅な壁に掛けていただけば、鏡もさぞ喜ぶと思ったのです。[217]」ここには、鏡が、貴重品であり、また、装飾品としてとらえられていた様子がよく表現されている。同じ時期、ダティーニの同業者のオフィスの壁にも鏡が掛けられていたが、こちらの方は屋外の光を反射させ手元を明るくする一種の照明器具としての実用的役割を担うものであった。[218]それから一〇年ほど後、ボッカッチョの『著名婦人列伝』のフランス語版写本（1403）に一人の修道女が手鏡を使って自画像を描いている挿絵が登場する。[219]「自分を写す」道具としての利用である。ちなみに、デューラーが後に『子供時代』と題した自画像を「自らを鏡に写して描いた」のは、彼が一三歳のとき、一四八四年のことである。[220]一五／六世紀の絵画には女性が鏡を使って髪をとかす等の「自分の姿を点検する」シーンが数多く登場し、一六／七世紀に入ると男も女も懐中鏡を持ち歩き「人目を盗んでこっそり覗く」ようになる。[221]こうした鏡の利用、鏡との関係の変化の中に「自分」というものへの、そして、自分を見る他者への関心の登場と高まりを見ることができる。

貴族や裕福な市民の邸宅のホールや食堂等が家長や家族の肖像画によって飾られはじめたのも同じ頃のことである。家族がそれぞれに自分用のスプーンやナイフ、フォークを操って優雅に食事を楽しむ、その背後の壁に肖像画が掛かっている、そうした光景が目に浮かぶ。肖像画が絵画の世界を席巻した時期を、シュナイダーは、一五世紀から一七世紀、より厳密に一四二〇年から一六七〇年と特定し、その上で、「〈肖像画という〉このようにきわめて複雑なジャンルが、これほど短期間で急速な発達を遂げたことは、いまだに驚くべきことである。それも実際のところ一五世紀のほんの数十年の間の出来事であった」としている。[222]「驚くべき」出来事が、「人間」を発見し、それぞれの個性を描かんとした画家の眼差しの変化に由来するものであったことは当然のこととして、それと並んで、あるいは、それ以上に、「私」というものの存在を画家の眼差しに曝してまでタブローに残し、さらには、それを部屋に飾り、自ら観賞し、あるいは、他者により観賞されようとした新たな意識の芽生え抜きには考えられなかった。当初、教会へ寄進した宗教画の片隅に慎み深く描かれた寄進者の姿に、やがて、家族全員の、さらには物故者の姿も書き加えられ、その後、彼らの姿が版図を広げ、最終的にはタブロー全体を侵食し、宗教色を一掃することにより、「室内装飾」として使われるようになったとされるが、アリエスが指摘するように、個人や家族の肖像画は「個人主義の発達を露呈」し、「家族意識の非常に顕著な発展を表明」するものではあった。[223]

以上の他にも、モノにかかわる変化として、置時計や掛時計、書斎の登場が挙げられるが、これらモノと並んで、ココロにかかわる変化も日常の暮らしのさまざまな場面において確認することができる。

先ず、暴力の抑制や性の規律について。「暴力がパンと同じくらい日常的なもの」であった時代は一六世紀以降の集権的な近代国家の登場によって過去のものとなる。かつて許され、見逃されていた暴力は「有罪化」され、暴力を振るう者たちは警察と司法機構の監視と取り締まりの対象と化す。[224] 性もまた同様であった。自分用のベッドや寝室の登場が放埒な性の防止に一役買ったであろうことは容易に想像されようが、ソレは、一六世紀以降、国家が「納税者に納税義務を守らせると同様に、性的規律を国家による裁判権という特別の手段でもって守らせるようになった」とする。たとえば、フィレンツェでは、姦通の罪を犯した者に対して、追放、ガレー船送り、投獄といった措置が、ローマでは、近親相姦に対して死刑が、あるいは、人妻や貞淑な未亡人に接吻を行った者に対して、フェルモでは斬首刑、ナポリでは死刑が宣告された等の事例を紹介する。[225] 性であれ暴力であれ、本能的な衝動に対する力ずくの統御と平行して、道徳的な意識の押し付けが企てられ、教会もまた罪責感の醸成に新たな役割と自らの存在価値を見いだすことになる。[226] そうした効果のほどは、一七世紀のフランスにおける婚前妊娠率や私生児の出生率低下、流血にいたる暴力や犯罪の減少となってあらわれた。[227] かつての粗暴で猥雑な連中の子孫たちは、いわば内と外から箍をはめられ、「自らの衝動を抑制し内面化」[228] し、「超自我」を養いながら、「近代人」となるべく準備を整え始めたのである。[229]

上品な言葉遣いや礼儀作法も同様であった。言葉遣いや立ち居振る舞いが対人関係における「自分」というものの表現様式である以上、自我意識の高まりが礼儀作法への関心を増大させたこと、当然である。礼儀作法に関する教導は、先のタンホイザーの詩がそうであるように、既に一二／三世紀にまで遡って見られるところであるが、[230] 一六世紀以降陸続として出版される礼儀作法集の嚆矢となり模範ともなったのが、先に紹介したエラスムスの『少年礼儀作法論』である。「身振りの上品さと下品さについて」「肉体の手入れについて」「教会における振る舞いの様式について」「食事について」

「人への対応について」「遊びについて」「就寝について」の七章から成るこの本が、もとは彼が仕えたブルグント公の王子のためにラテン語で書かれたものであったが、最初の六年間に三〇版を超え、一八世紀に至るまで夥しい翻訳、模作、補遺が出版されたことは[231]、礼儀というものに対する当時の需要が、その発祥地であり培養元でもあった宮廷のみならず、裕福な商人を中心とする一般の市民層の間にあっても、いかに高いものであったかを示している。この点で、エラスムスが、作法論の標題に、中世において使用されてきた宮廷(court)に起源を有する礼節(courtesy)に代えて、「礼儀(civilitas)」を使用したことは意図あってのことにちがいない。市民もまた、宮廷人の後を追い、彼らに近づくべく、洗練を求めて、野放図な感情を抑制し、超自我を養うことに専心しはじめたのである。エラスムスの作法論に続いて、カーゼの『ガラテ』(1558)、カルヴィヤックの『礼儀作法論』(1560)、クルタンの『礼儀作法論』(1672)、ド・ラ・サールの『キリスト教徒礼儀作法集』(1729)等が出版され、これらの作法集が掲げる、たとえば、「唾をはいたり、歯ぎしりをしたり、口笛を吹いてはならない」、「体臭がないように注意を払わなければならない」、「他の人からかけ離れた服を着てはいけない」、「街路にあっては、足取りは性急であっても遅すぎてもならず、通行人の注視を浴びてはならない」等々、瑣末ともいえる礼儀作法の数々に、他者の眼に映る「自分」というものへの過剰ともいえる興味・関心の表出を容易に見て取ることができる[232]。

礼儀作法等内面というものに対して強い関心を示し始めた人びとが子供の躾と教育に同様の眼を向けたことに何の不思議もない。かつての中世の時代の「小さな大人」が「子供」へと大きく変化した時代、アリエスによれば、それまでの礼儀作法集は、ヴァレの『子供のキリスト教教育論』(1666)がそうであるように、両親に向けた子供の教育論へと変化していった[233]。しかし、それよりも早く、一四世紀に「子供が何か特別で価値あるもの」とみなされるようになったフィレンツェでは、若い新米の両親に向けたユマニストの手になる多くの子育て論が登場する[234]。アルベルティもその一人であり、彼の教育論にあって注目されることは、古典や文法、算術、幾何学等の知識の習得、品行方正や誠実、礼儀、正直等の道徳意識の涵養、武芸や乗馬等による身体の訓練等に先立って、「父親の望みや願いにそってではなく、子供の性格や素質を観察し、子供たちに適したことをやらせて欲しいものです」として、子供の自我を尊重し、個性に即した躾、教育の必要性が強調されていることである[235]。典型的なルネサンス人であったアルベルティならではの提言というべきである。

読書の様式の変化についても触れておこう。『告白』の中で、師である聖アンブロシウスの読書の様子を「彼の目は頁の上をすべり、彼の心はその意味を探り求めていましたが、声と舌とは休んでいました」(第6巻第3章)と書き留めたアウグスティヌスの驚きは、古代にあっては音読が読書の一般的な様式であったことを伝えている。中世においてもそのことに変わりはない。当時、読み書き能力は聖職にかかわる者たちが独占するところであったが、その彼らにとっての読書とは、聖書や使徒、教父たちの言葉を声に出して読み、その声を耳を通して直接聞くこと、音読以外にはなかった。それは、いわば「肉体的な活動の一つ」であり[236]、「それぞれの語について聴覚的筋肉的記憶を刻みつけ、その記憶が『瞑想』の手掛かりとなる」、そうした類の読書であった[237]。そのため、修道院の図書室は「静謐な場というにはほど遠く、騒々しいほどであった[238]。」学校も同様であり、教会付属の学校であれ、在俗の学校、大学であれ、教育方法の中心は「朗読」にあった。教師はテクストを読みあげ、註釈をつけ、学生はそれを聞き、討論が交わされるというやり方がとられていた。講義とは、文字通り、Vor-lesungのことであり、当時文盲の学生が存在していたといった話もまんざら出鱈目ではなかったのかもしれない。音読から黙読への変化は何時頃から始まったのか。『自我』あるいは『個人』という言葉の意味するものは一二世紀の偉大な発見の一つである」としたイリイチは、この自我の出現に立ち会った書物としてサン・ヴィクトル修道院長フゴの『読書論』(1128頃)を挙げ、彼が読書する人に対し「『汝自身を識るために』、自我を確立するために、おのれ自身をページから放射される光にさらすように」と説いていること[239]、加えて、黙読という読書形式が存在することをはじめて公に文章に記したことを紹介する[240]。一三世紀までに、新しい読書様式は、修道院や大聖堂付属学校に受け入れられ、宮廷や商人のオフィスにも普及し始め、一五世紀には、ソルボンヌやオックスフォード等のそれまで大食堂に劣らず騒々しかった図書館も静謐が支配する空間へと変化していった[241]。一人静かに本を読む場として家の中に書斎が登場したのもこの頃のことである。先に紹介したカンパンの『受胎告知の祭壇画』(1424–28)では、ソファーにひとり座って読書を楽しむマリアの姿が描かれている。変化の要因として、正書法(大文字・小文字の使い分け、句読点の使用、語の分かち書き)が整備されたこと、写本の普及により書物の個人所有がすすんだこと、商人等の市民層が実利と合理性の観点から「より早く、より多く読める」黙読を取り入れたこと[242]、一五世紀中葉の印刷術の登場・普及により、デューラーの『測定法教則』(1525)やアグリコラの『デ・レ・メタリカ』(1556)がそうであるように、説明の道具として図版が大きな役割を果たすようになったこと等の事情が考えられようが、何よりも、フゴの言にもあるように、黙読が、読書を「より個人的な行為」へと変化させ、「読者の心を内に向かわせる」に相応しい様式であったことが大きかったと思われる。[243]

以上の他、ココロにかかわる同様の変化の表徴として、内省や自省といった精神活動、日記を書くこと、伝記や自伝を書き残すことへの関心の高まり、さらに、読み書きのできる人びとの文章に「私」という言葉が頻繁に登場するようになること、あるいは、自己愛や自己認識、自己憐憫、自我、性格、良心、憂鬱、当惑といった言葉が現代と同じ意味で使われるようになったこと、[244]文学作品の中で自己を主張する言葉、たとえば、競争、対抗、栄光、羨望、名誉、屈辱、価値等が数多く使われるようになったこと等を挙げることができる。[245]

三　知識人の自意識の発現

中世から近代にかけての時代、ごく日常の生活シーンの中で、空間と時間の分節化・個人化と平行して、それに促され、モノとココロの両面にわたりそれまで見られなかったさまざまな事象や出来事が出来したこと、そして、それらの変化が、自我意識を基点にして、人びとが「私」というものに関心を向け始めた徴であり、世界への新たな構えの表現であったこと、納得されるのではなかろうか。こうした意識や眼差しの変化が画家や文人等のいわゆる知識人の中にもっとも顕著な形であらわれたであろうことは、彼らこそが世界との新たな関係の開拓者、表現者であった以上、当然のことであった。

たとえば、ロレンツォ・ギベルティ（1381?–1455）。初期ルネサンスを代表する彫刻家であり、『イサクの犠牲』（1401）やサン・ジョヴァンニ洗礼堂第二門扉『キリストの生涯』（1424）、第三門扉『天国の門』（1443）等の作品で知られる彼は、画家や彫刻家として最初とされる「自伝」を含む『回想録』を残している。この中で「自分が一五世紀の美術史の上で中心的位置を占めるという自恃の念」[246]をみなぎらせながら、一四〇一年に行われたサン・ジョヴァンニ洗礼堂第二門扉の制作コンクールの結果を回想し、「わたしに、すべての専門家、すべての競争者から月桂冠が与えられたのです。わたしに、満場一致で例外なく、栄誉が授けられたのです」と誇示している様をとらえて、池上は、「一人称で『わたしが……したのです』と反復する彼は、自信過剰の誇大妄想ではないかと思われるほどだ」と評している。[247]そうだとすれば、その彼が、画家でさえいまだ自画像を描くことに躊躇いを覚える時代にあって、第三門扉を構成する旧約聖書の場面を描いた一〇枚のパネルの周囲のニッチに彫り込んだヨナやヨシュア等の予言者像の間に、あろうことか、自らの頭部を彫りつけ、およそ芸術的とはいいがたいような自刻像を残

[248]したことも驚くにはあたらない。樺山もいうように、ルネサンス人の特徴は、それぞれが「個性的」であるといっただけではなく、彼らが「その個性自体についての自意識をつよくもっていた」ことにあったのだから[249]。さしずめ、ギベルティはその代表格であった。

あるいは、フィリッポ・ブルネッレスキ（1377–1446）。先のコンクールでギベルティと最後まで争った彼もまた「自意識」において人後に落ちる者ではなかった。コンクールは、羅紗製造同業者組合の主催によるものであり、アンドレア・ピサーノ（1290?–1348?）が一三三〇～三六年に制作した南側門扉に続く東側門扉（第二門扉）の制作者を決定するために、「イサクの犠牲」をテーマにしたブロンズの浮彫を競作するというものであった。七名が参加したコンクールの実施自体の中に当時のフィレンツェの競争的な個人主義社会の在り様を確認することができようが[250]、そのことはともかく、マネッティが『ブルネッレスキ伝』の中で伝えるコンクールの結果は、ギベルティの先の言い分とはいささか異なっている。マネッティによると、ギベルティとブルネッレスキが優勝を分けあったのであり、共作の勧めを断ったブルネッレスキの辞退により、ギベルティの単独制作に至ったというものであった[251]。弟子でもあった伝記作家による挿話をどこまで信用してよいかはともかくとして、われわれの興味をひくのは、それも事実であったとしてのことだが、ブルネッレスキが、共作を断る理由として、「自分に任せてくれないならば、この件に関わりをもちたくない[252]」ことを挙げたという点である。辞退の背景には、さらに、加えて、高階が指摘する、「〔制作者は〕すでに存在していたゴシック時代のピサーノの南側門扉とあらゆる点で同じように制作することを要求され、その主題や構図にいたるまで、最初からさまざまな指示があたえられていた[253]」といった事情も働いていたのかもしれない。共作に対する拒否とお仕着せに対する反発――これらが、ギベルティに劣らぬ強烈な自我意識の発露によるものであったことはいうまでもない。その彼が科学的遠近法の創始者の一人となったこと、宜なるかなである。

あるいは、ジョヴァンニ・ピコ・デラ・ミランドラ（1463–1494）。プラトン・アカデミーの中心的人物の一人であり、ルネサンス人文主義を代表する彼は、ブルクハルトから「この文化時代のもっとも高貴な遺産の一つといってよい[254]」と評された『人間の尊厳について』（1486）において、神の口を借りながら、他の被造物に対して優越する「人間の本性」というものについて語っている。「アダムよ、われわれが〔他の被造物に〕与えたような本性をおまえに与えなかったが、それは、おまえの望み通りにおまえの考えにしたがって、おまえがそれを手に入れ所有するためである。他の被造物の限定された本性は、われわれが予め定めたもろもろの掟の範囲内に制限されている。おまえは、いかなる束縛によっても制限されず、私がおまえをその手中に委ねたおまえの自由意思にしたがっておまえの本性を決定すべきである。いわば『自由意思を備えた名誉ある造形者・形成者』となって、おまえが選び取る形をおまえ自身が作り出す……。おまえは、獣へと退化することもできるだろうし、神的なものへと、お前の決心によって生まれ変わることもできるだろう。(255)」サルトルならば、同様の事態を一言で、「実存は本質に先立つ」と表現したことであろうが、ここには、フリーデルがいう、「自分が神に似て事物を創造する力をもった存在であること、のみならず、自分自身が一種の神であることを認識した(256)」ルネサンス人の精神的高揚を見て取ることができる。

あるいは、アルブレヒト・デューラー（1471–1528）。生涯に数多くの自画像を描いた中で、その最初の作品であり、後に自ら『子供時代』と題した自画像は、「アルプス北方の美術の中にいまだ独立の自画像がなかった」時代、彼がヴォルゲムートの工房に入門する以前、一三歳の時の作であった。晩年、デューラーは、作品に「我自らを鏡に写して一四八四年にこれを描く。時に我なお少年なりき。アルブレヒト・デューラー」と書き込むことになるが(257)、アンツェレフスキーは、この自画像は「異常に早熟な彼の自我意識を驚嘆に値する仕方で証明する(258)」ものであり、「驚くべき自己確信の証しでもある」と評している(259)。西村もまた、同様の類稀な自我意識を『ネーデルラント旅日記』の冒頭の文――「聖キリアヌスの祝い日のあとの木曜日（一五二〇年七月一二日）、私ことアルブレヒト・デューラーは、自分の計画と自分の金で、妻とともにニュルンベルクからネーデルラントへの旅に出発した(260)」――に見いだしうるとし、「私こと」とか「自分の計画と自分の金で」と書くごとき「不羈独立の画家が、当時のドイツに、彼以外」に存在したであろうか、そうした「自意識の直截なあらわれで、自画像にまさるものはあるまい」と解説する(261)。

あるいは、ミシェル・エイケム・ド・モンテーニュ（1533–1592）。三八歳で司法官生活から退いた後、ボルドー近郊の小さな村に隠棲した彼は、今もその地に残る邸宅内の塔の三階にある机と椅子が置かれただけの書斎で、壁に沿って五段に並べた「千巻もの本」にぐるりと取り囲まれ(262)、「一人でいたい」という思いから、「妻や子や世間からも隔絶」され、「一生の日々の大部分、一日の時間の大部分を過ごし(263)」ながら、「ある憂鬱な気分」に突き動かされ、「世界にただ一つしかない書物」である「私自身を自分に差し出し」、私を「論点として、主題として」「ものを書いてみようかという」「奇妙で突飛な目論見」にとらえられ(264)、一冊の本を、いわば画家が自画像を描くように、書き上げた。『随想録』（1580）の一節を引用しておこう。「世間の人々はいつも自分のまっすぐ前の方を見つめる。私は自分の視線を内側に向け、そこにそれを植えつけ、そこに落ち着かせる。誰もが自分の前を見つめるが、私は自分の中を見つめる。私が関心をもつのはただ自分だけである。たえず、自分というものを考察し、点検し、吟味する。他の人たちは、常に、自分の外に出て行き、前に進もうとする。『誰一人、自分の中へ下りて行こうとはしない。』（ペルシウス）私は自分自身のなかを転々とする。[265]」

　最後に、もう一人。ギベルティやブルネッレスキとほぼ同時期を生きた女性作家、クリスティーヌ・ド・ピザン（1365頃–1430）。ヴェネチアで生まれ、幼少期にパリに移り住み、一五歳でシャルル六世の書記官兼秘書官であるフランス人と結婚、三人の子供をもうけながら、二五歳で寡婦となった彼女は、再婚するか実家を頼るか修道女となるかの選択肢しかなかった時代にあって、シャルル五世に占星術師・医師として仕えた父から授けられた教育という「大いなる富」を糧にして、百年戦争や教会大分裂の時代、権謀術数渦巻くフランス宮廷社会の中で、ブルゴーニュ公やオルレアン公等からパトロネージュを受け、ヨーロッパ最初の女性職業文筆家となり、史伝や騎士道、教育、政治等さまざまな分野にわたる作品、たとえば、『賢明王シャルル五世の武勲と善行の書』、『薔薇の物語』、『女の都の書』、『平和の書』、『ジャンヌ・ダルク讃歌』等の作品を著し、中世キリスト教世界を長く支配した女性に対する蔑視や偏見と戦い、知性や教養、美徳に性差はないこと、さらに、女性には男性以上の平和への志向や自由な心があることを明らかにせんとし、男性中心の社会にあって、彼らに伍して、彼ら以上の能力を発揮し、家族をまもり、自律した一個の人間として、近代人、さらにはフェミニズムの先駆者でもあったともいえようが、われわれにとって驚かされることは、夫との死別後、「ただひとり」となった己の運命を直視し、家族を養うため文筆で身を立てる決心をした彼女が残した次の言葉である。「いまやわたしは真の男性となった、それは作り話ではない、船を操る力をもち、運命はこの生業をわたしに教えた。わたしはいつもよりも自分がずっと身軽になったように感じた。そして、面変わりして潤いがなくなり、声が低くなって身体はより強く細くなった……。わたしは自分が驚くほど強く大胆な魂を有したことに気づき、真の男性になったのだと悟った。[266]」彼女は、女には寄生的な生き方しか許されなかった時代にあって、ボーヴォワールがいう「女という自分の性を超えた存在」を選択することにより、自分を表現し、自律して行動する力を自己のものとしえたのである。[267]

四　経営の透視と管理

芸術家や知識人が世界との新たな関係の開拓者であったとするならば、彼らの先触れをつとめた筆頭が、おそらく、都市を舞台に貨幣経済の只中で暮らし常に銭勘定を絶やさない商人ではなかったか。ただし、もっぱら利を求める彼らがギベルティやモンテーニュ等のように自らの心性を殊更に表現することはありえなかったであろうし、また、心性の変化をうかがわせる記録を残すこと自体も稀なことであったろう。その希有な事例の一つがモンタネッリ／ジェルヴァーゾが『ルネサンスの歴史』の中で「一四世紀の商人」として紹介したフランチェスコ・ダティーニ（1335?–1410）である(268)。これまでにも何度かその名前が登場した彼は、生涯に厖大な書簡と帳簿、日記を残すことにより、自らの生き様全体を通して、当時の商人の心性をうかがう手がかりを後世に伝えたのである。ダティーニは、死に際して、金貸業にまで手を染めたことへの贖罪のためであろうか、子供のないこともあったのであろう、生まれ故郷の貧しい人々のためにとして、プラート市に自宅を含む全財産を遺贈した。この自宅から、彼が生前に保存を遺言した大量の書類が発見されたのは、一八七〇年のことである。「五〇〇冊ほどの帳簿と会計簿、約三〇〇通の共同経営の契約書、保険証券と船荷証券、為替手形と小切手、約一四万通にのぼる通信、そのうち一一〇〇〇通は私的な手紙、商業活動のさまざまな面に属する五〇三冊のファイル」がそうである(269)。一介の商人でありながら、異常な執念をもって自己の活動を記録し、保存し、遺言により「自己の姿を完璧に再現できるだけの資料を残した(270)」彼の中にギベルティやデューラー等と同様の精神を見てとることも不可能ではない。

フィレンツェ近郊のプラートで生まれ、一三四八年のペストにより貧しい旅籠を営む両親と二人の兄弟を亡くしたダティーニは、フィレンツェの商店での見習奉公を経て、一五歳のとき、親の遺したささやかな遺産を売り払い、全財産一五〇フローリンの資金を元手に、一旗揚げるべく、当時ヨーロッパの商工業・金融業の中心地であり教皇座があったアヴィニョンにチャンスを求め、此の地で商売を始めた。ここでも、貨幣というものがダティーニに自主独立の可能性を与え、新たな未来を切り開いたことがよく分かる。当時のアヴィニョンといえば、桂冠詩人ペトラルカが住むところでもあり、お互い住む世界はまったく異なっていたにせよ、彼らが街路のどこかで顔を合わせたことがあったとして何の不思議もなかったが、それはともかく、甲冑等の武器の取引から始まって、塩、茶、葡萄酒、香辛料、絵画、果ては奴隷に至るまでさまざまな交易品の商い、毛織物の製造販売、ついには銀行業にまで手を広げたダティーニは、その間、本店をプラート、フィレンツェに移しつつ、ピサ、ジェノヴァ、バルセロナ、バレンシア、マジョルカ島に支店を設け、北はエディンバラやストックホルム、南と東はベイルート、アレクサンドリア、そして、カスピ海の港ターナまで二〇〇もの都市との間で交易を行い、狡猾と吝嗇、そして、幸運にも支援され、死に際して七万フローリンというフランス王室の年間総収入を超える財を残すまでになった。[271] モンタネッリ／ジェルヴァーゾは、ダティーニの中に、「一四世紀社会が生み出した新しい型の資本家」、「近代資本家の先駆者」を見いだすことができるとする。「一三世紀の実業家が組合と政治党派と門閥を土台として活動したのに対し、ダティーニは徒手空拳でのし上がった人物であった。それだけ個人が『集団』から解放されつつあったのだ。また、前代の実業家たちが金銭を権力や威信を得るための手段と考えていたのに対して、ダティーニは金銭そのものを目的として追求したのであった。一三世紀の実業家たちは、開拓者であり戦士であり冒険者であって、独力で海陸の通商路を切り開き、率先して未知の世界へ乗り出したのに対して、ダティーニは、アヴィニヨン、プラート、フィレンツェの三都市以外には踏み出さず、いつも『会社』の中にいて、配下のスタッフ、支店網、通信員、飛脚を駆使し、信用手形を用いて迅速に資本を移動させた。かれとともに新しい型の資本主義が展開し始める。それは、想像力、創意、勇気よりも、技術と能率に基礎を置く資本主義であった。[272]」尨大なダティーニ文書を基に「プラートの商人」の実像を明らかにせんとしたオリーゴにとっても、門閥や閨閥といったものとは無縁に、己の才覚だけを頼りに全速力で中世から近代への過渡期を駆け抜けたダティーニは、「新しい時代の入口に立つ」、「新しい世界の人」であった。「企業家精神において、商売のやり方において、国際的な連携において、そして、何よりも、彼自身の強烈な個人主義において。[273]」

商人にとっての不可欠の業務といえば、アルベルティが「インクで汚れた指」を彼らの勤勉の証としたように[274]、出納の記帳が真っ先に挙げられる。長年の間、彼らは収入を出納帳の前半に、支出を後半に、上下連続的に文章形式により記帳していたが、それは、収入と支出、債権と債務のすべてをいわば一枚に織り込んだ織物といった体のものであり、自分が今どこにいるのか、自分が何をしようとしているのか、商いが黒字か否かさえ直ちには読み取るのが困難な代物であった。ダティーニもまた例外ではなく、旧来方式の帳簿付けを三〇年以上にもわたって続けていた。一三六六年の帳簿にローマ数字に代わってインド・アラビア数字が登場したことは幾ばくかの変化の兆しといえようが、彼と代理人・使用人たちが今日「複式簿記」と称される左右対称形式の新たな簿記法を用い始めるのは、それからさらに二〇年近く後、アヴィニヨンからプラートに戻った翌年の一三八三年のことである。(275)もっとも、トスカナ地方全体を見渡しても、パリアーニなる人物が当地の商人としてはじめて「ヴェネチア方式」と呼ばれる記帳法を取り入れたのがダティーニのわずか一年前のことでしかなかった(276)ことを考えれば、ダティーニ商会の対応には素早いものがあったといえるのかもしれない。いずれにせよ、新たな簿記法の導入の時期が、ちょうど、フィレンツェ等の北イタリアの諸都市が公共時計を備え、貴族や裕福な商人たちが居住空間の分節化により内と外の世界の間に明確な閾を設け始める頃とも重なり合っていたことは単なる偶然ではあるまい。

ダティーニ等、当時、イタリア商人たちが用いた複式簿記とはいかなる記帳法であったのか。ゲーテは、『ヴィルヘルム・マイスターの修業時代』の中で、ヴィルヘルムの友人であり義兄弟となる商人ヴェルナーに、「これこそ人間の精神が産み出したもっとも素晴らしいものの一つだ」と語らせているが、(277)こうした技法の常として、その起源は定かではない。一三〇〇年頃、ヴェネチアやジェノヴァの商人が、おそらくは、イスラム商人の影響を受けてであろう、資産と負債を別々の欄に分けて記載するという新たな簿記法を始め、やがて一三六六年にブリュージュの両替商たちが資産と負債を同じページに平行して記載する等、しだいに商人の実践の中で形式や用語が整えられ、一五世紀末に、フランシスコ会士にして数学者、後に「近代会計学の父」と称されるパチョーリがこれを体系化し、『算術・幾何学・比および比例全書』(1494)により広く一般に流布させるに至ったとされる。(278)コロンブスが最初の航海から帰還した翌年に出版されたこの本は、『全書』というタイトルから、また、当時イタリア語で書かれたところからもわかるように、もともと、イタリアに出現した数理的思考に関心をもつ一般の人々を読者に定め、数学にかかわるさまざまな事象の百科全書として、占星術、建築術、彫刻、天文学、商業、軍略、論理学、遠近法、音楽、さらには神学さえもが数学的な原理に基づくことを明らかにしようとするものであった。中でも、それまで商人間の相伝とされてきた複式簿記法を解説した「計算及び記録詳論」の編が大きな反響を呼び、『全書』とは別に、単独で、一六世紀中に、イタリア語版の他、オランダ語、ドイツ語、フランス語、英語の各版が出版されるまでとなった。(279)

クロスビーは、パチョーリをガリレオやモンテーニュ等と同列の「近代人」として名誉の顕彰をはかるべきという。「複式簿記は、コペルニクスが提唱した太陽中心の宇宙モデルのような、知的な業績ではない。……私たちは、塔の書斎で執筆にいそしんだモンテーニュを、望遠鏡を発明したガリレオを崇拝する。だが、複式簿記を普及させたパチョーリに対しては、いささかも畏敬の念を覚えない。パチョーリをモンテーニュやガリレオと同列に論じること自体、おおかたの現代人は滑稽に感じるだろう。しかし、私たちがどのような好みや美意識をもっていようと、それは、私たちが日々実践していることほどには、文化や社会の発展に影響を及ぼさない。簿記法は日々実践されることによって、私たちの思考様式に強大かつ広範な影響を及ぼしてきたのである。[280]」たしかに、近年に至るまで数多くの言語に翻訳され――その中には平井泰太郎による『ぱちおり簿記書』（1920）も含まれる――、その後の資本主義の発達に重要な貢献を果たし、今日なお、大企業から個人商店に至るまで、そこで使われる簿記法がパチョーリにより体系化されたそれと大差はないと聞けば、クロスビーの提言を無碍に否定する理由はない。

新たな簿記法の効用について、クロスビーは、「商取引を数字で正確に記録し、それをわかりやすく配列することを通じて、激しく変動する経済情勢の諸要素を理解できるようになり、さらには、コントロールできるようになったこと」を挙げ[281]、「この技法は世界を目に見えるもの、数量的に把握できるものに還元し、それによって世界を理解可能な、おそらくは、制御可能な存在に変容させた」と指摘する。[282]つまるところ、ゾンバルトが総括するように、複式簿記によって、資本主義的経済体制に固有の「経済的合理主義の理念」が展開・実現されたのであり、企業経営の「合目的性・計画性」を核とする資本主義の成立が可能となったというわけである。[283]

こうした簿記法の機能・効用もさることながら、複式簿記を必要とし、それを生み出し、利用した商人たちの心性自体に対しても同様の関心が払われるべきであろう。それは、一言で言えば、「合理的な精神」であった。「複式簿記はガリレオやニュートンの体系、近代の物理学や化学の教説と同じ精神から生まれた」とはゾンバルトの指摘である。[284]ところで、「理性（ragione）」なる語は、当時、フィレンツェの商人たちの間ではさまざまな意味合いで用いられていたという。公正の意、出来事の理由・原因の意であり、さらには、知恵といった意味がそうであった。そこから発展して、理性は、「過去を理解し、現在を把握し、さらには、未来を予測する、真に合理的な能力をも指すようになった。[285]」世界は合理的な法則にしたがって動き、人間はその法則を読み解き、それを利用して未来を透視し、己の才覚と努力によって望むところを実現できる、そうした確たる信念をもって商人たちは商いに励んだのである。さらに、われわれの興味をひくことは、ragioneが計算や勘定[286]、帳簿や簿記を指す言葉でもあったという点である。加えて、「会計（学）」、「簿記」を指すragioneriaがragioneに語源を有することを付け加えておこう。[287]複式簿記が「理性の書」[288]と呼ばれたところにも、商人の合理的な思考と行動にとって、会計が不可欠の業務であり、簿記が不可欠の技法であったことがよく表現されている。

そうした業務や技法の前提にあったのが、もっとも基本的な技能である「算術」である。一四世紀フィレンツェの商人であるジョヴァンニ・ヴィッラーニ（?–1348）が書き遺した『新年代記』によれば、一三三八／九年当時、その頃フィレンツェの人口はおよそ九〜一二万人と見積もられているのであるが[289]、市内の六つの学校で一〇〇〇〜一二〇〇人の少年が算盤と算術を学んでいた[290]。当時の商人の子弟たちは、清水によると、「一般に六歳位から読み書きを習い始め、四〜五年にわたる勉強をする。それから二年程算術の学校に通ってから、一二〜一四歳で見習いとして実業の道に入るというのが普通だったらしい[291]。」複式簿記を中心とするこのような仕掛けの中で、「フィレンツェ人に固有の生活全体にかかわる事柄を計算することの生来の才能[292]」に一層磨きがかけられ、彼らは、ヴェルナーがいうところの、「真正の商人」であるために必要不可欠な精神、つまりは、「全体を透視する」「視野のひろい精神[293]」を我がものにすることができたのである。モンタネッリ／ジェルヴァーゾがダティーニの中に見いだした近代的な資本家精神とは、畢竟、強烈な自我意識を恃みとし、それを基点にして世界——商人である彼らにとっての世界は、金銭、つまりは「数」の世界であった[294]——と対峙し、世界を数学的に計算し、世界を見透し、世界を管理し、世界を操る、後の遠近法の画家や自然哲学者等とも通底する、そうした類の精神であった。ダティーニ等商人たちもまた、ジョット等遠近法の画家に劣らない、新しいタイプの人間、正真正銘の近代人であったこと、異論はないであろう。

6　自我意識と絵画の革新

一　古典古代における遠近法の精神

都市を揺籃とし、空間と時間の分節化による自我意識の誕生、そして、そこから生まれた日常生活から経済や芸術等の多様な分野におけるモノとココロの両面にわたるさまざまに新たな事柄や出来事の登場の時期、その過程は、国や地域等により違いがあったにせよ、一四／五世紀以降、一様にヨーロッパ各地域に広く見られた現象である。そして、こうした変化をいち早く経験したフィレンツェが、「何」を描くか、「如何」に描くかをめぐる絵画の革新、とりわけ、遠近法の発祥地となったことは、肖像画や自画像、風景画を含め、それらが自我意識を基点とする「前に-対して-立つ」という人間と世界の新たな関係を前提とし、それを基にはじめて可能となるものであった以上、何の不思議もない。あるいは、むしろ、フィレンツェでなければならなかった、それ以外にありえなかったというべきかもしれない。ここでもまた、フィレンツェは、ジョットを嚆矢として、「イタリア、さらには、近代ヨーロッパ精神全体のもっとも重要な作業場」[295]となったのである。

もっとも、革新の中核をなす遠近法に関して、ヴァザーリがジョットを「長い間失われていた絵画の真の技法を再発見した人であった」[296]と紹介したように、空間描写の企て自体がそれ以前になかったかといえば決してそうではない。それも遥か昔、佐藤は、紀元前六世紀頃の古代ギリシアにおいて、クラッシック期の到来を告げる赤絵式壺絵に、それまでの黒絵式壺絵を支配していた正面性・側面性が破られ、3／4斜角デッサンに従う画法、「遠近法の成立を見ることができる」とする。[297]ゴンブリッチの指摘にもあるように、ギリシア人は、「目に見えるものを基本」とすることにより、それまでの「あらゆるものをもっとも明瞭な形で描き込む」ことに代わって、「対象をどういう角度から見るか」を問題とし始めた最初の人たちであった。[298]村田は、3／4斜角の描写により生まれる「身体のねじれ」が「運動感にみちた新しい身体の美」を生み出し、黒絵式には見られない「空間の深さ」が表現されるに至ったことを指摘する。[299]なるほど、赤絵式壺絵にあっては、壺絵のもつ性格もあって、「平行線の一点への収斂を見ることは困難」であり、また、「遠近法的な奥行はあからさまな形では表現されていない」ことはそのとおりである。[300]しかしながら、『ニオビーデの画家のクラテル』と呼ばれる壺絵に見られるように、3／4斜角デッサン、さらには、身体描写に短縮法が適用されていることから判断して、エウテュミデスやドゥリス等の作家が「クラッシック期以前のギリシア民族を含めて古代の諸民族が数千年にわたって描いてきた絵画においてはけっして見られなかったあらたな対象把握」、即ち、眼に映るがままの「見かけの姿」の忠実な再現に取り組み押し進めようとしたことは間違いない。[301]彼らが、神話だけでなく、競技や舞踏のような日常生活をモチーフとし、また、浴みする裸体の女性を描いたことにも、[302]同様の精神を見て取ることができる。なるほど、「遠近法の技術がルネサンスにおけるほど完成された段階に達していなかった」にせよ、古典期ギリシア人たちが、「遠近法の精神」、われわれの言葉でいうならば、「前に-対して-立つ」という、遠近法の成立にとって不可欠となる世界への構えを不十分ながらも獲得し、古代における絵画の歴史を画したといってよいであろう。[303]こうした赤絵式壺絵の登場は紀元前五三〇年頃、その様式の確立は同五〇〇年頃のこととされるが、[304]この時期が、先に紹介したように、ちょうど都市国家アテネが貨幣経済へと移行し、経済的な繁栄を謳歌した時期と重なることに注目しよう。ここでも、都市と貨幣による「個人」の出来と新たな技法の登場の間に強い関連性が存在することを確認しうるのではなかろうか。

アテネと並んで、古代における遠近法の精神について語るに際し、忘れてならない都市がある。ローマの統治下にあって七九年のヴェスヴィオ火山の噴火によって埋もれたポンペイである。いわば全体がタイムカプセルとなったこの町は、古代の絵画の特徴を今に伝える記念碑的都市であり、発掘された住宅や別荘の壁画の中には、肖像画や静物画、さらには、風景画さえ残されていた。[305] 小山はこれらの絵画には「はっきりと空間を表現しようという発想が感じられる」とする。[306] こうした「空間」への志向が後のフィレンツェの画家たちのそれを彷彿とさせるものであったとして、それ以上に、われわれの興味を惹くことは、当時のポンペイがフィレンツェと瓜二つの都市であったことにある。仕立屋やパン屋、粉屋、飯屋、居酒屋、宿屋等の商店、魚醤や毛織物、染色等の工房が軒を連ね、一方で、東地中海、南部ガリア、遠くインドからも日用雑貨や奢侈品を輸入し、他方で、葡萄酒や果樹、野菜等の特産品を輸出し、両替商が店を構える商工業都市であった。[307] さらに加えて、市民の住居空間や生活の在り様がフィレンツェのそれとピッタリと重なり合うことにも驚かされる。コルティは、「家々の設計からは、隣から覗かれないように、面倒に巻き込まれないように、私生活の尊厳を大切に守れるようにとの願望がうかがえる」という。[308] 実際、再現された邸宅の見取図からは、フィレンツェのダティーニ家やダヴァンツァーティ家のパラッツィオと変わりないか、それを凌ぐ各部屋の機能分化・分節化を確認することができる。門番部屋と店舗を左右に従えた玄関を入ると、正面に天窓を持ったアトリウムがあり、奥に向かって客間、回廊付き中庭、大サロンが一列に並び、その左右には中廊下を挟んで夏期用の食堂、冬期用の食堂、広間、仕事部屋、寝室、台所、便所等が配置されている。[309] とりわけ、寝室のもつ高い独立性が注目される。人々は、広場や劇場、神殿、浴場といった公的な場から帰宅すると、「小さな王国の主として、こうした静穏な自宅に引き籠った」のである。[310]

もっとも、古代ギリシアやポンペイにおいて、空間への関心の出来にもかかわらず、結局のところ、遠近法が完成を見るには至らなかった。ゴンブリッチが、「ギリシア人たちは短縮法を知っていたし、ヘレニズムの画家たちは奥行感を出す技術をもってはいた。しかし、……古典古代の画家の誰一人として、素敵な並木道の木々が奥に向かってだんだんと小さくなり、最後に地平線上に消えていく姿を描くことはできなかった」と指摘するように、[311] そこに見られる空間描写は「線遠近法的な視覚の萌芽」[312] 程度のものでしかなかった。

二　ジョットによる真理の扉の開放

ポンペイがヴェスヴィオ火山の灰に埋もれたように、遠近法の精神もまた眠りにつく。長い断絶の時を経て、ようやくにして、一四世紀初頭、フィレンツェの地において、他に先駆けて、「ものを取り囲む空間」の描写に取り組み、遠近法への扉、ヴァザーリがいうところの「真理の扉」[313]を開いたのがジョットであったということだ。千数百年の時の経過は、ヨーロッパ世界がギリシア・ローマの世界に追いつくための時間であった。ジョットはいわば先頭ランナーであったといえようが、彼とほぼ同時代に活躍した画家にシエナのドゥッチョがいる。彼の場合も、晩年の作であるシエナ大聖堂の祭壇画『マイェスタ（荘厳の聖母）』（1308–1311）の中に空間描写への志向を確認することができる。しかし、結局は、遠近法の生命ともいえる消失点の発見に至らなかったこと、あるいは、後の世代に属するマルティーニ（1285?–1344）に至っては、初期の作品であるシエナ市庁舎の『荘厳の聖母』（1315）に、ドゥッチョやジョットからの影響であろうか、三次元空間の表現が垣間見られながら[314]、逆に、晩年のシエナ大聖堂の『受胎告知』（1333）では遠近法とのかかわりの回避が見てとれること[315]、こうした彼らの遠近法への対応の違いについて、佐藤は、「進歩的都市フィレンツェと中世的都市シエナとの対立といった図式をあてはめてみるのも興味なきことではあるまい」とする。[316]あわせて、二つの都市の市民の性格に関する石鍋の指摘も参考になる。「フィレンツェ人は、個性が強く、知的で合理精神にとみ、思索へと向かう傾向が強く、ときに冷淡だという印象を与える。シエナの人々は、人一倍郷土愛が強く、感覚的、情緒的で、ときに激しやすく、宗教的、神秘的感情をうちに秘めている」と。[317]あるいは、一五世紀フランドル。マサッチョ等フィレンツェの画家とほぼ同時期に空間描写に取り組んだファン・エイクが、代表作『ファン・デル・バーレの聖母子』（1436）に見られるように、完璧とも見える遠近法を完成させながら、なお、パノフスキーにより、「純粋に数学的に見た場合、直交線が、なるほど個々の平面全体の内部ではただ一つの消失点に収斂しているが、空間全体の内部ではそうなっていない」として、遠近法構成の「不正確さ」を指摘されざるをえなかった事情も同様である。[318]両者の相違については、その原因を数学的な志向の有無に求めるクラークの見解を先に紹介したところではあるが、佐藤は先ほどと同様の観点から興味ある指摘を行っている。「ファン・エイクが生きたのが、『最後の中世的宮廷』を持つブルゴーニュ公支配下のフランドル、ホイジンガのいう『中世の秋』の時代のフランドルであったということ、そこには近世へと向かってゆく新しいものと、中世の古きものとがわかちがたく混在していたということに思いをめぐらせなければならない。[319]」

遠近法という技法もまた、肖像画や風景画とともに、近代になって登場した新しい生活様式、たとえば、オフィスでは、商人が、複式簿記の技法に基づき、インド・アラビア数字を使って、すべての取引を帳簿の貸方と借方に仕分け、世界を股にかけた物と金の動きを透視し、統御し、さまざまなデータや情報を基にして事業計画を練る、他方、家庭では、両親と子供を中心とする小さな家族が食卓を囲み、一人一人のために用意されたナイフやフォーク、スプーン等を器用に操って食事を摂り、家族の肖像画の掛かった居間で団欒を楽しみ、置時計や掛時計で時間を確認し、鏡の前で身を繕い、子供を躾・教育し、一人静かに書斎で本を読み、一日の終わりに、日記をつけ、今日を省み、明日の予定を計画し、寝間着に着替え自分用の寝室・ベッドで眠りにつく、そうした今日に続く生活の在り様と同様に、空間と時間の分節化に端を発し、そこから生み出された人びとの意識の変化、つまりは、自我意識の誕生にかかわる、おそらくはその最初の物語の一つであったのではなかったか。絵画というものが、元来、宗教や哲学、学問、文学、音楽、演劇、彫刻、建築、さらには、より身近な日常的事柄、たとえば料理や服装・髪型といったファッション等と同様、それぞれの時代精神、つまり、その時代の観念を規定する世界との関係、世界への構えの表現様式の一つでしかないことを考えれば、それぞれの時代の絵画にはその時代の精神を表現するに適した技法が存在すること、何の不思議もない。自我意識を基にして世界の前に-対して-立つ――それがルネサンスの時代精神であったのであり、そうである以上、空間と時間の一点に位置を定め自然と対峙し自然を透視する遠近法以外にこの精神に見合った技法は他に存在しなかったといわねばならない。これまで多くの論者を悩ませてきた、一五世紀フィレンツェにおける遠近法の出現と拡大にまつわる「謎」もまた、遠近法と時代精神のこうした強い繋がりから解き明かされる、そう期待してもよいのではなかろうか。

三　遠近法の登場と拡大の謎の解明

ブラッカーは、「新たな様式に関し、おそらくいちばん不可解なことは、それが〔一四世紀後半にフィレンツェをたびたび襲った黒死病によりもたらされた〕三〇年にわたる芸術的沈滞のあとで、突如として出現したことである」と指摘する。[320]あるいは、パノフスキーにとっても、「〔一五世紀における〕新しい絵画様式の出現」は、「生物学者がいうところの進化論的変化に対する突然変異、即ち、急激かつ永久的変化」であった。[321]辻もまた、同様に、遠近法は、ゴシックの伝統的な技法であるリリエーヴォ（レリーフ）が支配する時代にあって、「突如という形容を用いるのにふさわしく、出現した」とする。ともに「非平面」を表現する技法でありながら、リリエーヴォが自由に移動し浮遊する複数の視点からモデルをとらえようとするものであったのに対し、固定した一つの視点からモデルと対峙する遠近法の誕生は、「形体の自律的発展という美術史の通常の概念からでは割り切れない」、「明らかに絵画以外の要因が加わらなければ出現しなかったにちがいない」、そうした類の出来事であった、と[322]。ペンダーグラストがいうように、「画家たちは、ジョットから一世紀近く後、突如、まるで奇蹟のように、写真さながらの写実的な絵を描き始めた」のである[323]。

遠近法の突然変異性を際立たせる出来事に、出自において連続性をもたない技法の受容が、単に短期間になされたということにとどまらず、世代を経た交代ではない、一人の画家、彫刻家の中で生じたということがある。たとえば、ギベルティの場合。サン・ジョヴァンニ洗礼堂の第二門扉『キリストの生涯』(1403–1424)がリリエーヴォの技法に基づくものであったのに対し、引き続いて製作を開始した第三門扉『天国の門』(1425–1443)に見られるのは明らかに遠近法による表現であった。辻は、「これらが同一の作者の手になるとは信じ難いほどである」という[324]。あるいは、ウッチェロ。サンタ・マリア・ノヴェッラ聖堂にある二つの壁画の内、一四三〇年前後の作とされる『アダムと動物の創造』、『イヴの創造と原罪』には「科学的であれ、他の何らかの手段によってであれ、空間的な奥行きを獲得しようとする試みはまったく見られない」のに対し、一四四四〜四六年の『大洪水とその鎮静』、『ノアの燔祭と泥酔』はアルベルティの『絵画論』の実践であり、「素朴なまでに純理論的な」遠近法の表現を見いだすことができる[325]。遠近法への接近には、師のギベルティや兄弟子のドナッテロ、当時大きな評判をとったマサッチョの『聖三位一体』、さらには、アルベルティの『絵画論』からの影響があったのであろう。現存する作品の中では遠近法による最初の作品となる『ホークウッドの騎馬像』(1436)から始まって、以後、『聖母マリアの神殿奉献』や『サン・ロマーノの戦い』、『夜の狩猟』、『冒瀆された聖餅の奇蹟』等により遠近法の解釈と完成に向けて試行錯誤を繰り返した彼は、ヴァザーリから「遠近法の問題に費やしたと同じくらいの時間を人物や動物を描くことに費やしていたならば、ジョット以来今日にいたるまでの絵画の歴史の中でもっとも輝かしい、独創的な天才となったことであったろう[326]」と皮肉られたほどであった。夜を徹して仕事をする彼への妻からの「もうそろそろおやすみになっては」との呼びかけに、真偽のほどはともかく、「ああ、この遠近法というのは可愛い奴でなぁ」と答えるのが常であったという[327]。

たしかに、奇妙で不思議な出来事であった。辻は、技法転換の期間を「〔ブルネッレスキが実験を行ったと推測される〕一四一〇年あるいはそれの少し前から、〔マサッチョの『貢ぎの銭』に代表される、遠近法が開花した〕二五年の直前までの約一五年間だった」と推定する。[328] これほど大きな転換がこれほどわずかな期間に実現されたことに驚かされる。それ故にこそ突然変異とも突如とも評されるのであろうが、レオナルドが「ジョットの死後、芸術は再び衰退し、凋落の一途を辿った」[329]と嘆いたように、何故、ジョットの後継者たちは遠近法なる技法を継承し発展させなかったのか、できなかったのか。遠近法はジョットの「天与の才」[330]のなせる業として、彼がアレーナ礼拝堂に描いた『マリア伝』や『金門の出会い』(1303-1305) 等が、絵画の長い歴史を彩る例外的な作品、それこそ一回限りの突然変異に終わる可能性もなかったわけではない。何故、遠近法はジョットの死後一旦途絶えることとなったのか、それにもかかわらず、何故、遠近法は一世紀近くもの断絶の期間を置いて奇蹟と思われるような仕方で復活したのか。さらに、疑問はジョット本人にまで遡る。そもそも、ジョットに、古典古代の世界から数えて千数百年以上もの「長い間失われていた絵画の真の技法の再発見」を可能としたものは何であったのか。それこそが突然変異であり、突如という形容に相応しい出来事であった。

最後の疑問には後ほど戻るとして、クロスビーは、ジョットが大胆な一歩を踏み出しながら、継承・発展されないまま、遠近法の確立に長い年月を要した原因に、「幾何学的に『見る』ということは、私たちが理解する以上に難しい問題であった」こと、ジョットがこの難問に「芸術的本能だけに基づいて手探りで進んでいた」ことを挙げ、「幾何学的に正確に表現するためには、芸術的な天分を補足するものとして、理論が必要であった」とする。[331] あるいは、辻もまた、「自然物からの直接の写生はすでに一四世紀に始まっていたが、写生の対象が個体の対象物を超えて、複数のそれらで合成される空間の総体に及ぶには、空間構造の征服」、即ち、「自然を自己の視野に取り込」み、「画家の視野の中で、自然の光学に学んだ画家の透視の目が、対象としての自然を、その基本構造とともに捉えて並べなおすという、大きな仕事が必要であった」とする。[332] クロスビーも辻も、遠近法の誕生と確立のためには、単に「自然がそこにあるという事実だけでは不十分」であり、「光学に基づく空間構造の征服」、つまりは「理論」が必要であったという点で一致する。こうした空間構造の征服に取り組み、技法の理論的な根拠づけを企て、成功したのが、典型的なルネサンス人と評されたブルネッレスキであり、アルベルティであったということになる。

それでは、何が彼らにそれを可能とさせたのか。辻は、

「絵画以外の要因」として、意外にも、「透視装置」、つまり、「中世末以来、初期のルネサンスにかけてイタリアで独自の成熟を示した機械文明の一例としての光学機器」を指名する。[333]ブルネッレスキが使用した例の実験的な板絵は元来絵画とは無縁なこうした工学的装置を基に制作されたのであり、このことが美術史の連続性からは考えられない突如の技法の誕生をもたらしたというわけだ。[334]もっとも、ブルネッレスキは、小穴投影現象を生み出す一種の暗箱（カメラ・オブスクラ）と想像されるこの装置の存在を秘匿し、公にしなかったため、板絵の制作法、つまり遠近法誕生の謎は結局秘密のヴェールに閉ざされたままに終わってしまった。[335]もしそうだとすれば、徹底した「秘密主義」をとったとされるブルネッレスキ[336]にこそ相応しい逸話であったといえようか。こうした暗箱を試作してまで誕生の謎の解明を物理的・工学的な領域に求めようとした辻の発想と企ては、当時の画家が置かれていた芸術的状況に眼を向けたブラッカーによる謎解き、即ち、「支配的な様式であった『後期ゴシック』の限界とその作者たちの凡庸さが、新しい世代のリーダーたち――ブルネッレスキ、ドナッテロ、ギベルティ、マサッチョ――に手本と着想源を別のところに求めるようにしむけ、芸術的革新を引き起こすことになったのだろう。……ルネサンス様式の創始者たちは、同時代の美術家たちを否定して、一世紀前のジョットの作品に立ち返ったのである」[337]との解説に比し、はるかに真実に迫るものであった。

しかしながら、たとえ透視装置が大きな役割を果たしたことがそのとおりであったにせよ、どのようにしてブルネッレスキはそうした装置の使用を思いつき、あるいは、そこからヒントを得て遠近法なる技法を理論的に根拠づけるに至ったのか、そもそもブルネッレスキ等を隔世遺伝的に絵画の革新に向けて突き動かしたものは何であったのか、そうした疑問は依然残されたままである。それというのも、工学機器そのものから絵画の技法が生まれようはずはなく、工学機器が生み出す物理的現象を絵画の技法へと転換・昇華させるには両者を媒介する更なる何らかの「橋渡し役」が必要であったことは間違いないのだから。彼以前にも、たとえばロバート・グローステスト（1175?–1253）やロジャー・ベーコン（1214–1294）のように、同様の装置を手にし、あるいは、同様の投影現象を経験した人たちが存在したはずにもかかわらず、何故ブルネッレスキやアルベルティの登場を待たねばならなかったのか。かかる疑問は、他に先駆けて最初に遠近法という真理の扉を開いたジョットが何故ブルネッレスキやアルベルティになることができなかったのか、また、トレチェントの画家たちが何故マサッチョやウッチェロになることができなかったのか、そうした疑問へとわれわれを投げ返す。ジョット等には一体何が足りなかったのか。

何か不足するものがあったとするならば、それは、空間把握のための「理論」といった類のものではなく、それ以前、辻の言葉の中に既に示唆されているように、画家が自然を自己の視野に取り込み、対象として並べなおすことを可能にする、そうした自己と自然の新たな関係の出来、つまりは、理論化以前の内なる意識、「世界-内-存在」の全面的変容ではなかったか。それというのも、光学理論に基づく空間構造の征服はそうした意識・存在の変容が前提となってはじめて可能となるものであったにちがいなかったのだから。そして、実は、この点にこそ「幾何学的に『見る』」ことの困難さの本当の原因があったと思われる。そのためには、「前に-対して-立つ」という、普段人びとが慣れ親しんできた人間と世界の既知的・親和的な関係を覆す、誰も今まで経験したことのない、世界への、いわば人工的な、新たな構えの出来こそが何よりも先ず必要であったということだ。フランカステルの指摘はこの間の事情を語って余りあるものがある。「ルネサンスは忽然と発見されたものではない。何世代もの作品を通じてはじめて具体化されたものである。けれども、ある瞬間に、一つの新しい人間的態度が、従来禁じられていたある種の経験組織のイデオロギー的桎梏から解放された人間に、その行動の可能性の自覚意識から、可能になったということも明らかである。ルネサンスは、外界に対する人間の精神的態度の変化としてとらえることができる。……ブルネッレスキ、マネッティ、ウッチェロ、ピエロ・デラ・フランチェスカなどの時代に単一視点の採用を基礎として行われた幾何学的投影体系の発見は、〔彼らが生きた時代に生じた〕はるかに巨大な精神的変形の兆候を示す以外の何物でもないということである。[338]」

ジョットは、ブルネッレスキやアルベルティに一世紀も先駆けて、ダンテやペトラルカと同じ時代精神を嗅ぎ取り、彼らの中に最初の表現を見た「巨大な精神的変形」を自己のものとし、たとえ経験的にではあれ、己の画家としての天分と直観を頼りに、『金門の出会い』に見られる如く、「従来禁じられていたある種の経験組織のイデオロギー的桎梏から解放され」、いまだ完璧とはいえないまでも、空間描写への跳躍を先駆的に果たしたのであり、そうである以上、画家である彼の内には既に「一つの新しい人間的態度」、即ち、「前に-対して-立つ」という世界への構えが出来していた、そして、それこそが、ジョットに、千数百年以上もの断絶の時を経て、突如、「絵画の真の技法の再発見」を可能とした当のものであった、しかしながら、それでもなお、彼の精神は自らの空間描写を客観化することにより「幾何学的投影体系を発見」するほどまでには成熟していなかった、それが事の真相ではなかったか。

この点に関しわれわれの興味をひくのは、ジョットが、アレーナ礼拝堂の『最後の審判』に寄進者であるスクロヴェーニの肖像を描き、また、フィレンツェにあるマッダレーナ礼拝堂の祭壇の壁にダンテや彼の師ラティーニ等の肖像を描きながら、[339]「自画像とはっきりわかる図」を残さなかったとの田中の指摘である。[340]ペトラルカの肖像を描いたマルティーニも同様であり、「少なくとも一四世紀は、肖像画らしいものは描かれたとはいえ、自画像というものは描かれなかった、といってよい」と彼は結論する。[341]何故そうなのか。田中の謎解きは、自画像が、他者の肖像画とは異なり、「自分自身の客観化」の契機を必要とするものとして、明確な「個人主義の発生」を待ってはじめて可能となるものであり、[342]ジョットはいまだ「自己自身を描写しようとする契機を見いだせなかったようだ」[343]というものであった。もしそのとおりだとするならば、彼が「自我領域を拡張する」とされる遠近法に経験的に接近しながら、なおそれを客観化し理論的に完成させるに至らなかったことにも納得がいく。

実際はどうであったのか。ジョットは本当に自画像を描かなかったのか。この点に関し、ヴォルフは、スクロヴェーニの肖像を描いた同じ『最後の審判』の左下方の天国側に描かれた一群の人物中の「赤いガウンを着て黄色の頭巾をかぶった人物はジョットの可能性がある」とする。[344]この他にも、マッダレーナ礼拝堂の祭壇の壁に描かれたダンテ等と並ぶもう一人の人物が、ヴァザーリの報告にもあるジョット本人であることに「疑いはない」という。[345]こうしたヴォルフの指摘が正しいとするならば、[346]ジョットは「自己自身を描写しようとする契機」を見いだしていたということになる。ただし、たとえそうであったにせよ、自画像はあくまで聖像画の一部を構成する群像の一人としてであり、後の、レオナルドやデューラーのそれとは性格を異にすることもまた否定しえない。群像の中の一人としての慎ましやかな自画像は、遠近法という真理の扉を開きながら、それをいまだ完全には開放するに至らなかったジョットにこそ相応しいものであったというべきかもしれない。

もう一人、真理の扉に接近しながら、ジョットとは異なり、結局は、それに手をかけること叶わなかった画家を紹介しておこう。ほぼ同時期に活躍したロレンツェッティ（弟）である。パノフスキーは、晩年の作品である『受胎告知』（1344）を取り上げ、ここには遠近法による作画が見られると評価する。即ち、「床面の明らかに画面に直交する線がここではじめてことごとく、しかも、疑いもなく十分に数学的な意識をもって、一点に向けられて」おり、そこに描かれている「タイル模様は、抽象的・数学的思考がそれを要請するに先立って、近代の『体系空間』を芸術という具体的な領域で直観化してみせる座標系の最初の例を示している」と。[347] はたしてそうであったのか。辻は、パノフスキーがその中に「近代の『体系空間』」の表現を見た「タイル模様」の描写に関し、これがルネサンスの遠近法比例によるそれとは「明らかに異なっており」[348]、アルベルティが『絵画論』で否定した「幾何比例」の方法に拠るものであったとする。つまり、本来の遠近法であれば、一つ一つのタイルの底辺と奥行きの比の変化、つまり、逓減比は同一ではなく、その結果、タイルは相似形とはならず、また、各タイルの対角線を結ぶ二つの線は一直線となって左右の一点に収斂することになるはずであるが[349]、ロレンツェッティ（弟）の遠近法では、タイルの一つ一つが「相似形」を成し、「その対角線を連ねると、直線ではなくカーブを描」き、「一点に収束する。」[350] 本来の遠近法ではありえないはずのことが何故生じるのか、両者の相違は何に由来するのか。辻は、その原因を、彼が「天使の遠近法」と「地上の遠近法」と呼ぶ技法の違いに求めることができるとする。技法的に、ロレンツェッティ（弟）の場合、一つ一つのタイルの対角線を、「光学」ではなく、ア・プリオリに「幾何学」に依拠して平行に引くことによってタイル模様の積み重なりを表現しており、その結果が、同一の逓減比であり、カーブを描く対角線であり、すべての対角線の画面中央の一点への収斂であった。[351] こうした遠近法が可能となるのは、「地上に立つ人間の眼よりも高い後方の位置から、次第に上方に飛翔して、対象が限りなく縮小して、ついには消えて見えなくなるまでを見届ける」[352]、そうした、実際にはありえない眼を人間が持つ場合に限られる。これが「天使の遠近法」である。これに対して、ルネサンスの遠近法では、画家の視点は常に地上の一点に固定され、それを基点にした対象までの「視距離」に応じて逓減比が均等ではない数値で決定され、その結果、対角線が直線を描き、ロレンツェッティ（弟）の『受胎告知』には見られなかった左右の一点に収斂する形が生まれてくる。[353] こうした遠近法は、「地上に立ち止まって地上を見渡す」[354] 眼を持つ人間によってはじめて可能となる。これが「地上の遠近法」である。結局、二つの遠近法の相違は、画家の視点の相違、地上に固定されたそれか、空中を飛翔するそれかの違いに帰着する。[355] こうした視点の違いの由縁が自我意識の有無、その成熟の程度に求められると考えて、それほど的外れではあるまい。あわせて、ロレンツェッティ（弟）の活躍の舞台がシエナであったことも確認しておこう。

もはや、答は明らかであろう。「絵画以外の要因」――それは、結局のところ、ルネサンスの中心都市を成すフィレンツェを舞台に、ダンテやペトラルカの精神の中にはじめてその姿をあらわし、その後、一四世紀末から一五世紀にかけての時代に確立した「自我意識」以外にはなかったということである。固定された一つの視点から世界を眺め構成するという遠近法に固有の認識論的布置が、自我意識を基点とし、そこから生まれた「前に-対して-立つ」という人間と世界の新たな関係と重なり、それを前提としてはじめて成立するものであった限り、この自我意識の出来を置いて他に、遠近法を生み出した要因はありえない。何故、遠近法の出現が突然変異とも奇蹟とも称される出来事であったのか、結局、それは事の本質が人間の思惟や行動の在り様を根底において規定する世界への構え、つまりは、「世界-内-存在」の全面的変容にあったからというしかない。ジョットは、ダンテやペトラルカの同時代人として、画家にあって、他の誰よりも早くそうした変容を経験し、なるほどその変化を理論化するほどには十分ではなかったにせよ、彼らと同じ世界への構えを自ら有する画家としての天分を基に絵画に表現してみせたのである。ペトラルカが彼を「当代随一の画家」と評した理由も納得される。ブルネッレスキやアルベルティ、マサッチョ等に至る一世紀という時間の隔たりは、彼らが新たな時代精神を獲得しジョットの天才に追いつくために必要な時間であった。先に紹介したブラッカーによる謎解きも、改めて、こうした観点からとらえ直すことができる。ブルネッレスキ等新しい世代のリーダーたちが「支配的な様式であった『後期ゴシック』の限界とその作者たちの凡庸さ」に満足できなかったのは、彼らが拠って立つ世界への構えが後期ゴシックの画家のそれとは異なっていたからであり、「着想源を別のところに求め」、「一世紀前のジョットの作品に立ち返った」のも、結局は、ジョットの表現に同じ構えを嗅ぎとったからであった、と。

自我意識と無縁な、旧来のままの世界との関係にある人間にとって、絵筆をもって世界の前に-対して-立つことなど思いもよらないことであったろうし、新たな技法に関心をもつことすらなかったであろう。しかし、ひとたび全面的な変容が出来した、そのとき、世界は突如としてそれまでとはまったく異なる相貌をもって画家の前にその姿をあらわしたのである。それは、存在論的な転回であり、宗教的回心にも比すべき出来事であったにちがいない。ダンテやペトラルカ、ジョットが先駆的に経験した世界への構えの根本的変化が一つの時代精神として確立されたのが、フィレンツェという都市であり、クワトロチェントという時代であった、そう考えれば、ドゥッチョやロレンツェッティ（弟）が何故遠近法なる技法を生み出すことができなかったか、ジョットが遠近法という真理の扉を開きながら何故完全に開放するに至らなかったか、何故トレチェントの画家たちはジョットの天才が一旦開いた真理の扉の前に立ち止まってしまったのか、納得がいく。それは決して彼らの無能のなせる結果であったわけではない。逆に、何故、ブルネッレスキやアルベルティ、マサッチョ、ギベルティ、ウッチェロ等のクワトロチェントの画家たちが、一斉に、しかも短期間に、新たな技法を受け容れ我がものとすることができたのか、その間の事情も同様に納得がいく。彼らはいずれも当時フィレンツェという都市において確立されたばかりの「前に-対して-立つ」という世界への構えを共有する者、ブルクハルトがいうピカピカの近代人であったのであり、そうした彼らが、世界との新たな関係を絵画的に表現する技法を遠近法の中に見いだした、ただそれだけのこと、それが奇蹟とも称される遠近法の誕生と受容にまつわる謎の正体であった。

7　ルネサンスとは何であったのか？

一　バークのルネサンス論

空間と時間の分節化が生み出す自我意識、それがもたらす「前に-対して-立つ」という世界との新たな関係――そこに「イタリア・ルネサンスの最大の栄光」[356]と評される絵画の革新をもたらした遠近法の誕生と受容・普及にまつわる謎の正体が求められるとした場合、こうした出来事の構図は、同時に、ミシュレやブルクハルト以来繰り返し議論され、今日にあってもいまだなお「異論百出の混乱状態」[357]に変わりはない「ルネサンス」それ自体の本質理解にとって必要な解読格子を提供してくれるにちがいない、そう期待してよいのではなかろうか。この問題を検討するにあたって、先ず、バークの『ルネサンス』(1997)を手掛かりにすることにしよう。

　バークは、ブルクハルトの『イタリア・ルネサンスの文化』の言葉、「中世の時代、人間の意識は……共通の一枚のヴェールの下で、夢を見ているか、半覚醒の状態に置かれていた。……人々は、自分自身については、ただ種族、民族、党派、家族、団体、その他何らかの一般的な形式としてのみこれをとらえた。〔しかし、ルネサンスのイタリアにおいて、〕はじめて、このヴェールが風に吹き払われ、……人間は、精神的な意味での『個人』となり、自分自身をそうした個人として認識するに至った」を引用した上で、ブルクハルトにより確立・定式化され、教科書的理解の基となった、「個人主義」と「近代性」という二つの観点を軸にして中世との間に劇的なコントラストを作り出すルネサンス観は「一つの神話」でしかないとして、これを退ける[358]。たしかに、ハスキンズの『一二世紀ルネサンス』(1927)以来、中世との断絶ではなく、むしろ、連続性が指摘・強調され、また、古典古代への関心の高まりが、一二世紀、さらに遡って、カール大帝の時代にも見いだされるに及んで、ルネサンスを字義通りの「再生」としてとらえる限り、ルネサンスを中世との分水嶺を成す出来事ととらえることの不可能性は否定しようもない。

もっとも、中世史家から批判の的とされるばかりのブルクハルト自身もまた、機先を制するかのように、「一四世紀以来、イタリア人の生活の中へ、彼らの文化の拠点かつ源泉として、生存の目標かつ理想として、あんなにも力強く侵入してきたローマ・ギリシアの古代は、所によってはとうの昔に〔ヨーロッパ〕全体、イタリア以外の中世の時代にも影響力を及ぼしていた」との認識を披露し、そこからして、「カール大帝が代表していたこうした文化は、七／八世紀の野蛮時代に対して、本質的に一種のルネサンスであり、また、それ以外の何ものでもありえなかった。これに続いて、北方のロマネスク建築術に古代から受け継がれた普遍的な基礎形式の他に、眼につくほどに直接的に古代的な形式が潜入しているのと同様、修道院の学問全体もまたローマの著作家から大量の資料をしだいに取り入れ、その文体にもアインハルト以来模倣の跡が見られないこともない[359]」ことを指摘していたのである。さらに加えて、ブルクハルトは、ルネサンスの揺籃となった「近代イタリア精神という、全ヨーロッパにとって標準的な模範となるべく定められた新たな総体」についてもまた、これが「〔一〕六世紀のランゴバルド人の侵入以来古代ローマの遺産と融合し形成・発展してきた〕民族精神やゲルマン的=ランゴバルド的な国家制度、ヨーロッパ共通の騎士道、その他、北方からの文化や宗教、教会の影響から生み出されたものであった[360]」ことを強調する。

しかし、ブルクハルトの矛先が中世との連続よりも断絶を強調することに向けられていたこともまたたしかな事実であり、そのことを否定する材料は何もない。バークは、「ブルクハルトの誤り」は、「ルネサンス期の学者や芸術家が自分で自覚する以上に多くを、彼らがしきりに糾弾した『中世』に負っていた」にもかかわらず、「この時代の学者や芸術家を彼らが自身で評価したとおりに受け入れ、再生の物語を額面どおりに受け取って、それを一冊の本に仕立てあげた」ことにあったとし、さらに、「芸術の復元もしくは刷新、そして、古典古代の復活という古い定式に、個人主義、リアリズム、近代性といった新しい定式を付け加えた」と断罪する[361]。

そもそも、巷間いわれる「ルネサンス」なるものは存在したのか、存在しうるのか。バークの回答は以下のとおりである。「単一の文化的な奇跡、あるいは、近代性の突然の出現として『ルネサンス』をとらえるならば、私の回答は『否』である。しかし、もし『ルネサンス』ということばを西洋文化における一連の重要な変化の集合体を指すものとして用いるのなら、そのときは、まだ、それなりの利用価値があり、体系化に使える概念とみなすことができるかもしれない。」[362]

　このようにして、バークは、ルネサンスを、歴史の流れに突如の断絶をもたらした「文化革命」[363]としてではなく、一四世紀から一七世紀にわたるおよそ三〇〇年間、イタリアから始まってアルプス以北へと拡大した「文化の変容過程」[364]、つまりは、文学や芸術、思想等の分野において「徐々に発展してきた」[365]一つの「運動」としてとらえ直すべきと主張する。[366]

　もっとも、その際、この運動の中核を成す精神を「古代の模倣」[367]による「古代の復活」[368]と見る限り、バークもまた、ルネサンスの本質を字義通り「再生」に見ていることに変わりはない。バークは、そうした古代の再生の代表例として、真っ先に、ブルネッレスキやアルベルティ等により企てられた建築における古代の様式の復活を挙げる。彼らは、ローマに出かけ、そこに残るパンテオンやコロッセウム、凱旋門等を実測し、あるいは、ウィトルーウィウスの『建築論』を手掛かりにして、サン・ロレンツォ教会堂やサン・フランチェスコ教会堂等を設計・建築したのである。ブルネッレスキとローマ行を共にしたドナッテロに代表される彫刻も同様であり、『ラオコーン』や『ベルヴェデーレのアポロン』等が彼らの想像力を掻き立て、創作にとっての模範とされた。これら機械技芸だけではない。当然のこと、詩や劇、歴史、思想等の自由学芸の分野においても、ペトラルカやボッカッチョ、ブルーニ、マキャベリ、ヴァザーリ等々のユマニストの手により、ウェルギリウスやリウィウス、セネカ、キケロ等に触発され、ヴァザーリの『芸術家列伝』がプルタルコスの『英雄列伝』に範をとったように、それらを参考に、多くの作品が編まれ、加えて、その前提として、ただ読むだけではない古典ラテン語、さらには、古代ギリシア語の教育が盛んとなり、プラトンやアリストテレス等の原典の利用、ラテン語への翻訳が進められた――そこに見られる出来事は、まさに、「古代の再生」と呼ぶに相応しいものであった。[369]

　たとえ唯一無二の出来事ではなかったにせよ、また、突然の出来事ではなかったにせよ、また、ペトラルカであれ、フィチーノ等々であれ、彼らが意識していたほどには古典古代の世界の近くにいたわけでも、中世の世界と断絶していたわけでもなかったにせよ、一四世紀以降、イタリアにおいて、「徐々に多くの個人が、徐々に中世後期の文化の要素に飽き足らなくなり、徐々に古典古代の過去に魅了され」[370]、その結果、中世から近代への文化変容が推進・実現されていったことをバークも承認する。その上で、バークは、「何故こうしたことが起こったのか」を問い、「古代ギリシア・ローマを復興しようとした集団的な試みについての説明が妥当性をもつためには、次の三つの要因が説明できなければならない」とする。①何故そうした運動は中北部イタリアに起こったのか、②何故一四、一五、一六世紀において、その勢いは集中的に増加したのか、③何故それはとりわけ都市貴族に訴えかけるものがあったのか。彼の回答は、①古代ローマとの親近性、②一二／三世紀以降における北イタリア都市国家の勃興、③ルネサンスのもつ都市的性格、というものであった[371]。バーク自身が、「この問題はすべてのなかでもっとも難しい[372]」というように、彼が提示する回答は、的外れではないにせよ、従来指摘されてきた域を超えるものではなく、隔靴掻痒の感を免れない。彼は、別の箇所で、「〔何故そうであったかは〕歴史上のほとんどの基本的な疑問と同様に理解しがたい[373]」ものであるとさえいう。

二　新たな構えによる世界の再解釈運動

筆者は、ルネサンスを長期間にわたる「文化の変容過程」――これを「革命」と称するか否かは多分に言葉の問題、趣味の問題であろう――ととらえるバークの立場に異を唱えるものではない。しかし、彼がこの運動の本質を「古代の復活＝再生」に見ることについては疑問をもつものである。その点では、奇妙なことに、ブルクハルトに対する厳しい批判者である彼自身もまた旧来の呪縛から自由ではないというしかない。むろん、そのことが表面的には文字通り「ルネサンス」の中核をなす出来事であったにせよ、また、当事者の多くがそのことを自覚的に遂行し、そう認識していたこともそのとおりであったにせよ、また、ミシュレ、さらに遡れば、ヴァザーリ以来、今日に至るルネサンス観も大方そのとおりであるにせよ、しかし、古代の再生は、人間の発見や自然の発見等と並んで、或るより根本的な変化＝原因から生まれた大きな出来事の中の一つの現象、せいぜい文化変容の推進役、随伴役でしかなかったのではないか。

この問題に関する火付役ともいうべき、そのため後に続く者の批判の的ともなったブルクハルトの立ち位置は一見したところ必ずしも明確ではない。『イタリア・ルネサンスの文化』において、第一章「(政治的)技術の所産としての国家」、第二章「個人の発展」の後を受けて、第三章に「古代の復活」を置いた彼は、冒頭、「われわれの文化史的な概観がこの点に達すると、古代の『再生』を一面的にこの時代の総称にしてしまった以上、われわれは〔次に〕古代というものに言及しなければならない」と、いささか消極的な物言いをした後、さらに次のように続ける。「これまで叙述してきた状態は、古代なしにも、国民を覚醒させ、成熟させていたことであろうし、また、後に数えあげるもろもろの新しい精神的方向も、たいていは古代なしに考えることができるであろう」と。つまり、意外というべきか、古代の復活はルネサンスの原因でも本質でもなかったというわけだ。しかし、話はそれで終わらない。「これまで〔述べてきたこと〕がそうであったように、これから述べることも、何といっても、古代世界からの影響によってさまざまに色づけされている」ことに変わりはなく、「事柄の本質が、古代世界をぬきにして理解され、また、存在するであろう場合でも、生活の中での現われ方は、やはり古代世界と共にあり、古代世界によって〔規定されて〕いる。もし『再生』という出来事をそんなに簡単に度外視しうるものであったならば、ルネサンスは、事実そうであったほどの大きな世界史的必然性をもちえなかったであろう。」つまり、古代の復活はルネサンスの原因ではなかったにせよ、ルネサンスなる出来事は、古代世界の「再生」といった様相をもち、また、そうであったが故に、世界史的な出来事になりえたというわけだ。以上から、ブルクハルトは、「本書の主要命題として、あくまでも〔以下のことを〕主張しなければならない」として、次のように結論する。「〔古代の〕『再生』は、単にそれだけではなく、それと並んで存在したイタリアの民族精神[374]との緊密な連合により、西洋世界を征服したのである」と[375]。

　いささか曲がりくねったブルクハルトの主張は次のように整理することができよう。①ルネサンスは、古代なしにも起こりえたが、もしそれが古代世界とまったく無関係なものであったなら、せいぜい一四世紀から一六世紀におけるイタリア半島に限定された文化的なエピソードに終わったであろうし、②古代世界もまた、もしそれがルネサンスと遭遇することがなければ何ら世界史的な影響を与えることなく歴史の中に埋没して終わったにちがいない、③イタリアの民族精神、さらには、そこから発展した近代イタリア精神から生み出されたルネサンスは古代世界と通底し「再生」といった様相をもちえたが故に、また、古代世界はイタリアの民族精神と結びつき「再生」を果たしたが故に、両者相まって西洋世界を征服しえたのだ、と。

　以上の議論から、いくつかの疑問が浮かんでくる。はたして、①ルネサンスなる出来事は、古代の再生なしに、古代世界と無関係に起こりえたのか、②ルネサンスが出来する上で古代世界と近代イタリア精神はいかなる関係にあったのか、③ブルクハルトがいう近代イタリア精神とは何であったのか、④イタリア発のルネサンスが西洋世界を征服しえたのは何故であったのか、その際、古代の精神はいかなる役割を果たしたのか、⑤ルネサンスはカロリング・ルネサンスや一二世紀ルネサンスと同一、同種の出来事とみなされうるのか、⑥そもそも、ルネサンスを生み出した本当の原因は何であり、ルネサンスとは何であったのか。

　これらの疑問を解く差し当たりの手掛かりとして絵画を取り上げよう。それは、単に、絵画がルネサンスを代表し象徴する営みであったからというだけではない。何よりも注目すべきは、バーク自身も指摘するように、建築や彫刻とは異なり、「絵画における変化は古典への依拠なしに起こった[376]」ということ、この事実である。アルベルティが、『絵画論』の中で、「教師となるものも、手本となるべきものもなしに、これまで見たことも聞いたこともないような芸術と学を見いだすならば、われわれの名声は古代人のそれを凌駕するものとなるはずだ[377]」と語っていたように、絵画にあっては、バークも承認するとおり、「ウィトルーウィウスはもちろん、『ラオコーン』に相当するものさえなく、当時はローマにある『ネロの黄金の家』に見られたわずかな装飾を別にすれば、古典絵画は知られておらず、この状況が一八世紀後半のポンペイの発掘まで続いた[378]」というのが実際であった。彼らには足をのせるべき肩をもつ「巨人」が存在しなかった。一四世紀末のイタリア美術が「根本的に古代から隔絶していた」状態にあったことはパノフスキーもまた指摘するところであり、「真のルネサンス」は、絵画の場合、いささか形容矛盾の誹りを免れないが、いわば「零から誕生した」出来事であった[379]。『芸術家列伝』をまとめたヴァザーリにこのことの自覚があったことは、以下に紹介するパノフスキーのまとめにもあるように、彼がリナシタ（ルネサンス）第二期の三人の創始者（ブルネッレスキ、ドナッテロ、マサッチョ）を、古典古代との関係において、それぞれハッキリと区別して評価していたところにもあらわれていた。「〔ヴァザーリにより〕建築家のブルネッレスキに与えられた栄誉は、古典様式の原理の再発見及び体系的更新ということであった。彫刻家のドナッテロには、彼をして『古代人の偉大な模倣者』たらしめ、また、彼の作品をして『他のいかなる人物の作品にもましてギリシア人・ローマ人の優れた作品に類似』せしめたいくつかの特質があげられた。そして、画家のマサッチョには、賦彩・立体表現・短縮法・『自然な姿態』・情感あふれる表現力などにおける画期的業績という栄誉だけが与えられた[380]。」フリーデルがいう「イタリアのルネサンスはまったく『ルネサンス』などではなく、ただただ新しいものであった[381]」との主張も、少なくとも絵画に関する限り、決して奇を衒ったものとはいえないことが分かる。画家たちの場合、ペトラルカの唱えた「古典へ帰れ」ではなく、「自然へ帰れ」が主導理念であったこと[382]、前述したチェンニーニやレオナルドの言に見られるとおりである。そうである以上、ジョットを端緒とし、それ以降、遠近法を中核とする絵画の変容をもたらした原因・動機は、古代への憧れ、古代の復活とは違った、もっと別のところに求められなければならない。もう既にお分かりであろう。それは、本章で論じてきたように、イタリア、とりわけフィレンツェにおける「自我意識」の誕生、そして、それによる

「前に‐対して‐立つ」という人間と世界の新たな関係の出来以外にはありえなかった。そして、この新たな世界への構えこそが、ブルクハルトのいう「近代イタリア精神」であったと見て間違いあるまい。

ジョット、その後のクワトロチェントの画家たちは、この新たな構えを表現するべく、いわば独力で、自然に立ち向かい、遠近法を生み出し――むろん、理論化に際して、ユークリッドやプトレマイオスの光学の助けがあったのではあるが――、それにより中世絵画の世界からの離陸を実現し、絵画の劇的な変容をもたらした、それが実際であった。絵画がルネサンスを代表し象徴する営みであり、また、遠近法がその絵画の革新の中核・原動力であったことを考えれば、こうした革新が古代の復活とは無関係に遂行され、実現されたことの意義は、ルネサンスなる出来事の本質を理解する上で大きな手掛かりとなるのではないか、そう期待してもよいのではなかろうか。

建築家や彫刻家、さらには、ルネサンスの第一走者であったユマニストたちにとっても、古代の復活は自己目的といったものではなく、フリーデルの指摘にあるように、たかだか、画家たちと同じ時代精神を共有する中で、新たに出来した世界との関係を表現するに際して、古典古代の作品の中に自分たちと同様の「世界感情」を見いだし、それに倣っただけではなかったか(383)。単に、「古代が自分自身の昔の偉大さの追憶(384)」であったとか、「古代ローマとの親近性(385)」といったことが主要な動機であったのではない。「ルネサンス」という人口に膾炙した観念を広めたミシュレ自身がいみじくも語るように、彼らは「再発見された古代世界が心情において近代と同一であることを認めた(386)」、ただそれだけのことではなかったか。「復活」や「再生」についてなお語るべき何物かがあるとすれば、それは、あれこれの作者や作品といったものではなく、「世界感情」、「心情」、われわれがいうところの「前に‐対して‐立つ」という世界への構えのそれではなかったか。阿部がいうように、キケロであれ、ウィトルーウィウス、ラオコーンであれ、それらは彼らにとって同じ世界への構えを表現する上でせいぜい利用可能な「材料(387)」といったものにすぎず、もし準拠すべき模範がなかったならば、彼らも、画家たちと同様に、独力で事にあたったにちがいない。彼らには、幸運にも、「古代ギリシアを通る近道(388)」が用意されていたということである。

イタリア発のルネサンスが西洋世界を征服しえたのは何故であったのか。それは、結局、「世界への構え」の共有化以外にはなかったにちがいない。即ち、フィレンツェを中心に、イタリアで始まった空間と時間の個人化、それに先立つ商業・手工業と都市のルネサンスがアルプス以北へと拡大し、そこから生み出された自我意識を基点とする「前に‐対して‐立つ」という世界への構え、ブルクハルトのいう近代イタリア精神がヨーロッパ世界により共有されたことの結果であった、と。もしそれがなければ、ルネサンスは、イタリア半島を越え出ることはなく、ローカルな出来事、西洋史の一挿話に終わったことであろう。その後のヨーロッパ、さらには、世界の歴史も、当然、現在のそれとは異なっていたはずである。「近代イタリア精神が全ヨーロッパにとって標準的な模範となった」というブルクハルトの言葉が改めて確認される。巷間いわれる「古代の再生」に何ほどかの意味があったとすれば、それは、イタリア発の文化変容がアルプスを越えてヨーロッパ全域へ浸透する上でのいわばその「縁飾り」としての役割ではなかったか。その意味で、フリーデルがいう『古典古代への帰還』は、一八世紀の『自然へ帰れ』と同様、具体的で、見てくれのよい、誰にもわかる標語にすぎなかった」(389)とのいささか誇張した物言いも、ある程度の割引は必要であろうが、納得されよう。バークがいうように、もしブルクハルトに何か「誤り」があったとするならば、それは、「再生の物語を額面どおりに受け取った」ことにではなく、フィレンツェを起点にヨーロッパ世界全体に拡大した、数百年間に及ぶ文化変容の物語、ブルクハルト自身の言葉を借りていうならば、「一つの大きな精神的連続体(390)」を、たとえひときわ眼につく事柄ではあったとしても、連続体を構成する、それも必ずしも中核とはいいがたい、一つの出来事にすぎない「古代の再生＝ルネサンス」の名で言い表した、そのことにあったというべきである。したがって、もし「再生」に何ほどかの意義があったとして、先に引用したブルクハルトの言――「『〔古代の〕再生』は、単にそれだけではなく、それと並んで存在したイタリアの民族精神との緊密な連合により、西洋世界を征服したのである。」――もまた、次のように言い換えることが必要である。即ち、「イタリアの民族精神は、単にそれだけではなく、それと並んで存在した『〔古代の〕再生』との緊密な連合により西洋世界を征服したのである」と。

イタリア・ルネサンスとそれ以前のカロリング・ルネサンスや一二世紀ルネサンスとの異同、中世との連続性をめぐる問題もまた同様の観点から読み解くことが可能である。それぞれのルネサンスが、その程度や関わり方、関心の方向性に違いはあれ、その名のとおり、いずれも古典古代の「復活」を内容としていたこと、さらに、いわゆる根堀論者によりルネサンスに固有とされた人物像や事象の多くの起源が中世の時代の中に発見されるに及んで、しばしば、イタリア・ルネサンスの独自性が否定され、中世との連続性が主張されることになるのは止むを得ないことであったのかもしれない。

これに対して、ドレスデンは、断絶説の立場から、「中世とルネサンスとの間に統一性が存在するという命題」には根拠がなく、「このような観念は誤っているように思われる」とし、その理由を次のように説明する。「ルネサンスとヒューマニズムのそれぞれの要素は、別個にとりあげてみるなら、何世紀も昔のヨーロッパ文化のなかにすでに存在し、今その姿をあらわしたのだということは大いにありうることである。しかし、大事なことは、諸要素をばらばらに分解し、それぞれの要素をその歴史的な発展から抜き出して研究することがはたして正当であるかどうかを知ることである。……孤立した諸要素の歴史的な類似、さらには、一致さえも、これらの要素が属している二つの文化的複合体が同一のものであると結論づけることを正当化するわけではない。……いかなる場合にも、全体の独創性を決定するのは、仮にその各部分が時としてずっと以前から存在していることがあっても、それらの部分をどう関係づけ組織化するかにある。」[391]

たしかに、ドレスデンの指摘のとおりであろう。しかし、彼は、諸要素の組み替えが何によって可能となったのかについては何も語らない。それが何であったのか。組み替えを可能としたもの、つまりは、イタリア・ルネサンスとそれ以前のルネサンス、そしてまた中世との間に明確な分割線を引いたもの、それは、ブルクハルトが「近代イタリア精神」と呼んだもの、つまりは、「前に-対して-立つ」という世界への構え以外にはなかったにちがいない。一二世紀ルネサンスがヨーロッパ世界にもたらした最大の成果の一つであるプトレマイオスの『アルマゲスト』を想起するだけでよい。中世社会がクレモナのゲラルド以来繰り返し翻訳・紹介された『アルマゲスト』をそっくりそのまま受容し、その結果、従来からの聖書の教えともあいまって、「天動説」が長年にわたって彼らの宇宙観、ひいては世界観を支配するに至ったという事実、そして、ようやくにして四〇〇年近く後に「地動説」がそれに取って代わったという事実がすべてを物語っている。人びとが手にしたデータに大きな違いはなかった。それらのデータをどのように読み取り、組み替えるか、それだけが問題であった。後述のように、それをはじめて可能にしたのが「世界への構え」の転換であり、そのためには大地から我が身を切り離し世界の前に-対して-立つ知恵と勇気をもったコペルニクスの登場を待たなければならなかったのである。
(第I部第三章1参照)

しかし、先を急ぎすぎないようにしよう。世界への構えの変化、即ち、世界の前に-対して-立つことの淵源が、一四世紀以降、フィレンツェを中心とする都市における空間と時間の分節化によりもたらされた自我意識にあったことはたしかであるにせよ、先に明らかにしたように、この意識の萌芽が既に一一／二世紀に復活した都市と貨幣経済の中で生まれたことを考えれば、一二世紀ルネサンスと称される諸々の出来事、たとえば、ローマ法の再発見や自然哲学等の復興もまた、たとえ不完全ではあれ、こうした新たな意識の出来と無関係ではなかったにちがいないということである。世界への構えの変化は、突如一四世紀に生まれたものではなく、既にその二世紀も前から、完全ではないにせよ、始まっていた、そのように理解してはじめて、『アルマゲスト』の受容も了解される。萌芽的とはいえ新たな意識の出来がなければ、人々は『アルマゲスト』に関心を向けることなどなかったはずである(392)。しかし、同時に、『アルマゲスト』による天動説の受容は、世界への構えの転換の不完全であることを物語るものであった、そのことの念押しを忘れないでおこう。同様の事情は、ジャン・ビュリダン（1295頃–1358）にも見ることができる。ペトラルカに先立つヴァントゥウ山への登山——それは「気象学的観察」を目的としたものであった——が同様の世界への新たな構えによって可能となったことは間違いない。しかし、投射体の運動の持続に関して彼が提唱したインペトゥス理論が、一見ガリレオの慣性原理を先取りするかに見えながら、結局のところ、アリストテレスの思考の枠組、つまりは、旧来のタイプの世界への構えに囚われたものであったことは、彼の立ち位置が新旧の世界観の狭間にあった、その結果であったことを教えている。

モリスやイリイチがいう「個人の発見」で事がすべて済む話ではなかった。それを基点とする世界への構えの完全な転回があってはじめて中世的世界観からの離陸が可能であったのであり、カール大帝の上からの主導によったカロリング・ルネサンスはむろんのこと、一二世紀ルネサンスにあっても、いまだ、構えの完全な転回は実現されず、それに至るほどには自我の確立がなされてはいなかった、そう考えればすべてが納得いく(393)。

単なる自己の発見にとどまらない、自我意識を基点に世界の前に-対して-立つ——それこそが、ルネサンスなる運動を生み出した本当の原因であり、他にはない、イタリア・ルネサンスに固有の世界への構えを規定した時代精神であった。たしかに、その萌芽となる意識の誕生が一二世紀にまで遡りうるものであった限り、二つのルネサンスの間に連続性を指摘することが可能であるし、また、そうしなければならない。しかし、それが萌芽的な意識にとどまるものであった限り、そして、世界への構えの完全な転換の実現は一四世紀を待たなければならなかった限り、二つのルネサンスの間に断絶があったこともまた確かである。「自我意識」の確立、そして、それを基にした「前に-対して-立つ」という人間と世界の関係の全面的変容、存在論的転回があってはじめて「ルネサンス」が可能となったのである。ガレンは、ルネサンスの中核を成すヒューマニズム（人文主義）に対して寄せられる批判、即ち、ルネサンス時代の哲学的主張は漠然とした観念の浅薄な寄せ集めにすぎず、中世のスコラ哲学に比べて独自性はなく、近代哲学の起源に遡るためには人文主義の時代は一足飛びに飛び越えてしまうがよい、また、文学的な面でも何ら新しい改革的なものがなかったとの批判に対して、「一五世紀の人文主義は、文化の中心点はさまざまに異なってはいても、結局はあらゆるところに浸透してもっとも根本的な意味で改革者の役割を果たした普遍的な活動であって、つまり、それはまったく新しい一つの人間態度をあらわしているものである」との回答を返したが[394]、彼がいうところの「まったく新しい一つの人間態度」、即ち、世界の前に-対して-立つことこそがルネサンスをしてルネサンスたらしめた核心であり、それが完成するには、ロンヴァルディアやトスカナ等における都市の復興、つまりは商業のルネサンスから始まって空間と時間の分節化に至るまで、およそ二世紀の時間が必要であったということだ。

そうしてはじめて、バークが指摘する先の三つの疑問——①何故ルネサンスは中北部イタリアに起こったのか、②何故一四、一五、一六世紀において、その勢いは集中的に増加したのか、③何故それはとりわけ都市貴族に訴えかけるものがあったのか——もまた氷解する。一切の変化の基点となった「自我意識」が一四／五世紀フィレンツェに代表される都市生活の中において完成を見たこと、すべての答はこの単純な事実にある。なるほど、同様の自我意識や世界への構えを、その完成の程度はともかく、個々には、先のビュリダンもそうであったが、アヴェラール（1079–1142）や聖フランチェスコ（1182–1226）等の中世の知識人の中にも見いだすことができるにせよ、あるいは、その気になれば、聖アウグスティヌスにまで遡ることも決して不可能ではないにせよ、この構えが完成し一つのパラダイムとなって時代精神全体を規定するに至ったこと、そこにルネサンスと称される時代の特質があった。この新たな構えが、それまでとは異なる世界の読解を可能とし、文学や芸術の領域、さらには、経済や日常の暮らしに至るまで、旧来の世界観に楔を打ち込み、文化の全面的な変容を生み出していった、その間の事情は本章で詳論したとおりである。「前に-対して-立つ」という世界への構え＝精神の出来こそが「近代」という時代を規定するメルクマールであったのであり——そもそも、何が「近代」のメルクマールであるかを特定せず、中世と近代の間にあれやこれやの線を引こうとし、あるいは、ルネサンスの時代的性格を云々することにどれほどの意味があろうか——、そうした時代精神をはじめて完成させたイタリア人を「最初の近代人」

と呼び、また、その時代精神をはじめて文学や建築、絵画、彫刻等により姿あるものとして表現した「ルネサンス」と呼ばれる出来事の中に「近代の開始」を見いだしたとして、何の不思議もない。

もっとも、ルネサンスを二〇世紀との関連において「近代」とみなしてよいか否かについては、これまた、史家の間に一致があるわけではない。両者の関係如何について、ヘイとウェイシンガーは、ともに“Dictionary of the History of Ideas”（1973）に収められた論稿において対照的な主張を展開している。ヘイが「もし二〇世紀の世界を近代と呼ぶならば、誰もルネサンスが近代世界の到来を告げたと主張しようとは思わないであろう」と主張する[395]のに対し、ウェイシンガーは、「近代性、即ち、ルネサンスに生じ、一つの統一体としてその中に変化をもちながらも今日まで継続する近代世界の観念は、根底においてルネサンスそれ自体から帰結するものである」とする[396]。

筆者の立場は、結論的にはウェイシンガーと同じであり、その理由は、以下のとおりである。ケラリウス以来の時代区分論に今日どれほどの存在理由があるかはともかく、一四／五世紀、イタリア、とりわけフィレンツェにおいて出来したルネサンスに最初の表現を見いだした「前に-対して-立つ」という人間と世界の新たな関係が、絵画に象徴されるように、それまでの「中世」との間に明確な分割線を引いたことは間違いなく、ルネサンス以降、宗教改革、科学革命、市民革命、産業革命等を生み出す原動力となって、今日いうところの「近代」を形成したということ――歴史学の概念としての「近代」が流動的であるのは、芸術、学問、政治、産業等のそれぞれの分野において、世界への構えの転回の時期が異なることによるのであり、時代区分をローマ帝国の滅亡やフランス革命といった特定の一個の歴史的出来事により行うことの不合理性もここに由来する。――、さらに加えて、この世界への構えが、一九世紀後半以降、哲学、さらには、科学の諸分野において、その限界の指摘を含め、さまざまな批判――それは最終的にフッサールやハイデガーが「世界の-前に-対して-立つ」に対峙させた「世界の-内に-在る」に存在論的に表現される――に曝されながらも、そして、ポスト・モダンが喧伝されて久しい今日にあってもなお、それも当のヨーロッパを越え出て世界中に拡大し、科学、技術、政治、経済、産業、教育、軍事、日常生活等々に至るさまざまな分野における人間の営みの在り様の基本を規定し続けていることに変わりはないという事実による。二一世紀に生きるわれわれは、はじめて世界の前に-対して-立つ知恵と勇気をもち、それを実行したペトラルカやジョット、ブルネッレスキ等の正真正銘の嫡出子である、そう結論してよいのではなかろうか。

かつて、ホイジンガが『ルネサンスの問題』（1920）において提起した疑問――「われわれがルネサンスと呼ぶ文化的変容は、実は何であったのか。変化はどこに存し、どのように作用したのか」[397]――に対し、今なら、われわれは答を返すことができる。即ち、ルネサンスの文化変容の原因にして本質は、人間が「個人」となり、「前に‐対して‐立つ」という世界への構えが出来したことにあったのだ、と。ルネサンスとは、この新たな構えによる世界のとらえ直し、再解釈の運動であった。事が人間の「存在」にかかわる限り、その影響が、文学や芸術、学問の領域にとどまらず、経済や政治、さらには、食事・就寝・読書の作法、子供の躾等々の日常生活に至るまで、人間の営みのあらゆるところに及んだであろうことは当然のことであった。あるいは、アイゼンステインが『印刷革命』（1983）において提起した疑問――「われわれは本当に西洋の文化が『はっきり近代のもの』になったのが何世紀のことか『皆知っているであろうか』。……一四世紀から一六世紀に至る間に、重大で革命的な何かが起こったことに同意するとして、この何かとはいったい何であったのか」[398]――に対し、今なら、われわれは答を返すことができる。一四／五世紀イタリア、とりわけ、空間と時間の個人化を他に先駆けて実現したフィレンツェにおいてはじめてその形を整え、ルネサンスなる出来事を生み出し、その後、ヨーロッパ中に、さらには、他の地域に伝播拡大し、今なおわれわれがその影響下にある「前に‐対して‐立つ」という世界への構えこそが、「近代」の本質を規定し、近代を生み出した「重大で革命的な何か」であったのだ、と。

改めて、ブルクハルトの言葉を引用したいと思う。それは、彼自身の自己批判を含め、これまでさまざまな批判に曝されてきたにもかかわらず、今なお近代という時代の始まりと、何よりも、その形而上学的な本質を真に物語っていると思料するからである。「イタリア人は早くから近代的人間として形成された……。中世の時代、意識の二つの面――世界に向かう面と自己自身の内面に向かう面――は、共通の一枚のヴェールの下で、夢を見ているか、半覚醒の状態に置かれていた。そのヴェールは信仰と子供じみた偏見と妄想によって織り合わされており、人々はそれを通して不思議な色で染まった世界や歴史の姿を眺めたものである。人々は、自分自身については、ただ、種族、民族、党派、団体、家族、その他何らかの一般的な形式としてのみこれをとらえた。イタリアにおいてはじめて、このヴェールが風に吹き払われ、その結果、国家やその他世界のさまざまな事象を『客観的』に観察し、操作することが開始され、同時に、『主観的なもの』が全力で立ち上がった。人間は、精神的な意味での『個人』となり、自分自身をそうした個人として認識するに至った。……一三世紀の末頃、個性的な人格をもったイタリア人が蠢き出し、それまで個人中心の観念を抑圧してきた呪縛が完全に打ち破られ、多数の一つ一つの顔が無限の個性をもったものとしてその姿をあらわした。」

第三章　自然科学の誕生

1　コペルニクス革命

一　一二世紀ルネサンス

　レオナルドが、詩と絵画を比較しながら、ノートに「われわれは、われわれの芸術によって神の孫と呼ばれてよい。もし、詩が道徳哲学にかかわるとしたら、絵画は自然哲学に及んでいる(1)」と書いた時、それはおそらくニコラウス・コペルニクス（1473–1543）が地動説を公表する数十年も前のことであり、また、その意図は「自然の嫡子、孫(2)」であると彼がいう絵画にとっての自然哲学の必要性・重要性を確認することにあったと想像されるが、彼は、そのとき、既に、自然を幾何学的に構成する遠近法という技法の中に、絵画の領域を超えて、やがて宇宙にまで及ぶ知の革新運動の端緒を見て取っていたのかもしれない。後年、遠近法研究に一時代を画し、この絵画の技法をカッシーラーのいう「象徴形式」の一つであるととらえたパノフスキーは、遠近法は「認識理論及び自然哲学の側で同じ時期に達成されたものの具体的表現にほかならなかった」とし、それまで長年の間ヨーロッパ世界を支配してきた地球中心のアリストテレス流の自然哲学に対抗して、同じ時期、といってもブルネッレスキやアルベルティから数えるならば少なく見積もっても百年ほどの隔たりがあるのではあるが、公然と遂行され始めた新たな自然哲学の動きとの通底性を指摘する。(3)あるいは、佐藤は、より直截的な表現で、「遠近法の成立と、その時代からはじまる科学の革命との間の鮮やかな対応関係」というものについて語っている。「イタリア・ルネッサンスの画家たちによって探求されてきた遠近法的空間が、いわゆる科学革命の時代に成立した『数学的』『機械論』的自然観を支える空間や視覚の理論に先駆ける位置にあることがあきらか」である、と。(4)同様に、遠近法が構成する「関数的存在」としての空間を「近代の空間意識の展開に外ならない」ととらえた下村は、そのことの故に、ルネサンスの芸術家が「近代科学の成立(5)」に果たした「先駆的役割」、「精神史的貢献」を強調する。サン・ジョヴァンニ洗礼堂に正対して立つフィリッポ・ブルネッレスキ（1377–1446）とピサ大聖堂の揺れるシャンデリアに対峙するガリレオ・ガリレイ（1564–1642）の眼差しに共通した近代人に固有の精神と態度を見ることができるというわけだ。実際、コペルニクスは、自らが確立した体系を「独特な遠近法的構成」と呼んだとされるが、[6] そのコペルニクスに始まる一群の新しいタイプの自然哲学者の中に、われわれは、遠近法を支配したと同様の「自然への構え」、即ち、主体となって、客体である世界の前に‐対して‐立ち、数学的に世界を認識し構成する観察者の姿を見いだすことになるはずである。彼ら客観的観察者により打ち立てられた新たな学、それが今日いうところの「自然科学」であった。

それでは、コペルニクス、ケプラー、ガリレオ、ニュートン等、後に「科学革命」の創始者とされる彼らにより克服されるところとなったアリストテレス流の自然哲学の体系とはいかなるものであったのか。次に、それを確認しておこう。

古代ギリシアにおいて、宇宙を大地がその上に浮いている水の塊ととらえたタレスから始まって、地球を含む惑星が太陽の周りを回転するとしたアリスタルコス等、さまざまな宇宙論が展開された中で、アリストテレス（B.C.384–322）が、円と球を完全な図形・立体とみるピタゴラス学派による地球中心の宇宙論を核とする自然哲学の体系を構築する。宇宙は永遠不変の有限の球体としてとらえられ、球体の外には何も存在せず、球体内部は透明な第五元素であるエーテルにより満たされている。真空ではない宇宙の中心に不動の地球が位置する。これを同心円状に月・水星・金星・太陽・火星・木星・土星を組み込んだ七つの天球と恒星を組み込んだ第八天球が取り囲んでいる。八つの天球はそれぞれ独立しながら、互いに密着した状態にあり、宇宙の運動の究極の源である「不動の第一原動者」である神に由来する恒星天球の力が、その最内側の土星を載せる天球に伝えられ、これを動かし、以下、その力は順に月を載せた第一天球まで伝えられる仕組みとなっていた。これら天球の回転に伴って天球上にあるそれぞれの星が地球を中心に等速円運動を行うと考えられたものの、しかし、見かけ上、惑星は、①恒星の間を西から東に一定の速度で移動するものではない、②順行から停止、その後に東から西へと逆行し、再び停止した後順行に戻る、③地球から遠ざかったり近づいたりする、といった複雑な動きを繰り返す。文字通り「惑う星」の厄介な運動を説明するため、アリストテレスは、エウドクソスの同心天球説に拠りながら、一つの惑星毎に異なった軸を中心に回転する複数個の天球を追加、配置することにより、逆行現象や速度の変化といった見かけの運動を説明しようとした。しかし、すべての天球が結局は地球を中心とする同心円を描く限り、地球と太陽、惑星の距離が変化する現象、たとえば金環食と皆既日食、水星や金星の明るさの変化といった現象を説明することは不可能であった。

アリストテレスの宇宙観を受け継ぎ、古代ギリシアの天文学を集大成したアレクサンドリアのプトレマイオス・クラウディオス（83頃–168頃）は、ヒッパルコスの離心円、アポロニウスの周転円を導入することによって惑星の複雑な動きに数学的な解を与えようとした。離心円は、地球を惑星軌道の中心とずらしたところに置くことにより両者の距離の変動と速度の変化を説明する仕掛けであり、周転円は、本来の惑星軌道（導円）上を移動する点を中心にして回転するより小さな円軌道（副次軌道）上に惑星を配し、周天円の上を回る惑星と導円の上を回る周天円という二つの回転運動を合成させることにより、惑星が立ち止まったり逆行したりする現象を説明する仕掛けであった。ただし、これらの仕掛けは惑星運動を定性的に説明するものではあったにせよ、観測データとの定量的一致をもたらすものではなかった。プトレマイオスが、そのために新たに考案した仕掛けがエカント原理である。これは、導円の中心を挟んで離心させた地球と対称の位置にエカントと呼ばれる中心を、この中心から見て導円の上を動く惑星の周天円の中心の角速度が一定になるように置くものである。こうした仕掛けの結果、見かけの複雑な運動に定性的にも定量的にも整合的な説明を与え、或る時点における惑星の位置を正確に計算することが可能となったのではあるが、それは、八〇もの円を動員し、さらには、等速円運動という従来の天文学のもっとも基本となる原理を廃棄するという代償を支払った上でのことであった。

アリストテレスの自然哲学の今一つの特徴は、ピタゴラス学派の見解を受け継ぎ、宇宙全体を天上界と月下界の二つの世界に区分し、両者は異なる掟に支配される異なる世界ととらえる点にある。天上界が、エーテルにより構成される神が住む完全な世界として、完全な図形である円運動により支配される世界であったのに対し、月下界は、エムペドクレスのいう土・水・空気・火の四元素により構成される不完全な世界であり、不完全な運動である直線運動により支配される世界であった。直線運動は、さらに、自然運動と強制運動に分けられる。前者の運動は、四つの元素のもつ神が定めた本性にしたがって、それぞれの「本来の場所」に向かって行われる運動であった。たとえば、石はその本来の場所である地球の中心に向かって「落下」し、火は本来の場所である月下界の中でのもっとも高い場所に向かって「上昇」し、それぞれが在るべき場所に到達したところで静止する。それに対し、強制運動は、石を空に向けて放り投げる等、物体の外側から加えられる何らかの力により自然の本性に逆らって行われる運動であり、力が物体に直接加えられている間中運動が続き、それが消えると静止に至る。したがって、天上界では永遠の円運動が本来の在り方であるとすれば、月下界での本来の在り方は静止にあった。天上界における惑星の運動と同様、月下界にあっても、解決しなければならない厄介な問題がいくつか残された。一つは、投射体は直接力を加える手を離れた後もしばらくの間運動を続けるという問題、二つは、自由落下する物体は徐々に加速するという問題である。前者については、投射体の後ろに回った空気が投射体を後押しするというように、媒体の存在が運動維持の原因とされ、後者については、落下する物体が下の空気の層を押しのけ徐々に薄くすることによる抵抗の減少が加速の原因とされ、また、重さの異なる物体については、より重い物体は空気の層をより強く排除することにより、より早く落下すると考えられた。このことから、月下界においても真空が存在する余地はありえなかった。

ヨーロッパは、一二世紀以降、アリストテレスやプトレマイオスだけではなく、それまでほとんど知られていなかったユークリッド、アルキメデス、テオドシオス、ガレノス、ヒポクラテス等のギリシア・ローマの学者、さらには、アル＝フワーリズミー、イヴン＝スィーナー等のアラビアの学者の著した幾何学や代数学、光学、天文学、占星術、地理学、医学等に関する著作を、アラビア語やギリシア語からの翻訳を通して受容する。いわゆる「一二世紀ルネサンス」である。きっかけは、八世紀から始まったキリスト教世界によるレコンキスタ運動の進展にあった。運動が一二世紀にイベリア半島のおおよそ中央にあるトレドに到着したとき、「一つの革命に火が点いた」と村上はいう。「その町に赴任したカトリックの大司教は、イスラム教徒が遺棄していった書物を調べてみた。読めないながら、書かれていることは、これまでヨーロッパ世界（キリスト教世界）に知られていないことばかりだった。」ギリシア・ローマの学問の遺産、たとえば、アリストテレスやユークリッド、プトレマイオス等の著作は、八世紀以降、イスラム世界に受け継がれ、アラビア語へと翻訳され、注釈的研究が積み重ねられ、ヨーロッパが知らない壮大なイスラム学が形成されていった。「トレドで大司教たちが接したアラビア語の文献は、そうしたイスラム世界の学問的な財産の一部だった。ヨーロッパ人は、ここで初めてイスラム世界の学問的水準が、自分たちよりもはるかに高いことを認識した。そして、それらを取り敢えずラテン語に翻訳することを思い立った。似たような現象が、規模の大小はあれ、幾つかの土地で起こった。その結果歴史上文字どおり初めてヨーロッパ世界は、古典ギリシャの学問の相当部分を手に入れることができた」のである。[7] 翻訳活動の中心地となったのが、大司教レモンにより翻訳家養成学校が創設されたトレドの他、カタロニア、シチリア島、ヴェネチアやピサといった北イタリアの諸都市であり、翻訳者として、バースのアデラード、クレモナのゲラルド、ベルガモのモーゼス等の名が知られ、文献としては、『自然学』（アリストテレス）、『形而上学』（アリストテレス）、『分析論前書』（アリストテレス）、『分析論後書』（アリストテレス）、『幾何学原論』（ユークリッド）、『光学』（ユークリッド）、『円の求積』（アルキメデス）、『球面学』（テオドシオス）、『代数学』（アル＝フワーリズミー）、『アルマゲスト』（プトレマイオス）、『地理学』（プトレマイオス）、『格言』（ヒポクラテス）、『身体諸部分の用途について』（ガレノス）、『治癒の書』（イヴン＝スィーナー）等がある。

天文学にとってとりわけ重要となるプトレマイオスの『アルマゲスト』――ギリシア語の元の書名は『数学全書』であり、アラビア人はこれを『偉大な書』と呼び、その後、この語がラテン語に直訳され、以後、今日一般に『アルマゲスト』の名で呼ばれる――の翻訳・受容の経緯を、山本は次のように紹介する。「『アルマゲスト』が一二世紀末にクレモナのゲラルドによりアラビア語からラテン語に訳され……。しかし大部なばかりか数学的で難解な『アルマゲスト』それ自体が読まれることは稀で、中世の終わりまで、もっぱらサクロボスコが抄訳として一三世紀に作り大学で標準的な教科書として使われていた初等的な『天球論』……をとおして知られていた。……ローマのゲオルギウス・トレビゾンドが全一三巻の翻訳を一四五一年に注釈つきで作っている。最初の印刷本は、以前のクレモナのゲラルドによる翻訳が一五一五年に、ゲオルギウスによるギリシア語からの翻訳は一五二八年に出版された。……一五世紀に『アルマゲスト』をあらためて復活させたのはレギオモンタヌスである。……その『より簡潔で明確な』要約版を作る作業〔を師であるプールバッハから〕引き継いだレギオモンタヌスは、ローマで『プトレマイオスのアルマゲスト要綱』を完成させた。実際に印刷されたのはレギオモンタヌスの死後の一四九六年である。この『要綱』は、古典の単なる復元ではなく、プトレマイオス以降の観測をも加え、さらにはプトレマイオスの計算を改良し訂正を加えた優れた刷新であった。それは一六世紀をとおして数理天文学の標準的な教科書になった。[8]」

二　自然を探究する神学者

むろん、古典古代の思想世界の受容が単に個々の文献の翻訳や注釈によって済むものではなかった。アリストテレスを中心とする古代のギリシア思想は、「フュシス」を神々と人間と自然を包含する概念としてとらえること、無からの創造を認めないこと等、もともと、キリスト教の観念と相容れない異質な面を有していたのであり、これを中世ヨーロッパの土壌に移し替え、キリスト教の教理・哲学のなかに統合する作業、「スコラ学」を遂行し、完成に導いたのがトマス・アクイナス（1225頃–1274）である。以後、ヨーロッパ中世の世界観を支配する思考のパラダイムとして「神と人間と自然」にかかわる位階的秩序が確立され、この秩序の基本を成したのが「目的論的世界観」であった。天上界であれ、月下界であれ、それらはいずれも創造主である神の摂理（理性計画）に基づいて創造された世界であり、二つの世界に属する存在者の一切、たとえば、地球、太陽、火星等の天体であれ、あるいは、地上の動物、植物、自然現象であれ、われわれ人間を含め、それら一切は、被造物として、神により定められた「掟」、「目的」、「本性」に基づいて存在し、運動し、生成することに変わりはない。こうした掟に従い、本性を表現し、目的を実現することに被造物それぞれの存在理由があり、使命がある。たとえば、太陽は神の定めた掟に従い地球を中心に回転し、林檎の実は神の定めた本性に基づいて地球の中心に向かって落下し、オリーブの樹は神の定めた目的の実現に向かって天に向かって成長するというわけだ。こうした被造物の中にあって、人間だけは、神に似せて造られ、神から「理性」を分かち与えられた「神の似像」として、単に神の掟に従うだけではなく、神の理性計画を認識し、それに参与することを許されているという点で大きな相違があった。特権的な地位といってよい。神によって書かれた「二つの書物」の内、神学者は「聖書」を手掛かりに、自然哲学者は「自然」を手掛かりに、それぞれに分与された理性を基にして、神の摂理を解き明かさんとした。神学者と自然哲学者は、方法は違っても、ともに同じ志の下に同じ課題を担う者であった。

後年「科学革命」の祖とされるコペルニクスやガリレオ等も何ら変わりはない。彼らがキリスト教世界を支配したアリストテレス流の自然哲学の克服を目指したことは間違いないにせよ、しかし、そのことは、彼らが、学の営みに際して、『創世記』にまで遡る神学的な創造的宇宙観を否定したことを意味するものでは決してない。むろん、彼らが旧来の宇宙観から多くのものを捨て去り覆したことはそのとおりであったにせよ、彼らもまた、神を宇宙の創造主とみなし、神の摂理の解明を任務とする自然哲学者であることに何ら相違はない。それでは、彼らが従前の自然哲学者と共有した創造神話とはどのようなものであったのか。近代初頭に至るまでヨーロッパの宇宙観の形成に大きな影響を与えた四つの書物を紹介しておこう。

「はじめに神が天地を創造された。」――これが、ヘブライズム・ヘレニズムの宇宙観を規定し、中世から近代、さらには、現代にまで至る西洋の世界観、学の在り様を決定づけた『創世記』の冒頭に置かれた言葉である。「地は混沌として、荒れ果て、暗黒が海の上を漂い、神の息〔霊、精神〕が水面を覆っていた。神が『光あれ』と言われると、光ができた。神は暗黒から光を分離し、神は光を昼と呼び、暗黒を夜と呼ばれた。以上が最初の一日である。神は大空を造り、天と呼ばれた。以上が第二日である。神は乾いた所を地と呼び、水の集まった所を海と呼ばれた。地は青草と各種の種を生む草と、その中に種をもつ各種の果実を実らす樹を生みだした。以上が第三日である。神は、二つの大きな光を造られ、大きな光は昼を支配し、小さな光は夜を支配するようにした。また星を造られた。以上が第四日である。神は大きな海の怪物と水の中に群生するすべての種類の泳ぎまわる生きもの、さらに、翼あるすべての種類の鳥を創造された。以上が第五日である。神は各種の地の獣と、各種の家畜と、すべての種類の地に這うものとを造られた。そこで神が言われた、『われわれは人をわれわれの像の通り、われわれに似るように造ろう。彼らに海の魚と、天の鳥と、家畜と、すべての地の獣と、すべての地の上に這うものとを支配させよう』と。そこで、神は人を御自分の像の通りに造られた。神の像の通りに彼を創造し、男と女に彼らを創造された。そこで神は彼らを祝福し、神は彼らに言われた、『ふえかつ増して地に満ちよ。また地を従えよ。海の魚と、天の鳥と、地に動くすべての生物を支配せよ。』以上が第六日である。こうして天と地と、その万象ができあがった。神はその創造の業を七日目に完了し、七日目にすべての作業を休まれた。」[9]

『創世記』の創造的宇宙観は、プラトンの『ティマイオス』の中に認められる。これは、その一部（1～53章）が四世紀にカルキディウスによりラテン語に翻訳・注解され、中世ヨーロッパにおいて知られた数少ないプラトンの著作でもあった。クリティアスから、「われわれの中でもっとも優れた天文学者であり、とりわけ宇宙の本性の探求を自らの課題とする人物である」と紹介されたティマイオスは、ソクラテスを相手に「宇宙の生成」について持論を展開した。「宇宙の本性について、それがどのように創造されたのか、それとも、創造なしにどのように存在することになったのか、そうした議論をわれわれもまた始めましょう……。宇宙は、開始ということなしに常に存在してきたものか、それとも、創造され、したがって始まりをもつものなのか、それが問われなければなりません。私の回答は、〔宇宙は〕創造されたものである、というものです。そこから言えることは、宇宙は何かあるひとつの原因によって創造されたにちがいない、ということです。……造物主は、一切のものができる限り彼自身によく似たものとなることを望んだのです。……神は、すべてが善きものであり、可能な限り悪しきものがひとつもないことを望まれました。調子はずれに無秩序に動き回るものについては、神はこれらを無秩序の状態から秩序ある状態へと導いたのです。……宇宙は、神の摂理によって、魂と理性を付与された生ける被造物として誕生した、そのように私は言いたいのです。(10)」

ビザンチン期、ルネサンス期、さらには一八世紀に至るまで、西洋の宇宙観に大きな影響を与えた書物に、二世紀前半にスミュルナで活躍した中期プラトン主義者であるアルキノスの『プラトン哲学要綱』がある。『要綱』は、三つの基本原理である質料、範型、神について論じた後、「神による世界生成」を取り上げる。「宇宙は、造物主により、その範型に似せて創造された。神は、天が生まれる以前無秩序かつ無原則に動き回っていた質料を、その無秩序から解き放って最善の秩序へともたらし、宇宙の各部分をしかるべき数と形によって整えた。……造物主は四つの要素〔火、土、水、空気〕のすべてを使って宇宙を生み出した。……神は惑星と恒星を創造した。恒星は夜の天を飾るものであり、その数はきわめて多い。惑星は、七つあって、数と時間を生み出し、もろもろの存在を指し示すものである。……星が彷徨い動く領域内には七つの天球が存在する。……神は、はじめに、月を地球から見て第一番目の軌道に置いた。太陽は二番目の軌道に配置し、金星及びヘルメスの聖なる星と呼ばれる惑星は、速度の点では太陽と同じだが、太陽とは反対の方向の軌道に配置した。さらに、その上方の天球にはそれぞれに見合った他の惑星を置いた。それらの内でもっとも動きが遅い惑星、人びとがクロノスと呼ぶ星は恒星天のすぐ下に横たわる天球に置き、その下には、動きの遅さでそれに次ぐもの、ゼウスと呼ばれる惑星、さらに、その下にはアレスの惑星を置いた。第八の天球には一切を包み込むように最高の力をもつ神が座している。以上の星はすべて知性を付与された生ける存在であり、神々であり、球形をしている。……地球は宇宙の真ん中にあり、万物がそれを中心に広がる基軸の回りに固定されている。地球は夜と昼の守護者である。……宇宙はこの地球の周りを回っている。地球も一つの星であることに変わりはないが、均衡を保った状態で中心に置かれているが故に不動であり、〔七つの惑星の〕周囲を取り囲んでいる〔恒星〕と違いはない。(11)」

一五世紀以降、ルネサンス期の宇宙観に決定的な影響を及ぼし、コペルニクスの『天球回転論』にもその痕跡をとどめたのが、『ヘルメス選集』である。ヘルメス・トリスメギストスの作とされるものの、実際は、紀元前三世紀から紀元後三世紀のエジプトを舞台に、おそらくは複数の無名のギリシア・ローマ的教養をもった神官や祭司により書かれたものであったと推測される[12]『選集』は、一四世紀頃のギリシア語写本が一四六〇年頃に一人の修道士の手によりマケドニアからフィレンツェにもたらされ、マルシリオ・フィチーノ（1433–1499）が一四六三年に第一巻から一四巻をラテン語に翻訳、死を前にしたコジモ・デ・メディチに捧げられるとともに、一四七一年に『ピマンデル』との標題を付して出版されたものであった。冒頭の「ポイマンドレース」の巻によれば、ヘルメス・トリスメギストスが、「存在するもの」についての思索に襲われ、まるで深い眠りに引きずり込まれた人のように、「身体の感覚の停止」に見舞われたとき、彼の前に姿をあらわした「至高の精神」であるポイマンドレースが、ヘルメスの願い――「私は存在するものを学び、その本性を理解し、神を認識したいのです。」――に応えて、宇宙の創造の秘密を説き明かした。「神の意思が言葉となり、神は、美なる宇宙を見て、これを模倣し、自分の産みだした諸元素と霊魂によって自ら一つの宇宙となった。神である精神は、男であり女であり、生命にして光であるが、言葉によって第二の精神、造物主を生み出した。造物主は、火と霊気の神であって、七人の統治者を造り出した。この者たちは感覚で把握される世界を複数の天球によって取り囲み、その支配は運命と呼ばれている。……造物主である精神は、天球を取り囲み、一撃でもってこれらを無限に回転させる。……諸天球は、精神の意のままに、重さをもつ諸元素から理性なき生物を産み出した。即ち、空は飛ぶ生物を、水は泳ぐ生物を、土は四足獣と這うもの、野獣、家畜を産み出した。万物の父であり生命にして光である精神は、自分とよく似た一人の人間を産み、自分自身の子として愛し、自分のすべての被造物を委ねた[13]。」従来の創造神話とのもっとも大きな相違は「太陽中心説」にある。『選集』第一六巻――これは、先のフィチーノの翻訳には含まれず、ラテン語訳が一五〇七年に出版された[14]――には次のようにある。「太陽は、宇宙全体を、上方の世界と下方の世界にわたって、至高の輝きでもって照らしている。というのも、太陽は、宇宙の中央に座し、宇宙を王冠のように戴いているからである。優秀な御者のように、太陽は、宇宙という戦車の安定をはかり、そのため手綱を利用して勝手気儘に走行するのを防いでいる。御者は、手綱を緩め、宇宙を運動させるが、それは、彼から離れて自由に走り回るためにではなく、彼と一緒に〔走行する〕ためである。……太陽の周囲には八つの天球があり、これらは太陽に依拠している。動くことのない星の天球が一つ、惑う星の天球が六つ、そして、地球を取り巻く天球が一つである[15]。」

自然哲学者として、創造神話を共有し、神の摂理を解き明かさんとしたコペルニクスやガリレオ等にとって、自然の探求は、神による宇宙創造の完璧なることを証明し、「神の知恵の偉大」[16]を称揚せんとする敬神の行為と位置づけられるべきものであった。クラインが彼らを「自然を研究した神学者」と呼んだ[17]ことに何の不思議もない。その彼らがアリストテレス流の旧来の自然哲学の克服に際して課題としたことは、当然のこと、神の摂理の否定といったことなどではさらさらなく、まったく逆に、如何にしてそれに近づくか、そのための「新たな方法」を発見し、生み出すことであった。

三　コペルニクスの決断

すべての発端はコペルニクスであった。若き日にクラクフ大学において「遠近法に特別熱心に」取り組み[18]、その後、ボローニアとパドヴァで教会法と医学を修めルネサンスの息吹にも触れたであろう彼が、「アリストテレスの眼で物を見たり解釈する」[19]ことが当たり前の時代にあって、はじめて、「異なる眼」[20]で宇宙＝神の摂理を眺めることを「決断（Entschlossenheit)」し、そのことが、結果として、アリストテレス・プトレマイオス流の宇宙像、というよりも、長年の間ヨーロッパ世界の自然観、世界観、人間観、宗教感を規定し、支配してきた「知の体制」への対抗運動の引き金を引くこととなったのである。

彼の決断が当時のヨーロッパ社会にどれほど大きなインパクトを与え、どれほど大きな変動を惹き起こしたか、ゲーテが、「あらゆる発見と確信のなかで、コペルニクスの学説にもまして人間の精神に大きな影響をおよぼしたものはないだろう。世界が球体として認定され、自己完結したものとなるや否や、地球は宇宙の中心であるという途方もない特権を放棄することになった。おそらく、人類に対してこれ以上の要求がなされたことは、いまだかつてなかっただろう」[21]と評したことにもよくあらわれている。それだけに、コペルニクスの決断の行く手に立ちはだかった抵抗がこのうえもなく強いものであったであろうことは容易に想像がつく。実際、「地動説」の公表に至るまでの経緯、そして、その後の状況は、旧い体制を支配するアリストテレスの眼が発する引力がどれほど強く、そこから脱出し「異なる眼」をもつことがどれほど困難であったかをよく物語っている。

ポーランド最北部に位置するワーミア司教区に属するフロンブルク司教座聖堂参事会員としての、また、医師としての仕事の傍ら、アマチュアの天文学者として、彼がいうところの「地球の辺鄙な片隅」[22]で天体の運動と宇宙の構造についての研究に取り組んできたコペルニクスは、おそらく一五一〇年頃、長年の研究に一段落をつけ、基本的な構想を構築し終わるまでになっていたと想像される。(23) しかし、教会からの、また、アリストテレス主義者からの批判を恐れたためであろう、彼は、直ちにはこれを公表することなく、手稿の形で、しかも、無題・無署名のまま、周辺の数学・天文学者たちに回覧するだけにとどめていた。(24) 自筆原稿は残されていないものの、多くの人々の手により書き写され、『ニコラウス・コペルニクスの小論（コメンタリオルス）』(25) として今日に伝えられているこの書には旧来の宇宙観を覆す七つの公理が書き記されている。(26)

①あらゆる天の軌道、天球に単一の中心は存在しない。②地球の中心は宇宙の中心ではなく、重さと月の天球の中心でしかない。③すべての天球は、それらの中心点である太陽の周りを回転し、それ故、太陽は宇宙の中心に存在する。④地球の太陽までの距離と天空の高さの比は、地球の半径と太陽から地球までの距離の比よりずっと小さいので、地球から太陽までの距離は天空の高さと比較するとき、ごくわずかなものである。⑤天空にあらわれる運動は、何であれ、天空ではなく、地球の運動から生じる。⑥太陽の運動としてわれわれに見えているものは、太陽ではなく、地球とわれわれの天球の運動から生じる。地球とともにわれわれは、他の惑星と同じように、太陽の周りを回転している。⑦惑星のみかけの逆行及び順行は、それらの運動ではなくて、地球の運動から生じる。それ故、天界における数多くの見かけの変則的な運動を説明するには、地球の運動だけで十分である。

「もどかしい沈黙」――それが『小論』が出会った反応であった。ダニエルソンは、その理由を、『小論』が「何千年も昔からの仮説や知的惰性からのあまりに飛躍した離脱であったが故に、それを理解して受容する人の側に類稀な知性と動機が求められたからである」とする。(27) もっとも、「類稀な知性と動機」の持ち主が皆無であったわけではなかったらしい。たとえば、ヨハン・アルブレヒト・ヴィドマンシュタット（1506–1577）。教皇クレメンス七世（在位1523–1534）の秘書官を務める彼は、一五三三年に、ヴァチカンにおいて教皇や枢機卿等を前に地球の運動に関するコペルニクスの説を紹介し、その際、教皇からご褒美として一冊のギリシア語写本を下賜されたという。(28) このエピソードは、当時既に、「地球が動き、太陽が静止している」との見解がカトリックの総本山にまで達していたこと、そして、否定的どころか、好意的な対応をもって迎えられたことを教えている。あるいは、カプアの枢機卿ニコラウス・シェーンベルク。彼がコペルニクスに送った一五三六年一一月一日付の書簡には、「数年前、すべての人が異口同音にあなたの才能について私に語ってくれました。……私の理解したところでは、あなたは宇宙の新理論を打ち立てられました。それによってあなたが説いておられるのは、地球が動くこと、太陽は宇宙の中央の位置を占めていること、第八天は永遠に不動で固定されたままであることです。……宇宙の天球についてのあなたの労作をできる限り早く私宛にお送りくださいますように」と認められていた。(29) 書簡の冒頭にある「すべての人」の一人は、おそらく、教皇の死去後の一五三五年に枢機卿の秘書官に就いたヴィドマンシュタットであったと思われる。(30) 先のヴァチカンでの出来事がコペルニクスの耳に届いたかは定かではないものの、枢機卿の書簡は彼を勇気づけるに十分であったにちがいない。やがて、コペルニクスは自らの著書の冒頭にこの書簡を置くことになるであろう。あるいは、ヴィッテンベルク大学のエラスムス・ラインホルト（1511–1553）。彼は、ゲオルク・プールバッハの『惑星の新理論』（1472）に関する「注釈書」（1542）を出版した際、その序文に、「〔私は〕非常に熟練した当代の天文学者〔の存在を承知しているが、〕万人の間で彼が天文学を刷新するのではないかとの強い期待が高まっている」と書いていた。(31)

コペルニクスは、その間、一五三〇年代初め頃から、後に『回転論』として出版することになる自著の執筆を開始し、一五三九年に一応の完成をみたものの、(32) ここでもまた、彼は、刎頸の友であるヘウムノの司教ティーデマン・ギーゼ（1480–1550）、そして、この年の五月に彼の説を慕ってはるばるヴィッテンベルクからやってきた若い数学講師ゲオルク・ヨアヒム・レティクス（1514–1574）(33) からの強い慫慂――「たとえそのような理論が我々の感覚と矛盾して、古の仮説に正反対であるとしても、堂々と宣言するように」――にもかかわらず、公表を逡巡することに変わりはなかった。これに対して、一計を案じたレティクスが、コペルニクスの完成原稿を彼が要約版にまとめ、これを出版することを提案した結果、ようやくにしてコペルニクスも承諾するに至ったのである。(34)

翌一五四〇年三月にグダニスク（ダンツィヒ）で出版された要約版にはレティクスの名はなく、コペルニクスの名もわずかに唯一標題に姿を見せているだけであった。『最も高名な名士、ヨハネス・シェーナー氏へ捧ぐ。最も博学な名士にして最も傑出した数学者であるワーミア参事会員、崇敬するトルニのニコラウス・コペルニクス医師の天体の回転の書に関する、数学を溺愛する若輩による第一解説』――これが標題である。当時、長い題名は珍しくはなかったにせよ、単に冗長というだけではない、奇妙な、不思議な標題である。しかしながら、よくよく考えてみれば、出版までの経緯と事情に見合った標題であったのかもしれない。「ヨハネス・シェーナー」への献辞を冒頭に置いたことにも何か特別な理由があったにちがいない。ちなみに、ヨハネス・シェーナー（1477–1574）なる人物は、レティクスが、コペルニクスを訪問する前年に大学から休暇をとり、師であるフィリップ・メランヒトン（1497–1560）の紹介状を携えて、南ドイツの高名な学者を訪ねる旅の途中、ニュルンベルクを訪れた際に真っ先に出会った著名な地球儀及び天球儀の制作者にして、メランヒトン・ギムナジウムの数学教授、天文学者であり[35]、また、レティクスのコペルニクス訪問に際して紹介状を書き[36]、加えて、レティクスがその折に持参し彼に献呈した水星の観測記録の作成者の一人でもあった[37]。表紙にはおまけがあった。「第一解説」という文字を土台にして他の文字を逆三角形の形に、上から下へ文字が小さくなるように配置された標題の下に、レティクスが好んだとされる中期プラトン主義者アルキノスの格言が置かれていた。「叡智を望む者よ、自由な精神であれ。」

ナポリのユマニストにして占星術師であるジョヴァンニ・ポンターノ（1429–1503）の詩の一節――「かくて、神は、自らが創造した舞台の真ん中に、神々しき光輝によりハッキリとその姿をあらわす太陽を、自然の統治者にして全宇宙の王として、据えられた。その律動に合わせて神々は運動し、宇宙はその掟を受け容れ、定められた契約を遵守する。」――を引用しながら、「〔惑星の運動の見かけの複雑な〕現象は、私の師〔コペルニクス〕が示しているとおり、球状の大地の規則的な運動、即ち、太陽を宇宙の中心に据え、太陽に代わって地球に巨大な円周上を回転させることによって説明可能である[38]」と宣言した『第一解説』は、世間の反応をうかがう観測気球でもあったのであろうが、翌年早くもバーゼルで再版されたことから見て、大きな関心をもって受け止められたものと想像される。再版時には初版になかったレティクスの名が本の扉に記されている[39]。『第一解説』は、この後も、一五六六年（『天球回転論』の第二版に収録）、一五九六年（ケプラーの『宇宙の神秘』に収録）、一六二一年（ケプラーの『宇宙の神秘』第二版に収録）に出版され、七〇頁の小冊子は、その簡潔さの故に、四〇〇頁にのぼる『天球回転論』（1543）よりも「おそらくは多く読まれた」のであろう[40]。

実際、『第一解説』は、コペルニクスの説を世界へと発信する先導役として、その役割を十分に果たしたようである。レティクスとギーゼ、彼らの友人等も加わって、『第一解説』は影響力をもつ多くの有力者の手に渡ることとなった。その中には、メランヒトンやプロシアのアルブレヒト大公、ネーデルラントの数学者であり地図製作者・天文観測機器製作者として名高いゲンマ・フリシウス（1508–1555）等がいた。

フリシウスは「この研究がどのように結実するかを是非見たいものです。私と同じように願う学識者は、どこにも少なからずいるはずです」とワーミアの司教でありコペルニクスと旧知のヨハネス・ダンティスクスに書き送っている(41)。あるいは、レティクスへ宛て、「いつの日か、貴殿の説得により、私どもが彼の教説の分け前に与ることができましたならば、それは輝かしい宝物となりましょう(42)」との書簡を送ったヨハンネス・ペトレイウス(1479–1550)。彼は、先にレティクスがニュルンベルクを訪問した際に親交を得た一人であり、出版・印刷業者として、エラスムスやルター、メランヒトン等の本を出版、特に数学・自然哲学の分野では当代随一とされた人物であった。シェーナーが監修したヨハネス・レギオモンタヌス(1436–1476)の『三角形概論』(1533)をペトレイウスの工房が印刷するという、そうした両者の古くからの関係があったからであろう、彼はシェーナーの元に届いた『第一解説』にいち早く眼を通す機会をもつことができたと思われる(43)。あるいは、コンスタンツの医師であるゲオルグ・フォーゲリン。レティクスから『第一解説』を寄贈されたアキレス・ガッサー(1505–1577)――彼は、詐欺の罪に問われ刑死したレティクスの父の後を継いだフェルトキルヒの町医者であり、彼の最初の庇護者ともなった人物である――から「この新しい天文学は君を吃驚仰天させるだろう」との書簡とともに『第一解説』を受け取ったフォーゲリンは、その「吃驚仰天」を、「驚くべき本書の内容は、昔の人にも、当世の人にも知られていない／ここで星辰は新たな秩序を授かり、かつて不動とされた地球は今や急いて馳せ回る／……」との一〇行詩で表現してみせた。ちなみに、この詩はガッサーの手により一五四一年に再版された『第一解説』の表紙を飾ることになる(44)。

レティクスから紹介されたこうした反響が、従前からのギーゼ等の慫慂ともあいまって、コペルニクスの背中を押したのであろう。一五四一年に先の原稿の改訂作業にとりかかり、最終稿を仕上げた(45)コペルニクスは、自らいうところの「九年どころか、その四倍も(46)」の年月にわたる「長いためらい」と「抵抗」の末に、ようやく、「数学に関心を有する人々にかかわる共通の利益のために」自説の公刊を決意する(47)。コペルニクスがレティクスに託した原稿が彼の背嚢に納まってヴィッテンベルク経由で最終目的地のニュルンベルクにあるペトレイウスの印刷工房に向けて旅立ったのは、レティクスがシェーナーの紹介状を携えて突然彼のもとにやってきてから二年余の後、一五四一年九月のことである。出立のとき、コペルニクスは、生涯で唯一の弟子となったレティクスに「我が老いと死の故に完成しえないものを何としても仕上げよ」と厳かに命令したという(48)。

コペルニクスが、最後の最後まで、聖書の言葉を文字通りに信じる人々からの攻撃を恐れ、また、覚悟をしていたことは、自著に付した「教皇パウルス三世への献辞」がよく伝えている。冒頭、「最も聖なる父よ、或る人たちは、私が宇宙の諸球の回転について書き上げたこの書の中で地球にいくつかの運動を与えているということを知るやいなや、直ちにそうした意見ともども私を追放すべきだと騒ぎ立てることになるであろうことを十分承知しています[49]」との懸念を表明した彼は、さらに、正直にも、「他の誰よりも聖下に私のこれらの研究の成果を献呈したいと思いました」のは、「あなたの判断が有する権威によって、中傷者が咬みつくことをあなたは容易に阻止することがおできになるからです」と告白していた[50]。

敵は教会だけではなかった。当時、大学で大勢を占めるアリストテレス＝プトレマイオスの教説に固執する自然哲学者からの反発も当然予想されるところであった。『天球回転論』の冒頭に付された「読者へ――この著書の諸仮説について」が、教会や神学者ではなく、もっぱら自由学芸に基礎をおく天文学者・哲学者たちに向けられていたことはそうした事情によるものであったのであろう。そこには、「この教説が見かけの不等な運動の諸原因を構想し創案するにせよ、それは、そのことが事実であると誰かを説得するためではなく、計算のための信頼できる基礎を提供するためだけのことである」等、本文で展開される地動説なるものが、宇宙の実際の在り様についての主張ではなく、純粋に数学的な「仮説」であることの主張が繰り返しなされていた[51]。

しかしながら、「読者へ」は、『天球回転論』を読んだ誰もがそう信じたにせよ、コペルニクス自身の手になるものではなかった。それは、レティクスの依頼により『天球回転論』の出版に最終段階でかかわることになったルター派の神学者でありアマチュアの数学者でもあるアンドレアス・オジアンダー（1498–1552）――彼もまた、レティクスが南ドイツへの旅の途中ニュルンベルクで面識をもった一人であった――が、コペルニクスに無断で、レティクスやギーゼにも知らせることなく、しかも、無署名のまま、突如印刷の最終段階で本書の冒頭に置いたものであった[52]。さらに付け加えるならば、標題もまた、コペルニクスが付した"De revolutionibus（回転論）"ではなく、"De revolutionibus orbiumu coelestium（天球回転論）"へと変更されていた。これは出版業者であるペトレイウスの判断であったとされるが[53]、ここにも彼と親交のあったオジアンダーの意向が働いていたのかもしれない。

レティクスとギーゼにとって、標題が変更されたこと、さらに、とりわけ、「読者へ」の挿入は青天の霹靂であった。それは、太陽中心説は宇宙の実際の構造を説明するものであるとのコペルニクスの主張を否定し、彼の業績を、プトレマイオスのそれと同様の、単なる数学的モデルとして惑星の位置計算のための道具に貶めるものでしかなかった。それを目にした彼らの驚き、怒りがどれほどのものであったか、レティクスが、ようやく手にした敬愛する師の畢生の著作の扉に印刷された“De revolutionibus orbiumu coelestium”という表題の内“orbiumu coelestium”に抹消の棒線を引き、[54]さらに、冒頭に置かれた「読者へ」全体に大きな×印を付したこと、[55]また、オジアンダーの出版への関与自体を知らされていなかったと思われるギーゼがペトレイウスをニュルンベルク市参事会に告発し、刷り直しの命令を求めたことによくあらわれていた。ちなみに、ペトレイウスは「読者へ」は原稿本体と一緒に送られてきたものであったと抗弁し、市参事会も、それを覆すだけの証拠がなかったのであろう、彼を不問とする決定を下している。[56]レティクスは、最後の校閲作業を、自身がライプツィヒ大学で新たなポストを得たことに伴う多忙という個人的な理由の故に、以前からコペルニクス説を仮説として提示することを提案していた[57]オジアンダーに委せてしまった[58]ことを後悔したにちがいない。もっとも、レティクスにはオジアンダーの仕業であると疑うだけの十分な理由があったにせよ、決定的な証拠はなかったのではあるが。

オジアンダーの仕業であることの証拠、といっても伝聞ではあるが、それを今日われわれが手にできるのはヨハネス・ケプラー（1571–1630）の師ミヒャエル・メストリン（1550–1631）のおかげである。彼が、或る寡婦から手に入れた本の中に、本の元の所有者であり寡婦の義父にあたるペトルス・アピアヌス（1495–1552）——彼もまたレティクスが南ドイツへの旅の途上で面識を得た地図作成者、天文学者、数学者、地理学者であり、『コスモグラフィア』（1524）、『地理学入門』（1533）といった著作がある——がオジアンダー当人から「この部分は自分が付け加えた」と告白されたとする書き込みを見つけ、それを自己所有の『天球回転論』に書き写したことによる。[59]加えて、メストリンは、同じ余白に、「私は、この文章の作者が間違いなくアンドレアス・オジアンダーであることを知っている」とも書いていた。[60]これらのメストリンの書き込みは、科学史家であるギンガリッチがスイス北部のシャフハウゼン市立図書館に所蔵されている『天球回転論』から見つけ出したものである。この他、ギンガリッチはライプツィヒ大学図書館にある『天球回転論』からも同様の証拠を発見している。これはケプラー所有の一冊であったが、元々はペトレイウスからヒエロニムス・シュライバーなる地元の数学教師に寄贈されたものであった。この本の「読者へ」の余白にシュライバーの手により「オジアンダー」との書き込みがなされてあり——おそらく、「読者へ」の筆者がオジアンダーであることはペトレイウスのサークルでは周知のことであったのであろう――、これを見たケプラーは「読者へ」をめぐる一切の事情を悟ったと思われる(61)。先のメストリンの断言は、ケプラーから書き込みの存在を教えられたことによるものであったと推測され(62)、ケプラー自身も一六〇九年に出版した『新天文学』の扉の裏で「読者へ」の作者がオジアンダーであったことを暴露することになる。

自説の公表をめぐる長い葛藤の果てに持ち上がった、そして、彼の説の根幹にかかわり、その成否を左右しかねない、彼の死後も長くその余波が続くことになる、一連の騒動が「地球の辺鄙な片隅」にいたコペルニクスの耳に届くことはなかったと思われる。一五四二年五月に愈々ペトレイウスの工房で印刷が開始され、次々に送られてくるゲラ刷りの束を相手に校正作業と正誤表の作成に取り組んでいたコペルニクスは、その最中の一二月に卒中の発作に襲われ、右半身不随の身となり、『天球回転論』が刷り上がる頃には、意識も定かではない臨終の床にあった(63)。病床の彼を献身的に看病した親友であり同僚参事会員でもあったゲオルグ・ドンネルが、おそらくは死の訪れが近いことを悟ったのであろう、ニュルンベルクからしばらく前に送られてきた『天球回転論』をコペルニクスの眼前にそっと置いたとき、彼は、ギーゼに看取られながら、永遠の眠りについた。享年七〇歳。一五四三年五月二四日のことであった(64)。

『天球回転論』は太陽中心の新しい宇宙モデルを次のように宣言する。「太陽に宇宙の中心があり、太陽は永遠に不動のままであり……。天球の順序は、もっとも高いものから始めて、次のとおりである。あらゆる天球のうち恒星天球が最初で最も高く、……不動である。それは、他のすべての星々の運動と位置のよりどころとなる宇宙の座である。……最初の惑星である土星がそれに続き……、その次は木星、……その次は火星……。第四番目の場所を月の軌道を伴う地球が……、第五番目の場所を金星が……、最後の第六番目の場所を水星が占めている。そして、あらゆるものの真中に太陽が鎮座している。……われわれは、この順序づけの中に、宇宙の驚くべき均衡と、諸天球の運動と大きさの確かな調和的結合を見いだす。……何故木星における順行と逆行が土星のそれよりも大きく、火星のそれよりも小さく見えるのか。何故これらの往復運動が木星よりも土星において頻繁にあらわれ、火星と金星においては水星におけるよりも稀なのか。……これら一切の現象は同じ原因から生ずるのであり、それは地球の運動である。しかし、同様の現象が諸々の恒星の間に見られないことは、それらが無限の高さに存することを証している。……もっとも優れた、もっとも偉大な創造者の荘厳な作品はかくのごとく完璧である(65)。」かくして、地球は宇宙の中心を太陽に譲り、月を従えて第三天球にあって自転しながら、他の五つの惑星とともに太陽の周りを公転する一惑星にすぎないものとなった。

コペルニクスが生前あれほど懸念した教会の反応はどうであったのか。真偽のほどはともかく、マルティン・ルター(1483–1546)が、出版前から、「この馬鹿者は全天文学をひっくり返そうとしている」と反応し、また、ジャン・カルヴァン(1509–1564)が、『創世記』詩編第九三篇の冒頭の一節――「まことに、世界は堅く立って、動かされることはありません。」――を引用しながら、「一体、誰がコペルニクスの権威を、聖霊の権威より上に置いたりするだろうか」と強調したと伝えられるところから[66]、これまで、「プロテスタンティズムは、コペルニクスの宇宙論と天文学にカトリシズム以上に敵対的であった」(コイレ)との評価が一般的であったといえようが、山本は、二〇世紀になって新たに編集・出版された『卓上語録』に先の「この馬鹿者」といった表現が見られないこと、あるいは、『『第一解説』が出版されてから六年後、『回転論』が出版されてから三年後に他界するまでのあいだ、コペルニクス理論についても、天動説と地動説の問題についても、知られているかぎりでなにも発言していないという事実」等から、カルヴァンも含め、プロテスタンティズムはコペルニクス説に「たいして関心を持っていなかった、あるいは重大な問題と見なしていなかった」、それが「真相であろう」とする[67]。

カトリック教会側はどうであったのか。一五三三年のヴァチカンでの出来事については先に紹介したところであるが、『回転論』が出版されてから七〇年程の間、教会は「沈黙」をまもる。それが「消極的な擁護」[68]の故であったとの理解もありえようが、ファントリは、ギーゼ司教のような人々がいなかったわけではないものの、「最近の諸研究に〔照らして〕カトリック教会が一七世紀初頭までコペルニクス説に対して沈黙していたことには、過去に考えられていたほどの肯定的な意味はほとんどないように思われる」とする[69]。こうした長年の沈黙の理由の一つとして、コペルニクスが『回転論』を「ラテン語」で著したことの影響を指摘することができるかもしれない。山本によると、当時、キリスト教世界では、言語使用に関して、ラテン語を使用する教会を中心とする知識人の層と、ラテン語を解せず俗語を使用するそれ以外の人々の間に明確な分割線が引かれ、この分割線をめぐっては、印刷技術の登場とも相まって、激しいせめぎ合いが展開されていた。知の体制の頂点に立つ教会にとっては、ラテン語は、聖書解釈に代表される知識の生産と伝達・保存を独占し、無学な、つまりラテン語と無縁な信者を管理・支配する恰好の手段としての地位を占めるものであった。そのため、ペトラルカやフィチーノ、エラスムス等々の知識人が、たとえ「異端的な言説をもてあそんでも」、一般の人々が近づくに困難なラテン語を使用している限りは、「教皇庁は事実上黙認していた。」逆に、ギリシア語原典から新約聖書をはじめて英語に訳したオクスフォードの古典学者ウィリアム・ティンダルが異端の廉で一五三六年に絞首刑に処せられたように、教会による知識の独占を打ち破る行為に対しては容赦ない対応が待っていた。そうだとすれば、コペルニクスの『天球回転論』が長年の間大目に見られたのに対し、逆に、ガリレオが『天文対話』により異端の断罪を受けた背景には、それが「誰にも分かるイタリア語」で書かれていたことがあったのかもしれない[70]。こうした言葉の使用をめぐる事情の他、教会の側の消極的な対応の背景には、『天球回転論』に教皇への献辞を付したこと、また、カプアの枢機卿ニコラウス・シェーンベルクから送られた「宇宙の天球についてのあなたの労作をできる限り早く私宛にお送りくださいますように」との一五三六年一一月一日付の書簡を添付したこと、むろん、「読者へ」の効果も大きかったにちがいない。

四　教会の攻撃

しかし、地動説を数学的仮説として何とか折り合いをつけてきたカトリック教会側も、ケプラーやガリレオ等により地動説の実在主義的主張・理解が広まるに及んで、それまでの「沈黙」を破ることになる。ケプラーが、一六〇九年に『新天文学』を出版した際、扉の裏に例の「読者へ」の作者がオジアンダーであったことを暴露したことの影響も大きかったのかもしれない。ギンガリッチは、このことが、教会のそれまでの立場を覆し[71]、一六一六年の禁書措置をお膳立てすることとなったとする。地動説に対する神学者たちの攻撃は、コペルニクスが没して六九年後、一六一二年一一月一日、フィレンツェの知識人の集まりでのドミニコ会士ニッコロ・ロリーニの「コペルニクスの考えは聖書に反する」との発言により口火を切られた[72]。その彼らにとって格好の攻撃材料となったのが、ガリレオが弟子でピサ大学教授のカステッリに宛てた一六一三年一二月二一日付の手紙である。科学と聖書の関係について論じたこの長文の手紙の内容をファントリは次のように要約・紹介する。「ガリレオは、この手紙で、最初に、聖書が偽ったり欺いたりすることはありえないことを認めた。しかし、ただちに、その解釈者や解説者がさまざまな仕方で誤ることはありうる、と付け加えた。最大の誤りは、彼らが聖書の純粋な文字通りの意味にこだわろうとする場合に生じるであろう。……字義的意味とは異なった仕方での聖書解釈が可能であり、むしろ、必要である。それ故、『私には、自然に関する討論においては、それ〔聖書〕は最後に顧慮すべきだと思われます。』実際——とガリレオは説明した——、（聖霊によって口述されたものとしての）聖書にせよ、（神の命令の忠実な遂行者としての）聖書にせよ、（神の御言葉から出たものとしての）自然にせよ、ともに神の御言ともに神の御言葉から出たものに違いはない。ところで、聖書は一般人の理解能力に適合しなければならず、したがって、字義的意味に解すると真理から遠ざかってしまうような言葉や言い方を用いなければならないが、自然の方は『現にある通りに冷厳にして不変であって、その隠れた理由や働き方が人間の能力に知られるかどうかについては』何ひとつ顧慮しないのであり、『自らに課された法則の枠を越えることはない』のである。それ故、『感覚経験』によってわれわれの眼の前に提示されるものや『必然的証明』によってわれわれが結論しうることについては、これを、字義的に解するとそれとは違うことを言っているように思われる聖書の章句に基づいて疑ったりしてはならないのである。」[73]

ガリレオは、いわば、この手紙により戦線を自然哲学から神学の領域へと移動させ、敵の陣地で戦うはめとなった。リン・ホワイト・Jr.も、ガリレオ断罪の理由を彼が虎の尾を踏んだことにあったとする。「もしガリレオが素人神学者としてあんなにすぐれていなかったならば、彼はあんなに厄介事にまきこまれることはなかったであろう。専門神学者たちが彼の侵入に対して腹を立てたのである。」[74]一六一四年一二月二一日に、ドミニコ会士トンマーゾ・カッチーニが、フィレンツェのサンタ・マリア・ノヴェッラ聖堂の説教壇からコペルニクス体系とガリレオを断罪、加えて、数学を「悪魔の術」として数学者の追放を訴え、[75]翌年二月七日には、ニッコロ・ロリーニが、カステッリ宛ての手紙に表明された聖書解釈は教会が従来から非難してきた「私的解釈」であると断じて、手紙の写しを禁書目録聖省長官に送付し、審査を請求する事態となった。[76]

告発を受けた検邪聖省は、一六一六年二月二四日、コペルニクス体系の核心を二つの命題——①太陽は世界の中心であり、不動である。②地球は世界の中心ではなく、不動でもなく、まったく自己自身で動き、日周運動についても同様である。——に定式化し、二日後に開かれた顧問神学者と顧問官からなる全体会議において、第一命題を「異端」、第二命題を「信仰において誤謬」とする決定を下した。[77]この後、禁書目録聖省は、三月五日、「ニコラウス・コペルニクスの『天球回転論』……によって地球の可動性と太陽の不動性に関するかのピタゴラス学派の教説が広まりつつあり、多くの人々によって受け容れられている。……このような意見がさらに蔓延しカトリックの真理を害することがないように、それら〔不穏当な箇所〕が訂正されるまでは閲覧禁止とする」こと[78]を決定、四年後の一六二〇年に、『ニコラウス・コペルニクスの読者宛ての戒告及び訂正』の布告を発し、「地球の位置と運動について、仮説から論ずるのではなく、むしろ〔事実であると〕擁護して論じている箇所を、下記の訂正に従って修正されるなら〔これを〕容認しうる」として、八カ所の訂正又は削除を命じた[79]。

寛大な措置であったというべきである。コペルニクス説を「異端」と断定した以上、完全な禁止措置がなされても不思議はなかった。実際、コペルニクス説を支持したことにより同時に同様の罪に問われたカルメル会士パオロ・アントニオ・フォスカリーニの冊子――『大地の可動性と太陽の不動性ならびに新しいピタゴラス的世界体系等々についてのピタゴラス派とコペルニクスの意見に関するカルメル会士パオロ・アントニオ・フォスカリーニの手紙』――に対する措置は「完全に禁止され断罪されるべき」であった[80]。何故コペルニクスの場合そうはならなかったのか。布告には、「禁書目録聖省の神父たちは、全面禁止されるべきと判断したが、それにもかかわらず、その中には国家にとってきわめて有益なことも数多くあるので、満場一致で」緩和的な措置に至ったと書かれていた[81]。

それでは、訂正や削除を求められた読者はどう対応したのか。はたして、彼らは命じられたとおり自己の手許にある『天球回転論』に修正を施したのであろうか。この興味ある疑問に対し、ギンガリッチは、今日まで現存する『天球回転論』の調査結果を基にして、イタリア国内にあった約2／3は修正がなされていたが、スペインやフランスのようなカトリックの国を含めて、他の国にあったものは事実上まったく修正されないままであったことを確認している[82]。ちなみに、フィレンツェ国立図書館に残るガリレオの『天球回転論』には「入念な修正」の跡が見られるという[83]。禁書目録からの正式な除外は一八三五年、地動説の承認はさらに一九九二年まで待たなければならなかった。

コペルニクス説を断罪した検邪聖省による一六一六年の異端審問は、ガリレオを被告人とするいわゆる「第一次裁判」であった。処分は、教皇パウルス五世（在位 1605–1621）による「私的な訓戒」の措置にとどめられた。検邪聖省の決定の翌二月二五日に開かれた検邪聖省定例週会第二部の教皇と異端審問枢機卿による秘密会議において、教皇は、裁判の指揮をとったベラルミーノ枢機卿に、ガリレオに対し断罪された命題を「放棄する」ように、「もし彼が従うことを拒んだならば、このような教説や意見を教えたり論じたりすることを一切差し控えるように命令せよ、それでもおとなしくしなかったら投獄せよと命じた」という[84]。翌二六日に枢機卿宅で行われた訓戒の結果は、三月三日に開かれた定例週会の議事録に残されている。即ち、ガリレオに対し「本聖省の命令に従って、地球の方が動くというこれまでの主張を放棄しなければならないと訓戒」し、ガリレオは「これに従った」と。[85]その通りだとするならば、この時、枢機卿は、教皇から命令されていた「もし」以下の内容を通告する必要はなく、また、議事録に記載がないことからも実際そうしなかったと考えるのが妥当であろう。三カ月後、枢機卿は、世間の誤解を避けるためにとのガリレオからの要望に応じて、以下の確認書を手交している。「ガリレオ氏は、……その意見や教説について異端誓絶をしたことはまったくなく、いわんや、彼のためになる改悛の業も他のどのような業をも科されたことはない。ただ、教皇がなされ、禁書目録聖省が発表された宣言、地球は太陽のまわりを動き太陽は東から西へと動くことなく世界の中心にあるというコペルニクスに帰されている教説は聖書に反しており、それゆえ擁護することも抱くこともならぬと述べている宣言を伝達されたのみであった。右、証拠として、一六一六年五月二六日、余は自筆により本状を記しかつ署名するものである。枢機卿ロベルト・ベラルミーノ」[86]

しかし、事はこれで終わらなかった。一六年後、一六三二年に出版した『天文対話』をめぐって再び異端の嫌疑の廉により検邪聖省に召喚され、翌年四月一二日、健康不安を抱える七〇歳近い老齢の身をフィレンツェからローマに運んだガリレオに対し「第二次裁判」が始まった。[87]有罪の決め手となったのが、一七年前、先の教皇から下された戒告をベラルミーノ枢機卿がガリレオに通告した際のやり取りを記録したもう一つの「文書」であった。この文書を作成させ、検邪聖省保管の審理記録に挿入させたのは、文書にも登場するセジッツィであったとされる。[88]「〔一六一六年〕二月二六日金曜日。ベラルミーノ枢機卿猊下は、召喚しておいたガリレオに対し、……前述の意見の誤りを訓戒され、それを放棄するように訓戒された。それに続いて、ただちに、……枢機卿猊下がなおもおられるなか、検邪聖省総主任セジッツィ尊師は、まだそこにいたガリレオに対し、教皇聖下と全検邪聖省の名において、太陽が世界の中心であって不動であり、地球が動くという前記意見を完全に放棄し、口頭でも著作でも、どのような仕方でも、今後は抱かず教えず擁護しないようにと通告し命令された。逆らうならば、邪検聖省は彼を裁判にかけるであろう。この通告にガリレオは従い、服従することを約束した。」[89]この文書と先のベラルミーノの報告を記録した検邪聖省の会議録の間には明らかに齟齬があり、それ故にまた文書の真正性について今日一部で疑問が出されているのであるが、いずれにせよ、このとき、これが決め手となって、一六三三年六月二二日、改悛服を身にまとい枢機卿等の前に跪いたガリレオに対し以下の判決が下された。①すべての誤謬と異端をわれわれの面前で誓絶し呪詛し嫌悪すること。②『天文対話』を禁書とすること。③一定期間検邪聖省の正式の監獄に入ること。④今後三年間、毎週一回、七つの悔罪詩篇を唱えること。(90)

ところで、地動説がこれほどまでに、ガリレオの予想をはるかに超えて、カトリック教会の激しい怒りを招いた本当の原因、理由はどこにあったのか。有罪の決め手となった先の文書をめぐる事情、たとえそれが「偽造」されたものではなかったにせよ、当該文書を検邪聖省保管の審理記録に潜り込ませた狡猾かつ深謀遠慮なやり方に見られる教会の怒りの強さ、執拗さを考えるに、コペルニクスやガリレオ等が犯した「罪」は単に地動説が聖書の教えに反するといったことにとどまるものではなく、キリスト教会の存立そのものにかかわる、教会にとっては致命傷となりかねない、より深い何かがそこにはあったと思わざるをえない。

事の発端、本質は、神が書いた「二つの書物」――「聖書」と「自然」にあった。聖書の「解釈」も、自然の「解明」も、ともに神の意思、摂理を知る作業として位置づけられ、前者の任務は神学者によって「ことば」を手段として、後者の任務は自然哲学者によって「数学」を手段として行われるものであった。自由学芸がことばに関する三学（論理学、修辞学、文法）と自然に関する四科（天文学、幾何学、算術、音楽）により構成されていることは、決して理由のないことではない。神の摂理や掟を解き明かすことは、本来、神学者と自然哲学者、ことばと数学の協同作業によって成就されるべき課題であったのであり、それ故、ガリレオの意識の上では、コペルニクスやケプラー、彼自身の学問的営みが、キリスト教の伝統的な知的枠組から逸脱し、逆らうといったことは思いもよらないことであったのであろう。それは先に紹介したカステッリに宛てた手紙にも表現されているとおりである。肝心の地動説についても、教会の反発を恐れ、それを回避するべく教皇パウルス三世への献辞やカプアの枢機卿シェーンベルクの書簡、さらには「読者へ」と題する序文の掲載といった細心の注意を払わなければならなかったコペルニクスの時代はともかく、『天球回転論』の出版から七〇年程の間教会が沈黙を守ってきたことを考えれば、「何故、今更」というのが当事者の思いであったのではなかったか。

デカルトもその一人であり、当時オランダにいてガリレオ断罪の一報を受けた彼は、後年、そのときの印象を次のように語っている。「検閲が行われるまでは、私はそこ〔地動説〕に、宗教に対しても国家に対しても有害だと想像しうるようなものが存在するなどとまったく気づきませんでした。(91)」衝撃の大きさは、彼が、四年間を費やして書き上げ(92)、印刷業者の手に渡すばかりとなっていた(93)『宇宙論』の公刊の中止をただちに決断し、結局、彼の生前には出版されないまま終わったことにもよくあらわれている。この件に関しては、『方法序説』第六部において回りくどいとも思える弁明がなされているが、ここではマラン・メルセンヌ（1588–1648）に宛てた一六三三年一一月の書簡を挙げておこう。「ガリレオの『天文対話』が昨年イタリアで出版されたと聞いていましたので、先日、ライデンとアムステルダムにそれがないか照会しましたところ、たしかに出版されたものの、ただちにローマで焼却されてしまい、なにがしかの罰金を科せられたと聞かされました。驚いた私は、自分がこれまでに書き貯めた原稿の一切を焼き捨てるか、あるいは、少なくとも誰にも見せないでおこうと心に決めたほどです。といいますのも、イタリア人であり、聞くところでは教皇のおぼえもめでたいあの人が罰せられるとしたら、地動説を主張したということ以外に理由が思い当たらなかったからです。地動説がもし誤りということになれば、私の哲学のすべての基礎もまた誤りとなります。それほどに地動説は私の著書のすべての部分と緊密に連携しあっており、残りの部分をまったく損なうことなしに、それを著書から切り離すなど私には到底できないことだったのです。教会から非難されるようなことが一言でも見いだされるような話が私から出る事態を何としても避けたく、形の損なわれたものを世に出すよりも廃棄する方がましである、そう私は考えたのです[94]。」

コペルニクスであれ、ガリレオ、デカルトであれ、彼らにとって、自然を支配する真なる掟を明らかにすることは、神による宇宙創造の完璧なることを証明し、「神の知恵の偉大」を称揚せんがためであったのであり、自然の探求は、聖書の解釈と同様に、敬神のなせる業であっても、およそ、瀆神の誹りを受けるいわれはなかった。しかし、カッシーラーは、この他ならぬガリレオ等の「宗教的な根本感情」こそが、逆に、彼らの企てが教会の怒りを買い、強い拒絶にあった真の原因であったと指摘する。「教会が戦いを挑んだもの」は、「個々の科学的研究成果」でも、「新しい宇宙論」でもなかった。コペルニクス等が告知した「新しい真理概念」こそが、教会にとって、「教会制度の根幹を危うく」する、「断じて許容できない」ものととらえられたのである。「〔コペルニクス等によって〕啓示の真理と並んで今や固有で本源的・自立的な自然の真理が出現した。この真理は、神の言葉のうちにではなく、神の作品のうちにあらわれる。それは聖書や伝説の記述の中にではなく、常にわれわれの眼の前に今現に存在する。ただし、真理を手にすることができるのは、自然の筆跡を理解し、解読しうる者だけであること、いうまでもない。自然の真理は普通の言葉によっては表現不可能である。それに相応しい適した表現は、ただ一つ、数学的な表記、図形と数だけである。自然は、この表記の中で、この表記によって、完全な形式と完璧な体系性、透徹した明晰性をもってその姿をあらわす。かくのごとき明瞭性と透徹性、一義性に到達することは、言葉による啓示には絶対に不可能である。何故なら、言葉そのものは、常に多義的、曖昧であり、さまざまな解釈の余地を残すからである。言葉を理解し、解釈することは人間が行う仕事であり、したがって、その結果は必然的に断片的なものとならざるをえない。ところが、自然の中では、宇宙の全設計図は、人間精神がそれを認識し明らかにすることを待つかのように、確固不動の分割不可能な統一をなしてわれわれの眼の前に存在している。」この言からは、ガリレオ非難の急先鋒に立ったドミニコ会士トンマーゾ・カッチーニが何故数学を「悪魔の術」であるとして、数学者を断罪し、彼らの追放を訴えたのか、その理由がよく分かる。啓示の真理に数学的真理を取って代わらせんとしたガリレオの悲劇は、自らが遂行した「方法的精神の革命的変革を過小評価」し、自己の権威を死守せんとした教会の真の攻撃意図・標的を見誤ったことにあった、そうカッシーラーは指摘する。(95)

五　静かな革命

地動説をめぐって生じた宗教的な大きな反響に対して、学問的な世界の反響はどうであったのか。ケストラーが『天球回転論』を「誰も読まなかった本」、「空前絶後のワーストセラー」(96)と評したことはよく知られている。実際、「数学者のために書かれた」(97)とコペルニクス自身がいう全六巻四〇〇頁にものぼる難解な『天球回転論』を完全に読み通すことができた一六世紀の読者はそれほど多くはなかったと思われる。コペルニクス生誕五〇〇周年を三年後に控えた或る日、ギンガリッチは、研究仲間と、いわば戯れに、読者の可能性の高い人物のリストの作成を試みたところ、レティクス、ラインホルト、オジアンダー、メストリン、ケプラー、ティコ・ブラーエ、ガリレオ、クラヴィウス、ディッグスの九人を選んだところで行き詰まってしまったという。(98)この時、天体の構造にさほど関心をもたなかったガリレオについては、「最後まで読んだ可能性はほとんどないであろうと判断し」、リストから外したが、(99)これが正解であったことは後年フィレンツェ国立図書館で調査したガリレオ所蔵の『天球回転論』に「専門的な書き込みがないばかりか、一部でもまともに読んだことを示すようなペンの跡すら一つもなかった」(100)ことによって裏付けられることになる。もっとも、一見意外なこの事実はコペルニクスへの無関心を意味するものでなかったこと、いうまでもない。たとえば、一五九七年八月四日付のケプラー宛の手紙には次のような言葉が見られる。「私はすでに何年も前からコペルニクス説を承認しています。旧来の理論に基づいては説明できない多数の自然現象も、この理論によれば原因を発見することができるからです。」[101]『天球回転論』に詳しい書き込みが見られなかったことは、ガリレオの関心が、天体の運動の規則性の数学的な定式化ではなく、新しい観測によってコペルニクスの考えを支持することに、そして、コペルニクスが天球の存在を自明とすることにより封印してしまった惑星の運動の力学に向けられていた[102]と考えれば納得がいく。

こうみてくれば、ケストラーの評もあながち的外れではなかったのかもしれない。しかし、リスト作成の翌日に訪れたエディンバラでギンガリッチは思いがけない出会いをする。彼は、王立天文台の稀覯本コレクションの中から、たまたま、初めから終わりまで入念な書き込みがなされた初版の『天球回転論』を発見したのである。さらに、この書き込みを行った当の本人は、表紙に記されたイニシャルと筆跡照合から、先のリストに登場したラインホルト——ヴィッテンベルクでレティクスの同僚であった彼は、コペルニクスの理論を基にして、それまで長年使われてきたアルフォンソ表に代わる「プロイセン表」と命名される天体運行表を作成している——であることが判明する。[103]これが、その後、三〇年にわたって世界中に現存する『天球回転論』の「大追跡」の旅を開始するきっかけとなった。[104]彼は、初版（1543）の発行部数を四〇〇〜五〇〇部、第二版（1566）を五〇〇〜五五〇部と推測し、その内、初版二七六冊、第二版三二五冊が今日世界各地の図書館等に保存されていることを突き止め、それらについて本の履歴、書き込みの有無・内容を調査したのである。[105]ギンガリッチは、フランス王アンリ二世やスペイン王フェリペ二世等の蒐集家や蔵書家の手元に置かれた本は別にして、また、ガリレオのような例があったにせよ、多くが持ち主を変えながら、そして、有名無名を問わず、天体暦の作成等の持ち主の関心に応じて読み込まれ、濃淡はあれ書き込みが重ねられていったことを詳細に明らかにした。たとえば、スイスのシャフハウゼン市立図書館所蔵の『天球回転論』にはメストリンの手による次のような書き込みが認められる。「天動説は崩壊寸前で、そのため彼〔コペルニクス〕は、天体の動きを説明するために適切な仮説が必要だという結論に達した。通説が不十分だと気づいた時、彼は、地球が動くというアイデアを結局は受け入れたのである。たしかに、そうすることによって、諸現象をきわめてうまく説明できるだけでなく、何らの不合理も生じないことが明らかとなった。実のところ、通説を修正することにより、諸現象と合致し、諸現象を矛盾なく説明しうる者がいるとしたら、誰であれ、私は感謝の念をもってその者を信じるだろう。しかし、優秀な数学者たちを含めて、幾人かの者がこの問題に取り組みながらも、結局は成果を得られなかったことを私は知っている。それゆえ、現在の通説が改められないなら、私はコペルニクスの仮説と意見を受け入れたい。彼はプトレマイオス以降のすべての天文学者の王である。[106]」重要な書き込みではあれ、これはほんの一例でしかない。たしかに、『天球回転論』は「読まれなかった」わけではなかった。「ケストラーは間違っていた。途方もなく間違っていた。」──これがギンガリッチの結論である。[107]

もっとも、読者の誰もがコペルニクスを理解し、肯定的に読んだわけではなかった。むしろ、メストリンやケプラーが少数派であったことは間違いない。聖書、とりわけドイツではプロテスタントの教えの影響が大きかったこと、また、学問的にも、動く地球という奇想天外な観念に対する抵抗は当然のこととして、コペルニクスの説が、数学的モデルとしても、プトレマイオスのそれと比べ、惑星の運動を計算するという定量的な面において特段優れたものではなかったという事情も無視できないものがあった。カトリック教会が見せた一見寛容な対応の背景にも、コペルニクス説がさまざまな理由から天文学者一般に受け容れられてはいないという読みが働いていたのかもしれない。実際、先に紹介したように、禁書目録聖省が重い腰を上げたのも、「このような意見がさらに蔓延しカトリックの真理を害することがないように」という理由からであった。この時期、実在主義的な理解の広がりが教会にとってもはや見過ごすことのできないほどになっていたということなのであろう。ギンガリッチは、バーゼルで出版された第二版（1566）がコペルニクス説をイタリアやイギリスに広める上でとりわけ役立ったとする。[108]また、ファントリは、コペルニクスの説は、確実に、イングランドやフランス、イタリアに支持者を見いだしていったとする。たとえば、イングランド最大の数学者とされたロバート・レコード（1510–1558）、ユークリッドの『幾何学原論』の編纂等で知られるペトルス・ラムス（1515–1572）、『磁石について』（1600）の著者であるウィリアム・ギルバート（1544–1603）、『天空の軌道の完全な解説』（1576）によりイギリスの一般読者にはじめてコペルニクス説を紹介したトマス・ディッグス（1546–1595）、そして、宇宙は無限であり中心をもたないと唱え、最後は異端として火刑に処せられたジョルダノ・ブルーノ（1548–1600）がそうであった。[109]『小論』や『第一解説』が露払いとなって、ゆっくりとではあれ、[110]ローマ教会ももはや寛容ではいられないほどの「静かな革命」が確実に始まっていた。

宗教的な喧しい反響、学問的な静かな反響の広がりにもかかわらず、コペルニクスの理論が成功を収めたかに関して、バターフィールドは、それは「プトレマイオスの体系の改訂版にすぎない」ものであったと指摘する。[111]コペルニクスの苦労を思えば、いささか酷に過ぎる評価ではある。もっとも、言われてみれば、宇宙の中心が地球から太陽に入れ替わっただけであり、そのことを除けば、七つの天球が存在すること、そして、惑星がそれぞれの天球に乗ったまま円運動を行うこと、何ら違いはなかった。なるほど、太陽が不動の地位に立ち、地球が一つの惑星となった結果、逆行運動を説明するための周天円は不要になり、また、エカントも削除されたものの、円軌道に固執した結果、すべての運動を整合的に説明するためには、結局、同様の円を複雑に組み合わせる必要が残された。[112]『小論』の結論には次のようにある。「かくして、水星は全部で七つの円の上を運動している。金星は五つ。地球は三つ。その周りを月が四つ。最後に、火星・木星・土星はそれぞれ五つ。したがって、以上の次第であるから、宇宙の構造全体および星々の輪舞全体を説明するには全部で三四個の円で十分である。[113]」当時、ラインホルトが、コペルニクスを「第二のプトレマイオス[114]」と評したのもまんざら的外れではなかったのかもしれない。クーンは、「純粋に実際的な面から判断すれば、プトレマイオス主義に立つ先行者の体系と比べて、より正確でもなければ、より有意味な単純化も見られない以上、コペルニクスの新しい惑星の体系は失敗作だった」とする。しかし、たとえそうであったにせよ、「歴史的には新しい体系が偉大な成功を収めた」ことをクーンも承認する。[115]『天球回転論』が「彼の何人かの後継者に太陽中心の天文学が惑星の問題を解く鍵を握っていることをはっきりと確信させ」、そして、「彼らが最終的にコペルニクスが求めていた単純で正確な解を得る」に至ったという点で、やはり、それは、後に続く科学革命の発端として、「コペルニクス革命[116]」の名に値するものであった。

2　方法の優位

一　数学的天文学

太陽中心説がこの「革命」の成果であったとするならば、クーンは、革命の核心には「数学的天文学の変換[117]」が存在したという。それが革命をもたらした当のものであったというわけだ。それでは、「変換」とははたして何の謂いであったのか。この問題を論じる前に、コペルニクスをはじめとする科学革命の創始者たちにとっての「数学的天文学」とはいかなる学であったのか、改めてそれを明らかにしておきたい。

先ず、確認しておこう。プラトンが、「神は永遠に幾何学する」と語り[118]、アカデメイアの門に「幾何学を知らざる者はこの門を入るべからず」との額を掲げたとされるように、世界を数学的秩序ととらえ、その秩序を数学的な方法でもって剔抉せんとする学問的態度と志向は、古代ギリシア以来、濃淡はあれ、西洋の自然哲学を導いた不変の基本精神であったということ[119]、そして、コペルニクスが『回転論』の扉に先のアカデメイアの言葉を置いたように、彼もまたプラトン主義者として「数学的合理主義精神」の継承者であり、彼の天文学がプトレマイオスと同様の「数学的」なそれであることに何の違いもなかったということである。実際、コペルニクスは、『回転論』の冒頭において、自らの「学」の性格を次のように明らかにしていた。「宇宙の神々しい回転運動を取り扱う研究」は、「すべての自由学芸の中で最高の、自由な人間にもっとも相応しい学芸」であり、「数学のほとんどあらゆる部門――算術、幾何学、光学、測地学、力学、その他役に立つ諸々の学――を動員することによって遂行される」と[120]。そうである以上、師メストリンからの教えにより「終生のコペルニクス主義者[121]」となったケプラーをはじめ、彼の後継者たちが、新たな自然哲学への離陸に際し、「単純で正確な解[122]」を求めるための「教師」として「数学」を選んだことに何の不思議もない。ガリレオも、『新科学対話』の中で、シムプリチオを相手に、「理解力を研ぎ澄まし、正確に思考する精神を鍛えるには、幾何学があらゆるものの中でもっとも有力な手段であるといって過言ではありません。プラトンは、彼の弟子たちが何よりも先ず数学によく通暁することを望みましたが、それはまったく当を得たことだったのです」と語っていた[123]。幾何学が「もっとも有力な手段」であることの保障は、ひとえに、神が永遠に幾何学し、宇宙が幾何学を基に創造されたことにある。『偽金鑑識官』はいう。「哲学は、眼のまえにたえず開かれているこの最も巨大な書〔宇宙〕のなかに、書かれているのです。しかし、先ずその言語を理解し、そこに書かれている文字を解読することを学ばないかぎり、理解できません。その書は数学の言語で書かれており、その文字は三角形、円、その他の幾何学図形であって、これらの手段がなければ、人間の力では、そのことばを理解できないのです。それなしには、暗い迷宮を虚しくさまようだけなのです[124]。」

ここには「二重の意味でのロゴス[125]」の存在を確認することができる。一つは、「自然＝数学的秩序」としてのロゴスであり、いま一つは、「認識道具＝数学」としてのロゴスである。ケプラーは、『宇宙の調和』（1619）の中で、「ヨハネによる福音書」の冒頭の言葉を念頭においてであろう、これら二つのロゴスの淵源が「神＝幾何学」にあることを些か謎めいた言い回しで表現する。「物が誕生する以前から神の御心とともに永遠に存在していた幾何学は、神そのものであり、神のために天地創造のモデルを提供し、また、神の似像とともに人間に移ってきた[126]。」クリバンスキー／パノフスキー／ザクスルは、中世の人々が「父なる神をしばしばコンパスを携える宇宙の建築家の姿で表現した」ことを指摘する。[127] 聖書等の挿絵に描かれた「秤とコンパスを持つ神の手」[128]、「秤とコンパスを持つ父なる神」[129]、「コンパスをもって世界を測定する父なる神」[130]がそうである。コンパスが幾何学を表徴する道具であったことは当然として、秤もまた同様であるとクリバンスキー等はいう。七自由学芸に捧げられた記憶術を示す二連詩が、「文法は語り、論理学は真実を教え、……数学は計算し、幾何学は重さを量り、……」と唄っていたとおり、「実験物理学の観念がいまだ形成されていなかった時代において、重さを量ることは明らかに幾何学の役割の一つとみなされていた。」[131] ベーメが、クリバンスキー等も取り上げた一三世紀頃の作と思われる「コンパスをもって世界を測定する父なる神」の絵に、「右手に持つコンパスにより左手で支える膝の上の丸い宇宙を測ろうとしている天文学者」（1504）の姿を対置してみせるとき[132]、そこに、われわれは、ヘブライズム・ヘレニズムに由来するヨーロッパ・キリスト教社会の伝統的な「神と人間と宇宙」の関係についての表象を見て取ることができる。即ち、神による幾何学を基とした宇宙の創造、幾何学的構造をもつ宇宙の存在、そして、神の似像である人間による幾何学を手段とした宇宙の認識がそれである。

　ケプラーがヘルヴァルトに宛てた一五九九年四月九／一〇日付の手紙には、こうした三者の関係が、先の謎めいた言からは一転、分かり易い言葉で語られている。「物質的宇宙全体の中で、神にとって存在するものは、物質的な法則であり、数であり、関係です。この上もなく美しい最適に整序された法則が存在します。……これらの法則は〔神の啓示を待つまでもなく〕人間によりとらえられうるものなのです。神は、われわれがこれらの法則を認識することを望まれたのであり、そのため、神は、われわれが神ご自身の思惟を分有することができるようにと、われわれをご自分の像に似せて創造されました。実際、人間の精神の中には数と大きさの他に何が存在するでしょうか。数と大きさだけが、正しい方法をもって、われわれが理解しうるものなのです。われわれが死すべき存在であるにせよ、少なくとも数と大きさを把握することが可能である限り、われわれの認識力はこの点では神のそれと変るものではないと申し上げても、われわれのもつ敬虔さの故に許していただけるのではないでしょうか。馬鹿者だけが、そうすることによって人間を一個の神とすることを恐れるのです。といいますのも、神の意図は計り知られませんが、神が創造された物質的作品を探求することは可能だからです。」[133]

　ケプラーの言からは、近代の自然哲学者たちの「科学する精神」の淵源に、「自然を研究した神学者」に相応しく、神を「宇宙の創造主」（創世記）とし、その神が「すべてを尺度と数と重さで秩序づけられ」（ソロモンの知恵）、人間を

「自らに象って造られた」（創世記）とする伝統的な神学的宇宙観が存在していたことがよく分かる。「馬鹿者ども」との違いは、神が創造されたこの宇宙の法則を、神の啓示によってではなく、分与された理性により数論と幾何学をもって認識可能と考え実行した、ただそれだけのことである。彼らの学問的営為の全体は、かかる精神と観念に立脚し、神の創造の秘密と調和を開示することを通して神に仕え、「神の知恵の偉大」（ガリレオ）を、神が創造に際して使用されたのと同じ道具、コンパスと秤を使って明らかにし称揚せんとする意思に支えられ導かれたものであった。レティクスの言葉を紹介しておこう。それは、後年「科学革命」を創始したと評されるコペルニクス等当時の自然哲学者の心性が当の渦中にいた当事者により象徴的に言表されているという点で貴重なものである。コペルニクスのもとからヴィッテンベルクに戻った一五四一年の冬学期に担当した「天文学」に関する連続講義の告示文の最後を彼は次のような言葉で結んでいる。「われわれの世界の建築主である神がこれらの驚くほど多様な、そしてまた正確に調整された多様な運動を無駄に創造したと信ずることは馬鹿げています。われわれが天体の運動についての理論の理解を得ようと努めなければならないのはそのためなのです。……神はその教師としてわれわれに影を与えてくださいました。数字と尺度がそうです。神がそれらをわれわれに与えられたのは、精神がこのような驚くべき機械の創造者であることをわれわれが認識し、創造者を探求し世話をするためなのです。[134]」百数十年後、われわれは同様の観念を『自然哲学の数学的原理』の中に見いだす。アイザック・ニュートン（1642-1727）は、一七一三年に第二版を出版する際に、万有引力の法則に基づいて太陽系の数学的構造を明らかにした第三巻「宇宙の体系」の最後、つまりは『プリンキピア』の末尾に、初版にはなかった「一般的注解」を新たに付け加え、「自然哲学の任務」が何であるかを明らかにした。「この壮麗きわまりない太陽、惑星及び彗星の体系は、知性と力に満ちた存在者の計画と支配から生まれたものでなくて他にありえようはずがありません。この至高の存在者は、すべてのものの支配者として、あらゆる事物を統治するのです。そして、この支配の故に、彼は、主なる神、あるいは、宇宙の支配者と呼び慣わされることになります。……神はあらゆる肉体と肉体的形姿をまったく欠き、それ故、見ることも、聞くことも、触れることもできません。……われわれは、神を、ただ彼のもっとも聡明な、すぐれた事物の仕組みと目的因を通じて知るだけなのです。……事物の現象を基にして〔数学という手段をもって〕神について語ることは明らかに自然哲学の任務に属する事柄なのです。[135]」

コペルニクス等の天文学が、『創世記』にまで遡りうる創造神話に依拠するものであったこと、また、それが数学的であった限り、彼らもまたプラトン主義者であり、プトレマイオスの後継者であったこと、そうしたことにつき何ら疑問はない。それにもかかわらず、コペルニクス等が導き出した結論は、まったく対称的なものであり、ゲーテが「あらゆる発見と確信のなかで、コペルニクスの学説にもまして人間の精神に大きな影響をおよぼしたものはない」と語ったように、単に天文学にとどまらず、西洋世界の伝統的な知の枠組を破壊するに十分なものがあった。

二　数学的天文学の変換

それでは、天動説か、地動説か、両者の分岐が数学的天文学の「変換」の結果であったとして、そして、それがコペルニクス等の手に神の摂理を解き明かすための「新たな方法」を付与することになったとして、変換は何によってもたらされたのか、その正体は何であったのか。それが次に問われねばならない。

「方法の優位」――それこそが、数学的天文学の「変換」の因となり、プトレマイオスとコペルニクスの間に分割線を引き、コペルニクス的転回＝革命を惹起した当のものであった。はたして、方法の優位とは何の謂いであったのか。先ず、われわれは、「理性を正しく導き、学問において真理を探究するため」に『方法序説』（1637）を著したデカルトに、「精神指導の規則」を訊ねてみることにしよう。

「事物の真理を探究するには方法が必要である。」これが第四規則の命題である。「人間というものは、まったく盲目な好奇心に捉えられているので、しばしば、何の見込みももたず、ただ自らの求めるものが見つかるかどうか試してみたいばかりに、知らぬ途によってその精神を導くものである。〔化学者や幾何学者、哲学者がそうしたやり方で偶然真理を発見することがあるにせよ、それは、ただ〕運がよかったといえるだけである。ともかくも、事物の真理を探ねるのに、方法なしでやるくらいなら、それをまったく企てない方がはるかにましである。[136]」同様の精神を、「望遠鏡はガリレオの発明ではない」との中傷に対するガリレオの反論の中にも見ることができる。「マークされ、所在が分かっている問題を解決するのは、考えられたこともなければ、所在もわからない問題を解決するよりも、はるかに才能のいる仕事なのです。なぜなら、後者では、偶然が最大の役割を果たしてくれるかもしれませんが、前者は、すべて推論の所産なのですから。周知のように、望遠鏡の最初の発明者であるオランダ人は、ただの眼鏡師であって、かれは何種類かのガラスをいじっているうちに、たまたま、凹面ガラスと凸面ガラスを、眼から異なった距離に置き、なにかのはずみに二つともいっぺんに、とおしてながめました。そして、こうやればどんな結果が生ずるかに気づいて観察し、その器械を発明したのです。しかし、わたしは、例の報告に刺激されて、論議をたよりに、その器械を発明したのです(137)。」

デカルトがいう「方法」とは具体的に何であったのか。彼は、「確実容易な規則、それを正確に守る人は誰でも、その達し得る限りの事物の、真の認識に到達するであろうような規則」がそれであるとし、こうした確実容易な規則＝方法は、「最も容易な学問」であると彼がいう、「数論と幾何学の中に見いだす」ことができるとする(138)。ガリレオも同様であった。『天文対話』の中でサグレドは語っている。「自然哲学にかかわる諸問題を幾何学なしに論じることは、不可能なことを行おうと企むことと同じであると言わねばなりません(139)。」あるいは、ニュートン。以下は、ルーカス講座の教授としてはじめて担当した『光学講義』（1670–1672）の中の一節である。「私の希望は、私の例によって、数学が自然哲学にとってどんなに有益かを示すことです。それ故、私は、幾何学者にはより厳密に自然を探求することを、また、自然科学に専心する人たちには何よりも先に幾何学を学ぶことを勧めたい。これにより、幾何学者は彼らの時間を人生にとって何の価値もない思弁に費やすことはなくなるだろうし、自然哲学者は馬鹿げた方法で無駄な努力をしたあげくに目指す目標に届かないといったこともなくなるだろう。自然哲学に定位した幾何学者と幾何学に定位した自然哲学者の支援により、推測や蓋然性に代えて、われわれは、最後には、偉大な証明により裏付けられた一個の自然科学に到達することになるであろう(140)。」もっとも、デカルトやガリレオ、ニュートンの言はわれわれにとって決して馴染みのないものではない。クワトロチェントの画家たちがそうである。たとえば、アルベルティ。「完全で絶対的な絵画の術をすべて説明しようとするわれわれの指導は幾何学者によって容易に理解されるであろうが、幾何学の知識をもたぬ者には、われわれの画法だけでなく、他のどんな画法も理解できないであろう。」あるいは、「数学者でない者に私の仕事の原理は読めない。」こちらの方はレオナルドの言であった。デューラーも、『測定法教則』の中で、「コンパスと定規によって測定をなし、そこから正しい真理を認識し、……真のより偉大な理性〔宇宙の掟〕に至ることができる」と語っていた。

しかしながら、デカルトやガリレオ、ニュートンの言葉を単に自然の秩序の探求に際して「数学」が必要であると解するにとどまるならば、先の「二重のロゴス」についての議論の枠を超えるものは何もなく、われわれは彼らの主張の核心を見逃すことになる。それというのも、旧来の自然哲学者にとっても数論と幾何学が、自然の掟を解明し、彼らの体系を構築する方法であったことに何ら変わりはなかったのだから。プトレマイオスだけがそうであったというわけではない。アリストテレスの物質観に抗し物質的事物の本性を「延長」としてとらえることにより「数学の使用を自然哲学の全分野に拡大する可能性をもたらした」聖アウグスティヌスやエリウゲナ（810頃–877頃）といった新プラトン主義者[141]にとっても同様であったのであり、あるいは、『ティマイオス』を基にして『創世記』に描かれた神の宇宙創造を数学により合理的に分析・解釈しようとしたシャルトルのティエリ（?–1155頃）[142]、自由学芸の教育に際して自然哲学に不可欠な学として数学[143]に優先的な地位を与えたサン・ヴィクトルのフゴ（1096–1141）、自然哲学の基礎を数学と実験の上に置いたロバート・グロステスト（1175頃–1253）、その弟子であり、「諸学問の入口と鍵は数学である」[144]と語ったロジャー・ベーコン（1214–1294）、一五世紀に『アルマゲスト』を復活させたプールバッハ（1423–1461）やレギオモンタヌス（1436–1476）、「数学的科学の一つも適用されえないところには、あるいは、数学的科学と結合されえないものには、いかなる確実性も存在しない」[145]と書いたレオナルド（1452–1519）、さらには、コペルニクスに与することを拒否し、「宇宙の中心にある地球の周りを月と太陽が回転し、その太陽の周りを惑星が回転している」として天動説の延命をはかろうとしたティコ・ブラーエ（1546–1601）にとっても同様であった。ダンテもまた、先に紹介したように、『饗宴』の中で、つまり『天球回転論』の二世紀半も前に、「われわれは、諸天の位置を、算術、幾何学に基づいて、感覚的かつ合理的に認識する」と語っていたではないか。こう見てくると、コペルニクス以前と以後において何も変化はなかったともいえる。こうした事態をとらえて、クロムビーは、「実際、ある観点からするならば、一二世紀から一七世紀に至る全ヨーロッパの科学史は、以前には『自然哲学』の独占領域と信じられていた諸分野への数学の漸次的浸透の歴史とみなすことができる」[146]と指摘する。

それでは、一体何が変化したのか、違いはどこにあったのか、「方法の優位」とはそもそも何であったのか、このことが改めて問われねばならない。結論を先取りしていうならば、自然哲学者たちが、コペルニクスを境として、はじめて、「認識道具＝数学」としてのロゴスの正しい使用法を会得し、それにより、アリストテレス以来彼らの眼を欺いてきた日常感覚が提供する仮象に抗し、それから身を解き放ち、「自然＝数学的秩序」としてのロゴスに正しく接近する方法を手に入れたということ、そこに変換の核心があった。

改めて、デカルトの「精神指導の規則」に立ち返ってみることにしよう。この「規則」に「『学』の近代的概念の刻印」を見いだしうるとしたハイデガーは、とりわけ第三、第四、第五の規則の中に「近代の思考の根本特徴」が一目瞭然表現されているとする。中でも、先に紹介した「第四の規則」――「事物の真理を探求するには方法（Methodus）が必要である。」――がもっとも重要な規則であった。一見して、いかにも平凡な命題というべきかもしれない。しかし、ハイデガーは、この規則を単に「学は自らの方法をもたなければならない、という決まり文句」としてとらえてはならないとする。「むしろ、規則が言わんとするのは、手続き、即ち、われわれがそもそも物を追尾する（メトドス）仕方が、物に即してわれわれがどのような真理を探り出すかを前もって決定するのだ、ということである。方法とは、学の数ある装備のなかの一つなのではなく、基礎備蓄なのであり、ここから、およそはじめて、何が対象となりうるのか、また、それがどのように対象となるのかが規定されるのである」と。[147]要は、「経験すべき領域の性格がそれを通じてそもそもはじめて開示され、輪郭づけられる道」、それが方法であった。[148]

基礎備蓄としての方法にはさまざまなものが考えられようが、デカルトにとって、というよりも、そもそも近代の思惟にとって「数学」以外にありえなかったこと、改めて確認するまでもあるまい。ただし、デカルトによれば、「方法としての数学」とは、「通常の数学」、あれやこれやの具体的な計算問題や幾何学の問題を解くための数学でなかったことは当然のこと、さらには、代数学や幾何学、天文学、音楽、光学、力学、測地学、遠近法等の数ある諸学と並ぶ一つの学といったものでもない。「秩序、計量的関係」[149]の研究にかかわる一切の学に関係し、かつ、個々の学にかかわる質料、たとえば、数、図形、地形、星、音等とは無関係に、しかし、それら諸学に共通する知の地平を「数学的なもの」として開示し決定する学としての数学が問題であった。それによって、はじめて、諸学の前に世界が数学的秩序として開示され、世界のさまざまな事象、たとえば、惑星の運動や物体の落下、光、地形、音、あるいは、絵画の場合でいえば、モデルとなる人物や事物が幾何学や数論等の数学的な方法でもって解明されうる対象としてその姿をあらわすことになる。遠近法以来、ヨーロッパ近代がひたすら目指したことは、世界をいかにして数学により算出可能なものとするか、その一点にあったといってよい。科学の方法とは、事物の真理の探求に即応した、「自然の算出可能性の確立」のための方法にほかならなかったということである。[150]

デカルトが、何故、かかる方法[151]＝数学を、通常の数学に対し「普遍数学」の名で呼んだのか、その理由もこうしてはじめて納得される。彼は、『方法序説』において、普遍数学の構想を明らかにしている。私は、「私の精神が達しうるすべての事物の認識に至るための真の方法の探求」[152]という課題を解決するに際して、「数学者が検討したのと同じ問題から始めるべきだということについて何の疑問もなかった。」それというのも、「それまでいろいろな学問のうちに真理を探究してきたすべての人びとの中で、何らかの論証、つまり、いくつかの確実で明証的な論拠を見いだしえたのは数学者だけであった」からである。しかし、だからといって、「ふつう数学と呼ばれている、あの個々の学問すべてを学ぶつもりはなかった。これらの学問が、対象は異なっても、そこに見いだされるさまざまな関係、つまり比例だけを考察する点で一致することになるのを見て、私はこれらの比例だけを一般的に検討するのがよいと考えた。その際、そうした比例を、わたしに一層容易に認識させてくれるのに役立つような対象があれば、そのなかにだけ想定し、しかも、そうした対象にだけ限るのではなく、それが当てはまるような他のすべての対象にも、後になっていっそううまく適用できるようにする、と。」[153] ちなみに、『規則』によると、普遍数学の構想に思い至った経緯は次のようであったという。「私は、かつて哲学の創始者たちが数学に通ぜぬ者には知恵の研究に入ることを許さず、あたかも、この学問が何よりも容易であって他のより高い学問の把握のために精神を形成し準備するにもっとも必要である、と思っていたかのごとくに見えるのは、いったい何故であるかと考えてみた。そして、そのとき、私ははっきりと気づいた。彼らはわれわれの時代の通常の数学とはまったく異なる或る数学を知っていたということを。」[154] もっとも、デカルトが、この言に続いて、ただし、「彼らがそれを完全に知っていたとは思わない」と付言したように、普遍数学の構想に際して哲学の創始者たちにもなお「足りない」ところがあったのではあるが。

「足りない」ものとは何であったのか。それこそがコペルニクス以前と以後を分けた当のものであり、それこそがコペルニクスに「真理の扉」を開くことを可能にした当のものであったにちがいない。それでは、コペルニクス以前の自然哲学者たちにとって不可能であったことが、何故コペルニクス等に可能となったのか。一体、何が変化したのか。

ラインホルトがコペルニクスを「第二のプトレマイオス」と評したように、彼らの天文学が同様に「数学的」であることはこれまで繰り返し指摘してきたとおりである。それは、また、プトレマイオス等の天文学も「数学的」であることにおいてコペルニクスのそれと何ら違いはなかったということでもある。違いは、地球中心か、太陽中心か、ただそれだけであった。両者を分けたものは何であったのか。答は、観察者である彼ら自身の自然への関わり方以外にはなかったにちがいない。アリストテレスであれ、プトレマイオスであれ、ティコであれ、彼らは、自然を数学的秩序ととらえながら、日常的感覚が提供するがままの自然を観察対象とすることにより、観察者である自己自身を観察対象の中に組み込み、混入させてしまっていたとするならば、彼らとは異なり、コペルニクス、ケプラー、ガリレオ、ニュートン等は、眼に映ずる自然を仮象とみなし、日常的感覚の受容を判断中止することにより、自己の自然への組み込みを拒否し、観察者である自分と観察対象である自然の間に明確な分割線を引き、距離を置いたということ、そこに「変換」の要諦があった。それは、別言すれば、観察対象である自然から人間という夾雑物を取り除くこと、つまりは、「自然の浄化」にほかならない。それにより、自然哲学者は、はじめて、アリストテレス以来彼らの眼を欺いてきた日常感覚が提供する仮象に抗し、それから身を解き放ち、自然＝数学的秩序としてのロゴスに正しく接近する方法、要は、認識道具＝数学としてのロゴスの正しい使用法を会得することができたのである。人間と自然の間に分割線を引き、両者を截然と分ける、その距離が、学の対象である自然の在り様を一変させ、その総体的かつ合理的認識を可能とし、コペルニクス等に「事物の真理」へと至る道を開くこととなったのだ(155)。

彼らにそのことを可能とした究極の淵源は、サイファーが遠近法の画家たちに見いだし「ルネサンス的」と形容した「自我意識」以外にはなかったにちがいない。コペルニクス等が自然との間に分割線を引き天空を外から客観的に眺める距離をとることができたのも、彼らがそれに見合った自我を確立しえていたからにほかならない。逆に、古代世界に生きたプトレマイオス、あるいは、中世世界に生きたグローステストやロジャー・ベーコン、ビュリダン、さらには、コペルニクス後に生を享けたティコを含め、彼らが自己自身を観察対象の中に混入させてしまった原因は、自我であることに関して、いまだ足りないところがあったからということしかない。

三　前に-対して-立つ自然哲学者

天空を凝視するコペルニクス等の眼差しの中に、ルネサンスなる文化運動、とりわけ遠近法の誕生をもたらしたと同様の存在論的転回、即ち、「前に-対して-立つ」という世界への構えを見ることができる。コペルニクスは世界の前に-対して-立った最初の自然哲学者であり、彼の『小論』はその最初の表現ではなかったか。第六公理はいう。「太陽の運動としてわれわれに見えているものは、太陽ではなく、地球とわれわれの天球の運動から生じるのである。地球とともにわれわれは、他の惑星と同じように、太陽の周りを回転している。」あるいは、第七公理。「惑星のみかけの逆行及び順行は、それらの運動ではなくて、地球の運動から生じるのである。

それ故、天界における数多くの見かけの変則的な運動を説明するには、地球の運動だけで十分なのである。」こうした公理が天空に対する新たな関わり方から生み出されたことを『回転論』は次のように伝えている。「多くの著者たちは、地球は宇宙の中心にあると考え、その反対を唱えることはありえないことであり、笑止の沙汰であるとさえみなしている。しかし、われわれが事態を注意深く考察するならば、いまだ問題は解決されているわけではなく、したがって、笑うべきことではないと知ることになろう。というのは、場所の変化と見えるものは、すべて、見られるものの運動又は観察するものの運動から生じるか、あるいは、当然のことながら、両者の不等な運動の合算として生じるものだからである。……ところで、われわれが天体の回転を眺めるのは、この地球からであり、その動きがわれわれの眼に映じることになる。したがって、もし地球に何らかの運動が属すると仮定するならば、その運動は、外側にある宇宙の各部分に同じ運動として、ただし、反対方向の動きとして、あたかも外側にあるものが通り過ぎて行くかのように、現れることになるであろう。……惑星の運動が不規則に見えるのは、それらが地球とは異なる中心に規定されているからであるという理解に至るならば、みかけの不規則な運動について完全に妥当な説明を提出することが可能となるであろう。[156]」

太陽や惑星のみかけの状態・運動が観察者の状態や運動により説明されるという、「自然の書物を読み解く完全に新しい方法[157]」を開花させたこと、そこに、後のケプラーやガリレオ、ニュートンへと続く、コペルニクスの公理のもつ真の新しさ、思考の跳躍がある。コペルニクスが、はじめて、地球もまた惑う星の一つであるとの真理に到達しえたのは、観察者である自分自身を地球から解き放ち、距離をとり、自然を浄化することに成功し、地球を含む天空を外側から眺める客観的な地位を手に入れたことによる。この地位こそが、自然哲学者の自家薬籠にあって、数論や幾何学だけでは足りない、真理の扉を開き事物の真理に至るための絶対不可欠の最後の魔法の薬であった。彼らがそれを手に入れるには、プトレマイオスから数えて千数百年、『アルマゲスト』の受容から数えて数百年の時が必要であったということだ。以後、観察者が世界の前に─対して─立つという、二一世紀の今日にまで続く、まったく新たな自然への関与の仕方が完成した。

ミシュレは、『一六世紀フランス史：ルネサンス』(1855)の中で、コペルニクスを取り上げ、「彼はルネサンスを動揺させた最高に手強い矛盾であり、スキャンダルとなるだろう」と評した。その理由は、コペルニクスが、「観察がもっぱら勧められているとき、空虚な理屈の展開にうんざりし、もはや自らが見るものしか信用しようとしない時代にあって、眼の証言を否認しにやってくる」からだというわけである。[158]

しかしながら、ミシュレのこうした懸念、批判は当たらない。コペルニクスが否認した「眼の証言」とは日常的な視覚のそれであった。彼が行ったことは、あるがままの自然を眼に見えるものとするために、「異なる眼」、即ち、幾何学の眼差しの証言をそれに取って代わらせることであった。しかも、この「異なる眼」こそが、遠近法の画家たちが、他の誰にも先駆けて、はじめて己のものとした世界への構えであり、ルネサンスをルネサンスたらしめた基であったこと、これまで繰り返し指摘してきたとおりである。コペルニクスはジョットに始まるルネサンスの画家たちの正真正銘の嫡出子であった。そのことの故に、彼はスキャンダルなどではさらさらなく、まったく逆に、「前に-対して-立つ」という人間と世界の新たな関係の出来をはじめて経験したルネサンスの声価を高める最大の功労者となったのだ。

改めて確認しておこう。観察対象である自然から距離をとり、自然と正対し、眼に映ずる自然を単なる仮象とみなし、日常的感覚の受容を判断中止することが一切の出発点であり、分岐点であった。それにより自然を浄化し純化したこと、そこにこそコペルニクスと彼の後継者が自然哲学にもたらした方法論上の最大の革新があった。この判断中止が、学の対象から観察者である人間の排除をもたらしたのであり、自然の理念化＝数学化に向けた最初の一歩——歴史的には最後の一歩というべきか——となったのである。この仕掛けこそが、基礎備蓄としての普遍数学が学の対象となる世界の構成に関して果たすべき、おそらくはもっとも基本となる役割、しかも、アリストテレスはむろんのことプラトンさえも想像しえなかった役割であった。なるほど、自然の理念化が古代ギリシアにおいて開始され、そこにギリシア人が果たした功績の一つがあったことはそのとおりであったにせよ、自然を完全に理念化し学の対象とする上でなお「足りない」ものがそこにはあったということだ。彼らに欠けていたものは、科学の成立にとってもっとも重要かつ根本的な事柄、即ち、太陽が東から上り西に沈む、あるいは、物体の在り様の基本は静止にあるというような日常的な経験的事実を基準にして自然を観察し理解しようとする——山本はそれを「即事的な経験の直接的理論化」と呼ぶ[160]——素朴な「情感を制御」し、「対象から頭の中で距離をとる」能力であった。[161]この距離こそが、真理の扉を前にしてプトレマイオス等を躓かせた最後の障害を取り除き、数学的天文学の「変換」をもたらした、当のものであった。[159]

それは遠近法の画家たちにも同様に求められた能力であったが、自然哲学者にとっては、観察対象となるべき地球から身を引き離すことが物理的に不可能なことである以上、距離をとり対峙することの困難さが彼らの比でなかったことは容易に想像がつく。それが、同じ世界への構えをそれぞれの革新の根拠としながら、遠近法の誕生から科学革命まで百数十年を要した理由であったのではなかったか。はじめてその困難を克服し、地球の引力から身を解き放ち、自然に対する遠近法的視覚を獲得した最初の自然哲学者がコペルニクスであったということだ。その彼が、若き日にクラクフ大学において「遠近法に特別熱心に」取り組み、後年、自らの体系を「独特な遠近法的構成」と呼んだと伝えられることにも納得がいく。あるがままの自然を目に見えるものとすること、それは、絵画においては「描写」であり、自然哲学においては「認識」であったが、そのためには、いずれの場合も、いささか逆説的ではあるが、何よりも先ず、日常的なあるがままの知覚をいったん停止し、自然と距離をとり、自然と対峙し、自然を浄化するという困難な作業が必要であったのだ。そして、この点が重要なことなのであるが、そのための方法が「幾何学」であった。アルベルティが、画家を志す者が学ぶべき学問として、真っ先に幾何学を挙げたことは理由のないことではなかった。それこそが、われわれ人間を縛り付けている日常的感覚の世界からわれわれを引き離し、距離をとることを可能とする、当のものであった。こうしてはじめて、コペルニクスが『回転論』の扉に「幾何学を知らざる者はこの門を入るべからず」とのプラトンの言葉を掲げた真の意図も了解される。「幾何学を知らざる者」とは、むろん、単に「幾何学という学問の知識に通じていない者」をいうのではない。「学の地平が数学的に構成された世界であることを理解しない者」がそうであり、さらに加えて、「日常的感覚の受容を判断中止せず、自然の浄化がいまだ終わっていない者」がそうであった。浄化を完了した者、つまり、自然との間に分割線を引き、自然に対してしかるべき距離をとり前に-対して-立つことのできた者だけが、「真理の扉」を開き、数学的世界の中で純粋に数学的なものとかかわることを許され、数論と幾何学をもって世界の真理を解き明かすことが可能となったのである。

もっとも、こうした幾何学による「自然の浄化」という方法もまた、実のところ、先の二つのロゴスと同様、近代の純粋な発明品ではなかった。古典古代の知恵の偉大というべきか、プルタルコスの『食卓歓談』の中にそれを確認することができる。テュンダレスは、先に紹介した（本章注（118））ディオゲニアノスの問題提起――「神は永遠に幾何学する」とのプラトンの言葉をどう理解すべきか――に対し、次のように語っていた。「ディオゲニアノスよ、君は、この言葉には何か深淵というか難解な教義が隠されているとでも思うのかね。……プラトンは、幾何学を称賛して、幾何学は、われわれがしがみついている感覚の世界からわれわれを引き離し、知性によって認識可能な存在の永遠の層へと向かわせると言っているだろう。この永遠の層を凝視することに哲学の目的がある。……われわれの魂を肉体に固着させている快楽と苦痛の釘が一番悪い点は、思惟の対象よりも感覚の対象をよりわかりやすいものとし、その結果、われわれの思考を理性ではなく感情によって判断するように強制してしまうことだ。……幾何学は、諸学の源・母国として、われわれの思考を引き上げ、新たな方向へと転じさせ、感覚的なものから、いわば、完全に洗い清め、徐々に解き放ってくれるのだ(162)。」もっとも、この時、テュンダレスの主張は賛同を得られなかったようである。フロルスが「君は、幾何学を必要としているのは神々ではなくてわれわれだなんて証明しようとしている(163)」との言葉を返し、アウトブロスも、プラトンの言葉は、文字通り、神が幾何学を用いて宇宙を創造したと解すべきとする。「幾何学というのは限界の性質や状況について考察すること以外の何ものでもなく、神の宇宙創造にしても、もとは無規定であった素材に限界を与えるという仕方以外で行われたわけではない(164)。」

コペルニクス等近代の自然哲学者たちの功績は、古代の世界では顧みられることのなかったテュンダレスの言――それを彼らが実際承知していたか否かは問題ではない――を文字通りに実行し、その言が到達しうる最大の高みにまで学を導いた点にある。今現にそこにある現実世界は、そうしてはじめて、自然哲学者が数論と幾何学でもって事象に内在する真理を認識することが可能となる、真の意味で、学の対象たる「客体」となりえたのである。カッシーラーが紹介するケプラーをめぐるエピソードは、彼が自然の浄化の必要性と重要性をハッキリと自覚していたことをよく物語っている。ケプラーは、神秘主義者であるロバート・フラッドからの「自然は直接そのまったき対象性において把握されるべきであって、思惟の抽象化作用に基づいて規定されるべきではない」との異議申し立てに対し、天文学は、「算術と幾何学を翼とすることにより、はじめて感覚的事物〔自然〕の秩序の認識へと飛翔することができるのだ」と応じたという(165)。コペルニクス等は、幾何学の助けを借りながら、それまで彼らを支配してきた日常感覚の一切を判断中止することにより、はじめてアリストテレスの眼から解き放たれ、ちょうど遠近法の画家たちが日常の視覚的態度をいったん停止し一枚のヴェールを挟んでモデルと対峙したのと同様に、「異なる眼」をもって、世界の前に‐対して‐立ち、世界を「客体」として数学的に構成し認識する観察者、「傍観者」の立場を確立することができたのである。それは、「地球を地球外の一点からながめる」眼差しの獲得であった(166)。

四　自然の数学的投企

コペルニクス等が新たな自然哲学への離陸に際し「教師」として選んだ幾何学は、フッサールの言葉を借りていうならば、何よりもまず、自然哲学者のために、「〔眼に映る〕物体世界をその空間時間的な形態に関して理念化することを通じて、理念的な客体性を創造した」のであり、そのことが、彼らに、「経験的直感的な多様な形態がその中にはいっていると考えられる空間と時間という生活世界の漠然とした一般的な形式」ではなく、「客体的な世界」、即ち、「方法的に、かつ、すべての人にとって一般的に一義的に規定されうる理念的な対象性の無限の総体」を学の対象とすることを可能としたのである。[167] 自然は、目的論的な神的秩序といった類のものでも、日常的知覚が提供するそれでもない、「空間時間的に均等な運動連関の領域」と化し、かかる浄化された空虚で方向性をもたない数学的に規定された自然の中で、事物は、天空の惑う星であれ、地上の林檎の実であれ、「純粋に空間（延長）と時間（持続）の関係、及び、質料と作用する力の程度」において、つまりは、数学的に測定し計算可能な客体的事象、たとえば、形、量、比例、運動、力、距離等に即して自らが何であるか、如何にあるかを呈示する、逆に、測定し計算可能なものとして自己を呈示しえないものは学の対象ではありえない、そうした数学的世界が構成されたのである。[168]

ハイデガーは、近代の「知の根本前提」[169]を決定したこうした事態を、「自然の数学的投企（mathematischen Entwurf der Natur）」[170]の一言で表現する。ここで、“Entwurf”には、下絵、設計図、草案、計画といった意味があることを確認しておくことは無駄ではあるまい。かかる投企によって、一切の夾雑物が排除され、自然が客体的・数学的に開示され、物の在り様が前もって客体的・数学的に規定される結果、はじめて、諸学——ブルネッレスキ等の絵画もまたその一つである——の営みにおいて、より狭い意味での通常の数学、数論や幾何学が必要かつ有効な道具となるお膳立てが整えられ、さらに加えて、新たに構成された客体である自然に即した道具として解析幾何学や流率法／微積分法といったそれまでなかったタイプの数学の登場が促されるに至ったのである。[171]

学の対象が客体的世界として構成されたことは、同時に、当の自然哲学者たちが、そのことをハッキリと自覚していたかはともかく、世界を構成する「主体」として自己を確立したということでもある。[172] それまで自然哲学者が知らなかった主体-客体という新たな関係の出来により、世界は、はじめて、語の厳密な意味での「対象（Gegen-Stand）」、即ち、数学的に認識される純粋に機械論的な宇宙として自然哲学者の前にその姿を現わすことができたのだ。やがて、デカルトは、こうした事態から自覚的に新しい「形而上学」を導き出し、基礎づける作業を己が課題とすることになるであろう。（第Ⅰ部第四章2参照）

結局、旧来の自然哲学を克服し、あるがままの自然を明らかにせんとしたコペルニクスやガリレオ等にとっての最大の課題は、コイレが『ガリレオ研究』の中で指摘していたように、「誤った理論、あるいは不十分な理論と闘う」といったことではなかった。「知性そのものの枠組を変えること、きわめて自然なものと思われる知的姿勢を覆し、少しも自然なものとは思われない別の知的姿勢を採用すること」であった[173]。惑う星である地球に縛りつけられたままであったプトレマイオスやティコにとっては、「別の知的姿勢」への転換は思いもよらないことであったにちがいない。それが、彼らに「真理の扉」への接近を遠ざけた本当の原因であった。ガレンは、コペルニクス、ケプラー、ガリレオによるアリストテレス主義との訣別、そして、彼らが自然哲学にもたらした革新が何であったかを次のように総括する。「ガリレオが果したアリストテレス主義により裏打ちされた伝統的な物理学と論理学の諸観念からの完全な訣別、……この精神革命、この知の座標の交替は、コペルニクスの英雄的なヴィジョンが数学的仮説ではなく、事象の現実的ヴィジョンであると直観したことによって実現された。コペルニクスのヴィジョンは、単にアリストテレス的物理学の最後の残滓だけではなく、その物理学が内包してきた一般的な理論的前提からも彼を解放したのである。ガリレオにとってコペルニクス説は一つの哲学であった。……ケプラーが、一六一〇年に、『星界の使節』は人間と世界の関係についてのこれまでの思考法に革命を惹き起こしたと書いたとき、彼は完全に正しかった。……ガリレオは、コペルニクスの理論のうちに出発点を、新しい基盤を、新しい直観を発見したのである。コペルニクスの理論は、ガリレオに世界を観察するもう一つの道を示したのであり、それはアリストテレスの曖昧さから解放された道であった。その結果、ガリレオは、新たな眼で世界を観察し、世界にかかわる諸問題を考察することが可能となったのである[174]。」

バターフィールドは、「科学革命における最大のパラドックス」として、「今日であれば、出発点を誤らないかぎり、小学生にさえいとも容易に教え込むことのできる事柄――たとえば、宇宙に対する正規の自然な見方とか、落下物体の運動についての当たり前の考え方――が、何世紀にもわたって、もっとも偉大な頭脳、たとえば、レオナルド・ダ・ヴィンチを躓かせ、また、転換の境目にまできていたガリレオさえも躓かせた、それも、彼らの精神がまさに人間の思考の最前線でこれらの問題に取り組んで活動していた最中においてであった」という事実を挙げている[175]。この「パラドックス」は、世界を観察する「異なる眼」を獲得することが人間にとっていかに困難なことであったかを物語っていると同時に、逆に、「異なる眼」を獲得しさえすれば疑問や困難がいとも容易に解消しうる類のものであったことを教えている。まさしく、「眼からウロコ」であった。

「異なる眼」の獲得、ガレンの先の言葉で言えば「知の座標の交替」に幾何学が果たした決定的に重要な役割、それらがもつ浄化機能の本質は、これをシクロフスキー等がいう「異化作用」としてとらえることによりもっともよく理解されうる。シクロフスキーは、『方法としての芸術』(1917)の中で、異化作用を、習慣化し自動化した日常的な知覚作用を宙吊りにすることにより、「日常的に見慣れた事物」に染み付いた惰性的な意味作用を取り払い、「奇異な物」として出来させることであるとした[176]。あるいは、ブレヒト。彼もまた、非アリストテレス的演劇について論じる中で、同様に、見慣れた出来事や事物から「当然なもの、既知のもの、明白なものを取り去って、それに対する驚きや好奇心をつくりだす」ことについて語っていた[177]。アリストテレス的演劇が舞台と観客の感情同化を目指すのに対し、それに代えて、ブレヒトは、彼が「観客との間の新しい接触」という異化作用によって、「観客は、自分の世界から芸術の世界へと誘い込まれ、引き攫われるのではなく、反対に、自分の現実世界に目覚めた感覚をもって連れていかれねばならない」、そうした演劇の在り方を提唱する。異化作用の正念場を、ブロッホは、「人がそれによって当惑させられ、しかも正しく当惑させられるように、あまりにも親しみ慣れてしまったものにハッと驚かすような遠い鏡を差し掛けること」と表現する[178]。異化がもたらす「驚き」は世界‐内‐存在の全面的な変容の経験であり、私がその内に「常に既に」という在り方で被投されてある世界が、日常的な既知性・親和性を喪失し、特権的な方向も意味ももたない無規定性という性格をもって私に現われてくる瞬間の経験がそうである。あれこれの出来事や事物は、そうした経験の中で[179]、普段見慣れた相貌を失い、われわれの前に「として＝なし」に現前する。サルトルの『嘔吐』の一場面を引いておこう。「マロニエの根は、ちょうど私の腰掛けていたベンチの真下の大地に深く突き刺さっていた。それが根であるということが、私にはもう思い出せなかった。ことばは消え失せ、ことばとともに事物の意味もその使用法も、また事物の上に人間が記した弱い符号もみな消え去った。……存在はふいに覆いを剝ぎとられたのだ[180]。」そのとき、人は、これまで慣れ親しんだ世界に対して距離をとって対峙する(ek-sistierend)、「異なる眼」を持つ人、「異邦人」(カミュ)となった自分を発見することであろう。これが「実存(Ek-sistenz)」であり、ニーチェが「自由精神」の名で呼んだ当のものである。「その素性や環境、その身分や職掌から、あるいは、時代の支配的な見解から予期されるのとは別様に考えるその人は、自由精神と呼ばれる。彼は例外者であり……。彼がより正しい見解をもつことではなく、むしろ、成否を問わず、因習的なものから我が身を解放したということ、そこに自由精神の本質がある」と。[181]求められるべきは、「事柄の因襲的な評価の上を、自由に浮動し、飛翔する」精神である。[182]レティクスが『第一解説』の表紙に「叡智を望む者よ、自由な精神であれ」とのアルキノスの格言を掲げたことが想起されてよい。それは、「例外者」となること、「因習からの解放」への呼びかけであった。ブレヒトが、演劇における異化作用の効果について論じた際、その例証として、ガリレオによる振子の等時性の発見に言及したことは決して理由のないことではなかった。伝えられるピサの大聖堂での出来事は、文字通り「異なる眼」と「自由な精神」によりなされた経験——この経験に「実存的」という形容を付すことも可能である——であったにちがいなかったのだから。「多くの人々にとっての既定の事実が多くの人々にとってすべて疑わしいものに見えるようにするには、偉大なガリレオが振子運動を始めたシャンデリアを観察したあの異邦人の眼を養わなければならない。この振子運動が、思いも及ばぬもの、自分には理解できぬものとしてガリレオを驚かし、そのおかげで、彼はその法則性を発見することができたのである。」[183]

バターフィールドが指摘するように、たしかに、科学革命をもたらしたものは、新しい観測や新事実の発見などではなかった。「科学者の精神の内部に起こった転換」[184]こそが重要であった。ケプラーが、ティコの残した厖大な観測データから、彼が気づかなかった法則を発見したことに象徴されるように、彼等が行ったことは、幾何学を「遠い鏡」として差し掛け、世界と距離をとり、世界の前に-対して-立ち、そこから生まれる「異なる眼」をもって、「従来と同じデータを用いながら、しかも、それらに別の枠組を当てはめて相互の関係を新しい体系に組み替える」[185]ことであった。バターフィールドは、独特の言い回しで、それを「いわば、新しい思考の帽子を被って今までとはまるっきり違った見方をしてみる」ことと表現する。[186]レティクスが、『第一解説』において、「諸惑星の位置と順序、それらの運動のあらゆる非一様性は、地球が動いているという事実を物語っているにもかかわらず、地球の上で暮らしている私たちは、そうした〔宇宙における〕地球の立場の変化を受け容れることができず、諸惑星がそれぞれ勝手に動き回っていると信じこもうとしている」[187]と書いた時、彼は、地動説の受け容れを躊躇う人々に、幾何学の助けを借りて、惑う星である地球から飛び離れる勇気と、新しい思考の帽子を被る必要性を説こうとしたのではなかったか。むろん、一六世紀後半から一七世紀はじめにかけて、望遠鏡の登場ともあいまって、次々と明らかにされた新しい観測事実が、従来の宇宙観の揺らぎを決定づけ、新たな宇宙観へと導く役割を果たしたことは間違いない。一五七二年及び一六〇四年の新星の発見は天上界の不変性を、一五七七年以降の度重なる彗星の発見は天球の存在を、一六一〇年の木星の衛星の発見は宇宙の唯一の中心としての地球の存在を、太陽の黒点の発見は天上界の完全無欠性を、それぞれ、眼に見える形で否定し、覆すものであった。しかし、そうした事実が新たな体系を構築する契機となり、また、体系の中でしかるべき場を与えられたのも、自然哲学者たちが、幾何学の力を借りながら、地球の外に立ち、観察対象から距離をとり、日常的感覚の受容を判断中止することにより、新しい思考の帽子を被り、「異なる眼」を己のものにしたからではなかったか。さもなければ、彗星や黒点をめぐってなされたアリストテレス派の主張がそうであるように、旧い体系と折り合いをつけるべく、際限のない無駄な努力が続けられていたことであろう。

ガリレオの言葉を紹介しておこう。『天文対話』の中で、惑う星の動きに抗して、自らの「理性の命じるところを信頼」し、日常的感覚に対する方法の優位を、コペルニクスが、「宇宙の構造は自分たちの描いた形以外のものではありえないと断乎として主張」しえたことの中に見いだしうるとした彼は[188]、さらに、自らの「驚き」を次のように語っている。「私は、〔コペルニクスの〕意見を受け容れ、それを真実であるとした人々の優れた眼識をいくら称賛してもしきれません。彼らはただ自らの知性でもって自己の感覚を力ずくで押さえつけ、感覚的経験が明らかに反対のことを示しているにもかかわらず、理性が彼らに告げたことの方を〔正しいとして〕選んだのです。……アリスタルコスとコペルニクスにおいて、理性が感覚を征服し、その結果、感覚をものともせず、理性が彼らの信念の教師となったことを思うとき、私はこの上もない驚きにとらえられるのです[189]。」

五　実験による方法の優位の完成

コペルニクス等に仮託する形で「方法の優位」の必要性と「自由な精神」の勝利を宣言したガリレオは、「新科学」の創出にとって、さらに、決定的な一歩を踏み出す。「実験」と、それによる仮説の検証がそれである。それは、方法の優位を決定づけ、コペルニクスが開始した新しい自然哲学を更なる高みへと跳躍させるものとなった。伊東は彼が果たした貢献を次のように総括する。「『慣性の法則』をはじめとする近代の力学原理は、単に観察の詳しい描写だけから得られたものではない。否、むしろそれは全く現実認識の在り方の根本的転換によってもたらされたと言うべきである。それは先ず、『本来の場所』によって質的に区分されたコスモス的空間における抵抗や摩擦をもった現実的物体の運動を、何らの抵抗もない一様で空虚な数学的空間における理想的物体の運動へと置換しなければならないし、また経験のもつ意味そのものが、日常的感覚的定性的経験から、理念的数学的定量的実験へと変革されなければならなかった。これがガリレオの遂行したところのものであり、それはやがて、人間の世界観、認識論の一つの大きな転換をもたらすこととなった」のだ、と。[190]

コペルニクスが開始した方法の優位の思想は、ガリレオによる「理念的数学的定量的実験」の中にその完成した姿をあらわす。「近代科学は、数学的な投企の故に、実験的である」とはハイデガーの言であるが、実験が近代科学の中核を成すに至ったことは、数学的投企により学の対象である自然が「秩序、計量的関係」[191]の研究に相応しく構成されたことの必然的な帰結であった。ガリレオは、こうした帰結を自覚的に身に引き受け、そこから得られる果実を手にした最初の自然哲学者であった。自然の摂理の探求に、実験という、もっぱら人為の及ばない天空の現象に定位したコペルニクスやケプラーの思いの外にあった方法を生み出し、それにより、自然哲学を観測の学から「実験の学」へと拡張する新たな一歩が踏み出されたのである。自然の数学的投企と実験を二つの構成要素とする近代に固有の「科学方法論」の誕生である。

実験の代表例に「斜面の実験」がある。物体の自由落下法則の内、「落下距離は落下時間の自乗に比例する」との「時間自乗法則」は、かつてそう思われてきたように斜面の実験により発見されたものではなく、今日では、「振子の等時性の実験から誘発された、いわゆる『弦の法則』などからの推論により、ひき出された」ものと考えられている。斜面の実験の意義は、この推論された結論＝仮説を検証するために行われた点にあり、決してその逆ではなかった。[192]コイレがいうように、「ア・プリオリ主義者であると同時に実験主義者であるガリレオの認識論が提示するのは、理論から出発して構築された実験であり、その役割は、原理から演繹された法則が、現実に適用できるか否かを確認したり否認したりすることであった。[193]」実際、『新科学対話』は、「自然加速運動」についての議論の冒頭、これから行う実験の趣旨を次のように確認していた。「誰もが任意のタイプの運動を頭の中で考え出すことは可能です。……しかし、われわれは、自然の中で実際に生じる加速を伴った物体の落下現象を考察し、加速運動の定義が観察された加速運動の本質的特徴を明らかに示すことを〔実験によって〕確認しようと決心したのです」と。[194]この時、ガリレオは実験を「たっぷり一〇〇回は繰り返した。」長さ約一二キュービット、幅が半キュービットの木の定規に彫った真っ直ぐで平滑な溝の内側に「平滑でよく磨かれた羊皮紙」を貼り、その上に「堅く、平滑な、完全に丸い青銅の球」を乗せ、定規の一端を一ないし二キュービットの高さに持ち上げてつくった斜面を転がした。先ず、溝全体を通過するのに費やした時間を一種の水時計を使って記録し、その後、溝の長さの1／4だけ転がし、両者の降下時間を比較すると、それは先ほどの半分の時間であることがわかった。同様の実験を異なった距離で繰り返した結果、「通過距離が時間の二乗に比例すること、そして、このことは、面のあらゆる傾き、即ち、球を転がす溝のあらゆる傾きに対して成り立つことを発見したのです[195]。」

　コイレは、実験の本質は「自然に対する方法的な問いかけ」にあるとする[196]。たしかに、斜面の実験にはそうした「方法的」性格がよく表現されている。ガリレオが自然哲学の投企にもたらした革新的な貢献は、「運動」という現象を、①従来の実体や目的、本性といった概念から切り離し、ただ「位置の変化」のみに限定して対象化したこと、②運動にかかわるさまざまな要素の中から「変化」を測定し計算するに必要な特定の要因——物体の「落下距離」と「落下時間」——を抽出し、これらの物理量の間の関数関係を数学的に表現せんとしたこと、そして、そのことに基づいて、かつ、そのことのために、③垂直落下を斜面の転がりに置き換え、必要な実験装置——円滑な斜面と青銅の球、水時計——を設計・制作したことの三点にまとめられる。それは、バターフィールドが紹介するアリストテレス派のジョルジオ・コレジオが一六一二年にピサの斜塔で行った「経験的」な物体落下の実験[197]とはおよそ無縁な、明らかに一線を画する「方法的」な実験であった。それを「構成的」と言い換えてもよい。イマヌエル・カント（1724–1804）が『純粋理性批判』第二版（1787）の序言において指摘するように、ガリレオは、斜面に自らが選んだ重さをもつ球を転がしたとき、「理性は、理性自身が自らの投企にしたがって産出するものだけを洞察すること、即ち、理性は、不変の法則にしたがう自らの判断の諸原理をもって先に出発し、自然を理性の投げかける問いに答えるように強制しなければならない」ということをよく理解していたのである[198]。同様の事態は、トリチェリが自分の承知している水柱の重さに等しいと前もって考えた重さを空気に支えさせたとき、あるいは、シュタールが金属と石灰から何かを取り去り、加えることによって、金属を石灰に、石灰を金属に変化させたときにも見ることができる。もっとも、ガリレオ等の精神と方法に先駆けがなかったわけではない。レオナルドが残した「ノート」には次のようにある。「私は、さらに先へと進む前に、先ず、実験による検証を行う。私の企図するところは、先ず、実験により確認されなければならず、その後、何故かかる実験が〔他の方法ではなく〕かかる方法によってなされねばならないかを理性によって証明する。そして、これこそが、自然の諸現象を分析せんとする者たちが採用しなければならない真の掟である。[199]」

あるがままの自然の受動的な観察を拒否し、「現実には存在しない理想にできるだけ近い状況を人為的、強制的に作り出す[200]」ことに方法的・構成的と称される実験の真骨頂がある。錯綜した感覚的与件は「思惟によって加工され、数学的な関数と過程に解消されてはじめて学の出発点となる[201]」、そのことを、ガリレオは、机上の計算によってではなく、はじめて実験という方法をもって実践し、確認し、確立したのである。彼が行った実験の「新奇さ」、及び、そこに見られる「方法の優位」を、伊東は、「〔実験は〕いかなる意味においても素朴な経験ではない。ひとたび数学的に抽象化され、その理念的関係をとおしての経験への還帰である」との言葉で総括する。「彼が実験に関連してしばしば語る完全に滑らかな平面や理想的な球、そしてまったく抵抗のない完全な真空などは、現実の経験においてはどこにも見出しえないものである。彼はこのような理念化された状態において実在の精確な数学的関係を把握し、これを逆に自然のなかに投げかけてゆくのである。……我々は、アリストテレスやスコラの端的な経験主義を超え出た、この近代の『実証的イデアリズム』――数学的理念化が実験的実証と結びついた『実験的数学主義』こそ、ガリレオの近代力学を可能にしたものであると考える。けだし力学におけるこの革新は、……経験の意味そのものを根本的に変革し、問題の捉え方そのものを転回することによって、『運動というきわめて古い対象について、まったく新しい科学をうち建てた』のである。ガリレオのいわゆる『新科学』は、その対象が新しいからではなく、その探求の方法、精神的態度の新しさによっている。[202]」

ガリレオの新科学の成功、及び、それがもたらした影響は、およそ三世紀後、フッサールに数学的理念化以前の「生活世界」への帰還を決意させるほどに大きなものがあった。フッサールは、ガリレオは「発見する天才であると同時に隠蔽する天才でもあった」という[203]。ガリレオは、われわれが日常暮らす生活世界に「客観的科学の真理というぴったり合った理念の衣」を着せたのであり、その結果、この衣が「客観的に現実的で真の自然であるとして、生活世界の代理をし、それを覆い隠し……、一つの方法にすぎないものを真の存在だとわれわれに思い込ませる[204]」に至ったというわけだ。ガリレオ批判の当否はともかく、フッサールの指摘からは、新科学の特徴的な性格、つまり、コペルニクスに端を発しガリレオにおいて具体的な姿をあらわした近代の自然科学のもつ徹底した構成主義的性格を容易に読み取ることができる。二つのロゴスの数学化が方法の優位により担保されることによって、はじめて、近代初頭において、天文学や力学の世界を舞台に、「自然の数学的投企」（ハイデガー）が開始され、「無限な数学的地平の真の獲得と発見」（フッサール）が果たされ、以後、それを基として、ガリレオ自らが新科学と呼んだ「実験的自然科学」というまったく新たな学の理念が誕生するに至ったのである。[205]

もっとも、新科学の理念を構成する「探求の方法、精神的態度の新しさ」に先触れがなかったわけではない。もう既にお分かりのことであろう。ブルネッレスキが一枚の小さな板絵をもって行った例の「実験」と、そこから始まった絵画の革新がそうである。彼もまた、ガリレオやトリチェリ等と同様に、方法の優位、即ち、「理性は、理性自身が自らの投企にしたがって産出するものだけを洞察すること」をよく弁えていた。先に、サン・ジョヴァンニ洗礼堂に正対して立つブルネッレスキとピサ大聖堂の揺れるシャンデリアに対峙するガリレオの視線に共通した近代人に固有の精神と態度を見ることができるとした所以である。すべての出発点は、フィレンツェの画家たちが、幾何学を遠い鏡として、あるがままの自然を描写するために開始した「前に-対して-立つ」という人間と世界の新たな関係の出来であった。かかる自然への構えを受け継ぎ、それが基となり、従前のアリストテレスの眼に代わる「異なる眼」で宇宙を眺めることにより、知の在り方にパラダイム変換を惹き起こすに至った出来事、それが今日いうところの「科学革命」であった。

自然哲学の在り様に革命をもたらした「自然への構え」がルネサンスの遠近法に淵源をもつことを考えれば、バターフィールドの「キリスト教の出現以来のあらゆる事柄を凌駕する科学革命に比べ、ルネサンスも単なる挿話的な事件、中世キリスト教世界における内輪の交代劇にすぎなくなる」との評価は過小に過ぎるといわねばならない。まして、同じ彼の「一七世紀にエキサイティングな新しい何かが生じつつあったが、この何ものかはルネサンスとかに遡ることによって説明できるものではない」との言は的外れというしかない。コイレは、そこにおいてはじめて「科学革命」なる言葉を使用したとされる『ガリレオとプラトン』（1943）の冒頭において、「ガリレオ・ガリレイの名は一六世紀の科学革命と不可分に結びつけられている」とし、さらに次のように語っていた。「この革命こそはギリシア思想によってコスモスが発見されて以来、人間思想のもっとも奥深い革命の一つである。それは、現代の物理学もこの知的変革のあらわれであり同時にその結実であるような、一つの根本的な知的『突然変異』を含んでいる」と。たしかに、コイレの指摘するとおりであったろう。しかし、たとえそうであるとして、この「もっと[206][207][208][209]

も奥深い革命」の由縁が、ルネサンスに端を発する、人間が世界の前に-対して-立ち、世界を遠近法的に構成する「異なる眼」を手に入れたことにあることを重ねて確認することは決して無駄ではあるまい。すべてはそこから始まったのだから。神が創り給うた宇宙の神秘と調和をはじめて解き明かしたことではなく、神の摂理＝数学的秩序を見透すことのできる「異なる眼」を自分のものとしたこと、さらに遡っていえば、それを生み出した「前に-対して-立つ」という人間と世界の新たな関係の出来、そして、そもそもの端緒としてのイタリア、とりわけフィレンツェにおける「自我意識」の誕生、そこにこそ「革命」の本質があり、それこそが「一つの根本的な知的『突然変異』」をもたらし、「ヨーロッパ人の精神〔を規定してきた〕思考の枠組とパターンを一変させた[210]」、当の出来事の本当の起源であり正体であった。

3　科学誕生の謎

われわれは、ここに至って、長年にわたり科学史家を悩ませてきた一つの問題に決着をつける手掛かりを手にしたといってよい。それは、「科学」の誕生が、何故ヨーロッパ、それも一六／七世紀においてであったのか、そこには何らかの必然性があったのかという問題である。この謎にユニークな問題意識と観点から取り組んだ二人の歴史学者を取り上げよう。一人は、アイゼンステイン、もう一人は、イェイツである。いずれの場合も、それまでの常識的な歴史理解から大きく外れる発想においてわれわれを驚かすに十分な議論が展開されている。

一　アイゼンステインの解答

先ずは、アイゼンステイン。カーニイの言葉――「〔コペルニクスからニュートンに至る〕一五〇〇年の間に、人間が宇宙を見る見方に一つの革命が生じた。そのほとんどは自然界の問題に数学を適用することによって可能になったものである。これらのことは今日すべて周知の事実となっている。こうした変化のすべてがどのようにして起こったかということはいまだ明らかにされていない。」――を『変化の一作用因としての印刷機械』(1979)、その要約版である『印刷革命』(1983)の「結論」のエピグラフとして置いたアイゼンステインは、「右の引用文の提示している問題を扱うにあたって、新たな方法を編み出すこと」が「本書の目的」であるとする[211]。

彼女に言わせれば、「こうした変化のすべてがどのようにして起こったか」を理解する上で、この問題を歴史学の常道である「近代性」の観点から取り上げることは「無駄」である。その理由は、「『近代性』そのものが流動的であり、『近代性』を規定する定義は時代の移り変わりに遅れないよう絶えず変化せざるをえない」からというものであった。[212]従来の歴史学がそうであるような、「近代ヨーロッパの第一世代はイタリア・ルネサンスの人文主義者だと考えてよいのか、それとも、ルターがローマ教皇に反旗を翻したとき、又は、カルヴァン派によってジュネーヴがプロテスタントのローマに変えられたときまでまたねばならないのか。純粋な意味での近代性は科学革命と共に生まれたのか、それとも、もっと後の工業化の時代にまで引き延ばされねばならないのか[213]」といった観点からのアプローチがこれまで有効な回答を提示しえてこなかったことを考えれば、当然に、従来とは異なる「新たな方法[214]」が求められねばならない。それでは、新たな方法とは何であったのか。アイゼンステインは科学革命を創始したコペルニクスに即して次のようにいう。即ち、地動説形成に影響を与えたプトレマイオスや新プラトン主義等の思想の流れの特色についての研究は意義あるものではあれ、コペルニクスが自説を構築する上で必要な種々の記録や文献を集め、しかも、それらを書き写すといった手間をかけることなく入手し利用できたという、「印刷術」の登場によりもたらされた「新しい状況」を「もう少し〔考察の〕中心に据えてもよいのではないか」と。[215]これまでこうした問題を議論する際に印刷術に関心が向けられることはなかったが、グーテンベルクにより一五世紀中葉に登場したこの技術革新こそが、『奴隷的』書写に費やされる膨大な時間から〔自然哲学者を〕解放し、辞書その他の参考資料を〔彼らの道具箱に〕加え、本にタイトルページを付け、図書目録、その他の基本的な書誌学的資料」を彼らに提供したのである。[216]コペルニクスが「それまでにない大規模な文献研究」に精力を集中させることができたのも、こうした技術革新のおかげであった。[217]一四八〇年代にクラクフ大学の学生であったコペルニクスが『アルマゲスト』――たとえ誤記の多い中世ラテン語写本であれ――を一目でも見ることは困難であったろう。[218]しかし、印刷術がもたらした「新しい状況」は、『アルマゲスト』の三種類の刊本の他、『回転論』の完成に不可欠であった、ウィテロの『光学』、アピアヌスの『第一動者の道具』、ユークリッドの『原論』、レギオモンタヌスの『三角形概論』等の利用を彼に可能とした。印刷術こそが、手に入り難く内容が不確かな写本に代えて、科学の成立にとって不可欠となる、知識の確実性を担保し、知識への接近を容易にし、知識の蓄積を可能にし、知識相互の比較と検証と批判の機会を保証することに道を開くという、いわば知の「コミュニケーションの変容[219]」をもたらした。コペルニクスの革命的な発見は、「それまでの天文学者の誰よりも幅広く記録類を調べ多くの参考資料を利用する機会に恵まれた[220]」結果以外の何物でもなかった――そう彼女は結論する。

　しかしながら、はたしてアイゼンステインが言うように、「写本から印刷への移行」、つまり「印刷革命」なるものが科学革命を生み出す「中心」[221]的役割を果たしたといえるのか、疑問である。なるほど、「印刷術のおかげで思想のこやしはぐんと豊かになり、知的エネルギーがより有効に用いられるようになった」[222]ことはたしかであったろう。しかし、こうした「新たな状況」は、科学革命の内的な原因ではなく、せいぜいのところ彼女自身もいうところの「科学の加速度的な進歩」[223]をもたらした外的な条件でしかなかった、それが妥当なところではなかったか。アイゼンステインは、天文学者が「不変の天体を観察するために『新たな思考の帽子を被る』より早く、彼らの拠り所となった技術文献の方が変化を遂げていた」と主張する。[224]なるほど、時間的にはそのとおりであったろう。しかし、「技術文献」から「新たな思考法」が生み出されるといったことなどおよそありえない話ではないか。むしろ、逆に、「新たな思考の帽子を被る」ことにより、はじめて、文献や観測記録は観察者に対し新たな相貌を呈示するに至ったこと、改めて指摘するまでもあるまい。そのことは、コペルニクスの後に登場したティコが、文献利用の面で、コペルニクス以上に恵まれた環境にありながら、結局は、旧来のアリストテレス・プトレマイオスの体系の呪縛を免れえなかったことからも明白である。ティコの例がわれわれに教えることは、両者を分けたものはもっと別のところに求められねばならない、その単純な事実である。

二　イエイツの解答

　次は、イエイツである。彼女は、『ジョルダノ・ブルーノとヘルメス主義の伝統』(1964)の最後の章において、クロムビーの言葉――「科学革命は、その初期的段階においては、技術面での道具立て〔望遠鏡、顕微鏡、温度計、正確な時計〕の拡充というよりは、むしろ、知的な視座の体系的転換という形で生じた。しかし、何故、思惟の方法におけるこのような革命が生じる必然性があったのか、それは明らかではない。」――を引きながら、次のように問いかける。「科学史は、一七世紀における近代科学の出現を、そのさまざまな段階にわたって追跡し解説することができる。しかし、それが説明できないことが一つある。つまり、どうしてこの時期にそれが出来したのかということである。どうしてこの時期に、自然界とその作用に対する新しい関心が強く呼び覚まされたのだろうか。[225]」

　従来の多くの科学史家の研究と並んで、「一つの歴史研究である本書も、特にそれが歴史の動因の研究であるという意味において、こうした問題の解明のために貢献しうるのではなかろうか[226]」としたイェイツの回答は次のようなものであった。「近代科学の出現の背景にあったのは、世界、及び、その驚異的かつ神秘的な働きに対する意思の新たな定位、つまりは、これらの働きを理解し、操作したいという新たな渇望と決断であった。この新しい定位は、どうして、どのようにして生じたのか。この疑問に対する一つの解答は本書によって既に示唆されているところであり、一言でいえば、『ヘルメス・トリスメギストス』であった。……『ヘルメス・トリスメギストス』の統治の時代は正確に確定することができる。それは、フィチーノが新しく発見されたヘルメス選集を〔ラテン語に〕翻訳した一五世紀末に始まり、カゾボンが〔その成立年代を明らかにすることにより、モーセの時代あるいはその前後の時期に作成されたと考えられてきた〕選集の仮面を暴いた一七世紀初頭に終わる。このヘルメスの君臨する時代に、近代科学の登場を導く新しい世界観、新しい態度、新しい動機が出現するに至ったのである[227]。」イェイツは、この著作の三年後に発表した『ルネサンス科学におけるヘルメス主義的伝統』においても同様の問題意識に基づいてヘルメス主義と科学革命の関係を次のように整理する。「漠然と『ルネサンスのプラトニズム』として知られている運動は、人びとの世界観を変え、宇宙に対する人間の態度を変化させた運動であり、そうした変化から、その後、多くの重大な結果が生まれるに至った。……マルシリオ・フィチーノと彼の〔思想の〕源泉に関する最近の研究からは、この運動の中核には、宇宙を人間が操作可能な魔術的力のネットワークとしてとらえるヘルメス主義が存在していたことが明らかとなった。ルネサンスの魔術師は、自らの存在根拠をルネサンスのネオプラトニズムのヘルメス主義的中核に置いたのであり、私が思うに、彼らこそが科学の誕生にとって不可欠の準備段階であった宇宙に対する人びとの考え方の変化を例証していたのである[228]。」

ルネサンスの魔術師がコペルニクス等の直接の先祖であったとは、従来型の科学史に馴染んだ者にとっては思いがけない、アッと驚く、まったく意表を突く発想であり回答であったといってよい。その衝撃はアイゼンステインの比ではない。彼らの上に君臨する「ヘルメス・トリスメギストス」とはそもそも一体何者であったのか。通常の教科書にその姿を見せることのないこの人物は、エジプトの言葉の神であるトート神に遡り、ギリシア人が、これを同じく彼らの言葉の神であるヘルメス神（ラテン名は「メルクリウス」）と同一視し、さらに、偉大な「哲学者」にして偉大な「神官」、偉大な「王」であるとの称号――「三倍も偉大な（トリスメギストス）」――を贈り、こう呼ばれるようになったとされる。およそ実在の人物とは考えられないところではあるが、ルネサンスの時代の人びとの頭の中では、ラクタンティウスが『神的教理』において、アウグスティヌスが『神の国』において、その実在性にお墨付きを与えたこともあり、ヘルメス・トリスメギストスは、モーセの同時代人もしくはその前後に生き、プラトンの教説を先取りし、キリストの到来を予言した実在の神官にして魔術師であると考えられたという[229]。

トリスメギストスが遺したとされる『ヘルメス選集』がフィレンツェにもたらされた経緯については先に紹介したところであるが、『選集』は、折からのプラトン哲学復興の流れとも相まって、一六世紀中頃までに二ダースの版を数え、加えて、イタリア語、フランス語、オランダ語、スペイン語に翻訳・出版され、「ほとんど聖書と同等、時には、まったく同等とみなされる[230]」ほどの権威をもって、ヨーロッパ中に爆発的に流布し、ルネサンス思潮の中核を成すネオ・プラトニズムの運動の原点となり、ルネサンス期の魔術再興において最重要な役割を果したとされる[231]。ヨハンネス・トリテミウス（1462–1516）、ピコ・デラ・ミランドラ（1463–1494）、コルネリウス・アグリッパ（1486–1535）、パラケルスス（1493–1541）、ジョン・ディー（1527–1608）、ジョルダーノ・ブルーノ（1548–1600）、トンマーゾ・カンパネッラ（1568–1639）等の名だたる魔術師を輩出した異教の神は、フィチーノの翻訳から四半世紀後の一四八九年にシエナ大聖堂にその姿をあらわす。大聖堂のもっとも門扉に近い舗床に、彼はキリストの到来を告げる異教の予言者――「ヘルメス・メルクリウス・トリスメギストス　モーセの同時代人」――として描かれたのである。彼が左手を置いたスフィンクスに支えられる石板には以下の銘文が刻まれている。「万物の創造主である神は／手ずから神を造られた／可視の神を　そして彼を／はじめに　ひとりだけ造られた／彼を嘉された神は／ご自分の御子である彼を／心からいつくしまれた／聖なる言葉と呼ばれるその御子を[232]」

ヘルメス主義、つまりは、宇宙は生命に満ちた比類なき神の御業であるとの観念から出発し、神の世界に由来をもつヘルメス・トリスメギストスへと遡り、彼の教説を引照するとともに、元来は「哲学的神秘思想家[233]」であるヘルメスとは無関係であったはずの占星術や錬金術、カバラ、数秘学等のオカルト思想とも結合して[234]、万物には隠れた照応関係・共感が存在するとの想念の下、宇宙に張り巡らされ相互に作用しあう魔術的力をグノーシス的啓示により直観し、それも、ただ観想するだけでなく、共感呪術や護符によりこの力を引き寄せ、操作せんとする――たとえば、土星は憂鬱症の原因であり、その影響から逃れるためには、生命力を高める太陽や木星の霊気に充たされた黄金を身に付けることが肝要である――、およそ科学的思考とは正反対の極にあると思われるヘルメス主義なるものが近代科学の直接的先祖であるとは俄には首肯しえないところではあるが、その痕跡はコペルニクスの『天球回転論』にもハッキリと残されていると聞けば、両者の近しい関係も納得せざるをえないのかもしれない。

実際、コペルニクスは太陽中心説を解説する中で「トリスメギストス」に言及しているのである。「あらゆるものの真ん中に太陽が静止している。一体誰が、この美しい神殿の中で、同時に全体を照らすことができる場所とは別の、あるいは、もっと良い場所に、この光り輝く太陽を置くことができようか。たしかに、人びとが、これを宇宙の灯火、宇宙の精神、さらには、宇宙の支配者と呼ぶのも決して不適切なことではない。トリメギストス「ママ」はこれを『見える神』と呼んでいる。」(235) 今日の科学史にその名を残す多くの自然哲学者もコペルニクスとそれほど異なる圏域にいたわけではない。数秘主義にとらえられ六つの惑星と五つの正多面体や音階の関係に神の創造意思や宇宙の調和を見いだそうとしたケプラー、ヘルメスに言及し磁気を宇宙の生気と結びつけ磁石が霊魂をもつことを証明しようとしたウィリアム・ギルバート(1544–1603)も同様であり、極め付きは、古代神学への信仰を終生変わることなく抱き続け、また、自然哲学以上に錬金術に熱心に取り組んだとされるニュートンである。「私は仮説をつくらない」と宣言し、形而上学的な議論を拒否したニュートンが、なお、敢えてというべきか、『プリンキピア』第二版の末尾に初版にはなかった「一般的注解」を付け加え、そこで、神の「目的因」に言及し、「事物の現象を基にして神について語ること」を「自然哲学の任務」としたことが思い返されよう。ケインズが、一九三六年にはじめて公となった未発表の草稿（ポーツマス文書）に基づいて、ニュートンを、いまだ中世の錬金術の伝統の中にあるとし、「理性の時代に属する最初の人ではなく、最後の魔術師であった」と呼び、旧来のニュートン観を一変させ、世間を驚かせたことも故なきことではなかった。(236) カーニイは、ケインズの見解を紹介しながら、ニュートンを「偉大な両生類」であったといい、「ニュートンを徹底した機械論者と見ることは困難である」とする。「ニュートンの宇宙は、世俗的な、神のいない創造ではない。それは終始神の存在のゆきわたった宇宙であった。ニュートンは、事実、新プラトン主義者であった。(237)」

新プラトン主義、さらには魔術思想が自然哲学の革新に与えた影響、その繋がりは、イエイツ等の努力もあり、今日、一般にも認められているところではある。しかし、イエイツは、単に個々の教説との影響関係に止まらず、それを超えて、ヘルメス主義を貫く基本思想、即ち、人間は宇宙全体を貫徹し支配する魔術的力を「理解」し人間のために「操作」できるとの観念(238)自体の中に、近代科学の特徴であると彼女がいう、学の目的を世界の「観照」に留め置いたギリシア人の心的態度・世界観からの転換、及び、「世界の働きを理解し、操作せんとする新たな渇望と決断」の淵源を見てとり、ヘルメス主義がもたらした「この意思の方向付けに向けられた基本的かつ心理的な再定位」こそが科学革命誕生の端緒となったと結論する[239]。

しかしながら、はたして彼女の主張のとおりであったのか。ロッシが指摘するように、「近代科学のうちにヘルメス主義的伝統の『隠れた存在』が認められる」からといって、「ヘルメス主義の伝統から取り出された諸テーマが、別の枠組に組み入れられ、別の目的のために鋳直されたという事実」を直視することなく、科学革命の直接的な出自をヘルメス主義に求めることは牽強付会の誹りを免れまい[240]。なるほど、イエイツが科学革命の誕生の契機を「新しい世界観、新しい態度」に探らんとした問題意識は是認しうるものであったにせよ、しかし、こうした新しい世界観・態度の淵源をヘルメス主義のもつ「自然の操作可能性」の観念に求めることがはたして妥当なことであり、可能なことであったのか。この観念が、もともとは、自然の認識ではなく、むしろ、それからは截然と区別されるべき「技術」との関係において論ずべき事柄であったという問題はここでは触れないでおくとしてもである。

科学革命を導いた「新しい世界観・態度」とは、クロムビーの「知的な視座の体系的転換」やガレンの「知の座標の交替」といった言葉からもうかがえるように、世界-内-存在の深奥にまで及ぶ「人間と自然の関係」の根本的かつ全面的な変容によりもたらされたものではなかったか。その正体が、ルネサンスの時代にはじめて出来した、世界から距離をとり世界の前に-対して-立つことにより、人間が主体となり、自然が客体となる、そうした新たな関係であったこと、これまで繰り返し指摘してきたとおりである。「自然の操作可能性」はむろんのこと、「知的な視座の体系的転換」、「知の座標の交替」もまた、たかだか、かかる主体-客体の関係を前提とし、そこから生まれた一つの結果であり、表現でしかなかった。その限りにおいて、革命の淵源は、一五世紀、イタリア、とりわけフィレンツェにおける出来事、しかし、イエイツがいうヘルメス・トリスメギストスの降臨といったことではなく、絵画の技法である遠近法に最初の表現を見いだした「前に-対して-立つ」という世界への構えの出来、さらには、その起源となった「自我意識」の誕生、さらに遡れば、空間と時間の「個人化」、それを準備した貨幣経済と都市の再生以外にはありえなかったということである。そこに、科学革命が一六／七世紀ヨーロッパにおいて生まれたことの「必然性」があり、また、そのために、プトレマイオスから数えても、千数百年の時間が必要とされた理由もあったのである。

イエイツの論が妥当性をもたないことは明らかである。破綻といってもよい。科学革命をもたらしたコペルニクス等の「前に-対して-立つ」という世界への構えが、ジョットやブルネッレスキ、マサッチョ等の遠近法の画家のそれと同様であり、そこに遡りうるものである限り、科学革命誕生の謎の解明にかかわる立論は遠近法の誕生に関しても同様に妥当しなければならないはずである。しかし、そのことの不可能であることは、イエイツ自身の言――「『ヘルメス・トリスメギストス』の統治の時代は正確に確定することができる。それは、フィチーノが新しく発見されたヘルメス選集を翻訳した一五世紀末に始まり……」――が既に証明しているところである。

三　試金石としての古代ギリシア

科学の誕生に関して、もう一つの試金石がある。古代ギリシアがそうである。科学の源流が古代ギリシアの自然哲学に求められる以上、それは、何時、どこで生まれたのか、その誕生は何に因るものであったのか、近代科学との間にはたして何らかの通底性が存在するのか、存在するとして、それは何であったのか、はたして、そこでも、ヘルメス・トリスメギストスの降臨は見られるのか――科学誕生の謎を解く上で、それは問うてみるに十分に価値ある疑問である。

『科学と科学者の条件』（1989）においてかかる問題に取り組んだ荒川は、「科学の原形」は「古代ギリシアの自然哲学者の出現のときにまでさかのぼる」ことが可能であるとし、ヴェルナンに倣って、「科学は、前六世紀、ミレトスで生まれ」、その最初の「確立者」がアナクシマンドロス（B.C. 611頃-546頃）であったとする[241]。ちなみに、ヴェルナンは、『ギリシア思想の起源』（1962）において、ギリシアにおける「哲学の誕生」を次のように解説する。「人類の歴史にあって、物事の始まりを特定することは通常不可能である。しかし、もしギリシアにおける哲学の到来が神話的思惟の凋落と合理的なタイプの知識の始まりにより徴づけられるとするならば、われわれはギリシア的理性の誕生の時と所を確定し、その戸籍を作成することが可能である。タレス、アナクシマンドロス、アナクシメネスといった人々が、自然を公平かつ体系的な調査――ヒストリア――の対象とし、それについての全体的説明――テオリア――を提示するという、自然に関する新たな思惟の様式を開始したのは、〔紀元前〕六世紀はじめのイオニアのミレトスにおいてであった。世界の起源、その構成、その構造、気象学的現象等について、彼らは古い神統記や宇宙創成論の劇的要素をすべて捨象した説明を提案する。原初的力の神格化された雄大な形姿は消滅する。その冒険、争闘、勲功が世界の出現と秩序の制定を物語る創成神話の内容を構成していた超自然的存在はもはや見られず、公式宗教がその信仰と祭儀において自然の力と結びつけていた神々を暗示するものさえ存在しない。イオニアの『自然哲学者』において、実証性が一気に存在者全体に浸透したのである。[242]」ヴェルナンがミレトス派の人々により達成された「知的革命」の中心に位置づけたアナクシマンドロスを[243]、荒川は、師であるタレスの自然観、即ち、「神話的な自然観から解放され、自然を合理の眼で捉えようとした」自然観を受け継ぎ、「宇宙の構造と生成の理論、生物の起源論を含む統一的、体系的な宇宙論・自然学を提示」することにより師を超えて「最初の自然科学者」となったとする。[244]

それでは、ギリシアは何故タレスやアナクシマンドロスの自然観を生み出すことができたのか、何故科学の誕生が「前六世紀、ミレトス」であったのか。荒川は、ヴェルナンが幾何学的性格と非神話的性格においてオリエントの宇宙論と決定的に異なる本質をもつアナクシマンドロスの宇宙論の原理には「平等」と「民主制」[245]の思想を核とするポリスの政治構造が反映していると主張したことを承け[246]、当時のミレトスが「まぎれもなく地中海最大の商工業の都市であった」[247]ことに注目し、そこから生まれた「新しいポリスの精神」、そして、科学的思考との関係を次のように指摘する。「イオニアの貿易活動は、政治的平等の思想を醸成させる。銭金の勘定を基礎とする商人の合理的思考と経済力を背景に、貴族中心の政治を廃し、伝統的な権威を否定しようとする人びとの出現である。……彼らは、〔オリエント世界から〕神話の胚胎していた主題を受け継ぎながらも神話的思考の様式を捨て去る。……人類がはじめて体験したこの〔平等と民主制という〕革命的な思想はギリシア科学の性格にも大きな影響を与えずにはおかなかった。タレスやアナクシマンドロスは、ミレトス市民が貴族制を打倒し、潜主制とも激しく闘いながら民主政治の実現をめざしていた革命のさなかに生きていた人間だったのである。……ギリシア科学として結果したのは、ギリシアのポリスの精神、わけても民主政治の思想であった。……ギリシアにたいして、オリエントの天文学や宇宙論が科学的性格を獲得しえなかった理由のひとつは、それは最大の理由であるのだが、その都市の性格にあった。モナルキアの政治支配からは科学は生まれない。[248]」

ミレトスが「地中海最大の商工業の都市であった」との荒川の指摘に注目しよう。さらに、このことと関連し、荒川が、前七世紀にリュディアで開発された貨幣がすぐにミレトスに伝わり、「貨幣という新しい経済の概念が抽象的な思考を育成するのに一役買ったであろう」[249]と指摘していることにも注目しよう。貨幣が流通し商工業が繁栄したミレトスという都市が「合理的な思考」の揺籃となり、そのことがアナクシマンドロス等の科学的思考の誕生に深くかかわったであろうことは、近代科学の誕生の場合に照らしても、容易に了解しうるところではある。荒川も、両者の関連について、コペルニクスが青年時代を過ごし、ガリレオがその一生を送ったルネサンス期のイタリアの諸都市、フィレンツェやパドヴァ、ヴェネチア等は、商工業の隆盛、自治と民主の政治、個性と自由と正義の尊重といった面において、「あたかも『最初の自然科学者』を育てたイオニアの都市の再現」であったと見る。(250)

しかしながら、疑問も残る。はたして、ヴェルナンや荒川が指摘するように、民主制及び平等思想それ自体が科学の成立に寄与したと理解してよいものか。たしかに、「新しいポリスの精神」が合理的な科学的思考の誕生と無関係でなかったであろうこと、また、専制政治に比し科学の発展にとってはるかに有利な条件となったであろうことはそのとおりであったろう。しかし、両者は原因と結果の関係ではなく、ともに同じ土壌から生まれた異なる果実であったのではなかったか。貨幣経済が支配する都市を揺籃とする「個人」の誕生――その個人が自然と切り結ぶ新たな関係が「科学」となって結実し、同様に、社会との関係が「民主制」となって結実したというのが実際ではなかったか。荒川は、ハッセーの「アナクシマンドロスは『宇宙の外から』宇宙を観ようとした人間であった」との言を紹介し、「大地を離れ――自らが置かれた位置から解放されることは科学的認識に不可欠な前提であった」(251)ことを確認する。荒川の指摘はまったくそのとおりである。しかし、問うべき事柄はその先にある。「大地からの解放」は如何にして可能となったのか、それを可能としたものは何であったのか。われわれは既に承知している、即ち、解放は自然の「前に‐対して‐立つ」ことによってはじめて可能となること、そして、前に‐対して‐立つことは「個人」の出来によりはじめて可能となること、そして、個人の出来は「都市」においてはじめて可能となることを。前六世紀のミレトスがまさにそうした最初の「都市」であったということだ。そこから出来した個人――アナクシマンドロスが、自然の前に‐対して‐立ち、大地を離れ、宇宙を外から観察したとすれば納得がいく。荒川は、アナクシマンドロスから百数十年後、ピタゴラスの徒であるピロラオス（B.C.470頃‐385）、コペルニクスの『天球回転論』の序文にも登場する彼が、「ギリシアの科学精神の極限」ともいえる「地動説」を生み出すに至った「自らの立つ大地を動かす、狂気ともいえる理性の力は何であったのか、私にはなお理解できない」と述懐するが、(252)ここでも、大地を動かす「力」の正体は、自然から距離をとり、自然と対峙し、自然の前に‐対して‐立つこと、そして、それを可能とした個人の存在、それ以外にはなかったにちがいない。

「謎」の解明には、なお足りないものがあったにせよ、荒川によるミレトスの都市的性格、貨幣の流通、商工業の隆盛、そこから生まれた合理的精神の指摘は、科学的思考の誕生に関し、古代ギリシアとヨーロッパ近代、遥かな時空を越えた二つの世界において、同一の事情が関係していたことを明らかにするものとして、きわめて貴重なものがある。それは、古代ギリシアという試金石に照らしても、科学革命の誕生の因が、都市を揺籃とする「個人」の出来、そして、「世界への構え」の変化にあるとのわれわれの見解が妥当であることを改めて裏付けてくれるものであった、そう結論してよいのではなかろうか。

第四章　近代の形而上学

1　“De revolutionibus”

　コペルニクスが科学革命の端緒を開くことになった自著の標題に“De revolutionibus”を選んだことは、決して理由のないことではなかったにちがいない。今にして思えば、彼にとっても、その後の科学革命にとっても、これ以上に相応しい標題はありえなかった。それが、何よりもまず、天球の「回転」を意味するものであったことは当然として、同時に、アリストテレス流の自然理解からの、また、キリスト教世界を支配してきた宇宙観からの「転回」＝革命を成し遂げるとの意図あるいは自負が隠されていたことも容易に想像されるところである。さらに加えて、そうした革命を成し遂げる前提としての出来事、即ち、人間にとってももっとも困難な、長年慣れ親しんできた日常的な知覚からの解放を可能とする眼差しの「転回」＝革命が含意されていたのではなかったか。それは、人間の存在の在り様を根底から覆す存在論的「転回」であり、宗教的「回心」にも比すべき出来事であったといってよい。そう考えるならば、“orbiumu coelestium”を標題から抹消したレティクスの強い怒りもまた納得できようというものである。

　巷間いわれる「コペルニクス的転回」なる呼称が、いわゆる発想の転換を指すとして、より正確には、「見る」ことの逆転、即ち、眼に映ずるがままの知覚に支配されることから、人間が主体となり、眼に映ずる知覚を支配することへの逆転を意味するものと解すことが妥当であるし、必要でもある。『純粋理性批判』（1787）の中で、「これまでは、われわれの全認識は諸対象に従わねばならないと想定してきた。しかし、諸対象がわれわれの認識に従わねばならないと想定することによって、われわれは、形而上学の課題においてよりいっそう前進するのではないかどうかを試してみよう」と提案したカントは、こうした発想は「コペルニクスの最初の考えにおける事情と同様である」とし、さらに次のように語っていた。「コペルニクスは、すべての星の群が観察者のまわりを回転すると想定したのでは、天体運動の説明がどうにもうまくゆかなかったので、今度は観察者を回転させ、逆に、星を静止させたならば、もっとうまくゆくのではないかと考え、これを試みたのである」と。(1)

「観察者を回転させる」ことをコペルニクスに可能とした当のもの、それが「異なる眼」の獲得にほかならない。たしかに、彼が先ず行わんとしたことは、世界との間に「前に-対して-立つ」という関係を切り結び、惑う星である地球から身を解き放ち距離をとることにより、アリストテレス以来長年の間にわたって自然哲学者の眼差しを支配してきた日常的な知覚を宙吊りにし逆転することであった。ケプラーやガリレオ、ニュートン等も同様であり、彼らは、そうしてはじめて、算術と幾何学を翼に宇宙の構造や運動の法則の解明に立ち向かうことができたのである。こうしたコペルニクス等の学の営みの中に、われわれは、容易に、ルネサンス的人間の自我意識にまで遡りうる、遠近法と同根の、世界から距離をとり、世界に対峙し、世界を幾何学的に構成せんとする「人間中心的世界像」の発現を確認することができる。このことを見透したフリードリッヒ・ニーチェ（1844-1900）は、自然哲学者たちが措定し、彼らの流儀でそう信じている「真の世界」が「遠近法主義の論理にしたがって推論」されたた「一つの主観的虚構」以外の何物でもないことを暴露する。(2)

ジョットやマサッチョ、レオナルド等が「主体性を絵画の構成原理に取り込む」ことにより「自然をよく描写」しえたとするならば、コペルニクスやガリレオ等の自然哲学者たちもまた、同様に、「主体の操作を本質的契機」とすることにより「自然をよく認識」することができたということだ。自然哲学は、「主体性の学」となることによってはじめて近代的な「客体性の学」、「自然科学」となりえたのである。下村の言を引用しておこう。「結局、近代の認識は対象におけるロゴスの発見ではなく、主観における構成である。……近代的意味における『事実』はあくまで単に存在する事実、単に見いだされる事実でなく、作為されたる事実、形成されたる事実であって……。ここで『自然』はかかる意識一般としての主観の構成であり、構成されたるものである。」(3)(4)

「異なる眼」が主観的に構成する自然を対象として科学的認識をはじめて開始したのがコペルニクスの『回転論』であったのであり、そこから生まれた成果が、ケプラーの三つの法則——①惑星は太陽をひとつの焦点とする楕円軌道上を動く。②惑星と太陽を結ぶ線分が単位時間に描く面積は一定である。③惑星の公転周期の2乗は軌道の長半径の3乗に比例する。——であり、ガリレオの二つの法則——①真空中では、すべての物体はその質、量、形態のいかんにかかわらず、同じ早さで落下する。②自由落下は等加速運動であり、落下速度は時間に比例し、落下距離は落下時間の自乗に比例する。――であり、ニュートンの万有引力の法則――すべての物体は互いに引き合う。その力の大きさは引き合う物体の質量の積に比例し、距離の2乗に反比例する。――であった。カーニイは彼ら三者の関係を、「ニュートンは、ケプラーの三つの法則を引き継いだ。そして、ガリレオの物体落下の法則を彼の手段として利用し、その応用として全宇宙にあてはまる万有引力の法則を数学的に記述した」と総括する。(5) たしかに、科学革命の掉尾を飾る『自然哲学の数学的諸原理』(1687)は、惑星の運動と林檎の実の落下が全宇宙を支配する同じ一つの力によって引き起こされ、同じ法則によって支配されていることを数学的に証明することにより、宇宙の神秘の謎を解く「単純で正確な解」を最終的に手にすることに成功し、「自然哲学の数学化を完成させる」(6) ものとなった。ちなみに、万有引力の法則は、

$$F = G\frac{m_1 m_2}{r^2}$$

とあらわされる。

かつて、コペルニクス説を受け容れ、それを自らの学の出発点と定め、その上で、なお、その体系に残された天球の存在及び円運動を否定することにより、惑星の運動の原因の探求という天文物理学的な問題を解き放ったケプラーは、ヘルヴァルトに宛てた一六〇五年二月一〇日付の手紙の中で、「私の目的は、天空の機械が、或る種神的な有機体といったものではなく、むしろ、いわば一個の時計であることを示すことにあります。つまり、時計の運動のすべてが単純な錘により引き起こされるのと同様に、天空の機械にあってもほとんどすべての多様な運動が唯一まったく単純な磁気的・物質的な力により引き起こされるという限りにおいて、それは時計と何ら変わるところはないということです。私は、また、これらの物理的な表象が数的・幾何学的に表現可能であることを示すことになるでしょう」(7) と語っていたが、いま、ようやく、ここに至って、彼の「目的」が達成されたのである。

しかし、コペルニクスやケプラー、ガリレオ、ニュートンが行ったことはここまでであった。彼らの自然哲学が、「人間の世界観、認識論に一つの大きな転換」をもたらし、単に科学革命というにとどまらず、「知的革命」(8) を惹起することになったにせよ、それはあくまで「結果」としてであり、そこから自覚的に新しい「形而上学」を導き出し、基礎づける作業は、デカルトに託され、彼が完成させることになる。

2　コギト・エルゴ・スム

一　認識の原理の解明

ルネ・デカルト（1596–1650）は、一六三七年、彼が四一歳の時——それは、コペルニクスが没して九四年、ケプラーが没して七年、ガリレオは七三歳、ニュートンが誕生する五年前のことであった——、はじめての公刊された著作として、オランダ、ライデンにあるヤン・マイレ書店から、フランス語で、『自分の理性を正しく導き、諸学問において真理を探究するための方法についての序説。加えて、その方法の試みである屈折光学、気象学並びに幾何学』を出版する。今日一般に『方法序説』として流布する著作は元の標題の前半に相当するものでしかなく、また、分量的には五〇〇頁を超える本書全体の二割にも満たないものであったことからもうかがえるように、デカルトの学問的関心と営為の多くは自然哲学と幾何学に向けられたものであった。その後、『方法序説』の内容を敷衍し、より専門家向けに書き改めたラテン語による『第一哲学についての省察』（1641）を挟んで、七年後には、ボヘミア王の第一王女であるエリザベト殿下に献じられた『哲学原理』（1644）を出版する。これもまた、第一部に「人間的認識の諸原理について」を置き、その後、第二部から第四部として、自然哲学に関する三つのテーマ——「物質的な事物の諸原理について」「可視的世界について」「地球について」——を置くこと、最初の著作と同様であった。デカルトは、序文に代わる「著者の書簡」の中で、四部の関係と内容を次のように要約している。「第一部は認識の原理を含み、第一哲学あるいは形而上学と呼ばれうるものです。他の三つの部分は、自然哲学においてもっとも一般的な一切のことを含んでいます。自然の根本法則あるいは原理の説明、そして、天空、恒星、惑星、彗星、及び、一般に宇宙全体が構成されている仕方がそうです。次に、個別的に、この地球の本性、及び、空気や水、火、磁石等の地球の周りのいたるところにもっとも普通に見いだされる物体の本性、さらに、これら物体において認められるすべての性質、たとえば、光、熱、重さなどの本性が含まれます。[9]」自然哲学にかかわる第二部から第四部は「全哲学」の解明という当初の計画の一部でしかなかった。「この計画を最後までやり通すためには、私は、この地上にあるもっと特殊な他の物体のそれぞれの本性を同じ仕方で説明しなければなりません。鉱物、植物、動物、そして、とくに人間の本性がそうです。最後に、医学、道徳、機械学を厳密に論じなければなりません。これこそ、人類に哲学の全体系を提供するために、私がなすべきことなのです。」しかし、こうした計画の完成は、「私の推論を支え、確証するのに必要なあらゆる実験を行う便宜が得られれば」可能でしょうが、「そのためには莫大な費用が必要であり、それは公の援助がないかぎり、私のような一個人の力ではとうてい賄いきれないことを考え、これからは、私は自分一人の向上のために研究することで満足」し、残りは「後世の人びと」に委ねることにしました、そうデカルトはいう。[10]

以上から明らかとなることは、デカルトが、ケプラーやガリレオの同時代人として、コペルニクスが数学的投企により開いた新しい学的地平の中で、天体の構造や、惑星の運動、光、気象といった自然事象を支配する根本法則を解明せんとする正真正銘の「自然哲学者」であったということ、しかし、「学の根底」を問うことのなかったコペルニクス等とは異なり、自然哲学の任務の遂行に際して、「認識の原理」の解明、即ち、学の「方法論的基礎づけ」が不可避の課題であることをハッキリと自覚し、それに取り組んだということである。「形而上学」抜きの自然哲学はありえない——それが同時代の自然哲学者の中にあってデカルトを際立たせる唯一無比の立場であった。そのことは、既に最初の著書の標題からもうかがえるところではあるが、一六三七年二月二七日付と推測されるメルセンヌに宛てた手紙では両者の関係は次のように説かれている。「それらの論文〔屈折光学、気象学、幾何学〕に含まれている事柄は、その方法がなければ発見することは不可能であったし、また、この方法に価値があることを人はそれらの論文によって知ることができるのです。同様に、私は、形而上学と自然哲学と医学のあるものを第一部の話のなかに挿入することによって、この方法がどんな種類の素材にも適用可能であることを示そうとしたのです。」[11]かくして、デカルトは、「全哲学は一本の樹木のようなもの」であるとする。「その根は形而上学、幹は自然哲学、その幹から伸びる枝は他のすべての諸学である。それらは、三つの主要な学問である、医学、機械学、そして、道徳学に帰着する。」[12]

全哲学の「根」として位置づけられた「形而上学」の役割は、自然哲学及びその他の諸学が「真理」に到達するために必要不可欠な「すべての事物の認識に至るための真の方法」[13]を探求し、明らかにすることにあった。それにより得られた「明晰かつ判明な認識」[14]を基にして、その上に自然哲学、さらには医学や機械学等すべての諸学を根拠づけ、展開すること、それが全哲学の最終の課題であった。さもなければ、諸学は再び異なる意見がぶつかりあうだけの迷妄の闇の中を彷徨うこととなろうというわけだ。しかしながら、はたして、神ならざる人間の身にあって、真理の根拠たる明晰かつ判明な認識を獲得することが可能であろうか、あるいは、そもそも、如何にしてそうした「認識の原理」を解き明かすことができるのか。

二　私自身の内へと向かう省察

デカルトがいう「理性を正しく導き、諸学問において真理を探究するための方法」とは何であったのか、しばらくは、彼が語る「話」に耳を傾けることにしよう。ここでは、「私」が語り部となって、「自らのこれまでの思惟の遍歴を辿ること」[15]により、「どのようにして自分の理性を導こうと努力してきたか」[16]、そして、ようやくにして辿り着いた「認識の原理」が如何なるものであるかが説き明かされる。

「良識はこの世でもっとも公平に分け与えられているものである。」[17]――これが私が『方法序説』の冒頭においた言である。「正しく判断し、真と偽を区別する能力、これこそまさしく良識とか理性と呼ばれているもの」にほかならない。この良識＝理性は、われわれを「人間にし、動物から区別する」唯一の標識として、「すべての人の内に生まれながらに平等に与えられている」能力である。しかしながら、実際の学問の世界では、たとえば地動説と天動説の対立がそうであるように、良識を有するはずの人びとの意見が分かれることは決して珍しいことではない。ごく普通のことといってよい。その原因は、私が見るところ、各人がもつ良識の多寡にあるのではなく、「われわれが思惟を〔各人各様〕それぞれに異なる道筋で導き、同じ物事を考察してはいない」ことにある。それ故、生まれながらに「良い精神」をもっているというだけでは十分ではなく、その精神を「正しく使いこなす」ことが大切だということがお分かりいただけよう。[18]人が学校で自由学芸からはじめて多くの学問を学び、考える力を身につけようとするのもそのためである。私も、一〇歳で、「ヨーロッパでもっとも有名な学校の一つである」[19]イエズス会のラ・フレーシュ学院に入学し、そこで八年間学んだ後、法学と医学を修めるべくポワティエ大学に進学した。はたして、私は、一〇年間に及んだ学業により「良識を正しく用いる方法」を身につけることができたであろうか。

私が下した答えは否であった。「子供のころから文字による教育を受け」、「それにより人生／生活にとって有益なすべてのことについて明晰で確実な知識を獲得できると教えられ」、そのことを信じて、自由学芸をはじめ、神学、哲学、法学、医学等の諸学問、さらには、学校での学問だけでは飽き足らず、「もっとも珍奇で希有とされている諸学〔占星術、錬金術、魔術〕」にまで手を伸ばし、熱心に学業に励んだものの、「学業の全課程を終えた時、普通はそうすれば学者の列に加えられるのが慣わしであったが、あにはからんや、私はそれまでの自分の考え方をまったく変えてしまった。」[20]それというのも、中には、数学のように、「論拠の確実性と明証性の故に」、好きになり、熱心に取り組んだ学問もあるにはあったが、[21]そうした学問を除けば、学校生活の中では、「明晰で確実な知識の獲得」どころか、「多くの疑いと誤りに悩まされている自分」というものに気づき、結果は「自分の無知を思い知らされた」だけに終わったからである。[22]

以上のようなわけで、「教師たちにおとなしく従わなくてもよい年齢になるや否や、私は文字による学問をすっかり放棄」し、以後、「私自身のうちか、世界という大きな書物のうちか、そのどちらかに見いだされるかもしれない知識以外の知識はもはや求めまいと決心した。」そのため、残された青春時代を費やして、「私は、あちこちの宮廷や軍隊を訪れ、さまざまな気質や身分の人たちと交わりをもつ」ため、「旅に出た。[23]」大学卒業後にオランダへと旅立ち、ブレダにあるナッサウ伯マウリッツ麾下の新教軍に志願将校として籍を置き、一五カ月間をそこで過ごした。[24]ブレダ滞在中の一六一八年一一月に、自然哲学者にして数学者であり後にユトレヒト大学総長となるイサク・ベークマン（1588–1637）と偶然に知り合い、彼からの刺激により数学的物理学に関心をもち、「真空中における石の落下」や「容器中の水の重さ」等の研究に取り組んだ。[25]翌年四月、私は「今なお終わっていない戦争〔三〇年戦争〕」によりドイツに「呼び寄せられ」、その年の夏にフランクフルト・アム・マインで催された「神聖ローマ皇帝〔フェルディナント二世〕の戴冠式」を見物し、その後、「〔バイエルン公マクシミリアン一世の〕軍隊に戻ろうとした時、冬が始まり、〔ノイブルクにある〕冬営地に足止めされてしまった。」この機会を奇禍として、私は、誰にも煩わされることなく、「終日一人で炉部屋に閉じ籠り、心ゆくまで思索に耽った。[26]」この思索の中で、「すべての事物の認識に至るための真の方法」を明らかにするべく、「十分な時間をかけて[27]」得られた成果が以下の「四つの準則」である。

①真であると私が明証的に認識しないかぎりは、いかなるものであれ、真であるとして受け容れないこと。即ち、私が疑いを差し挟む余地がないほど明晰かつ判明に私の精神に立ち現れてくるもの以外、何一つ私の判断の中に取り入れないこと。②私が考察する困難な問題は何であれ、できるだけ多くの、しかも、問題をよりよく解決するために必要なだけ、小さな部分に分割すること。③もっとも単純でもっとも認識しやすい対象から始めて、少しずつ、階段を上るようにして、もっとも複雑なものの認識にまで至りつくよう、順を追って私の思考を進めること。④あらゆる場合において、見落としが何もないと確信がもてるように、すべてを枚挙し、全体を点検すること。[28]

これらの準則を、後世の人びとは、それぞれ、「明証性の準則」、「分割の準則」、「総合の準則」、「枚挙の準則」ともっともらしく呼び慣わし、また、一部の論者からは、その内容について、「明快と言えばまことに明快、けれども、平凡と言えばあまりに平凡な」[29]との批判を受けたとのことであるが、こうした後世の評価を知る由もない当の私は、この四つの準則を厳密に守ったことにより、「解析幾何学と代数学の及ぶどんな問題もやすやすと解けるようになり」、実際、「以前たいへん難しいと思っていた多くの問題を解くことができたのである。[30]」それだけでなく、「この方法を実践することにより、自分の精神が対象をいっそう明瞭かつ判明に把握する習慣」が得られ、さらには、この方法を、代数学の難問に限ることなく、「他の学問の難問にも有効に適用できると期待するに至ったほどである。[31]」

しかし、これで一件落着というわけにはいかなかった。それというのも、「諸学問の原理はすべて哲学から借りてこられたにちがいないのに、哲学でいまだ何も確実な原理を見いだしていないことに気がついた」からである。たしかに、見ておわかりのように、四つの準則は「明証的な認識」に依拠すべきことを説くものの、そうした認識がいかにして可能であり、根拠づけられるかという、当初のもっとも重要な課題は一切手のつけられないままに捨ておかれたままであった。したがって、このとき、私が「何よりも先ず、哲学において原理を打ち立てることに努めるべきである」との考えに至ったことは至極当然のことであったといってよい。しかし、この課題は「この世で何よりも重要なことであり、速断と先入観がもっとも恐れられるべきことであったが故に、当時二三歳だった私は、もっと成熟した年齢に達するまでは、そういう問題を片付けようなどと企ててはならないと心に決めたのである。[32]」

冬が終わらぬうちに、一六二〇年三月頃のことであるが、炉部屋にこれ以上とどまるよりも、人びとと交わるほうがよいとの思いから、私は、再び旅に出、「その後まる九年の間、世界／世間の中をあちこちと巡り歩く以外のことはせず、そこで演じられるあらゆる芝居の中で、役者であるよりは、観客になろうと努めた。[33]」この間、パリを拠点として、ウルムやレンヌ、ポワトゥ、フィレンツェ等を訪れ、また、パリではラ・フレーシュ学院の同窓であるメルセンヌ神父を中心とするサークルにおいてバルザックやモラン等の当代を代表する多くの知識人と交わり、自然哲学の研究の成果としては「正弦の法則」を発見した。[34]ところが、「私は、この九年間が過ぎてしまっても、学者たちの間で常に議論されてきた難問を前にして自らの立場を決定することができないままであり、また、世間に通用している哲学よりも確実といえるような哲学のいかなる基礎もいまだ探求するに至っていなかった。[35]」

もっとも、「世界という大きな書物」を読み解こうとした長い遍歴の旅がまったく無駄に終わったというわけではない。私はそこから次のような「最大の利益」を引き出すことができたからである。即ち、「多くの事柄がどんなに突飛で滑稽に思われようとも、他の多くの人たちがそれを広く受け容れ、認めているのを経験したことにより、これからは、ただ前例があるからとか習慣だからという理由だけで納得してきたものごとを、あまり頭から信じ込まないようにすることを学んだのである。」こうして、「私は、自然の光を遮り、理性の声に耳を傾けることをますます不可能にする多くの誤りから、徐々に解放されていった。」[36]

やがて、「或る日」転機が訪れた。私は、世界という大きな書物だけではなく、そこから一旦眼を転じて、「私自身の内をも研究し、私が採るべき道を選ぶために私の精神のすべてを動員しようと決心した。」[37]

一六二八年、遍歴の旅に終止符を打った私は、「この地に隠れ住む」べく、オランダに移住する。スウェーデン女王クリスティーナの招きを受けてストックホルムに赴く一六四九年までの二〇年余の間、彼の地において、「繁華な都会生活の便利さを享受しながらも、人里離れた無人の荒野にいるかのごとく」[38]、ごく一部の人を除いて知人等との交わりも絶ち、「あらゆる気遣いから精神を解き放ち」[39]、「孤独な隠遁生活」[40]を送ろうと心に決めた。オランダでの「最初の九カ月間」[41]を、フラネケルにおいて、かつて若さの故に封印した「形而上学的省察」[42]のために費やすことになった。[43]私にとって、これから始まる「省察」には、それに相応しい年齢の成熟の他に、それと並んで、世間から「距離」をとり隔絶された孤独な環境が必要不可欠であったということをご理解いただきたい。遠近法の画家たちがあるがままの自然を描くために、また、自然哲学者たちがあるがままの自然を認識するために「距離」を必要としたのと同様に、私の場合もまた、思惟するあるがままの自分をとらえるために、何よりも先ず、世間から距離をとり、世間のあれこれの事柄へと向けられた関心から自由になることが必要不可欠であったということをご理解いただきたい。これから始まる哲学的投企は、自然哲学をはじめとする諸学の根拠となるべき認識の原理を探求する、「私自身の内」へと向けられた省察であった。

おそらく、後世の人びとからは、私の省察が、旧来の、自分の外にある、とりわけて神に関心を向けてきた哲学に対し、哲学することの対象を「私」というものに振り向けたことにおいて、夕の国の哲学史において画期を成す出来事であったと評価していただけるのではなかろうか。そしてまた、私の省察が、「私」というものに殊更の関心を寄せ世界への新たな構えをさまざまな形で表現したルネサンス期の人びと、ダンテやペトラルカ、ジョット、ギベルティ、アルベルティ、ブルネッレスキ、ピコ、デューラー、モンテーニュ、ピザンナ等の系譜に連なることに間違いなく、彼ら先達の中にあって、私の固有の位置が、この「私」を認識論的な観点からマイニングすることにより彼らに発現した近代的自我のもつ形而上学的特徴を明らかにせんとしたことにあったと評価していただけるのではなかろうか。

三　方法的懐疑の遂行

一切は「懐疑」から始まった。「明晰かつ確実な」認識に至るためには、「ほんの少しでも疑いをかけうるものは全部、絶対的に誤りとして廃棄すべきであり、その後で、私の信念の中にまったく疑いえない何かが残るかどうかを見極めねばならない、と考えた」(44)からである。懐疑論者のそれとは異なり、私の懐疑は、絶対に確実な真理に達するために採られた、殊更にする「意思的懐疑」であり、「方法的懐疑」であった。思うに、それは、「あらゆる先入見からわれわれを解放し、精神を感覚から切り離す」(45)、哲学者であれば、「一生に一度は」実行してみるに値する懐疑であった(46)。

私が知覚や触覚等の感覚を通して受け取る事物、たとえば、いま、窓から見える山や川、樹木、私の眼の前にある机や椅子、あるいは、天空にある太陽や月、星等が本当に存在していることは間違いないように思われる。しかし、動かないはずの太陽が東から西へと移動するかの如く見えるように、太陽と月の大きさに見かけの上で違いがないように、あるいは、遠くに見える物が実際には存在していなかったという経験を誰もがするように、「感覚は時として私を欺く」ことがあり、「真理」の探求、基礎づけを志す者にとっては、感覚という不確かなものには「決して全面的な信頼を寄せないのが賢明というものである。」しかし、同じように感覚を通してであれ、「いま私がここにいること、炉辺に座っていること、部屋着を身につけていること、この紙を手に持っていること」は「まったく疑うことができない」事実ではなかろうか。実際、黒胆汁のせいで脳が攪乱され、ありもしないことを妄想する「気の狂った人たち」でもない限り、「この両手、この肉体全体が私のものであることが、どうして否定されようか。」それが、真っ当な常識をもった人間の感覚、判断というものである。ところが、私は「気の狂った人間」ではないにもかかわらず、眠りの中で時として彼らと同じような経験をする。実際には服を脱いでベッドに横になっているのに、夢の中で、「自分がここにいて、服を着込んで、炉辺に座っていると信じ込む」といった経験がそうである。それと比べるならば、目覚めているとき、自分の眼でこの紙を見、自分の手を意識して伸ばし、それを実感しているといった経験はど判明なことはなく、そうしたことは眠っている人には起こりようがないと思われる。しかし、一旦、「私が睡眠中にしばしばよく似た幻により騙されたこと」を思い起こすならば、その時には、「目覚めと眠りを区別することができる確かな標識がまったくないことを明確に見て取って」、私は愕然とし、そのあまり、いま服を着込んで炉辺に座っているということもまた「夢であるかもしれない」といわれても納得するしかないほどである。[47]

それでは、学問的な「真理」はどうであろうか。自然哲学や天文学、医学、その他の複合された事物の考察に依拠する諸学が「疑わしさ」をもつことは、学説の対立が日常茶飯であることを見ても明らかである。そもそも、私は、諸学に見られるそうした対立を収束するべく、絶対に疑い得ない真の認識を求める旅に出たのではなかったか。こうした自然哲学等とは異なり、きわめて単純で一般的なものだけを扱い、しかも、それがものの本性のうちにあるか否かに関与しない、たとえば、数論や幾何学といった学問の場合、それらの命題は「何か確実で疑いえないものを含んでいる」と結論しても差し支えないように思われる。それというのも、私が目覚めていようと眠っていようと、「二と三を足しあわせれば五であり、四角形は四つ以上の辺をもつことはないのであり、これほど明白な真理が虚偽の疑いをかけられることはありえないと思われるからである。[48]」しかし、この私を今現にあるように創造した全能の神が存在するとした場合、その神は、「もしかすると、われわれにはもっとも明白と見える事柄においてさえも、われわれが常に誤るようにわれわれを創造するよう欲したかもしれず[49]」、神は、「その気になれば、（2＋3＝5であると）私がこの上なく明証的に熟知していると思うものにおいてさえも、私を誤らせることは容易であると認めざるをえないのである。[50]」もっとも、私を創造された「最善であるはずの神」がこのように「私を欺くことを欲した」とは考えられえないことではあるが。[51] それでは、神ではなく、「悪しき霊」、それも最高の力と狡知をもった霊が存在するとすればどうであろうか。そうした霊が「あらゆる努力を傾注して私を欺こうとしていると想定してみよう。」その時には、私が感覚を通して受け取る物、私の肉体、さらには、私の良識にとって明晰判明であるはずの数学的真理さえもが、「この霊が信じやすい私の心を誑かそうとするための夢、欺瞞にほかならない」ということもありえないことではない。[52]

以上の懐疑の実行から私が下すべき結論は、「確実なものは何もない[53]」という、至極当たり前の事実であったのかもしれない。しかしながら、はたしてそう言い切ってよいものであろうか。なるほど、存在するはずのない悪霊を持ち出してまで実行した懐疑を前にしては、私の外にある事物はもちろんのこと、私の内なる感覚であれ、私自身の肉体であれ、さらには、良識ある者なら誰もがその明晰判明さを疑わない数学的命題でさえ、それら一切は、日常世界の中でもっていた確かさを失い、不確かなものとならざるをえなかった。しかし、それでも、なお、私は、そこに、殊更にする方法的懐疑という篩によっても除去されえない、絶対に疑いを容れない或る何か確かなものが残されているのを発見したのである。即ち、今現に、私自身の肉体や数学的命題等を含め一切の事柄を疑い、何か確実なものが存在しないかと思惟しているこの「私」というものが「存在する」こと自体は絶対に疑うことのできないものであるという、この事実がそうである。[54] 何故なら、「思惟しているものが、思惟しているまさにそのときに存在しないとみなすことは矛盾している」からである。[55] あるいは、次のように言ってもよい。「この上もなく有能で狡猾な欺き手がいて、〔確かなものは何も存在しないと〕私を常に欺こうと工夫をこらしているとしても、彼が私を欺くなら、〔欺かれている〕私が存在するということに何ら疑問はない。欺き手が望む限り私を欺こうとしても、私が何ものかであると思惟している間、彼は私を無〔＝存在しないよう〕にすることは決してできないであろう」からである。[56] 一見逆説的ではあるが、このようにして、「私が〔悪しき霊や狡猾な欺き手を動員してまで〕他のものの〔存在の〕真理性を疑おうと考えること自体から、きわめて明証的かつ確実に私が存在するということが帰結された」のである。[57]

「私は思惟する、故に、私は存在する。(Je pense, donc je suis./Ego cogito, ergo sum.)」[58] ――これが、世間との交わりを絶ってまで実行した一生に一度の方法的懐疑の末にようやくにして私が手にすることができた唯一絶対の疑いを容れない明晰かつ確実な真理であった。私はそれを「最初の認識」と呼ぶことにする。[59] 思惟する限りの私の存在、「res cogitans（思惟するモノ）」[60] としての私は、肉体からも区別され、肉体の存在と無関係に存在する、[61] いわば「純粋意識」というべきものである。それ故、思惟する私は、「存在するために何ら他の事物を要さないような仕方で存在するもの」[62] として、神もまたそうであるような、「一つの実体」[63] としての性格をもつ。即ち、「その本質ないし本性はただ考えるということだけにあり、存在するためにはいかなる場所も必要とせず、いかなる物質的なものにも依存しない」[64]、そうした類の存在である。以後、思惟するこの私を「精神」、「魂」、「知性」、「理性」の名で呼ぶことにしたい。[65] かくて、思惟する私の存在は、「人間精神が知ることができるもっとも明証的でもっとも明晰な」[66] 存在であり、「懐疑論者たちの途方もない仮定によっても揺るがすことができないほど堅固で確実な」[67] 真理である。方法的懐疑の果てに、かかる真理をようやく手に入れた私は、以後、この私自身である res cogitans、即ち、理性を、「人が知ることができるすべてのものの根拠をそこから演繹しうる真の原理[68]」、つまりは、第一哲学である形而上学の「第一原理」として、「躊躇うことなく受け容れ」ようと決心した[69]。

次に問われるべきは、方法的懐疑という篩にかけられ、確実明証でないものとして除去された「物質的事物」——たとえば、私の肉体、地上にある山や川、樹木、建物、家具等、さらに、天空にある太陽や月、星等を私は知覚や触覚等の感覚を通して受け取るのであるが、そうした事物、自然というものに関して、それでもなお理性により明晰かつ判明に認識されうる「何か確実なもの」、「真理」が残されていないかどうかということであった[70]。それが確かめられなければならない。

先ず確認しておこう。なるほど、時にありもしない事物を存在すると私が錯覚することがあるにせよ、物質的事物全体は、それが存在することに関し、何か不確かなものとなったわけではない。懐疑はあくまでも明晰かつ確実な認識の根拠を明らかにするための「方法的」なそれにすぎなかったのだから。しかし、同時に、懐疑の結果、res cogitans である私と私の肉体を含む物質的事物全体の間にそれまでなかった一本の分割線が引かれたこともたしかである。これは両者を截然と分ける存在論的な境界であり、私と物質的事物全体が、この線を挟んで、相互に切り離され相対峙する。私は物質的事物全体の前に-対して-立ち、物質的事物全体は私の前に-対して-立てられる。この前に対して立ち／立てられた「もの（res）」の本質を私は“extensa”と規定する[71]。

「res extensa（延長するモノ）」とは何か、「蜜蠟」を例にとって説明したい。蜜蜂の巣からたったいま取り出されたばかりの蜜蠟を想像してみる。それは、「蜜の味」を失わず、「花の香り」を留め、「その色、形、大きさ」は明白である。「固く、冷たく、容易に触れられ、指で叩けば音がする。」しかし、それを火に近づけると、「残っていた味は抜け、香りは消え、色は変わり、形は崩れ、大きさは増し、液体になり、熱くなってほとんど触れられなくなり、打っても音を発しなくなる。」私が、味覚、嗅覚、視覚、触覚、聴覚といった感覚でとらえていたものはすべて変化してしまった。しかし、それでもなお「蜜蠟が存在している」ことに変わりはない。結局、私は、蜜蠟は、「あの蜜の甘さでも、花の香りでも、あの白さでも、形でも、音でもない」ことを知らされたのである。蜜蠟とは、「少し前にはあのような仕方で、だが、今は別の仕方で私にさまざまとあらわれている物体」がそうであり、最後に蜜蠟として残ったものは、「柔軟で、変化しやすい、延長するもの」の他には何もない。留意すべきは、かかる蜜蠟の本源的特徴が、感覚ではなく、「ただ精神の洞察のみ」によって得られたということである。[72]

蜜蠟の例が教えてくれるように、物質的事物とは、感覚による把握がどうあろうとも、結局は、私の精神が「長さ、幅、深さにおいて延長をもつモノ」[73]としてとらえる当のものであり、それ以外の何物でもない。延長と関連し、これと並ぶ同様の本性的特徴として、「延長の限定から生じる形」、「さまざまな形をもつものが互いに占有する場所」、「その場所の変化としての運動」、さらに、「実体、持続、数」を加えることができる。[74]以上から明らかなように、一切の事物の在り様が私の精神の働きにより「量」として規定し直され[75]――その限り、事物の存在は、即自的存在としてではなく、私の精神の働きに依存し、私にとって、私に対して存在するものとなる――、そうすることによってはじめて、事物の真理を探究する上で、悪しき霊を持ち出さない限りはその「論拠の確実性と明証性」[76]について疑いようのない数論と幾何学を認識の道具として利用することが可能となり、物質的事物、及び、それにかかわる現象、たとえば天体の動きや物体の落下等に関し「真の認識」に到達する道が開かれるに至った。[77]別様に言えば、物質的事物は、今や、味や色、香りといった性質を喪失し、ただ「計量的関係」[78]へと浄化・還元され、「純粋数学の対象」[79]となって「明晰かつ判明に認識されうる」ものとなったということである。[80]逆に言えば、今後は、私の精神＝理性によって純粋数学の対象として構成されたもの、構成されうるものだけが、自然哲学やその他の諸学にとって「真に存在」し、学の「対象」としての資格を有するものとなったということである。それ以外に学の対象はありえない。

四　真理の獲得

以後、res cogitans としての私が、一切の存在者の「存在」の根拠となり、res extensa としての存在者の前に-対して-立つ、われわれの時代に固有の主体と客体の関係が成立する。私の哲学は後世の人たちから「二元論」としてしばしば批判されることになると聞くのだが、ratio が、元来、「理性」と「計算」という二つの意味を有する語であった限り、私が明らかにした res cogitans と res extensa は「同じ事柄」の異なる側面であったこと、ご理解いただけるのではなかろうか。存在者の前に-対して-立つことと存在者を数学的に構成することは「同じ一つ」の出来事であったのだ。そのことをはじめて理解し実践した近代人がブルネッレスキやアルベルティ等遠近法の画家たちであり、彼らは、モデルとなる人物や事物を前にして、三次元空間を二次元平面に移し替えるべく、世界を関数的存在へと作り変えたと聞き及んでいる。

かくして、神の摂理の解明という課題を前にして、「思惟をそれぞれに異なる道筋で導き、同じ物事を考察してはいない」(81)これまでの状態に終止符が打たれ、それに代わって、自然哲学者たちは、「同じ道筋で、同じ物事を考察する」スタートラインに立つことが可能となった。コペルニクスやケプラー、ガリレオは、res cogitans としてこのスタートラインに立ち、res extensa である世界に対峙した最初の自然哲学者であった。もしあなたが同じスタートラインに立つことをご承知いただけるなら、天空の惑う星や地上の振子等の物質的事物に限らず、「生命」であれ、「心理」であれ……、それらの現象を計量的関係へと還元することができさえすれば、コペルニクスたちがそうであったように、明晰判明な認識に到達すること、私が請け合ってもよい。

ところで、話は少々横にそれるが、伝え聞くところによると、イタリアの商人達は、今から一五〇〇年以上も昔、コペルニクスの『天球回転論』から数えても六〇〇年も前に、複式簿記なる技法により、商取引を数字で正確に記録し、それをわかりやすく配列することを通じて、複雑な経済の動きを目に見えるもの、数量的に把握できるものに還元し、世界を理解可能な、そればかりか、制御可能な存在に変容させたというが、およそ学問の世界とは無縁な商人である彼らが、自然哲学者と同様の、さらには彼らに先駆けて、私が方法的懐疑によりようやくにして明らかにしえた「認識」を実践していたことには驚かされるばかりである。哲学などというものは、所詮、後世の哲学者が言ったように、「ミネルヴァの梟」にすぎないことがよく実感されよう。複式簿記を定式化し世界中に流布させたパチョーリを、コペルニクスやガリレオ、ケプラーと同列の「近代人」として名誉の顕彰をはかるべきとの意見が出されたとしても、私には何の不思議も異存もない。私の驚きがそれほど大きかったということで、この寄り道をご宥恕いただきたい。

さて、話を元に戻そう。

一方における、絶対確実な存在である認識主体＝理性としての“res cogitans”、他方における、その理性により構成され、理性が、その前に、それに対して-立つ認識客体＝自然としての“res extensa”、そして、前者が後者の掟を探究する際に用いる認識手段・方法としての「数学」、こうした三位一体の形而上学的構図の中で、学的認識が(82)「明晰かつ判明」であり、それ故「真」であることの保証が確かなものとされたのである。ヴァザーリがジョットにより開かれた遠近法への扉を「真理の扉」と呼んだと聞くが、彼の慧眼には感服するばかりである。

私が発見した「真理」の在り方を後世の人は次のように解説する。「存在者の対象化は前に-立てる〔表象する〕ことにおいて遂行される。そのことの狙いは、計算する人間が、一切の存在者を、それが間違いなく存在することを確知しうるように、自己の前にもたらすことにある。真理が前に立てることの確知性（Gewissheit）へと転化したとき、はじめて、学問が研究として成立する。デカルトの形而上学において、はじめて、存在者が前に立てることの対象性として、また、真理が前に立てることの確知性として規定されたのである」と[83]。この言に異論はない。しかしながら、私が見るところ、この「確かさ」はとりあえずの保証でしかない。理性による認識が「明晰かつ判明」な認識、つまりは、真理となりうるとして、その真理を基づける究極の根拠はどこにあるのか、そうした疑問を私は抑えることができないからである。もし、それが「理性」であるというならば、そこにあるのは循環論法でしかない。私が思うに、これは、「神の存在を前提」とすることによってしか解決できない疑問である。「われわれがきわめて明晰かつ判明に理解することはすべて真であるということ自体の保証は、ただ、神が存在し、そして、神が完全な存在者であり、われわれの内にあるすべては神に由来するという事実によってはじめて与えられるものでしかない。その結果として、われわれの観念や概念は、明晰かつ判明であるすべてにおいて、実在であり、神に由来するものであり、その点において、真でしかありえないことになる。[84]」神が、「すべての善と真理の源泉にして、すべてのものの創造者である[85]」限り、なかでも、われわれ人間を神の「似像[86]」として創造した限りにおいて、「神からわれわれに与えられた認識能力が真でないような対象をとらえることはありえない[87]」――それが私が得た結論である。

最後に、同時代人であるブレーズ・パスカル（1623–1662）が私に与えてくれた評価を紹介して、私の「話」を終わることにしたい。「デカルトは、『私は思惟する、故に、私は存在する』との言葉のうちに、物質と精神の本性の区別を立証する一連の驚くべき帰結を認め、この言葉を自然哲学全体の確固かつ不変の原理とした[88]。」

3　主体と客体の形而上学

一　形而上学の近代的転換

デカルトが明らかにした自然哲学にかかわる形而上学的構図は、夕の国の存在史の中にどのように位置づけられ、どのような特徴をもつものであったのか。この疑問に答える前に、デカルトが全哲学の根であるという「形而上学」とはそもそも何の謂いであるか、ハイデガー（1889–1976）の所論に即して明らかにしておきたい。

形而上学が一般に「存在論」とも呼ばれるように、古代ギリシア以来、形而上学に固有のテーマは「存在」であり、その固有の問いは“τί τὸ ὄν”、「存在とは何か」であった。ところが、アナクシマンドロスやヘラクレイトス、パルメニデスといったソクラテス以前の思惟する者たちにより始められたこの問いは、ハイデガーが繰り返し指摘するように、プラトンやアリストテレスの時代にあって、“ὄν”の二重の紛らわしさの中で、もっぱら「存在者」そのものへと定位し直され、「存在」それ自体は思惟されないままにほっておかれることとなった。「存在忘却」の始まりである。それ以来、今日に至るまで、「存在者とは何か」が夕の国の形而上学を規定してきた歴運的な問いであり、それは「存在者としての存在者」への問いとして常に二面的な問いであった。形而上学は、一方において、存在者の「存在」をもっとも普遍的なるものにおいて、つまり、存在者をその存在者性＝本質――フュシス、ロゴス、イデア、エネルゲイア、実体性、被造性、客体性、主体性、力への意思等――において思惟するとともに、一定の存在者性をもつあらゆる存在者に根拠を与える最高の存在者について思惟する。そうした学として、形而上学とは、存在者の本質への問いとして「存在論」であると同時に、存在者の根拠への問いとして「神論」でもある。[89]

　形而上学は、「存在-神-論」として、プラトン以降の西洋の全歴史を通じて、存在者の「本質」、並びに、それに見合った「根拠」をさまざまな特徴づけをもって規定し、そのことにより、それぞれの時代の在り様を根拠づけ、世界観や自然観、人間観を規定し、学問や芸術、技術等の時代を表徴する一切の現象を貫徹・支配し、時代の画定を行ってきた。[90] いかなる時代も、その時代の精神――存在者全体の本質と真理――を根拠づけ特徴づける固有の形而上学を有しているのであり、時代が変わることは形而上学が変わることと同義であり、その結果でしかない。中世から近代への変化も同様であったことはいうまでもなく、この変化の本質を、ハイデガーは、「存在者とは何か」との伝統的な問いが「方法への問いに転化した」ことに見る。「〔近代の形而上学の開始にあたって〕いかにして、人間自身により、人間のために、無条件に確実なものが探求され、真理の本質が境界づけられるのか、そうした方途が問われたのである。存在者とは何かという問いが、真理の絶対的な揺るぎない根拠を問う問いへと変化した。この変転こそが新たな思惟の始まりであり、これにより時代は一つの新しい時代となり、その後の時代が近代となったのである。」[91]

　近代の形而上学的思惟への扉を開いたデカルトが最初の公刊された自著の標題に『方法序説』を選んだことには深い理由があったということだ。たしかに、これ以外に、この開始に相応しいタイトルは他になかったにちがいない。『序説』

においてデカルトが自らに立て渡した課題――「学の方法論的基礎づけ」――をハイデガーはさらに次のように敷衍する。即ち、「自己自身への信頼に満ちた自己立法を可能とする新しい自由へと人間を解き放つための形而上学的根拠を基礎づけること」であった、と。[92] それでは、デカルトの先駆的な思惟により開示された近代の形而上学とはいかなるものであったのか。前節においてデカルトの言に即して明らかにしたところではあるが、ハイデガーは、「コギト」の解釈を通して、なおデカルトにあっては含意のまま、あるいは曖昧なままに残された本質的特徴を撤抉する。

二　ハイデガーによるコギトの解釈

Je pense, donc je suis./Cogito, ergo sum. これが、方法的懐疑により、一切の真理がそれに基づく第一原理として開示された命題である。一見したところ、この命題は、donc、ergoという接続詞からみて、一つの推論形式であるととらえることがもっとも自然と思われる。「私が思惟する」との事実確認から「私がある」との結論が推論され、それにより私の存在が「証明」されたとの理解がそれである。しかし、「思惟する」という事実から「ある」が演繹されるという、ただそれだけのことであれば、デカルトほどの思想家を煩わすこともなかったのであり、彼がこの命題により「言わんとした」ことは「まったく別のところ」に求められなければならないとハイデガーはいう。「われわれは、デカルトがcogito（私は思惟する）、cogitare（思惟する）の下に何を理解していたのかを明らかにする場合にはじめて、彼が言わんとしたことを追思しうるのである。[93]」

それでは、cogito、cogitareとは何の謂いであったのか。ヒントは、デカルトが幾つかの重要な箇所でcogitareの代わりにpercipere（per-capio）という語を用いていることにある。この語には、「或るものを手に入れること、或る事柄をわがものにすること――それも、ここでは、自分の-前に-立てる（Vor-sich-stellen）という仕方で自分に向けて-自分のために-立てる（Sich-zu-stellen）、即ち、表象する（Vor-stellen）という意味においてわがものにすること」が含意されている。[94] ドイツ語のVorstellungがVorstellen（表象する）とVorgestelltes（表象されたもの）の両方を意味するように、perceptioにはpercipere（自分の-前に-引き立てる［Vor-sich-bringen］）とperceptum（自分の-前に-引き立てられたもの［Vor-sich-Gebrachte］、もっとも広い意味においては可視的に-されたもの［Sichtbar-Gemacht］）という二重の語義が含まれている。このように、「cogitare」を、文字通りの意味で、前に-立てる、即ち、表象すること（Vor-stellen）として理解することにより、われわれは、デカルトの cogitatio（思惟）の概念により近づいたことになる[95]」としたハイデガーは、ego cogito は ich stelle vor と同義であり、置き換え可能であるとする。[96]

何故、デカルトは cogitatio/cogitare を perceptio/percipere としてとらえ直したのか。それは、「cogitare には或るものを自分に-向けて-もたらす（Auf-sich-zu-bringen）ということが含まれていることを強調するため」であったとハイデガーは見る。cogitare は「表象可能なもの（Vor-stellbaren）を自分に向けて-自分のために-立てる（Sich-zu-stellen）こと」としてとらえられたのであり[97]、こうした表象作用における cogitare のもつ「私」とのかかわりから、デカルトがいう ego cogito が cogito *me* cogitare（私は私が思惟するということを思惟する）であることが了解される。「すべての『私が或るものを表象する（ich stelle etwas vor）』は、同時に、『私』、つまりは、表象している私を（私の前に、私の表象の中に）表象している」という事実がそれである[98]。cogito *me* cogitare からして、私の意識は「自己意識」であり[99]、表象は「自己表象」であることが納得される[100]。むろん、そのことは、今現に或るものを表象している私が、或るものと並んで、或るものがそうであるように、私によって殊更に表象され、対象となるといったことでは決してない。むしろ、「表象する私（vorstellende Ich）は、『私が表象する（ich stele vor）』すべての場合において、はるかに本質的かつ必然的にともに表象（mitvorstellen）されているのである。私は、すべての表象されたものが、それへ向けかつそれへ立ち返って、また、それの前へ立て置かれる当のものとして、ともに表象されているのである。そのためには、私は、〔今現に或るものを〕表象している私に殊更に向きを変え、振り向く必要などない。或るものの観照であれ、想像、想起、期待であれ、そこにおいて表象されたもの（Vor-gestellte）は、表象作用により『私』に表象され、『私』の前に立てられるのであるが、それは、私自身が、その際、殊更に表象作用の対象となることはないものの、対象的表象作用の中で、そして、もっぱらこの表象作用を通して『私』に向けて-『私』のために-立てられている（zustellen）というようにしてである。すべての表象作用（Vor-stellen）は表象されるべき対象や表象された対象を表象する人間に向けて-その者のために-立てる（zu-stellen）ことによって、表象する人間はこの特有な目立たない仕方で『ともに表象されている（mitvorstellen)』。』……この言い方は誤解されやすいかもしれないが、それにより表現せんとすることは、表象する者が表象の体制に本質的に帰属しているという、この事実である[101]。」

以上から、ハイデガーは、cogito, ergo sum は cogito

sumとしてとらえかえすことが可能であるし、そうしなければならないと結論する。[102] 表象作用において、表象する私が表象された事物とともに特有な目立たない仕方で表象され、「私がある」は、「私は表象する」の中に常に既に含み込まれ、提示されている以上、[103] 命題がいうergoは「故に」という意味ではありえない。それは「帰結」を表現するのではなく、「cogitoが、cogito me cogitareとしての本質に即して、自らが存在していることを承知しているという事実を指し示している」だけである。ergoは、「そして、そのこと〔＝私は思惟する〕はそれ自身によって〔私がある〕ということを告げている」というほどの意味しかない。[104] デカルトも、「第二答弁」の中で、「誰かが『私は思惟する、故に、私はある』という場合、その者は、存在を思惟から三段論法によって演繹しているのではなく、あたかも自明なものであるかのごとくに、精神の単純な直観によって知るのです[105]」と指摘しているとおりである。したがって、デカルトがergoで述べようとした事態は、「われわれが〔命題から〕この語を捨て去り、さらに、egoという語によりもたらされる『自我』の強調も取り除いたときに、もっとも鮮明に表現されうる。即ち、cogito sum（思惟〔表象〕する、あり）。[106]」

それでは、一見等式のようにさえ見えるcogito sumという命題は何をわれわれに告げているのか。それは、「cogitoとsumの間の連関について述べている」とハイデガーは見る。命題は、私の存在が本質的に表象作用によって規定されているというだけでなく、「私の表象が、基準的な再現として、あらゆる表象されたものの現前について、即ち、存在者の存在を決定する」役割を担っているという事態を表現している。[107] それ故、cogito sumは等式であるどころか、デカルトの元の命題を逆転させる働きをする。「私がある（sum）は、思惟することからの帰結ではなく、逆に、その根拠、基礎となるのである。[108]」デカルト以前、表象作用と表象されるものが表象する者に関係づけられるということが気づかれていなかったわけではない。しかし、デカルトは、表象の本質を「表象されたものを表象する私に向けて―私のために―立てること」としてとらえかえすことにより、「決定的に新しい」一歩を踏み出したのである。その「新しさ」とは、「表象する者へのこの連携が、したがって、この連携そのものが、存在者を私の傍らへ―立てる（Bei-stellen）こととしての表象作用において、何が生じ、生じるべきかについて、或る本質的な基準的役割を引き受けるに至った」という点にある。[109]

「基準的役割」の一つが「何がある」かの決定に関するそれである。表象する私は、表象作用において、「前もって、いかなる場合も、自ら〔の力で〕、何が立てられ存立するものとみなされうるか、また、みなされてよいか、〔要するに、何が存在するか」を決定する。[110]」したがって、表象する私により表象されたものだけが「存在者として存在する。[111]」このように特徴づけられた表象にとって、つまり、表象する私が或るものを表象することによりその或るものが「存在する」という意味において、私は、或るものが私の前に現にあることの「根拠」であり、「根底に横たわるもの」として、「基体／主体（sub-jektum）」の地位と役割を手に入れたのである。[112]あれこれの表象作用だけではない、私が行う一切の表象作用が離散することなく常に私の表象作用として統一的に集約されうる——といっても殊更にそうしたことが行われているわけではないが——のも、表象者である私が、表象の体制に本質的に属し、一切の表象作用の「根底に横たわるもの」、「基体／主体」として存在しているからである。[113]

もう一つの「基準的役割」が、表象されるものが「何であり」、「如何にある」かに関する決定である。「cogitare には或るものを自分に-向けて-もたらす（Auf-sich-zu-bringen）ということが含まれていることを強調するため」に、デカルトが cogitatio/cogitare を perceptio/percipere としてとらえ直したことは、先に紹介したとおりである。その結果、cogitare は「表象可能なもの（Vor-stellbaren）を私に向けて-私のために-立てる（Sich-zu-stellen）」との意味を担うことになったのであるが、この「向けて-ために-立てること（Zu-stellen）には何か基準になるものが含まれている。」即ち、「表象されたもの（Vor-gestellte）は、ただ単に前に-置かれている（vor-gegeben）というのではなく、意のままに用いられるように〈私に〉向けて-〈私の〉ために-立てられている（zu-stellen）ということを特徴づける必然性が含まれている。何か或るものが、人間にとって、向けて-ために-立てられ、表象されたもの、cogitatum となるのは、その或るものが、人間にとって、彼がそれを彼の自由に宰領できる範囲内において、いつでも明白に、懸念や疑念なしに、自分から支配しうるものであることが彼に確認され保証されたときになってはじめて起こることなのである。したがって、cogitare とは、ただ一般的かつ無規定に〈何か或るものを〉前に立てる（Vorstellen）といったことではなく、〈私に〉向けて-〈私の〉ために-立てられたもの（Zugestellte）が、それが「何であり」、「如何にある」かにおいて、もはやいかなる疑いも生じさせないという条件に自ら服している、そのような表象作用（Vorstellen）である。[114]」ここでも、表象する者としての私は、表象されるものが「何であり」、「如何にある」かを決定することにおいて、或るものが単に「ある」というだけでなく、そのものが「かくある」ものとして、私の前に現にあることの「根拠」であり、「根底に横たわるもの」として、基体／主体の役割を演じることになる。

表象作用の本質は、或る基準を「視点」にして、存在者の「存在」、即ち、存在者が「あり」、「何であり」、「如何にある」かを遠近法的に構成することにあるといってよい。その際、表象作用が基づく「基準」が、デカルトにおいて、というよりも、そもそも近代の思惟において、数論や幾何学に求められること、改めて確認するまでもない。表象する者は、ブルネッレスキ等の遠近法の画家たち、あるいは、コペルニクス等の自然哲学者たちがそうであったように、表象されるものを、数学を基準にして、自分の前に-自分に向けて-自分のために-立てるのである。このようにして数学的に表象可能なものだけが存在者となり、以後、存在者＝自然は res extensa という在り方でのみ存在する[115]。

存在者の「存在」を決定する基体／主体である――それが、デカルトが、いささか誤解の余地のある仕方で、res cogitans と呼んだ当のものの正体であった。元来、subjektum という語は人間に限られるものではなかった。これは、ギリシア語の「ヒュポケイメノン」をラテン的に翻訳・解釈した語であり、元々の意味は「下に-根底に-横たわるもの（das Unter-und Zugrunde-liegende)」、「自ら既に前に-横たわるもの（das von sich aus schon Vor-liegende)」であった。すべての存在者が存在者であるかぎり、石や植物、動物、星辰、そして、神もすべて subjektum であること、人間と違いはなかった。しかし、デカルト以降、subjektum は、表象する「私」が、一切の表象作用において、存在者が「あり」、「何であり」、「如何にある」かを決定する規範的役割を演じるものであるという意味において、あらゆる表象作用の「下に-根底に-横たわるもの」、つまりは、表象されるものの「根拠」として、表象する人間に限定されて使用される事態が出来したのである[116]。以後、主体が「自我（Ich)」の中に移し置かれ、「主体性（Subjektivität）が自我性（Ichheit）と同義」となり、「自我が、殊更に、subiectum、即ち、『主体（Subjekt)』とみなされる」時代が始まった。それが「近代」という時代である[117]。

主体となった自我は、存在者が「あり」、「何であり」、「如何にある」かを決定する「最高審級」として、神に取って代わるべく、神から「理性」の地位を簒奪する。単なる神の似像ではない、自律・自存した人間理性の登場である[118]。他方、かつて人間と同様に主体であった石や植物、動物、星辰等の存在者は、人間と並ぶ被造物としてではなく、主体である私の表象作用により「かくある」ものとして根拠づけられることにより、主体に相対的な関係に立つもの、obiectum、即ち、「客体」として位置づけられる[119]。客体は、私の前に-私に向けて-私のために-立てられたものである限り、主体に対して立つものとして、「対象（Gegenstand)」と同義となる[120]。

かくして、「対象性（Gegenständigkeit）」が近代の思惟における存在者の在り様（Seiendheit）＝本質を決定し、対象であるもの、対象となるもの、つまり、主体である私の前に-対して-立つものだけが存在しうるものとなる。[121] デカルトの形而上学は「主体と客体」の形而上学としてもっともよく理解される。

4　世界像の時代

一　世界とは何か

デカルトの存在史的意義は、彼が、はじめて、遠近法や新しい自然哲学の根拠となった「前に-対して-立つ」という世界との新たな関係に形而上学的な基礎づけを与えたことにある。そのことにより、人間が「主体」となり、人間以外の事物が「客体」となる、近代という時代の在り様が確定され、デカルトとともに、彼によってはじめて、主体主義／客体主義が形而上学一般を支配する時代の幕が切って落とされた。それは、また、世界が「像」となる時代の始まりでもあった。ハイデガーは、そこに近代という時代を決定づける形而上学的「本質」を見ることができるという。[122] それでは、「世界像（Weltbild）」とは何であったのか。人間が主体となることと世界が像となることとの間には如何なる関係があるのか。何故、近代において世界は「像」となったのか。

それに答えるためには、先ず、「世界」とは何かが明らかにされねばならない。ところで、世界が多義的な意味を有する概念であることは、たとえば、デカルトの「〔私は、再び旅に出〕その後まる九年の間、世界（monde）の中をあちこちと巡り歩く」との言、あるいは、ゲーテの「〔コペルニクスにより〕世界（Welt）が球体として認定され、自己完結したものとなるや否や、地球（Welt）は宇宙（Weltall）の中心であるという途方もない特権を放棄することになった」との言を持ち出すまでもなく、日常的にわれわれが経験するところでもある。世界が何であるか、それにはじめて明確な哲学的規定を与えた点に、現象学に始まる二〇世紀の存在論の特徴があり貢献があった。

世界は、あれこれの存在者でもなければ、それら存在者の集合体でもない。また、世界は、存在者のように、私と並んで、あるいは、私の前にあるものでもない。世界は、眼に見えるものでもなければ、手で触れうるものでもない。おそらく、私は、普段、世界を世界としてその存在を実感することはない。世界は、ただ、私がその内に存在している「地平」[123]として、あるいは「一種の場所」[124]として、たいていは気づかれることのないまま存在する。こうした『内に』ある」[125]ことは、私の「身体」を介してのみ可能であり、私は身体によって世界に「投錨」されている。[126] 錨となった身体が世界における私の「視点」を決定する。こうした事態を、ランドグレーベは、「身体は絶対的零度であり、いっさいの体験にとっての定位の中心であり、いっさいの『そこ』のための絶対的『ここ』である」と表現する。[127] それ故、世界は普遍的ではなく、個別具体的な「私」の世界としてのみ存在する。身体を介して「世界の-内に-ある（In-der-Welt-sein）」（ハイデガー）ことが世界と私のかかわりあいの本質をなす。「内に-ある」ことは、私がもつおりもあればもたぬおりもあるといった偶有的な性質ではない。[128] それは、私の「根本体制」であり、私の本質的性格を構成する。[129] 世界なしの私がありえないように、世界もまた私なしにはありえない。[130] フッサールは、こうした関係を「世界はあるのではなく、私とのかかわりから、はじめて生成する」と表現する。[131] したがって、私と世界の関係は、一方に私があり、他方に世界があって、たまたまこの二つが出会い、私が世界の中に入るといった関係ではない。[132] そもそも「内に-ある」ことは「中にある」ことと同義ではない。[133] メルロ＝ポンティが、In-der-Welt-sein を、サルトルとは異なり、être-dans-le-monde ではなく、être-au-monde と訳したことには理由がある。世界は、「本質上、現存在（＝私）の存在とともに開示されてある。[134]」むろん、開示は能動的な行為を意味しない。私がある限り、私は、それと気づくことなく、常に既に世界を開示し、その内にある。ハイデガーは、私の関与を希薄化するべく、彼独特の言い回しで、「世界は世界する（welten）」と表現する。[135]

あれこれの事物、たとえば、日常的な道具であれ、植物や動物、星辰等は、開示された私の世界に入り来たり、その中で、世界によって明らめられ、自らの存在を顕現させる。[136] そうしてはじめて、事物は世界の内にある私と出会い、私が五官を通して感覚するものとなる。事物は、差し当たって大抵は、世界と無関係に「実在」するのであり、その限り、事物は「ある」のではなく、私といかなる態様であれかかわりあうことはない。私に対し自らを顕示した事物が、「内世界的にあるもの（innerweltlich Seiendes）」であり、[137] 文字通りの意味での「存在者（Seiendes）」である。

ハイデガーは、こうした事態をとらえて、世界を、事物を明らめ存在させるものとして、「存在の光」、[138] あるいは、「存在の開け」、「存在の明るみ」と言い換え、さらに、端的に「存在（Sein）」と呼ぶ。[139] この「存在の開け（Da）に立つ」ことに世界と人間の本質的な関係がある。それは、「現-存在（Da-sein）」の一語で表現され、[140]「実-存（Ek-sistenz）」とも言い換えられる。[141] あれこれの事物は“Da”の内で明らめられて存在し、“Da”の内にある私は、存在者となった事物と出会い、かかわりあうことが可能となる。[142] ただし、私が事物とかかわりあう際に常に既に明らめるものとして働いている存在＝世界は、明らめられ自らを顕示する事物のように決して私に現前することはなく、常に自らを秘匿したままにとどまり、私もまた、普段、それを眼にすることも、まして、思惟することもない。[144] 存在は、私にとって、存在者よりはるかに近く、もっとも近いものでありながら、その近さはもっとも遠いままにとどまっている。[145] したがって、プラトン以来の夕の国の形而上学を支配し、デカルトも免れることのできなかった「存在忘却」は人間の怠慢や無能の故とは言い切れない。[146] 哲学の根としての形而上学を養うところの「土」として、自己を秘匿し忘却されながらも、私があり、事物があり、私が事物と出会いかかわりあう際には、常に、それと知られることなく開示され振動している、それが、世界＝存在に固有の在り様である。

このように端的に「存在」ととらえなおされた世界は、文字通り、「……がある」ことの根拠である。存在根拠としての世界は、私が、その内にあって、そこで出会うあれこれの事物が何であり、如何にあるか、また、私がそれとどのようにかかわりあうかについては何も語らない。存在としての世界は、いわば私と事物の出会いを可能とする舞台でしかない。舞台の上にどのような役者が登場するか、そこでどのような芝居が演じられるかは、舞台である世界にとってはあずかり知らぬことである。世界の内にあることが人間の根本体制である以上、いついかなる場合にも、事物が何であれ、私が事物とどのようにかかわりあおうと、世界は、私と事物がその内にあるという仕方で私とともにそこにあることに変わりはない。それ故、世界を存在根拠としてとらえる限り、古代人にとっての世界があり、それと異なった仕方で中世人、近代人の世界があるといったことはありえない。ヴァントゥウ山を登山の対象ととらえたペトラルカと、同じ山を悪霊の隠れ住む邪悪な不安に満ちた畏怖すべきものととらえた中世人との間で、そうしたかかわりあいの地平としての世界に何か違いがあるわけではない。それぞれの山とのかかわりあいに違いはあれ、山が「ある」ことに変わりはない。世界は「……がある」の根拠ではあっても、「何があり」、そのものが「何であり」、「如何にある」かの根拠ではない。

二　像となった「世界」

「存在」としての世界が像となった「世界」でないことはたしかである。私がその内にあり一切の存在者の存在根拠である世界が「像」となることなどおよそ考えられないことなのだから。そうだとすれば、像となりうるものは、世界の内にあって、私と出会い、私が知覚し、感覚するもの、即ち、内世界的にあるもの＝存在者以外にはありえない。ただし、存在者がただちに像となるわけではない。世界像が近代においてはじめて出来したとするならば、それは、存在者の「存在」の変化、即ち、単に存在者が「ある」というだけではなく、「何があり」、「何であり」、「如何にある」かに関して、つまりは、何が存在し、そのものがどのようなものとして存在し、私とどのようにかかわりあうかに関して、それまでの時代にはなかった、世界を像とするような、或る何らかの事態が出来したからにちがいない。したがって、世界像とは何かを明らかにするには、「何があり」、「何であり」、「如何にある」かの根拠が改めて問われなければならない。

存在者とのかかわりあいのもっとも身近で一般的な存在態様は、仕事の中で事物を「道具」として使用する場合である。たとえば、私が、土間にある靴を履き、畑に出かけ、畝を耕す、といった情景を想像してみよう。そのとき、靴は、私にとって、足を保護し農作業を円滑に行うためのものとして存在する。この「……するための或るもの（etwas, um zu）」が道具としての存在者の在り方である。[147]ただし、それは「常に既に」というわけではない。事物が道具であるのは、私が何らかの目的・目標を立て、その実現のためにそれを使用する場合に限られる。たとえば、私が、畑に出かけ畝を耕すという目的・目標――それは、さらに、小麦を育て収穫するため、収入を得るため、家族を扶養するため等々の目的・目標へと繋がっている――を立てることにより、靴は、それを実現するために必要な道具として、他の道具、たとえば、鋤や鍬、鎌等とともに私に顕現し存在する。[148]もっとも、それは、靴が、先ず皮革とゴムと繊維等の複合体として顕現し、その後、私によって足を保護し農作業を円滑に行うための道具としての意味・機能が付与される、といった風にしてではない。[149]靴は、畑に出かける私にとって、殊更に「靴である」としてとらえられることはなく、私がおそらくはそれと気づかないままに、靴「として」履かれているというのが実際である。靴がそのものとして眺められることが少なければ少ないほど、また、私が野良仕事に没頭し靴を履いていること自体を忘れるほど、靴と私とのかかわりは一層本源的なものとなり、靴は「それがそれであるところのものとして、つまり、道具として出会われる。[150]」ハイデガーは、こうした事態を指して、「物は物する（dingen）」と表現する。[151]

日常的な生活世界の内にあっては、事物は、靴がそうであるように、差し当たって大抵は、私が立てた目的・目標連関の中で、「何があり」、「何であり」、「如何にある」かが決定され、一定の機能と役割をもつ「ためにあるもの（Zuhandenes）」として存在する。それが「道具」である。[152]こうした道具としての性質＝道具性（Zuhandenheit）は事物に生来的に備わったものではない。事物が目的・目標連関の外にある場合、たとえ内世界的に存在したにせよ、それは、「ためにあるもの」ではなく、それとは別様の仕方であるもの、即ち、「前にあるもの（Vorhandenes）」でしかない[153]。たとえば、沼地での作業のために長靴を履いた今日の私にとって、土間に放置された昨日までの靴は、たとえDaの内で己を顕現させたにせよ、道具性を失い、「前にあるもの」として存在するにすぎない。それればかりか、沼地で作業を始めた私にとっては、それは「存在する」ものですらない。明日、畑での作業に戻るとき、今日打ち捨てられた靴は再び靴としての道具性を付与され、「物する」ことになる。事物が道具として存在することは、代表的ではあれ、事物の在り様の一つでしかない。事物は、道具としての他に、さまざまに、私が何であり、今何をしようとするかに相応して、たとえば、聖なるものとして、魔的なものとして、畏怖すべきものとして、邪悪なものとして、飾るものとして、愛するものとして、遊ぶものとして、慰謝するものとして、邪魔なものとして等々の在り様で私に顕現し存在する。道具としてであれ、何であれ、今現に私に対し顕現し存在する存在者の全体が、『存在と時間』において、存在根拠としての世界と区別するために、括弧付で標記された「世界」である[154]。われわれも、以後、存在＝世界と存在者全体＝「世界」を区別して標記することとする。こうした道具等の存在者で構成される「世界」は、いつでもどこでも、時代や社会を問わず存在するのであり、そうである以上、ハイデガーが近代に固有という、像となった「世界」ではありえない。

それでは、「世界」が像となる契機は何であったのか。何が像となった「世界」を生み出したのか。それは、コペルニクスが開始し、存在者の「存在」にそれまでなかった変化をもたらした、新たな「世界」への構え以外にはなかったにちがいない。コペルニクス等自然哲学者がかかわる事物は、日常的な生とは異なり、道具性等の性質を一切もたない「前にあるもの」としてのそれであった。そうしてはじめてそれらは学の対象となりえたのである。ただし、学の営みの場合、事物の「前にあるもの」としての在り様（Vorhandenheit）は、土間に放置された靴の場合とは異なり、単にそこにあるのではなく、観察主体である私が殊更に事物を「前に-立てる（vor-stellen）」ことによってはじめて実現される。コペルニクスやガリレオ等が行ったことは、先ず、日常感覚の受容を判断中止することにより、事物から、それが日常的な生の中で有していた道具性等の一切の性質を剝ぎ取り——ピサ大聖堂の揺れるシャンデリアはガリレオにとって「シャンデリア」ではなかった——、いわば裸の形で私の前に立たせ、さらに、この「前にあるもの」、より正確には、「前に-立てられたもの（Vor-gestelltes）」を、数学を基準にして、数学的に測定し計算可能な事象（形、量、比例、運動、力、距離等）、即ち、res extensaとして定立し、意のままに用いることができるように、「私に向けて-私のために-立てる(Zu-stellen)」ことにあった。こうして、事物は、道具ではない、聖なるもの、魔的なもの等々でもない、さらには、単に前にあるものでもない、まったく新たな在り様、「対象性(Gegenständlichkeit)」を獲得する。数学的投企により、存在者が「あり」、「何であり」、「如何にある」かが決定され、こうしてはじめて、太陽や月、火星等の星辰、あるいは、ピサ大聖堂のシャンデリアは、宇宙の掟を解明するのに相応しく、主体である自然哲学者の前に「向けて-ために-立てられたもの(Zu-gestelltes)」として、「客体」、「対象」となる。

存在としての世界でも、道具等の存在者全体としての「世界」でもなく、表象作用、即ち、「前に-立てる」ことにより主体の前に客体＝対象として姿をあらわした存在者の総体――これこそが「像」となった「世界」である。[155]「世界」が像となることとは、人間が存在者の関与の中心として主体となり、存在者が客体となること、即ち、人間が「世界」を表象することと「まったく同じ」出来事であった。[156]

何故、世界像が古代や中世において出来することがなかったか、何故、古代や中世の世界像について語ることができないか、その理由はここにある。人間を、植物や動物と同様に霊魂が宿る生ける有機体である自然の一部としてとらえた古代の人々、あるいは、人間を、自ら立ち現われ自らを空け開く存在者をただ受容する存在の牧人であるととらえたソクラテス以前のギリシア人、人間を、神の創造秩序の中に予め与えられた場においてただ神の掟に従い目的を実現する被造物ととらえた中世の人びと、いずれの時代にあっても、「世界」が像となる上で必要な人間が主体となり、人間以外の存在者が客体となる事態は起こりようがなかった。[157]

世界像を、ハイデガーは、「像(Bild)」という語が「或るものの模写(Abbild)」を連想させることから、「いわば全体としての存在者の絵画」ととらえることも可能であるという。[158]彼自身は、この比喩は必ずしも十分なものではないというものの、ハイデガーが「絵画」を譬えに持ち出したことは理由のないことではなかったと思われる。世界像とは何かを、その由来も含めて、改めて教えてくれる比喩であることに違いない。奇妙な板絵を手にサンタ・マリア・デル・フィオーレ大聖堂の中央扉の位置からサン・ジョヴァンニ洗礼堂に正対して立つブルネッレスキをはじめ、マサッチョやウッチェロ、デューラー等遠近法の画家たちを改めて想起しよう。彼らは、あるがままの自然を描くべく、日常的な視覚を一旦停止し、人物や事物等のモデルに対して距離をとり、視点を定め、数学的投企により「世界」を表象した最初の者たちであった。マサッチョの『聖三位一体』であれ、ウッチェロの『夜の狩猟』、レオナルドの『最後の晩餐』、デューラーの『書斎の聖ヒエロニムス』であれ、われわれがそこに見るものは、彼らの眼から照射された光線の束であるユークリッドの視錐を中間に挿入した一枚の平面により切断して得られた、文字通り、像となった「世界」そのものである。彼らこそが「世界」を像としてとらえた最初の近代人であった。レオナルドが、「何と、絵画は、それに属する精妙な思惟により、あらゆる人間の仕事に勝ることか」と自負した所以である。さらに、彼は続けていう、「精神の窓と呼ばれる眼は、理性がそれによって自然の無限の作品を完全かつ豊かに認識しうるための最高の手段である」と。[159] コペルニクス、ケプラー、ガリレオ、ニュートン等は、「精妙な思惟」を可能とする「精神の窓」を自己のものとした、そのとき、はじめて、「自然の無限の作品を完全かつ豊かに認識」することができたのである。コペルニクス等は、世界を「像」ととらえたことにより、紛れも無く、ブルネッレスキやレオナルド等遠近法の画家たちの嫡出子であった。

おそらく、コペルニクス以前の自然哲学者やティコ等の前にも、「世界」は、彼らが数学によって宇宙を表象せんとした限り、像としてその姿をあらわしたに相違ない。ただし、それは「歪んだ」像としてであった。歪みの原因は明らかであろう。「世界」の前に‐対して‐立つことの不徹底さ、さらに遡れば、自我の未熟さがそうであった。日常的知覚を差し止め、「世界」から距離をとり、「世界」に正対して立つコペルニクスによりはじめて歪みが正され、そうしてはじめて「世界」は正しい像を結ぶことが可能となったのである。

これ以降、像となった「世界」は自然哲学者の前に「尺度を与え拘束力」をもつ「体系」として立ち現われる。[160] ハイデガーは、「数学的投企の内には、単に〔教会の真理〕からの解放だけではなく、同時に、自由そのものを、即ち、自ら引き受けた拘束を新たに経験し形成することが含まれている」という。「数学的投企には、この投企自体の中で要請された諸原則への拘束が生じる。新たな自由への解放というこの内的な性向によって、数学的なものは、それ固有の本質を、それ自体の、また、したがって、一切の知の根拠として据えるということへと突き進むのである。[161]」自然から距離をとり自然に正対することを選んだ自然哲学者にとって、像となった「世界」の他に「世界」はなく、以後、彼らはもっぱら「世界」を幾何学と数論を基にして表象する。

5　主体性の形而上学

一　自然の支配者にして所有者

「学の方法論的基礎づけ」が『方法序説』においてデカルトが自らに立て渡した課題であった。それ故、デカルトの意図が、コペルニクスやガリレオ、ケプラー等の数学的投企が依拠していた形而上学を剔抉・露開し、自然哲学の営みに形而上学的な根拠を与えることに置かれていたことについて疑問はない。しかし、ハイデガーは、デカルトの課題を「自己自身への信頼に満ちた自己立法を可能とする新しい自由へと人間を解き放つための形而上学的根拠を基礎づけること」と敷衍しとらえ直すことにより、彼の企てが単なる学の基礎づけにとどまらず、はるかに大きな射程をもつものであったことを明らかにする。

はたして、デカルト自身の考えはどうであったか。『方法序説』第六部が参考となる。冒頭、ガリレオ断罪の報を受け計画していた出版を取り止めたことについて触れた彼は、「本を出版するという職業がいつも嫌だった」自分にとってガリレオ事件は渡りに船であったとし、そうした自分が、何故『序説』を公表する気になったのか、次のように弁明する。「自然哲学にかかわって〔cogito, ergo sum、及び、それに基づく〕いくつかの一般的知見を獲得し、それらをさまざまな個別問題〔屈折光学、気象学、幾何学〕に試しはじめながら、これらの知見が私たちをどこまで導くことができるのか、また、これまで使われてきた諸原理とどれほど異なっているかに気がつき、すぐに、私は、こうした知見を隠しておくことは、力の及ぶ限り万人の一般的幸福をはかるべしとの掟に照らして大きな罪を犯すことになると思ったのです。」出版に至った心理的な変化をこのように語ったデカルトは、さらに次のように続ける。「というのも、これらの知見は、次のことを私に理解させてくれたからです。これらの知見によって生活にとってきわめて有益な認識に到達することが可能であり、学校で教えられているあの思弁哲学の代わりに、実践を見いだすことができ、それによって、火、水、空気、星、天空、その他、私たちを取り巻くすべての物体のもつ力と作用を知り、私たちが知っている職人たちのさまざまな技能と同様に、それらの認識をそれらに適したすべての企てのために実践的に使用することができるだろう、そして、このようにして、これらの認識は私たちを自然の支配者にして所有者とするだろう、ということです。[162]」

単に学問的な認識にとどまらない、人間が「自然の支配者にして所有者」となるべく学問的知見を実践に適用し使用すること、そこにデカルトの思いがあったということだ。ただし、そのことの必要性・有用性を説いたのは、何もデカルトに限ったことでも、彼がはじめてでもなかった。画家にとっての自然の理法の探求の必要性とその成果の絵画への還元の効能を説いたアルベルティやレオナルドがそうである。あるいは、「知は力なり」を標榜したフランシス・ベーコン（1561–1626）。彼は、『方法序説』の一七年前に出版した『大革新』第二部「ノヴム・オルガヌム――あるいは自然の解明についての正しい指示」[163]の中で、知の実践への適用と応用の必要と有用性について語っていた。第一巻と第二巻の冒頭にご丁寧にも同じ「自然の解明と人間の支配についてのアフォリズム」との標題を置いたベーコンは、「諸学問の正しい真の目標は、人間の生活を新たな発明と力によって豊かにすることである」[164]として、この書の目的は「自然を解明し、知性をいっそう正しく活動させる技術そのものを提示する」ことにあるとする。[165]以上から、彼の関心が、自然の認識よりも、その成果を実践にどのように生かし、自然の支配を実現し人間の生活をいかに改善するかに向けられていたことが了解される。自然哲学に何がしかの存在理由があるとすれば、それは、「自然の奉仕者であり解釈者である人間は、自然の秩序について、事物に即してであれ、精神によってであれ、彼が観察しえた限りまでしか行動し理解することができず、それ以外は、知ることも、支配することもできない」からである。[166]

そうした事態をベーコンは「人間の知識と力はひとつに合一する」[167]との言葉で表現する。知識が力の及ぶ範囲を決定し、知識の増加は力の増加をもたらすものとなる。ただし、どんなに優れた知識であれ、それを利用し、「所与の事物に対し、一つ、あるいは、いくつかの本性を生み出し、付け加えること」[168]がなければ、宝の持ち腐れに終わる。そういうわけで、「偉大な発明は、人間の行為のうちで、もっとも卓越した所業の一つとみなされる」のであり、「発明は、いわば、新しい創造、神の御業の模倣である。」三大発明である、印刷術が学問において、火薬が戦争において、羅針盤が航海において、それぞれ「世界全体の様相と状態をすっかり変え、そこから無数の変化がおこった」ように、発明により「人類自体が有する宇宙全体に対する力と支配権を再建し、強化しようと努力する人があるなら、彼の野心は、自己の勢力を自国の中で拡大せんとする野心や自国の権力と支配権を人類全体に拡大せんとする野心に比べ、はるかに健全ではるかに高貴なものといえる。」宇宙全体に対する支配権は、「自然は服従することによってのみ支配されうる」が故に、「ただ、技術と学問のみにその基礎を置く」ことによって可能となる。[169]

デカルトがベーコンの主張を否定するとは思われない。しかし、二人の間には決定的な相違が存在する。実践に適用されるべき学問的知見とは、デカルトにとっては、自然哲学がもたらすあれこれの成果にとどまらず、それ以前、自然哲学の方法論的基礎づけにかかわって彼が獲得した“cogito, ergo sum”、及び、それに基づく「一般的知見」そのものであった。デカルトが、自身最初となる出版の段階から、cogito とそれに基づく形而上学が、学の方法論的な基礎づけを超えた、はるかに大きな射程をもつものであることを明確に自覚していたことに間違いはない。それでは、cogito からいかにして「自然の支配者にして所有者」が出来するのか。「自己立法を可能とする新しい自由への解放」とは何であったのか。それはいかにして可能となるのか。その「解放」の先にはいかなる未来が待ち受けているのか。

こうした疑問に答えるために、先ず、デカルトが「実践」に応用可能とした cogito の形而上学とはいかなるものであったのか、先に詳しく見たところではあるが、新たな問題関心の下に、それを改めて確認しておきたい。核心は、自然の前に-対して-立つことにあった。事物は、表象作用により、学の認識の対象に相応しく、数学的に測定し計算可能な事象、res extensa として構成され、私に向けて-ために-立てられたものとなる。私が、「かくある」ものとしての存在者の全体、「世界」の存在根拠として「主体」となり、他方、「世界」は、主体である私により表象され、数学を基準に構成された「客体」として、私に-対し-立つもの、「対象」となる。その結果、「世界」は、私が自由に宰領でき、意のままに用いることが可能な事物の総体となって立ち現われる。たとえ学の領野に限られた出来事であったとはいえ、人間が、かつて神が有していた理性の地位を襲い、神に代わって、存在者の「存在」、即ち、「何があり」、「何であり」、「如何にある」かを決定し、「世界」を自己の支配下に置く最高審級の地位に立つ——そこに cogito の形而上学の本質があった。

かかる形而上学が、「学の方法論的基礎づけ」を目的とするものであったにせよ、天空の存在を超え、存在者の「存在」そのものにかかわる形而上学として、自然哲学の基礎づけに留まるものでなかったことは、以上のまとめからも、おおよそ了解されうるのではなかろうか。もっとも、認識の範囲が天空から存在者全体へと拡大したととらえるだけではいまだ十分ではない。デカルトが見るところ、自然の数学的構成は、「認識」をはるかに超える射程をもつものであったのだから。「私たちを自然の支配者にして所有者とするだろう」との言にあるように、自然と人間の関係を一変させ、人間の自然に対する優位性、支配可能性をもたらしたこと、そこに cogito の革新性があった。

革新性の根幹に「計算」が存在する。その働き、それが有する力が何であるかを、ハイデガーはツォリコン・ゼミナールの中で次のように明らかにする。「計算する（berechen)

とは元来、何かをあてにする（auf etwas rechnen）、つまり、何かを斟酌し（etwas in Rechnung stellen）、その際、同時に何かを予定に入れる（mit etwas rechnen）ということです。何かをあてにし、何かを予定に入れるということは、何かを狙いながら別のことを考慮することを意味します。測定とはこのような意味での計算なのです。数えるというのは第一義的なことではありません。……自然科学的研究とそのテーマである自然が測定可能性によって特徴づけられるという場合、この測定可能性を単に数的に規定されるような確認の入手としてしか考えないのは不十分です。測定可能性は、本当は、計算〔予知〕可能性（Berechenbarkeit）を意味します。これは、自然過程における何をあてに（worauf rechnen）できるか、何を予定に入れ（worauf rechnen）うるかの知識を保証するような自然の見方なのです。測定可能性とは、いま述べた意味での計算可能性のことです。そして、計算可能性とは、予測可能性（Vorausberechenbarkeit）を意味します。そして、自然過程の支配可能性（Beherrschbarkeit）が眼目である以上、この予測可能性こそ決定的な意味をもつのです。しかし、この支配可能性ということには、自然を、一種の所有物として、意のままに自由に処理する可能性（Verfügbarkeit）が含まれています。」こう語ったハイデガーは、続けて、『方法序説』の言葉を引用しながら、次のように結論する。「科学で肝要なのは、『わたしたちを自然の支配者とし、自然の所有者、持ち主とすること』です。」[170]

二　力への意思

同様の精神は、既に、複式簿記を操るダティーニ等イタリアの商人たち、遠近法を操るブルネッレスキやマサッチョ等のクワトロチェントの画家たちのもとに見いだされるものであったのだが、要は、近代の自然表象、自然の対象化・数学化は、「自然過程を予測可能で、それ故に、制御可能であるような形で表象しようとする意図によって導かれていた」[171]という、この一点こそが重要である。やがて、ニーチェは、あからさまに、「思惟は、われわれにとって、何ら『認識する』ための手段などではなかった」と語ることになるであろう。即ち、思惟は「出来事を特徴づけ、整序し、われわれが自由に使用しうるものとするための手段である」[172]と。コペルニクス等の自然哲学は、cogito の形而上学から生み出された、大きくはあっても、「世界」の宰領の一つの可能性、一つの成果といったものでしかない。cogito の形而上学から、学の領野を超え、実践に必要な一切の帰結を導き出し、実践の形而上学へと仕立て直す作業は、後の世代に託された課題であった。デカルトが開始した認識から実践に跨がる形而上学——それを「主体性の形而上学」と呼ぶことにしよう——の

「完成の歴史」は、ニーチェがこれを開始する。ハイデガーの見るところ、両者の関係は次のようなものであった。「ニーチェは、他のいかなる思想家にも見られないほど、デカルトの形而上学に避け難く支配されている。……ニーチェはデカルトと等しいことを説いたというつもりはないが、われわれが主張するのは、差し当たりもっとはるかに本質的な事柄である。ニーチェは同じことを本質の歴史的完成という形で思惟している。[173]」

主体性の形而上学の「完成化」――それが、ニーチェが「近代最後の思索者[174]」として二〇〇〇年以上におよぶ夕の国の哲学の歴史と対峙する中で己が身に引き受けた最後の課題であった。ツァラツストラはいう、「君たち、もっとも知恵ある者たちよ、君たちを駆り立て、欲情を起こさせるものを、君たちは『真理への意思』と呼んでいるのか。いっさいの存在者を思惟しうべきものせんとする意思、君たちの意思を私はそう呼ぼう。いっさいの存在者を、君たちは、先ず思惟可能なものにせんと欲する。君たちは、それが思惟しうるものかどうか、当然の不信をもって疑うからである。しかして、君たちは、いっさいの存在者は君たちに順応し屈服すべきというのである。君たちの意思がそう欲している。存在者は従順となり、精神の鏡、影像として、精神の臣下となるべきだというわけだ。それこそ、力への意思として、君たち知恵ある者たちの意思のすべてである。[175]」たしかに、ニーチェが指摘するとおり、真なる認識の獲得への志向、そのために行われる殊更にする日常的知覚の差し止め、及び、これも殊更にする「世界」を私の前に‐私に向けて‐私のために‐立てる表象作用の中に意思、それも「我意」とでもいうべき強力な意思の働きを嗅ぎ取ることは困難ではない。コペルニクス等の数学的投企が、天空を思惟可能なものとするべく、星辰を飼い馴らし、精神の臣下とせんとする意思から始まったことは間違いないのだから。ハイデガーは、「表象作用はそれ自身において既に意思することであった」ととらえる。「主体の主体性とともに、その本質として、意思があらわれ出てくる。近代の形而上学は、主体性の形而上学として、存在者の存在を意思の意味で思惟している。[176]」表象作用を規定し、その本質を成す「意思」こそが、「精神の独裁」、即ち、「自然に対する人間の途方もない侵襲[177]」を可能とした当のものであった。ニーチェは、表象作用の背後に控える意思作用を剔抉し、表象作用を意思作用、即ち、「力への意思」としてとらえ直すことにより、主体の働きを力動化させ、学の基礎づけをはるかに超え出る、しかしながら、既にデカルトの形而上学に内包されていた、近代という時代全体にとっての新たな、その完成に至る決定的な一歩を踏み出すこととなった。[178]

それでは、ニーチェが cogito の中に見いだしたという

「力への意思」とは何であったのか。われわれは、それを次のように規定しよう。存在者の「存在」、即ち、「世界」が「あり」、「何であり」、「如何にある」かを決定する力――それこそが「力への意思」にいうところの「力」であった、と。そして、この力へと向かう「意思」とは、第一には、かつて神の手の中にあった存在者の「存在」を決定する力を神から奪わんとする意思の謂いであり、第二には、かかる力をもっていっさいの存在者の「存在」を神に代わって決定せんとする意思の謂いであり、第三には、自ら決定した存在者の「存在」により「世界」を征服し支配し創造せんとする意思の謂いであった、と。ニーチェの、「存在のもっとも内なる本質が力への意思である[179]」、あるいは、「世界の本質は力への意思である[180]」、「この世界は力への意思である――そして、それ以外の何物でもない[181]」といった、それ自体としてはいささか不分明な言説も、こうしてはじめて了解可能となる。

「力への意思」が主体性の形而上学の核を成す。ハイデガーはこの「意思」の本質を「意思への意思」に見る。それは、「あらゆる目的をそのものとしては否定し、ただ目的を手段として……のみ受け入れるだけ」の意思である[182]。「何かのために」ではなく、ただ単に、「より強くなろうとする意思、成長しようとする意思[183]」として、「自己自身を〔不断に〕乗り越える力を意思する」意思である[184]。その限り、力への意思の活動に終わりはなく、「生のいかなる豊かさにおいても安らぐことはない[185]。」「いかなる目標もいかなる最終状態もなく[186]」、「永遠に自己を創造し永遠に自己を破壊するディオニュソス的世界[187]」が力への意思が生きる世界であり、その世界を支配する唯一の掟が「永遠回帰」の教説である。一切が、「この蜘蛛も、樹々の間の月光も、この瞬間も、私自身も」同じように永遠に回帰する中で、常に、「お前は、このことを、いま一度、さらに、無数度にわたって、欲するか[188]」と自問し、「これが生であったか、さらば、もう一度」と同じものの永遠回帰を肯定し意欲する「勇気[189]」がそうであった。

三　神の死

力への意思は、神に代わって存在者の「存在」を決定する意思として、当然のこと、いっさいの彼岸的世界の存在と支配を否定する。それが、何かのためではない、意思を意思する力への意思が存在し活動するもっとも基本となる前提であり出発点である。ニーチェが、主著として構想し、自ら「未来の福音書」と呼んだ『力への意思』の副題に、「すべての価値の価値転換の試み」を選んだことは理由のないことではない。「価値転換」の表徴として、『悦ばしき知識』(1882)は、「近代の最大の出来事――『神は死んだ[190]』」を宣告する。しばらくニーチェの言葉に耳を傾けよう。「諸君はあの狂気の人間のことを耳にしなかったか――白昼に提灯をつけながら、市場へ駈けてきて、ひっきりなしに『おれは神を探している！おれは神を探している！』と叫んだ人間のことを。市場には折しも、神を信じない人びとが大勢群がっていたので、たちまち彼はひどい物笑いの種となった。『神様が行方知れずになったというのか、神様が子供のように迷子になったのか、それとも神様は隠れん坊したのか、神様は俺たちが怖くなったのか、神様は船で出かけたのか、移住と決め込んだのか』――彼らはがやがや喚きたて嘲笑った。狂気の人間は彼らの中に飛び込み、孔のあくほど一人一人を睨みつけた。『神がどこへ行ったかって』と彼は叫んだ、『俺たちが神を殺したのだ――お前たちと俺がだ。俺たちはみな神の殺害者なのだ。……俺たちは無限の虚無の中を彷徨するように、さ迷ってゆくのではないか。……〔神を殺した〕所業の偉大さは俺たちの手に余るものではないか。それをやれるだけの資格があるとされるには、俺たち自身が神々とならねばならないのではないか。……俺たちの後に生まれてくるかぎりの者たちは、この所業のおかげで、これまであったどんな歴史よりも一段と高い歴史に踏み込むのだ。』――ここで、狂気の人間は口をつぐみ、あらためて聴衆を見やった。聴衆も押し黙り、訝しげに彼を眺めた。ついに彼は手にした提灯を地面に投げつけたので、提灯はばらばらに砕け、灯が消えた。『俺は早く来すぎた』と彼はいった。『まだ俺の来るときではなかった。この恐るべき出来事はなおまだ中途にぐずついている――それはまだ人間どもの耳には達していないのだ。……この所業は、人間どもにとって、極遠の星よりもさらにはるかに遠いものだ――にもかかわらず、彼らはこの所業をやってしまったのだ。[191]』」

「神の死」によりもたらされたもの、それが「もっとも気味の悪い訪問客[192]」であるとニーチェがいう「ニヒリズム」の到来である。われわれの時代の「戸口に立っている[193]」、このニヒリズムとは何であったのか。「最高の諸価値がその価値を喪失しているということ。目標が欠けている、『何故』に対する答が欠けている。[194]」ニヒリズムは「一つの中間状態[195]」であり、あたかも、われわれは「どこへ行き、どこへ帰るか知らないまま[196]」、「無限の虚無の中を彷徨い歩いている」かのようである。[197]われわれは、このニヒリズムの中に、人びとの知覚や精神を支配してきた一切の世界観の受容を宙吊りにし、あらゆる先入見から解放するという、いわば「方法的懐疑」にも似た働きを見ることができる。しかし、「神を殺した所業の偉大さ」を直視せず、もし、「これまでの価値を価値転換することなしに、ニヒリズムから逃れ去ろうとする」ならば、そうした「試みは、その反対の事態を生み出し、問題を先鋭化」させることにしかならない。[198]自分たちが殺害した神に代えて、新たな神々を置こうとする企てがまさにそうである。たとえば、良心の権威、理性の権威、科学の権威、歴史的進歩、社会的本能、最大多数の最大幸福、民主主義、社会主義等々が入れ替わり立ち替わり新たな神として登場する。しかし、それらはすべて、「神の死」に面と向き合わない、「不完全なニヒリズム」のあらわれでしかない[199]。それというのも、良心の権威であれ理性の権威等々であれ、それらが、殺されたはずの神と同様、「超感性的なるもの」、即ち、現世の地上的世界に対する真なる彼岸的な世界として、本来的かつ唯一の目標とみなされる超感性的なるものを意味している限り、「神の姿は仮装されたにすぎず、その要請は偽装の中でいっそう強固なものとなる」だけなのだから[200]。キリスト教、さらには、プラトンにまで遡りうる、夕の国の形而上学を支配してきた「真の世界」と「仮象の世界」の対立[201]――それこそがニヒリズムの元凶であった――は温存されたままである。「あたかも、現実の世界、生成の世界の外に、存在者の世界があるかの如くである」といった中途半端な企てを、ニーチェは『彼岸』を立てる腐敗」と呼ぶ[202]。今日、人は、神を殺害し、無神論者となったはずにもかかわらず、いまだ超感性的なものを完全に放棄するまでには至っていない[203]。哲学者たちは、相変わらず、「理想のうちに、それと比べればすべて他のものは仮象にすぎないような真実の『実在性』、『物自体』を探し求め[204]」、また、普通の人びとも、古い習慣にしたがって、「無条件に語ることが忘れられた後にも、超人間的な権威を信じることが忘れられた後にも、古い習慣にしたがって、目標や課題を命令することのできる他の権威を探し求めている[205]」こと同様である。彼らは「背後世界者[206]」であり、われわれは「二千年の長きにわたってキリスト教徒であった」代償を今日こうした形で支払わされている[207]。ニヒリズムの克服にとって何よりも肝要なことは、キリスト教の神はむろんのこと、それに取って代わらんとする超感性的な理想や価値や権威等は、「ほかならぬ人間により創造されたもの[208]」であり、「人間自身が事物のうちへ挿し入れておいたもの」であるという現実を直視する知恵と勇気をもつことである[209]。ニーチェの叫びが谺する。「きみたちが理想的なものを見るところで、私は見る――人間的なものを。ああ、あまりにも人間的なものばかりを！[210]」かかる視覚の獲得がニヒリズムを克服するための最初の一歩である。これまで、人間は「王者のごとき気前の良さ[211]」をもちすぎたのだ。崇高なもの、驚嘆すべき事柄のすべてを自分たちが生み出したにもかかわらず、人は、「敢えて己に帰することをせず」、人間のすべての偉大さや強さを、超人間的なもの、外からやってきたものとみなし、「己を卑小なもの」としてとらえてきた[212]。それは何も中世の人々だけではない。自分たちの未聞の企てをただ「神の知恵の偉大」を称揚せんとする敬神の行為として位置づけたコペルニクスやガリレオ等を見るがよい。あるいは、最後の最後のところで、「われわれの観念や概念は、明晰かつ判明であるすべてにおいて、実在であり、神に由来するものである」としたデカルトを見るがよい。彼らも「現実を直視する知恵と勇気をもつこと」になお足りないところがあったということだ。しかし、今や、「われわれが現実の事物や空想の事物に貸与してきた美や崇高のすべてを、人間の所有するもの、産出したものとして返却を求める」べき時がやってきた[213]、そうニーチェは主張する。「彼岸とか、『神的』であり道徳の体現であるような事物それ自体とかを措定する権利を、われわれはいささかも持ち合わせていないという洞察」、そうした「徹底的ニヒリズム[214]」に立って、「背後世界や偽りの神性に通ずるあらゆる種類の抜け道を自ら禁じた[215]」、そのとき、はじめて、「精神の最高の力強さの、この上なく豊穣な生の理想としての『ニヒリズム[216]』」が到来する。

これこそが「能動的ニヒリズム[217]」の境涯である。超感性的世界の存在を否定し、一切の価値の起源はただ人間にのみ存在するとの洞察をもって、新たな価値を無限に創造することの覚悟を引き受けること、そこに「すべての価値の価値転換」という出来事の本質がある。「価値転換」とは単に古い価値を新しい価値と取り替えるといったことではない。かつて、ブルネッレスキ等が自然を前にして、あるいは、コペルニクス等が天空を前にして行ったと同様の、「世界」への構えの存在論的転換が問題であった。むろん、「転換」は完成ではない。それは、「われわれ自身が神となる[218]」新たな未来への出立の時にすぎない。この時にあたって、神となるべくわれわれが手にする唯一の武器が「力への意思」である。それを置いて他にはない。神に代わって、存在者の「存在」、即ち、「世界」が「あり」、「何であり」、「如何にあるか」を決定し、「世界」を征服し支配し創造せんとする力への意思がそうである。そして、これらの「存在」が同時に「価値」であることは、「世界」が単なる裸の無規定な事物の集合体ではないことからも、容易に察せられよう[219]。力への意思にとって存在と価値は「同じもの」である。ニーチェが「すべての意思の中には評価がある[220]」と語っていたように、力への意思は、「本質的に価値定立的な意思[221]」として、存在と同時に価値の根拠にして基準である。こうした存在／価値が「視点」と無関係に存在するものではない。ニーチェは、当然のごとく、「価値は視点である[222]」という。身体を介して世界の内に投錨された神ならざる身の人間にとって、存在／価値は、世界の内で視点を定め、未来を投企することにより、はじめて出来する。超越的で客観的な存在／価値などありえない。かつて遠近法の画家の前に、「世界」が、彼らが今此処に立つことによりその姿を現し、彼らが位置を変えれば相貌を変えたように、視点が異なれば、当然に存在／価値も異なった姿をあらわす。ニーチェが「遠近法主義によりあらゆる力の中心が己自身から残余の世界を構成する」[223]という所以である。存在と価値の「遠近法」[224]について語ることが可能であるし、語らねばならない。かくして、力への意思を「遠近法的評価」という言葉に置き換えることも可能である。[225]一切の超感性的な世界の存在を決然と拒否し、存在／価値を遠近法的に無限に構成し創造するという、力への意思をめぐるこうした事態が「ハッキリと把握され、殊更に受け取られる」とき、ニヒリズムは「自らの肯定的本質を見いだし、自らを完成させる」に至るにちがいない。[226]

四　超人の出現

ニヒリズムが完成する、その瞬間を、ツァラツストラは「大いなる真昼」と呼び、「超人」の出現を予言する。「すべての神々は死んだ。今や、われわれは、超人が生きることを欲する」[227]と。徹底的ニヒリズムに養われ、善悪の彼岸に立ち、力への意思に基づき、永遠回帰の教説を唯一の掟として、遠近法的展望の下に、「世界」を投企する者、それが超人である。ここでは、生の哲学でも、実存哲学でもない、第一哲学として、超人を形而上学的に理解することが肝要である。超人とは主体性の形而上学の化身であり、あるいは、そのものであるといってよい。超人は、かつて神が有していた理性の地位を襲い、神に代わって、墨縄を引き、「世界」が「あり」、「何であり」、「如何にある」かを決定し、「世界」、つまりは天空を含む存在者全体を自己の宰領下に置く「最高審級」[228]として屹立する。ここでも、「世界」は「像」として、その姿をあらわすこと、いうまでもない。ただし、コペルニクス等自然哲学者の前に現出した世界像にあっては、「数学」が存在者＝自然の「存在」を決定する基準であり、その像はもっぱら数学的に表象されるものであったのに対し、ここでは、自然もその一部でしかない文字通りの意味での全体としての存在者の「存在」を決定する、そうした尺度、規範が問題である。数学は、重要ではあれ、尺度・規範の一つでしかない。かかる事態を指してニーチェは、『認識する』のではなく、図式化する」と表現する。「私たちの実践的欲求を満たすに足るだけの規則や規格を混沌に課す」こと、それが「図式化」である。[229]図式化により混沌に課す尺度・規範、それが「世界観（Weltanschauung.）」の名で呼ばれる当のものであった。むろん、世界観が所与のものであるわけはなく、超人とは、先ずもって、この世界観を打刻する者の謂いにほかならない。

『悦ばしき知識』に「世界の全体性格は永遠にカオスであ

る。そこには、秩序、組織、形式、美、知の一切が欠けている[230]」との一節がある。世界観がカオス——その中には当然「人間」も含まれることに注意しよう——を断ち切り、世界像を構成し、決定する。そのことの故に、存在者の「存在」に墨縄を引く世界観の働きは、フーコーの指摘にあるように、常に「暴力的かつ支配的」である[231]。存在者の一切が、世界観に基づき、「力ずく」で[232]、それが「あり」、「何であり」、「如何にある」かについて決定され、「世界」の中に遠近法的に配置され、世界像を構成する。そのとき、カオスに代わって秩序、組織、形式、美、知の一切が形成される。世界観が異なれば表象される像が異なること、当然である。「大地の支配をめぐる闘争が戦われるであろう時がくる[233]」とニーチェはいう。神をともに殺害した人間は、神無き後、空位となった神の座をめぐって互いに相争いあう者となる。それは、「全地球的規模」で展開される[234]、「世界」の墨縄を引く権能を奪い合う世界観相互の戦いである。そのために、超人となった人間は、ハイデガーがいうように、何時の日にか、「いっさいの事物を算定し、計画し、育種する際限のない暴力を発動させる[235]」こととなるにちがいない。最後の戦いに勝利した者だけが、神に代わって、地球的規模で、存在者の「存在」を決定する最高審級の地位に立ち、自らの世界観を、「世界」に刻印し、最後の審判の掟とする力を手にすることを許されるのだ[236]。

超人が、存在者の「存在」を決定する最高審級として、その淵源を res cogitans にもつこと、お分かりいただけたのではなかろうか。「『世界』の支配者にして所有者」となった cogito の姿を思い浮かべようではないか。超人もまた、res cogitans がそうであるように、下に–根底に–横たわるものとしての基体＝主体であることに変わりはなく、彼の最高審級としての地位が基体＝主体、さらに遡れば、ルネサンス的人間の自我意識に由来するものであることに変わりはない。ジョヴァンニ・ピコ・デラ・ミランドラの、「おまえは、私がおまえをその手中に委ねたおまえの自由意思にしたがっておまえの本性を決定すべきである。『自由意思を備えた名誉ある造形者・形成者』となって、おまえが選び取る形をおまえ自身が作り出す」との言が現実のものとなる。「価値評価の逆転を目指す人間〈超人〉は如何なる性状をもたねばならないか」、そう自問したニーチェが、それは「近代的精神の一切の特徴を備え、かつ、それらの特徴を純粋な健全性へと変換させるほどに十分強い人間」であると自答したとき[237]、彼は完全に正しかったのだ。「デカルトの存在解釈は力への意思の教説を土台としてニーチェがこれを継承した[238]」とハイデガーが説く所以でもある。デカルトが「人間の無制約的優位を説く超人の教説において自己の最高の勝利の凱歌を奏でる[239]」、その姿が想像される。cogito無しには超人の出来はありえなかったし、超人無しにはcogitoの本質の完成はありえなかった。

しかし、そのことはcogitoと超人が相等しいものであると言おうとするものではない。同様に最高審級の地位に立ちながら、両者の間には大きな相違が存在する。

一つは、最高審級の管轄権が及ぶ範囲にかかわる相違である。res cogitansが、元来は、もっぱら学の認識にかかわる基体＝主体として、対象とする「世界」が天空等の自然哲学にいう自然に限られたものであったのに対し、超人にとっての「世界」とは、学の領野をはるかに超えて、文字通りの意味で、自然を含む存在する限りの存在者の全体にまで及ぶものであったこと、これである。

今一つの相違は、res cogitansにとっては、「世界」へのかかわりあいの態様は、唯一、「表象」に限られていた。表象作用にあっては、事物を前に-向けて-ために-立てることは事物の「基準的な再現」にとどまるものであった。存在者が「あり」、「何であり」、「如何にある」かの決定は、数学を基準として、「世界」を学的な認識の対象に相応しく「数学的に測定・計測可能な事象」へ構成することを内容とし目的とし、また、そのことに限定されていた。コペルニクスが「哲学者の仕事は、神が人間理性に許し給うた限りの範囲において、すべての事象に内在する真理を探究することである」と語っていたとおりである。表象の働きが、神の創造の秘密を解き明かし、神の知恵の偉大を称揚するものではあれ、当然のこと、神に代わって「世界」の「創造」を意図するものではなかった。それに対して、超人にとって、事物を前に-向けて-ために-立てることは、単に表象にとどまらず、それを超えて、「制作し-こちらへ-立てる（Her-stellen）」ことでもあった[240]。彼にとって、表象作用は制作することの前提、前段階であり、それへの奉仕者にすぎない。それは、「表象作用の優位が力への意思としての意思の優位へ転じた[241]」ことの結果であり、この「ニヒリズム的反転」の中で、人間は「表象し-制作するもの（Vor-und Herstellende）[242]」として自己を屹立させ、「世界」は思いのままに「表象され-制作されるもの（Vor-und Hergestellte）[243]」へと貶められる。そうして、はじめて、意思は、「主体性の本質の中で「世界[244]」に対する」無制約的な支配権」を確立することが可能となる。表象が、常に、「向けて-ために-立てられたもの（＝自然）」による制約を免れえなかった」のに対し、制作する意思は、「向けて-ために-立てられうる（Zustellbare）ものを、一人自らの力によって、まさにかくあるものとする[245]。」かかる意思は、事物を「制作し-こちらへ-立てる」こととして、「対象化することを通して自ら意図し計画するところを貫徹する」という意味において「意欲」と呼ぶに相応しい[246]。意思が意欲へと昇華した超人の眼前に、「世界」は、彼の世界観と計画にしたがって「制作し‐こちらへ‐立てうる対象（herstellbaren Gegenstände）の全体」としてその姿をあらわす[247]。そのとき、世界「像（Bild）」は、「表象し‐制作することにより生み出された」像として、「形象（Gebilde）」となる。単に「世界」を像として表象し構成するだけでなく、さらに、「世界」を像として形作り征服すること、そこに、主体性の形而上学の核心があり、近代という時代の「根本的出来事」がある[248]。

　遠くはクワトロチェントの画家たちにまで遡りうるであろう、「世界」の前に‐対して‐立ち、「世界」を表象し‐制作することにより、われわれ人間を神に代わって自然の支配者にして所有者とせんとする、ヨーロッパ近代が長年の間抱き続けた夢の実現である。ベーコンは、「発明は、いわば、新しい創造、神の御業の模倣である」と語っていたが、表象し‐制作する超人がその地位を襲い奪った神とは、文字通り「万物の創造主」としての神であった。かつて、コペルニクスやガリレオ等になお見られた、神の似像として分与され、神の創造秩序を解き明かさんとした慎ましやかな理性は、今や、制約なしに、「世界」に対し征服的に働きかけ、自らの世界観に基づき、存在者全体の「存在」を宰領し、創造せんとする攻撃的理性へとその姿を変えた。それは、誤解をおそれずにいうならば、神をも創造しうる理性である。それこそが力への意思を本質とする超人に相応しい理性であった。ハイデガーが、「力への意思は、計算する思惟としての表象作用を利用することによって、この表象作用の意味での理性を自らの支配下に置く[249]」というように、かつて最高審級の地位にあった表象し計算する理性は、今や、自己を自然の支配者にして所有者として屹立させた超人の管轄下にあって、地球支配のための、不可欠ではあっても、一つの道具としての役割に甘んじる[250]。われわれが超人の中に見るものは、力への意思をもって、世界観を基に存在者全体に墨縄を引き、計算的理性を従え、「世界」を征服し支配し創造せんとする「完成された主体性[251]」の姿である。それこそが、「自己自身への信頼に満ちた自己立法を可能とする新しい自由へと解放された人間」の在り様であった。ジョット等遠近法の画家たちに起源を有し、コペルニクス等自然哲学者が実践し、デカルトが明示的に根拠づけたcogitoの形而上学は、今漸く、主体性の形而上学として、「その本質の極限的で完全な規定に到達した[252]。」

6　機械装置

一　表象と制作の結婚

主体性の形而上学は、愈々、学の領域を超え、「実践」への適用の準備を整え終え、「世界」を征服し支配し創造するべく、「完成への歩みを加速させる」最終段階に立ち至った。[253]そこでは、すべての存在者は、客体を表象し‐制作する主体であるか、それとも、主体により表象され制作される客体であるか、そのいずれかでしかない。「人間が主体性の中へと蜂起」するとともに、人間を含む存在者全体が「至る所で技術の対象としてあらわれる」時代がこうして始まった。[254]「技術」、そう、たしかに、「世界」の征服・支配・創造を可能にする手段は、ベーコンが『ノヴム・オルガヌム』で明らかにしていたとおり、技術をおいて他にはなかったにちがいない。そうである以上、世界観を基に「世界」を表象し‐制作せんとする力への意思が自らの力の最大の発現の場を技術の中に見定めたとして、何の不思議もない。技術こそが力への意思が出現する「根本形式」であった。[255]それでは、主体性の形而上学にとって技術とは「何」であったのか。技術の形而上学的な本質が問われなければならない。

技術の起源は何ら新しいものではない。技術を、外界への働きかけの努力としてとらえるなら、その起源は人類の誕生時にまで遡ることが可能であろうし、あるいは、より狭く、事物に働きかけ何らかの目的を達成するために必要な機能を有するモノや方法を創造する術であるととらえたとしても、技術の誕生は、旧石器時代、さらには、それ以前にまで遡ることも可能かもしれない。技術の存在が近代に限られるものでも、西洋に固有の事象でもなかったことはいうまでもない。ヨーロッパ中世が、水車や風車の利用を別にすれば、製紙術や印刷術、冶金術、航海術、医術等々において、中国やアラビアに大きく遅れをとっていたことは歴史が教えるとおりである。ヨーロッパは、一二世紀ルネサンスを契機に、こうした遅れを挽回し、やがて、大きく追い越し、今日に至るヨーロッパ世界の優位を決定づけることとなる。何が両者の関係を逆転させたのか。逆転をもたらした、その「何」かの中に近代という時代の本質が隠されている、そう推量してもよいのではなかろうか。

事は近代以前に遡る。前提として挙げられるべきは、ヨーロッパ世界がキリスト教の影響の下に長年にわたり醸成してきた自然に対する観念である。リン・ホワイト・Jr.は、「人間の生態は、われわれの自然と運命についての確信、つまり、宗教によって深く条件づけられている」[256]との観点から、キリスト教的世界観が西洋人の異教のそれとは異なる自然観を規定し、そのことがヨーロッパの優位をもたらした技術の在り様を決定づけたとする。自然の「聖性の破壊」がそうであり[257]、「永遠的な進歩というものに対する暗々裡の信仰」[258]がそうであり、とりわけ、自然を「搾取」の対象とする見方がそうである[259]。輪廻の思想を基に自然との共生を唱える仏教の自然観との相違は明らかである。ここでもユダヤ教から受け継いだ「創造物語」がすべての出発点であった。「愛と全能の神は、段階を追って、光と闇、天体、地球、すべての植物、動物、鳥、魚を創造した。最後に、神はアダムと……イヴを創造した。男はすべての動物に名前をつけ、かくして、動物すべてに対する支配権を確立した。神はこれらすべてのことを明らかに人間の利益と支配のために計画したのである。自然の被造物のうちのどれをとっても、それは人間の目的に仕えるという以外の目的をもってはいない。」[260]このようにして、キリスト教は、「人間が自分の目的のために自然を利用し開発することが神の意思であると主張」[261]することにより、今日にまで続く、他の異教世界とは異なる、「自然に対する特別な態度」[262]を生み出した。「人間が自然の主人となった」ことの表徴として、リン・ホワイト・Jr.は、カール大帝（在位768-814）が、それまで神々の名が割り当てられていた各月の名称を人間の活動をあらわす言葉――六月は「耕す月」、七月は「草刈りの月」、八月は「収穫の月」――に置き換えたことと、あるいは、カロリング朝の暦からローマ時代の暦に大きく描かれていたオリーブの樹が消え、犂耕、収穫、木挽、豚のえさのドングリを落とす人、豚の屠殺などの光景に変わったことを挙げる[263]。

むろん、自然に対する特別な態度がすべてではない。人間が真に自然の主人となるためには、それに相応しい自然に対する支配の「方法」が生み出されねばならなかった。カール大帝の時代からの数百年の時の経過は、そのために必要な時間であった。ヨーロッパ近代が、ルネサンスを嚆矢として、一方で、人間を「主体」として、他方で、自然を「客体」としてとらえたこと、それが、技術の世界にあって、中世からの離陸、そして、西洋世界の優位性を決定づける出来事となった。技術がかかわる自然が、自然哲学の場合と同様に、数学的投企により、数学を基準として、主体である私の前に―向けて―ために―立てられたもの、つまりは、数学的に測定し計算可能な事象、res extensa としてとらえかえされ、その結果、表象し計算する理性が技術と結びつき、技術が表象する理性により明らかにされた自然の理法を制作に応用するという、かつてどの時代、どの社会にも見られなかった、ヨーロッパ近代に固有の、まったく新たな形而上学的事態が出来した。山本は、『古典力学の形成』の「あとがきにかえて」の冒頭において、「現在では全世界を制覇するまでになった近代の科学技術が、なぜ西欧近代にのみ誕生したのかは、科学史・技術史のつきせぬ謎である」と書いたが[264]、「謎」の正体は、「表象すること（Vorstellen）」と「制作すること（Herstellen）」の「結婚」にあった。人は、この結婚から生まれた子供を「科学技術（science and technology）」の名で呼ぶことになるであろう。以後、技術にとって、表象し計算可能な事物・事象だけを対象とし、逆に、計算可能なものへと置き換えることができさえすれば、いかなる事物、事象であれ、むろん、人間も含めて、それらを制作の対象とすることが可能となる、そうした時代が始まった[265]。

ただし、その起源が、幾何学の眼差しをもって「前に-対して-立つ」というルネサンスの画家たちにより開拓された「世界」への構えにまで遡りうるものであることを忘れないでおこう。そして、おそらくは、マサッチョの『聖三位一体』やウッチェロの『夜の狩猟』、レオナルドの『最後の晩餐』、デューラーの『書斎の聖ヒエロニムス』は、表象と制作の結婚から生まれた最初の子供たちであったことを。自然の理法に即して人体等のモデルの姿形を定め、それらを遠近法によって空間の中に幾何学的に配置した下絵＝設計図を基に、顔料や石膏を練り、膠を煮、時には聖堂に組んだ足場の上に立ち、汚れた手で絵筆を揮う、そうした画家の仕事の在り様の中に、われわれは、表象し計算する理性と制作する技術（τεχνη/Kunst/art）の結びつき、科学技術の最初の発現を見る。それは、ブルクハルトが「あの驚くべきフィレンツェ精神」と呼んだ[266]、「鋭く合理的に計算し、同時に、技術的に創造する」精神の成せる業であった。アルベルティの『絵画論』はおそらく科学技術に関する最初のテキストであったのであり、クワトロチェントの画家たちはそれを手引に手の仕事である絵画を遠近法に基づかせることによりはじめて「世界」を表象し-制作した科学技術者として、彼らはともに主体性の形而上学の歴史にその名を刻むこととなったのだ。

今日一般に「技術」の名が冠される産業や土木・建築等の分野において、表象と制作の結婚が実現されるのは、遠近法による絵画の革新から二百数十年後、ようやく一八世紀後半のことである。しかし、それ以前、結婚の必要性を認識しそれを自覚的に実現せんとした者がいなかったわけではない。レオナルドがそうである。それは、遠近法の画家の一人であった彼にこそ相応しい役回りであったのかもしれない。下村は、彼がミラノ公スフォルツァ・イル・モーロに仕えるために提出した有名な自薦状を紹介する。一〇カ条の内、九カ条までが軍事技術家のそれであり、絵画・彫刻への言及は最後の一カ条にとどまる自薦状は、芸術家レオナルドのイメージから些か遠いものがあるが、下村は、これを、君主の実利的関心への迎合とする大方の理解に対し、あるがままに解釈すべきとし、レオナルドは、このとき、画家であるよりも、技術者であることを優位に置いたのであろうとする。[267] もっとも、絵画とは異なり、レオナルドがそれに必要な自然の理法の解明にあれほどの努力を重ねたにせよ、いまだ「世界」を表象し–制作するに十分な段階には達しえなかったようである。希有な天才の努力をもってしても、デカルトが嘆息したように、表象するには「世界」の謎はあまりにも深く大きかったということであろう。さらに、より根本的な問題として、表象し–制作するに必要な「方法」を確立するには至らなかったことがある。なるほど、彼は「機械学は数学的科学の楽園である」[268] との考えを明らかにしていたし、今日「科学論」として伝えられるノートの中に「ぬき出て近代的な萌芽をもってあらわれた先駆的な意義」[269] が認められる発見や考察、たとえば、伝導機構や梁の強度の技術的解明に幾何学や数論の応用が確認されるにせよ、その方法は当時一般に見られる「推論が直観に始まり類比と近似によって事を運ぶ」といった程度にとどまったのであり、[270] いまだ大きくは「即事的な経験の直接的理論化」の域を超え出るものではなかった。絵画の革新からの長い時間の経過は、産業技術が「世界」を表象し–制作するに必要とする自然の理法の解明と応用のために要した時間であった。

　科学革命の時代を経て、一八世紀に入ると、イギリスは愈々「発明の時代」を迎える。鉄器商人であったニューコメンの蒸気機関ポンプ（1712）、時計師であるケイの飛杼（1733）、大工のハーグリーブズのジェニー紡績機（1764）、床屋のアークライトの水力紡績機（1769）、織布工のクロンプトンのミュール紡績機（1779）等の発明がそうである。この他、製鉄法の改良に取り組み「ダービー製鉄法」（1709）を生み出したダービー一家、船舶用蒸気機関の製造やねじ切り旋盤の実用化やマイクロメーターの発明等主に工作機械の発明の分野で名を残したモーズリー等の名が挙がる。彼らはいずれも職人としての経験と勘を頼りに新たな発明を成し遂げたのであるが、表象と制作の結婚のための条件は徐々に整えられていったといってよい。その最初の、決定的な一歩を踏み出した人物が、グラスゴー大学内に計算盤や定規等の数学器具の製作所をもっていたジェームズ・ワット（1736–1819）である。たまたま物理学の実験のために使用されていたニューコメンの蒸気機関の模型の修理依頼を担当教授から受けたワットが、機関の熱効率の悪さを改良するべく、同じ大学のジョゼフ・ブラック（1728–1799）から教授された「潜熱」の理論を手掛かりにして産業革命の起爆剤となる効率的な蒸気機関を完成させたのは一七六九年のことであった。そのことによって、彼は、「純粋科学で用いられていた体系的な実験方法をはじめて工業に応用した一人」[271] であるという栄誉を手にすることとなる。今日に続く「科学技術」誕生の瞬間である。

科学技術の確立・発展のためには、職人の経験と勘に頼った手仕事、あるいは、一人の天才的発明家の努力を越えて、大学等の高等教育機関での体系的・組織的な教育・研究体制の整備が不可欠であった。産業革命に立ち後れ一八五一年のロンドンでの第一回国際博覧会でイギリスの優位を目の当たりにした大陸諸国は、紡績機械の禁輸措置等によりイギリスからの支援を期待できない中、新技術の自力開発のために、管理的技術者の養成機関として、ポリテクニークやテヒニッシュ・ホッホシューレを大学外に設置、その後、形勢逆転、当初の優位の喪失を一八六七年のパリ国際博覧会で思い知らされたイギリスは、大陸諸国に遅れて、科学技術教育を新設のユニヴァーシティ・カレッジに組み入れる方策を採用した。一九世紀半ば以降に各国が、それぞれに方法は異なるものの、科学技術にかかわる教育・研究の推進に取り組んだ背景には、二つの国際博覧会の審査委員をつとめたリオン・プレフェアーの「産業は、将来、地域的な利点の競争によってではなく、知力の競争によって支えられなければならない」との認識の共有があったとみて間違いない(272)。

二　『メレンコリアI』の予言

一五世紀における遠近法による絵画の登場の後、長い準備の時を経て、科学と技術の結婚が成立した時期はたかだか一八世紀以降のことでしかなく、ベーコンやデカルトが仲介の労をとったのも一七世紀のことでしかない。しかし、それ以前、一六世紀のはじめ、ということはコペルニクスの『回転論』の登場以前に、既に、絵画の領域を超えた将来の結婚を予見し、そこからいかなる果実が生まれるか、そのあるべき、あるいは、ありうる姿を透視していたと思われる人物がいる。デューラーがそうである。それは、別段、驚くことでも、不思議なことでもない。はじめて「世界」を表象し-制作したルネサンスの画家の一人として、遠近法に基づく数々の作品を残し、なかんずく、遠近法の数学的根拠を明らかにした彼にこそ、そうすることの資格があったということだ。彼の代表作の一つとなった『メレンコリアI』(1514)（図版2）にそれを確認することができる。それが発するメッセージにより、この銅板画以上に、アンツェレフスキーがデューラーを評していう、「彼の感化力は、民族の枠を超え、時代の枠を超えて、われわれの現代にまで及んでいる(273)」との言がピッタリあてはまる作品は他になかったと思われる。

もっとも、「解釈の迷宮(274)」と称されるとおり、この作品のメッセージを読み解くことは、それほど容易いことではない。

図版 2

これまで多くの論者がさまざまな解釈を試みてきたこの銅版画作品には、一見して、生半可な解釈を拒否せんとする、そうしたデューラーの強い意思を感じさせるものがある。デューラーはこの謎めいた作品により後世のわれわれに何を伝えようとしたのか。作品が、標題のとおり、「メランコリー（憂鬱質）」をテーマとしていることは、建築中と思しき建物の中で、黒胆汁液に由来する憂鬱質者の仕種を表わす片手を頬に当てた女性（メランコリア）が、これも憂鬱質者に特有の黒ずんだ顔をし、加えて、憂鬱質者と関わり合いの深い鍵束と財布をベルトにだらしなくぶら下げた姿で画面の右手中央に大きく描かれていることからも疑問はない。この他、女性の足元でうたた寝するかのように半ば眼を閉じて寝そべっている犬、そして、『メレンコリアⅠ』のタイトルを両足で摑んで天空を飛翔する蝙蝠も、元来、憂鬱質の人に随伴し、象徴する動物であった。これらのモチーフは、土星の神であるサトゥルヌスの擬人像にも共通に描かれてきたものであり、デューラーがそのことを十分に承知した上で、それらによって土星の支配下にあるとされる憂鬱者の姿を表現しようとしたことは、クリバンスキー／パノフスキー／ザクスルが明らかにし、指摘することにより、広く知られるところとなった。[275]

　しかし、銅版画には一見して憂鬱質と無関係と思われるさまざまな事物等も数多く描かれている。挽き臼の上に腰を掛け石板にしきりにビュランを走らせている有翼の童子、女性が右手に持つコンパス、女性の膝に載せられた留め金で閉じられた本、女性の足もとの床に散らかって置かれた釘、直定規、三角定規、鋸、面取鉋、やっとこ、墨壺といった大工道具類、画面左側に寝そべる犬を挟んで置かれた球と角を切り取られた菱面体、その手前に転がるハンマー、背後にある石炭鉢に乗った坩堝、火鋏、壁に立て掛けられた大きな梯子、壁に掛かった天秤ばかり、砂時計、日時計、魔方陣、釣り鐘、そして、画面左上方に広がる風景、海と入江に浮かぶ船、入江に臨む家々、水平線上の天空に輝く彗星と虹がそうである。これらは一体何を表現しているのであろうか。メランコリアとどのように関係するのか。さらに、道具の散乱は、また、家が建築中であることは何を意味しているのか。道具は誰の、何のための道具なのか。「メレンコリアⅠ」をつかんだ蝙蝠はどこに向かって飛び立とうとしているのか。「Ⅰ」とはそもそも何の謂いであるのか。最大の疑問はメランコリアの姿である。散乱した道具類に取り囲まれ、椅子に腰掛け、動きを止め、身を屈め、拳を握りしめた左手で頬杖をつき、右手にコンパスを持ち、膝の上に閉じられた本を置き、白い眼で虚空の一点を凝視するかのような有翼の彼女の姿が意味するものは何か。それは、従前多くの画家により描かれた惚けたような憂鬱質者の姿とはおよそ異なっている。

この不思議な銅版画の解読に取り組んだクリバンスキー／パノフスキー／ザクスルは、デューラーのメレンコリアの本質的な特徴を「彼女が精神や手が関わる道具で何もしていないこと」に見いだした。「彼女が眼を留めてしかるべき事物は、彼女にとっては存在しないも同然である。鋸は使用されることのないまま彼女の足元に転がっている。……道具類に関わることも、それを見ようともしない無関心さから判断して、『メレンコリアⅠ』が、眠り込んだりあるいは塞ぎ込んだ紡ぎ女の姿で〔これまで多くの画家により〕表現されてきた怠惰なメランコリーと関連することは疑いをいれない。」[276]パノフスキーは、他の著作においても、同様に、「彼女の物憂い失意、沈思、疲労、悲嘆」の表現について語っている。[277]むろん、パノフスキー等はメランコリアを単に伝統的な憂鬱質者の表現の繰り返しととらえたわけではない。『メレンコリアⅠ』の中にプラトンアカデミーの中心的人物であるマルシリオ・フィチーノ（1433–1499）の影響、即ち、メランコリーに創造的な才能を生み出す神的な賜物を見いだしたアリストテレスに依拠しつつ、[278]憂鬱質の二重性格（愚鈍さと知性）と土星の神サトゥルヌスがもつ二重性格（無気力で下等な人間と高邁な哲学者の惑星）に関する占星術理論を結びつけメランコリックな天才の観念を生み出したフィチーノからの影響を明らかにしたパノフスキーは、「銅版画に表現されているのは、憂鬱質で『土星の影響を受けた』天才についての新しい、きわめて人文主義的な概念にほかならない」と結論づける。[279]しかしながら、彼らがメランコリアの姿に、従来と同様の、憂鬱質に固有の負の感情の表現を見てとったことに変わりはない。

同様に、デューラーにフィチーノの影響を、また、『メレンコリアⅠ』に「サトゥルヌス的天才の新しい解釈の展開」[280]を見たベーメは、パノフスキー等が「メレンコリアの本質的特徴」として挙げた「無関心さ」に焦点を当て、しかし、その中に、パノフスキー等とは異なり、積極的で近代的な精神の発現を見いだした。「表現されているのは、現世のつらい悲しみに耐え、時の過ぎゆく中で何ごとかを測定している醒めた眼差しである。……メランコリーは、主体が事物ともはや現実的繋がりをもたなくなった時間の切れ目を表現している。……これらの事物は出来事や行為の連鎖から飛び出したものである。……絵の中に見えるすべてのものから切り放されたメランコリアの眼差しは思惟そのものを象徴する。銅版画に描かれているのは思惟の姿である。眼差しは見ることではなく、思惟を表現しているがゆえに何も見ていない。さらに厳密にはこの銅版画は意識の瞬間をつかんで離さない思惟の絵である。……近代の幕が切って落とされた。事物の秩序も天の秩序も〔自分たちの方から〕思惟のために客観的解答を提供する用意はない。そこに、意識が主体へと転換することの必要性〕が存在する。それは、知識の有限性と問いの無限の広がりの中で自分の位置を自覚するという重荷が主体に心的かつ精神的に課されているかぎりにおいてである[281]。」

このベーメの解釈に導かれて、われわれは、メランコリアの白い眼差しの中に、容易に、デカルト的な「判断停止」＝「方法的懐疑」の具象化された姿を見いだしうるのではなかろうか。それは、また、日常の視覚的態度を一旦停止し一枚のヴェールを挟んでモデルと対峙する画家デューラー自身の眼差しに通ずるものでもあったといってよい。頬杖をつく拳状に閉じられた左手は、殊更に懐疑を行う彼女の強い意思を表現している。それに対し、道具類への無関心の態度は「世界」への判断停止を、また、道具類の散乱状態は判断停止による一時的な「道具連関」の消失を表現している。メランコリアは、今、方法的な懐疑の最中にある。その彼女の傍らで寝そべる犬は、懐疑とは無縁な日常的な生を生きるものとして、「世界」に対して彼女がもつ「距離」を際立たせている。やがて、懐疑から目覚めた彼女は主体となって「世界」の前に‐対して立ち、「世界」が客体となる、その瞬間が到来するにちがいない。そのとき、彼女は、右手に持つコンパスと壁に掛かった天秤ばかりを道具として、神がそれらを使って創造した宇宙＝自然の秩序を幾何学の眼差しをもって観察し解き明かすこととなるであろう。彗星と虹が宇宙を、球と菱面体が幾何学を、日時計が天体観測を象徴する。しかし、奇妙なことに、彼女が解き明かすべき、神が幾何学し創造した宇宙の秘密は、実は、既に彼女の手許に存在している。留め金により閉じられ右腕に半ば隠され状態で膝に置かれた一冊の本がそれである。しかし、いまだ懐疑の最中にある彼女は、神の摂理がこの書物＝「自然」の中に「三角形、円その他の幾何学図形」でもって書き込まれていることを知る由もない。真理の扉を開けるべき「鍵束」は今はまだ無造作に彼女の脇にずり落ちたままである。こうして、彼女が翼を持つこと、しかし、その翼が今は閉じられていることの謎も解ける。後に、ケプラーは、「天文学は算術と幾何学を翼とすることにより、はじめて宇宙の秩序の認識へと飛翔することができるのだ」と語ることになるであろう。やがて、方法的懐疑から目覚め、宇宙の秩序を認識するべく、翼を広げて天空に飛翔する、メランコリアの姿を想像しようではないか。

しかし、すべての謎がこれで解き明かされたわけではない。床に散乱する釘、直定規、三角定規、鋸、面取鉋、やっとこ、墨壺、ハンマー、石炭鉢に乗った坩堝、火鋏、大きな梯子、砂時計、日時計、魔方陣、釣り鐘は何を意味しているのか。それら、とりわけ大工道具と思しき鉋やハンマー、釘、墨壺等が宇宙の神秘を解き明かすための道具でないことは確かである。それらは、明らかに、学問的な認識ではなく、技術的な「創造」を指し示している。それらは、造物主（デミウルゴス）である神が天地創造に際して使用した道具ではなかったか。しかし、梯子が掛けられ建物が建築中であることは、神の創造がいまだ終わっていないこと、創造を人間が引き継ぎ、完成させるべきことを暗示している。留め金を外し、自然という書物に書かれた神の創造の秘密を読み解いたメランコリアは、その知識を基に、コンパスや定規、墨壺等の道具を使って神の創造事業の継続という巨大な課題に取り組むことになるであろう。表象と制作の結婚である。

「鍵束」と「口の閉じられた財布」の謎もまたこうしてはじめて明らかとなる。パノフスキー等とベーメはこの二つのモチーフに関連してデューラーが残した一枚のスケッチを取り上げる[282]。ここには六分儀と測鉛で遊ぶ幼児が描かれ、その右方に「鍵は力を、財布は富を示す」との銘文がある。「銅板画について残した唯一の言葉[283]」からデューラーは何をわれわれに伝えようとしたのか。鍵が示す「力」とは世界を認識し創造する力を、そして、財布が示す「富」は力が生み出す豊かな未来の果実を意味するものではなかったか。われわれはそのように考えたい。ユピテルの魔方陣が、「神の御業を模倣」せんとする、彼女の表象し‐制作する強い意思、「力への意思」をサトゥルヌスの陰鬱な威力から保護してくれるにちがいない。創造のための時間はたっぷり残されている。砂時計はまだ半分の時しか刻んでいない。影をもたない日時計は「超人」の出現する「大いなる真昼」の到来を予告し、鐘がその時を告げるべく準備を整え終えている。

方法的懐疑――それが「メレンコリア」の最初の段階「Ⅰ」である。懐疑から目覚め「世界」と距離をとり主体の地位を確かにしたメランコリアは、やがて、客体である宇宙の秩序の解明の段階＝「メレンコリアⅡ」を経て、最後に、表象と制作の結婚による天地創造の段階＝「メレンコリアⅢ」に向かって飛翔することであろう。その時、彼女の手には、有翼の童子がビュランでもって石板に書き付けた新たな宇宙創造のための設計図が握られていることであろう。蝙蝠は、メランコリアの目覚めが近いこと、そして、その後に、「世界」を表象し、さらに、神に代わって、「世界」を制作する新たな時代が到来するであろうことを告げ報せるべく天空を飛翔する[284]。

しかし、『メレンコリアⅠ』には明らかに足りないものがある。メランコリアの「世界」創造は何に基づいて行われるのか、彼女が創造する「世界」はいかなる世界か、メランコリアは何も語らない。むろん、計算的理性だけで事がすべて済むわけではない。それは、技術の対象となる存在者の「存在」、即ち、存在者が「あり」、「何であり」、「如何にある」

かを決定するものではあっても、技術が「何を」制作するかを決定するものではなかったのだから。それを決定することができるのは「世界観」を置いて他にはない。世界観のみが、カオスを断ち切り、「世界」に墨縄を引き、「世界」を図式化し、創造されるべき「世界」の像を描くことができる。しかしながら、おそらく、デューラーにとって、世界観が何であるか、それについて語る必要などなかったと思われる。それというのも、人間が主体となり自然が客体となる形而上学的投企それ自体が問題であったのであり、この投企を前提とする限り、世界観の如何にかかわらず、世界を表象し–制作することの一切が彼の思い描いたとおりのプロセスで進行することに異なりがあるはずはなかったからである。

この点に関し注目すべきは、ハイデガーの『形而上学入門』（1935）における、自由主義のアメリカであれ、社会主義のソ連であれ、それらは、世界観の相違にかかわらず、「形而上学的に、つまり、両者の世界性格と精神への関係との二つの点で同じものである[285]」との指摘である。事はアメリカやソ連に限られない。戦後すぐにまとめられた『学長職1933/34——事実と思惟』では、ユンガーの『労働者』に託して次のように語られている。「エルンスト・ユンガーが労働者の支配と形象についての思惟において考え、この思惟の光の中で見いだした事柄は、惑星的規模で眺められた歴史の内部における、力への意思の普遍的支配である。今日の一切の事柄は、それが、コミュニズムと呼ばれようと、ファシズム、世界デモクラシーと呼ばれようと、この現実の中に存在する[286]。」

三　服従する主体の生産

最後に勝利を収める世界観が何であれ、科学技術は、いつの世にも、ただ、「世界」を創造するべく、世界観への奉仕者としてのみ存在する。世界観というものが、存在者全体としての「世界」の像を決定し、墨縄を引く力をもつものであった限り、世界観に奉仕する科学技術が、「世界」の在り様全体に深くかかわり、それを根底から変容させる力をもつものであったこと、容易に納得されるのではなかろうか。核兵器やコンピュータネットワーク、宇宙ステーション、原子力発電所、超音速ジェット機、高速鉄道網、再生医療等々が代表的な今日的成果であるとして、そうしたもののもつ巨大な力を想起するだけでよい。それらの中に「惑星的に規定された技術と近代的人間の出会い[287]」の表現を見ることができる。科学技術の力が主体性の形而上学の到達範囲を押し広げ、人間という種の可能性の限界を画定する。力への意思が存在者の「存在」を決定するとして、その力は、知＝科学技術がこれを規定する。ベーコンが言う、「知と力は合一する」である。

技術が計算的理性と結びつき、「世界」を表象し‐制作する――マサッチョやウッチェロ等クワトロチェントの画家たちが先駆的に実践し、デューラーが『メレンコリアⅠ』において自覚的に描き出したこの新たな事態は、かつて農村であればどこにでも見られた光景、たとえば、近在の馴染みの農夫のために、鋤や鍬、鎌を作るべく経験と勘を頼りに金床に鎚を振るって鉄を鍛える村の鍛冶屋にとっておよそ無縁な世界の出来事であった。彼が作る鋤や鍬であれ、道具である鎚や金床であれ、あるいは、素材である鉄でさえ、それらいっさいの事物は、鍛冶屋にとって、前にあって表象されるもの、客体といったものではない。事物が客体化され計量化されるという、およそ鍛冶屋の思い及ばない「世界」との関係の出来により「近代の技術を可能とした最初の断固たる一歩」[288]が踏み出されたのである。デューラーが予見しベーコンが提言しワットが開始した科学と技術の結婚がもたらした変化の本質は、単に技術のもつ力の強化や大規模化といったことにあったのではない。人間と技術と「世界」、それら相互の関係が形而上学的な変容を蒙ったことこそが重要である。表象し‐制作するもの（Vor-und Herstellende）である人間＝主体が、世界観を基に、表象し‐制作すること（Vor-und Herstellen）＝科学技術を手段として、表象され制作されるもの（Vor-und Hergestellte）である「世界」＝客体を支配し征服し創造する、この体制こそが、ニーチェが「機械装置（Maschinerie）」[289]と呼び、ハイデガーが「巨大なもの（Riesenhafte）」[290]と呼んだ当のものであった。そこにおいて、「〔近代の〕人間の形而上学的な根本的立場が完成する。」[291]

主体性の形而上学は、科学技術という忠実な従者を生み出し手に入れたことにより、愈々その完成の実現に向けて自己を貫徹する最終的な態勢を整え終えたといってよい。しかし、完成に向けて解決しなければならない重要な課題がなお残されていた。果たして、人間は、表象し‐制作することにかかわって、機械装置が求める「主体」、要は、機械装置の「歯車」[292]としての任に堪えうるものであったのか、それが問われなければならない。「世界」の前に‐対して‐立ち、科学技術を操作するに相応しい、また、存在者全体の「存在」を宰領し支配するに相応しい主体となるべく、人間は如何なる資質を備え、如何に「ある」べきなのか。もはや、村の鍛冶屋「である」ことは許されない。表象‐制作に相応した新たな人間類型の生産――それこそが主体性の形而上学にとって成否を賭けた最後の課題であった。

ニーチェが、『力への意思』の最後に、「第四書　訓育（Zucht）と育種（Züchtung）」を置いたことは決して理由のないことではない。「高級な人間」の、また、「平均的人間」の訓育と育種について語るニーチェの中に、われわれは、迫り来る狂気の淵に佇んで、「夕の国の形而上学の本質をその定められた歴運的な軌道に沿って完成[293]」させんとした彼の最後の姿を見ることができる。それでは、「訓育」とは何であり、「育種」とは何の謂いであったのか。『力への意思』が未完に終わったからというだけではない。これら二つの言葉が元来有する両義性の故に、また、ナチス第三ライヒの中で彼の教説が担わされた役割の故に、ニーチェが言わんとしたことを明らかにするのは容易ではない。

差し当たり、「馴致（Domestikation）」について彼が語っているところが手掛かりとなる。「馴致に〔人間の改造に関して〕決定的な価値を認める考え方を否定する根拠がある」とニーチェはいう。「馴致のもたらす影響がまったく表面的なもの、退化以外の何物でもないことは、既にこれまで明らかにされてきた。人間の手や訓練を逃れ出るやいなや、すべてはほとんどただちに自然の状態へと再び舞い戻った。類型は不変のままであり、『自然の本性を変える』ことなど不可能である[294]。」

「文化」に属する事柄であると彼がいう馴致に[295]、ニーチェは「訓育」と「育種」を対置させるのであり、その限り、これらの語は、なるほど、訓練や育成、規律といった文化的な意味合いを含みもつものであったにせよ、文化によっては不可能であるとされた、人間の自然的本性に働きかけ、人間の「生物学的」な造りかえを含意するものであったとみて間違いない[296]。実際、ニーチェの生物学的な志向は、たとえば、『強い人間と弱い人間』という概念は、前者にあっては、多くの力が遺伝され、後者にあってはなお足りないところがあるということに還元される[297]」といった言葉にハッキリと示されている。さらに、「強者の創造」について彼はいう。「根本思想。新しい諸価値が先ず創造されねばならない。……新しい種。（いかにしてこれまで最高の種〔たとえば、ギリシア人〕が育種されたか。このような『偶然』を意識的に意欲すること[298]。）」ニーチェは、かかる課題の実行者に「哲学者」を指名し、「彼に偉大な教育者の不気味な特権を認めなければならない」という。「彼は訓育と育種のあらゆる手段を思うがままに使用しうるものでなければならない。……そのような教育者は善悪の彼岸にいる[299]。」課題の実行は、当然、力ずくのものとなるであろう。一八八六年のノートに、「第四書について——もっとも偉大な戦い、そのために必要とされる一つの新たな武器。ハンマー[300]」とある。

訓育と育種が、先ずもって、「高級な人間」——ニーチェは、「この類型を言い当てる私の概念、私の比喩が、周知のごとく、『超人』という言葉である」という[301]。——に定位されていたことは当然として、しかし、同時に、「ヨーロッパ人の平均化がさらに促進されなければならない[302]」との言からも見てとれるように、「平均的人間」の生産もまた同様に不可避の課題であった。それというのも、高級な人間の指導と支配に相応しく、彼らと形而上学的本質を共有する「水準化された者」が存在してはじめて機械装置はその最大限の力を発揮しうるにちがいなかったのだから[303]。

高級な人間であれ、平均的人間であれ、「新しい種」の創造とは、有り体にいうならば、従来、人類が野生の動植物の栽培化や家畜化により行ってきた「品種改良」とでも呼ぶべき事柄であったといえようが、実際、人間を対象に、そのようなことがどのようにして、どの程度可能であったかはともかく、差し当たり、「教育」がそのための重要な手段であることをニーチェも否定しない[304]。かかる任務を引き受けたのが学校であり、軍隊、工場等である。それらのもっとも基本的な目的と課題は、訓育を通じて、人間を思うがままに操縦可能とするべく[305]、その意識と行動を、数学的な測定・計算に基づき「厳密に統御可能[306]」であるように、「画一化」し[307]、それにより、人間をあの巨大な機械装置の歯車とすることにあった。機械装置が円滑・有効に機能するためには、「人間を誤ることのない機械に近づけること」が必要であり、そのために、人間は、子供の頃からの「くそ勉強」により、「機械のごとく有用に労働する状態をもっとも価値高いものとして観取することを学び」、「機械としての徳を身につけなければならない[308]。」それは人間の生物学的な本性自体を変えるものではないにせよ、「世界」の前に-対して-立ち、「世界」を表象し-制作するに相応しい「第二の本性」を形作る効果をもつ。

表象-制作に堪えうる主体の生産は訓育だけで事が済む問題ではなかった。ニーチェが、「将来の結婚に寄せて――あらゆる結婚に先立って市町村長により署名された医学的調書。その中で、いくつかの特定の質問に対し、婚約者及び医師の双方から回答がなされねばならない（『家族の歴史』――）[309]」と主張し、「人間愛の今一つの掟――一人の子供〔の誕生〕が一つの犯罪となりかねない場合がある。第三度の慢性疾患や神経衰弱症にかかっている者の場合がそうである[310]」と主張するとき、彼が、文字通り、生物学的な育種による新しい種の創造を想定していたとみて間違いない。現に、ニーチェは、「生理学をあらゆる諸問題の上に君臨する女王とし、人間全体をより高きものへと育種せんとする」「大いなる政治」について語り、「それに十分足るだけの強力な権力を創造する」ことにより、「人種、民族、個人の等級を算定し、あらゆる変質者、寄生者の息の根を情け容赦なく止める」ことが政治の課題であるとする[311]。そのため、「社会は〔変質した者や劣等な者の〕生殖を予防しなければならない」と彼は主張する。「社会は、家柄や地位や思想を顧慮することなしに、もっとも厳しい強制措置、自由の剝奪、場合によっては去勢を用意しておくことが許される。……生命というものは、有機体の健全な部分と変質した部分との間に、いかなる連帯も、いかなる『平等の権利』も認めることはない。後者は取り除かれなければならない。さもなければ、全体が没落することになるであろう。[312]」はたして、単なる生き物ではない人間にとってそうしたことが可能か、許されるのか。「中国人が樹木の一つの枝に薔薇をもう一つの枝に梨を実らせることができたように、われわれはそれと同じ事をなぜ人間に対して行おうとしないのか」、そう問いかけたニーチェは、「人間の育種という自然の過程は、これまで〔何千年もの時間をかけて〕際限なくゆっくりと不器用に行われてきたが、やがて人間の手に受け継がれ、ごく短い時間に縮減することが可能となるであろう[313]」との答えを返す。事が尋常一様で済まないことは、ニーチェが、私はより高い人間種による退化した者に対する「戦争をもたらす[314]」と語り、地球上のすべての人を対象とする「意識的な実験[315]」について語るところからもおおよそ察しがつく。われわれは、数十年後、ニーチェの予言が現実化する、その事態を目の当たりにすることになる。

訓育による主体の生産の成否は、当然のことながら、育種が優れた生物学的資質を備えた人間集団を、それも大量に生産し供給しうるかにかかっていた。中でも、技術者や指導者となるべき者にあっては、単に「子供の頃からのくそ勉強」や「生殖の予防」にとどまらず、さらに加えて、「高級類型を産出する」に相応しい厳しい生存条件と競争の舞台が用意されねばならなかった。「より強い種を産出するための諸条件をそこここで達成してきたのは、あるいは困窮、あるいは偶然であったが、われわれは、今では、そうしたことを明確にとらえ、意識的に欲することができる。即ち、われわれはかような向上を可能にする諸条件を創造することができるのである[316]」、そう語ったニーチェは、高級類型生産の具体的な手段として、「地球の支配」、「『道徳』と呼ばれる偽善の絶滅」、「普通選挙の、いいかえれば、もっとも低劣な本性の持ち主どもがそれを恃んでおのれを法律として高級な本性の持ち主たちに押しつける組織の絶滅」、「凡庸性とその支配の絶滅」、「相対立しあう者の配偶によって自然的本性を充実させるよう努力すること、そのために行う人種の混合」を挙げる[317]。地球規模で行われる世界観の戦いと弱肉強食の生存競争、それによる選別と淘汰が、そして、競争に勝ち残った者による「人種の混合」が、より強く優れた種から成る高級類型を生み出す揺籃であった。平均的であれ、高級な人間であれ、まさしく「ハンマー」をもってする訓育であり育種であった。改めて、「哲学者に偉大な教育者の不気味な特権を認めなければならない。彼は訓育と育種のあらゆる手段を思うがままに使用しうるものでなければならない。……そのような教育者は善悪の彼岸にいる」との言葉が実感されるのではなかろうか。

訓育され育種された人間は、差し当たって大抵は、水準化された者として、機械装置を構成する低位の歯車となる。チャールズ・チャプリン（1889–1977）が『モダン・タイムス』（1936）で描いた工場で機械に追われて生産に従事する「労働者」がそうであり、軍隊に召集され「世界」の征服のために消耗品となって前線で戦う「兵士」がそうである。さらに、高級類型である人間は、生産を管理する「技術者」[318]として、あるいは、全体を計画し統御し調整する「指導者」[319]として機械装置に任用され、高位の歯車となる。位階や能力にかかわらず誰もが「動員される者」[320]であることに違いはなく、指導者も、一見すべてを管理し支配する最高審級の地位に立つかに見えながら、機械装置を構成する歯車の一つであること、労働者や兵士等と何ら変わりはない[321]。

誰もが全体動員と総活躍体制から逃れることを許されない時代の到来である。それぞれが、訓育と育種による選別と淘汰に基づいて、能力に即して位階づけられ、指導者として、技術者として、労働者として、兵士として……、彼らを産む母として、しかるべき表象-制作の役割を担う者となる。機械装置の歯車となった彼らにとって、かつて村の鍛冶屋が生きていた「世界」との親和的な関係は、遥か昔の二度とそこに戻ることのできない遠い記憶の中の幻となる。故郷喪失者[322]となった彼らに残された道は、ただひたすら「主体」となること、即ち、「世界」の表象-制作のために、「世界」から距離をとり、定規とコンパスを手に「世界」の前に-対して-立つことであり、その彼らの前に、「世界」は、「客体」、即ち、数学的に測定し計算可能な res extensa として姿をあらわす。機械装置の歯車であるとは、チャーリーがそうであるように、その者が、そのことを承知しているか否かに関係なく、「世界」を表象し-制作するもの＝主体として、表象し-制作すること＝科学技術を通して、表象され制作されるもの＝客体へ征服的に働きかける、そうした事態を指すのであり、それ以上でも、それ以下でもない。表象し-制作する主体である者だけが機械装置の中の歯車でありうるのであり、主体であることと歯車であることは同じ一つの事態を指す。指導者であれ、技術者、労働者、兵士であれ、母であれ、誰もが、位階に関係なく、「世界」を表象し-制作する主体（sujet）であると同時に、機械装置に任用される臣下（sujet）でもある。かかる事態を、フーコーはたった一語で表現する。即ち、“assujettisement（主体化／服従化）[323]”。以後、彼らは、「服従する主体」として、“sujet”という語のもつ二義性によって規定される両義的な生を生きることになるであろう。

四　ゲ-シュテル

指導者が、服従する主体の群れの中にあって、最上位の特権的な地位に立つ。なるほど、彼もまた機械装置の一個の歯車=服従する主体に過ぎないにせよ、機械装置から計画し統御し調整する任務を託された者として、世界観を基に存在者の「存在」を決定し、一切のヒトとモノを宰領・動員する権能をもつ。もっとも、指導者が、ただ一人で一切を計画し統御し支配することの不可能性はいうまでもない。ハイデガーは、指導者が自由にしうる数ある指導手段の中で、「国家」は、「そのうちの一つにすぎない」[324]とするが、そして、たしかにそのとおりではあれ、指導者にとって国家が有用・有効な手段であることに相違はない。それというのも、世界観を実現するべく必要となる指導者や技術者、労働者、兵士、彼らの母となる者を訓育・育種する上で、また、彼らを機械装置に組織的かつ効率的に徴用し配置する上で、また、科学技術、とりわけ核兵器や宇宙ステーション、原子力発電等の巨大技術を開発・運営する上で、そのために不可避となる存在者全体にかかわる計画・統御・調整を行いうるものは、差し当たって、国家を置いて他にはなかったからである。近代の科学技術が、マンハッタン計画、アポロ計画、ヒトゲノム計画がそうであるように、不断に国家による「全体動員（エルンスト・ユンガー）」を要求するのはこうした理由からである。ハイデガーの見るところ、二〇世紀に登場した全体主義国家とは「技術の本質の必然的結果であり、その随伴者」[325]であった。[326]大戦中の未公開論文――『存在の歴史』――の中に、「主体性の本質帰結は、諸民族の国家主義であり、民族の社会主義である」との一節がある。[327]

機械装置は、至る所で、いっさいの人とモノを任用し(anstellen)、「世界」の征服・支配・創造に向けて徴用し-用立てる（bestellen)。それは、文字通り、「資源としての大地を際限なく利用し尽くし、人間を『素材』として冷徹に使用するための戦い」であり、その目的は、「力への意思にその根本的な本質へと向かうために必要な無制約的権能を付与する」ことにある。[328]そのために、何よりも先ず、科学技術が、そして、それがかかわる事物や事象、表象し-制作するに相応しく訓育・育種された人間が、さらには、それらを統御し指導する国家や組織等が徴用し-用立てられねばならなかった。たとえば、原子力発電。原子炉を設計し建設し管理し運営する科学技術、それを操る科学者や技術者、管理者、労働者等の人間、燃料であるウランやプルトニウム、減速材や冷却剤としての重水や軽水、そして、発電事業を計画し指導し統御する政府や電力会社等の組織が徴用され-用立てられる。それらの中には、科学技術を開発し技術者を育成する大学等の教育研究機関、原子力発電の必要性と安全性を国民に納得させるための啓蒙・宣伝、それを担うマス・メディアもまた含まれる。こうして、さまざまな人やモノ、組織を徴用し‐用立てることにより生産された電気もまた何かのために、たとえば、家の中で明かりを灯すため、工場で機械を動かすため、オフィスで計算機を使用するため等々、徴用され‐用立てられること同様である。徴用し‐用立てる働きの連鎖の終着点は「どこにもない。」徴用し‐用立てられたものは「常に既にひたすら次の段階を目指して徴用し‐用立てられている。」そこにあるのは「連鎖の円環運動」とでもいうべき事態である。(329)

機械装置が徴用し‐用立てる人やモノの一切をハイデガーは「用象（Bestand）」の名で呼ぶ。(330)用象は、字義通り、表象‐制作に供せられる「在庫品」(331)でもあり、そのために、徴用され‐用立てられるものは、何時いかなる場合にも徴用に応えることができるべく、「不断に代替可能」な「同形で画一的」であることが求められる。(332)機械装置の成否は標準化・規格化如何にかかっていた。人間も、むろん、標準化・規格化を免れるものではない。そのための訓育であり育種である。平均的人間及び高級類型の生産に成功した、そのとき、人間は、「ますます小さな、ますます繊細に順応する歯車」となり、いつの日にか、「支配し命令するいっさいの諸要素が過剰」となる事態が到来するにちがいない、そうニーチェは主張する。(333)

ニーチェの時代には思いもよらないことであったろうが、ハイデガーが予言するように、将来的には、手間隙がかかるばかりで効果の定かではない訓育と育種に代わって、人間を「原材料」に、誰もが、指導者や技術者、労働者、兵士……として、機械装置が求める、割り当てられた役割に相応して同じように考え同じように行動する、標準化され規格化された歯車を必要に応じて生化学的に大量生産する時代がやって来るのかもしれない。大戦中――その頃既にドイツでは、国家による婚姻管理や断種、妊娠中絶、安楽死、ユダヤ人のガス殺が日常化していたのであるが――の覚書に、「〈人間の内にある〉動物的なものが、そのあらゆる形態において、徹頭徹尾、計算と計画に服させられる（健康管理、育種）。……今年フランクフルト市よりゲーテ賞を授与された化学者クーンの研究は、既に雌雄の生物の誕生をそのつどの需要に応じて計画的に制御する可能性を与えている」(334)と書いたハイデガーは、大戦後、リルケに因んだ或る記念講演において、「生物が技術的に育種の対象とされるだけでなく、生命それ自体の諸現象に対する原子物理学の取り組みが盛んに行われている。結局は、生命そのものの本質が技術的制作に委ねられることになる」と語り、(335)最晩年には、『技術の由来と思惟の使命』において、「生化学は胚細胞の遺伝子の中に生命の設計図を発見した。それは遺伝子の中に書き込まれ、そこに保存された指示であり、成長のプログラムである。すでに科学はこの指示のアルファベットを知っている。人々は『遺伝情報のアルヒーフ』を話題にしている。こうした知識に基づいて確実に予想されるのは、いつの日にか、人間を科学的-技術的に生産することが可能となり、人間の育種に着手する、そうした時代がやって来るであろうということである」との見通しを語っていた[336]。

さて、いささか先走り過ぎたかもしれない。話を元に戻すことにしよう。人間が生化学的に大量生産される時代が実際にやってくるかはともかくとして、機械装置により用象として徴用され-用立てられるヒトやモノ、組織は、もともとは、表象され計算されるものとして「対象（Gegenstand）」であったのではなかったか。「厳密に思惟するならば、われわれはもはや対象というものについてほとんど語ることができない」事態に立ち至ったとハイデガーはいう。「鋭く注視するならば、われわれは、すでに、そこにはもはや対象が存在しない世界の内で動いている。しかし、対象がないこと（Gegen-standlos）は立つことなきこと（Standlose）ではない。むしろ、対象がないことの内には或る別種の立つことが生じている[337]。」それが、対して-立つ=対象性（Gegenständigkeit）とは異なる、「徴用され-用立てられて-立つ=用象性（Beständigkeit）」であり、その変化が、客体にとどまらず、本来主体であるはずの人間にまで及ぶものであること、上述のとおりである。それは、両者の相互的な関係からして当然のことであり、実は、かかる変化もこの「関係」それ自体の変化から出来したことに留意されねばならない。ハイデガーは用象への変化を次のように総括する。「対象性が〔機械装置〕から規定された用象の用象性へと変化する。主体-客体-関係がそうしてはじめてその純粋な『関係』、即ち、徴用され-用立てられているという性格に達する。そこでは、主体も客体も用象として吸収されるのである。そのことは、主体-客体-関係が消滅するということを意味するものではなく、むしろ、逆に、今や、そのもっとも極端な支配に達するということである。主体-客体-関係は徴用され-用立てられるべき用象となる[338]。」有り体にいえば、「人間が主体となり、世界が客体となるということさえも、技術の自己組織化の本質の一つの結果であり、その逆ではない[339]。」機械装置により、事物はもちろん、科学、技術、企業、政府、国家等の組織、さらには、主体であるはずの人間に至るまで、文字通り、存在者全体が「世界」の征服・支配・創造に向けて徴用され-用立てられ（be-stellen）、用象としてしかるべき部署に配置され、表象（vor-stellen）-制作（her-stellen）に向けた布陣が整えられる。こうした事態を、ハイデガーは、stellen の集合体として「ゲ-シュテル（Ge-stell）」の名で呼び(340)、そこに主体性の形而上学の時代における「技術の本質」(341)を見ることができるとする。

主体性の形而上学が完成する、そのとき、人間は、指導者として、技術者として、労働者、兵士、母として、機械装置により徴用され-用立てられる用象、即ち、服従する主体としてゲ-シュテルの中に配置され、機械装置が、人間に代わって、主体=基体となり、いっさいの存在者を統括し支配する最高審級の地位に立つ(342)。一見、あたかも技術が人間の手の内にある手段であるかのように見えたとしても、「だが、ほんとうのところは、人間の本質こそが技術の本質に手を貸すべく徴用され-用立てられている」というのが実際である(343)。用象と化した人間にとって、かつて彼らが宇宙の中で有していた特権的な地位などどこにもない。機械装置のために、科学技術を介して用象となる事物や組織の徴用-用立てに関与するという、ただそれだけが人間の尊厳と品位を辛うじて保つこととなるであろう。

巨大プロジェクトの現場において、そうした反転した事態が進行していることを一人の技術者の言が教えている。原子力発電所の製造のために長年の間にわたり技術者として働いた田中は、自らの経験から、徴用され-用立てられる用象の本質が何であるかを紛れのない言葉で語っている。「組織のダイナミックスは人の心をある特有の状態に仕向ける。批判的な精神は意識下に降り、価値判断は停止し、組織の目的――原発をつくるということ――にむけて自己超越してしまう(344)。」

巨大プロジェクトといえば、人類がこれまで経験した中で、或る一つの人間集団の丸ごとの抹殺計画以上のものは他になかったにちがいない。それに比べれば、原発の製造なんぞは幼子の積み木遊びも同然なのかもしれない。ナチス第三ライヒにあって「最終解決」の名で呼ばれたユダヤ人抹殺計画推進の中核部隊となったライヒ保安本部第四局B四課長として「上官の命令」により参画したばかりに、誰一人直接殺したわけでもなく、殺害を命令したわけでもなく、自らの意識の上では、ただ計画遂行のため機械装置の中の一個の歯車として与えられた持ち場で自己の職務に忠実に「協力し幇助した」にすぎないにもかかわらず(345)、事が終わった何年も後に異国の法廷に立たされ罪に問われたアイヒマンなる人物の人間像について、裁判を傍聴したアーレントは次のような報告を残している。「〔ただそれが指導者の命令であり法であるという理由だけで悪の意識もなく何の感慨もなしにジェノサイドに手を貸した〕この人物がわれわれを不安にさせるものは、まさに、彼が多くの人々に似ていたし、その多くの者が、倒錯してもいず、サディストでもなく、恐ろしいほどに、また、驚くほどに、ノーマルだったし、今でもノーマルであるという、このことなのだ。[346]」先の田中の言と合わせて、「機械としての徳を身につける」とはどういうことなのか、よく分かる話ではある。彼らの中に見るものは、服従する主体の変質でも後退でも消滅でもない、その本質の完成である。

主体＝基体となって、「世界」の征服・支配・創造に向けてすべてを飲み込み、一旦際限のない自己運動を開始した機械装置を止めるものは何もない。元来は、「世界」を表象し−制作する主体として自己を屹立させたはずの人間にとっても、徴用され−用立てられる身となった今では、不可能なことである。奇妙な逆転というべきか。かつて、主体が自我の中に移し置かれ、主体性が自我性と同義となり、自我が、殊更に、subiectum、主体とみなされることにより開始された近代という時代は、人間が、自ら作り出したはずの機械装置の中で、「空洞化[347]」され、「技術に仕える職員[348]」に堕すことにより、その頂点に達する。機械装置により用象としてゲ−シュテルに配置された人間は、「世界」へ征服的創造的に働きかける表象し−制作する主体でありながら、奇妙なことに、アーレントがアイヒマンの中に見てとったように、「表象する力を欠如」し、「〔自分が〕実際に何を行っているかを決して表象することがない」状態へと陥れられる[349]。機械装置に配置された誰もが、原発技術者である田中がそうであったように、あるいは、親衛隊員であるアイヒマンがそうであったように、自分がどこに向かっているのか、何を生産しようとしているのか、全体の計画について何も知らないまま、あるいは、知らされないまま、あたかもそれを実現することを願っているかのように、それぞれに与えられた役割を果たすべく、相互に組み合わされ、ただ回転するだけの歯車となる。実は、指導者とて例外ではない。ハイデガーは、機械装置が元々それを生み出した人間を飲み込む、主体性の「脱自我化」とでもいうべきこうした出来事を「技術化した動物への移行」という、いささか奇妙な言い回しで表現する。「この動物は、既にいっそう弱められ、いっそう粗雑となりつつある諸本能を、技術のもつ巨大さにより置き換えることを開始した[350]。」

ハイデガーに先んじて現代を機械主義の時代ととらえ、そこに「ルネサンスの終焉」を見いだしたベルジャーエフは、ロシア革命の勃発から数えて六年後、第一次世界大戦の終結から四年後、中欧や東欧の空が焼却炉から四六時中立ち上る奇妙で不吉な煙により覆われる二〇年程前のことであるが、『歴史の意味』（1923）を出版し、その中で、近代的自我が辿りついた数奇な運命を語っている。「ルネサンスの終焉、それは、既に一九世紀に明白となり、二〇世紀にますますその度を強めている」、このように断言した彼は、「そうした事態が出来したのは何故であったのか」と問いかけ、次のように回答する。「私が確信するに、歴史上例を見ない革命が、そして、人間という種にかかわる危機が起こったことによる。人間社会の生活の中へ機械が入ってきたことにより惹き起こされた変革がそうである。機械の勝ち誇った登場という、この事実の重要性をわれわれはいまだ十分に評価するに至っていない。機械の出現は人間をいわば自然の胎内から引きずりだし、すべての生のリズムを一変させた。人間は、自らが生あるものへと呼び出した機械に人身御供として捧げられ、非人格化され、力を奪われ、最後には、滅ぼされるのだ。」ベルジャーエフがいう「機械」が、単なる工場等のそれではなく、あの巨大な機械装置と同じものととらえてはじめて彼の言い分も了解されうる。それでは、人間の「破滅」を招来したものは何であったというのか。「それは、〔機械を作り出し、自然を征服せんとした〕際限のない自己主張であった」とベルジャーエフはいう。「高次の原理の否定が、人間を、この上もない卑俗な没人間的原理に隷属させる結果をもたらした。これが、近代の歴史にあって、神を殺害するに至った人間中心主義〔ヒューマニズム〕の不可避の結末である。近代史の最後の成果の中にわれわれが見いだすのは、人間の運命の奇異な、そして神秘的な悲劇である。一方において、われわれは、人間文化に新しい貴重な貢献を果たした個性の概念の発見を見る。しかし、他方において、かつてなかったような人間個性の崩壊を見る。個性は制約と限界の欠如により滅びへと運命づけられ、人間中心主義者の全歴史は反人間中心主義において絶頂に達する。」(351)

機械装置が人間に取って代わり主体の地位に上り詰め、他方、その機械装置を生み出したはずの人間が人身御供として捧げられ非人格化を余儀なくされること、たしかに、ベルジャーエフの指摘のとおりであったろう。しかし、こうした事態がたとえどれほど奇異で神秘的な悲劇であるにせよ、これを、ベルジャーエフがいうような、ルネサンスの「終焉」ととらえないようにしよう。「機械の勝ち誇った登場」も「神を殺害するに至った人間中心主義」も、所詮は、ルネサンスがはじめて開いたあの「世界」への構え、前に-対して-立つという人間と「世界」の関係から生まれ出たことをわれわれは既に承知している。今現に彼が眼にしている出来事は、フィレンツェの画家たちが「世界」から距離をとり「世界」を遠近法的に見透すことによって端緒を開いた六世紀以上にも及ぶ夕の国が紡いだ大きな物語――主体性の形而上学――の最後の章の始まりでしかない。しかし、ベルジャーエフが指摘するとおり、そこには、物語の作者であり主人公であるはずの「個人＝自我」の姿は見当たらない。ただ、辛うじて、機械装置の「臣下（sujet）」へと貶められた「主体（sujet）」

――「服従する主体」が存在するだけである。奇妙な逆転というしかない。

第五章　主体性の形而上学と近代国家

1　法律‐権力

一　ローマ法の再発見

存在者全体を徴用し‐用立てる機械装置のもつ反人間主義において頂点に達した感のある主体性の形而上学にとって、「国家」とは何であったのか。たとえ、国家が、機械装置の最上位に位置する指導者にとって、数ある指導手段の一つにすぎないにせよ、差し当たり、もっとも有用・有効な手段であることに間違いはなく、そうである以上、機械装置の本質と機能を明らかにせんとするわれわれにとって、それは、避けては通れない、問うに値する問いであるといってよい。

人間が、世界観相互の戦いの中で、かつて神が有していた理性の地位を襲い、神に代わって、最高審級に立ち、墨縄を引き、存在者の「存在」、即ち、存在者が「あり」、「何であり」、「如何にある」かを決定し、「世界」を表象‐制作する——そこに主体性の形而上学がヨーロッパ世界にもたらした新たな事態の本質があった。それでは、かかる形而上学は、自己の意思と力を貫徹する上で、いかなる国家を必要とし、生み出したのか。機械装置が国家による全体動員を不可避とし必要とする中で、それ自身も徴用され‐用立てられる用象の一つでしかない国家に求められる最適な在り様とはいかなるものであったのか。こうした疑問に答えるべく、次に、近代国家とはいかなる国家であったのか、その「本質」を、主体性の形而上学がそこに起源を有する一二／三世紀ヨーロッパにおいて法と国家をめぐって生じた変化に立ち戻ることにより、明らかにすることにしよう。

一二世紀ルネサンスは、アリストテレスやユークリッド、プトレマイオス等の論理学や幾何学、自然哲学にかかわる文献だけでなく、その後のヨーロッパの法と国制の在り様を決定づける重要な写本をもたらした。後に『ローマ法全典』の名が冠されるローマ法の「再発見」がそれである。

もっとも、それ以前、ローマ法が、西ローマ帝国滅亡後、ヨーロッパ世界から完全に姿を消したというわけではない。

三戸は、中世の時代、イタリア半島におけるローマ人の生活が、ゲルマン人の政治的支配下にあって、たとえその全部ではないにせよ、ローマ法により規律されていた事実を指摘する。そこでは、西ゴート王アラリック二世（在位485–507）がローマ法系統の法典編纂（アラリック抄典［506］）を行ったこと、東ゴート王テオドリック（在位493–526）がローマ人にかかわる訴訟にローマ法の適用を認めたこと、ロンバルド王リウトプラント（在位712–744）が親族及び相続にかかわる事件へのローマ法の適用を定めたこと等、ローマ法はゲルマン法と接触しながらも命脈を保ち続けたのである。ただし、「中世イタリア社会の社会構成の質と規模は、輝ける古典ローマ法を支えていた古代ローマのそれとは比すべくも、また、蛮民と呼ばれたゲルマン人の法的水準は、洗練されたローマ人のそれに及ぶべくもなく」、かかる事態が、「ローマ法のデカダンス」とも称される「ローマ法のゲルマン化」を招来し、その結果、「ローマ法は遂に田舎ローマ法にまでおちぶれ、古典ローマ法とは甚だしく異なったものになってしまった。」[1]

「再発見」されたローマ法は、田舎ローマ法とは異なり、東ローマ皇帝ユスティニアヌス帝（在位527–565）により編纂された正真正銘の古典ローマ法であった。後に「書かれた理性」とも呼ばれる『法典』は、五二八年の皇帝の命に基づき、司法大臣トリボニアヌス等の手により五三四年に完成したものである。編纂事業を進めるにあたって、ユスティニアヌス帝は、単なる法的資料の集成ではなく、実効性を備えた現行法の創出を目的とし、そのため、編纂委員に対し「殊に法文の重複・抵触を避け、時代の要求に適合しない勅法又は法学者の学説に対して必要なる挿入・削除ないし変更を行う権限」を付与したとされる。[2]『法典』は全体で四書からなる。編纂時点において有効であったハドリアヌス帝（在位117–138）以降の勅法及び個別問題に関する皇帝の勅答を整理編纂した全一二巻から成る『勅法彙纂』、帝政初期から五〇〇年代までのガイウスやウルピアヌス、パウルス等約四〇名の法学者の学説を集大成した全五〇巻から成る『学説彙纂』、ガイウスの『法学提要』を基に作成されたローマ法の教科書であると同時に法典でもある全四巻から成る『法学提要』、そして、『勅法彙纂』の完成以後から皇帝の崩御に至る五六五年までの間に布告された一五八の勅法を集めた『新勅法集』がそうであった。[3]

『法典』の中でもっとも重要となる『学説彙纂』は、皇帝の存命中か死後に作成された写本がその後間もなくピサに渡来したものの、[4]ヨーロッパ世界の一般に知るところとはならなかったが、一〇七六年のトスカナ公爵夫人ベアトリーチェにかかわる土地所有権をめぐる裁判において、裁判官ペポが

これを判決文の中に引用した、その時が、ローマ法「再発見」の瞬間となった。(5)

むろん、それは、単に古文書の中に埋もれていた大昔の史料がたまたま陽の目を見たといった出来事ではない。その背景には当時始まっていたヨーロッパ社会の基盤的変化があった。ピレンヌいうところの商業のルネサンス、農村を中心とする封建社会とは異なる都市を中心とする商品生産・交換社会の誕生がそれである。封建的な身分制度に立脚する属人的・属地的な法の在り様は、当然のことながら、身分制から解放された自律する個人を単位とし空間と時間を横断する貨幣経済に支えられた商業社会が求める新たな法の需要に応えうるものではなかった。ブロックは、商人たちの登場は法の骨組みに「新たな酵母」の導入を要請したとする。(6) その中心となったのが「物権」と「債権」にかかわる法であった。商業、手工業は、一方で、土地・建物といった不動産及び商品・機械等の動産に対する、それも、かつての封建社会において富の享有が常に公共に対する義務を伴うものであったのとは異なり、何らの社会的義務を伴わない「所有」を前提とし、他方で、動産や不動産、さらに労働力を加えて、そうした財貨の交換、即ち、他人をして将来財貨を給付させることの約束＝「契約」により成り立つものであった。物に対する権利＝物権及び人に対する権利＝債権が、近代法の根本原則を成す「私権の享有は出生に始まる」との言にもあるように、文字通り、「私」の権利である以上、単に封建的な人格の隷属からの解放だけでなく、さらには、近代的な「個人」の存在を前提とし、逆にまた、個人の誕生・確立を促進する契機ともなったこと、了解されるのではなかろうか。空間や時間の個人化と並んで「法の個人化」について語ることも不可能ではない。こうした物と人にかかわって出来した新たな法的事態が、やがて、市民革命を経て、権利能力の平等性の原則、私的所有権絶対性の原則、契約自由の原則として確立され、今日に至る個人主義を基盤とする資本主義社会を支える私法の大原則となったことは周知のとおりである。メインは、かかる変化を、『古代法――その初期社会史との関連及び近代的諸観念に対する関係』(1861) において、「身分から契約へ」の一言で表現する。

近代的な商工業社会が成立するには、自律した個人の存在を前提とし、また、自律した個人を単位とする物権、債権という、封建社会の法が知らない権利・義務の確立、さらには、雪冤宣誓や神判、決闘といった旧来の裁判手続きに代わる、合理的な裁判制度と訴訟法の整備が不可欠であった。ヨーロッパ世界は、都市の発展過程において独自に商品生産と交換に関する法を形成しつつ、加えて、新たな法の範例を、古代世界にあって既に商品生産・交換社会に適合する法を形成していたローマ法、なかんずく『学説彙纂』に求めたというのが実際であった。[7] ローマ法の継受に、ヨーロッパ世界が、この時代、古代ローマの世界に追いついたことの表徴を見ることができる。あるいは、ヨーロッパ世界は漸くローマ法を継受するに相応しい段階に立ち至ったというべきか。ヴィノグラドフがいうように、ローマ法は、当時のヨーロッパ社会が経験していた経済発展の諸要請を充たすものとして彼らの前に立ちあらわれたということだ。なるほど、歴史はそっくりそのまま繰り返すものではないし、商業や産業の諸条件に異なりがあったにせよ、「商取引を法的に枠づけようとするにあたっての広汎な経験の諸成果は既にローマの法律書の中に蓄積されていたのであり、中世末葉の進歩的階級はこれを利用しないではおかなかった。[8]」たとえば、排他性・独占性を核とする近代的土地所有権は、領主権力による拘束、村落共同体による拘束、家族・親族共同体による拘束（相続期待権）からの解放だけでなく、「物に対する概念上無制限な法的権力としての所有権と他人の物における権利を鋭く区別し、所有権を純粋な私的権利として、あらゆる種類の公法的支配権と完全に対立させた[9]」ローマ法によってはじめて理論的な根拠づけを得ることができたのである。あるいは、従物、目的物の増加、諸成契約、棄権条項、時効制度、後見制度等の私法にかかわる事柄、訴訟手続における書面主義、当事者の挙証責任、多数決原理による判決の確定等の訴訟法にかかわる事柄もまたローマ法の影響の下に理論構成され実現されたこと、同様であった。[10]

トスカナ公爵夫人にかかわる裁判が「土地所有権」をめぐる訴訟であり、そこでローマ法が援用されたことは、ヨーロッパ社会の変化を告げる象徴的な出来事であった。ローマ法の「再発見」が、何故、一一世紀末、イタリアにおいてであったのか。それが、貨幣経済の登場による、一方における商業のルネサンス、他方における個人の誕生、その両者が交わった結果の出来事であったことを考えれば、いち早く都市の再生を成し遂げたイタリアが舞台となったこと、容易に納得されよう。ここでもまた、イタリアが「近代ヨーロッパ人全体の模範であり、最初の発現者であった」（ブルクハルト）ことに変わりはない。以後、ローマ法を現代に復活させるべく、ボローニャを中心にして、イルネリウス（1055?–1130?）を筆頭に、彼の弟子である四博士（ブルガルス、マルティヌス、ヤコブス、ウゴー）やプラケンティーヌス（1120?–1192）、アゾ（1150?–1230?）、アックルシウス（1182–1260）等の手により法典中の規定や用語に注釈を写本の欄外に施す註釈学派が、さらに、一四世紀に入ると、ダンテやペトラルカ、ジョットと同時代人であるキーヌス（1270–1336）やバルトルス（1314–1357）、バルドゥス（1327–1400）等により、実際社会との適合への志向に裏打ちされ、スコラ学の方法をもってする註解によってローマ法の理論的体系化を目指す註解学派が登場する。後に、それがもつ権威主義的傾向とスコラ学的手法が人文主義者の激しい批判を招いたにせよ、ローマ法研究の勃興が、人文主義の運動と並ぶ、「古代の復興」であり、バルトルス等が、ダンテやペトラルカ等と並ぶ、「近代の建設者」であったことに相違はない(11)。

ローマ法学の復興はまたヨーロッパにおける大学の誕生でもあった。ボローニャにはイタリアはもとより、同様に都市化・商業化を実現した国や地域から、アルプスを越えて、イルネリウスやプラケンティーヌス等の高名な法学教師のもとに盛時数千人ともいわれる学生が集まり、異郷の地で最新の法の知識を吸収した彼らは、従来唯一の知識人であった聖職者と並ぶ新たなタイプの知識人となって、帰郷後、教会や君主、諸侯の下で行政と司法の専門家として、都市の法律顧問として、あるいは、モンペリエやパドヴァ、オルレアン、パリ、オクスフォード、ケルン等の各地にボローニャに範をとって誕生した大学や法律学校で法律教師として活躍、その結果、貨幣経済の浸透・普及にともない、ローマ法が新たな商工業社会の要請に適合する法として、旧来の属人的・地域的な封建社会の法に取って代わり、ヨーロッパ世界における普遍的な法たる地位を獲得するに至った。中でも、政治的統合の遅れたドイツでは、一三／四世紀に、註釈学派、とりわけ註解学派により註釈・註解された法学説としてのローマ法が移入され、一四九五年には、『帝室裁判所法』が裁判所の基づくべき法源としてカノン法と並んでローマ法を挙げ、その後、領邦諸侯や都市の裁判所でもローマ法が適用される事態となり、その結果、包括的に継受されたローマ法が「普通法」の大部分を占めるまでになった。

イェーリングが『ローマ法の精神』（1852–1878）で語ったように、「ローマは三度世界を征服した」のである。「一度は領土によって、二度目は宗教によって、そして、三度目は法典によって。」ところで、「三度目」の征服を可能としたものは何であったのか。この箇所にかかわるイェーリングの言を全文引用しておこう。「ローマは三たび世界に掟（Gesetz）を命じ、三たび諸民族を統一へともたらした。一度目は、ローマ民族がなおその活力の充実した状態にあったとき、国家の統一を実現し、二度目は、ローマ民族がすでに没落してしまったのちに、教会の統一をもたらし、三度目には、ローマ法の継受の結果として、中世において、法の統一をもたらした。第一回は、武器の力による外面的な強制をもって、他の二回は、精神の力をもって。ローマの世界史的意義と使命を一言をもって要約するならば、それは、普遍性の思想による国家原理の克服である(12)。」

イェーリングが世界征服の原点をそこに見た「普遍性の思想」をダントレーヴは次のように解説する。「法典が〔普遍的な〕妥当性を要求したことについては、現代のそして偏見のない読者をも感銘させずにはやまない一点がある。その要求が力にではなく、理性に基づくものであったということである。その要求は、法の強制力に訴えるよりも、むしろ、法の内在的な品位に訴えるものであった。ユスティニアヌス帝は、彼の名高い一勅法の中で、『正義』の殿堂、『法』の城塞を建立することが彼の目的であったと宣言している。即ち、『あらゆる題目の中で、諸法の権威は神事及び人事を巧みに処理し不正を根絶せしめるものであるから、これにもまして研究に値するものはない。』[13]」

このようにして、はじめて、全五〇巻にも及ぶ『学説彙纂』が、何故、その冒頭に「正義および法について」と題する章を置き、そこに、「自然法」に関する、一見して整合性をもたない、ウルピアヌス（「自然法は自然がすべての動物に教えた法である。……万民法は万民の間に行われる法である。」）、ガイウス（「自然の理性が万人の間に制定した法は万民法と呼ばれる。」）、パウルス（「法なる語は種々の意味に用いられる。その一つは、自然法のように、常に公平にして善なるものをわれわれが法と呼ぶ場合。もう一つは、市民法のように、一国の全市民または多数の市民のために有益であるもの。」）の言説を載せたのか、その理由も明らかとなる。ダントレーヴは、矛盾抵触を除去する権限を与えられていた編纂者があえてウルピアヌス等の言を冒頭に並置したのは、皇帝が法典に課した「普遍的効力」を基礎づけるためであったとする。「普遍的効力の拠って立つ基礎は合理的な基礎であることを旨としたが、それは正義という一つの絶対的基準によってのみあてがわれ得たのであり、この基準が自然法であった」[14]と。ただし、彼らがいう「自然法」に、古代ギリシアの自然法思想に見られるような、思弁的・先験的な意味合いを求めても無駄である。彼らが「人間の自然」「事物の自然」というとき、これらの語は「人間や事物の『正常な』状態を指称し」、「法的規制の前提をなすところの事実状態を指していた。」ウルピアヌスらの懸命な努力の目標は、「事物の自然に、即ち、事実や生活の具体的な状態に適合する法規を見いだすことにあった」[15]のである。同様の志向は、後年、「自然が平均的な寸法を定めている、真摯な画家は自然を探求する労苦を厭わないであろう」と説き、自然の理法の探求を画家の必須の課題としたアルベルティの中に見いだされることであろう。

一二世紀イタリアに始まったローマ法の継受は、プーフェンドルフやクリスチャン・ヴォルフ等の自然法学、サヴィニーやプフタ等の歴史法学派を経てヴィントシャイトの『パンデクテン教科書』(1862) に代表される一九世紀のドイツ普通法学(パンデクテン法学)に収斂するのであるが、今、われわれの興味と関心は、長年にわたる法学者による精緻な法の体系化を跡づけることではなく、ローマ法の再発見により、ヨーロッパが、『法典』にとどまらず、同時に、ローマ法に固有の法及び国家の観念をも受容するに至った、そのことにある。法とは「国家制定法」であるとの観念がそれであった。ちなみに、『学説彙纂』には、「君主の欲するところ法律の効力を有する」(D.1.4.1) とあり、プラケンティーヌスもまた、皇帝は「成文法を制定し、解釈し、改廃する権力を有する」との言葉を残している。[16]

二　古き良き法の支配

ローマ法の継受以前、集権的な国家権力がいまだ確立されていない中世封建社会(八/九〜一二/三世紀)ではローマのそれとはまったく異なる法観念が支配していた。ケルンはそれを「古き良き法 (das alte, gute Recht)」の一言で表現する。[17] 九世紀から一二/三世紀における法をめぐる状況はいかなるものであったのか。以下はブロックの解説である。「九世紀初頭の前封建時代のヨーロッパにおいて法を宣言しなければならなかった時、法典を参照することが裁判官の最初の義務であった。その法典とは、ローマ法の編纂物であり、少しずつ成文化によって固定したゲルマン民族の慣習法であり、蛮族諸国の君主たちが数多く発布した立法であった。……〔しかし〕いかなる書物もすべてを裁定するには十分ではなかった。社会生活の諸分野の全体——封建制度がすでに予示されていた、領主地の内部における諸関係、個人と個人の紐帯など——は、法典によって全く不十分に規定されているにすぎないか、さらには、まったく規定されていないかであった。このように純粋に口頭による伝承の分野が成文法と並んで既に存在していた。次の時期——換言すれば、封建体制が真に構成された時期——のもっとも重要な特徴の一つは、この余白部分が度外れに大きくなり、若干の地方では司法の全領域を侵すまでになったということである。ドイツとフランスではこの進化が極限にまで達した。[18]」ブロックがいう「度外れに大きくなった余白部分」を埋めたのが「古き良き法」であった。それは、「公平と慣習から一切の法が生まれる」というドイツの法諺に換言される。ここには、法は、人為的に作られるものではなく、「慣習」から生まれてくるものであること、さらに、「正義＝公平」に適ったものでなければならないことが端的に表現されている。その際、正義が決定的に重要であったことは、これもまた、ドイツの法諺に「百年間不法が行われても、それは一時たりとも法ではなかった」とあるとおりであった。「三角な円」が存在しないのと同様、新しい法、不正な法といったものが存在する余地はなかった。また、同じ事柄に関して古き法が複数存在するとき、「古法が新法を破る」が原則であり、より古い法が優先権をもったのである。当然、古き良き法は成文法ではありえない。それは不文法として共同体の成員の法感情、記憶の中に存在する。それ故、何が法であるかは、人々の法感情、記憶の中にこそ「発見」されねばならなかった。農村共同体で行われる「ワイスツーム（法の宣告）」の手続きにそのことがよく表現されている。共同体の中で法をめぐる争いが生じたとき、共同体の全構成員が参集し、その中から選ばれた、多くは古老である「判決（法）発見人」に対して古来共同体において遵守されてきた「法が何であるか」が問われ、それに対する彼の回答＝「法の宣告」を参集者全員が承認することにより、判決＝法が確定する。判決は、共同体の法感情、即ち、法の発見であり、確認であった。(19)

古き良き法に誰もが拘束されたのであり、君主もまた例外ではない。君主といえども、法を、自己の意思によって、変更することも、新しく制定することもできなかった。ただし、そのことは、中世の時代、「新しい法」の生産がなかったことを意味しない。ケルンは、「中世においても、生は日々新たなるものを生み出している」という。「法の変更や改新は、それが〔古き良き法の〕再興である限り、ないしは、そのようなものと称されている限り、可能であり、いな、むしろ要求されたのである。それは、変革・発展ではなくて、真の良き法――不法・混濁・誤解・忘却と永遠の闘争をくり返している真の良き法――の不断の開示・解明・純化であった。」また、君主による立法がまったくなかったわけでもない。しかし、それもまた今日的な意味での立法ではなかった。「たしかに、中世の立法者は、しばしば明示的な形で、――サクソ・グラマティクス〔1150?–1220?〕の言葉を借用するなら――『無道な掟を廃して、有益な掟を作った。』しかし、この場合にも、彼らは、彼らの考えでは、実定法を別の実定法によって置き換えたのではなく、一時的に不法によって濁らされていた河床に、真の法の流れを再び導き入れたのである。中世の法改正を示す特徴的な言葉は legem emendare〔法を正す〕であり、法をその歪曲から解放するというわけである。」(20)

こうした法と君主の関係を、イギリス中世の法学者であったブラクトンは、「国王は何人の下にもあるべきではないが、神と法の下にあるべし。けだし、法が国王を作ればなり。恣意が支配し、法が支配せざるとき、国王なし」との言葉で表現する。「法の支配（Rule of Law）」の実現である。君主は、ただ、既存の秩序、古き良き法に奉仕し擁護するためだけに存在する。「即位の誓約」が行われるのもそのためであった。

アイケ・フォン・レプゴウによる私撰の法書である『ザクセン・シュピーゲル』(1225)には次のようにある。「国王は選ばれるや、帝国に忠誠の宣誓をし、そして、彼が最善をつくして能うかぎり法を強め不法をくじき且つ帝国をその法について代表するべき旨、誓うべきである。[21]」君主が誓約に違反し法を破るとき、「君、君たらずんば、臣、臣たらず」であった。君主に対する服従義務は失われ、破られた法の回復のためにする「反抗」が臣下の義務となる。これも『ザクセン・シュピーゲル』に「家臣は彼の国王に対し、不法行為について反抗することができ、そして、それによって彼の忠誠に反して行動することにはならない[22]」とある。文字通り、「法の主権」の存在である。ケルンの言を引いておこう。「中世のひとびとにとっては、唯一の女神ユスティティアが王座にあるのみであり、政府も人民も君主も国民も……彼女の膝下にひざまずき、これらの上にユスティティアは、永遠不変の一律性をもって、剣と秤とを保持している。[23]」法が第一次的であり、国家は第二次的な存在であった。「法が国家の以前にあり、国家は法のために、また、法を通じて存在するのであり、法が国家を通じて存在するのではない[24]」とのケルンの言に、中世という時代における法と国家の在り様を見ることができる。

三　法律による統治

「法とは国家制定法である。」——一二世紀、ローマ法の再発見により西洋世界にもたらされたこうした法観念が従前の封建的な観念からいかに隔たったものであったか、実感される。船田がいうように、ローマ人の考えでは、「法は、神から授かったものでも、自然に生成したものでもなく、野蛮無法の状態から法を作り出したものは、人間であり、自分自らであり、それを基礎づけるものは力の優越」であった。ただし、実力主義は、恣意の跳梁を意味しない。既に指摘したように、「事物の自然」が立法の導きの星あるいは枠組として存在していたのであり、さらに、それは、ローマ人のもつ「形式主義」への志向により補完され、「法は、一見して明らかな形式を定め、その定められた形式を通じて主張され実行される実力をもって、正しい実力として保護し、これによって、確たる秩序をうちたてることを得た」のである。[25]事物の自然に裏打ちされた実力主義的・形式主義的な法観念が、伝統的な身分的位階制が支配する封建社会から計算合理性が支配する商工業社会へと移行し、同時に、都市の商人や手工業者からの租税の徴集により君主への権力の集中化が始まった時代、旧来の静的な封建社会の法観念に取って代わった事情が了解される。新たに権力を集約しつつあった君主も、新たに勃興しつつあった都市の商工業者も、ともに古き良き法に代わる新しい法観念を求める、そうした状況にあったことは間違いない。法観念の交替は必然であり、時間の問題であった。

ローマ法の再発見を促した根本契機である都市の勃興がイタリアから始まりアルプス以北へと広がっていく中で、とりわけ、ドイツにあっては、皇帝権力の弱体化という状況の下、一二世紀以降、他に比べてはるかに強固な自治権を有する「都市共同体」が誕生する。もともと領主の支配地に成立した都市は、領主の支配権・裁判権に服するものであったが、やがて、経済力の蓄積の結果、一一世紀末から一二世紀にかけて、都市貴族を含む全市民が参加するコミューン運動により自治権を都市君主（国王、司教、領邦君主）に承認させ、都市共同体として自律するに至る。この都市において形成された法が「都市法」である。都市法は、初期においては慣習法として形成され、一二世紀以降、都市君主が付与した特許状の形で、その後、自治権が強化され確立されて以降は、「自治制定法」として形成されていく(26)。成文化された法は、毎年参事会員の交替に際して開かれる市民総会において、全部又は一部が朗読され、すべての市民がそれに対して誠実を守る旨の誓約を行った(27)。都市は、古き良き法が支配する封建社会という大海の中にあって、「本来の意味の『立法』――慣習に拘束されない人為的な新法の制定――が現われた(28)」最初の島であった。

都市が制定法主義へと舵を切った背景には、慣習法というものが元来もつ形式的な不安定さ、及び、そのことによる商人のもつ計算合理性との衝突がある。意外な感もあるが、慣習法は、一見、永久不変の法であるかの如き様相を呈するものの、実態はその真逆であった。慣習法は、「かつて存在した法のうちでもっとも可塑的なものの一つであった」とブロックはいう(29)。世良も同様に、「近代法に比べるとき、はるかに不安定であり動き易かった(30)」ことを指摘する。このいささか矛盾するような事態は、ひとえに法が「不文」であることに起因する(31)。人びとの伝承や記憶ほど曖昧で変化し易いものはない。計算合理性を自己のレゾンデートルとする商人が、かかる事態を耐え難いものとし、自治権を確立するや、旧来の法観念を捨て去ったことは当然の成り行きであった。さらに加えて、新たに必要となる法の生成を慣習法的なそれにゆだねる時間的ゆとりも商人たちの側にはなかった。哲人めいた時間を送っていたモンタイユー村の羊飼いとは対照的に、食事を摂る間もなく日々時間に追い立てられていたプラートの商人ダティーニの姿を思い浮かべるだけでよい。都市法は、全体を把握し未来を見透した計画的かつ人為的かつ迅速な立法によってのみ実現可能であった。所詮、慣習法なるものは主体性の形而上学とは相容れるものではなかった。都市法を、林は、「都市生活の全面を規律し、その内容は公法・私法の両面にわたる」ものと定義する。具体的には、参事会を中心とする都市の統治組織や市民の公的義務について定めた憲法・行政法規定、市内における犯罪と刑罰の関係を定めた刑法的規定、刑事・民事の訴訟について定めた訴訟法規定、市民の財産関係・身分関係について定めた民法的規定、商取引について定めた商法的規定、市民の経済生活の規律について定めた経済法的規定、都市と都市君主あるいは外部の領主との関係を定めた規定等が挙げられる。[32] これだけ多方面にわたる新たな法整備は、当然のことながら、人為的な立法によるほかはなかった。

変化が皇帝権／君主権にも及んだこと、いうまでもない。ブロックは、一一世紀半ば以降、「あらゆる所でこれまで極端に分化していた人に対する支配権がより広大な機関〔国家〕に集中され始めた」とし、この西欧世界全体に見られる広範な現象の背景には「共通のいくつかの原因」が存在していたとする。「異民族侵入の終焉」が変化の始まりであった。それは、一方で、王権や諸侯権力をそのために力を消耗していた任務から解放し、他方で、一〇世紀中葉以来の開墾の進展による人口の増加をもたらした。そこから生まれた商工業の復活、都市の再生、貨幣の流通は、国王等に租税の徴収を可能にし、国家は「その覇権を保つための本質的な要素である、いかなる私人あるいは私的団体よりも比較にならない程大きな富を獲得しはじめたのである。」そうした富は、俸給制に基づく官僚制、傭兵による軍隊の創設を可能にするものでもあった。教育の普及と拡大——その最初の頂点に立ったのがボローニャ大学であった——は、新しいタイプの知識層を生み出し、彼らがやがて文書主義による行政を担う官僚制の中核を形成する。[33] こうした事情の下、皇帝権力の至高性・絶対性を説くローマ法学が、権力の集約をはからんとする皇帝や君主にそのための恰好の理論的武器を提供するものとして歓迎されたこと、当然であった。[34]

その端緒ともなる象徴的出来事に神聖ローマ皇帝フリードリッヒ一世（バルバロッサ）（在位 1152–1190）による帝国会議の開催と勅法の制定がある。一一五八年六月半ばに第二回イタリア遠征を敢行した皇帝は、服属を拒否するミラノを攻略した後、一一月一一日に北部ポー河畔のロンカリアに都市の代表者と貴族を召集し帝国会議を開催した。ミラノ大司教が、この慶賀すべき会議の開催にあたって、皇帝に送ったメッセージには新時代の胎動がよく表現されている。「陛下は、人民の一切の立法権が陛下に譲渡せられたることを承知されるべきである。『人民は君主にその全インペリウムと全ポテスタスを譲渡したるが故に、君主の欲する所、法律の効力を有す』といわれるが如く、陛下の意思が法律なり。[35]」大司教が『学説彙纂』の言葉を引用したことに、当時の状況、ローマ法の復興、皇帝権力の強化がよく表現されている。皇帝は、この会議に法律顧問・学問的鑑定人である四博士とローマ法の知識を有する二八名の裁判官を帯同したが、彼らの助言を得て、帝権の回復と振興を図るべく布告した法令に、『ロンカリアの四つの決定』、『帝国平和令』がある。

『四つの決定』[36]は、皇帝がイタリアに有する水利権や監獄権、交通権、関税権等の国王大権の確認、すべての高権及び裁判権の国王への帰属の確認、古代ローマ皇帝の帝権に帰属していた租税の種類の確認等を内容とするものであった。その内容もさることながら、われわれの興味を引くことは、これら諸権利の定式化のためにローマ法からとられた法文や概念が多く用いられたとされる点にある。それが、神聖ローマ帝国皇帝が古代ローマ皇帝の衣鉢を継ぐ者であることを改めて強調し、合わせて、皇帝権力、とりわけ、新たな権力である「立法権」をローマ的インペリウムに基づかせ、諸侯等に納得させる意図から出たものであったことは容易に想像がつく。

平和令もまた、ブロックがドイツにあっては平和の実現という課題が「王権の立法の再生を助けた[37]」と指摘するように、皇帝権力の確立にとって重要な意義を有していた。元来、立法者不在の国家である封建国家は、生命や財産、名誉等の侵害に対し自発的・自律的に対抗すべき警察・司法機関不在の国家でもあった。侵害された権利と失われた秩序の回復のため、裁判に訴えるか、それとも、フェーデ（自力救済）を選ぶかは被害者側の判断に委ねられていた。時に焼き討ち等の大規模な破壊行為に及び、何十年にもわたる氏族間の戦闘を引き起こすことも珍しいことではないフェーデをはじめて制限し禁止したのが、ハインリッヒ四世（在位 1084–1105）による一一〇三年の『帝国平和令[38]』である。もっとも、これは、王子を含む全ライヒの諸侯、辺境伯等関係者の四年を限った「誓約」、つまり、各自のフェーデ権の時限的な放棄により成立したものであり、いまだ、皇帝の命によるもの、立法ではなかった。

フリードリッヒ一世が、五〇年近く後、ロンカリアにおいて『平和令[39]』を布告したことの狙いもまた、フェーデの権利を当事者から取り上げ、処罰権を自己のものとすることによる平和の実現、つまりは皇帝権力の確立にあり、しかも、彼は、このとき、このことをもう一つの皇帝権力である立法権を使って実行してみせたのである。冒頭に、「フリードリッヒ、神の恩寵によるローマ皇帝にして、帝国の常なる拡張者がライヒのすべての臣下に告ぐ。朕は、ここに永久不変に妥当すべき法律を布告し、以下のごとく命令する。我がライヒのすべての臣下は、真理であり永遠である平和を互いに維持すべきであること、互いの同盟をいかなる場合にも常に侵さず護るべきことを。」とあるように、これが、文言上からも、諸侯等の誓約ではなく、皇帝権を根拠とする平和実現の告知として、一個の「立法」であることについて疑問はない。

フリードリッヒ一世にとって、これは、最初の、また、最後の平和令ではなかった。ロンカリアの『帝国平和令』の前に、即位した一一五二年に布告した『大ラント平和令』(40)があり、その後も、一一七九年に『ラインフランケン平和令』(41)、一一八六年に『放火犯鎮圧令』(42)を布告している。もっとも、繰り返された布告は皇帝権力の強大さを意味するものではなかった。事実はまったく逆であった。ミッタイスは、平和令の実効性は「過大に評価されてはならない」という。それは、ひとえに「あまねき実効性を担保するに必要な執行力が存在しなかった」ことによる(43)。平和の実現が、「何人も他人の家に敵意をもって侵入したり放火をしてはならない」といった類の規範の制定だけでなく、実力の裏付けがあってはじめて可能となること、いつの時代も変わりはない。農民及び市民が全面的にフェーデ権を失った後も残されていた騎士を対象に、ラント平和運動が「一応の決着」を見るのは、フリードリッヒ一世の孫であるフリードリッヒ二世（在位1220–1250）による一二三五年のマインツの『大帝国平和令』(44)を待たねばならない。もっとも、ここでも、第五条に、「何人も、いかなる件において損害や嫌がらせを受けたにせよ、裁判官に訴えを提起し、法に従って判決を得ようとすることもなく、それに先立って、すぐさま復讐に及ぶようなことがあってはならない」とあるように、「先ずもって裁判上の和解を試みることを要求する」(45)という程度のものでしかなかったのではあるが。

この間の事情は、前文にある「朕は、聖俗の親愛なる諸侯の助言と同意により、マインツで行われた荘厳なる帝国議会において、いくつかの布告を定まった形式をもった条文にとりまとめ、これらの諸侯、多くの貴族、他のライヒの臣下の出席の下、告知させたのである」との文言と合わせて、いまだローマ的な皇帝権力の貫徹の困難であることの証左であったとして、フリードリッヒ二世が三年前の一二三二年四月に布告した『法律』(46)の前文もまたそのことを教えている。「朕はローマ帝国の王位を保有し、完全なる権力を与えられてあり」と宣言した皇帝は、すぐ後に大急ぎで次の文言を追加する。「単に古来の法を守り維持するに止まらず、衡平と法秩序がこれを許すときは、適切かつ誇りをもって、新しき名誉ある法と恩恵を与えるものである。」ここには、皇帝権力の自制がハッキリとあらわれている。同様の規制は、フランスでは、国王のバイイであるフィリップ・ド・ボマノワール（1250–1296）が編纂した『ボヴェジの慣習法書』（1283）にも認められる。「王は新しき諸法令を作りうとはいえども、王は、それらを、理ある事由によりて、しかして、公共の利益のために、しかして、大参議会によりて作るべく大いに心すべし。しかして、ことに、それらが作らるるに、神に反することも、また、良俗に反することもなかるべく大いに心すべし。」[47]この定めが確認するように、国王が新しい法を制定しようとするとき、予めバロン等の明示的な同意を獲得しておくことは通例のことであり、実際、封建的分裂を克服し絶対王政への基礎を築いたフィリップ四世（在位 1285–1314）もまた、租税徴収にあたっては必ずバロン達の同意を得るように役人に命じたとされる。[48]

一三世紀以降、イギリス及びフランスが国王の手によって封建的分裂の克服と中央集権化を進め、やがて、イギリスでは薔薇戦争（1455–1485）後、フランスではユグノー戦争（1562–1598）後の「絶対王政」の確立へと向かうのであるが、それに対し、ドイツでは、逆に、フリードリッヒ二世による領邦君主への大権の譲渡、帝国の統一を一身に具現していた皇帝自身の急死、それに続く大空位時代（1256–1273）が帝国の分裂への道を方向づけ、その後、一三五六年にカルル四世（在位 1355–1378）により制定・布告された『金印憲章』が七名の選帝侯に至高権（選帝侯領の長子による不分割の世襲相続の承認、貨幣鋳造権、関税徴収権、鉱山採掘権、採塩権、築城権、裁判権に関しての不移管・不上訴の特権等）を付与し、さらに、他の領邦君主も同様の長子による不分割の世襲相続等の特権を獲得することにより、皇帝権力の有名無実化と帝国からの領邦の独立が決定づけられるに至った。これら領邦が三〇年戦争後のウェストファリア条約（1648）により「主権国家」として承認され、ようやくにして、ドイツにあっても、プロイセンやオーストリア等の有力領邦を単位とする中央集権化＝絶対君主制への歩みが始まることになる。[49]

それぞれの国の集権化の過程や進捗度に異なりがあれ、国王あるいは領邦君主への権力の集中化と強大化により、やがて、ローマ法がいう「法の拘束からの解放」が現実のものとなり、君主が、「朕は国家なり」（ルイ一四世）の言葉に象徴される、至高かつ制約のない立法権を手中に収める絶対王政の時代が到来する。法の主権に代わる「国家（君主）の主権」の確立である。以後、君主が法によって自覚的明示的に国家・国民（Nation）を統治する憲法体制が整えられるに至った。ただし、君主の立法権の「無制約性」はあくまでも国家という枠の中においてであったことに留意しておこう。

『カノン法全典』（1441）に収められた最古の教会法集成である『グラティアヌス法令集』（1140 年頃）の冒頭に、「人類は、二つの法、自然法と慣習によって規律されている。自然法とは聖書及び福音書の中に含まれているものである」[50]との一節があるが、君主の解放は慣習法からのそれにとどまり、依然、自然法の支配の下にあることに変わりはなかった。ジャン・ボダン（1530–1596）もまた、『国家論』（1576）の中で、地上において並ぶ者なき主権者も、「より偉大なる神」の下位にあり、「神の掟と自然の掟」に拘束され、従わなければならないことを説いていた。(51)

君主の主権は、文字通り、「国家」の主権であったのであり、その中核を担ったのが国家統治の技術者たる法律家であった。ボローニャ等で法律学を修めた彼らが行政官や司法官として君主による国家統治の両輪を成したことにより、「はじめて技術的現実としての近代ヨーロッパ国家が可能となった」とヴィーアッカーはいう。「法律家は、ローマの首長の国法を利用して、先ず、一般的文化意識が納得するように、近代的な主権概念にイデオロギー的な理由づけを与えた。だから、法律家は、単に彼の学者的司法によってのみならず、主としては、その行政活動によって、古来の身分制的及び封建的な諸勢力よりはるか上位に、諸侯国家を高めたのである。この国家は、合理的であり、支配者の有する行政機構は、その官職にある者の個人的交替にかかわりなく存続する客観的なものであり、かかる行政機構という技術的手段によって、公的生活は、集権化され普遍化され即事的にされたのである。国家がこのようなものであるかぎりにおいて、法律家は必然的に、かかる国家の本来の創造者と見られるに至った。法律家のみが、争訟事件に属するものであれ行政的任務に属するものであれ、一の事実を、合理的な事実諸断片に細断するという法律学的操作に通暁していた。法律家のみが、一般的な、したがって、局地的な多様性に禍いされない法、そして、即事的な、同時にまた、成文の確乎たる権威と論理的な吟味に耐えうる諸命題に基礎を置く法を取り扱ったのである。(52)」

こうした法は、かつての慣習法がそうであったようにもはや Recht ではない。それに代わって、法は、今や、Gesetz の名で呼ばれるものとなる。たとえ Recht の名が維持されようと、その実態は gesetzliches Recht であることに変わりはない。Gesetz の語源は setzen に遡り、ここには、法とは「作られる」ものであることがよく表現されている。それはまた、法と正義の分離であり、法からの正義の追放でもあった。Gesetz はかつて Recht が有していた二重の意義を喪失し、以後、法は正義と無縁な規範と化す。かくて、Gesetz による全宇宙の統治が完成する。自然の世界は神が定めた法則（Gesetz）によって、人間の世界は君主が定めた法律（Gesetz）によって。君主は、法律を制定し法律により統治する権力、即ち、法律-権力を神授により正当化し、地上における神の代理人としての地位を確立する。法則は神が定めた、ただそのことをもって一切の被造物がおのれの運動をそれに定位する「理」であるのと同様、法律は君主が定めた、ただそのことをもって臣下である一切の国民がおのれの行動を定位する「理」となったのである。

Gesetz は一二／三世紀を境にして法と国家の体制をめぐってヨーロッパにおいて生じた変化の証人である。かつて古き良き法が有していた主権の地位を襲った君主が、それに代わって、法律をもって国家及び国民の「存在」に墨縄を引き、国家・国民が「あり」、「何であり」、「如何にある」かを決定する。その結果、君主は、「主体」、即ち、自らの世界観を基にして自らの意に即して国家・国民を遠近法的に表象し‐制作する最高審級として屹立し、他方、国家・国民は、「客体」、即ち、君主により表象され‐制作されるものへと貶められる、そうした時代が始まった。「臣民」とは、それに見合った名称であった。文字通り、君主は höchste Mensch であり、Übermensch の地位に立つ。やがて、ボダンは、一定の領土内にあって神を除いて他のいかなる権力にも服さない「絶対的かつ永続的な国家の権力[53]」、即ち、「他者の命令に決して服さず、臣下に対して法律を与え、古くなった法律を廃し、それに代えて新たな法律を布告する[54]」最高権力を「主権(sovereignty)」の名で呼び、それが国家にとって「中心的な意義[55]」を有することを明らかにするであろう。あるいは、トマス・ホッブズ(1588–1679)。彼もまた、「地上において比肩できる力なし」(ヨブ記)と謳われたリヴァイアサンの中にその本質をもつと彼がいう「コモン‐ウェルス〔国家〕」を「一つの人格」であるととらえ、この人格を担う者を「主権」を有する者として、「主権者(sovereign)」の名で呼ぶこととなるであろう[56]。主権、主権者なる概念に、ブルクハルトが言う「近代ヨーロッパの国家精神[57]」の端的な表現を見ることができようが、それは、「はじめて自由に、それ自身の衝動に委ねられた」、「一切の法を侮蔑し、一切の健全な形成を萌芽のうちに窒息させ、束縛のない利己心のもっとも恐ろしい特徴を露にする[58]」、そうした可能性を秘めた権力であった。

主権とは、畢竟、法学的・国家学的にとらえかえされた「主体」の謂いにほかならない。この点で、世良が、「〔封建社会において〕法が主権を有したとは、何びとも主権を有しなかったことを意味するものであり、『主権』なる概念がそもそも未だ成立し得なかったことを表現するものにほかならない」と語っていることに注目しよう[59]。ダントレーヴもまた、「主権は、中世と呼ばれている時代が終末に近づいてから、やっと『発明』された」ことを指摘する[60]。何故、封建社会にあって「主権」なる概念が未成立であったのか、何故、中世末あるいは近代初頭においてはじめて「主権」なる概念が登場したのか。その要因は、単に国家(君主)権力の強弱といったことにではなく、「主体」、さらには、その淵源である「個人」の成立／未成立以外にはなかった。人間が主体となり存在者の全体が客体となる、そうした形而上学的な布置が成立し存在するところではじめて国家と法の世界において、主体、つまりは「主権」が登場することができたということである。主権もまた主体性の形而上学の産物であった。このことは、また、何故、個人の揺籃となった都市が「本来の意味の『立法』があらわれた」最初の場となったのかを教えている。それは、他に先駆けて、貨幣経済の復活を通じて空間と時間の分節化を実現し、近代という時代の扉を押し開いた都市にこそ相応しい出来事であった。

かくして、Recht から Gesetz への変化を、単に法学的にではなく、形而上学的な出来事としてとらえることが可能であるし必要である。そうしてはじめて、一二世紀前後に法と国家の在り様をめぐってヨーロッパ世界で生じた変化の本質をとらえうるものとなる。はたして当事者たちにそのことの自覚があったかはともかく、都市共同体、さらには、神聖ローマ皇帝による立法は、フリードリッヒ二世が「事態を完全に客観的に評価し処理することに慣れた最初の近代的人間」と呼ばれたように[61]、もっとも早期の、ジョットやブルネッレスキ等の遠近法に先駆ける、主体性の形而上学の出来であり、おそらくは、人間中心的世界像の最初の発現であったのではなかったか。それは、近代国家、さらには、それだけではなく、そもそも「近代」という時代が具体的な姿を取り始めた瞬間でもあった。以後、紆余曲折はあれ、やがて、世界観相互の戦いに勝利を収めた君主は、集権化された権力の中央に立ち、力への意思をもって、自らが代表し体現する世界観の実現に向け、国家及び国民の「存在」に墨縄を引く主体、即ち、主権者の地位を確立する。墨縄を引く行為が「立法」であり、墨縄が「法律」である。司法国家であった中世国家に対し、近代国家は、「立法国家」を本質とし、法律により「構成」される国家であった。国家の体制を決定するもっとも基本となる法律が“constitution”と呼ばれる理由も納得がいく。“constitutionalism”も、一般にそう解されるように、立憲主義としてではなく、それ以前、字義通りに「構成主義」としてこれを理解することが肝要である。ここに至って、愈々、主体性の形而上学は、その本質に見合った、自己の意思と力を貫徹する上で最適となる国家を自己のものとする手掛かりを手にしたのである。ブルクハルト言うところの、「一つの憲法を作り」、「一つの国家を組み立てる」、「国家を制作する技術者[62]」の登場であり、「技術の所産としての国家」、即ち、「計算され意識的に創造された」国家の誕生である[63]。

国家・国民を表象し‐制作するための「設計図」が憲法であり法律であった。神が宇宙を創造し万物が従うべき掟＝法則を定めたように、主権者もまた国家を創造し国民が従うべき掟＝憲法・法律を定める。その際、憲法・法律が高度の抽象化と数量化を受けたことは、神が幾何学と数論を基にして宇宙の法則を定めた事情と変わりはない。むろん、憲法や法律を幾何学や数論と同様の公理や定理でもって構成することの不可能性はいうまでもなかろうが、国民が、一人一人の属性、たとえば、聖職者や貴族、官吏、商人、手工業者、農民等としての属性を剝ぎ取られ、抽象的な権利・義務の帰属者である法的人格一般、「人」へと還元されたこと、また、権利・義務の関係・得喪が可能な限り「量」として算定されたことは、そうした事情のあらわれであった。思いつくものの中から、たとえば、「故意に人を殺害したる者、熟慮を以て殺人を実行せざるときは、故殺の廉を以て五年を下らざる重懲役に処す。」(『一八七一年ドイツ刑法典』第二一二条）あるいは、「一〇年間動産につき自主占有を為したる者は所有権を取得す（取得時効)。取得者が自主占有取得の当時善意ならざりしときは時効に因りて所有権を取得せず。」(『一九〇〇年ドイツ民法典』第九三七条）を挙げておこう。法律家は、その本質上日常言語により構成されざるをえない法規範の可能な限りの公理化を目指して、国家・国民の表象‐制作を主導・管理する技術者たる立場から、註釈学派以来連綿として研ぎ澄まされてきた解釈学的方法を駆使し、法文を構成する諸概念の意味内容を確定し相互の関連を明らかにする作業に注力したのである。たとえば、殺人罪に関しては、「人」とは何か、「胎児」はいつ人とみなされるか、人を「殺す」とはいかなる事態をいうか、いかなる行為が「人を殺す」に該当するか、「殺意」とは何か、「故意」とは何か、「熟慮」とは何か、「故殺」とは何か、「謀殺」とは何か、あるいは、取得時効に関しては、「動産」とは何か、「自主占有」とはいかなる事態を指すか、「善意」とは何か、「期間」の起算時点は何時か等々が明らかにされ、概念化されねばならなかった。山田は、こうした概念構成の象徴的な事例として、ライヒ裁判所による「鉄道企業」に関する概念規定を紹介する。「〔鉄道企業とは〕その堅牢さ・構造及び滑らかさによって、非常に重いものの輸送を可能にし、もしくは比較的早い輸送の速度をうることを可能にする用途を有するところの、＝かつ、かような性質を有することによって、他に輸送力を生ずるために利用される自然力（蒸気、電気、動力または人間の筋肉活動、斜面においては輸送具およびその積荷の自重、その他）と結合して、その上において比較的強力な力（この力は各場合の事情により、もっぱら輸送の目的に有用にはたらくこともあり、また、人命をたおし、人間の健康を害することもある）を生ずるところの＝金属の土台上において人又は物を相当距離の間、反復輸送することを目的とする企業である[64]。」遠くは注釈学派に起源を有する概念法学と揶揄される、一見過剰とも思えるこうした概念構成も、鉄道企業に認められる危険責任をトロッコや工事用の軌道にも認めようとの意図から出たものと聞けば[65]、一概に否定されるべきものではない。

　法律家が理想とするところは、サヴィニーが古代ローマの法学者に見いだした「概念をもってする計算[66]」の実現にあった。法律学とは、エールリッヒの言を借りていうならば、「概念の数学[67]」であり、法律家は、自然哲学者が幾何学と数論をもって神が定めた法則を明らかにせんとしたように、概念をもって立法者が定めた法律を明らかにせんとする「数学者[68]」であった。「裁判官は法律の言葉を発する口である[69]」とはモンテスキューの言葉であるが、裁判官を「自動機械」とすること、即ち、幾何学者が所与の問題を公理と定理のみを使って解くように、一切の恣意をはさまず、一切の裁量を必要とせず、形式的三段論法を基にして、大前提＝法律に小前提＝事件を当てはめ結論＝判決を導き出すことが最終目標であった。実際、野田が紹介する[70]フランス註釈学派のルイ・リアルもまた、「法典の条文はそれだけの数の定理であり、条文相互の関連を明らかにし、結論を導き出すことが問題である。純粋の法学者は幾何学者である」と語っている[71]。かくて、判決は、ヴィントシャイトがいうところの「法概念を要素とする計算の結果[72]」となる。法の合理性もまた「計算する理性」により裏付けられねばならなかったこと、複式簿記を操る商人や、遠近法を操る画家、幾何学・数論を操る自然哲学者の場合と何ら変わりはない。むろん、司法だけではなく、行政もまた同様であった。法律による司法、法律による行政の実現である。そうしてはじめて、商人や手工業者が求めて止まない、企業経営の合目的性・計画性にとって不可欠の法の「安定性」と「計算可能性」が現実のものとなる。

　法からの「正義」の追放は、こうした計算可能性を実現する上での不可欠の前提であった。正義なるものは、所詮、法の合理性を攪乱する要因でしかない。もっとも、同時に、そのことが、後に、「法権力は任意のいかなる内容であってもこれを制定することが可能である」（ショムロ[73]）との観念、あるいは、「破廉恥極まりない制定法であっても、それがただ形式的に正しく作られている限り、拘束力をもつものと承認しなければならない」（ベルグボーム[74]）との観念、要するに、「悪法も法なり」との実証主義的な観念を招来し、その結果、国家権力を神の掟や自然の掟からも解放し、それが有する力を途方もなく拡大・強化したことは間違いない。とりわけ、市民革命以前、国民が臣民としてとらえられ、国家権力が国民をはるかに凌駕し、国民からの規制を受けることなく、また、行政権が司法権に服さなかった、そうした状況にあっては、制定法主義が自由や平等、生命等の「市民としての権利」を脅かす手段として利用される危険性をもち、また、実際に利用されたこと、そのとおりである。

しかしながら、そうした状況にあっても、なお、被治者である国民、とりわけ商人や手工業者の側にとって制定法主義を歓迎すべき事情が存在したこともたしかである。制定法の網の目は、何よりも先ず、自由な経済活動に不可欠な計算合理性にとって最大の脅威となる政治権力の「恣意」を排する機能をもち、さらに加えて、立法者がそのことを意図するか否かにかかわりなく、「禁止されていないことは許されている」として、ブルジョワジーが求める「広々とした〔自由な行動の〕分野を残す」[75]結果ともなったからである。チェザーレ・ベッカリーア（1738–1794）も、「およそ市民各自は法律に違反しないことならどんなことでも行うことができるのだ」[76]と語ることになるであろう。ドイツ人が“Staatsfreiheit”と呼ぶ、法律による「国家からの自由」の実現である。それは、制定法主義が生み出した「隙間だらけの権力」[77]からの思いがけない贈り物であった。むろん、網の目を自在に細かくすることは可能であり、容易いことでもあったろう。しかし、至高かつ制限のない主権を有する絶対君主といえども、すべてを覆い尽くすことの不可能性はいうまでもない。ゲーテが、「私は、無秩序に我慢するよりは、むしろ、不正義を行おう。世界に法律がないよりは汝に対し不法が行われる方がまだましだ」[78]と語った所以である。国民が君主に代わって主権者の地位に立つことにより、法律の網の目が可能な限り大きくされ、自由の領域が天賦人権による万全の保護を享受することになる時代の到来もそう遠いことではない。

2　生-権力

一　国家の統治性化

国家が、機械装置の最上位に位置する指導者にとって、差し当たり、もっとも有用・有効な手段であることに間違いはないにせよ、制定法主義がもたらす隙間だらけの権力は、全体動員により、「世界」の征服と支配・創造に向け、地球規模での世界観相互の戦いに最後の勝利を収めんとする主体性の形而上学にとって決して十分なものでも相応しいものでもなかった。それは、「全体」動員というものが、単に国民の全体を指すだけでなく、一人一人の「生」の全体をも包含しようとし、そうせざるをえないものであることを考えれば、当然のことである。巨大な機械装置の中にあって自らも徴用され-用立てられる用象の一つでしかない国家にとって、法律の網の目が生み出す自由な領域を国民の自律に委ねることなど到底許されないことであり、もし、自由を放置すれば、所詮数ある指導手段の一つでしかない国家は、たちどころに用済みとして、より相応しい別の何物かに置き換えられるにちがいない。しかしながら、力への意思をもって、国民の「存在」、即ち、国民が「あり」、「何であり」、「如何にある」かについて墨縄を引く主体の地位を手にした国家が自由を前に立ち止まることなど、およそ考えられないことであった。フーコーがいうように、「ブルジョワジーは、おのが支配権を保証するためには新たな立法、新たな憲法だけでは十分でないことを完全に弁え、権力の諸効果を社会全体に、そのもっとも細かな粒子にまで確実にゆきわたらせるような、新しい技術を作り出さねばならないということを理解していた。」[79]たしかに、制定法主義により失ったものを彼らは別の形で取り返した。法律‐権力を代補する「生‐権力」[80]の登場がそうである。

主体性の形而上学の課題が、「世界」を征服し支配し創造するべく、人間を、表象し‐制作することにかかわって、主体としての任に堪えうるよう、訓育と育種を通じて、表象‐制作に相応した新たな人間類型＝服従する主体へと創造し、ゲ‐シュテルに配置することにあったこと、それについては既に指摘したとおりである。具体的には、すべての人間を表象‐制作へと動員するため、それに相応しく、彼らの意識と行動を厳密に統御可能であるように標準化・規格化し、それにより、機械装置の中にあって、徴用され‐用立てられる計算可能であり代替可能な一個の歯車として、労働者であれ、兵士、技術者等々であれ、割り当てられた役割に相応し同じように考え同じように行動する、それ故にまた、支配し命令するいっさいの諸要素が過剰となるような、いわばクローン人間を創造することが課題であった。そのことに成功してはじめて世界観相互の最後の戦いに向けた全体動員が可能となる。

そのためには、何よりもまず、一人一人の「生」の全体を包含する、隙間だらけの法律‐権力とは異なる、それを補い、あるいはそれに代わる新たな「統治（gouvernement）の術」[81]の形成が必要不可欠であった。フーコーは、こうした「権力を切れ目のないものにする」[82]新たな術を「統治性（gouvernementalité）」と名付け、「統治性が政治に入り込んできたことが一六世紀末及び一七／八世紀に近代国家への敷居をしるしづけ……、近代国家は、統治性が実際によく計算されよく考えられた政治的実践になったときに誕生した」[83]とする。即ち、「国家の統治性化（gouvernementalisation）」こそが「西洋の歴史における根本的な現象」であった、と[84]。中世封建社会の国家が法の主権の下に君主を頂点とする位階的な身分の保有者を属人的・属地的な慣習法により統治する「司法国家」であったとするならば、そしてまた、一二世紀以降の君主への権力の集中化とローマ法の影響の下一五／六世紀に完成を見る近代的な集権国家が君主の主権の下に法主体としての国民を法律により統治する「行政国家」──それは、当然に「立法国家」でもあった──であったとするならば、一六世紀末、一七／八世紀に、フーコーが「統治国家（Etat de gouvernement）」と呼ぶ新たなタイプの国家が登場する(85)。

二　統治国家による生主体の攻囲

それでは、統治国家とはいかなる国家であったのか。そもそも、司法国家であれ、行政国家であれ、それらもまた、法あるいは法律により「統治」される国家ではなかったか。しかし、フーコーは、「統治の術という問題──つまり、如何に統治するか、そのためにどのような技術を用いればよいのか、どういう道具を使ったらよいのかという問題が、西洋全体にとって決定的な意味をもつ(86)」に至ったのは、たかだか一六世紀以降のことであったとする。従来の国家論や政治理論に慣れ親しんだ者にとってはいささか解せぬ話ではあるが、それでは、「統治性」、「統治性化」という語を創造してまでフーコーが言わんとした「統治」とは、何を対象とし、いかなる目的をもち、いかなる特性を備えた「術」のことであったのか。それは、司法国家や行政国家、立法国家における法あるいは法律による伝統的な統治の術とどう異なるものであったのか。

フーコーは、先ず、「統治」という概念は元来幅広い内容を含みもつものであったことを指摘する(87)。一三〜一五世紀に見られる用法には次のようなものがある。誰かを操導する、誰かを指導するといった、容易に納得しうる用法の他にも、およそ今日的な理解からはほど遠いと思えるような、たとえば、道を辿る（「二人が統治することができないほど細い道」）、食糧を提供して養う（「二年の間パリを統治するに足る麦」）、何かから糧を得る（「都市が毛織物で自分を統治する」）、病人に療法を課す（「医師は病人を統治する」）、道徳的な操行（「統治が悪かった娘」）、誰かと話をする（「夕食の間、彼は彼らを統治する」）、性的交渉をもつ（「隣人の妻と密会し統治する」）といった用法が見られる(88)。統治とは、文字通り、人と人の日常的なさまざまな関係を覆う言葉であったのであり、そこに共通して「人びとの行動を導く諸々の技術及び方法」といった意味作用を見いだすことはそれほど困難なことではない。そこから、魂の統治、自己の統治、子供の統治、家の統治、都市の統治、国家の統治等の使い方がごく普通になされることになる(89)。「統治する（gouverner）(90)」の語源がラテン語の「操舵する（gubernare）」に遡るものと聞けばその間の事情もよく納得できよう。それ故、「統治する」は、元来、「支配する（regner）」、「命令する（commander）」、「法をなす（faire la loi）」と同じではなかったし、「主権者である」、「領主である」、「裁判官である」といったこととも同じではなかった。「統治する」が政治的な意味に特化するのはたかだか一六世紀以降のことでしかない(91)。

国家権力が法律と官僚機構を両輪として国民を統治する、それが一般に馴染みの統治のイメージであろう。その際、法律-権力が統治する対象は「法主体」としての人間である。たとえば、物権や債権、親権、相続権、納税義務、兵役義務等々の権利と義務の帰属者としての人間がそうである。しかし、人というものは法主体にすべて還元されうるものではない。法律によっては掬いきれない何がしかの残余が常に存在する。「国家からの自由」とは元来そうした残余のことである。日常的に暮らす人にとっては、差し当たって大抵は、残余の部分の方がはるかに広大で重要な領域を成す。それ故、残余といった言葉は適当なものではないのかもしれない。そこにこそ人間が本来自律して自己を実現しうる場があるのだから。隙間だらけの権力の手の届かない――より正確には権力が「放置した」――自由な領域で暮らす人は法主体といったものではない。文字通り、「生きている人間(92)」、「生きている存在(93)」として「生主体」とでも呼ぶべき存在である。彼らは、食べ、飲み、働き、遊び、歌い、服を着、本を読み、絵を描き、詩を詠み、料理をし、世間話をし、喧嘩をし、旅をし、酒を飲み、恋をし、結婚し、子供を産み、躾け、教育し、祈りを捧げ、眠り、夢を見る等々、朝目覚めてから夜就寝するまでの一日を、そして、生まれてから死ぬまでの一生を、普段、大抵は、憲法や法律を意識することも、まして、それらと関わりをもつこともなしに、日々変わることなく過ごしている。憲法や法律が関心の外とし、その網の目から抜け落ちるこうした日常的な生の全体を対象とし、攻囲し、生主体を規律し指導する術が、フーコーがその語の原義に戻っていうところの「統治性」であり、統治性を司る権力が「生-権力」である。

もっとも、生-権力は、法律-権力を廃棄するものでも、それと対立するものでもない。差し当たって大抵は、いわばそれを下支えし、機械装置が求める標準化され規格化された人間を供給する、そうした役割を担っている。法律-権力が放置する自由な領域に浸潤し、機械装置が徴用し-用立てるに相応しい計算可能かつ代替可能な服従する主体を生産し、ゲ-シュテルの中に配置する力、生-権力とはそうした力である。それ故、統治性の中心には、法律ではなく、「規範（norm）」が存在する。法律-権力が、「法律」により権利と義務を分割し、法主体が「あり」、「何であり」、「如何にある」かを決定するとすれば、生-権力は、「規範」により正常と異常、有用か無用かを分割し、生主体が「あり」、「何であり」、「如何にある」かを決定する。[94] したがって、生‐権力を規範権力と言い換えることも可能である。権力の向かう「対象」を基にすれば生‐権力であり、権力の準拠すべき「基準」を基にすれば規範権力である。さらに、対象となる生の相違とそれに見合った権力を行使する「方法」を基にすれば、身体にかかわる規律権力と人口にかかわる調整権力に分割される。それらは「同じもの」の異なる側面でしかない。いずれにせよ、「生に対して、その展開のすべての局面に対して、その掌握を確立[95]」せんとする、「権力のいわば末端にある毛細管的なある種の形態[96]」、そこに統治性を司る生‐権力の本質がある。

むろん、法律‐権力が生に対して無関心であったわけでは決してない。「ただ殺す権利を機能させるか、それを控えるか」――それが法律‐権力に相応しい生とのかかわり方であった。長年にわたって君主の至上権を特徴づけてきた、おそらくは古代ローマの家父長権にまで遡りうるであろう、「生殺与奪の権」とは、「死なせるか、それとも生きるに委せるかの権利」であり、文字通り「剣によって象徴される」権力であった。それは、法律‐権力が本質的に「力」により裏打ちされた「徴収の審級、窃取のメカニズム」にほかならないことの表現であり、そこでは、権力は、何よりも「剝奪の権利」として機能する。事物に対し、時間に対し、身体に対し、そして、生命に対して。[97]

ところが、機械装置の登場はその間の事情を一変させた。機械装置が至る所でいっさいの人や物を「世界」の征服・支配・創造に向けて徴用し‐用立て用象としてゲ‐シュテルに配置する、そうした全体動員が問題となるや、抑圧や剝奪は権力の中核を成すものではなくなった。それは、権力が行使する「唆し、強化、管理、監視、増大、組織化といった諸機能をもつさまざまな他の部品の中の一つにすぎない」ものとなる。重要なことは、さまざまな力を「阻止し、抑えつけ、破壊する[98]」ことではなく、「産出し、増大させ、整える」ことであった。今や問題は、「生に対して積極的に働きかける権力[99]」である。かつて国家の手の中にあり国家が自在に管理した「死」は、「己が生命を保証し、保持し、発展させるための権利の単なる裏面[100]」と化す。「生かし、死ぬに任せる[101]」権力が「死なせ、生きるに任せる」権力に代わって登場する。個人が「あり」、「何であり」、「如何にある」かに関して、法律‐権力が、最小限の、しかも、多くの場合、消極的な関心しかもたなかったのに対し、生‐権力は、生の全体に関心をもち、抑圧的ではなく生産的であり、その中心に「製造し、創造し、生産するメカニズム」が位置する、そうした権力である。[102] これは、権力なるものが、「法の総体、あるいは、国家装置よりは、はるかに複雑で、はるかに濃密かつ拡散したもの」となる、そうした時代の始まりであり、権力の問題を単に「立法あるいは憲法にかかわるものとしてだけ、あるいは、国家または国家装置にかかわるものとしてだけ」とらえる時代の終わりを意味するものであった[103]。

生-権力が、いわば「社会の全域にわたって張り巡らされた生産網[104]」として、生の展開のすべての局面に関心をもち、管理し支配せんとするものである以上、何故法律が統治性の中心的手段でありえなかったか、見易い道理である。一つはその大きな網の目によって、今一つはその抑圧的性格によって。法律は、むろん、不要となったわけではない。しかし、それは「付随的で二次的な手段」へと後退する[105]。生を全面的に引き受けた権力の関心は、死を発動させることでも生きるに委せることでもなく、生主体を、機械装置の要請を受けて、その歯車に相応しく、範型に嵌めて鋳造し、用象として、それぞれの価値と有用性、能力に基づいてゲ-シュテルの中に最適に配置することに向けられる。そのために必要な作業が先ず規範を定めること、そして、その後、規範を基に、測定し、評価し、制作し、配置することが問題となる[106]。求められる権力テクノロジーは「標準化-規格化の技術[107]」であり、それにより底礎された「標準化-規格化システム[108]」が、法律システムの代補として、権力の不可欠の構成要素となる。その結果が、「法律的なベクトル」の退行であり、国家から自由な領域の縮小・消滅であり、自由で多様な社会に代わる「標準化-規格化された社会[109]」の出来である。

3　新たな人間類型の生産Ⅰ——訓育

一　大いなる閉じ込め

規範による正常と異常、有用と無用の分割、そして、異常・無用と判定された者の「大いなる閉じ込め」——それが、主体性の形而上学にとって、標準化-規格化された社会の実現に向けた、統治性の時代の始まりを告げる最初の大きな出来事であった。その標的に選ばれたのが「狂気」である。狂った人が、誰の眼から見ても、機械装置の用象たりえない異常の最たる者である以上、それは当然のことであった。フーコーは、『古典主義時代における狂気の歴史』(1961)において、フランス革命を挟むおよそ一五〇〇年間、彼がいう古典主義時代の中で狂気が被った経験、即ち、「〔理性の〕目には見えぬ営み」として沈黙を強いられた狂気の経験についての考古学を企てる[110]。

ところで、正常から逸脱した「異なる人」を社会から排除し特定の空間に閉じ込めることは、西洋世界にとって、原初の風景の一つであり、遠い過去の記憶の一つであった。長年の間にわたり標的となったのが癩者である。中世初頭から十字軍時代の終わりまで、彼らを閉じ込める施療院はヨーロッパ中に溢れていた。イングランドとスコットランドでは、人口が一五〇万であった一二世紀の時代、二二〇の施療院が開設され、フランスでは、一二六六年頃、ルイ八世が施療院に関する法令を定めたとき、サン＝ジェルマンやサン＝ラザールがそうであるように、二千カ所以上もの施療院が存在した。キリスト教国すべての施療院を合算した数が一万九千にのぼったということもまんざら大袈裟な数字でもなかったのかもしれない。しかし、一四／五世紀以来、施療院は至る所で空席が目立つようになり、一六／七世紀になると、癩病はヨーロッパ世界から姿を消す。閉じ込めの成果でもあり、十字軍の遠征の終了がもたらした彼の地との交流の途絶のせいでもあったのであろう。イングランドでもっとも大規模な施設の一つであったセント＝バーソロミュー癩施療院は一六二七年に廃止され、一六三五年、フランス北部の都市ランスでは、災厄からの解放を神に感謝するための荘厳な行列が行われたという。[111]

しかし、一五世紀末、癩者が姿を消してゆく中で、突如として遺産相続人があらわれた。コロンブスの新大陸の発見がもたらした性病患者である。彼らは、差し当たり癩者と空間を共有し、やがて、彼らに取って代わる。もっとも、性病は癩病の真の後継者にはなりえなかった。性病は間もなく他の病気の中に紛れ込み、一六世紀には、医学の眼差しの対象となり、患者は病院に受け入れられ、その効果のほどはともかく、水銀や阿片性解毒剤、発汗療法等の治療法の開発により治療されるべく、医療の領域に入ったからである。[112]

かつて中世文化の中で癩病が果たしていた役割――分割・排除・浄化――を受け継ぎ、正真正銘の遺産相続人として名乗りを上げたのが「狂気」である。しかし、一七世紀半ば頃、狂気が人間によって統御され閉じ込められ、正式な相続手続きが完了するまでに二世紀近くの時間を必要とする。奇妙な「長い潜伏期間」である。[113] 何故それだけの期間が必要であったのか。その間狂気をめぐっていかなる認識論的布置の変化があったのか。

ルネサンスの時代、一つの新しい風景、それも、「空想上の風景」が登場する。セヴァスティアン・ブラントの『阿呆舟』(1494)やヨドクス・バディウスの『狂女たちの気違い舟』(1498)、ヒエロニムス・ボッシュの『阿呆舟』(1490–1500)に描かれた河川や運河を彷徨する「狂人の舟」がそれである。これが、実在の舟ではなく、「アルゴ舟物語」という古い作品から借用されたにちがいない文学的な「創作」であったにせよ、当時、狂気をめぐってブラントらの想像力をかきたてた何かが存在したことはたしかなようである。ルネサンス期にあっては、狂気は、狂人の塔や狂人の牢獄に閉じ込められる一方で、時には、とりわけ、余所者の狂人たちは、船頭に託され舟に乗せられて都市から都市をたらい回しされ、あるいは、鞭打たれつつ市域の外に追放され、流刑に処せられ、人里離れたそこかしこを流浪する運命に置かれていた。閉じ込めと流浪の間におそらくそれほどの差異はなかったであろう。いずれの場合も、日常的な生からの放逐であることに変わりはなく、また、壁の有無に関係なく、非日常的な空間への幽閉であることに変わりはなかったのだから。大地から切り離され行き先の定まらないままいつ果てるともなく水の上を漂う阿呆舟の姿は、閉じ込めであれ追放であれ、自らの生の終わるまで故郷から放逐され、日常的生の周縁をあてどなくさまようことを運命づけられた狂人たちの象徴的表現であったのではなかったか。空想の阿呆舟に乗せられた狂人は、大地＝故郷への帰還を許されない永遠の旅人であり、「通過の囚人」であった。さらに、阿呆舟なるものには、水のもつ象徴性が加わる。そこには、「隔離する」働き、そして、もう一つの重要な働きがあった。「水は運び出す、だが、それ以上のことをする」とフーコーはいう。即ち、「浄化する」のである。浄化は、当然に、狂人を厄介払いする都市のそれであったと同時に、加えて、狂人たち自身の浄化、大地にあって放逐の運命を免れることのできなかった己の罪と穢れからの浄化でもあった(114)。

フーコーは、コルヌアイユの国の海岸に船頭によって運び込まれた狂人を装うトリスタンの物語に見られるように、そして、オフェリアからローレライに至る数限りない文学がそうであるように、ヨーロッパ人の夢想の中で、「水と狂気は長いあいだ結び合っていた」という。しかし、疑問は残る。何故、水と狂気のあの古い連関から、一五世紀頃突如として「狂人の舟」が文学と絵画の中に姿をあらわしたのか、そう自問したフーコーの答えは次のとおりである。「その理由は、この船が、中世末期のころヨーロッパ文化の地平ににわかに起こった一つの不安をそっくり象徴するからである。狂気と狂人は、威嚇と嘲笑、世界のもっている、目がくらむほどの非理性、人間のちっぽけな愚かさという多義的な姿をした、中心人物となる」と(115)。

狂気が人びとの想像力の中心を占めたとして、そのほんの少し前まで、誰もがペストと宗教戦争が生み出す不安から逃れられなかった時代、そこでは「死」が文学や絵画の世界を覆いつくしていた。死のイマージュは至る所に臨在し、たとえば、イノサン墓地附属教会堂の浮き彫りである『死者の踊り』は一五世紀初頭のものと思われ、同じくシェーズ＝デュー修道院のそれは一四六〇年頃の作であり、ギュイヨ・マルシャンが『死の舞踏』を刊行するのは一四八五年のことである。ところが、この世紀の末には、「あの大いなる不安が旋回し、狂気の嘲笑が死とその生真面目さにとって代わる。」人びとが狂気の中に「既に到来している死の姿」、つまりは、「非存在」を発見したのである。ルネサンスの最盛期、『狂女マルゴ』の叫び声が〔ピサの〕カンポ・サント修道院の壁画によって歌われた『死の勝利』を圧する」ことになるであろう。ユスターシュ・デシャンが「俺の目にとまるのは気違いと狂女だけ／終わりが近い、ほんとうだ／何もかも悪くなる」と詠ったように、狂気が死に代わって世界の終末と破局の到来の近いことをあらわす徴となる。人間というものが存在するかぎり常に直面せざるをえない「非存在」をめぐって、狂気が死の主題に取って代わった(116)。デシャン等当時の人びとにとって、奇妙なことに、死よりも狂気がはるかに非存在に相応しいものと感じられたということだ。

狂気の登場は、画家が、モノを取り囲む空間を描写せんとし、たった一人で、「世界」の前に-対して-立ち、幾何学の眼差しをもって、神に代わって「世界」を組織し秩序づける主体としての地位を確立した、あの遠近法なる技法の出現とおそらくは無関係ではなかったと思われる。ヨーロッパ世界が、ほぼ同じ時期に、レオナルドの『最後の晩餐』やデューラーの『自画像』を生み出し、ブラントやボッシュの『阿呆舟』を生み出したことは、決して偶然ではなかったはずである。しかし、阿呆舟に乗せられ行き先の決まらないまま水の上を彷徨う狂人たちの姿は、ルネサンスの時代が、いまだ狂気の何たるかを知らず、非存在の正体をハッキリとは確定しえない、それ故に、狂人にとって、終の棲家が定まらず、癩者の真の相続人たりえない、そうした不安定な時代であったことの表徴でもあったのかもしれない。フーコーが狂気の「多義的な姿」について語る所以である。

狂気は、宇宙的ヴィジョンをもつ悲劇的形象として絵画や文学の中にその姿をあらわす。たとえば、ボッシュの『聖アントワーヌの誘惑』(1505–1510)。聖アントワーヌの正面に座った、胴体のない顔にほのかな作り笑いを浮かべたグリロと呼ばれる奇妙な怪物は、狂気から生まれ出た「不安の存在そのもの」を表現する。聖アントワーヌの回りを取り囲むこの世のものとは思われない奇怪な動物どもは、『創世記』に描かれた人間のために存在し人間性の価値を象徴する動物といったものからはほど遠い、およそ無縁な、「錯乱した想像力」の産物であり、人間の「隠された自然本性」を表現し、人間の心のなかにある「暗い怒り」と「不毛の狂気」を暴きだす。それは、『阿呆舟』や『狂女マルゴ』、『狂女たちの気違い舟』にも同様に見いだしうる心象の表現であった(117)。

こうした狂気の悲劇的経験はしだいに暗闇のなかに没入していくことになるが――われわれは、かろうじて、ゴヤやサドの作品の中に同様の形象を発見することになるであろう――、それと並んで、もう一つの経験が姿をあらわす。狂気についての批判的経験、道徳的省察がそうである。『痴愚神礼賛』（1511）を書いたエラスムスにとって、狂気は、非日常的な奇怪至極の夢想の世界の出来事といったものではない。「人間の中にこっそりと忍び込む、あるいは、人間が自分自身ととり結ぶ微妙な関係」にほかならず、都市には「多くの狂気沙汰があふれ」、「この世の人間の数だけ痴愚の彫像がある」と彼はいう[118]。あるいは、シャロンは、「知恵と痴愚はごく近しい。一方から他方へ移るにはほんの半回転するだけでよい。狂気の混ざらぬような偉大な精神は存在しない」という。モンテーニュもまた同様に、「自由な精神の元気溢れる高揚や、崇高で非凡な徳の行為と、狂気との間の隔たりが、いかに見分けにくいほど近いものであるか、そのことを知らないものはない」と書く[119]。ここでは、狂気は理性によって無力化され、理性の中にいわば受け入れられ植え込まれ、理性は「みずからに固有な形象の一つとして狂気を発見する。」[120]パスカルが、「人間が狂気じみていることは必然的であるので、狂気じみていないことも、別種の狂気の傾向からいうと、やはり狂気じみていることになるだろう[121]」と語るちょうどその頃、デカルトが、それまで曖昧であった理性と狂気の関係を一刀両断し、狂気にハッキリと非理性＝非存在の烙印を押し、理性＝存在の領域からの追放と閉じ込めを準備する。

はたして、デカルトにとって狂気とは何であったのか。フーコーは、『省察』から「第一省察」の言葉――「じっさいこの手が私のものであり、この身体が私自身のものであるということが、どうして否定されうるであろうか。このことを否定しようとするなら、おそらく私は自分をだれか狂人と同じに考えるほかはあるまい。狂人はその小脳が黒胆汁から生ずる蒸気のためにかき乱されて、そのために、極貧の身なのに自分は帝王であるとか……思いこむのである。」――を引きながら、明晰かつ確実な認識の根拠を明らかにせんとして方法的懐疑を遂行したデカルトにとって、「狂気」は、われわれを欺く感覚や夢とは異なる特権的な位置をもつものであったとする。懐疑の中で感覚や夢が認識の明晰性や確実性を測る試金石とされたのに対し、狂気については「事情が異なっている。」それというのも、そもそも「思考している私が狂うことなどありえない」ことであったのだから。「狂気から思考を守るのは、真理のもつ恒久性ではなく、狂人たりえない不可能性によるのであり、この不可能さは、思考の客体にとってではなく、思考する主体にとって本質的である。人は、自分が夢を見ているのを想定できるが、その反対に、人は、自分が狂人であるとは、思考によってであれ、想定することはできない。というのも、まさしく狂気は思考の成立を不可能にする条件であるのだから。」[122]モンテーニュが、自らが思考することにかかわって、狂気に陥るのではという恐れに常に取り憑かれていたのに対し、また、パスカルが狂気であることとの必然性について語るのに対し、デカルトは、「あの確信――狂気はもはや自分と関係をもちえない――を今や手に入れて、それをしっかりと保持する。こうして狂気の危険は、理性の働きそのものから消え去り、理性は自我の完全な所有のなかに保護されたのだ。……狂気は理性そのものである領域の外に置かれ、以後、狂気は〔非存在の世界へと〕追放される。人間はあいかわらず狂気におちることはあっても、真なるものを知覚しようとしている主体の絶対権の行使としての思考が気違いじみることはありえない。」かくして、モンテーニュとデカルトの間に、そして、一六世紀までの思考と一七世紀の思考の間に、「一つの事件が経過」[123]し、「一本の分割線」が引かれた、そうフーコーは結論する。

しかしながら、フーコーがいうように、デカルトによって理性と非理性＝狂気の分割が実現されたことに間違いはないとして、はたして、それは懐疑の「道程」[124]における出来事であったのか。デリダがいうように、そもそも、第一省察に対してフーコーが行った「解釈は正当化されうるものであったのか。」[125]デリダは、いささかの皮肉をこめて、「私の知るかぎり、この『省察』において、錯乱や狂気を感覚や夢からこのように分離させたのはフーコーが最初である。それらの哲学的な意味と方法論的な機能においてそれらを分離した最初の人である。」[126]それは彼の読み方の独創性をなすものである」[127]との答を返す。デリダの「素直にデカルトを再読してみよう」との言に促されるまでもなく、第一省察の文言、「眠りの中で、私は、狂人たちが目覚めているときに経験するのと同じことをすべて経験し、あるいは、時として、それ以上にありそうもないことさえも経験しているのである」[128]を読むかぎり、デリダの指摘にあるように、デカルトが「感覚から生まれるあらゆる意味、あらゆる観念を、狂気と同じ資格で、真理の領域から排除している」ことはたしかであるように思われる。「しかも、それは何ら驚くべきことでもない。というのも、狂気は、ここでデカルトの関心を惹いている感覚的な錯誤というものの単なる一例にすぎず、しかも、もっとも重大な例というわけでもないのだから。」[129]

たしかに、第一省察の読解に関するかぎり、デリダの指摘のとおりであったろう。しかし、それにもかかわらず、デカルトが狂気の経験をめぐって彼以前の思考との間に「一本の分割線」を引いたことに間違いはない。ただし、それは、フーコーがいうように、懐疑の「道程」においてではなく、懐疑の「結果」として、そうであったということなのだが。改めて、デカルトの懐疑の結果が何であったかを確認しておこう。

「私は思惟する、故に、私は存在する。」――これが、曲がりくねった方法的懐疑の末にデカルトが手にした唯一絶対の疑いを容れない明晰かつ確実な真理であった。デカルトはそれを「最初の認識」と呼ぶ。思惟する限りの私の存在、即ち、「思惟するモノ」としての私は、肉体からも区別され、肉体の存在と無関係に存在する、いわば「純粋意識」とでもいうべき存在である。思惟するこの私を、デカルトは、「理性」の名で呼び、私自身である res cogitans＝理性を、「人が知ることができるすべてのものの根拠をそこから演繹しうる真の原理」であるとし、形而上学（第一哲学）の「第一原理」として位置づける。純粋意識である理性以外の一切のモノは、私自身の肉体も含め、理性の「外」にある。この「外」にあるモノの中で、理性によって認識可能なモノ、即ち、私の精神が「長さ、幅、深さにおいて延長をもつモノ」としてとらえることが可能なモノ＝res extensa だけが「真に存在」する。反対に、計量的関係へと還元不可能なモノは、存在するものとはみなされず、「非存在」へと放逐される。こうして、理性が、何が存在するか、何が存在しないかを決定する最高審級の地位に立つ。『方法序説』の冒頭において、デカルトは、こうした理性――「正しく判断し、真と偽を区別する能力」――は「この世でもっとも公平に分け与えられているもの」であり、この理性こそがわれわれを「人間にし、動物から区別する」唯一の標識であることを確認する。しかし、同時に、「理性が各人のうちに完全に具わっていると思いたい」というように、デカルトもすべての人がこうした標識を有するものではないことを否定しない。第一省察で言及される例の狂人、脳が黒胆汁から出る悪性の蒸気によってひどく攪乱されているせいで、「自分が赤貧であるのに王様であるとか、全身が水瓶であるとか、ガラスでできているとか、頑固に主張する」気の狂った人たちがそうである。彼らは、「真と偽を区別する能力」をもたないばかりか、その前提となる「自己自身を統治する根拠と能力」、即ち、もっとも原初的な理性を欠く者でもある。しかし、単に、思惟するモノ（res cogitans）にあらざるものとして、「非理性」であるというだけではない。同時に、彼らは、理性によっては計算不可能な故に、延長するモノ（res extensa）にあらざるものとして、「非存在」でもあった。要は、狂人は、デカルト的思惟の世界にあっては、二重に疎外された者たちであったということだ。

方法的懐疑が、理性と非理性の間に、存在と非存在の間にそれぞれ越えることのできない分割線、それも、形而上学的な分割線を引いたこと、了解されるであろう。しかし、デカルトは、懐疑の道程においてではなく、その「結果」として、理性を規範に立てることにより、狂気を理性そのものである領域の外に置き、非存在の世界へと追放したということ、ここではその事実が確認されさえすればよい。このように見てくるならば、一六／七世紀のヨーロッパ世界の至る所に出現した監禁施設なるものが、実は、デカルトの方法的懐疑が剔抉し明らかにした理性と狂気をめぐる知覚の変化——変化の起源はおそらくはあの遠近法が出現した時代にまで遡りうることであろう——から生まれた一つの所産であったこと、あるいは、その変化の表徴であったことが納得される。狂気が、悲劇的形象でもなければ、理性と相互に浸透しあうものでもなく、理性の対極に位置する非理性であり、それ故、非存在であることが明らかとされた、その瞬間に、阿呆舟の漂流が終わったのである。理性の領域に存在するものではないとされた者、それ故に、理性によっては計算不能とされた者たち、つまりは、非理性であるが故に非存在であると烙印された者たちの受け皿、それこそが、施療院、監獄、牢獄、感化院、矯正院、懲治監、労役場、収容所等さまざまに呼ばれた監禁施設、隔離施設であった。

しかし、それぞれの施設の名称からも想像されるように、奇妙なことに、あるいは、予想に反してというべきか、そこに閉じ込められた者は「気の狂った人」たちだけではなかった。なるほど、狂人の監禁は「古典主義時代の狂気経験のなかでもっとも可視的な構造」[130]であったにせよ、狂人の他にも、犯罪者、浪費者、貧窮者、浮浪者、乞食、放浪者、無頼漢、債務者、知恵おくれ、不具者、売春婦、同性愛者等が、男女や年齢の別もなく、同じ施設に閉じ込められたのである。癩者の真の相続人であるはずの狂人には、一見して氏素性の異なる多くの「共同相続人」が存在したということだ。「大いなる閉じ込め」である。今日のわれわれの目からは異様としか見えない「雑然とした混じり合い」は、一七七〇〜八〇年代にヨーロッパ各地の監獄を訪問し、つぶさに見聞し、その実情を『監獄事情』（1777/1780/1784）にまとめたジョン・ハワード（1726–1790）にとっても既に奇妙なものと映っていたようである。「十把ひとからげにして閉じ込める」[131]といった彼の言からは雑多な囚人を目の前にした戸惑いがうかがえる。それでは、一六／七世紀において、何故十把ひとからげの閉じ込めが行われたのか。それに答える前に、そもそも、何故「閉じ込め」が行われねばならなかったのか、その目的は何であったのか、それを明らかにしておこう。

一六／七世紀、ヨーロッパでは、国や地域により時期や程度に多少の違いはあれ、封建制度の瓦解による都市貧民層の拡大と雇用の不安定化、人口の増大、賃金の低下、新世界からの銀の流入による貨幣価値の下落、物価の騰貴、大陸では三〇年戦争（1618–1648）による政治や社会の疲弊・混乱も加わって、大量の失業者、乞食、零落者、無頼の徒等が出現し、彼らが、町の中で群れをなし、公共の秩序を乱し、生きんがために、物乞いや掏摸、盗み、売春等をはたらくといった状況が現出し、社会問題化した。

こうした事態をもっとも早期に経験したイギリスでは、一四九五年に最初の救貧法となる『浮浪者と乞食に対する法令』が布告され、彼らに対する処罰として、晒し台と追放刑が定められた(132)。ヘンリー八世（在位 1509–1547）の治世下、一五三〇年に『乞食及び浮浪者の処罰に関する法令』が布告される。その前文には、「乞食及び浮浪者が、すべての悪徳の母であり根元であるところの怠惰の原因によって、ずっと以前から、また、毎日非常に多くの数で増加している。そのために、頻繁な窃盗、殺人及びその他の凶悪な犯罪や大きな悪事が起こったことがあり、また、毎日のように起こって、神の大いなる不興となり、王の臣民の不安及び危険、共通の福祉の驚くべき妨害となっている」とあり、こうした認識を基にして、『処罰法令』は、従来の法令や条例が改善効果をもたらさなかったとの反省から、彼らを「労働不能者」と「労働可能者」に区別した上で、前者には厳格な条件の下に乞食の許可状を付与し、後者については「市場等において荷馬車の端に裸で縛りつけ、町の中を引き回し、体が血だらけになるまで笞打たせた」後、生まれ故郷か最近三年間住んでいた町へ追放し仕事に就かせるべしとした。六年後の法令では、さらに、帰郷後も再び乞食や放浪者となった場合、これを「無頼漢」と呼んで、笞打ちの刑に処し、国家の善良な秩序の侮辱者であることの徴として右耳を切り落とし、その後も正業に就かない場合には重罪人として死刑に処すべきものとある(133)。

『処罰法令』が、「怠惰」を指弾し、「労働」を分割の基準としたことに新しい時代の胎動を見ることができる。そうである以上、事が単なる追放や処刑で済むものでなかったこと、当然であった。それらに代わって、「訓育」を目的とする貧民救済施設が開設されたのは、エドワード六世（在位 1547–1553）の時代、一五五〇年前後のことである。ロンドンに相次いで五つのホスピタルが設立された。乳原によると、「病気の貧民はセント・トーマスズ・ホスピタルかセント・バーソルミューズ・ホスピタルに収容され、治療・救済を受け、貧民の孤児や扶養のあてのない貧民の子供をクライスツ・ホスピタルに収容して、基礎的な教育を施す。また精神病患者はベスレヘム・ホスピタルに収容され、そしてブライドウェル・ホスピタルには労働を拒む浮浪者や性的不品行の女性を収監して矯正するという、それぞれの役割が定められ」、これら五つのホスピタルは「相互に連携」し、クライスツ・ホスピタルが「全体を統轄」する地位にあった(134)。ブライドウェル・ホスピタルの設立にかかる縁起からは、貧民政策の動機や意図が見てとれる。ロンドン主教であるニコラス・リッドレィ等の市民から出された嘆願書は、物乞いと盗みが巷にあふれている現状、及び、従来の法令が無力であることを指摘した上、「貧窮と物乞いの原因は怠惰にある」のであり、「このような不幸な事態を改善するには、働く意思のある貧民が訓練されるような、また、反抗的で身体強健な浮浪者が国家にとって有益に生活することを強いられるような、そうした労働を一般的に供給する以外に手段はない」として、そのための施設の設置を求めた[135]。嘆願に基づき、エドワード六世がブライドウェル王宮をロンドン市に下賜したのが一五五三年、供用の開始は一五五六年のことである[136]。施設の運営規則は、設置の目的を「あらゆる美徳の敵である怠惰の抑圧のために、また、あらゆる悪徳の征服者である良き訓練を奨励する」ことと定め、「怠惰な売春婦や浮浪者に、誠実さと美徳の訓練を強いる」べく、彼らを「ブライドウェルに留めて労働させるべき」とする[137]。

もっとも、浮浪や乞食自体が罪とされた時代、それは、単に訓練施設であるにとどまらず、乞食等を取り締まり逮捕する警察機関でもあり、週二回開かれる法廷で判決を言い渡す司法機関でもあり、収監し刑罰を執行する行刑機関でもあった[138]。浮浪や乞食の他、同様に怠惰や悪徳の表徴とみなされた、売春、不倫、婚前交渉、婚外交渉、公然猥褻、自然に反する性行為、強姦等の性犯罪、スリ、窃盗、万引き、横領等の財産犯罪、酔っぱらい、近隣への迷惑行為、他人の中傷等も取締の対象とされ[139]、彼らに対しては鞭打、荷車刑、追放、罰金、教会での公開懺悔等が科せられ、労働はそれらと並んで選択的に課される罰の一つでしかなかった[140]。実際上も、労働のための収容が数日等の短期間にとどまり、また、全員ではなく少数の者に限られていた――最大で三割弱、一六〇〇年の前後の時期には数％にまで落ち込んだ――ことから、はたして、当初目的とされた「怠惰の抑圧」といった「矯正的」機能を発揮しえたかは疑問である[141]。しかし、たとえそのことが失敗に終わったにせよ、ここでは、嘆願書に見られるように、国家に有用な人材の育成が目的とされ、訓練と労働による怠惰の克服がそのための手段として位置づけられるという、統治にかかわる新たな眼差しが登場したことを確認すれば十分である。

フランスの場合はどうであったか。ルイ一四世（在位1638–1715）は、一六五六年四月二七日、『パリ市内及び近郊の貧しい乞食の〈閉じ込め〉のための、《一般施療院》設立を定める勅令[142]』を布告する。『勅令』は、冒頭において、先王たちにより「すべての無秩序の根源としての乞食及び怠惰を阻止するために」とられた措置が「実りなきもの、効果を欠くものとなりはててしまった」後をうけて、「乞食の気まな振る舞いから引き起こされるあらゆる犯罪」を防止するべく、これら貧民を「イエス・キリストの生ける仲間として、また、国家の無益な仲間としてではなく扱わなければならない」とし、「かくも偉大な事業」を「慈善という唯一の動機」によって導くことを宣言する。そのため、勅令は、「健康であると否とを問わず、男女の別なく、物乞いをする貧民が、能力に応じて手仕事、手工業、他の労働に従事するため、施療院の中で雇用される」よう、貧困者を「閉じ込める」べく、「サン＝ヴィクトールにある〈大いなる憐れみ〉、〈ささやかな憐れみ〉、〈避難所〉に属する〈施設〉並びに〈施療院〉、シピオンの〈施設〉並びに〈施療院〉、附属の土地・広場・庭・施設・建造物を含めたサヴォヌリーの〈施設〉、ビセートルの〈諸施設ならびに用地〉」をもって「一般施療院」を設置する旨を定めた。先のブライドウェル・ホスピタルが結果的には懲罰機関としての性格を強くもつものであったのとは異なり、ここでは、よりハッキリと閉じ込めと労働による矯正に定位されていた。四年後には、女性と子供を含む六〇〇〇人、パリ市民の一%にあたる貧困者が、狩り立てられ、閉じ込められることになるであろう[143]。

この後、パリに続いて各都市に一般施療院が開設され、大革命前にその数は三二に達する[144]。ドイツ語圏の諸国においても、同様の性格と目的をもつ懲治監（Zuchthaus）と称する施設が一六二〇年頃にハンブルクで設置されて以来、バーゼル、ブレスラウ、フランクフルト等の都市に拡大し、あるいは、イギリスの場合は、ブライドウェル・ホスピタルの後、一五七五年の『救貧法』が感化院の州毎の設置を定め、また、一六七〇年の法令による労役場は、ブリストルを皮切りにして、一八世紀末までに合計一二六を数えるまでになる[145]。

乞食や浮浪者等の閉じ込めが治安対策の意味をもっていたことは明らかではあるが、それ以前、一六世紀から一七世紀前半にかけて、貧困者への対抗措置の中心にあったのは追放や鞭打ち等の体刑であった。先に紹介したイギリスの当初の法令の措置がそうであったし、ルイ一四世が勅令でいう「先王たち」の措置も同様であったのであろう。たとえば、一六〇六年の高等法院の法令では、パリの乞食は公共広場で鞭打たれ、肩に烙印を押され、頭を剃られ、市外への追放が命じられ、さらに、翌年の王令では、彼らが立ち戻らぬよう、すべての貧困者の潜入を阻止するべく射手団が市の城門に配置された[146]。しかし、先の勅令によれば、これらの措置は、「乞食がいたるところで無為に過ごす自由」を放置したことにより、当初の目的を達成しえなかったのであり、一六一二年の国王裁可状が、ピティエの施設とその附属施設への「閉じ込め」を決定し実行したのもそうした理由からである。しかし、その成果は五、六年しかもたなかった。理由は、「公共事業や手工業における貧民の雇用の欠如」と「管理者たちが計画の壮大さに必要な権威と権力による支持を欠いていた」ことにある。ルイ一四世の勅令の新しさは、先王たちの失敗を教訓とし、以下の複数の措置を合わせてとるべきものとした点にある。即ち、一つには、貧困者を施設に「閉じ込める」こと、二つには、彼らが「その能力に応じて手仕事、手工業、他の労働に従事するため、施療院の中で雇用される」こと、三つには――これが施療院に圧倒的に抑圧的な性格を与える基になったのであるが――、各施設の管理者に対し、「施療院の内外を問わずパリのすべての貧困者に対して、威信、指導、管理の全権、つまり、交渉、治安、裁判、矯正、懲罰の全権」を付与し、あわせて、「当該施療院の内部及び附属の場所に、杭棒、鉄の輪、牢獄、浅い溝を設け(147)」、「あらゆる懲罰・懲戒を命じる」権限を付与すること（『国王の要望により遵守さるべきパリ一般施療院規則』第二二節(148)）がそうであった。つまり、一般施療院は、単に閉じ込めによって追放し隔離する場であるだけでなく、同時に、労働の場でもあり、統制と管理、監視により、諸悪の根源である怠惰や無為、逸脱の罪を処罰し矯正する場でもあった(149)。

貧困者が癩者の相続人であったにせよ、また、閉じ込めが癩者のそれを踏襲するものであったにせよ、彼らは、癩者がそうであったような、単に放逐され閉じ込められるだけの者ではなかった。閉じ込めの形態から見れば、彼らは、むしろ、ペストの患者のそれに近かった。「癩病患者の排除のモデルは、一七世紀の間に、ペストの封じ込めのモデルにより置き換えられた」とフーコーは指摘する。「癩病に対する反応が、追放、排除等といったネガティヴな反応であったのに対し、ペストに対する反応は、封じ込め、観察、知の形成、観察と知の積み重ねによる権力の効果の増大といったポジティヴな反応であった。狩り立て、排除、追放、周縁化、抑圧といった権力のテクノロジーから、ポジティヴな権力、生産する権力、観察する権力、知る権力、自らがもたらす効果によって肥大する権力へと移行がおこったのである(150)。」フーコーは、さらに、二つのモデルの違いを次のように説明する。「中世における癩者の排除は、法や統制といった法的総体によってなされ、そのようなものはともかく癩病に罹っている者と罹っていない者の間に線を引く二項的分割をもたらすものであった。ペストに関する統制は、癩病とはまったく異なり、ペストが発生している地域や都市を文字通りに碁盤割にし、人びとに対して統制を課す。つまり、その碁盤目から、いつ、どのように、何時に出てよいか、自宅では何をしなければならないか、どのような食物を摂らなければならないかが指示され、これこれのタイプの接触が禁止され、視察官の前に姿を見せ、自宅を視察官に見せることが強制される。ここにあるシステムは規律的なタイプのものである。」[151]

貧困者を単に閉じ込めるだけでなく、恒常的な監視の下に、労働を義務づけ、怠惰や無為を矯正し、規範からの逸脱を処罰せんとした一般施療院が、ペストの封じ込めに近いものであったこと、また、それだけに、一筋縄ではいかない複雑な性格をもつ組織であったことは、おおよそ察しがつく。少なくとも、その名称とは裏腹に、「いかなる医学的な観念とも関連しない」、それ故、医療施設でなかったことだけはたしかであった、この奇妙な施設の正体は何であったのか。フーコーは、「裁判所とは別個に、しかも、既存の権力機構と並んで、決定し、裁定し、施行するところの、なかば司法的な組織、行政上の一種の本体であった」とする。即ち、「法の限界において治安と司法とのあいだに国王が樹立した異様な権力、つまり、抑圧の第三団体」として、被監禁者にとっての「ほとんど絶対的といえる最高権力」であった、と。[152]おそらく、われわれが一般施療院を前にしてそこに見いだすものは、法律-権力の網の目から抜け落ちた「生の全体に働きかけ、その展開のすべての局面に対して、その掌握の確立」を目指す生-権力、及び、それによる統治性、統治性化の始源的な姿である。

古典主義の時代、かつて「神の代理人」あるいは「神の相続人」として聖性を帯び特別な存在と目された貧困者が、一転、追放され、鞭打たれ、監禁され、労働を課せられ、矯正されるべきものへと変化した背景には、西欧世界において、貧困、貧困者というものに対する感受性にかかわって何かが変化したからであったにちがいない。ルネサンスは、貧困のもつ悲惨さから「神秘的な実定性を奪い取った」とフーコーはいう。「貧困者は、一六世紀には、中世の時代が認知しなかったような形象を帯びることとなったのだ」と。[153]ルター、とりわけ、カルヴァンが、貧困を「神の懲罰」、「神の呪いのしるし」であるとし、慈善を「不要なもの」、「罪悪」であるとしたように、貧乏人は、かつてそう考えられたような、「キリスト教徒に慈善をうながし、救霊の機会を与えるために、神がつかわしたもうた口実とは認められなくなった。」[154]貧困は、単なる「無秩序の結果」にすぎず、そうしたものとして治安がかかわるべき「非行」あるいは「秩序の障害」とみなされ、その結果、「貧困を称揚することではなく、ただ単に、それをなくすことが重要となる」。そうした問題となった。「貧困を神聖視する宗教経験」が失われたことが[155]一七世紀における追放や閉じ込めを準備した一つの要因となったことはたしかなようである。

しかし、事が単なる追放や監禁に終わらなかったのは何故なのか。何故、労働、それも監禁状態において、しかも、懲罰に裏打ちされた労働が必要とされ課せられねばならなかったのか。そもそも、何故、監禁の対象者が「貧困者」であったのか、そうした疑問が湧く。おそらく、問題は、貧困それ自体にあったのではなく、一五三〇年の『乞食及び浮浪者の処罰に関する法令』やブライドウェルの設置嘆願書にもあったように、その原因でもあり結果でもあるとみなされた「怠惰」、「無為」にこそあったのであろう。それは、ルターやカルヴァンにあっても同様であった。それ故、貧困者を字義通りにとらえることは事の本質を捉え損なうことにもなりかねない。文字通りの貧窮者の他に、犯罪者や浪費者、乞食、浮浪者、放浪者、債務者、無頼漢、知恵おくれ、不具者等、そして、当然に、狂人もまた、彼らが貧しい者である限り、閉じ込められるべき貧困者であることに変わりはなかった。要するに、貧困者とは、その原因が何であれ、「無為・怠惰の徒」、つまりは、自己自身を統治する力、「理性」を欠くが故に、機械装置の歯車として、労働＝生産に参加しない、あるいは、参加できない者、その結果、貧困に陥った者たちの謂いではなかったか。したがって、たとえ貧困ではなくとも、自己統治力を欠くが故に、労働＝生産に参加しない、参加できない者たちも、同様に、監禁される運命にあった。当時の監禁施設に貧困によっては説明できないか、それだけでは説明のつかない者たち、たとえば、普通の女、老衰した女、癲癇病み、放蕩者、遊び女、無信心な者、売春婦、同性愛者等が閉じ込められたことも[156]、こうしてはじめて納得がいく。断罪され矯正されるべき「罪」があるとすれば、それは道徳的な罪でもなければ、非行や犯罪といった治安上の罪でもない。少なくとも、それらは中心的な罪ではなかった。労働＝生産に参加しない、参加できない、要は、機械装置の用象でありえない、そのことこそが罪であった。ただし、労働＝生産を「モノ」に限定しないようにしよう。同性愛者は、たとえモノを生産する者であったとしても、「労働＝生産に参加しない、参加できない」者であることに変わりはなかった。理由はいうまでもあるまい。いずれにせよ、癲者の共同相続人となった彼らの共通項は、モノであれ、ヒトであれ、真っ当な人間であれば誰もが有しているはずの、それらを産出するに必要な自己統治力の欠如＝非理性にあったのであり、そのことの故に、彼らは、表象し‐制作する者、服従する主体でありえない者として、ともに、機械装置にとって、非存在、つまりは、規格外れの、計算不可能な、徴用し‐用立てることのできない者たちであったということだ。貧困であるか否かはたいして問題ではなかった。それぞれの非理性の理由も関係なかった。それ故にこそ、狂人に限らず、乞食であれ、売春婦であれ、放蕩者であれ、同性愛者であれ、知恵おくれ……であれ、彼らは、いずれも同じように自己統治力を欠く者として、十把ひとからげに、普通の人びとの日常的な生の場から追放され、腐った性根を叩き直し、失われた理性を取り戻すべく、監禁、それも、労働のために監禁されねばならなかったのである。監禁を単に「貧困への道徳的懲罰[157]」としてとらえるだけでは十分ではない。また、労働を単に「被監禁者に仕事を与え、万人の繁栄のために彼らを役立たせる[158]」手段としてとらえるだけではなお足りないものがある。そうではなく、監禁の下で行われる労働は、機械装置により徴用され-用立てられ、用象としてゲ-シュテルへと適正に配置されるべく、必要とあらば懲罰を使ってでも、自己自身を統治する力＝理性を身に付けさせるための、必要不可欠な措置であり方法、つまりは「訓育」の手段であったということだ。被監禁者たちに求められ期待されたことは、労働を通じて「生活と意識の秩序[159]」を変え、用象たるべく、「機械としての徳」（ニーチェ）を身につけることであった。服従する主体の生産が主体性の形而上学の成否を賭けた課題であったとするならば、その解決に向けた最初の一歩がこうして踏み出されたのである。

はたして、監禁施設の実際はどうであったか。監禁施設はこうした期待、課題に応えることができたのか。ハワードが描く一八世紀末のハンブルクの労役場——そこは乞食と微罪の犯罪者の収容施設であった——の様子は次のようなものであった。「収容者は、編み物や糸紡ぎに従事し、リネンや毛、羊毛を材料に靴下を織り、染料の原料であるロッグウッドや鹿角を破砕し粉にしていた。数人の男たちが馬を使って縮絨機を動かし、一人の鍛冶工が休みなしに働いていた。一七八一年に訪問した際には、およそ六〇〇人の収容者がいた。作業による収益は定期的に報告され、その四分の一を各自が受け取った。……反抗的な囚人を監禁するために複数の『暗室』——広さは縦横一三フィートと四フィート九インチ——があった。……管理人は、日曜日を除き、毎朝五時にベルを鳴らし、職員や囚人に起床とお祈りの準備を報せる。次に、彼は、牢番に鍵を渡し、妻と一緒に食事を配り、施設内の全員が道徳的宗教的義務を果たすよう正しく教導されているか、点検する。……作業監督は、月曜日の朝、各自に一週間分の仕事を与え、土曜日にその結果を勘定する。……作業監督は、破砕作業監督とともに、週に二、三度は囚人の就寝用監房を慎重に見回ってベッドや藁を点検し、土曜日には、すべての監房を大掃除させる。門番は、管理人の印のある許可証がないかぎり、囚人を外出させてはならない。……仕事を習得し、性格が改善され勤勉になったとみなされた者は、嘆願があれば釈放される[160]。」

監禁施設が単なる労働の場でも救貧施設でもなかったこと、労働を通じた教導・矯正こそが課題であったことがよくうかがえる報告ではある。もう一つ、フーコーが紹介する、女性収容所であったラ・サルペトリエールの聖ルイ王館における『日常総則』[161](1721)を見てみよう。そこに見いだされるものは、修道院を彷彿とさせるかのような、時間割に則って進行する規律化された一日の生活である。「五時:起床の時鐘を打ち、すべての貧者は起床すべし。五時三〇分:貧者はベッドをととのえ、髪をくしけずり、六時までに清潔に役立ちうるすべてのことに専念すべし。……六時:修道女は担当の貧者を整列させて、監督係とともに彼女等を教会堂へつれていきミサを聞くべし。……八時:各人が仕事をはじめるように席につくべきことをしらせるため時鐘を打つべし。……九時:すべての共同寝室において讃歌『創造主は来たりたまえ』を歌うべし。……正午:食事。……一時三〇分:仕事の再開。貧者の誰かが反抗的であるのを見つけた場合、当人を三、四時間、閉じ込めさせ、この見せしめにより他の者を規則に服せしめるべし。……三時:成年女子の共同寝室においては、一時間一五分にわたるべき、読書もしくは大教理問答をおこなうべし。……五時三〇分:成年女子の夕食。……八時:すべての貧者がベッドに入っているかを確かめるため巡回すべし。」

ハワードが「仕事を習得し、性格が改善され勤勉になったとみなされた者」の「釈放」について語っていたように、無事に性根が叩き直され訓育に成功した被監禁者は、自己自身を統治する力＝理性を回復した者として、非存在から存在の世界への復帰が許される。それは、彼らが、表象し–制作することにかかわって、服従する主体としての任に堪えうるものとなったことの証であり、その報償が機械装置の歯車としてのゲ–シュテルへの配置であった。最初の監禁施設が、イギリスでは、もっとも工業化した地域であるウースター、ノリッジ、ブリストルに設けられ、フランスでは、パリよりも四〇年も前にリヨンに開かれ[162]、ドイツではハンブルクに置かれたことの理由もこうしたところにあったのであろう[163]。ルイ一四世が一般施療院の本質を正しく理解していたことは、一六五六年の勅令にある文言からも明らかである。即ち、「これらの貧民を国家の無益な仲間としてではなく扱わなければならない。」

はたして、「大いなる閉じ込め」の意図は達成されたのか。フーコーは、「一九世紀初頭、ヨーロッパのほとんど全土における、貧窮者の収容所、貧者の収監所としてのこれら施設の消滅という事態は、施設が最終的には不成功に終わった証拠になるだろう」[164]と総括する。しかし、「消滅」が不成功の証拠となるのか、まったく逆に、訓育施設としての役割を首尾よく終えた結果であったのか、あるいは、十把ひとからげの監禁を不要とするような訓育のためのより適した施設や仕組みが登場した結果であったのか。成功か、失敗か、はたまた、お役御免であったのか。いずれであれ、若き日のジャン・エスキロール（1772–1840）が一八世紀末の一般施療院に見たものは、「鉄の首輪や足枷、手枷を付けられ、一晩中、ベッドの上で、自分を苦しめる鉄の鎖を揺さぶっている」狂人のたちの姿であった。[165] 少なくとも、狂人に限っては監禁の失敗は明らかであった。その理由はおおよそ見当がつく。彼らは、「労働能力を欠く点で、また、集団生活のリズムに従うことができない点で、はっきりと〔他の囚人から〕見分けられる」存在であり、「ブルジョワ的秩序の境界を突破し、その倫理の神聖な限界の外側へ遠ざかった」存在であった。[166] 彼らは、気の狂った者として、少なくとも気の狂っていない浮浪者や乞食等他の非理性とは異質な存在であり、機械装置の底辺を成す用象たるに必要な最低限の自己統治力＝理性さえ欠く、端から訓育不可能な存在として、一般施療院への十把ひとからげの閉じ込めの目的には合わない存在であった。

一八世紀になると、共同相続人の中からも抗議の声が上がる。「私は狂人たちとごたまぜにされている。彼らの中には、私がいつも危険な侮辱をうけかねないような躁暴な狂人がいる」といった訴えが当局に寄せられる。[167] 施設の管理者も同様であった。ブランシュヴィック監獄の監視人は、一七一三年のことであるが、仕事場が気違いのわめき声や無秩序な素行によって乱され、危険の種になっているからという理由で、狂人を他の囚人と混ぜ合わせぬよう、彼らを独房の中で鎖に縛り付けるようにと願い出ている。[168] こうした事情があってのことであろう、大革命以前、ヨーロッパ的規模で、突如として、かつてルネサンス期にあったような狂人だけの監禁が再び登場する。[169] たとえば、パリでは、プティト＝メゾン施療院が徐々に狂人専用施設となり、ベロム寮等の二〇に及ぶ小規模な専用の私立施設が新たに開設される。[170] その中の一つであるマルチール通りにある「ユゲ氏の寮」には、大革命直前の時期、六人の狂人と三人の狂女が収容されていた。[171] フランス以外でも、フランクフルトで一七二八年に昔ながらの瘋癲病院が開設され、ヴュルツブルク、ウィーン、マンチェスター、リヴァプール、ロンドン等にも同様の狂人専用施設が誕生する。[172] ようやく、狂人は、本性的な、つまり矯正不可能な自己統治力＝理性の欠如の故に、いわば仲間外れとなり、追い出されるようにして、癲者の「唯一真正な相続人」であることを認知され始めたのである。

フーコーは、こうした事態を指して、「昔からの親しい仲間から切り離され、一人取り残された狂気」と表現する。[173] もっとも、それによって狂人の置かれた状況に何か変化があったわけではない。非理性の中にもう一本の分割線が引かれたにすぎない。一方には、訓育によって回復可能な非理性が、他方には、回復不可能な非理性が存在する。相変わらず、「医学の参加する余地はほとんどなかった」し、パリの私立施設では、「医者の配置も、医者の来院さえも認められていなかった。」[174] 狂気の分離独立の動きは、一見そう思われたにせよ、狂気の解放を意味するものでは決してない。むしろ、逆に、以前にもまして狂気を監禁に結びつける働きをするものでしかなかった。一方で、狂気をして監禁を行う権力の象徴そのものと化し、他方で、狂気を監禁のすべての処置の最高の客体として示す、そうした結果がもたらされただけである。[175] 獄吏の厳しい監視下に置き、汚濁の中に放置し、鉄鎖によって身体の自由を奪い取るしかなかった閉じ込めは、計算不可能な狂気を前にした理性の側の戸惑い、無策を表現するものであった。

大革命の前後の時期、もう一つ別の理由からも十把ひとからげの閉じ込めの継続は困難な状況となっていた。単に不品行な者や怠惰な者を拘禁し続けることの法的正当性への疑問の噴出がそれである。不品行や怠惰、反社会性はもはや拘禁理由として良識ある人びとを納得させるものではなくなっていた。一七八四年、一般施療院を管轄する各地方総監は、国王封印状に関する回覧状の中で、次のような命令を受け取る。「法に定められている苛酷な刑罰に服するようなことを何ら犯していないが、過度の無宗教・放蕩・濫費に熱中した者」については せいぜい一、二年間の拘禁ののちに釈放すべし、と。ただし、命令は、「精神が錯乱していたり、あるいは、低能の故に世の中で身を処す能力をもたなかったり、あるいは、躁暴の故に世の中に出せば危険となるような囚人」については、これを例外とし、監禁施設にとどめおかねばならないとした。理由は、「彼らの釈放が社会にとって有害であるか、又は、彼ら自身に無益な恩恵であるかが認められる限り、彼らの拘禁を続けることは残念ながら不可欠である」からというものであった。[176]

一七八九年の『人及び市民の権利宣言』は法律に根拠を置かない拘禁の不可能であることをハッキリと宣言する。第七条はいう。「何人も、法律により規定された場合でかつその命ずる形式によるのでなければ、訴追され、逮捕され、又は、拘禁され得ない。」一六五六年の勅令から生み出された法の限界領域を超える非理性全体の十把ひとからげの監禁はもはや許されない事態となった。それは、かつて生-権力により侵食された法律-権力の側からする巻き返しであった。一七九〇年三月の法令が、『宣言』を受け、「法令施行後六週間のうちに、城塞、修道院、監獄、留置所、その他、なんらかの牢獄の中に国王封印状又は行政官の命令によって拘禁されているすべての者は釈放されなければならない」としたことは当然の措置であった。しかしながら、「有罪の宣告をうけた者、身柄拘束を命ぜられた者、重罪のために告訴をうけた者、体刑をうけた者」が除外されたことは当然のこととして、さらに加えて、「狂気の故に閉じ込められた者」も同様に除外対象とされた。[177]大革命を指導した理性は、当然のように、計算不可能な非理性の前で立ち止まったのである。

十把ひとからげの共同相続人をめぐる状況に大きな変化が生み出されたにせよ、そのことはただちに雑居状態を終熄させるまでには至らなかった。何よりも、当時のフランスには、先に紹介したベロム寮等の小規模な民間施設は別にして、狂人用に確保された施療院が存在しなかったからである。内務大臣は、善処を求める請願に対し、「狂人専用施設の建設が行われていないために、狂人はやむをえず貴県内の各種の牢獄に入っているわけですが、……ビセートル施設への狂人受け入れ方法に関して協議されるのが適切でありましょう」との答えを返した。[178]以後、ビセートルとラ・サルペトリエールは各施設から狂人が送られてくるセンターと化す。浜中によると、フィリップ・ピネル（1745–1826）が大革命後ビセートルに赴任した当時、そこには、男性のあらゆる疾病の患者、老齢者、不具者、犯罪者三〇〇〇人以上が収容され、また、ラ・サルペトリエールには、三〇〇〇人近い病弱の老女、あらゆる種類の慢性身体疾患患者、二五人の急性身体疾患患者、約六〇〇人の狂気患者、約二〇〇人の癲癇患者、少数の孤児等が収容されていた。[179]さらに、その中には大革命から生まれた政治犯や逃亡者が紛れ込んでいた。[180]ビセートルの管理人であったピュサンは、一七九四年一〇月に、市の関係者に対し、「人間らしさということが明白に日程にのぼっているときに、同じ一つの収容施設のなかに犯罪と貧窮とが同居しているのを見て身の毛のよだつ思いをしない者は一人もいないでありましょう」[181]との書簡を送っている。革命の混乱期、新しい理念に現実が追いつかない状況の下、文字通りのごた混ぜ状態を前にした当事者の当惑と苛立が伝わってくる報告ではある。

ピネルが医師としてビセートルにやってきたのは一七九三年八月二五日のことであった。精神病の認知について既に名声を有する人物の任命は一般施療院の歴史の中ではじめてであった。[182]一八世紀の終わりに至るまで精神病者のための真の病院は一つも存在せず、[183]旧来の施療院は、いずれも、病人の看護と治療が病院の役割であるとした場合、到底病院の名に値するものではなく、この点では、ビセートルもまた例外ではなかった。改革の必要性を訴えるべく、オテル・ディユ病院付きの医師であったジャン・コロンビエ（1736–1789）が、『狂人のための保護施設において彼らを統治し治療する方法に関する指示』を著したのは大革命の四年前のことである。そこに、彼は書いている。即ち、「社会がもっとも熱心な保護と世話を与える義務のあるのはもっとも弱くもっとも不幸な者に対してである」にもかかわらず、「社会は公の義務を果たそうとせず、むしろ、これを避けようとさえする。……何千人という精神病者が監獄に閉じ込められ、誰一人ほんのわずかな治療さえ与えてやろうと考えない。ある者は鎖につながれ、……自然が彼らに救いの手をさしのべ、彼らを癒さぬかぎり、彼らの悲惨は彼らの生涯の終わるまで止まないであろう。[184]」

コロンビエの報告書を「興味深く読んだ[185]」ピネルは、ビセートルにおいて、今日まで伝えられる狂人の鎖からの解放という「神話」をつくる。それが歴史上最初の解放であったのか、また、事の真相が奈辺にあったか、問わないでおこう。ここでは、彼が「狂人は罰に値する罪人ではなく病人であり、彼らの理性を回復させるためにもっとも簡単な方法を試みるべきである[186]」との認識と信念をもってビセートルに赴任し改革に着手したことを確認すればよい。ピュサンが市の管理委員会に送った一七九四年の報告からはビセートルが医学的機能を引き受けたこと、治療の目的、治癒の判断の基準が「理性」にあったことを知ることができる。「大革命以後、公的な施設の管理者は、自由な施療施設に狂人を閉じ込めることは、彼らが社会で有害かつ危険である場合に限られると考えたので、病人であるかぎりは彼らをそこに留め置き、彼らの完全な治癒が保証されるや、彼らを家族や仲間のもとに送り返すこととしたのです。そのことの妥当であることは、良識〔理性〕を取り戻した誰もが、たとえ旧高等法院により終身刑を宣告された者であれ、出所を許されたことからも了解されるでしょう。管理者にとっての義務は、自由を享受する能力〔理性〕のない狂人だけを閉じ込めることにあります。[187]」

「鎖からの解放」は、医師や管理者の前にいる者たちが罪人ではなく「病人」であり、彼らに与えられるべきは、監禁ではなく「治療」であり、彼らを収容すべきは、監禁施設ではなく「病院」であることにようやく気づいた時代が、それに向かって最初の一歩を踏み出したことの象徴であった。それが「神話」となり後世に伝えられたのも、「解放」が以後の精神医学の発展にとって決定的に重要な転機ととらえられた、そのことの反映であったとすれば納得がいく。

狂気は、医学が解剖学や物理学、化学、数学の助けを借りて「科学」へと離陸を開始した後も、長年の間、その計算不可能である故をもって医学的眼差しの外に置かれ、治療法としてはせいぜい下剤や吐剤、瀉血、輸血、冷浴、加えて、拷問や鎖、足枷、手枷しかあてがわれてこなかった[188]。ジルボーグが紹介する、医師であり神経解剖学者であったトマス・ウィリス（1621–1675）の言葉は、一七世紀の医師たちの狂気に向けられた眼差しが医学的なそれからいかにかけ離れたものであったかをよくあらわしている。「第一義的な目的は当然治療的なものである。訓練、脅迫、足枷、打擲などは医学的治療と同様に必要である。……まことに、これらの人びとの治療のためには、威嚇に対して敬意を払わしめ恐怖を抱くように強制することほど必要かつ有効なことはない。この方法により、強制で抑えられた精神はその傲慢さや途方もない考えを捨てるように誘導され、やがて柔和に秩序正しくなる。[189]」

大革命の前後、理性が時代の精神となるに及んで、ようやく、医師は旧い眼差しから解放され、狂人は鎖＝非存在から解放され、狂気は医学的眼差し＝理性の対象となり、そうして「精神医学」の時代が始まった。それが、新たなタイプの監禁の始まり、つまり、治療のための閉じ込めであったとしてもである。あるいは、狂気を抑圧する手段が鎖や足枷といった道具から「言説[190]」や「沈黙[191]」に取って代わっただけであったとしてもである。あるいは、ピネルが最初に鎖から解放したイギリス人の大尉が、単に「正気な人間」に戻ったというのではなく、「一士官、イギリスの一大尉[192]」に戻り、ピネル等の前で「軍人」としての役割を演じたように、治療の目的・効果が、他者の「視線」を内在化させ、その力によって規範への服従と社会的役割の遂行を強制させ、機械装置の歯車＝服従する主体とすることにあった[193]としてもである。用象たるべく機械の徳を求める主体性の形而上学にとっては、それだけで十分であり、それ以上要求するものは何もなかった。

オックマンは、こうしたピネルの企図に「全体主義国家の予兆」を見て取ることが可能であるという。「〔ピネルがビセートルとラ・サルペトリエールで作った解放空間は〕医者が保護的な権威をもつ家父長制社会のようであり、かつ、厳重な監視が必要でなければならないと、彼は考えた。常に『精神病者の信頼に応える』ことを行わなければならないとしても、彼によれば、それは、『依存していることを精神病者に感じさせるため』であり、彼らの意思を社会での就労に向かわせるためなのである。こうした社会参加を強いる企てに、全体主義国家の予兆を見ることもできるかもしれない。つまり、この企ては経費のかからない、そして、『権威の中枢』に従うように意図された収容所の組織を当然予想させる。労働は日々の生活にリズムを与える。休息、余暇、睡眠時間など綿密な予定が組み込まれる。規則に従わなかったり違反したりした場合の罰則も定められ、また、恣意的に罰したりしてはならないとした。[194]」たしかに、ヨーロッパ世界は、このとき、狂気を飼い馴らすことを通して、主体性の形而上学が求めて止まない服従する主体を生産するための支配し管理し監視するテクノロジーのプロトタイプとでもいうべきもっとも原初的なモデルを生み出したのかもしれない。社会全体が一般施療院と化す時代が到来するのも、そう遠い日のことではない。

二　犯罪者の監禁・監視・矯正

大革命の前後の時期、非理性の十把ひとからげの監禁に対し疑問がなげかけられ、やがて、解体され、過去のものとなってゆくのではあるが、長年にわたった大いなる閉じ込めの収支決算がいかほどのものであったかはともかく、少なくとも古典主義時代がこうした施策を通して統治国家の実現に向け、「他に帰し難い経験を積んだ」[195]ことだけはたしかなようである。その経験を生かし、さらに発展させる格好の対象として、狂人に代わって選ばれたのが「犯罪者」である。彼らは、狂人の「双子の兄弟」[196]として、新たに発見された監禁対象であり、国家は、彼らの処遇を通して、機械装置のために、他に転用可能な、より精緻な閉じ込めによる訓育のためのシステムを生み出すことになる。

国家権力は、いつの時代であれ、どの国であれ、何が「犯罪」であり、誰が「犯罪者」であり、科せられるべき「刑罰」が何であり、「処刑」の方法が何であるかを決定する。それが秩序の実現を担う国家権力にとってのもっとも基本的な課題であり権能である。むろん、時代により国家によりそれぞれの内容に異なりがあることはいうまでもない。何が犯罪であるかについては、「自然犯」といった概念もあるように、時空を越えたある程度の共通性が見られるのに対し、他の要素、とりわけ、刑罰の内容、行刑の如何については差異が存在するのが常である。ここでも、大革命を境にして、大きな分割線が引かれたこと、狂気の場合と変わりはない。身体刑の消滅、自由刑の登場がそれである。

フーコーは、『監視と処罰――監獄の誕生』（1975）の冒頭において、ルイ一五世（在位1715–1774）に斬りつけたダミヤンなる人物に対し下された一七五七年三月二日の判決を紹介する。ここには、絶対王政下における身体刑の典型的な姿を見ることができる。「手に重さ二斤の熱した蠟製松明をもち、下着一枚の姿で、パリのノートルダム大寺院の正面大扉の前に死刑囚護送車によって連れてこられ、公衆に謝罪すべし。護送車にてグレーヴ広場へ運びこまれたのち、そこに設置される処刑台の上で、胸、腕、腿、脹らはぎを灼熱したやっとこで懲らしめ、その右手は、国王を殺害しようとしたさいの短刀を握らせたまま、硫黄の火で焼かれるべし。ついで、やっとこで懲らしめた箇所へ、溶かした鉛、煮えたぎる油、焼けつく松脂、蠟と硫黄の溶解物を浴びせかけ、さらに、体は四頭の馬に四つ裂きにさせたうえ、手足と体は焼きつくして、その灰はまき散らすべし。」このとき、刑の執行は困難をきわめ、四つ裂きのため二頭の馬を追加しなければならなかったほどであり、それでも足りず、腿を断ち切るために、やむをえず、筋肉を切り、関節を砕く必要があった。処刑の最後の様子が記録されている。「〔ばらばらにされた〕四肢は馬の綱からはずされて、処刑台の真正面の囲いのなかに設けられた薪のなかへ投げ込まれ、つづいて胴体とその他すべては薪と柴で埋められ、さらに、麦わらを置いたうえに火がつけられた。……判決の執行によって、いっさいは灰燼に帰してしまった。熾火のなかに見いだされた体の最後の切れ端がついに燃え尽きたのは、やっと、夜の一〇時半をまわってからだった。肉片と胴体はおよそ四時間燃え続けた。」[197]

身体刑とは、文字通り、身体に直接作用し苦しみを与える刑罰の謂いであり、そこには、君主のもつ「剝奪し、破壊する権力」の特徴がよく表現されている。先ず、それは、「ある何らかの量の苦痛の産出」を伴うものでなければならなかった。したがって、死刑も、単なる生命の剝奪であってはならず、生命を苦痛の中に一定の時間留めておくことが必要であった。第二に、「苦痛の産出は規則に基づく」ものでなければならなかった。たとえば、鞭打ちの回数、烙印の押される位置、火刑や車責刑の責苦の時間、毀損すべき身体の部位や方法（手の切り落とし、舌や唇を突き刺す等）等の決定がそうである。第三に、刑の執行は、秘密裏にではなく、公開の場において、衆人環視のもとに、身体が「見せ物にされ、引き回され、晒され、責め立てられる」「華々しい儀式」として行われなければならなかった。それにより、受刑者は「不名誉な人間」へと仕立てあげられ、立ち会った人びとはこの日の出来事を思い出として長く「記憶」にとどめ、司法は「勝利の凱歌」を奏でるというわけだ。[198]

罪と罰、とりわけ行刑の在り方の間には相関がある。ダミヤンが犯した罪は何であったのか。何故、彼は衆人環視の中で灼熱したやっとこで懲らしめられ硫黄の火で焼かれ四つ裂きにされねばならなかったのか。単に法律の侵犯あるいは法益の侵害ではない、神の掟に背いたこと、神の意思を地上において体現し、神の代行者として、「法律を布告し主張する君主の権利」を侵害したことが彼の罪であった。刑罰が応報であったにせよ、そこには常に「君主の分け前」が存在したのであり、処罰における王権の行使は、神の代行者である王の尊厳を穢した犯罪者への「直接の反駁」として、「法律の執行におけるもっとも本質的な部分」を構成する。処罰権は、したがって、君主の保持する「敵と戦う権利の一側面」であり、「生殺与奪の絶対的権力の一部」を成す。身体刑は、「傷つけられた君主権を再興するための一つの儀式」であり、「君主権を完全な華々しさのなかで顕示し、復活させる」役割を担っていた。自己の権力を誇示する政治的な祭式として、戴冠式や入城式と異なるところはなく、身体刑につきもののさまざまな仕掛け、たとえば、引き回しの行列、四つ辻での立ち止まり、教会の正面入口での停止、公開の場での判決文の朗読、膝を屈しての礼拝、神と君主に加えた侮辱に対する悔悟の念の表明、処刑台で繰り広げられる酸鼻ともいえる四つ裂きや火あぶり、最後に灰となって空中に散布される身体、そして、何よりも処刑の保証人として呼び出され恐怖の眼差しをもって一連の儀式の進行を凝視する、あるいは、凝視させられる臣民の存在、それらすべてが君主の「無敵の力」を表徴する祝祭のなくてはならない構成要素を成す。(199)

しかし、ダミヤンの処刑から日ならずして身体刑は姿を消す。公開の場で、手足を切断され、火あぶりにされ、鞭打たれ、烙印を押され、晒しものになる、そうした身体が消滅する。それは、フランスに限られたことではない。イギリスやオーストリア、スイス、アメリカの若干の州等でも同様に見られる現象であった。(200)イギリスの状況に関して、サザランド／クレッシーは、一七世紀末から一九世紀初頭にかけて死刑判決の執行が急速に減少したこと、また、烙印や鞭打ちは象徴的な行為へと変化し、処刑後の死体に対して行われる四つ裂きは一八二〇年までには死体の後頭部に十文字の掻き傷を付けるだけのものに変わったことを紹介する。(201)それは、この時代に罪と罰にかかわる観念が変化したことの結果であり、すべての身体刑が一斉に姿を消したというわけではなかったが、一九世紀初頭には「地面に刑車と絞首台、晒し台が点在し、骸骨が刑車の上に横たわっている」光景は過去のものとなっていた。(202)

一八世紀の改革者たち、たとえば、ベッカリーアがそうであるように、彼らにとって、犯罪とは、神や君主権力ではなく、社会契約、つまり、市民が自らの意思によって統治権者になした明示又は黙示の誓約＝法律に対する侵犯であり、刑罰は、君主権力の応報や誇示ではなく、契約により成立した社会の擁護の手段であった。ベッカリーアは、『犯罪と刑罰』(1764)において、来るべき啓蒙の世紀における罪と罰の基本原理を提示する。そのいくつかを挙げておこう。法律だけが罪と罰を規定できること、(203)罪と罰の間に均衡をもたせること、(204)刑罰の基礎は、市民が社会契約により国家を形成する際に自らの生まれながらに有する自由の一部を差し出した、その総和にあること、(205)この基礎を逸脱する刑罰権の行使はすべて濫用であり不正であること、(206)残虐な刑罰は不正であり社会契約の本質に反すること、(207)死刑は有害無益であり廃止すべきこと、(208)刑罰の機能を、犯罪の予防、(209)即ち、犯罪者が以後社会に害を加えないこと、また、善良な市民を犯罪から遠ざけることに置くこと、(210)そのため、罪と罰の観念の間に眼に見えるつながりを設けること(211)——たとえば、公共の平安を乱す罪に対しては追放と財産没収、(212)暴力を伴わない盗みの罪に対しては隷役刑、(213)身体を侵害する罪に対しては体刑(214)——、刑罰は有益な教育となりうるよう、迅速に執行すること[215]、多くの人びとの眼に見えるものとすること[216]、そのため、監禁は刑罰執行の手段とはなりえないこと[217]。

大革命後、刑事法制度の改革が、モンテスキューやヴォルテール、ルソー等の理性を中心とする人間と社会に関する新しい観念に基礎を置くと同時に、直接的には、上記のベッカリーアの提言に依拠して進められた。一七九一年五月二三日、国民議会に『刑法典草案』が憲法委員会及び刑法委員会の名において提案された際、委員会を代表して報告に立ったル・ペルティエは、その中で、草案の基礎となった基本原則を次のように紹介する。①刑法典はすべて人道的でなければならない。②刑罰は犯された罪と相応したものでなければならない。③犯罪の性質と刑罰の性質の間には正確な対応関係がなければならない。たとえば、残忍な犯行に至った者には肉体的な苦痛をもって罰すべきであり、怠惰から罪を犯した者に対しては重労働を課すべきであり、卑劣で堕落した精神から罪を犯した者に対しては恥辱が加えられるべきである。④『人権宣言』に定めるように、刑罰は万人に平等でなければならない。⑤それぞれの犯罪に対しては一定かつ固定した刑罰が定められなければならない。裁判官が陪審員により認定された事実に法律を適用するに際して、恣意が入る余地があってはならないからである。以上の基本原則に、ル・ペルティエは、さらに、以下の補充的要請を付け加える。①刑罰は長期にわたるものでなければならない。②刑罰は公開されなければならない。③刑罰は犯罪が行われた地において執行されなければならない[218]。

今日からみて、われわれを驚かすことは、ベッカリーアにとってもル・ペルティエにとっても、むろん、火あぶりや四つ裂き等の残虐刑の承認されないことは当然の前提としてではあるが、刑罰は見せしめであり、刑罰の執行を公開すべきであるとし、そのために監禁を刑罰手段として想定していないこと、むしろ、それに対してはハッキリと否定的な態度をとっていたという、このことである。そもそも刑罰の態様を犯罪のそれと相関させ種別化せんとする観念が刑罰の一様化を前提とする監禁と相容れるものではなかった。モンテスキューの見解も変わるところはない。『法の精神』（1748）は、「罪には四種類ある。第一種の罪は宗教を、第二種の罪は習俗を、第三種の罪は平穏を、第四種の罪は公民の安全を侵害する。科せられる刑罰は、この四種の罪のそれぞれの本性から引き出されるべきである」とし、宗教の罪に対する刑罰として、神殿外への追放、信徒との交際の禁止、同席回避、呪詛、嫌悪、悪魔払いを、習俗の罪に対する刑罰として、罰金、辱め、蟄居の強制、公的不名誉、都市や世間の外への追放を、公民の平穏を侵害する罪に対する刑罰として、監禁、追放、矯正を、公民の安全の侵害の罪に対する刑罰として、重身体刑を挙げている。[219]要するに、啓蒙の改革者たちにとって、監禁は、基本的には、「有罪判決が下されるまでの間、身柄を確保するための手段」[220]であり、せいぜい、一部の罪に対してのみ採られるべき処罰でしかなかった。

この点に関するかぎり、アンシャン・レジームの刑罰観との間に差異はなかったといってよい。ダミヤンの処刑のおよそ九〇年近く前、ルイ一四世が布告した『一六七〇年刑事王令』[221]に定められた罰は、重い順に、自然死の刑（四裂刑、火刑、車責刑、絞首刑、斬首刑）、証拠留保を伴う拷問刑、ガレー船終身漕役刑、終身追放刑、証拠留保を伴わない拷問刑、ガレー船有期漕役刑、鞭打刑、公開謝罪刑（加辱刑）、有期追放刑であり、監禁は見当たらない。当時の法律学者の見解として、フーコーは、「監獄はわれらの市民法では刑罰とはみなされない」とのセルピヨンの言（1767）を紹介し[222]、ディヨンもまた「監獄とは安全な場所であり、そこには、身柄拘束令状の発令に値する被告人と、身柄を拘束される判決を受けた債務者とが拘置される。……監獄は法によって刑罰の場として設けられてはいない」とのギヨの言（1781）を紹介する。[223]要は、監獄は被疑者の裁判までの拘留施設ではあっても、刑罰を科すための施設とは考えられていなかったということである。むろん、当時の監獄に刑の宣告を受けた犯罪者の姿がまったくなかったわけではない。ハワードが見た十把ひとからげの囚人の中に犯罪者がいたことは間違いないのだから。彼らは一体何者であったのか。ディヨンによれば、それは、「公にどの法原理を援用したらよいのかわからない、分類しがたい者たち」、即ち、「不具か病弱な犯罪者、精神錯乱者、そして、国事犯、債務囚」がそうであった。監獄とは、せいぜい、「みせしめ的抑圧や配分的正義の規範にもはや属さない、責任不能者や反抗者を、社会の意識が忘れたふりをし、まどろんでいられるような、そのための場所」でしかなかった。[224]その結果、たまたま不幸にも監獄に囚われの身となった犯罪者たちは、狂人や乞食等とともに、劣悪な環境の中に打ち捨てられ、ただ時間を無為に過ごすことによって威嚇の目的に奉仕するだけの者となったのである。

旧体制下にあって、監禁が刑罰の手段となりえなかった理由は明白である。君主にとって、刑罰が自己の無敵の力を誇示する祭式であった以上、処刑の一部始終が民衆の眼に直接触れることは刑罰執行の絶対的な条件であった。この点、ベッカリーア等にとっても、むろん、異なる理由によってではあるが、「一般予防」という観点から、刑罰の「見える化」が求められねばならなかったこと同様であった。刑罰の相関化・種別化・公開化はそのためのものであり、「犯罪の処罰は、それがもつ恐怖によって、他の人びとを同様の犯罪を侵す危険から遠ざける」ことになるであろうとベッカリーアはいう[225]。あるいは、彼が「死刑は有害無益であり廃止すべきである」と主張し、それに代わって終身隷役刑を勧めるのも、死刑が一回限りのものであり、「一つのみせしめを示そうとする毎に、一つの犯罪が必要になる」のに対し、終身隷役刑は「たった一つの犯罪が長続きする見せしめを繰り返し提供する役を果たす」からだというものであった[226]。ル・ペルティエもまた、国民議会を前にして、「民衆が、刑罰の執行現場に立ち会うことにより、罪人は恥辱を受け、他方、民衆の精神は、犯した罪の故に辛い状態に置かれ苦しんでいる罪人を眼にすることにより、そこから有益な教訓を汲み取ることとなるであろう」と語っていた[227]。刑罰の種別化と公開化は、民衆に犯罪が理性に照らして割に合わない愚行であることを分かり易く納得させる絶対の条件であったということだ。

　刑罰の目的に合致しないというだけではない。改革者たちにとって、監禁が認められない決定的に重要な理由があった。従来の監獄が「法の力も及ばない[228]」「怠堕と悪の温床[229]」であったこと、監獄の環境が「非人道的」であったことがある。十把ひとからげの閉じ込めによって監獄がどのように悲惨な状態に置かれていたか、ハワードの報告書が、繰り返し、「投獄時には健康であった者の多くが、二、三カ月もたてば瘦せ衰え、憔悴した人間に変わりはててしまう[230]」状況について、また、「監禁によって、抑圧すべき悪徳が助長され、ささいな罪を犯した数多くの若者が完全に堕落してしまう[231]」状況について語っていたとおりである。ベッカリーアが、「拘禁は、訴追を受けた市民が有罪か無罪かの判決を受けるまでの間、その身柄を確保する手段にすぎない。拘禁は本来耐え難いものであるのだから、できる限り期間を短縮し、また、できる限り苦痛が少ないようにしなければならない」としたのも人道的観点からして当然のことであった[232]。

　もう一点、監禁がどうしても忌避されねばならない理由があった。それは、旧体制下において見られた監獄と王権の専横、君主の越権行為との強い結びつきである。フーコーは或る改革者の監禁に対する呪詛を紹介する。「王政主義の不吉な精神が考案した秘密裡のあの監獄について、どういったらよいというのか。大自然に導かれて光明のたいまつを手にし自らの世紀を照らし出す哲学者たちを、あるいは、祖国の諸悪を黙過する臆病さをもちあわせぬ誇り高き独立不羈の魂の持ち主たちをおもに収容するあの監獄、意味ありげな封印状によって、そのいまわしい扉があけられ不幸な生け贄を飲み込んでしまうあの監獄については[233]。」監獄は、改革者たちの眼には、罪もない市民を一切の司法手続抜きに任意に拘引・拘禁しうる一枚の国王封印状と合わせて、絶対王政による専制支配の特権的な道具であり、その象徴以外の何物でもなかった。大革命がバスティーユに対する攻撃から始まったように、一七九〇年三月一三日の法令が「城塞、宗教施設、牢獄、留置場、その他の何らかの監獄のなかに、国王封印状によって監禁されているすべての身柄」の釈放を命じたように、監獄こそは大革命にとって真っ先に「根こそぎ取り除かれてしかるべき」存在であった。(234)

何故、監獄が刑罰の執行の場ではありえなかったか、何故、監禁が刑罰の執行の手段ではありえなかったか、よく納得されうるのではなかろうか。こうした事情の故、フーコーが指摘するとおり、「今日のように拘禁が死刑と軽度の刑罰との、処罰の全中間領域をおおいつくすことができるなどという観念は、当時の改革者たちには即座に思いも及ばない観念であった」(235)として何の不思議もない。革命の時代、ベッカリーア等のもろもろの提言が、「罪刑法定主義」に象徴されるように、刑罰法規の合理化に大きな貢献を果たし、その基礎となったことについて何ら疑問はない。しかし、同時に、その後の歴史は、刑罰とその執行の態様について彼らがあれほど執拗に求めた原理——罪と罰の相関化・種別化と刑罰の公開化が夢想に終わったことを示している。その反対に、彼らがあれほど忌避した監獄と監禁が新たな刑罰制度の真ん中にせり出してきたのである。奇妙な反転というほかない。

その兆候を、それもハッキリした形で、既に五月二三日の国民議会に提出された『刑法典草案』に確認することができる。そこには、地下牢の罰、拘禁の罰、禁固の罰の三つの罰が定められていた。いずれの罰も監禁を前提として成り立つものであったこと、名前からも察せられるとおりである。「地下牢の罰」にあっては、受刑者は一切の光がない独房に鉄の鎖と紐で繋がれ、手枷と足枷を括り付けられ、終日一人きりで過ごす。刑期の前半は週に二日、後半は三日、鎖を外され、独房の外の監獄内の光のあるところで労役に就くが、他の受刑者との交流は許されない。「拘禁の罰」にあっては、受刑者は自然光のある部屋に鉄の鎖と紐で繋がれ一人で閉じ込められるが、手と足は自由のままである。毎日監獄内で労役に就き、そのうち二日間は鎖を外されて他の受刑者と共同して仕事を行い、その他の日は、拘禁室での一人だけの仕事となる。「禁固の罰」にあっては、受刑者は鉄の鎖や紐なしに一人で閉じ込められ、毎日監獄内で他の受刑者と共同して仕事を行う。以上の他、三つの罰に共通して、月に一度、社会への公開措置がとられ、牢番の監視の下に市民の眼に曝される機会がつくられることになっていた。(236)

罪と罰の相関化・種別化、刑罰の公開化を主張したル・ペルティエの報告からの思いがけないアッという間の転回である。彼の報告は一体何であったのか。一週間後の国民議会で、シャンブールが、いささか解せぬというように、「祖国を裏切った場合にも閉じ込められ、父親を殺した場合にも閉じ込められるというわけで、想像しうる一切の犯罪はまったく同じやり方で罰せられることになる。どんな病気にも同じ治療を施す医者を見る思いがする」と語ったのも無理からぬところであった。[237]

大革命後最初となった一七九一年九月二五日の『刑法典』[238]は重罪を対象に八つの刑罰を定める。死刑、鎖刑、懲役監における懲役、独居拘禁、禁固、流刑、公民権剝奪、首枷。「死刑」は、「いかなる拷問も許されず」、「斬首」による「生命の単純な剝奪」を内容とし、刑の執行は「都市の広場において行われる。」翌年三月二〇日のデクレが定めた斬首の方法は「ギロチン」であり、対象となる罪は、祖国への裏切り、立法府の集会の妨害、謀殺、尊属殺、放火等であった。「鎖刑」は、懲役監や港湾、兵器工廠等での強制労働や鉱石採掘、湿地排水等の重労働を内容とし、受刑者は「片足に鉄球が鉄鎖で括りつけられる。」刑期は最高二四年である。対象となる罪は、租税の徴収に対する武器をもってする抵抗、貨幣の偽造・変造、国璽の偽造、故殺、強盗、窃盗、建造物破壊等であった。「懲役監における懲役」は、鎖刑に服すべき罪を犯した「女子」を対象とし、懲役監において「国家のための強制労働に服する。」「独居拘禁」は、鉄球や鎖無しに「一人で自然光のある場所に拘禁」され、管理者が定める作業のなかから任意の作業を行う。刑期は最高二〇年である。対象となる罪は、防衛施設の地図の官吏による敵国への提供、民事事件における偽証等であった。「禁固」は、「禁固監に拘禁」され、管理者が定める作業のなかから任意の作業を単独又は集団で行う。刑期は最高六年である。対象となる罪は、租税の徴収に対する暴行をもってする抵抗、傷害、家畜窃盗、死体隠匿等であった。以上の刑罰を宣告された者は、いずれも、刑の執行に先立って、「都市の広場に連行され」、一定時間、鎖刑、懲役刑の場合は六時間、独居拘禁は四時間、禁固刑は二時間、「断頭台の柱に縛られ、晒しに処せられる。」「公民権剝奪」は、「都市の広場の中央に連行」され、裁判所書記官が「汝の国は汝に対しその恥ずべき行為により汝を有罪とした。汝からフランス市民の資格を剝奪する」ことを宣言し、その後、「首枷を付けられ二時間晒しに処せられる。」公民権をもたない女子及び外国人にあっては、書記官の宣言が「汝の国は汝をその恥ずべき行為により有罪とした」と変わる以外は同様であった。対象となる罪は、官吏による金銭の不正利得、委託財産・動産の自己の為の流用等であった。「流刑」は、特定の犯罪ではなく、累犯者を対象とし、刑期終了後に海外領土へ「永久に追放」する。

『一七九一年刑法典』の特徴として、一般には、罪と罰の法定化、残虐な身体刑の廃止、死刑を科す罪の減少、終身刑の否定、罪の世俗化（神に対する大逆罪の消滅）、一般予防の観点からする処罰の公開といったことの他に、刑事責任を犯罪者の側の事情を一切斟酌せずもっぱら行為のみにより決定し、その結果として、刑罰の固定化＝絶対的法定刑、裁判官の裁量余地の排除に至った点が指摘されようが、われわれの関心とのかかわりからは、刑罰の相関化・種別化が否定されたこと、監獄への閉じ込めが死刑と軽度の罰の中間領域のほとんどを占めたこと、罰の階梯と閉じ込め時間の長短が罪の軽重により決定されたこと、加えて労働による教化が導入されたことを挙げることができる。処罰の手段としての監禁と刑期の登場は、「自由」が個人の権利となったこと、「時間」が個人の所有となったことを抜きにしては考えられないことであった。なるほど、一部に刑の執行に先立つ「晒し」の措置が残されたにせよ、ディヨンがいうように、『刑法典』は、投獄こそが全刑罰体系の基礎であること、そして、受刑者の矯正、再教育への期待とあいまって、行刑の根幹を成すものとなったことを、刑罰の歴史の中にはっきりと刻印したのである。[239]

『一七九一年刑法典』は、わずか二〇年足らず後、『一八一〇年刑法典』[240]に取って代わられた。ナポレオンによる一連の法典編纂事業の掉尾を飾った新しい刑法典は如何なる刑罰制度を定めたのか。先の法典との間にどのような差異があるのか。犯罪の三分法——重罪、軽罪、違警罪——はこのときに確立される。「重罪」の刑は「体刑及び名誉刑」と「名誉刑のみ」に分類される。「体刑及び名誉刑」は、死刑、無期強制労働、流刑、有期強制労働、懲役から成る。「体刑（peine afflictive）」は文字通りには「悲惨な刑」である。「体刑」と訳されるが、旧体制下における身体の毀損を中心とする身体刑とは異なる。死刑以外は、ドイツ語の“Freiheitsstrafe（自由刑）”に相当する。「死刑」は、「斬首」により、受刑者は執行官が市民に「判決を読みあげる間」「死刑台の上に晒され」、「右の拳を切断された後、ただちに執行される。」「強制労働」は、「足に一つの鉄球を括り付け」、可能な場合には「二人を鎖でつなぎ」、「もっとも厳しい労役に服する。」女性の場合は、労役は「労役場においてのみ」行われる。無期強制労働の刑を受けた者には、「右肩に公の場所において焼きごてを使って烙印を押される。」「流刑」は、身柄を「帝国本土外の、政府が定める場所に移され、終身そこに留められる。」「懲役」は、「労役場に収容され、労役に服する。」刑期は五年以上一〇年以下である。「名誉刑」は、首枷の刑、追放刑、公民権剥奪から成る。「首枷の刑」は、無期及び有期の強制労働又は懲役の刑を受けた者に対し、「公の場所」で執行され、「一時間市民の目に晒される。」「追放刑」は、身柄を「帝国領土の外に移され」、期間は五年以上一〇年以下である。「公民権剝奪」は、すべての受刑者を対象とし、「すべての地位又は公職から罷免及び排除する。」あわせて、受刑者の財産のすべてが国家に「没収」される。軽罪の刑は「懲戒場への有期の拘禁」、「一定の公民権、民事上の権利又は家族法上の権利の有期の停止」、「罰金」から成る。「拘禁刑」の言い渡しを受けた者は、「軽罪刑務所に拘禁」され、刑務所が用意する作業のなかから任意の作業を行う。期間は六日以上五年以下であった。違警罪の刑は、「罰金」を基本とし、事情に応じて一日以上五日以内の「拘禁刑」、「押収された物品の没収」が併科される。

『一七九一年刑法典』との相違点として、固定刑の廃止の他、死刑の拡大、終身刑の導入、共犯と正犯、未遂と既遂の原則同一視といった刑罰の厳格化、烙印や拳切断といった身体刑の一部復活が指摘されうるが、監獄への監禁が、労働による教化を含めて、行刑の体制の根幹を成すことについては『一七九一年刑法典』と異なるものではなかったこと、ここではそのことが確認されれば十分である。

「監禁」の実際について、ディョンは、被疑者と受刑者の分離が定められ、前者には拘置所が、後者には、刑罰に応じて、それぞれ、拘禁場所が法定されていたものの、これらの施設の設置・整備は経済的理由等により困難なまま、「やがて急速に、ごた混ぜ状態」が出来したとする。一八一一年の皇帝令により複数の設置が決定された「中央監獄」も膨れ上がる受刑者数に対応しうるものではなく、一九世紀前半を通じて監獄は在監者の山積状態と不潔さで大きな問題であり続けることになる。[241]

フランス以外の国はどうであったか。フーコーは、トスカナ公国の新刑法典（1786）、ヨーゼフ二世制定のオーストリア新刑法典（1787）をとりあげ、それらもまた、ベッカリーアの提言を基礎としながらも、行刑に関しては、「監禁」が、場合によっては烙印や鉄枷による加重刑が加えられることがあるにせよ、フランス刑法典と同様に、「ほとんど画一的な刑罰」となったことを指摘する。たとえば、君主に対する陰謀・貨幣の贋造・盗みをともなう殺人については少なくとも三〇年の監禁、謀殺ないし強盗については一五年から三〇年の監禁、単なる盗みについては一カ月以上五年以内の監禁といった具合である。[242] こうした事態を前にして、フーコーは、「監獄による刑罰の植民支配」といったものについて語りうるとする。[243] あれほど忌避され拒否された監禁が「こんなに短期間に、いかにして、法律上の懲罰のもっとも一般的な形式の一つとなりえたのか」[244]、そうした疑問が当然湧いてこようが、監禁の登場が突然変異といった出来事でなかったことはたしかである。それには前史があった。

アムステルダムの懲治監。一六世紀末に、貧困者の増大による乞食や浮浪者の職業化・定着化、窃盗等の犯罪の増加といった都市問題を背景にして、窃盗犯等の軽微な犯罪者、さらに、乞食や浮浪者、怠惰者、放蕩者、売春婦、不良少年等を収容し訓育するために、男子用の「研磨の館」が、女子用の「紡ぎの館」が創設された。(245)「懲治監」という名称、対象が犯罪者に限られなかったことからみて、二つの館は先のブライドウェル・ホスピタルやパリの一般施療院と同種の施設であったとみられるが、監獄システムの「最古の見本」(246)とも、「最初の近代的自由刑の誕生」(247)とも、「現代教育刑の重要な根源」(248)とも評されるように、死刑台や鞭打柱に象徴される従来の行刑とは一線を画すものとして、(249)また、ほぼ同じ時期にフランスやドイツ、イタリアで行われていた強制労働刑――ガレー船漕役刑、城塞刑、手押車刑等――を否定するものとして、(250)行刑制度の歴史の中で画期を成すものであったことは間違いない。実際、以後の近代的監獄制度の模範となったいくつかの重要な原則が見いだされる。一つは、教化改善を目的に施設内でのロッグウッドの粉砕や糸紡ぎ等の労働が義務とされたこと、二つは、刑期が、被監禁者の行態如何に応じて短縮する等、或る範囲内ではあるが、施設により決定することができたこと、三つは、厳密な時間割、禁止や義務の体系的な諸事項、絶えざる監視、激励、宗教中心の読書など、「善へ導き、悪から遠ざける」ための一連の措置が日常生活を規律していたこと、四つは、通常四ないし一二人が一つの部屋で生活し、補足的な罰のために独房が利用されたことがそうである。(251)

建設に関する縁起は、懲治監がどのような事情と意図の下に設立されたかを伝えている。一五八九年三月一七日、陪審員たちは、一六歳の窃盗・強盗犯の事件を審理した際、市長及び参事会に対して、「市民のこのような子供を安定した仕事に就かせ、そうすることにより、悪しき習慣から解放し、良き生活へと導くことができるよう、それに適した方法を見つけ実現するため」、ともに協議を行うようにとの呼びかけを行った。こうした動きを受けて、市長は、七月一九日の参事会において、「当市では、毎日、多くの悪人が逮捕されているが、たいていは若者である。また、市民は、陪審員たちが、これらの犯罪者に対し、彼らの年齢を考え、身体刑や死刑を宣告することに困難を感じていることを承知している。それ故、すべての浮浪者や無頼漢、泥棒、その他同様の輩を訓育するために、陪審員が彼らの犯行の程度に応じて適当と判断する期間、彼らを監禁し働かせるための施設を設立するよう命じることが適切であるか否かについて」の検討を行うよう諮問した。陪審員であるシュピーゲルが残した「懲治監の設立に関するメモ」からは、施設の構想をめぐって当時どのような議論が行われていたかを知ることができる。メモによれば、懲治監の目的は、「厳しい処罰を下すことではなく、本来自分が〔国家にとって〕有用な人間であることを自覚せず、また、それを避けようとさえしてきた彼らを改善し矯正する」ことにある。在監者の処遇は、彼らを健康にすること、節度ある食事の習慣を身につけさせること、仕事に慣れさせること、良い仕事に就く希望を持たせること、自立する力を育てること、そして、神を畏敬する精神を養うことでなければならない。そのため、彼らは世間の目から隔離されねばならない。規律に違反した者や反抗的な者には、水とほんの少しのパンのみを与え、ロッグウッドの粉砕のような重労働を命じなければならないが、品行方正な者には、十分な食事を与え、将来世間に出た場合に備えて、靴や鞄作り、機織り等の職を身につけさせることが必要であり、仕事から得られる収入の八分の一から四分の一を労賃として支払われるようにすべきである。以上が、「監獄学の歴史の中でもっとも偉大なドキュメントの一つである」とされるメモの大略である。長い時間をかけた議論の末、ようやく懲治監の設置が決定され、聖クララ会修道院の一部を利用した施設（研磨の館）が一五九五年四月に完成し、翌年二月三日にはじめて一二名の収容が行われた。[252]

はたして、懲治監は犯罪者を「厳格な訓育と労働の習慣化によって社会の有用な分肢へと育成すること」[253]に成功したのであろうか。ヒッペルは、「労働による強制的な教育という新たな刑罰目的の導入が効果的であることが証明された」とする。「多くの者が改善され施設を後にした。同時に、改善という新たな目的の下にあっても、刑罰の害悪としての性格に何ら変わりはないこと、また、懲戒罰が、反対に、圧倒的な威嚇効果を発揮することを、人びとは確信し、加えて、新しい処罰の在り方の下にあって町の乞食や怠惰者の数が急速に減少したことを、人びとは確認した。」当時の「一人の例外もなく全員が改善された」との報告からは、それが誇張であったにせよ、「アムステルダムの行刑の実際的成果が、一般に、非常な満足と驚嘆をひきおこした」様子がよくうかがえる。[254]

以後、アムステルダムをモデルにして、一七世紀前半までに同様の懲治監が、当のオランダ（ライデン、フラネケル、ハールレム等）の他、フランドル（アントワープ、イープル等）やドイツ（ブレーメン、リュベック、ハンブルク、ダンツィヒ等）の諸都市に建設される。[255]しかし、その後、裁判所が社会防衛の観点から重大犯罪者を送り込んだことにより、また、シュパンダウ懲治監の設置にかかわる一六八七年六月一一日のブランデンブルク選帝侯の告示が毛織物産業の促進を掲げていたように、重商主義政策と結びついて、囚人の労働力の最大限の利用といった経済的利益の優先により、訓育的性格が失われ、「懲治監の堕落」が始まる。[256] 一八世紀には、多くの懲治監が、鞭の威嚇による秩序が支配する単なる「刑罰執行機関」に堕し、[257] そうした中で、「狭隘な空間に、十分な監督も相応の仕事もなしに、さまざまな人間——受刑者、貧民、孤児、病人、狂人等が十把ひとからげに混在させられ」、[258] 犯罪者の再生産の場となって、市民からも「犯罪大学」と呼ばれるような状況が生みだされるに至った。[259] ハワードが一八世紀中葉のヨーロッパ各地の多くの監獄に見たものは、こうした類の牢獄の姿であった。しかし、七〇年代以降、アムステルダムの精神の復活ともいうべき、新たな動きが登場する。

フランドルの監獄。一七七五年に創設され、近代的意味における最初の行刑施設と評されるゲントの監獄は、とりわけ経済上の要請を基に処遇の中心に「労働」を置いた点に特徴がある。ヴィラン一四世が政府に提出した設置建白書の標題——『犯罪者及び怠堕者を矯正して彼らがもつ長所を発揮せしめ以て国家有用の徒に復帰せしむる方法に関する覚書』[260] (1775) ——からも、監獄の目的が「ホモ・エコノミクスの復興」[261] に置かれていた事情が読み取れる。数次にわたって訪問したハワードは監獄の様子を概略次のように伝えている。「獄舎は四階建てで、一階を除く各階に寝室用の独房が一列に配置されている。ただし、女囚には独房はない。刑期は一年ないし一二年あるいはそれ以上である。一階に作業場があり、重罪男囚、微罪男囚、女囚に分かれて、鋼製造、大工、鍛冶、旋盤、糸紡ぎ、機織り、衣服仕立、パン焼、洗濯等の仕事に就いている。一日の生活は、鐘の合図により、朝食から始まって、点呼、作業、教悔堂での祈禱、寝具の整頓、休憩……が規律正しく進行する。私は、男囚の昼食を見学したが、全員に行き渡った規則正しさ、礼儀正しさ、秩序正しさに驚嘆した。万事が監督者の一言によって行われ、少しの喧声も騒動も起こらなかった。[262]」他にハワードが見たものは、行刑にかかわる詳細な規則の類や囚人ごとに用意された作業ノートであり、それらは「囚人の精神を改善し、健康を保全し、彼らを将来社会の有用な成員とする」上で重要な働きをしていた。行状の良好な囚人の名簿は毎年（だいたい復活祭前の金曜日）皇帝に上程され、一七八二年には一二名の者が赦免の恩典に浴している。[263]

イギリスのグロスター感化院。イギリス型の拘禁施設の特徴は、労働の原則に「独居生活」が付加された点にある。ハーンウェイは、『治安の欠陥』(1775) において、監獄内の雑居生活は悪の温床と化すだけであり、それに対し、独居は悪い感化を逃れ、自己反省を行って、自分の良心の底で善の声を再発見する機会を与えるものとなるであろう、と主張する。一七七九年、アメリカ合衆国の誕生により流刑地を失ったことを受け、ハワードとブラックストーンが作成した行刑に関する法律案では、「独房への監禁と規則的な労働と宗教教育」の三位一体により、犯罪者たちに「自らの悪を改めて労働の習慣を身に付けさせる」ことが、「彼らの無知・不注意・強情と矛盾しない、もっとも卑しい筋肉労働」、たとえば、大理石の研磨やロッグウッドの粉砕等を通じて可能となるとの方針が示された。ハワードが新刑務所準備委員会に加わったものの、急進的な意見の故に辞任するに至ったとされ、実際に創設された監獄はグロスターのそれにとどまり、看板の独居制に関しても、もっとも危険な犯罪者を除いては、昼間は共同作業が行われ、夜間のみの実施にとどまった。(264)

フィラデルフィアの監獄。一七九〇年に創設された、当時のこの種の監獄としてはもっとも有名であり、後に続く監獄のモデルともなったウォルナット・ストリート監獄の特徴は、日々の生活が「絶え間のない監視のもと、まったく厳密な時間割に基づいて碁盤の目のように区分」されて進行する点にあった。(265)その様子をターンブルの『フィラデルフィア監獄訪問記』(1796)が伝えている。「すべての囚人は、空が白み始めるとともに起床し、日の出とともに仕事を開始する。……ひとつの作業場で七人が仕事をし、その内の一人が看守により指名されて、一切の規則違反を漏れなく通告することを義務づけられ、もし怠るようなことがあれば規則にしたがって罰せられる。……看守はたえず構内や通路を巡回するが、それは、囚人たちに自分たちの存在を見せつけるためである。日暮れとともに鐘が鳴らされ、一日の仕事が終了する。囚人たちはすぐに自分の独房に戻るのであるが、その際、看守が各部屋の囚人の全員を一望できるように整列し、点呼が終わるまで、彼らはそのままの体勢をとらねばならない。それが済むと、看守はそれぞれの独房に囚人を監禁し鍵を掛ける。寝台を整えるための時間が三〇分間与えられ、それ以後、大きな声を出したり、ほんの僅かな物音をたてることも許されない。夜間は四人の監視人が常駐し、そのうち二人は鉄格子のドアの中に、他の二人は監視人室に詰めることになっている。(266)」訪問記からは、この当時既に、監獄の代名詞ともなっていた完全独居制が放棄されていた様子がうかがわれる。独房の使用は夜間と、死刑囚や問題囚に限定されていたのであろう。ゼーリッヒも、完全独居拘禁制は、採用からまもなく「重大な欠陥を伴うことが認識された」としている。(267)囚人が入所時に「行いがりっぱであれば、刑期の終了以前に釈放をかちとれるであろう」ことを教えられたように、拘禁の目的は、労働と規律化された生活を通じての「身体及び習慣、精神、意志」、要するに、「人格全体の作り替え」にあった。そのために、刑罰の執行は非公開でなければならなかったし、また、囚人一人一人について日々の行状が記録され保存されなければならなかった。重要なことは、過去にいかなる罪を犯したかではなく、監獄内でいかに振る舞ったか、振る舞っているかであり、それに基づいて矯正の程度が測定・評価され、釈放の是非、日時が決定されたのである。[268] フィラデルフィアの監獄が他の監獄に与えた影響は規律的な訓育にとどまらない。一八二二〜二五年に建設された東監獄は、放射状に七つの監房翼棟が設けられ各階を貫く廊下で中央より監視できる仕組となっていたが、[269] この建築様式は後にイギリスのペントヴィル（1842）やバーデンのブルッフザール（1848）、ベルリンのモアビット（1849）等の監獄に大きな影響を与えることになる。[270]

一六世紀末のアムステルダムにまで遡ることが可能であり、その後、一八世紀後半に登場したゲントやフィラデルフィア等の監獄が単なる監禁装置でなかったことがお分かりいただけよう。労働を中心に規律ある生活により、犯罪の元凶であるとされた無為や怠惰の習慣を叩き直し、自己統治力を取り戻し、真っ当な市民へと再生せんとする矯正の場として、「人格改造装置」であった。そこでは、「規律と労働へと強制的に教育することにより、また、同時に、宗教的、世俗的な訓育によっても助成されながら、社会に有害な個人が、可能な限り、自分自身と社会全体の福利のために、人間社会の有用な一員へと仕立て直される」ことが目指されたのである。[271] そのための仕掛けが、世間からの隔離であり、非公開の監禁であり、独房であり、規律化された労働であり、規範と時間割に基づく生活と行動の統制と管理であり、全体的かつ不断の監視であり、逸脱に対する懲罰であり、行状全体の記録であり、漸進的な服従化の測定と評価であった。これら一切の仕掛けは、国家有用の徒、つまりは、機械装置に徴用され―用立てられる用象＝服従する主体を生産するべく、受刑者の生の全体を攻囲する訓育の回りに配置され、そこへと収斂する統治の術の束であった。ニーチェが“Zucht”と呼び、フーコーが“discipline”と呼んだこの「訓育」こそが、国民の全体動員を不可避とする主体性の形而上学の要請に合致するものとして、ベッカリーア等改革者たちの思惑を駆逐し、彼らがあれほどまでに拘った刑罰の種別化と公開化を葬り去り、彼らがあれほどまでに忌避した監獄と監禁を刑罰制度の真ん中に押し出す結果をもたらした当のものであった。

三　身体・精神・知識の攻囲

パリの一般施療院がそうであるように、狂人や乞食、売春婦、放蕩者等のはみ出し者を対象とする、感化院や懲治監、労役場等、あの大いなる閉じ込めの時代に端を発し、その後、犯罪者の処遇と改善のためにゲントやフィラデルフィア等の監獄に引き継がれ、行刑制度の中心に置かれた「訓育」は、国家の統治性化を担う中核的テクノロジーとして、施療院や監獄から飛び出し、社会のさまざまな領域、学校や軍隊、工場等へと浸透し、ごく普通の一般の人々の教化のための統治の術へとその版図を広げることになる。訓育は、誰もが、子供の頃から始まって大人に至るまで、生涯にわたって、その支配を免れること叶わない事柄となったのである。少々人聞きが悪いが、いわば社会全体が施療院や監獄化したといえようか。それでは、ヨーロッパ世界において、日常どこにでも見られるありふれた風景と化した訓育とは、はたして如何なるものであったのか、その淵源も含めて、一般的な特徴を次に明らかにすることにしよう。

先ず確認すべきは、国民国家にあって、国民すべてを対象とする訓育のもっとも基本的な目的と課題が機械装置へと定位されたものであったという、このことである。「世界」の征服・支配・創造を目的とする主体性の形而上学にとっての最重要課題は、国民の一人一人を、用象としてゲ-シュテルに配置し、表象-制作へと全体動員する体制の構築と整備にあったのであり、この表象-制作に相応した新たな人間類型である「服従する主体」を生産することに訓育の果たすべき役割があった。機械装置の中で、労働者であれ、兵士であれ、技術者、指導者であれ、あるいは、彼らを産み育てる母であれ、種別化された役割に相応し、同じように考え同じように行動する、それ故に、支配し命令するいっさいの諸要素が過剰となるような、標準化され、規格化された、計算可能であり代替可能な一個の歯車へと国民一人一人を鋳造すること、それが課題であった。

訓育が攻囲する領域は、制定法主義の網の目から抜け落ちた、法律が関心をもたない、あるいは、法律による規制に馴染まない、それ故に、狂気や犯罪等の理由により施療院や監獄等に閉じ込められることのない限り、元来は法の主体の自由に委ねられたはずの領域であり、中でも、アムステルダムの懲治監やゲントの監獄等が囚人にロッグウッドの粉砕等の機械的な肉体労働の反復を課したように、攻囲の対象を真っ先に「身体の所作」に狙い定めたところに古典主義時代の統治術の特徴がある。それは、おそらく、主体性の形而上学にとって、差し当たり、身体が、人間という複雑な生き物の中で容易に計算可能な res extensa であり、人々を機械装置の歯車へと彫琢し鋳造するためにもっとも手っ取り早い対象であり手掛かりであったからにちがいない。そのための、格好の訓育の場となったのが軍隊である。軍隊という組織のもつ目的と性格から、また、軍隊が文字通りに「世界」の征服に不可欠の組織である以上、それは当然のことであった。

フーコーが紹介する「兵士の態度」に関する一七六四年三月二〇日の王令を見てみよう。「[新兵たちが身につけるべき習慣は」頭を傲然と屹立させ、背を曲げずに体を直立させ、腹を突き出して、胸をはり、背を引っ込めることである。しかも、新兵たちがこうした習慣をつけるようにするため、彼らにこの姿勢をとらせるにあたっては、次のようにすべし、踵・ふくらはぎ・両肩・胴部、さらに手の甲もが壁に触れるように、彼らを壁にもたれかけさせ、体から遠ざけぬようにしながら両腕を外に向かって開かせて……また、さらに次のように教えるべし、目は決して地上にそそがれてはならず、彼らの前を通過する相手を自信にみちた顔で注視すること……命令を待つにあたって頭・手足を動かさずに不動のままであること……最後に、膝をのばし、爪先を下げ外に向けて、しっかりした足取りで行進すること。(272)」二年後、王令は「行進」に関してより細かな指示を与える。「小股歩きの歩幅は一ピエ、並足・早足・途足の歩幅は、一方の踵からもう一方の踵のあいだの隔たりを二ピエとすべし。他方、速さは小股歩きと並足では一秒とし、早足ではその間に二歩進むものとし、途足の速さは一秒強とすべし。斜め行進の歩き方は同じく一秒程度とし、歩幅は一方の踵からもう一方の踵の間隔を一八プースとすべし……。並足で前進する場合には顔をあげ体をまっすぐに伸ばし、片一方の足だけで順次平均を保ち、もう一方の足は膝を伸ばし爪先をやや外側に向けて低くして気取らずに地面にふれるべし……。(273)」

二つの王令に、訓育にかかわって王の権力の関心と意図がどこに定位されていたか、また、訓育の目的とするところが何であったかがよく表現されている。一七世紀における兵士の理想像が「遠方から見分けのつく身体」であり、そのために、力と勇ましさのシンボルとしての表徴、たとえば、高い胸、広い肩、長い腕、太い腿等の鍛え上げられた「肉体」が求められたとするならば、王令が求めたものは兵士としての「所作」であった。むろん、肉体的な頑健さが重要でなかったわけではないであろう。しかし、単に目に立つだけの虚仮威しの自足した身体はもはや問題ではなかった。求められるべきは、一糸乱れぬ分列行進を可能にするような、あるいは、上官の命令に即座に反応し一斉射撃を可能にするような、「人間機械」としての身体であった。この時代に軍隊における制服の導入が始まったこともこうした変化と無関係でなかったはずである。フリーデルは、ルイ一四世の軍事大臣であったルヴォアが、それまでの兵士がめいめい自分勝手に服装を調達していたのに対し、「統一された軍服」を導入した最初の人であったことを紹介する。この結果、「兵士はもはや一回かぎりの個人ではなく、代数学的なシンボルである制服に象徴された〔取替可能な〕非個性的な記号同然のものとなった。(274)」

「農民の物腰」をもって入隊してきた新兵たちを制服の似

合う兵士とするべく、彼らの身体に対し計画的に働きかけ、身体全体を服従させ、身体全体をその細部に至るまで矯め直すことにより、命令に自動的に反応し機械的に運動する身体へと「作り上げる」ことが課題であった[275]。権力の関心は、身体の毀損ではなく創造に、身体の外部にではなく、その内部にある筋肉と神経に向けられる。身体を対象とする規律権力、即ち、「解剖政治学」の出来である[276]。権力にとって肝心なことは、細部にわたって絶えず身体の内部に働きかけることであり、身体各部の微細な動きの過程の一切をピエやプース、秒の単位で規範にしたがって測定し規律し画一化することであり、命令に対し即座かつ正確に反応する計算可能であり交換可能な身体を彫琢し鋳造することであった。その結果、身体は二重の、いささか矛盾する要請に応えることを求められた。一方では、敵に向かう戦う機械としての兵士に必要な資質と能力の「強化」、即ち、主体の力の増加であり、他方では、軍隊組織の一員としての兵士に必要な「従順」な身体の育成、即ち、主体の力の減少である[277]。ここでも、"assujettisement（主体化／服従化）"が問題であることに変わりはない。兵士は、服従する主体となって、はじめて、機械装置に徴用され‐用立てられる用象として、世界観の戦いの最前線へと動員される者となる。

むろん、事は軍隊に限られたものではない。集団があり、組織があるところ、程度の差はあれ、どこでもそうであり、学校や工場もまた身体に対する訓育を必要とし課題とすること、同様であった。ただし、フーコーの「訓育は、服従させられ鍛錬された身体、従順な身体を作り出す[278]」との言に惑わされないようにしよう。なるほど、統治性の照準が何よりも先ず計算可能な res extensa である身体に向けられていたことはそのとおりであったにせよ、規範を基に、身体の細部に働きかけ、その細部の動きを反復調整することにより、身体全体を矯め直し標準化し規格化する作業は、同時に、精神の細部に働きかけ、その細部の動きを反復調整することにより、精神全体を矯め直し標準化し規格化する作業でもあったのだから。身体と精神が不可分であり相互に作用しあうものである限り、それは当然のことであった。身体の統治を通して精神の統治が実現され、その結果として、計算可能な精神の出来が期待されるというわけだ。さらに加えて、精神への独立した働きかけが行われなければならなかった。あのアムステルダムの懲治監でも、肉体的な訓育と並んで、厳密な時間割、禁止や義務の体系的な諸事項、宗教中心の読書など、「善へ導き、悪から遠ざける」ための一連の措置が日常生活を規律していたし、ラ・サルペトリエールの聖ルイ王館でも、『日常総則』が、毎日、決められた時間に、ミサを聞き、讃歌『創造主は来たりたまえ』を歌い、読書や大教理問答を行うことを定めていたではないか。規律的精神、従順な精神、勤勉な精神、実直な精神、克己の精神、協調的精神、奉仕の精神等々、精神もまた攻囲すべき対象であること、身体と何ら変わりはない。人間機械である身体は、同時に、「機械としての徳」（ニーチェ）を内包することを求められたのである。

さらに、身体と精神だけで十分であったわけではない。ニーチェが「訓育としての教育」について語っていたように、機械装置により徴用され–用立てられるに必要な「知識」の修得もまた訓育に含まれること、当然であった。その最小限が「読み、書き、算盤」である。先に紹介したように、フィレンツェでは、一四／五世紀頃、商人の子弟たちは、六歳頃から四～五年の間読み書きを習い、それから二年程算術の学校に通い、その後、見習いとして実業の道に入るのが普通であったとされるように、当時既に都市学校等での初等教育の実施は珍しいものではなかった。むろん、当初はこうした教育は限られた子供に対するものであった。しかし、一六世紀以降、ルター派やカルヴァン派の影響を受けた地域においてすべての子供を対象とする「義務教育」への機運が高まる。[279]『小教義問答集』（1529）等ですべての子弟に対する初等教育の必要性を訴えたルターは、一五三〇年に行った『子供を就学させるべきであるということについての説教』において、「思うに、人民を強制し、彼らの子供を学校に就学させることは政府の責任である。何故なら、伝道者、法律家、牧師、書記、医師、教師といった人びとを養成し維持することは、まことにもって政府の責任であるから」と説いていた。[280]

ゴータ公国のエルンスト敬虔公が布告した一六四二年の『義務教育令』が、就学年齢と罰則を定めた今日的な意味での義務教育制度の開始を告げた。[281]全一六章四三五条から成る『教育令』は、教育の柱に「読み、書き、算盤」を置き、両親は「未だ読むことができない」五歳以上一二歳以下の男女子供のすべてを「学校へやらなければならない」と定める。国費により学校が作られ、教師用教科書、児童用教科書、教科別の教授手引書が作成され、また、一六六二年の改正では、自然の事物や実用知識等、実科的な知識の教授が付け加えられた。[282]新大陸でも同様の動きが見られる。ゴータ教育令と同じ年にマサチューセッツ植民地会議が布告した『教育令』も、「学習と労働、及び、その他の国家有用の仕事に関して錬成することにおいて」、「とりわけ、この国の宗教の諸原理と主要諸法についての子供たちの読解能力」の向上の必要であることを強調し、さらに五年後の『追加教育令』は、「タウンが五〇世帯に達した時には、読み書きのために通ってくる子供たちすべてを教えるために、各タウン内に一名の教師を任命すること、一〇〇世帯に増加した場合には一校の文法学校を設置すること」をタウンの義務と定めた。[283]

階級的な教育観を基にして教育を私的な領域の事柄ととらえる観念の影響が長く続いたヨーロッパにあって、国家規模での義務教育、国民皆教育制度が実現するのは、ようやく、一九世紀以降のことであるにせよ、こうした変化の背景にあったのは、先のルターの説教がはっきりと語っていたように、教育のもつ国家にとっての戦略的重要性の認識である。機械装置により将来いかなる用象として徴用され-用立てられようと、それに応えられるよう、必要最小限の知識と技能を習得することが国民の義務となる時代がこうして始まった。

　かかる知識の形成・鍛錬もまた身体の統治と無関係ではなかったことを、ド・ラ・サールの『キリスト教学校の運営』(1706) が教えている。そこでは、「上手な字を書く」作法が次のように説かれている。「〔上手な字を書くためには、〕上体を直立させ、左手にすこし向けて力を抜かねばならず、肱を机の上に立てると顎が拳の上にもたせかけられるくらいに、眼の届く範囲に余裕があるかぎり、いくぶん前かがみにならなければならない。左足は机の下で右足よりもやや前に出すべし。上体と机との間隔は指二本の幅にしておかねばならない。いっそう速く書けるからである。左腕の肱から手先までの部分は机の上に置いておくべし。右腕は上体から指三本分の幅ほど離し、机からおよそ指五本分あけておくべし。右腕は机上で軽く支えるべし。教師は、児童に、字を書くときに保持すべき姿勢を周知せしめ、児童がそれからはずれる場合、合図その他で矯正しなければならない。[284]」たしかに、古典主義時代とは「身体を権力の標的として発見した」時代であった。[285]

　国民一人一人は、学校や軍隊等の場において、身体、精神、知識へと定位する訓育により、労働者として、兵士として、表象-制作に動員される者、即ち、機械装置により徴用され-用立てられる、統御可能な、そして、交換可能な標準化され規格化された歯車=服従する主体へと鋳造されていく。もっとも、人は単に低位の動員される者にとどまるものではない。表象-制作を管理する「技術者」として、あるいは、表象-制作を計画・統御・調整する「指導者」として、同様に機械装置により徴用され-用立てられる歯車であること、先に指摘したとおりである。指導者や技術者となる者にあっては、当然のこと、読み・書き・算盤といった類にとどまらない、高級類型を産出するに相応しいより高次な訓育が用意されねばならなかった。種別化され階層化された訓育を通して、それぞれの歯車に見合った身体・精神・知識が鋳造され、そうしてはじめて、国民の誰もが、それぞれが有する能力に相応して、労働者であれ、兵士であれ、技術者であれ、指導者であれ、あるいは、彼らを産み育てる母であれ、服従する主体となって、機械装置により徴用され-用立てられ、ゲーシュテルに配置される者、即ち、用象たりうるものとなる。訓育とは、畢竟、生主体を対象に、規範を基に、生の全体を攻囲し、生の内部に計算可能な「第二の本性」を生み出し鋳込む術の総体であり、生-権力の中枢に位置する統治の術、標準化-規格化の技術であった。古典主義の時代、政治権力が新しい統治の対象と方法を発見したことは間違いない。

服従する主体の生産を担当する制度・組織が、学校であり、軍隊であり、工場、病院、監獄……であった。学校は、国民のすべてを対象とする初等教育から始まり、中等教育、高等教育に至るまで、機械装置が要求する基礎的・専門的な知識や技能の習得を目的に、訓育のもっとも基本的な部分を担当する。軍隊や工場は、訓育された者を学校から引き継ぎ、さらに、種別化された独自の訓育により、それぞれの任務に特化した用象へと仕立て上げる。病院は、身体や精神に故障をきたした者たちを、訓育されるに足る者、用象たる任に堪えうる者へと再生し、学校や工場、軍隊等へ送り返す役割を果たす。監獄もまた、社会から逸脱した者たちを対象に再生作業を担当すること、同様である。ハワードの言を引いておこう。「私は、殺人、放火、残忍な行為を伴う屋内窃盗を除き、死刑を科さないことがよいと考える。追い剝ぎ、常習泥棒等、同種の犯罪者については、彼らの生涯を絞首台で終わらせるのではなく、懲治監獄において訓育すべきである。『何台もの荷車が六週間に一度刑場に向かって人間を運ぶ光景は非常に憂慮すべき問題である。適切な配慮と規制をもってすれば、これらの哀れな連中の大部分は自身の幸福を得るだけでなく、社会のきわめて有用な成員ともなりうることであろう。』(H. Fielding's Enquiry, page ult.)」[286] 学校や軍隊、工場、病院、監獄等は相互にネットワークを形成し、国家が、それらの頂点に立ち、それらを統御し管理する。もっとも、国家もまた、所詮は、機械装置により徴用され-用立てられる用象の一つでしかなかったのではあるが。学校等の組織は、国家を含めて、国民一人一人を服従する主体へと鋳造する任に堪えられないとなった場合には、たちどころに、用済みとしてより相応しい別の何物かに置き換えられること、必定であった。

訓育は、歴史的には、アムステルダムやゲントの懲治監、おそらくは、修道院にまで遡りうるものであったのであろうが、それが形而上学な起源をもつことを忘れないでおこう。人間が表象し-制作する主体として自己を屹立させ、「世界」が表象され-制作される客体へと貶められ、国民一人一人が、機械装置の用象として、ゲ-シュテルに配置され、「世界」の征服・支配・創造に向けて全体動員される近代という時代にあって、およそ集団があり、組織が存在するところでは、集団・組織の目的や規模の大小に関係なく、その内容や程度に差異はあれ、訓育はどこにでも見られるもっとも基本となる統治の術の一つであった。訓育とは、つまるところ、主体性の形而上学の所産であり、逆にまた、主体性の形而上学にとって不可欠のテクノロジーであった。訓育を構成する術として、フーコーは、配分の技術、行動の制御、段階的形成の編成、階層秩序的な監視、規格化を行う制裁、試験／検査、多様な力の構成を挙げる。われわれは、これらに、選別と閉じ込め、個人についての知の形成、修了の儀式を追加しよう。

（1）「選別と閉じ込め」について。訓育は、種別化された目的と課題に即して、訓育が行われる「空間」を特定し分割することから始まる。学校がそうであり、軍隊、工場、病院、監獄、施療院、感化院……がそうである。種別化され、それに相応した標準化・規格化された用象の育成が目的である以上、十把ひとからげの訓育はありえない。それぞれの組織は、自己の課題に即した固有の規範を基に、受け入れるべき成員を年齢や能力に即して「選別」する。学校は入学試験や知能検査、身体検査により、軍隊は徴兵検査により、工場は職業適性検査により、病院は診察・診断により、監獄は裁判により、成員の受け入れを決定する。選別の後に空間への「閉じ込め」が行われる。学校であれ、軍隊であれ、工場であれ、病院であれ、むろん、監獄や施療院、感化院も当然そうであるが、すべての成員、たとえば生徒や兵士、工員、病人、受刑者等は、一定時間、一定期間、その強弱の程度に違いはあれ、特定の空間の中に閉じ込められねばならない。外壁により取り囲まれ、門番が立ち、決まった時間に開閉される入口を備えた建物——校舎、兵舎、工場、病舎、獄舎が、それぞれの目的と役割に相応した形で、建設される。それぞれの空間は、外の世界から隔絶された、社会という大海に浮かぶ島であり、相互に種別化され、選別された者だけがその島の成員となる。[287]

（2）「配分の技術」について。閉じ込めの後には空間への「配分」が待っている。各成員に対しては、学校の座席がそうであるように、病院のベッドがそうであるように、監獄の独房がそうであるように、空間の中で占めるべき自分のための居場所が割り当てられる。割当はむろんランダムではない。たとえば、インド更紗の製造工場であれば、印刷・縫合・着色・下絵・版刻・染色の作業毎に空間が分節化され、工員は自己の有する技術・技能・経験等に応じて各持場に配属される。あるいは、学校であれば、学年毎、クラス毎、あるいは能力毎に教室が分節され、生徒は教室内の決められた座席に配置される。病院であれば、病気が分節され、診療科が分節され、医師と患者は診察室に配分され、入院患者には専用のベッドが割り振られる。空間は、それぞれの機能に即して基盤割され、その格子の中に各成員が配置される、いわば一枚のタブローとなる。配置は固定されたものではない。基盤割は、病院の診療科の新設や廃止等がそうであるように、不断に変更され、各成員もまた、学校での試験の結果による席替えがそうであるように、病院での治癒の程度に応じた病室の移動がそうであるように、絶えず基盤割の目を移動し交換される。それ故、配置は常に「序列」的でもある(288)。

（3）「行動の制御」について。空間に配置された各成員の行動は「規範」と「時間」による制御を受ける。修道院の生活がそうであるように、学校であれ、軍隊であれ、工場であれ……、成員の一切の行動は、時間割にしたがって、場合によっては、分や秒の単位に至るまで測定され規律される。たとえば、「八時四〇分：教師の入構、八時五二分：教師による集合合図、八時五六分：児童の入構および祈り、九時：着席、九時四分：石板での第一回の書き取り、九時八分：書き取りの終了……。」基盤割された時空の格子の網の目の中に身体が配置され制御される仕掛けが出来上がる。基盤割に終わりはない。格子の目はより緻密なものへと高められ、身体と精神と知識はより微細なもの高次なものへと磨き上げられてゆく。たとえば、兵士の行進は、「先ず右足から踏み出さなければならない」といった単純なレベルから、歩幅のピエやプース、秒の単位での制御へと高められてゆく。こうして、規範が身体と精神と知識の中に刻み込まれ、身体と精神と知識は時間によって彫琢される。習慣＝第二の本性が形成され、最少の時間による最大の効果の獲得が期待される。たとえば、兵士が行う「担え銃」。教則本に則り、完璧な修得に至るまで、長い時間をかけて、同じ動作が何十回、何百回と繰り返され、その結果、兵士の身体と銃が空間と時間の中で一体化し、銃が身体の一部と化すことにより、目にも止まらぬ一連の完璧な操作が実現される(289)。

（4）「段階的形成の編成」について。身体と精神と知識の訓育は順次高度化する規範とより長期の時間による編成を受ける。たとえば、一七三七年の勅令により創設されたゴブラン織のデッサン学校の場合。ここには、技能の修得に関して、従来の徒弟制度とはまったく異なる、クラス編制という真に画期をなす方法が見られる。最初のクラスは、素描や図案についての何の知識ももたない者のためのクラスであり、モデルの模写が課題である。第二のクラスは、既に若干の原理を身に付けている者が対象であり、絵の模写が課題である。第三のクラスは、色彩を学び、パステル画を描き、染色の理論と実際について手ほどきを受ける。学年末には、練習課題が与えられ、すべての作品が集められ、教師による評価を経て、上級クラスへの進級者が決定される。学校だけではなく、工場であれ、軍隊……であれ、種別化された知識や技能、技術が求められるところでは、どこであれ大きな違いはない。一方において、修得すべきさまざまな知識や技能は、難易度に即して、いくつかの段階に分解された時間＝クラスの中に配分され、他方において、一人一人は、各自のもつ知識や技能の程度に即して時間＝クラスの中に配置され、時間の階段を踏んで身体・精神・知識の彫琢がはかられる。(290)

（5）「階層秩序的な監視」について。生徒や兵士、工員、病人……等、分節化された空間と時間に配置され、一枚のタブローの上に表記された全員の配置が現実にも「可視的」となること、それも、ただ一つの視点から、あたかも地図を見るように、施設内のすべての状況を見透し、瞬時に個々の成員の一切の存在と動きが微視的なレベルに至るまで可視的であることが求められる。「監視」があって、はじめて、一切の身体と精神と知識の管理・統御が可能となる。そのために、空間の構造はいかにあるべきか。一八世紀にルドゥーにより構想された半円形状の岩塩採取場。そこでは、すべての建物が円の中心に向かって半円形に配置され、中心に位置する高い建物が、作業全体の流れを統括し、作業員の労働を監視・評価し、作業場の治安を維持する等の中央管理機能を果たすことになっていた。一つの中心点が、あらゆる物事・出来事を照明する「光源」であり、あらゆる情報が到達する「集約点」でもある。すべてを見透かす「完璧な眼」の出来である。フィラデルフィアの監獄が放射状舎棟を有していたことが想起される。建物の建設が不可能である場合、それに代わる仕組が組織のピラミッド型の編成である。こちらの方がより一般的であろう。特別仕様の建物がなくても同様の効果が期待できるのだから。たとえば、学校。学校長を頂点に、副校長、学年主任、クラス担任、副担任等により階層的に構成される「組織」——場合によっては、そこに生徒自身も学級委員、保健委員、風紀委員等として参加する——が全生徒にかかわる情報を収集し中継し集約する機能を営むことにより、最後に学校長に「完璧な眼」が付与される。円形建物が物理的な「一望監視」であるとするならば、こちらの方は組織的な「一望監視」である。(291) やがて、ベンサムが主体性の形而上学に相応しい一望監視装置＝パノプティコンを提案することになるであろう。

（6）「規格化を行う制裁」について。規範からの逸脱や違反に対する「制裁」は訓育にとって不可欠な制度であり機能である。学校であれ、工場であれ、軍隊であれ……、制裁のメカニズムをもたない組織はありえない。制裁は、反対の極にある「褒賞」と対照して、あるいは、連携して、より一層の効果を発揮する。単に明文化された規則に対する違反だけではない。暗黙の規範に対する微細な違反あるいは逸脱、たとえば、時間についての（遅刻、欠席、仕事の中断）、行状についての（不注意、怠慢、不熱心）、態度についての（無作法、反抗）、言葉遣いについての（無駄口、横柄）、身体についての（だらしない姿勢、不適切な身振り、不潔）、性についての（淫ら、下品）違反や逸脱にかかわって微視的な制裁メカニズムが発動し浸透する。制裁として、営倉入りや鞭打のような身体刑からはじまって、地位の剝奪や序列の後退、訓練の加重、居残り、清掃等の罰が違反者を待ち受ける。違反・逸脱の内容と程度に応じ、また、違反者の日頃の行状等に応じて制裁が決定される。ただし、制裁は、たとえ身体に対するものであれ、応報的な報復とは無縁であり、常に矯正と感化に定位したものでなければならない[292]。

（7）「個人についての知の形成」について。成員の一人一人にかかわる一切の情報が記録され保存され集積されねばならない。それがあってはじめて計画的・段階的な訓育が可能となる。たとえば、ウォルナット・ストリートの監獄の場合。管理当局は、受刑者を受け入れる際に、彼の犯罪並びにそれが犯された情況についての報告を、被疑者であったこの者への尋問の要約を、判決以前と以後にどんな振舞をしたかの覚書を受け取る。受刑者は監禁の間も四六時中監視され、毎日の行状がノートに追加され、豊富なデータが蓄積され形成されてゆく。こうした知識が、この者が何であるか、この者のもつ可能性が何であるかを明らかにし、過去の悪しき習慣を矯め直すために利用される。記録の保存・集積が存在しない組織はありえない。学校には閻魔帳や成績表が、工場には日勤票や考課票が、病院にはカルテ……が存在し、日々一人一人の行状・状況が記録され保存される[293]。

（8）「試験／検査」について。訓育により身体と精神と知識がどの程度彫琢され、どの程度第二の本性が形成されたのか、その達成度合いが目標と規範に即して折々の段階において測定されねばならない。そのための手段に「試験／検査」がある。学校であれ、軍隊であれ、工場であれ、病院であれ……、成員に対する試験／検査が存在しない組織はない。試験／検査は、日頃の訓育の成果の程度・達成状況を、個人毎に、数字や記号によって可視化し――試験／検査は監視の一環であり究極の手段でもある――、日常的な監視や考課の結果とも合わせて、成績表、考課票、カルテといった一枚の文書の中に記録し保存する。下位のクラスから始まってより上位のクラスへ、さらには、全コースが完了するまで、すべての過程において難度を上げながら試験／検査が繰り返される。試験／検査の記録は、先の知の形成の一部を構成し、個人の生活史を物語るものともなる。成績を基に、成員は序列化され、上位クラスへの移行や課程の修了の可否、さらには、ゲーシュテルへの配置が決定される[294]。

（9）「修了の儀式」について。訓育の修了は、学校の卒業式がそうであるように、一人一人が機械装置により徴用され

図版3

―用立てられる者としての資格を手にしたことを確認し宣言する「儀式」として祝われる。ルイ一四世が一六六六年三月一五日に挙行した第一回閲兵式もまたそうした儀式であった。当時、「王の治世でもっとも華々しい行事の一つ」であるとも、「全ヨーロッパを不安に陥れた」とも評された一八〇〇〇名の兵士による閲兵式の様子は、数年後、一枚の記念メダル（図版3）に刻印される。メダルに刻まれた図像に、生―権力が発動する統治性の術により生み出される統治国家の具象化された姿を確認することができる。それはまた、主体性の形而上学の成果の表現でもある。メダルの右側には、右足を前に出し右手に持つ指揮棒を斜め前に突き出す王の姿がある。左半分には、正面を向き手前から奥へと規則正しく列をなす兵士の姿がある。兵士は、全員が同じ兵服を身にまとい、同じ姿勢をとり、右足を前に出し左足を外側に向け、肩の高さで右腕を伸ばして銃を垂直に立て、王の指揮棒が振り下ろされる瞬間を今や遅しと待ち構えている。両者は、一本の、形而上学的な分割線により隔てられ、相対峙する。王は、兵士を統御する主体として、彼らの前に―対して―立ち、兵士は、統御される客体として、王の前に―向けて―ために―立つ。兵士の足元の地面にあって直角に交差する幾本もの直線が描く正方形の列は、これから始まる閲兵式のさまざまな動きや姿勢のための目印としての役割を果たすのであろうが、これらの幾何学模様にあの遠近法の絵画につきものである碁盤模様のタイルの連なりを連想することはさほど困難なことではない。一八〇〇〇名の兵士の列は、その前に立つルイ一四世の眼に、サン・ジョヴァンニ洗礼堂を前にしたブルネッレスキがそうであったように、一切が空間の一点から透視される遠近法的な幾何学的秩序として映じたにちがいない。彼の指揮棒の一振りで兵士の一群が、あたかもスイッチが入った機械

人形のように、一糸乱れぬ運動を開始する、そのとき、王は、支配し命令する一切の諸要素が過剰となったことを、そして、神に代わって「世界」の構成主体の高みに立った己の存在を実感することであろう。閲兵式を見物したミハイル大公の言葉は、訓育の成果と本質が何であったかをよく物語っている。「いや、結構。少なくとも連中は呼吸はしている。」メダルに刻印された二つの銘に注目しよう。メダルの上には「勝利ノタメニ戦闘ノ準備ヲ」が、下には「復活サレルベキ軍律」が刻まれている。これらの銘が、ルイ一四世の意図――それはまた主体性の形而上学の意図でもあったのだが――を正確に表現する。即ち、力への意思をもって、兵士を訓育により計算可能な服従する主体へと仕立て上げ、ゲーシュテルに配置すること、そして、最高審級に立つ自らの命令一下、「世界」の征服・支配・創造に向けて全体動員すること――それが彼の意図であったということだ。閲兵式を目の当りにしたヨーロッパ中が「不安に陥れられた」こと、宜なるかなである。[295]

（10）「多様な力の構成」について。身体と精神と知識の訓育が完了して事がすべて終わるわけではない。肝心なことは、彫琢され鋳造された服従する主体を、表象-制作に向けて、機械装置の要請に応え、ゲーシュテルの中に、一個の歯車として、それも、最大の効果が発揮されうるよう適正に配置することである。閲兵式を無事終了し、彼らに求められる最小限必要な機械としての身体・精神・知識の彫琢を王の前で立証してみせた兵士たちは、この後、それぞれの適性と能力に応じて各部隊へと配置され、有能な用象たるべく、更なる訓育を受ける。その間の事情は、むろん、軍隊に限られたことではない。学校や工場、病院、施療院、監獄……から生み出される多様な能力をもつ服従する主体をゲーシュテルのどこに配置するか、その「構成」如何が機械装置全体の力を決定し、世界観相互の戦いの帰趨を左右する。如何にして最高適配置を実現し、最大限の力を引き出すか、そこに最高審級に立つ者の役割があり責任がある。[296]

4　新たな人間類型の生産Ⅱ――育種

一　生かし、死ぬに任せる権力

訓育が、地球規模での世界観相互の最後の戦いに投入されるべき「新たな人間類型」を生産するための不可欠な手段であったこと、納得されるのではなかろうか。同時に、それが唯一の手段でなかったということも。ニーチェが、機械装置に相応しい人間類型の生産手段として、訓育と並んで「育種」を挙げていたことが想起されてよい。訓育が国民一人一人の身体・精神・知識を対象とする標準化-規格化のテクノロジーであったとするならば、育種は、同じ標準化-規格化のテクノロジーとして、しかし、生物学的な人口集団としての国民全体を対象とする。その照準は、「人間の生命」、「生き物としての人間」、つきつめていえば、「人間という種」[297]に定位され、身体の内部、それも、筋肉や神経のさらに下、肉体を構成する細胞、染色体、遺伝子そのものに直に働きかけることにより、国民の生命と生存の支配人・管理人として、生を保障し、支え、補強し、増殖させ、それを秩序立てることを課題とする。つまり、己が機能を生の経営に定位し、「生に対して厳密な統制管理と全体的な調整を及ぼそうと企てる権力[298]」、即ち、訓育にかかわる規律権力＝解剖政治学に対して、育種にかかわる調整権力＝生政治学[299]の登場である。

訓育が生-権力を構成する第一の極として、その起源が一六世紀のブライドウエルやアムステルダム等の懲治監や監獄に遡るものであったとするならば、もう一つの極を成す育種は、それよりはるかに遅れて一八世紀になってはじめて登場する。その間の事情を、いささか長いが、フーコーに語ってもらおう。「一八世紀は、単に服従する主体ではなく、人口集団が権力の対象であるという、この肝要な事実を発見した世紀であった。ところで、人口集団とは何の謂いであったのか。それは、単に多数の人間の集合を意味するものではなく、生物学的な過程や法則によって貫かれ、支配され、統御されている生物としての人間たちのことをいう。人口集団には、出生率があり、死亡率があり、年齢曲線があり、年齢階層があり、罹病率があり、健康状態がある。人口集団は、滅亡することもあり、逆に、発展することもある。もし、われわれが、まさしく人口集団というものを生産装置として、つまり、富や財産を生産し、他の個人を生産する装置として利用しようと思うのであれば、権力と主体の関係、より適切にいえば、個人との関係は、単に権力が主体から財産や富、場合によっては、身体や血までをも徴収することを可能にするあの隷属形式であるだけではなく、もろもろの個人が一種の生物学的実体を構成している限りにおいて、そうした存在としての個人の上にも権力が行使されねばならないことを一八世紀の時代は理解したのである。人口集団の発見は、個人と訓育可能な身体の発見とともに、西洋の政治的手法がその周囲に形成されてきたもう一つの大きなテクノロジーの核を成す。身体を対象とする解剖政治学に対して、生政治学と呼びたいものが、このとき発明されたということだ。住居、都市での生活条件、公衆衛生、出生率と死亡率の割合の変化といった諸問題が、このとき登場する。また、われわれは、いかにして人びとにもっと子供を作るように仕向けることができるのか、あるいは、ともかく、いかにして人口の増減を調整し、いかにして人口の成長率を調整し、植民の数を調整することができるのか、という問題が登場したのも、このときである。そして、そこから発して、一連の観察技術——統計はもちろん、行政的・経済的・政治的な大組織をすべて含めて——が、こうした人口調整の責務を負うことになる。権力のテクノロジーには二つの大きな転回があったということになろう。訓育の発見と調整の発見、解剖政治学の進展と生政治学の進展がそれである。身体と並んで生が、今や、一八世紀以来、権力の対象として登場したのだ。かつては、主体、つまり、そこから財産を、さらに、生命をも引き出すことができる法的主体が存在するだけであった。今では身体と人口集団が存在する。権力は、もっぱら法的であることをやめ、唯物論的となった。権力に求められねばならなかったことは、身体や生といった現実的な事物を相手にすることである。生が権力の領域に入ってきたこと、このことに、人間社会の歴史における主要な、おそらくはもっとも重要な変化の一つがある[300]。」

何故、「人口集団」であったのか。答は明らかである。世界観をめぐる最後の戦いの帰趨を決するものは、何よりも先ず、一国が所有し機械装置が自由に動員できる「人口数」、それも、「より強く健全な種」から成る人口集団の存在であること、見易い道理である。訓育の役割は、所詮、その後の問題でしかない。国民一人一人を、表象‐制作に向けて、労働者や兵士としてであれ、技術者、指導者としてであれ、母としてであれ、機械装置の歯車へと鋳造することの成否は、育種がより強く健全な種をどれだけ数多く訓育のために提供しうるかにかかっていた。生‐権力は、それが、身体から人口へと広がる生の全領域を、一方では解剖政治学＝規律権力によって、他方では生政治学＝調整権力によって二重に覆い尽くすことにより、はじめて万全なものとなる[301]。ニーチェが『力への意志』の最後の書である「第四書」の標題を「訓育と育種」とした所以である。

生政治学の推進モーターは、国家、国家権力をおいて他にはない。それも、訓育の場合であれば、学校や工場、軍隊、監獄、病院等の諸制度と国家のかかわりの程度に違いがあり、最終的には、それら諸制度が形成するネットワークを国家が統御し管理するといった体のものであったのに対し、育種にあっては、事の性格上、「国家による生の管理と調整」が必要不可欠であり、国家は、より直接的に、より強い程度で、生にかかわる諸問題の一切の統御を主宰することを求められたのである[302]。それというのも、育種の前提となる人口数、年齢構成、婚姻率、出生率、生存率、罹病率、平均余命、死亡率等は、国家のみがこれを調査し集約することができ、また、それらのデータを基にして健全で強い種の増強に必要な施策、たとえば、人口調整、健康管理、婚姻管理、優生、公衆衛生、住環境の整備、都市環境の整備、食糧の調達・配分等の決定と執行は、国家のみがこれを行いうることであったのだから。

産業振興、農業振興、通商、国土の保全等もまた、それらが国民の生に直接かかわりあい大きな影響をもつ事柄である以上、当然に国家の任務の一環を成す。こうして、人口集団の健全化と増強に関心を向けた国家が、国民の生にかかわる諸問題、たとえば、結婚、生殖、誕生、保育、保健、衛生、健康、病気、食糧、住居、労働、慰安、余命、養老等、要するに人間の受精から始まって死を迎えるまでの一生を掌握し、国民一人一人の力を最大限にまで高め、人口集団としての国民の生物学的な健全化と増強を国家の政策の中心に据える、従来の治安の維持と国家の安全保障を第一の任務とする政治(politique)から区別される、「内政(police)」の時代が始まった[303]。それはまた、もっとも私的な領域であるはずの「性」が、生の存在根拠として、人口の調整根拠として、より強く健全な種を形成するために、閨房から引きずり出され、白日の下に曝され、公的な関心の対象とされ、公共の財とされ、政治権力の標的とされ、国家により管理される「性の内政」の始まりでもあった[304]。

内政の系譜は一六世紀末のボテロにまで遡りうるものであるとフーコーはいう。ボテロは、国家とは「国民に対する堅固な統治である」とし、国家理性を「かかる統治を創設し、保守し、拡大するのに適した諸手段に関する認識のことである」と定義する。彼の言からは、マキャベリがそうであるような領土ではなく、人間に定位し、また、マキャベリがそうであるような君主の力ではなく、国家の力の増強を目的とする国家観の登場を見ることができようが[305]、一七世紀に入ると、国家理性論の中から新たな統治術、即ち、「個人を国家にとって有用な要素」とし[306]、「良い国家秩序を維持しつつ国力を増強しうる諸手段の総体」としての内政が登場する[307]。ルイ・テュルケ・ド・マイエルヌは、『貴族民主的専制』(1611)といういささか奇妙な標題をもつ書物の中で、統治術として、司法、財政、軍と並んで「内政」があるとし、それが対象とすべき事項に、教育、就職、慈善、公衆衛生、事故(火事、水害等)への対応、産業振興、通商、不動産管理、道路・河川・森林等の管理、市民の道徳意識・経済観念の管理を挙げている[308]。マイエルヌの内政論にあっては、内政は生にかかわるすべてを包括する統治の術であったのであり、その関心が向かう先は、「領土内における人間の共存であり、生活の様態、病気や事故」、一言で言えば、「生きていて、活動的で生産的な人間」であった。ここには、「内政の真の対象は人間である」との観念がよく表現されている[309]。「内政は生者を見守る」としたドラマールの『公安論』(1705)[310]、「内政は社会に暮らす個人を見守る」としたフォン・ユスティの『内政原論』(1756)も同様であった[311]。一八世紀末、J・P・フランクの『全医学的統治システム』(1779)が、近代国家のための公衆衛生の最初の体系的な書として、行政が個人の生の保全に向けて担当すべき生活物資の補給や住居、公衆衛生、住民の健康保全、それにかかわる医療機関の整備といった施策の詳細を明らかにする。[312]

このように、ボテロの国家理性論に端を発する内政の系譜を整理したフーコーは、内政のかかわる対象を次の五つに要約する。①人口と国力（領土、資源、富、通商等）の関係の正しい維持、②生活必需品（食糧・衣服・住居・暖房）の確保、③万人の日常的健康への配慮、④人びとの就労への監視、⑤商品・生産物の流通。[313] 内政を前にしてわれわれが眼にする出来事は、「隙間なく生を取り込み」[314]、「生の全体に働きかけ、その展開のすべての局面に対して、その掌握の確立」[315]を目指さんとする生-権力の全面的な展開、即ち、「生かし、死ぬに任せる」権力の登場である。

差し当たり計算可能な res extensa としては身体しか存在しなかった解剖政治学とは異なって、生政治学の前には、はじめから計算する理性が存分にその力を発揮することのできる広大で肥沃な大地が広がっていた。塊としての人口集団がそうであり、人口数、婚姻率、出生率、罹病率、死亡率等々がそうである。逆にいえば、計算する理性なくして生政治学はありえなかった。既に、ボダンは、『国家論』（1576）において、住民数と彼らの財産に関する調査から得られるデータによって、食糧の必要量や軍役・賦役（城塞建設等）に徴用可能な人数、植民地への派遣人数、税収額の計算が可能となる等、人口調査が統治に対してもつ効用は「無限である」との考えを明らかにしていた。[316] こうした生政治学に対応するモデルとして、フーコーは、ペストの封じ込めをモデルとする解剖政治学に対し、天然痘が相応しいという。天然痘では、癩病の場合の排除でも、ペストの場合の封じ込めによる管理でもなく、「何人が天然痘に罹っているか、その人びとは何歳か、死亡率はどの程度か、病変や後遺症はどの程度か、接種を受ける場合のリスクはどの程度か、個人が接種を受けたのに死んでしまったり天然痘に罹ったりする蓋然性はどのくらいか」といった、塊としての人間集団の「統計学上の効果の程度」が問題とされるからだというわけであった。[317]

一四世紀のフィレンツェが、「世界最初の近代国家の名」に相応しく、市の歳入や歳出、貨幣、食糧配給、人口数等に高い関心を払うことにより、ヴェネチアとともに「統計術の郷土」[318]となったことは、ブルクハルトが指摘するところであるが、統計なるものへの人びとの関心が、アルプス以北の国々において、一七世紀以降にわかに高まったことは、内政の時代の到来と無関係ではなかったはずである。フーコーは、この間の事情を、「統計学は、このとき、開かれ、基礎づけられ、発展した」とし、「内政と統計学は互いに互いを条件とする」と表現する。[319] イギリスでは、ジョン・グラント（1620-74）が「社会現象の数量的研究」を開始する。彼は、その成果を『死亡表に関する自然的及び政治的諸観察』（1662）として出版した。グラントが利用したデータは、ロンドン市の一六〇三年以降の死亡週報、及び、同時期の教会保存の洗礼・婚姻・埋葬に関する記録であり、これらを基にして、彼は、男女比が一対三であると信じられ、ロンドン市の人口が約一〇〇万と推測されていた時代にあって、出生における男女比が一四対一三と拮抗していること、ロンドン市の人口が三八四〇〇〇人であること、ロンドン市及び周辺の人口はイングランド及びウェールズの人口の1／15を占めること、出生数より死亡数が多いこと、しかし、地方からロンドンへの年間移住者六〇〇〇人がそれをカバーし、人口が増えていること、新生児の三六％が六歳までに死亡し七六歳以上まで生存する人は一％であること――「生残表」――等を明らかにし、今日に至る「統計学」の開発者の一人となった。

何のための「数量的研究」であったのか。グラントの著書の最後の言葉は次のとおりである。「政治の術及び真の政治学の目的は、いかにして人民を平和と豊富のうちに保つかにある……。この正直で無害な政策の基礎もしくは根本的要素は、統治さるべき土地と人手とを、あらゆるそれらの内在的並びに偶然的の差異に応じて理解することである。……性別、身分別、年齢別、宗教別、職業別、階級又は等級別などの人口を知ることの必要性……。その知識によって商業及び政治はより安定的に、より規則的にされうるであろう。……私は結論する。すべてのこれらの事項、及び、その他の多くの事項についての明瞭な知識は、善良、確実かつ容易な政治を行うために必要である。[320]」グラントがデカルトの徒であることがよく分かる話ではある。彼は、「知識」、即ち、データ抜きの内政などありえないことをよく理解していた。政治と計算する理性の「結婚」である。これが「表象すること」と「制作すること」の結婚であること、遠近法による絵画や後の科学技術の場合と何ら違いはない。グラントの盟友であり、「〔彼の〕方法の本質と重要性を明瞭な学問的意識にまで高め、巧みに発展させた[321]」と評されるウィリアム・ペッティ（1623-1687）が名づけた「政治算術[322]」なる名称は、後の「統計学」以上に、この新たな学問のもつ性格と役割を的確に表現している。

内政が対象とする「国民の生に関わる諸問題」は、計算的理性の対象となりうるものである反面、その多くは「法律によっては掬いきれない残余」でもあった。既に一七世紀初頭以降、内政権力は、王に専属する権力として、王が有する他の権力である立法権や司法権とは一線を画する権力であると観念されていた。王は、司法を通さず、法律を経由せず、臣民に対し直にその権力を行使する。つまり、内政とは、「臣民に対して王権が行う主権的行使、直接的な統治性」であった。内政は、司法や法律という鋳型に入れられるものでもなければ、それに合わせる必要のない権力であった。ただし、それは法律からの解放、まして、逸脱を意味するものではない。内政の対象がそもそも法律のかかわらない領域であり、それ故、異なる統治術が求められねばならなかったということでしかない。一八世紀末のエカテリーナ二世の『勅令集』にある以下の文言はその間の事情をよく伝えている。「内政が行う統制はその他の市民法とはまったく異なる類のものである。法律が決定的であり恒常的であり重要な事象にかかわるのに対し、内政がかかわる事象はその都度の些細な事象である。内政は法律よりも統制を必要とする。」[323] フーコーは、クーデターなる語が一七世紀にあっては「法律や合法性を宙吊りにし停止させる」[324] ことを意味するものであったことから、法律という装置を経由せずに行われる内政は「恒常的クーデター」ととらえることも可能であるとする。[325] それは、生の全体に対する隙間のない統制管理と調整を目指す「生かし、死ぬに任せる」権力に見合った統治の在り方であった。

二　分割する精神医学

生かし死ぬに任せる権力とは、何よりも先ず、「選別の権力」であった。より強く健全な種からなる人口集団を創造するべく、その中から、誰を生かし、誰を死ぬに任せるか、正常と異常、有用と無用を線引きし、分割することが求められた。その結果、異常、無用と判定された者たち、たとえば、重大犯罪者、性犯罪者、常習犯罪者、少年犯罪者、狂人、痴愚、怠惰者、浪費家、放蕩者、無頼漢、乞食、放浪者、不具者、廃疾者、不治者、老人等々、要するに、理由が何であれ、また、永久的か一時的かはともかく、自己統治力を欠き、機械装置の歯車となりえないとされた者たちを待っているものは、監獄や狂人保護所等さまざまなアジールへの放逐であり隔離であった。かつての十把ひとからげのそれではないにせよ、「大いなる閉じ込め」の再来である。「近代の人間とは、己が政治の内部で、彼の生きて存在する生そのものが問題とされているような、そういう動物である」[326] とのフーコーの言が、ネガティブな局面で、より実感をもって受け止められるであろう。

さらに重要な問題は、照準が、生きて存在する個々の生そのもの、つまりは、一人一人のもつ生物学的な本性に合わせられる中で、犯罪者や狂人、怠惰者等は、理性＝規範の侵犯者ではなく、理性＝規範からの「逸脱者」とみなされることになったという、この一点にある。犯罪や狂気、痴愚等は、もはやただそれ自体として何か社会にとって問題があるといったものではない。所詮、それらも一つの現象であり、或る何らかの原因の表現、そうしたものへと姿を変えたのである。逸脱をもたらす原因、それも、不道徳や貧困といったことではなく、生物学的な原因、つまり「本性」が追求され剔抉されねばならない事象となった。それだけに、犯罪や狂気、痴愚等が社会に及ぼす負荷は統治性国家にとってより深刻な問題となり始めたということである。それは、何も犯罪者や狂人、痴愚等の逸脱者に限られない。同時に、ごく普通に暮らす国民一人一人もまた生物学的な規範による選別と管理を免れない時代が到来したことを教えている。生政治学は、そこに最大の課題と役割を見いだすことになるであろう。それは、また、生-権力の中枢を成す「標準化-規格化の技術」が最大限その機能を発揮するチャンスの出来を意味するものでもあった。むろん、こうした観念の全面的な展開は、ダーウィンの進化論やメンデルの遺伝法則の再発見、社会ダーウィニズム、優生学、人種衛生学、人種改良学等、さらには、それに見合った情報処理技術が登場し普及する一九世紀末、二〇世紀を待たねばならなかったのではあるが。それ以前、手始めに、真っ先に槍玉に挙げられ、いわばモデルケースとして、先陣を託された者が「犯罪者」であった。

大革命以前にあっては、あのダミヤンがそうであったように、個々の犯罪者の生物学的な「本性」というものが問題とされる余地はなかった。犯罪が、いかなる者によって行われようと、あるいは、いかなる理由・事情によって行われようと、すべては、神の意思を地上において体現する君主の尊厳を穢す行為であることに変わりはなく、処罰は、君主の側からする応報として、穢れを浄化する儀式でもあったのだから。

大革命以後、事情は一変する。犯罪は、もはや、君主権力に対する侵犯でもなければ、刑罰は君主による応報、浄化でもない。犯罪は、社会契約、つまり、市民が自らの意思によって統治権者に行った明示又は黙示の誓約＝法律に対する侵犯であり、他方、刑罰は、犯罪者にとっては契約破棄に対して支払わなければならない代償であり、社会にとっては破られた契約秩序の修復の手段であった。なるほど、ここでも、一見したところ、生物学的な「本性」といったものが問題とされる余地はないかのようである。しかし、法律が契約であり、犯罪が契約の侵犯である限り、犯罪が存在しうるためには、侵犯者が契約を取り交わし履行する能力、即ち、「理性」をもつ者であることが前提となる。誰もが犯罪者となりうるわけではない。犯罪者とは、是非善悪を弁別し行為を統御する能力＝理性を有しながら、自らの利害関心を社会のそれに優先させた者がそうである。あるいは、犯罪から得られる利益と刑罰から生じる苦痛の比較衡量に基づいて合理的な選択をなしうる能力＝理性を有しながら、それにもかかわらず、敢えてそうしなかった者と言い換えても同じことである。こうして、大革命後の刑法典は、人が生まれながらに有する本性＝理性が犯罪の存否を決定する規範となったことを宣言する。『一七九一年フランス刑法典』第五章第二条はいう。「陪審員が被告人は弁別能力なしに重罪を犯したと決定した場合は、被告人は無罪とされる。」あるいは、『一八一〇年刑法典』第六四条。「被告人は、行為のときに精神上の障害により物事の道理を弁識する能力を欠く状態（心神喪失〔痴呆〕状態）にあったとき、又は、抵抗できなかった暴力により強制されたときは、重罪にも軽罪にもならない。」第六六条も引いておこう。「被告人が、一六歳未満で、正常な判断能力を欠いて行為を行ったと決定されたときは、被告人は無罪を言い渡されるべきものとする。」

このようにして、犯罪の評価に際して、行為そのものだけでなく、行為者側の事情、即ち、合理的な判断能力＝理性の有無や程度、理性喪失の原因が問題とされねばならない事態が生まれた。問われるべきは、何故犯罪者は合理的な選択を行わなかったか、できなかったか、何故犯罪者は自己の利害関心を優先させるに至ったか、抑えることができなかったかである。理性が犯罪の存否を決定する規範となるとき、理性自体の存否が問われねばならなかったこと、当然である。はたして、犯行時、「心神喪失状態」にあったのかなかったのか、「正常な判断能力」があったのかなかったのか。その際、理性の有無を判断するもっとも重要な手掛かりが「犯罪行動に内在的な合理性、つまり、犯罪行動の本性における理解可能性」であった。[327]処罰の前提である犯罪者の理性（raison）の存在が犯罪を行った理由（raison）によって裏付けられるはずだというわけである。法廷において、事実認定に続き、かつては問題とされる必要のなかった、犯罪に至った「理由」、即ち、「利害関心」が明らかにされねばならない事態がこうして生まれた。

たとえば、一八一七年、母親が、自分の娘を殺害し、死体を切り分けて、白キャベツと一緒に調理して食べたとされる「セレスタ事件」。法廷での最大の争点は、「利害関心」の有無であった。検察官は、利害関心＝理性の存在を肯定し、妄想＝狂気の存在を否定する。理由は、犯行の動機が当時アルザスを襲った大飢饉による空腹にあったからというものであった。空腹は誰にでも妥当する理解可能な動機であり、それ故、食人は合理的な利害関心に基づく理性的な行為であったというわけだ。[328]これに対して、弁護士が、女の戸棚に食糧（豚の脂）が残っていたことを明らかにしたことにより、形勢は逆転する。女には自分の娘を食べることにそれほどの利害関心がなかったのであり、食人行為は合理的に説明可能なものではない、それ故、女は「心神喪失状態」にあり、責任能力の存在が否定されねばならない、それが主張であった[329]。

セレスタの女の他、一九世紀前半には、精神医学の関心を呼ぶ同様の事件が続発する。幼女を殺害して陵辱し、性器を切り取って食べ、心臓を取り出してしゃぶった「レジェール事件[330]」、モンパルナス墓地で墓を掘り返し女たちの死体を引きずりだし陵辱した後、心臓を体から抉り出し、墓地の十字架や糸杉の枝に花輪をかけるかのようにぶらさげた「ベルトラン事件[331]」、ヴァンセンヌの森で見知らぬ二人の幼い子供をベリー侯爵夫人の末裔であると妄想し殺害した「パパヴォワンヌ事件」、隣人から無理矢理生後一九カ月の幼女を預かり、自分の部屋で予め用意しておいた大きな包丁を使って首を切り落とし、その後、一方に胴体をもう一方に頭を置いて一五分間その前でじっと過ごし、不信に思ってやってきた母親の眼の前で、頭をエプロンに包み、窓から放り投げたという「コルニエ事件[332]」。

一見して、いずれも奇妙で不条理な事件である。「道徳的怪物」とでも呼ぶしかない犯罪者の出現が、「犯罪行為の病理的な本性」といった問題を浮上させる契機となったのも当然である[333]。既に、それ以前、大革命の最中、新刑法典が審議されていた時期、「犯罪者は病人である」というテーマが人びとの関心を集め始めていた。たとえば、プリニョンの『死刑論』(1791)。「殺人者たちは、自然の掟にとっての例外であり、彼らにおいて道徳は完全に失われてしまっている。……殺人者たちは、調和のとれた通常の状態から外れてしまっている[334]。」あるいは、一七九一年五月三一日の国民議会におけるデュポールの発言。「殺人者はまさしく病人であり、その腐敗した体質があらゆる感情を腐敗させている。激しく燃えたぎる気質が彼を焼きつくすのである[335]。」こうして、犯罪が「常に潜在的な病の地平に関係づけられ」、犯罪者は「裁かれると同時に正常と病理という観点から測定され、評価され、計測される」、そういう時代がやってきた。今日まで続く「精神鑑定」の登場である。「違法なものについての問題と異常なものについての問題、犯罪的なものについての問題と病理的なものについての問題が結びつけられる」事態がこうして出来した[336]。

コルニエ事件に戻ろう。何が一八二六年の法廷で争われたのか。検察官にとっても弁護士にとっても理解可能な動機＝理性は見当たらなかった。しかし、それにもかかわらず、エスキロール等による二度にわたる精神鑑定の結果は、「彼女はいかなる狂気の徴候も示さない。われわれは、結局何も発見しなかった」という意外なものであった[337]。実際、法廷では、彼女の正気＝計画性＝理性を推測させる多くの事実が明らかにされている。女の子の殺害を事前に決意したこと、母親から女の子を殺す意図をもって母親のもとへ出向いたこと、母親から女の子を預かるために子供に偽の愛情と優しさを示したこと、自分の部屋への階段を上る途中で出会った管理人の前で女の子を愛撫したこと、被害者の血を受け止めるためにベッドの下に予め溲瓶を置いたこと、犯行後に「これが死刑に値することを私は知っている」と語ったこと等がそうである[338]。犯罪理由＝理性もない、妄想＝狂気もない、こうした奇怪な事態を前にして、検察官がとった戦術は、二七歳の彼女の「生の全体」を取り上げることであった。そこに「或る一つの生き方、或る一つの習慣、一つの生活様式」を見ることができるとし、「彼女の放埒な人生、私生児であったこと、家族を遺棄したこと、こうした〔過去の〕すべてが既に隣人の子供の殺害を準備した」と結論する[339]。犯罪理由を、利害関心ではなく、生活史の中に見いだすことができるというわけだ。対して、弁護側は、正気の中で行われながら、理解可能な理由が存在しない原因を、絶えず妄想＝狂気によって説明する誘惑に駆られながらも、「利害関心なき行為の原動力という逆説的な力の存在」を明らかにする方向へと舵を切る。弁護側の鑑定医師マルクは、意見書の中で、「抗し難い方向」、「抗し難い感情」、「ほとんど抗し難い欲望」、「その起源については知りえない残酷な性向」について語り、弁護士フルニエも、「コルニエが自ら嘆いている影響力」、「激しい情念のエネルギー」、「人間にとっての通常の法則とは無縁であるような特別の動因の現前」等について語った。彼らはこれらの言葉によって「逆説的な力」の存在を表現し証明せんとしたのである。当時の精神医学では名状不可能な事態を説明するべく、彼らは最終的に「本能」という言葉を引っ張り出す[340]。「粗野な本能」、「本能的行為」、「本能的傾向」――これらは、犯罪理由が、利害関心はむろんのこと、生活史といったものにでもなく、身体の奥深く仕舞い込まれた、何か得体の知れない生物学的な本性にあることを予感させる言葉であった。フーコーは、「コルニエ事件とともに、理由の不在によって、法的、医学的、道徳的に物議を醸した一つの行為から、本能の原動力に従属する故に、医学や法に対して特殊な問いを提起する一つの行為への転換が起こった」とする。即ち、「〔狂気による〕理由なき行為から本能による行為への移行」がそれである。こうした経験を通して、精神医学は、「或る種の犯罪者による怪物的行為、即ち、理由なき行為が、実際には、理由の不在という一つの欠如のみによってもたらされるのではなく、本能における或る種の病的な原動力によってもたらされるのだということを発見」する。合理的な判断能力をもちながら犯罪に至る者でも、妄想等の狂気により犯罪に至る者でもない、本能により犯罪に至るまったく新たなタイプの犯罪者――「異常者」が愈々その姿をあらわした[341]。

しかし、フーコーは、「精神医学的な意味を付与されうる者としての異常者が誕生した〔正式な〕日付」を、彼なりの思惑があってのことであろう、コルニエ事件ではなく、一八六七年の別の或る事件に求める。[342] きっかけとなったのは、ナンシー近郊の農村で、この年、村のひとりの中年男性によって惹き起こされた些細な性的出来事であった。この第二のモデルの主人公であるジュイなる人物は、先の第一のモデルのコルニエのような「怪物」の類ではない。私生児として生まれ、若い頃に母親と死別し、ろくに学校教育も受けず、少々酒飲みで、あちこちの農家にお恵みていどの安い賃金で雇われ、庇を借りながら日々の暮らしを立てていた彼は、要するに、口数の少ない知恵おくれ、どこの村にも一人や二人はいるような周縁的人物であった。当時四〇歳前後であったジュイを村人が「風俗紊乱の罪」を犯した廉で告訴したのである。彼はいったい何を仕出かしたというのか。「或る日、ソフィという名の村の少女と、彼女の友人の少女が見守る中、畑の傍で村の子供たちが『固まりミルク』と呼ぶ遊びに興じた彼は、それからほんの少し後の村祭りの日に、ソフィをナンシーに通じる街道のそばの溝へと誘い出し、そこで半ば強姦するように性的な交わりをもち、約束通り少女に四スーを与え、彼女はそのお金で煎りアーモンドを買った」というのが事件の概要であった。[343]

娘の下着の汚れに気づいた両親により村長に告発され、村長によって検事局に告発されたジュイを待ち受けていたものは、おそらく彼にとっては思いもよらないことであったろう、徹底した精神医学的検査であった。先ず、地元の一人の医師によって、さらにその後、ナンシー近郊のマレヴィル精神病院に送られ、精神科医であるボネとビュラールにより数週間にわたって詳細な精神医学的検査を受けるハメとなった。二人の医師は検査結果を翌年『ジュイの精神状態に関する法医学的報告』で明らかにする。そこにはジュイの人物像が次のように描かれている。「ジュイは私生児であり、先天的に欠陥をもっていた。精神の破綻は、器官の変質と同時に進行した。彼には知能が完全に欠如しているわけではないが、その力は非常に限られたものにすぎない。もし仮に彼が子供の頃から教育を受け、生活や社会の法をなすような一般的規範に親しんでいたなら、また、もし彼が道徳的教化を受けていたなら、彼は多少とも理性を磨き上げ、もっと適切に思考することを学び、常に衝動に左右されるという知恵遅れの者に特有の堕落した道徳観を改善して、おそらくは、一つの行為の価値を自分自身で学ぶこともできたであろう。もちろん、彼はそれでも依然として不完全なままであっただろうが、医学心理学は彼に最低限の民事的な責任を担わせることくらいはできたであろう。[344]」

裁判の結果は無罪であった。しかし、ジュイがそのまま放免されることはなかった。「マレヴィル精神病院に死ぬまで押し込められる」——それが些細な性的遊戯の代償であった[345]。

およそ「怪物的」といった形容とは無縁な事件であり、人物であった。ソフィーがジュイとの固まりミルク遊びをたまたま通り合わせた農夫に気軽に自慢したように、また、他にも村の少年と同様の遊びをしていたように、事件というまでもない、当時の農村では珍しくもないごく普通のありふれた性的な出来事であった。フーコーも、この事件の特徴は「その取るに足りないほどの小ささにあった」とする[346]。それが、何故村人が告発するような、精神科医がしゃしゃり出てくるような、歴史に残る性的犯罪となってしまったのか。告発した両親、告発を受け取った村長の反応、さらに、当の少女についても村民全員が大人になるまで感化院に収容することを望んだといった事情から察するところ、かつては許された性的遊戯がもはや許されざるものとなったという、そうしたセクシュアリティをめぐる知覚変動が中央を離れた農村の中でも生じていたということである。それも、単に道徳的・法律的な観念にとどまらない、より根源的な、そうしたものとは異なる観念の変化の出来が見て取れる。規範に対する侵犯ではなく、規範からの逸脱が、また、行為ではなく、そこに表現された行為者の危険性が、また、固まりミルク「遊び」ではなく、「固まりミルク」そのものが、要するにジュイの身体の奥深くに刻印され秘匿され変質した生物学的な本性が槍玉に挙げられたのである。それも、単にジュイの性癖に対する断罪といったことではなく、ジュイのもつ劣等な固まりミルクから村の健全な若い女性の純潔と母性、つまりは村の生物学的な健全性を保護することこそが問題であった——そう考えて、はじめて、村人や医師たちが、無罪判決にもかかわらず、何故「終身の閉じ込め」といった措置をとったのか、とらねばならなかったかが了解される。四〇歳にもなって年端もいかない少女との性的な遊びが露呈した知恵遅れのジュイのもつ劣等性は、村人や医師たちにとって、終身の閉じ込めによって無害化する以外に方策のない、それほど厄介で重大な危険と感ぜられたということだ。

コルニエ事件は、それがもつ華々しさ、おどろおどろしさというべきか、その猟奇性の故に、異常者の存在を犯罪と直に結びつけ、逆に、日常世界に暮らす真っ当な人びとにとってどこか遠い世界の出来事と観念させるものであったとするならば、ジュイ事件の取るに足りないさりげなさは、異常性と犯罪の結びつきを緩め、あるいは、断ち切り——現に、ジュイは無罪であった——、異常者が日常的なごく普通の生活世界のすぐ傍、その中に潜んでいる、ありふれたもの、それだけに正常な社会にとってはより一層厄介で危険であることを観念させる結果をもたらすものとなった。「精神医学的な意味を付与されうる異常者」の誕生の日付をコルニエ事件ではなくジュイ事件に置いたフーコーの思惑といったものも、おそらくは、その辺りにあったのであろう。こうして、狂気や犯罪の問題であったものの周囲に、「もっとも基礎的でもっとも日常的な行動のレベルにおける異常者の問題系全体が組織されうる」事態が出来した(347)。

コルニエ事件の場合、弁護士と鑑定医が怪物的行為＝異常の原因である外からは見えない生物学的な変質を「本能」といった言葉で何とか言語化せんとしたのに対し、ジュイ事件で二人の医師がとった戦略はそれとはまったくちがったものであった。彼らは、些細ではあれ村人がその中に得体の知れない重大さを嗅ぎ付けた性的逸脱行為＝異常の原因を、「身体の計測」によって明らかにせんとした。後頭前頭間径、後頭頤間径、前頭頤間径、両頭頂間径、前頭後頭間の周、前部後部間と両頭頂間の半周等が計測され、結果は次のようなものであった。「顔面は、その骨格によって、通常見いだされるはずの標準的シンメトリーを示していない。胴体と手足とはバランスがとれていない。頭蓋骨の発達は不完全である。額は後退し、後部は平らになって、頭は円錐形となっている。側面もやはり平らで、頭頂が通常よりもやや上の位置にせり上がっている。」計算する理性の面目躍如というべきか。彼らもまた立派なデカルトの徒であった。下された結論は、計測により明らかにされた「身体の奇形」をもたらし、そこに表現された発達の不均衡と停止、要するに彼のもつ小児性が、「ジュイに容疑がかけられたような行動の錯乱」の原因であったというものであった。二人の医師の『報告』は次のとおりである。「彼には或る種の性向に対して自ら抵抗するだけの精神的能力〔理性〕がない。……そもそもこうした悪しき本能は……発達の停止に起因する。そして、われわれは、痴愚や変質者において、そうした本能がときにもっとも抗し難いものになるということを知っている。……早くから精神に破綻をきたし、いかなる教育の恩恵も授からなかったため、……彼には、思考による煽動と肉の衝動とを弱めることのできるような『自己』の力〔理性〕がない。かくも強力な動物性には……、自らを制御して物事の価値を健全に評価する能力が備わっていない(348)。」

異常性の原因が、身体内部の眼に見えない変質した本能であれ、あるいは、身体外部に表現された計測可能な発達不全であれ、いずれにせよ身体そのものにあると仮定した場合、かかる異常性を生産する身体は一体どこから生まれ来ったものであったのか、そうした疑問が当然に湧いてくる。身体の背後にある身体とは一体何であったのか、それは、両親の身体、祖先の身体、要するに「遺伝の身体」以外にはありえなかったにちがいない(349)。

ダルモンによれば、一九世紀のはじめにピネルの影響下に「最初の犯罪人類学らしきもの」が姿をあらわし、頭蓋測定学の創始者となったフランツ・ガル（1758–1828）により「人類学の要素を含む犯罪学がはっきりと登場してきた。」ガルの主張は「犯罪というものは、自らなされるものではない。犯罪は、それを犯す個々の人間のもつ本性と条件の諸特徴を受け入れるのである」というものであった。その後、犯罪の原因を生物学的本性に求める同様の見解として、一八三五年に、犯罪人を、善悪の区別ができず、この世で一番自然なもののごとく犯罪を犯す傾向をもつ「道徳的狂人」ととらえたイギリスの精神科医プリチャード、『囚人、収監、監獄』（1850）により「犯罪人は、処罰されるべきことをよく分かっているが、行動それ自体が異常だということを理解していない」と主張したフランスの精神科医フェリュ、数百人の徒刑囚の身体的・精神的構造の観察から犯罪傾向と小脳の肥大の相関関係を主張したローヴェルニュ、『遺伝論』（1847）においてはじめて「犯罪は遺伝する」との考えを主張したリュカス、『人類における身体的、知的及び精神的変質』（1857）において、犯罪の「本当の原因」として「変質」した身体的徴候——ひ弱で虚弱な体格、小さくて不格好な頭、斜視、両足の不具、身体器官の根本的構造に異常、発達停止、生殖能力の欠如等——を指摘し、犯罪性向に不可避的に支配される「生来性犯罪人」の原型を作ったモレル等の名前が挙げられる。(350)

これら先駆的研究の収穫人としてイタリアの精神科医チェーザレ・ロンブローゾ（1835–1909）が登場する。「犯罪人類学の創始者」とされる彼は、『犯罪人論』（1876）において、自ら行った剖検を含む受刑者と兵士、正常人の身体——顔貌、骨格、頭蓋骨の大きさ・形状・構造等——や性格の比較対照により、たとえば、殺人者が、黒い縮れ毛、浅黒い肌、鉤のように変形した鷲鼻、逞しい顎、平らな頭蓋、知能の低下、道徳感情の欠如を表わす等、「犯罪人には常人とは異なる一定の身体的・精神的徴候が存在する」ことを実証的に明らかにせんとした。頭骨や身体の変質した構造的徴候——上顎下部の前出、後頭溝の異常性、傾眼、扁平な耳、捩れ鼻、肉厚き突出口等——が犯罪を決定づけ、それらの特徴が原始人や下等動物にも同様に見られるものである以上、犯罪人とは「隔世遺伝」により先祖返りした人間の変種あるいは別種の謂いであり、犯罪人は彼らの体内の奥深くに秘匿された先天的な特性から逃れられない人間である——以上が「生来性犯罪人説」の要諦であった。(351) ロンブローゾによると、こうした犯罪者が囚人全体の三五％を占め、矯正不能な彼らに対する刑罰は、贖罪や訓育ではなく、罪の軽重にかかわりなく、社会防衛の観点からする終身禁固か淘汰処分としての死刑の他にはありえない[352]。さまざまな反響を呼んだ『犯罪人論』の出版後も、四回にわたる改訂、「国際犯罪人類学会」の創設（1885）等、生来性犯罪人説を強化し普及させる活動を精力的に進めたロンブローゾは、『犯罪、原因と治療』（1906）等において、犯罪の先天性のみならず、その「遺伝性」を立証するべく、研究の対象を犯罪人の家系の追跡へと広げることになる[353]。その中の一つ、サルヴァトーレ・ミスデアなる殺人犯――当時二一歳であり癲癇もちであった彼は、一八八四年、ナポリの兵舎で些細な口論の末八名の上官と同僚兵士を殺害した廉で刑事告訴され、ロンブローゾが精神鑑定を担当した[354]――の家系は以下のようであった。「祖父は非常に活動的であったが知的ではなかった。父方の四人の伯父の内、長兄は低能で喘息もち、次兄は変人で短気・悪口屋、三兄は跛で短気で殺人者、四兄は半ば痴愚で短気、末弟のミスデアの父は変人で酒飲み・浪費家であった。四人の従兄弟は、いずれも次兄の子供であるが、それぞれ、白痴、狂人、低能、短気であった。自身癲癇でアルコール中毒であったミスデアは五人兄弟の上から二番目で、正常な次弟を除いて、長兄は癲癇で酒飲み・卑猥・暴力的性向の持ち主、三弟は衝動的で酒飲み、末弟は凶暴な性格であった[355]。」

犯罪原因としての身体の欠陥・変質や家系への関心の高まりは、この時期、アメリカでも同様に確認される。藤本によると、ダグデールの『ジューク一族』が公刊された一八七七年からゴーリングの『イギリス人の囚人』により身体欠陥説が否定される一九一三年までの間、犯罪原因に関する説明図式として生物学的な視座が犯罪学を圧倒的な力でもって支配していた。こうした生物学への傾きはロンブローゾにさえ先行していた節があり、ジューク一族が遺伝的犯罪の最適の実例として歓迎されたのも、また、ロンブローゾが一八八〇年代に紹介されるや否や、たちまち一群のロンブローゾ的研究者を生み出すことになったのも、そうした前史と無関係ではない。もっとも、彼らの大部分は、犯罪者を「別種の動物」とする見方ではなく、「犯罪は遺伝する」という考えに強く引かれたのではあるが。その際、遺伝のメカニズムに関して、隔世遺伝の考え方をそのまま採用した者、犯罪行動そのものが直接遺伝すると考えた者、ポーパリズムや犯罪病質といった生物学的欠陥が遺伝すると考えた者、さまざまであったものの、「遺伝が犯罪の原因として重要であるということが疑問視されることはほとんどなく、……一九一〇年には、当時社会学者として著名であったギディングスでさえもが『犯罪は悪性の血統と、その血統より活動力のある外部の血統との異種交配に関連している』という仮説を認める発言をしていた」ほどである[356]。

身体の計測や家系の追跡にどれほどの科学性が認められう

るかはともかく[357]、少なくとも、精神医学が、この時代、ダーウィニズムの強い影響を受けながら、犯罪の原因を、先天的なもの、とりわけ、身体内部にある祖先から伝えられる生物学的な本性、「遺伝」というものに求める、そうした新たな方法論と学問領域を発見したことは間違いない。コルニエであれ、ジュイであれ、彼らには、彼らの逸脱行為を不可避とする、体内にあって、理性によっては抑えられない、彼らの身体や知能、性格等を決定づけ変質させた先天的な何物か、それも祖先から伝えられた、そして、おそらくは子孫へと伝えられる何物かが存在したはずだというわけだ。異常は「変質」の結果であり、異常者とは「変質者」である、そうした精神医学の知覚がこうして誕生した。これ以降、精神医学は、理性から逸脱する一切の事どもを、犯罪に限らず、狂気に限らず、反社会性であれ、怠堕であれ、放蕩であれ、不具であれ、知恵おくれであれ、かつて「大いなる閉じ込め」の対象となった者、要は、機械装置により徴用され用象たりえない者たちを変質者として刻印し、異常者として選別する標準化‐規格化の権力を与えられ、引き受けるに至った。「遺伝の系統樹の中に置き直された変質者、病の状態ではなく異常性の状態をもつ変質者が構成される、まさにそのとき以来」とフーコーはいう、「変質者という人物が構成されることによって、精神医学的権力が飛躍的に拡大するに至った。実際、精神医学は、〔理性からの〕逸脱、隔たり、遅れといったものすべてを変質という状態に関係づけることができるようになって以来、人間の行動様式に対し無限定なやり方で干渉する可能性を手に入れることとなった[358]。」

精神医学にとってもはや「治療」や「治癒」は重要な問題ではなくなった。逸脱＝異常の原因が変質にある以上、治療の不可能であること、いうまでもない。治療に代わって、標準化‐規格化の技術として、理性を基に人口集団を構成する一人一人を「刻印」し「選別」し「排除」することが課題となった。ジュイに対する、医学的鑑定による先天的変質の刻印、村の危険人物としての選別、マレヴィル精神病院への閉じ込めによる排除の措置がまさにそうしたものであった。医学のレゾンデートルともいうべき治療という企図そのものが無意味となった見返りに、精神医学の前には、広大でまったく新たな領土が突如として出現した。機械装置が求める健全な人口集団を維持し創造するべく、正常と異常、有用と無用を分割し、変質を剔抉し、排除し、社会を防衛するという、生物学的な役割がそうである[359]。『一七九一年刑法典』が導入した犯罪者の精神鑑定はそのごく一部でしかない。「一般化された社会防衛」が新たに約束された領土であり、「遺伝の概念によって」、後々その中に「家庭のセクシュアリティに干渉する」権利までもチャッカリと潜り込ませることにも成功した[360]。それが生政治学にとってどれほど大きな意義を有するものであったか、やがて人々は思い知ることとなるであろう。

三　位階づける心理学

精神医学は、「種を生物学的に防衛するための科学[361]」として名乗りを上げ、認知されたのだといえる。しかし、標準化―規格化の技術として、なおそこには足りないものがあった。人は、それぞれの能力に応じて、労働者、あるいは、兵士、技術者、指導者……として徴用され、ゲーシュテルに配置される用象である限り、単に正常と異常を分割するだけで事は済まなかった。人口集団全体を対象に、正常者を含め、それも、子どもの頃から、より細分化された、しかも、生物学的に根拠づけられた選別と位階づけが求められねばならなかった。この要求に応えたのが「心理学」であり、そのために新たに開発されたテクノロジーが「知能検査」であった。

ヨーロッパ近代が、複式簿記や遠近法以来、ひたすら数学による「自然の算出可能性の確立」を目指してきたことはこれまで繰り返し指摘したとおりである。そうである以上、対象となる自然の中に「知能」が含まれない理由はどこにもなかった。それでは、眼に見えない知能を如何にして算出＝測定すればよいのか。ゴールトンをはじめとしてキャッテル、ギルバート等が挑んだこの厄介な問題にはじめて人びとを納得させる解答を与えたのがラ・サルペトリエールのシャルコーの下で病理心理学の研究を開始したキャリアをもつアルフレッド・ビネー（1857–1911）である。

直接のきっかけは、社会教育相が一九〇四年一〇月に異常児教育の方法を検討する内閣委員会を設置したことにある。当時、フランスでは、一八八一年に義務教育法が施行され、国民皆教育制度が始まった結果、学校現場では学習遅滞児の存在が大きな問題となっていた。委員会は、異常児のための教育機関の在り方、入学条件、教師、教育方法に関して行政上の規則整備を行うとともに、特殊学校への入学は教育学的・医学的検査の結果によるものと決定したのではあるが、肝心要の子どもの選別方法については言及のないままであった。当時の精神医学が、知的劣等状態を段階的に「白痴・痴愚・軽愚（魯鈍）」に区分することについては一致していたものの、精神科医の数だけ定義があると評されたように、区分のための明確な基準をいまだ確立しえない状況にあったことからすれば、やむをえないことであったのかもしれない。しかし、事の正否は、「それぞれの子どもの検査はどのようになされるのか、どのようにして、その子を正常な児童と比較するのか[362]」、要するに「鑑別診断学の厳密な基礎[363]」の確立にあった。

自身も委員会のメンバーであったビネーは、翌一九〇五年、自らが創刊した『心理学年報』に、共同研究者である医師のテオドール・シモン（1873–1961）と連名で、『異常児の知的水準を診断するための新しい方法』を発表する。ラ・サルペトリエールの学校、次いでパリの小学校で実施した、先験的ではない、経験的な、「正常児と異常児を対象とする長期の〔テストによる〕試行錯誤の結果」[364]を基に作成された三〇項目の設問から成る、教育学的でも、医学的でもない、「心理学的」[365]な、いわゆる「ビネー・シモン式知能検査法」の誕生である。[366]"Binet-Simon scale"と名づけられた尺度は、「1　凝視：燃えているマッチを目の前で動かした時、それを目で追えるか」からはじまって、「14　言葉の定義：たとえば家の定義をさせる」、「18　記憶に基づく描画：2つの図形を10秒間見せて、その後に再生させる」……、「30　抽象語の定義：たとえば尊敬と友情の違いを尋ねる」に至るまで、[367]「だんだんと難しくなる一連のテスト」、つまり、「観察できるもっとも低い知的水準のテストから中程度や正常な知的水準のテストにまでまたがり、各テストは、それぞれ異なった精神水準と対応する」ようにとの意図の下に構成されていた。[368]

三年後、知能の測定尺度は更なる進化を遂げる。三歳から一三歳まで、「年齢毎に配列された一連の検査項目」[369]へとその姿を変えた。たとえば、「三歳：目、耳、口の指示／絵の中の事物の列挙／二数字の反唱／文章の反唱和（六音節文）／家の名（姓）をいう」、「九歳：年月日を完全に言う／一週間の曜日の名／用途以上の定義／六つの記憶のための読み方／二〇スウでの釣り銭／五つの重さ並べ」、「一三歳：切り抜き問題／三角形の置換」等であり、先の検査法もそうであったが、それぞれに詳細な解説が付されていた。三歳児の冒頭の一部を引いておこう。「目、耳、口の指示――幼児において知能の覚醒をもっとも明瞭に示すものの一つは、言葉を聞いて理解するようになることである。かなり長いあいだ、幼児はわれわれの身振りだけを理解し、言葉に対しては、その声の抑揚にだけしか反応しない。そして、白痴はこの低い段階に生涯とどまる者であり、言葉を介して仲間と交流できない。言葉の獲得の最初のあらわれは、理解行動のなかに認められる。自分の考えを言葉で表わせるようになる前に、先ず他人の言葉を理解できるようになる。したがって、われわれの検査の第一問で先ず子どもに要求するのは、子どもが身近な日常の言葉の意味を理解しているかどうかを調べることである。……」[370]

一九〇五年版とのもっとも大きな相違は、検査項目が年齢毎にまとめられたことにある。最初の尺度も「低い知的水準のテストから中程度や正常な知的水準のテスト」へと年齢順に並べられていたのであるが、今回、年齢がはっきりと表にあらわれ、それを基に検査項目が再構成されたことにより、精神の発達が時間の尺度によって測定されることがより明確となった。これは、単なる項目の整理といったことにとどまらない、ビネー等の関心方向が変化、あるいは拡大したことの結果であったと見るべきである。そのことは、最初の論文タイトルが『異常児の知的水準を診断するための新しい方法』であったのに対し、今回のそれが『児童における知能の発達』であったことにもあらわれている。単に異常児にとどまらず、児童一般の知能の発達が問題とされ、その中に異常児の判定が組み込まれたと解される。「われわれの主たる結論は、われわれが現に三〜一二歳にわたる年齢の子どもの知能発達を測定できる手段を所有している」ことだとビネー等はいう。「この方法は、便利であり、実用的であり、手早く実施できるように思われる。子どもが該当年齢水準の知能を有しているのかどうか。また、進んでいるのか遅れているのかを簡単に知りたい場合には、その子どもにその年齢用のテストを受けさせるだけでよい[371]。」たとえば、九歳の子どもの場合、先ず九歳用のテストを受け、全問又は一問を除いてすべて合格した場合、九歳児相応の知能の発達が認められる。さらに、一〇歳用のテストを同様にクリアーすれば、その子どもは一年進んだ知的水準（プラス1）にあると判定される。逆に、当該年齢用のテストに不合格の場合、下の年齢のテスト、この場合は八歳用のテストを受け、それに合格すれば、その子どもは一年遅れた八歳児相応の知的水準（マイナス1）にあると判定される[372]。

白痴・痴愚・軽愚の分割線に関しては、「白痴は〇〜二歳までの発達程度にあり、痴愚は二〜七歳、軽愚は七歳以上にあたる」とし、テストの結果、たとえば、七歳でマイナス5と判定された児童は二歳の子どもの発達程度であり白痴と痴愚の中間、一三歳でマイナス7と判定された児童は軽愚に近い痴愚、九歳でマイナス4と判定された児童は痴愚となる[373]。成人の場合の軽愚と正常の区別は次のとおりである。ビネー等は、分割線は、その者がどの地域に居住するかを含めて、状況に応じて変わりうるものであるとし、以下の一般的公式を提案する。「他人の保護監督を必要とせずに日常生活が送れ、個人的要素を満たすに足る報酬のある仕事に就けて、その知能のために両親の社会的水準から落伍せずにすむなら、その個人は正常である。」たとえば、下働きに甘んじている弁護士の息子、三〇歳になっても雑役のままでいる左官の親方の息子は軽愚であり、田畑での生活では正常な農民もパリのような都市では軽愚になりうる[374]。もっとも、ここでも定量的なテストが可能であるとして、六つの検査項目――①重さ並べ（九歳用テスト）、②了解問題（一〇歳用テスト）、③三語を一つの文章に用いる（一一歳用テスト）、④抽象語の定義（一一歳用テスト）、⑤絵の解釈（一二歳用テスト）、⑥韻合わせ（一二歳用テスト）――が挙げられ、その内四つのテストに合格すれば「正常成人とみなしたい」というものであった。(375)

一九一一年、この年の一〇月に脳卒中により亡くなるビネーにとって最後となる知能の測定尺度を発表する。基本は一九〇八年版と変わらない。この間受けた批判等に対応して、いくつかの修正が加えられた改訂版であった。一一歳児と一三歳児用のテストが削除され、代わりに、一五歳児と成人用のテストが付加されたこと、各年齢用のテストの項目数が四歳児用を除いて五問に揃えられたこと、テストの内容から知識を問う項目や学校の勉強に関連がありすぎる項目が削除されたこと、項目の難易度を調整し一部入れ替えたこと、削除と新規の追加を行ったことがそうであった。(376) 一五歳児と成人用のテストが付加されたことからは、ビネーの関心が児童だけでなく成人の判定にも向けられたことが分かる。ちなみに、成人用のテスト項目は次のようであった。「切り取られた部分の理解／三角形をこしらえる／大統領に関する質問に答える／抽象語の差異／エルヴューの思想を要約する」(377)

「このような研究が何の役に立つのか」といった疑問や批判に対するビネー等の回答は、「子どもの能力によく合った教育を組織立てるため」というものであった。教育というものは、元来、「子どもの自然な発達にそって、その発達を一〜二年前進させるように行われるべき」ものであり、そのため、教育計画の編成に携わる者に対しては、「子どもの正常な知的発達」に対する深い認識が求められねばならない。もし、子どもの発達度合いを無視するならば、そうした教育は、たとえば、幼稚園児に、九歳以前には不可能である、「日付」を覚えさせようとすることがそうであるように、「時間の浪費」となる。さらに加えて、発達度合いの大きく異なる児童の十把ひとからげの教育も同様である。「注意深い研究を通して子どもの知能の正常な発達を確認し、その発達にそって、すべての教育内容と教育方法を組織する」こと、そうしてはじめて教育改革が実現されるというわけであった。(378) こうした言からは、ビネー等が、教育のもつ改善力を確信していること、また、知能検査を劣等者の選別・差別の手段ととらえる立場からもっとも遠いところに立っていることが理解できる。さらに、知能検査の効用は教育改革にとどまるものではなかった。ビネー等は、「知能尺度は何に役立つのか。現代よりも社会環境が整備され、どんな心的能力も社会にとって無駄にはならないように、各自がそれぞれに認められる能力に応じて働くといった未来を夢想すれば、われわれの尺度はおそらく多くの効用をもつであろう」という。(379) 一見、能力による選別の提案のように思われるものの、彼らの本意が、能力と仕事のミスマッチを防止し、知能の高い者も低い者も、誰もが自己の能力に相応した仕事に就き、自己実現をはかることのできる社会を創造することにあり、そこに知能検査の役割を見いだしていた、そう解してさほど的外れではないであろう。

しかしながら、知能検査のその後の歴史は、ビネー等の思い描いた目的や理想からの離反の歴史であったといってよい。ビネー・シモン式知能検査法が発表されるや、さっそく、一九〇六年にベルギー、イタリアに、一九〇八年にアメリカ、日本、一九〇九年にドイツ、一九一二年にイギリスに伝わったが(380)、多くの場合、とりわけアメリカにあっては、後述のとおり、人びとがそこに期待したものは、ビネー等の思いとは裏腹な、人口集団に切れ目を入れ、順位付けを行い、その者のもつ能力に即して、機械装置のために効率よく、労働者、兵士、技術者、指導者として振り分け、ゲーシュテルに配置する、標準化-規格化のテクノロジーとしての機能であった。

もっとも、こうした要請に応える上で、ビネー等の検査法にはなお足りないもの、改良すべき点があったことは、もともと彼らの目的が別のところに置かれていた以上、当然のことである。一つは、より簡単明瞭な順位付けの方法の開発であり、今一つは、より効率的な検査法の開発であった。

ビネー等が、当初、もっぱら知的遅滞児にその能力に応じた教育を行うべく彼らの選り分けを目的としていたところからも推測されるように、正常な児童や成人の細分化された順位付けについては、結局、「テスト内容をもっと複雑にする」ことにより可能となる、「正常な知能のある者にも、もっとずっと知能のある者にも、優秀知識の者にも、この尺度を広げることができるだろう。そして、少なくとも、才能のある者と天才を測定することができるだろう(381)」と主張するだけで、自身の思いがけない早すぎる死のせいもあってのことであろう、結局は、具体的な方法の提示には至らないままに終わった。この問題について、一つの決定的な、しかし、おそらくは知能検査の利用法をビネー等の意図せざる方向へと導くこととなったであろう回答がドイツの心理学者ウィリアム・シュテルン(1871–1938)により与えられた。彼は、一九一二年に発表した『知能検査の心理学的方法及びその学童への適用』において、「知能指数(IQ＝Intelligenzquotiente)」という概念をはじめて提案したのである。これは、知能を一つの数値で表現するものであり、知能検査で測られた「精神年齢(IA＝Intelligenzalter)」と「暦年齢(LA＝Lebensalter)」の割合で示された。数式は以下のとおりである。

知能指数(IQ)＝精神年齢(IA)÷暦年齢(LA)(382)

そもそも、ビネー等の論文には、「知的水準(niveau intellectual)」や「精神水準（niveau mental)」という語は見られるが、「精神年齢」なる語は存在しない。それに対し、シュテルンは、九歳児が九歳用のテストにすべて合格し、一〇歳又はそれ以上のテストに不合格の場合、その子どもの知能は、「当該年齢の子どもたちの平均的知能と同じ値である」として、九歳の精神の等級を有する者、即ち、九歳の「精神年齢」にあるととらえ返したのである。[383] もっとも、シュテルンが Intelligenzalter を niveau intellectuel と言い換えているところから、察するに、彼の意識の上では、ビネー等の用語を単にドイツ語に置き換えただけであったのかもしれない。しかし、この結果、暦年齢と知能水準が比較可能となり、ビネー等の場合、児童の発達段階が、暦年齢からの距離、たとえば四歳で五歳の子どもの発達程度であると判定された児童は四歳プラス1と表現されるのに対し、シュテルンでは、五歳（精神年齢）÷四歳（暦年齢）＝一・二五（知能指数）と一つの数値で算定可能となった。その後、この数字を一〇〇倍しパーセントで表示する方法が一般的となり、より分かり易い形で一〇〇を基準とする数値で表現される、今日まで続く方式ができあがった。[384] この結果、ビネー等にあっては、正常な四歳児と七歳でマイナス3と判定された児童は同程度の知能水準にあるとされ、相対比較は不可能であったのに対し、シュテルンの方式では、全被検者が、同一年齢層であれ、異なる年齢層であれ、上位から下位に至るまで、数値によって一目瞭然に順位づけられ、各被検者は、あたかも身長や体重を測るように、自己の知能水準をたった一つの数字で把握し、年齢と関係なく、他者のそれとも簡単に比較可能となった。知能を測るモノサシの誕生である。こうして、知能もまた計算する理性の客体 res extensa として位置づけられうるものとなったのである。

改良すべきは検査結果の数値化・順位付けだけではなかった。如何に効率的な検査法を開発するか、それがもう一つの課題であった。ビネー等の謳い文句は、「便利であり、実用的であり、手早く実施できる方法」であったものの、実際は、多人数を対象とする短時間の機械的な一斉検査にはほど遠いものがあった。先ず、検査は、「離れた静かな小部屋で、子ども一人だけを招き入れて」行わねばならなかった。[385] いわゆる「個別式検査」である。検査は、単なる筆記テストではなく、設問に即して、絵や図、硬貨等の材料を提示し、文章を読み聞かせ、抽象語を定義させる等、被検者の反応や回答を確認しながら進めるものであり、相当程度の時間が必要とされた。被検者の疲労も考慮して、一問当たり二〇分が目安であった。[386] さらに、検査者には検査法に習熟することが求められた。[387] ビネーは、検査者が留意すべき事項をいくつか挙げている。「子どもに対してとる態度は慎重でなければならない。

先ず、好意的であるべきである。子どもとの接触をしっくり保つように心がけ、……手助けや暗示を与えず、元気づけるようにする。……検査結果を符号で記入したら、すぐにもう一つの記録帳に、もっと多面的な記録を行う。これには、検査に影響を及ぼしたと思われる例外的な状況をすべて書き込む。さらに、子どもの検査中の態度（自然である、軽卒である、内気である、鈍い、反抗的である等）、親の社会経済的状態（悲惨である、貧しい、普通である、暮らし向きがよい、金持ちである）も記入することを勧める。[388]」最後に重要となるのが、検査結果の「解釈」であった。この検査方法は、「外観とは異なり、駅の秤のように、自分の体重を切符に印刷させるのにその上にあがればすむというような、自動的な測定法ではない。多忙な医者が看護婦を使ってこれを利用しても幻滅するであろう」と彼らは釘を刺す。検査の結果は、「注解がなければ価値のないものであり、解釈する必要がある」、そうした類のものであった。[389]

効率的な検査法の開発といった課題への対応を含め、ビネー等の知能検査法は、いち早くこれを受け入れたアメリカにおいて、新たな進化を遂げる。その背景には、一八九〇年から一九一七年にかけての時代、多数の移民の流入、農村から都市への人口移動、そして、義務教育法の施行による就学者の急速かつ途方もない増大といった、当時のアメリカ社会が置かれていた状況がある。英語を話せない移民をはじめとするさまざまな出自、能力、目的をもつ就学者、それによる教育目的の変化、カリキュラムの多様化、遅滞児童の増加、学校の非効率化、教育経費の増大といった事態を前にして、学校管理者にとって、雑多な能力を有する生徒を効率的に振り分ける効果的な選別手段の開発は喫緊の課題となっていた。[390]ビネー等の知能検査法は、学校管理者にとって、まさしく彼らが長年求めてきた『科学的』な生徒配置の手段[391]」とみなされ、「すべての正常者や異常者の精神的、道徳的メカニズムを解剖できる素晴らしい精神的X線機械[392]」として歓迎されたのである。

むろん、事はビネー等の検査法を単に翻訳するだけで済むものではなかった。アメリカの実情に合わせてこれを作り直す作業は、スタンフォード大学のルイス・ターマン（1877–1956）が中心となって進められた。ターマンは、一九一六年に、『知能の測定——ビネー・シモン知能測定尺度のスタンフォード増補改訂版の使用のための解説及び完全なガイド』を発表する。約二三〇〇名（正常児一七〇〇名、優秀児と欠陥児二〇〇名、成人四〇〇名）を被検者として[393]標準化された検査法は、三歳〜一〇歳／一二歳／一四歳の児童（七六問）、普通の成人（八問）、優れた成人（六問）を対象とする合計九〇問から成り、その中には年齢毎に〇〜三の補充問題一六問が含まれている。九〇問の内五四問がビネー・シモンの一九一一年版から、五問が一九〇五年版と一九〇八年版から、四問がアメリカの他の研究者によるテストから取り入れられ、残りの二七問がターマン自身の開発したものであった[394]。これは、内容的にも構成的にも、副題にあるとおり、ビネー等の知能検査法の「増補改訂版」であったといえようが、ターマンの意図は、ビネー等の「〔知能は〕長さで測れるようなものではない[395]」との考えを離れて、文字通り「知能の測定」にあったのであり、それは、ビネー等の方式にシュテルンが提案した「知能指数」を取り入れ合体させることにより実現された[396]。知能検査の結果は一目瞭然機械的に知能指数として表示され、学校長や教師に対し、簡単便利な、しかし、「科学的」な選別と順位付けの指標として利用される道を開くこととなったのである。

一九一七年、オークランド市で、知能検査を生徒の分類のために組織的に使用した最初の試みが、ターマンの弟子であるヴァージル・ディックソンにより実施された。当市もまた人口の爆発的増加、大量の移民の流入、義務教育法の施行による多様な生徒の出現といった事態に直面していたこと、他の都市と変わりはない。オークランドにやってきたディックソンは、この年の一二月に、ターマンが軍隊用に作成した「集団式検査」を約二〇〇〇名の生徒を対象に実施し、さらに、翌年五月に、ターマンの弟子であり彼の同僚でもあったアーサー・オーチスが改良した集団式検査を三〇〇〇名以上の生徒を対象に実施した。検査結果を基にして、ディックソンは、生徒の落第理由は「生来の知的傾向」によるものであるとの観点に立って、知的能力の差異に応じたカリキュラムの編成、知的優秀児と知的欠陥児の学級分離を勧告する。彼の計画が学校管理者や教師により「心から歓迎された」様子は、チャップマンが紹介する、「これまで導入されてきた効果的な教育行政の中でもっとも重要な要素である」、「遠からず学校の分類は、ほとんどすべてといってよいくらい、検査から得られた結果に基づくようになるだろう」といった声によくあらわれている[397]。

第一次世界大戦への参戦は、知能検査の開発・普及にとって一大転機をもたらした。一九一七年四月六日のドイツに対する宣戦布告から数日後、アメリカ心理学会の会員は会長ロバート・ヤーキーズ（1876-1956）から一通の書状を受け取った。「現在の危機的状況において、わが国の心理学者たちが一致して国防のために働くことは明らかに望ましいことであります。われわれの知識と方法は、わが国の軍事にとって重要であり、また、わが国の陸軍や海軍の効率を増大させるためにできる限り直ちに協力することは、われわれの義務であります[398]。」

ヤーキーズがいう「われわれの知識と方法」の一つが知能検査であった。二週間後、ヤーキーズは、ターマン等七人のメンバーから成る「新兵心理検査委員会」を組織し、五月二八日に第一回委員会を開催、そこにおいて、ヤーキーズが、心理テストの目的を、無能な新兵の同定、精神疾患の新兵の同定、矯正不能な者の診断、特別任務に適する者の選別に置くことを提案したが、委員会は、最終的に、検査対象を「すべての新兵」に拡大することで合意した[399]。七月初めに、オーチスが作成した集団式検査を基に、高校生や工科大学生、精神病者、囚人、航空部隊の新兵、海兵隊員、士官等を対象としたトライアルを経て、軍隊用の知能検査法が完成した[400]。委員会の意図するところは、ターマンの、「指揮官に適しているすべての者に塹壕堀の仕事に就かせたり、塹壕堀にだけ適している者を士官にしたりするならば、一体どんな軍隊ができるか、容易に想像しうるであろう。兵器をスムースかつ効果的に働かせようとするならば、弾薬を銃に合わせるのと同じくらい、任務を人に合わせることが重要である」との言葉によく表現されている[401]。実際、知能検査の実施にあたって、検査官は、アルファテスト（後述）に限ってであるが、被検者に対し検査の目的を次のように紹介したという。「この検査の目的は、陸軍であなた方にもっとも適する仕事が何であるかを見つける手だてとすることです。この試験の評点は、あなた方の適性カードに書き込まれ、あなた方の中隊の指揮官にも送られるでしょう[402]。」

陸軍心理テストには三種類の検査法があった[403]。一つは、「アルファーテスト」であり、これは英語を読み書きできる兵士を対象とし、全部で八つの検査項目――口頭による指示、算数問題、実際的判断、類義語‐反意語、不合理な文章、数列の完成、類比、知識[404]――で構成されている。制限時間は合計で二二分一五秒である。二つは、「ベーターテスト」であり、これは英語を読むことができないか聞き取ることのできない兵士を対象とし、絵や図形で表現された全部で七つの検査項目――迷路、立体の読み取り、×と○の系列、数字と象徴、数字のチェック、絵の完成、図形の組立[405]――で構成されている。制限時間は合計で一六分四五秒である。もう一つが、「個別式検査」であり、これにも、英語を理解する者を対象とする言語性テスト（スタンフォード・ビネー改訂知能検査）と英語を理解できない者用のパズル等から成る非言語性テストがある[406]。三つの試験実施の手順は以下のとおりであった。手始めが英語を読み書きできる者とできない者の選別であった。前者に対してはアルファーテストを実施、後者の者、及び、アルファーテストの結果が悪い者に対してはベーターテストを実施し、さらに、このテストの結果が悪かった者に対して個別式検査を実施する段取りとなっていた[407]。

ヤーキーズ中佐を隊長に心理学者から成る検査部隊が編成された。チャップマンによると、「一九一八年五月までに、すべての軍人をテストするために二四の基地が設けられた。テストの実施は一カ月に二〇万人を超えるまでにスピードアップされた。一九一九年の最終時点では、このテストの計画によって、兵役簿に記載された新兵と士官一七二万六九六六人の知的能力が評定された。」[408] 評定は、AからEまでのアルファベットで表示され、兵士は、優秀（A）から普通兵卒（C）、特殊な技能や先見的配慮、臨機の判断または持続した警戒を要する任務に不適な者（D）、除隊か特殊勤務が適当である者（E）に選別された。[409]

途方もない規模の検査と選別がアッという間もなく実施された背景の一つには、アメリカが戦争を遂行するにあたっていまだ「多様な力の構成」の段階には至っていないとの彼らなりの危機感があった。ターマンは、開戦時のアメリカ軍がドイツ軍に比べいかに準備不足の状況にあったかを指摘している。「ドイツが陸軍を動員したとき、兵士の全員が二年ないしそれ以上の期間軍事訓練を経験していた。軍隊は既に出来上がっていたのである。各師団は細部に至るまで組織化され、よく訓練された士官、機関砲兵、歩兵、砲兵、飛行兵、運転兵、技術兵、料理兵、薬剤兵、軍医……が配置されていた。機械の部品は運転を始めるために組み立てられさえすればよかった。」翻って、アメリカ軍の状態はこれとは対照的であった。「集団は、およそ軍隊とはいいがたい、単なる軍隊の素材といったものでしかない。軍隊がその能力を発揮しうるのは、ただ、各兵士に適した任務が割り当てられ、任務に応じた訓練がなされた場合に限られる。それまでは、軍隊は烏合の衆のままであるしかない。」[410] ここには、危機感とともに、彼らが知能検査に託した役割――兵士のゲーシュテルへの最適配置――がよく表現されている。ターマンが、軍隊を「機械」に譬え、兵士を「部品」に譬えたことは決して理由のないことではなかったのであろう。彼もまた、機械装置が支配する近代という時代の本質をよく理解し、そうした時代における心理学者としての自己の役割をよく弁えていたということだ。

軍隊は、はたして、ヤーキーズ等の知能検査を歓迎したのであろうか。グールドは、「大量の新兵を一時間で調べ、陸軍のさまざまな任務にどの人が最適であるかを判断する将校の伝統的役割まで侵した小生意気な心理学者を、職業軍人たちがどのように感じていたか、おおよそ察しがつくであろう」という。実際、「ヤーキーズ隊は、或るキャンプでは敵意に出会い、他のキャンプでは、もっと手痛いさまざまな報復を受けた」という。しかし、「テストが、いくつかの分野、特に将校訓練のための篩い分けに強力なインパクトを与えたことはたしかであった。開戦時点で、陸軍と州兵軍は九〇〇〇人の将校を擁していた。終戦までに、二〇万人の将校が任務につき、彼らの三分の二がこのテストを採用した訓練キャンプから軍隊暦を開始していた。或るキャンプではC以下の成績の者は将校訓練が受けられなかった。[411]」

大戦を奇禍として軍隊をフィールドにタップリと知能検査のノウハウを蓄積したヤーキーズやターマン等は、戦争終了後、新たな市場を求めて、「基礎学校知能検査委員会」を組織し、軍隊用の集団式検査法を学校用に修正し転用する作業を開始する。こうして一九二〇年にできあがったテストが、集団方式を採用した、多肢選択式で、言語問題と非言語問題を含み、客観的に得点化され、実施時間は一時間足らずという、「全国知能検査」である。[412] 第三学年から第八学年までの生徒を対象とするテストは、この年、五〇万部もの検査用紙が印刷され、公立学校で利用された。[413] ヤーキーズとターマンが、前年の一月二三日、それは軍隊が検査計画を取り止めた日でもあったのだが、新たな民生用の検査法の開発のために二五〇〇〇ドルの資金援助をロックフェラー財団総合教育局に求めた際、そこに添付された申請書類には次のように知能検査の効用と期待が記されていた。「軍隊での集団心理検査の目を見張るような成功が、思いもかけず、教育や産業に類似の方法を導入する道を敷いたのです。学校組織において、臨床心理学者たちは急速に認められつつあり、……能力別編成、進級、個別的取扱、職業指導のための部分的基礎として、彼らには知的側面から子どもたちを分類することが期待されます。[414]」その後、この予言のとおり、知能検査は全米に驚くべき早さで普及し——二〇年代半ばには知能検査の販売数は年間四〇〇万部に達した——、平行してカリキュラムの多様化が進められ、学校にとって、能力別編成、等質編成、進路別編成が当たり前のものとなる。一九二六年に合衆国教育局が実施した調査は、八六％の都市が知能検査を分類の基礎の一つとして利用していることを明らかにした。[415]

知能指数及び機械的画一的な集団式検査法の登場は、知能検査に対し、ビネー等の「子どもの能力に見合った教育の実現」といった当初の意図から離れて、それとはおよそ無縁な、成人を含む人口集団を分類し、選別し、さらには、職業選択のためのテクノロジーとしての性格と役割を強化し、はっきりと刻印するものとなった。人口集団の成員の知能を数字に置き換えることが如何なる意味をもち、そこから何が生まれるのか。この間の事情を理解する上で、先に紹介したハイデガーの言葉が参考となる。「〔近代という時代の科学にあっては〕数えるということは第一義的なことではありません。測定可能性は、本当は、計算可能性を意味します。そして、計算可能性とは、予測可能性を意味します。そして、自然過程の支配可能性が眼目である以上、この予測可能性こそ決定的な意味をもつのです。この支配可能性ということには、自然を、一種の所有物として、意のままに自由に処理する可能性が含まれています。科学で肝要なのは、『われわれを自然の支配者とし、自然の所有者、持ち主とすること』（デカルト）です。」ハイデガーのいう「自然」を「知能」に置き換えれば、以上の言は、そっくり知能検査にも当てはまる。すべての被検者の知能をＩＱという一つの数字で表示し順位付ける知能検査とは、畢竟、軍隊や学校の例がそうであるように、個々の被検者のもつ未来に対する「予測可能性」を確実なものとし、さらに加えて、機械装置に人口集団に対する「支配」と「自由処理」の可能性を提供するものであった。人は、以後、それぞれが有する数値に応じて、労働者として、兵士、技術者、指導者として、あるいは、母として、機械装置により自在に徴用され–用立てられゲ–シュテルに配置される計算可能かつ取替可能な一個の歯車と化すこととなったのである。

ＩＱのもつ未来を透視する力を担保したのが、ターマンいうところの「知能の恒常性の法則」であった。知能指数は子どもの発達過程においてほとんど変化せず、「精神薄弱はいつまでたっても精神薄弱、愚鈍は愚鈍、平均は平均、優秀は優秀のままである」との観念がそれである。[416] 彼は、「ＩＱは子供の将来の精神発達を予測するベース」であるとし、[417] 知能検査を行うことによって、「子どもの生来の能力が、①専門職、②準専門職、③通常の熟練労働者、④準熟練労働者、⑤不熟練労働者の中央値にほぼ一致するかどうかが分かり、この情報が子どもの教育を計画する上で大きな価値をもつ」とする。「予備的な調査」の段階と断りながらも、ターマンは、ＩＱと職業の関係を取り上げ、「ＩＱ七〇以下の者が不熟練労働以上の職業に就くことは稀であり、七〇から八〇の者は準熟練労働に、八〇から一〇〇の者は熟練労働か通常のデスクワークに、一〇〇から一一五の者は準専門的職業に、それぞれ適し、これより上の者は専門職や相当程度のビジネス分野への進出が可能である」とする。[418]

子ども時代の知能検査の結果が、以後の教育、将来の職業を左右し、社会的成功の可能性までも見透すとの、こうした観念は、ビネー等の「われわれがめざしていることは、〔子どもの知能に即した教育を行うため〕眼前の子どもが正常児であるか知的遅滞児であるかを調べることにあり、子供の将来を明確にしようとすることにはない」[419] との考えの対極に位置するものであった。もっとも、ビネー等があえて釘を刺した背景には、彼らもまたそうした可能性を知能検査に嗅ぎ取っていたからかもしれない。いずれにせよ、知能検査は、結果のＩＱによる表示、集団式検査法の開発により、今や、人口集団を構成する一人一人の能力を、子どもであれ、成人であれ、短時間で効率よく測定し、その結果を有無をいわさぬ数値でもって表現し、順位付け、彼らの未来を透視し、彼らをその能力に相応しい用象としてゲ-シュテルに最適配置する標準化-規格化のテクノロジーとなって、それ自体が機械装置にとって無くてはならない用象の一つであることを立証してみせたのである。一七〇万を超える兵士を前にしたヤーキーズの部隊がそうであったように、人口集団の上に立ち、知能指数の一覧表を手にしながら、一人一人を、機械装置のために、労働者として、兵士、技術者、指導者……として意のままに位階づけ、振り分け、ゲ-シュテルへの配置を差配する、そうした心理学者の勝ち誇った姿が想像される。もっとも、彼らもまた、一皮むけば、所詮は機械装置により徴用され-用立てられる用象の身でしかなかったのではあるが。

四　排除する優生学

IQとの合体、集団式検査法の開発と並んで、アメリカに渡った知能検査法は、もう一つ、それこそビネー等の思いもしなかったであろう発展・変容を遂げることになる。IQの遺伝決定論の登場であり、優生学との結合である。それは、また、移民国家であり多人種国家であるアメリカにあって、人種差別主義との結合を意味するものでもあった。

アメリカにビネー・シモン式検査法を紹介し、はじめてこれを利用したヘンリー・ゴダード（1866–1957）——彼は「新兵心理検査委員会」のメンバーの一人であった——が、ニュージャージー州ヴァインランドで精神薄弱児のための訓練施設を運営する優生学者であったこと、そして、その彼が最初の検査対象に「移民」を選んだことは理由のないことでも偶然でもなかったはずである。ゴダードは、一九一二年の春にニューヨーク湾に浮かぶエリス島を訪れ、そこで移民にビネーテストをはじめて試したときの様子を報告している。

「私は、土曜日の朝、エリス島を訪れたが、その日は湾に霧が立ちこめ、移民は誰も上陸できなかった。一〇〇人程が船を離れる準備を済ませていた。われわれは、知的障害と思われる一人の若い男性を選び出し、通訳を通じて、テストを受けさせた。彼はビネー尺度で八歳と判定された。通訳は、『私がこの国にやってきたときには、こんなことはしなかったはずだ』といい、テストは不当であると思っている様子であったが、この若者が知的障害者であることを納得させた。結果は、移民管理局長がわれわれに滞在の延期を勧めたほど、非常に印象深いものがあり、われわれも、勧めにしたがって、週明けの月曜日をエリス島で過ごし、いくつかの試みを行った。われわれは、〔スタッフの〕一人の若い女性を列の端に配置し、移民が彼女の前を通過するとき、彼女が知的障害をもつと思う者を選び出すようにした。彼らを静かな部屋に連れて行き、テストを受けさせたところ、彼女が選んだ九人全員がビネーテストによって正常より下であると判定された。[420]」検査の目的は、移民、とりわけ南欧や東欧からの移民を北欧系アメリカ人の優れた血統を脅かす存在とみなし、中でも危険な知的障害者を抽出し、上陸を阻止することにあったのであろうが、ゴダードが『カリカック家――精神薄弱者の遺伝についての研究』(1912)でよく知られた優生学者でもあったことからも想像されるとおり、彼にとって、ビネー等にはなかった「知能は遺伝する」との観念は知能検査を実施するに際しての当然の前提であった。ゴダードは、「正常な知能は単一の形質であり、間違いなくメンデルの形式で遺伝されるように思う」といい[421]、さらに、自らも「大胆な」という主張では次のように語っている。「われわれの主張は、人間の行動を第一に決定するものは、われわれが知能と呼ぶ単一の知的プロセスであるということ、このプロセスは生得的な神経機構によって条件づけられているということ、また、この神経機構によって達成される有能さの度合、及び、個々人の知的あるいは精神的レベルの必然的な段階は、生殖細胞の合体により生じる染色体の種類によって決定されるということ、さらに、この機構の一部を破壊するほど重大な出来事以外、それ以後のいかなる影響にも左右されないということである。[422]」かくして、知能検査法は、アメリカ上陸の時点において、優生学者の手のするところとなり、おりからの進化論やメンデルの再発見、社会ダーウィニズム、優生学の流行、さらには、古くからの人種差別主義ともあいまって、生物学的な選別の「科学的」道具としての役割と性格を色濃く帯びることとなった。中村は、当時「精神薄弱問題に関するアメリカでもっとも著名な権威」と評されたゴダードの研究の特徴を、家系研究を中心としてきた従来からの優生学の手法に知能検査を合体させ、精神薄弱の遺伝論を科学的な手続きにより再確認した点に見られるとし、その成果は「優生学に基礎的データを提供し、優生学の仮説を実証し、優生学に科学性という装飾を強化した」ことにあったとする。[423]

この間の事情は、アメリカにおける検査法の開発に中心的役割を果たしたターマンについても変わりはない。チャップマンは、ターマンが、知能検査の作成にあたって、「自らのテストが妥当性のある知的尺度であり、IQは恒常的で、それは遺伝によって大きく影響されると主張した」ことを紹介する。「彼は、急速に発達した優生学運動、即ち、さまざまな『欠陥者』の生殖を管理し、また、主に南欧や東欧からの移民を制限することにより、社会を改善せんとする運動にも手を貸した。彼は、知能検査の仕事を通じて、優生学のプログラムと一致するいくつかの結論に達した。次第に、彼は知能の大部分が遺伝すると信じるようになったのである。そうした彼にとって当然の次の一歩は、社会の集団的な知能を編成する方法について考えることであった。彼は社会的逸脱者がしばしば低知能の結果であり、まさに文明の基礎が彼のいう『精神薄弱者の脅威』によって脅かされつつあると信ずるようになった。彼は、知能検査により『精神薄弱者』が判別されることによって、それが貧困、犯罪、非行を無くすのに役立つと結論づけている。[424]」たしかに、「近い将来、知能テストにより数万人のこれら高度な知的障害者が社会の監視と保護の下に置かれることになるであろう[425]」といった発言からも分かるように、ターマンにとって、知能検査は、優生学、つまりは、より強く健全な種からなる人口集団の創造に奉仕するテクノロジーとして位置づけられるべきものであった。

そのため、ターマンは人種とIQの間にはっきりとした相関関係が存在することを「科学的」に立証せんとする。人種的出自の異なる一四八名の生徒――彼らのほとんどはアメリカで生まれ、全員が英語を話した――を対象に実施した調査結果は、スペイン系生徒の場合、中位数が七八であるのに対し、ポルトガル系八四、イタリア系八四、北欧系一〇五、アメリカ人一〇六というものであった[426]。こうした人種と知能の相関性は、知能の遺伝決定論を根拠づけると同時に、さらには、同じ白色人種の中でも、北方人種を最上位とし、アルプス人種、地中海人種を下位とする人種差別主義者を勇気づけるものであった。そして、それは、「瓜の蔓に茄子はならない」といった諺があるように、おそらくは、当時の大多数の人びとが抱いていた常識とも符合するものであったのであろう。

知能と人種の相関性についていえば、陸軍の知能検査の結果とその利用に触れないわけにはいかない。ヤーキーズのグループが、いち早く、陸軍テストの結果を分析・報告した『アメリカ合衆国における心理テスト』（1921）において、知能と人種の間に強い関連が存在することを明らかにした[427]ことを承け、陸軍テストから得られたデータを基にして、生得的知能が人種により異なる「事実」を「科学的」に明らかにする作業に取り組み、陸軍テストの「成果」を誰にも分かる形で広く世に知らしめ、その利用に道を開いたのが、ヤーキーズの弟子であり、検査部隊のメンバーでもあったカール・ブリガム（1890–1943）である。彼は、カミンが「この本ほどアメリカの心理学史上重大な衝撃を与えたものはほかにない[428]」と評した『アメリカ人の知能の研究』（1923）の冒頭において、自らの問題関心が奈辺にあるかを解説する。少々長いが引用しておこう。それは、当時、人種間の生物学的相違、とりわけ、知能の相違をめぐる問題が大きな関心を呼び、かかる問題解決のための手掛かりとして知能検査法が大いに歓迎された、その間の事情をよく伝えるものと思われるからである。「さまざまな人種間、あるいは、同一人種の多様な下位種別間、あるいは、国民団を形成する政治的集団間に存在する〔生物学的な〕差異にかかわる問題は、人びとの間に容易にこの上もなく激しい議論を呼び起こしうるものである。論争は、とりわけ、知能／精神の特性が俎上に載せられるとき、激しいものとなる。……最近まで、われわれには、知能の特性を科学的に測る有効な方法といったものがなかった。その結果、人種の差異に関する研究は、身体の測定といった誰も文句をいえない分野を離れ、知的能力といったとらえどころのないものを評価する分野に足を踏み入れるや、そのほとんどが、非常にバイアスがかかったものとなりがちであるというのがこれまでの常であった。……一九一〇年以降、われわれは、この国において、知能を測定する方法に関する顕著な進化を目撃している。そして、これらの方法によって人種の差異を明らかにする研究も行われてきた。……陸軍知能検査は、われわれの目的のために、この国において、われわれ自身の知的能力の国家的規模での棚卸しのための機会をわれわれに提供するものであった。……陸軍のデータは、知的特性が人種によって異なるという研究に対し、真に重要な最初の貢献をなし、また、われわれの結論に対し科学的根拠を与えてくれるものである。……陸軍知能検査により、われわれは、アメリカ人の知能に迫るためのさまざまな要素を分析する可能性を手に入れたのだ。アメリカで生まれた者、外国で生まれ〔アメリカに移住し〕た者、黒人の知能検査の記録が、今、われわれの手もとに存在している。これらの記録は、この上もなく厳密な研究の対象とするに相応しい内容を備えている。[429]」

表1はブリガムの研究から生まれた「科学的」成果の一つである。

右側のスケールは、スタンフォード・ビネー改訂知能検査の精神年齢にほぼ相当する。左側の統一スケールについては少々解説が必要である。これは、陸軍テストが三つの検査方法を採用したことによる。アルファーテストのいくつかの項目は他のテストよりも難易度が高く、逆に、ベーターテストのそれはより低いものであったという事情、各テストの受検者の数的及び人種的なアンバランスといった事情――黒人はほとんどアルファーテストを受けなかった――により、人種や出身国の平均が得られるように共通の基準に変換される必要があったということである。統一スケールは、最低が〇、最高が二五になるように設定された理論的な知能スケールであり――一応、これを単純に「精神年齢」ととらえることは不可能ではなく、現に、ヤーキーズはそのようにしている――、三つの検査の結果はすべてこのスケールに変換可能である。その結果、ブリガムは「われわれは三つの代わりに一

つのスケールを手にすることになった」のだとする。(430)

統一スケールが意味するところは単純明快である。数値（精神年齢）がいずれの場合も低く抑えられ多くの者が軽度の知的障害の持ち主となることは別にして、それを眼にした誰もが、人種間に知能の差異が存在する「事実」を瞬時に了解したにちがいない。アメリカ人（士官）の一八・八四（数字は平均値である。以下、同様。）を参考値とすれば、新兵の検査結果は、イギリス人の一四・八七を筆頭にして、スコットランド、オランダ、ドイツ、アメリカ（白人）、デンマーク、カナダ、スウェーデン、ノルウェイ、ベルギー、アイルランド、オーストリア、トルコ、ギリシア、ロシア、イタリア、ポーランドの順に並び、最下位がアメリカ（黒人）の一〇・四一であることを示している。ブリガムは、この他、A〜Eの評価結果の割合を表に示しているが、それによると、A及びB評価の割合に関しては、イギリス人の一九・〇％を筆頭に、最下位のポーランド人の一・一％に至るまで、また、D及びDマイナス、E評価の割合に関しても、イギリス人の八・八％を筆頭に、最下位のアメリカ（黒人）の六七・五％

表1

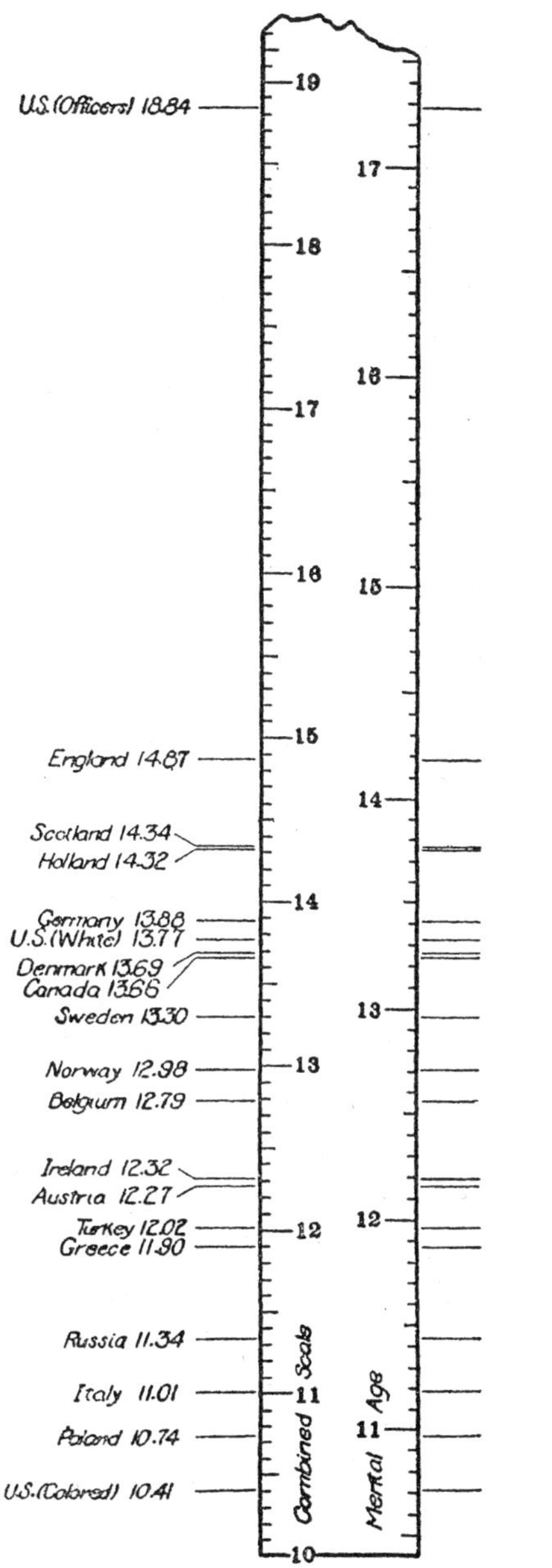

C. Brighum, A study of American intelligence, 1923, p. 124.

に至るまで、ほぼ先のスケールと同様の順位となっている。[431]

こうした結果をどのようにとらえればよいのか。英語を理解しうるか否か、アメリカでの居住期間の長短、就学期間の長短等といった環境的要因と無関係ではなかったはずであり、そうした観点からの解釈も当然可能であったはずである。しかし、ブリガムが「われわれは、先天的あるいは生まれつきの知能を測っていると仮定しなければならない[432]」と断言するように、ヤーキーズ一派にとって、数値が各人種のもつ知能の生得的な遺伝生物学的優劣を表現することは自明のことであり、彼らの研究の前提であった。彼らは、環境論の立場からの反論に対して、英語の能力はベーターテストにあってはは無関係であるとして取り合わず、他の疑問に対しても遺伝決定論の立場から次のように回答する。居住期間の短い移民の得点が低く出ることとは、「最近の移住者は、南欧や東欧の出身者が増加し、生得的知能が低くなっている」ことによるものであり、教育期間の長さが得点に反映されることとは、「生まれつきの知能が高い者は学校教育を続けていく能力を有している」からであり、北部の黒人の得点が高いことは、「もっとも優秀な黒人だけが北部に移動することができ」、彼らには「白人の血がより多く混じっている」からだというわけであった。[433]

アメリカ社会を構成する諸人種の間に知能の差異が存在する「事実」を「科学的」に明らかにしたブリガムは、著書の最後を次の言葉で結んでいる。「入手可能なすべての証拠によれば、アメリカ人の知能が低下していることは明白であり、今後、人種の混合がますます広がるにつれ、加速度的に進行することになるであろう。こうした知能の低下は、ヨーロッパの国々のそれよりもずっと急速となることが予想される。それには、黒人の存在が大きい。しかしながら、アメリカ人の知能の悪化は、それを阻止するための公的な行動がとられるならば、避けられないことではない。〔知能の〕継続的な進歩と上昇を保証するために、立法的な方策を講じない理由は何もない。われわれの現在の知的能力を擁護し増大させるために採るべき手段の決定は、当然、政治的便宜主義ではなく、科学に基づいて行われねばならない。移民は、制限されるだけではなく、大いに選別されるべきである。移民法及び帰化法の改正は、われわれを現在の困難からわずかではあれ解放してくれるであろう。真に重要なステップは、現在の人口集団の中にあって欠陥をもつ血統が今後も繁殖するといった事態を防止する手だては何か、それを捜すことである。[434]」

移民の受入制限は、ブリガムの提言を待つまでもなく、既に、移民が飽和状態となった一九世紀末頃から、アメリカ社会が受け入れるに不適とみなした人びとを対象に始まっていた。たとえば、売春婦・犯罪者（1875）、精神障害者・公共の負担となる者（1882)、伝染病患者・反道徳的な前科者（1891）等がそうである。それと並んで、選別基準が国籍・人種へと拡大し、中国人（『移民制限法』（1882））が最初の、ついで日本人（『排日移民法』（1907））が標的とされ、さらに、一九一七年二月五日にウイルソン大統領の拒否権を抑えて成立した『合衆国への外国人の移住及び合衆国における外国人の在留を制限するための法律』[435]は、選別の基準に「リテラシー」を導入した最初の法律となった。法律は、先ず、ハリー・ラフリン（1880–1943）がいうところの「われわれが有する繁殖のためのストック」[436]から、白痴、痴愚、精神薄弱者、癲癇病者、精神病者、精神病質者、慢性アルコール中毒者、貧困者、乞食、浮浪者、結核患者、嫌忌すべき又は危険な伝染病患者、生計能力に影響を与える精神上又は身体上の欠陥を有する者、公共の負担となるおそれのある者、前科者、売春婦、多妻主義者、無政府主義者等を排除するべく、彼らの入国を禁じ、さらに加えて、アメリカ国民としての資質の有無の検証を目的に、一般に読解力を身に付けていると考えられる一六歳以上の全員を対象として、「日常的に使用する三〇語以上四〇語以下」の読解テスト（文盲テスト）――テストの使用言語は英語に限らず、ヘブライ語やイディッシュ語を含む複数の言語からの選択が可能であった――の受検を義務づけ、不合格者の入国を拒否するものとしたのである。

しかし、以上の措置も優生主義者や人種差別主義者を満足させるものではなかった。一八九〇年から第一次大戦の停滞期を挟んで一九二〇年までの間に雲霞のごとくアメリカに押し寄せたおよそ一八〇〇万人と算定される移民[437]、中でも南欧と東欧からやってきた「新移民」と呼ばれる者たちのこれ以上の増加を如何に防ぐか。こうした課題に対処するべく、連邦議会は、一九二一年五月一九日、国と地域を特定して数的制限を行う最初の法律となる『合衆国への外国人の移住の制限に関する法律』[438]を、これまたウイルソン大統領の拒否権を押し切って、成立させている。法律は、国・地域別の年間割当数を、一九一〇年の国勢調査時にアメリカに居住する外国生まれの移民数の三％に抑制しようとするものであった。算出された割当総数は三五七八〇三人であり[439]、大戦前五年間（一九一〇〜一九一四）の当該国家・地域からの年平均移民総数が九〇万人を越えていたことからみても[440]、大幅な減が実現されるであろうことはたしかであった。これにより、一九一七年の移民法と合わせて、質と量の両面で移民を制限する体制が整ったといえる。もっとも、はたして「三％」が妥当な数字か、算定基準が何故「一九一〇年」なのか、何故「外国生まれ」の移民なのか、何故「アメリカ生まれ」の国民は含まれないのかといった疑問が残され、とりわけ、既に大量に入国済みの南欧や東欧からの移民を算定の母数とすることには当然のように強い批判が寄せられた(441)。

もともと、一九二一年の移民法は、「緊急移民法」と呼ばれたように、一九二二年六月三〇日までの時限立法として、緊急避難的な性格をもつものであったのであり、連邦議会は、二年間の延長の後、恒久的な立法措置として、一九二四年五月二六日に、『合衆国への外国人の移住の制限及びその他を目的とする法律』(442)、いわゆる『ジョンソン・リード法』を制定する。法律は、より蛇口を絞ることを目的に、基準となる時点を一八九〇年の国勢調査、つまりは南欧や東欧からの移民が大量に押し寄せる以前に遡らせ、母数についてはアメリカに居住する外国生まれの移民数はそのままに、割当数を「二%」へと削減し、それが一〇〇に満たない場合は一〇〇名とするものと定めた。その結果、割当総数は一九二一年の法律の半数以下の一六四六六七人となり、その内訳は、「北西ヨーロッパとスカンディナヴィア」が一四二四八三人(八六・五%)、「東及び南ヨーロッパ」が一八四三九人(一一・二%)、「その他の国々」が三七四五人(二・三%)というものであった。東欧及び南欧の割当数が圧倒的に少ないことがわかるが、イタリアに割り振られた三八四五人という数は、二〇世紀の最初の二〇年間の年平均一六万人の二・五%弱に相当し、さらに、大幅な圧縮を行った一九二一年の割当数四二〇五七人と比べても、その一〇%足らずにすぎない。ポーランドの場合も、三〇九七七人が五九八二人へと激減している。他には、チェコスロヴァキア＝三〇七三人、ロシア＝二二四八人といった数字が並んでいる。北西欧の国々、たとえば、ドイツ＝五一二二七人、イギリス＝三四〇〇七人と比較し、一九二四年移民法が東欧及び南欧の諸国にとっていかに厳しいものであったかが分かる(443)。

一九二四年の法律による二%条項等の措置もまた時限的なものであった。法律は、既に、制定時に、一九二七年七月一日以降の新たな制限基準を定めていた。年間の移民総数の上限を「一五〇〇〇〇人」とし、これを一九二〇年の国勢調査時点において大陸合衆国に居住する当該出身国の住民数を基に按分比例し、それが一〇〇に満たない場合は一〇〇名とするとした。これにより、外国生まれの移民だけでなく、当該国出身者を祖先にもつアメリカ生まれの国民も算定の母数に組み入れられ、これが、一九六五年の『ケネディ＝ジョンソン法』によって終止符が打たれるまで続く、いわゆる「出身国別割当方式」であった。新たな基準の結果、割当数は、国により増減が見られ、ドイツが二五九五七人へと大幅に減らし、イギリスが六五七二一人へと大幅に増加する中で、イタリア、ポーランド、ロシアはその数を若干増やしたものの、それでも、それぞれ、五八〇二人、六五二四人、二七八四人といった程度のものでしかなかった(444)。

新移民法の成立が陸軍テストの結果の影響を強く受けたものであったことは、カミンが紹介する一九二三年二月二〇日の上院移民・帰化委員会の様子からもうかがえる。証言に立った移民制限同盟のキニカトは、「南欧及び東欧からの移民を制限してほしい。……証拠は十分にある。……そのほとんどが低い知能しかもたない。……最近の軍隊テストでは、……イタリアからの移民の知能はひじょうに低い。また、ポーランドやロシアからの移民も同じように低い。……これについては、ブリガムの『アメリカ人の知能研究』を参照されるとよい」と発言し、これに対し、コルト委員長が、ブリガムの本の寄贈を感謝し、あわせて、「本委員会の委員全員が本書を読み、それから自分の判断を下すべきである」と応えた。[445] 当時、ワシントンにおける優生主義者によるロビー活動の中心を成していたラフリン――彼は、ヘンリー・ダヴェンポートが主宰する「実験的進化研究所」の附属機関として一九一〇年に創設され一九三九年の閉鎖まで優生学研究と運動の一大センターとなった「優生学記録研究所」の所長（1910–1921）、理事（1921–1939）を歴任した筋金入りの優生主義者であり移民制限論者であった――は、既に一九一七年の『優生学ニュース』の中で、「最近、科学的心理学は高い精度をもつまでに発展してきた。その一分野では個人の知的能力や気質的特性が生来優れているか否かを検査できるようにするために力を尽くしてきた。このような科学の存在が〔移民の制限を議論している〕アメリカ議会の知るところとなったら、きっと、議会は、この直接的で論理的なテストをわれわれが測定したいと考えている資質に適用することになるであろう」[446]との考えを表明していたが、たしかに、陸軍テストの結果、とりわけブリガムの報告は、議会における人種主義者や優生主義者を勇気づけ、さらには、彼らにそれまで欠けていた「科学的」根拠を与えるものとして歓迎されたことは間違いない。

ハワード／リフキンによると、移民法を審議する下院議会の様子は、「優生学ヒステリーがこの国を席巻し飲み込んだことの証明書以外の何物でもなかった。」移民・帰化委員会を一九一九年以来率いるジョンソン委員長が審議の行方に大きな影響力をもつ優生学専門委員にラフリンを指名したことからも、既に議論の帰趨は明らかであったといえようが、委員会や議場を「外国人の流入を制限する第一の理由は、アメリカ人の血を浄化し純粋さを保つためだ」といった発言、あるいは、「私たちは欠陥のある家畜や手に負えぬ家畜を輸入しないくらいの分別を持ち合わせている」といった発言が飛び交う中、ユダヤ系やイタリア系等の少数民族出身の議員の反対の声は、「『民族の血の純潔を守れ』という叫びの中で完全にかき消されてしまった。」反対票を投じたのは、四三五議席の内、共和党三五名と民主党三六名にすぎなかった。[447]

グールドは、陸軍テストの結果が移民政策に及ぼした影響を次のように総括する。「アメリカ議会の審議は絶えず陸軍のデータから活力を汲み取った。優生主義者のロビー活動の矛先は、単に移民を制限するというだけでなく、劣等な人種の国家に厳しい割り当てを課すことにより、移民者の質を変えることへと向けられた。一九二四年の移民法は、陸軍のデータと優生主義者のプロパガンダなしには、決して実行されなかったであろうし、また、考えられもしなかったであろう。結局、南欧や東欧、アルプス系、地中海系の人びとは、陸軍テストの得点が最低であったが故に、閉め出されるべき者となったのである。優生学者は、アメリカの歴史の中で、科学的人種主義の最大の勝利の一つを戦い取った。[448]」

もっとも、移民法は、ブリガムの先の指摘にもあるように、優生主義者や人種差別主義者にとっては、「われわれを現在の困難からわずかではあれ解放してくれる」方策といった程度のものでしかなかったのかもしれない。それは、「劣等な人種」のアメリカへの入国を制限し選別するものであったにせよ、現にアメリカに居住する「劣等な国民」に対しては無力であったのだから。ロバート・ウォードが一九一六年の『優生学批評』に書いたように、国家が行う優生政策は「不適合な外国人の移住」の防止と「不適合な国民の生殖」の防止をいわば車の両輪として遂行されねばならなかった。[449] そして、劣等者に対する措置もまた、移民制限と平行するように、二〇世紀に入る前から既にはじまっていた。

中村によると、一九世紀後半以降、精神薄弱や狂気を犯罪や貧困の原因とみなし、加えて、これらの障害や病気が遺伝に起因するものとの説が流布され、彼らの生殖の防止を目的とした大規模な隔離政策が登場するに至った。[450] もともと、精神病院であれ、精神薄弱者施設、刑務所、少年院等であれ、それら施設への収容が、治療や矯正、処罰等と並んで、結果的に、あるいは、付随的に、生殖機会の剝奪といった効果をもつものであったことは古典主義時代の「大いなる閉じ込め」も同様であったが、一九世紀末以降のアメリカに見られる顕著な現象は、これらの閉じ込めがはっきりと生殖防止と結びつけられたこと、さらに加えて、より直接的かつ積極的な方策が生み出されたことにある。

その一つが「婚姻制限」である。一八九五年、コネティカット州は、優生学的見地から、全米初となる『婚姻制限法』を制定する。それは、以下のいずれかに該当する者に対して「三年以上の禁固刑」を科すものであった。①女性が四五歳以下であり、いずれかが癲癇又は痴愚、精神薄弱である者と婚姻又は同棲した男女、②癲癇又は痴愚、精神薄弱、公的貧民である四五歳以下の女性と性的関係を結んだ男性、③四五歳以下の女性と性的関係を結んだ癲癇の男性、④癲癇又は痴愚、精神薄弱の男性と合意のうえで性的関係を結んだ四五歳以下の女性。この後、一九一三年までに、オハイオ州、ワシントン州、マサチューセッツ州等の二六の州が、精神薄弱者や痴愚、癲癇の他、それぞれに、狂人、身体的不能者、飲酒者、常習犯罪者、肺結核患者、性病者を制限対象に組み入れる同様の立法を行っている。(451)婚姻制限は、この他、黒人等とのいわゆる「雑婚」に関しても、同じ時期、アラバマ州、カリフォルニア州、ミシシッピー州等の二三州で実施され、その内二一州がムラートとの、六州がモンゴロイド、オレゴン州がインディアン、オセアニア人との婚姻を合わせて禁止している。(452)

婚姻制限と並んで、同様の、おそらくはそれ以上に直接的な措置に「去勢」や「断種」があった。一八九〇年代、精神薄弱者施設や刑務所において、個々の医師の手により、精神薄弱者や癲癇病者、犯罪者を対象に、自慰や性倒錯、犯罪防止等を狙いとして、法的根拠のないまま、睾丸や卵巣、子宮の摘出といった去勢手術が行われていた。(453)一八九七年、ミシガン州議会は、去勢を、州立精神薄弱者・癲癇病者施設の全収容者、重罪により三度有罪判決を受けた全員、強姦により有罪判決を受けた者に対し実施する法案を審議するものの、僅差でこれを否決している。(454)

心身への負担の大きい去勢に代わって、一八九九年、インディアナ州立少年院の外科医であるハリー・シャープが自慰衝動の抑制を目的に精管切除を一九歳の男性に実施したが、これがアメリカ最初の断種とされる。その後、彼は対象を精神薄弱者等にも拡大し、一九〇七年までの八年間に一七六人に対し同様の手術を実施している。(455)以後、断種は、変質行動の防止といった治療目的にとどまらず、精神薄弱等の劣等者の子孫の誕生の防止にとって、国民経済へ大きな負担を強いる施設への収容や効果の点で疑問の多い婚姻制限以上に、将来世代と国民の遺伝的健全性の確保のための有効な手段として、優生主義運動の重要な柱と位置づけられ、医師もまた運動の中で積極的な役割を引き受けることとなる。(456)ペンシルヴァニア州議会は、一九〇五年、優生主義者の活発なロビーングが行われる中、「遺伝が白痴及び痴愚の伝播にもっとも重要な役割を演じている」として、『白痴予防のための法律案』を通過させるものの、州知事が「白痴の原因は多様であり、われわれの知識をはるかに越えている」等の理由から拒否権を発動するといった事態を経て、(457)一九〇七年、インディアナ州議会が世界で最初となる『断種法』を成立させるに至った。「犯罪、白痴、精神病の遺伝が、繁殖にあたって、極度に重要な役割を演じている故に、州議会は次の決議をなす」との文言から始まる法律は、州内にあるすべての施設に収容されている「改善見込みのない犯罪者」、「痴愚者」、「強姦犯」、「精神薄弱者」を対象に、収容所医長及び複数の専門医師が「生殖を許容するに相応しくない」との判定を下した場合、この者に対し「生殖を予防するための手術」を行いうるとする。(458)これにより、精神薄弱者や生来的犯罪者に対する戦いのための法律上の橋頭堡を築いた優生主義運動は、その後、知能検査の普及と歩調を合わせるようにして、一九二二年までに、ワシントン州、カリフォルニア州、コネティカット州、アイオワ州等一五の州へと版図を拡大するとともに、対象者の中に精神病者や癲癇病者、性倒錯者、道徳頽廃者、反社会的人物等を、州によっては子供を含めて、取り込んでいった。(459)運動の中核を担ったラフリンは一九二二年に自著の中で「優性学的断種法モデル」を発表する。そこでは、断種対象者として、精神薄弱者（精神病質者を含む）、狂人、犯罪者（非行者、強情者を含む）、癲癇病者、飲んだくれ（薬物常用者を含む）、疾病者（結核、梅毒、癩病、その他、慢性・感染性法定隔離病を含む）、盲者（重度視力障害者を含む）、聾者（重度聴力障害者を含む）、奇形者（身体障害者を含む）、要保護者（孤児、穀潰し、無宿者、放浪者、公的貧民を含む）が挙げられている。(460)彼らの多くがかつて狂人の共同相続人として「大いなる閉じ込め」の対象となった者たちと重なるのは偶然ではあるまい。こうした優生主義運動の背景に、精神薄弱者等を「社会的不適合者」、即ち、「正常人と比較して、病因や予後とは関係なく、自らの努力によってはいつまでたっても国家の組織化された社会生活の有用な一員となりえない者」(461)と位置づけ、さらに、「種の繁栄は一個人のそれよりもはるかに重要である」(462)とする観念が存在していたことは容易に想像される。実際、どれだけの者が断種の対象となったのか。一九二八年一月一日時点における累積数は全国で八五一五人にのぼり、上位六州の内訳は、カリフォルニア州が五八二〇人ともっとも多く、以下、カンサス州：六四七人、オレゴン州：五一一人、ミネソタ州：二三二人、インディアナ州：一二〇人、ミシガン州：一〇六人であった。(463)

北方人種至上主義を唱え、移民政策の立案にも参画したマディソン・グラント（1865–1937）が一九一六年に出版した『偉大な人種の消滅』がベストセラーとなったという事情は、当時のアメリカ社会を席巻した「優生学ヒステリー」の一端を物語る出来事であったといえようが、ドイツ語やフランス語に翻訳され、ヒトラーにも大きな影響を与えたとされるこの書の中でグラントは、「劣等者」の淘汰の必要と方法を次のように説いている。「現状では、人種改良のためのもっとも現実的かつ有望な方法は、国民の中にあるもっとも望ましくない分肢〔失業者、雇用不能な者、犯罪者、貧窮者、アルコール中毒者、精神薄弱者〕を除去することにより、将来の世代に影響を与える彼らの〔悪しき〕能力を奪い取ることである。畜養家にはよく知られた事実を紹介しよう。たとえば、黒い羊は、今日では、注意深く管理された群れの中に稀に突然変異としてあらわれる程度までに、事実上姿を消してしまったが、これは、この色相をもつすべての個体を何世代にもわたって取り除くことにより成就されたのである。[464]」あるいは、ポピノー／ジョンソンの『応用優性学』(1918)。「かつての時代、犯罪者は即座に処刑され、虚弱な子供は適切なケアも医療もなしに生まれ落ちるやすぐに死んだものだ。狂人も、手ひどく取り扱われ、殺害に至らないにせよ、『治癒不能』として放置され、親となる機会などほとんどなかった。どのやり方も厳しいものであったが、そうしたおかげで、種の生殖質は理に適った仕方で継続的に浄化されることができたのである。それが今はどうだ。無能な輩、浮浪者、身体的・精神的・道徳的障害者どもが公費でもって丁重に保護されている。犯罪者は数年もたてば仮出所で娑婆に戻り家族をもち、狂人は『治癒されたもの』として退院し、知恵おくれの子供はしばしばまともな兄弟たちの犠牲の上に骨折って『教育されている』。種にとって望ましくない連中の保護がずっと歳を経るまで生涯にわたって継続して行われているのが現実だ。[465]」

断種が「理に適った」「現実的かつ有望な方法」とみなされたにせよ、しかしながら、当事者の肉体と人生に不可逆的な影響を与える断種の是非をめぐっては、当然のこと、その科学的な根拠、とりわけ犯罪傾向や精神薄弱等の遺伝の可能性の有無の他、憲法上の問題――断種が憲法の禁止する残虐で異常な刑罰に当たらないか、法の要求する適正手続きを欠いていないか、法の下の平等に反しないか――が指摘され、その合憲性に関して激しい議論が展開されたところであり、インディアナ州の『断種法』は、反対派の州知事の就任により事実上実施不能に追い込まれ、一九一九年には州最高裁判所により合衆国憲法修正第一四条（正当な法の手続き）に違反する旨の宣告を受ける。[466]他州の断種法――立法目的は州により異なり、純粋に刑罰とするもの（ワシントン州等）、劣等分肢の子孫の誕生の防止とするもの（ニュージャージー州等）、優性学的目的を中心に刑罰や治療を含めるもの（アイオワ州等）があった――に関しても事情は同様であり、一九二二年までに制定された一五州の内、先のインディアナ州の他、ニュージャージー州、アイオワ州等六州の断種法が州最高裁判所等により違憲判決を受けている。[467]

こうした対立に決着をつけたのは、一九二四年三月に成立したヴァージニア州の『断種法』をめぐる連邦最高裁判所の判決であった。「バック対ベル事件」がそれである。原告は、精神薄弱と判定され州立癲癇・精神薄弱者施設に強制収容された一八歳の白人女性キャリー・バックであった。彼女には、一九二〇年から同じ施設に収容されている売春の前歴をもつ五二歳の母親エマ、収容直前に私生児として出産した娘のヴィヴィアンがいた。バックの精神年齢はスタンフォード・ビネー改訂知能検査により九歳の判定が、また、エマについても同様に八歳の判定が下され、一九二四年九月、施設の理事会は、エマ、バック、ヴィヴィアンは三代にわたる精神薄弱者であり、『断種法』の要件を満たすものとして、バックに対する断種の措置を決定する。これに対して、バックの法定後見人が施設長（当初のプリディの死亡によりベルが後任に就いた）を相手取り、決定の取消を求める訴えを裁判所におこしたのが事件の発端である。施設側は、審理に備えて生後七カ月のヴィヴィアンに対しても幼児向け知能検査を実施し、郡巡回裁判所は、平均以下の知能であるとの検査結果に基づき、三代要件を満たすものとして、断種の決定を支持する判決を下した。これを不服とした原告側は、『断種法』が修正第一四条に定める「正当な法の手続き」及び「法律の平等な保護」に反して無効であるとの訴えを州最高裁判所に提起するが、敗訴、一九二七年四月二二日に上告するものの、連邦最高裁判所は、五月二日、八対一の多数決により『断種法』が合憲であると宣告した。判決文はいう。「遺伝が精神病や低能等の伝播に重要な役割を果たしていることは経験が教えるところである。……われわれは、公共の利益が時にもっとも優れた市民に対して生命すらも犠牲にすることを要求するのを再三経験している。にもかかわらず、われわれが無能力者に煩わされるのを防止するため、国力を絞りとってきた連中に対して少しばかりの犠牲も要求できないとするのは奇妙なことである。どうせ、彼らはそれを犠牲と感じることもないであろう。世の中にとってよりましなことは、変質者を処刑するために犯罪の発生を待つことでも、無能力の故に餓死するのを待つことでもなく、それらに代わって、明らかに社会に不適合と思われる者たちが彼らの種を存続させることから社会を防衛することである。ワクチンの強制接種を認める法理（Jacobson v. Massachusetts, 197 U. S. 11 (1905)）は輸卵管切除に対しても十分適用されうる。〔知能検査が明らかにした〕三世代にわたる痴愚の存在は〔断種を正当化するに〕十分である。[468]」

判決文を起草した中心人物が「彼を語ることは彼の国〔アメリカ〕を語ることである[469]」と評されたオリヴァー・W・ホームズ判事であったと聞けば、当時のアメリカにあって、ラフリンやグラント、ポピノー等の主張が奇矯な変人の戯言といったものでなかったことを認めざるをえない。事件のその後はどうであったのか。ケヴルズは、バックに対し判決直後にベル所長により断種が執行されたこと、八歳で病死したヴィヴィアンの小学生時代の教師たちが「彼女は非常に利発な女の子であった」と語ったこと、ヴァージニア州立癲癇・精神薄弱者施設はその後一〇年間に合計一〇〇〇人を断種したことを伝えている。(470)

五　選抜する人種改良学

断種法や婚姻制限法、移民制限法が劣等者や劣等人種に対する戦いの最前線に配置されたにせよ、これらの立法措置がはたして人種主義者たちを満足させるに十分なものであったかは疑問である。先に紹介したグラントも、「人種改良のためのもっとも現実的かつ有望な方法は国民の中にあるもっとも望ましくない分肢を除去することである」と主張していたが、そこには「現状では」との限定が付されていた。単に種の防衛だけが問題であったのではない。目指すべきは、より強く健全な種からなる人口集団の創造であった。そのためには、悪しき種を選別し除去することにとどまらず、さらに加えて、より優れた種を選別し増殖させることが課題であった。前者は、淘汰、つまりは「負」の育種であり、後者は、選抜、つまりは「正」の育種である。

断種法と婚姻制限法がもっぱら負の育種に定位されていたのに対し、移民制限法は、東欧系・南欧系移民を極少化し、北方系の割合を圧倒的に高め、人口集団の人種構成比を変えようとするものであった限り、正の措置としての性格をもつものでもあった。むろん、移民の管理だけで事が済む問題ではない。既存の人口集団全体を対象とする、より優れた種のグループの選抜、さらには、その中のより優れた個体の選抜が実行されねばならなかった。それが最終的にいかなる事態をもたらすものであったかは、ゴダードが、『正常と異常の心理学』（1919）の中で、「ほんの僅かの者だけが指導者の地位につき、残りは彼に付き従う者でなければならない」(471)と主張していたところからもおおよそ見当がつく。人口集団に乗り越え不可能な大きな切れ目が入れられ、一方で、正の育種により選抜された指導者が最高審級の地位に立ち、他方で、負の育種による篩い分けを受けた被指導者団が労働者や兵士あるいは技術者等としてゲーシュテルに配置され、前者が後者を統御し管理し指導する体制が現実のものとなる、そのとき、はじめて、当該人口集団は地球支配をめぐる世界観相互の戦いに参加する資格を手にしうることになるであろう。

国民の「存在」、即ち、国民が「あり」、「何であり」、「如何にある」かについて、単に外側からのみ身体や精神、知識に働きかけ、墨縄が引かれる時代は過去のものとなろうとしていた。身体の内部にあって、当該人口集団の生物学的な「存在」を決定する何物か――メンデルが「遺伝粒子」と呼び、ド・フリースが「パンゲン」と呼び、ベイトソンが「遺伝子」と名づけた、その何物かにこそ墨縄が引かれねばならない、そのことに向かってようやく時代は動き始めたのである。そのために新たに編成され研ぎ澄まされるべき統治の術が、正常と異常を生物学的に分割し精細に位階づける標準化・規格化のテクノロジーであり、人口集団全体が有する遺伝に関する情報を集約・管理するテクノロジーであり、種の再生産の場である婚姻を中心に正負両面にわたって生殖にかかわる一切を統御するテクノロジーであった。それは、将来の課題であったにせよ、人間にとって決して未知・未経験の事柄ではない。人類は、これまで、たとえ経験的にではあれ、動物や植物を対象に一万年以上にもわたって連綿としてそれを実行してきたではなかったか。「品種改良」がそれである。そのためには、人間もまた生物の一種にすぎないことが自覚され、人間に対して、動物や植物と同様、選抜淘汰の掟を適用する意思と勇気をもつことができさえすれば、それで十分であった。

アメリカが他国に先駆けいち早く断種や去勢、婚姻制限等の措置を実行に移しながら、結局は不徹底かつ中途半端に終わった、その原因が「意思と勇気」の不足にあったとするならば、大西洋を挟んだドイツでは、有り余る意思と勇気を梃子に、正の育種の実行に向けた新たな動きが始まっていた。国家社会主義ドイツ労働者党、いわゆるナチス党党首として後にドイツ首相となるアドルフ・ヒトラー（1889–1945）が、一九二八年に脱稿しながら自ら出版を禁じたいわゆる『第二の書』の中で、「民族のもっとも優れた人間及びもっとも優れた徳性を計画的に育成し、より高等な〔民族へと〕品種改良すること」を将来の政治課題に掲げ、そのためには、「今日、既に存在し、あるいは、これから生み出されるであろう人種理論の知識や学問的洞察を実際の政治の場に適用する」ことが必要であるとの認識を明確にしていた。[472] 彼が言う学問とは、明確に人口集団の人種構成に関心を向け、その構成を変え、さらに、同じ最高の種の中でもより優れた遺伝子をもつ個体を選抜し増殖しようとする「人種改良学」以外にはなかったであろう。

医師でありナチス党人種政策局のメンバーとなるシュテムラーは、ヒトラーの政権掌握の四カ月前に書き上げた『民族国家における人種改良学』において、ドイツ民族の中のもっとも価値ある人種の保護育成の必要性について次のように持論を展開していた。「人種改良学は、〔優生学がそうであるように〕遺伝素質の病気からの保護だけを課題とするのではなく、民族の人種的構成に対しても注意を向け、必要な場合には、この構成を変えようとするものである。……価値ある家族に対しては劣等な家族と異なった援助を与えなければならないように、もっとも価値ある人種に対しては劣等な人種と異なった取り扱いと保護育成こそが相応しいのである。[473]」あるいは、人口問題専門家でありヒトラーの人種政策の忠実な実行者となったギュット。一九三九年夏、当時ライヒ内務省次官として第四局（保健衛生及び民族改良）を統括する地位にあった彼は、ミュンヘンで行った講演――『第三ライヒにおける人種改良』――において、「人種改良は、真摯な園芸家が行う果樹の品種改良の作業と同じであり、人口を増殖し、自らの有する価値ある人種的財貨を改善するため、一つの国家によって実行されなければならない」との方針を明らかにしていた[474]。何のための人種改良であったのか。講演の六年前、一九三三年八月二六日、制定されたばかりの『断種法』を国民に向けて解説するラジオ放送において、法律は今後予定されるドイツ民族の品種改良の端緒にすぎないこと、そのため、劣等者の淘汰はポジティヴな人口政策的措置によって補われなければならないことを確認したギュットは、演説の最後を、「遺伝的負荷の危険を取り除き、価値ある人々の間に子供をもうけることへの意欲を喚起し、民族の品種改良に成功した場合にはじめて、ドイツはヨーロッパの真ん中で自立した国家としての主張を行う能力を有するものとなるでありましょう」との言葉で締めくくった[475]。

　シュテムラーやギュットの言は、それまでなお人々が有していた躊躇いを振り払い、育種＝生政治学にかかわるすべての統治が、訓育＝解剖政治学とあわせて、世界観相互の最後の戦いのためにゲ-シュテルに配置すべき新たな人間類型の生産に向けて整序され投入される、近代という時代が愈々その正体を露にし、主体性の形而上学が完成への最後の一歩を踏み出した、そのことの表徴であり宣言であった。（第Ⅱ部第五章参照）

5　パノプティコン

ヨーロッパ近代の社会とは、畢竟、「世界」から距離をとり、「世界」の前に-対して-立ち、「世界」を透視する眼差しを確立し、さらに、それを鋭利な術へとひたすら磨き上げることにより、神に代わって、「世界」に墨縄を引き、「世界」を征服し支配し創造せんとする、そうした社会であった。それは、経済や芸術、学問、技術の世界にとどまるものではなかった。イタリアの商人たちが複式簿記を基に金銭の出納を透視し世界を股にかけた商取引の動きを制御可能としたように、クワトロチェントの画家たちが遠近法を基に空間を透視し三次元の人や物を一枚のタブローの中に表現したように、科学技術者たちが数論と幾何学を基に自然を透視し自然を作り替え創造したように、国家権力が、世界観を基に、国民全体を、そして、一人一人の現存在の全体を透視し、訓育と育種により新たな人間類型を生産する日の到来を夢見たとして何の不思議もない。

商取引の制御であれ、絵画の表現であれ、自然の創造であれ、その前提にそれぞれに見合った「透視」の術が存在したように、新たな人類の生産を目指す国家権力がそのために先ず解決すべき課題は、国民及び現存在全体の透視を可能とするテクノロジーの開発であった。古くは「ディオニソスの耳」の故事がそうであるように、あるいは、ルイ一四世がスイス人を使って「ヴェルサイユ宮殿の貴族等の行動を、昼夜を分かたず監視し、話を盗聴し、あらゆることを報告させた」[476]ように、トレヤールが「帝国の総体をどんな些細な細部に至るまで一目で掌握する天才〔ナポレオン〕の眼」について語っていた[477]ように、いつの世であれ、透視術の開発は権力者の夢であったといえようが、その課題に建築学的な回答を与えたもの、それがジェレミ・ベンサム（1748–1832）が提唱した「パノプティコン」である。その中に、主体性の形而上学が支配する近代という時代に相応しい透視の術を見ることができる。

ベンサムは、一七九一年、ということはフランス革命の二年後、おそらくは彼の生前あるいは死後に出版された数多くの著作の中にあって、今日ベンサム研究者以外にも広くその名が知れ渡ることになる、一冊の本を出版する。そこには、彼の意図を簡潔に表現するいささか奇異な題名と長い副題が付されていた。『パノプティコン、即ち、監視施設。これには建築の新しい原理に関するアイデアが含まれている。この原理は、いかなる類の人物であれ、彼らを監視の下に置かんとする一切の組織に適用可能である。とりわけ、感化院、監獄、貧民保護所、癩病院、就労所、作業場、病院、労役場、狂人保護所、そして、学校。本書に、この原理に適した管理運営のプラン――白ロシアのクレシェフからイングランドの一友人宛てに一七八七年に書かれた一連の書簡を添付する。』おそらくは、フーコーのいう統治性と深くかかわり、国家の統治性化の実現に大きな貢献を果たすであろう、この建築原理の発見がベンサムにとっていかにエキサイティングな出来事であったか。「序文」からは彼の熱い思いが伝わってくる。「諸道徳の改善――健康の維持――勤労の刺激――訓育の普及――公共負担の軽減――経済の盤石化――救貧法の抱える難問の切捨ではなく統一的な解決――すべてが建築における一つの単純なアイデアにより解決されるのだ！以上が、私がペンを置く際に思いきって言わんとしたことであり、そして、このことは、ペンを取る際にも、もし早い時期に私が〔著作の〕先行きをすべて見通していたならば、申し述べておくべきことであった。」[478]

ベンサムが、「建築の新しい原理に関するアイデア」とも

「建築における一つの単純なアイデア」とも呼んだパノプティコンとはいかなる施設であったのか。技術者としてロシアに在住する「弟が最近考案」し、ベンサムが「パノプティコン」という名前を与えたこの施設は、差し当たり、一般施療院や監獄等の監禁施設の一種であったとみて大きな間違いはなさそうである。「書簡二　懲治のための監視施設の設計図」はその構造をおおよそ次のように描いている。「施設全体は円形を成す。その中心には監視人のための部屋が設置される。監視室を取り囲む円環状の建物部分は、外円周から中心に向かって半径の大きさの仕切りによりいくつかの空間に完全に分割され、囚人を入れる独房となる。仕切板は、囚人を互いの眼から遮蔽するため、独房の内周をさらに一〇フィート越えて設置される。中心の監視室と円環を成す独房との間は空間により隔てられる。各独房の外周部分には窓が開けられ、それを通って外光が独房内に差し込む。他方、独房の内周部分には鉄格子が嵌められ、囚人と監視人はここを通って出入りする。監視室には独房に向かって監視のため複数の窓が開けられ、この窓の外側には反射板の付いた小さなランプがあり、それが対応する独房に光を投じ、夜も監視を可能にする。監視室の窓には、囚人の眼を遮るためのブラインドが施される。その高さは、囚人たちの眼が届くには何らかの手段を用いなくてはならないほどのものとする。ブラインドの効果がない場合に備えて、監視室を貫通する光を遮断するために、部屋は相互に直角に交わる円の二つの直径により作られる仕切りで四つに分割される。監視室と各独房は錫製の細い伝声管によりつながれ、監視人はこの管を耳にあてれば囚人の呟きを聞き取ることも、囚人に対し必要な指示を口頭で与えることも可能である。[479]」

パノプティコンの第一の効果が「個別化」の働きである。囚人は「孤独で隔離された個人[480]」の状態に置かれる。円環を輪切りにした一つ一つの空間が、文字通りの「独房」として、彼らの棲家となる。監視人からは独房に設けられた鉄格子、加えて、監視室と独房との間にある空間により隔てられ、また、他の囚人からは、独房の壁、さらには、ご丁寧にも独房の内周を一〇フィート越えて設置された仕切板により隔てられている。隣人と話すことはおろか、お互い顔を見合わせることもできない。われわれがここに見るものは、一四世紀イタリアのフィレンツェではじめて生まれた「空間の個人化」が最後にたどり着いた究極の姿なのかもしれない。絶対的な孤立と孤独の中で、囚人は、毎日、食事を摂り、仕事をし、祈りを捧げ、……眠りにつく。[481]孤独は、集団生活が生み出すさまざまな悪弊、たとえば、反抗や逃亡の共謀、喧嘩、虐待、空騒ぎ、無駄話、悪しき感化、感染症、同性間性交等々から囚人を解放することであろう。他方、囚人がなすべきこと、なしうることは、ただ、神と向かいあうこと、自己と向かいあうこと、施設の規範と監視人の指図・命令にひたすら従うことだけである。そうしたこと以外には何もない。それが独居拘禁の帰結であった(482)。

第二の効果が「可視化」の働きである。同じ閉じ込めの装置でありながら、暗闇の中に放置することにより囚人を見えないものとする地下牢とは対照的に、囚人をいかにして四六時中眼に見えるものとするか、そこに最大の関心と努力を注ぎ、そのために考え出された装置がパノプティコンである。Panopticon との名称も、pan が「すべて」を、opticon が「眼」を意味するギリシア語を基にして作られた語――「すべてを見通す眼」――であったと聞けばよく納得される(483)。「一望監視装置」との訳名も言い得て妙である。中央の監視室に立つ監視人からは、各独房に差し込む光線に照らされて、順光であれ、逆光であれ、光の中に浮かび上がる囚人一人一人の姿を常にはっきりと見ることができる。夜になれば、太陽に代わってランプが独房内を照らし出すことであろう。昼夜を分たぬ一望監視の実現である。皮肉なことに、かつてフィレンツェの人びとにプライヴァシーをもたらした空間の個人化は、ここでは、まったく逆に、囚人から一切のプライヴァシーを剥奪するための仕掛けと化す。監視室の窓ガラスを通して囚人を監視する監視人の眼差しは、「世界」から距離をとり、「世界」の前に対して立ち、「世界」を透視する遠近法の画家や自然哲学者のそれと何ら違いはない。他方、眼差しの対象となる囚人は、画家の前に置かれたモデル、自然哲学者の前に置かれた惑う星と何ら変わりなく、その細部に至るまで、すべてを見透かされるものとなる。そして、絵画であれ、自然哲学であれ、透視というものが常に見るもの＝主体から見られるもの＝客体への一方向的な関係であったように、監視人の眼差しもまた囚人へと一方的に向かうこと、同様である。ここには、デューラー描くところの『横たわる裸婦を描く男』の構図がそっくりそのまま当てはまる。監視人は、画家がそうであるように、一方的に囚人を見るもの＝主体であり、囚人は、裸婦がそうであるように、一方的に見られるもの＝客体である。見られる囚人の中に、サルトルがいうところの「対他存在」の完璧な実現を確認することも不可能ではない。そこには、通常の人と人の関係がそうであるような、相互の見る＝見られるという反照はない。両者の間には、デカルトが精神とモノの間に引いたと同じ形而上学的な一本の分割線が走っている。見る＝見られるという一対の事態が切り離され、一方には、常に見るものではあるが、決して見られるものではない監視人＝主体が、他方には、常に見られるものであるが、決して見るものではない囚人＝客体が、中央の監視室と独房を隔てる空間を挟んで対峙する。かくして、一望監視とは、畢竟、遠近法による透視の謂いにほかならない。ベンサムの眼差しの中に、サン・ジョヴァンニ洗礼堂に正対して立つブルネッレスキのそれを見いだしうることであろう。

第三の効果が「自動化」の働きである。個別化と可視化が生み出す見る＝見られる者の関係が、パノプティコンに、単なる透視装置にとどまらない、決定的に重要な機能を付与する。何故、眼差しは監視人から囚人へと一方的に向かうものでなければならなかったか。何故、監視人は見られるものであってはならなかったか。何故、ブラインドや仕切壁により監視人の姿は隠されなければならなかったか。なるほど、装置の要諦が「監視者の場所が中心にあること[484]」にあったにせよ、しかし、現実問題として、そこに常に監視人が居ることは、不可能なことでもあり、さらには、不要なことでもある[485]。要は、監視されていると居まいと、監視されている者が常に監視されていると実感しさえすれば、それで十分であった[486]。大事なことは、「囚人がなしたことは何であれ、たとえ実際はそうではなかったとしても、それが知られていることを、それも、彼らに単にうすうす感じさせるだけでなく、確信させることであった[487]。」囚人からは見えない監視人が四六時中彼らを見ていると思わせること、そのためには、監視人の側は決して自分の身体を彼らに晒すことがあってはならなかった。そのとき、彼は神の如き「普遍的な存在[488]」と化す。なるほど、「可能な限り長い時間、各人が実際に監視されていることが重要である[489]」ことに変わりはなかったにせよ、決して見られることのない監視人は監視室に常駐する必要などさらさらなく——それ故、誰であれ彼の代理をつとめることが可能である——、常に見られていると思い込んでいる囚人は、監視人が居ようと居まいと、常に監視人に見られているものとして独房内で規範に即して自らを律し行動するであろうし、そうするにちがいない。ただし、規範を禁止的な制限としてのみとらえないでおこう。それは、同時に、創造的な目標としての役割を果たすものでもあったのだから。モデルとしての規範のはたらきである。監視人の眼差しは、いわば囚人の頭の中に移植され、逸脱を抑制し、さらには、目標に向けて統御する「超自我」として機能する。「服従のための暴力装置などいっさい必要ない[490]」とフーコーがいう、「支配し命令するいっさいの諸要素が過剰となる」（ニーチェ）事態の出来である。眼差しの強制、それも、想像上の強制があればすべてが事足りる。そのためには、ただ、中央に監視のための部屋を設け、その周囲に円環状に窓をもった独房を配置し、独房からは監視人が見えない仕掛けを設けるだけで十分であった。「すべては、建築における一つの単純なアイデアによって解決されるのだ」とのベンサムの自負もさもありなんである。常に見られていることを承知する者は、「自ら権力による強制に責任をもち、自発的にその強制を自分自身へと働かせる」[491]のであり、そのことにより、自ら進んで、規範に定位し、自己の生の全体を矯め直し、作り替え、創造するにちがいない。それは、ベンサムが「これまで質において例がない」と自慢する「精神を支配する精神の力」[492]の働きであった。フーコーは、こうした事態を指して、「権力作用の自動化」と呼ぶ。即ち、「監視が、よしんば中断があれ効果の面では永続的であるように、また、権力が完璧になったためにその行使の現実性が無用になる傾向が生じるように、さらにまた、この建築装置が、権力の行使者とは独立した或る権力関係を創出し維持する機械仕掛になるように、要するに、閉じ込められる者が自らがその維持者たる或る権力的状況のなかに組み込まれるかのように」である[493]。

ベンサムが、パノプティコンを構想するに際して、何よりも監獄を念頭においていたことはたしかである。しかし、副題にもあるように、そして、「書簡一　監視原理のアイデア」の冒頭において、「建物が占有ないし支配するスペースがあまり大きすぎることなく、多くの人びとが監視下に置かれる予定の、どんな施設にもすべて例外なく応用されうるものである。その目的がどんなに相違しており、正反対でさえあっても、そうである」[494]と語っていたように、パノプティコンは何も監獄に限られた仕掛けではない。それは、隙間なく生を取り込み、生の全体に働きかけ、その展開のすべての局面に対してその掌握の確立を目指す生-権力のための一般的原理であり、現存在の透視を必要とするどこであれ、「人間の生と権力の諸関係を規定する作用モデル」[495]であった。ベンサムは思いつく限りの事例を列挙する。「手に負えない者の処罰、気の狂った者の保護、悪徳者の矯正、被疑者の拘禁、無為の者の就労、身寄りのない者の扶養、病者の治療、どんな仕事であれ勤労する意欲ある者への職業訓練、教育過程の段階にある青少年の訓練、つまり、一言でいえば、監獄、あるいは裁判前の拘禁所、あるいは感化院、あるいは矯正院、あるいは労役場、あるいは工場、あるいは狂人保護所、あるいは病院、あるいは学校、何にでも応用可能である。」[496]

おそらくは、一望監視方式がその最大の力を発揮しうるであろう、それにもっとも相応しい応用可能な組織は「国家」を置いて他になかったと思われる。生-権力の第一の極を構成する訓育のための機関である学校や工場、軍隊、病院、監獄等のネットワークを国家が統御し管理する必要がある以上、さらには、とりわけ、第二の極である育種が国家規模での監視と統御を必要不可欠とするテクノロジーであった以上、統治国家の実現にとって、国家全体のパノプティコン化は必要であり不可避の課題であった。

むろん、国家全体を覆う建物などありえない話ではあろうし、また、ベンサムが、一望監視が有効となるために、建物のスペースがあまり大きすぎないことを条件としていたこともそのとおりである。しかし、彼は、同時に、「この原理は、いかなる類の人物であれ、彼らを監視の下に置かんとする一切の組織に適用可能である」とも語っていた。もし、独房と同様の「個別化」機能をもつ何らかの仕掛けを生み出すことができさえすれば、また、中央にある監視室と同様の「可視化」機能をもつ何らかの仕掛けを設けることができさえすれば、国家を単位とし、何千万もの国民を対象とする監視と管理、さらには、権力作用の「自動化」装置を創造することも夢ではない。首尾よくそれに成功したとき、権力者であれば誰もが夢想するであろうユートピアもまた現実のものとなる。フーコーが「西洋の歴史における根本的な現象」と呼んだ「国家の統治性化」の完成がそれである。国民の全体を、そして、国民一人一人の生の全体を、微視的な領域にまでわたって監視し管理し、訓育と育種によって新たな人間類型を生産し、その彼らを、あの閲兵式におけるルイ一四世がそうであったように、中央からの指揮棒の一振りで、無粋な法律や強制装置を発動させることなく、地球支配をめぐる世界観相互の最後の戦いに向けて全体動員する、あの巨大な機械装置を起動させ運動させる統治国家の出来である。その完成は、世界観相互の戦いに勝利するべく、自己の意思と力の貫徹に相応しい最適の国家を求めた主体性の形而上学にとって、自らの成否をかけて解決しなければならない最後の課題であった。

課題は、長い準備と雌伏の時を経て、愈々、二〇世紀前半、第一次世界大戦に敗れたドイツを舞台に実現へと動き始める。その立役者となったのが、敗戦後の混乱の中、左右の政治勢力が激突するミュンヘンで陸軍政治部の下っ端諜報員として政治活動を開始し、たまたま無名の小さな政党の「第七番」めの党員となるオーストリア国籍をもつ上等兵上がりの一人の男――アドルフ・ヒトラーであった。それから十数年後、国家主義、民族主義、生物学主義のごった煮の世界観をでっち上げ、ワイマールの共和制を打倒し、課題の実現にとってこれ以上ない「ナチス第三ライヒ」なる格好の舞台装置を作り上げた彼は、指導者としてその頂点に立ち、「世界」の征服・支配・創造に向け、自己を、神に代わり、存在者の「存在」を決定し、「世界」を表象し‐制作する最高審級として屹立させ、あり余るほどの権力を思うがままに動員し、主体性の形而上学の要請に忠実に、それがもつ可能性を極限にまで展開させることになるであろう――そのとき、われわれは、ヨーロッパ近代がルネサンス以来何世紀にもわたって紡いできた大きな物語の最終章の目撃者となる。物語が結末を迎え、主体性の形而上学の完成により、人間が自己自身への信頼に満ちた自己立法を可能とする新しい自由へと解き放たれ、神に代わって自然の支配者にして所有者となる長年の夢が叶えられるとき、ヨーロッパ近代は、いかなる相貌をあらわし、いかなる本質を露呈させることになるのか。「前に-対して-立つ」世界への構えを手掛かりにヨーロッパ近代の相貌と本質を経巡ったわれわれの物語も愈々第Ⅱ部の幕を開けるときがきたようだ。

第Ⅱ部　夢の展開——ナチス・ドイツの憲法体制

第一章　ナチズムの世界観

1　現存在に対する全体的支配

ナチス第三ライヒ（1933–1945）とは如何なる国家であったのか。ヨーロッパ近代の国家が、主体性の形而上学の課題、即ち、「世界」の征服・支配・創造に定位し、そのために必要な最適の機械装置を構築し、国民を、機械装置に徴用し–用立てるべく、訓育＝解剖政治学と育種＝生政治学を通じて、表象–制作に相応した、標準化・規格化された新たな人間類型＝服従する主体へと作り替え、用象としてゲ–シュテルに配置する、そうした課題に対応するべく、隙間だらけの法律–権力とは異なる、それを補いそれに代わる新たな統治の術をひたすら研ぎ澄ましてきた中で、ナチス第三ライヒはかかる課題に如何に向き合い如何に対応したのか。そこでは、国家の統治性化がどのように実現され、その過程において、国民一人一人の生の全体がどのように整序され、社会がどのように編成し直され、国家及び国家権力はどう変容したのか。その結果は、近代の否定であったのか、堕落であったのか、あるいは、近代の徹底であったのか。――こうした疑問に答えるために、先ず、ナチスの「世界観」とは何であったのかを問うことからはじめよう。それというのも、世界観こそが、国家及び国民の「存在」、即ち、国家及び国民が「あり」、「何であり」、「如何にある」かについて墨縄を引き図式化する基準となるべき当のものであったのだから。

「ナチズムとは一個の世界観であり、政党ではない。」――ヒトラーは、政権掌握後最初となった党大会において、このいささか奇妙な言い回しによって、ナチス革命にとって「世界観」が有する意義が何であるかを明らかにしてみせた。即ち、「政党というものが政治指導の掌握の日にその望むところの頂点に達する」のに対し、「世界観というものは政治権力の獲得の中に単に自らの本来の使命実現の第一歩のための前提を見るにすぎない」と。たしかに、憲法にも議会にも制約されない権力を完全に掌握したという点から見る限り、ナチス革命は『全権授与法』が成立した一九三三年三月末に

「完了した」といってよい。しかし、それは「表面的」にそうであったというにすぎない。「この大規模な闘争の本質をいまだ心の底から理解できない者だけが、これをもって世界観の闘争は終わりを告げたと信じることができるのである。」問題は、如何にして世界観を基に国家及び国民の「存在」に墨縄を引くか、如何なる国家及び国民を構築し創造するかであった。無制約的な国家権力の掌握は所詮そのための前提でしかない。「既に、『世界観』という言葉の中には、一定の基本的見解及び明白な目標をあらゆる行動の出発点とし、基礎とするという決意が堂々と宣言されている」、そうヒトラーはいう。「これがあらゆる生活の出来事・現象に対する態度決定の出発点であり、したがって、あらゆる活動を拘束し義務づける法則である。(1)」

もっとも、単にこれだけのことであるならば、ナチスに限らず、おそらく、程度の差はあれ、世界観を標榜しない政党といったものは存在しないにちがいない。自由主義政党であれ、共産主義政党であれ、この点で大きな違いはなかったはずである。さもなければ、世界観の闘争などありえない話である。何故、ヒトラーは、政党と世界観を区別し、「ナチスが世界観である」ことにこだわったのか。

何よりも先ず、ナチズムが、当時流布していた精神的特性を人種の構成要素とみるギュンター等人種生物学者の見解を共有し、そうすることにより、世界観と民族、より正確にいえば、当該民族の支配人種を不可分のものととらえていたことが挙げられる。たとえば、「世界観は血によって条件づけられている」と語ったシュラウトがそうである。彼はさらに次のようにいう。「遺伝素質を同じくする人間集団は一定の精神的性向、能力、特徴を有し、それらが当該人種の構成員に対し、意識するとしないとにかかわらず、或る定められた仕方において行動し、決断し、外部世界の出来事を評価させるのである」(2)と。ヒトラーも政治活動の最初期の頃、「労働」の観念に関するアーリア人とユダヤ人の相異――「労働はアーリア人にとって道徳的義務であり、ユダヤ人にとっては人間の堕落に対する罰である。」――について言及しながら、世界観の内容が人種によって異なり、血に根ざすものであるとの認識を明らかにしていた(3)。ドイツ民族にあっては、白色人種、その中でも、とりわけ「北方人種」が世界観の内容を規定し、決定する人種であると考えられ、そして、この点が大事なことなのであるが、ナチスにいわせれば、今日のドイツにおいて「北方人種の認識と理性の教説」を表現し代表するもの、それが唯一ナチズムだというわけであった(4)。要するに、ナチズムとは「ドイツ民族の種の本質の表現、真なる自己認識」であり(5)、ナチズムこそが「ドイツ民族の世界観そのもの」とみなされたのである(6)。したがって、ナチズムは、すべてのドイツ人にとって、自由主義や民主主義、あるいは社会主義がそうであるように、それへの信仰告白が各個人の自由な選択に委ねられるようなあれこれの政治信条の一つといったものではなかった。ドイツ人である限り、誰にとっても、ナチズムへの信仰告白は当然の事、自明の事柄であった。ドイツ民族の文字通り「唯一無二の世界観」として、ナチズムは、「この世界の中でドイツ人であり、ドイツ人であろうと欲するすべての者にとっての拘束力ある法則」であった(7)。このことの故に、ナチズムには、国家と国民の「存在」に墨縄を引き、「ドイツ民族とライヒを再組織化する(8)」という課題に関し、二つの特権的な地位と権利が帰属する。一つは「不寛容性」であり、もう一つは「全体性」である。

ヒトラーは、「世界観というものはそもそも不寛容なもの」であるという(9)。たしかに、世界観が民族の「種」に合致するものであるとみなされた限り、同じ一つの民族の中に他の世界観、つまりは、他の民族の種の本質の表現を認めることなど到底考えられないことである。『我が闘争』も「世界観というものは自己の排他的全面的な承認を絶対的に要求する」と主張していた。「世界観は決して妥協することはない。世界観は自己の無謬性を自ら表明する。世界観は、自らが有罪なりと判断した現存の状態並びに自己に敵対する一切の世界観に対し、あらゆる手段で戦うことを義務と感ずるものである(10)。」

不寛容であるだけではない。世界観は、同時に、「全体的」でもある。しかも、二重の意味においてそうであった。先ず、ナチズムは、それがドイツ民族の世界観を標榜する限り、ドイツ民族の「全体」に対し自己への信仰告白を権利として要求する。いかなる者も、ドイツ人の血を共有する以上、こうした要求から逃れることは許されない。ナチス教員連盟の初期の指導者であったシェムは、「最後のドイツ人がナチス主義者となるまでわれわれは立ち止まらないであろう」との決意を明かしていたが(11)、一九三四年八月二〇日、民族投票により「元首」としての地位が承認された翌日に布告されたヒトラーの声明は、改めて、ドイツ人すべてにそのことをはっきりと悟らせるものであった。「われわれの愛する民族をめぐる戦いは、ドイツ人の最後の一人がライヒの象徴を自己の信条として心に抱くようになるまで継続されるのだ(12)。」

さらに、ナチズムは、それがドイツ人の血、つまりは「遺伝素質」に根ざすものであると主張する限り、ドイツ民族を構成する一人一人の現存在「全体」に対する支配を要求する。それは、クラプフェンバウアーが、「利己的で個人主義的な『自我』に制限される『私的』な自由時間の利用は民族全体にとって何ら意義をもつものではなくなった。個人が自らの自由な時間をどのように過ごすか、たとえば、自己の肉体と精神の向上のために使うか、それとも害するために悪用するかは民族の全体にとってどうでもよい事柄ではない」と語っていたように[13]、文字通りの意味においてそうであった。従来であれば、個人の私的生活として公的な干渉が許されなかった領域、たとえば、趣味や娯楽、さらには、もっとも私的であるはずの性の領域もまた例外ではない。ヒトラーは、戦争中の食卓談話の中で、「われわれは両性の生活の在り様を統御する」との考えを明らかにしていたが[14]、たしかに、「性欲もまた共同体と無関係に存在しうるものではなくなった。[15]」二人の男女が子供を産むか産まないか、何人の子供を産むか、どのような子供が生まれるか、さらに遡って、そもそも彼らが結婚するかは、当事者だけではなく、それ以上に、共同体の問題であった。一人一人の生の一切が民族同胞に相応しく、民族の世界観によって規律され、民族の最終目標へと定位されねばならなかった。ドイツ労働戦線の指導者であるライロイナ化学工場の労働者を前に語ったように、「睡眠だけが私事である」、そうした時代が始まった。「目覚めている時、汝がアドルフ・ヒトラーの兵士であることを、そしてまた、〔世界観の〕法則に従って行動しなければならないことを忘れてはならない。このドイツにはもはや私的市民というものは存在しない。誰もが自分の望み通りにやりたいことをやり、やりたくないことをやらないでいられた時代は終わったのである。[16]」

ナチズムの世界観のもつ不寛容性と全体性をヒトラーはたった一言で表現する。「党が現存在（Dasein）の幅と深みの全体を支配する。」党の地方幹部の一人であり、政権掌握前後の時期に身近でヒトラーと対話する希有の機会をもったラウシュニングは、この言葉の続きを次のように書き留めている。「そのため、個人のあらゆる行動、あらゆる欲求は、党が代表する公共性によって統制される。もはや恣意はない。各個人が自己に属する自由な空間は存在しない。」これが、ナチス、つまり国家社会主義ドイツ労働者党の掲げる「社会主義」というものであった。生産手段の私的所有の可能性云々といったことは「些末な問題」でしかない。「われわれの社会主義ははるかに深いところまで浸透する」とヒトラーはいう。「それは、物事の外的な秩序を変えるのではなく、もっぱら国家、民族共同体に対する個人の関係を整序しようとするものである。……個人的幸福の時代は過ぎ去った。……われわれは人間を社会化するのだ。[17]」"Dasein"とは、文字通り「現にある」ことの謂いであり、党がその「全体を支配する」とは、その者の「存在」、即ち、その者が「あり」、「何であり」、「如何にある」かを党が決定するということにほかならない。それをヒトラーは「人間を社会化する」と表現する。これは、一四世紀のフィレンツェで始まりヨーロッパ近代の「存在」を決定した「個人化」に対する訣別宣告であり死亡通告であった。ゲッベルスも、ユダヤ人商店のボイコットを告げるラジオ放送の中で、「われわれの希望は、自由主義の世界観並びに個人人格の賛美を除去し、それらを共同体精神によって置き換えることにある。一七八九年は歴史から抹殺されるのだ」と語っていたが、ナチズムが、啓蒙の思想世界を規定した個人主義を全面的に否定し、「全体主義」を構成原理とする世界観であり政治運動であったことに間違いはない。

2　大地をめぐる諸民族の戦い

一　ドイツ民族による世界支配

それでは、何のための「現存在の幅と深みの全体の支配」であり、何のための「人間の社会化」であったのか。それらが収斂する先に一体何があったのか。ナチス運動が定位する「最終目標」とは何であったのか。最終目標というものが、元来、世界観の「存在」を決定するものである以上、ナチスの世界観を明らかにする上で、それは避けては通れない問いである。

政権掌握から四日後、ハンマーシュタイン将軍の官邸を訪れたヒトラーは、国防軍首脳等を前に、新政府の目標と政策の要諦を明らかにした。「全政策の目標は政治権力の再獲得にある。」冒頭このように切り出したヒトラーは、そのため今後早急に解決すべき重要な政策課題として、対内的には、民主主義の宿弊の除去、民族全体の再教育、マルクス主義の根絶、厳格な国家指導による国内の政治状況の完全な転換を、対外的には、ヴェルサイユ体制に対する反対闘争を挙げ、中でも国防軍の建設並びに一般兵役義務の導入がもっとも重要な前提を成すとの考えを表明した。それでは、「政治権力の獲得が実現された場合、それはどのように利用されることになるのか。」こう自らに問い掛けたヒトラーは、「今はまだ語ることはできない」としながらも、将来の目標として、「東方における新しい生活空間の奪取と、その徹底的なゲルマン化」について言及した。[18] もっとも、それはハンマーシュタイン等にとってもはじめて耳にする事柄ではなかったはずである。一九二五／二七年の出版以来その頃までに数十万部を売り尽くしていた『我が闘争』は、ナチス運動の目標が何であるかを詳細に語っていたのだから。

『我が闘争』及び『第二の書』に一貫する重要なテーマは「人口問題」と「土地問題」であった。ヒトラーは問う。「五〇万平方キロになるかならぬほどの笑うべき領土」に押し込められ、「人口と領土の関係が惨めな状態となっているドイツライヒのような国家が今日この遊星上でどんな意味があるだろうか」と。[19] しかも、ドイツは毎年ほぼ九〇万人の増加によって膨れ上がってゆく。[20] むろん、人口数の増加は民族の健全性の証である。「健全な民族」のみが「人口数を増加させる」[21]のであり、その「増加のみが民族の未来を確実なものとする。」しかし、人口数の増加に見合った土地の増加が実現されないとすれば、いつかドイツは飢餓と貧困の故に破局を迎えざるをえない。[22] さらに、これまで「ドイツ民族の政治的行動」が土地の不足により制約を受けてきた現実を考えるならば、[23]「人口数と領土の関係をいかに調整するかが民族の生存にとって喫緊の課題となる。[24]」それ故、「民族の生存闘争の指導者」はこの厄介な問題に解決を与え、「ドイツ民族の生存の可能性を維持」することにより、「ライヒの未来」を保障しなければならない、これがヒトラーの結論であった。[25]

二つの書では、そのための可能な方策として、産児制限、移民、内地植民、商工業の振興、植民地政策、空間政策が取り上げられ、それぞれの是非について詳細な検討が加えられている。

「産児制限」及び「移民」は、土地の拡大の困難さを前提に、人口過剰への対応策としてこれまでもとられてきた方策であるが、量的にも質的にもドイツ民族の優れた血を喪失させ、民族の人種的価値を低下させるものでしかない。それらはともに自然の掟に背くものであり、ドイツ民族から生存権を奪い取るだけに終わってしまうであろう。それに対し、「内地植民」は人口数を減少させることはないものの、これまた決定的な解決策とはなりえない。それというのも、「一平方キロの中に一三六人が住んでいるという事実」そのものは何ら変わることはないのだから。「経済の振興策」も同様であった。一時的に人口数の増加が可能となるにせよ、その結果は人口と領土のアンバランスのより一層の進行でしかない。以上の方策が土地の大きさそのものに一切手をつけないのに対し、生活空間そのものの拡大策として「植民地の獲得」がある。しかし、かつてイギリスにとってのアメリカがそうであったような植民地が今日どこにも残されていないことを考えるならば、これまた根本的な解決策とはなりえない。[26]

「母国の面積そのものの拡大」[27]、それが唯一合理的な解決策であった。「民族の生存が必要とするパンは、その民族が自由にできる生活空間によって条件づけられている。」その限り、民族の健全性は、「自己の必要を自己の土地において満足させる」ことによりはじめて維持されうる。経済の振興、植民地等は一時しのぎの束の間の手段でしかない。それらはいずれも自らの自由にしえない諸要素に依存する以上、たとえ何百年にわたって民族を扶養しうるとしても「不健全であり危険」な政策であることに変わりはない。[28] それでは、ヨーロッパの中央に位置するドイツにとって母国の面積の拡大はいかなる場所において行われうるのか。「われわれが今日ヨーロッパで新しい領土と大地について語る場合、真先に思い浮かぶのはロシアとそれに従属する周辺国家だけである。」(29)

しかしながら、東方地域が獲得すべき新たな領土であったとしても、そこには現に多数の国家が存在し、多数の民族が暮らす以上、生活空間の拡大はいかにして正当化され、いかなる手段でもって実現されうるのか。「地球の空間の分割はいつの時代においても生活空間をめぐる諸民族の戦いの一時的な結果にすぎない」とヒトラーは見る。「それは、決して完結したものではなく、流動的なもの」であり、(30)「私は人間によって生み出された解決を未来永劫尊重されるべき掟として、神により神聖化され保護された永遠に価値あるものとみなすことはできない。(31)」人間が作り出した国境は「人間によって作り変えられるもの」であり、(32)その際、「法律上の根拠」といったものなど必要ではない。「空腹が要求を正当化する。(33)」狭い空間に閉じ込められ、この上もない勤勉さにもかかわらず、日々のパンを調達できない民族には本来より大きな生活空間を求める「権利」が与えられている。(34)空腹がそれを癒す大地を要求した場合、いかなる者にも「それに反対するより高次な権利といったものは存在しない。(35)」この大地はもともと誰のものでもない。大地は「それを自らのものとする勇気、それを維持する力、それを耕す勤勉さをもった人々に与えられる神の封土である。(36)」それだけではない。もしそれなくしては一つの偉大な民族が没落せざるをえないと思われる場合、「生活空間に対する権利は義務と化す。(37)」

いかなる手段でもって義務が履行され、権利が実現されるのか。それは、「無敵の剣の力」(38)をおいて他にはなかった。「われわれに帰属する大地に対する権利はわれわれにより戦い取られねばならない」、そうヒトラーはいう。(39)歴史が実証するとおり、「力を持たない民族にとって権利は何の役にも立たない。(40)」この地上では、「権利はもっぱら力の中に存在する。(41)」それ故、戦う力を生み出すことのできない民族は「滅び去らねばならない。(42)」いつの時代であれ、「戦争の苦しみの中から平和のパンが生まれ、剣が鋤の創始者であった。(43)」ヒューマニズムや平和主義は役に立たないばかりでなく、有害でさえある。(44)「弱肉強食」の掟が人間世界を支配する。生きることを望む以上、われわれもこの掟を免れることはできない。あえてそれに逆らうならば、われわれは戦う前に生存闘争の舞台から姿を消さねばならない。(45)当然のことながら、そこで展開される戦いは騎士道のそれではない。勝利のためには、「考えられるあらゆる手段、説得、奸計、狡猾、悪知恵、それのみならず、残忍ささえ」もが許される。(46)勝利がすべてを正当化する。「もし私が勝てば、すべては正しかったのだ。(47)」

大地をめぐる諸民族の戦いに終わりはない。敗者が再び立ち上がり、勝者に戦いを挑まない保障はどこにも存在しない。たとえ勝利を得ようとも、力を維持しえない民族はより強力となった民族に取って代わられる。勝利は常に期限付のものでしかない。しかし、強者が生き残り、弱者が滅び去ることは常に変わることのない永遠の掟である。地球はその折り折りの最強者に贈られる「持ち回りの優勝カップ」であった。[48]自然は、この地球を生存闘争の褒美としてすべての民族の前に置き、そのために戦う権利を彼らすべてに平等に割り当てた。しかし、自然が行ったことはそこまでであった。その後のすべてを自然は自分が生み出したこの地球上に住むすべての民族の「自由な競争」に委ね、ただそれを「眺めている」だけである。[49]「もっとも勇気ある者、もっとも勤勉な者が、自然の最愛の子供として、生存の支配権を受け取る。[50]」いかなる民族がこの大地をめぐる生存闘争の最後の勝利者となるのか、「われわれはそのことを知らない。しかし、われわれはこの競争からわれわれの民族を除外するつもりはない。[51]」

一九三九年九月一日早暁、前日発令された『戦争指導に関する指令第一号』[52]に基づきドイツ軍が開始したポーランド侵攻は、十数年前にランツベルク刑務所の中でオーストリア国籍を持つ一人の元上等兵によって構想された「生活空間獲得のためのドイツ民族の命運を賭けた戦い」の開始であった。むろん、ポーランドの占領・解体が最終目標であったわけではない。ポーランドは、東方政策の最終目的地、ロシアに至るための一つの通過点でしかなかった。

わずか一カ月足らずでポーランドをヨーロッパ地図の上から抹殺し、その後、デンマーク、オランダ、ベルギー、ノルウェー、フランス等ヨーロッパのほとんどの国を支配下に置いたヒトラーは、愈々、長年抱き続けた生活空間構想の仕上げに取り掛かった。一九四〇年一二月一八日付の『戦争指導に関する指令第二一号』[53]は、国防軍に対し「迅速な作戦によるソヴィエト・ロシアの殲滅の準備」を「一九四一年五月一五日」までに行うことを命令し、さらに、「作戦の最終目標」を次のように規定した。「ヴォルガ河からアルハンゲルスクに至る線上においてアジア・ロシアに対する防衛線を築くこと。最後まで生き残ったウラル地方は、必要とあらば、その後、空軍によって抹殺すること。」それから二〇日余り後、年が変わった一九四一年一月九日、ベルグホーフに招集した国防軍最高首脳部を前に、ヒトラーは改めてロシアの大地の重要性と戦いの覚悟について語った。「ロシアという巨大な空間は無限の財貨を包蔵している。ドイツはロシアを経済的、政治的に支配しなければならない。それにより、将来諸大陸に対する戦いを遂行する無限の可能性を手に入れることができる。そうすれば、もはやいかなる者によっても打ち負かされることはありえない。作戦が実行に移されれば、ヨーロッパは固唾を飲むであろう。(54)」

一九四一年六月二二日に始まった独ソ戦は文字通り「ヒトラーの戦争」であった。ドイツ国民の多くは、この時、『我が闘争』が単なる虚仮威しの政治的パンフレットではなかったことを思い知ったにちがいない。しかしながら、戦いのもつ戦略的意義を正確に理解しえた者はそう多くはなかったはずである。この年の冬季救済事業の開幕演説の中で、対ソ連戦を「真に世界を決定づける意義を有する一つの戦い」であると宣言したヒトラーは、「この戦いのもつ広がりと深さが完全に明確に認識されるようになるのはわれわれの後の世代になってからであろう」と語っていた。(55)

ヒトラーの戦略構想全体の中で、ソ連との戦いはいかなる意義をもつものであったのか。その手掛かりは、先の国防軍首脳を前にした発言、「ロシアという巨大な空間の獲得は、将来諸大陸に対する戦いを遂行する無限の可能性を与えてくれる」にある。この言葉を額面通りに受け取る限り、ヒトラーにとってソ連との戦いは「最後の戦争」ではなく、ロシアの大地は「最終の目標」ではなかった。なるほど、戦争末期にボルマンに口述筆記させた『政治的遺言』が「東方へ、常にただ東方へとわれわれはわれわれの出生率過剰を向けなければならない(56)」と訴えていたように、ドイツ民族の食料源の確保だけが問題であったなら、ロシアの獲得によりすべては終わったはずである。しかし、ヒトラーにとってロシアの大地のもつ重要性は、単に食料源としてだけでなく、「軍事政策的な意義(57)」にあった。それというのも、彼が考えるに、「空間の大きさ自体の中に既に軍事的安全が存在する(58)」のだから。アメリカがそうであるように、「自国の空間に完全に独立して生存し、しかも、軍事的に自衛できる」生活空間を有する民族だけが今日「世界強国たりうる」のである。(59)ロシアの大地に期待された役割は、ドイツをアメリカやイギリスといった他の世界列強に伍する地位へと引き上げるべく、世界強国化に必要不可欠な巨大な空間を保障することにあった。それにより、はじめて、ドイツ民族は、諸民族が自己の生存を賭けて戦う中で、「自己の将来を擁護しうるものとなるであろう」とヒトラーはいう。(60)

ヒトラーにとって、対ソ連戦は、最後の戦いではなく、「一つの戦い」でしかなかった。政権掌握から一年が経過する頃、ラウシュニングを相手に、「われわれはあらゆる軍事同盟に対しても防衛できるだけの大きさの生活空間をドイツのために創造しなければならない。東はコーカサス、あるいは、イランまでの支配を必要とする。西はフランス沿岸までが必要である。フランドルとオランダを必要とする。とりわけ、スウェーデンが必要である。……われわれは全ヨーロッパを支配するであろう。その中心点には固く統一された大ドイツという鋼鉄の核を置く」、そう語ったヒトラーは、さらに続いて、ソ連との対決が構想実現のための不可避の前提であると位置づけ、「この戦いにより世界を永遠に支配していくための門がわれわれに開かれるであろう」と結論した(61)。

「ドイツ民族による世界支配」――それこそがヒトラーの頭の中に描かれたナチズムの最終目標であった。東方政策に繰り返し言及した『我が闘争』が元々「世界支配」に定位し、その実現の方法論として書かれたことは、この些か退屈な大部の著作を最後まで読み通す忍耐力さえあれば、誰もが簡単に知りえたところである。「人種堕落の時代に自国の人種的要素の保護育成に専心した国家はいつか地球の支配者となるにちがいない。捧げられる犠牲の大きさが予想される成果と比較して不安な気持ちを惹き起こす時、わが運動の信奉者は決してそのことを忘れないでほしい(62)。」それが「結語」であった。

ただし、世界支配を単に空間の支配ととらえないようにしよう。世界支配のための戦いとは、各民族が掲げる世界観相互の戦いであり、神無き後、空位となった神の座をめぐって全地球的規模で展開される、「世界」に墨縄を引き、「世界」の「存在」を決定し、「世界」を表象し-制作する権力を奪い合う戦いであった。むろん、戦いが、先ず、空間の戦いとして展開されることは間違いない。それというのも、墨縄を引く権力は、常に、空間によって担保されねばならなかったからである。空間こそが、たとえ唯一ではないにせよ、力の重要な源泉であった。広大な空間により経済的・軍事的に自立し、世界強国、さらには世界帝国たる地位を確立した民族のみが、神に代わり、「世界」に墨縄を引く最高審級として屹立し、自らの世界観を「世界」に刻印し最後の審判の掟とする力を手にすることを許される。逆に、笑うべき狭い空間に押し込められた民族にとっては戦いへの参加の権利の確保さえおぼつかないものとなる。

ドイツ民族にとって、そのための広大な空間はロシアの大地以外にはなく、対ソ連戦は、その勝利が「世界」に墨縄を引く最高審級の地位と権力を賭けた世界観相互の闘争への参加の権利を保障する戦いであった。そこに、ヒトラーが、「真に世界を決定づける意義を有する戦い」であるといい、「[その意義が]完全に明確に認識されるようになるのはわれわれの後の世代になってからであろう」という、ソ連との戦いのもつ「広がりと深さ」があった。さらに、ヒトラーにとって、それは、単に空間の獲得にとどまらない、特別な意味をもつ戦いでもあった。ソ連がナチズムの不倶戴天の敵ボルシェヴィズムの総本山である限り、ポーランド等の「がらくた小国家群(63)」とは異なり、それ自体で既に、遅かれ早かれ決着を付けるべき、墨縄を引く戦いであった。一九四一年三月三〇日のハルダー日記には、首相官邸において三軍の将校を前にしたヒトラーの発言が記録されている。即ち、「ロシアに対するわれわれの任務。軍の粉砕と国家の解体。二つの世界観の戦い[64]。」スターリンもまた戦いの本質が何であるかをよく承知していた。「この戦争は過去のそれとは異なる。ある土地を占領したものは誰であれそこに自らの社会システムを押しつけるのだ。誰もが軍隊の力が及ぶ限りの範囲に自分のシステムを押しつける。それ以外の可能性はない[65]。」（第Ⅱ部第一〇章4 六参照）

それでは、ロシアの大地の獲得によって開かれた門から世界支配への道はどのように通じていたのか。戦いの最中、東部戦線に置かれた総司令本部の訪問者を相手に彼が打ち明けた世界支配のスケジュールは、後にヒルグルーバーが「ヒトラーの外交政策の解釈のために」提唱した「三段階構想[66]」そのものであった。「われわれがヨーロッパを手に入れたなら、その後、われわれはアフリカに植民地を獲得するであろう。そして、いつの日か、われわれはおそらくその他の大陸をも手にすることになるであろう[67]。」

東方の生活空間を背後に有したドイツ主導による統一ヨーロッパの建設が第一段階であった。ロシア侵攻から五カ月後、デンマーク外相を相手にヒトラーは自らの計画を語っていた。「ヨーロッパは自らの生存基盤をヨーロッパ大陸自体の中に見いださねばならない。ヨーロッパを他の大陸に依存させることは誤った考えである。将来東ヨーロッパの広大な領域がヨーロッパのために動員されるようになれば、ヨーロッパの自給自足が可能となる。そこで生産されうるものによってヨーロッパは無限に自らの生存を維持してゆくことができるであろう。東方には無限の鉄、石炭、石油があり、また、ヨーロッパが必要とするあらゆる植物、たとえば、穀物、菜種、ゴム、綿等を栽培しうる大地がある。……それによってヨーロッパは北アメリカ、大英帝国、日本と並びうるものとなる。この自給自足可能なヨーロッパの建設が私の目標である[68]。」

第二段階はアフリカにおける「植民地」の獲得であった。かって、『我が闘争』と『第二の書』において繰り返された植民地政策の否定は限定的なものでしかなかった。植民地の否定ではなく、戦略的な「順番」が問題であったにすぎない。ドイツを核とする統一ヨーロッパを実現した後に植民地の獲得に着手する、それがヒトラーの計画であった[69]。既に、『我が闘争』の中で「ヨーロッパでの新しい領土の獲得によってその後の植民地の補充など自然に可能となってくるものと思われる[70]」としたヒトラーは、政権掌握後も公開の場において、「ドイツは植民地の要求を放棄するものでは決してない」との発言を繰り返し[71]、一九四一年六月三〇日の「ハルダー日記」によれば、その具体的な候補地としてトーゴ、カメルーン、ベルギー領コンゴが挙げられている。[72] もっとも、植民地の獲得は、東方の生活空間の獲得に比して、ヒトラーの戦略全体の中で消極的な位置を占めるものでしかなかったこともたしかであり、食卓談話の中にも、「アフリカ大陸からはコーヒーと茶を手に入れるだけで十分である。その他すべてのものをわれわれはヨーロッパで獲得する」[73]、あるいは、「新たに獲得される東方の領域からわれわれは一つのエデンの園を作り出さねばならない。それはわれわれの生存にとって重要となる。それに対し、植民地の役割は完全に従属的なものである」[74]といった発言が見いだされる。

最後の段階としてアメリカとの対決が登場する。しかし、これは、ヒトラー自身がいうように、「もはや体験することのないであろう」[75]、後の世代に託された戦いであった。彼の世代の課題と目標は、将来地球規模で墨縄を引く権力を賭けてアメリカと戦うであろう後の世代のために、「ドイツを盟主とする統一ヨーロッパ」を遺産として残すことにあった。[76] シュペアーの報告するところによれば、一九三七年の党大会の頃、自宅へ通ずる階段を上がっていた彼を突然呼び止めたヒトラーは、「われわれは一つの大帝国を作ることになる。そこに全ゲルマン民族が合体するのだ。それはノルウェーから北イタリアまでを包含する」と語り、さらに次のように付け加えたという。「そこまでは私自身の手によって実現させねばならない。私が健康であればよいのだが。」[77] それから四年後、フランスをはじめヨーロッパ諸国を屈伏させ、国防軍をロシアに侵攻させたヒトラーにとって、彼の世代が果たすべき課題は半ば実現されたも同然であった。この年の秋、彼は大本営を訪れたイタリア外相を相手にヨーロッパの盟主として意気揚々と今後の課題について語っている。「後の世代はヨーロッパ・アメリカ問題と対決しなければならない。ドイツかイギリスかといった問題はもはや重要ではない。ファシズム、ナチズム、あるいは、それらと対立する政治制度といったものも問題ではない。アフリカの植民地を従えたヨーロッパ経済圏内部のヨーロッパ全体の共通利益が問題となる。」[78]

二　空間構想と人種理論の結合

ヒトラーに勝算はあったのか。はたして、ドイツ民族は、世界観の戦いの最後の勝利者として、墨縄を引く権力を神から授けられた民族であったのか。この疑問を解くおそらく唯一の鍵、それはナチズムに固有の「人種理論」をおいて他にはなかった。『我が闘争』の最後に置かれた「人種堕落の時代に自国の最善の人種的要素の保護育成に専心した国家はいつか地球の支配者となるにちがいない」との言葉がそうであるように、ヒトラーの世界支配の構想のもつ他に類を見ない大きな特徴は、それが単なる空間構想にとどまるものではなく、「人種理論」と不可分に結び付けられていたことにある。「血の中にのみ人間の力も弱さもその基礎をもつ」[79]、そう考えるヒトラーにとって、世界支配をめぐる諸民族の闘争は単に軍事力によって決着がつけられるような戦いではなかった。それは、「民族の人種的価値」、即ち、「世代を通して永久に伝えられ、民族の肉体的、精神的能力と特徴を決定する遺伝素質」こそが勝敗の行方を決定する、そうした文字通りの意味での「人種戦争」としてとらえられるべきものであった。[80]世界観の戦いは、同時に、血の戦いでもあり、「世界観は血によって条件づけられている」以上、二つの戦いは一つに収斂する。

生活空間は、世界強国であるための重要ではあれ、決定的な条件ではなかった。そのことは、ともに広大な生活空間を有するアメリカとソ連に対するまったく異なる評価にもあらわれている。アメリカが、そこに暮らす「何百万という最高の人種価値をもつ人間」[81]の存在の故に、今日「最強」の民族であり国家であるのに対し、「東方の巨大な国家は崩壊寸前」であった。それというのも、かつてこの国の存立を保障してきた「ゲルマン民族」が、ボルシェヴィキ革命により「組織の分解酵素」である「ユダヤ人」に取って代わられたからである。[82]したがって、パリ入城の折りにヨードルやカイテル等の国防軍首脳に打ち明けたように、ソ連との戦争なんぞは、所詮、「砂箱遊び」にすぎないものであった。[83]

民族のもつ「人種的価値」に生存闘争の帰趨を左右する決定的要因を見るこうした考え方の背景には、地球上の民族の多様性、並びに、それぞれの民族を構成する人種の「不平等性」に関する認識があった。それは、経済的でも文化的でも社会的でもない、「生物学的」な差異に基づく不平等であった。「民族主義的世界観は人類の意義を人種的根源要素において認識する。それは決して人種の平等を信じない。それればかりか、人種の〔生物学的な〕価値に優劣の差異があることを承認する。」[84]この『我が闘争』の言葉の中にナチズムの世界観のすべてが凝縮されている。「人間の顔をしたすべての者の平等性という観念を否定しなければならない」[85]、それが彼らの出発点であった。ゲーリングは、「神は諸人種を造りたもうたが、神は平等性を求められはしなかった」という。[86]ヒトラーにとって、「一人の白人が一人のズールー人と同じ価値をもつ」ことなど思いもよらないことであった。[87]一九三三年の党大会において彼はあけすけに語っている。「人間が相互にまったく相等しいと考えられるのは、ただ生活のもっとも原初的な機能の面においてだけである。これを超える時、人間はただちにその本質、素質、能力において相異なるものとなる。人間と称する最下等の人種とわれわれ最高の人種との間に横たわる隔たりは、最下等の人間と最高等の猿との隔たりよりも大きいものがある。」(88)

人種間の不平等性から、高等人種の劣等人種に対する支配権、それればかりか、支配の義務が結論される。「民族主義的世界観は〔人種の価値の不平等性についての〕認識から出発して、この宇宙を支配する永遠の意思に従って、優者、強者の勝利を推進し、劣者の従属を要求するのが義務であると感ずるものである」と。(89) それは、自然の権利であり、自然の義務であった。既に、『我が闘争』の中で、「最高の人種が自然の最愛の子供として、この地上の支配民族となるべく招かれている」との「予感」について語ったヒトラーは、ポーランド侵攻を目前に控えた或る日、オーバーザルツベルクに招集した国防軍の将軍達を前に改めて自らの「哲学」を明かしてみせた。「もっとも秀れた民族が戦いによって勝利を収めることがこの世界の秩序の目的なのだ。」(91)

はたして、いかなる人種、民族がこの戦いの最後の勝利者となるべく定められているのか。それは、「白色人種」をおいて他にはなかった。政権掌握の前年、デュッセルドルフ工業クラブで経済界の要人を前に行った演説で、ヒトラーは、「この数百年来、白色人種が政治的支配者であるとの観念は何か自然的な事柄であった」との考えを表明していた。たとえば、イギリスによるインド支配、コルテス、ピサロによる中央アメリカの支配、北アメリカに対する植民、それらはいずれも「何らかの法的根拠に基づく」ものではなく、「白色人種の生まれながらの絶対的な支配者としての感情から生まれたものである。」白色人種には「必要とあらばもっとも残忍な無慈悲さ」でもって「他のすべての世界を支配する権利」が与えられ、かつ、そうした「使命を帯びている」――それが終生変わらぬヒトラーの信念であった。(92)

しかし、こうした事実からただちにドイツ民族の世界支配への権利が帰結されるわけではない。イギリス、フランス、アメリカ、イタリア等もまた白色人種を中核とする民族であることに何ら変わりはなかったのだから。しかし、二重の理由からドイツ民族の優位と勝利は揺るぎのないものであった。何故そうなのか。「今日すべての世界強国は驚くべきことにほとんど不自然とも思えるほどの小さな白色人種核によって維持されている」とヒトラーはみる。「イギリスの世界帝国は母国に四六〇〇万のイギリス人を有し、アメリカ合衆国はたかだか二〇〇〇万のアングロサクソン人をもつにすぎない。フランス帝国の場合は三九〇〇万のフランス人、イタリアは四〇〇〇万のイタリア人である。」それらに対して、「ドイツにはヨーロッパだけで八五〇〇万のドイツ人が存在する。」(93) ヒトラーの勝算の一つがここにあった。つまり、同じ白色人種から成るヨーロッパ諸民族の中にあって、ドイツ民族の有する量的優位性が、その空間の狭さにもかかわらず、「世界強国」への上昇の可能性を保障しているというわけだ。[94] さらに加えて、決定的な要因として、ドイツ民族がもつ質的な面での人種的優越性がある。つまり、白色人種の中でももっとも優れた人種価値をもつ「北方人種」の割合が、ドイツ民族の場合、他の民族に比べ圧倒的に高いという事実がそれである。「今日もなお」とヒトラーはいう、「われわれドイツ民族体の中で混血せずにいる大部分が、わが将来に対してもっとも価値ある財宝を見ることができる北方ゲルマン系の人々であることは神の恵みである。[95]」

「血の基本原理に立脚した世界支配への意思」――これがナチズムの世界観の根幹を成す意思であった。それは、文字通り、力への意思、即ち、神に代わって、「世界」に墨縄を引き、「世界」の「存在」を決定し、「世界」を表象‐制作せんとする意思であり、その実現が「ドイツ民族は生物学的に最大・最良・最強である」との観念により底礎され担保された意思であった。ヒトラーは、一九四〇年五月三日、ちょうどドイツ軍がフランスをはじめヨーロッパ諸国を席巻する前後の頃、ベルリンのスポーツ宮殿に集まった六〇〇〇人の士官候補生を前に、改めて、ドイツ民族のもつ比類のない優秀性を確認し強調している。「八二〇〇万のドイツ系ゲルマン人！単一人種の国家としては、中国を除けば、今日、われわれは世界中でもっとも人口数の多い国家を成している。この世界にはドイツ民族より以上に優れた民族は存在しない。ここには人口数の面から最強の民族が存在する。さらに、それだけではない。価値的にももっとも優れた民族が存在している。[96]」

人種理論から見る限り、いかなる点からもドイツ民族の勝利は動かしようのない事実であった。ドイツ民族をおいて他には「世界支配への参加の権利を有する民族は存在せず[97]」、ドイツ民族こそが「疑いもなく即自的に世界支配を運命づけられた民族」であった。[98] むろん、「運命」の実現は、所与であるわけはなく、ドイツ民族の、文字通り、命運を賭けた課題であった。課題解決のための第一段階が、ナチスによる政権掌握であり、ワイマール憲法の打破であり、ナチズムの世界観に即し、その実現にとって最適の憲法体制の構築であった。

第二章　合法革命

1　ライヒ国会の解散・選挙

「まるで夢のようだ。ヴィルヘルム街は今やわれわれのものとなった。」一九三三年一月三〇日正午間近に大統領官邸で執り行われた首相就任宣誓式から始まる長い一日が終わった深夜、首相官邸から帰宅したゲッベルスが勝利の宣言をいつもの日記に書きつけた頃、日付はとうに変わっていた。「偉大な決断が下された。ドイツは歴史的転換の前に立っている。国家と国民の出発だ。ドイツが目覚めた。自ずからなる爆発のうちに民族はドイツ革命を承認した。名状しがたい思いが込み上げる。熱狂的な陶酔のうちに、驚異的な偉大な夜が終わった。新しいライヒが誕生した。一四年間の労苦が勝利の冠で報われた。われわれはゴールに着いた。ドイツ革命が始まった。(1)」

たしかに、ヒトラーが大統領官邸で『ライヒ首相及びライヒ大臣の法的身分に関する法律』に基づきヒンデンブルク大統領を前に行った「順法宣言」――「私は、ドイツ民族の福利のために力を注ぎ、ライヒの憲法と法律を遵守し、私に課せられた責務を良心的に果たし、私の職務を偏りなく、万人に対し公正に遂行することを誓約いたします。」――にもかかわらず、ナチス運動の目的が当初から「革命」、即ち、ワイマール憲法体制の打倒に置かれていたことは周知の事実であった。それは、一九二三年のミュンヘン一揆の失敗により暴力革命路線を放棄し、ナチスが表面上他の諸政党と同様の議会政党へと衣替えしてからも変わりはなかった。ナチスが一九三〇年九月一四日の国会選挙で一躍一〇七の議席を獲得し、社会民主党に次ぐ第二党となり、ワイマール議会の中で無視できない勢力を占めるに至った直後の九月二五日、ウルム砲兵連隊所属の三人の将校に対する大逆予備罪をめぐる国防軍訴訟に弁護側証人として出廷したヒトラーは、法廷の場で、ドイツ国民に対し、彼らの目的が依然として「革命」、しかし、暴力ではなく合法的手段による憲法体制の全面的改造、いわゆる「合法革命」にあることをはっきりと公言してみせた。「ナチス運動はこの国の中で憲法に即した手段でもって自らの目的を実現しようとするものであります。憲法がわれわれに定めていることは、方法だけであって、目的ではありません。われわれは憲法に即した手段を使って立法機関の中で決定的な多数派となるよう努力するでしょう。しかし、それは、このことを実現したその瞬間に、国家をわれわれの理想に合致した鋳型に入れて鋳直すためなのです。」(2)

ナチズムの世界観に即して、かつ、世界観の実現にとって最適の憲法体制（Verfassung）を如何にして鋳造するか、それが課題であった。それ故、ようやく手に入れた権力もまた、闘争時代からの法律顧問であるフランクを相手に打ち明けたように、「単なるスプリングボードであり、次の段階への一歩にすぎない」ものであった。この時、ヒトラーは、「まあこれから私の手順をようやく眼を開いて見ているように」と付け加えたという。(3)しかし、一月三〇日の昼過ぎに明らかにされた閣僚名簿を見る限り、合法革命が容易に実行できる保障はどこにもなかった。新たな内閣は、ナチス党とドイツ国家人民党及びその他の保守派から構成される「一種の大統領直属の連立内閣」(4)といった体のものでしかなく、しかも、その中でナチスは明らかに少数派でしかなかった。外務、法務、大蔵、国防といった主要なポストはいずれも保守派の手に握られ、ナチスに与えられたのは首相を除いてわずかに二つのポスト――内務大臣フリックと無任所大臣ゲーリングのみであった。保守派に渡った八つのポストの内、外務大臣ノイラート、大蔵大臣クロージク、法務大臣ギュルトナー、郵政大臣ルューベナッハはパーペン内閣及びシュライヒャー内閣からの横滑り人事であり、さらに、ヒトラー内閣の実現と構成に決定的な役割を演じたパーペンが副首相とプロイセン首相を兼任、加えて、ヒトラー首相とヒンデンブルク大統領のすべての会談に同席する約束を大統領から取りつけたことにより、ヒトラーの権力は誰の眼にも強力なものとは映りようがなかった。パーペンにとってヒトラーは「操り人形」でしかなく、ヒトラーを見くびるべきではないとの周囲の警告に対しても、彼は、「われわれがヒトラーを雇ったのだ」と言い、「一体これ以上何が不足だというのか。ヒンデンブルクの信頼を得ているのはこの私の方なのだ。二カ月もしないうちに、ヒトラーは隅っこに押しやられて、キィキィと泣き声をあげていることだろう」と応えたという。(5)(6)

ヒトラーに対するこうした評価は議会におけるナチスの勢力に見合うものでもあった。なるほど、一九三二年一一月の選挙の結果、ナチス党は一九六議席により第一党の地位を確保したとはいえ、全五八四議席の三分の一を占めるにすぎず、社会民主党と共産党を合わせた議席数はナチス党のそれを二五も上回っていた。したがって、差し当たり、五一議席を有するドイツ国家人民党の協力を得ないことには彼らに対抗できなかったばかりか、さらに、過半数確保のためには中央党の支持をあてにしなければならない状況に置かれていた。ヒトラーが、とりあえずは、ナチス革命ではなく、「国民革命」、つまりは、ワイマールの「無能なデモクラシー」に代わって、真にドイツ的で強力な「権威的国家」の再建を目指す「国民的改革運動」というスローガンを掲げたことは、彼らの立場に見合う賢明な戦術であった。

合法革命の第一幕は国会の解散・選挙であった。その目的は、単独過半数、あわよくば、憲法改正に必要な三分の二以上の議席の確保にあった。既に、大統領官邸での就任宣誓式の直前まで解散の是非をめぐって経済・農業大臣でありドイツ国家人民党党首でもあるフーゲンベルクと激しくやりあったヒトラーは、改めて、その日の夕方五時に開かれた最初の閣議でこの問題を持ち出した。ナチスの単独政権を恐れ、政府与党による過半数確保の方策として共産党の弾圧を主張するフーゲンベルクの機先を制するかのように、ヒトラーは、六〇〇万の支持者を有する共産党の弾圧は重大な政治的混乱、とりわけ、経済に重大な危機をもたらすゼネストを誘発しかねないとの危惧を表明、さらに、ゲーリングは、「ライヒ首相は選挙後も現在のライヒ内閣の構成を変更する意図はないとの言質を与えている」として、フーゲンベルクの懸念を一蹴。ゼルテ、ノイラート、クロージクはいずれも共産党の弾圧に反対したものの、解散・選挙については沈黙を守った。他方、マイスナーは単純過半数の賛成で成立する失業対策を中心とする「授権法」の制定を提案、パーペンも「先ずライヒ国会に授権を求め、それが拒否された後に状況の再検討を行うべきである」と主張し、即時解散に反対する立場を明らかにした。わずかにゲレケのみが、過半数実現のためのもう一つの方策である中央党の協力の取り付けが見込めない以上、「即時の選挙が不可欠となろう」との判断を示すにとどまった。結局、ヒトラーが翌三一日に中央党との間で協議を行うことを約束して、最初の閣議は終了した。(7)

ヒトラーは端から中央党の協力を求めるつもりなどなかった。午前中に行ったカース党首との会談を予定通り不首尾に終わらせるや、午後の閣議で、中央党とのこれ以上の交渉は無駄であり、新選挙の実施はもはや避けられなくなったとの方針を明らかにしたヒトラーは、それに加えて、「選挙の結果がどうなろうと現在の内閣の構成に一切手をつけるつもりはない」との約束を与えることにより、ようやくパーペン等の同意を取り付けることに成功したのである。(8) 閣議の決定を受け、ヒンデンブルク大統領は、翌二月一日、「実行力をもつ多数派の形成が不可能となった結果、私はライヒ憲法第二五条に基づき新たな国会選挙によってドイツ民族が国民連合政府の新たな形成に対し態度決定を行うようライヒ国会を解散する」との『解散命令』を布告した。この直後に開かれた閣議で、ヒトラーは、今回の選挙を「現在のライヒ政府」と「労働組合から共産党までを含めた統一戦線」の対決と位置づけ、ライヒ政府全体の選挙スローガンとして「マルクス主義の打倒」を掲げたもの(9)の、それは所詮右翼の同盟者に対する眼眩ましでしかなかった。今回の選挙の目的は、大統領のいう「国民連合政府」の樹立などではさらさらなく、心ならずも強いられたフーゲンベルクら保守勢力との野合の清算にあった。

同じ日、ヒトラーは、国民に向け、ライヒ首相の名において、全閣僚の署名を付した選挙アピールを発表した。「ドイツ民族が国内外の約束に眼を眩まされ、われわれの過去の至高の財貨であるライヒ、その名誉、自由を忘却し、その結果、すべてを失った不幸な日から一四年以上が過ぎ去りました。あの裏切りの日からわれわれの民族は全能の神の恵みから見放されたのです。分裂と憎悪の時代がやってきました。国家と国民の統一が失われ、利己的な政治的見解が支配し、世界観の対立が惹き起こされたのです。国内において民族の精神と意思の統一を失うや、世界における政治的地位も失われました。わが民族の不幸は驚くべきものがあります。職を失い、飢えに苦しむ幾百万の工場労働者の不幸に、全中産階級、手工業者の零落が続きました。もし、この瓦解がドイツの農民層にまで及ぶ時、われわれははかりしれぬ破滅に直面することになるでありましょう。何故なら、その時には、ライヒだけでなく人類の文化及び文明のもっとも崇高な財貨をもたらした二〇〇〇年にわたる遺産も崩壊することになるであろうからです。共産主義の狂気は、未聞の暴力手段を用いて既に根なし草と化したわが民族を最終的に毒殺し破滅せんと企てています。ドイツ国家及び国民の運命と未来に深刻な憂慮が支配するこの時に至って、世界大戦の老いたる指導者がわれわれ国家主義的諸政党・団体に対し、ライヒを救済するべく団結と忠誠をもって再び彼の下に戦うことを呼び掛けたのであります。われわれは、国家と国民の指導者として、神に対し、われわれの良心に対し、わが民族に対し誓約いたします。即ち、われわれはわれわれに与えられた使命を国民政府として断固実現するものである、と。国民政府はわが民族の精神及び意思の統一の再建を第一かつ至高の課題とみなします。わが国家と国民の力が立脚するところの基礎たるものを守り、擁護するでありましょう。あらゆる階層、あらゆる階級を超えて、わが民族に民族的政治的統一並びにそこから由来する義務を自覚させるでありましょう。われわれの生の統治者への服従を騒乱の本能にとって代わらせるでありましょう。二度にわたる大規模な四カ年計画の実行がわが民族の経済の再活性化を実現するでありましょう。それと並んで、ライヒ、ラント及び市町村の行政・財政両面にわたる再建という課題を遂行するでありましょう。外交政策については、民族の生存権を守り、自由の回復をそのもっとも高い使命と考えます。秩序ある民族体を再建し、階級闘争を最終的に克服することをドイツ史に対する責任であると考えます。われわれは階級というものを一切認めません。ただドイツ民族を見るだけであります。今日のライヒ国会はこうした任務に堪ええないものであるが故に、われわれは、われわれが主張する諸課題をドイツ民族自身に委ねたいと思うのです。ドイツ民族の皆さん、今ここに、われわれに対して四カ年を与え、その上でわれわれを判断し、批判することを願うものであります。」[10]

国家と国民がその後辿った展開を念頭におきながら、このアピールを読み返した時、これが一見国家主義的諸勢力の結集を呼び掛ける体裁をとりながら、その実、「国家と国民の指導者（Führer)」、「遺産（Erbmasse)」、「民族体（Volkskörper)」といったナチズムに固有の言葉を散りばめ、あるいは、「民族の精神及び意思の統一の再建」、「四カ年計画の実行」、「ラントの再建」といったそれ自体は多様な解釈が可能な、したがってまた、ナチス流の解釈を自由に行いうるさまざまな政策を盛り込むことにより、将来の「ナチス政府」の実現に備えようとするものであったことは疑いない。

さらに、「今日の議会はこうした任務に堪えうるものではない」と彼がいう時、それは単に議会の顔ぶれの交代を要求するだけのものではなかった。ヒトラーが選挙に求めたものは、従来の国会選挙の枠組をはるかに超えた、一種の「国民投票」とでも呼ぶべきものであった。「民族と国家の指導者アドルフ・ヒトラー」の承認と、ナチズムの世界観に基づくドイツ民族とライヒの再構築に向けた「白紙委任」がそれである。[11]現に、ゲッベルスは、ベルリンで行われた二月二一日の演説の中で、「われわれが求めるものはドイツ民族の偉大な信任投票である」との考えを表明していた。「一月三〇日をもってドイツ史の新たな時代が始まった。……われわれは短期間に何もかも実現できると約束するデマゴーグではない。われわれが約束しうるのは、今後われわれは仕事に取り組むであろうということだけである。……三月五日、民族が賛成するや否や、われわれは新たな建設に取り掛かるであろう。七人のグループから一〇〇万人の運動が生まれたように、われわれは国家を新たに作り変えるであろう。その時には誰もが認めなければならない。われわれがドイツそのものであり、国家と国民の未来がわれわれの手の中にあることを。[12]」いわば、多くのドイツ国民がそれと気づかないままに、「投票用紙という手段による一人一人の態度決定が革命をもたらす[13]」、そうした仕掛けがセットされたのである。

　選挙戦の終盤、二月二七日の深夜に発生した「国会放火事件」が合法革命の開始を告げる狼煙となった。取材に駆けつけたデイリー・エクスプレスの特派員デルマーに対して、ヒトラーは、「どうかこれが共産主義者の仕業でありますように。君は今ドイツの歴史における新しい偉大な時代の始まりを体験しているのだ。この火災はそのための除幕なんだ」と叫んだという(14)。もっとも、ヒトラーにとって、国会炎上は織り込み済みの出来事であったのかもしれない。一月三一日のゲッベルスの日記には次のようにある。「指導者との話し合いで、われわれは赤色テロルとの戦いの方針を確認した。差し当たりは直接的な対抗措置はとらないつもりだ。いずれボルシェヴィキ革命の火の手が上がるにちがいない。それから適当な時期にそれを叩き潰すのだ(15)。」事の真相はともかく、火災現場で一人のオランダ人共産主義者が、さらに翌日、ドイツ共産党議員団長トルグラー、ディミトロフ等三人のブルガリア人共産主義者が逮捕されただけで十分であった。早速、炎上から一夜明けた二月二八日、ヒトラーはヒンデンブルク大統領を唆し、ライヒ憲法第四八条第二項――「ドイツ国内において公共の安寧秩序に重大な障害を生じ又は障害を生じる危険のある時は、ライヒ大統領は公共の安寧秩序を回復するに必要な措置を執り、必要ある時は兵力を用いることができる。このために、ライヒ大統領は第一一四条、第一一五条、第一一七条、第一一八条、第一二三条、第一二四条及び第一五三条に定めた基本権の全部又は一部を一時的に停止することができる。」――に基づき、「共産主義者による国家を危殆させる暴力行為の防止」を口実に、『民族及び国家の保護のための大統領令』を布告させた。これにより、第一一四条等の条項が、「共産主義者」に限ってではあるが、「当分の間その効力を停止」し、その結果、人身の自由、住居の不可侵、通信の秘密、表現の自由・検閲の禁止、集会の自由、結社の自由、財産権の保障に関する基本的人権が停止され、ナチスは合法革命を遂行する上で最大の敵となるはずの共産主義者に対する無制約の攻撃の権能を手にしたのである。中でも、以後の合法革命の進展に決定的に重要な役割を果たしたのが第一一四条――「人身の自由は不可侵である。公権力による人身の自由の侵害又は剝奪は、法律に基づいてのみ許される。」――の停止であった。これにより、警察、つまりは、ライヒ内務大臣であるフリック、そして、最大のラントであり首都ベルリンを擁するプロイセン内務大臣ゲーリングの手の中に、共産主義者に対するもっとも効果的な闘争手段として、「保安拘禁（Schutzhaft）」の権限が与えられた。これは、可罰行為はむろんのこと、「直接的な差し迫った危険」であれ、「強い嫌疑」であれ、そうした一切の条件なしに、ただ「共産主義者である」ことだけを理由に逮捕し、また、

表2

政党名	得票数	得票率	議席数
投票率	88.8%		
有効投票数	39,343,315		
無効投票数	314,995		
ナチス党	17,277,185	43.9	288
社民党	7,181,633	18.3	120
共産党	4,848,079	12.3	81
中央党	4,424,905	11.2	73
ドイツ国家人民党	3,136,752	8.0	52
バイエルン人民党	1,073,552	2.7	19
ドイツ国家党	334,232	0.9	5
キリスト教人民奉仕党	383,969	1.0	4
ドイツ人民党	432,312	1.1	2
ドイツ農民党	114,048	0.3	2
農民・葡萄栽培者同盟	83,839	0.2	1
			647

（R.Morsey (Hg.), Das Ermächtigungsgesetz vom 24. März 1933, S. 13.）

一切の司法手続き抜きに、期間の制限なしに拘禁することを可能とするものであった。（第Ⅱ部第一〇章2 一参照）

三月五日の投票結果は表2のとおりである。過去ワイマール憲法下で行われた選挙の中で、一党のそれとしては最大の議席数を獲得したにもかかわらず、この時ナチスが勝利を収めたといえるかは疑問である。ゲッベルスが「国家のあらゆる手段の動員が可能であり、ラジオと新聞も自由にでき、金にも事欠かない以上、今度の選挙はたやすい戦いだ[16]」と豪語したわりには、結果はナチスにとってはかばかしいものではなかった。まして、投票前に今回の選挙を「信任投票」と位置づけたことからするならば、彼らのもくろみは見事に失敗したというしかない。ドイツ国民の態度決定は明らかであった。それにもかかわらず、ヒトラーにとっては、ドイツ国家人民党と合わせて過半数を獲得し、逆に、社民党、共産党がいずれも議席を減らし、とりわけ、両者の議席の合計が全体の1／3を割りこんだだけで十分であった。大部分のドイツ人がそれと気づかなかったにせよ、この時、ヒトラーは合法革命のための最初の、おそらくは最大の関門をとにもかくにも無事突破したのである。そして、ドイツ国民もまた、おそらくはナチスの全体支配を阻止しうる最初で最後の機会を逃したのである。翌三月六日の『ドイツ一般新聞』が伝えたとおり、「今回の選挙戦の紛うことなき勝利者はアドルフ・ヒトラー」であった[17]。ヒンデンブルクもパーペンも、フーゲンベルクも、そして、ドイツ国民も、二〇日もたたないうちにその事実をはっきりと思い知ることになる。

2　全権授与法の成立

投票から二日後に開かれた閣議の冒頭、ヒトラーは、三月五日の選挙を「革命であった」と総括、次の目標が「三分の二の多数でもって成立する授権法」、つまり、最初の閣議でマイスナーが主張したような憲法の枠内で認められる限定的な授権法ではなく、憲法そのものを覆しうる包括的な授権法、その意味では、文字通り、「全権授与法」の制定にあるとの方針を明らかにした。[18] 従来のブリューニング、パーペン、シュライヒャー内閣のように、ライヒ憲法第四八条第二項に拠る大統領緊急命令に新たな政治の基礎を置くことは問題外であった。何よりも、それは憲法上例外状態でしかなく、また、主導権は形式上大統領の手に帰するものであったのだから。ヒトラーが目指したものは、大統領の権限にも権威にも依存せず、かつ、憲法と国会を超えた、完全な権力の掌握であった。しかも、それは憲法に即して与えられねばならなかった。「合法革命」を標榜し、前年一一月二一日の大統領宛て書簡の中で、「新たな国家指導」は「銃剣にのみ基礎を置いた独裁」によってではなく、「憲法上許容された出発点」に基づいて行われるべきものとの見解を表明していた[19]ヒトラーにとって、憲法体制の変革を憲法に即して合法的に実施する権能の付与を内容とする授権法の制定は、ナチス革命の成否を決する絶対欠くことのできない手順の一つであった。

三月一五日の閣議ではじめて内務大臣フリックから閣僚全員に対し「授権法」のおおよその案文――「ライヒ政府は民族及び国家の困難に鑑み必要とみなされる措置をとることを授権される。その際、ライヒ憲法の条項からの逸脱が許される。」[20]――が紹介された。文言からも分かるように、この時点、「法律」の授権はいまだ考慮の外にあった。この点に関し、員外大臣であるライヒ全権委員ポピッツは、従前から授権の対象をめぐって激しい議論が戦わされてきた事柄、即ち、ライヒ憲法が「法律」によってのみ行いうると定めている予算（第八五条第二項）及び国債の起債と国の負担となる担保引受（第八七条）を緊急命令により行いうるか否かという問題を改めて取り上げ、その上で、こうした疑問を解消するためにも、授権の対象を明確にライヒ憲法にいう「法律」にまで拡大すべき旨を提案、[21]これを基に修正された法案が閣議において最終的に承認されたのはようやく国会開会前日のことであった。[22]

三月二一日、ナチス党とドイツ国家人民党は、ライヒ国会に対し、「フリック及びオーバーフォーレンとその仲間」の名において、『民族及びライヒの困難除去のための法律(案)』[23]を提出した。「ライヒ国会は以下の法律を議決し、憲法変更的立法の必要の充たされたことを確認した後、ライヒ参議院の同意を得て、ここにこれを公布する」との文言で始まるわずか五カ条から成る法案の中心には、「一九三七年四月一日」までの時限的効力を条件に、「ライヒ法律の議決権」をライヒ国会と並んで「ライヒ政府」に付与し、かつ、ライヒ政府が議決した法律は「ライヒ国会及びライヒ参議院の制度を対象としない限りライヒ憲法に背反することができる」との規定が置かれていた。これは、要するに、ライヒ内閣、つまりは、ライヒ首相アドルフ・ヒトラーに対し、ライヒ憲法に制約されないほぼ無制約といってよい「立法権」を付与しようとするものであった。文字通りの『全権授与法』である。

ところで、本来法律の執行機関であるべき政府が、その範囲はともかく、立法権を授与されることは決して前例のないことではなかった。一九二三年一〇月一三日の『授権法』は、ライヒ政府に対し「財政的経済的社会的領域において必要かつ緊急とみなされる措置をとること」を「ライヒ憲法の基本権からの逸脱」も含めて授権し、同年一二月八日の『授権法』は、ライヒ政府に対し「民族及びライヒの困難に鑑み必要かつ緊急とみなされる措置をとること」を授権していた。一九三一年三月二八日の『関税法』も、それがライヒ政府に対し一定の「命令」を発する権限を授与するものであった限り、一種の授権法とみなされうるものであった。こうした授権法だけではなく、シュナイダーによれば、一九三三年当時、政府への広範な授権に対する人々の心理的抵抗はもはやかつてほど強いものではなくなっていた。それというのも、その頃には、大統領によるライヒ憲法第四八条を根拠とする緊急命令が常態化し、それにより「どっちみち立法者としての議会の存在は影の薄いものとなってしまっていた」からである。国会の地位の低下は、数字の上からも裏付けられ、一九三一年、緊急命令の数が既にライヒ国会の立法を上回り、翌一九三二年には、六〇の緊急命令に対し、国会の立法はわずかに五を数えるまでに落ち込んでいた。しかも、緊急命令はしばしば政府に対する授権を定めていたのである。(24)

こうした事情はともかく、今回の授権法のもつ特異な内容と性格は、従来の授権法がいずれも授権対象を「命令」に限定するとともに、授権内容を特定又は制限し、国会への通告義務を定め、さらに、授権に基づく政府の措置の廃棄権限を国会に留保していたことに比べれば、一目瞭然、明らかであった。カール・シュミットが、この法律は「非本来的な意味」で「授権法」と呼ばれるにすぎないとしたことにも納得がいく。(25)広範な、しかも、憲法の制約を受けない立法権の授与が、授権の根拠である憲法そのものを覆し、まったく新たな憲法体制の樹立に道を開く可能性をもつものであったことを考えれば、それは、シュミットがいうとおり、法律を超えた「暫定憲法」と呼ぶに相応しいものであったのかもしれない。(26)それ故に、ここでも、国会議員の一人一人の投票がそのまま「根本的な一つの革命行為」(27)への白紙委任となる、そうしたからくりが仕掛けられたといってよい。

しかしながら、「ライヒ国会はこうした授権法を可決するであろう」との三月七日の閣議でのヒトラーの発言にもかかわらず、国会の勢力図から見て、『法律（案）』が承認される見込みはほとんどなかった。ライヒ憲法第七六条は、憲法改正の要件として、「法律の定める議員定数の三分の二以上の出席」及び「出席議員の三分の二以上の同意」を求めていたが、ドイツ国家人民党と合わせてもわずかに過半数を上回る議席しか確保しえないナチスに勝ち目はなかった。しかも、国会で直接対決するまでもなく、社民党、共産党が中間政党から少なくとも一五人の同調者を集め、欠席戦術に出た場合、国会の成立を阻止することさえ不可能ではなかった。

「定足数の確保」と「出席議員の三分の二以上の同意」を同時に実現する方策がはたしてあったのか。魔法の杖の一つが二月二八日の『大統領令』であった。さっそく大きな出番がやってきたといってよい。ヒトラーが三月七日の閣議で「共産党議員が議場に姿を見せることはないであろう」[28]と語り、また、ライヒ内務大臣フリックが、三月一〇日のフランクフルトでの演説で、「三月二一日に新たな国会が招集された時、共産主義者は緊急かつ有用な労働により国会への出席を妨げられることになろう。彼らは再び生産的な労働に従事する習慣を身につけなければならない。そのための機会が強制収容所の中で与えられることになる」[29]と語っていたとおり、共産党議員の大部分と社民党の一部の議員を事前に「合法的」に保安拘禁し、議会への出席を妨げることにより、ナチスは、「三分の二以上の同意」の実現を図るとともに、返す刀で、二三日の国会の冒頭において、第二の魔法の杖として、「フリック及びオーバーフォーレンとその仲間」の名において『ライヒ国会議事規則』の修正案――「賜暇を受けず、又は、出席を事実上不可能とする病気により本会議、委員会又は投票に参加しない者は、議長により六〇日会議日を限度に会議への出席を排除されうる。……排除された国会議員は出席したものとみなす。」[30]――を提出し、これを、従来からオブストラクションに批判的であった中央党を抱き込み、社民党の反対を押し切り、圧倒的多数の賛成でもって承認させることにより[31]、「定足数の確保」の実現を図ったのである。

ただし、これだけで法律成立の見込みが完全に立ったわけではない。「三分の二以上の同意」の確保のためには、なお、中央党をはじめとする中間政党の切り崩しが必要であった事情に変わりはなかった。しかしながら、彼らに「反対」のカードは残されていなかった。二三日の午前中に開かれた中央党の議員集会において、カース党首は、前日行われたヒトラーとの会談の結果を報告した後、党のとるべき態度を次のように表明した。「一方で、われわれの魂を守ることが必要である。しかし、他方、『全権授与法』を拒否した場合、党に不愉快な結果が降り掛かることが予想される。われわれに残されたことは唯一最悪事態からわれわれを守ることである。三分の二の多数が得られなかったとしても、ライヒ政府は自分たちの計画を他の別の手段を使って実行するであろう。ライヒ大統領は『全権授与法』を受け入れた。[32]」結局、中央党に残された道は「賛成」以外にはなかった。それは、カースの発言からもうかがわれるように、『全権授与法』に反対票を投じたにせよ、二月二八日の『大統領令』、さらには、ライヒ憲法第四八条が存在する以上、彼らにとってその後のナチスの暴力による支配を阻止する展望が何もなかったからである。その間の事情を、中央党議員であったエアジンクは、戦後ヴュルテンベルク・バーデンラント議会に設けられた調査委員会で次のように証言している。「われわれが同意しなかった場合、ヒトラーはただちに手荒な暴力的手段を行使したことでしょう。その場合、予測することのできない結果を惹起する恐れがあったのです。法律がなくともただちに彼らは予想もしえないような暴力行為に訴えるであろう、われわれはそのように考えたのです。[33]」ドイツ国家党の場合も同様であった。五人の議員が翌日故郷の仲間に釈明のために宛てた手紙には次のようにあった。「『全権授与法』の承認によってライヒ指導部の中枢において法律に拠らない権力行使が避けられるのではなかろうか。われわれが土壇場で賛成に回ったのは、そうした考慮が決定的なものとして働いたからです。中央党も同じ考えに立ち、同じ結論を下しました。『全権授与法』が成立しなかった場合、国の中央でも地方でも革命勢力の運動化が必然的にもたらされたことでしょう。今日の状況の下では、今後の政治の展開が法律に基づいて行われるという可能性を残しておくために、われわれは同意せざるをえなかったのです。[34]」

二三日の昼過ぎクロール・オペラ劇場に議員が集まった時点で既に大勢は決していた。議場の内外を突撃隊や親衛隊の隊員が固め、ハーケンクロイツ旗が掲げられ、「授権法の制定か、しからずんば暴力か！」のシュプレヒコールの轟く中、ヒトラーが政府を代表して『民族及びライヒの困難除去のための法律（案）』の提案説明に立った。「われわれの政治的、道徳的、経済的生活の崩壊の原因は、われわれの民族体がその内部に多くの欠陥を抱えていることにあり、それ故、将来にわたり、真の再建を妨げる恐れのあるあらゆる欠陥を民族の生活の中から排除することが国民革命政府の目的である。」このように語り始めたヒトラーは具体的な方策へと話を進めた。「マルクス主義の誤った教説により招来された国家と国民の世界観的分裂は、共同体生活の可能性を根こそぎ奪いとるもの以外の何物でもなかった。諸階層・諸階級の対立や利害を超越した真の民族共同体の建設のみが人間精神の迷妄の温床を永久に断ち切ることを可能にする。民族共同体の内からの崩壊が常に憂慮すべき国家最高指導部の権威の弱体化を不可避とした原因であった。国家と国民の指導の精神的かつ意思的統一を確立することが国家指導部の義務である。その目的は、民族の意思と真の指導の権威が結びついた一つの憲法体制を作りあげることでなければならない。」ヒトラーが『全権授与法』により何を実現しようとしていたのか、また、「民族及びライヒの困難除去」という言葉に隠された『全権授与法』の真の目的が何であったのか、それが今はっきりとヒトラー自身の口から公にされた。「民族共同体の建設」並びに「民族の意思と真の指導の権威が結びついた憲法体制の構築」がそれであった。もっとも、この時点、これらの目的の真に意味する内容を承知していた人は少なかったであろうし、まして、それらの目的がいかなる最終目標に定位するものであったかを知る人はほとんどいなかったであろう。さらに、ヒトラーは続けた。「こうした課題の実現を可能とするために政府はナチス党及びドイツ国家人民党に『全権授与法』を提出させたのである。これら課題の実行と解決が必要である。ライヒ政府が自らのとるべき措置のために、その度毎に国会の承認を求めることは、国民高揚の目的に反し、また、意図された目的にかなうものでもない。しかし、政府は国会そのものを廃止するつもりはない。それどころか、政府は将来にわたり自らとった措置をその折々国会に報告し、あるいは、一定の理由からそうすることが合目的である場合、同意を得ることを留保するものである。これほど広範な革命がこれほど整然とかつ血を流さずに行われたことはかつてなかったであろう。この整然たる展開を将来にわたって保障することが私の確たる意図である。しかし、それだけにますますこうした時代にあっては異なった展開を唯一防止しうる卓越的な地位が国民政府に与えられることが必要である。」この後、ヒトラーは国会のコントロールに服さない全権授与に対する不安を和らげるべく、控えめな調子でいくつかの保障を与えた。「ライヒ国会、ライヒ参議院の存在を脅かすつもりはない。ライヒ大統領の地位と権限は従来通りである。大統領の意図との完全な一致を実現することが政府の不断の最高の義務となろう。ラントの廃止は考えていない。教会の権利の制限も行うつもりはない。教会と国家の関係も不変である。政府自体が明白な多数に依拠するものである以上、この法律に訴えざるをえないケースはそれ自体限られたものであろう。」最後に、一転、ヒトラーはいささか脅迫じみた言辞を弄して『全権授与法』の承認を求めた。「政府は法律の可決を要求するものである。政府が求めるものはいかなる場合であれ明白な決定である。政府は、国会の諸政党に、整然たるドイツ的発展の可能性及びそこから将来生ずるであろう協調の可能性を提供する。しかし、同様に、政府は、諸君の拒否の表明と、それに伴う抵抗の宣言を受け入れる覚悟を固めるものである。今や戦うか平和を選ぶかは諸君自らである。[35]」

三時間の休憩の後、午後六時過ぎに再開された国会では、社民党党首ヴェルスが、「暴力による平和からはいかなる繁栄も生まれない。真の民族共同体というものは、そうしたものに基礎を置くことはできない。……三月五日の選挙の結果、政府与党は多数を獲得し、憲法の文言と目的に忠実に統治することが可能となったのではないか。こうした可能性の存するところでは、そうする義務も存在する。……法というヴェールをかけたとしても、暴力による政治という現実を覆い隠すことは不可能である[36]」との、この日唯一となる反対演説を行った他は、中央党、バイエルン人民党、ドイツ国家党、キリスト教人民奉仕党が賛成演説を行い[37]、最後に登壇したゲーリングが、議長の職責を離れ、「ナチス党は『全権授与法』に関してただ一つのことだけを宣言したい。今や、ドイツ政府の頂点に立つのは、われわれの指導者である。もはや、言葉は不要である。今や行動あるのみである。われわれの指導者、ライヒ首相に対しわれわれは盲目的な忠誠を捧げ、ドイツの勝利に至るまで彼につき従うことを誓うものである[38]」と宣言した時、事は単なる一個の法律への賛否といった問題ではなくなっていた。「民族と国家の指導者アドルフ・ヒトラー」の承認、及び、彼への「信仰告白」、それが投票によって問われるべき当のものであった。

ゲーリング議長が読み上げた投票結果は次のとおりである。「投票総数五三五票、反対九四票、賛成四四一票。憲法改正が問題となっていることから、以下の確認が必要とされる。憲法が定める議員総数は五六六。〔憲法が定める定足数は〕その三分の二の三七八。さらに〔憲法が定める憲法改正に必要な賛成の議員数は〕その三分の二の二五二。したがって、全権授与法は、憲法が要求する多数、四四一をもって承認された[39]。」

賛成票が、後に確認するように、結果として、憲法第七六条の定める憲法改正の要件を充足していたことに間違いはない。しかし、ゲーリングの報告にはいささか不分明な箇所が見られる。後日『ライヒ国会議事録』に採録された公式の数字は、「投票数五三八、賛成票四四四、反対票九四」であった[40]。『議事録』には、総数だけでなく、全議員の名前と賛否等の一覧が掲載され、これを基に計算した各政党別の「賛成」「反対」「欠席」「病気」「――」の内訳は**表3**のとおりである。『議事録』の数字との相違の理由は不明であるが、他にも、ゲーリングの報告の中には明らかな誤りが二つある。一つは、必要な最低賛成票を「定足数」の三分の二としたことである。これは「出席議員」の三分の二でなければならない。一見不注意によるものと考えられないではないこの誤り

表3

	賛成	反対	病気	欠席	—
ナチス党	288				
社会民主党		94	11		15
中央党	72			1	
ドイツ国家民族党	53				
バイエルン民族党	19				
ドイツ国家党	5				
民族奉仕党	4				
ドイツ農民党	2				
ドイツ民族党	1		1		
合計	444	94	12	1	15

(Stenographische Berichte über die Verhandlungen des Reichstages, Bd. 457, S. 42ff. より作表)

に対し、もう一点は明らかに意図的なものであった。憲法が定める議員定数は、ゲーリングがいう五六六ではなかった。この数字からは共産党議員八一がすっぽりと抜け落ちている。しかし、彼らはこの時点疑いもなく正当なライヒ国会議員の資格を有しており、彼らに対する議員資格の剥奪が行われるのは、ようやく、この八日後、当の『全権授与法』に基づいて制定された『ラントをライヒに強制的同質化するための暫定法律』によってである。この点に関しては、『議事録』も同様であり、そこには、共産党議員の名前は見当たらない。彼らを議員総数に加えなければならないだけでなく、さらに、先立って改正された『議事規則』によれば、彼らもまた「出席した」ものとして取り扱われなければならなかったはずである。『議事録』に「——」を付された社民党議員一五名——彼らは保安拘禁等の理由により出席できなかった——もまた同様である。「欠席者」とみなされるのは賜暇を受けた議員のみであり、先の『議事録』に「病気」と表記された社民党議員一一名——彼らもまた、全員かはともかく、実際は保安拘禁されたと推測される——とドイツ民族党議員一名、「欠席」と表記された中央党議員一名が該当するとした場合、先の数字は次のとおり修正されなければならない。議員総数六四七、定足数四三二、出席議員数六三四、必要賛成票数四二三。[41] ゲーリングが投票結果の報告の中で、必要な最低賛成票を「定足数」の三分の二としたことは、単なる不注意ではなかったのかもしれない。策を弄し過ぎたというべきか、ナチスの勝利は薄氷の勝利であった。

ライヒ国会による可決の後、その日の内に法案はライヒ参議院に送付された。議長であるフリックが、「このことが有する意義について今日なおわれわれの誰もが完全には正しい認識を持ちえていない、そのような瞬間にライヒ参議院は参集したのである」と発言して始まった本会議は、何らの異論もなしに全会一致でライヒ国会の決定を承認、翌二四日、『民族及びライヒの困難除去のための法律』は、憲法が定める手続きに則り、ヒンデンブルク大統領の認証を受け、ライヒ官報により公布された。一応議論の応酬があったライヒ国会に対し、ライヒ参議院が、一切の抵抗も、一言の議論さえなく、ナチスの要求に屈してしまった裏には、ナチスによって予め仕掛けられた巧妙なからくりが隠されていた。憲法第六三条によれば、ライヒ参議院の議員はラントの代表者として各ラント政府の指示・命令に拘束される仕組みになっていた。ところが、後述のように、政権掌握直後から始まったラントを強制的にライヒと一体化させる、いわゆる「強制的同質化」の過程において、既に三月二三日の段階ですべてのラントはナチスの完全な支配下に置かれていたのであり、ライヒ参議院でもはや異論の出ようはずもなかったのである。(42)

『全権授与法』の制定過程を振り返り、ブラッハーは、「それは当時並びに今日の国法学者たちの幻想と弁解の理論にもかかわらず、実際にはクーデターにも似た緊急命令支配と同様に一向に合法的ではなかった。多数の左翼の国会議員たちの逮捕は違法であったし、欺瞞と威嚇による同意の調達も違法であり、ラントを代表するライヒ参議院の強制的同質化も……すべて違法であった」とする。(43) 批判の内容が妥当か否かは問わないでおこう。しかし、少なくともヒトラー等にとってこうした批判は何ら重要な意味をもつものでなかったことだけはたしかである。彼らにとって、それがいかに簡単に見破られる虚構であったにせよ、「合法性」の装いが存在すればそれで十分であった。緊急命令による暴力支配に対してはおそらく反対の態度をとらざるをえなかったであろう中央党やドイツ国家党といった中間政党の支持を取り付けることができたのも、とにもかくにも『全権授与法』という「法律」のおかげであった。エアジンク等の証言が明かすように、「法律か暴力か」というナチスが仕掛けた罠に彼らはまんまとはまったのである。いずれにせよ、『全権授与法』が、ナチスの目論見通り、今後の運動の展開が暴力ではなく「法律」に基づいて行われることになるかのような「合法性」の幻想を、彼らに、そして、その背後に控えるドイツ国民に抱かせることに成功したことは間違いない。

さらに、「合法性」に関してもう一つつけ加えるべきは、ここで問題となっていたことは合法的な権力の「獲得」といったことでさえなかったという事実である。ゲッベルスが、『全権授与法』が成立した日の日記に、「今や、われわれは憲法上もライヒの支配者となった」(44)と書きつけたように、事の本質は「既存の権力関係の合法化」(45)にあった。ライヒ政府は、『全権授与法』を待つまでもなく、既に、二月二八日の『大統領令』により独裁体制を実現する可能性を与えられていた。それは、ウェルスへの反論の中で、ヒトラーが、はっきりと、「われわれが今求めているものは〔たとえ『全権授与法』がなくとも」どっちみち奪い取ることのできるものなのだ」[46]と語っていたとおりである。結局、ドイツ国家人民党を代表して賛成演説を行ったマイヤーの戦後の回顧にもあるように、『全権授与法』の制定は、数週間前から既に実現されていた権力関係に一応の合法性を与えるための「一つの儀式」といったものでしかなかった。[47]しかし、たとえそうであったとしても、それは、緊急命令につきまとう「例外状態という悪評」を払拭し、「内外によりましな印象」を与え、ナチス革命をスムーズに発進させるため、ヒトラーとナチスにとってどうしても必要な儀式であった。[48]

一夜明けて、一体何が変わり、何が生まれたのか。『『全権授与法』の可決により今やわれわれは事柄に即した活動のための前提を与えられたのだ」[49]――翌日の閣議で今回の出来事をこのように総括したヒトラーに対し、カール・シュミットは一〇日後の『ドイツ法曹新聞』に寄せた『全権授与法』の解説記事の中で以下の国法学的基礎づけを献呈した。「新たなライヒ立法者が誕生した。彼は、法命令だけでなく、形式的意味におけるライヒ法律をも制定することができる。それにより、議会主義的立法国家の伝統的法律概念は克服されるに至った。われわれは今憲法史上重要な意味を有する一つの転回点に立っている！さらに、ライヒ政府は形式的意味における憲法典を制定することができる。それも、憲法の個々の条項に背反することが許されるというだけではない。従来の憲法典に代わる新たな憲法典を制定する非常に広範な権能が与えられたのだ。最後に、ライヒ政府のこの途方もない権限にはいかなる限定もつけられてはいない。それは内容的に無制限の授権である。[50]」

当代きっての国法学者の解説は、『全権授与法』から最大、あるいは、それ以上の内容をヒトラーとナチスのために引き出すものであった。彼がいう「形式的意味における憲法典を制定する」権能は、一九三四年一月三〇日にライヒ国会が憲法改正立法の手続きを踏んで制定した『ライヒ新構成法』第四条――「ライヒ政府は新しい憲法典を制定することができる。」――によってようやく与えられたものであったのだから。しかし、シュミットの解説も直截性という点においては三月二五日のナチス党機関紙に到底及ぶべくもなかった。第一面トップに「ドイツ民族の意思が実現された　ライヒ国会はアドルフ・ヒトラーに支配権を譲り渡した　ドイツ国会における歴史的な日　議会制度は新しいドイツの前に屈伏した」との大見出しが踊る『フェルキッシャー・ベオバハター』は、新たな事態の本質が何であるかを誰にもわかる言葉で明らかにしてみせた。「ドイツ高揚の波はあらゆる障害物を取り払うことに成功した。民族が求めたものは真の権力をヒトラーが掌握することであった。国会は膝を屈し、中央党はナチスの支配に同意した。今後四年間、ヒトラーはドイツ救済のために必要なことであればいかなることでも行いうる権力を手に入れた。消極的には、民族を破壊するマルクス主義者の暴力の根絶であり、積極的には、新しい民族共同体の建設である。それは、何世紀にもわたりドイツの憧れであった真のドイツ国民国家の実現の基礎を築くためである。ドイツは目覚めた。偉大な仕事が始まった。第三ライヒの日が到来した。」[51]

3　合法革命の実行と完成

一　ラントの強制的同質化

『全権授与法』により「ドイツ救済のためならばいかなることでも行いうる権力」を手に入れたヒトラーは、かつてライプツィヒの法廷で語っていたとおり、国家を彼らの「理想に合致した鋳型に入れて鋳直すため」の作業、当時一般に「グライヒシャルトゥング（強制的同質化）」の名で呼ばれた作業に取り掛かった。それはもはや「国民高揚」でもなければ、「国民革命」でもない。ゲーリングが四月九日にベルリンのスポーツ宮殿で宣言したように、「ナチス革命」[52]が愈々始まったのである。

最初の標的としてライヒとラントの権力の二重構造が選ばれたことは、それが政党と並んで独裁体制に対するもっとも強力な障害となるべきものであった以上当然のことであった。既に、『ナチス党綱領』は「強力な中央権力の創設」を綱領実現の条件として掲げていたし、『わが闘争』もまた「ナチズムの教説は、個々の連邦諸国家の政治的利益の召使ではなく、いつの日かドイツ国家と国民の主人となるべきものである。従来の連邦国家の境界を顧慮することなく、ドイツ国家全体にナチズムの原理を押しつけなければならない」と主張、連邦国家的枠組みの解体を要求していた。[53]首相就任の三日後、ライヒ参議院に登場したヒトラーはライヒの構成要素としてのラントを無視する意図のないことを確認し、[54]さらに、三月二三日の国会においても同旨の発言を繰り返したものの、[55]これらの約束も所詮は旧勢力に対する眼眩ましでしかなかった。実際、この時点、既に政治的な権力関係から見る限り、ドイツのすべてのラントの強制的同質化は事実上完了していたのである。

ドイツ最大のラントであるプロイセンをめぐっては、政権掌握直後から特にラント議会の解散をめぐって二つの政府の間で激しい応酬が交わされていた。ヒトラーがライヒ参議院で演説を行った翌二月三日、社会民主党出身のブラウン首相はいち早くライヒ大統領宛に書簡を送り、予想されるライヒ政府の攻撃への抗戦の意思を表明していた。「ライヒ政府は、ライヒ憲法第四八条に基づく命令により、〔われわれの意思とはかかわりなく」プロイセンラント議会の解散の決定を閣下に対し要請するのではないか、そういった噂で今ラント議会はもちきりとなっています。私は閣下に対し、ライヒ憲法第四八条を根拠とする解散命令に同意を与えられないよう切にお願いするものです。それといいますのも、こうした命令は明らかにライヒ憲法に違反するでしょうから。ライヒ憲法第一七条は、第四八条第二項を根拠とするラント議会の解散に対する干渉からラントの国民代表を保護しています。ライヒ大統領は、大統領に留保された七つの基本権の一時的停止は別にして、ライヒ憲法のすべての条項に拘束されるものであります。自由主義国家の国民代表の根本的かつ第一の権限は、その招集と解散についての自己決定権にあります。ラント政府は、第四八条に基づく命令により解散権に対する侵害が行われた場合、ただちに国事裁判所へ提訴することを憲法上の義務と考えます。[56]」三日後の二月六日、大統領が返した回答はそっけないものであった。「私が命令を発する前から、その管轄権につき国事裁判所への提訴を云々することに対して、私は次の理由から同意できません。今日のライヒとプロイセンの間に合わせの関係の継続は国家の利益と合致せず、それ故、緊急の決定が必要とされているからです。[57]」同じ日に布告された『プロイセンにおける秩序ある政府の樹立のためのライヒ大統領令』は、前年七月二〇日のライヒ首相パーペンによるプロイセン政府の閣僚罷免に関して争われた同年一〇月二五日の国事裁判所の判決を引き合いに出し、「それに対するプロイセンラントの違反行動が国家生活を混乱させ、国家の利益を危殆させている」ことを理由に、「ライヒ全権委員」の任命と派遣を定め、彼及びその代理人に対し「先の判決によりプロイセン内閣及びその構成員に与えられた権限を当分の間委譲する」との決定を下した。理由は、「いかなるラントも二つの政府を持ちえず、いかなる官吏も二人の主人に仕ええないことは明白である」からだというわけであった。「ドイツの現況は、ライヒとドイツ最大のラントの間において統一した政治的意思形成が実現されることを緊急に求めるものである。[58]」わずか三カ条から成る大統領令によってドイツ最大のラントの強制的同質化は完成した。改めてライヒ全権委員に任命された副首相パーペンは、ただちに、ラント議会議長カールの承認の下に、議会の解散と三月五日の投票を布告した。これに対し、旧プロイセン政府のメンバー及びプロイセン枢密院は国事裁判所への提訴で対抗したものの、三月二二日に招集された新ラント議会が、「二月六日のライヒ大統領令により宣言されたいわゆるプロイセン高権政府の罷免を承認し是認する。首相の次期選挙を留保することにより、ライヒ大統領が任命したライヒ全権委員による行政事務の差し当たりの執行を了解することを表明する」との決議を行った結果、一連の応酬に決着がつけられた[59]。

プロイセンの他、二月中旬までに強制的同質化が完了したチューリンゲン、メクレンブルク＝シュヴェリン、メクレンブルク＝シュトレリッツ、オルデンブルク、ブラウンシュヴァイク、アンハルト、リッペは別にして、ナチスがもともと議会において少数派であった他のラントでは順調に事が運んだわけではない[60]。ライヒ政府の方針に逆らって抵抗の構えを見せたバイエルン、ヴュルテンベルク、バーデン等に対し、フリックは二月二四日のハンブルクでの選挙演説の中で「最後通諜」を突きつけた。「新しい時代の意味をいまだ正しく理解せず、ライヒ政府の政策に抵抗しようとするラント政府に対し、私はライヒ内務大臣として緊急の警告を行うものである。ライヒ政府にとって越えてはならないマイン河ラインといったものは存在しない。マイン河の南においてもライヒ政府の権威を実現させることがわれわれの断固たる決意である。今日のライヒ政府は、どんな手段を使ってであれ、自らの目的を達成する決意を固めている。機会があればわれわれは容赦なく介入するであろう[61]。」

フリックがいう「介入」のための絶好の手段となったのが二月二八日の『大統領令』である。第二条に定める「一つのラント内において公共の安全及び秩序の回復に必要な措置がその効果を収められない場合、ドイツライヒ政府がラント最高官庁の権限を一時的に担当することができる」との条項により、ラントの命運はライヒ政府の手に握られることとなった。ライヒ政府が合法的にラントの支配権を手に入れようと思えば、ラントの安全・秩序を何らかの手段を使って破壊しさえすればよかった。実際、最後まで抵抗を試みたバイエルンでは、三月九日、武装した突撃隊と親衛隊がミュンヘンを騒擾状態におく中で、緊急命令が発動され、ナチス党員であるエップ将軍がライヒ全権委員に就任、翌一〇日には、法務大臣フランク、ミュンヘン臨時警察長官ヒムラーを含むバイエルン政府の閣僚名簿が発表され、「アドルフ・ヒトラーの指導の下にある国民高揚のライヒ政府はバイエルンにおいても忠実な服従者を獲得した」との勝利宣言がなされた[62]。

したがって、ヒトラーが三月二三日の国会で、「ライヒ政府はラントの廃棄を意図するものではない」と語った時、既にあらかた決着はついていたのである。後には、立法の手順を踏みながら、ラントを解体し消滅させる作業だけが残されていた。そのための法律上の根拠となったのが、誕生したばかりの『全権授与法』であった。ライヒ政府は、三月三一日、解体作業の一番手として、『ラントをライヒに強制的同質化するための暫定法律』を公布する。法律は、ラント政府にラント法律の制定権を与えるとともに、ラントの国民代表制に関して、プロイセンを除くすべてのラントに対しラント議会及び市町村議会の解散を命じた上で、新しい議会の構成については、新たな選挙を行わず、三月五日のライヒ国会の選挙結果に応じた割合で共産党を除く各政党に議席を配分することを決定した。なお、ラント政府による立法とラント憲法との関係については、先の『全権授与法』とは異なり、例外的に「行政組織の改新及び管轄権の改定」に限ってのみ憲法からの背反を認めるとするにすぎなかったものの、プロイセンではこの二カ月後にラント議会が『民族とラントの困難除去のための法律』[63]を公布し、「『暫定法律』に基づきラント政府により制定された法律」は、「ラント議会及び枢密院の制度」を対象としない限り、「憲法からの逸脱を許されるものとする」との決定を下した。その後、他のラントにおいても同様の授権が行われている。[64]

『暫定法律』の目的がライヒとラントの「政治的意思形成の統一化」にあったのに対し、一週間後の『強制的同質化のための第二法律』、いわゆる『ライヒ代官法』は「国家指導の統一化」を実現せんとするものであった。[65] そのため、『代官法』は、ライヒ首相、後に、ゲーリングが直接その任に当たるプロイセンを除く各ラントに、従来の緊急命令に基づく一時的例外的な結合にとどまるライヒ全権委員に代えて、「正規の憲法体制の機関」[66]として「ライヒ代官」の制度を導入した。「ライヒ首相の推薦に基づきライヒ大統領が任命する」ライヒ代官にはほとんどの場合大管区指導者が任命されたのであるが、彼らは「ライヒ首相により決定される政治方針の遵守を監視する」任務を有するものとされ、従来ラント権力に属していた政府の任免権、議会の解散権、法律の作成及び公布に関する権利、官吏の任免権及び恩赦権が委譲された。ライヒ代官は、単にライヒ政府のみならず、同時に、ナチス党の「代」官であり、党がラントを支配するために送り込んだ代理人でもあった。ライヒ代官の国法上の地位に関しては、それがライヒの機関であるか、ラントの機関であるかに関し若干の議論はあったものの、ヒトラーは、三月二二日の代官会議の席上、「ライヒ代官はライヒ最高指導部の意思の担い手であり、個々のラントの代理人ではない」との確認を行い、さらに、次のように続けた。「諸君の任務はラントではなくライヒに由来するものである。諸君は、ライヒに対してラントを代表するのではなく、逆に、ラントに対しライヒを代表する。」[67] つまり、ライヒ代官は、ラントの諸権利の擁護者、代弁者ではなく、「指導者の政治的受任者」[68]として、もっぱらライヒ首相の命令に服する「ラントにおけるライヒの政策の守護者」と位置づけられたのである。[69] いずれにせよ、法律にいう「政治方針の遵守の監視」とは、消極的には「ライヒと敵対的な独立の政治的中心の形成の阻止」[70]、積極的には「ラントにおけるライヒ指導部の目的の実現」[71]として、

「各ラントのライヒへの帰属及びライヒの指導への従属の確実な保障」[72]となるべきものであった。

二つの法律によりラントは実質上「国家」としての固有性――議会の独立性、議会に基礎を置く政府の存在、固有の政策遂行の権限――を喪失するに至ったものの、依然として、ラントが国民代表機関を有し、また、ラント高権自体は形式上手つかずのままに残されていた。『代官法』が「ライヒ代官は同時にラント政府の構成員となることはできない。……ライヒ代官はラント国家権力を行使する」としていたことに見られるように、ライヒ代官もまた、ラントの「行政の自律」の保障とラントの「国家」としての存在を前提としたライヒ政府とラント政府の「仲介者」にすぎず、それ故、ラントの形式的な「構成」そのものに大きな変化はなかった[73]。

ラントの最終的清算は一九三四年一月三〇日の『新構成法』に委ねられた。ライヒ国会により憲法改正立法の手続きを踏んで制定された『新構成法』は、既に存在理由を失っていた各ラント議会の「廃止」を決定し、さらに、「各ラント高権のライヒへの移行」、「各ラント政府のライヒ政府への従属」を定めた。これにより、従来ライヒ憲法第五条――「国家権力は、ライヒの事柄に関してはライヒ憲法によりライヒの機関が行使し、各ラントの事柄に関しては各ラントの憲法により各ラントの機関が行う。」――を法的根拠とし、憲法の自律及び立法権・行政権・司法権の三権をその内容としてきたラント高権は「無条件かつ永久に一掃」[74]され、ラントは名実ともに固有の「国家」としての性格を喪失し、ラントは単なる「行政単位」に[75]、ラント政府は「ライヒの下級行政機関」に格下げされるに至った[76]。以上の変化の当然の結果として、二月二日の『ライヒの新構成に関する第一命令』はライヒ官吏とラント官吏の区別の廃止を、二月五日の『ドイツ国籍に関する命令』はラント国籍の廃止及びただ一つの国籍としてドイツ国籍（ライヒ国籍）のみが存在することを、二月一四日の『ライヒ参議院の廃止に関する法律』は参議院の廃止を、二月一六日の『司法権のライヒへの委譲のための第一法律』は「ドイツ民族の名における法の宣告」をそれぞれ定めた。『新構成法』は、文字通り、「ラントの命脈を断ち切った」のである[77]。法律制定の翌日、一連の強制的同質化の指揮をとったライヒ内務大臣フリックは、「第三ライヒの建設」と題するラジオ演説を行い、国民に対し新たな法律の意義を次のように総括した。「何千年にもわたるドイツ人の古くからの憧れが実現されたのです。……今日以降、独立のラント高権は存在しません。ライヒが全国家権力の排他的な担い手となったのです。連邦国家に代わって統一国家が誕生しました。今日以降、ラント政府はライヒの単なる執行機関にすぎません。……ドイツ民族同胞の皆さん、われわれの世代の使命は、われわれの父祖が成し遂げられなかった国民的統一国家を生み出し、後の世代のために完成させることにあります。本日をもってドイツ史の新たな時代が始まったのです。そのことが有する偉大さ、重大性は後の世代になってようやく正しく認識されうるものとなるでありましょう。[78]」

二　一党体制の確立

強制的同質化の第二の標的が「複数政党制」であった。それは、単に複数政党の存在が連邦制と並んで独裁体制樹立の最大の障害であったというだけではない。ナチス運動を支配する「全体性の原則」が、端から、ナチズム以外の政治的世界観、ナチス以外の政党の存在を許容することなど考えられるものでなかったこと[79]、当然であった。中でも、最大の敵である共産党に対し、ライヒ政府は、三月三一日の『暫定法律』により、共産党が三月五日の選挙で獲得したライヒ及びプロイセン議会の議席を剝奪するとともに、その他のラントに関しても三月五日の選挙結果に基づいて行われた各政党への議席配分から共産党を除外する決定を下した。一カ月後、「国民労働の日」と名付けられ、「労働者」の名を冠したナチス党により盛大に祝われたメーデーの翌日以降、突撃隊及び親衛隊が全国各地の労働組合の事務所を襲撃、壊滅させたが、これは、共産党のみならず、従来の複数政党制から「その経済的基盤を奪い取る」ものでもあった[80]。五月二六日の『共産主義者の財産没収に関する法律』がラント政府に対し共産党及びその補助・援助機関の有する一切の財産を没収する権能を付与したことにより、共産党は財政面からも活動の息の根を止められた。社会民主党に対しては、ライヒ内務大臣が、六月二二日、「社民党は民族と国家に敵対する政党であり、共産党に対すると異なる措置をとる理由は何ら存在しない」として、ラント政府に対し、二月二八日の『大統領令』に基づき、国民代表機関及び市町村代表機関に所属する社民党員の権利行使の即時停止、宣伝活動の禁止、新聞・雑誌の発行の禁止、財産没収等の措置の執行を命令し[81]、さらに、七月七日の『国家指導保護のための命令』によりライヒ及びラント議会の議席の剝奪を決定した。他の政党については、こうした手間をかけるまでもなかった。六月二八日にドイツ国家党が、七月三日に中央党、翌四日にバイエルン人民党とドイツ人民党が自主解散の道を選んだ。政権掌握から常にナチスに協力し、合法革命の実行に不可欠の補助的役割を演じてきたドイツ国家人民党もまた例外ではない。フーゲンベルクは、他の政党に先駆け、六月二七日、閣僚職を辞するとともに、党の自発的な解散を決定することにより[82]、ナチスの忠実な従者の役割を最後まで果たしたのである。

ヒトラーは、政党の強制的同質化が完了した七月六日、首相官邸にライヒ代官を招集し、彼らを前に、今回の一連の措置の意義を総括した。「諸政党は今や最終的に除去されるに至った。これは歴史的な出来事であり、その有する意義並びに効果というものはいまだ十分認識しえないほどである。われわれは今日至るところでわれわれの意思を貫徹しうる絶対的な権力を手に入れた。党が今や国家となった。すべての権力はライヒ権力の手の中にある。」(83) 以上の事態を受けて、ライヒ政府は、七月一四日、『政党新設禁止法』を公布、ナチス党以外の政党の「存続」及び「新設の企図」を三年以下の重懲役又は六カ月以上三年以下の軽懲役でもって禁止するとともに、改めて、「ドイツ国内には唯一の政党として国家社会主義ドイツ労働者党が存在する」ことを確認し、複数政党制に代わる「ナチス一党体制」の確立を宣言した。

複数政党制の消滅は、当然のこと、議会制度の消滅を結果するものであった。政党の強制的同質化の完成を受けて、一〇月一四日、ヒンデンブルク大統領は、ライヒ国会の解散を命令し、休戦記念日の翌日にあたる一一月一二日、国際連盟からの脱退の是非を問う民族投票と同時に国会選挙を実施することを布告した。もっとも、このとき、ドイツ国民に求められたことは、一枚の候補者リストに対する「賛」「否」の表明でしかなかった。リストは、ライヒ内務大臣フリックがナチス党から提出された推薦名簿を基に党幹部との協議により作成したものであり、六六一名の候補者の内、六三九名をゲーリングやゲッベルス、フリック、ライ等のナチス党員が占め、残る二二名——その中にはパーペンやフーゲンベルクの名が見られる——も、党の客員や息のかかった官界、財界のメンバーから成り、その多くはかつての友党ドイツ国家人民党に所属していた者たちであった。一四日付の『フェルキッシャー・ベオバハター』が伝える投票結果は次のとおりである。有権者数四五一四一九五四、投票総数四二九八八一五二、賛成投票数三九六三八七八九、無効投票数三三四九三六三。(84) 以上が投票結果のすべてであった。当然のことながら、国会の性格も役割も変化する。一二月一一日の国会開会式に招集した新議員を前に、ヒトラーが、「新たな議会の課題は、第一に、ナチスにより構成された国家指導部の偉大な建設事業に対しライヒ国会の権威をもって支持を与えることであり、第二に、党を通して民族との間に生き生きとした結合を形成することである」(85) と語ったとき、国会は、独立した審議・決定機関としての地位と役割を喪失し、名実共に、ライヒ政府の、そして、ナチス党、さらには、ヒトラーの翼賛機関へとその姿を変えるに至った。(第Ⅱ部第八章1　一参照)

三　官吏団の強制的同質化

国会だけではない。ライヒ内務大臣フリックが、『全権授与法』が承認された翌日の閣議において、「官吏法の改革」をラントの強制的同質化や共産党の禁止等と並ぶ「緊急課題」として位置づけたように(86)、「官吏団」もまた強制的同質化を免れるものではなかった。なるほど、行政が、第三ライヒにあっても、専門的な訓練を受けた職業官吏団により、憲法や法律、命令等に基づき行われる形成的な国家の権力活動であること、従来の国家におけるそれと大きく異なるものではなかったにせよ、フランクが、「行政は、何ら自己目的でも、自立したものでもなく、もっぱら民族の指導に奉仕し、指導者のために供せられるべく、自らその任にあたるものである(87)」と主張していたように、官吏団は、かつてそうであったような、中立的な法律の執行者にとどまることは許されなかった(88)。「第一線に立って行進すべきアドルフ・ヒトラーの闘争部隊(89)」として、「政府と精神的に一体化し、かつ政府の目的を心から肯定する官吏団を創出(90)」することが、差し当たりナチス革命遂行のため行政の役割を期待せざるをえない政治指導部にとって喫緊の課題であった。この間の事情は、戦時中の「もし党の組織だけを頼りに事をなし民族行政なるものを行っていたならば、私は、困難な諸問題に直面し、惨めな失敗に陥っていたにちがいない(91)」とのヒトラーの言葉によく表現されている。

そのため、ライヒ政府は、一九三三年四月七日、『職業官吏団再建法』を公布し、官吏団の世界観的浄化を目的に、「国民的官吏団の再建、及び、行政の簡素化のため、官吏は、現行法が定める必要な前提が存在しない場合も、以下に定める規定の基準に従い、これを解任することができる」とした。解任すべき第一のグループが、ワイマール体制の「政治的保証人(92)」とみなされたいわゆる「党員章官吏」である(93)。「一九一八年一一月九日以降、官吏たる経歴に必要な所定の又は慣例的予備教育ないしはその他の資格なしに官吏としての身分を与えられた者」がそうであった。法律の文言からは、解任はその者の政治活動歴の如何にかかわりなく行われうるとする解釈の余地があったが、七月二〇日の『補充法』が、対象者として「共産党又は共産党の援助・代替組織に属した経験を有する官吏、又は、その他共産主義的活動を行った経験を有する官吏」、及び、「今後もマルクス主義的（共産主義的又は社会民主主義的）活動を行う官吏」を挙げ、合わせて、「一九三三年一月三〇日以前に、国民高揚の政府を支持する政党又は組織に自ら進んで参加し、かつ、国民高揚の運動において顕著な功績を挙げた官吏は、この限りではない」とした。第二のグループが「アーリア人血統を有しない官吏及び名誉官吏」である。官吏を「退役に処す」とし、名誉官吏を「官職関係から除外する」とした、これらの措置の目的が官吏団の世界観的浄化にあったことは、「世界観は血によって条件づけられている」以上、見易い道理である。第三のグループが、「従来の政治的活動に照らし、常に断固として国民国家を支持する保障のない官吏」である。法律が、彼らについては、党員章官吏とは異なり、「解任することができる」とし、さらに、法文のもつ抽象性から、実際の対応において、ナチス党以外の政党への所属がただちに政治的信頼性を失わせることになるのか否か等、多様な解釈の余地が残されていたことを踏まえ、ライヒ政府は、混乱回避のため、四月一一日の『第一施行令』及び五月六日の『第三施行令』で以下の注釈規定を設けることになる。先ず、法律が求める「政治的信頼性」に関する審査に際して、「官吏の全体的な政治的活動」、とりわけ一九一八年一一月九日以降のそれが問題であること、指導的地位にある官吏に対する審査はその他の官吏に比しより厳格なものでなければならないことが、また、実際の「政治的活動」の審査に関しては、政党への所属は、党員名簿への記載や党費の支払い、集会への参加を含め、共産党を例外として、ただちにその者の信頼性の欠如を意味するものではなく、何らかのそれ以外の具体的な活動が必要であること、大戦において前線兵士としてドイツライヒ又は同盟国のために戦った者は、そのことにより国民的な信頼性を証明するものであり、こうした者に対する措置にあたっては特別に慎重な審査が必要であることを定める。解任理由となる政治的活動の例として、自らの言動を通じて国民的運動に対する何らかの敵意を表現したこと、自らの地位を利用して、運動の指導者に対する侮辱、運動に共感する官吏の訴追や罷免、その他迫害的行動を行ったことを挙げ、こうしたケースに該当する場合、その者が一月三〇日以降国民高揚の政府を支える政党、団体に加盟したにせよ、それは免責の事由にあたらなかった。

「官吏」とは誰であったのか。ライヒの直接及び間接の官吏、ラントの直接及び間接の官吏、地方自治団体及び市町村組合の地方官吏、公法上の団体並びにそれに準ずる施設及び機関の職員がそうであった。この他、ライヒ銀行及びドイツ国鉄に対して『再建法』に準ずる規定を設けることを可能とし、『第二施行令』が、私法上の労務契約又は事務管理契約により、ライヒ、ラント等上記の各機関に対し労働義務を負う被傭者、労務者を官吏に準ずるとしたこと、さらに、『第三施行令』が以下に掲げる者を「この法律に定めるところの官吏である」としたことにより、解任の対象者の範囲は大幅に拡大される結果となった。裁判官、大学を含む公立学校教員、通常の職務義務を免じられた教授・員外教授、名誉教授、官吏関係を持たない員外教授・私講師、かつての宮廷官吏、公証人、新・旧国防軍官吏、ラント保安警察官、選挙により選出された地方自治団体官吏、名誉官吏がそうであった。ただし、新・旧国防軍士官、衛生部士官、獣医士官、下士官、兵士に関しては、彼らを「官吏ではない」とし、また、公法上の宗教団体の職員・被傭者・労務者への適用は、これを行わないとした。

解任の決定はライヒ最高官署、ラント最高官署により行われ、司法的な救済の道はなかった。手続きの詳細は『第三施行令』が規定する。各職場の上長は、ただちに、配下の官吏に関し、法律が定める解任理由の存否を確認することが、他方、官吏は、定められた書式にのっとり、任官の時期、官吏たる経歴に必要な所定の予備教育の有無、アーリア人血統の有無、過去の所属政党名等に関し自己申告を行うことが義務づけられた。申告から三日以内に、可能な限りという条件付きではあるが、意見聴取の機会が与えられ、この期間の経過後、官吏のリストが、彼らの釈明書、提出された証明書類、官署の報告書を附して、管轄大臣に提出される手筈となっていた。ちなみに、ヴィルト内閣及びシュトレーゼマン内閣の法務大臣を務め当時ハイデルベルク大学法学部の教授職にあったラートブルフのもとに、バーデン政府から、五月七日、『再建法』に基づきバーデンの官職から解任するとの一通の公文書が届いたが、そこには、「全体的人格及びこれまでの政治的活動に照らし、現在断固として国民国家のために尽力することの保障が与えられていない」とあった。[94]

『再建法』による処分は時限的措置であった。法律は最終期限を「一九三三年九月三〇日」と定め、その後の官吏の解任は『ライヒ官吏法』の規定に拠ることとしたが、その背景には、官吏団をあずかるフリックの思惑、即ち、共産主義者やユダヤ人官吏の追放とそれに代わる党員の任用への党の側からの要求に対応しながらも、それに対して一定の制限を設け、今回の措置がもたらす官吏団の不安と動揺を最小限にとどめ、失われた法的安定性を早急に取り戻そうとする意図があったとみられる。[95] 時限法であること、また、在職官吏のみを対象とするものであったことから、ライヒ政府は、新官吏法制定までのつなぎの措置として、六月三〇日、『ライヒ官吏法』の部分改正を実施し、官吏たる資格の条件、官吏の責務に関し、以下の包括的な規定を設けている。「その者の官職にとって必要な所定のないしは慣例的予備教育を受け、又は、その者が任ずべき職務に関わる他の特別の資格を有し、かつ、常に断固として国民国家のために挺身する保障を提供する者のみがライヒ官吏として任用されるものとする。」

官吏団の同質化の仕上げが官吏に求められた新たな「誓約」である。一二月二日の『官吏及び国防軍兵士の宣誓に関する命令』が、「私は、民族と祖国に忠誠を尽くし、憲法と法律を遵守し、私の職務義務を誠実に果たすことを神かけて誓約いたします」と定め、さらに、翌年、前日の民族投票により「指導者兼ライヒ首相アドルフ・ヒトラー」の地位が承認された八月二〇日の『宣誓法』は次のように定める。「私は、ドイツライヒ及び民族の指導者アドルフ・ヒトラーに忠誠を尽くし服従すること、かつ、法律を遵守し私の職務義務を誠実に果たすことを神かけて誓約いたします。」これは、ライヒ首相はもとより、指導者兼ライヒ首相でさえなく、「指導者アドルフ・ヒトラー」に対する「人格的」な誓約であり、[96]これにより、官吏団は指導者と「特別な種類の忠誠関係」に立つ[97]ものとして、官吏の一人一人が、法律という手段をもってではあるが、民族の指導者と協働し、自らの官職、さらには、人格そのものを民族指導のために動員することを義務づけられるに至った。（第Ⅱ部第七章1参照）

四　合法革命の完成

この時点、合法革命から生み出された、おそらくは、第三ライヒの憲法体制の根幹にかかわるもっとも重要な変化に、唯一の政党となったナチス党の地位と性格、とりわけ国家との関係に関する事柄がある。一二月一日の『党と国家の統一を保障するための法律』は、標題のとおり、党と国家の「統一」を法律により規定し実現しようとするものであった。「ナチズム革命の勝利の結果、国家社会主義ドイツ労働者党がドイツ国家思想の担い手となり、国家と不可分に結ばれた。党は公法人とする。」一一月の選挙から一ケ月後、『統一法』の公布から一〇日後に開催された国会開会式において、ヒトラーは、第三ライヒは国家ではなく「党」を中心とするまったく新たなタイプの憲法体制に立脚すること、今ようやくそのためのスタートが切られたことを宣言する。「民族は、〔今回の選挙により〕、政府に対して諾を与えただけではない。唯一の運動の手の中にすべての権力を委ね渡した。ナチス党は一四年間の戦いの目的を達成した。しかし、その結果、党は歴史を前に未聞の責任を負うこととなった。今や、今日、ドイツ党は国民と国家全体の運命は党の双肩にかかっている。今や、党は何世紀もの間〔ドイツ民族が〕求め熱望してきたところのものを実現しなければならない。今回の投票は、今後何世紀にもわたる国民と国家の新構成のための諸前提を生み出すことをわれわれの義務とした。[98]」このとき、ヒトラーの発言を『統一法』と関連づけた人、まして、これが『統一法』をはるかに凌駕する内容と射程をもつこと、「未聞の責任」から何が生まれるか、そのことに思いを致した人はそう多くはなかったかもしれない。（第Ⅱ部第七章2参照）

政権掌握から最初の一年が終わろうとする頃、ヒトラーの権力を制約するものとしては、国防軍と大統領が存在するだけであった。一九三四年六月三〇日に突如出来した突撃隊に対する粛清、いわゆる「レーム事件」が大きな転機となった。

国防大臣ブロンベルクが、前日のナチス党機関紙において「国防軍は民族全体と緊密に連携しライヒ指導者アドルフ・ヒトラーを支持するものである」との決意を表明、[99]さらに、いまだ事態が終熄をみない七月一日、早々と軍に向けて、「国防軍は、民族全体の武器の担い手として、〔レーム一派の粛清への〕感謝を献身と忠誠をもって表現するであろう」との告示を発し、[100]国防軍の命運をヒトラーのそれと結びつけた（第Ⅱ部第一〇章1参照）、その一ヶ月後、一気呵成に決着を付ける絶好の機会がやってきた。八月一日、ライヒ政府は、『ドイツライヒの元首に関する法律』を公布する。「ライヒ大統領の官職はライヒ首相の官職と統合される。これにより、ライヒ大統領の従来の権限〔ライヒ国会解散権、外交権、ライヒ官吏・将校の任免権、軍最高指揮権、対ラント強制権、緊急命令権、恩赦権、ライヒ首相・大臣の任免権、法律公布権〕は指導者兼ライヒ首相であるアドルフ・ヒトラーに委譲される。……本法律は、ライヒ大統領フォン・ヒンデンブルクの死去と同時にその効力を発するものとする。」翌日、八月二日の朝、故郷ノイデックにおいて八六歳の生涯を閉じた最後のライヒ大統領に対しライヒ政府が献呈した追悼文は、ヒンデンブルクに対する、そしてまた、過去のドイツに対する訣別の辞であった。「一九三三年一月三〇日、あなたは過去のドイツと未来のドイツの間に生まれたあの深い和解の象徴として、若いナチズム運動のためにライヒの門を開き、ドイツの青年の手の中に民族に対する責任を委ね、そのことにより、ドイツ民族の過去と未来の橋渡し役を果たされたのです。[101]」

大統領死亡の当日、ライヒ政府は『元首法』に対する賛否を問う「民族投票」を八月一九日に実施する旨を布告した。投票率九五・七％、賛成八九・九％、それが公式発表の伝える投票結果であった。[102]投票の翌日、一切の肩書抜きにただ「アドルフ・ヒトラー」との署名を付し、「ナチス党員及びドイツ民族同胞」に宛てた布告は、一五年間にわたった戦いの終了を宣言した。「ライヒの最高権力から全行政機構を経て末端の地区の指導に至るまで、ドイツライヒは今日ナチス党の手の中にある。民族同胞諸君の投票により全世界に向かって国家と運動の統一が表明された。[103]国家権力をめぐる戦いは本日をもって終了した。」（第Ⅱ部第七章3参照）

第三章　課題としての民族共同体の建設

合法革命が第一段階の戦いであったとするならば、第二段階のそれは「民族共同体」の建設であった。闘争時代を含め十数年に及んだ「国家権力をめぐる戦い」はこのために必要な権力を獲得するための戦いでしかなかった。それでは、民族共同体とは何であったのか、何故の、また、何のための民族共同体の建設であったのか。

「世界支配への参加の権利をドイツ民族より以上に有する民族は他に存在しない」との主張にもかかわらず、『我が闘争』では、「ドイツは今日決して世界強国ではない」とし、「現在のドイツライヒのように人口と領土の関係が惨めな状態となっている組織は、今日この遊星上ではたしていかなる意味をもつであろうか」との疑問さえ投げ掛けられていた。(1) 何故、最大・最強であるはずのドイツ民族が先の大戦に敗れ、「五〇万平方キロになるかならぬかの笑うべき領土」に押し込められてしまったのか。そのことの原因を解明し、問題の所在を明らかにすることなしには、世界支配の権利もまた単なる絵空事に終わってしまうにちがいない。

この問題に真正面から取り組んだ『第二の書』は、一九一八年の敗戦の原因は、軍事面ではなく、「当時から既に顕現し、今日ますます顕著になってきた〔ドイツ民族の〕内面的堕落」にこそ求められなければならないとする。(2) こうした堕落の内、真先に槍玉に挙げられたのが「政治的世界観的分裂」であった。一九三〇年のエアランゲン大学での演説の中でヒトラーは、「今日のわれわれの状況は多くの点で三〇年戦争の後の時代に類似している」とさえ語っていた。(3) 長年小国家分裂の状態に置かれてきたドイツは、近年、民主主義とマルクス主義により新たな分裂の中に投げ込まれた。それらがもたらした国際主義の跋扈、自己保存及び闘争本能の衰退、人格価値の軽視の結果、ドイツ民族にとって世界観の戦いの最終勝利者となるために必要不可欠な固有の精神と力、つまりは、「ドイツ的なるものの本質」が壊滅状態へと追い込まれてしまった。(4)

この第一の堕落は、ヒトラーの頭の中で、さらに、もう一つの、おそらくは、より深刻な堕落と結びつけられていた。

「血の分裂」がそれである。(5)「八二〇〇万のドイツ系ゲルマン人！ここには人口数の面から、そして、人種的価値の点からもっとも優れた最強の民族が存在する」との大戦最中の演説の言葉にもかかわらず、『わが闘争』執筆当時のヒトラーの認識は明らかにそれとは異なっていた。「残念ながら、わがドイツ民族はもはや統一的な人種的中核に立脚するものではない。血統上単一民族が存在しなかったという事実が、われわれを言語に絶する苦難に陥れ、ドイツ民族から支配者たる権利を奪い取ってしまった。(6)」さらに、「劣等人種」、とりわけ「ユダヤ人」による「血の汚濁」というより危険で深刻な問題が付け加わる。「人種問題及びそれが諸民族の歴史的発展に対してもつ意義を認識しなかった」ことに一九一八年の崩壊の「もっとも深い究極の原因」があった。(7)それ故、今日のドイツ民族が陥っている不幸の原因を見極め、それに対する治療の手段と方法を見いだすためには、「血液的要素こそが決定的な役割を演ずるものであることを理解しなければならない。(8)」

それでは、何故、ヒトラーはこれら二つの分裂の中に、一九一八年の崩壊をもたらしたと彼がいう民族の内面的堕落を見いだしたのか。何故、政治的世界観的分裂が、そしてまた、血の分裂が民族の内面的堕落とみなされたのか。そもそも、ナチズムにとって「民族」とはいかなるものであったのか。

国家でもなければ、いわんや個人でもない、「われわれは、ドイツ民族のために、その存続のために、そして、その生存闘争の遂行のために生きかつ戦うものである(9)」との言葉のとおり、「民族」がナチズムの思考と行動の出発点であり、闘争の目標点であった。たしかに、ナチズムにとって、民族のみが「永遠、不変のもの」であり、その他一切は、個人は無論のこと、国家であれ王朝であれ「移ろいゆくもの」でしかなかった。ヒトラーにいわせれば、「民族という不変の実体を認識し、他の諸々の雑多な観念の山の中からそれを取り出したことにわれわれの時代が誇りとすべき功績があった。(10)」

彼らがいう「民族」は、自由で平等な「個人」から出発する近代の国民国家のそれとは明らかに異なるものであった。国民国家においては、民族とは、人種や宗教等とはかかわりなく、「一つの国家の中に統一された諸個人の総体」以外の何物でもない。そこでは、国家に属し、国家に対し法的請求権をもつすべての者が“Staatsvolk”の名で呼ばれ、その限り、「民族」への帰属と「国家」への帰属、つまり、「民族(Volk)」と「国民(Nation)」は同義とみなされた。これがいわば「人間の顔」をしたすべての者を包含する人工的な民族概念であったとするならば、それに対して、ナチズムは、「人種(Rasse)」に基礎を置く自然的な民族概念を対置させる。即ち、民族の本質は「血の自然的共有によって規定された生物学的統一体である」と。[11]

「人種」とは何であったのか。白色人種、黄色人種、黒色人種といった表現がそうであるように、従来、一般的には、皮膚の色を中心に、眼や髪の色、頭蓋骨や鼻の形態等の「肉体的特徴」によって外面的に相互に区別される人間集団が「人種」であると考えられてきた。それに対し、ナチズムの人種思想に決定的な影響を与えたギュンターは、『ドイツ民族の人種学』（1922）等において、むろん、肉体的特徴を否定するものではないにせよ、それと並んで、「精神的特性」をも人種の構成要素とすべきであると主張し、「人種」を「肉体的特徴及び精神的特性を共有することにより、他のすべての人間集団から区別され、かつ、繰り返し同じ子孫が生み出される一つの人間集団」であると定義する。[12]

ナチズムがこのギュンターの定義を共有するものであったことは、先に紹介したように、シュラウトが「世界観は血によって条件づけられている」と語り、ヒトラーが「労働」の観念に関するアーリア人とユダヤ人の相異について語っていたとおりである。ここでは、当時多くの読者を獲得したシュテムラーの『民族主義国家における人種改良学』（1933）にある定義を紹介しておこう。「人種とは、その個々の構成員が一定の肉体的及び精神的性向を相互に共有する人間集団である。これらの性向は世代から世代へと遺伝によって受け継がれ、それ故、遺伝的に不変である。」彼は、さらに、これら性向のもつ「遺伝性」に着目して、次のような定義を提案する。「この遺伝可能性が人種にとってもっとも重要かつ本質的な事柄に属するが故に、一人の人間がもつ遺伝可能な性向の総体を人種という名で呼ぶことも可能である。この意味において、人種に代わって、『遺伝素質（Erbmasse）』というものについて語ることができるであろう。……ここでは、人種と遺伝素質との間に本質上何の相異も存在しない。」[13]

このような意味での人種が民族の根源的本質を構成するにせよ、民族と人種が同じものでないこともまたたしかであった。ギュンターは「民族と人種という二つの概念を決して混同してはならない」と釘を刺す。[14]歴史的文化的概念でもある民族に対して、人種はあくまでも純粋に自然科学上の概念であった。さらに、過去はいざ知らず、今日のヨーロッパには単一人種から構成される民族などはどこにも存在しない。[15]むろん、ドイツ民族も例外ではない。「ドイツ人種」や「ゲルマン人種」といったものが現実には存在しないことを、ヒトラー自身も自らの経験に即して承認する。「ドイツ民族は一つの民族とみなされる。しかし、このドイツ民族は人種的に完全に統一的なものではない。われわれの民族を構成する個々の要素は人種的に多様である。もし人が演説家としてドイツ中を回るならば、そうした相異に気づくことであろう。」[16]

もっとも、ドイツ民族が複数人種の混合体であったにせよ、これら複数の人種が「互いに類似する近縁のヨーロッパ系人種」、いわゆる「白色人種」に属することもまた事実であった。[17] ギュンターは、北方人種、地中海人種、ディナール人種、東方アルプス人種、東方バルト人種、ファーレン人種を挙げ、[18] イェルンス／シュヴァーブはこれらにズデート人種を加える。[19] ドイツ民族以外のヨーロッパ諸民族も同様であり、彼らが他の民族、たとえばユダヤ人や中国人から区別されるのは、それらがいずれも一般に白色人種と総称されるこれら六ないし七の人種により構成されていることによる。ヨーロッパ諸民族の間に見られる相異は、これらの人種の「混合割合」によって生み出され、[20] 或る民族では或る人種が、他の民族では別の人種が優勢となる。それぞれの民族の中でいかなる人種が支配人種となるかによって、民族のもつ肉体的、精神的特徴が刻印され決定される。ドイツ人がフランス人やイギリス人と異なるのは、こうした理由による。[21]

何百年、何千年もの長い時間的経過の中で、支配人種の精神的活動が当該民族の文化的特徴、たとえば、言葉、精神、心情、習俗、宗教、道徳、法、さらには、民族の共通の運命や歴史的使命を形づくってきた。したがって、各々の民族が有する固有の「文化」や「歴史」は、いずれも当該民族を構成する支配人種のもつ遺伝素質を土台として展開され形成されたものである。[22] その意味で、民族とは、「人種共同体」であると同時に「文化的歴史的共同体」でもあり、後者の共同体にとって、とりわけ支配人種が生み出す[23]「民族の共通の運命」が決定的に重要なものである限り、それは端的に「運命共同体」[24]と呼ばれるべきものであった。

ドイツ民族の場合、いかなる人種が支配人種として民族の特徴を刻印してきたのか。「北方人種」、それがナチズムの回答であった。ちなみに、イェルンス／シュヴァーブは、北方人種を「すらりとした長身、長頭、細面、青い瞳、金髪、輝く皮膚といった肉体的特徴を有し、精神的には、勇敢かつ大胆、目的意識を持って行動し、高貴であり、公正さと冷静さを備えた、真理を愛する」人種として描いている。[25] 白色人種の中でも、「あらゆる文化の創造者、あらゆる人間性の真の代表者」[26]として、「もっとも価値ある最高の人種」[27]である北方人種が、ドイツ民族の中にあって、最大の勢力を占め、中核を成す。[28] ヒトラーユーゲントにおける思想教育のための公定の『ハンドブック』は、ドイツ民族の人種構成比として以下の数字を挙げている。北方人種＝約五〇％、アルプス人種＝約二〇％、ディナール人種＝約一五％、東方バルト人種＝約八％、ファーレン人種＝約五％、地中海人種＝約二％。[29]

むろん、今日これらの人種が完全に純粋な形で存在していると信じられていたわけではない。ルトケによれば、長い年月の間に相互に混血が行われ、その結果、一方では、北方人種の純粋性が失われたものの、他方では、「北方人種の要素が多かれ少なかれすべてのドイツ人のもとに分有」されることにもなった(30)。彼らがもつ数量的な圧倒的優勢と卓越した精神的な創造力の故に、北方人種が何千年来ドイツ民族の肉体的特徴並びに文化的特徴、要するに、「ドイツ的なるものの本質」を刻印し、決定してきた(31)。かくして、ナチズムが出発点とし、目標点としたドイツ民族は次のように定義される。北方人種を中核とし、その類縁の人種から構成される「種共同体」であると同時に、北方人種の影響下に生み出された共通の歴史と文化により結ばれた「運命共同体」である、と。

何故ヒトラーが民族の内面的堕落を「血の分裂」と「世界観的分裂」の中に求めたのか、納得される。民族というものが「種」と「運命」を共有する共同体である限り、二つの分裂は、ドイツ民族の勝利どころか、民族の存在そのものを崩壊させかねない危険性をもつものであった。なるほど、ドイツ民族より以上に世界支配の権利を有する民族は他に存在しないにせよ、「〔種と運命の両面にわたって〕民族の団結があって、はじめて、われわれは世界に対し生存の要求を突きつける道徳的権利」を手にすることができるのだとヒトラーはいう(32)。そうである以上、ドイツを敗戦に導き、今もますますその度を加える二つの分裂に歯止めをかけ、失われた「民族の団結」を取り戻さない限り、世界支配を運命づけられたドイツ民族といえども、諸民族の戦いの舞台から戦わずして姿を消さなければならなくなるにちがいない(33)。

「民族の内面的価値を計画的に育成増進する」ことにより「ドイツ民族という身体を鍛え強化すること(34)」、それこそが最終目標に到達するため、これから開始されねばならないドイツ民族再生に向けた喫緊の課題であった。世界観の分裂は「訓育」によって、血の分裂は「育種」によって克服されるべきものであった。そうである以上、民族共同体の建設が、ヨーロッパ近代が長年にわたり研ぎ澄ましてきた生-権力、即ち、解剖政治学＝規律権力と生政治学＝調整権力の展開となること必定であった。二つの政治学＝権力は民族共同体に自己の可能性と効果を試す格好の場を見いだしたのである。一九三三年一月三〇日の政権掌握、それに続く合法革命は、訓育と育種を実行する上で必要な権力を獲得し、体制を整備するための、不可避ではあれ、過渡的な革命でしかなかった。一九三四年八月二〇日、民族投票により「指導者兼ライヒ首相アドルフ・ヒトラー」の地位が承認された翌日、ヒトラーは、「ドイツ民族及びナチス党」に宛てた布告の中で、「国家権力をめぐる戦いの終了」を確認した後、さらに、「ドイツ人の最後の一人がライヒの象徴を自己の信条として心に抱くようになるまで」「わが愛する民族のための戦い」が継続されねばならないことを宣言した。(35) いささか感傷的で抽象的な呼びかけとは異なり、身内の会合では、戦いの目的がより明確な言葉で明かされていた。布告の一年余り前、戦いの一翼を担うべき突撃隊を相手に、ヒトラーは、彼らを待ち受ける「未来の使命」について語った。「われわれは権力を握っている。いかなる者もわれわれに抵抗することはできない。しかし、今後、われわれはこの国家のためにドイツ的人間を育成しなければならない。巨大な仕事が始まるであろう。(36)」

権力をめぐる長い戦いの後に、今ようやく、最終目標へと至る第二段階の戦い、訓育＝解剖政治学と育種＝生政治学により、運命と種の両面にわたってドイツ民族を鍛え直し、再構築する、ナチズムの成否を賭けた真の戦いが始まろうとしていた。それは、国家ではない、文字通り、生身のドイツ民族そのものをナチスの世界観という鋳型に入れて鋳直すための戦いであった。(37)「世界」の征服・支配・創造に定位し、地球規模での世界観相互の最後の闘争に動員し勝利するべく、「世界」の表象‐制作に相応しい新たな人間類型を生産すること、そこに戦いの目的があった。民族の一人一人を、機械装置の中にあって、労働者として、兵士、技術者、指導者として、あるいは、彼らを生み育てる母として……、要はヒトラーの戦士として、彼の指揮棒の一振りであたかもスイッチが入った機械人形のように、種別化された役割に相応し、同じように考え、同じように行動する、それ故にまた、支配し命令するいっさいの諸要素が過剰となるような、計算可能であり、交換可能な、標準化され規格化された用象、つまりは、一個の歯車＝服従する主体へと鋳造することが課題であった。そのことに成功して、はじめて、地球規模での世界観の戦いに参戦可能な民族共同体が完成する。

「ドイツ的人間」とは、畢竟、「世界」を表象し‐制作する、それもナチスの世界観により武装され統御された近代的人間＝服従する主体の謂いにほかならない。その生産のための戦いは、国家的規模で、組織的かつ計画的に、おそらくは、歴史上他に類を見ない、もっとも徹底的かつ先鋭的に遂行される主体性の形而上学の実践となるにちがいない。主体性の形而上学は、ハイデガーが、大戦中、「主体性の本質帰結は、諸民族の国家主義であり、民族の社会主義である」と語っていたように、国家社会主義を標榜するナチズムの中に自らが有する可能性を最大限に実現する機会を見いだしたのである。

世界支配への参加の権利を確実なものとするべく、現にあるドイツ民族を素材にして、運命と種の両面にわたって新たな人間類型を鋳造し、民族共同体を建設するという、これから始まるナチズムの運命を決する戦いは生半可なものではなかったにちがいない。それが実行に移されるとき、力ずくで、「世界」に墨縄を引き、図式化し、存在者の「存在」を決定する、世界観というものが元来有する巨大な力がその正体をあらわすことになるであろう。一九三五年の自由の党大会において、ヒトラーは、戦いに立ち向かう不退転の覚悟を表明し、自らの、そして、ドイツ民族の退路を断ち切った。即ち、「課題を引き受けた者は自ら苛酷とならねばならない。内的な統一を失い、疲弊した国民を一つの強力な民族体へと結合しうるのは、ただこの上もない冷酷さと鉄のような断固たる決意のみである。」(38) 神に代わって民族の「存在」を宰領する最高審級として自己を屹立させ、力への意思をもって善悪の彼岸に立つ、指導者の姿が想像される。

第四章　運命共同体の建設——新たな人間類型の生産Ⅰ

1　民族の精神的意思的統一の再建

政権掌握の丁度一年前、デュッセルドルフ工業クラブに招かれたヒトラーは、将来予想される諸民族との戦いの中で果たすべき民族の「世界観的統一」の重要性について自らの見解を次のように披露した。「諸民族の生存において、外に向けられる力の強さは内部的な組織力の強さに依存し、後者の力は民族の根本的諸問題に関し民族全体が確固たる共通の世界観をもちうるか否かにかかっています。たとえ、民族の過半数が必要とあらば自らの民族のために戦う覚悟ができていようとも、残りの半数が、他国の旗を掲げ、他国の国家意思の前哨であるとの意識をもつならば、そのような民族ははたして対外的にいかなる意味をもちうるでありましょうや。……重要なことは、民族全体の政治的意思を形成することであります。それが政治行動のための出発点なのです。それにより民族の共通の目標のために喜んで自らを犠牲にする覚悟が生まれた暁には、何時の日かわれわれは目標に到達する道を発見しうるでありましょう。(1)」

「機械ではなく、人間が戦う(2)」のであり、戦車、軍艦、戦闘機等の兵器や軍事組織の有する力は所詮二義的なものでしかない。(3)ヒトラーにいわせれば、戦前のドイツの政治の根本的な誤りは、各民族がそれぞれに世界観を掲げ地球支配を賭けて戦う中で、武器ではない、「精神」が果たす決定的な役割を認識しえなかった点にあった。ドイツ人がこれまでただ「パン」のためだけに戦ってきたのに対し、われわれが持ち回りの優勝カップを手にしようとするならば、イギリス人が、「自由」という理想のために、しかも自国のためではなく、小さな国のために死を賭けて戦ってきたように、民族の理想を高く掲げ、その旗の下にすべてのドイツ人を結集し、彼らの心の中にその理想のために「喜んで自らを犠牲にする意思」を植えつけることから始めなければならない。(4)フランス革命やロシア革命が勝利を収めた原因は、一般大衆にそうした類の理想を納得させ、彼らをその実現に動員しえたという点にこそあった。(5)もし、ドイツ民族が共通の目標をもたず、世界観的分裂のままに終わるならば、精神と意思の動員は不可能であり、たとえどれほど優れた武器を備えようとも、「運命によってわれわれ以上に祝福された諸民族に打ち勝つことは不可能である。(6)」逆に、民族全体を一つの共同体へと鋳造し、共通の理想と目標に彼らの精神を動員しうるならば、「世界中のいかなる民族といえどもわれわれに襲いかかることはできないであろう。(7)」

鉄のように強固な民族体の鋳造は、ドイツ民族全体が「鉄の規律をもつ教育を受ける」ことによってはじめて可能となる。(8)政権掌握前に、ライプツィヒの法廷で、「私が望んでいることは、ただ一つ、ドイツ民族にわれわれの新しい精神を吹き込むことだ(9)」と語っていたヒトラーは、一九三三年七月六日のライヒ代官会議の席上、改めて、「人々の内面からの教育」を外的権力獲得後の「もっとも重要な課題」として掲げ、(10)さらに、一〇日後の一八一三年の戦勝記念集会でも、突撃隊、親衛隊等の隊員一四万人を前に、この任務が「われわれの未来を決する戦い」となるであろうと檄を飛ばした。「われわれは、いまだ心からわれわれに帰依していない何百万という人々をわれわれの世界観の兵士へと教育するという、巨大な仕事に取り掛からなければならない。(11)」

テロルの使用は問題とはなりえなかった。あるいは、少なくともそれは第一義的な手段ではありえなかった。それというのも、ラウシュニングを相手に語っていたように、テロルは、「ただ無感覚を生み出すものでしかなく」、運動への民族全体の「自発的で積極的」な参加を実現しうるものではなかったからである。はるかに重要なことは、教育を通して、「大衆の観念の世界、感情の構造を根本的に作り変え」、「人々の思考と情緒を統御すること」であった。(12)むろん、「精神の革命」が一朝一夕に実現されうるものでなかったことは、そのとおりであろう。しかし、ドイツ民族の一人一人が、ナチス運動のメンバーと同じ信念、同じ理想を抱き、新たな世界観を自己のものとした、その時には、「ナチス革命が勝利し、ドイツ民族の救済が実現されうるものとなるにちがいない(13)」、そうヒトラーはいう。二五〇〇年この方、多くの革命が失敗に終わったのも、結局は、指導者がこうした真理、つまり、「革命にとって本質的な事柄が、権力の掌握ではなく、人間の教育にある」ことを理解できなかったからである。(14)

たしかに、これから始まろうとする革命は、「世界観の兵士」の創造に定位した、「人間の教育を本質とする革命」であった。(15)その最終目的は、「この地球上の最後の、そして、最大の審判(16)」に備え、「ドイツ民族全体の思惟、感情、欲求を変革(17)」することにより、「一つの意思、一つの決意をもち、一つの行為のために喜んで身を犠牲にする覚悟をもつ八五〇〇万の人間」[18]から構成される「運命」共同体を創出し、ドイツ民族全体を「最終目標」[19]実現のため自由に操作し動員可能な「私の政治道具」[20]へと作り変えることにあった。

2　共同世界の溶解作業と強制的同質化

鋳造のために先ず行わなければならない最初の作業が、「三〇年戦争の後の時代に類似している」とさえ評されるドイツの多元的な社会構造を解体し、溶解することであった。ヒトラーは、デュッセルドルフ工業クラブにおける演説の中で、ドイツの現況を、「さまざまな党派、団体、組合、世界観、さらには、身分的自惚れや階級妄想からなる雑然とした寄木細工」と形容していたが[21]、ドイツ民族を「私の政治道具」へと自由に鋳造し直すためには、鋳型を前にした鋳物師が先ず金属の溶解作業に取り掛かるように、既存の社会的枠組みを解体し、完全な溶融状態へともたらす作業が必要不可欠であった。

ところで、この「寄木細工」こそは、実は、ナチスがその克服を目指した個人主義に基礎を置き自由主義と民主主義を標榜する市民国家を支えてきた社会構造そのものであった。そこでは、社会を構成する多様な階級・階層が自らの経済的社会的利害を政治的に代表する団体としての「政党」を有し、各政党は議会という場においてそれぞれの階級・階層の利益を主張し実現しようと企てる。市民国家において、政党が、元々ナチスがそうであるような意味での世界観的政党でありえなかったことは当然であり、全体性の要求は一つの階級の代表者としての政党にとって本来無縁なものであった。それ故にこそ、世界観の全体性を要求するナチズムにとって、「階級社会」の存在は真先に打ち壊されなければならない障害物でしかなかった。ヒトラーが自らの政治活動の初期の頃から民族共同体を「無階級社会」であると主張してきたのも[22]、そうした事情をよく承知してのことであった。首相就任後はじめてとなった二月一日のラジオ演説の中でも同様の考えが繰り返されている。「階級的妄想と階級闘争の最終的克服をドイツの歴史を前にしたわれわれの責任であると自覚するのである。われわれは、いかなる階級も認めない。ただ、ドイツ民族を見るだけである。」[23]

階級の存在が許されないとなれば、階級の利害を代表すべき組合や政党の存在もまた当然に許されるものではなかった。合法革命の過程の中で、いち早く労働組合が解体され、政党が解散させられたのも、「ドイツにはいかなる階級も存在することは許されない」とするテーゼの帰結であった。これ以降、公的には、経営者／労働者、雇用者／被傭者といった枠組、両者の区別は姿を消す。彼らはともに「民族全体の労働の受託者」として位置づけられる。(24) それは、政党や労働組合が解体され、階級意識の発露の場を失った多くのドイツ人に見合った役割であった。階級を含めいかなる社会集団にも属さない人間集団を「大衆」の名で呼ぶならば、彼らは上から強制的に大衆化させられたのである。

もっとも、この時はじめてドイツの社会が大衆化を経験したというわけではない。それ以前から、階級構造は、大戦の敗北、それに続くインフレ、恐慌、失業の波により決定的な変化を被っていた。S・ノイマンが、ナチズム運動の温床となり、ナチスが闘争時代にそこから多くの支持者を集めたとする「危機の三階層」――失意の中産階級、社会に根を持たない失業者、第一次大戦から生き残った失職軍人の不正規集団(25)――は、いずれも、階級をもたない典型的な「無形の大衆」(26)、「構造なき大衆」(27)であった。

大戦前から既に顕著となっていた資本の集中化と、それに伴う大企業による市場支配は、小さな工場主や商店主、職人といった「中産階級」から旧来の安定した経済的社会的地位を剝奪したばかりか、戦後のインフレがもたらした経済的蓄えの完全な喪失は彼らの多くを単なる賃金労働者と変わらない地位にまで転落させてしまった。しかし、それによって労働者としての階級意識をもちうるはずもなく、彼らは帰属すべき階級を失ったのである。階級の喪失という点では、「新中産階級」の名で呼ばれるホワイトカラー層も何ら変わりはない。ブルーカラーが曲がりなりにもマルクス主義により労働者としての階級意識をもち、自らの政治的経済的利害を代表する組合や政党をもちえたのに対し、同じ賃金労働者でありながら、意識の上でも生活の上でも産業労働者と一線を画するサラリーマンは「精神的に雨露をしのぐ宿」(28)をどこにも見いだすことができなかった。彼らは生まれながらに階級意識を喪失した集団であり、そのことが、同じ賃金労働者としてインフレの被害を受けながら、ブルーカラーに比べ、彼らが精神的にも物質的にもより大きなダメージを受ける要因ともなった。それは、没落した中産階級や未組織労働者を含めたすべての階級喪失者にあてはまる。彼らは、経済的窮乏、社会的地位の零落に対し有効な政治的対抗手段を見いだしえないまま、無形の大衆として、政治的に一種の閉塞状況へと追い込まれていった。

インフレに続く三〇年代の恐慌が階級社会の崩壊を決定づけた。一九三二／三三年のピーク時に六〇〇万にも上った大量の失業者は無形の大衆の最たるものであった。資本の集中化や大企業による市場支配、あるいは、インフレでさえも、多くの場合、人々から「職業」という最後の生活手段まで奪い取りはしなかった。自尊心さえ捨てることができれば、昨日までの自営業者やホワイトカラーも何らかの職にありつくことができたであろう。しかし、恐慌は永続的な失業という形で、人々から労働の機会を奪い、帰属すべきいかなる階級ももたない「根なし草」を生み出した。たとえ昨日まで明確な階級意識をもった労働者であれ、失業と同時に否応なくかつて属した階級から閉め出される。しかも、重要なことは、失業によって階級だけでなく、社会への帰属自体も失われてしまったということである。いつの時代も、労働が人間のあらゆる社会参加の大前提であった。家族が食べるパンに窮々とせざるをえない失業者が、昨日までと同じように、町の九柱戯クラブや切手蒐集の会に顔を出すことなど考えられないことであった。失業者は、既存の社会秩序との一切の絆を断たれ、社会における足場を失ったのである。彼らは単なる階級喪失者ではなく、「故郷喪失者」となった。[29]

第三のグループである「失職軍人」も例外ではない。一九世紀のほぼ最後の一〇年間に生まれ、青春時代を塹壕の中で送った彼らにとって、「第一次大戦は階級の瓦解と大衆化の壮大な序曲」となった。[30] 絶えず死と向かいあう戦場では、それぞれがいかなる出身階級に属するかは何の意味ももたなかった。「戦争は個人間の一切の差異が消え失せるもっとも壮大な大衆行動として経験された」のである。[31] それだけではない。就職の経験なしに戦争に参加した彼らの多くは、その後もインフレと恐慌の混乱の中で、「生まれながらの失業者」として、人間が通常もちうるような社会的紐帯を形成しえないままに終わった。そして、実は、一八八九年に生まれ、まともな定職に就くことなく、二四歳で大戦に従軍し、敗戦後再びボヘミアン同然の生活に舞い戻ったヒトラーもまた失職軍人の一典型であった。彼の周りに集まったライ、ゲーリング、ヘス、ダレ、レーム等ナチス党幹部の多くも大きな違いはない。生まれながらの失業者という点では、彼らより一世代新しく、敗戦とインフレの時代に少年期を過ごし、本来なら職業に就き社会生活のスタートを切る時期にたまたま大恐慌とぶつかった結果、「失業を一つの職業」[32]として選択せざるをえなかった青年層もまた同じであった。

戦争から恐慌に至るほぼ二〇年間の社会変動の中で、結局一度も自らが帰属すべき住処を見いだしえなかった戦争世代と彼らに続く青年層が、ヒトラーを中心とするナチズム運動の推進力となり、やがて、零落した中産階級と失業者、さらには、辛うじて失業を免れたものの未来に対する形のない不安を抱えた、とりわけ未組織の労働者を含め、彼らのルサンチマンに火をつけ、内に潜む力を解放し、具体的な形と目標を与えてゆくことになる。その限り、ナチズム運動はもともと階級構造の瓦解を前提に、そこから生まれた「一つの巨大な大衆運動」[33]だったのである。

それ故、労働組合の解体、政党の解散は、いわば上からの最後の一撃であり、ドイツにおける階級社会の最終的清算、それも、単なるその象徴程度の意義しかなかったのかもしれない。しかし、ナチズムのもつ「全体性」の要求は階級社会の崩壊だけで満足しうるものではなかった。アーレントが指摘するように、全体主義的支配の成立にとっては、「大衆の特徴をなす無構造性だけでは十分ではなかった」からである。「共同世界の完全な瓦解による個人化とアトム化」がより重要な契機であった。(34) たしかに、人が社会の中で暮らしてゆく場合、彼らはただ単に自らの職業を通してあれこれの階級に属しているというだけではない。多くの場合、職業と関連した、あるいは、それとは無関係な、たとえば、町のコーラスサークルや郷土史の研究会、登山クラブ等々、さまざまな組織やグループに参加し、自由に他者との間で多様な関係を取り結ぶ。それが通常の人間の、また、まともな社会のありかたというものである。そして、一つ一つの共同世界はグループ本来の活動の場であると同時に、世間話という形であれ何であれ、自由な討論や議論の場を保障するものとして、政治や社会の現状に対する不満や批判、あるいは、時として、抵抗の拠り所ともなりうるはずのものでもあった。ところが、ここでも、ナチスが登場する以前、既に一九世紀後半から顕著となってゆく工業化と都市化の波は多様な社会的紐帯を生み出し維持してゆくべき伝統的な共同世界を動揺させ、さらに、敗戦、インフレ、恐慌と続く社会的変動がそうした現象を加速させていった。しかし、たとえそうであったにせよ、一九三三年当時のドイツの社会から共同世界が完全に姿を消してしまったわけでない。レーデラーは、「〔ナチス以前〕ヨーロッパのうちでもドイツほど労働組合なり、結社なり、大学の社交クラブなり、その他あらゆる種類のクラブの中に人々の自律的な生活が生き生きと表現されていた国はなかった」と指摘する。(35)

ナチスが、相互の自由意思に基づいて形成される、自律した、運動と無関係な、ナチスの眼の及ばない、それ故にナチズムとは異質な「常識」が機能しうる人と人の結びつきを許容しえなかったことは、世界観政党として、「現存在の幅と深みの全体を支配」せんとする以上、当然のことであった。政党や組合だけではない、何ら政治的色彩をもたず、政治的に無害であるはずの町の小さなコーラスグループや切手蒐集の会、ハイキングの会等々に至るまで、要するに、「自律的な社会活動をあらわすすべてのもの、自らの選択した言葉や観念で意見の交換をなしうるすべての組織体」(36)が、「全体性」の要求と相容れないものとして、改鋳のための溶解作業の対象とみなされた。後から見れば、労働組合や政党の解体はほんの端緒、些細な出来事でしかなかった。ラウシュニングは、この解体作業の中にこそナチス革命の本質を見るべきことを説いている。「現在進行中のこのドイツ革命こそが本当に一つの革命なのだとして、明らかに、それは、これまであらゆる国家的社会的秩序の不可欠の基盤とみなされてきたすべてのものの言語に絶する破壊へと向かっている。」[37]

破壊に追い打ちをかけたものに第三ライヒの日常に暗い影を投げかけた「密告」がある。ブレヒトの『第三ライヒの恐怖と貧困』。そこには、ヒトラーユーゲントの団員である息子が家族揃っての食事の後両親に黙って雨の中を外出しただけで、自分たちの会話が密告されるのではないかと狼狽する夫婦の姿が描かれている。「お前はユダを生んでくれたんだ。そいつが、そこの食卓に座って、俺たちが出してやったスープをスプーンですくいながら、聞き耳を立てて、造り主の言うことの一切を記憶にしまい込んだんだ、奴はイヌだ！」[38]これは物語の中だけの話ではない。ガダマーは、『哲学修業時代』の中で自らの経験を語っている。「ある演習の時間に、私は論理の例として、『驢馬はすべて褐色なり』とやってしまった。大爆笑――――そして、感激したある女子学生がこのことを友人に書き送った。その手紙が両親に読まれ、そして、密告となった。かわいそうな少女は工場労働送りとなった。」[39]この少女はまだ幸運だったのかもしれない。矢崎は、かつての同僚によって「ヒトラーの悪口を言った」として地区集団指導員に密告された運転手が、民族裁判所により敗北主義の宣伝を理由に死刑を宣告された事例、あるいは、妻によって「ヒトラーはどうして一九四四年七月二〇日に消えなかったのか」との発言を密告された兵士である夫が、軍事裁判所により死刑を宣告された事例を紹介している。[40]隣人や同僚、上司と部下、教師と生徒、主人と使用人、友人、兄弟姉妹、親子、夫婦等々の間で行われる密告が、相互の疑心暗鬼を生み、社会存立の前提である相互の信頼関係をぶち壊し、絆を断ち切り、アトム化を決定づけた。二人が寄れば、そして、お互いが隠すべき秘密を共有すれば、唯一確実な生き残り策は相手より先に密告者となることしかなかった。アーレントは、全体主義社会の中にあって、「およそ友人をもつことほど危険なことはない」という。[41]

破壊は、むろん、自己目的ではない。溶解作業と同時に上からの鋳造作業が進められねばならなかった。こうした作業の全体は当時一般に「グライヒシャルトゥング（Gleichschaltung）」（強制的同質化）の名で呼びならわされたのであるが、既にこの言葉自体の中にナチスの意図するところが端的に表現されている。「同調する（gleichschalten）」という当初電気工学の分野から生まれたこの言葉は、『ラントをライヒに強制的同質化（Gleichschaltung）するための暫定法律』においてはじめて公式に使用され、その後、急速に他の領域に流布していったとされる。[42]『暫定法律』の目的が、ラントを解体し、ラントにおける一切の政治的諸力をライヒ政府の指導と「同調」させることにあったことからも分かるように、グライヒシャルトゥングという言葉は、その後、ナチズムと異質な、あるいは、ナチスの息のかからない一切の団体・組織・制度を解体し、ナチスの団体等へ再編することの同義語として、あるいは、より一般的に、それまでの自由で多様な政治的社会的構造を解体し、一切の生活と行動をナチスの世界観により整序する企てのすべてを指す便利な言葉として使用されることになる。(43)

従来の多元的な社会を解体し、ナチズムに同調させようとする、強制的同質化の作業の実際がいかなるものであったのか。アレンは、『ナチスの権力奪取――一九三〇年から三五年に至るドイツの或る小都市の体験』の中で、プロイセンの小都市ノルトハイムの実情を紹介する。ナチス登場以前の町の状況は次のようなものであった。「ノルトハイムの市民にとって、真の社会的結合はクラブを通して実現されていた。一九三〇年当時、町には一六一以上のクラブがあり、これは六〇人に一つのクラブがあった勘定になる。スポーツクラブが二一、経済的・職業的目的を持った団体が四七、宗教的・慈善的団体が二三、在郷軍人・愛国的団体が二五、個別の趣味を目的とするものが四七。そして、それらのほとんどが町の階級的構造を反映していた。……公式的なクラブが市民的団結という点でなしえない事柄を、二つの非公式の集まりが実現していた。一つはレストランの『常連席』であり、もう一つは『ビールクラブ』である。これら多くのクラブや団体が個々の市民をしっかりと結び合わせていたのであり、それらがなければノルトハイムはアモルフな社会となっていたであろう。」ところが、ナチスの登場は町の状況を一変させた。彼らがただちに着手したのが「全社会の分散」であった。経済団体の中でもっとも重要な地位を占めていた自由労働組合に対し、ナチスは五月四日に突撃隊を動員して事務所を占拠し、本や家具を押収した上で、労働組合の強制的同質化を宣言した。同時に、社民党と多少なりとも関係のあった労働者救急会や母性保護連盟といった団体も解散させられた。この結果、ノルトハイムの労働者の間での組織化された一切の社会生活に終止符が打たれた。五月一〇日には、従来の労働組合に代わって、全労働者を監督するために「労働戦線」が組織された。職人組合の場合も同様であった。既に多くの親方がナチス党員であった郡の職人組合連合は、二月に行われた組合委員の年次選挙において、ナチス党員を理事長に選任し、さらに四月には新たな選挙により理事会は完全にナチス党員で占められるに至った。小商人組合の強制的同質化に関しても、若干手間どったものの同様であった。五月二日、新組織が設立され、六月には旧組合がその全メンバーともども一挙に新組織に組み入れられてしまった。その他の経済団体の辿った運命も大して違いはなかった。四月一八日に「ナチス医師連盟」が設立され、一カ月後ライヒ歯科医師協会が「ナチス職業歯科医師団体」に姿を変えた。四月には「ナチス教員連盟」が設立され、全教員が結局は自らの仕事を失わないためそれに加入した。愛国団体に関しても、対応は非常に慎重であったものの、大ドイツ連盟及びボーイスカウト、フライコール、青年ドイツ団といった青少年組織が強制解散の対象とされ、後者は「ヒトラーユーゲント」に編入された。その他、様々な個別的関心・趣味に基づいて結成されたクラブ、たとえば、コーラスグループとか射撃クラブ、スポーツ団体といったものも例外ではなかった。かつて社民党と関係のあった労働者のコーラスグループは四月二二日に自己解散を決定し、その後間もなく、町のすべての合唱クラブは「一九三三年合同コーラスグループ」に統合されてしまった。三月に始まり、四月と五月にピークに達した強制的同質化の結果、夏までに「ナチスはノルトハイムのほとんどのクラブ、団体を解体し、改造し、合併するか、あるいはその支配下に置いた。町の多様な社会的組織はほぼ完全に根こぎにされてしまった。もはやクラブは存在しなくなったか、あるいは強制的同質化によってその魅力を失ってしまった。人々はクラブを続ける暇も興味も失ってしまった。……かくして、個人のアトム化がきわめて強いものとなった。強制的同質化の進行によって、個人に残された選択は、孤独になるか、何らかのナチスの組織を通して大衆としてのかかわり合いを持つかであった。第三ライヒの最初の六カ月間のうち、強制的同質化ほど大きな根源的効果をもった措置は他になかった。(44)」

3　党による全体教育

一　世界観の兵士の育成

ナチス革命の第二段階の目的が、ドイツ民族全体を世界観の兵士へと作り変える精神の革命にあった限り、組織の改鋳は所詮「世界観の改鋳」のための準備作業でしかなかった。民族の一人一人を、思うがままに操縦可能とするべく、それぞれが種別化された役割に相応し、ナチズムの世界観を基に、同じように考え、同じように行動する、標準化され規格化された用象、つまりは、機械装置の一個の歯車へと鋳造する、そのような「画一化」が実現してはじめて強制的同質化は完成する。宮田がいうところの、「スウィッチ一つで多数の人間がいっせいに同じ形をした態度や行動を自動的にとりうる」事態の出来であり、そこに、宮田が「このコトバほど、いっさいの人間的なものを機械化し自動化する意図をむき出しに示すものは少ないであろう」と指摘した“Gleichschaltung.” の真に意味する働きがあった[45]。

強制的に同質化されたドイツ労働戦線、ライヒドイツ官吏団、ナチス教員連盟、ナチス法曹連盟、ナチス医師連盟等々あらゆる団体の課題は、ランマースがいうように、「それぞれの構成員の生活態度、職務行為をナチズムの世界観の諸原則に基づいて整序し、かつ、こうした方法でもって、党が全ドイツ人に対し実施しなければならない巨大な教育活動を促進し補充すること」にあった[46]。ランマースの言からは、第三ライヒにおける教育が、「世界観」教育であること、「全ドイツ人」を対象とすること、「党」によって主導されることが確認される。ヒトラーもまた、一九三七年一月三〇日、恒例となったライヒ国会での演説の中で、「ナチズム運動が国家に対しわが民族の教育のための指針を与えた」ことを宣言し、さらに続いて、「この教育は或る一定の年齢とともに始まり、一定の年齢で終わるといったものではない」との見解を明らかにしていた。「ナチズム革命は共同体によるこの教育に一定の課題を与えたのであり、それはとりわけ年齢とは無関係である。各人に対する教育は決して終わりのあるものではない[47]。」二年後、ライヒェンベルクでの管区指導者を前にした身内の会合における発言はより露骨なものであった。「少年少女たちは一〇歳でわれわれの組織に入り、そこではじめて新鮮な空気を吸う。その四年後、ユングフォルクからヒトラーユーゲントにやってくると再びわれわれは彼らを四年間そこに入れて教育する。そうなれば、いよいよ彼らを古くさい階級・階層製造者どもの手になんぞ渡しはしない。われわれは彼らをただちに党、労働戦線、突撃隊、親衛隊、ナチス自動車隊等に入れるのだ。そこに二年か一年半いていまだ完全なナチス主義者になりきれない場合には、労働奉仕隊に送り込む。そこで彼らは六カ月から七カ月の間しごかれることになる。その後もなお階級意識や身分妄想が残っているようであれば、今度は二年間国防軍が治療を引き受ける。そして二年から四年後戻ってくれば、二度と再発しないように、ただちに突撃隊や親衛隊に送り込もう。そうすれば彼らは一生涯もはや自由ではなくなるのだ[48]。」たしかに、それは、「子供の時に始まって、運動の老戦士となって終わる」、文字通りの生涯教育であった。一九三五年の「自由の党大会」に参集した五万を超えるヒトラーユーゲントの団員は、ヒトラーの口から彼らを生涯待ち受ける教育への覚悟を求められた。「将来、青少年は一つの学校を終えれば、さらに、次の学校へと引き上げられる。……自分自身のためだけに過ごすことのできる時期があるなどとは誰にもいわせはしない[49]。」

教育が「決して終わりのあるものではなかった」にせよ、事の性格からして、もっとも重要な対象が青少年であることに相違はない。一九三三年にエアフルトで開かれた親衛隊の集会で、「われわれは、われわれの青少年をわれわれが欲するがままの人間へと教育するであろう。たとえ、大人の世代の間に、いまだに自分の生活態度を変える必要などないと信じ込んでいる人間が時たま見受けられるにせよ、われわれは彼らから子供を奪い取り、彼らをドイツ民族にとって必要不可欠な人間へと育成するつもりである」(50)と語ったヒトラーは、それから四年後、オリンピックスタジアムに集まった一二万のヒトラーユーゲントの新入隊員を前にして、彼ら青少年が教育の第一の客体であり、教育の主体がナチス以外にありえないことを宣言した。「今日の青少年が明日の民族となる。それ故、われわれの青少年がいまだ誤った教育を受けず、したがって、いまだ堕落していない早い時期から民族共同体の精神を吹き込むことを、われわれは自らの課題としたのである。この新しいライヒは青少年を決してわれわれ以外のいかなる者にも与えはしない。われわれが青少年を受け取り、われわれの教育と躾を与えるのだ。」(51)

それでは、ナチスはこの青少年たちをどのように教育し、躾けようとしていたのか。最終目的が、彼らを、世界観の兵士、より具体的には、ヒトラーの政治的道具へと鋳造することにあった限り、これから始まる教育が強い反主知主義と反個性主義の傾向を帯びることは明らかであった。ヒトラーは、「過度の知識は行動の敵」であり(52)、「才知に恵まれた虚弱者」は何ら価値のないものだとする。(53)「単なる知識の注入ではない、芯から丈夫な肉体の訓練」が民族国家における全教育活動の第一の目的であった。(54)「弱者は叩き出されねばならない」、そうヒトラーはいう。「私はあらゆる肉体の鍛練を課すであろう。筋骨逞しい青年を欲する。これが先ず第一にもっとも重要なことである。」(55)さらに加えて、肉体の能力の完全な発揮を目的に、「人格的訓練」、つまりは、強靭な精神力の陶冶の必要性が強調される。(56)それが「自律」的な精神でなかったこと、いうまでもない。ヒトラーユーゲントの下部リーダーであったマシュマンが、戦後、「勇気とか自己犠牲といった徳性が育成された一方で、私たちは大切な徳性を失いました。誰も私たちが自主的に物事を考え、倫理的に自己の責任にもとづいて判断する能力を身につけさせてくれませんでした。私たちの合言葉は、『ヒトラーが命令する、われわれは従う』でした」と語ったように、求められるべきは、自己を殺し、ドイツ民族のために自己の一切を喜んで捧げる「犠牲的精神」(57)であり、指導者への「絶対服従の精神」であった。(58)この後に、ようやく「学問的訓練」が登場する。むろん、それは市民社会におけるような「教養」の習得といったものではない。ヒトラーにいわせれば、大抵の人々が戦いの場にあって必要不可欠な本能や意思といったものを失う羽目に陥るのも、そうした市民的教養とやらによってであった。(59)一般教養なるものは、所詮、「自由主義が〔社会の〕自己解体のために発見した、もっとも破壊的、壊滅的な毒物」でしかない。(60) 指導者ではない、労働者、あるいは、兵士、技術者……として機械装置の歯車となる大多数の普通の民族同胞にとっては、「一般的かつ大まかな知識を基礎としてもち、そして、ただ、自分の将来の生活の領域に限って、もっとも基礎となる専門教育、個別教育を受けるだけで十分」であった。(61)

身体・精神・知識を攻囲するナチス教育の実体は、自律した個人人格の育成を目的とする自由主義教育の対極に位置するものとして、フーコーが古典主義時代にその登場を見た訓育＝解剖政治学、それも、おそらくはもっとも典型的かつ先鋭化された訓育にあった。ただし、事は、身体の鍛錬、精神の陶冶、知識の習得で済むものではなかった。ヒトラーの政治道具となる上で、そこにはなおお足りないものがあった。訓育にとって何より重要なことは、世界観の兵士に相応しく、ナチズムの世界観を青少年一人一人の人格の中に刻み込み、彼らの現存在全体を生活態度、感情、行動、思惟、欲求のあらゆる面にわたって「ドイツ的人間」という一つの類型の中に鋳込むことであった。むろん、育成されるべき未来の戦士が、「世界」の表象‐制作に定位し、機械装置により徴用され‐用立てられ、ゲ‐シュテルに配置される用像であることに何ら変わりはない。そこに近代的人間の一類型としてのドイツ的人間の核があったことはたしかである。しかし、あの『モダン・タイムス』のチャーリーがそうであるような、およそ世界観と無縁な単に機械としての身体や精神、知識を備えただけの無機的な歯車の鋳造で事足りたわけではない。チャーリーが恋人と手を携えて都会を離れて旅立つ最後のシーンは、指導者にとって、世界観抜きの用象の生産、ゲ‐シュテルへの配置が何の意味ももたないことを教えている。デュッセルドルフ工業クラブでの発言――「諸民族の生存において、外に向けられる力の強さは内部的な組織力の強さに依存し、後者の力は民族の根本的諸問題に関し民族全体が確固たる共通の世界観をもちうるか否かにかかっています。」――は、ヒトラーがそのことの重要性をよく承知していたことをあらわしている。大地の支配をめぐる諸民族の闘争が「世界」に墨縄を引く権力を奪い合う世界観相互の戦いである以上、動員されるべき民族同胞の誰もが、機械としての身体や精神、知識にとどまらず、世界観により武装され統御されねばならなかったこと、当然である。そのことをハッキリと自覚し実行に移した点において、ナチズム運動は、同時期の社会主義運動と並んで、統治性の歴史に新たな一歩を印すこととなったのである。

鍛錬された身体、陶冶された精神、習得された知識は、世界観により統御され、そうして、はじめて、諸民族との戦いの中で最高度の力を発揮しうるものとなる。それ故、ナチスの教育目的が、一見そうみえたにせよ、アーレントがいうような、「一切の自発性を奪われた操り人形」(62)の形成にあったと結論しないようにしよう。それは、ナチスがテロルの行使を「ただ無感覚を生み出す」との理由から否定したことを思い返すだけで十分である。ナチズムが民族一人一人の積極的で自発的な参加・動員を必要とし要求する運動であった以上、刺激に対し無機的な反応を繰り返す「パブロフの犬」(63)は民族教育のモデルではありえなかった。目的は、ブーフハイムが総括するように、「世界をもっぱら定められた視角から、一定のイデオロギーの光の下に眺め、その結果、その都度の状況の下で体制が要求するとおりに強制されることなく自発的に行動しうるよう」、青少年を「一定の予測可能な思惟・行動様式へと調教」することにあった(64)。こうした教育が当初の目的を達したことを先のマシュマンと同世代のツマルツリクは戦後の回想録の中で、「私たちは政治的に洗脳されていったのです」との言葉で表現している。「命令と服従を直立不動の姿勢でハイと答える軍人『精神』を、そして、『祖国』という刺激的な言葉が聞こえると、あるいは、ドイツの名誉と偉大さについて語られると、思考を放棄することを叩き込まれていったのです。私たちの心は、当時しばしば耳にした『生きることを欲する者は戦うべし。この永遠の闘争の世界の中では戦う意思のない者に生きる資格はなし』という指導者の言葉によって形作られていきました(65)。」

二　全体教育の階梯

世界観による身体・精神・知識の統御が問題であった以上、訓育のための統治は、規律型のそれに収まりきるものでも、それで済むものでもなかった。規律権力は、「規範」を基準とし、その規範が所詮一つのルールでしかない限り、なるほど法律-権力に比べはるかに小さくはあれ、それがカバーしきれない隙間の存在を許容せざるをえないものであるが故に、そしてまた、規範への適合が多くの場合なお身体動作の矯正や懲罰等の何らかの物理的な力による担保を必要とするが故に、ナチスが求める現存在の幅と深みの全体に対する統御、それによる自発的に行動しうる世界観の兵士の育成という課題に十全に応えうるものではなかった。隙間なく生を取り込み、生の全体に働きかけ、その展開のすべての局面に対してその掌握の確立を目指す生-権力にとってなお足りないものがあったということだ。求められるべきは、法律はむろんのこと、規範さえも過剰とし不要とする権力である。人間の内面、それも、意識下、さらには、無意識のレベルにまで踏み込み(66)、ナチズムの世界観を注入し、人々の観念の世界、感情の構造を根本的に作り変え、思考と情緒を隙間無く支配し管理せんとする権力であり、規範とは異なる新たなタイプの統治術を必要とする権力であった。そのため、一方において、訓育のための、学校や軍隊等に限られない、新たな場が設けられねばならなかったし、他方において、身体の鍛錬、精神の陶冶、知識の習得に限られない、新たなテクノロジーが開発されねばならなかった。学校等の従来の訓育機関もまた、当然、新たな対応を迫られたのである。そうして、はじめて、生—権力は、「生の全体に関心をもち、抑圧的ではなく生産的である」権力としての本領を発揮し、その役割を全うしうることになる。規律権力を凌駕する、統治性化の新たな次元の出来である。

それでは、ヒトラーの政治道具として、世界観の兵士となるべく、現存在の全体の統御を目的に、子供の時に始まり運動の老戦士となって終わる訓育は、具体的に、どのような段階を踏み、どのような手段と方法によって実現されたのか。次にそれを見てみよう。

（1）家庭

『ヒトラーユーゲント法』が、「家庭」を学校、ヒトラーユーゲントと並ぶ教育の場であると明記したように、満六歳で民族学校に入学するまでの間、子供に対する教育を担当したのが家庭である。むろん、これは自由な教育権の保障を意味するものではない。事態はまったく逆であった。これにより、家庭はナチスの全体教育の中に組み込まれ、両親は、否応なしに、家庭における教育を民族のためにナチズムに即して行うよう義務づけられたのである。[67] ドイツ法アカデミーのヘーデマン等が編纂した『民族法典』には、「子供はドイツ民族のもっとも貴重な財産である。……両親は自らの子供をナチズムの精神に基づいて肉体的にも精神的にも民族に役立ちうるよう教育することの義務を負う[68]」との条項がある。これがただちに法律上の義務となったわけではないにせよ、法と道徳の区別を知らない民族共同体にあっては、立法化を待つまでもなく、これもまた両親すべてに課せられた立派な「法」的義務であることに変わりはなかった。ラレンツは、「共同体に有害となる教育は民法第一六六六条に定める監護権の濫用となるであろう」と警告する。「もし、両親が注意義務を怠ることにより子供を害した場合、民族共同体は義務違反に対し干渉することが許される[69]。」

一九四二年一二月一日付のライヒ法務大臣の「裁判官への手紙」が紹介する事例は、通常であればごくまともな家庭もこうした「干渉」を免れるものでなかったことを教えている。「或る一一歳になる少女は学校でいつもドイツ式挨拶をせず、また、ヒトラーに関するさまざまな事柄にまったく関心を示さなかった。彼女の他に六歳になる子供を持つ両親は、娘のこうした態度を変えるようにとの周りの働きかけをまったく無視した。両親自身も運動の敵であることは否定したものの、ドイツ式挨拶を行わず、ハーケンクロイツの旗を所有せず、子供をヒトラーユーゲントに加入させず、また、十分な収入があるにもかかわらず寄付を拒否し、そのことを理由にナチス福祉事業団から除名された経験をもっていた。」こうした事態を踏まえて二人の子供の監護権の剝奪を求めた少年保護局の訴えに対し、上級後見裁判所は、「両親は子供を教育する能力をもつものではない」として、これを認める決定を下した(70)。「裁判官への手紙」に付された法務大臣のコメントからは、ナチスが家庭教育に何を期待していたかがよく分かる。「両親は子供と血の繫がりをもち、子供は両親の身の回りで生活し、絶えず両親の習慣や実際の行動を眺め、両親を模範としながら育ってゆく。それ故、ナチス国家の教育目的は次の場合にはじめて実現されうるものとなる。即ち、両親が誠実かつ責任意識をもって彼らの一切の思考と行動において、子供に対し、われわれの民族の共同体生活の中で、人はいかに行動しなければならないかについて模範となるような実例を提供する場合のみである(71)。」

もっとも私的な領域であるはずの家庭もまた国家から自由な安全地帯であることを許されなかったにせよ、家庭教育の役割は、当然のことながら、従属的なものでしかなかった。シェムが、「われわれ教育者は、子供を家族の手から奪い取り、より大きな政治的世界観的ドイツ的生活の中に嵌め込まねばならない」と語っていたように、必要なことは、子供が学齢に達した時に、両親と子供の双方にはっきりと「家庭から民族というより大きな家族への跳躍」を自覚させ、「父母の役割が終わった」こと、そして、それに代わって「ドイツ民族が登場した」ことの覚悟を植えつけることであった(72)。

（2）学校

「学校」が家庭から子供の教育を引き継いだ。知育偏重教育に対する批判が学校教育に向けられたものであったにせよ、学校が第三ライヒの教育体制の中にあっても不可欠の重要な構成要素であることに変わりはない。むろん、ライヒ・プロイセン文部省による『高等学校における教育と授業』(1938)が、「すべての教育機関は、その形式が何であれ、ただ一つの目的、ナチス的人間の育成という目的」を追求しなければならないとしていたように(73)、学校教育の課題と内容が従来の自由主義のそれから大きく変化したことはいうまでもない。

一九三三年五月九日、ライヒ内務大臣フリックは、各ラント文部大臣を前に『ドイツ的学校の闘争目標』と題する演説を行い、その中で、今後、各ラントにおける教育政策が定位すべき課題と理念が何であるかを明らかにした。「今日のわれわれの重大な課題は、われわれが獲得したこの権力を内面的にも強固なものとすることにある。そのための土台が民族に対する教育の中で形成されねばならない。それは今後何百年にもわたる礎石を置くものとなる。その課題は、民族同胞に対しもっとも早い時期からわれわれの民族の目標が何であるかを教え込み、ひとたび獲得された知識が血や肉となり、何世代にもわたって何者によっても破壊されないようにすることにある。統一的なドイツ的民族教育によってのみ、国民革命の事業を完全かつ未来永劫にわたって保障しうるのである。」このように、新たな学校教育の意義と役割を民族全体の課題の中に位置づけたフリックは、さらに、今後の学校教育が定位すべき理念と目的が何であるかについて語った。「自由主義の教育観にあっては、知識の伝達は生徒の全能力の発達を個人の利益に役立てるために行われるものであって、民族と国家のためにではなかった。それは、自由な個人人格の形成を目的とするものであり、民族に根ざし国家に義務を負うドイツ的人間の育成ではなかった。……新たな学校は根本的に共同体思想から出発しなければならない。学校は民族全体に奉仕しなければならない。……国民革命は、ドイツ的学校及びその教育課題に対し新たな規範を与えた。その一切の思考と行動において奉仕的かつ献身的であり、民族に根ざし、国家の歴史と運命に全面的かつ不可分離に深く結びついた政治的人間を作りださねばならない。」[74]

学校教育の本質が授業による知識の伝授にあったことに変わりはなかったにせよ、それは目的のための手段、即ち、「強固な性格を有し、生存能力に秀で、名誉を重んじ、勇敢なドイツ的人間を育成する」という目的に奉仕するための手段としてのみ意義あるものとみなされた。[75] 求められるべきは青白い知識の持ち主ではない、「行動する人間」であった。[76] 死んだ知識ではない、現実の民族の生活に根ざし、それと結びついた「生き生きとした理解と能力」の育成が目標であった。[77] 世界観のもつ全体性の要求があらゆる日常生活の政治化を求めたように、学校教育もまた政治化を免れるものではなかった。フーバーの『一般教授学』には、「青少年は政治化されなければならない」との命題が見いだされる。「われわれが学校教育に求めるものは、理屈っぽい人間ではなく、政治的な人間の形成である。……歴史はナチズムの観点から見直されなければならない。メルヘンもまたナチズム的に解釈されなければならない。そして、ナチズム的地理学、ナチズム的生物学等々……すべての授業が世界観の授業となる。」[78]

もっとも、政権掌握後ただちにナチズムの理念に基づく学校教育の全体的統一的改革が実現されたわけではない。何よりも、当時、教育高権は、法律上、ナチス党どころかライヒ政府にさえも属していなかった。したがって、先のフリックの『目標』も形式上はあくまでも各ラント政府に対する政治指導部からの要請といった体のものにとどまっていた。実際の改革の実行は各ラント政府に委ねざるをえないといった変則的事態の中で、フリックが一二月一八日付で各ラント政府に対し送付した『校則に関する中心思想』[79]には苦肉の策ともいうべき仕掛けが施されていた。事前に開かれた第一一回教育制度会議が『中心思想』を「拘束力ある指針である」と宣言し、さらに、前文がそのことを改めて確認することにより、ようやくこれは各ラント政府を拘束する統一的な「命令」としての性格をもちえた次第である。『中心思想』自体は、当時教育現場で重大な問題となっていた学校とヒトラーユーゲントの管轄権をめぐる対立、たとえば、学校内でのヒトラーユーゲントの制服の着用、命令の掲示、ドイツ式挨拶の交換、自由時間の利用の仕方等の問題につき、学校教育を尊重する立場から両者の領域の画定を行おうとするものであったが、とりわけ、先の問題との関連で注目すべきは、第一条において、きわめて簡単な内容ではあれ、「学校の課題は、ナチズムの精神に基づいて青少年を民族と国家への奉仕に向け教育することにある。教育が方針とすべきは、ドイツ解放運動により規定されたライヒ政府の掲げる目標である。学校における一切の生活はこの課題に奉仕するものとする」との一般規定が設けられた点にある。これは、五月九日の演説とは異なり、とにもかくにも、各ラント政府を拘束する学校教育の統一指針としての性格をもつものであった。

一九三四年一月三〇日の『ライヒ新構成法』がライヒ政府に教育高権を付与し、四カ月後に新設された「ライヒ・プロイセン文部大臣」の地位にルストが就任するにおよんで、ようやく統一的包括的な学校改革、教育改革のための法制度及び行政上の条件が整えられるに至った。しかし、フレッサウによると、その後もかなりの期間、基本的な事情に大きな変化はなく、「一九三七年までは、ドイツ民族学校における授業は、ワイマール共和国時代に生まれた方針、教育計画、授業計画、並びに、機会あるごとに個別の教育・学校問題に関し発せられた新たな権力者の命令に基づいて実施される」、いわばモザイク状態にあった[80]。

ライヒ文部大臣ルストによる一九三七年四月一〇日の『民族学校低学年クラスのための指針導入に関する命令』[81]が最初の統一的な教授指針となった。「上級学校制度の新構成は、民族学校の低学年クラスの活動がライヒ全体にわたり、統一的方針に基づいて行われることを前提とする」との文言で始まる命令は、民族学校の教育課題として、他の学校及び労働奉仕や軍隊との協力に基づき、「民族共同体のために、かつ、指導者と国家のためにすべてを捧げる青少年」を育成することを掲げ、その際、民族学校は「基本的な知識と技能の伝達により民族の労働及び文化生活に参加する能力の形成」を目的としなければならないとした。

これはわずか二頁からなる「指針導入のための」命令にすぎず、包括的な教授指針としては翌年一月二九日の『高等学校における教育と授業』が最初のものであった。高等教育の一般的課題を定めた「基礎」と、個別専門授業の課題と内容を定めた「教育計画」からなる二五〇頁を超える指針は、ドイツ的学校の課題を「民族の他の教育機関と協力し、それに固有の教育手段を用いてナチス的人間を育成することにある」と規定した上で、新たな教育の構成原理として、かつての「人文主義的教養イデオロギー」に代わる「政治的教育の精神」の登場を宣言する。学校の使命が「本質的に授業によって教育を行う」ことに変わりはないにせよ、その目的は、一面的な悟性の育成による「知識人の養成」にではなく、「青少年を民族の歴史的共同体の中へ組み入れ、実用的知識や技能の伝達を通して生存を支配する能力を付与すること」に置かれるべきであり、そのため、今日のドイツ的学校は、「民族と指導者に真に貢献しうる人間を育成し、……彼らの精神的諸力を発展させ、最高の業績能力を展開させ、それによってそれぞれの持ち場でドイツに課せられた課題を実現させる」よう教育しなければならない、そう指針は結論する。[82]

初期の教授指針が、フリックのそれに見られるように、ナチスイデオロギーによる教化を強調し、中心に置くものであったとするならば、この時期以降、眼につく変化として、世界観教育と並んで、「実用的な知識と技能の習得」が強調されるに至ったことがある。これは、近い将来予想される民族の全体動員を必要とする戦争と無縁ではなかったはずである。こうした傾向は、全体戦争が現実のものとなった一九三九年一二月一五日にルストにより布告された『民族学校のための指針に関する命令』に、より明確な形で確認することができる。「一般的指針」の中で、改めて、「青少年をそれぞれが自らの持ち場で指導者と民族のためにすべてを捧げる覚悟をもつよう教育する」ことを学校教育の課題とした命令は、この課題の枠内で、民族学校に対し、「効果的な職務の履行と国防奉仕における義務履行のための前提」を形成するため、実際生活の中で必要とされる「基礎的知識と技能の確実な習得」にかかわる教育を行うことをはっきりと義務づけた。[83]

ライヒ政府は、一九三八年七月六日、ドイツの教育史上画期となる『ドイツライヒにおける就学義務に関する法律』を公布する。法律は、かつて教育高権がラントに帰属していた影響から一九三三年以降もラント毎にまちまちであった学校教育に関するもっとも基本となる義務教育の期間及び開始時期を、[84]それぞれ八年間、満六歳と定めるとともに、第一条に「就学義務はドイツ青少年に対するナチズム精神に基づく教育と授業を保障する」との定めを置くことにより、フリック が一九三三年五月九日の演説で掲げた学校教育の課題が、ようやく、法律上も明確に宣言されるに至ったのである。

（3）ヒトラーユーゲント

学校と並ぶ青少年に対する教育機関が「ヒトラーユーゲント」である。一九二二年に突撃隊の青少年組織の一つとしてミュンヘンで設立された「アドルフ・ヒトラー青少年突撃隊」に起源をもつヒトラーユーゲントは、政権掌握後、強制的同質化の一環として、「ヒトラーユーゲントは、ナチス党が今日唯一の政党であるのと同様に、唯一の青少年組織でなければならない」(85)とのスローガンを掲げて、政治的にも多様な数多くの青少年団体を強制的に解体し、あるいは、自己解散に追い込むことにより、一九三三年の夏が終わる頃までには、ドイツにおけるほぼ唯一公的な青少年組織としての地位を確立するに至った。その後、一九三六年の『ヒトラーユーゲント法』が「ライヒ領土内のすべてのドイツ青少年はヒトラーユーゲントに加入するものとする」と定め、さらに、一九三九年の『第二施行令』が「一〇歳から一八歳までの全青少年」に対し「ヒトラーユーゲントにおける奉仕」を義務づけたことにより、国法上も、労働奉仕、国防奉仕と並ぶ三大奉仕義務の一つとなった。

ヒトラーユーゲントの組織は、一五歳から一八歳までの青少年により構成される本体の他に、一〇歳から一四歳までの少年が参加するユングフォルク（少年団）、同年齢の少女が参加するユングメーデル（少女団）、一五歳以上の少女が参加するＢＤＭ（ドイツ少女団）から構成されていた。ヒトラーユーゲントにおける教育が、家庭及び学校と協力して「同じ偉大な目的に共同して奉仕」(86)するものとされたにせよ、その内容と性格において、家庭や学校のそれから大きく異なるものであったこと、当然である。それは、明確に一八歳から始まる国防奉仕へと定位し、青少年を、将来の「ヒトラーの兵士」とするべく、ナチズムの精神に基づき、かつ、ナチズムの方法でもって教育することを自らの役割とした。(87)そこでの教育は、「青少年は青少年により指導されなければならない」とのモットーの下、同じ年齢層から成る青少年の団体生活の中での共同体体験を通して、(88)「民族への奉仕」を目的に、肉体的・精神的・道徳的鍛錬を行うことを主たる内容としていた。(89)そのため、ハイキング、キャンプ、スポーツ、格闘競技、行進、さらには、測量や射撃等の軍事的意味をもつ訓練が活動の中心を占める。既にユングフォルクの段階で、入隊後六カ月以内に実施され、その合格が正式の団員としての認定の条件とされた「団員テスト」の内容からも、肉体的訓練の重視が知られる。一二秒以内での六〇メートル走、二・七五メートルの跳躍、二五メートルのボール投げ、一日半にわたる徒歩旅行がそうであった。[90] むろん、シーラッハがヒトラーユーゲントを「世界観教育のための共同体」と呼んだように、思想教育にも大きなウェイトが置かれていたことは当然である。その教育内容がいかなるものであったか。「ドイツ民族と生活空間について」[91]との副題をもつ世界観教育のための『ハンドブック』（1937）の目次を一瞥するだけでおおよその見当がつく。そこには次のような項目が並んでいた。Ⅰ.人間の不平等性、Ⅱ.ドイツ人種、Ⅲ.人種の形成：遺伝と環境、Ⅳ.遺伝学及び人種学、Ⅴ.人口政策、Ⅵ.人間と大地、Ⅶ.ドイツの空間、Ⅷ.ドイツ民族の領域、Ⅸ.ドイツ文化の領域、Ⅹ.ドイツ民族の国家的領土、Ⅺ.空間及び人口数、Ⅻ.民族の扶養者としての大地、ⅩⅢ.産業の基盤としての大地。

　肉体的訓練と世界観的教育が訓育の両輪を成す。それらは、最終的に、「服従と忠誠の精神」の陶冶へと収斂する。すべての隊員は、入隊に際し、「私はヒトラーユーゲントにおいて指導者とわれわれの旗に愛と忠誠を捧げ、常に私の義務を果たすことを神かけて誓います」との宣誓を義務づけられたが、一九三七年五月一日、一〇〇万の新入団員を代表してオリンピックスタジアムに集まった一二万人の少年少女達は、直接ヒトラーの口から、改めて、彼らが学ぶべき第一の課題が何であるかを聞かされた。「将来いつの日か何らかの地位を得て人々を指導することを欲する者は、誰であれ、服従することを予め学ばなければならない。……私は六年間兵士であった。逆らうことは決してなく、ただ服従のみが存在した。今日私が命令する地位にあるのは運命のお陰である。すべてのドイツ人に対し私は要求する。汝もまた服従する力を身につけなければならない。個人のもつ我欲や無感覚を克服しなければならない。……命令だけではなく、服従もまた誇りとすべき事柄なのだ。一人の人間に服従することの幸運を誇りと感ずべきである。服従することを何か自明と感ずる民族こそが健全な民族である。古代ゲルマン人の忠誠とは、最後の瞬間まで、一人の人間にしっかりと結び付けられ服従するということにほかならなかった。[92]」

（4）ドイツ労働奉仕

　ヒトラーにより「ナチズム教育の一つの新たな大学[93]」と位置づけられた「労働奉仕」が、家庭、学校、ヒトラーユーゲントに続く訓育の場であった。一九一六／一七年の「祖国救済奉仕」に起源をもち、ワイマール時代に多様な展開を遂げたさまざまな組織を、ライヒ政府は、政権掌握後の一連の強制的同質化の過程の中で、「ナチス労働奉仕」に統合し、指導者ヒーアルをライヒ労働次官に任命するとともに、一九三五年六月二六日の『ライヒ労働奉仕法』により、労働奉仕に対し、これを「ドイツ民族に対する名誉ある奉仕である」として、国法上の地位を与えた。これは、一八歳から二五歳までのすべてのドイツ人青年男女を対象に、年間二〇万人規模による六カ月間の営舎での労働奉仕、たとえば、農地開墾、土地改良、営林作業、農作業、道路建設、堡塁建設等のドイツの大地に対する肉体労働を義務づけるものであった。[94] 一八歳で終了するヒトラー・ユーゲント奉仕の後を受けて、切れ目なく開始される労働奉仕と国防奉仕は相互補完的であり、「これら二つの学校を卒業してドイツ人ははじめて国家公民としての承認を受ける」ものとされた。[95]

労働奉仕は多様な目的をもつ運動であった。経済再建や食糧の保全といった経済面、戦争に対する準備といった軍事面、肉体労働蔑視からの転換といった精神面の他に、ここでも、重要であったのは、ヒトラーが一九三五年の党大会において五四〇〇〇人の奉仕団員を前にして語っていたとおり、「新たな共同体精神を育成する」ための場としてのそれである。「すべてのドイツ人がお互いに理解しあい、労働についてのブルジョワ的先入観を払拭するべく、あらゆるドイツ人に労働の学校を体験させるという理想もまた、われわれナチス主義者にとっては、民族共同体を実現するための手段にほかならない。生活というものは必然的にわれわれを多くの集団に分割し、かつまた職業を異にさせる。しかし、民族の政治的・精神的教育の任務は改めてこの分裂を克服することにある。この課題が先ず第一に労働奉仕に割り当てられたのである。労働奉仕は、労働を通して、すべてのドイツ人を統合し、一つの共同体を形成する義務を負う。[96]」

毎年四月一日と一〇月一日に全国千数百の奉仕部隊に配属される団員を待ち受けていたものは、ライヒ労働奉仕指導者を頂点とするピラミッド型の管理組織であり、綿密に定められた奉仕計画に従って営まれる営舎での半年間の共同生活であった。六時起床、六時五分から一五分まで早朝スポーツ、六時二〇分から七時一五分まで洗面・寝台整理・朝食、七時一五分集合、七時二〇分隊旗行進、七時三〇分労働へ出発、七時四五分から一〇時まで労働奉仕、……一五時から一五時一〇分まで政治的新聞の閲覧、一五時三〇分から一七時まで身体訓練、一七時一〇分から一八時まで国政に関する授業、……一九時一五分から一九時四五分まで夕食、一九時四五分から二〇時一五分まで清掃と修繕、二〇時一五分から二一時四五分まで憩いの夕べ、二二時消灯。[97] アムステルダムやゲントの懲治監を彷彿とさせる、営舎の中で行われる起床から就寝に至る一日の生活が労働を中心に分刻みのスケジュールで進行する団体生活は、文字通り、「睡眠だけが私事である」とのナチズムの世界観の具体化された姿であった。規律化された集団生活が、団員を機械装置の歯車へと育成するべく、ナチスにより念入りに仕組まれた仕掛けであったことを宮田は次のように指摘する。「こうして――とくに新来者にとっては――『自己自身』に立ち帰る時間的余裕が完全に欠落せざるをえない。このいっさいの個人的生活を意図的に抑圧することの上にＲＡＤ〔労働奉仕〕の教育原理は構築されていたといえよう。なぜなら、精神的集中による『内省』の可能性なしには、青年たちは、集団生活からくる多様な影響にたいして全面的にさらされたままであるから。……それは、青年たちを固有の個性的人格として育成するのではなく、機構全体の『部品』的機能の担い手とする『類型教育』（クリーク）を目指すものにほかならない。」(98)

（5）ドイツ労働戦線

「決して終わりのあるものではない」教育は、当然、成人を前に立ち止まることはなかった。ナチスの権力掌握以前、彼らとは異なる、それどころか、まったく対立する世界観により教育を受け、既に人格形成を終えた成人に対する教育は、青少年に劣らず緊急に取り組むべき焦眉の、おそらくは、より困難を伴う課題であった。人格の形成ではなく、人格の「改造」が目的であった。多様な出自、職業、世界観を有する何千万という人々を対象に、しかも、限られた時間の中で、如何にしてそれが可能となるのか。

ランマースは、先に紹介したとおり、ライヒドイツ官吏団、ナチス教員連盟、ナチス法曹連盟、ナチス医師連盟等々の団体の課題を「それぞれの構成員の生活態度、職務行為をナチズムの世界観の諸原則に基づいて整序し、かつ、こうした方法でもって、党が全ドイツ人に対し実施しなければならない巨大な教育活動を促進し補充すること」にあると語っていたが、彼が挙げた団体の中にあって、「労働戦線」は、他の団体の構成員を包含する横断的な巨大大衆組織としての性格上、官吏や法曹といった特定の職業集団における教育とは異なる、或る特別な、他の団体によっては不可能な、共同体建設にとって不可欠な役割を担うものであった。寄木細工然としたドイツ民族を溶解することの必要性については先に紹介したところであるが、それ自体が寄木細工にほかならない労働戦線における教育の主たる目的はまさしくこの点に置かれていた。「戦線とは、一つの意思であり、一つの決意であり、一つの目標である」(99)とのヒトラーの言葉に、彼が労働戦線に託した課題と目標が端的に表現されている。過去何十年、何百年にわたりドイツ民族の統一を阻んできたマルクス主義や自由主義、フリーメースン、ユダヤ・キリスト教の教説によって生み出され、共同体実現の障害として立ちはだかる一人一人に染みついた「階級的妄想や身分的自惚れ」を完全に破壊することが目的であった(100)。そのために、「社会的出自、階級、職業、財産、教養、知識、資本、その他、人間を互いに切り離す一切のもの」を人々の頭の中から叩き出し、それらに代わって、「人間を一つに統合するもの」、即ち、血の中に永遠の根拠をもつ「ドイツ民族たる自覚」を彼らの頭の中に「叩き込む」ことが求められた。[101] それは、強制的同質化によって口火が切られた伝統的で自律的な共同体秩序の解体を、内的意識のレベルにおいて実現し、促進しようとするものであった。

そのための実行機関としての役割を担ったものに「喜びを通じて力を（Kraft durch Freude）」がある。労働戦線の分肢組織の一つとして、いささか風変わりな名前をもつこの団体は、実際、構成員の出自等に関係なく、従来であれば決して席を共にすることなど考えられなかったさまざまな階級・階層の人々を、団が提供する娯楽、たとえば、音楽会、ダンスパーティ、ハイキング、観劇、憩いの夕べ、旅行等々に参加させることにより、人々から階級的妄想や身分的自惚れを取り去り、一人一人が同じ「ドイツ民族である」ことを相互に認識させ自覚させる役割を担ったのである。そして、そのことがそれなりの効果を発揮したことを、実科学校教員であったヒルデブラントは戦後次のように回想している。「帝政時代とワイマール時代には私自身より上か下の階級に属していた人々と、私は生涯ではじめて本当に対等の人間となったのです。私はナチス教員連盟の代表をしていましたが、労働戦線の中でこのような人々と直に知り合った私は、彼らの生活を知り、また、彼らに私の生活を知ってもらうようになりました。ナチズムはこうした分離、階級間の区別を打ち壊したのです。私たちがそれまでに経験した民主主義や、今現在経験している民主主義も行わなかったことをナチズムは実行したのです。[102]」

もっとも、こうした「平等化」は、真に自律的な人と人の連帯を生み出すものでも、そのことを目的とするものでもなかった。事態はまったく逆であった。労働戦線が娯楽という本来私的であるはずの生活領域にまで干渉し、世話を焼こうとするのも、結局は、亡命社会民主党の『ドイツ通信』がナチスの大衆組織一般について指摘しているとおり、ナチスの監視の及ばないもっとも原初的な自由意思に基づく人と人の結びつきを民族の中に生み出そうとする動きを根絶し、同じ志、同じ意見をもつすべての者を相互に遠ざけ、孤立させると同時に、ドイツ民族一人一人をもっぱら党と国家の組織に縛りつけ、その統制下に置くためでしかなかった。[103]

（6）マスメディア

社会的な紐帯を切断されアトム化された何千万という人々を、ナチスの世界観に合致した鋳型に入れて鋳直すべく、彼らの思考と情緒を統御するための格好の手段に「マスメディア」がある。それは、「情報」により、法律はむろんのこと規範もまた許容せざるをえなかった隙間に浸潤し、人々の観念の世界、感情の構造を彫琢し、根本的に作り替えることを可能とするテクノロジーとして、大衆の時代に相応しい、規律権力をはるかに超える、二〇世紀型の統治の手段であり、統治術であった。

ヒトラーは、「ラジオのある今日では、これまでの時代と比べようもないほど〈思考と情緒の統御〉は容易なことである」という。[104]むろん、ラジオに限られた話ではない。新聞や映画、出版等も同様であった。ヒトラーが、闘争時代から、マスメディアのもつ民族教育の手段としての機能の重要性に着目していたことを示す多くの言葉が残されている。たとえば、一九二三年春のミュンヘンでの演説会の発言がそうである。「ドイツの新聞の改革が必要である。根本的に反国民的である新聞がドイツの中でその存在を許されることなどありえない。国民を否定する者は国民の中に求むべき何物ももたない。われわれは、新聞が民族の教育手段となるべく要求しなければならない。[105]」

こうした認識の背景にマスメディアと人間の関係に関する彼固有の観念が控えていたことを、『我が闘争』は教えている。ヒトラーは、新聞が対象とする読者、つまりは、ドイツ国民というものを三つのグループに分類する。「第一は、読んだ内容をすべて信じる人々。第二は、まったく何も信じようとしない人々。第三は、読んだものを批判的に検討し、その後で、内容について判断する頭脳をもつ人々。」圧倒的多数を占める第一のグループは、「大衆から成り、したがって、国民の中では精神的にもっとも単純な部分を代表している。彼らは、一部は無能から、一部は無知の故に、白地に黒く印刷されたすべての内容を信じ込む。」ところが、「大衆の投票用紙が決定を下す今日の政治状況」にあっては、こうした「愚直な人々、騙されやすい人々」から成る第一のグループが、もっとも数が多いというただそれだけの理由で「決定的な価値をもっている。」しかも、「新聞のもつ影響力が一過性のものではなく、継続的に作用し、これらの人々に対してこの上もなく強烈でしかも効果的な作用を及ぼす」ことを考えれば、国民教育に果たす新聞の役割は「途方もなく巨大なものがある。」その重要性は「いくら高く評価しても評価しすぎることにはならない。」新聞がこうした比類のない力を有する以上、それがナチスの手の中にあって自由に操縦可能な道具となるならば、無形の大衆を自分たちの政治道具へと鋳造する上できわめて有効な手段となるであろうし、逆に、それが国家の統制と管理を免れた地位を保ち続けるならば、きわめて厄介な障害物となるにちがいない。それ故、「国家は、いわゆる『新聞の自由』といった法螺話に惑わされることなく、断固とした決意でもって、民族教育のこの手段を確保し、国家と国民に奉仕させなければならない。[106]」

ヒトラーは、政権掌握後、ただちに、こうした考えを実行に移す。そのための最初の措置が一九三三年三月一三日の『大統領令』による「ライヒ民族啓蒙宣伝省」の設置並びに「ライヒ民族啓蒙宣伝大臣」へのゲッベルスの任命であった。こうした省の構想が既に政権掌握前から検討されてきたことをゲッベルスの一九三二年の日記は伝えている。「指導者と将来私が就く官職の任務、権限について詳細に検討する。考えられているものは民族教育省といったものだ。映画、ラジオ、新たな教育機関、芸術、文化、宣伝を統括することになるであろう。これは革命的な官庁であり、指導権は中央にあり、とりわけ、ライヒの思想を明白な形で代表するものとなる。まったく大規模な計画であり、こういうものとしてはいまだかつて世界のどこにも例を見ない。それは、われわれの権力の精神的基礎を確固とし、国家機構だけでなく、民族全体の征服に役立つものとなろう。……宣伝を政治的芸術にまで発展させねばならない。民族から生まれる政府は民族との間に仲介者の存在を許してはならない。政府が常に民族の第一の代表者でなくてはならない。これが私に割り当てられる仕事だ。広大な領域で、今のところ、その限界は見当もつかない。これは生涯の問題だ。この解決のためには、この上もなく強い精神力と大規模な最新の技術が必要となる。[107]」

『大統領令』がゲッベルスに与えた新たな省の課題は、「ライヒ政府の政策及び祖国ドイツの国民的再建に関する民族への啓蒙と宣伝」であった。二日後の新聞人を前にした演説において、ゲッベルスは、「啓蒙と宣伝」の目的が「政府と民族全体の強制的同質化の実現」にあることを明らかにした。彼によれば、「われわれの政府がそうであるように、徹底的かつ大規模な措置を行わねばならない」場合、単なる過半数の獲得で満足し、残りの半数に対し「銃剣の力」を借りて「テロルを行使する」ことは問題とはなりえない。むしろ、「残された半数の獲得こそが差し迫って解決を要する喫緊の課題である。われわれは、今日、大衆というものによって支えられねばならない時代に生きている。現代の民族の指導者は大衆を理解しなければならず、自分が何を求めているかを大衆が理解しうる言葉で語り、明らかにする義務を負う。」民族全体の世界観的同質化のための手段が「啓蒙」であり「宣伝」であった。啓蒙が本質的に「受動的」であるのに対し、宣伝は「能動的」である。「われわれは、われわれが何を求めているかを民族にただ語りかけたり、われわれがそれをどのように実現しようとしているかを説明するだけで満足することはできない。われわれはこうした啓蒙をアクティブな宣伝によって補わねばならない。宣伝の目的は人間の獲得にある。」[108]

「人間の獲得」とは何であったのか。五月八日のホテル・カイザーホーフにおける『ドイツ演劇の課題』と題する演説は、先ず、「政治家とは芸術家である」と宣言する。彫刻家や詩人が無形の石や言葉に形を与え、一つの作品を生み出すように、政治家もまた彼なしには無形のままに終わる大衆に形を与え、一つの作品、「民族」を生み出そうとする。ゲッベルスにとって、「政治こそが最高の芸術」であった。何故なら、「彫刻家にせよ詩人にせよ、彼らは死んだ石や言葉に形を与えるにすぎない」のに対し、政治家は「大衆」という生きた素材を対象に、「彼らを民族の歴史的理念に奉仕させるべく組織化し、リズムとテンポを与え、生命を吹き込もうとする」ものであるから。[109]人間の獲得とは、無形の大衆を「ヒトラーの兵士」へと作り変えることであった。ユダヤ人に対する迫害を逃れたスターンが自伝の中で、「ゲッベルス博士はメディアの利用によって住民を駆り立て、彼らの判断を自在に形成する点に関し、真の『芸術家』であった」[110]と回想しているところからみて、ゲッベルスの言もまんざら挫折した芸術家志望の自己愛的な自惚れから出た法螺話といったものではなかったということなのであろう。

こうした課題を前にして、新聞やラジオに代表されるマスメディアの性格、役割の変化は明らかである。先の新聞人を前にした演説で、「新聞は政府に協力しなければならない。新聞は単にあれこれの事柄を報道するだけではなく、読者を教え導かねばならない。新聞は政府の手の中にあって途方もなく重要な意義をもつ大衆操作の道具とならねばならない。われわれが求めているものは政府と協力する新聞の存在である」[111]と語ったゲッベルスは、それから一〇日後、ベルリンにある三つの放送会社の幹部連を前に、マスメディアを担う者としての覚悟を求めた。「ラジオ放送の主要な課題の一つは民族の精神的動員の実現にある。それは、おそらく、民族の物理的な武装化よりはるかに重要である。かつて、われわれに欠け、われわれの敗北の原因となったものが民族の物理的な武装化を支えるべきこの精神的動員であった。私が思うに、ラジオ放送はこの課題を解決するに相応しい、もっとも現代的かつもっとも重要な大衆操作の道具である。……ラジオ放送はわれわれのために民族の百パーセントを統合しなければならない。われわれが一度その百パーセントを手にしたならば、ラジオ放送は、この百パーセントを維持し、われわれの時代の精神的内実を彼らの心の奥底に吹き込まねばならない。それによって、ラジオ放送は民族への真の奉仕者となり、目的のための手段、つまりは、ドイツ民族を統一するための手段となる。」[112]

事は単なる呼び掛けや要請といったことで済むものではな

かった。法律や命令によって裏付けられた力ずくの統御がそれに続いた。そのために、『ライヒ文化協会法』、『映画法』、『演劇法』といった法律が矢継ぎ早に公布されたが、一九三三年一〇月四日の『編集者法』の中にナチスの意図が典型的に表現されている。法律は、先ず、新聞編集者の活動を「公的任務」と宣言する。そのため、編集者に対し「ドイツ国籍を有すること」、「アーリア人であること」等の身分上の条件の他、「公共に対し精神的影響を及ぼす任務に必要とされる資質を有すること」を要求し、さらに、編集活動上の義務を次のように規定する。編集者は、「自己の取り扱う対象を真実に叙述し、自らの最善の知識に従って評価判断する任務を負」い、かつ、編集活動を「良心的に遂行」し、職業活動の外においても「編集者としての尊敬を受けるに相応しく」行動しなければならない。これがナチズムへの信仰告白と政治指導部への無条件の服従を一般的に要請するものであったとするならば、法律は、「特に新聞に掲載されてはならない」事項として、「ドイツ民族の共同体意思を弱化させる恐れのある事項」、「ドイツの名誉と尊厳を害する事項」、「他人の名誉又は福利を不法に毀損し、その者を嘲笑又は軽蔑する事項」等を例示する。これらの「公的」義務の履行は職業裁判所の存在によって裏打ちされ、義務違反者に対しては警告、秩序罰、編集者リストからの削除の措置がとられるとともに、さらに、ゲッベルスの手には、「緊急の理由から、公の福利のため必要ある場合、職業裁判所における手続きとは独立に、編集者リストからの削除を行いうる」との決定的な権限が与えられた。

法律公布の当日、ゲッベルスは、新聞界の代表者を前に、かつてライヒ憲法が保障した国家からの自由が過去のものとなったことを宣言した。それは、当の新聞のみならず、他のマスメディア、さらには、演劇や音楽、美術、文筆等すべての文化活動にかかわる者たちに向けられたものであり、彼らもまた我が身の事として受け取ったにちがいない。「精神及び言論の自由は、民族及び国家の権利や義務と衝突するところで、自らの限界というものを自覚しなければならない。新聞の絶対的自由という概念は明らかに自由主義的な概念である。……こういっては何だが、世論をコントロールする国家高権というものが存在するのだ。新しい法律は諸君を責任から解放しようとするものではない。反対に、諸君が責任を自らに担うことを求めている。自らそれを合目的であり最善であるとみなすが故に、この国家に対し心の底から全面的な責任感をもって奉仕する誠実な人間こそが求められている。」この後に続く言葉は出席者に対する恫喝であった。「もし、『われわれの上には常に禁止というダモクレスの剣がぶら下がっている』と異議を唱える者がいるならば、私はその者に対して言いたい、私の新聞がかつて繰り返し禁止された以上に、そうした処分を受けたと主張できる編集者はこの会場には存在しないであろう。[113]」

絆を断ち切られ、アトム化され、無防備となった共同体の成員を対象に、新聞やラジオ等のメディアから管理され統制された情報が雨霰の如く発信される情景が眼に浮かぶ。実際の成果はいかほどのものであったのか、彼らの思考と行動に対しいかなる影響を与え、いかなる効果を発揮したのか。当時、通信社の特派員としてドイツに滞在していたシャイラーの報告からその一端をうかがうことができる。「私は全体国家の中で検閲された新聞やラジオによって人がいかにたやすく獲得されるかを経験することができた。しばしば、ドイツ人の家庭、事務所、時には、レストラン、ビヤホール、カフェの中での外国人との何気ない会話の中で、見たところ教育もあり理知的な人間から、この上もなく風変わりな主張を聞かされたものである。彼らがラジオで聞いたり、新聞で読んだ馬鹿げた考えを鸚鵡返しに喋っていたことは明らかである。時には、そういってやりたくなったものだ。しかし、そうした場合、信じられないといった凝視や、あたかも全能の神を冒瀆したかのような、呆れて物がいえないといった風の沈黙に出会うのが関の山であった。[114]」

（7）大衆集会

シャイラーの報告は、法律でも規範でもない、情報により「大衆の観念の世界、感情の構造を作り変える」という課題がそれなりの成功を収めたことを物語っている。「信じられないといった凝視」や「物がいえないといった沈黙」は、少なくとも民族に対する世界観教育やプロパガンダが彼らの「全人格」を把握するレベルにまで達していなければ、およそ生じえない反応であったにちがいない。

しかし、ナチスがドイツ民族に求めたことは、単に世界観への「共鳴」にとどまるものではなかった。より重要なことは、ヒトラーが、一九三八年一一月一〇日、新聞編集者等を前にした秘密演説会で語っていたように、「民族全体が最終的勝利に対し狂信的な確固たる信念を抱く」ことにあった。[115]六年後の『兵士の世界観的教育について』[116]と題する命令の中でも同様の考えが繰り返されている。「〔戦いの帰趨を決するものは〕常に人間であり、戦う当の者である。もっとも純粋な意思、もっとも勇敢な信条、もっとも狂信的な覚悟を戦いの中に投ずることのできる者に最後の勝利が与えられる。」実現すべきは文字通りの意味での「狂信化」であった。民族のもつ精神的な一切の力を目覚めさせ、最終目標に動員するべく、ドイツ民族を命令一下自在に操縦可能な「狂信的な戦う民族」へと作り変えること、それこそが「子供の時に始まり、運動の老戦士となって終わる」ナチスの全体教育の最終目標であり、最後の仕上げであった。[117]「狂信的な大衆のみが操縦可能となる。」[118]――この言葉に大衆の時代に生きるヒトラーの政治哲学のすべてが集約されている。既に、『わが闘争』の中で、「この地上でもっとも巨大な革命の原動力は、大衆を鼓舞する狂信主義と、彼らを駆り立てるヒステリーの中にある」[119]との信念を披露していた彼は、政権掌握の翌年、ラウシュニングを相手に改めてヒトラー流の「大衆支配の秘密」を明かしている。「大衆は本能に従う獣のようなものだ。合理的思考といったものは彼らにとって無縁である。大衆は単純な思考形式、感情形式をもっている。私は彼らの生命法則を斟酌することによってのみ彼らを支配できるのだ。」大衆は理性的な訴えには反応しない。アパシーの状態にある時、外部からのいかなる呼び掛けにも反応しない。しかし、「私がそれ相応の感情を大衆の中に呼び覚ませば、彼らは私が与える簡単なスローガンに従うのである。熱狂し、我を忘れた状態にある時、彼らに語った事柄は、催眠状態で与えられた言葉のように、いつまでも消し難く心に残り、あらゆる理性的な説得にも負けないものとなる。」それ故に、「大衆を私の政治道具へと拵えあげるためには、彼らを熱狂させ、忘我の状態へと誘い込まねばならない。」[120]

私的な自我を消滅させ、自己統治力=理性を奪い取り、ナチズムの教説と目標を受け容れさせ、世界観の戦いに駆り立てるべく、人々の本能と感情を自在にコントロールすること、そこに狂信化の狙いがあった。新聞やラジオ、映画といったマスメディアの類は、それらが、多くの場合、言葉を中心とする、受動的・間接的な手段でしかなく、情緒よりも思考への働きかけに重心がある以上、啓蒙や宣伝の手段としてはともかく、大衆を狂信化する上で十全な手段ではなかった。ナチスが選んだ方策は、媒体を通してではなく、彼らを直接運動に参加させ、その渦の中に投げ込み、運動そのものを体感させることであり、そのもっとも効果的な舞台が「大衆集会」であった。それがもつ威力に関して、『我が闘争』はいう。「もし、人が、自分の小さな職場や、その中で自分の卑小さを感じさせられている大工場からはじめて大衆集会に足を踏み入れ、そこで、同じ心情をもつ幾千人もの人々に囲まれるならば、そして、もし、この眼に見える効果と何千人の賛同とが新たな教説の正当性を彼に確証し、今まで彼がもっていた確信が真実であったかどうかという疑念をはじめて呼び覚ますならば、その時、彼は、われわれが大衆暗示という言葉で呼ぶ、あの魔術的な影響に屈伏することになる。」[121]

これは誇張でも何でもなかった。大衆集会でヒトラーの演説が放つ「魔力」については多くの証言がある。ヒトラーの初期からの協力者の一人であったハンフシュテングルは、一九二二年の秋、ミュンヘンのビヤホールではじめて聞いたヒトラーの演説の印象を語っている。「L字型になったビヤホールは一群の小さな商店の経営者、少数の元将校、下級官吏、それに、多数の若者と残りは労働者からなる雑多な聴衆でふくれあがっていた。はじめのうち直立の姿勢をとったまま控え目な口調で語っていたヒトラーは、やがて一〇分もし、聴衆が彼の主張に反応し始めるや、左足を移動させ、寛いだ姿勢に変わり、自らの演説の内容に合わせて腕や手を振り回すジェスチャーが始まった。しばしば野次が飛ばされたが、その度に、彼はあたかもボールを受け止めるかのように軽く右手を挙げたり、腕を曲げたりしながら、一言二言言葉を返し、それだけで聴衆を味方に引き入れていったのである。私は周囲の聴衆を見やった。ほんの一時間前に私が見た雑多な人々の集まりは一体どこへいってしまったのか。ジョッキのガタガタ音も止み、人々は声もなく、ただヒトラーの一語一語を飲み込んでいた。私のすぐ傍に一人の若い女性がいたが、彼女の眼はヒトラーを凝視したままであった。あたかも恍惚の境に置かれたかのように自分自身を失った彼女は、ドイツの偉大な未来へ信仰告白するヒトラーの魔力に完全にとらえられてしまっていた。……熱狂した聴衆が手を鳴らし、テーブルを叩くその音は、あたかも巨大なドラムの表面に跳ね返る何千もの雹が打ち鳴らすデモーニッシュな音のようであった。」[122]

ハンフシュテングルの報告の中に、ヒトラーが仕掛けた大衆支配のからくりの一端が表現されている。演説は、夜間、しかも、雑多な階級・階層から成る聴衆を相手に行われなければならなかった。「同じ講演、同じ弁士、同じテーマでも、午前一〇時と午後三時、あるいは、夜間とではまったく異なった効果をもたらす」とヒトラーはいう。「人間の意思力が活発な午前や昼間では、自分と異なる意図や意思に対し人々は反発するのに反し、夜間、彼らはより強い意思の支配力に簡単に屈伏する」からである。[123] さらに、重要なことは、「民族を混ぜ合わせ、大衆としての民族にのみ語りかける」ことであった。インテリの会合や利益団体といくらかかわりあっても無駄である。「農民、労働者、官吏を混ぜれば混ぜるほど、大衆のもつ典型的な性格があらわれ、大衆が大きくなればなるほど、それはますます操縦しやすいものとなる。」[124]

演説の効果が、こうした周到な計算と、何よりもヒトラーの天賦の才に負うところが大であったにせよ、ナチスはこれらに加えて劇的な仕掛けを施すことにより、その効果をさらに高めようとした。ミュンヘン一揆の際にビュルガーブロイケラーでヒトラーの演説のもつ魔術的効果を身をもって体験したミューラー教授は、彼らの使用するテクニックがいかなるものであったかを伝えている。「独自の戦いの歌、独自の旗、独自のシンボル、独自の挨拶。兵隊のような会場整理係。白地に黒のハーケンクロイツを染め抜いた、燃えるように赤い旗の林立。何時間も間断なく続く威嚇的な行進曲。下級指導者の短い演説の連続。一体何時彼は登場するのか。何か思いがけないことが起こったのか。会場に広がった興奮は誰にも言い表すことはできない。突然、背後の入口に動きがあらわれた。命令の声。演壇の弁士が演説を中断。全員がハイルの叫びとともに立ち上がった。聴衆が大声を挙げ、旗が揺れる。待ち焦がれていた人物が随員を従え、足早に右手を挙げたまま演壇へ駆け上った。」[125]

政権掌握後、ドイツ民族の生活全体が巨大な「大衆集会」へと変貌する。政権掌握のその日、ベルリンの寒夜の闇の中に鮮やかな光の航跡を浮かび上がらせた松明行列は、それ以降、全ドイツを舞台として繰り広げられるナチス流の大衆指導の序幕でしかなかった。光と音の行列を前に、虚仮威しのスペクタクルが発する怪しげな魅力に搦めとられたマシュマンは、その夜の様子を次のように伝えている。「両親に連れられナチス党員たちの松明行列に出会ったあの夜以来、私の心の中には今も何か不気味な感情が焼きついて残っています。ハンマーを打ち下ろすような歩調、赤と黒の旗の陰鬱な荘重さ、人々の顔にちらちらと反射する松明の灯、そして、刺激的でセンチメンタルなメロディーをもった歌。行列は何時間も続きました。その中には、私たちとさほど年齢の違わない少年少女のグループも次々に登場しました。私は熱い思いに駆られたのです。この流れに身を投じ、身を沈め、身を委ねよう、と。」[126]

一人の少女の興奮をいかにしてドイツ民族全体に共有させるか。とりわけ問題は興奮や感動の持続であった。ナチスが「宣伝の連続砲火」[127]と評されるさまざまなイヴェントによりドイツ民族全体を四六時中至る所で「度の過ぎた空騒ぎ」に駆り立てたのも、結局は、社会民主党の亡命執行部の報告にあるように、誰からも「じっくりと仕事に取り組む可能性」を奪い取り、可能な限り彼らが「正気に返ることを阻止する」ための計算づくの術策であった。[128]そのための祝祭や行事に事欠くことはなかった。政権掌握記念日、党綱領宣言記念日、英雄記念日、ヒトラー誕生日、国民労働の日、母の日、夏至祭、党大会、収穫感謝祭、運動犠牲者記念日等の祝祭、そして、ポツダムの日、ヒトラーの元首就任、国防義務の復活、アンシュルス等第三ライヒの画期をなす出来事の祝賀、さらには、日常的に地域や団体ごとに催されるさまざまな行事、たとえば、村の夕べ、郷土の祭り、記念碑の序幕式、歓喜力行団のピクニック、ヒトラーユーゲントのキャンプ等々、ありとあらゆる機会が、社会的絆を断ち切られ、アトム化された人々を、老若男女を問わず、絶えまなく運動の渦の中に巻き込み、運動が生み出す興奮と感動を直接体感させる舞台として利用されたのである。

大衆集会の極め付きが毎年九月にニュルンベルクで開催される党大会であった。町中のすべての鐘が打ち鳴らされ、無数の人々が小旗を打ち振り、歓呼の声を挙げる中、ヒトラー一行の到着で始まる八日間にわたる大会は、あたかも「万華鏡」を見るような、人々の心を奪う華麗な色彩に満ち溢れた出来事の連続であった。[129]一九三四年の党大会をつぶさに見物したシャイラーは、『ベルリン日記』の中で、こうした仕掛けの中から「ヒトラーが〔ドイツ民族の内に隠されていた情念を解き放つ上で〕驚くべき成功を収めた理由のいくつか」がはじめて理解されるであろうと指摘する。「ニュルンベルクの郊外にあるルイトポルト・ホールで行われた今朝の開会式は華麗なショー以上のものであった。ホールは華やかに彩色された旗の海であった。ヒトラーの到着さえ劇的に仕組まれていた。楽隊がぴたりと演奏を止め、ホールをぎっしり埋め尽くした三万の参会者が静まり返る。すると、楽隊がバーデンヴァイラー行進曲の演奏を始める。ヒトラーが観客席の後ろに姿をあらわし、ゲーリング、ゲッベルス、ヘス、ヒムラー、その他の側近を従えて、三万の手が高々と挙げられる中を、中央の長い通路をゆっくりと降りてゆく。それから、物凄い大編成の交響楽団がベートーヴェンのエグモント序曲を演奏する。強力なクリーグ照明燈がステージを照らし、そこにはヒトラーが百人もの党幹部や陸海軍将校に囲まれて座っている。その背後には、あの失敗に終わった一揆の際、ミュンヘンの街路を掲げて運ばれた『血染めの旗』、さらに、その後ろには四、五百本の突撃隊の軍旗が並んでいる。音楽が終わると、ヒトラーのもっとも信頼厚い腹心、ルドルフ・ヘスが立ち上がって、ナチス『殉教者』――権力闘争の中で殺された褐色シャツたち――の名前をゆっくりと読み上げ始めた。死者の点呼だ。三万の参会者には深い感動の様子が見られた。[130]」

光と音と色彩の乱舞が巻き起こす党大会の興奮と感動は、フランス大使ポンセのような部外者にも大きな印象を残さずにはおかなかった。「この古い都市をすっかり包み込んだ熱狂は驚くべきものであり、筆舌に尽くしがたいほどである。数十万の男女をとらえたこの独特の陶酔、ロマンチックな興奮、ほとんど神秘的といっていい忘我の境、一種の神がかり的な妄想状態。八日の間、ニュルンベルクはただ歓喜のみが支配する都市、魔法をかけられた都市、ほとんど夢見るような都市となる。[131]」これはまさに大衆集会の目的と本質の正確な要約であった。これこそが大衆集会というものによってナチスが実現しようとした当のものであった。そして、こうした大衆集会の中からナチスが理想とする未来の戦士が生み出されていった。或る者にとって、ヒトラーとの出会いは「一つの啓示」であった。「ヒトラーがわれわれに進めと命ずるならば、いかなる所へであれ、盲滅法に突き進んでいったでしょう。[132]」別の或る者にとって、ヒトラーの声は「神の呼び掛け」にも似たものであった。「私がこの声を耳にする時、何時も同じことを体験したのです。一九三三年以前の政治闘争の時もそうでした。ジーメンス工場やはじめての冬季救済事業での演説、ザール地方の解放とドイツに復帰した際の演説を聞いた時もそうでした。今回開かれた労働の党大会〔一九三七年〕の演説でも再びそのことを体験しました。何時も私はこの声によって自分自身が直接呼び掛けられていることを実感します。この私に、無名の人間であり、六六〇〇万の中のこの一人に向かって、この声は、私が変わること、私が生まれ変わること、私がドイツ人になることが重要なのだと語りかけてくるのです。この声を聞く度に、私はそれに向かってこう言いたくなるのです。私はここに居ます、私を奪い取ってください、私の力、私の能力、私の意欲、こうした一切をあなたの偉大な目的のために捧げます。[133]」

4　行進する縦隊としての民族共同体

一　ドイツ民族の種に合致した行進

大衆集会には、それがいかなる規模のものであれ、林立する旗と耳を聾せんばかりの音楽、演説、それに何よりも隊伍を整えた「行進」がつきものであった。ナチスが当初から、行進がドイツ民族の心情に及ぼす影響を十分に承知し、それを徹底的に利用したことは、当時突撃隊最高指導者であったザロモンの『突撃隊と公衆（宣伝）』と題する一九二六年一一月三日付の命令の一節によくあらわれている。「突撃隊が公衆の面前で繰り広げる一団となった行進は、同時に、もっとも強力な宣伝の一つの形式となる。心身ともに均整がとれ、よく訓練され、あくなき戦意が表にあらわれた男たちの集団が行進する光景は、ドイツ人すべてに対し強い印象を植えつけ、書物や言葉、論理よりもはるかに強い説得力を有し、人々の心を奪い取るメッセージとなって彼らの心の中に送り込まれるのである。[134]」

ザロモンの認識に間違いはなかった。一月三〇日の松明行列の夜、「その流れに身を投じ身を委ねよう」との衝動に駆られたマシュマンだけではない。後に、ナチスへの抵抗の故に大逆罪に問われることになるショル兄妹もまた、姉インゲの証言するところによると、彼女と何ら違いはなかった。「腕を組み隊伍を整えて行進する青少年の姿、その翻る旗や前方を直視する眼差、太鼓の響きと歌声、それらが私たちをいいようもない力で引きつけ引きさらったのです。これこそは何か圧倒的なものではなかったでしょうか。この共同体こそは。それ故、私たち皆、ハンスもゾフィーもその他皆がヒトラーユーゲントに加入したことは何の不思議もなかったのです。」[135]行進は、外部だけではなく、内部に対するメッセージでもあった。ウザーデルは、「見渡す限りの灰緑色の部隊の一兵士として行進した者は、この行進のもつリズムによって、自分が偉大な共同体の一分肢となったのだとの感覚に否応なく襲われた」という。「われわれはもはやわれわれ自身ではなかった。むしろ、部隊そのものであった。」[136]たしかに、行進は、その内にある者も、外にある者も、彼らすべてを熱狂の渦に巻き込み、思考と理性を麻痺させ、自分というものを抹殺する一種の魔術的儀式として機能したのであり、おそらくは、ナチスにとって、民族教育のもっとも有効な手段、その最後の仕上げであった。

しかし、行進には、そうした機能と並んで、共同体にとって重要なもう一つの意義があった。ウザーデルが、「われわれが共同体というものを頭に思い描く時、いつもわれわれの耳の中には行進する縦隊の足音が響いてくる」[137]と語っていたように、あるいは、インゲ・ショルが行進の中に「共同体」を見たように、隊列を組んだ行進は、とりわけそれが発する視覚的イメージの故に、彼らの頭の中で「民族共同体」そのものとぴったりと重なり合うものであった。実際、ヒトラーが、一九三六年の党大会において、党の政治幹部を前に、「〔一つの感覚、一つの心臓、一つの頭脳を持った一四万の人間が〕今日ここで私の旗を掲げ隊伍を組んで行進したのと同様、ドイツ民族も諸君の旗の下に、諸君の旗の背後に、一団となって隊列を整えて行進するのだ」と語っていたとおり[138]、行進のもつイメージ以上に民族共同体というものをわかりやすく説明する比喩は他になかった。何千、何万あるいは何十万もの、それぞれに出自も職業も年齢も異なる人間が同じ制服に身を包み、指導者の命令一下、一糸乱れず、同じ決意、同じ意識をもち、同じ目標へ向けて休むことなく同一の歩調をとって行進する姿は、ナチスがその実現を目指した運命共同体そのものであった。さらに、それだけではない。フライスラーが、「われわれドイツ人は縦隊をつくって行進する。兵士としてわれわれは前方を凝視する。そこに、われわれは一人の人間、われわれの指導者を見いだす。彼が命ずるところへわれわれは行進する。それがわれわれドイツ人の種(Art)に適ったことなのだ」[139]と語るとき、行進は、ドイツ民族の種に即し、種に根拠づけられた、ドイツ民族に固有の

「生存の意味であり目的」(140)であった。

二　民族同胞の法的地位

共同体の成員の誰もが、労働者や兵士、技術者、指導者、母……、要は、服従する主体として、機械装置により徴用され―用立てられる計算可能であり代替可能な標準化・規格化された一個の歯車と化す、そうした行進する縦隊の中で、彼らの法的地位もまた従前のそれから根本的な変化を被ることとなる。かつての個人主義の時代、社会構成の出発点には、「自己自身に立脚する独立の個人人格」が位置していた。そこでは、個人の現存在の一部のみが公的な社会生活に関与するだけであり、それ以外は、第三者に対し危害を加えるものでない限り、自己に固有の生活を営み、自己に固有の幸福を追求することが許されていた。いわゆる、「国家からの自由」である。市民社会は、こうした自由な領域を、一部は憲法による基本的人権の宣言により、また、一部は個人生活への干渉を国民代表機関が制定する法律に基づいてのみ可能とすることによって保障しようとする。その限り、個人人格は、公権の所有者として、国家から独立し、国家に対立する現存在としてとらえられたのである。

それに対して、ナチズムの共同体思想は、共同体に根ざし、共同体の中に現存在のすべてが組み込まれた「共同体人格」から出発する。独立の個人人格が存在する余地はなかった。自己の生を共同体のそれと重ね合わせる民族同胞が存在するだけであり、彼らの生の一切は、共同体の最終目標に定位され、共同体の運命と不可分に結ばれ、共同体への奉仕と忠誠によって貫かれなければならなかった。共同体から自由な領域といったものもなければ、それを保障すべき不可侵の基本的人権といったものもない(141)。それが、「現存在の幅と深みの全体を支配」せんとするナチズムの世界観の表現であり、帰結であった。

当然に、権利と義務の在り様も変化する。チューリンゲン上級行政裁判所の一九三六年三月四日の判決が参考となる。医療器具の清浄と殺菌を怠り民族同胞の健康を危殆させたとして歯科医師に下された警察による営業停止命令の是非をめぐって争われた事案に関し、裁判所は、警察の介入はただ事態の改善要求に限られ、営業活動そのものの禁止は認められえないとする従来の学説・判例の見解を退け、今日もはや「営業の自由」といった不可侵の基本権の存在する余地はありえないと結論する。「営業の自由は、諸々の義務と結びついた経営者の共同体内での法的身分をあらわすものでしかない。このような法的身分は、ドイツ経済生活の全体秩序への適合という経営者に課せられた義務に即して制限され統制されている。民族同胞の誰もが、自らの行動に際して、民族及びライヒに対し何らの危害も加えることのないよう配慮しなければならない。共同の福利を斟酌すべきこの義務は、今日、個々の民族同胞の有するあらゆる権能に内在するものである。[142]」権利はかつてそれが有していた意味と機能を喪失する。それは、個人が国家に対し有する「主観的意思の力」といったものでも、義務と対立し区別されるものでもない。法律上歯科医師に認められる営業の自由の権利は、民族同胞の健康を維持し、そのことにより民族共同体の財貨を発展させるという、共同体の医師であることから当然に生ずる義務を履行するため、そして、その限りにおいて、共同体から委託された権利、判決の言葉でいうならば、「権能」でしかない。そうである以上、歯科医師が共同体から与えられた任務を果たそうとしない限り、営業停止命令は当然のことであった。

同様のことは私権についても妥当する。フランクフルト区裁判所が、離婚配偶者の交流権の存在確認の訴えを、大酒飲みで子供に暴力を振るうことを根拠に却下した際、判決理由に、「青少年はナチス国家のものである。それに対し、両親は単なる受託者にすぎない。彼らは、先ず、権利ではなく、義務を負っている。彼らは、青少年が世界観に関しナチズムの精神の中で育成されるというだけでなく、むしろ、とりわけ性格的かつ精神的に健全な人間となるよう配慮しなければならない。両親あるいは一方の親が、国家及び民族共同体から課せられたこの義務に反して行動するならば、彼らはただちに彼らに与えられた権能を失うことになるであろう」ことを挙げていたように[143]、交流権や監護権もまた民族の細胞としての家族を扶養するために共同体から委託された「権能」でしかなく、それらの権利の剥奪も、先の営業の自由の場合と同様に、道徳上の義務を持ち出すまでもない、自明の結果であった。

結局、公権であれ、私権であれ、共同体が真に権利の所有者であったということだ。個々の民族同胞はその「受託者」、「管理者」にすぎず[144]、それ故、権能の実体は、「それ自体既に共同体に対する義務」であった[145]。

権利さえもが義務へと変質する中で、本来の義務もまた当然に大きな変化を蒙る。何よりも先ず、個人は、共同体の中で、かつてそうであったような意味で、あれこれの義務を負うといったものではなくなった。むしろ、民族同胞であることそれ自体が既に「一つの課題であり、義務であった[146]」。ヒトラーが「自分自身のためだけに過ごせる時間というものは誰にも存在しない」と語っていたように、「子供の時に始まって運動の老戦士となって終わる」まで、一人一人の生涯は常にそして至る所で民族への奉仕と忠誠でもって貫かれなければならなかった[147]。ヒトラーユーゲント奉仕、労働奉仕、国防奉仕がそうであり、さらに、それだけではなく、たとえば、

『官吏団再建法』が、官吏に対し「無条件かつ常に国民的国家のために尽力することの保障」を要求し、あるいは、『編集者法』が、編集者に対し「公共に対し精神的影響を及ぼす任務に必要とされる資質を有すること」を要求し、あるいは、ドイツ国鉄が、職員に対し「常に無条件に国民国家のために働く用意のある保障」を要求したように[148]、いついかなる場合であれ、それぞれに与えられた持ち場で、「民族へ奉仕し、民族へ奉仕すべく準備を整えること」が民族同胞の義務であった[149]。やがて、『ライヒ公民法』が、民族への忠誠と奉仕が、身分や職業とかかわりなく、民族同胞すべてにとっての普遍的義務となったことを宣告することになるであろう。「ライヒ公民は、自らの行動を通し、ドイツ民族及びライヒに忠誠をもって奉仕する意思と能力を有することを証明しなければならない。」民族共同体とは、フォルストフの言にあるように、民族同胞の誰もが最終目標実現のために「全体的義務」を引き受け、あらゆることにおいて民族の運命に対し責任をもつ「全体的責任」の共同体であった[150]。全体的責任は当然のごとく「全体的犠牲」を要求する[151]。「共同体のために捧げられる犠牲は、それがいかなるものであれ、大きすぎるということは決してない[152]。」これはヒトラーの言葉である。あるいは、フライスラー。「民族全体が生きることさえできれば、汝が生きることなど必要ではない[153]。」いかにも、未来の民族裁判所長官に相応しい物言いというべきか。当時喧伝された、「公益は私益に優先する」、「民族がすべてであり個人は無である」といった定言命令は、「単なる言葉、スローガン以上のもの」であった[154]。一九三九年九月一日の宣戦布告とそれに続く国会でのヒトラーの演説を聞いた誰もが、「口先だけの信仰告白では事が済まない[155]」ことを改めて思い知ったにちがいない。「私が今ドイツ民族に対し全体的犠牲を要求するのは、私にそうするだけの権利があるからである。私が常に私の生命を民族とドイツのために喜んで捧げてきたように、私はドイツ民族全体に対しても同様のことを要求する。われわれが生きるかどうかはまったくどうでもよい。必要なことは、われわれの民族、ドイツが生き残るということである。与えられたすべての持ち場で諸君が自らの義務を果たすことを期待する[156]。」

もっとも、単に義務の内容が拡大され、強化されたというだけではない。より重要なことは、権利と同様に、義務もまたその起源と性格において従来のそれから大きく異なるものとなったことにある。かつての個人主義の時代、個人が国家に対して負う義務は、いかなるものであれ、その存在と内容が予め国民代表機関が定める法律により規定されていなければならなかった。法律の定めがない限り、国家はいかなる義務も個人に課すことはできなかった。それが「国家からの自由」の当然の帰結であった。さらに、同時に、多様な世界観の競合の下にあって、義務の履行は外部からの強制によって裏打ちされなければならず、義務とは、つまるところ、命令し禁止する強制権力に対する服従以外の何物でもなかった。

しかし、今や事情は一変する。一つには、民族同胞は自己の義務を常に国家の法律から受け取るものではなくなった。党が「現存在の幅と深みの全体」を支配する共同体の中にあって、一切の義務は「共同体の分肢である」という事実そのものから、立法者による決定に先立って、法律の有無にかかわりなく、すべての民族同胞にとって、生まれながらに生じ、課せられる「自然義務」であった。隙間だらけの義務に代わる切れ目のない義務の登場である。むろん、『ライヒ公民法』がそうであるように、必要に応じて法律が民族同胞の義務を明記し宣言することがないわけではない。しかし、たとえ立法的措置がとられようと、それは、義務の創設ではなく、単なる確認でしかなかった。

したがって、義務の一切は、すべてのドイツ人にとって、彼らがドイツ人「である」限り、外側から強制されるまでもない、内面からの「自明の義務」、「当然の義務」であった。「存在」と「義務」の一致と言い換えてもよい。それというのも、ティエラックが「忠誠はもっとも重要なドイツ的遺産(Erbgut)」であるというように[157]、共同体における義務は、種に即し、種に根拠づけられた、その意味で、民族同胞一人一人の遺伝素質の中に刻み込まれた法則＝掟といったものであったからである[158]。共同体における義務がこのように理解されるならば、冬季救済事業への奉仕に関し、ヒトラーが、一方で、「援助を行うことはあらゆるドイツ人一人一人の義務である」[159]としながら、他方で、「この義務の履行を国家が諸君に対し強制すべきものではなく、むしろ、諸君が民族共同体に対する諸君の感情に自ら生き生きとした表現を与えるべきなのだ。自発的な犠牲が捧げられなければならない」[160]と語ったことにも納得がいく。奇妙に聞こえるかもしれないが、民族と個人が不可分に結ばれ、各々の義務が種に根拠づけられる民族共同体にあっては、自発性と義務は決して対立しあうものではなかった。三大奉仕義務がいずれも「ドイツ民族に対する名誉奉仕である」と規定されたのも、あるいは、戦時における生活必需品の横流し等に対し死刑を含む厳罰を定めた『戦時経済令』が、前文において、「各自、自己のもつ力と資材の一切を民族とライヒの用に供し、規律ある経済生活の継続を保障することは、祖国にある民族同胞すべてにとって自明の義務である」と定め、あるいは、外国放送の聴取を禁止した『ラジオ放送令』が、「すべてのドイツ人が責任意識に基づき外国放送の聴取を行わないことを当然の義務とすることを期待する」としていたことも同様の趣旨に基づく。

義務の履行とは、血の共有の故に民族共同体の運命に自己の運命を重ね合わせた民族同胞にとって、法令によって課せられ、外的権力によって担保され、強制されるような、形式的服従といったものではさらさらなく、ドイツ民族同胞である以上、当然の義務、自明の義務として、自己の血に由来する自ずからなる共同体への「信仰告白」、つまりは、「忠誠」の表現であり、確認以外の何物でもなかった。

5　民族の敵に対する対内戦争

行進する縦隊の一員でありえない、あるいは、一員であることを欲しない「はみ出し者」の運命はどうであったのか。彼らに対して共同体はいかなる対応をとったのか。政権掌握の一〇年前の或る演説会で、ヒトラーが、「民族共同体のために活動する用意のある者だけが共同体の中で生きる権利を有している。そのことを人は学ばねばならない（時代がくる）であろう(161)」と語っていたように、行進する縦隊の一員として共同体に忠誠を尽くし自己の現存在のすべてを共同体の運命と重ね合わせる「意思」と「能力」をもつ者だけが共同体の中で占めるべき場を与えられ、共同体にとって価値ある者として、民族の分肢たる「名誉」と「法の保護」を享受することを許され(162)、逆に、共同体を裏切り、共同体に敵対し、共同体に害を加えようとするすべての者は、「共同体秩序に自らを接合させる意思、能力をもたない者(163)」として、民族同胞たる身分と法の保護を喪失する羽目となった(164)。フーバーは、「この喪失は新たな秩序の一般的現象である」という。「農民は保有地を没収され、経営指導者はその地位を剝奪され、労働者は職場を失い、編集者は職業名簿から抹消され、ライヒ文化協会会員は除名され……」、最後にはライヒ公民たる身分そのものが奪い取られる。フーバーにいわせれば、これは「不可侵の権利に対する外部や上からの介入」といったことでは何らなく、「共同体と不可分の法的身分にはじめから包含されていた結合から本質必然的に生ずる帰結」であった(165)。元々、ドイツ民族全体を世界観的に統合し、最終目標実現のために全体的責任と全体的犠牲を要求する運命共同体が、「民族に対する裏切りや、民族からの逃走を許容しえなかった(166)」ところで、何の不思議もない。

ドイツ民族全体を共同体に統合するため、銃剣ではなく訓育がもっとも重要な手段とされたことはそのとおりである。しかし、訓育があくまでもそのための一つの手段でしかなかったこともまたたしかであった。何千万という人間を一人残らず完全なドイツ的人間、ヒトラーの政治道具へと作り変えることの不可能性は説明するまでもない。ヒトラーもまた、当初から、もっとも優れた血を分有するはずのドイツ民族の中にも訓育によっては改善不可能な「最悪の人間の屑」が常に存在することを承認せざるをえないとし、その上で、「対外的な自由獲得」に先立って「対内的な粛清」が遂行されねばならないとの方針を明らかにしていた。それは、「ドイツ人であり、ドイツ人であることを誇りとする者と、ドイツ人であることを欲せず、あるいは、はじめからドイツ人である資格をもたない者との間に行われる最終戦争」であった[167]。

ドイツ民族一人一人に残された選択肢は限られたものでしかなかった。「共同体の分肢」として自らの現存在の全体を共同体のために捧げるか、あるいは、「共同体の屑」として自らの現存在のすべてを失うか。もはや、共同体の運命から切り離された、それと無縁な「安全地帯」はどこにもなかった[168]。一九三三年三月二一日の国会開会演説において、「一方で、良き意思をもつすべてのドイツ人を統合し、他方で、ドイツ民族に害を加えようとするすべての者を無害化するこ と[169]」を新政府の方針として掲げたヒトラーは、三日後の『授権法』の提案演説の中で、「無害化」が具体的に何を意味するかを誰にも分かる言葉で明らかにしてみせた。「国民政府は、国家と国民の生存を否定しようとするすべての分肢を抹殺することを自らの義務であるとみなす。……民族に対する裏切は、将来、呵責なき野蛮さでもって焼き払われなければならない[170]。」

共同体の屑に対する戦いの武器の一つが「刑法」であった。フライスラーは、「ナチス刑法は闘争法とならねばならない」と主張する。「刑法は、民族全体の生存及び目的を不遜にも妨げようと企図する者に対抗するための、刃こぼれのない鋭利な武器とならねばならない。必要なことは、民族の敵、つまりは、民族全体の中で自らに与えられた役割を免れようとする反社会的、反国家的、社会及び国家に敵対的な輩の犯罪意思を征服し、調教し、抹殺することである。あれこれの措置が厳し過ぎはしないかと恐れることはない。むしろ、絶えず自問すべきは、民族の統一が有効に保障され実現されうるか否かということである[171]。」

保護されるべきは「民族の統一」であった。むろん、それは、かつてそうであったような自律した個人の結合体としての社会秩序なんぞでなかったことは当然のこと、共同体の単なる外的秩序といったものでもない。一九三六年の『刑法典改正草案』が、前文において、刑法の目的として、「不法に対する贖罪」、「民族の保護」と並んで「共同体的意思の確立」を掲げていたように[172]、民族を裏切り、民族に敵対し、民族に有害な一切の犯罪分肢を断罪し共同体から排除する過程で、民族の「精神的世界観的団結」を形成し維持することが闘争法であるナチス刑法にとっての最重要課題であった[173]。

一八七一年の『刑法典』がこうした課題に応えうるもので

なかったことは、それが、罪刑法定主義の原則を定めた第二条に端的に象徴されるように、「禁止されていないことは許されている」との原則の下、国家権力の専横からの国民の保護に狙いを定め、国家から自由な安全地帯の最大限の確保のため、警察や司法権力の抑制を基本理念とするものであった限り、当然のこと、自明のことであった。もっとも、隙間だらけの法律-権力から生-権力への一気の移行はむろんのこと、当面、ナチズムの世界観に見合った新刑法典の制定が困難な状況の下、個別の立法と法解釈・法理論により、闘争法たるに相応しく、如何にして法律-権力を切れ目のない権力へと近づけるかが喫緊の課題となった。以下に紹介する、犯罪観の変化、犯罪者観の変化、刑罰観の変化、特別裁判所及び民族裁判所の設置、保安・矯正処分の導入は、いずれも、そうした課題への差し当たりの回答であった。

6　共同体と犯罪

一　罰せられるべきは忠誠義務違反である

刑法の目的の変化が犯罪観の変化と密接にかかわりあうものであったことはいうまでもない。誰もが民族への忠誠義務を負う共同体にあって、犯罪は、『刑法典』がそうであったような、単に、個人の自由や生命、財産、公共の安寧秩序、国家の機密等の財貨、即ち、「法益」に対する侵害といったものではなくなった。シャフシュタインは、「われわれの時代の精神革命により法益論はその土台を失った」[174]とし、「啓蒙のイデオロギーの毒」[175]である法益概念に代わり、「忠誠義務」を「民族同胞の共同体分肢としての地位」、とりわけ「共同体思想に定位された刑法の構成の中心に位置づけるべきであると主張する。「共同体思想に定位された刑法は、法益侵害刑法ではなく、義務刑法ではなかろうか。法益侵害ではなく、むしろ、非難されるべき心情、あるいは、義務の侵害が犯罪であるとみなされるべきではなかろうか。」[176]

もっとも、クレーが指摘するとおり、「義務違反は保護されるべき法益の侵害もしくは危殆抜きに考えられえない」[177]ものであり、典型的な忠誠義務違反犯罪とされる「背反罪」にあっても、「民族共同体の安全」という法益がなければ、犯罪自体がありえないこと、いうまでもない。しかし、たとえそうであるにせよ、ドイツ民族の誰もが世界観の兵士であることを義務とする民族共同体の登場が、犯罪の本質規定にあたり、義務違反のモメントの評価を不可避とし、そのウエイトを大きくしたことは疑いない。一九三六年の『刑法典改正草案』、とりわけ、それに付された理由書の冒頭の言葉からは、改正作業のみならず、この時期展開された一連の刑事立法の精神を読み取ることができる。「ドイツ民族が、ナチズムにとって、あらゆる国家的措置の内容であり意味である。ナチズムはこの生ける民族の運命共同体の保護を従来の個人人格の保護に取って代わらせた。……犯罪者は共同体に対する自らの義務を侵害した者である。もっとも重大な犯罪行為にあっては、義務の侵害は明白な忠誠違反にまで高められる。民族に対する忠誠を破った者は、民族との絆を断ち切り、自らの名誉を失い、裏切者となる。刑法の課題は、構成分肢の義務の侵害及び忠誠違反から共同体を保護することにある。(178)」

『刑法典』の中に、その罪名からみて、忠誠違反を前提とすると解される犯罪がなかったわけではない。大逆罪(Hochverrat)と背反罪(Landesverrat)がそうである。しかし、一八七一年の立法者が、これらの犯罪を、謀殺罪や窃盗罪等と同様に、もっぱら法益侵害の観点からとらえたことは、第八〇条(大逆罪)、第八一条(大逆罪)、第九二条(国家機密漏洩罪)において、忠誠違反の有無を問題としうるドイツ人行為者と外国人行為者の間で、刑罰威嚇に関し何らの区別も設けていなかった点からも明らかである。

これに対し、一九三三年二月二八日の『ドイツ民族への裏切及び大逆罪の策動に関するライヒ大統領令』において、背反罪及び軍機密漏洩罪を少なくとも表題上、「ドイツ民族への裏切」と表現したライヒ政府は、翌年四月二四日の『改正刑法』において、背反罪に関し全面的な改正を実施する中で、重要な一歩を進めるに至った。法律が、一九三三年二月四日の『ドイツ民族保護のための大統領令』以降、背反罪を中心に繰り返された刑罰の強化や構成要件の追加による法源相互の不整合性、不明確性及び法実務の不都合性の解消を目的として掲げながら、その実、従来の犯罪観を前提とするものでも、単なる構成要件の形式的整備にとどまるものでもなかったことは、法律改正の責任者であるギュルトナーが、「この法律の重要性は、構成要件の整備にではなく、むしろ、民族と国家に関する新たな根本観念から必然的に求められた裏切の評価にある」と指摘していたとおりである。(179)なるほど、第八九条第一項は、「国家機密の漏洩を企図する者は死刑に処す」と規定するだけであり、法文上、背反罪の本質が忠誠違反にあると明記されているわけではない。しかし、第二項が、「行為者が外国人である場合、終身の重懲役を科すことができる」とし、刑罰の軽減措置を許容した点を挙げ、ギュルトナーは、「〔ライヒ政府は〕刑罰威嚇〔の相異〕により〔背反罪の本質を忠誠違反であるとする〕見解に対し明白かつ確固たる表現を与えたのだ」と結論する。(180)この他、国家機密の漏洩や探知の企図が「ライヒの福利に何ら危険を惹起する恐れのなかった」、いわゆる「不能未遂」のケースを、強制的減刑を条件としながらも、新たに可罰行為とした第八九条第三項、第九〇条第二項も同様である。法益侵害の恐れのない行為を処罰する根拠は忠誠違反をおいて他にはなかったのだから。

義務違反の中に犯罪の規定的本質を見るべきは背反罪だけではない。一人一人の現存在が共同体の運命と不可分に結ばれる共同体にあっては、「ドイツ民族の政治的統一、自由、力を害する」一切の犯罪は、程度の差こそあれ、「民族への裏切」としての性格をもつことに変わりはなかった。ライヒ政府は、政権掌握直後の『ドイツ民族経済への裏切に対する法律』において、国外資産、外国為替の税務当局等への「告知義務違反」を、「ドイツライヒ国籍所有者」による「故意」の違反に限ってではあるが、表題にあるとおり、ドイツ民族経済への「裏切」と規定し、その他の行為者による同様の違反に比べ重い刑罰を科すべき旨を定めた。元々政治的性質をもたない告知義務違反がそうであった以上、明確に政治的動機から行われる敵対的な犯罪、とりわけ、『民族及び国家の保護のための大統領令』や『法的平和の保障のための法律』、『政党新設禁止法』等の一連の刑事立法により新たに可罰行為とされ、あるいは、刑罰強化された犯罪、たとえば、大逆罪、放火罪、爆破罪、溢水罪、ライヒ大統領・ライヒ政府閣僚・全権委員の暗殺の企図・勧誘・談合、国民高揚政府に対する陰謀的攻撃、政党の維持・新設等の行為に関しても、これらを背反罪と区別して論ずべき理由はどこにもなかった。

忠誠義務を梃子とする犯罪観の転換、それに基づく可罰行為の拡大、刑罰威嚇の強化は、戦時刑法の中で一層の展開を遂げる。銃後の統一と団結を不可欠とする全体戦争が、共同体にとって許しがたい裏切行為の範囲を拡大し、厳格な刑罰威嚇を不可避とするに至ったこと、当然である。一九三九年九月一日、ヒトラーは開戦を報告する国会演説の中で、ドイツ民族に対し改めて共同体への忠誠と裏切に対する厳罰を宣告した。「われわれがすべての民族同胞に対し要求することは、己が生命を民族とドイツのために捧げる覚悟である。間接たると直接たるを問わず、この民族の掟に背きうると信ずる者はその生命を断たれるべし。われわれは、裏切者と行動を共にすることを欲するものではない。(181)」

その一年余り前、既に、『戦時特別刑法令』は、「国防軍の背後にある民族全体の団結した意思が戦争の帰趨を決する」最大要因であるとの認識を基にして、「民族の国防意思の保護」を目的に(182)「国防力破壊罪」を新設し、「上官に対する不服従、反抗、暴行又は逃亡、不法離脱の誘惑の企図」等の国防義務に直接かかわる行為の他、「ドイツ国の武力による自己主張貫徹意思の公然たる麻痺又は破壊の企て」に対して死刑を定めた。もっとも、法文上これらの行為が「裏切行為」であると明記されていたわけではない。しかし、厳格な刑罰威嚇の根拠が裏切者に対する断罪にあることは、立法目的からも容易に推測されうるところであり、管轄権を有する民族裁判所の見解もまた同様であった。一九四三年の夏、市内電車の中で出会った同僚に、「イタリアにおいて起こったと同じ状況がドイツでも生まれるにちがいない。指導者は引退せざるをえなくなるであろう。……われわれが生きながら焼かれたくないならば、あらゆる犠牲を払ってでも講和を結ばざるをえない」と語り、「国防力破壊罪」に問われた市参事会員に対して、フライスラーの民族裁判所は、被告人を「われわれの命運を賭けた戦いの中で敢然と防衛の任にあたるわれわれのナチス的決意を弱化させ、われわれの統一と団結を破壊し、それによって利敵行為」を行った「不実の裏切者」であると断罪し、死刑の宣告が相当であるとした(183)。

窃盗罪や強盗罪等の一般に義務違反を問題とする余地も必要もないと考えられてきた犯罪についても、この時期、大きな変化が生まれている。一九三九年九月五日の『民族の害虫令』は、「立ち退き地域又は自発的に退去された建物もしくは場所において略奪を行った者」、「空襲の危険に対応するためにとられた諸措置を利用して、身体、生命又は財産に対する重罪もしくは軽罪を犯した者」、「放火又はその他公共に危険となる重罪を犯し、これによりドイツ民族の抵抗力を害した者」、「戦争により惹起された非常状態を故意に利用してその他の犯罪を犯した者」、要するに、法律がいうところの「民族の害虫」に対し死刑を含む重罰を定め、また、同年一二月五日の『暴力犯罪者令』は、「強姦、街路強盗、銀行強盗その他重大な暴力行為に際し、銃器、刃器、打撃用武器、その他同様に危険な手段を使用し、又はこうした武器をもって他人の身体もしくは生命を脅威させた者」、「武器をもってする暴力により追跡者を攻撃又は防御した犯罪者」に対し死刑を定める。いずれの命令にあっても、単に生命、身体、財産に対する侵害が問題とされたわけではない。被害法益と釣り合わない厳罰の背景に、これらの犯罪行為が、戦争状態につけこんで、しかも、共同体のもっとも脆弱な部分に対して加えられる卑劣な攻撃として、民族同胞、とりわけ、戦地にある兵士たちが抱く「共同体はこうした攻撃から彼らの家族を無条件に保護するであろう」との法秩序への信頼を侵害し、ひいては、戦争遂行に不可欠な前線と銃後における民族の精神的団結を根底から覆す危険性をもつものだとの認識が控えていたこと(184)、いうまでもない。ヒトラーが、食卓談話の中で、「理想主義者の数多くが前線で生命を失う今日、卑劣漢が銃後において穏便に取り扱われ、それにより生命が保障されるという事態を許すならば、われわれは一九一七／一八年の世界大戦から何の教訓も導き出さなかったということになるであろう」と語っていたように(185)、これらの犯罪もまた、民族の命運を賭けた戦時にあって、いわば第一次大戦での「匕首の

一突き」にも匹敵する、背反罪と何ら変わるところのない、共同体にとって許しがたい「裏切行為」であった。(186)

同じ頃、義務刑法への立法者の定位をより一層明確にする法律として、一九三四年の段階で全面的な改正を施された背反罪に関し、更なる改正を行った一九三九年九月一六日の『改正刑法』がある。国家機密の漏洩、探知の企図の不能未遂に関し、強制的減刑措置を定めた第八九条第三項、第九〇条第二項の削除がそれである。不能未遂を、刑罰威嚇に関して、既遂とまったく同様に取り扱われるべきとする今回の改正について、フライスラーは、「法律は背反罪に関するわれわれの法の発展における過渡的段階の最後の残滓を最終的に取り除いた。これにより決定的かつ無条件的に背反罪は忠誠違反の性格を獲得するに至った」と解説する。(187)

もっとも、先の『害虫令』や『暴力犯罪者令』もそうであったが、『改正刑法』の場合も、背反罪の本質が法文上も「裏切」にあると明記されていたわけではない。それに対し、開戦当日の一九三九年九月一日、外国の謀略宣伝からのドイツ民族体の保護を目的に、国防評議会により布告された『ラジオ放送令』は、忠誠義務思想への定位をまったく新たな方法で表現するものとして、政権掌握以来のナチス義務刑法の展開の中で画期をなすものとなった。『放送令』は、「外国放送の意図的聴取」、「ドイツ民族の抵抗力を危殆させるに適した外国放送の報道の故意の流布」に対し死刑を含む重罰を規定するものであったが、本文に先立って、こうした類の法令としては異例といってよい長文の「前文」を設けている。

「現代の戦争においては、敵国は、単に軍事的武器にとどまらず、民族に対し精神的影響を与え、これを無力化する手段をもって戦うものである。これらの手段の一つにラジオ放送がある。敵国の放送はその一言一句すべて虚偽であり、ドイツ民族を害することを目的とするものであることは自明の事柄である。ライヒ政府は、ドイツ民族がこうした危険を認識するものであることを承知するとともに、すべてのドイツ人が責任意識に基づき原則として外国放送の聴取を行わないことを共同体の中で暮らす上での当然の義務とすることを期待するものである。こうした義務意識を欠如する民族同胞に対し国防最高評議会は以下の命令を発す。」『改正刑法』や『害虫令』との相異は明らかであろう。ここでは、「外国放送の意図的聴取」、「報道の故意の流布」の罪の本質が義務違反にあることが、前文における「外国放送の聴取を行わないことの義務」の確認、「こうした義務意識を欠如する民族同胞に対し……以下の命令を発す」との宣言により、法文上からもはっきりと表現され、裏付けられたのである。

二　罰せられるべきは意思である

忠誠義務を梃子とする犯罪観の転換は、「未遂」や「教唆」等のそれ自体としては結果惹起を伴わない行為、さらには、行為者の内面にとどまり、外的行為をいまだ伴わない「犯罪的意思」そのものに対する殲滅闘争を遂行する上で、警察及び刑事司法に対しそれまでなかったきわめて有効な闘争手段を提供するに至った。刑罰権の発動時点の大幅な前進である。『刑法典』が結果発生を犯罪成立の要件とする「結果刑法」の立場を採用するものであったことは、「犯罪とは法益侵害である」との犯罪観からする当然の帰結であった。予備は「実行の著手に至らない犯罪」として、未遂は「未完に終わった犯罪」として、勧誘、教唆、幇助、談合、自己の提供は正犯の具体的な実行行為を前提とする「補助的な犯罪」として、いずれもその違法性はせいぜい法益の「危殆化」の中に見いだされうるにすぎず、その限り、それらに対する処罰は例外的であり、たとえ可罰的とされる場合でも、強制的な減刑措置がとられるのが一般的であった。まして、犯罪意思そのものに関していえば、「何人も考えることによって罰せられることはない」との法格言にあるとおり、その意思内容が国家や社会にとってどれほど危険なものであれ、それに対する処罰が許されないこと、当然であった。

ところが、「犯罪とは義務違反である」との観念の登場はこの間の事情を一変させた。シャフシュタインがいうように、「義務違反の事実と程度は、それが惹起する結果の発現によって何ら影響を受けるものではなかった」からである[188]。罰せられるべきは、結果ではなく、行為者の「意思」であった[189]。立法者は、実行の著手や侵害事実の発生を待つ必要も、強制的な減刑措置をとるいわれもなくなった。今や、合目的観点からだけでなく、共同体の防衛ラインを最大限効果的な時点、即ち、行為者の反共同体的「心情」が何らかの形で「外部世界に露呈された」段階へと前進させることが可能となったのである[190]。

「意思刑法」への最初の明確な定位が、背反罪に対し義務刑法の観点から重要な変更を加えた一九三四年の『改正刑法』によって果たされたことは、決して理由のないことではない。「刑法典にいう企図とは未遂と既遂をいう。」これが新たに設けられた第八七条の規定である。「企図」を法文に規定する犯罪としては、これまでも、「大逆罪の企図」を定めた第八一条の他、第一〇五条、第一一四条、第一二二条、第一五九条、第三五七条、第三六〇条第一項第五号があったが、合法革命の過程の中で、同様の条項が数多く登場するに至った。たとえば、「ライヒ大統領、ライヒ政府の閣僚……の殺害を企図する者」(『民族及び国家の保護のためのライヒ大統領令』)、「他の政党の組織的団結の保持、又は新政党の設立を企図する者」（『政党新設禁止法』）、「政治的動機により、裁判官、検察官、国防軍構成員……の殺害を企図する者」（『法的平和保障法』）、「国家の機密の漏洩を企図する者」（『改正刑法』）がそうである。従来、企図が既遂の範囲を拡大することは間違いないとして、それがどこまで及ぶかに関し激しい議論があったところであるが、[191]第八七条が企図は未遂を含む概念であると明記した結果、これらの犯罪にあっては、共同体の防衛ラインを紛うことなく「露呈された共同体への敵対的意思」にまで前進させることが可能となった。『理由書』もまた、「未遂と既遂の同一視により、従来に比べはるかに有効な刑罰威嚇が行われるであろう」とする。「民族共同体の福利は既に単なる危険に対しても完全な保護を必要とする。贖罪思想からしても、一般の福利の危殆化へ向けられた意思活動を量刑の基準とすることが必要とされる。通例、行為者の影響力に服さず、また、その立証においてしばしば偶然に左右される損害の発生又は不発生を基準としないことが必要なのである。[192]」この他、『改正刑法』が、大逆罪の「予備」に対する刑罰を大幅に強化するとともに、大逆罪に関し、「犯人が書面でもって外国政府と関係を結んだ」場合、あるいは、背反罪に関し、「勧誘、提供又は受諾を書面によって行った」場合、いずれも書面の「発送」をもって「行為は既遂となる」としたことにも同様の精神を見ることができる。

防衛ラインの前進は戦時刑法の中で一層明確なものとなる。ここでも、一九三九年九月一六日の『改正刑法』による「不能未遂」に関する第八九条第三項及び第九〇条第二項の削除が重要な意味をもつ。既に紹介したとおり、この削除に義務刑法への「決定的かつ無条件的な」立法者の意思を見たフライスラーは、同時に、「われわれの背反罪に関する法の発展は純粋な意思刑法として完成を見るに至った」とする。「ここではまさに露呈された裏切の心情が刑罰による威嚇の対象とされているのである。〔一九三四年の『改正刑法』に見られる〕背反罪の本質としての裏切の評価、既遂を企図なる概念に置き換えたこと、結果惹起を犯罪内容から切り離したこと、それらはすべてこの戦略的な目標に至る戦術上の部分的目標でしかなかった。これまでの発展過程に立って眺めた場合、今回の改正法の中にあってさして目立たない〔第八九条第三項及び第九〇条第二項の削除〕は一つの要石としての重要性をもつ。[193]」

一般の犯罪に関しては、『暴力犯罪者令』が、「重罪又は軽罪の可罰的未遂につき、既遂に対し定められた刑罰を一般的に科すことができる」との条項を設けたことにより、決定的な一歩が踏み出された。この条項が先の「企図」に関する第八七条に比べ法実務にとってはるかに重要な意義をもつものであったことは明らかである。これ以降、裁判官は、未遂の強制的減刑を規定した第四四条――「重罪又は軽罪の未遂は既遂の重罪又は軽罪よりもその刑罰を軽減するものとする。」――から解放され、重罪及び軽罪にかかわるすべての可罰的未遂行為につき、既遂と同様の処罰を行うことが可能となった。一九三六年の『改正草案』が未遂と既遂の原則的な廃棄を提案していたことに比べればいまだ不十分であったとはいえ、これらの措置により、民族共同体の最大限効果的な保護のための防衛ラインを犯罪意思が露呈された段階へと前進させるべきだとする、意思刑法に由来するもっとも重要な刑事政策的原理が『刑法典』に導入されるに至った。(194)

既遂と未遂の同一視と並んで、意思刑法から由来するもう一つの重要な帰結に、教唆、幇助、勧誘、談合といった共犯の可罰性の拡大と刑罰の強化がある。これに関しても、政治的敵対者の掃討を目的とする政権掌握直後の一連の法令の中にそうした措置を数多く見いだすことができる。たとえば、『民族及び国家の保護のための大統領令』、『法的平和保障法』は、ライヒ大統領、ライヒ政府閣僚、裁判官、警察官、突撃隊隊員等の殺害の「勧誘、そのための自己の提供、かかる提供の受諾、他の者との談合」を可罰行為とするだけでなく、刑罰威嚇に関し殺害の企図との間に何らの区別も設けなかったし、一九三四年の『改正刑法』においても、大逆罪に関して、「談合」の最高刑を死刑へと引き上げ、また、「挑発」の罪を新設し、背反罪に関しても、従来『軍機密漏洩法』のみが規定を置くだけであった「談合」の罪を背反罪のすべてにわたって導入する措置がとられている。

一般の犯罪に関していえば、ここでも『暴力犯罪者令』が重要な役割を果たした。「重罪又は軽罪の幇助につき、既遂に対し規定された刑罰を一般的に科すことができる」との条項がそれである。これにより、従来強制的な減刑措置を必要としていた幇助についても、「行為者の意思責任の程度に応じた」自由な処罰の可能性が保障されるに至った。(195)この命令が手つかずのまま残した共犯の従属性の緩和に関しては、一九四三年五月二九日の『統合刑法令』が、第五〇条第一項として、「多数の者が一個の行為に関与した時は、各人は他の者の責任を考慮することなく自己の責任に従って処罰されうる」との条項を設けたことにより、従来の「極端従属性説」の立場が明確に放棄され、これ以降、共犯の成立それ自体に関しても、正犯による構成要件の違法かつ有責な実現は必要のないものとなった。これに伴い、同日付の『施行令』により、教唆に関する第四八条が、「故意に他人をしてその者によってなされた可罰的行為を決意させた者」から、「刑罰でもって威嚇された行為を決意させた者」へ、また、幇助に関する第四九条が、「認識をもって助言又は行為により正犯が重罪又は軽罪を犯すことを幇助した者」から、「重罪又は軽罪として刑罰でもって威嚇された行為を犯すことを幇助した者」へとそれぞれ改正されている。この他、『統合刑法令』は、「重罪が実行されなかったか又は勧誘とは無関係に実行された」いわゆる「失敗に終わった教唆」、「重罪が実行されなかったか又は幇助とは無関係に実行された」いわゆる「失敗に終わった幇助」についても、減刑措置の可能性を残しながらも、「教唆者」、「幇助者」として処罰しうるものとした。これらもまた、教唆、幇助の行為が「成功するか否かは正犯の行為如何にかかっている」のであり、したがって、教唆者、幇助者は「差し当たって大抵は自己の予備行為によりすべての加功を終えている。それ故、当人の意思責任は〔正犯の実行行為の有無にかかわりなく〕実証されている」(196)との意思刑法からする当然の帰結であった。これ以外にも、従来「生命に対する重罪」に限定されていた「談合」の罪を重罪一般に拡大し、また、新たに「重罪の実行についての真摯な話し合い」の罪を置くとともに、重罪のための「自己の提供」、「提供の受諾」を含め、これらのいずれの場合についても、正犯による実行の有無、談合や自己の提供等の効果の有無とは関係なく、減刑措置の可能性を残しながらも、正犯と同様に処罰しうるものとしたことにも同様の精神を見ることができる。

こうした動きの中にあって、一九三九年一一月二五日の『ドイツ民族の国防力保護のための刑罰規定の補充に関する命令』は、単に、未遂と既遂の、共犯と正犯の同一視にとどまらず、反共同体的「心情」そのものを刑罰威嚇の対象とする点で、ナチス意思刑法の発展を画するものとなった。即ち、「国防に敵対的な結合に参加し、又は、これを援助した者は重懲役に処し、情状重からざる場合軽懲役に処す。」ここでいう「結合」は、第一二八条等にある「結社」とは異なり、「組織とか長期的な存続の意図は必要ではなく、或る程度の指導の下に実現される心情的な結びつきが存在する限り、まったくゆるやかな集まりがあれば十分」(197)であり、こうした結合への信仰告白の一切が「参加」、「援助」とみなされた。その際、『戦時特別刑法令』が求めるような、自己主張貫徹意思の破壊のための宣伝といった積極的な行為は必要ではなく、たとえば、結合の名簿に名前を載せる、結合の活動についての情報を手に入れる、金銭的援助を行うといった、要するに、その者の「堕落的心情」を窺わせる行為があれば足り、しかも、行為そのものではなく、そこに表現された共同体への「敵対的心情」そのものが共同体の精神的世界観的団結を脅かす、それ自体として既に処罰されるべき対象と位置づけられた。(198)

　刑法学の中で醸成され、一連の刑事立法により具体化された「意思刑法」が最終的にいかなる形態をとり、いかなる機能を営み、いかなる結果をもたらしたのか。戦争末期の頃、ゲルデラー事件に関与した廉で大逆罪に問われたフォン・モルトケ伯等に下された民族裁判所の判決は、先の『補充命令』以上にはっきりとそのことを教えている。判決は先ず、「モルトケがただ考えただけであり、計画の実行に何ら関与しなかったという事実は彼の責任を免除するものではない」と断言した上で、さらに、次のように続けた。「大逆犯とは一般に暴力をもって政治的体制を覆そうとする者であるとすることは間違いではないにせよ、しかし、そのことを理由に、大逆罪を暴力をもって自己の目的を実現しようとする場合に限ることはまったく誤っている。たしかに、平和時にあっては、それが大逆罪の唯一の態様であるかもしれない。しかし、外部の敵がわれわれの内部の敵の破壊行為というものをあてにする戦時にあっては〔当然事情は異ならざるをえない〕[199]。」

たしかに、モルトケ伯等は考えただけであった。判決の前日、一九四五年一月一〇日、獄中から夫人に宛てた最後の手紙には、「裁判が明らかにしたように、われわれは、あのゲルデラーの騒ぎとは無関係であり、いかなる実際的行動もとりませんでした。われわれはただ一緒に考えたという理由から絞首刑に処せられるのです。ビラ一枚作ったことさえ一度もなく、暴力の意図もなく、ただ存在したのは思想だけだったのです。……責任を問われるべきは、計画でも準備でもなく、精神そのものであるとの記録がこれにより残されたのです。フライスラー万歳[200]！」とあった。

三　罰せられるべきは行為者である

犯罪に対する防衛ラインの前進と並んで、「行為」から「行為者」への刑法評価の対象の遡行、それが新たな犯罪観によりもたらされたもう一つの、おそらくは、ナチス刑法にとってより重要な変化であった。それというのも、このことにより、共同体的意思の確立にとって決定的に重要な意味をもつ当該行為者の「全体人格」、つまりは、「共同体適合性(völkische Gliedhaftigkeit des Täters)[201]」そのものを刑法評価の中心に置くことが可能となったからである。

従来の『刑法典』がいわゆる「行為刑法」の立場に立つものであることは、それが、犯罪とは法益の侵害であるとの立場から、「構成要件（Tatbestand）」の内容として、原義のとおり、もっぱら「行為」を規定し、行為それ自体に刑罰の効果を結びつけていた点からも疑いない。行為者が姿をあらわすのはただ行為と刑罰の結節点としてであり、「〇〇をなす『者』は△△の刑に処せられる」、それが一般的な形式であった。ヴォルフが『行為者の本質』で指摘するように、「この者が誰であるか」について立法者は何も語らず、法律のいう「……する者」はいわば「中性名詞のようなもの」でしかない。刑罰の加重又は軽減の根拠として、あるいは、その他特別の場合、この抽象的な「者」が「官吏」、「職業賭博者」、「売春婦のヒモ」等と具象化されることがないではない。しかし、通常、「行為者の社会的・自然的性質は立法者の関心の埒外に置かれ、彼の頭の中には詐欺あるいは謀殺は存在するが、詐欺師、謀殺者といったものは存在しない。」(202)行為へのこのような排他的定位もまた、犯罪とは「法益の侵害」であるとする犯罪観の帰結であった。それというのも、犯罪が法益の侵害に尽き、それ以上の何物でもないとするならば、刑法評価の対象を「行為者」にまで遡らせる必要などどこにもなかったからである。

ところが、ここでも、一人一人が忠誠義務を負う民族共同体の登場はこの間の事情を一変させてしまった。忠誠違反において問われるべきことは、あれこれの行為や結果であるよりも、それを生み出す行為者の「全体人格」、つまりは、行為者が「共同体の分肢たる資格や能力を有するか否か」という点にあったからである。ガラスは、「個々人が、規範に服する権利主体から、道徳的義務を負う共同体分肢へとその姿を変える時、犯罪もまた、単なる外部秩序の破壊、あるいは、法命令に対する形式的違反といったものではありえないものとなった」とする。「むしろ、犯罪は、行為者と共同体との関係の動揺、つまりは、行為者の内面的堕落、反共同体的心情がその中に表現されるところの道徳的に非難されるべき行為へとその性格を変えたのである。」(203)行為及びそこから生まれる結果は、もはや、刑法評価の唯一の対象でもなければ、その中心に置かれるべきものでもなくなった。たとえば、「密猟」といった従来であれば単なる財産犯罪として処罰された行為についても、それは「豊富な種から成る健全で力強い自然に対してもつ民族の利益に対する侵害」として、法的非難の程度が、捕獲された野獣の市場価値によってではなく、行為者のもつ「反社会的傾向、暴力的性格」、要するに、当該行為により露呈された「反共同体的人格性」(204)によりはかられるべき、そうした犯罪へと変化したのである。

ギュルトナーは、一九三五年にベルリンで開催された第一一回国際刑法・監獄会議において、「裁判官は、今まで以上に、行為者の人格を斟酌しなければならないであろう。行為と行為者人格のかかわりを探究し、行為者の動機、共同体の要求に対する彼の態度を審査〔しなければならない。〕」行為と結果の特徴は行為者人格の認識手段として意味をもつにすぎない」との考えを明らかにしていたが(205)、そうである以上、何が犯罪であるかは、構成要件の中に完全に記述し尽くされうるものでもなければ、逆に、構成要件該当の行為がそれだけで刑法非難の対象となるわけでもなかった。たとえば、窃盗罪に関して、ダームは、『不法領得の意図をもって他人より動産を奪取した者』は何人たるを問わず窃盗犯であるわけではない」とする。行為者の全体的人格に対する評価に基づき、「ただその本質に照らし窃盗犯である者だけが窃盗犯」であった。ヒトラーユーゲントの隊員がカトリック少年団から団旗を奪い取った場合、彼らの行為が、一見窃盗罪の構成要件に該当するにせよ、元々共同体への忠誠義務の履行として行われた限り、彼らは「その本質より見て窃盗犯ではない。」(206)

むろん、クレーが指摘するように、「たいていの犯罪はそれこそ非常に多様な行為者類型によって実行されうるのであり、これらすべての行為者は一定の行為類型により統括されるものである」以上、背反罪や大逆罪ほどには忠誠義務と直接関係をもたない一般の犯罪に関していえば、ダームのいう「その本質より見て窃盗犯である者」といった行為者類型を想定する余地も必要性もなかったことはそのとおりであろう。(207)しかし、民族のすべての構成分肢に対し、あらゆる生活場面において忠誠義務を課す民族共同体の登場が、背反罪や大逆罪のみならず、「軍隊内での仲間の兵士に対する窃盗」といった事例がそうであるように、被害者や共同体との間に結ばれた特定の義務関係の侵害を内容とし、その結果、行為者人格に対する刑法的評価を不可避とする犯罪を生み出し、さらには、その範囲を拡大させたこともたしかである。

行為者人格への定位の徴候は、差し当たり、政権掌握後のさして目立たないいくつかの刑事立法による「主観的違法要素」の導入に確認することができる。たとえば、一九三三年五月二六日の『改正刑法』第二二三条b――「小児、青少年、又は廃疾もしくは疾病により抗拒不能の者を、……苛めもしくは虐待した者、又は害意をもって自らの義務を怠ることにより彼らの健康を害した者」――にいう「苛め」、「虐待」、「害意」、あるいは、一九三四年八月七日の『恩赦法』第六条第五号――「行為の態様又は動機が行為者の野卑な心情を認識させる行為」――にいう「野卑な心情」、一九三五年六月二八日の『改正刑法』第一三四条b――「公然とナチス党、その組織、その党章、その党旗、その記章、その勲章を侮辱し又は害意かつ熟慮をもって嘲弄した者」――にいう「侮辱」、「害意かつ熟慮をもってする嘲弄」等がそうであった。

主観的違法要素そのものはナチス刑法の発明品ではなかったし、また、従来、主観的違法要素とされる目的犯における「目的」や傾向犯における「主観的傾向」が、当該行為の構成要件該当性を決定するメルクマールでしかなく、行為者人格に対する評価と無関係と考えられてきたことは、(208)そのとおりであるが、各人が忠誠義務を負う共同体にあって、主観的違法要素が新たな性格や内容をもつに至ったことも間違いない。ダームは、先の立法に見られる「害意」や「野卑な心情」等は行為者人格に対する評価と無関係ではなく、「行為者の共同体適合性」を決定するメルクマールとして、「行為と行為者人格全体を架橋する」機能を営むものだとする。(209)

行為者人格それ自体を刑法評価の対象とするおそらく最初の法令が、一九三三年三月二一日の『刑罰の免除の保障に関する大統領令』であった。大統領令の目的は、「ドイツ民族の国民高揚のための戦いの中で、その準備のために又はドイツの土地のための戦いの中で行われた犯罪行為」を「刑罰から解放する」ことにあったが、同じ法益を侵害しながら、当該行為の事情如何による刑罰の免除が、行為者の「全体人格」に対する評価抜きには不可能であったこと、いうまでもない。法益の侵害があり、構成要件に該当したにせよ、共同体のために犯行に及んだ行為者は「その本質より見て『窃盗犯』でも『謀殺犯』でもなかった」、それが大統領令の前提であり結論であった。

行為者人格に対する刑法評価を要求する代表的な犯罪に「背反罪」がある。しかし、一九三四年の『改正刑法』は、一見したところ、従来の『刑法典』と何ら変わるところはない。第八九条第一項は、「国家機密の漏洩を企図する者は死刑に処す」と規定するだけである。ここには、「背反犯(Landesverräter)」といった行為者類型は見当たらない。しかし、ここでも外国人に対する刑罰の軽減措置を定めた第二項が重要な意味をもつ。もし、刑法評価の一切が法益侵害という結果のみに定位して行われるべきものであったならば、行為者がドイツ人であるか否かを問題とし、区別する必要などなかったハズである。両者の相違は、一方は、共同体への裏切という行為の中にあらわれた「反共同体的人格」が、他方は、国家機密の漏洩という「法益侵害行為」が刑法評価の中心に位置づけられた結果によるものと考えるのが自然であり妥当であろう。ヒトラーが、同年七月の国会演説の中で、「〔ドイツ人により行われた〕背反罪に対する処罰は行為の程度、損害の大きさではなく、こうした行為により露呈された行為者の心情に基づいて行われなければならない」(210)と語っていたとおりである。

『ラジオ放送令』や『戦時経済令』等の戦時刑法の場合、背反罪とは異なり、忠誠義務が法文上明記されていたものの、ここでも行為者類型の姿は見当たらない。しかし、メッガーは、『放送令』の前文が「義務意識を欠如する民族同胞に対し以下の命令を発す」と宣言したこと、『戦時経済令』の前文が「祖国にあるすべての民族同胞にとっての自明の義務」を強調したこと、『金属収集保護令』が収集された金属の着服者等を「大ドイツの自由のための闘争を妨害した者」と呼んだこと等から、立法者の意図を次のように推測する。「たとえ、個々の行為がそれぞれに決定的な役割を演ずるとはいえ、各命令の制定に際して常に立法者の念頭にあったのは、こうした行為それ自体ではなく、むしろ、行為者人格、つまり、すべての個々人に対し共同体への最大限の犠牲が求められる戦時にあって民族全体にとって危険となる人格の全体像であったにちがいない。[211]」

以上の法令とは異なり、『民族の害虫令』や『暴力犯罪者令』の場合、見てのとおり、標題の中に既に一定の行為者類型が表現されている。一部には「命令の標題は重要な意味をもたない」とする見解[212]がなかったわけではないものの、『害虫令』に関する公定の注釈書が、「この戦争の勝利のためのもっとも確実な保障である民族共同体の統一と団結を脅かす者は、ライヒを背面から攻撃し、敵を利する者となる。戦争によりもたらされた状況を民族同胞に対する利己的な攻撃のために悪用し、あるいは、民族の抵抗力を害する一切の者は民族の害虫であり、彼らに対しては国家権力のすべてを動員して対抗し、これを抹殺しなければならない[213]」としていたように、「立ち退き地域において略奪を行った者」、「空襲の危険に対応するために採られた諸措置を利用して身体、生命、財産に対する重罪又は軽罪を犯した者」、「放火その他公共に危険となる重罪によりドイツ民族の抵抗力を害した者」は、それぞれが犯した行為の故にではなく、「その本質より見て」、「民族の害虫（Volksschädlinge）」であることを理由に処罰されるべき者であった。フライスラーは、これをさらにそれぞれの態様に応じて、「略奪者（Plünderer）」、「破廉恥漢（feige Meintäter）」、「共同体に危険な怠業者（gemeingefährliche Sabateur）」に分類する。[214]この他、『暴力犯罪者令』が定める「強姦、街路強盗、銀行強盗等重大な暴力行為に際し、銃器、刃器、打撃用武器等の危険な手段を使用した者」等の「暴力犯罪者（Gewaltverbrecher）」も同様であった。それ故、これらの法令に見られる刑罰威嚇の機能は、従来の刑法がそうであったような意味で、「行為が負うべき結果についての行為者に対する告知といった事柄をはるかに超え」て、「立法者がいかなる行為者類型をとらえようとするものであるかを明らかにすることにあった」と解することが妥当である。[215]その意味で、メッガーが指摘するように、二つの命令の中に「構成要件の形成に関する新たなテクニック」の登場を見ることも可能である。厳密な個別的メルクマールでもって構成要件を記述しようとする従来の“Merkmalstechnik”に代わる、「具体的な犯罪者像」の提示を目的とする“Bildtechnik”がそれである。[216]

構成要件の内容と性格の変化は司法に対して大きな影響を与えずにはすまなかった。一羽の鶏の窃盗が当該行為者のもつ「民族の害虫」としての本性を明らかにする場合もあれば、逆に、より重大な法益を侵害したにもかかわらず、そうではない場合が当然に生じうる。裁判官にとっては、先のギュルトナーの演説にもあるように、「一定の犯罪者類型に合致しているか否か」[217]に関して、これまで以上に行為者人格にかかわる調査と判断が必要とされる状況が生まれた。裁判所もまたかかる要請に積極的に応えようとしたのであり、ライヒ裁判所は、『民族の害虫令』に関し、これを行為者刑法の観点から解釈することが必要であるとする。一九四〇年五月三〇日の判決は、空襲の危険の故に玄関の灯火が遮光された状況を利用した犯罪行為につき、ライト裁判所がもっぱらこの事実の確認のみに基づいて判決を下したことに対し、「灯火管制を利用し、身体、生命、財産に対し重罪又は軽罪を犯した者すべてが処罰されるわけではない」とし、さらに、次のようにいう。「既にその標題が示しているとおり、命令は、明らかに、民族の害虫、つまりは、一定種類の行為者に対し向けられている。それ故、民族の害虫としての本質特性の持ち主であることが明らかとなった行為者、つまりは、健全な民族感情に照らし少なくとも重懲役に値するようなその者のもつ犯罪的エネルギー、あるいは、唾棄すべき行為によって民族共同体の法的平和を侵害した行為者のみが刑罰威嚇の対象となる。……或る行為者が民族の害虫であるか否かは、犯罪行為の態様、行為者人格に対する評価、とりわけ、前歴、前科、非難されるべき反社会的心情、動機といった事柄から明らかにすることが可能である。」[218]

もっとも、こうした理解に対しては、「有罪判決のために、命令の行為者が民族の害虫であることを要求するならば、命令の行動半径はまったく許しがたく、かつ、まったく不当な仕方で狭められ、その結果、これら特別の戦争犯罪に対する抑止力は明らかな麻痺を被ることになる」[219]といった批判が当然予想されるところであるが、これに対しては、ライヒ裁判所もまた、先に引用した言葉に続いて、「むろん、差し当たって大抵は、既に命令が定めた特別な構成要件の実現から行為者が民族の害虫であることが明らかとなる。たとえ彼が一般に犯罪人格の持ち主でなかったにせよ、その者は当該行為により戦争遂行中の民族共同体に対する敵対的態度を白日の下に曝したのであり、その結果、民族の害虫とみなされなければならない」との立場を明らかにしていた。たしかに、ニューゼが、「行為それ自体が行為者を裁くのであり、それにより十分刑罰が根拠づけられる。……『行為者類型』は構成要件により規定され、……行為者はいわば構成要件の影であり、したがって、個々の行為が既に行為者の像を刻印しているのである」[220]と指摘するように、「共同体に対する背反をもっともドラマティックな形で表現する」[221]これらの犯罪にあっては、構成要件該当性以上の詮索は不要であったということかもしれない。

民族の害虫等の戦時にあって特別に非難されるべき犯罪の他に、一九四一年九月四日の『改正刑法』が、謀殺、故殺といったもっとも一般的な犯罪に関しても行為者類型を導入したことに、改めて、行為者刑法への立法者の強い意思を見て取ることができる。「謀殺者は死刑に処す。」これが、従来の「故意に人を殺害した者、熟慮をもって殺人を実行した時、謀殺の故をもって死刑に処す」に代わる第二一一条第一項の規定である。第二項は、「謀殺者」を、「殺害の欲望から、又は性的欲望を満足させるため、又は貪欲さから、又はその他低劣な動機から、卑劣な方法で、又は残忍な方法で、又は共同体にとって危険となる手段を用いて、あるいは、他の犯罪行為を可能とし、又は隠蔽するため、人を殺害した者」と定義する。フランクの編集になる『新ドイツ刑法のためのナチズムの指導原則』が、「共同体同胞の完全な抹殺は共同体自身に直接かかわる事柄である。そのため、他者の生命の侵害を評価するに際し、当該行為を生み出した〔行為者の〕心情が決定的に重要な意味をもつ」としていたように[222]、立法者が法的非難の中心に置いたのは、あれこれの行為それ自体ではなく、共同体にとって貴重な財貨である民族同胞を特定の動機・方法に基づいて殺害することにより露呈された行為者の「反共同体的人格」そのものであった[223]。故殺に関しては、第二一二条が、従来の「故意に人を殺害した者、熟慮をもって殺人を実行しなかった時、謀殺の故をもって五年を下らない重懲役に処す」に代えて、「謀殺者であることなしに人を故意に殺害した者は、故殺者として、終身又は五年以上の重懲役に処す」と規定する。両者の相違は、『刑法典』がそうであったような、殺人の実行が「熟慮をもって」行われた否かにはない。「行為者の全体人格の検討と評価」に基づき、その者が「謀殺者」あるいは「故殺者」であると認識されうるか否かが問題であった[224]。この他、『改正刑法』が新たに置いた行使者類型に「高利貸」と「道徳犯罪者」がある。もっとも、これらは、いずれも、謀殺者や故殺者がそうであるように、それに見合った構成要件を新たに設けるものではなく、前者に関しては、第三〇二条d及びeに定める「営業的又は常習的に暴利を営んだ者」等を、後者に関しては、第一七六～一七八条に定める「暴力をもって婦女子に対し猥褻行為を行った者」等を、それぞれ同一の類型で総称するといった程度のものでしかなかったのではあるが。にもかかわらず、あえてそうしたことに、立法者の行為者刑法へのこだわりを見て取ることが可能である。

行為者類型が法実務においてどの程度成功を収めたか。ナグラーの編集による戦後の『ライプツィヒ・コンメンタール』が、「行為刑法として整序された『刑法典』の中に行為者刑法を部分的にせよこっそりと導入せんとした『改正刑法』の試みは、今日、たしかに失敗に終わったとみなされうる」との評価を下している。(225)この指摘のとおりであったにせよ、『刑法典』の中に、殺人等のきわめて一般的な犯罪に関し、行為者類型を導入したことは、一九三三年以降の刑事立法において推進されてきた「行為刑法の解体」を象徴する出来事であったことに間違いない。『改正刑法』の一年余り前、ダームは、ライプツィヒ大学で行った『刑法における行為者類型』と題する講演の中で、ナチスの一連の刑事立法が生み出した変化を次のように総括していた。「一九三三年以来の刑事立法は、単に古い刑法典の部分的修正以上のものであった。それは、実際のところ、刑法の本質的構造を一変させ、その全体像をすっかり変えてしまった。刑法評価の結節点として行為が背後に退き、それとともに、行為と行為者の関係が大きく変化するに至った。多くの徴候からして、外的な行為結果のもつ価値が低下し、揮発化する傾向を認めることができる。行為そのものではなく、むしろ、行為者の人格についての価値判断が決定的に重要視されるに至った。……犯罪は、行為者の心情とか人格像といった、いわば、行為そのものと無関係なあれこれの事柄とのかかわりの中で姿をあらわす。この意味において、伝統的な行為刑法は今日解体化の方向を辿りつつあるように思われる。(226)」

7　共同体と犯罪者

忠誠義務を梃子とする犯罪観の変化は、刑法評価の対象を「行為者」へと遡らせただけではない。行為者そのものの観念、つまりは、犯罪者観の変化をもたらさずにはすまなかった。『刑法典』がそうであったように、ベッカリーア以来の自由主義の刑法にあっては、犯罪者は、「理性」、つまり、犯罪から得られる利益と刑罰により与えられる苦痛を比較衡量し、それに基づいて合理的な選択をなしうる能力を有するはずであるとの観念が前提とされていた。是非善悪を弁別し行為を統御する能力＝理性を有する者でありながら、自らの利害関心を社会のそれに優先させた者が犯罪者であった。しかし、民族共同体の登場はこうした犯罪者観を覆すに十分なものがあった。ナチズムが、共同体への忠誠を北方人種の血に根拠づけられた、北方人種に固有の「種的特性」であるととらえることについては既に紹介したとおりである。こうした観念から出発する限り、忠誠義務に対する違背＝裏切が、共同体の法・道徳秩序からの逸脱にとどまらず、種により結ばれた民族共同体からの逸脱の「生物学的」な証明ととらえられたこと、当然であった。(227)ギーセン大学遺伝・人種改良研究所所長であるクランツが、「社会的行動、即ち、自己の現存在を共同体に組み入れ、共同体に定位し、共同体のために行動する能力と遺伝素質の間には関係がある」と指摘していた(228)ように、北方人種としての種的特性を有する者にとって、共同体への忠誠が「種に即し、種に根拠づけられた」、強制されるまでもない、「本質的かつ必然的な事柄」であったとするならば、逆に、北方人種としての種的特性を喪失した者にとっては、共同体に対する裏切こそが「本質的かつ必然的な事柄」であった。それ故、或る人間が、「誠実な民族同胞」であるか、それとも、「不実な裏切者」であるかは、その者の遺伝素質に刻印された「運命」そのものとして、決して当人の自由な意思の選択に委ねられるような事柄ではなかったということである。いずれの場合であれ、その者が北方人種の血を有し種的特性を維持しているか否かの結果であり、その表現であった(229)。

闘争時代から党の最高指導部に属し、政権掌握後の一時期ライヒ内務省局長の地位に就くニコライが、既に政権掌握前から、「地上における一切の現象は因果の法則に従っている。すべての犯罪もまた一つの原因へと遡ることが可能である。この原因は、環境の中にのみ求められるべきものではなく、とりわけ、人間自身、つまりは、遺伝素質の中に求められねばならない」との見解を明らかにしていたように(230)、ナチズムにとって、国家機密の漏洩や立ち退き区域における略奪等の裏切行為は人格全体の「生物学的変質」の結果として、また、背反犯や民族の害虫等の裏切者は「種的変質者」として位置づけられるべきものであった(231)。フランクは、『ナチス刑法政策』の中で種的変質と犯罪の関係について次のようにいう。「われわれの考えによれば、優れた民族というものはすべて、自らの生存目標の実現のために必要とされる資質を人種的な根源的基体の中に豊富に付与されているが故に、『種的変質』という言葉は、われわれが今ここで問題にしている事柄をきわめて明確にいいあらわすものである。立派な民族にあっては、種というものそれ自体が価値あるものとみなされねばならないが故に、種的変質は個人にとって立派な民族の正常な種からの脱落を意味する。種の変質、あるいは、種からの頽落の原因は、たいていの場合、優れた人種と劣等な人種の混血に見いだされうる。われわれナチス主義者にとって、犯罪生物学、犯罪者の生まれながらの資質に関する学問は、人種的頽廃と犯罪現象の関連性についての教えなのである。完全な種的変質者は、一切の人種的な感受性を欠き、共同体に対し害を与えることをまさに自己の課題と心得ている。彼は、民族同胞としての義務の履行を自己の生涯の使命であるとする真っ当な人間のまったく正反対に位置している(232)。」

8　共同体と刑罰

一　共同体からの追放

犯罪観及び犯罪者観の変化が、刑罰の在り様にも大きな影響を与えたであろうことは容易に想像されるものの、法文上から見る限り、差し当たり気づく変化としては、刑罰の強化、とりわけ、死刑の大幅な増加を指摘しうるにとどまる。ブロシャートが数えるところによれば、死刑を定める構成要件の数は、一九三三年以前の三件から、一九四三／四四年の段階において四六を下らない数にまで増加した[233]。さらに、死刑の範囲は、一九四四年五月五日の『戦時特別刑法令第五補充命令』が以下の定めを置いたことにより、ほぼ無制限といっていいほどまでに拡大する。「故意による可罰的行為により戦争指導又はライヒの安全にとって重大な不利益もしくは深刻な危険を惹起したすべての行為者」、及び、「過失による可罰的行為により戦争指導又はライヒの安全にとって特別に重大な不利益もしくは特別に深刻な危険を惹起したすべての行為者」に対し、「通常の刑罰が健全な民族感情に照らし贖罪として十分でないとみなされた場合、……死刑を宣告しうるものとする。」

刑罰の量的な面での強化と拡大の他には、一九三五年の『刑法典改正草案』が、ライヒの独立の侵害を企図した者や指導者兼ライヒ首相の暗殺を企てた者等の裏切者を「追放する」とした[234]、刑罰の本質や内容にかかわる変化を見いだすことは困難である。しかし、新たな立法者が、『刑法典』を支配した刑罰観、即ち、犯罪とは法益侵害であるとの犯罪観を前提に、刑罰を、行為者に加えられる「害悪（応報）」であるとして、侵害された法益に見合う一定の法益――生命、自由、財産等の剝奪と見る刑罰観に依然として依拠していたとすることは、これまで明らかにしてきたナチス刑法の目的や犯罪観から見ておよそ考えられないところであった。

もっとも、ナチス刑法学の中で、刑罰の根拠や本質に関して統一的な理解があったわけではない。フライスラーやフランクが、法益侵害説を否定しながらも、刑罰をあくまで「不法の贖罪（応報）」としてとらえようとしたのに対し[235]、クレーは、贖罪は、その根拠が何であれ、「刑罰の望ましい波及効果」ではあるにせよ、所詮「二次的なもの」でしかないとし、刑罰の根拠を「民族の生存の諸条件の保護の必要性」の中に求めるべきであるとの立場をとる[236]。共同体の保護が刑法の重要な課題であったことはいうまでもないにせよ、新たな立法者がクレー流の保護思想に依拠するものでなかったことは、一九三三年の『常習犯罪者法』が刑罰と保安処分の「二元主義」を採用したこと、さらに、翌年五月一四日の『自由刑及び保安・矯正処分執行令』が「自由刑の執行により受刑者は自ら行った不法を贖罪すべきものとする」との条項を置いたことからも、疑問はない。

それでは、刑罰が過去の不法の「贖罪」にあったとした場合、贖罪の根拠、本質をどうとらえるべきであったのか。この点に関し、先の『執行令』は何も語っていない。しかし、共同体における犯罪の多くが、その程度はともかく、忠誠違反を不法内容とするものであった以上、新たな立法者が、贖罪の根拠を、法益侵害ではなく、義務違反、さらには、行為者の「反共同体的人格」に求めようとしていたことは、一九三五年の国際刑法・監獄会議でギュルトナーが、「今日求められるべきは、全体の世界観からの離反の程度に応じて行為者が判断される刑法である。共同体の中で個々人に立てられる要求に背けば背くほど、彼の意思責任は重くなり、刑罰は厳しいものとならねばならない(237)」と語っていたところからも明らかであった。

具体的な刑罰として、それでは、何が考えられたのか。差し当たり義務違反を問題とする必要のない一般の窃盗罪や強盗罪は別にして、背反犯や民族の害虫のような、裏切を不法の本質とする犯罪の場合、その者の共同体からの離反の程度に応じた名誉喪失や国籍喪失、財産没収等の法的身分の「減少」、さらには「剝奪(238)」、つまりは「共同体からの追放(239)」ということが想定されえたにちがいない。実際、ヘーデマン等の『民族法典』には、「民族同胞が刑事裁判官により名誉喪失の判決を受けた時、その者が法生活への完全な参加に値しないと判断される限り、刑事裁判官は民族共同体における法的身分の剝奪を宣言することができる」との条項が見られる(240)。戦時刑法等において圧倒的な増加を見るに至った死刑が「追放」に相当し(241)、さらには、終身刑や有期の自由刑についても、リーチュが裏切者を「行刑上他の囚人から隔離」すべきと提案したように(242)、一時的ないしは永久的な「追放」と見ることも不可能ではない(243)。

ただし、法律の文言を見る限り、立法者が、背反犯や民族の害虫、暴力犯罪者等に対する刑罰を共同体からの「追放」としてとらえていたかは、定かではない。しかし、この問題に対する指導部の見解は疑問の余地のないものであった。一九四二年九月三〇日のヒトラーの演説を引いておこう。「われわれの民族のもっとも優れた者たちが前線に投入され、自己の生命を捧げることを余儀なくされているこの時代にあって、国家と国民を破壊する犯罪者やろくでなしのための場はどこにも存在しない。彼らは容赦なく共同体から排除されることを覚悟しなければならない。われわれは彼らを抹殺するであろう。実際これまでそうしてきたのだ(244)。」ここには、裏切者は民族の法仲間ではないこと、裏切者に対する刑罰としては排除、つまり、共同体からの追放しか残されていないことがはっきりと表明されている。ギュルトナーの死後ライヒ法務大臣の地位に就いたティエラックもまた、民族の害虫に対し厳罰措置を求めた一九四三年四月一日付の「裁判官への手紙」の中で、「自らの行為により途方もなく悪しき心情と卑劣な性格を暴露した民族の害虫が民族共同体の中で占めるべき場所はどこにも存在しない」とし、「法律が承知する唯一の刑罰は〔永遠の追放としての〕死刑である」との見解を明らかにしていた。[245]

裁判所はどのように対応したのか、民族裁判所の二つの判決を挙げておこう。長年にわたり国内外で共産党の指導的幹部として活動し、ドイツ共産党青年団の再建に関与した廉で大逆罪の予備及び敵軍援護の罪に問われた共産主義者に対する一九四三年八月五日の判決。被告人は「自己自身をドイツ民族共同体の外に置いた」者であり、「ライヒの安全は彼の共同体からの追放を断固として要求する。それ故、民族裁判所は死刑を宣告するものである。被告人の名誉は永久にこれを剝奪する。」[246]あるいは、共産党を除名された後も、党幹部の要請にしたがい、活動に必要なタイプライターを用立てたことを理由に、大逆罪の予備及び敵軍援護の罪に問われたベルリンのラジオ放送技師に対する一九四四年一二月一三日の判決。「ドイツ民族及びライヒの存亡を決する戦争が五年に及ぶこの時、われわれの敵に対し信仰告白を行い、その敵のために活動する者は、自らとドイツ民族の絆を断ち切るものである。その者が存在を許される場はわれわれの何処にもない。それ故、被告人に対しては死刑が宣告されなければならない。[247]」

二　共同体の浄化

犯罪は共同体への裏切であり、刑罰は裏切者の共同体からの追放であるとの観念の出来は、当然に、贖罪の性格と内容にも大きな影響を与えずにはすまなかった。贖罪は、いささか奇妙に聞こえるかもしれないが、もはや、行為者本人の罪の購いを内容とするものでも、目的とするものでもなくなった。一つには、共同体との絆を断ち切り、自己自身を共同体の外に置く裏切は、いかなる刑罰によっても購われうるものではなかったという事情による。二つには、裏切が種的変質の結果であり、犯罪が運命そのものとなった瞬間、有責的行為に対する道徳的非難といった意味での贖罪について語りうる余地がなくなったという事情がそれである。フライスラーが、「贖罪思想の本質は、裏切者を民族共同体から抹殺することにより、彼の裏切によって汚された民族を浄化することにある」と指摘していたとおり、行為者ではなく、「共同体自身」の贖罪、即ち、共同体の腐った分肢を分離・除去することによる「民族の永続的な自己浄化」こそが問題であった[248]。ちなみに、民族裁判所の一九四四年七月二五日の判決は、軍需工場における非合法ビラの配布を理由に「背反罪」に問われた四人の共産党員を「裏切者」と断罪した上で、「民族としてのわれわれの浄化の必要が彼らに対する死刑を要求する」と結論した[249]。

このような贖罪観が、結果的には、クレーが指摘するとおり、「その核心、本質に照らし、保護理論の一つの表現でしかなかった[250]」ともいえようが、もしそうだとした場合、「共同体の浄化」により保護されるべき共同体の利益とは何であったのか。差し当たり、裏切者により破壊された共同体の「世界観的団結」の回復が浄化の中身であったことは容易に想像がつく。しかし、浄化の意義は単にそれにとどまるものではなかった。裏切が「生物学的変質」の結果であり、裏切者とは「種的変質者」であるととらえられた限り、追放にもう一つの、そして、おそらくは、共同体にとって決定的に重要な意味と機能が帰属する。即ち、「共同体の中での生殖活動の可能性の剝奪」、それによる変質した遺伝素質の「淘汰」、さらには、ドイツ民族の「品種改良」がそれであった[251]。ニコライは、いかにも彼らしく、刑罰のもつこうした意味と機能は、古代北方ゲルマン民族にまで遡る、ドイツ民族に固有の観念であるとする。「〔古代北方ゲルマン民族では〕法は血の共同体から生まれてくるものであり、法はこの共同体に奉仕するものであった。……民族共同体の外に存在する者は〔法の〕保護を受けられず、法秩序の外に存在する者であった。それ故、個人に執行されるもっとも重い処罰が追放であったのだ。……自らの行為により『種的変質者』であることを明らかにした者に対しては追放という処分が下された。つまり、彼は人種的並びに生存法則上重要な価値をもつ共同体から排除されたのであり、彼は共同体から妻を娶ることを許されず、また、民族の仲間となる子供を生むこともできなかった。個人に生まれながら備わっているが故に彼自身にはなるほど責任はないが、しかし、その存在により共同体全体にとって有害となる諸特性がこうして淘汰されたのである[252]。」

追放による共同体の浄化とは、文字通り、種的統一体としての民族体の「生物学的浄化」を意味するものであったことが納得される。戦時刑法に顕著に見られる死刑の増加が、ドイツ民族の生物学的価値を賭けた全体戦争が遂行される中にあって、劣等な種の表現である裏切者の永久の追放として、民族の生物学的浄化を目的とし、結果するものであったこと[253]、多言を要しない。そして、「世界観は血によって条件づけられ」、「共同体に定位し、共同体のために行動する能力と遺伝素質の間には関係がある」と考えられていた限り、生物学的浄化が、同時に、「世界観的浄化」を意味するものでもあったことを確認しておこう。ギュルトナーもまた一九四〇年一月一日の年頭所感で戦時における刑事司法の特別な役割について次のように語っていた。「ドイツの未来を決する戦いの開始となるべき年のはじめにあたり、われわれは、民族と指導者のために自らの生命を捧げた民族同胞を想起し、畏敬の念を抱かずにはいられない。国内の戦線の一翼を担う司法にとってもまた、きわめて重要な任務が存在する。司法は、自らの役割を果たすべく、ドイツ民族の戦闘意思の確立と強化のため、かつまた、かかる意思を弱化させようとする裏切者の容赦なき淘汰のため尽力しなければならない(254)。」

9　特別裁判所と民族裁判所

一　特別裁判所

後に民族裁判所長官となるフライスラーは、一九三八年の『ドイツ司法』で、刑事司法の課題として「犯罪者に対する電光石火の処罰」を挙げ、司法当局者に対し「自らの持てる力のすべてを傾注し、事にあたらなければならない(255)」との檄を飛ばしたが、彼の言葉にあるとおり、政権掌握直後から始まった一連の刑事立法が、民族の敵に対する「刃こぼれのない鋭利な武器」として、それに相応しい政治指導部の期待に沿う有効な機能を発揮しうるか否かは、いうまでもなく、現実に審理と処罰を担当する刑事司法の行動如何にかかっていた。それ故、『刑法典』の改正を中心とする実体法の領域における一連の立法作業と平行して、司法制度の領域での改革作業が進められたことは当然のことであった。

そのための最初の大きな立法措置が、「国民高揚の日」と名付けられ新政府の発足が厳かに祝われた同じ一九三三年三月二一日、「敵対的勢力による国家と党に対する陰謀的攻撃の強力かつ迅速な鎮圧」を目的に(256)ライヒ政府により公布された『特別裁判所設置令』である。命令は、各上級ラント裁判所の管轄区域毎に、三名の職業裁判官から成る「特別裁判所」の設置を宣言し、『民族及び国家の保護のための大統領令』及び『国民高揚の政府に対する陰謀的攻撃を防衛するための大統領令』が規定する重罪及び軽罪の管轄権に関し、それがライヒ裁判所又は上級ラント裁判所に属さない限りにおいて、特別裁判所に帰属するものとした。さらに、それぞれの特別裁判所毎に「特別公訴官庁」の設置を命じるとともに、具体的な訴訟手続きに関しても、「刑事訴訟法及び裁判所構成法の規定を準用する」としながらも、「迅速な審理と処罰」の実現を目的に、通常の裁判において必要とされる重要ないくつかの法的手続きを免除する措置を講じている。即ち、「拘留命令に関する口頭弁論」、「予審」、「公判開始の決定」につき、それぞれ、これを「行わず」あるいは「必要としない」とし、「証拠調べ」についても、「事件の解明のため証拠調べを必要としないとの確信を得た場合」、これを「拒否しうる」とする。また、上訴に関しても、「特別裁判所の決定に対してはいかなる法律上の救済も認めない」とし、これにより、判決は言い渡しと同時に確定し、ただちに執行可能なものとなった。

これらの新たな措置から明らかとなることは、特別裁判所にとって裁判の「客観性」はもはや第一義的な問題ではなくなったという、この事実である。クローネも法律を解説する中で、「一切の法の目的は、結局のところ、民族共同体の保護と維持への奉仕にある。もし、特別裁判所が、客観性の要請に基づき、国家と国民の保護の必要性といった事柄を顧慮することなく、自らの職務を果たすことができ、それはばかりかそうすることが求められていると信じるならば、それは自らの役割を誤解するものといわざるをえない。裁判官の任務は、国家のすべての活動が定位すると同じ目的、国家と民族の維持並びに保護の実現にもっぱら奉仕することにある」とする。[257]

当初、公定の注釈書が、「民族のあらゆる階層の者が一致団結した運命共同体に統合されることにより、やがて特別裁判所の役割は徐々に減少することになるにちがいない。それ故、特別裁判所は過渡的現象とみなされうる」としていたが、[258]その後の特別裁判所の歴史は管轄権拡大のそれであった。政治的敵対者や裏切者を対象とする一連の刑事特別立法、たとえば、『政治的暴力行為防止法』、『ドイツ民族経済への裏切に対する法律』、『法的平和保障法』、『四カ年計画実施法』、『戦時経済令』、『街路強盗法』、『ラジオ放送令』、『民族の害虫令』等がそれぞれに規定する犯罪の管轄裁判所を特別裁判所とし、さらに『刑法典』が規定する通常の非政治的犯罪についても、一九三八年一一月二〇日の『管轄権拡大令』は、陪審裁判所又は下級裁判所の管轄に服する重罪に関し、公訴官庁が「行為の重大性又は非難性又は人々の間に惹起された激昂を斟酌した結果、特別裁判所による迅速な判決が命じられている」と判断したことを条件に、また、一九三九年九月一日の『裁判所の構成及び司法の領域における措置に関する命令』は、軽罪を含め、公訴官庁が「当該行為により公の秩序及び安全が特別重大に危殆された」と判断したことを条件に、特別裁判所への公訴を可能とした。その後、一九四〇年二月二一日の『管轄権令』は、こうした度重なる管轄権の拡大により「法実務にもたらされた重大な困難と不確実性」の解消を目的に、[259]個々の犯罪につき管轄権の整備を行うとともに、これら特定の犯罪以外の重罪及び軽罪に関しても、公訴官庁が「行為の重大性又は非難性を斟酌し、人々の間に惹起された激昂又は公の秩序もしくは安全の故に特別裁判所による迅速な判決が命じられているとの判断を下した」場合、これを特別裁判所の管轄に服するものとした。

二　民族裁判所

特別裁判所の設置及び管轄権拡大の背景には、客観性ではなく「合目的性」を基本原理とする新たな裁判観の登場の他、闘争時代に法律顧問のフランクを相手に、「法律家は私にとって理解しがたい輩である。君が既に若い頃から人生を条文を通して眺めようと欲していたなんて、おぞましいことだ[260]」と語ったことに象徴されるように、ヒトラー等政治指導部が当初から抱く裁判所や裁判官に対する不信感があった。そうした不信感を一層増幅させ決定づけたものが、「国会放火事件」に対する一九三三年一二月二三日のライヒ裁判所の判決である。「自供」に基づいて有罪を宣告されたヴァン・デア・ルッベを除き、ドイツ共産党議員団長トルグラー及び三人のブルガリア人共産主義者を無罪とせざるをえなかった第四刑事部の審理と判決に対し、『フェルキッシャー・ベオバハター』はただちに「ライプツィヒの誤った裁判」と題する抗議声明を発表した。「判決は民族の法感情に照らせば明らかに誤った判決である。それは今日のドイツにおける国政上の法意識に何ら合致するものではない。……こうした誤った法律的手続きの結果、ドイツにおける共産主義がナチズム革命によって打倒されず、その支持者が叩きのめされないとするならば、共産主義の危険をドイツから排除することは不可能なままに終わるであろう。したがって、今回の判決は、他の一切の判決以上に、既に克服されたはずの民族と無縁の自由主義的思想の枠組からいまだ抜け出せないわれわれの法生活に対する根本的変革の必要性を、誰の眼にもはっきりと明らかにしてみせたのである[261]。」

たしかに、これは、時代遅れとなった司法の抜本的改革を狙っていたナチスにとって、向こうから転がりこんできた「絶好のチャンス」であった。「われわれはこの判決から結論を引き出す術を知っているし、そうすることができるのだ」との『フェルキッシャー・ベオバハター』の言葉は、それから四ケ月後、翌年四月二四日の『改正刑法・刑事訴訟法』の中で現実のものとなる。既に紹介したとおり、この改正法により大逆罪及び背反罪に関し『刑法典』の全面的改正を実施したライヒ政府は、同時に、これら二つの犯罪に対する管轄権をライヒ裁判所から取り上げ、新たに設置を命令した「特別の裁判所[262]」としての「民族裁判所」に付与し、これが「第一審かつ最終審として審理及び判決の権限を有する」ものとした。民族裁判所の構成に関しては、「公判においては裁判長を含む五名の裁判官、それ以外においては裁判長を含む三名の裁判官をもって決定を行う」とし、この内「裁判長及びもう一名の裁判官は裁判官資格を有することが必要である」とすることにより、いわゆる「素人裁判官」の登用に道を開いた。この理由として、『ドイツ法曹新聞』は、「民族裁判所が管轄権をもつことになった犯罪の特徴が、判決への民族同胞である素人裁判官の直接の参加を特別な程度において望ましいものとさせた」ことを挙げている[263]。訴訟手続きに関しては、「第一審としてのライヒ裁判所における手続きに関する裁判所構成法及び刑事訴訟法の規定を準用する」としながらも、特別裁判所の場合と同様、いくつかの特別の措置がとられている。たとえば、「弁護人の選任」につき、「民族裁判所の裁判長の許可を必要とする。この許可は取り消すことができる」とし、また、「予審」、「公判の開始の決定」に関しても、それぞれ、「公訴官庁の裁量に基づき公判の準備のために不必要である場合、これを行わず」あるいは「必要ない」ものとした。

『改正刑法・刑事訴訟法』から二年後、ライヒ政府は改めて「民族裁判所に関する第二の基本法」[264]である『民族裁判所法』を公布する。これは「国内外の悪意をもった非法律家により流布された例外裁判所との悪評」の払拭[265]と「その課題に相応しい形式の付与」を目的とするものであった[266]。もっとも、冒頭で「民族裁判所は裁判所構成法の意味における普通裁判所である」と宣言したものの、「悪評」の基となった素人裁判官の制度には何ら手は付けられなかった。法律は、「裁判官たる資格を有し、満三五歳に達する者でなければならない」「終身」の「専任構成員」である「一名の長官、必要な数の部長及び所員」の他に、それらと並んで「法務大臣の推薦に基づき指導者兼ライヒ首相により任命される」「任期五年」の「名誉構成員」、要するに素人裁判官を引き続き残存させることとした。これ以外にも、法律は、裁判の円滑な遂行を確保するため必要に応じて常任裁判官を臨時的に「補助裁判官」として配属することを定める。裁判官の数は、一九三九年一月一日時点において、長官一名、副長官一名、部長二名、所員八名、補助裁判官五名であり、一九四四年には新たに所員が一名、補助裁判官が二〇名加わっている。これらの裁判官に対し名誉裁判官の数ははるかに多く、一九三九年には九五名、五年後には一七三名を数えるまでになった[267]。

一九三五年六月二八日の『改正刑事訴訟法』等の個別の立法による管轄権の拡大に伴い、全体的な整備が、特別裁判所のそれと同様、一九四〇年二月二一日の『管轄権令』により実施されている。民族裁判所に排他的な管轄権が付与された犯罪は以下の通りである。①大逆罪（刑法第八〇条乃至第八四条）、②背反罪（刑法第八九条乃至第九二条）、③指導者兼ライヒ首相に対する攻撃（刑法第九四条第一項）、④国防手段に対する重大な侵害及び友好国軍隊の危殆化（『ドイツ民族の国防力保護のための刑罰規定補充に関する命令』第一条及び第五条)、⑤大逆罪、背反罪及び国防手段破壊罪の不告知に関する重大なケース（刑法第一三九条第二項)、⑥『民族及び国家の保護のための大統領令』第五条第二項第一号に定める重罪、⑦『経済怠業法』第一条第一項に定める重罪。この後も、『戦時特別刑法令』第二条に定める「スパイ行為」、「公然たる国防力破壊」行為、第五条第一項第一号及び第二項に定める「故意による国防義務離脱」行為等が同様に民族裁判所の管轄権に服するものとされた。

民族裁判所の課題と本質は何であったのか。『フェルキッシャー・ベオバハター』の編集長であり突撃隊中将でもある民族裁判所裁判官ヴァイスが『ドイツ法』に掲載した「ドイツライヒの民族裁判所」と題する論説に明らかである。「司法にとって、犯罪的行為により国家の存立を害し覆す恐れのある分肢の攻撃から国家と国民の全体を保護することより以上に重大な任務は存在しない。それ故、ナチス国家が、権力掌握後、政治的な領域で生じるもっとも重大な犯罪行為に対する裁判のために特別の裁判所を設けたことは十分根拠のあることであった。」そのことは、とりわけ権力掌握以前のライヒ裁判所の実際を知る者にとっては自明の事柄であったとヴァイスはいう。「〔ナチスによる政権掌握以前〕ライプツィヒの法廷で行われたこれまでの裁判は国政的観点から見て何ら満足すべき結果をもたらしうるものではなかった。何故なら、ライヒ裁判所もまた、その活動と傾向において、ワイマールの民主主義的国家を支配した政治的精神的根本態度により毒されていたからである。ライプツィヒでの背反罪に対する裁判は、通例、ただちにライヒ国会での政党間の論争を招き、インチキ新聞の恥知らずな煽動を惹起する、そうしたスキャンダラスな出来事と化した。ナチスによる権力掌握以前、至るところで見られたこうした法的な不安定がわれわれに教えることは、国家というものは、明白な政治的理念との合致をもたない法律の条項の死せる文言によっては決して有効に保護されえないものだということである。」以上の前提からヴァイスは結論する。「この意味において、民族裁判所はドイツライヒにとってナチズム国家の一つの有機的創造物以外の何物でもない。何故なら、それは司法の領域でのナチズムの根本観念の表現形式であるからである。大逆罪及び背反罪を民族共同体に対するもっとも恥ずべき暗殺計画であるとみなし、かつ、それ故にこれらの犯罪をもっとも重大な刑罰でもって打ち倒さなければならないとするナチズムの断固たる決意が、それにより誰の眼にも見える形で表現されるに至ったのである。[268]」

ヴァイスの主張からもうかがわれるとおり、『民族裁判所法』の規定にもかかわらず、民族裁判所は通常の意味での裁判所ではなかった。ライヒ裁判所も或る判決の中で相変わらず民族裁判所を「特別裁判所」と呼んでいたが[269]、その実体は、有り体にいうならば、「法的領域ではなく、むしろ、政治的領域にこそ活動の重点が置かれる」[270]、いわば一つの「政治的裁判所」[271]といった体のものであった。一九三五年に民族裁判所を見学したシャイラーもその折りの印象を、「通常の裁判所というよりも、むしろ、戦地の臨時軍法会議といった趣きをもっていた」との報告に残している[272]。実際、民族裁判所副長官エンゲルトにいわせれば、彼らの役割は基本的に国防軍やゲシュタポのそれと何ら変わるところはなかった。「国防軍の任務が国家の外的存立の保護にあるように、民族裁判所は秘密国家警察と結んで国家の内的存立を保護する義務を負う。したがって、民族裁判所は、国家を保護し保全するという共通の意思において、国防軍並びに秘密国家警察と同盟関係に立つ。」[273]民族裁判所は、ギュルトナーがいうように、「ライヒの外的・内的安全に対する一切の攻撃を打倒し、鎮圧するための闘争部隊」であり[274]、民族裁判所設立四周年記念講演でパリジウス検事があけすけに語っていたように、裁判所の任務は、「裁判することではなく、ナチズムの敵を抹殺すること」にあった[275]。

民族裁判所のもつ裁判所としての特異な性格からして、裁判官に求められる資質や在り様も当然に通常の裁判官のそれから大きく異なる。エンゲルトによれば、すべての裁判官は、「先ず政治家であり、しかる後に裁判官である」といったものでなければならなかった[276]。とりわけ素人裁判官の場合がそうであり、それに相応しい者として、「国家に敵対的な攻撃を鎮圧する領域において特別な経験を有し、民族の政治的建設作業に取り組む勢力と特に親密な関係にある人物」[277]、具体的には、国防軍、警察、党及び党の下部組織の構成員が第一候補であった[278]。一九三九年の時点で在籍していた九五名の名誉裁判官の出身構成は、国防軍関係者が三〇名、警察関係者が四名、突撃隊、親衛隊、ナチス自動車隊、ヒトラーユーゲントの指導者が四八名、その他、主として党の幹部が一三名といったものであった。五年後の一九四四年の場合、新たに労働奉仕指導者が加わった他、戦争の関係であろう、国防軍関係者の割合が減少したことを除けば大きな変化はない[279]。

彼らに求められたエートスは、「卓越した専門的能力」といったものではなく、「気骨、毅然たる態度、政治的な先見の明」であり、とりわけ、「指導者の任務に対する絶対的な信仰」であった[280]。ゲッベルスも、民族裁判所の裁判官を前にした演説の中で、「判決に際し、法律からではなく、犯罪者は民族共同体から排除するとの根本原則から出発しなければならない」との方針を明らかにしていた。「判決が合法的であるか否かは問題ではない。判決が合目的であるか、それが重要である。国家は、もっとも効果的な方法で内部の敵から身を護り、これを叩き潰さなければならない。裁判の第一の目的は、応報、まして改善にあるのではなく、国家の保護にある。裁判の基礎とすべきは法律ではなく、犯罪者は抹殺されねばならないとの断固たる決意である。(281)」

ティエラックがライヒ法務大臣に転出した後、彼に代わって、一九四二年八月に民族裁判所長官の地位に就いたフライスラー以上に、政治指導部の描く理想の裁判官像に合致する者は他になかったにちがいない。フライスラー自身にとっても新たな官職がいかに待望久しいものであったか、就任から間もなく、彼はヒトラーに宛て、「親愛なる指導者閣下！閣下からお与えいただきました職務を開始し、その間、新たな任務にも慣れてまいりました」との言葉で始まる書簡を送っている。「ライヒの安全並びにドイツ民族の内的統一と団結のために、一人の裁判官として、かつまた民族裁判所のすべての構成員の指導者として、すべての者の模範となるよう、忠実かつ全身全霊を傾け努力することこそが、閣下が私に与えられました信頼にお応えする道だと確信する次第でございます。最高裁判権所有者にして、ドイツ民族の裁判官であられる指導者閣下から、閣下の最高政治裁判所における判決の責任を与えられましたことは、私の誇りとするところでありますす。民族裁判所は今後閣下ご自身の分身として、閣下のお考えに沿う通りの判決を下すよう絶えず努力する所存でございます。(282)」

ショル兄妹グループ、ハーヴェマングループ、クライザウアーグループ、一九四四年七月二〇日の抵抗者達に対する周知の裁判の他に、以下に紹介する判決も「多数の中のほんの一例」であったにせよ、「指導者の分身」を自任するフライスラーの法律家としての特異な資質をうかがわせるに足る判決であった。寄宿先の「敬虔なナチス主義者」である女主人一人を相手に、「指導者は病気に罹っている。今やドイツの運命はこうした『狂人』の手に委ねられている。二、三カ月もすれば革命がおこり、そうなれば『指導者、ゲーリング、ゲッベルス、フリックは断頭台だ』、あなたも不愉快なめにあいたくなければ、指導者の肖像を捨てた方が賢明だ」と語ったことの故に、「国防力破壊罪」に問われた或るピアニストに対する裁判の中で、争点となった以下の点、彼の行為がはたして『戦時特別刑法令』第五条第一項第一号――「ドイツ国又は同盟国民族の武力による自己主張貫徹意思を公然と麻痺又は破壊せんと企てた者」――にいう「公然」に該当するものであったか否かにつき、以下の解釈に基づきこれを肯定した。「何故、彼の行為が公然たるそれに該当するかといえば、ドイツ民族同胞であれば、誰であれ、このようなこと

表4
民族裁判所の判決の動向

年	被告人数	死刑	終身刑	10年以上15年以下の重懲役	5年以上10年未満の重懲役	5年未満の重懲役	軽懲役	無罪
1937	618	32	31	76	115	101	99	52
1938	614	17	29	56	111	91	105	54
1939	470	36	22	46	100	89	131	40
1940	1,091	53	50	69	233	416	188	80
1941	1,237	102	74	187	388	266	143	70
1942	2,572	1,192	79	363	405	191	183	107
1943	3,338	1,662	24	266	586	300	259	181
1944	4,379	2,097	15	114	756	504	331	489

(W. Wagner, Der Volksgerichtshof im nationalsozialistischen Staat, Anlage 33.)

を耳にした場合、婦人がそうしたように、もっとも身近にある党や国家の当該管轄部局に話の内容を伝えるであろうということが予想されるにちがいないからである。さらに、わがナチス・ライヒにあっては、あらゆる民族同胞が政治とかかわりあうことを欲するが故に、かつまた、政治的な発言は、良きにつけ、悪しきにつけ、わが民族の政治的な思想の土台の一部を形成するが故に、公然であったと解される。[283]」

フライスラー流の法律解釈に対しては、ティエラックが、『公然』なる概念に対し行われた解釈は余りに広きに過ぎるように思われる。もし政治的な発言の一切が原則として公然と行われたものとみなされるべきであるとするならば、『戦時特別刑法令』第五条第一項第一号に明確に規定された『公然』という構成要件要素はもはや何の意味ももたないものとなる。今後、貴法廷がこのような解釈を主張されないことを希望する[284]」との書簡を送り、注意を促したほどであったが、このような前任者の忠告も、**表4**に見られるように死刑判決の圧倒的増加の故に民族裁判所を「政治的敵対者の抹殺のための純粋なテロ機関[285]」へと変貌させたフライスラーにとって、何ら痛痒を感ずるものではなかったにちがいない。「一九四四年七月二〇日の陰謀者」に対する公判が続く最中、連合軍の爆撃により民族裁判所の地下室の中で生命を落とす数カ月前に行われた『ドイツ民族裁判所』と題する講演では、彼が理想と考える裁判所の使命と裁判の公準が語られていた。「民族裁判所はドイツの政治的安全を保障する最高裁判所である。したがって、裏切からライヒを保護し、闘争力の破壊から民族を保護すること以外に、生存と自由を賭けた今日の戦いの中でわれわれに与えられた課題はない。……判決に際しわれわれが依拠すべき公準を、われわれは直接ナチズムの共同体感情から受け取る。……われわれが民族の魂の内的法則に基づいて判決を下す時、真面目な民族同胞はわれわれの判決を単に理性的に理解するだけでなく、自己自身のものとして実感することであろう。そうすることにより、われわれの判決はわれわれの民族に対する不断の浄化作用としての性格をもちうるのである。……われわれのもっとも危険な敵は敗北主義である。……裏切者に対する判決の厳格さは戦いの最中にあるわが民族に対する愛である。……ナチズムへの信仰により支えられ、政治的世界観のエネルギーにより鼓舞され、われわれ大ドイツライヒの民族裁判所は、義務の警告者にして、統一と団結への呼び掛け人、内外における民族の力の擁護者にほかならない。(286)」

10　犯罪学的本性に対する人種生物学的闘争

一　常習犯罪者等に対する保安・矯正処分

刑罰は、度重なる刑法改正と特別立法により、その内容がどれほど強化され厳格なものとなろうと、また、特別裁判所や民族裁判所により峻厳な判決が下されようと、犯罪及び犯罪者に対する闘争手段として十全なものではなかった。それというのも、共同体にとっての危険性が明白でありながら、刑罰が何ら効果を発揮しないか、あるいは、責任無能力の故に刑罰を科しえない、そうした犯罪者の一群が常に存在したからである。常習犯罪者や道徳犯罪者、少年犯罪者、責任無能力者等がそうであった。彼らは、大逆犯や背反犯がそうであるように、直接共同体の安全や民族の精神的団結の破壊を意図し目的とするものではないにせよ、主として自己の内面的な「犯罪的性向」――遺伝的な原因によるものであれ、習慣や病気等後天的な原因によるものであれ――に基づいて同種の犯罪を繰り返し、共同体の厄介となるだけでなく、法秩序に対する民族同胞の信頼を脅かし、共同体の統一と団結を破壊する、いわゆる「性向的犯罪者」であった。彼らもまた共同体秩序に自らを接合させる意思や能力をもたない者として、全体人格が刑法評価の対象とされるべき、背反犯や民族の害虫等と並ぶ、「種的変質者」のもう一つの、おそらくは、量的にはより重要な類型であった。先に紹介した犯罪原因を生物学的な変質に見るニコライやフランクの犯罪者観は、これら常習犯罪者等を対象とする立法の中で、ハッキリとその姿をあらわすことになる。

従来の『刑法典』が抱える明白な欠缺、即ち、刑罰一元主義に立脚する結果、犯罪及び犯罪者に対する闘争手段としては刑罰しか知らず、そのため、一方で、明白にそのことが予見できる場合であっても犯罪の発生を手を拱いて待たなければならず、他方で、刑罰を科しえないか刑罰が効果を発揮しない犯罪分肢に対し何ら有効な対抗策をとりえない、そうした欠缺を是正することを目的に、ライヒ政府は、一九三三年一一月二四日、『危険な常習犯罪者に対する法律並びに保安及び矯正処分に関する法律』、いわゆる『常習犯罪者法』を公布し、翌年一月一日から実施するに至った。法律は、刑罰と保安・矯正処分を併用する「二元主義」の立場を『刑法典』にはじめて導入することにより、警察及び司法に対し、従来適切な防衛手段がなかった性向的犯罪者、つまりは、彼らの危険性の拠って立つ「犯罪学的な人格的本性」に対する効果的な闘争のための法律的根拠を提供しようとするものであった(287)。

法律を解説するリーチュの「有責的行為に対する処罰の中に将来の刑法のすべての課題を見ることはもはや許されえない」との言葉に、立法を導いた精神が要約されている。彼は、「行為者が自己の不法を贖罪し、将来的に正しい行いをするべく導かれるというだけでは十分ではない」とする。「侵害された法秩序の再建、行為者の善導と並んで、あるいは、それ以上に重要なことは、刑法にとっての一つの新たな課題、即ち、民族共同体の維持・保全を実現することである。無罪判決を言い渡された精神病者がすぐさま釈放され、再び新たな災いを惹き起こすことが可能となったり、子供に対し暴行を加えるといった忌まわしい性癖を払拭しきれない道徳犯罪者が、刑期を終えた後、ただちに新たな犠牲者として罪もない子供を物色しようとしたり、押し込み強盗を職業とする者が刑務所を出た後、有能な警察官により逮捕されるまで、次々と新たな『仕事』を行ったりすることが許されるならば、それは民族共同体の利益と合致しうるものではない。むしろ、民族共同体は、自己を共同体に組み入れようとしない人間に対し、自らの権利を主張しなければならない。……警察が彼を逮捕することに成功するまで、自己の犯罪的性向のままに生き、全体を犠牲にする権利は誰にも許されることではない。刑法典が刑罰と並んで保安及び矯正の処分を予め備えなければならないのはこうした理由からである(288)。」

『常習犯罪者法』は、性向的犯罪者の中でも量的にも質的にも共同体にとってもっとも問題となる「危険な常習犯罪者」に対して、「刑罰の加重」（第二〇条a）、さらに、「公の安全がそのことを必要とする」場合に、刑罰と併せて「保安監置」（第四二条e）を命ずる。立法者の眼目が、「刑期の終了した者を監置することにより更なる可罰的行為から民族共同体を保護する」ことにあったことはいうまでもない。裁判所による三年毎の審査が求められたものの、その期間は共同体の保護が必要とする限り無限とされた保安監置の根拠は、刑罰のそれとは明らかに異なるものであった。過去の有責的行為に対する贖罪ではなく、「刑罰によっては改善不可能な変質し堕落した」行為者の内面的性向に由来する慢性的危険からの共同体の保護がそうである(289)。

「危険な常習犯罪者」とはいかなる犯罪者をいうのか。法律は、「過去に二度有罪の確定判決を受けた者が新たな故意行為により自由刑に処せられる」か、又は、法の網をくぐり抜け、確定判決を受けることなく、これまでに「少なくとも三度の故意〔による犯罪〕行為を行った」か、そのいずれかの場合につき、「諸行為の全体的評価の結果、危険な常習犯罪者であることが明らかとなった場合……」とするだけで、それ以上の定めはない。

先ず、「常習」犯罪者であることにつき、これが、消極的には、「それまで非の打ちどころのない生活を送りながら、激情にかられ、あるいは、万止むをえない状況のため、自己の本来の性質とは無縁な可罰的行為を犯すに至り、それが彼の人生にとって悔やみ切れない一挿話を成す」、いわゆる「機会犯罪者」から区別されること当然であったが、『理由書』[290]は、積極的な要素として、「犯罪への性向」を挙げ、ライヒ裁判所はこれを次のように敷衍する。常習犯罪者とは、「性格的な素質又は習慣的行為により後天的に獲得された内面的性向に基づき繰り返し犯罪を行い、かつ、繰り返し犯罪を行う性向をもつ人格をいう」と[291]。一般には、同じ類の犯罪の繰り返しが想定されるが、ライヒ裁判所は、「特別に慎重な検討」を要するとしながらも、必ずしも同一種類のものである必要はないとする[292]。

常習的であると同時に、行為者は「危険」な犯罪者でなければならない。この点に関し、常習性がただちに「危険」な常習犯罪者であることを意味するとの理解が成り立ちえないわけではなかったものの、ライヒ裁判所は、「再犯の可能性の存在だけでは不十分」であるとする。「危険は特別な程度において存在しなければならない。単なる可能性というだけでなく、犯罪行為の繰り返し、並びに、そこに示された犯罪的意思の執拗さ、強さに鑑み、彼が今後も有するであろう犯罪的性向により、将来もまた犯罪を繰り返し、法的平和の重大な破壊をもたらすにちがいないとの一定の蓋然性が証明されなければならない。そのため、彼が将来重大な法益を侵害し、あるいは、危険の特別な程度を意味する犯罪的手段を使用し、もしくは、同様の犯罪的力を発揮し、その結果、法的平和にとって特別な危険を生じさせるであろうとの推測のための確かな根拠が必要である[293]。」もっとも、ライヒ裁判所は、その後、若干の軌道修正を行い、犯罪意思の強さ、侵害法益の価値の大きさ、行為の手段の危険性といった要素は行為者の危険性を認定する上で必ずしも重要ではないとし[294]、意思薄弱の故に犯罪を繰り返す精神病質者や精神薄弱者もまた危険な常習犯罪者とみなされうるとの立場をとる[295]。

従来の『刑法典』が、刑罰の存在根拠や加重根拠として、「常習性」の概念を知らなかったわけではない。たとえば、貨幣の裁断、磨削、その他の方法において価値を減じられた貨幣を「常習的に価値の完全な貨幣として流通させた者」に対し軽懲役を規定する第一五〇条、「常習的に贓物故買を行った者」に対し一〇年以下の重懲役を規定する第二六〇条がそうである。しかし、両者の相異は明らかである。第一五〇条等の「常習性」がもっぱら「犯罪行為の実行」と結びついていたのに対し、危険な常習犯罪者のそれは、「犯罪者の内的本質の性向、一つの心的状態を意味する」ものとして、「行為者の人格」と結びつけてとらえられるべきものであった。[296] 行為者が加重された刑罰非難や保安処分を受けるのは、繰り返し犯罪を行ったからではなく、そのことにより、彼が自らの人格的本性に照らし「危険な常習犯罪者である」ことを明らかにしたが故にである。ここでも、行為は、背反犯や民族の害虫等の場合と同様に、行為者の犯罪人格の単なる徴表としての意味しかもたない。

もっとも、危険な常習犯罪者は背反犯等と異なる行為者類型に属するものであった。それというのも、犯罪の規定的本質が「忠誠義務違反」の中に求められる背反犯等にあっては、行為者類型の想定は、民族共同体の存在、そこから生ずる民族同胞に対する規範的要請——共同体への忠誠——を抜きにしては考えられえなかったのに対し、危険な常習犯罪者の場合、刑法評価の向かう先は行為者自身の有する犯罪への「性向」にあったからである。背反犯等の類型が規範的ないしは構成要件的行為者類型の名で呼ばれるものであったとするならば、危険な常習犯罪者の場合、一九世紀末以降自然科学の影響の下に一般に知られるに至った「犯罪学的行為者類型」が問題であった。[297] ライヒ裁判所が、単なる構成要件の充足だけでなく、より積極的に、「行為のそれぞれが、行為者の犯罪的本質、犯罪への性向、つまりは、絶えず新たに犯罪活動への興味を生じさせ、それにより繰り返し犯罪を行わさせる、そうした行為者の人格の中に根ざした内的な犯罪的態度の表現であり、結果であることが明らかにされなければならない」との見解を明らかにしていたことは、[298] 単に法律が「諸行為の全体的評価」を求めていたからだけではなかったであろう。犯罪的性向が「行為者の人格を構成し、人格の核を成し、人格の構造を規定し」、その結果、繰り返される犯罪行為が「いかにも当人の人格に照らし、彼にとって相応しい、まさに彼ならば」といえるものでなければならなかった。[299] 犯罪的性向の原因が遺伝によるものであれ後天的なものであれ、問題は行為者の「犯罪学的な人格的本性の在り様」それ自体にあったのであり、そこに刑罰の加重並びに保安監置の根拠があった。[300]

併科された保安監置の執行は無条件ではない。加重された刑罰の執行により、当該犯罪者が無害化されることもありえないわけではなかったからである。法律は、執行の要件として、「公の安全の必要性」を挙げている。要は、刑期終了時点での「法秩序への直接的脅威」の有無が問題であった。[301] もっとも、ライヒ裁判所は、「危険な常習犯罪者」[302]と認定された者は通例保安監置の対象とみなされうるとする。保安監置の適用除外のためには、「単なる改善の可能性」だけでは足りなかった。[303]「被告人の改善が蓋然的に期待される」こと、[304]あるいは、「改善の希望が非常に高い蓋然性で期待される」ことが必要であった。[305] たとえば、刑罰の執行による性格及び内的態度の改善の期待、年齢を経ることによる犯罪的意思の減退の期待、疾病又は老衰による恒常的な肉体的無能力、釈放後の警察による効果的な監視措置、釈放後の家族の保護等がそうであり、これらの事情の如何が「保安監置の必要性を否定する契機となりうる」ものであった。[306]

　常習犯罪者に対する保安監置の他に、法律が定める保安・矯正処分として、以下のものがある。当人の有する犯罪人格の故に、その存在自体が共同体の安全にとって大きな脅威となるにもかかわらず、刑罰を科しえないか、不十分な刑罰しか科しえない「責任無能力者」及び「限定責任能力者」に対する「療養所又は看護所への収容」（第四二条b）、一般に可罰的行為を行う傾向を有し、そのためしばしば民族共同体にとって恒常的な危険の淵源を成すにもかかわらず、責任無能力又は限定責任能力の故に刑罰を免れ、軽減されてきた「アルコール飲用者」及び「麻酔剤飲用者」に対する「酒癖者矯正所又は禁断療法所への収容」（第四二条c）、一般に消極的受動的な内面的性向により特徴づけられ、生活への意欲を欠き、自らのパンを名誉ある労働によって得ようとする傾向にきわめて乏しく、そのため共同体にとって厄介で負担となる存在とみなされる浮浪者、乞食、常習営利淫行者、労働忌避者等のいわゆる「反社会的人物」に対する「労働留置所又はアジールへの収容」（第四二条d）、病的又は変質的性衝動により強制猥褻、凌辱、強姦等の性犯罪を繰り返し、あるいは謀殺等の重大な犯罪を犯す「危険な道徳犯罪者」に対する「去勢」（第四二条k）、自己の職業もしくは営業の濫用又はそこから生じる義務の重大な違反により行われた重罪又は軽罪の故に三カ月以上の自由刑に処せられ、かつ、将来の脅威に対する社会の保護が必要である場合に一年以上五年以下の期間にわたって執行される「職業又は営業の禁止」（第四二条l）がそうであった。**（表5）**これは、理性を規範とする啓蒙の刑罰思想の否定であり、あの一般施療院や懲治監等による「大いなる閉じ込め」の復活、現代版であった。

　時に自由の剝奪が終身にも及ぶ保安・矯正処分の措置は、「公益は私益に優先する」との共同体思想の端的な表現であった。フライスラーも、「こうした処分が、刑罰と並んで、

表5
通常裁判所による保安・矯正処分の総数

	1934	1935	1936	1937	1938	1939
療養所又は看護所への収容	553	728	880	902	992	1087
酒癖者矯正所又は禁断療法所への収容	97	126	138	150	148	226
労働留置所への収容	1832	1409	1413	1094	1026	729
保安監置	3723	1464	946	765	964	1827
去勢	613	343	230	189	195	238
職業又は営業の禁止	131	158	215	252	269	294

(C. Müller, Das Gewohnheitsverbrechergestz vom 24. November 1933, S.171.)

あるいは、刑罰を超えて、行為者に加えられる一つの害悪であることを承認」しなければならないとしながら、「しかし、われわれがこうした処分を実行するのは、われわれの国家が、真面目で法律に忠実な民族同胞を、共同体に自己を組み入れようとしない犯罪者から保護することを断固決意したからであり、また、正義の観点からして、共同体のために犠牲に捧げられるべきは真面目な民族同胞ではなく、共同体にとっての危険の震源となる当の者に他ならないからである」とする[307]。

ただし、保安及び矯正処分の目的は共同体秩序の保護に尽きるものではなかった。当時、危険な常習犯罪者等のもつ「犯罪学的本性」の原因を、習慣等の後天的な事柄よりも、「変質した遺伝素質」の中に求める見解が支配的であった[308]限り、保安・矯正処分には、共同体にとって重要となるもう一つの役割が存在した。「犯罪に対する生物学的闘争の開始[309]」がそれである。去勢は当然のこと、保安監置等の自由の剥奪が、当事者の「生殖活動からの隔離」を結果するものである以上、変質した遺伝素質を「淘汰」し、将来の犯罪の危険性を根本から取り除く、人種生物学的な機能を果たすものであったこと、見易い道理である[310]。グライスパッハも、既に、一九三二年の国際刑事学会の報告の中で、「新たな運動は、有害者を民族共同体から排除し、その他、生殖の可能性を彼らから剥奪することが問題となる場合、保安・矯正処分といった手段をとることを何ら躊躇するものではない」との見解を表明していた[311]。

もっとも、『理由書』は、「遺伝病を有する犯罪者から生まれる劣等な子孫から民族全体を保護する課題は優生学の領域に属するものであり、刑法のそれではない」との立場を宣明し、ライヒ裁判所も保安・矯正処分を人種衛生学的な目的のために利用することは法律の本来の趣旨から外れるものとしていた[312]。しかし、『理由書』が、同時に、「保安・矯正処分の適用を受けるべき者の大多数は民族にとって負担となる劣等な子孫を残すことによっても民族共同体にとって危険な存在となる」と指摘していた点から判断して、立法者が保安・矯正処分と人種衛生学との関連についてまったく無関心であったと考えることも事理に合わない。『常習犯罪者法』の施行日が、その四カ月前に公布され、犯罪者の一大供給基地とみなされていた精神薄弱者等に対する断種を定める『遺伝病的子孫の誕生の防止に関する法律』、いわゆる『断種法』と同じ一九三四年一月一日であったことも理由のないことではなかったはずである。実際、L・シェーファー等の注釈書も、「望ましくない子孫の誕生の防止」を保安監置の「目的の一つである」と位置づけ[313]、去勢についても、「人種生物学的目的は去勢が命じられるための独立の根拠とはなりえないにせよ、それは〔『断種法』等により今日実施されている〕計画的な人種衛生学的措置を望ましい仕方で補完する機能をもつものである」ことを確認していた[314]。

こうした指摘を待つまでもなく、『常習犯罪者法』と『断種法』の緊密な関係は、立法をめぐる事情を知るならば容易に納得がいく。ライヒ内務省内で『断種法』が計画されていた当初の段階では、対象者に遺伝病者と並んで「犯罪者」が含まれていたという事情がそれである。しかしながら、法律公布の直前になって、ギュルトナーが両者を同列に置くことに強い反対の意向を示したこと、また、断種があたかも刑罰を意味するかのような印象を一般に与えることを避けたいとの内務省の思惑も加わって、最終段階で犯罪者の除外が決定され、それに代わって、『常習犯罪者法』の構想が浮上するに至ったとされる[315]。

結局のところ、二つの法律は、出自を同じくする、いわば「双子の法律」であった。それ故、法律施行の半月前、ライヒ法務大臣が、各ラント行政官署宛てに『回状』[316]を送付し、刑事裁判の過程で被告人が『断種法』の適用を受けるべき者であることが判明した場合に関係官署への通告を義務づけたこと、同じく一九三七年一一月三〇日付の『回状』[317]が、「囚人の遺伝素質等の計画的調査」の遂行と、「その調査結果の刑事司法への利用」を目的に、「犯罪生物学的調査のための機関の設置」を命令し、その調査対象の一つとして、「保安及び矯正、又は去勢の処分を言い渡された者」を挙げていたこと、あるいは、ライヒ内務大臣の一九三九年五月二四日付の『回状』[318]が、ライヒ刑事警察局に設置予定の「青少年犯罪に対する闘争のためのライヒ中央機関」の任務に、「犯罪への遺伝素質を有する小児及び青少年に対する刑事警察による監視」を挙げ、「この意味において、先ず対象とすべきは職業犯罪者及び常習犯罪者の子孫である」としていたことは、当然といえば当然のことであった。いずれにせよ、シュヴァルツ／ノアックが、『常習犯罪者法』を、『断種法』と並べて、「民族の劣等分肢の淘汰のための第一歩」を印した法律であると位置づけたように[319]、保安監置等の処分が当初から「改善不可能な変質・堕落した犯罪者の後を継ぐべき子孫の孵卵所を干上がらせる」[320]、そうした生物学的な役割を期待されていたことにつき疑問はない。

二　戦時における戦いのさらなる展開

『常習犯罪者法』により口火を切られた生来的犯罪者に対する人種生物学的闘争は、大戦中、更なる展開を遂げる。一九三九年一〇月四日の『重大少年犯罪者保護令』は、「犯行の際一六歳以上の少年」につき、検察官は、「成人に対する公判及び決定につき管轄権を有する裁判所に対しても公訴を提起することができる」とし、裁判所は、「行為者が当人の精神的道徳的発達に照らし一八歳以上の者と同一視され、かつ、犯行に際し明らかにされた特別に非難すべき犯罪的心情又は民族の保護がそのことを要求する場合、成人に対し定められた刑罰並びに保安及び矯正の処分を科す」ものと定めた。これにより、「その額にやがて成人した時に反社会的人物となるであろうことが書き込まれている」[321]早熟の犯罪者に対し、成人と同様の死刑等の刑罰、保安監置等の処分が下され、彼らの生来の劣等な遺伝素質を排除し淘汰する道が開かれた。

その後、少年法の簡素化と統一化を目的に、一九二三年の『ライヒ少年裁判所法』に全面的な改正を行った一九四三年一一月六日の『少年刑法令』は、「一四歳以上一八歳未満」の「ドイツ人少年」を対象に、「責任の重大性の故に、又は、行為の中にあらわれた少年の有害な傾向の故に、民族共同体の保護の必要性及び贖罪の要求が刑罰を求める場合、少年軽懲役を宣告する」とし、また、行為者が「一四歳未満」である場合についても、原則として「刑事責任は存在しない」としながらも、「行為の当時一二歳以上」であり、かつ、「非行の重大性の故に民族の保護が刑法上の処罰を要求する場合、少年と同様の責任を追求される」ものとした。この他、先の命令にあった「行為の当時道徳的精神的発達に照らし一八歳以上の行為者と同一視されうる」「重大少年犯罪者」に関しては、一四歳以上の者に限って、「健全な民族感情が行為者の特別に非難すべき心情の故に、また、行為の重大性の故に、そのことを要求する場合、通常の刑法を適用する」とするとともに、新たに「行為の当時、当人の道徳的精神的発達に照らし、いまだ成人と同一視されえないものの、当人の人格及び行為の全体的評価によって少年が性格的に変質した重大犯罪者であることが明らかにされ、かつ、民族の保護がそのことを要求する場合、同様である」との条項を追加した。これは、「一八歳の平均人に達してはいないが、当人の人格発達から見て既に成長が終わり、今後一般成人の精神的道徳的水準への到達を期待しえない」[322]、おそらくは共同体にとってより危険な少年犯罪者からの保護を目的とする措置であった。

むろん、『少年刑法令』等にあっては単に成人と同様の厳格な刑罰威嚇等が問題であったわけではない。より重要な事柄は、少年時に早くも露呈された犯罪学的本性に定位した行為者刑法のより一層の具体化、先鋭化にあった。ライヒ裁判所も、「一九三九年一〇月四日の命令の根本思想は、従来の『少年裁判所法』に定める年齢制限の一般的な引き下げではなく、早熟の少年犯罪者という行為者類型の提示にあった」ことを確認する。[323]『少年刑法令』の場合も同様であった。「行為の当時、当人の道徳的精神的発達に照らし、いまだ成人と同一視されえないものの、当人の人格及び行為の全体的評価によって、少年が性格的に変質した重大犯罪者であることが明らかにされ……」との文言からもうかがえるとおり、少年に対する一般刑法適用の根拠が、彼が犯したあれこれの行為ではなく、彼が「性格的に変質した重大犯罪者」であることに疑問はない。さらに、立法者が、『常習犯罪者法』の場合とは異なり、こうした「変質」の原因を法文上からも積極的に遺伝素質に求めようとしたことは、『少年刑法令』が裁判所に対し「当人の生活状況、家族状況、生活史、民族共同体及び少年共同体での行態、その他一切の事情」の調査を求め、「とりわけ当該被疑者が重大少年犯罪者であるか否か」に関し、「犯罪生物学の知識を有する小児科医師による調査が、また、観察に必要な場合、適当な施設への収容が行われうる」としたところにもあらわれていた。

少年法は、これらの法令により、まったく新たな領域に足を踏み入れた。もっとも、少年法の基本目的が依然として「教育」に置かれていたことは、一九四一年の『不定期刑宣告令』が、少年に対し不定期刑を宣告することが許されるケースとして、「刑の執行中に行われる教育によって当人を再び民族共同体の中に組み入れることが可能となるために必要な刑罰期間が行為の中にあらわれた少年の有害な傾向の故に予め決定しえない場合」を挙げていたことからも明らかである。『少年刑法令』が、「本法律はドイツ人にとって妥当する」とし、適用対象を「ドイツ人少年」に限っていたことも同様の理由によるものであったと思われる。しかし、ティエラックが「ナチズムの観念による限り、教育思想は淘汰思想と密接不可分の関係に立つ」と語っていたように、[324]教育というものが元々少年犯罪者を「有用な構成分肢」として再び「共同体へ組み込む」ことを目的とするものであった以上、逆に、はじめから教育の効果が期待されえないか、刑の執行中にそのことが明らかとなった少年犯罪者に対し、「人種的に価値なき分肢」として「共同体からの排除」が要求されることになったとして何の不思議もなかった。[325]

『少年刑法令』等が、既に少年時に自己の犯罪学的本性を露呈させた、いわば生まれながらの重大犯罪者の危険性を若い芽の内に摘み取ろうとするものであったとするならば、一九四一年九月四日の『改正刑法』は、そうした網の目をかいくぐって生き延びた者、あるいは、成人してから後に自らのもって生まれた危険な性向を開花させた重大犯罪者の脅威から共同体を防衛せんとするものとして、先の少年刑法と補完的な関係に立つと同時に、『常習犯罪者法』に始まった性向的犯罪者に対する戦いの頂点をなすものでもあった。「危険な常習犯罪者（第二〇条ａ）及び道徳犯罪者（第一七六条乃至第一七八条）は、民族共同体の保護又は正当な贖罪の要求がそのことを必要とする場合、死刑に処す。」ここでは、特定の行為者類型――危険な常習犯罪者、道徳犯罪者――が挙げられているだけである。括弧書きによる条文の参照はあるものの、行為についての言及は一切存在しない。それは、同じように行為者の反共同体的人格を刑法評価の対象としながらも、「行為の全体的評価」をその出発点に置いた『常習犯罪者法』、あるいは、「人格」と並んで「行為の全体的評価」を挙げている『少年刑法令』とも異なっていた。今や、ただまったく行為者だけが問題であった。「人は何を行ったかによってではなく、その者が何であるかによって罰せられるのである。[326]刑罰の加重でもなければ、保安・矯正処分でもない、法律が規定する唯一の刑罰としての「死刑」は、そのことの表現であり、結果であった。ティーマンがいうように、「処罰の対象が行為者の人格であり、個々の行為でないとするならば、宣告されうる刑罰は必然的にただ一つしか存在しない」[327]のは当然の理であった。

「唯一の刑罰」の宣告の対象として、それでは、行為者の「何」が問題であったのか。ライヒ裁判所の言葉を借りれば、「生き続けることが共同体にとって厄介となり負担となる行為者の犯罪人格」がそうであった。[328]それも、後天的に獲得された「習慣性」といったものではなく、多くの場合、既に少年時に犯した重大犯罪により露呈された、当該行為者の堕落した人生を運命づける、遺伝的に条件づけられた「劣等性」そのものが問題であった。[329]メッガーは、こうした劣等性を、単なる「種の内部での逸脱」ではなく、その当の者を通常「精神病質者」の名で呼ぶところの「種からの逸脱」、つまりは、文字通りの意味での「種的変質」としてとらえられなければならないとする。[330]そこから生まれる危険性は、単に共同体の安全にとどまらず、共同体の有する遺伝子のプールに対する、それ故、共同体にとってより根源的な脅威としての性格をもつものであった。[331]ダームは、最近の犯罪学の研究の功績は、こうした種的変質と重大犯罪者との間に、また、少年犯罪者と常習犯罪者との間にはっきりとした因果関係が存在することをわれわれに教えた点にあるとする。「家族及び双子に関する研究は、犯罪の原因一般に関し遺伝素質のもつ重要性を明らかにしただけでなく、素因の意義が犯罪の種類により異なるものであることをも示した。常習犯罪者による犯罪と精神病質との関連性は、機会犯罪者の場合のそれよりも本質的に大であり、また、少年犯罪者との関連性は〔通常の〕成人犯罪者のそれをはるかに凌駕することが明らかにされた。周知のように、一卵性双生児の場合、二卵性双生児とは異なり、彼らは通例同じように犯罪を行い、とりわけ双子の一方が年少で犯罪を行いかつ常習犯罪者となる場合には決定的な一致が見いだされる。[332]」

刑罰は過去の不法に対する道徳的非難といった意味での「贖罪」としての性格をほぼ完全に喪失する。種的変質に原因をもつ裏切がいかなる刑罰によっても贖われることがなかったように、あるいは、それ以上に、重大少年犯罪者であれ、危険な常習犯罪者であれ、いわば「宿命的な必然性により罪を犯す」犯罪者に対し、「汝なすべきが故に、汝なしあたう」という道徳的掟を科すことの無意味さはいうまでもない。[333]自由のないところには、メッガーがいうところの「生活遂行責任」の意味においてであれ、行為者の責任を問題とする余地はなかったし、責任のないところに、「贖罪」としての刑罰の成り立つ余地もなかった。元来、責任非難を加えることの不可能なこの種の犯罪者に対し、保安・矯正処分ではなく、なお刑罰が科せられなければならないとした場合、結局、刑罰の根拠は「共同体の保護」以外にはありえない。[334]『重大少年犯罪者保護令』は、成人と同一の刑罰を執行しうる条件として、「特別に非難すべき心情」と並んで「民族の保護が要求する」場合を挙げていたが、『改正刑法』では死刑の根拠として「民族の保護」が「正当な贖罪の要求」に優先し、『少年刑法令』では「性格的に変質した重大犯罪者」に対する一般刑法適用の条件として「民族の保護の要求」だけが登場する。いずれにせよ、右に挙げたすべての場合につき、応報の見地からはそのことが正当化されえない場合であれ、「共同体の保護」が要求し必要とする限り、死刑を含む刑罰の宣告が可能となったのである。

しかし、責任非難を前提とせず、もっぱら共同体の保護という合目的見地からのみ科せられる刑罰は、もはや本来の意味での刑罰ではなかった。ダームは、純粋に「保護・目的刑罰」として、いわば一種の「保安処分」としての性格をもつに至ったと解すべきとする。[335]なるほど、そうはいっても、『重大少年犯罪者保護令』はなお「特別に非難すべき心情」を挙げ、『改正刑法』ではより端的に「正当な贖罪の要求」が登場する。フライスラー等が、贖罪思想の立場から、これらを何とか保護思想と調和させようと試みたのに対し、[336]クレーはこれを純粋に保護思想の立場から解釈可能であり、そうすべきであるという。「一九三九年の命令が重大少年犯罪者と成人との同一視の条件として要求する特別に非難すべき犯罪的心情と民族の保護の二者択一は、コールラウシュの指摘するように、立法者が特別に非難すべき心情につき『厳格な贖罪』を念頭においていたことをうかがわせる。しかし、それにもかかわらず、われわれが従うべきはグライスパッハの解釈である。即ち、行為者の心情、その他の理由により、民族の保護のために、そのことが必要とされる場合、重大少年犯罪者は成人と同じように処罰されることになる、と。グライスパッハの見解の正しさは、たとえ行為者が特別に非難すべき心情の故に処罰される場合であっても、常に問題となるのは民族の保護であるということを明らかにした点にある。……一九四一年の改正刑法の場合も民族の保護と並んで贖罪の要求が出されている。しかし、後者の下に〔フライスラーがそう試みたように〕反社会的衝動にとらえられた改善見込みのない者の淘汰に対する民族の浄化要求というものを理解する限り、ここでもまた保護目的のいささか過剰な潤色が問題となっているにすぎない。[337]」あるいは、より端的に、シュミット＝ライヒナーが解説するように、これらの法令に見られる贖罪思想の残滓は立法者がいまだ古い観念の呪縛から解き放たれていないことの証左としてとらえるべきものであり、「特別に非難すべき心情」等の言葉は「余計な物」、単なる「飾り物」でしかなかったということなのかもしれない。[338]いずれにせよ、『改正刑法』等が、単に『刑法典』のみならず、その二元主義の採用が明確に贖罪思想への定位を表現していた『常習犯罪者法』とも異なる刑罰思想に立脚するものであったと解して間違いはない。

それでは、ここに見られる保護・目的刑罰の実体は何であったのか。それは、危険な常習犯罪者や重大少年犯罪者等を「生殖過程から排除」すること、そして、そのことにより彼らのもつ劣等で危険な遺伝素質を「淘汰」し、ドイツ民族体を生物学的に「浄化」すること以外にはありえない。[339]早くから犯罪と遺伝の関係に注目してきたニコライは、一九三三年に、「遺伝が犯罪に対して演じる大きな役割というものが明らかとなった以上、将来の刑法は、或る特定の犯罪から犯罪者の悪しき〔遺伝〕素質の存在が推論されうるか否かを絶えず問わねばならなくなるであろう。〔このことが肯定された場合〕悪しき〔遺伝〕素質を淘汰することが刑法の課題となる。〔そのため〕かつての刑法制度の下では、追放、つまり共同体からの排除という手段がとられ、その後、死刑が通常となった[340]」と主張していたが、今や、刑罰は、「浄化あるいは淘汰刑罰[341]」として、純粋に人種生物学的な意味と機能を獲得するに至ったのだと結論して差し支えあるまい。リーチュもまた『改正刑法』を注釈する中で、「この点で、われわれは古代ゲルマンの刑法思想への回帰を見ることができる」と指摘する。「そこでは、死刑は種的変質者を可能な限り強力に淘汰するための手段として位置づけられ、公開の死刑は人種の純粋性を保持せんとする衝動に由来するものであった。[342]」

ライヒ法務大臣ティエラックは、一九四三年一月一日付の「裁判官への手紙」の中で、一連の立法の目的が『断種法』等により開始されたドイツ民族体の生物学的浄化の補完、より一層の推進にあるとの見解を明らかにした。「今日、われわれの刑法の思想と行動の中心にあるのは民族共同体の保護である。刑罰は、改善が可能な限り、反社会的犯罪者を威嚇すべきであり、このことが不可能な場合には、彼らを容赦なく死刑判決により共同体から排除すべきである。刑法は、時の経過とともに、自ずから、個々の犯罪に対する懲罰と並んで、その大部分が反社会的、病的あるいは堕落した家族の中から生まれてくる重大犯罪者から民族体を浄化するという課題を引き受けるに至った。したがって、刑法は、民族の淘汰、浄化、健全化を目的とするナチス国家の多くの基本的な諸法律と緊密な有機的連関のうちにある。もし、われわれがあらゆる手段を使って、共同体にとって無用であるというだけではなく、有害でしかない変質した犯罪者の攻撃からわれわれの共同体の健全な〔生物学的〕構成を保護することに努力を傾けないとするならば、われわれが〔『人種法律』により〕ドイツ人の血を有害な人種混合から守ったり、『断種法』により〕遺伝病的子孫の誕生を防止したり、〔『婚姻健全法』により〕結婚に際し入念な健康診断を行い民族の健康を回復させようとすることに、はたしてどれほどの意味があろうか。今日、刑法は重大な民族衛生学的課題をも実現しなければならない。改善不可能な反社会的犯罪者を継続的組織的に排除することにより民族共同体を保護することは、わが民族の自己保存の命ずるところであり、正義の命令である。[343]」「手紙」を受け取った裁判官の誰もが、問われるべきは運命と種の両面にわたる「共同体適合性」であり、刑法及び刑事司法が、今や、訓育と育種の結節点の地位に立ち、人種衛生のための闘争手段として、戦いの最前線に配置された現実を改めて思い知らされたことであろう。

第五章　種共同体の建設――新たな人間類型の生産Ⅱ

1　神の御意思の実現

一　天地創造は終わっていない

運命共同体の建設は、民族の一人一人を、ヒトラーの政治道具、世界観の兵士へと鋳造することに定位されていた。しかし、民族共同体の実現のためには、運命共同体だけではなく、それとあわせて、「種」共同体の構築がはかられねばならなかった。「そのための指導は一〇年や二〇年ではすまないであろう」とヒトラーはいう。「しかし、一〇〇年後には当然の結果として一つの新たな社会的エリートが登場することであろう。この構築が完成し、民族を担う新しい社会層が出現した時、われわれの民族はヨーロッパを支配する権利を手にすることになるにちがいない。それが私の断固たる確信である。(1)」

何故、種共同体の建設が必要とされたのか。改めて確認しておこう。最強最良のドイツ民族の勝利を確実なものとするために、民族の有する人種的価値を量的にも質的にも保護し、より一層強化する必要があったこと、これが一つである。今一つは、「世界観は血によって条件づけられている」以上、運命共同体の実現は血の分裂の克服如何にかかっていたことによる。法律による強制はむろんのこと、教育や訓育の効果もまた限定的なものでしかなかった。ライは、「世界観というものは決して教えたり、学んだりしうるものではない」とさえいう。「世界観は当の人間の遺伝素質の中に前もって与えられているものであり、それを目覚めさせ、さらに助長し、教え、育成することは可能である。しかし、もともとそれを有していない者については、もっとも優れた教育をもってしても決して彼らにそれを獲得させることなどできない相談である。(2)」コベリンスキーが、政権掌握前に、「共同体の形成とは何よりも先ず血にかかわる事柄なのだ(3)」と語っていたように、運命共同体の実現は、種共同体の創出と不可分であり、それなくしては完成しえない、そうした類の課題であった。

合法革命による全国家権力の掌握後、ヒトラーが、繰り返し、「今後われわれはこの国家のためにドイツ的人間を育成しなければならない、巨大な仕事が始まるであろう(4)」といい、あるいは、「ドイツ革命は、すべてのドイツ人が新たに形づくられ、新たに組織され、改造されるまで完成することはない(5)」、「われわれは何百年かけてドイツ民族を改良するであろう(6)」というとき、それは文字通りの意味で理解されなければならない。訓育の目的が世界観の兵士への改鋳であったとするならば、育種の目的は、肉体の内部、それも、筋肉や神経のさらに下、遺伝子そのものに直に働きかける、生身の人間の「現存在」の改鋳にあった。一九三七年の党大会における発言は疑問の余地のないものであった。「ドイツが最大の革命を経験するのは、この国ではじめて計画的に着手された民族及び人種衛生学を通じてである」、そうヒトラーはいう。「ドイツ民族を対象とする人種政策によってもたらされる効果は、われわれの民族の未来にとって、他のいかなる法律のそれよりも決定的なものとなるであろう。何故なら、これは新たな人間を創造するからである。われわれの活動と努力の一切がドイツ民族の保護に振り向けられないとするならば、一体そうした活動にいかなる意味があろうか。ドイツ民族の血の純粋性、純潔性を保護するという、もっとも重要な義務がなおざりにされるならば、そもそも、ドイツ民族に対して奉仕することに一体どんな価値があろうか(7)。」

育種＝生政治学による「新たな人間の創造」、それが、これから始まる種共同体建設の目的であり、課題であった。ニーチェの予言――人間の育種という自然の過程は人間の手に受け継がれごく短い時間に縮減することが可能となるであろう、そして、それはただ地球上のすべての人を対象とする「意識的な実験」並びにより高い人間種による退化した者に対する「戦争」により可能となるとの予言が愈々現実のものとなろうとしていた。世界観相互の戦いに備えて、ハイデガーがそこに近代の本質を見た、「いっさいの事物を算定し、計画し、育種する際限のない暴力を発動させる」、そのときがやってきた。政権掌握の翌年、ラウシュニングを相手に、内輪の気安さも手伝ってか、ナチズム運動の内奥の秘密が紛れもない言葉で明かされている。「われわれの革命は純粋に生物学的価値の承認へと向かう更なる前進の一歩であり、あるいは、最後の一歩である。問題はいかにして人種の頽廃を阻止しうるかである。われわれの誰もが混血し、汚された血という病を患っている。われわれはどのようにすればこの汚れを浄化し、償うことができるのであろうか。……人間は今途方もない変貌の只中に立っている。天地創造はいまだ終わっていない。少なくとも、人間というこの生物に関する限りはそうである。人間は、生物学的に見た場合、明らかに一つの分岐点に立っている。新しい人間の種が今その輪郭をあらわしはじめているのだ。この人間の新しい種にすべての創造的エネルギーが集中することになるであろう。今後、二つの種の間で相対立する方向への急速な分岐が継続的に進行するにちがいない。一方は、人間以下の種へと没落し、他方は、今日の人間を凌駕し、はるか上にまで上昇する。……人間の根源的な呼び掛けに耳を傾け、永遠の運動に一身を捧げる者は新たな人類へと招かれている。ナチズムをただ政治運動としてしか理解しない者はナチズムについて何も知らないに等しい。ナチズムは宗教以上のものでさえある。それは、新しい人間創造への意思である。……政治とは今日文字通り運命の形式である。この淘汰の過程は政治的手段によって促進されうるものなのだ[8]。」

　こうした考えは、ヒトラーだけのものでもなければ、ドイツ国民に秘密にされるべきものでもなかった。ナチスの代表的なイデオローグであったローゼンベルクは、ベストセラーとなった『二〇世紀の神話』(1930)の冒頭で、「新しい生命神話に基づき新たな人間類型を創造する――これがわれわれの世紀の課題である[9]」と宣言していたし、人種政策遂行の最高責任者であるライヒ内務大臣フリックは、ドイツ人女性の人種意識の啓蒙のために出版された『人種とは何か』(1934)の中で、編集者からの「あなたはドイツ民族に対する人種的改良の可能性を信じますか」との質問に、以下の回答を寄せていた。「大戦後の一四年にわたる比類のない苦境にもかかわらず、ドイツ民族がなお国民革命のためのエネルギーを保持していたことを考えた場合、私たちは一瞬たりといえども以下の事実について疑いを抱いたことはありません。ドイツ民族は、自己の有するすべての社会層にわたり、今日依然として十分価値ある遺伝素質及び血を有しており、それらが今日この上もなく重大に差し迫った人種的没落に対する戦いに勝利を収めることを可能にするものであるということです[10]。」

　もう一人、一時期ナチスの協力者となったゴットフリート・ベンの言を紹介しておこう。表現主義文学の代表的詩人で知られる彼は、亡命したクラウス・マンから寄せられた、「あなたは、何故ドイツに留まり、ナチスに協力するのか」との批判に応じたラジオ放送の中で、次のように語っていた。「歴史は、その転回点において、人種の汲み尽くせぬ胎内から一つの新しい人間類型を送り出します。……最近のドイツにおける諸々の出来事につき、重要な事柄は、政治的策略の類などではなく、一つの新たな生物学的類型の出現なのです。ここで問題となっていることは政治形態などではありません。むしろ、人間誕生の新しいヴィジョン、おそらくは、白色人種の古くからの、そして、その最後の大規模な構想が問題なのです[11]。」

　新たな人間の「創造」とは、どれほど奇妙に聞こえたにせよ、文字通りの意味において理解されねばならない。一九三三年に『ドイツ——新たな人間が形成される国』を発表したベルクマンは、表題の「形成（Bildung）」という言葉が多くのドイツ人に惹起するであろう誤解を避けるためとして、「ほとんど余計なことではあるが」と断りながら、「われわれがいう『形成』とは、教養を身につけるといったことではなく、何かプロメティウス的な事柄、つまり、人間を形作る技術を意味するものである」とのことわりを付け加えることを忘れていない。(12)プロメティウスを現代に甦らせる技術が、「人種衛生学（Rassenhygiene）」であり、「人種改良学（Rassenpflege）」であった。ヒトラーは、自ら出版を禁じた『第二の書』の中で、「ドイツ民族を奈落の底から救済しうるものは人種理論から一切の結論を引き出す新たな改革運動のみである」との方針を確認していた。「今日、既に存在し、あるいは、これから生み出されるであろう人種理論の知識や学問的洞察を実際の政治の場に適用する」ことが必要であり、それにより、「民族のもっとも優れた人間及びもっとも優れた徳性を計画的に育成し、〔ドイツ民族を〕より高等な〔民族へと〕品種改良すること」、それこそがナチズムの課題であり、政策である、と。(13)

新たな人間の創造とは、従来、多くの篤農家が、家畜や野菜、果実等を対象に、たとえ経験的にではあれ、遺伝の法則を応用しながら、劣った個体を生殖過程から排除し、選抜された優秀な個体を対象に人工的な交配を繰り返すことによって、彼が望むより優れた遺伝素質をもつ品種を生産してきた例に倣い、(14)ドイツ民族を対象に、民族共同体をいわば「種苗場」や「保護飼育場」と見立て、「育種の思想」を人間に適用することにより、「遺伝的にもっとも優れた者のみが結婚し、民族の永遠の存立を保障する子孫を生産」しようとする企てであったといえば分かり易いであろうか。(15)ダレにいわせれば、「遺伝というものの存在についてわれわれが学んだ以上、育種の掟にわれわれ自身を服させることが健全な人間理性からする当然の帰結」であった。「育種の考えを人間にあてはめることについては、つい最近に至るまで躊躇いがあったにせよ、今日遺伝に関して得られた新しい認識及びわれわれの有する血の聖性に関するわれわれの知識が、育種を国家的理性の基礎とすることを要請している。遺伝に関する知識の適用としての育種が人類の重要な目標とされねばならない。それがわれわれの時代の課題である。」(16)一九三八年の党大会、ヒトラーの演説を聞いた誰もが、神が唯一万物の創造主であった時代が過ぎ去ったこと、そして、「一切の価値の完全な転換」(17)が始まったことを思い知らされたにちがいない。ヒトラーはいう、「われわれのプログラムの頂点には何ら秘密めいた予感といったものはなく、明白な〔人種に関する〕認識けである。

と〔その認識を実行に移す〕断固たる信仰告白が存在するだけである。われわれは、この認識と信仰の中心に、神が創造し賜うた存在の継続的な維持と保護を置くことによって、われわれは、神の御業を助け、神の御意思を実現しようとするものである。[18]」

ヒトラーの大袈裟とも思われる言い回しも、神さえも未完のまま放置した「人間の創造」という未聞の企てに立ち向かう決意と畏れを表現するものであったとするならば、納得がいく。一九三三年の党大会における「ナチズムとは一つの世界観である」との言葉のもつ重要性は、後に続く以下の発言とあわせてはじめて十全なものとなる。「ナチズムは、血、人種、永遠の淘汰法則を英雄的に評価する理論に対し信仰告白するものである。ナチズムの世界観は民族生活のほとんどすべての領域における再構成を不可避とする。人種及び遺伝法則のもつ重要性が今ようやく人類の意識に上りはじめた。この明瞭な認識及び考慮がやがて将来の発展の基礎として役立つことになるであろう。[19]」ダレが同じ党大会でのヘスの発言を基に総括して言うように、「人種問題こそがナチズムの一切の政治的考察の軸」であり、ナチズムとは「まさしく人種理論の適用以外の何物でもなかった。[20]」

二　掟としての育種

それでは、ドイツ民族をより高等な民族へと品種改良する上で、いかなる措置が実行されねばならなかったか。そのためには、先ずもって、今日のドイツ民族を蝕む「血の分裂」の原因の究明が不可欠であった。この問題に取り組んだナチス・ドイツ医師連盟ライヒ指導者の一人であるグロースは、かつて多くの民族と国家を滅亡に追いやった三つのプロセス——人口数の減少、遺伝的価値の質的悪化、混血——のすべてが今日のドイツ民族の中で進行中であるとする。もっとも基本となる「人口数」に関しては、出生数が一八七六年以降ほぼ変わることなく減少し続け、一九〇〇年以降、それは急激なものとなっている。もし、こうした傾向が今後四／五〇年も続くならば、ドイツの人口数は現在の三分の二となり、その結果、「ドイツはもはや強国たりえず、ヨーロッパの中心にあって取るに足りない没落国家へと堕す」ことであろう。このプロセスにさらにドイツ民族の「遺伝的価値の退化」が加わる。平均以上の能力、価値を有する生物学的に健全なドイツ人家族が少数の子供しか生もうとしないのに対し、共同体にとって有害な遺伝素質をもつ劣等な家族は平均三人から五人の子供を生んでいる。もし、今後の一〇〇年間が、ここ数十年の間にわれわれが経験したテンポで経過するとするならば、純粋に理論的に見た場合、「ドイツ民族が精神薄弱者、大酒飲み、犯罪者の子孫で埋め尽くされることは間違いない。」最後に、第三のプロセスとして、「異人種との混血」が登場する。今日一般の人々の想像をはるかに超えるスピードで進行しているドイツ民族への異なる血の侵入は、「人々の中で、家族の中で、個人の中で、集団の中で、至るところで、二つの魂が一つの心の中で相争わねばならない」状況を生み出す。そこから惹き起こされるものは、他民族との生存闘争を勝利に導くべきドイツ民族の内的統一の「動揺と分裂」以外の何物でもない。(21)

諸民族の中で最大最強最良であるはずのドイツ民族が、今日、何故これら三つの負のプロセスに蝕まれることになったのか。グロースと同じライヒ医師指導者であるワグナーによれば、その究極の原因は、ドイツ民族がフランス革命によりもたらされた「平等性の理論」に惑わされ、この地球上の一切の生物を支配する自然の根本法則を忘却したことにあった。つまり、自然というものが、個体のもつ生物学的価値の不平等性を前提に、生殖そのものに制限を加えず、しかし、厳しい環境の中であり余る個体の中から、生存闘争を通して、より優れた者、より純粋な血を有する者を選抜し、逆に、より劣った者、より混合した血を有する者を淘汰し、生物学的に価値ある遺伝素質を有する者だけに生存のチャンスと発展の可能性を与えようとするのに対し、人種間、個体間に厳然として存在する一切の価値的差異を認めない平等主義の精神は、生存闘争の原理を否定し、ドイツ民族の中に選抜や淘汰に代わって「逆選抜・逆淘汰のプロセス」を持ち込み、その結果、隣人愛やヒューマニズムの掛け声の下に、一方で、数少ない個体を維持するべく、本来ならば淘汰されるはずの生存に値しない、生存能力をもたない弱者・劣等者を強者・優秀者の犠牲の下に人工的に保護し、それればかりか増殖しようとさえし、他方で、自然が生み出した人種間の優劣の存在を忘れ、他の劣等人種との混血により自己の民族の血の純粋性と優秀性を破壊させるに至った、そのようにワグナーは結論する。(22)

以上の診断に基づいて、ワグナーは、ドイツ民族の再生のためには何よりも先ず不平等性の原理を一切の民族生活の基礎とし、失われた選抜・淘汰の自然過程を再びドイツ民族の中に導入し回復することが先決であると主張する。(23)具体的には、先のグロースの分析が明らかにするように、「人口数の増加」、「遺伝的価値の保護」、「血の純粋性の保護」が課題であった。そのためには、ドイツ民族の有する遺伝子プール全体を対象に、墨縄を引き、質と量の両面にわたって管理し調整することが必要であった。調整権力、即ち、「生に対し厳密な統制管理と全体的な調整を行う権力」の出番の到来である。合法革命により民族の指導者の地位と権力を確立したヒトラーにとって自在の管理・調整など容易いことであったにちがいない。むろん、これらの政策が実行に移された場合、事柄の性質上、民族同胞一人一人の現存在のもっとも内奥にまで干渉の手が及ぶことは避けられないことであった。文字通り、「党が現存在の幅と深みの全体を支配する」事態の出来であり、人々は、「個人のあらゆる行動、あらゆる欲求が党が代表する公共性によって統制され、個人的幸福の時代が過ぎ去った」ことを実感させられることになるであろう。

ヒトラーは、一九二九年の党大会において、「ドイツで毎年一〇〇万人の子供が生まれ、〔かつてスパルタが行ったように〕その内のもっとも弱い者から七〇万ないし八〇万人が除去されるならば、われわれは民族の力の増大という成果を手にすることになるであろう。逆に、近代が生み出したヒューマニズムの夢想から脱却しえず、自然の淘汰過程を蔑ろにし、弱者を保護し、クレチン病患者の生殖能力を守ろうとするならば、恐ろしい結果が民族を待ち受けることになるにちがいない(24)」との見解を明らかにしていたが、育種＝生政治学の実行は、「道徳観念と人間の精神的定位の巨大な変革(25)」を要求し、それを前提としてはじめて可能となる政策であった。

求められるべきは、「白痴、クレチン病患者、精神薄弱者、常習犯罪者、その他、退化した者、汚染した者等、大都会の人間の屑から敢然と一〇〇万人を篩い分けることができる(26)」、そうした類の精神であった。ヒトラーは、「われわれは残酷にならねばならない」という。「われわれは恥じることなく再び残酷さを取り戻さねばならない。そうすることによってしか、民族の中にある涙もろさやセンチメンタルな俗物根性を追い払うことはできない。もはや、美しい感情とやらに耽っている場合ではない。ドイツ民族が自らの歴史的課題を果たさなければならないとするならば、われわれは彼らに偉大であることを強いなくてはならない。私が厳しい教育者とならねばならないことを承知している。私は自ら厳格とならねばならない。私の課題は、かつてドイツを指導したビスマルクやその他の人達のそれに比べ、より一層困難なものである。今日、民族に課せられた課題の解決についてあれこれ考える前に、私は先ずはじめに民族を創造しなければならない。(27)」このとき、ヒトラーの脳裏に、ニーチェの「彼に偉大な教育者の不気味な特権を認めなければならない。彼は訓育と育種のあらゆる手段を思うがままに使用しうるものでなければならない。そのような教育者は善悪の彼岸にいる」との言葉が去来していたとして、不思議はない。

ダレの本のタイトル――"Zucht als Gebot"――そのままに、「育種」が「掟」と化す、そうした時代が始まろうとしていた。指導者だけではない、共同体に生きる誰もが善悪の彼岸に立つことを求められたのである。ウザーデルは、「ナチズム倫理学の基礎」との副題をもつ『育種と規律』の中で、

「将来どれほどの犠牲が要求されようと恨みをもつことは許されない」と語り、ドイツ民族に対し新たな倫理観の受容と覚悟を要求した。「民族改良へのわれわれの意思がそのことを求めるが故に、多くの憤激は克服されねばならない。より優れた人種となることがわれわれの望みである。そのために必要とされる淘汰をわれわれの生活に課せられた義務法則とみなすことが要求されている。育種と淘汰の思想は道徳と義務の領域へと高められる。何人も神の掟に逆らう意図をもつものでない限り、それを拒否することは許されない。(28)」育種＝生政治学が訓育＝解剖政治学とともに生-権力の両輪を構成し、それらがドイツ民族全体を巻き込み相並んで唸りを上げて回転する、いまだかつて人類が経験したことのない、その在り様をわれわれは目の当たりにすることになる。

2　婚姻の本質と目的

「民族の未来は揺り籠の中にある。(29)」クランツの言葉が端的にあらわすように、将来の人種戦争の帰趨は、何よりも先ず、民族同胞の一人一人が、彼らの指導者アドルフ・ヒトラーの手の中に、彼の意のままになる若くて身体壮健な「未来の戦士」をどれほど多く提供しうるかにかかっていた。ヒムラーは、「一家族が平均四人の息子を持つ場合にはじめて、その民族は戦争を敢行することが可能となる」という。「何故なら、二人が倒れても、なお残る二人が家名を継ぐことになるからである。一家族が一人ないしは二人の息子しか持たない場合、民族に対する指導はあらゆる決断に際し臆病なものとならざるをえない。それは、われわれの経験が教えるところである。(30)」

「揺り籠の勝利」が武器の勝利を生み出し、揺り籠の中でこそ民族の運命が最終的に決せられるのであり、(31)その限り、ナチスにとって、一人一人の母親が生み出す子供以上に有意義な贈り物はなかった。一九三五年の秋、ヒトラーは、ハーメルン近郊のビュッケベルクで行われた収穫感謝祭において、臆面もなく、「特別な収穫」への感謝について語っている。「この年、神がわれわれに贈り給うた収穫は単に経済的なそれにとどまるものではない。われわれはそれ以上の祝福を神から与えられたのである。ドイツ国防軍が再建され、海軍の建設も間もなく開始される。ドイツの都市や村の護りが保障され、やがて、空軍が空からの護りを引き受けることになるであろう。しかし、こうしたこと以上に、われわれは特別な収穫についても感謝を捧げなければならない。われわれは、今この瞬間、何十万というドイツ人女性に対し感謝したい。彼女たちは、彼女たちがわれわれに与えうるもっとも美しい贈り物を与えてくれたのだから。何十万もの幼い子供たちがそうである。[32]」女性はヒトラーにとって「子供を生産する機械」以上のものではなかった。男性の役割が兵士として戦場において民族と祖国のために敵と戦うことであったとするならば、女性の役割は母親として家庭において未来の兵士を数多く生み育てることにあった。「女性には女性の戦場がある」とヒトラーはいう。「彼女たちが子供を生むたびに、女性は国家と国民のための戦いを遂行することになる。[33]」かくして、女性は女性「である」、ただそのことの故をもって、機械装置を構成する不可欠の歯車となり、「子供を生産する」用象として、ゲーシュテルへ配置されることを運命づけられたのである。

ドイツにおいても第一次大戦後に急速に進んだ女性の社会進出という状況に照らし、政治指導部にとって差し迫って必要なことは、女性を再び家庭という「戦場」に連れ戻すことであった。『人種とは何か』の中で、フリックは、編集者の「私たち女性はドイツ民族を品種改良する上でどのような貢献をなすことになるのでしょうか」との質問に答えて、女性の意識の変革の必要についてあけすけに語っていた。「過去数十年にわたって、残念なことに、ドイツの女性は自然に反した誤った理論の破壊的影響の下に置かれてきました。彼女たちは絶えず権利とやらについて聞かされてきたのです。生を享受する権利、自立する権利、男女の平等権といったものが主張されました。そうしたことが彼女たちをますますもって神によって求められている女性としての義務、母たることの、また、新たな生命を生むことの義務から遠ざけることとなったのです。ナチズムにとっては、自らの価値ある遺伝素質を次の世代へ伝えようとしない教養ある学者先生よりも、遺伝的に健全で子沢山な母親の方がはるかに価値あるものなのです。家庭の主婦となること、母となること、そしてまた、健全で輝くばかりの多くの子供を生むことが再び彼女たちにとっての最高の幸福とならねばなりません。それが女性の本来的な本性に合致することなのです。[34]」

啓蒙と宣伝の対象として真っ先に選ばれたのは、当然のこと、未婚の女性、とりわけ、思春期を迎え、これから大人になろうとする少女たちであった。エリザベート・レンツは、一九三四年のナチス教員連盟主催の大会において、今後の女子教育の課題と目的を明らかにしていた。「民族学校における女子教育はもっとも重要な文化的課題のひとつである。何故なら、まさしく民族学校から将来のドイツの母親の多くが生まれるからである。少女たちはやがて新しい世代を生み出し、彼女たちのそうした行為が今日ナチズムの手によって行われている種蒔きの収穫をもたらすことになる。民族学校の女子教育がアドルフ・ヒトラーの精神に基づいて行われたか否かは、こうした世代になってはっきりと示されることになるであろう。……少女の肉体は母たることの要請に応えうるよう育て上げられなければならない。[35]」一九四〇年の民族学校の教授指針には、「女子に対する授業は、女子の発達が既に女性としての特徴を獲得するに至る最後の二年間につき、彼女たちに今後課せられる主婦として母としての課題により強く定位されなければならない」との定めが置かれ[36]、その二年前の高等学校の教授指針では、より明確に、「女子教育は男子教育と異なった規律に基づいて遂行されなければならない」との方針が示されていた。「一切の教科の授業は、女性の本性及び世界から出発し、指導者によって宣言された目的――『女子教育の不動の目的は将来の母たることに置かれねばならない』――に定位することが必要である。……民族共同体の生存がいかに強く女性の存在に依存しているかを理解させ、その際、彼女たちに女性に固有の高い責任と使命が課せられていることを自覚させることが決定的に重要である。こうした責務のもつ重要性というものは、女性が裕福な生活を求め、子供を持つ意思を失った場合、民族は死滅するに至るということが授業の中で明確に示される場合にはじめて正当に評価されるものとなる。[37]」

むろん、指導部が単なる「子沢山」を求めていたわけではない。先のフリックの発言、あるいは、高等学校の教授指針が「遺伝学、人種学に関する授業は女子に関しては特別に重要な課題をもつ[38]」と明記していたように、「遺伝的に健全で人種的に価値ある子供」の誕生こそが重要であった。そのため、『人種とは何か』は男性の選択に際しての女性の心構えを説いている。「私たち妻となり母となる者は、私たちが民族の未来を担っていることを自覚しなければなりません。男性を選択するということは私たちの子供の父親を選ぶということなのです。必要なことは、私たちの子宮の中で誕生する子供たちが幸福で自由な民族の分肢となるということです。『私は母親から血を受け継いだのだ。』子供たちが常に誇りをもってそう告白しうるようでなければなりません。[39]」男性も同様であった。カーデは、「男性はドイツ人男性たるに相応しい眼と心をもって女性を観察しなければなりません」という。「女性は男性にとって性的な玩具や働く動物であってはなりません。むしろ、女性の中に見いだすべきは、自己の民族の永遠の母、ドイツの民族的力の産婦、扶養者なのです。[40]」

もっとも私的であるはずの結婚に関しても、人々は「個人的幸福の時代が過ぎ去った」ことを実感させられたにちがいない。民族同胞の誰もが、「人種という無限の生命の流れとの一致を自覚することの中に自らの幸福を見いださねばならない[41]」、そうした時代が始まった。専属マッサージ師ケルステンを相手に、「国家にとって重要なことは可能な限り多くの子供が誕生することなんだ。子供のない夫婦は強制的に離婚させることが必要だ」と語ったヒムラーは、ケルステンの反論――「国家の利益だけではなく、婚姻当事者の感情といったものにも注意する必要があるのではないでしょうか。もし、国家の手によって強制的に離婚させられるとした場合、彼らはそのことを重大な不幸とみなすことになるでしょう。」――に対し、「ライヒの存立が一人一人の福利や幸福といったことよりも大事な事柄であって、ミューラー夫妻が幸福と感じるかはどうでもよいことだ」と答を返した。[42] ヒトラーもまた、大戦中、取り巻き連を相手に、「信ずべき神の掟があるとするならば、唯一、それは種の維持である」との考えを披露し、さらに次のように語った。「一匹の蠅は何百万もの卵を生み、それらはすべてやがて死ぬ。しかし、蠅という種は存在し続けるのだ。……〔この蠅と同様〕生きるも死ぬも自らの種の維持のためであるということを一人一人が自覚する、そうした状態を生み出すことが私の狙いである。われわれに与えられた課題は、種の生存の維持のために何か特別なことを行う場合、それが人間にとって最大の尊敬に値することであるということを人々に教えこむことである。」[43]

ドイツ人青少年のために書かれたイェルンス／シュヴァープの『人種衛生学入門』の比喩を借りていうならば、民族同胞の一人一人は、男であれ、女であれ、いわば「民族の織機の前に立つ」機織人であった。その事実を自覚し、過去無数の世代の遺伝素質によって織りあげられ伝えられてきたドイツ民族という織り布から悪しき糸を取り除き、それをより良いものへと改良し、できうる限り優れた、より大きな織り布を後の世代へと伝えてゆくことが民族同胞すべてに課せられた責務であり課題であった。[44] むろん、機織人にとって、取り除くべき「悪しき糸」が何であるかを判別することは困難であったろうし、まして、どのような紋様の布を織るかは彼らの判断に任せられるような問題ではなかった。ダレにいわせれば、織機の管理は、「何よりも先ず政治的問題」であった。「遺伝素質の伝達の仕組みがどうなっているかはどうでもよい。遺伝素質の伝達が民族全体及び民族の将来にとって価値ある仕方で実現されるために、いかなる手段が採用されなければならないか、それが政治家にかかわる重要な問題である。」さらに、ダレはいう。「ドイツの社会では一般に遺伝素質が結婚を通して子孫へと伝えられてゆく以上、政治家が、遺伝素質をいわば家事管理人として監督し、可能な限り良き遺伝素質のみを子孫に伝えさせようとするならば、これが可能となるのは、子孫への遺伝素質の伝達がわれわれにとって制御可能となるところ、結婚という場をおいて他にはない。」[45]

かくして、結婚の目的と性格が大きく変化する。「種及び人種の維持並びに増加」、それが結婚の「唯一の意味であり目的」となる。[46]「性欲もまた共同体と無関係に存在しうるものではない[47]」時代がこうして始まった。子供を生むか生まないか、子供の数はどれだけか、どのような子供が生まれるか、どのように育てるかは、夫婦二人だけの問題ではなくなった。スカンツォーニはいう。「人種を同じくし、かつ、遺伝的に健全な二人の男女が相互的な誠実・愛・尊重に基礎を置く永続的な生活共同体の中で結ばれるのは、人種を同じくし、遺伝的に健全な子供を生み、この子供を有能な民族同胞へと訓育することを目的とする限りにおいてである。[48]」かくして、結婚は、両性間の私的な契約、私的な事柄といった性格を喪失する。ヒトラーが「われわれは両性の生活の在り様を統御するのだ[49]」と語っていたように、結婚は「遺伝的に健全な子供の増殖をもっとも優れて保障する制度[50]」として、半ば公的な生活領域へと変化した。「性」が、民族の生の存在根拠として、遺伝子プールの調整根拠として、より強く健全な種を形成し増殖するために、閨房から引きずり出され、白日の下に曝され、公的な関心の対象とされ、公共の財とされ、政治権力の標的とされ、国家により管理される、「性の内政」(フーコー)が愈々その全き姿をあらわしたのである。

オーストリア併合を契機に一九三八年七月六日に全面改正された『婚姻法』は、ライヒ民法典第一三一七条――「婚姻は婚約者双方が戸籍吏の面前において自ら同時に婚姻をなすことを欲する旨を宣言することにより締結されるものとする。」――に代えて、「婚姻はその締結が戸籍吏の面前において行われる場合に限り成立する」との定めを置いた。従来の条項が訓示規定としての性格をもつものでしかなかったのに比べれば、戸籍吏、つまりは、「国家」の積極的な関与の存在を婚姻成立の法的要件としたことに、婚姻が、婚約者間の純粋に私的な契約行為ではなく、「国家法上の高権的行為」へと変化したことがよく表現されている。[51]さらに加えて、「戸籍吏は、婚姻締結に際し、……ライヒの名において、彼らが適法に結ばれた夫婦であることを宣言するものとする」との条項が新たに設けられたことは、これ自体は訓示規定にすぎず、それに対する違反は婚姻の有効性に影響を与えるものではなかったものの、戸籍吏の宣言が、共同体のもっとも小さな細胞である男女の生活共同体の誕生を「祝祭的」に基礎づけ、以後この共同体が「国家の特別な保護」の下に置かれること、つまりは、夫婦の自由に委ねられるものではないことをはっきりと自覚させるものとして、[52]先の条項以上に第三ライヒにおける婚姻にとって「重大な象徴的意味をもつ[53]」ものであった。

3　婚姻・出産の奨励と多子家族の保護

一　民族の存立危機

グロースにより現在進行中とされた三つの没落プロセスの内、差し迫って解決を要する問題に「人口数の減少」があった。人口数が民族の存立の基本である以上、それは当然のことであった。ライヒ統計局長ブルグデルファーは、生物学的に見た場合、「今日、ドイツ民族の生存意思は憂慮すべき衰弱状態に陥っている」とする。差し当たり、一九〇一年と一九三二年の出生数——二〇三二〇〇〇対九七八〇〇〇——の比較だけで十分である。わずか一世代の間に、出生数は半減し、人口千人当たりの比較でいえば、三七人から一五人へとその減少率は一層大きなものとなる。さらに、表面的な出生過剰にもかかわらず、第一次大戦がもたらした今日の年齢構成の偶然性と異常性を考慮した上で出生数と死亡数の差を算出するならば、既に一九二七年の段階で、ドイツ民族は出生不足の状況に陥り、不足数は一九三二年には千人当たり五人にまで拡大するに至った。不足の原因は、経済的、社会的に恵まれた教養ある人々の間で始まり、その後、他の階層にも広がりを見せている「子供二人方式」に求められる。今日の死亡数、婚姻数が今後も同様に推移するとするならば、民族を維持するためには、計算上すべての結婚から平均三・四人の子供の誕生が必要であるが、実際には二・三人の子供が誕生しているにすぎない。もし、このままドイツ民族が二人方式をとり続けるとした場合、基本となる人口数を一〇〇〇人と仮定すれば、三〇年後に六二一人、六〇年後に三八六人、九〇年後に二四〇人、一二〇年後には一四九人、一五〇年後、つまり五世代後には九二人、三〇〇年後には八人となる。これは、今日のドイツの人口数六五〇〇万がおよそ五〇〇万人の規模にまで縮小するということを意味する。以上から、ブルグデルファーは次のように結論する。子供二人方式による意識的な出産制限、意図的な小家族主義がもたらす結果は、「民族の量的な存立の重大な危機である。[54]」

人口数の減少に劣らず、しかも、それが原因となって惹き起こされる厄介な問題に「民族の遺伝素質の退化」がある。自然は、元来、生殖を自由に解放し、同時に、厳しい環境の中で、「あり余る個体の中から最良のものだけを生きるに値するものとして選びとろうとする[55]」のに対し、ひとたび生殖自体が制限され、出生数が減少するや、自然的な生存闘争に代わって、「もっとも病弱な者さえも、どんな代価を払ってでも助けようとする当然の欲望」が生まれてくる。[56]ヒトラーにいわせれば、ヒューマニズムは、「弱者の侍女」であり、「人間存在の残忍な破壊者」でしかない。「採るべき道は出生数に制限を加えず、生き残るべき者をその中から選抜しうるようにすることである。かつてスパルタ人が賢明にも採用した方策がこうしたものであった。六〇〇〇人の彼らが三五万を超える奴隷を支配したという事実は、彼らの有する人種的価値によってのみ可能となったことである。これは計画的な人種保全の結果であったのであり、それ故、われわれはスパルタ国家の中に最初の民族国家を見いださねばならない。病気や虚弱、不具の子供を抹殺することは、それとは逆にいかなる犠牲を払ってでももっとも病弱な者といえども生き永らえさせ、その結果、病的な遺伝素質をもつ退化した種を繁殖させせようとする今日のわれわれの時代の憐れむべき妄想よりも、はるかに人間に相応しいことであり、千倍も人間的なことなのである。」(57)

子供二人方式は、生まれてきた者たちの生存闘争を妨げるだけではない。ヒトラーによれば、そもそも、「もっとも価値ある能力の持ち主は長子や第二子の中には含まれない」のであり(58)、産児制限が惹き起こす「決定的に恐ろしい事柄」は、「民族のもっとも優れた価値ある部分がはじめから抹殺される」点にある(59)。俄には信じ難い主張ではあるが、親衛隊の機関紙に掲載された記事は、ドイツ民族を啓蒙する上で、それなりの役割を果たすものであったのかもしれない。紙面の中央に「母親十字勲章」のイラストを掲げ、その周囲にドイツ人であれば誰もが知っている偉人の顔写真を配置し、それぞれの下にその者が何人兄弟姉妹の何番目の子供であるかの説明を付した上で、次のような解説が付されていた。「自由主義の残忍な発明物である子供二人方式は克服されねばならない。われわれは自問しよう。この子供はわれわれの結合の最善の成果であるか、と。多くの子供を持つ両親だけが自らの血の遺産を最善の方法で未来に伝えるために全力を尽くしたということができる。われわれは、ここで、彼らの生存と活躍を抜きにしては今日のドイツ民族というものの存在を考えることのできない人物の名前を挙げよう。たとえば、音楽家シューベルトは一四人中一二番目の子供であり、郵便制度の創設者シュテファンは一二人中八番目、物理学者ウェーバーは一二人中一一番目、フリードリッヒ大王は一四人中四番目、音楽家ワグナーは九人中九番目、ルーデンドルフ将軍は六人中三番目、詩人メリケは一三人中七番目、哲学者カントは九人中四番目、ライヒ首相ビスマルクは六人中四番目、Uボートの英雄ヴェディゲンは八人中八番目の子供……であった。こうした事実は驚くべきものである。しかし、このことにもう一つ別の事柄を対比させれば、さらに、以下の事実が明らかとなる。上に挙げられた両親に比べ決して劣るものではなかったであろう多くの両親が、二人の子供を持つことで満足してしまった結果、国家と国民に対し偉大な人物を提供する機会をみすみす逃してしまったという事実が、それである。多産の訴えは単なる数に対する崇拝からくるものではない。多くの優れた者が存在することによって、はじめて、その中からもっとも優れた者が選抜可能となる。[60]」

二　堕胎と同性愛、避妊に対する闘争

可能な限り多くの子供を生み育てることが民族同胞の第一級の義務であった。ヒムラーは「四人の男子」を挙げ、シュテムラーもまた「少なくとも四人の子供を持つ家族のみが健全なものとみなされる」とする。[61]そうである以上、「民族から男性と女性を奪い取る」同性愛、「民族のもっとも偉大な果実である子供を騙し取る」堕胎が、当然のこと、「不快な」早急に根絶すべき「犯罪行為」とみなされた。[62]ドイツ警察長官ヒムラーは、一九三六年のドイツ法アカデミーでの講演において、同性愛と堕胎は「単なる個人的な問題ではなくなった」との見解を披露している。「それは、民族の生存にかかわる問題である。かつてオランダやスイスが辿った民族没落の二の舞を避けたいと考えるならば、われわれはこのことを十分に自覚しなければならない。五〇〇万あるいは一〇〇〇万の男性がまともな結婚を行わず、また、毎年数十万という子供が生まれないまま墓場へと送り込まれてゆくような民族が没落することは、火を見るよりも明らかである。[63]」

政権掌握から四ケ月足らずの五月二六日の『改正刑法』は、堕胎の蔓延の防止を目的に、[64]従来からの「堕胎罪」に加えて、「堕胎手段の広告」、「堕胎のための申出」の罪を新たに設け、「堕胎を目的とする薬剤、物品もしくは処置を公然と広告し、推奨し、又は、かかる薬剤もしくは物品を人々の出入りする場所に陳列した者」、「堕胎の実行又は助成のために公然と自己又は他人の助力を申し出た者」に対し、いずれも二年以下の軽懲役又は罰金を科すものとした。さらに、一九三五年六月二六日の『断種法改正法』が遺伝病を有する妊婦に対する妊娠中絶を承認したことに関連し、同年七月一八日の『断種法第四施行令』は、一切の妊娠中絶並びに妊娠から三二週未満に生じたすべての流産又は早産につき、医師、助産婦、その他、肉親を除く関与者に対し、三日以内の官吏医への文書による報告を義務づけた。報告書は各地区の刑事警察へと回送され、犯罪の疑いのある場合、警察による取り調べが行われる手筈となっていた。たとえば、ドルトムントでは、一九三五年に捜査対象となった七四一件の内、四一二人の女性が法律に拠らない中絶を自白したという。[65]

同性愛については、国家の敵、[66]民族を滅ぼすペスト、民族に対する背反罪[67]といった烙印が押されたことからも、ナチスの敵意や嫌悪といったものが読み取れるのであるが、[68]「反自然的性行為に対する強力な戦いの遂行」を理由に、一九三五

年六月二八日の『改正刑法』は、刑法第一七五条――「男性間で行われる反自然的淫行は軽懲役に処す」――を、「他の男性と淫行を行い、又は行わせた男性は軽懲役に処す」と改めた。これは、ライヒ裁判所が、従来、「男性間で（zwischen）行われる淫行」との文言を根拠に、「交接類似の行為」のみを「淫行」に該当するものとし、[69]その結果、取締当局に証明の困難さを強いるとともに、性欲の満足を目的として行われる他の行為、たとえば、身体接触や相互的オナニー等を処罰しえなかったことの反省から、「他の男性と（mit）淫行を行い……」とすることにより、男性間の一切の同性愛的淫行を処罰しようとするものであった。[70]同時に新設された第一七五条aは、特別に重大なケースとして、「暴力」等の脅迫や「雇傭関係に基づく依存状態」等を利用した淫行の強要、「営業」としての淫行、「二一歳未満の男性」に対する淫行等に対し一〇年以下の重懲役を定める。

避妊への対応は、堕胎や同性愛に比べ遅れたものの、政権掌握以前、規制が存在しなかったばかりか、産児制限を目的に避妊のための宣伝が熱心に行われていたという事態への反省から、[71]ライヒ内務大臣代理ヒムラーが、一九四一年一月二一日、『避妊のための処置、薬剤、物品に関する警察命令』を布告し、洗浄パイプ、ペッサリー、軟膏等避妊の用に供する一切の薬剤・物品の製造、輸入、広告、販売、譲渡、さらには、医師その他の者によるこれら薬剤、物品を使った避妊のための女性の身体への処置、放射線照射、注射等の一切の行為を拘留等の刑罰威嚇をもって禁止した。

その後、一九四三年三月九日の『婚姻、家族及び母性の保護のための命令』が、「戦争による人的損失が、より積極的な人口政策の採用と、より強力な民族の生物学的力の保護を必要とするに至った」[72]との理由から、「堕胎、出産能力の破壊並びに妊娠中絶及び防止手段の販売」にかかわる包括的な規制を行っている。堕胎罪に関しては、刑罰強化の他に、「行為者がそれによりドイツ民族の生存力を継続的に侵害した」場合、これを新たに死刑とし、また、出産能力の破壊に関しては、従来、「重大な身体障害」の一つとして、当事者の意思に反して行われた場合に限り可罰的としていたのに対し、「自己又はその者の同意の下に行われた生殖能力又は出産能力の破壊の罪」を新設し、「三ケ月以上の軽懲役、特に重大な場合、重懲役」を規定、さらに、堕胎手段の販売についても、一九三三年の『改正刑法』が、「堕胎を目的とする」薬剤、物品、処置の「公然たる」広告、推奨、陳列行為のみを対象とし、その結果、薬剤等の製造、販売、性病予防薬の流用を取り締まれなかったことの反省から、[73]避妊手段を含めて、「妊娠の中絶もしくは防止のため、又は性病予防のための薬剤もしくは物品の製造、広告、流通の罪」を新設し、

「二年以下の軽懲役又は罰金刑」を規定した。

三　婚姻資金貸付制度

堕胎や同性愛、避妊に対する厳格な刑罰威嚇が、ドイツ民族の性生活をめぐる法意識の正常化のための必要不可欠な措置とされ、人口増加に何程かの役割を果したたにせよ、所詮は補助的な方策でしかなかった。生殖活動が、たとえ閨房から引き出され、白日の下に曝され、公的な関心の対象とされたにせよ、元来、強制に馴染まず、当事者の自主的な判断と自覚に委ねられるべき事柄としての性格を有するものであった以上、ナチス政府にとって、喫緊の課題は、外側からの強制と併せて、婚姻と出産への意欲を向上させるための環境整備にあった。

ライヒ内務大臣フリックは、この問題に関する政治指導部の方針を、一九三三年六月二八日に開催された人種立法のための人口・人種政策専門家会議の初会合の席上において、次のように明らかにしていた。「ドイツの出生数不足は今日猶予ならざる状況に陥っている。大戦後の二人方式は既に古臭いものとなってしまった。ドイツ民族は一人方式、さらには、ゼロ方式へと移行している。」先ず、現在の状況をこのように総括したフリックは、かかる変化の原因をワイマール時代に顕著となったドイツ人の新たな生活意識の中に求めた。「自由主義の精神がわれわれの民族の魂を毒し、家庭生活に対する正常な感覚とか子供を生み育てることへの意欲といったものを破壊してしまった。夫も妻もともに職業を持ち、仕事に出掛ける。彼らは、一方で精神的な教養を、他方で労働、経済生活への参加を希望する。かくて、夫婦にとって家庭生活というものは疎遠なものとなり、放恣な性的自由の中で〔男女の〕平等が実現されると信じ込んだのである。世間はスポーツや仕事で男のように活発な女性を褒め讃えはするが、子沢山の母親に対しては何ら敬意を払おうとはしない。それ故に、夫も自分の妻の中にただ生活を共にする仲間を見るだけで、もはや彼の子供の母親を見ようとはしない。」もっとも、フリックもこうした事態を招いた責任の一半が従来の立法や行政にあることを否定しない。「一家の主人がたとえ不十分とはいえ所得税の一部を免除されながら、それ以前、彼の家族は、子供の数に応じて消費税により、その何倍もの負担を間接的に強いられてきた。その結果、未婚の者、子供のない者は、祖国のために子供を教育しなければならない子沢山の家族に比べ、一人当たり何倍ものお金を自由に消費することが許されるという事態が生まれている。家計の余裕を求めて、何百万もの母親が、しかも、しばしば子沢山の母親が本来の家族の世話を放り投げて労働に従事する一方で、未婚の男性が失業し、公的基金によって援助を受けるといった今日の状況を何としても早急に解決しなければならない。」こうした認識から出発して、フリックは、「人口政策の真摯な再構築」のために、「それぞれの家族が置かれている経済状況、所得の程度に応じて、諸々の援助措置をとることが必要」であり、また、「家族の存在に敵対的な働きをする現在の法律の諸条項を再検討し、家族を援助するに相応しい立法に着手しなければならない」との方針を明らかにした。(74)

この会議の時点、既に、最初の人口政策的措置として、六月一日の『失業解消法』第五章、いわゆる『婚姻奨励法』に基づいて「婚姻資金貸付制度」が実施されていた。これは、経済的理由から結婚できないドイツ国籍を有する青年男女を対象に、家政樹立のための資金として最高一〇〇〇ライヒスマルクを無利子で貸付けるものであった。貸付金は、現金ではなく、定められた販売所での所帯道具——家具、衣服、その他下着を除く所帯の樹立に必要な一切の物品——の購入に必要な購買券の形で、夫となる者に貸付けられ、配偶者それぞれが全額債務者として連帯責任を負った。貸付の条件として、「妻となる者が一九三一年六月一日から一九三三年五月三一日までの間に少なくとも六カ月間国内において雇傭関係にあった」こと、「妻となる者が被傭者としての活動を婚姻時点までに終了する」こと、「妻となる者が、夫となる者が所得税法に定める一カ月当たり一二五ライヒスマルク以上の所得を有しかつ貸付金の全額を返済しない限り、被傭者としての活動を再開しない」ことが、また、返済の条件として、貸付額の百分の一の月額返済が定められた。ただし、返済に関して、その後間もなく、子供一人の誕生により貸付額の二五％の免除と最大一二カ月間の返済猶予が認められ、その結果、毎年一人ずつ合計四人の子供が誕生した場合、全額の返済が免除される計算であった。貸付金の財源確保のために、月収七五ライヒスマルク以上の所得を有するすべての「独身者」(未婚の者、配偶者を失った者、婚姻中に子供が誕生しなかった離婚者)を対象に、収入の種類と額に応じ、所得税とは別に、所得税法に定める「労働賃金」又は「純収入」の二％から五％の「賃金及び俸給受領者婚姻資金拠出金」又は「被査定者婚姻資金拠出金」を徴収することとし、これにより「特別基金」が創設された。その後、拠出金制度に代えて、翌年の一〇月一六日の『改正所得税法』は、所得税収入の一部を特別基金に組み入れることとし、そのため、独身、既婚、子供の有無・人数に応じた詳細な所得税表、賃金税表を設けている。一九三九年二月一七日の『改正法』から、納税額に関していくつかの例を挙げておこう。独身者の場合、課税が年間所得五六〇ライヒスマルクから始まるのに対し、子供のない既婚者の場合は八二五ライヒスマルク、児童軽減措置を受ける子供が二人の家族の場合一四二五ライヒスマルク、児童軽減措置を受ける子供が五人の家族の場合三八〇〇ライヒスマルクであり、この所得額を基準とした場合の税額は、独身者で六四〇ライヒスマルク、子供のない既婚者では三四二ライヒスマルク、子供二人の家族では一八五ライヒスマルク、子供五人の家族の場合では一三ライヒスマルクであった。特別基金への拠出額は、当初年間一・五億ライヒスマルクであった[75]ものが、その後、多子家族への児童補助金制度が実施されたことに伴い、両者合わせて、一九三七会計年度二億ライヒスマルク[76]、一九三九会計年度二・五億ライヒスマルク[77]、一九四〇会計年度三・二億ライヒスマルク、一九四一会計年度以降五億ライヒスマルク[78]へと順次増額されていった。

婚姻資金貸付制度は、早期の婚姻による子供の増殖の他に、この制度が元々は『失業解消法』の一部として導入されたように、男性失業者への労働機会の提供、それによる年間一人当たり五〇〇ライヒスマルクの失業救済資金の負担の軽減、結婚・出産に伴う家具・所帯道具・小住宅・育児用品等の需要の喚起、家具産業・住宅産業等における労働機会の創出、税収入の増加等の多面的な目的をもつものであった[79]。しかし、六月二〇日の『第一施行令』が、貸付条件として、配偶者のそれぞれが、「名誉公民権を有している」こと、「彼らの有する政治的立場に照らし、常に無条件で国民国家のために働く用意のある」こと、「当該婚姻を民族共同体の利益に反せしめると思われる遺伝性の精神的又は肉体的疾患を有していない」ことを挙げ、さらに、大蔵省次官ラインハルトの七月五日の『解説』[80]が「職業官吏団再建法にいう『非アーリア人』でない」こと、七月二六日の『第二施行令』が「申請の時点において伝染病又はその他生命を脅かす病気に罹患していない」ことを付け加えたように、貸付制度は、早期の段階で重心を政治的・人種衛生学的な選別に移すとともに、その後の法改正を通じて、妻の厳格な再就職禁止の緩和、撤廃により、当初の失業解消といった目的を失い、名実ともにもっぱら「若く健全なドイツ民族同胞に早期の婚姻を容易にし、ドイツ民族の増殖をはかり、ドイツ民族の偉大な課題の実現に必要とされる子供をドイツ民族のために提供する[81]」制度へと性格を変えていった。

貸付の可否に関する審査は、地方行政官署がこれを担当し、その際、『第二施行令』は、「遺伝性の精神的又は肉体的障害・疾病」及び「伝染病又はその他生命を脅かす病気の罹患」の有無につき、すべての申請者に対し官吏医による「健康診断」の受診と「婚姻適格証明書」の提出を義務づけた。その後、フリックが、この条項の運用をめぐって生じた混乱の解消を目的に、翌年三月一六日に布告した『婚姻資金貸付申請者に対する医学的検査及び評価の統一化に関する指針[82]』は、婚姻資金貸付制度は今日「家族を樹立しようと企てる人々の間に遺伝生物学的及び保健衛生的選抜淘汰のもつ重要性を自覚させる」役割を果たしているとした上で、改めて、婚姻適格性の検査対象として、「遺伝病の存在」、「遺伝的負荷」、「伝染病の存在」、「生命を脅かす病気の存在」、「当該結婚が民族共同体の利益とならないと思われるその他の事情の存在」を列挙し、それぞれにつき詳細な指針を提示するに至った。たとえば、「遺伝病の存在」に関しては、適格証明書の発行を拒否すべきケースとして、『断種法』が定める精神分裂病等の八つの遺伝的疾患の他に、「重度の精神病質」、「重大な遺伝性体質的疾患」等を挙げ、さらに、個々の疾患の評価に関し詳細な留意事項を付け加えている。その内、「重度の精神病質」については、「性格的逸脱のみならず、反社会的又は社会に敵対的な行態を伴った明白な退行的形態もまた、こうした特徴が職業生活の中で既に明らかとなり、かつ、繰り返しあらわれる限り、この概念に含まれる」とし、「重大な遺伝性体質疾患」については、「若年性糖尿病、肥胖性陰萎症、極端なリンパ体質、早期の重大な耳硬化症、血友病、粘液水腫、明白な幼稚症、重大な甲状腺腫」を該当すべき事例として挙げている。あるいは、「遺伝的負荷」に関しては、「本人に眼に見える遺伝病は存在しないものの、血縁者（両親の一方、二人の兄弟姉妹、近親の血縁者（祖父母・両親の兄弟姉妹）の三分の一以上の者）が高い程度において遺伝可能な健全障害を表わし、過去に表わしたことがあり、その結果、申請者の子孫が平均的住民に比べ相当程度高い蓋然性でこれらの病気の遺伝的負荷をもって生まれてくることが予想されうる」場合を挙げている。

この後、『婚姻健全法』の制定を受け、一九三九年一月一四日に、先の指針の内容の整備と基準の強化を目的に布告された同様の『指針』(83)は、貸付条件を、『婚姻健全法』が定める婚姻障害事由が存在しないこと」、「申請者双方が家族の樹立に相応しい健全性を有し、かつ、当該家族から健全で遺伝的に有能な子孫の誕生と教育が期待されること」、「申請者双方が健全で遺伝的に有能な氏族の出身であること」の三項目に整理した。今回の指針にあって、とりわけ注目すべきは、「健全性」に関して、これまで以上に民族同胞としての共同体的義務の履行能力が強調された点がある。男性に対しては「労働能力」の有無が、女性に対しては「ドイツの母親となる能力」の有無が、両者に対しては「子供の教育に不可欠な肉体的かつ精神的健全性及び性格的適性」の有無の検査が求められた。さらに、本人のみならず、申請者の氏族に関しても、労働の忌避、犯罪、浪費、売春、乞食、大酒飲み、麻薬中毒、賭博好き等の「共同体における生活行態」の検査が求められ、指針は、その理由を、「民族共同体に自己を組み入れ、共同体に対し貢献をなしうるか否かといった事柄が、簡単な医学的検査の結果以上に、当該氏族の有する遺伝的価値全体の評価にとって有効な機能を発揮することがしばしば認められる」からだとする。

婚姻資金貸付の申請者数及び彼らに対する医学的検査の結果がいかなるものであったか。『ライヒ保健雑誌』に掲載された一九三九年上半期における報告を挙げておこう。旧ライヒ、オストマルク、ズデーテンラントの全保健衛生官署において医学的検査を受けた者は、男性一六七〇四九人、女性一七四六七九人、その内、健康上又は遺伝生物学的理由により不合格となった者は、男性三六二〇人、女性四五一八人であった。不合格率は、男性の場合が二・一七%、女性が二・五九%、あわせて二・三五%であった。これは、前年の一・六七%を大幅に上回るものであったが、その理由として、報告書は、先のフリックの新たな指針の適用を挙げている。不合格理由の内訳は、先天的精神薄弱が三六・七七%、精神分裂病が一三・九二%、精神病質が七・〇〇%、遺伝性癲癇病が六・七〇%、遺伝性肉体的奇形が五・六七%で、これら五者で全体の七割を占めていた(84)。

四　多子家族児童補助金制度

婚姻資金貸付制度が新たに締結される婚姻を対象とするものであったのに対し、資力の乏しい「多子家族」の援助を目的に、『児童補助金給付命令』が、一九三五年一〇月一日から「一時児童補助金」を支給することを決定した。これは、条件を満たすすべての子供を対象に、一人当たり最高一〇〇ライヒスマルク、一家族当たり最高一〇〇〇ライヒスマルクを給付するものであった。給付の条件として、「両親と家政を同じくする満一六歳未満の四人以上の子供が存在する」こと、「扶養義務者が家政の適切な整備に必要な物品を調達しえない状況にある」こと、「両親はライヒ公民法にいうライヒ公民である」こと、「両親の経歴及び世評が申し分のない」こと、「両親及び子供は遺伝的な精神的・肉体的疾患をもつものでない」こと等が定められている。申請は、子供の代理人又は子供の扶養を事実上行っている両親の一方により、子供の出生証明書、両親及び祖父母の婚姻証明書等の他に、遺伝的疾患の存在しないことの保健衛生官署による証明書を添付した上で、申請者の居住地又は滞在地の地方行政官署に行われ、管轄財務官署が決定する段取りとなっていた。給付される一時補助金は、必需品購買券の形で付与され、所定の購買所において、寝室及び台所の整備に必要とされる日用家具、質素な家政の整備に必要な所帯道具、羊毛・綿等を素材とする靴下・肌着及び布地、搾乳用の牛・山羊・羊の購入に充てることができた。

一九三六年三月二四日の『第三施行令』が導入した「継続

的児童補助金」制度は、満一六歳未満の五人以上の子供を有する家族を対象に、第五子以降一人につき月額一〇ライヒスマルクの現金給付を内容とする。給付のための経済的条件として、「廃疾保険もしくは疾病保険への加入を義務づけられた勤務に従事し、又は、生計能力の喪失時点においてかかる保険に加入していた」こと、「月決め賃金が一八五ライヒスマルクを越えない」ことが挙げられていた他は、一時児童補助金の場合と大差なかったものの、両親及び当人の遺伝的健全性について何らの条件も求められなかったことが注目される。一九三七年八月三一日の『第六施行令』が給付対象者を給与所得者以外に拡大し、翌年三月一三日の『第七施行令』が所得制限の大幅な緩和と「拡大継続的児童補助金」制度の導入を決定した。これは、三人又はそれ以上の子供を有する家族に対し、継続的児童補助金給付の条件に加えて、両親又は扶養義務者の前暦年度の所得の少なくとも三分の一が所得税法に定める「従属労働収入」、終身年金や期限付年金等の「反復的収入」、生活保護費等の「免税収入」からなることを条件に、継続的児童補助金とは別に第三子以降一人につき月額一〇ライヒスマルクの現金給付を行うものであった。他にも、『第七施行令』は、四人以上の子供を有する多子家族に対する援助の一つとして、「勉学のための教育補助金」制度を実施し、「共同体にとって価値あるドイツ人多子家族の子供の養育を容易にする」ことを目的に、「ナチズムの世界観に照らし特別な援助の必要性が認められる」子供につき、申請者及び子供の所得、財産とは無関係に、中等学校、高等学校、専門学校、大学における授業料の全部又は一部を免除し、通算最高四〇〇〇ライヒスマルクまでの給付を行う権限をライヒ大蔵大臣に付与した。給付条件として、「ドイツ民族又は類縁の血を有する多子家族である」こと、当人が「遺伝的に健全であり、将来有用な民族同胞に成長する見込みのある」こと、「精神的及び性格的な発展の可能性を有する」ことが挙げられていたのは、立法目的からして当然であった。[85]

これらの補助金制度が当初の目的を達成したかについて、レンツが、一九三九年一月二六日の人口・人種政策会議において、「なるほど、児童補助金は全体的に見れば歓迎されたものであったにせよ、有能な夫婦のほとんどが補助金の給付を理由に子供を新たにつくるということはなかった。むしろ、劣等な者たちが補助金目当てに子供をつくるといった危険性は当初から予想されるところであった。したがって、児童補助金は容易に逆淘汰の働きを演じ、結果として人種的退化をもたらすはめに陥ってしまった」と否定的な評価を下していたが、[86]既に、この会議の前後、ライヒ政府は補助金制度の全面的な見直し作業に入っていた。

一九三八年一二月二〇日の『第九施行令』が、一時児童補

助金の給付を、制度の一応の目的達成を理由に、農業開拓者等の「民族の観点から見てもっとも必要と思われる」家族に限定したことに続き、一九四〇年一二月九日の『児童補助金命令』が継続的及び拡大継続的児童補助金制度に全面的な改正を加え、二一才未満の子供を三人以上有する無制限所得税納入義務を負う家長を対象に、第三子以降一人につき月額一〇ライヒスマルクの給付を決定している。ここでは、要件として、これまでとは異なり、家長が「ドイツ国籍を有するか、ドイツ民族に属する者である」こと、子供が「ドイツ人又は類縁の血を有する」ことが求められ、さらに、「下級行政官署は、給付が命令の目的〔健全で共同体にとって価値あるドイツ人家族の振興〕と合致しない場合、ナチス党地区指導部及び保健衛生官署との協議に基づき給付を拒否することができる」とした。

五　遺伝的価値に基づくドイツ民族の再編成

均一的な援助からの転換は、フリックが一九四〇年七月一八日に布告した『遺伝的健全性の評価のための指針』[87]により決定づけられた。注目すべきは、当該家族の実体に即した援助の是非・内容を決定するための手掛かりとして、ドイツ民族の家族を、「有用性」の観点から、四つのグループに分類したことがある。「共同体に異質な反社会的家族」、「共同体にとってその存在が我慢しうる家族」、「平均的住民からなる家族」、「遺伝生物学的に特別に価値ある家族」がそうである。「反社会的家族」とは、「構成員の多くが反社会的であり、かつ、当該家族自体が全体として民族共同体にとって厄介となる家族」を指し、「反社会的人物」として、生来的犯罪者、労働忌避者、大酒飲み、売春婦等の不道徳者、経済的に自立不可能な者が挙げられている。反社会的家族は、当然に、一切の援助の対象とはなりえなかった。反社会的家族の対極が、「共同体にとって特別に価値ある家族」である。一人一人が「肉体的、精神的に健全」であるばかりでなく、「血縁者（祖父母、両親、その兄弟姉妹、自己の兄弟姉妹、自己の子供）の中に遺伝的疾患、とりわけ、社会的没落や犯罪、麻薬の常習を惹起するような精神病質が一切存在せず、さらに加えて、家族の構成員の多数の者が職業的に功績を挙げ、社会的に高い地位を有している等、特別に価値ある遺伝素質を有するとみなされる家族」がそうであった。多くの候補者の中から選抜が行われる、たとえば、国民政治教育学校への入学が許可されるのはこうした家族の構成員であった。残り二つの家族が中間グループを形成する。「共同体にとってその存在が我慢しうる家族」とは、遺伝的疾患の出現が稀だというわけではなく、あるいは、明らかに平均以下の能力しかもちえず、したがって、「その者の子孫が民族共同体にとって恵みとは

表6

婚姻，出生及び死亡の変動
(1931–1934 第四四半期)
(人口千人に付，一ヵ年分に換算)

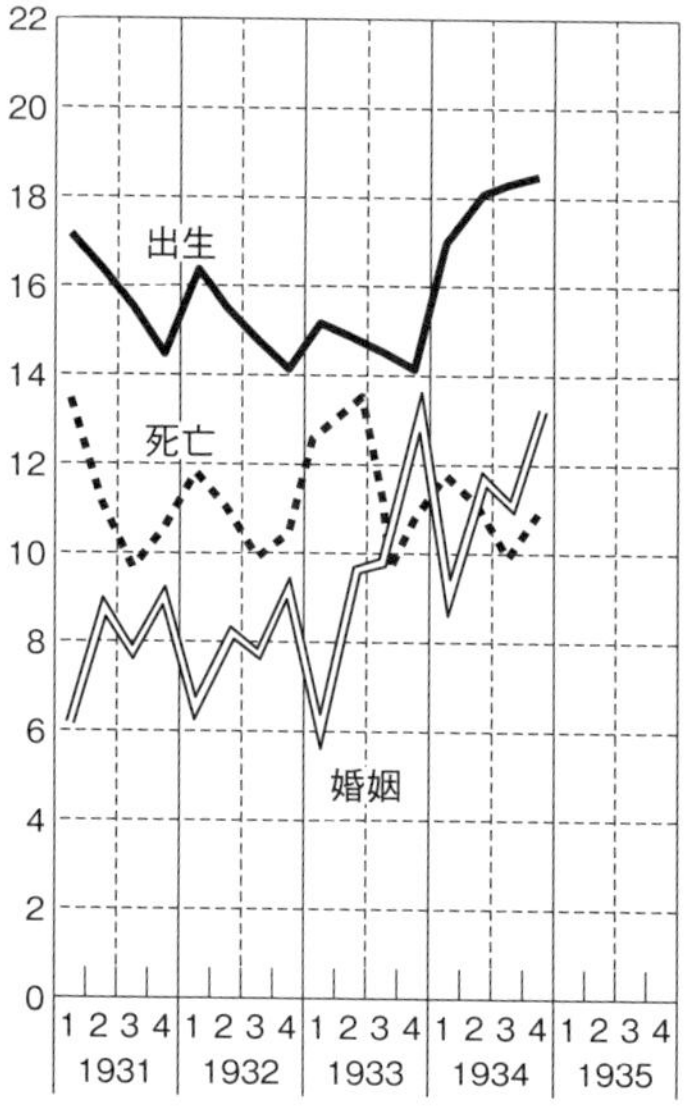

(Wirtschaft und Statistik 1935, S. 331.)

みなされないものの、差し当たり、共同体にとって〔反社会的家族がそうである程には〕重大な厄介となるわけではない」家族がそうであった。指針は、この家族に対しては子供の誕生等を奨励するような措置をとることはできないが、「彼らの将来の労働能力を保全する」ことを目的に、特別な遺伝学的条件の要請なしに、当事者の負担の軽減化のための措置、たとえば、継続的児童補助金の給付が実行されてもよいとする。ドイツ人家族の大多数を占めるグループが「平均的住民からなる家族」であった。「家族〔両親、自己の兄弟姉妹、子供〕の中に、とりわけ多子家族の場合には、子供や遠い親類縁者に遺伝的疾患や社会的逸脱が散発的にあらわれる」程度の家族がそうであり、婚姻資金の貸付、一時児童補助金や育英資金の給付といった「更なる子供の誕生、子供の扶養、教育を直接、間接に援助し奨励する一切の措置」の対象となる。フリックは、既に一九三三年の人口・人種政策専門家会議において、演説の最後を、「われわれは、ドイツ民族体を、遺伝的価値にしたがって編成する勇気をもたねばならない」との言葉で締め括ったが、今回の指針はそれを具体化するものであった。

六　母親十字勲章

ヒトラーは、一九三六年の党大会において、これまでの運動の成果を、「われわれが建設した道路、工場、橋梁、師団ではなく、むしろ、ドイツの子供、青少年、出生数によって評価する」ことを求めると語っていたが[88]、たしかに、**表6**からは、政権掌握以降の婚姻数、出生数の増加を確認することができる。もっとも、ブルグデルファーは、これらの増加のすべてをただちにナチスの政権掌握と結びつけることは適切ではないとして、注意を促す。それは、一九三〇年から三二年にかけての未曾有の経済的危機の中で、結婚を見送らざるをえなかった大量の若者の滞留と無関係ではなかったからである。その数は三年間に約三三万組と推定される。しかし、同時に、ブルグデルファーは、婚姻の増加が単にそうした外的理由だけによるものでもなかったことを承認する。たとえそうした事情があるにせよ、婚姻数の増加は、「まさに、新たなライヒ政府に対する『民族投票』とみなされうる」ものであった。「結婚の成立のためには、単に婚約者の間でお互いの信頼だけでなく、彼らが経済・政治の両面で自分たちの国家の将来に対し信頼を抱きうるか否かが重要となる。こうした信頼が一九三三年一月三〇日以降ドイツ民族の中に再び生み出されるに至ったのである。[89]」同様の理由は、人口一〇万以上の大都市の出産数の増加にもあてはまる。ここでは、既に政権掌握の四カ月後に早くも劇的な変化があらわれている。一九三三年に入り、前年比で毎月マイナス六三七、一五五九、四五九、四五六と推移していた出生数が、五月から、一転して、プラス二一八、二〇二、二四七、七六〇、一一六一……というように増勢に転じる。[90]いささか奇妙にも思えるこの現象もまた「人が想像するより以上に政治の変化と関係がある。むろん、この場合問題となるのは生殖の増加ではなく、堕胎の減少である。これもまた経済及び政治への信頼回復に根拠をもつものであり、さらに加えて、政治的変革に伴う厳格な道徳観念の普及が考えられる。[91]」それでは、婚姻資金貸付制度や児童補助金制度との関係はどうであったのか。ブルグデルファーによれば、それらの効果もまたドイツの将来への希望の回復と無関係なものではない。「援助が重要であり、個々のケースにおいて感謝をもって迎えられたとしても、たかだか五〇〇ないし一〇〇〇ライヒスマルクの貸付金が、もともと結婚への意思をもたず、また、将来への確かな信頼をもちえない人々に婚姻締結を決意させることなど不可能であったろう。[92]」

国家の未来への希望との相乗効果がどの程度のものであったかはともかくとして、婚姻資金貸付制度が実際に出生数の増加に果たした役割の分析・評価については、一九三三年六月三日から一九三七年一二月三一日までの期間を対象に調査したライヒ大蔵省のダンマーの報告が残されている。彼は、先ず、右の期間内に締結された婚姻から生きて誕生した子供の総数を約一九〇万人と算出する。この間、申請に基づき婚姻貸付金の返済の免除を許可されたケースは六六四八六七件であった。つまり、一九〇万人の子供の内六六四八六七人が婚姻資金貸付を受けた婚姻から生まれた子供であったことになる。他方、この期間に締結された婚姻総数は三〇五六八六〇件、その内婚姻資金貸付を受けた婚姻が八五三〇一六件であり、これは全体の二七・九%にあたっている。したがって、単純に見積もれば、婚姻資金貸付を受けた婚姻から期待される出生数は一九〇万人の二七・九%、五三〇一〇〇人という計算になるはずである。ところが、これらの結婚から実際に誕生した子供の数は六六四八六七人であり、したがって一三四七六七人が平均より多く誕生したことになり、これは婚姻資金貸付を受けなかった婚姻に比べて二五・四％も多い数字であった。「四年半の間に一三五〇〇〇人の出生増が実現された」とダンマーは結論する。「それは、これまでに行われた人口政策の成果であり、このことは、われわれの民族の存立の確保に、また、大ドイツライヒの勢力の発展に効果を発揮するにちがいない。婚姻奨励法の制定にあたった大蔵省次官ラインハルト並びに婚姻資金の貸付に従事したライヒ大蔵省のすべての人間にとって、この成果はともに誇りとしうるものである。[93]」

人口数の増加が行政担当者の努力に対する報酬であったとするならば、「母親十字勲章」が、ナチスの要請に従い、ヒトラーの手の中に、「特別な収穫」として、彼の意のままになる数多くの「未来の戦士」を与えたドイツ人母親が、自らの労苦の見返りとして、手にした名誉の徴であった。一九三八年の党大会において、ワグナーが、「多くの子供を有するドイツ人母親に対し前線兵士と同様の名誉ある地位が与えられなければならない。民族と祖国のために彼女たちが捧げた生命は戦いの中で捧げられる前線兵士のそれと何ら変わるものではない」とし、子沢山の母親の顕賞の必要性を明らかにしたことを受け、同年一二月二五／二六日の『フェルキッシャー・ベオバハター』は、ドイツ民族のために多くの子供を生み育てた母親に対する「指導者ヒトラー及び民族全体の感謝の目に見える表現」として、「ドイツ母親十字勲章」の創設と翌年からの実施を報じた。[94]

勲章というものが常にそうであるように、ここでもまた明確な位階づけが施され、四人ないし五人の子供を生んだ母親には銅メダル、六人ないし七人の子供を生んだ母親には銀メダル、八人以上の子供を生んだ母親には金メダルがそれぞれ授与されることとなっていた。むろん、子どもたちはドイツ人の血を有し遺伝的に優秀でなければならなかったし、母親も同様であった。彼女たちには、公共交通機関における座席の優先利用や公的祝賀行事での優遇措置等の特権が付与され、また、青少年に対しては彼女等への街頭でのヒトラー式挨拶が義務づけられた。[95]最初の授与式に一九三九年五月二一日の「母の日」が選ばれた。指導者から、直接に、あるいは、各地区政治指導者を通じて、「ドイツ民族の名において」授与され、母親の胸に飾られた勲章の真ん中には“DER DEUTSCHEN MUTTER”という言葉に縁取られたハーケンクロイツが輝き、裏面にはアドルフ・ヒトラーの署名とともに次の文言が刻印されていた。“Das Kind adelt die Mutter!”[96]

4　遺伝病者に対する断種と妊娠中絶

単に子沢山であるというだけではない。遺伝的に優秀な価値ある子供の誕生こそが重要であった。そのため、婚姻資金貸付制度及び一時児童補助金給付制度が当事者に対し「遺伝性の精神的又は肉体的疾患を有していない」ことの証明書の提出を義務づけたのではあるが、医師による診断が貸付や給付を希望する者に限定され、たとえ何らかの疾患が発見されたとしても、当該の婚姻や今後の出産そのものを阻止しうるものではなかった限り、これらの制度もドイツ民族の遺伝的価値を保護し強化する上で決して十分なものとはいえなかった。『我が闘争』は、既に、強制力をもつ人種衛生学的措置の実行が将来の民族国家にとって必要不可欠な課題となるであろうことを予告していた。「民族国家は、ただ健全である者だけが子供を生むべきで、病身であり欠陥があるにもかかわらず子供をもうけることはただ恥辱であり、むしろ、それを断念することこそが最高の名誉であるということに留意しなければならない。その場合、民族国家は何千年もの未来の保護者であることを自覚しなければならない。個人の希望や利己心は、この未来を前にして、何ら尊重するに値しないものであり、引き下がらなければならない。民族国家はこうした認識を実行するために最新の医学的手段を利用すべきである。民族国家は、何か明らかに病気をもつ者や、遺伝的障害をもつ者、負担となる者に対し生殖不能と宣告し、これを実際に実行しなければならない。(97)」

規範による身体と精神と知識の彫琢でもなければ、世界観による人格の彫琢でもない、人間を形づくる遺伝子そのものの彫琢が問題であった。ライヒ内務大臣フリックが、遺伝的劣等者の生殖過程からの強制的排除の必要性と、そのための包括的な法律案が既に出来上がっていることを明らかにしたのは、一九三三年六月二八日の人口・人種政策専門家会議においてである。この時、フリックが、人口増加策の必要性と基本方針について語ったことは先に紹介したとおりであるが、同時に、彼は、「憂慮すべき問題は単に人口数のそれに限られるものではない」として以下の見解と方針を明らかにした。「それと同じ程度において、ドイツ民族の質的な現況が問題とされなければならない。これまで遺伝生物学的な棚卸しが行われたことがなかった結果、あくまで見積もりでしかないものの、およそ五〇万人が重大な肉体的又は精神的な遺伝的疾患を有し、さらに、より軽い疾患に関しては、それをはるかに上回る数の存在が推定されうる。複数の論者の主張するところによれば、遺伝生物学的な観点から見て子孫の誕生を望ましいものではないとみなさざるをえない疾患を有している者の数はドイツ民族全体の二〇%に達する。」さらに、フリックは彼ら劣等者の生殖率の高さを問題とする。「健全なドイツ人家族によって国家の用に供せられる子供の数が今日平均二人を越えないのに対し、精神薄弱者や劣等者にあっては、平均してその二倍、しばしば三倍もの子供が誕生する。」その結果、「有能な価値ある人々の層は世代を経るにつれ徐々に減少し、やがて、完全に消滅するに至るにちがいない。その時には、ドイツの文化も文明もともに死滅することになるであろう。」それにもかかわらず、これまでの国家が行ってきたことは、財政面でも、社会政策の面でも、健全なドイツ人家族を犠牲にし、遺伝的劣等者を保護し増殖するという、まったく逆の動きであった。「たとえば、精神病者一人のために毎日およそ四ライヒスマルク、犯罪者一人のために三・五ライヒスマルク、不具者、聾唖者一人のために五ないし六ライヒスマルクが必要とされるのに対し、未熟練労働者が一日当たり支出可能な金額はおよそ二・五ライヒスマルク、サラリーマンの場合三・六ライヒスマルク、下級官吏の場合で四ライヒスマルクにすぎない。同時に、価値ある家族の経済的負担は、結果として、堕胎や避妊を伴うことになる。個々の病弱者や劣等者を保護するための近代的と称する『ヒューマニズム』や社会福祉政策は、民族にとっては、全体的に見て、この上もなく残忍な結果をもたらし、最後は民族の滅亡を惹き起こすにちがいない。」それでは、具体的にいかなる政策の転換が必要であったのか。「この差し迫った災いを防ぐためには、公的な保健衛生制度全体の変革、医学に携わる者の思想の転換、そして、人種衛生学や人口・人種政策的観点に立った課題の再検討が必要不可欠である。遺伝的に健全な子孫の誕生を増加させるため、われわれが差し当たり行わなければならないことは、反社会的人物や劣等者、治癒を見込めない遺伝病者のための支出を引き下げ、かつ、遺伝的に重大な負荷をもった人間の生殖を阻止することである。……それ故、私は、遺伝的疾患を有する子孫の誕生を阻止するための一つの法律案をここに提出し、本日の会議に引き続いて検討をお願いするものである。」[98]

会議から半月後の七月一四日、ライヒ政府は、『遺伝病を有する子孫の誕生を防止するための法律』、いわゆる『断種法』を公布し、翌年一月一日からの施行を決定した。「生殖能力の剝奪」に関しては、従来、刑法第二二四条及び第二二五条がこれを軽懲役又は重懲役をもって禁止してきたのに対し、五月二六日の『改正刑法』が、第二二六条aとして、「被侵害者の同意に基づいて身体に対する傷害を行った者は、行為が、同意にもかかわらず、良俗に違反する場合にのみ違法に行為したものとする」との条項を設けることにより、暫定的に、断種の違法性を阻却する方策を講じていたところであるが、『断種法』は、「優生学的理由」に限って、例外的ではない、一般的包括的な権限を医師に付与することを内容とするものであった。

『断種法』は、「医学的経験に照らし、その者の子孫に対し重大な肉体的又は精神的な遺伝的障害を与えることが大きな蓋然性でもって予測されうる」八つの遺伝的疾患、――先天的精神薄弱、分裂病、循環性精神病（躁鬱病）、遺伝性癲癇病、遺伝性舞踏病（ハンチントン氏舞踏病）、遺伝性盲、遺伝性聾、重大な遺伝性肉体的奇形――のいずれか一つに罹患する「遺伝病者」、及び「重大なアルコール症に罹患する者」に対し、「外科的手術によって生殖不能（断種）とすることができる」と定める。なお、法律が、重大なアルコール症を、遺伝病から切り離し、独立に断種の根拠とした理由につき、ライヒ内務省第四局（保健衛生及び民族改良）にあって参事官として立法の中心的役割を果たしたギュット――彼は、当時、カイザー・ヴィルヘルム人類学・遺伝学・優生学研究所評議員でもあった――は、過度のアルコール飲用が子孫に重大な肉体的精神的障害を与えることが明らかであるにもかかわらず、その原因に関しては、その者の持つ劣等な遺伝素質の存在に求める見解、あるいは、過度の飲用がもたらす生殖細胞の破壊に求める見解等、研究者の間で異なった主張が行われてきた現状に鑑み、立法者が遺伝性をめぐる「冗長な学問的議論を回避」しようとしたためであったとする。[99]「外科的手術」の方法として、一二月五日の『第一施行令』は、「精索又は卵管の結紮、遮断、切断」を定め、一九三六年二月二五日の『第五施行令』は、女性に限り、三八歳以上である場合、又は、生命もしくは健康に対する危険を伴う特別の事情ないしは健康上の理由が存在し、かつ、保健衛生官署署長の同意のある場合、レントゲン又はラジウムの照射による措置をとりうるものとする。

九つの疾患が例示的であるかに関し、立法理由書[100]は、将来的にはリストの拡充の可能性を否定しないものの、「〔立法者は〕意図的に限定した」として、これをはっきりと否定する。遺伝裁判所の見解も同様であり、たとえば、ケーニヒスベルク上級遺伝裁判所は、「裁判官は立法者により設定された枠組みを勝手に拡大する権限を有するものではない」とした。[101]何故の限定列挙であったのか。ギュット等は法律制定時点における学問的水準を挙げる。「もし、遺伝病に関するわれわれの認識が今より以上に進歩していたならば、そしてまた、医師や裁判官が既に十分の専門的知識を有し、〔「遺伝病者は……生殖不能とすることができる」との〕規定だけを手掛かりに、生物学的並びに人口政策的な観点から要請される一切の限界設定を行いうる能力を一般的に有するものであったなら、〔包括的規定〕だけで十分であったろう。しかし、現実はそうでない以上、立法者が対象を特定の個々の遺伝病に制限したことは止むを得ない措置であった。[102]」

しかし、限定的列挙の理由はこれだけではなかったはずである。それというのも、当時遺伝性が学問的に立証済みとされていた疾患は八つに限られるものではなかったからである。立法者が八つの疾患に限定した理由のひとつに、これら疾患のもつ共同体にとっての重要性があったと推測される。つまり、当該遺伝病者が有用か無用か、より端的には、民族の最終目標の実現のために不可避となる戦争においてその者が民族同胞としての名誉ある義務を履行しうるか否かが選別の基準であった。その間の事情は、中指の三本を欠損した「裂手」の障害をもつサラリーマンに関して、タイプライターの使用等職務能力の存在を認めながら、これを以下の理由により「重大」な奇形と判断したオルデンブルク上級遺伝裁判所の決定が参考となる。「重大な奇形とは人種の存立を危殆させるような奇形がそれであり、また、戦争において、あるいは、諸々の危険の克服のために必要とされる日常ならざる特別な行為を不可能とする奇形がそれである。断種法の目的はドイツ民族の人種的遺伝素質を改良し、病的な遺伝素質を可能な限り排除することにある。それ故、決定的な問題は、民族同胞の相当部分が当該個人と同様の裂手といった障害をもつと仮定した場合、はたしてドイツ民族が生存可能か否かということである。[103]」

断種の申請及び決定・執行の手続きの詳細は、法律の他、一九三三年一二月五日の『第一施行令』が、これを定めている。申請権者は、「断種を受けるべき当の者」の他に、本人が行為能力を有しない場合や心身耗弱により禁治産宣告を受けた場合、満一八歳未満の場合、限定責任能力を有する場合、成年に達し保護人を有する場合に備えて、「法定代理人」、「保佐人」が挙げられ、さらに加えて、第三者である「官吏医」、「病院、療養所、看護所、刑務所に収容されている者については、その施設の長たる者」にも同様の権限が与えられた。本人又は法定代理人、保佐人からの申請に際しては、いまだ断種についての理解が一般に普及していないことから、[104]「断種を受けるべき者が断種の本質及び結果について教示された」旨の認可医による証明書の添付が必要とされた。申請者は、「申請の根拠となる事実」を医師の鑑定又はその他の方法により立証し、「書面又は文書により遺伝裁判所の事務局に対し申請を行う」こととされた。断種の可否の決定は、区裁判官（裁判長）、官吏医、遺伝学を熟知した認可医の三者により構成される区裁判所付属の遺伝裁判所が、非公開での証人及び鑑定人の尋問、本人の出頭・引致、医師による診断の結果を経て、「多数決による口頭の評議に基づき」、「審理の全体的結果及び証拠調べの結果を斟酌し、自由な心証によって」下された。決定に対して抗告が許され、遺伝裁判所と同様の手続きを経て行われる上級ラント裁判所に付属する上級遺伝裁判所の判断が最終決定となった。それを受けて、官吏医が、当人に対し、「指示された施設において二週間以内に断種を受けるべき」旨を、さらに、申請が当人以外によって行われた場合には、「手術は本人の意思に反しても行われる」ことを通告し、もし決定に従わない場合には、官吏医の要請を受けた警察官署により、直接的な強制力の行使を含む必要な措置が講じられる手筈となっていた。

断種の申請は、本人や法定代理人が行うことを基本としていたが、事の性質上、立法者の側に、当事者からの積極的な申請が期待されるかに関し強い懸念があったのであろう。申請権を官吏医や病院・療養所・看護所・刑務所の長たる者へ付与したことは、そのための対応策の一つであったが、この他、『第一施行令』が、認可医や病人の治療活動・調査・助言にあたる者並びに病院等の施設長に対し、「自らの業務活動の中で遺伝病又は重大なアルコール症に罹患する者の存在を承知した場合、この事実を管轄権を有する官吏医に遅滞なく通告する」ことを刑罰威嚇（罰金一五〇ライヒスマルク）をもって義務づけたこと、あるいは、ライヒ法務大臣の一二月一五日の『回状』[105]が、各ラント司法官署に対し、刑事裁判、とりわけ『常習犯罪者法』にかかわる保安及び矯正措置をめぐる裁判の過程でその存在が明らかになる断種法の適用を受けるべき者に関して、「断種を申請し命令しうる官署に対しその旨を伝達する責務」を定めたこと、あるいは、フリックの各ラント政府宛の一九三四年五月一九日の『回状』[106]が、官吏医に対し、「自己の管轄する区域内の民間の施設を調査し、施設の長の了解の下に、遺伝病又は重大なアルコール症に罹患する者を確認し、ただちにその者の断種の申請を行うように働き掛ける」ことを義務づけ、加えて、当事者からの申請の取り下げに備えて、官吏医及び施設の長に対し、「断種を受けるべき者又は法定代理人により申請がなされるすべての場合、ただちに申請に加わることが得策である」との方針を示したこと、同様であった。これら諸々の対応の中に、法律の目的の確実な達成を実現せんとする指導部の執念ともいうべき強い意思を読み取ることができる。

断種の可否の決定には、個別ケース毎の、当該疾患の「罹患」の有無、及び、当該罹患者の疾患の「遺伝性」の証明が必要であった。遺伝裁判所にとって、多様な障害や病状等を前にして、これらを証明することはそれほど容易いことではなかったにちがいない。

「罹患」の有無に関しては、盲や聾はともかく、他の疾患、とりわけ、元来多様な障害・病的状態の集合概念にすぎない先天的精神薄弱や重大な遺伝性肉体的奇形、重大なアルコール症の場合、裁判所はとりわけ厄介な判断を迫られることになった。

「先天的精神薄弱」について、リンデン等の公定の注釈書は、知能検査、生活能力の調査、氏族の遺伝的価値の調査が必要であるとする。[107]これら三者の関係について、デュッセルドルフ上級遺伝裁判所は、「重大な知能の欠陥が疑問の余地なく存在する場合、その者が生活能力をもつか否かは問題とはならない」[108]とし、キール上級遺伝裁判所も、生活能力や氏族の遺伝的価値の調査は、知能検査によっては精神薄弱か愚鈍かの区別が明確化されない「境界例においてはじめて一定の役割を果たす」ものとする。[109]一二月五日の『施行令』は合計八三の質問と課題から成る知能検査表を設けている。参考までに、その中からいくつかを紹介しておこう。「あなたの名前は?」「あなたは何歳ですか?」「ドイツの首都はどこですか?」「ルターとは誰ですか?」「今日のわれわれの国家形態はいかなるものですか?」「(X−3=14) X?」「利率三%として三〇〇ライヒスマルクの利息は三年間でいくらになりますか?」「昼と夜の交代はどうして起こるのですか?」「錯誤と嘘の違いは?」「人は何故勉強するのですか?」「忠誠とは何ですか?」これらの知能検査によっては判断できない場合、ギュット等は、生活能力――ツビッチャーは、これを「〔単純労働にとどまらない〕自己の行為を多様な生活状況の中で合目的に整序しうる能力[110]」であるとする――の有無が優先されるとし、[111]遺伝裁判所の多くも、氏族の調査を行うまでもなく、断種の可否を決定している。[112][113]

精神薄弱以上に曖昧な「重大なアルコール症」について、注釈書の指示は次のとおりである。「飲酒量が重要な意味をもたないことにつき異論はない。問題とされるべきは、重大なアルコール症をもたらしたところの精神的逸脱の重大性である。精神薄弱の場合と同様、当人の生活能力及び氏族の調査の結果がともに斟酌されねばならない。[114]」断種の決定に至った事例として、たとえば、飲酒により他者に危害を加え、自らも手の震え等の肉体的障害をもち、禁治産宣告を受け、家庭崩壊を惹き起こしたケース、[115]飲酒に絡む事件により過去一〇年間に四二回の処罰を受け、過度の飲酒が精神病質的素因によるものと認定されたケース、[116]氏族の中に多くの飲酒者が存在し、長年の飲酒癖が遺伝素質に由来するものと認定されたケース[117]等がある。

「重大な肉体的奇形」について、注釈書は、氏族の中における出現の頻度、当人及び氏族の構成員の障害の程度、早期治療の可能性の有無、その他氏族のもつ遺伝特質の調査を求めている。[118]ここでも、遺伝裁判所の決定は多岐にわたるが、マインホフの報告書には、先天的内反足、先天的股関節脱臼、狼咽、鎖骨の欠損・指の欠損・裂手・多指症・尖足・裂足等の抑制形成、骨格異常、小人症、筋萎縮症、運動失調症、痙攣性脊椎麻痺等の神経疾患、脊髄空洞症、表皮水泡症、視覚障害、聴覚障害、血友病、半身不随、偽硬化症、塔状頭蓋等の症例が挙がっている。[119]

罹患の有無に続いて、当該疾患の「遺伝性」の証明が必要であった。ギュット等は、判断基準として、その疾患の素因が、①メンデルの遺伝法則に従い優性的であれ劣性的であれ遺伝することが明らかである場合、②当該疾患を有する大多数の家族を対象として行われる組織的な遺伝学的調査により疑問の余地なく遺伝可能なものであることが証明された場合、③当該家族の近親者にかつて既に異常な状態を惹き起こしたことが明らかである場合を挙げている。[120] 具体的には、分裂病及び躁鬱病に関しては、法律が「遺伝性」という文言を省略した点から判断して、当該疾患の罹患が証明された場合、それは無条件に遺伝性であるとみなされ[121]、先天的精神薄弱に関しても、外的原因の明白な証明がない限り、同様と判断された。[122] これらの疾患とは異なり、法文上「遺伝性」という文言が付された疾患については、先天的精神薄弱と同様の取り扱いを受けた癲癇病[123]は別にして、単に外的原因の有無だけではなく、より具体的な調査、たとえば、当該患者の家族及び氏族に対する遺伝学的調査等による遺伝性の証明が必要であるとするのが学説[124]、判例[125]の一致した見解であった。

九つの疾患の罹患者すべてに対して無条件かつ即時の断種の執行が要求されたわけではない。法律が「生殖不能（断種）とすることができる」と定めていたこともあり、人材及び資材の効率的運用を目的に、個々の罹患者の病状、年齢等の事情からする当人の危険性に即した計画的な選択執行が必要であるとされ、実際上もそうした対応がとられた。[126]『第一施行令』は、「満一〇歳未満の者」を断種対象者から除外し、「高齢又はその他の理由から生殖不能である者」、「生殖の不可能性を完全に保障する閉鎖的施設へ永続的に収容された者」を「断種の申請を行う必要のない」者とする。「高齢」が何歳を指すかについて、ギュット等は、男性の場合、一定の年齢を挙げることはできないとし、女性に関しては、通例四五歳を超える場合又は更年期による生理の停止が医学的に確認される場合がそうであるとする。[127] 罹患者の病状に関しては、重症者ではなく、軽症者が緊急度の高いものとされた。それは、重症者の多くが配偶者を獲得し家族を形成する能力を欠くのに対し、軽症者は、遺伝素質の危険性に関しては何ら劣るものではないにもかかわらず、早くから家庭をもち、多くの子供を生み、それ故、劣等な遺伝素質の拡大にこの上もない危険性を有するものと考えられたことによる。[128] たとえば、バーデン内務省が布告した一九三四年の『施行令』[129]は、「緊急に断種が要請されるケース」として、「すべての精神薄弱者、とりわけ、軽度のケース、肉体的に健康であり活動力のある一六歳からおよそ四〇歳までの男女、若い精神分裂病者、軽快した躁鬱病者、癲癇病者、生殖能力をもつ五〇歳以下のアルコール症患者、若い遺伝性盲及び聾の者」を挙げ、逆に、これらの遺伝病者に対する断種が完了しない限り、「たとえば、四五歳以上の婦人、六〇歳の飲酒者、一〇歳の精神薄弱者、重度の白痴」を対象とすることは「まったく意味のないことである」とする。

断種がどの程度の規模で実施されたのか。当時公表されたものとしては、『ドイツ司法』の一部の版に掲載され、『ライヒ保健雑誌』に転載された一九三四年の実施状況に関するマスフェラーの報告が唯一存在するだけである。それによれば、二〇一九三四年一月一日から一二月三一日までの一年間に、二〇五の遺伝裁判所に提出された申請件数は八四五二五件（男性が四二九〇三件、女性が四一六二二件）であった。当時の人口がおよそ六五二〇万人であったことからすれば、これは人口一〇〇〇人当たり一・三人の割合であったことになる。一二月三一日までに決定が下された六四四九九件の内、申請が認められた件数は五六二四四件、却下された件数は三六九二件、その他、申請の取り下げ等が四五六三件あり、申請が承認された割合は九三・八％、却下された割合は六・二％であった。断種の承認の決定に対する抗告の件数は、全体の一四・六％に当たる八二一九件、その内五二四五件につき決定がなされているが、抗告が認められたのは三七七件にとどまった。逆に、却下に対する抗告の件数は、全体の一一・九％に当たる四三八件、その内決定がなされた二九九件のおよそ六〇％に当たる一七九件につき断種の執行が命じられている。[130]疾患の内訳については、マスフェラーは何も触れていないが、ハンブルクに関するグルナウの報告は、先天的精神薄弱＝四五・七％、精神分裂病＝二九・六％、遺伝性癲癇病＝一七・八％、躁鬱病＝二・九％、重大なアルコール症＝二・九％を挙げ、[131]ツァッハマンのドレスデンに関する報告もほぼ同様の[132]傾向を示しているところから、先天的精神薄弱と精神分裂病、遺伝性癲癇病の占める割合が圧倒的であったことが分かる。

シュテュルツベッヒアーが、ライヒ保健衛生官署署長からライヒ内務大臣宛てに送付された一九三六年一〇月一三日付の報告書及び遺伝裁判所の訴訟記録等を基に算定した結果によると、一九三五年の場合、申請が認められた件数は七一七六〇件、疾患別の割合は以下のとおりであった。先天的精神薄弱＝五八・九一％、分裂病＝一九・九一％、遺伝性転換病＝一二・八一％、重大なアルコール症＝二・七八％、躁鬱病＝二・〇九％、遺伝性聾＝一・〇九％、遺伝性盲＝〇・八〇％、重大な遺伝性肉体的奇形＝〇・六七％、遺伝性舞踏病＝〇・一三％。[133]総数については、正確な数字は不明であるが、一九三九年八月三一日の『断種法施行令』が「時局柄要請される行政負担の軽減」[134]を理由に断種の申請を「特別に重大な危険」の場合に制限した時点まで、フリックが専門家会議で想定した「およそ五〇万人」[135]の約六割にあたる三〇数万人が犠牲となったと見積もられる。

『断種法』の制定以来、その是非をめぐって激しい議論が戦わされた事柄に、遺伝病を有する妊婦及び遺伝病を有する男性により妊娠するに至った妊婦に対する「妊娠中絶」の問題があった。刑法第二一八条は一切の堕胎を禁止してきたところであり、『断種法』も特別の規定を置かなかったが、一九三五年六月二六日の『断種法改正法』は、前者のケースに限って、遺伝裁判所が断種の措置を決定し、かつ、その者が断種の執行の時点において妊娠中である場合、胎児が未だ生存可能な状態にないこと（妊娠六カ月未満）、女性の生命又は健康に重大な危険をもたらさないこと、加えて、「妊婦の同意」が存在することを条件に、「妊娠中絶を行うことができる」とする。もっとも、妊婦の同意は、シュムールによると、しばしば官吏医等により強制され、時には、同意の要請さえないまま、堕胎が行われたのではあるが[136]。犠牲者数について、ボックはおよそ三万人と算定している[137]。妊娠中絶の他、『改正法』は、「生殖腺の除去」に関し、男性間や人獣間の淫行、強姦、猥褻行為等の道徳犯罪を行う「恐れのある」男性を対象に、「変質した性衝動からの解放」を目的として、「本人の同意」を条件に、これを「執行することができる」とする。生殖腺の除去は、『常習犯罪者法』に定める「去勢」とは異なり、刑事訴追や過去における有罪判決の有無と無関係に執行されうるものであった。

遺伝病者等に対する断種や妊娠中絶が、ドイツ民族の品種改良のための、効果的な措置であったとしても、事柄の性質上、当事者に多くの犠牲を強いるものであり、それ故に、キリスト教的あるいは個人主義的自由主義的道徳観からの強い非難に曝されることは当然に予想されるところであった。しかし、それらが、旧来の道徳観から見て、たとえどれほど許し難い行為であったにせよ、ナチズムの立場からすれば、何ら不道徳なもの、非難されるべきものではなかった。単に、最終目標の実現にとって必要不可欠な措置であったというだけではない。それは、フリックが先の専門家会議において明らかにしていたように、重大な遺伝的疾患を有する者に対する真の人間性の発露であり、将来の世代に対する強い責任感から求められる「道徳的責務の実行」と位置づけられるべきものであった。フリックは、予想される非難に対して、「その際、われわれは過去何世紀にもわたるドグマによって築かれてきた誤った隣人愛や教会からの疑念に妨げられ、こうした義務から目を逸らすことがあってはならない」と反論する。

「反対に、われわれが手にした認識にもかかわらず、遺伝病者が子孫をもうけ、それにより自己自身や現在及び将来の家族に無限の悲しみを惹き起こすことを今後も放置するならば、それこそがキリスト教的・社会的隣人愛に対する侵害にほかならないことを銘記すべきである。」[138]

法律の制定から一カ月余りの八月二六日、ギュットは、ラジオ放送を通じて、ドイツ民族に対し、断種の必要性に対する理解と新たな倫理観の受容を呼びかけた。放送の冒頭、『断種法』が「民族の将来のためにきわめて重要な意味をもつ一つの法律」であることを確認した後、ギュットは簡単な前史から語り始めた。「既に、数十年このかた、ドイツのみならず諸外国の遺伝学者は、価値ある遺伝素質の継続的喪失並びに遺伝病者の増大がすべての文化民族の重大な退化をもたらすにちがいないとの警告を発し、注意を喚起してきました。ここ十年の間に、ドイツにおいても、遺伝病者に対する断種の必要性がますます強く主張されるようになってきたことは、こうした認識と無関係ではありません。」しかし、断種の実行が必要であったとして、何故今この時ドイツにおいて「強制的」な措置が求められなければならなかったのか。予想される疑問に対しギュットは次のように答える。「近年ますます顕著となってきたわれわれの民族の遺伝素質の悪化、精神的・肉体的な病的遺伝素質をもつ生存にとってまったく役に立たない劣等で反社会的な人間の不断の増加という問題は、きわめて深刻に憂慮されるべき事態を生み出すに至っています。こうしたことが今後も続けば、世代の経過とともに価値ある人々の層はほとんど完全に失われ、劣等な者のみが生き残ることになるでありましょう。その場合、ドイツ民族の将来は重大な危機に直面することになるのです。」この問題に関し経済的な事柄は決定的なことではないとしながらも、ギュットは劣等者に対する経済的負担の問題に触れることを忘れていない。「若干の例を挙げるだけにとどめましょう。ベルリン市は、一九三二年、精神病者の世話のために一八六〇万ライヒスマルクを超える予算を計上しなければなりませんでした。ライヒ統計局の調査によれば、一九三〇年度、一八三七八五人の精神病者、聾唖者、盲人のために支出された金額はおよそ一七〇〇一〇〇〇〇ライヒスマルクにのぼります。既に生まれた不幸な病人に対する義務を果たそうにも、これらの数字を前にして、われわれは改めて考え込まざるをえません。何故なら、ますます増加する遺伝病者に対する社会的な救済は、民族の価値ある子沢山の家族に対しこの上もない残酷な仕打ちとして作用し、最後には、民族の滅亡に至らざるをえないからです。」さらに、犯罪等との関係が取り上げられた。「忘れてならないことは、犯罪者や労働忌避者、反社会的人物の大部分、或る論者の試算によれば三〇ないし五〇％にのぼる彼らが精神薄弱者や精神的劣等者から供給されているという事実です。彼らのために負担しなければならない費用や厄介の原因も、結局は、生まれながらの精神的劣等性に求められるのです。」以上の理由から、ギュットは、「ドイツ民族の広範な人々に対し、生物学的に劣等な遺伝素質の淘汰を要求する権利が与えられているのです」と断言し、さらに、「断種は、それが精神病や重大な遺伝的障害の更なる遺伝を予防するための唯一の手段である以上、隣人愛に基づく行為であり、また、将来の世代のためになされる配慮とみなされなければなりません」と結論づけた。この後、『断種法』はドイツ民族の品種改良に向けた更なる人口政策的措置の開始にすぎないこと、そのため、劣等者の淘汰は常にポジティヴな措置によって補われなければならないことを付け加えたギュットは、今回の『断種法』制定のもつ意義をナチスの最終目標の中に位置づけ、演説の最後を次の言葉でもって締め括った。「遺伝的負荷の危険を取り除き、価値ある人々の間に子供をもうけることへの意欲を喚起し、民族の品種改良に成功した場合にはじめて、ドイツはヨーロッパの真ん中で自立した国家としての主張を行う能力を有するものとなるでありましょう。[139]」

5　婚姻に対する指導と管理

一　婚姻相談

精神病者や精神薄弱者等に対する断種や妊娠中絶によって諸々の課題がすべて解決されたわけではない。生殖活動が本来有する性格から見て、より重要な事柄は、民族同胞のすべてに対し、彼ら一人一人が「民族の織機」の前に立つことの自覚と責任を喚起することであった。ギュットも「肝心なことは〔配偶者の選択にあたって〕自分たち自身のことだけではなく、民族共同体全体の福利をも斟酌する、そうした考え方を民族に対し教育してゆくことである」と説いている。「自らの結婚が民族共同体にとって有用か否かを考えること、それが民族同胞すべてに課せられた責務である。とりわけ、彼らが考慮しなければならないことは、自らの祖先から受け継いだ遺伝素質がはたして結婚により悪化させられるのか、それとも、改善されるのかということである。[140]」

もっとも、織機の前に立つ個々の民族同胞にとって、何が良き糸であり、悪しき糸であるか、つまり、自分と婚約者がいかなる遺伝素質を有し、自分たちの結婚が民族の遺伝素質全体に対しいかなる影響を与え、いかなる結果をもたらすか、それを知ることは困難であったろう。そのためには、結婚を予定する男女を対象とする国家による専門的な相談と助言の機会の提供が不可欠であった。既に、婚姻資金貸付制度が婚姻適格証明書の提出を義務づけた結果、「婚姻前には必ず医師の診断を受けるべきものとの思想が貸付希望者を超えた人々の間に広く普及する」こととなったとされるが、(141)一九三四年七月三日の『保健衛生制度統一化法』が、保健衛生官署の任務の一つとして、「婚姻相談を含む遺伝・人種改良」を明記したことにより、婚姻相談に制度的な保障が与えられた。翌年三月三〇日の『第三施行令』(142)が、各保健衛生官署に対し「遺伝・人種改良のための相談所」、いわゆる「婚姻相談所」の設置を義務づけ、あわせて、婚姻相談に関する一般的指針を示した。「相談所官吏医は、結婚を決意した人々を対象に、婚姻に先立って相談と助言を行い、また、既婚者及びその家族についても専門的な相談と助言でもってこれを援助しなければならない。肉体的及び精神的に不適格と認定される者については、断種法の枠を超えて、望ましくない子孫の誕生を防止するため、彼らを結婚及び生殖から可能な限り遠ざけることに努め、ドイツ民族の品種改良を実現するものとする。」

フリックは、五月二一日に各ラント政府に宛て『遺伝・人種改良のための婚姻相談所の活動に関する諸原則』(143)を布告し、その中で、婚姻相談のためのより詳細な指針を示している。回状は、婚姻資金貸付に関する二つの回状——一九三三年七月五日の『解説』、一九三四年三月一六日の『指針』——の準拠を命じ、さらに、次のように指示する。「病気又は障害が後天的であることの十分な根拠が存在すると思われる場合にも、それらが現実に遺伝しないことの証明は、作成される家系図によって行うものとする。……重大な疾患の劣性の遺伝子は、それが疑問の余地なく確認されうる場合、これを斟酌しなければならない。……結核については、伝染の危険があるか、衰弱の故に結婚を回避すべきと思われる場合に限って、拒否が認められる。重度のヒステリー、同性愛、アルコール症、その他の麻酔剤嗜癖もまた、重度の精神病質と同様に取り扱うことが必要である。精神病質の内、反社会的、又は、社会に敵対的ではないにせよ、その態様及び特別な重大性に鑑み、労働や社会生活に重大な障害が生じ、かつ、その遺伝性が確実に証明される場合（重度の気分変調、抑鬱、不安、倦怠、自殺癖、脅迫観念、脅迫行動等を伴った精神病質状態）には、結婚の回避を助言すべきである。……婚姻相談に際し、相談者が何はさておき自分自身と家族の運命だけを考えようとするのに対し、医師は絶えず民族全体の福利を考慮しなければならない。……助言にあたる医師のもっとも重要な責務は、遺伝的に健全な家族の保護者となることにある。それ故、遺伝的に健全な者の結婚を可能な限り促進し、重大な負荷をもつ者が健全な家族の中に入り込むことを防止しなければならない。」助言は、未婚者に限られなかった。回状は、既婚者を対象に、両親自身は健康であるものの、子供に、とりわけ、誕生間もない時期に重度の遺伝病の発症が認められる場合、「今後の生殖を回避するよう助言しなければならない」とし、具体的な疾患として、遺伝の可能性を有する重度の先天的奇形、神経疾患、遺伝性精神薄弱、ミオクロニー性癲癇、一部の痙性対麻痺、両側麻痺、偽硬化症、ウィルソン病、重度の早期痙性脊椎麻痺、重度の神経症等を挙げている。

以上が行政側に対する指針であったとするならば、民族同胞に対する啓蒙的指針に『配偶者選択のための十の掟』[144]があった。医学博士ハインジウスにより起草され、ライヒ民族保健衛生奉仕委員会が制定し、すべての相談所に掲示された『十の掟』には、ドイツ民族の一員であることの自覚をもつこと、遺伝的に健全な者は独身であることは許されないこと、四人の子供の誕生が最低限の責務であること、自らの肉体と精神の純粋性を保持すること等と並んで、相手の家系の遺伝素質を確認することの必要性が次のように説かれていた。「汝は、汝の配偶者の選択に際し、相手の祖先について問え。……価値ある人間の誕生が期待されるのは、価値ある祖先が存在する場合に限られる。知性や魂もまた眼や髪の色と同様に遺伝される。悪しき素質は良き素質と同様に遺伝される。一人の良き人間が子供たちの中に不幸な形であらわれる遺伝素質を有していることがありうる。……開かれた眼差しでもって両親及び親類縁者を観察する者は多くの危険を認識することであろう。汝が確信をもてない場合、遺伝生物学的家系図を要求せよ。遺伝に詳しい医師を訪れよ。ベルリンにあるライヒ民族保健衛生委員会に照会せよ。」

二　婚姻健全法

ドイツ民族の品種改良にとって、民族同胞の意識の涵養が不可欠であったにせよ、また、婚姻相談がそれなりの効果を上げたにせよ、相談所設置の効果は、誰もが婚姻相談を受けるものでも、助言に従うものでもなかった以上、限られたものであった。他方、『断種法』は、婚姻相談にはない強制力を有していたものの、限定された疾患を対象とするものでしかなかった。一九三五年一〇月一八日の『ドイツ民族の遺伝的健全性を保護するための法律（婚姻健全法）』は、婚姻相談や『断種法』を補完し、より広範な疾患や障害の持ち主を強制的に生殖過程から排除する役割を担うものであった。法律は、目的に「民族の胚胞である家族の特別の保護」を掲げ、「婚姻障害事由」として、『民法典』が定める精神病による禁治産、年齢制限、直系血族間・父母の双方又は一方を同じくする兄弟姉妹間・直系姻族間の婚姻の他に、新たに、「配偶者及び子孫の健全性を著しく害する恐れのある伝染の危険をもつ病気の罹患」、「精神耗弱・浪費癖・酒癖による禁治産」、「民法第一九〇六条による仮後見」、「当該婚姻が民族共同体にとって望ましくないと思われる精神障害」、「断種法に定める遺伝病の罹患」を追加し、あわせて、婚約者双方又は男性婚約者がドイツ国籍を有するすべての場合につき、「婚姻締結前に婚姻障害事由が存在しないことを保健衛生官署の証明書（婚姻能力証明書）により証明する」ことを義務とした。証明書の交付の際に「故意の虚偽の陳述」を行った場合、あるいは、法律逃れのために「国外で婚姻した」場合、いずれも、婚姻を「無効」とし、「三カ月以上の軽懲役」を科すものとする。なお、虚偽行為が婚約者の一方のみによって行われた場合、婚姻は有効とみなされ、相手方配偶者に、「錯誤又は詐欺による婚姻締結」を理由として「婚姻の取消」を請求するか、「婚姻詐欺」を理由として告訴するかの判断が委ねられた。

四つの障害事由は、いずれも、法律の標題にあるとおり、「ドイツ民族の遺伝的健全性の保護」に対応するものであり、中でも、人種衛生学的観点からもっとも大きな効果が期待されたのが「精神障害」である。精神障害が、「診断学的に限定可能な一定の何らかの精神病」[145]としてではなく、「正常から逸脱する一切の精神的・心的状態」[146]としてとらえられたことにより、従来は、精神病、精神耗弱、浪費癖、酒癖を有しながら、自己の事務を処理する最低限の能力の存在の故にかろうじて禁治産宣告を免れた者、あるいは、常習犯罪者や売春婦、浮浪者、アルコール常用者、麻酔剤常用者、ヒステリー、メランコリー、病的信仰等のように、共同体秩序に自らを接合させる意思・能力をもたず、共同体にとって厄介で負担となるにもかかわらず、明確な知能障害の存在が認められないことの故に、『常習犯罪者法』等による保安処分は別にして、民族の生殖過程から排除するための手段を欠いていた「反社会的人物」を、一網打尽、十把ひとからげにして、婚姻禁止の対象とすることが可能となったのである。[147] フィンガーは、「婚姻健全法によって、民族の中の反社会的分肢のもつ人種的危険性に対する戦いのための一つの効果的な武器がわれわれに与えられた」とする。「これまで、もっぱら社会学的法律学的な観点から取り上げられてきた問題が生物学的にきわめて重要な意義を有するものであることが認識されたのである。『反社会的人物』に対する戦いは、今ようやく、そのもっとも深い根源そのものを対象とする手掛かりを獲得した。戦いの中心にあるのは、反社会的行態ではなく、むしろ、こうした行態の生物学的原因としての遺伝素質そのものである。」[148]

婚姻能力証明書の交付にかかわる手続の詳細は、『第一施行令』がこれを定める。婚約者に対して、居住地又は日常的な滞在地を管轄する保健衛生官署又は指定の医師による「健康診断」を義務づけ、受診の結果、遺伝素質に疑いが生じた場合、両親兄弟姉妹等近親者を対象とする「遺伝的健全性についての調査」が求められた。証明書の交付は、婚約者双方の管轄権が異なる場合、女性婚約者の健康診断について管轄権を有する保健衛生官署が、男性婚約者の健康診断を担当した保健衛生官署からの診断結果についての報告を受けた後、これを行い、婚約者が六カ月以内に「婚姻能力証明書」を戸籍吏に提出し、婚姻障害事由の不存在が確認された後、はじめて婚姻予告が行われる段取りとなっていた。婚姻障害事由の存在が明らかとなった場合、保健衛生官署は理由を附した「拒否証明書」を発行するが、これに対しては、交付後に婚姻障害事由が明らかとなったことを理由に婚姻能力証明書が撤回された場合を含め、各婚約者に対し保健衛生官署の所在地を管轄する遺伝裁判所、上級遺伝裁判所への提訴の権利が保障されていた。訴えを受けた裁判所は、当事者本人の出廷、医学的検査の受診命令を含め、「職権により法律が規定する婚姻障害事由が存在しないか否かを審査」し、かかる障害事由の不存在を確認した場合、当該決定が婚姻能力証明書に代わるものとなった。

もっとも、婚姻能力証明書の交付は、ただちに望ましい結婚であるとのお墨付きの付与を意味するものではなかった。なるほど、『断種法』に比べれば、広範な障害や疾患が対象とされたことは確かであるものの、同棲や内縁等の「婚姻外の結合を促進する事態」を回避するため、ここでも、差し当たり、婚姻障害事由を「もっとも重大な危険」をもつケースに限らざるをえなかった事情から[149]、たとえ四つの事由に該当しなかったにせよ、「責任感の強いドイツ人ならば婚姻の締結を思い止まるであろう」場合も当然に予想されえたからである[150]。たとえば、表面上健全であるにもかかわらず、何らかの遺伝的負荷を有し、その者から誕生する子供もまた同様の負荷を引き継ぐことが予想されるといった場合がそうである。そのため、フリックは、法律公布の翌日に各ラント政府に宛てた『回状[151]』の中で、改めて、「婚姻能力証明書の交付に際し、婚姻相談が行われなければならない」ことを確認し、以下の指示を与えている。「なるほど、婚姻障害事由が存在しないにせよ、診断にあたった医師が婚姻締結の回避を助言すべきと信ずるケースが存在するであろう。そうした場合、婚姻能力証明書の作成を拒否しえないにせよ、口頭でその旨を当事者に対し通告しなければならない。一方の婚約者に対する診断により、婚姻締結を禁止するほどではないにせよ、望ましいものではないと思われる事実が明らかとなった場合、保健衛生官署はこのことを婚約者双方に報告するものとする。

必要な場合には、鑑定結果を他の婚約者を管轄する保健衛生官署に連絡しなければならない。この場合、当該管轄官署は婚約者に対し相応の説明を行わなければならない。」結局、『第一施行令』が明記したとおり、婚姻能力証明書の交付は「婚姻相談の一部」として位置づけられるべきものであったということになる。

もっとも、いささか奇妙なことに、ただちにすべての婚約者に対し婚姻能力証明書の提出が求められたわけではなかった。そのために必要とされる技術的条件がいまだ整っていないことを理由に、法律は、完全実施の時期の決定をライヒ内務大臣に委ね、決定が下されるまでの間、証明書の提出を当分の間「疑わしい場合」に限るとした。さらに、同日付けのフリックの『回状』[152]は、「疑わしい場合」を「疑うにたる根拠が存在する場合」に代え、加えて、婚姻障害事由の有無の確認を戸籍役場の窓口での婚約者の側からの自己申告に基づいて行うものとし、戸籍吏に対しては、「婚約者の説明が虚偽であると思われる確かな証拠が存在しない場合、特別な証明なしに、これを正しいものとみなさねばならない」とした。自己申告に際して、戸籍吏から「故意に虚偽の陳述を行った場合は刑事罰が下される」との注意が与えられることになってはいたものの、一旦絞った網の目を緩めるような、こうした簡易方式を採用した背景には、先の理由の他に、脱法を目的とした内縁関係等の増加に対する危惧、さらには、近い将来予想される戦争に備えた、人的・物的資源の有効活用、人口の量的拡大の阻害の回避といった政治指導部の思惑が働いていたと想像される。実際、ポーランド侵攻の前日に布告された『婚姻健全法施行令』は、「婚姻能力の調査はこれを一般的に行うことを必要としない」とし、「婚姻能力証明書の交付が拒否される」場合を、「民族の健全性又は価値ある遺伝素質に対する特別に重大な侵害が懸念される場合」に限るとする。実際の手続きは、婚姻予告を受け付けた戸籍吏が、これを保健衛生官署に通知し、官署は、婚約者双方の婚姻障害事由の存否を「手許の書類を基に確認」し、「障害事由の存在が確実である」場合、「特別に重大な侵害の懸念」の存在を条件に、「更なる調査を行うことなく、婚姻能力証明書の拒否に関する証明書を交付する」手筈となっていた。婚姻能力に関する調査が行われるのは、書類によっては障害事由の存在が確認されないものの、「特別に重大な侵害の懸念」の存在を正当に推測させる何らかの事実が保健衛生官署に明らかである場合に限られた。なお、新たな制度では、婚姻予告が行われた後に、証明書の交付が拒否され、あるいは、婚姻能力の調査が必要となる結果、場合によっては、当事者の結婚準備が無駄となる事態が避けられなかった。そのため、一九四一年一〇月二二日の『第二施行令』は、婚姻予告の申請時点、おそくとも婚姻締結時点において、「婚姻健全法及び血の保護法第一施行令が定める婚姻障害事由が存在しないことの証明書（婚姻障害不存在推定証明書）」の提出を義務づけた。証明書の発行は、婚約者の居住地を管轄とする保健衛生官署が担当し、その際、不存在の証明は書類審査により行われ、交付が拒否された場合、異議申立ては許されなかったものの、当事者には『第一施行令』に基づき改めて自らの婚姻能力の有無について保健衛生官署による調査を受ける道が残されていた。この結果、「婚姻能力証明書」の提出は、戸籍吏が当事者の健全性に関し「疑うにたる根拠」を有する場合、及び、「婚姻障害不存在推定証明書」の交付が拒否された場合に限られることとなった。

第三ライヒの崩壊に至るまで、法律が完全に実施されたことはなく、繰り返し緩和措置がとられたのではあるが、人種衛生学的理由による婚姻障害事由を列挙し、婚姻能力証明書の提出を義務づけ、違反者に対し制裁措置をとる、こうした制度が、従来の「個人の幸福」に定位する個人主義的自由主義的な婚姻観と相容れないものであったこと、いうまでもない。予想される批判に対し、ギュット等は、「婚姻禁止によって無数の不幸が防止されうるのであり、禁止の対象となる婚姻は端から相手方配偶者の人生の幸福を破壊するもの以外の何物でもない」と反論する。「婚姻が私的な出来事であると主張し、それでもって人種衛生学的観点から行われる婚姻禁止を否定しようとする者は、結局は、婚姻そのものの否定に向かわざるをえない。(153)」

三　離婚法

『婚姻健全法』が人種衛生上望ましくない婚姻の締結を阻止しようとするものであったとするならば、一九三八年七月六日の『オーストリアラント及びその他のライヒ領域における婚姻法並びに離婚法の統一のための法律』は、結婚生活中に健全な子孫の増殖を不可能とする事態が判明あるいは発生し、結婚生活の継続が民族共同体にとって望ましいものではなくなった婚姻の解消を目的に、『民法典』に全面的な改正を加えるものであった。

婚姻締結当時に既に存在していた事実を根拠に婚姻関係を解消する制度として、『統一法』(154)は従来の婚姻取消に代えて「婚姻廃棄」を置く。立法理由書は、その理由として、契約法的観点から当事者に形成権としての取消権を認めることが「婚姻の価値及び意義に関する今日の見解と衝突するに至った」ことを挙げている。もっとも、制度の本質に関する理屈はともかく、廃棄理由とされた「法定代理人の同意の欠缺」、「他の配偶者の人格についての錯誤」、「他の配偶者の人格に関する事情についての錯誤」、「詐欺」、「脅迫」は、従来の取消理由と大差ないものであった。ただ、これまで「他の配偶者の人格」と並んで置かれていた「人格的特徴についての錯誤」が「人格に関する事情についての錯誤」へと変更されたことは、理由のないことではなく、政権掌握以前の判決が、たとえば、婚姻締結当時既に存在していた精神分裂病の素因を「人格的特徴」に該当しないとしたことに見られる「余りに狭い解釈を防止する」ための措置であった。[155] スカンツォーニは、「人格に関する事情」として、「国家に敵対的な心情、活動」の他、「その者が有する本質、性質、人種、肉体的・精神的・道徳的・性格的特徴が直接明らかとされうるような、その者にかかわる出来事、状態」が該当するとし、具体例として、人種の純粋性、ユダヤ人との混血、遺伝病、性的不能、性的無関心、性的倒錯、常習的自慰、膣痙、分娩不能、モルヒネ中毒、飲酒癖、虚言癖、放浪癖、盗癖、浪費癖、暴力的性向、常習的犯罪癖、保安監置等を挙げている。[156] ライヒ裁判所の解釈はより緩やかなものであり、本人だけでなく、家族に関する「事情」も含まれるとする。たとえば、妻の母親及び叔母の一人が職業的堕胎罪等による前科を有し、もう一人の叔母が不道徳な生活遍歴を有していたことに関する錯誤を理由に婚姻廃棄を求める夫からの訴えを認めた一九三八年一〇月一〇日の判決は次のようにいう。「〔法律〕が定める『事情』には、何らかの出来事、状況、価値判断が含まれるのであり、かかる出来事等は、他の配偶者の身に直接かかわって生じた場合のみならず、その者の周囲に生じた場合であれ、その者に間接的な影響を及ぼす時には、他の配偶者の人格に『かかわる』ものとみなされる。[157]」

婚姻後に生まれた配偶者の行態・事情を根拠とする解消行為である「離婚」に関しても、重大な改正が実施された。その目的を、立法理由書は、「民族共同体にとって無価値となり、また、自らの道徳的義務を完全に意識する配偶者にとってこれ以上の婚姻共同体生活の遂行を不可能とさせるに至った婚姻を名誉ある方法で解消可能とする」ことにあるとする。これが、婚姻生活は、「子沢山の砦となり、子孫の健全かつ秩序ある教育の代替不可能な前提」であり、かつ、「配偶者が民族共同体内部で正しく活動するために必要とされる一切の力の強化と活性化」の源泉であるとの婚姻観からする帰結であったこと、いうまでもない。

有責的離婚理由である「姦通」、「生殖の拒絶」、「その他婚姻上の過誤又は不名誉もしくは不道徳な行態による婚姻関係の重大な破壊」は、『民法典』のそれと大きな違いはない。法文から消えた「殺害の企て」、「悪意の遺棄」は、「その他婚姻上の過誤」に含まれ、新たに設けられた「生殖の拒絶」は元々『民法典』が定める「婚姻上の義務に対する重大な違反」として解釈されてきたものである。しかし、生殖の拒絶を明記したこと、また、「婚姻破壊」の程度を、従来の「他の配偶者に対し婚姻の継続を要求しうる」か否かではなく、「婚姻の本質に即して生活共同体の再建が期待されえない」といったより客観的なメルクマールに置き代えたことに、婚姻を共同体の最小の胚胞としてとらえる婚姻観が表現されている。「不道徳な行態等による婚姻関係の重大な破壊」は、有責的離婚にかかわる一般条項として位置づけられ、共同体に敵対的、非協力的、無関心な配偶者との離婚を容易とするものであった。たとえば、一九四二年一二月二日のトルガウラント裁判所は、党組織の政治指導者の立場にある夫への妻の「完全な非協力」を離婚理由に該当すると判断した[158]。もっとも、ライヒ裁判所等は、『離婚法』を待つまでもなく、先取り的に、『民法典』の同種の条項を援用することにより、モルヒネの常用[159]、過度の飲酒癖[160]、非アーリア人弁護士への訴訟依頼[161]、配偶者の行う党活動に対する厭味・不平[162]、国際聖書研究者の集会への参加[163]、共産主義的活動[164]等を離婚理由として承認してきたところではある。

今回の『離婚法』の最大の特徴は、有責主義の原則を広範に破綻主義の原則によって置き換え、従来「精神病」に限られていた非有責的離婚理由を、「婚姻の本質に相応しい生活共同体の再建を期待しえない程度にはなはだしく婚姻を破壊した精神障害」、「近い将来その治癒又は伝染の危険の除去が見込めない重大な伝染病又は嫌悪を催させる病気」、「婚姻締結後早期に生じた生殖不能」、「家族共同体の解体」へと拡大したことにある。「精神病」についても大幅な条件の緩和がはかられ、従来、精神病への罹患を婚姻中に限定し、病気が三年以上継続すること、精神的共同体の再建の見込みが完全になくなったことを条件としていたのに対し、婚姻締結以前に罹患していた場合についてもこれを認める余地を残し、さらに、三年継続の条件を削除するとともに、再建の見込みに関しても「再建を期待しえない程度」で十分であるとする。

これらの条項が、破綻した結婚生活を速やかに解消し、健全な配偶者に対し早急に「共同体にとって価値ある新たな婚姻」の機会を提供しようとするものであったことは多言を要しない。ただし、当該ケースがこれらに該当したとしても無条件に離婚請求が認められたわけではない。『統一法』は、「離婚の訴えが道徳上不当である場合、離婚は許されない」とする。「婚姻の解消が他の配偶者に対し著しく過酷となる場合、通常、それは道徳上不当であるとみなされる。かかる場合に該当するか否かは、当該事情、とりわけ婚姻の期間、夫婦の年齢及び罹患又は生殖不能の原因に照らし、これを判断するものとする。」たとえば、幸福な結婚生活を送ってきた高齢の配偶者が精神病に罹患した場合、祖国防衛のために負った障害や自らの責任によらない重い流産により生殖不能となった場合が想定される。[165]

最後に、「家族共同体の解体」は、非有責的離婚に関する「一般条項」[166]としての役割を担うものであった。「夫婦の家族共同体が三カ年にわたり廃棄され、かつ、婚姻関係の深刻な治癒しがたい破壊によって婚姻の本質に相応しい生活共同体の再建が期待しえない場合、各配偶者は離婚の訴えを提起することができる。」三年間の別居、婚姻破壊がいかなる原因によってもたらされたか、そのことに関する責任がどちらの配偶者にあったのか、婚姻生活廃棄の意図があったか否か、離婚後新たな婚姻が可能であり子供の誕生が見込めるか否か、そうしたことは問題ではない。[167]原則として、三年に及ぶ完全な別居状態、回復不可能な破壊、再建の見込みの喪失、そうした「客観的」事実の存在だけで十分であった。ライヒ裁判所は、これにより非有責的配偶者の側が大きな不利益を被ることになったとしても、「婚姻を道徳的に評価するにあたって重要な事柄は当該配偶者の利害ではない」とする。「むしろ、婚姻が民族にとって有する価値が重要である。民族にとって完全に価値ある婚姻を保護し、民族の全体秩序を構成する家族の基礎たるに相応しい法的地位を与え、維持することがナチズム国家の関心事である。内的な価値を完全に喪失した婚姻を強制的に維持することは問題とはなりえない。これが本条項の基本思想である。[168]」ただし、『統一法』は、濫用防止のために、離婚を請求した配偶者が「婚姻破壊につき完全な又は主たる責任を負う」ような場合には、「婚姻の継続が婚姻の本質及び配偶者双方の行態全体についての正しい評価により道徳的に正当と認められない」場合は別として、他の配偶者に対し「異議申立権」を認めている。破綻主義に徹しきれない印象が残るが、ライヒ裁判所の立場はここでも合目的な法律解釈により、共同体の利益を極力擁護しようとするものであった。一九二九年に結婚し、二人の子供をもうけながら、一九三四年初頭から他の女性事務員と性的関係をもち、翌年五月五日から完全な別居状態にある三七歳の夫からの訴えを認めた中で、一九三九年一一月六日の判決は次のようにいう。「有責配偶者は婚姻により引き受けた義務に拘束されなければならないとの観点から、絶望的に破壊され、民族共同体にとって完全に無価値となった婚姻を維持させようとするならば、それは新たな婚姻法の基本思想と合致するものではない。中身のなくなった婚姻が配偶者を無益に縛りつけ、もし離婚が認められたなら共同体全体にとって有用となるべき彼らの能力を無駄に終わらせるとするならば、それこそ民族にとって決定的に重要な問題といえる。[169]」

『離婚法』は、『断種法』、『常習犯罪者法』、『婚姻奨励法』、『婚姻健全法』等先行の人口政策的・人種衛生学的諸立法と同様の目的に定位し、相互に補完し合う役割を担うものであった。中でも、婚姻廃棄理由としての「他の配偶者の人格に関する事情についての錯誤」、有責的離婚理由としての「不名誉又は不道徳な行態による婚姻関係の重大な破壊」、非有責的離婚理由としての「精神障害」は、『断種法』や『婚姻健全法』の規定に該当せず、そのため『常習犯罪者法』が定める保安処分の対象とならない限り、婚姻相談を通しての助言は別にして、これまで生殖活動からの排除が不可能であった「種的変質者」の相当部分、たとえば、共同体に敵対的、非協力的な裏切者や犯罪者、売春婦や浮浪者等の反社会的人物、さらには、これら異質分肢と同じ家系に属する者達を、本来ならば婚姻締結以前に以上の法律によりチェックされるべきでありながらそれを逃れた者を含め、むろん、相手方当事者からの訴えを待ってではあるが、いわば水際で民族の生殖活動の場から排除する役割を期待されたのである。

6　ドイツ民族の人種改良

一　人種衛生政策前史

『断種法』や『婚姻健全法』等の一連の人種衛生に関する立法措置の手際のよさは、リリエンタール等の研究(170)が教えるように、ナチス登場以前、世紀の変わり目以降、イギリスを震源とする社会ダーウィニズムの影響の下に、プレッツやシャルマイヤー等によって開始されたドイツ人種衛生学の活動の歴史抜きには考えられえないものであった。一八九五年に『人種衛生学の基本方針』を出版したプレッツは、一九〇四年に人種衛生学に関する最初の雑誌として『人種・社会生物学雑誌』を創刊し、翌年に「人種衛生学協会」を設立、一九一一年に最初の国際会議がドレスデンにおいて開催されるまでに至った。「自然淘汰」が種の発展の基礎であるとのダーウィンの教説から出発し、文明化が本来生物の一種であるはずの人間から自然淘汰の有効性を奪い取ってしまったとの認識の下に、人工的手段による劣等者の排除と優秀者の増殖を通して、失われた淘汰原理を回復し、人類を生物学的退化の淵から救済すべきとする彼らの企ては、ワイマール共和国の末期、行政当局に対し人種衛生学的措置の必要性を認識させ、具体的な政策提言を行わせる程までに大きな影響力をもつものとなっていた。

アメリカ合衆国において、一九〇七年にインディアナ州が断種法を制定したことにはじまり、ワシントン州、カリフォルニア州、コネティカット州、アイオワ州等が、精神病者、癲癇病者、性倒錯者、反社会的人物等に断種を実施し、一九二七年には連邦最高裁判所が合憲の判決を下した状況に比べれば、いささか遅れをとったとはいえ、プロイセン枢密院が、内閣に対し、遺伝的に健全な家族の出生数の減少並びに遺伝的疾患を有する人間に対する財政負担の増加を理由に、「優生学にとって一般的となった諸々の学説をより一層普及させ、かつ、それへの関心を喚起するため、医師、教育学者、神学者との協力の下に必要な措置をとること」、また、「精神的、肉体的劣等者の扶養及び保護のために市町村と国が負担すべき費用を可能な限り速やかにまったく零落した民族によっても負担しうる程度にまで引き下げること」を要求する決定を行ったのは、ナチスによる政権掌握のちょうど一年前、一九三二年一月二〇日のことである[171]。

提言から半年足らず後の七月二日、プロイセン保健衛生評議会は、「民族の福利に奉仕する優生学」というテーマの下に、行政関係者、政党代表者、宗教団体の他、医師、優生学者、法律家から構成される会議を開催し、ムカーマン、ランゲ、コールラウシュの報告と、それをめぐる討論の後、指導原則と断種法案作成のための委員会の設置を決定した。その後、七月三〇日に開かれた委員会は、ムカーマンが起草した、青少年に対する遺伝学及び優生学の教育、断種の早期実施、健全な家族の増殖のための援助措置を求める以下の『指導原則』を採択した。「①一月二〇日のプロイセン枢密院の決定を具体化するに際し、人間にかかわる遺伝学及び優生学を青少年の教育プログラム全体の中に組み入れ、近い将来、彼らのすべてが遺伝学及び優生学の本質・重要性の理解なしに両親から独立することのないようにしなければならない。②〔施設への収容によって遺伝的負荷を有する者を生殖過程から排除することが〕不可能である場合、それに代えて、彼らに対し断種を行うことは優生学上必要不可欠な措置とみなされる。しかし、断種の執行に関して、道徳的理由からする異論が存在する以上、強制的断種を導入することは断念せざるをえない。③遺伝的に健全な家族の増殖のために、優生学的教育の他に、とりわけ、家族というものが人間の尊厳にふさわしく繁栄する上で必要不可欠な諸前提を整備しなければならない。そのための措置として、労働機会の創出、家族負担の均衡化、家族基盤の安定化が求められる[172]。」同時に、委員会は全八カ条からなる「断種法」の案文を起草したが、以下に紹介する第一条の文言が示すように、草案は強制的断種を否定するものの、対象となる遺伝病の例示主義、病的素因の所有者をも対象とすることにおいて、一九三三年七月一四日の『断種法』に比べ、より包括的な内容をもつものであった。「遺伝性精神病、遺伝性精神薄弱、遺伝性癲癇病もしくはその他の遺伝病に罹患し、又は、病的な遺伝的素因を有する者は、その者が同意し、かつ、医学の学説に照らしその子孫に重大な肉体的又は精神的な遺伝的障害を与えることが大きな蓋然性でもって予見されうる場合、手術により断種を行うことができるものとする。同意に先立って、断種の結果についての説明がなされねばならない。法定代理人が存在するか、又は、監護の権限をもつ保佐人が選任されている者の断種については、それらの者の同意も必要とする。(173)」

この問題に直接かかわるドイツ医師会もまた、同じ時期、断種をめぐる諸問題に関する検討を開始している。七月二／三の両日、優生学、とりわけ断種による有害な遺伝素質の排除をテーマとする運営委員会をポツダムにおいて開催した医師会は、九月二五日のハノーバーでの委員会において、満場一致で以下の決議を採択した。「民族の有する健全な遺伝素質の維持を目的に、そのための不可欠の前提条件として、医師を対象とした優生学に関するより一層の教育並びに民族全体に対する啓蒙により、遺伝学の知識及び生命観を普及・浸透させる準備が一切の手段を動員して進められねばならない。遺伝的に健全な子孫の増殖を実現するため、優生学的観点からする根本的な租税政策の編成及び大規模な農民移住の促進といった措置と並んで、病的な素因の遺伝を防止することが是非とも必要である。そのためのもっとも確実な手段として、重大な肉体的又は精神的な遺伝的障害を有する者に対する断種の執行が考えられる。……近々予定される立法は以下の原則を考慮しなければならない。断種の執行は、病者本人が同意し、かつ、権威ある専門的な国家機関が個々のケース毎に手術の正当性と許容性について決定を下した場合にのみ行われうるものとする。(174)」

その後、ドイツ医師会は、一一月七日、ライヒ内務省宛に断種法の早急な制定を要請する文書を送付し、この中で、医師会が、改めて、断種の実施のためには、本人及び法定代理人の同意が前提であり、強制的断種は広範な民族の感情と合致しない限り認められないこと、濫用防止のために断種の可否を決定する権限をもつ専門医から成る委員会を設置すること等、あくまで「慎重な対処の必要性」を訴えながらも、あえて立法的措置を強く求めた背景には、ドイツ民族の遺伝素質の悪化の防止や遺伝病者の施設への収容に伴う公的な財政負担の軽減といった一般的理由の他に、当時、多くの医師がこの問題をめぐって法律上の困難な問題に直面していたという固有の事情があった。刑法第二二四条及び第二二五条が法文上明確に生殖能力の剝奪を禁止する中で、患者の同意を違法阻却事由とみなしうるか、優生学的理由による断種を良俗に合致する行為とみなしうるかといった問題に関し、裁判所の判断が不明確なままであったという事情がそれである。医師会の要請は、こうした「法的不安定性」から医師を解放し、「刑罰の免除」を保障せんとするものであった。文書はいう。「それ故、ライヒ内務省は断種の法制化を内容とする一つの法律を準備し提案することにより多大の貢献をなしうるにちがいありません。しかし、われわれが求めるものは特別立法であり、単なる刑法典の改正ではありません。それというのも、それにより現状の法的不安定性が除去しえたにせよ、断種の執行のために必要とされる諸前提を個々に規定することは不可能だからです。われわれは、プロイセン保健衛生評議会が起草した断種法を立法活動のための適切な一つの出発点とみなすものであります。[175]」

医師と並んでこの問題に関係する法律家も沈黙を守っていたわけではない。九月一二／一三の両日、国際刑事学会ドイツ支部により「社会的及び優生学的理由に基づく妊娠中絶及び生殖不能化」をテーマとする会議がフランクフルトで開催された。コールラウシュの議長の下に、ベンダー、キルシュタイン、マイヤー等が報告を行い、その後、断種と中絶の実施に関する特別立法を求めたグラーフ・ツゥ・ドーナ、レーヴェンシュタイン、ラートブルフによる動議をめぐって激しい議論が展開され、最終的に以下の決議を賛成三一、反対二一で可決した。「Ⅰ．生殖不能化①優生学的理由による不能化の前提、手続き、執行を医学及び遺伝生物学の立場に即して規定するライヒ法律の制定が求められねばならない。②不能化に関する立法に際し必要とされることは本人の同意を原則とすることとである。③不能化を正当化する上で単なる同意だけでは十分ではない。④社会的理由からする不能化を許容することは妥当なものと考える。この場合もまた、断種を受ける者の同意を必要とする。Ⅱ．妊娠中絶①妊娠中絶が許されるか否かに関し、これを妊婦の自由な判断に委ねることはできない。しかし、妊婦の意思に反する中絶もまた許されない。②医学及び遺伝生物学の立場に即して、優生学的理由による妊娠中絶は、特別な事情のある場合、法律上許容されるべきものとする。③社会的理由による妊娠中絶は、母親又は子供が経済的困窮に曝されるであろう場合、法律上許容されるべきものとする。④妊娠が一定の犯罪行為の結果による場合、妊娠中絶は法律上許容されるべきものとする。[176]」

宗教者もまたこの問題の埒外に身を置いていたわけではない。後に明確に反対の態度を表明するカトリック教会に対し、ドイツ福音主義教会の動きには注目すべきものがある。内国伝道中央委員会により組織され、一九三一年五月一八日から二〇日にかけてトライザではじめて開催された「優生学と社会福祉事業に関する優生学専門会議」は、一方で、ホッヘ／ビンディングの著書に代表される「生存に値しない生命の抹殺の解禁」の要求を宗教上及び国民教育上の観点から断固退けるとしながらも、他方で、「重大な遺伝的障害を有する者に対する生殖不能化」を容認する決議を採択した。「利己的な動機から産児制限の手段として不法に行われる断種に対しては厳しい非難が加えられねばならない。しかし、福音主義教会は肉体の無条件の不可侵性を主張せんとするものではない。神により与えられた肉体の諸機能が、共同体のあれこれの成員にあって、悪に導いたり、ライヒの破滅へと導く場合には、断種の権利が存在するというだけでなく、隣人愛並びに現在及び未来の世代への責任に由来するところの断種の義務といったものが存在する。それ故、本会議は、一定の場合において、人為的な手段によって生殖を不能とすることが求められたとして、それは宗教上道徳上正当なものとみなされうるとの見解に立つものである。[177]」以上の認識を背景にして、会議後に、「優生問題常設委員会」が中央委員会と全ドイツ福音主義的病院療養所連盟により設置され、一九三二年一一月二四日にベルリンで開かれた最初の会議は、プロイセン断種法案に対し、これを先のトライザでの決議に基本的に合致するものとし、以下の若干の修正を行うことを条件に、賛成を表明した。その条件とは、断種に代えて必要に応じて去勢を実施すること、レントゲンによる断種の措置を容認すること、断種の対象者を、法案の定める遺伝病者及び病的な遺伝的素因を有する者の内、監護する者がない者、反社会的行態への傾向を有する者に限定すること等であった。[178]

こうした一連の動きを受けて、内務省上級行政官ゴルトマンがライヒ内務大臣に対し断種法制定のための責任ある指導を求める上申書を送付したのは、ナチスによる政権掌握が目前に迫った一九三二年一二月一〇日のことである。「ドイツ医師会から断種法制定の要請が出されています。現行刑法は生殖器官への一切の侵害行為に対し重懲役刑を科すことを定めています。しかし、生命や健康を救済するために断種を行うことがしばしば必要とされ、実際上も、法的根拠のないま ま、こうした断種が相当程度行われているという現実があります。その他、遺伝可能な病気に罹患している人間の生殖を防止することの必要性についてもしばしば指摘されています。最近では、経済状態の悪化からそうしたことが繰り返し主張されています。世論もまた、広範な啓蒙活動の結果、優生学的理由による断種に対し賛意を示しています。逆に、断種に対する懸念としては、原則的立場から生殖への干渉に反対するカトリック教会を中心とする動きがあります。大政党、とりわけナチス党の動向はまったく不明です。彼らは、一九三〇年の国会におきまして、周知の通り、生殖への侵害に対し重懲役刑を科すべきであるとの提案を行いましたが、最近では自らの見解を変化させたように思われます。」以上の情勢分析に基づいて、ゴルトマンは次のように結論する。「専門的立場から見た場合、断種法制定への努力を強力に援助することが必要と考えます。それは、一つには、医師が無条件に必要とする法的安定性を与えるためであり、二つには、望ましくない遺伝素質の淘汰によって質的改良に定位した人口政策の実行を可能にするためです。それ故、私は以下の提案を行います。原則として断種法の制定に賛成すること、ライヒ内務省の責任の下に特別立法を行うこと。(179)」

以上の若干の経緯からも明らかなことは、『断種法』を中心とする諸々の人口・人種衛生学的立法に先立って、既に、ワイマール共和国の時代、行政、医師、法律家、さらには宗教者の間で立法措置の必要性に関し多くの議論がなされ、かつまた、かなりの程度の共通理解が出来上がっていたという事実である。そこに欠けていたものは、政策を実行に移す強力な政治勢力の存在だけであった。最後の、そして絶対欠くことのできないこの条件を充たす勢力として彼らの前に姿をあらわしたのがナチスであり、ヒトラーであった。「われわれが人種衛生を効果的に実現する上で必要不可欠となる力を期待しうるのはナチズム運動に対してである」、プレッツの弟子であり、一九二三年にミュンヘンに設けられたドイツ最初の人種衛生学講座を担当したレンツが自ら主宰する『人種・社会生物学雑誌』にこのように書いたのは一九三一年のことである。「ナチスは、人種衛生学を自らのプログラムの中心的要求として位置づけた、ドイツというよりも世界で最初の政党であり、……ヒトラーは、人種衛生を一切の政治の中心的課題として認識し、自らその実現に精力的に尽力しようとの決意をもつ、しかも、現実に大きな影響力を有する最初の政治家である。(180)」

アメリカが他国に先駆けいち早く断種や去勢、婚姻制限等の措置を実行に移しながら、結局は不徹底かつ中途半端に終わった事情、さらには、事柄そのものの性格から判断して、人種衛生学の実行にとって、「いっさいの事物を算定し、計画し、育種する際限のない暴力を発動させる」、そうした明確な意思と実行力をもつ強固な中央政府の存在が必要不可欠であること、いうまでもない。一九三三年一月三〇日のナチスによる政権掌握、それに続く合法革命によるヒトラーへの権力の集中化は、ドイツに限られない、人種衛生学の歴史の中で決定的な意義を有する出来事であった。

たしかに、育種＝生政治学は、その完璧な実現のための格好の場を第三ライヒに見いだしたのである。しかし、それは単にそれ以前のさまざまな試み、提言が具体化され、実現されるに至ったというだけではない。より重要な事柄として、負の育種にとどまらない、正の育種の実現に向けて、「人種思想」がその誕生当時からライヴァル関係にあった人種衛生学を併呑し、それによって人種衛生学それ自体の性格が根本的に変化するに至ったことが挙げられる。

ともに人類の生物学的退化の防止を課題とし、ともに頭に「人種」を冠しながら、これら二つの立場が理解する人種衛生の意味と目的は、もともとそれぞれが前提とする「人種」概念の相異により大きく異なっていた。レンツが、「人種衛生学は明らかにあらゆる人種のためのものである」[181]というように、彼らの考える「人種」とは、人間が人間である以上誰もが有する遺伝によって伝えられる一切の素因の集合体として、元来「全人類」を包括する概念であり、したがって、人種衛生は特定の人種、特定の民族ではなく、すべての人間の育成と改良を目的とするものとしてとらえられなければならないものであった。それに対し、人種思想は、「人種」を肉体的並びに精神的特徴によって他のすべての人間集団から区別され、かつ、これらの特徴が遺伝により後継子孫へと伝えられてゆく、そうした人間集団として把握する。白色人種、黄色人種、黒色人種等がそうであった。そして、この点がもっとも重要な事柄なのであるが、これらの人種は価値的に平等であるとみなされたわけではなかった。白色人種、その中でも「北方人種」がもっとも価値ある最高の人種であり、人類の盛衰は北方人種の盛衰と密接不可分に結びついてきたと人種思想は主張する。その限り、彼らが理解する人種衛生とは、あらゆる人間、あらゆる人種、あらゆる民族ではなく、ドイツ民族、中でも北方人種のもつ遺伝素質の改良であり、さらには、北方人種の純粋性の保護及びその増殖として、より厳密には「人種改良学（Rassenpflege）」の名で呼ばれるべきものであった。

こうした動きに対し、人種思想を非科学的であるとの理由でこれに強く反対したシャルマイヤーは“Rassenhygiene”というういささかミスリーディングな言葉の“Rassenhygiene”への置き換えを提唱する。[182]さらに、人種思想に寛容な傾向をもつ「人種衛生学協会」に反対するオスターマン等のグループが一九二五年に「ドイツ民族改良連盟」を結成するといった経緯の後、ムカーマンの努力によって二つの組織は再び「ドイツ人種衛生学（優生学）協会」へと統一されることになる。その際、組織名に括弧付ながらも「優生学」という言葉が付け加えられたのは、リリエンタールによると、「人種イデオロギーのバラスト抜きに人種衛生学を発展させようとする意図があった」からだとされる。[183]

ナチスによる政権掌握は、こうした対立に終止符を打ち、「人種思想」に最終的な勝利をもたらすものであった。シュテムラーは、そのわずか四カ月前に『民族国家における人種改良学』を書き上げ、いわば露払いとして、来るべき民族国家における人種衛生学の目的と課題はドイツ民族の中のもっとも価値ある人種の保護育成にこそ求められなければならないとの主張を展開していた。「優生学は、或る人間、或る家族、或る民族が遺伝的に健全であるか否か、遺伝病に罹患していないか否かだけをもっぱら問題とし、〔民族の〕人種的構成については無関心を決め込もうとする。それに対し、人種改良学は、遺伝素質の病気からの保護だけを課題とするのではなく、民族の人種的構成に対しても注意を向け、必要な場合には、この構成を変えようとするものである。優生学は、所詮、雑種化した民族の改良学でしかない。人種並びに人種の価値に関する名目的な平等性を信じる者だけが純粋な優生学というものを支持することができるのである。そうでない者は必然的に人種改良学に対し信仰告白しなければならない。価値ある家族に対しては劣等な家族と異なった援助を与えなければならないように、もっとも価値ある人種に対しては劣等な人種と異なった取り扱いと保護育成こそが相応しいのである。」[184]

二　北方人種化

人種改良学への信仰告白の背景には、ドイツ民族のもつ人種複合的性格に関する認識があった。ドイツ民族が、北方人種を中心に、互いに類似する近縁のヨーロッパ系人種である地中海人種、ディナール人種、東方（アルプス）人種、東方バルト人種、ファーレン人種から構成される混血民族であり、加えて、近年ユダヤ人等の非ヨーロッパ系人種の血の浸入による人種汚濁の危険に曝され、そのため、将来の人種戦争に備えた民族共同体の建設にとって「血の分裂」の防止と克服が最大かつ焦眉の課題として位置づけられたこと、そうした認識については既に紹介したとおりである。

もっとも、ドイツ民族の混血民族としての性格は、少なくとも、近縁の人種に関する限り、必ずしも民族の活力を削ぐ負の要因としてとらえられていたわけではない。勇敢な戦士の民族であると同時に詩人の民族でもあり、政治家の民族、思想家の民族、発明家の民族、技術者の民族、科学者の民族、音楽や詩、文学、美術等芸術家の民族等々、他に類を見ないドイツ民族の能力の多様性とそこから生み出される文化の豊穣性は、多様な特徴と能力をもった遺伝素質の存在、つまりは、多様な人種の存在抜きにはありえないものと考えられたからである。[185] 現に、ヒトラーは、一九三四年の或る演説において、こうした人種の多様性の中にドイツ民族のもつ「国際社会での強さ」の秘密を見いだすことができるとし、[186] さらに、別の演説では、多様な人種の存在は、「われわれにとって好都合なことであり」、「われわれの有する長所である」とさえ断言していた。[187]

しかし、こうした長所はドイツ民族の弱点と背中合わせのものでしかなかった。先の演説で、人種の多様性から「国際社会での強さ」が生まれてくるとしたヒトラーは、すぐに続いて、「しかし、逆に、残念ながら、われわれの国民的国家的弱さの原因もまたそこに存する」ことを認めなければならないとも語っていた。[188]『我が闘争』もまた、「多様な人種的要素が並存する結果、ドイツ民族は、一つの統一した群なら団結して事にあたるのが当たり前である危急の際に、風の吹くまま四分五裂の状態に置かれてきた」という。「単に、地域的に別れて多様な人種が住んでいるというだけではない。同一地域の中に多様な人種が住んでいる。北方系の人間と並んで東方系の人間が、東方系の人間と並んでディナール系の人間が、また、彼らと並んで地中海系の人間が、さらには、彼らの間に混血の人々が暮らしている。こうした事態から、ドイツ民族は、あの確固たる群集本能、即ち、単一の血の中に根拠をもつ民族であるならば、とりわけ、危急の際に、一切の内的な相異をただちに克服し、共通の敵に対して統一した群の団結した戦線でもって対抗し、国家と国民を没落から救うという、あの群集本能を喪失するといった非常な不利を蒙ることとなったのである。……要するに、〔諸人種の混合状態が〕われわれの世界支配を挫折させたのである。もし、ドイツ民族が自らの歴史の発展の中で他の民族に利益をもたらしたあの統一した団結を有していたならば、ドイツライヒは今日間違いなくこの地球の支配者となっていたにちがいない。」(189)

たしかに、「世界観は血によって条件づけられている」との認識に立つ限り、近縁とはいえ異なる複数の人種から成るドイツ民族にあって、世界観的分裂は不可避の事柄であったといわねばならない。それでは、先ずもって「血の分裂の克服」が喫緊の課題であったとして、いかなる方策があり、いかなる手段が講じられなければならなかったか。おそらく、この問題に関しては、相互に近縁の人種であるという事実から、「諸人種の完全な融合」を促進するといった方策もありえたかもしれない。今現在のドイツ民族が混血民族であったにせよ、それは、ヒトラー自身も指摘していたように、「諸人種の構成要素の融合の過程がいまだそれによって新たな人種が創造されたといえる程度までには進んでいない」(190)だけであると解することも十分可能なことであったのだから。諸人種が「完全に融合するに至る時間」(191)が確保されたなら、ドイツ民族という人種の坩堝の中から、何時の日にか、一つの新たな人種、つまり、共通の遺伝素質を有し、構成員のすべてが同じ世界観を共有するような「ドイツ人種」とでも呼ぶべき人種の誕生を期待することも決して不可能なことではなかったはずである。

しかし、こうした解決策はヒトラーの求めるものではなかった。「もし、われわれの諸人種の根源的要素が完全に混血していたならば、一つの団結した民族体が生まれていたことは確かである。しかし」とヒトラーはいう。「あらゆる人種雑交が証明しているように、その場合、民族体は元の構成要素のうちの最高のものが本来有していたよりも劣った文化能力をもつものによって充たされることになったはずである。」(192)

つまり、たとえ近縁とはいえ、ドイツ民族を構成する六つの人種は同等の価値をもつものではない以上、異なる価値をもつ人種間での交配からは常に両方の親の有する価値の中間の子供が誕生し、その結果、諸人種の完全な融合は、なるほど、低い人種の価値を高めるものではあるにせよ、他方で、より高い人種の価値を低下させ、ひいては、民族全体の人種的価値の没落を結果するというわけであった。[193]『我が闘争』は次のように結論する。「人種交配の結果」は、ごく簡単にいえば、「より高等な人種の水準の低下」であり、「肉体的、精神的退行及びそれに伴い徐々にではあれ確実に進行する〔民族体の〕衰弱」である、と。[194]

「自然は雑種を好まない。」[195]これがヒトラーの結論であり、出発点であった。高級類型生産の手段に「人種の混合」を挙げたニーチェの認識とは異なり、人種雑交というものは、結局のところ、本来「自然の最愛の子供」[196]として神の祝福を受けるべき権利と資格を有するはずのドイツ民族の没落に手を貸す「自然に対する裏切り行為」[197]以外の何物でもなかった。「自ら混血を行い、それを放置する民族は神の永遠の摂理に背くものである」とさえヒトラーはいう。「彼らがより強い民族によって滅ぼされるとしても、それは彼らに加えられる不正ではなく、むしろ、正義の回復にすぎない。もし、民族というものが自然から与えられ、自らの血に根ざす自己の本質的特徴を尊重する意思を失うならば、その時には、自らの地上での生存を喪失したとして、何ら不平を申し立てる権利はない。」[198]それ故、「これ以上の混血化を根本的に阻止する」ことこそがゲルマン諸国家にとっての緊急に解決を要する課題である。「もっとも神聖な権利としてただ一つの権利が存在する。そして、この権利は同時にもっとも神聖な義務でもある。即ち、もっとも優れた人類を保護することによって、人類のより貴い発展の可能性を保障するため、血を純粋に維持するよう配慮することがそれである。」[199]その際、ドイツ民族の中で諸人種の完全な融合が実現されずにいたことは一つの「僥倖」であった。「何故なら、われわれが有する諸人種の根源的要素の完全な混血が完成せず、その結果、統一的な民族体の形成が妨げられてきたということは、一面では、われわれに非常な不利をもたらすものであったにせよ、他面では、それによって少なくともわれわれの有する最良の血が一部分純粋に保存され、人種的低下を免れたという点で非常に幸いなことであったのだから。……もし融合が完成していた場合には、ドイツ民族は、人類の最高目標を実現するため明らかに運命によって選び出された唯一の担い手を統一民族というごった煮の中で失い、最高目標もまた達成されないままに終わらざるをえなかったにちがいない。」[200]

問題は、ドイツ民族に与えられたこの「恵み」をドイツ民族自身が自覚し、その中から、世界支配の計画に沿い、最終目標の実現に向けて、いかに自らに立て渡された課題を引き出し、解決するかにかかっていた。ヒトラーによれば、「われわれの関与なしに恵み深い運命によって偶然阻止されてきた当の事柄を、われわれに新しく獲得された諸認識の観点から検討し利用すること」が肝要であった。「ドイツ民族の地上での使命について語る者は、その使命が、まさしく、われわれの民族、というよりも全人類の手に無傷のままに残されたもっとも貴重な構成要素を維持し、増殖させることの中に、自らの最高課題を見るような、一つの国家を形成すること以外にないという事実を承知しなければならない。全能の神の恵みによってこの地上に贈られた最高の人間を維持し、増殖させるという課題は、真に高貴な使命であると思われる。(201)」

北方人種こそが「地上に贈られた最高の人間」であり、「北方人種化」こそが、民族共同体の建設に向けた生政治学の最後の課題であった。農業問題の専門家であり、一九三一年に親衛隊人種・植民中央局指導者の地位に就くダレは、その二年前に出版した『血と土から生まれる新たな貴族階級』の中で、ギュンターの名前を挙げながら、ドイツ民族の品種改良政策が北方人種を模範として遂行されなければならないとの決意を表明していた。「自然科学的な意味において、いかなる人間が歴史の中でドイツ的なるものの本質を担ってきたかについては、今日まったく疑問の余地はない。われわれがドイツ的と呼ぶところの一切は、唯一排他的に今日北方人種と呼ばれるゲルマン人によって生み出されてきたものである。……人種学の成果をドイツ民族に対し一般に理解可能な仕方で普及させた点に、ギュンターの功績があったのではあるが、より大きな功績は、彼がさらに一歩を進めて、ドイツ民族に対し明白に北方人を品種改良の目標として、つまり、ドイツ人の淘汰の理想像として提示した点にある。これにより、われわれドイツ人にとって、品種改良に関し、真に唯一の目標が与えられることとなったのである。それは、ドイツ的なるものの本質の維持と発展が依存するところの、われわれの民族体に存する創造的血である北方人種の血が維持され、増加するよう、可能な一切の手段を使って努力することをわれわれに求めている。……ドイツに現存する北方人の血を維持することがわれわれの責務であり、北方人をドイツ民族の淘汰の理想としなければならない。(202)」

7　反ユダヤ主義

一　ユダヤ人とは何か

ナチスは、政権掌握後、ただちに、北方人種化に向け、ドイツ民族を対象とする積極的な「再構成」の作業に着手したわけでも、そうしえたわけでもなかった。『我が闘争』が、「ユダヤ人問題の解決なしには、ドイツ民族体再興の企ては無意味であり、不可能である[203]」としていたように、ナチスにとっての人種問題とは何よりも先ずユダヤ人問題であった。それでは、「ユダヤ人問題」とは何であったのか。何故、「ユダヤ人問題の解決」が必要とされたのか。そもそも、「ユダヤ人」とは誰のことであったのか。

「ユダヤ人とはユダヤ教を信仰する人々の集団である。」――一般に流布するこうした観念をヒトラーは真向から否定する。大戦後のミュンヘンで、マイル大尉の下で国防軍兵士に対する教育係の任務に就いていた頃、ゲムリッヒなる人物から大尉を通じてユダヤ人問題に関する意見を求められたヒトラーは、一九一九年九月一六日付の書簡の中で「ユダヤ人」についての見解を披露している。「政治運動としての反ユダヤ主義は、感情の要素ではなく、事実についての認識によって規定されなければなりません。その際、事実とは以下の事柄をいいます。ユダヤ人とは何よりも先ず無条件に人種であり、決して宗教団体などではないということがそれです。……何千年にもわたり、しかも、しばしばごく狭いサークルの中で繰り返されてきた同族婚によって、ユダヤ人は、彼らがその中で暮らしてきた数多くの他民族以上に、一般的に自らの人種とその特性を頑なに保存してきました。その結果、われわれの中に一つの非ドイツ的な異なった人種が生存するという事態が生まれるに至ったのです[204]。」

六年後の『我が闘争』ではユダヤ人観のより一層の展開が見られる。ユダヤ人は単に「非ドイツ的な異なった人種」であるというにとどまらず、ドイツ民族、とりわけその中核人種である北方人種と異なる特性をもつ、あらゆる意味において北方人種の「対極」に位置する「正反対の人種」として位置づけられた[205]。しかも、北方人種が「最高の人種[206]」、「より高度の人間性の創始者[207]」であるととらえられた限り、その正反対のユダヤ人が「最低の人種」、「人間に非ざる者」とみなされることになったのも当然の成り行きであった。『下等人間』と題する親衛隊本部が編集した写真雑誌の冒頭の解説記事には次のような行がある。「夜が昼に対抗し、光と影が永遠に敵対するように、地上を支配する人間の最大の敵は人間である。下等人間は、一見したところ、生物学的には手と足と一種の頭脳、眼と口を持った、まったく同種の生き物であるが、しかし、まったく異なった危険な生き物であり、人間に似た顔つきを持った、人間の出来損ないにすぎない。しかも、それは、精神的、心的に一切の動物よりも下等なものである。人間の顔をしたすべての者が同じとは限らない。このことを忘れる者に禍あれ。人間がこの世界の偉大な作品、思想、芸術を考え、創造し、完成したのだ。……しかし、下等人間も生きていた。彼らは他の者の生み出したものを憎んだ。それに対して、怒りをぶつけ、陰に隠れて盗みを働き、表では冒瀆者、殺人者となった。……そして、下等人間たちは自分達の指導者を見つけた——永遠のユダヤ人がそれである。[208]」

「ユダヤ人とは何か」——ラウシュニングとの対話の中で改めて自らこう問い掛けたヒトラーは結論する。「二つの世界が対峙している。神の民と悪魔の民がそれである。ユダヤ人とは非人間、反人間のことである。」さらに、彼はいう。「ユダヤ人はわれわれとは異なる別の神から生まれたものである。彼らは人類のもう一つ別の根から生まれてきたものにちがいない。アーリア人とユダヤ人、私はこれら二つを対置し、一方を人間と呼ぶならば、他方は何か異なった名前で呼ばなければならない。両者の間に見られる隔たりは人間と獣の間ほどもある。しかし、私は決して彼らを獣と呼ぼうというわけではない。両者を隔てる距離は、われわれアーリア人とのそれよりもはるかに大きいものがある。ユダヤ人とはそもそも自然と異質な存在であり、自然から遠く離れた存在である。[209]」

二　ユダヤ人問題の本質と解決の処方箋

しかし、ユダヤ人が反人間、最低の人種と位置づけられたにせよ、そのことは決してユダヤ人の無能力、無害を意味するものではなかった。むしろ、事実はまったく逆であった。「神の民と悪魔の民」といった表現からもうかがえるとおり、ユダヤ人とはまさしくドイツ民族から見た「悪の権化」として、彼らこそがナチズムにとってもっとも手強い「不倶戴天の敵」とみなされるべきものであった。[210] ヒトラーは、あらゆる機会をとらえて、ドイツ民族に対し、ユダヤ人がドイツ的なるものの反対物、ドイツ民族とナチズムの一切の敵、その背後に隠れた黒幕であることを訴え、納得させようとする。ユダヤ人は、マルクシズム、ボルシェヴィズム、資本主義、自由主義、平等主義、民主主義、議会主義の創造者にして、先の世界大戦の元凶、大戦後のドイツの管理人であり、今また、アメリカ、イギリス、フランス、ロシアといったドイツに敵対する巨大国家の背後勢力として、世界支配を企み、ドイツ民族を含む地球上のすべての民族の征服・殲滅を計画している張本人というわけであった。『我が闘争』はいう。「ユダヤ人は今日ドイツの徹底的破壊を狙う大煽動者である。ドイツに対する攻撃が行われる時、そこには常にユダヤ人が存在する。……わが民族及び国家がこの血と金銭に飢えたユダヤ人の民族暴虐者の犠牲となるならば、その時、地球全体はこのクラゲどもに籠絡されてしまうであろう。ドイツがこの絡みつきを打ち破ることに成功する時、はじめて、この世界全体は諸民族を襲う最大の危機から解放されるのである。[211]」

地球に墨縄を引く権力をめぐる諸民族・人種の戦いとは、結局のところ、ドイツ人とユダヤ人の戦い以外の何物でもなかった。「疑いもなく即自的に世界支配を運命づけられた民族」であるドイツ民族の前に立ちはだかる唯一絶対の敵、それがユダヤ人であった。ドイツ人対ユダヤ人、一切の戦いがそこに収斂する。ラウシュニングを相手に、ヒトラーは、「世界支配をめぐる戦いはドイツ人とユダヤ人との間でのみ戦い抜かれるのである」との考えを明かしていた。「イギリスの背後にはイスラエルが、フランス、アメリカの背後にもイスラエルが存在する。……この戦いはまさしく世界の命運を賭けた戦いなのだ。」[212] しかも、ユダヤ人が「異なる神の被造物」である以上、ユダヤ人との戦いは、当然に、「主の御業のための戦い」といった性格を帯びる。[213]「精神的な神の歴史的民族としてのイスラエルと、新たに選ばれたドイツ民族との間には底知れない敵意の溝が横たわっている。一つの神は他の神を排斥する。ヒトラーの反ユダヤ主義の背後には神々の戦いが存在する」[214]、そうラウシュニングはノートに書き残した。

神々の共存はありえない。ヒトラーもまた「ただ二つの可能性しか存在しない」という。「アーリア人の勝利か、しからずんば、その絶滅とユダヤ人の勝利か。」[215] しかし、ユダヤ人との戦いは、通常そう考えられるような、国家対国家の戦いといったものではない。それというのも、ユダヤ人は国家をもたず、そもそも彼らには国家を形成する能力というものが欠けていたし、欠けているのだから。何故そうなのか。一九二〇年の夏、ミュンヘンのホフブロイハウスでの演説の中で、ヒトラーは、その原因を、「労働は人間の堕落に対する罰である」とするユダヤ人の労働観に求めることが可能であると語っていた。「ここには〔労働を社会的・道徳的義務としてとらえるわれわれとは〕まったく異なった一つの世界を見ることができる。ユダヤ人にとって、労働は自己の生存を維持するための手段でしかない。それは本来労働とはいえないのであり、もし、これをしも労働というならば、他の人々への配慮なしに自己を養うためだけに行われる一切の活動もまた労働と呼ばれうることになるであろう。こうした労働は、かつては、砂漠を行くキャラバンからの強奪の中に存したのであり、今日では、債務を負った農民、工場主、市民等に対する搾取の中に見いだすことができる。なるほど、形は変わったにせよ原理は同じだ。」国家の形成が、多かれ少なかれ、常に「社会的感情の存在」を前提とするものである以上、利己主義的労働観をもつユダヤ人が国家を形成しえなかったとして、それは何ら不思議なことではない。彼らが国家とかかわりをもつとした場合、それは常に他の民族の形成した国家への「寄生」といった形でしかありえない。「実際、ユダヤ人は何世紀にもわたる長い間常に流浪の民であった。彼らは決してわれわれが国家と呼ぶものを手にしたことはない。ユダヤ人は他の民族の肉体に巣くう寄生虫として生きてきたのであり、また、彼らはそうせざるをえなかったのである。[216]」

国家をもちえないユダヤ人の特性を「寄生虫」としてとらえたヒトラーは、この事実から、彼らが世界支配をめぐる戦いの中で採用する戦略の特異性を暴き出す。何よりも先ず、ユダヤ人が仕掛ける戦いは戦線を挟んで対峙する二つの軍隊のそれではない。ちょうど、有害な細菌が好適な培養基を見つけ、その中でどんどん増殖し、毒物を分泌し、やがて、最後には寄生した母体そのものを内側から腐敗させるのと同様に、ユダヤ人もまた、狙いを定めた民族体に潜り込み、完全に壊敗させるまで活動を止めようとはしない。そのため、彼らはあらゆる「武器」を使用する。当初、平等権を主張し、やがて、支配権を要求する。そこでは、策略、狡猾、奸智、奸計、虚偽等、彼らの民族的本質に根ざす一切の武器が動員される。中でも、もっとも重要な武器が彼ら自身のもつ無尽蔵の「血」であった。戦車や戦闘機、軍艦といった武器、兵士の類は一切姿を見せることはない。ただ、他の民族体に浸透し、彼らの劣等な異種の血を混入させるだけで十分であった。こうした戦略が効果を発揮するには少々時間がかかるにせよ、得られる成果は軍事力によるよりもはるかに確実である。「血のボルシェヴィキ化」、つまりは、雑種化による当該民族体の遺伝素質の破壊と人種的価値の低下、それがユダヤ人により寄生された民族を待ち受ける結末である。[217]

最近のロシアで起こった出来事を見るがよいとヒトラーはいう。かつてロシア国家を建設し指導した北方人種の血がユダヤ人の手により簒奪され、雑種化された結果、ロシアは「ボルシェヴィキ化[218]」し、今日、「人類に対するペストの温床[219]」と化すに至った。ロシアは、国際主義的ユダヤ人が彼らの戦略の有効性を試す最初の「実験場」であり、世界支配のために設けられた「前進基地」と化した。今や、そのことに成功を収めた彼らが次に狙う標的が北方人種の中核民族であるドイツ民族にほかならない。ヒトラーは警告する。たとえ多くのドイツ人がいまだそれと気づいていないにせよ、「かつてロシアを敗北させた危険が今日われわれの身近に迫っている。[220]」

それでは、こうした奇妙な戦いの中で、ドイツ民族は如何なる対抗手段をとるべきであり、とりえたのか。党の世界観的教育の統括責任者の一人であるシュテルレヒトは、何よりも先ず、問題の本質の正確な理解が必要不可欠であり、そのためには、従来行われてきた歴史学の方法に代わって、「自然科学的思考方法」から出発することが肝要であるとする。中でも、自然界を支配する「創造的原理と寄生的原理の対立」の中に対抗戦略構築のための手掛かりを見いだしうるとした彼は、そのための「恰好の一つの例」として「人間の肉体」を取り上げ、採るべき戦略を解説する。「肉体は一つの高度に発達した細胞国家とみなされる。この国家には、それ自身では国家を形成しえない、たとえばバクテリアが寄生し、増殖し、やがて、毒素を分泌し、当の肉体を弱らせてゆく。肉体が寄生動物を打ち破るか、それとも、逆に、打ち倒されるか。もし、肉体が勝利を収めた場合、その時には、周囲の肉体も浄化され、将来の感染もまた防止される。こうした対決にあっては、肉体あるいは汚染された空間の消毒がそうであるように、ヒューマニズムの原理といったものは妥当しない。まったく新たな思考方法が求められている。それによってのみ、今日、偉大な創造的人種が、自らの存立を保障し、この世界の中で偉大な使命を果たすことが可能となる。[221]」

後にユダヤ人殲滅の実行責任者となるヒムラーは、一九三五年の秋にゴスラールで開かれたライヒ農民会議において、ユダヤ人により仕掛けられた諸民族に対する戦いを「この遊星上の生存の自然的出来事に属するもの」としてとらえねばならないとし、さらに、次のように語っていた。「この生死を賭けた戦いが、伝染病に対する人間の戦いや、健康な肉体に対するペスト菌の戦いと同様に、自然の掟であるとの確信に至り着くならば、その時、人は納得がいくことであろう。[222]」あるいは、ゲッベルス。闘争時代、ユダヤ人に対するテロルへの批判に反論して、彼はいう。「人がテロルだと喚くならばそれもよい。それに対しては、ムッソリーニの有名な言葉で応えよう。『テロルだって。とんでもない。これは社会衛生学なのだ。われわれは、これらの連中を、医者が血液循環からバクテリアを取り除くように、社会循環から取り除くだけのことである。[223]』」ユダヤ人は「細菌」であり、彼らに対する戦いは「伝染病の撲滅」と何ら変わるものではなかった。

ユダヤ人問題の「最終解決」に向けた最後の実務的調整の場となったヴァンゼー会議からちょうど一カ月後、ヒムラーを前にしたヒトラーの発言は、彼らが、ユダヤ人に対する対抗戦略の構築を完了し、そこから導き出される最終的帰結の容赦なき実行を決意し終えたことを物語っていた。「ユダヤ人というウイルスの発見はこれまで世界で企てられた最大の革命の一つである。われわれがこれから行おうとする戦いは、前世紀にパストゥールやコッホが戦ったと同じ性質のものである。いかに多くの病がユダヤ人ウイルスに原因を有していることか。……ユダヤ人を除去する場合に、はじめて、われわれは健康を回復することが可能となる。[224]」(第Ⅱ部第一〇章4参照)

三　最終目的

放浪時代、ウィーンで出会った「カフタンを着たユダヤ人」により反ユダヤ主義に導かれたというヒトラーは[225]、それから四〇年近く後、彼の死の前日にベルリンの官邸地下壕でボルマンに口述筆記させた『我が政治遺書』の中で、彼の後継内閣の第一の課題として、「国際的ユダヤ人に対する戦いの継続」を挙げた。「ナチズム国家の建設というわれわれの使命とは、一人一人が常に全体の利益に奉仕し、自己の利益を後回しにするべく義務づけられている、来るべき数世紀の仕事であるとの自覚をそれぞれがもつことを私は期待したい。とりわけ、私は、国家と国民の指導部並びに彼らにつき従う者たちが、人種法律を遵守し、世界中の民族を毒殺せんと企てる国際的ユダヤ人に対し容赦なき戦いを継続することを義務づけるものである[226]。」

たしかに、反ユダヤ主義は、紛れもなく、ヒトラーの生涯を貫くもっとも基本的な世界観であった。もっとも、これがヒトラーの発明品でなかったことはいうまでもない。しかし、何世代にもわたって積み重ねられてきた伝統的な宗教的・社会的・経済的反ユダヤ主義を人種生物学的なイデオロギーへと仕立て上げ、そこから当然の帰結を導き出した点で、しかも、その帰結を実行する意思、そのための権力を有していた限りにおいて、彼は反ユダヤ主義の長い歴史に決定的な一歩を印すこととなったのである。反ユダヤ主義にとってヒトラーとナチスの登場がもつ重要性は、同時にまた、ヒトラーとナチスにとっての反ユダヤ主義の重要性を意味するものでもあった。シェムは、「ユダヤ精神に対する戦いを抜きにしてナチズムの存在は考えられえない」とさえいう。「反ユダヤ主義者である者のみが、原理上当然のこととして、最初のナチス主義者となったのである。ナチズムが反ユダヤ主義を生み出し、反ユダヤ主義がナチズムを生み出した。両者は相互に支えあうものである[227]。」たしかに、反ユダヤ主義はナチズムの世界観の単に一つの要素といったものではなかった。それは、ナチズムの根幹であり、全体でもあった。ユダヤ人との戦いは、あれこれの戦いの一つといったものではなかった。それは、ナチズムの成否を賭けた戦いであり、ナチズムの戦いそのものであった。ナチスの一切の敵がユダヤ人に収斂し、ナチスの最終目標実現のための戦いの一切がユダヤ人に収斂する。ユダヤ人一人一人に対する日常的戦いは、ドイツ民族の人種的価値の防衛と世界観的統一の確立のための不可避の戦いであったと同時に、ユダヤ人がドイツ民族とナチズムの一切の敵、その背後に隠れた黒幕であった限り、それ自体既に世界支配のための戦いとして位置づけられるべきものでもあった。

それでは、反ユダヤ主義の最終目的である「ユダヤ人の除去」に向けた戦いは、いかなる手順を踏んで行われるものであったのか。ヒトラーが当初から明確な戦略をもっていたことは間違いない。一九二〇年四月二七日にミュンヘンのホフブロイハウスでの演説会の中で、「われわれは［ユダヤ人に対する戦いを］差し当たり穏便なやり方で実行したいと考えている。しかし、そうしたやり方がうまくいかなくなった時には、容赦のない暴力の使用に訴えるつもりである[228]」との基本戦略を明らかにしたヒトラーは、この半年前のゲムリッヒ宛の手紙において、反ユダヤ人政策の手順、とりわけ、「穏便なやり方」の内容と、それが最終目的に至る政策全体の中で占める位置について、より具体的な見取図を描いていた。「純然たる感情的理由による反ユダヤ主義の最終的な姿はユダヤ人虐殺という形をとります。しかし、理性的な反ユダヤ主義は、ユダヤ人の特権に対する戦いを法律という手段を使って計画的に行い、それを排除することでなければなりません。……しかし、ユダヤ人全体を断固除去することが最終目的となります[229]。」

8　ユダヤ人商店のボイコット

最初の組織的戦いが、政権掌握からわずか二ケ月後、一九三三年四月一日からドイツ全土で始まったユダヤ人商店等を対象とするボイコット運動であった。狙いはどこにあったのか。三月二六日のゲッベルスの日記には次のようにある。「指導者から呼び出しを受けた私はミュンヘンに向かった。ヒトラーは、人里離れた山の中で、全体の情勢について慎重に検討を重ね、ようやく結論に達したのだ。外国からのデマ宣伝に対抗しうるのは、その実行者か、少なくともそれを利用する者、つまりは、これまで手をつけずに見逃してきたドイツに在住するユダヤ人達を縮みあがらせることによってのみである。したがって、われわれはドイツ国内にあるすべてのユダヤ人商店に対する大々的なボイコットに着手しなくてはならない。国外のユダヤ人どももドイツに居住する同胞の生命にかかわるということがわかれば、少しは考えを改めるであろう。ボイコットの指導者にシュトライヒャーが任命された[230]。」

三月二八日、党指導部は、党の地方管区及び各組織に対し、『反ユダヤ主義的措置の実行に関する指令[231]』を布告、「ユダヤ人商人、ユダヤ人医師、ユダヤ人弁護士に対するボイコットを実際的かつ計画的に実行する」ための「実行委員会」の設置を命じ、計画の実行につき以下の指示を下した。「実行委員会の任務は、ただちに宣伝啓蒙を行い、ボイコットを普及させることにある。いかなるドイツ人も今後ユダヤ人商人から商品を購入してはならない、また、ユダヤ人商人及びユダヤ人が背後で経営する商店の宣伝を阻止しなければならない、これが原則である。ボイコットは、民族全体がこれに参加し、ユダヤ人のもっとも嫌がる急所を突かなければならない。……ボイコットは分散的にではなく、電撃的に行うことが必要である。ボイコットの開始は、ポスターの掲示、新聞、チラシ等によって周知させなければならない。ボイコットは四月一日午前一〇時をもって電撃的に開始され、党指導部の中止命令があるまで継続することとする。……ナチス主義者諸君！来る土曜日、一〇時を期して、ユダヤ人どもは誰が宣戦布告を受けたかを知ることになるであろう。」

ただし、これは迫害行為の開始を意味するものではなかった。既にその何週間も前からドイツ各地で突撃隊や親衛隊等の手によってユダヤ人に対する攻撃がさまざまな形で展開されていたことについては多くの報告がある。三月六日、国会選挙の翌日に早くもベルリンの繁華街であるクーアフュルステンダムを舞台にユダヤ人商店等に対する攻撃が開始され、九日には流血の惨事にまで至った[232]。二日後、ブラウンシュヴァイクでは、親衛隊指導者アルペルスが傘下の隊員に対し私服着用の上で二つのユダヤ人デパートに妨害行為を行うよう命令――その際、御丁寧にも事前に警察官の巡回が行われない手筈が整えられていた――、あるいは、同じ頃、ゲッチンゲンやケムニッツでもユダヤ人商店の破壊が、ライプツィヒではポーランド系ユダヤ人に対する虐待、ドレスデンではシナゴーグに対する襲撃[233]、ニーダーバイエルンではユダヤ人不動産業者の拉致、殺害等が報告されている[234]。一連の攻撃が偶発的でなかったことは、ゲーリングが三月一一日にヘッセンで行った演説、「私は、誰であれドイツ民族に対し危害を加えようとする場合、容赦なく警察を投入する。しかし、警察をユダヤ人商店の守衛に仕立てるつもりは毛頭ない[235]」との発言からもおおよそ見当がつく。迫害は商人等の民間人に限られなかった。とりわけ標的に選ばれたのが司法関係者であった。九日にケムニッツで突撃隊と鉄兜団が裁判所を占拠、ユダヤ人である裁判所長官、検事長、検事等を職場から追い出し、一部を保安拘禁したのに続いて[236]、ブレスラウでは、一三日、突撃隊が裁判所の入口を占拠し、ユダヤ人判事や弁護士の建物への立ち入りを妨害するといった事件が発生している。三日後、当地の司法当局は、「司法機関へのユダヤ人の影響力の排除」を求めた警察署長の要請に応え、「住民の不安の一掃」を理由に、ユダヤ人弁護士の数を一七人に制限し、警察の発行する特別許可証の携帯を義務づける措置を下した[237]。ベルリンでも、区裁判所及びラント裁判所においてユダヤ人裁判官、検事の司法への関与が一部の例外を除き禁止され、二一日付の『フェルキッシャー・ベオバハター』は、「ベルリンにおける刑事裁判所がユダヤ人から解放された」との大見出しを掲げ、「間もなくドイツ人の誰もが異人種によって判決を下されるといった事態はなくなるであろう」と報じた[238]。

四月一日のボイコットは、結局、迫害の開始ではなく、三月二八日の指令にあるように、ドイツ全体に「普及」させようとするものであった。当時留学生としてドイツに在住していた四宮は、その日のベルリンの様子を伝えている。「〔この朝〕新聞を買うつもりで、〔宿舎〕近くのバイエリッシャー・プラッツまで行ってみてまず驚いたのは、この広場沿いの商店が、ほとんど軒並みといっていいほどシャターをおろして、前にはSAの褐色シャツが一人、二人と歩哨に立っていたことだった。閉めたどの店のシャターやショウ・ウインドウにも、大、小さまざまの黄色の貼り紙がされている。いわく、『ユダヤ人の店で買うな!』、『ドイツ人はドイツの店で買え!』知らずに買物に来た主婦たちや物見高い野次馬連中をSAが追い返している。住宅街を歩いてみた。ここは商店街とちがって人だかりもほとんど見られなかったが、突撃隊のあんちゃんはやっぱりうろうろしていた。見ると、低い門柱や建物入口の扉やその辺にかかっている看板や標札には、こんどは小さい赤ラベルがべたべた斜めに貼られている。ラベルには、『ここにユダヤ人がいる』、また『訪問禁止』とある。それがみんな弁護士の法律事務所や開業医、歯科医の診療所であることは、標札や看板ですぐわかった。ウィテンベルク広場にいってみた。そこの広告塔には、こんな大きなポスターがべったり貼られていた。『土曜日の朝十時まで、ユダヤの民は熟慮の時間がある。その後に、闘争が始まるのだ。全世界のユダヤ人が、ドイツを滅ぼそうとしている!ドイツ人よ、自らを守れ!ユダヤ人の店で買うな!』」[239]

この時ボイコットの対象となったのはユダヤ人商人や弁護士、医師だけではなかった。プロイセンのライヒ司法全権委員カールは、三月三一日、上級ラント裁判所長官、検事長、行刑官署長官宛に電報を送付し、ユダヤ人裁判官にただちに賜暇願を提出させること、提出を拒否する時、家宅不可侵権を理由に裁判所建物への立ち入りを阻止すること、ユダヤ人判事補に対する委任をただちに取り消すこと、ユダヤ人検事および行刑官吏に対しただちに賜暇を与えることの措置を要求したが、そこには次のような理由が挙げられていた。「ユダヤ人裁判官による不遜な振る舞いに対し民族が抱く憤激は、とりわけ全ユダヤ人によるデマ宣伝に対しドイツ民族の防衛のための正義の戦いが行われなければならないこの時にあって、民族が彼らに対し正当防衛の行為に出る可能性を予測せざるをえない状況に立ち至っている。もし万が一かかる事態が生まれれば司法の権威は大きく揺らぐこととなる。それ故、遅くともナチス党が指導するボイコットの開始とともに、かかる自力救済行為の原因を予め除去することがすべての管轄権ある官署の義務とみなされねばならない[240]。」同じ日バイエルンでも裁判官及び検事に対し賜暇を与えるべき旨が布告され、(241)ベルリン市では、翌四月一日、公立学校のユダヤ人教員を対象に同様の措置がとられた。(242)

翌々日の四月三日に中止命令が出されたボイコットが当初の狙いを達成できたかについては、否定的な報告が残されている。たとえば、バート・クロイツナッハのラント参事会の報告書には、「ボイコットは意図した効果を生み出さなかった。住民たちの中にはこうした無法を厳しく批判する者がおり、しばしばユダヤ人に同情する傾向が見られた。……ユダヤ人商店の売り上げは、とりわけ郡部では決して減少しなかった」とあり、(243)ライプツィヒ在住のアメリカ領事もまた、「ドイツ民族の正義のために敢えて主張されねばならないことであるが、ボイコットは労働者階級や教養ある中産階級の間では決して一般的なものとはならなかった」と報告する。(244)

この時のボイコットに限らず、反ユダヤ主義に対する人々の反応は一般にナチスが期待したほどの積極性はなかったようである。ラウシュニングも「本当に根強い反ユダヤ主義など広範なドイツ民族にあっては語りえないものであった」としている。「党員の大多数もナチズムの反ユダヤ主義のスローガンをたいして真面目に受け取ってはおらず、まして決定的な措置といったものを期待していたわけではなかった。(245)」その後も、少なくとも一般の住民に関する限り、このような状況に大きな変化がなかったことを、一九三八年のポグロムとその後の一連の措置に関するオーバーバイエルンのアイヒャッハ地区官署の月例報告書は伝えている。「大使館参事官であるフォム・ラートの暗殺に対して住民の間で一般的な憤激が発生した。〔しかし〕現在行われている経済生活からのユダヤ人の排除やその他の厳格な対抗措置については、世界観の確立がいまだ見られない民族同胞の一部、とりわけ聖職層と小市民層によって今なお理解されるところとはなっていないし、また不当なものだとされている。(246)」

こうした事実から、カーショウのように、「ナチス世界観の中心をなすユダヤ人迫害をナチス指導部と広範な大衆を統合する要素としてとらえることは困難である」(247)といった結論を導き出すことも不可能ではないかもしれない。しかし、ここでいう「統合」が指導部とドイツ民族の精神的世界観的な合一を意味するものであったとするならば、よりたしかなことは、ヒトラーは端から反ユダヤ主義にそうした「統合」作用など期待してはいなかったという事実である。ラウシュニングを相手にしたいつもの会話の中で彼は「反ユダヤ主義は革命を遂行する上での有効な補助手段なのだ」との見解を披露していた。「私はこれを用いて繰り返し成功を収めてきたし、これからもしばしばこれを使うつもりである。自信満々の俗物どもに対する効果的な威嚇として、あるいは、偏狭固陋なデモクラシーに対する警告として使用されることになるであろう。……反ユダヤ主義の宣伝はわれわれの政治的闘争の拡大のための不可欠の補助手段である。どれほど短時間の内にわれわれが世界全体の概念と尺度を唯一もっぱらユダヤ人に対する攻撃によって転覆させることになるか、見てほしい。その際、ユダヤ人はわれわれの最良の助力者として機能するのだ。」(248) この発言を信じる限り、ヒトラーが反ユダヤ主義に期待したことは、ドイツ民族の「統合の手段」などではなく、ブラッハー等が指摘するように、ドイツ民族に対する「全体主義的支配の道具」としての機能であったと解される。(249)

反ユダヤ主義に託されたこうした機能の実際は、先のボイコットに関してアレンが報告するプロイセンの小都市ノルトハイムの実情からもうかがうことができる。元々反ユダヤ主義がほとんど見られなかったノルトハイムでは、ナチス登場後も暫くの間、当のユダヤ人を含め多くの人々は、反ユダヤ主義を「せいぜい選挙戦術か知的破綻のあらわれ程度にしか考えていなかったし、具体的なプログラムとはほとんど見ていなかった。」しかし、三月二九日、ユダヤ人商店に対するボイコットを呼び掛ける声明文が『ノルトハイム最新ニュース』紙に掲載され、さらに、三日後、ボイコットの対象となるユダヤ人、ユダヤ人商店の名前が具体的に列挙されるに及んで、多くの市民は反ユダヤ主義が単なる宣伝文句ではないことを思い知らされた。もっとも、「市民の中にはボイコットに気付かなかった者さえいた」ほどであったということから見て、ボイコットは住民全体を巻き込んだものにも、まして、積極的に支持されたものにもならなかったのであろう。しかし、ボイコットの「普及化」には失敗したにせよ、それはまったく別の面で決定的な効果を発揮したとアレンはいう。「結局、すべてのノルトハイム市民は、ユダヤ人が今や除け者となったことを悟ったし、ナチスが彼らのプログラムのこの部分についてきわめて真剣に考えているということも理解した。ノルトハイムのユダヤ人に与えたボイコットの影響は破壊的なものがあった。〔医師の〕グレゴール・バーリン夫妻にとって、こんなことが起こるとはまったくもって信じられないことであった。しかし、二人の突撃隊隊員が自分の家の戸口の前に立っているのを見た時、夫妻にはボイコットの意味がすべて飲み込めた。肘掛椅子にがっくりと座りこんだバーリンは何時間となく同じ言葉を繰り返していた。『自分はこんなことのために四年間も祖国のために戦ってきたのか。』」ゲッベルスが四月一日の日記に「ボイコットはドイツに一つの偉大な精神的勝利をもたらした」と書いたとき、(250) 彼は決して間違ってはいなかった。ボイコットが人々に与えた影響、とりわけ「精神的」なそれは、期間中よりも、むしろ、その終了後により大きな広がりをみせる。「ユダヤ人との付き合いは、人々が気を遣えば遣うほど困難さを増していった」からである。「ユダヤ人に対し最下級民との烙印を押す問題は、怠惰な大衆に迫害の組織を押しつけるといった単純な問題ではなかった。ユダヤ人自身のほうも引っ込み思案になることによって事態を悪化させ、他の市民のほうもたとえ迫害そのものに反対であったとしても、自分自身を護ることで結局はこの体制を後押しする結果となった。ボイコットのすぐ後、『ドイツ人の店』という掲示が多くの商店のウインドゥーに見かけられるようになった。この原則が一度受け入れられると、『ユダヤ人お断り』の掲示が出されるまでたいした時間はかからなかった。……ユダヤ人自身の反応の仕方はさまざまであった。ノルトハイムの最上流階級に属していた銀行家ミューラーは事態をできるだけ黙殺しようとした。バーリンは社会的な付き合いからすっかり身を引き、昔の友人に出会うとすぐ道の向こう側に渡ってしまった。自分たちは迫害されているという彼自身の感じは、ユダヤ人と話をしているのを見られるのは不得策であるとの考えを市民の間に広めるのに役立った。まもなくバーリンは在郷軍人会や射撃クラブから『会合に参加しなくなった』ことを理由に除名するとの手紙を受け取った。……こんなわけで、ヒトラー政権の最初の半年が終わる頃には、ノルトハイムにおけるユダヤ人の地位は急速に明らかとなった。指導者がユダヤ人はマルクス主義的・資本主義的な国際的民族毒殺者であるとの演説を行い、同じような内容の記事が新聞に載せられ、新しい冗談や噂が飛び交うたびに状況は悪化していった。この新しい事態は生活の一部となり、人々はそれを受け入れていったのである。(251)」

アレンの報告からは、ボイコットがユダヤ人のみならず、ドイツ人に対しても重大な影響を与えたことがよく分かる。たしかに、それまで狭い社会の中で彼らが互いにさまざまな関係を取り結び暮らしてきた以上、ユダヤ人の社会生活からの排除とそれへの加担——たとえそれが消極的なものであれ——は、当然のことながらドイツ人住民の社会生活やネットワーク、さらには、それらを支えてきた相互の信頼関係を動揺させずにはすまなかった。また、ボイコットは、後に水晶の夜に関して亡命社会民主党の『ドイツ通信』が指摘したとおり、(252)ナチズムに距離を置こうとするドイツ人の多くにとっても「大きな威嚇」として作用し、「ナチスはどんなことでも行いうる権力をもつ」ことをはっきりと悟らせる働きをしたのである。そのことのもつ効果と機能は、ユダヤ人を「われわれの最良の助力者」と位置づけた政治指導部にとって、計算済みのものでもあったと想像される。四月一日の出来事は、反ユダヤ主義が「政治的闘争の拡大のための補助手段」であることを立派に証明し、当時進行中であった強制的同質化、つまり、大抵の場合暴力的手段の使用を伴いながら、従来の社会構造を解体し、さまざまな日常的紐帯を断ち切り、ドイツ民族を「組織なき大衆」へと鋳造しようとする、全体主義支配の確立にとって必要不可欠な作業の露払いの役割を演じたことに間違いはない。

9　ユダヤ人立法の開始

反ユダヤ主義が決して単なる政治的な宣伝文句ではないことをユダヤ人、ドイツ人双方に対しはっきりと理解させることに成功したボイコットは、それに続くより制度的なボイコットの前触れでしかなかった。先のゲムリッヒ宛ての手紙にもあったとおり、ナチスはこれ以降しばらくの間「法律という手段」によってユダヤ人の権利を剝奪し、共同体から排除する、そうした作業に取り組むことになる。先陣を切ったのが、ボイコットの中止命令から四日後の四月七日に公布された『官吏団再建法』である。

『再建法』は、先に紹介したとおり、一九三三年九月三〇日を期限として、「アーリア人血統を有しない」「官吏の退役」及び「名誉官吏の官職関係からの除外」を命じた。これが、異人種はドイツ民族体の構成員となりえないとするナチズムの人種思想を具体化する最初の立法措置であり、以後、一般に「アーリア人条項」の名で呼ばれるものとなる。対象は、ライヒの直接及び間接の官吏、ラントの直接及び間接の官吏、地方自治団体及び市町村組合の地方官吏、公法上の団体並びにそれに準ずる施設及び機関の職員であった。[253]ただし、『再建法』は、画一的な法律の適用を懸念するヒンデンブルク大統領がヒトラーに宛てた四月四日付の書簡を受けて、[254]「一九一四年八月一日以前から官吏であった者」、「世界大戦においてドイツライヒ又はその同盟国のために戦線で戦った者」、「世界大戦においてその者の父又は息子が戦死した者」を適用除外とし、さらに、これ以外のケースについても、ライヒ内務大臣に対し、管轄権を有する大臣との協議を条件に、また、ラント最高官署に対して、それが管轄する在外官吏につき、それぞれ例外措置の決定を授権した。その後、九月二二日の『第三改正法』は、免除対象者として、新たに、「その者の夫が世界大戦において戦死した女性官吏」を追加したが、その他の例外措置に関しては、逆に、これを「行政上止むを得ない事情のある場合」に限定し、決定権者についても、「管轄権を有するライヒ最高官署、又はラント最高官署との協議」を条件に、ライヒ内務大臣に限定した。

「非アーリア人」とは誰であったのか。四月一一日の『第一施行令』が与えた定義は、「非アーリア人、とりわけ、ユダヤ人の両親又は祖父母の血統をひく者は非アーリア人とみなされる。両親の一方又は祖父母の一人が非アーリア人である場合、右の条件は充足されたものとする。とりわけ、両親の一方又は祖父母の一人がユダヤ教徒である場合、非アーリア人であると推測される」というものであった。同時に、施行令は、一九一四年八月一日以前から官吏であった者を除くすべての官吏に対し、アーリア人血統の所有、又は、先の例外項目への該当を出生証明書、両親の婚姻証明書、軍証明書によって立証することを要求し、「アーリア人血統の所有に関し疑いがある」者に対して、ライヒ内務省に置かれた人種専門官による鑑定を受けることを義務づけた。

ボイコット、それに続く『再建法』により、ドイツ国民の多くは、今後、彼らが新たな共同体の中で生きてゆく場合、人種的出自が決定的に重要となったこと、そのための確認作業が不可欠となったことをはっきりと悟らされたにちがいない。実際、事は官吏だけの問題ではなかった。『再建法』と同じ日の『弁護士の認可に関する法律』は、「一九三三年四月七日の職業官吏団再建法に定めるところのアーリア人血統を有しない弁護士の認可は、一九三三年九月三〇日までに取り消しうるものとする。……弁護士の認可は、たとえ弁護士法に定める理由が存在しない場合であれ、アーリア人血統を有しない者についてはこれを行わないことができる」とし、また、同様の法的措置が、四月二二日に弁理士に対し、五月六日に税理士に対してとられた。彼らの職務が一定の公的資格の存在を前提とし、彼らの活動が多かれ少なかれ民族の政治指導に関係することが、その理由であったと想像される。

医師も同様であった。差し当たりの措置は保険診療資格の剝奪であった。ライヒ労働大臣は、一九三三年四月二二日、「アーリア人血統を有しない」医師から保険医の資格の剝奪を命じ、今後の認可についても、アーリア人血統の所有を申請の条件とし、そのため、申請に際し、「出生証明書並びに本人及び両親、祖父母がアーリア人であることを証明する文書」の提出を義務づけ、さらに、歯科医師に対しては六月二日、歯科療士に対しては七月二七日、同様の措置を命じている。保険診療だけでなく、医療現場そのものからの排除を目的に、ライヒ・プロイセン内務大臣が、一九三五年二月五日、医師及び歯科医師にかかわる国家試験の受験許可並びに開業許可をアーリア人に限定し[255]、同年一二月一三日の『ライヒ医師法』は、医師の任務を「個人並びに民族全体の健全性への奉仕」と定め、ドイツ医師団の任務を「ドイツ民族の健全性、遺伝素質、人種の保護・強化のための活動」と規定した。

アーリア人条項の適用は、官吏や公的資格を必要とする弁護士や医師等の職業を超えて拡大する。一九三三年一〇月四日の『編集者法』は、本来自由業であるはずの新聞及び政治定期刊行物の編集者に関し、彼らの任務を「公的任務である」と規定した上で、編集者の条件として、アーリア人血統の所有を挙げ、あるいは、農民に関しても、九月二九日の『ライヒ世襲農場法』は、これまでとは少々表現の異なる、内容の点においてはるかに厳格なアーリア人条項を設けた。「①農民となりうる者はドイツ人又はそれと同種の血を有する者に限られる。②父方又は母方の祖先の中にユダヤ人又は有色人種の血を有する者はドイツ人又は同種の血を有するものではない。③第一項の前提の存在を決定する期日は一八〇〇年一月一日とする。第一項の前提が存在するか否かに関し疑いがある場合、所有権者又は地区農民指導者の申請に基づき相続裁判所がこれを決定する。」公的資格や政治指導と無縁の農民に、アーリア人血統の所有が求められた背景には、法律の前文が「生存能力を有する多数の中小農場の存在が民族と国家の健全性を維持するためのもっとも優れた保障である」と宣言していたように、農民を「民族の扶養者」、それも、単に食料生産者としてだけではなく、「北方人種の血の保護飼育者」として位置づける「血と土」に関するナチズムに固有の世界観が控えていた。

同じ時期、ドイツ薬剤師協会、ナチス法律家連盟、ドイツ体育協会、ドイツボクシング連盟、ドイツ盲人アカデミー、ドイツチェス同盟、ライヒ文筆家協会、ドイツ合唱団同盟、ライヒ家畜商組合、ドイツ自動車クラブ等、強制的同質化が完了した組織や団体が独自にアーリア人条項の導入を決定している。たとえば、四月四日のボクシング連盟の布告には次のようにある。「ドイツボクシング連盟は、ユダヤ人ボクサーの試合への参加を排除し、かつ、ユダヤ人プロモーターがかかわっている一切の契約の破棄を命じる。」あるいは、四月二二日のドイツ薬剤師協会の定款は、「正会員となりうる者は官吏法の定めるドイツ民族同胞」に限られるとする。[256] もっとも、フリックが、各ラント政府等に対し、性急なアーリア人条項の拡大、とりわけ民間経済の分野への拡大には断固とした対抗措置をとることを求めたように、[257] この時期、こうした先走った動きは必ずしも政治指導部の意図と合致するものではなかったのではあるが。

官吏の他、医師や弁護士等の公的資格の存在を前提とする職業分野からの非アーリア人の追放は、当然のことながら、彼らに対する高等教育の必要性を低下させ、あるいは、不要とした。一九三三年四月二五日の『ドイツ人学校及び大学の過密抑制法』は、義務教育を除くすべての学校及び大学の生徒、学生の総数を、「基礎的教養を保障し、かつ、職業上の需要に見合った程度に抑制しなければならない」との観点から、今後入学するドイツ国籍所有者のうち非アーリア人の総数をライヒ全人口に占める非アーリア人の割合にまで制限するように義務づけ、『第一施行令』は、具体的数字として一・五%を挙げ、また、生徒、学生の総数が職業上の需要を大きく超過する場合でも最大限五%までに抑制するものとした。もっとも、プロイセン文部大臣の六月一六日の『回状』[258]が志願者に対しドイツ精神及びドイツ文化と強い一体感を求めたように、こうした枠内であれ、ユダヤ人の入学が無条件に許可されたわけではない。

官吏団等の浄化に関して、配偶者の出自が問題とされたことは、ユダヤ人問題の本質が「混血」によりもたらされる民族体の人種的壊敗と没落にあるとされた以上、当然の成り行きであった。ここでも、真先に標的とされたのは官吏である。一九三三年六月三〇日の『改正官吏法』は、「アーリア人の血を有しない者と婚姻している者」のライヒ官吏への任用の禁止を、また、「アーリア人の血を有しない者と婚姻するライヒ官吏」の解任を命じた。新たな措置の実施に伴って、ライヒ官吏、及びラントや地方自治団体等の官吏に対し、任用に際して、「配偶者がアーリア人の血を有すること」の証明を、また、既に官吏である者が結婚する場合には、「婚姻の相手方がアーリア人の血を有すること」の証明を、それぞれ、出生証明書、両親の婚姻証明書によって行うことを義務づけた。既に官吏関係にある者の配偶者が「ドイツ人又は類縁の血を持たない者であることが判明した」場合の措置に関しては、一九三七年の『ドイツ官吏法』がこの官吏を「罷免すべき」ものとする。当時ハイデルベルクにあったヤスパースが、夫人のユダヤ人出自を理由に、同じ境遇にある多くの教授等とともに、大学を追われたのはこの直後のことである。

アーリア人条項の配偶者への適用は官吏にとどまらなかった。たとえば、『編集者法』が、新聞等の編集者に対し、配偶者が非アーリア人でないことを要求したこと、ドイツ国鉄が、一一月七日、非アーリア人と結婚している者の不採用、並びに、非アーリア人女性と婚姻しようとする職員の解雇を通告したこと[259]、ライヒ労働大臣が、医師、歯科医師、歯科療士の保険診療の資格に関連し、それぞれ、一九三四年五月一七日、一九三五年二月一三日、五月九日の命令において、配偶者のアーリア人血統の所有を条件とし、既に資格を有する者については、アーリア人血統を有しない者と結婚した場合、認可を取り消しうるものとしたこと、ライヒ・プロイセン内務大臣が、一九三五年四月一七日、薬局の営業許可に関し、非アーリア人と婚姻している者を除外する旨を布告したことが挙げられる[260]。

いわば「血のボイコット」とでも呼ぶべきこれらの措置に関し、『官吏団再建法』や『編集者法』等が特定の職業団を対象とするものであったとするならば、一九三五年の『国防法』及び『労働奉仕法』は、数カ月後ニュルンベルクで行われる決定的な立法措置の予告、露払いとしての役割を担うものであった。国防奉仕及び労働奉仕をそれぞれ「ドイツ民族に対する名誉奉仕である」と規定した二つの法律は、ともに奉仕義務履行の前提条件として、本人のみならず、配偶者のアーリア人血統の所有を要求、そのため、『国防法』の場合は、「非アーリア人との婚姻を禁止」し、『労働奉仕法』の場合は、「非アーリア人と婚姻している者の参加を認めない」との規定を設け、加えて、いずれの法律も、「国防軍及び予備役に属する者」、「労働奉仕団に属する者」が結婚しようとする際、「婚姻許可」を受けることを義務づけた。二つの法律が種共同体の建設にとって有する意義と効果は、これまでの立法をはるかに凌駕するものがあったといえる。これ以降、すべてのドイツ人は、自己の職業と無関係に、自己自身並びに配偶者又は配偶者となるべき者のアーリア人血統の有無に関する点検を義務づけられ、さらに、点検の結果が否定的であった場合、その者は、民族同胞としての基本的義務を履行しえない者として、あれこれの職業団にとどまらず、民族共同体そのものの構成員たる資格をもちえない者となったのである。

10　人種法律

一九三五年九月一五日はナチスのユダヤ人立法の歴史の中で画期をなす日となった。『官吏団再建法』に始まるユダヤ人立法から一般的帰結を引き出すことを決断したヒトラーは、折から開催中の党大会の最中、ニュルンベルクに、『ライヒ公民法』、『ドイツ人の血と名誉を保護するための法律』、総称して、いわゆる『人種法律』制定のための国会を緊急に招集した。午後九時、ゲーリング議長による、「自由の党大会が行われている今日この時にライヒ議会が招集されたことに鑑み、諸君は、何か途方もなく重要な事柄が問題とされ、わが民族の将来全体にわたって決定的に重要となる何かが今日これから行われようとしているという予感を胸に抱いて集まったにちがいない[261]」との開会演説で始まった国会は、ヒトラー、ゲーリング、ヘス、フリックと彼らの仲間の名において提出された二つの法案を満場一致で議決し、公布した。


『ライヒ公民法』

　ライヒ国会は全員一致で以下の法律を議決し、ここに、これを公布する。

第一条　①国籍所有者は、ドイツライヒの保護団体に属し、これに対し特別の義務を負う。
　②国籍は国籍法の規定によりこれを取得する。
第二条　①ライヒ公民は、ドイツ人の血又はそれと類縁の血を有する国籍所有者に限られ、ライヒ公民は、自らの行態を通して、ドイツ民族及びライヒに対し忠誠をもって奉仕する意思と能力を有することを証明しなければならない。

②ライヒ公民権は、ライヒ公民証書の交付により、これを取得するものとする。

③ライヒ公民は、法律の定める基準に基づく完全な権利の唯一無比の担い手である。

第三条　［省略］

『ドイツ人の血と名誉を保護するための法律』

ドイツ人の血の純粋性がドイツ民族の存続のための前提であるとの認識に充たされ、かつ、

ドイツ国民を永久に保護せんとする不屈の意思をもって、ライヒ国会は全員一致で以下の法律を議決し、ここにこれを公布する。

第一条　①ユダヤ人とドイツ人の血又はそれと類縁の血を有する国籍所有者との婚姻はこれを禁止する。この禁止に反して行われた婚姻は、たとえそれが本法律を回避するため外国で行われた場合においても、これを無効とする。

②無効の訴えは、検察官のみがこれを提起することができる。

第二条　ユダヤ人とドイツ人の血又はそれと類縁の血を有する国籍所有者との婚姻によらない交際はこれを禁止する。

第三条　ユダヤ人がドイツ人の血又はそれと類縁の血を有する四五歳以下の女子国籍所有者をその家庭内において雇用することはこれを認めない。

第四条　①ユダヤ人がライヒ国旗及び国民旗を掲揚し、ライヒの色を標記することはこれを禁止する。

②［省略］

第五条　①本法律第一条に定める禁止に違反する者は重懲役に処す。

②本法律第二条に定める禁止に違反する男子は軽懲役又は重懲役に処す。

③本法律第三条又は第四条の規定に違反する者は、一年以下の軽懲役並びに罰金、又はそのいずれか一方の刑に処す。

第六条　［省略］

第七条　本法は公布の翌日より発効するものとする。但し、第三条は一九三六年一月一日に効力を発する。

『授権法』の制定から第三ライヒの崩壊に至るまでの間にライヒ国会が制定した法律の総数がわずか七つにとどまったことを考えれば、政治指導部が二つの法律にかけた意気込みの程は容易に想像しうるところであろう。実際、『ライヒ公

民法』が「ライヒ公民である」ことの条件と義務を定め、『血の保護法』が「ドイツ人の血の純粋性の保護」を宣言したところからみても、一目瞭然、二つの法律が運命と種の共同体を標榜する第三ライヒの基本法としての性格と役割を担うものであったことは間違いない。（第Ⅱ部第六章1参照）

このとき、二つの法律と関連したもう一つの重要な法律が議決されている。『ライヒ国旗法』である。一九三三年三月一二日の『国旗の掲揚に関する暫定規則』が「ライヒ国旗が最終的に確定されるまでの間、黒＝白＝赤旗及びハーケンクロイツ旗を共に掲揚するものとする」と定めていたのに対し、『国旗法』は、正式に、「黒＝白＝赤」をライヒの色とし、「ハーケンクロイツ旗」をライヒ国旗及び国民旗、商船旗とすると定めた。これは一九二〇年に策定されたナチス党旗そのものであり、『我が闘争』は、これを「将来の国家のシンボル」として位置づけ、赤地の中央に白い円を染め抜き、真ん中に黒いハーケンクロイツを配したこの旗のもつ意義を次のように説いていた。「ナチス主義者として、われわれは、われわれの旗の中にわれわれのプログラムを見る。われわれは、赤の中に運動の社会的思想を、白の中に国家主義的思想を、ハーケンクロイツの中に、アーリア人の勝利のための戦いの使命を、そして、同時に、これまでもそれ自体反ユダヤ主義であったし、今後も反ユダヤ主義であろう創造的活動の思想の勝利を見る。」(262)九月一五日以降、ハーケンクロイツを戴いたライヒ国旗は、反ユダヤ主義が国家の原理となり、その実現が国家の課題となったことの表徴となった。ほとんど注目されることのない『国旗法』ではあるが、これが『公民法』及び『血の保護法』と合わせて制定されねばならない理由があったということだ。

今回の立法措置が、反ユダヤ主義政策の遂行の上で、画期を成すものであったにせよ、しかし、『公民法』及び『血の保護法』の内容は、子細に見るならば、一部を除いてさほど目新しいものではない。中でも、その中心となる事柄――共同体への忠誠、ドイツ人血統の所有、ユダヤ人との婚姻禁止――は、それ以前、特定の職業や義務の履行に関してではあれ、それぞれに関係するドイツ人一人一人に対し求められた条件であり義務であったことは、既に紹介したとおりである。その意味では、今回はじめて登場した「婚姻外の交際の禁止」、「四五歳以下のドイツ人女性のユダヤ人家庭内での雇傭の禁止」を除けば、九月一五日の立法は、一連のユダヤ人立法が相当程度やってのけていたことに一般的かつ明確な法的形式を与えるものでしかなかった。さらに、『我が闘争』が、将来の民族国家にあって、住民は、国家公民、国籍所有者、外国人の三つの階級に分類され、「国家公民権」は「人種の確認」と「兵役義務の終了」を条件としてはじめて国籍所有者に対し与えられるとし、(263)『二〇世紀の神話』が、「ドイツ人とユダヤ人の婚姻の禁止」、「ユダヤ人との性交渉に対する厳罰」の必要性を主張していたことを考え合わせれば、(264)ナチズムの共同体思想や『再建法』以来の立法の動向を知る者にとって、二つの法律が求めたあれこれの条件や義務の多くは立法を待つまでもない既知の事柄であった。加えて、共同体にあって、一切の法と義務は、立法者による決定の有無に関係なく、それに先立って、「共同体の分肢である」という事実そのものから直接に由来するとの当時喧伝されたナチズムの法観念からするならば、今回の立法化は必要ではなかったとさえいえるのかもしれない。

しかし、たとえそうであったにせよ、民族共同体が建設途上にあったこの時期、国籍所有者のすべてが、かつてワイマール憲法下においてそうであったような、ただ国籍所有のみを理由に、その者の血統、思想、行動とは関係なく、国家公民として等しく権利を付与され義務を課せられる、そうした時代が完全に過ぎ去ったこと、また、今後、すべてのドイツ人は、職業や身分とかかわりなく、個別の立法の有無とも無関係に、あらゆる生活の場において、法律上、明確かつ一般的に、共同体への忠誠とドイツ人の血の所有、純粋性の保護を義務づけられたこと、そして、そのことと密接に関連して、ユダヤ人との結婚や性交渉が刑罰でもって禁止されるに至ったこと、そうした諸々の事柄が、内外の注目を集めて開かれた党大会の最中、ライヒ国会による立法という希有な手段を使って、しかも、ドイツ全土に中継されるラジオ放送を通じて、誰の眼にも疑問の余地のない形で宣言され明らかにされたことの意義は大きなものがあったといわねばならない。

ところで、『公民法』も『血の保護法』も、一見して明らかなように、一切の事柄を規定し尽くす、そうした類の法律ではなかった。むしろ、ナチスの基本的立法の多くがそうであるように、プログラム的な宣言規定の性格を色濃く有するものであり、そのことは、ユダヤ人問題の「最終解決」に定位した最適の措置を、計画全体の進展に即し、かつ、その折々の政治情勢の動向を勘案しながら、その都度必要な範囲で臨機に決定する上で好都合であったにちがいない。法律が、いずれも、ライヒ内務大臣に対し、「指導者代理との協議に基づいて、法律の施行及び補足に必要な命令及び行政細則を布告する」権能を付与したのもそうした理由があってのことである。

差し当たり、早急に解決を求められた事柄に、ライヒ公民であるための「主観的条件」と「客観的条件」の確定があった。一一月一四日の『ライヒ公民法のための第一命令』は、主観的条件、つまり、「ドイツ民族及びライヒに対し忠誠をもって奉仕する意思と能力の所有」が何であるかに関し、

「ライヒ公民証書に関する規定が布告されるまで」の暫定措置として、『公民法』が発効する時点において――『公民法』には、『血の保護法』と異なり、発効日の表示がないが、シュトゥッカルト／グロープケは、これを「一九三五年九月三〇日」とする。[265]――、「ライヒ国会議員の選挙権を有する」か、「ライヒ内務大臣が指導者代理との協議に基づき暫定的にライヒ公民権を付与する」かした「ドイツ人又はそれと類縁の血を有する国籍所有者」を「ライヒ公民とみなす」ものとする。これは、この時点、具体的な判定基準の作成が間に合わなかったことの他に、すべての民族同胞に対する実質的な審査が現実に不可能であったことによる。この結果、差し当たり、一九二四年の『ライヒ選挙法』が選挙権の剝奪を定めた、禁治産者、仮後見に付された者、精神的欠陥のため補佐に付された者、裁判により公民権を剝奪された者、要するに、一見して明らかに「民族にとって役に立たない分肢」を除く二〇歳以上のすべてのドイツ人男女に対し公民権が付与される結果となった。[266]フリックが『ドイツ法曹新聞』に寄稿した論説からは、当時、指導部が、ライヒ公民権に関し、取得の条件を含め、どのような考えをもっていたか、或る程度推し量ることが可能である。「ライヒ公民権はライヒ公民証書の交付により得られる。取得のための個々の条件は今後具体化されるであろう。とりわけ、その際、ドイツ民族への奉仕の意思と能力の証明がどのように行われるかが決定されることになる。その場合、規則上、労働奉仕義務や国防義務の履行が求められねばならないであろう。……ライヒ公民権の授与がナチス党員に限定されるといったことはありえない。ドイツ民族の大多数がライヒ公民となることができる。例外は、ライヒ及び民族に反抗し懲役刑に処せられたり、その他類似のケースに該当する人物のみである。[267]」

客観的条件は、その者の持つ「血」の如何であったが、この点に関する『公民法』の規定は、一見して、従来のユダヤ人立法のそれとは大きく異なっている。「ドイツ人又はそれと類縁の血」が、『官吏団再建法』等に見られた「アーリア人の血」に取って代わった。これは、“arisch”が元来言語学上の概念であり、人種にかかわる事柄を表現するには不適当であるとみなされたことによる。[268]ただし、「ドイツ人の血」及び「類縁の血」が具体的に何を指すかについて『公民法』は何も定めていない。公式の注釈書によれば、「ドイツ人の血」とはドイツ民族を構成する北方人種等六つの血を意味し、したがって、これら人種の一つ又は複数の血を持つ者が「ドイツ人の血を有する者」であり、「類縁の血」とはドイツ民族と同じ人種から構成されるものの、ただその混合割合がドイツ民族と異なる他のヨーロッパ諸民族の血を意味し、これら諸民族の構成員及び他の大陸に存在する彼らの子孫が「ドイツ人と類縁の血を有する者」である。[269] なお、一一月二六日のライヒ兼プロイセン内務大臣の『回状』は、両者をまとめて「ドイツ人血統者」と総称し、これ以外の者が「異種の血」を有する者、即ち、「異人種」であり、[270] とりわけユダヤ人とジプシーがそうであった。[271]

それでは、「ユダヤ人」とは誰であったのか。一一月一四日の『公民法第一命令』は、「祖父母の内少なくとも三人が人種上の全ユダヤ人である者」をユダヤ人と規定する。いわゆる「全ユダヤ人」と「3／4ユダヤ人」がそうである。これは、『官吏団再建法第一施行令』がユダヤ人であることの条件として「両親の一方又は祖父母の一人」を挙げていたことに比べれば、緩やかなものであったといえる。血統の遡及を祖父母の段階にとどめたのは「無限の調査を避けるため」[272] であったが、その際、「祖父母は、ユダヤ教会に所属する場合、ただちに全ユダヤ人とみなされる」としたことは、ヒトラーの「ユダヤ人とは何よりも先ず無条件に人種であり、決して宗教団体などではない」との言にもかかわらず、結局は、人種帰属を宗教の帰属によって置き換えるものであった。その間の事情は『官吏団再建法第一施行令』も同様であったが、しかし、そこでは、「その者がユダヤ教徒である場合非アーリア人であることが推測される」とするだけで、当事者に反証の余地を残していた。『第一命令』が敢えて擬制措置を採用したことの理由には、一般に全ユダヤ人はユダヤ教会に所属し、その者の人種についての詮索は通例余計なものであると考えられたことの他、[273] 生物学的証明を個々に求めることの「困難性」[274] と、そこから生じる「法的不安定性」[275] の問題があった。いずれにせよ、これが「みなし規定」であったことにより、本来ドイツ人の血を持つ祖父母がたまたまユダヤ教会に所属していた場合、彼らの孫は全ユダヤ人として扱われ、これに対する反対証明は許されないものとなった。こうした事態が生まれることに関し、シュトゥッカルト／グロープケは「不当なこととはいえない」とする。それは、「ユダヤ教会への所属は通例ユダヤ的なるものへの確固たる信仰告白とみなされねばならず、その者の子孫もまたこうしたユダヤ的態度を受け継ぐことが当然予想されうる」からだというわけである。[276] ただし、逆のケースであるユダヤ人のキリスト教への改宗は、「人種問題に関し何ら意義をもつものではなかった」[277] のではあるが。教会への所属の有無のための判断基準として、ライヒ裁判所は、「当事者の内的態度」ではなく、「客観的メルクマール」を挙げ、具体的には、「ユダヤ教団の名簿への登録」、「礼拝税の支払い」等、外部から識別可能な事情の存在が確認されればよいとする。[278]

『公民法第一命令』が新たに導入したカテゴリーに「ユダヤ人混血児」がある。「祖父母の内二人が全ユダヤ人である者」、いわゆる「半ユダヤ人」と、「祖父母の内一人が全ユダヤ人である者」、いわゆる「1／4ユダヤ人」がそうである。前者が「第一級混血児」、後者が「第二級混血児」と称され[279]、両者は、原則として、『公民法』上ドイツ人血統者と同等に取り扱われるべきものであった。ただし、第一級混血児に関しては例外規定が設けられ、以下の四つのケースに該当する場合、その者は「法律上のユダヤ人」とみなされた。①『公民法』の公布時点ユダヤ教会に所属し又はそれ以後所属した者、②『公民法』の公布時点ユダヤ人と結婚し又はそれ以後結婚した者、③『血の保護法』の発効日以後に締結されたユダヤ人との婚姻から生まれた者、④ユダヤ人との婚姻外の交際により一九三六年七月三一日以後に生まれた者。これら例外措置の理由はそれぞれに異なっている。前二者のケースについては、ユダヤ教会への所属、ユダヤ人との結婚は「ユダヤ的本質への信仰告白」として、その者が「ユダヤ人の血の圧倒的影響」の下に置かれていることを証明するものと考えられたことによる[280]。他方、後の二つのケースの場合はいささか事情が異なる。『血の保護法』及び『血の保護法第一命令』は、ドイツ人とユダヤ人の結婚・性交渉を禁止したものの、第一級混血児の誕生が予想される、たとえば、ドイツ国籍を有するユダヤ人とドイツ人血統を有する外国人の婚姻・性交渉を禁止したわけではなかった。これら二つのみなし規定の目的は、こうした法律によっては禁止されていないものの、人種的に望ましくない堕落した結合を行おうとするドイツ人血統者への「警告」にあった[281]。

『公民法第一命令』が、ユダヤ人に関し最終的な定義を下し、あわせて、新たに「ユダヤ人混血児」なるカテゴリーを設けたことに伴う措置として、ライヒ内務大臣は一一月一四日に『血の保護法第一命令』を布告し、『血の保護法』が規定するユダヤ人との婚姻禁止に加え、①ユダヤ人とドイツ国籍を有する第二級混血児との婚姻、②ドイツ国籍を有する第一級混血児とドイツ国籍を有するドイツ人血統者又はドイツ国籍を有する第二級混血児との婚姻、③ドイツ国籍を有する第二級混血児間の婚姻をそれぞれ禁止する措置をとった。①のケースは、『公民法第一命令』が第二級混血児をライヒ公民と同等視したことからする当然の帰結であった。③のケースの狙いが「人種混合をできるだけ速やかに解消する」ことにあったとして[282]、②のケースに関してはいささか事情が複雑である。ここでの婚姻禁止は無条件ではない。「ライヒ内務大臣及び指導者代理又はそれらが指定する官署の裁可」が存在する場合、例外的に禁止が解かれたからである。これは、第一級混血児がドイツ人の血とユダヤ人の血をそれぞれ半分持つことからする特例的措置であったと考えられる。つまり、この場合、ユダヤ人との婚姻を禁止する強い必然性は存在しなかったし、かといって、ドイツ人血統者等との婚姻を無条件に容認する理由もなかった。そのため、一方で、『公民法第一命令』がユダヤ人との婚姻を許可する代わりに、その者を法律上のユダヤ人とみなし、他方で、『血の保護法第一命令』はドイツ人血統者との婚姻をライヒ内務大臣等の裁可を条件に例外的に認めることとしたのである。[283]

新たな婚姻障害事由の登場の結果、これ以降、すべての婚約者は、婚姻締結手続に際し、戸籍吏に自らの出自に関する証明の義務を負うこととなった。ただし、婚姻締結を滞らせる事態を避けるため、ライヒ・プロイセン内務大臣の一一月二六日の『回状』[284]は、「ドイツ民族の圧倒的多数を占めるドイツ人又は類縁の血を有する人々に不必要な負担を強いることのない」ように、「出自に関する証明の要求は無条件に必要な場合」に限るとし、また、出自の証明を行う場合についても、本人の出生証明書、両親の婚姻証明書の提出の他には、戸籍役場において婚約者自身が宣誓をした上で「人種帰属及び祖父母の宗教について承知する事柄」を申告するだけで十分であり、ただ、異なる出自の可能性を明らかとする事実が知られた場合に限って、戸籍吏は、更なる証明書、とりわけ祖父母の婚姻証明書の提出を求めることができるとした。

婚姻禁止が、ユダヤ人以外の異種の血、たとえば、ジプシー、ネグロ、その他の有色人種に及ぶかに関して、法文上は婚姻可能との解釈も成り立ちえたものの、『第一命令』が明確に「ドイツ人の血の純粋性の維持を危殆させる子孫の誕生が予想されうる」婚姻を禁止したことにより、こうした解釈の生じうる余地はなくなった。この他、命令は、戸籍吏に対し、婚約者がドイツ人であるか否か「疑わしい場合」につき、保健衛生官署発行の「婚姻能力証明書」の提出を求める権限を付与したが、これは、とりわけフランスによるラインラント占領時代に生まれたネグロとの混血児がそうであるように、婚約者が一見異人種であることが明らかであるにもかかわらず、両親が確認されないとか、嫡出性に関する適用法が外国法である等の理由により、添付された証明書からは異人種であることを確実に証明しえないケースを想定したものである。[285]

婚姻禁止の他に、今回の立法措置によりはじめて登場した禁止事項に、「婚姻によらない交際」と「四五歳以下のドイツ人女性の家庭内での雇傭」がある。前者に関し、社会的・経済的交際を含むものでなかったことは当然として、必ずしも明確ではないこの概念につき、『第一命令』は「性交渉」に限定されるとする。もっとも、この言葉は従来の刑法にはなかったものでもあり、これにより一切の疑問が解消されたわけではない。交接、つまり性器の結合のみを意味するのか、相互的オナニーといった交接類似の行為、さらには、その他の性的行為、たとえば、キス、抱擁、猥褻行為をも含むのか。

ライヒ裁判所刑事大部は、こうした疑問に対し、「性交渉は一切の猥褻行為を含むものではないが、交接に限定されるものでもない。それとは異なった方法でもって一方の当事者の性的欲求を満足させる性的行動もまた、それが積極的行為であれ消極的受容であれ、禁止される」との判断を示した[286]。これ自体も警察や司法当局に大きな裁量の余地を残すものであったが、当該行為がここにいう「性交渉」に該当する限り、当事者の人種に対する自覚の程度、その者のもつ人種的価値[287]、生殖能力の有無[288]、相手方との関係、行為の継続性[289]は問題ではなかった。違反者に対する制裁――軽懲役又は重懲役――は「男性」に限られたが、その理由を、シュトゥッカルト／グロープケは、「婚姻によらない性交渉においては一般に男性の側が決定的な役割を演じるのが通例であり、もし女性もまた刑罰威嚇の対象とされた場合、男性側が告訴をちらつかせ脅迫によって性交渉の継続を強いる恐れが生じる」からであるとする[290]。もっとも、秘密国家警察局が「人種汚濁の罪に連座した者」に対する保安拘禁を命じ[291]、あるいは、保安警察長官が訴訟手続終了後の即時拘禁を命じたように[292]、女性が完全に放免されたわけではなかった。

「ドイツ人女性の家庭内での雇傭」の禁止の目的は、当該労働の特殊性及び経済的依存関係により、ユダヤ人男性の側からの性的誘惑に曝されやすいドイツ人女性の「血と名誉を保護する」ことに置かれていた[293]。それ故、雇傭禁止の対象となるユダヤ人家庭は、「ユダヤ人男性が家長であるか又は家共同体の一員である[294]」家庭に限られ、女性ばかりの家庭、一六歳以上の成人男性のいない家庭は対象外とされた[295]。「四五才以下」という女性の受胎能力を勘案して設けられた年齢制限もこうした事情と無関係ではない。ただし、法律が明確に「ドイツ人の名誉の保護」をも謳っていることから、当事者の生殖能力の有無は問題ではなかった[296]。「家庭内で雇傭された者」とは、「雇傭関係の枠内で家共同体の一員となった者、又は、日常的家事労働もしくは家政と関係するその他の日常的労働に従事する者」がそうであり、「家共同体の一員となった者」とは、典型的には、住み込みの女中、雑役婦、子守、料理女、小間使等がそうである[297]。ただし、「家共同体（Hausgemeinschaft）」は、『民法典』第一五七一条第二項等にある「家族共同体（häusliche Gemeinschaft）」とは異なり、法律の目的に即し広く解釈されるべきであるとするのが一般的な理解であり[298]、したがって、一つ屋根の下での共同生活は必要でなかったし、労働は家事労働に限られなかった。たとえば、ユダヤ人商店に雇傭され、その間、隣接する雇傭主の家で朝食、昼食を家族と共にした売り子が「家共同体の一員」であると認定されたケースがある[299]。この他、「日常的家事労働」とは、家政の維持のために主婦により行われ、あるいは、経済的に裕福な家庭の場合補助者を雇うのが通常である労働が、また、「家政と関係する労働」とは、家事労働そのものではないが、家政と何らかの仕方で関係する労働がそうであった。[300]前者の例として、通いの女中、掃除婦、洗濯女等が、後者の例として、庭師等の仕事が挙げられる。[301]いずれの場合にも、「雇傭関係」は、労働法にいう一定の雇傭契約を必要とするものではなく、[302]何らかの労働が行われ、それに対し報酬が支払われるだけで十分であった。[303]この場合の違反者に対する制裁として、一年以下の軽懲役並びに罰金、又はそのいずれか一方が定められた。

これまでのユダヤ人立法の多くが例外的な免除規定を設け、画一的な法の執行から生じる弊害の除去に道を開いていたように、『公民法第一命令』及び『血の保護法第一命令』は、ともに、指導者兼ライヒ首相に適用免除を許可する権限を留保する。これは、二つの法律が非常に多様な生活関係にかかわり、その結果、法律の予期しない、立法目的を逸脱した厳格さを人々に要求しかねない、そうした事態を回避するためであった。[304]一二月四日のライヒ・プロイセン内務大臣の『回状』[305]によれば、申請の手続きは、原則として、申請者から居住地のラント政府等の上級行政官署に対して行われ、管轄権を有するナチス党管区指導者の了解を得た上で、ライヒ内務大臣を経由して、最終的にヒトラーの手により裁可が下される段取りとなっていた。もっとも、免除の許可は、「完全に特別な例外的ケースに限られ」、「申請者の利益だけでなく、全体の観点からみて、十分根拠のあるものと認められる」ものでなければならなかった。そのため、判定に必要な申請者の人格の調査に関しては、特に「人種的・精神的・性格的特徴、世界大戦への参加の有無、政治的信頼性についての確認」、その他、「その者の家族史並びに自らの申請を正当化するために主張された根拠の正当性についての調査」が必要であった。

『人種法律』は、ライヒ公民の条件の確定、ユダヤ人との婚姻及び性交渉の禁止、違反者に対する刑事罰の規定、ユダヤ人の定義等、ナチスの反ユダヤ人政策の展開の中で画期を成す法律であったことはたしかである。中でも重要な事柄として、反ユダヤ主義がこれにより一つの政党の綱領、政策といった性格を完全に喪失するに至ったことが挙げられる。それは、賛否を問われ、価値判断を迫られる、そうした類の事柄ではなくなった。ヒトラーは、政権掌握前の或る新聞編集長との会談の中で、将来のユダヤ人立法がもたらすであろう効果について次のように語ったとされる。「われわれは、ジャーナリストや外交官、将校に対しアーリア人血統の証明を過去六世代にわたって行うよう要求するつもりである。これと同じ措置が東西南北を問わずドイツ全体にとられるはずである。その時、ドイツ人には私の思想の全体へ無条件に服従する以外に残された道は存在しないであろう。(306)」この会談が実際行われたかについては今日疑問が投げ掛けられ、右の発言についてもその真偽のほどは定かではないものの、少なくとも、話の内容自体についていえば、ユダヤ人立法のもつ意義と役割を語って余りあるものがある。つまり、『人種法律』は、単にユダヤ人のみを対象としたものでも、ユダヤ人のみにかかわる事柄でもなかったという、この事実である。それは、ドイツ人にとっても重要な意味と機能をもつものであった。九月一五日の出来事を当初他人事ととらえたドイツ人たちも、やがて間もなく、それが自分事であることに気付かされることになる。自己自身が有する血統の純粋性の証明を法律上義務づけられ、そのことを証明しえない者達が、単にあれこれの職業から追放されるというだけでなく、ライヒ公民たる資格そのものを奪われ、民族共同体の一員となりえないことが明らかとなった瞬間、反ユダヤ主義は、間違いなく、排外的な主義主張を超え、ドイツ人一人一人にとって、「自己規定の原理」と化し、彼ら自身の「現存在にかかわる問題」へと変化するに至ったのである。(307)『人種法律』は、強制的同質化の過程において、階級社会や共同社会を破壊され、アトム化され根なし草となった多くのドイツ人に対し、この上もなく明確な「自己確認の手段」を提供するとともに、同時に、そのことを通して、ドイツ人全体を労せずして「血の共同体」へと纏め上げ、異種の血の持ち主であるユダヤ人との間に明確な分割線を引き、彼らと対峙させる、そうした機能を営むものとなった。自身もその渦中にあったアーレントは、『人種法律』の制定により「八〇〇〇万のドイツ人が恐る恐るユダヤ人の祖父〔母〕がいないかと探しにかかった時、そこで始まったことはまさしく一種の聖別儀礼そのものであった」とする。「この儀式が終わった時、誰もが自分は『仲間うちの者』のグループに属し、自分たちの反対側には『排除された者』の集団が存在しているとの気持ちを抱くこととなったのだ。(308)」

第六章　指導者-憲法体制

1　民族共同体と憲法体制

『ライヒ公民法』及び『血の保護法』、いわゆる『人種法律』は、ナチズム、即ち、共同体の存立根拠をドイツ民族の血の共有に求め、そのため、血の純粋性の保護にとって最大の障害となるユダヤ人の血の排除を標榜するナチズムの世界観を具体化する法律であった限りにおいて、第三ライヒの数ある法律の中でも、画期をなす法律であった。ライヒ内務省筆頭次官であるシュトゥッカルトは、九月一五日の出来事を総括し、立法の目的は、「未来永劫にわたって、ドイツ民族の健全性と純粋性を維持することにあった」こと、二つの法律により、「ドイツ人の血を保護し、その純粋性を維持するという第三ライヒにとって究極の決定的な問題の根本的解決が開始された」ことを確認する。(1)

シュトゥッカルトの認識に間違いはなかったにせよ、また、それが、当時も、今も、一般的な理解であったにせよ、『人種法律』、中でも『公民法』が第三ライヒの歴史の中で有した意義をもっぱらユダヤ人の排除による血の純粋性の維持という人種問題にかかわる事柄に限るならば、事の本質を見誤ることになりかねない。『公民法』は、一方で、ライヒ公民を「ドイツ人の血又はそれと類縁の血を有する国籍所有者」に限定し、他方で、ライヒ公民に「自らの行態を通して、ドイツ民族及びライヒに対し忠誠をもって奉仕する意思と能力を有する」ことの証明を要求することにより、「種」と「運命」の共有がライヒの構成原理であることを宣言したという、この事実こそが重要であった。『公民法』は、第三ライヒの「存在」、即ち、それが「あり」、「何であり」、「如何にある」かを明らかにし決定する法律として、文字通りの意味での「構成法」であった。二つの法律は、一般に、まとめて『人種法律』と総称され、同列に置いて論じられるのが常であるが、九月一五日の立法の中核を成したのは紛れもなく『公民法』であり、『血の保護法』は、たとえ、ドイツ人とユダヤ人双方に重大な影響を与え、そのことの故に、『公民法』以上に多くの関心と注目を集めたにせよ、せいぜい、構成原理の一つである「血」の純粋性の保護を目的とする、従たる法律でしかなかった。

『公民法』が種と運命の共有をライヒの構成原理であると定めたことは、裏を返せば、ライヒ政府は、政権掌握から二年七カ月余り、なるほど、いまだ民族共同体の建設は途上にあったとはいえ、今や、ライヒ公民を血の共有者に限定し、かつ、その者に対し忠誠と奉仕を義務づけることが可能となる段階に立ち至ったということである。ゲッベルスは、法律制定の翌日、各地区プロパガンダ責任者を集めた特別会議において、今回の立法を運動の歴史の中に位置づけ、その意義を、「昨晩、ライヒ国会が未聞かつ根本的な意味をもつ法律を議決することができたことは、何ら偶然ではない。それに先立って、こうした法律を可能とする土台を作りあげるために、数えきれない仕事が前もって成し遂げられねばならなかった。法律は、ナチズム運動が過去一六年にわたってこれまでに行ってきた無数の小さな活動の成果である」と総括した。(2)

法律が長年にわたる運動の成果であったにせよ、むろん、それで事のすべてが済んだわけではない。ゲーリングは、議決後の演説の中で、今回の立法の意義は「建設の第一段階の終了」を画したことにあったとする。「自由の党大会は、この事実をドイツ民族及び全世界に対し紛うことなく明らかにした。本日の法律は、第一段階の終了を告げる標石であり、今後予定される第二段階、第三段階の建設のための礎石となるものである。(3)」「第一段階」等の言がユダヤ人政策の階梯を念頭に置いたものであり、また、「建設」が「民族共同体」のそれを指すものであったことは、発言の背景からみて、自然な、大方の理解であったといってよいのかもしれない。しかし、発言を、単にユダヤ人政策だけではなく、より大きなコンテクスト、第三ライヒの政策全体の中に位置づけることが可能であるし、必要でもある。ゲーリングがいう「建設」を、単に共同体にとどまらず、「第三ライヒ」、より厳密には、「第三ライヒの憲法体制」のそれととらえることは、後述するように共同体と憲法体制の建設が密接不可分と考えられていた限りにおいて、また、以後の第三ライヒの発展に即して見た場合、事理に適った理解であると思われる。ゲーリングの念頭に民族共同体があったことは当然として、それはあくまでも、第三ライヒの憲法体制の建設という大きな課題の中の小さな課題といったものでしかなかったのではないか。先に、『公民法』を主とし、『血の保護法』を従たる法律であるとした所以でもある。

もっとも、そうだとしても、問題はその先にある。建設されるべき大きな課題としての「第三ライヒの憲法体制」とはそもそも如何なる体制をいうのか。それは民族共同体の建設とどう関係しあうのか。そして、ゲーリングがいう「第一段階」とは何であり、「第二段階」、「第三段階」とは何の謂いであったのか。

これらの疑問の内、差し当たり、最初の二つの疑問に対する答えを見つけることはそれほど困難なことではない。先に紹介した一九三三年三月二三日の授権法国会におけるヒトラーの演説の中に既に答は与えられている。このとき、『民族及びライヒの困難除去のための法律（案）』の提案説明に立ったヒトラーは、新たな政治指導部の目的と課題が何であるかを次のように語っていた。「われわれの政治的、道徳的、経済的生活の崩壊の原因は、われわれの民族体がその内部に多くの欠陥を抱えていることにあり、それ故、将来にわたり、真の再建を妨げる恐れのあるあらゆる欠陥を民族の生活の中から排除することが国民革命政府の目的である。……マルクス主義の誤った教説により招来された国家と国民の世界観的分裂は、共同体生活の可能性を根こそぎ奪い取るもの以外の何物でもなかった。諸階層・諸階級の対立や利害を超越した真の民族共同体の建設のみが人間精神の迷妄の温床を永久に断ち切ることを可能にする。民族共同体の内からの崩壊が常に憂慮すべき国家最高指導部の権威の弱体化を不可避とした原因であった。国家と国民の指導の精神的かつ意思的統一を確立することが国家指導部の義務である。その目的は、民族の意思と真の指導の権威が結びついた一つの憲法体制（Verfassung）を作りあげることでなければならない。」

以上の発言が明らかにすることは、第三ライヒの憲法体制とは「民族の意思と真の指導の権威が結びついた」それであったこと、そして、「民族共同体の建設」という課題が、この憲法体制の構築と不可分のものとしてとらえられ、前者が後者の前提条件として位置づけられていたという、この事実である。ヒトラーは、『人種法律』が成立した翌日の党大会の閉会演説の中でも、民族共同体の建設が党の歴史的使命であるとした上で、かかる作業が最終的にいかなる課題に定位するかを次のように明らかにしていた。「こうした確固たる基盤から新たなドイツライヒの憲法体制が生まれることとなるであろう」[4]と。

「民族の意思と真の指導の権威が結びついた憲法体制」が、ヒトラーが、一九三三年一二月一一日の国会開会式において、その実現を党の任務とし、「ドイツ民族が何世紀もの間求め熱望してきた」と語った憲法体制である。合法革命による全権力の掌握も、所詮は、「今後何世紀にもわたる国民と国家の新構築のための諸前提を生み出す」ためのものでしかなかった。この「諸前提」が民族共同体の実現であったこと、改めて念を押すまでもあるまい。憲法体制の創造は、党に課せられた「歴史を前にした未聞の責任」であり、これは、党が、

「唯一の運動の手の中にすべての権力を委ね渡した」ドイツ民族とともに、将来、「〔歴史の〕秤にかけられ、評価される」、そうした類の課題であった。[5]

かくて、ヒトラーの発言と合わせて、ゲーリングのいう三つの「段階」が明らかになる。第一段階とは憲法体制の前提となる民族共同体の建設であり、「第二、第三段階」とは憲法体制それ自体の創造の謂いであったということだ。その際、ゲーリングが単純に「第二段階」としなかったことには何か理由があったにちがいない。おそらくは、この時点、ゲーリングにとって、ヒトラーがいう最終目標である「民族の意思と真の指導の権威が結びついた一つの憲法体制」は、何らかの過渡的段階を経て、はじめて実現可能となる、そのような体制としてとらえられていたのではなかったか。（第Ⅱ部第七章参照）

もっとも、憲法体制の創造を、一般にわれわれが通常理解するような意味で、新しい「憲法典」の制定といった事柄としてとらえるならば、事の本質をとらえ損なうことになる。あるいは、また、カール・シュミットが『民族及びライヒの困難除去のための法律』を「暫定憲法」と呼んだように、[6]合法革命の中で生み出された同様の国家の体制にかかわる法令、たとえば、『民族及び国家の保護のための大統領令』、『政党新設禁止法』、『強制的同質化法』、『ライヒ代官法』、『ライヒ新構成法』等が、しばしば、ワイマール憲法に代わる第三ライヒの基本法、あるいは憲法ととらえられたにせよ、それらが直ちに、ヒトラーがいう「民族の意思と真の指導の権威が結びついた憲法体制」でなかったこと、いうまでもあるまい。これらの法令は、所詮、新しい憲法体制の基盤となるべき民族共同体を建設するために必要な権力をライヒ政府に統合するための道具立てといった程度のものでしかなかったのだから。

リストウは、新たなライヒの憲法を構成するものは、従来の国家がそうであったような、「規範の束」としての憲法典の類ではなく、「民族の種に即して形成される共同体の生」それ自体であるとする。[7]ブラウセは、端的に、「民族共同体は民族共同体そのものとして既に憲法である」という。「憲法の統一を根拠づけるものは、伝統的意味における国家ではなく、指導者と被指導者団から成る民族共同体である」と。[8]要するに、第三ライヒにあって、「憲法体制の構築」とは、ヒトラーが、一九四二年九月三〇日の冬季救済事業の開幕演説の中で、「民族共同体の建設がなければ、それは単なる国家法上の出来事にすぎないものとなったであろう」と語っていたように、[9]通常の国家において見られる憲法典の制定といった事柄とは、およそ無縁な、まったく異なる性格と内容をもつ課題であった。

それでは、「民族の意思と真の指導の権威が結びついた憲法体制」とはどのような憲法であったのか。結論を先取りしていうならば、それは、国家ではなく、民族共同体の存在を前提に、民族の種を代表し民族の運命を体現する一人の「指導者（Führer）」が「民族の意思」と「真の指導の権威」を結び付ける結節点として憲法体制の中心に位置し[10]、「被指導者団（Gefolgshaft）」である民族を指導する（führen）、そうした憲法体制である。その意味で、この憲法は、従来の「国家–憲法体制（Staat-Verfassung）[11]」に対して、「指導者–憲法体制（Führer-Verfassung）[12]」の名で呼ぶに相応しいものであった。

2　指導者–憲法体制の構成原理

ヒトラーやゲーリングの思惑にもかかわらず、新しい憲法体制が完成の日を迎えることはなかった。そのためには、第三ライヒの歴史は短すぎたのかもしれないし、「永久革命」を標榜する政治運動が完成した憲法をもちえなかったことは当然の理であったのかもしれない。しかし、ゲーリングが、九月一五日の国会で、「われわれは、本日、建設の第一段階の終了に立ち会っている」と語っていたように、この時点、指導者–憲法体制の構成が、朧げながらも、その姿をドイツ民族の前にあらわしたとみて間違いない。当の『公民法』がそうであり、その他、『党と国家の統一を保障するための法律』や『元首法』も同様に、第二段階か第三段階かはともかく、新たな憲法体制の「標石」ないしは「礎石」となるべきものであった。第三ライヒの憲法体制の最終的な在り様を、これらの法律から、さらには、憲法体制にかかわるヒトラー等政治指導者の発言や国法学者等の主張から推し量ることは不可能ではない。指導者–憲法体制は、はたして、いかなる構成原理に基づくものであったのか。次にそれをみてみよう。

（1）指導者と被指導者団

「人間の不平等性」——それが、指導者–憲法体制を構成する出発点であり、根幹を成す原理である[13]。すべてはそこから始まる。ナチズムが、「人間と称する最下等の人種とわれわれ最高の人種との間に横たわる隔たりは、最下等の人間と最高等の猿との隔たりよりも大きいものがある」との観念を基に、高等人種による劣等人種の支配を正当化する世界観に立脚するものであることについては、第1章で紹介したとおりである。しかし、不平等性の原理が第三ライヒにとって有する意義と重要性は、そうしたことにとどまらず、それが、高等とされる同じ人種・民族に属する成員に対しても妥当し、さらには、指導者–憲法体制のもっとも基本となる構成原理

を形成したことにある。(14)

『我が闘争』は、将来の「民族主義国家」の構成を論じる中で、「血の意義、つまりは、人種的基礎一般が有する意義を承認することから生まれる究極の諸帰結は、〔血に基づく〕評価を〔人種だけでなく〕個々の人間に適用することである」との認識を明らかにしていた。「一般に諸民族はその人種的帰属によりさまざまに評価されなければならないのであるが、同様のことは民族共同体の個々の人間についてもあてはまる。民族のそれぞれが平等ではないように、民族共同体の個々の構成員もまたそうである。それというのも、大きく見れば血の要素は同じであるにせよ、個々の人間の間には千差万別の細かい差異が存在するからである。(15)」以上の認識を基に、憲法の再構成が説かれる。「民主主義的大衆思想を拒否し、最良の民族、それ故、最高の人間にこの地球の支配権を与えようとする世界観は、この民族の中にあっても、同じ貴族主義的原理に基づき、最良の人物に民族の指導と最高の影響力を保障するようにしなければならない。……民族主義国家は、全体の指導、とりわけ、もっとも高位の政治指導を多数決という議会主義的原理から完全に解放し、それに代わって、人格の権利を異論の余地なく保障しなければならない。そこから次のような認識が生まれてくる。即ち、最良の憲法は、民族共同体の最良の頭脳を有する人物を重要かつ影響力をもつ指導的地位に就けるものである。(16)」たしかに、「ちっぽけな村や町で暮らす一人の人間にとって、諸大陸を跨ぎ、二〇年も三〇年も将来の民族の生存にかかわる問題を見通すことなどできない相談(17)」である以上、民族の最良の頭脳の持ち主が、最終目標の実現に向け、「責任ある判断に従って、〔民族全体の〕諸力を、しかるべき課題に向けて、適切な方法で、適切な場で、適切な時期に投入する(18)」指導者の地位に立つことは事理に適った当然のことである。

民族指導の権能を付与された一人の指導者に対し、共同体の他のすべての成員は「被指導者団」として位置づけられる。(19)指導者が、指導する主体として、被指導者団の「前に‐対して‐立つ」とすれば、被指導者団は、指導される客体として、指導者の「前に‐向けて‐ために‐立つ」。彼らは指導者と形而上学的本質を共有する「水準化された者」たちであり、訓育と育種の目的は、ひたすら「共有化」を推進し、指導者のために彼の自由になる標準化され規格化された「服従する主体」を生産することにある。「世界」の表象‐制作に向け自由に操作し動員可能な「指導者の政治道具」(20)であること、そこに被指導者団の本質がある。具体的には、機械装置の中にあって、労働者であれ、兵士であれ、技術者であれ、あるいは、彼らを生み育てる母であれ……、一個の歯車として、ゲ‐シュテルに配置され、種別化された役割に相応し、同じように考え、同じように行動する、それ故にまた、支配し命令するいっさいの諸要素が過剰となるような、計算可能であり、交換可能な用象からなる団体である。彼らは、なるほど、指導者から明確に区別されるが、しかし、相対立するものでは決してなく、指導者と同じ種に属し、同じ運命に従い、同じ最終目標の実現に定位し、必要とあらば、指導者のために自己の生命までも犠牲にせんとする者たちの団体であり、そうした者だけが団体の分肢たる資格を有するものとなる。指導者と被指導者団が、種と運命の共有を唯一の根拠として、一つの統一的かつ位階的な不可分の全体、民族共同体を構成する。(21)指導者は被指導者団によってはじめて指導者となり、被指導者団は指導者によってはじめて被指導者団となる。(22)指導者なしの被指導者団がありえないように、被指導者団なしの指導者もありえない。それらは、一つの統一体を成し、同時に生まれ、同時に消滅する。(23)それ故に、指導者と被指導者団は、ともに、憲法体制の「構成原理」を形成し、(24)「憲法の形象と精神を規定する。(25)」こうした憲法体制のもつ構造的特徴を、ヒトラーは一言で表現する。「われわれの生の全体は、指導者と被指導者団の間で生じ、経過する。(26)」

（2）指導者の権威と被指導者団の忠誠

指導者と被指導者団の関係は、国民国家がそうであるような、前者を後者の「代表」あるいは「機関」としてとらえることはできない。それというのも、指導者の有する民族指導の「権威」は、統治者と被治者の関係に見られるような、被指導者団の同意や承認に依存するものでも、彼らの信託によるものでもなかったからである。(27)まして、指導の前提となる「内的に根拠づけられ正当化された威信」と位置づけられた権威が、(28)外的な力や強制力から生まれてくるものでないこと、当然である。(29)指導者の権威は、意思であれ、力であれ、何らかの主観的な行為の結果ではなく、客観的に、「民族共同体」それ自体から由来し、それに深く根ざすものである。(30)

この民族共同体を、ヒムラーは、「固有の形成・発展法則により支配される有機的統一体」であるとする。(31)この法則は、ドイツ民族の「生存法則」(32)とも、「自然法則」(33)とも、「神の法則」(34)とも称されるのであるが、具体的には、北方人種の血に由来し、北方人種の長年にわたる活動から生み出されたドイツ民族の目標や使命、精神、価値観、さらには、共同体の生を規定するさまざまな原理や法則、たとえば、血の純粋性の法則、全体性の法則、運動の法則、不平等性の原理、貴族主義原理、生存闘争の法則、選抜・淘汰の法則、指導者原理、人格原理、責任原理、忠誠原理等々、要するに、ドイツ民族の世界観を構成する一切がそうである。たとえば、「血の純粋性の法則」をシェムは次のようなものとする。「われわれは、人種の純粋性の維持、北方人種の種の保存をこの宇宙に住む人間という種の中に書き込まれた自然法則であるとみなす。自然法則は神の法則でもある。したがって、人種の純粋性に対する一切の侵犯は神の意思に対する侵犯である。」[35]

こうした世界観は、血の分裂と汚濁が支配し、マルクス主義や個人主義、自由主義等の異質なイデオロギーが跋扈する時代、大抵の場合、実現されないどころか、その存在自体が一般に忘却され、あるいは、時として故意に秘匿されてきた、いわば民族の内奥の秘密といった体のものであった。民族の中の最良の頭脳を持つ者だけが、忘却や隠蔽を打ち破り、共同体の内に潜む民族の目標や使命、法則を、錯綜した多様な意見や願望の混沌の中から取り出し、形を与え、実現させる力を有するのであり、こうした力の故に、彼は民族の指導者として、共同体の中心に立ち、最終目標の実現に向かって民族を指導する「権威」を手にする者となる[36]。したがって、指導者の権威の根拠は、しばしばそう主張されたように[37]、民族の理念への奉仕や、共同体の生存法則への内的拘束といったことにあるのではない。単にそれだけのことであるならば、個々の民族同胞も大きな違いはない。指導の権威は、指導者が、「民族のもっとも有能な子[38]」として、共同体に内在する民族の世界観を、他の民族同胞の誰よりも、「もっとも純粋に体現し、もっとも完全に表現し」うる者であるという、この事実から生まれる[39]。権威の由来が「共同体」にあるとはこうした事態を指している。

最良の頭脳は、むろん知能検査によって測られるような知的能力といったものではさらさらなく、指導者が「民族のもっとも優れた血から誕生した[40]」という「事実」によるのであり、そのことの故に、指導者は、自らの人格に民族の運命と精神、つまりは、世界観を「受肉」する者として[41]、共同体の原理と法則を明るみに出し、民族の歴史的課題を実現する力を有する者となる[42]。したがって、指導者が手にする民族指導の権威は、彼の遺伝素質に刻み込まれた、彼に固有の、彼の人格を構成する生得のものである[43]。指導者が決して人為的に育成されうるものでないことは[44]、こうした事情による。指導者は、ゲッベルスが「民族が必要とする時には、常に既にそこに存在する[45]」というように、より高次の審級から民族に与えられ、民族により発見される[46]。それ故、指導者は「一回限り」の現象であり[47]、民族指導の権威もまた指導者の人格と不可分の「一回限り」のものとして[48]、指導者の死とともに終了し[49]、他のいかなる者にも譲渡不可能なものである[50]。

指導者の権威に被指導者団の「忠誠」が対応する。「忠誠こそ汝の名誉」との格言が象徴するように、指導者への忠誠は、共同体に生きる民族同胞にとって、それへの違背が共同体からの追放を意味する、最大の生存の掟である[51]。ドイツ民族の最終目標の実現に向けた無私の全人格的奉仕と自己犠牲、それが忠誠の本質を成す。(52) 権威がそうであるように、忠誠もまた共同体の存在抜きには考えられえないものであり、(53) 血と運命の共有を前提に、指導者との人格的合一に基づいて生じる、これもまた、「一回限り」の、それ故、指導者の死とともに終了する、代替不可能な事柄である。(54) 被指導者団が指導者の人格全体に対して忠誠を誓約するのも、彼らが、同じ種の共有を根拠として、同じ精神、同じ運命、同じ最終目標を共有する限りにおいてであり、何よりも、指導者が民族のもっとも優れた血の所産として民族そのものを受肉し体現する限りにおいてである。(55) 誓約は、国民国家の統治者と被治者の関係に見られる契約や信託がそうであるような、民族同胞の自発的な選択や意思決定によるものではない。彼らの意思とは無関係に、共同体の分肢として彼と同じ血を持って生まれたという「事実」から当然に生じる、指導者の権威への内面からの「呼応」である。忠誠は、指導者にとっての権威がそうであるように、種に即し、種に根拠づけられた、その意味で、民族同胞一人一人の遺伝素質の中に刻み込まれた生得のものである。(56) テイェラックは、こうした事態を指して、「忠誠はもっとも重要なドイツ的遺産（Erbgut）」であると表現する。(57)

（3）指導者による民族指導

種の共有から生まれる権威と忠誠を根拠として、指導者の側に被指導者団を指導する権能が生まれる。指導者は、民族共同体にあって、"höchste Mensch" であり、"Übermensch" の地位に立つ。指導者が、民族の最終目標に定位し、その実現のために行う一切の活動、即ち、民族の生存法則の執行が、内政、外交を問わず、「指導（Führung）」の名で呼ばれる当のものである。(58) 指導は、「憲法体制に生命を吹き込む中核的概念」であり、(59)「憲法体制を支える根本原理」を成す。(60)

ブラウセが、指導を、「共同体の中で、共同体にかかわって行われる特殊な政治的行為である」と規定するように、(61) 指導は、共同体とは無縁な独裁や専制、統治といった、一般に「支配」と称される政治行為から区別される。(62) カール・シュミットも、「指導は、指揮、命令、中央集権的・官僚的な統治のいずれでもなく、また、何か任意の仕方での支配といったものでもない」とする。「支配や命令にはいくつもの形態が存在するし、また、善であり正しく理性的な支配や命令権力の形態についてもいくつもの形態がある。しかし、それらはいずれも指導ではない。イギリス人がインド人やエジプト人に対して行った支配は、たとえ多くの理由から正当化されうるものであったにせよ、指導とはまったく異なるものであった。」(63)

民族の最良の子である指導者は、被指導者団に対し、最終目標を指し示し、そこに至る道筋と方策を明らかにし、自らは、“Richtmann”[64]“Vorkämpfer”[65]として、民族の先頭に立って行動する。[66]他方、被指導者団は、指導者の呼び掛けに内奥からの呼応をもって応え、[67]指導者の“Mitarbeiter”[68]“Mitschöpfer”[69]として、最終目標の実現に向け、共に協力し、行動する。[70]

そこでは、指導者の側に、被指導者団を最終目標へと導く強い意思が存在するだけで十分である。彼の課題は、権威をもって導くことであり、実力を頼りに命令し強制することではない。[71]

しかしながら、指導が力とまったく無関係であったわけでは決してない。マックス・ウェーバーは、「権力」を「或るすべての可能性」と定義したが、[72]社会的関係の中にあって、自己の意思を抵抗を排して貫徹するすべての可能性」と定義したが、指導者もまたこうした意味での権力を有するものであることに何ら変わりはない。支配が常に実力を背景に被治者に対して自己の意思を貫徹しようとするのに対し、指導にあっては、指導者が有する権威そのものが、実力の介在の必要なしに、被指導者団に対する意思の優位を実現する。[73]したがって、そこにあるのは国家権力とは異なるタイプの権力であり、フーバーやネーセはそれを「指導者権力」[74]と呼ぶ。

さらに、指導が命令や服従とまったく無縁であったというわけでもない。一部に強く否定する見解があるものの、[75]ケットゲンは、「指導と支配の手段はそれぞれに異なるものではあれ、しかし、共同体の中でも命令と服従を完全に放棄することは不可能である」とする。[76]ヒトラーもまた、繰り返し「盲目的服従」の必要性について言及し、それは共同体にとって「生存の掟」の一つであるとさえ語っている。[77]それでは、遺伝素質を同じくする人間集団であるはずの共同体にあって、何故、命令と服従を無しですますことが不可能であるのか。その原因は、共同体の構成原理である不平等性の原理から由来する能力の位階性にある。指導者が、最終目標を指し示し、それに至る道筋と方策を明らかにするとき、大抵の場合、個々の民族同胞にとっても、種の同一性の原理が働くことにより、こうした決定の「必然性、合目的性について内的な確信」をもつことができるはずである。[78]しかし、常に民族同胞のすべてが指導者の指導について完全な理解をもちうるとは限らない以上、さらには、指導者は、最終目標の実現に向けて、そのことが必要とあらば、民族の生存の法則や掟を被指導者団の意思とは無関係に、あるいは、それに逆らってさえ実行しなければならない状況がありえないわけではない以上、命令と服従は指導者にとっても欠くことのできない手段を成す。[79]

そうはいっても、共同体にあって、命令と服従は、あくまでも指導のための「補助」的手段でしかなく、支配における場合とは「何か根本的に異なる」こともたしかである。先ず、命令に関していえば、それは、自己自身の人格に立脚した専制者や独裁者の場合がそうであるように、単なる主観的意思の表明といったものではない。指導者の人格の中に共同体が受肉され、民族の法則や理念が体現され、彼自身もそれに服する者である限り、指導者の命令は「共同体の表現」以外の何物でもない。したがって、もし命令が共同体の理念や精神から外れるならば、それはもはや指導ではなく、被指導者団の服従義務は消滅する。

他方、服従もまた、外的権力により担保され、強制されるような、強者の命令や国家の法令に対する形式的遵守といったものではない。それは、同じ血に由来する自ずからなる指導者への忠誠の表現であり、確認以外の何物でもない。ヒトラーが、ヒトラーユーゲントの隊員を前にした演説の中で、「汝らもまた服従する能力を身に付けなければならない。服従することを何か自明と感じる民族こそが健全な民族である。古代ゲルマン人の忠誠とは、最後の瞬間まで、一人の人間にしっかりと結び付けられ、服従するということにほかならなかった」と語ったように、服従は忠誠に伴う必然的現象である。その際、民族同胞が命令の内容を理解するか否か、理解できるか否かは問題ではない。求められるべきは、内容の如何にかかわらず、いつ、いかなる場合であれ、下された命令を躊躇うことなく無条件に履行する「勇気」と「狂信的な盲目的意思」である。「指導者が命令する、われわれは従う！」、それが共同体に生きるすべての民族同胞の掟である。指導者の有する「権威」と指導者に対する「忠誠」が掟を支える。「盲目的な服従と絶対的な権威」、それもまた民族の遺伝素質に根ざした共同体の生存法則の一つである。

（4）テロル

遺伝素質の共有により、指導者に対し忠誠を誓い、民族指導に従う意思と能力を有する民族同胞のみが被指導者団を構成することを許され、逆に、何らかの理由によりこうした素質や意思、能力を有しない者たちは被指導者団から排除される。ユダヤ人等の異人種はむろんのこと、元来は同じドイツ民族であっても、血の変質等の原因で民族の共通の運命への参加を拒否し、あるいは、参加の能力を有しない種的変質者も同様である。共産主義者や背反者等の政治的敵対者がそうであり、常習犯罪者や暴力犯罪者、少年犯罪者等の社会に敵対的な輩（Antisoziale）、売春婦や飲んだくれ、乞食、労働忌避者等の反社会的人物（Asoziale）、さらには、先天的精神薄弱者や精神病者、重大な肉体的奇形等の遺伝的疾患・障害の所有者等に至るまで、さまざまな敵対分肢、異質分肢、劣等分肢がそうである。

国民国家であれば、国籍所有者として、ともに一つの国家の国民として承認されたはずの、これら異人種や種的変質者たちは、共同体の外にある者、あるいは、内にありえない者として、一切の法の保護を剝奪され、指導ではなく、テロルの対象となる。政治的敵対者に対する粛清はむろんのこと、背反犯や大逆犯、民族の害虫等の死刑がそうであり、常習犯罪者の保安処分がそうであり、性犯罪者の去勢がそうであり、精神薄弱者の断種がそうであり、共産主義者の保安拘禁がそうであり、労働忌避者の予防拘禁がそうであり、精神病者の安楽死がそうであり、ユダヤ人の追放やガス殺……がそうである。テロルは、たとえそう見えたにせよ、指導と無関係な、専制や独裁に見られる、政治権力者の単にアナーキーを生み出すだけの恣意的な暴力の行使ではない。共同体への忠誠が「種に即し、種に根拠づけられた」ものである限り、異人種や変質者であることはむろんのこと、共同体への敵対や反抗、非協力もまた「種に即し、種に根拠づけられた」ものであり[93]、そうである以上、保安拘禁や断種、安楽死、さらには、ガス室によるユダヤ人の殲滅さえも、民族の生存法則の執行として[94]、最終目標達成のための指導の一環とみなされるべきものであることに変わりはない。テロルとは指導の実行にほかならず、ユダヤ人や共産主義者、重大犯罪者、精神病者等は、テロルを自らの身に蒙ることにより、生存法則の正当性を証明し、最終目標の実現に向け、指導者の“Mitarbeiter”としての役割を果たす。他方、被指導者団にとっても、テロルは、それを受容し、それに協力することが強制されるまでもない、種に由来する自明の義務となる。

かくして、テロルは、かつての国民団の中に明確な分割線を引き、そのことによって、異人種や種的変質者、敵対者等を法の保護の外に置くことを通して、種と運命を共有する者たちを、教育やプロパガンダではなく、恐怖によって被指導者団へと統合する働きをする[95]。アレンが紹介するノルトハイムの実情を思い返すだけで十分である。ヒトラーは、ラウシュニングを相手に、テロルの最大原理となった反ユダヤ主義の効用について、それは「われわれの政治的闘争の拡大のための不可欠の補助手段である」と語っているが[96]、たしかに、テロルは、「全体主義的支配の道具」[97]として、亡命社会民主党の『ドイツ通信』が分析するとおり、指導者‐憲法体制に固有の、それなくしてはその存在そのものが考えられえない、「本質的（かつ不可欠の）構成要素」を成す[98]。

（5）民族指導の全体性

ヘスが、一九三四年の党大会の開幕演説の中で、「全体性の法則が運動の最高原理であり、ライヒ指導部の一切の措置はこの法則により支配される」[99]と語っているように、指導が、民族の生存法則の執行として、「民族の生全体」[100]及び「現存在の全体」[101]を整序せんとするものであり、指導者が、生存法則の執行者として、「民族の運命全体」に対して責任を負うものである限り[102]、指導者権力は、管轄を特定された国家権力とは異なり、あれこれの領域に限定されるものではなく、当然のこと、「共同体の生全体」に及ぶ[103]。

「われわれは常に人間全体を要求する」[104]とはローゼンベルクの言であるが、この要求は、ランマースが「われわれは個人の生活、つまり、人間活動のあらゆる領域に干渉せざるをえない」[105]というとおり、個人の基本権を前にして立ち止まるものではない[106]。そのため、「国家から自由な領域」といったものは一切消滅する[107]。かつて国民国家で見られた、国家と個人、社会と個人、公と私の区別や対立は一切消滅する。「すべてはより高次な意味で政治化」[108]され、個人の存在の私的性格が完全に廃棄される[109]。自律した個人に代わって、現存在の一切が民族の生存法則に貫かれ、民族及び民族を体現する指導者に対し全体的な責任と全体的な義務を負う「民族同胞」が登場する[110]。

元来、個人主義から出発する市民国家にあっては、憲法体制の構成の基点には「自己自身に立脚する独立の個人人格」が存在していた。そこでは、個人の現存在の一部のみが直接公的な社会生活に関与するだけであり、それ以外は、社会や第三者に対し危害を加えるものでない限り、自己に固有の生活を営み、自己に固有の幸福を追求することが許されていた。個人は、国家から独立し、国家に対立する現存在として、公権の所有者となる。専制国家や独裁国家にあっても、この間の事情に大きな違いはない。むろん、そこには市民国家におけるような立憲主義や基本的人権の保障といったものは存在しなかったにせよ、しかし、専制君主であれ、独裁者であれ、彼らにとっての最重要課題は自己の権力の確立と維持であり、現存在全体にまで支配を及ぼすことは彼らの関心の外にあった。なるほど、権力の維持のために、自由を制限し、剝奪することはあれ、国民は、彼らの権力を脅かさない限り、最小限の国家からの自由が保障され、国家の干渉の及ばない一定の私的領域を享受し、安全地帯に身を置くことが許されたのである。

「隙間だらけ」の国家権力とは元来そうしたものであった。しかし、今や、全体性の法則の支配の下、それに代わって、「切れ目のない」指導者権力が登場する。それは、専制や独裁がなお許容し放置していた私的領域に干渉し、安全地帯を廃絶することにより、内面における精神活動から閨房における生殖活動に至るまで、そして、誕生から死に至るまで、生の全体の隅から隅までを白日の下に引きずり出し、指導者の眼差しの対象とする。「現存在の幅と深みの支配」の実現である。

（6）民族指導の運動性

　全体性が水平的な広がりをもつ法則であるとするならば、垂直的な法則に「運動性」の法則がある。ヒトラーは、端的に、「われわれは運動である」という。「この言葉以上に、われわれの本質をうまく表現するものはない。われわれは、終末状態が存在しないこと、静止状態が存在しないこと、ただ永遠の変動が存在するだけだということを承知するものである。[111]」あるいは、クリークは、「ナチズムとは党とかプログラムではない」とさえいう。「それは、流動し、可動する運動である。[112]」

　運動とは、最終目標に定位し、その実現を目指して、不断に現状を否定し乗り越え、永遠に前進を繰り返す政治行為である。運動の典型例の一つにユダヤ人問題の解決がある。政権掌握直後のユダヤ人デパートや裁判所、シナゴーグ等への攻撃から始まり、ユダヤ人商店・医師・弁護士に対するボイコット、非アーリア人官吏や編集者、医師、弁護士等の公職からの追放、農民へのアーリア人血統証明の要求、ドイツ人との婚姻・性交渉の禁止、公民権の剝奪、経済のアーリア化、水晶の夜、財産の没収、ユダヤ人星形章の着用の義務化、国外追放、ゲットーへの収容等々を経て、最終的にはガス室に至る一連の政策は、ユダヤ人問題の最終解決に定位しつつ、その折々の状況の中で、たとえジグザグではあれ、段階を踏みながら計画され実行されたものである。ユダヤ人に嵌められた反ユダヤ主義という箍は徐々に締め上げられ、やがて、最後に、彼らの息の根を完全に止めるまで、それが止むことはない。ところが、たとえユダヤ人問題が計画通り「一一〇〇万人の生物学的除去」により最終解決を迎えたにせよ、それによって共同体の中に、静止状態、ましてや、終末状態がもたらされるわけではない。所詮、それもまた、同時に並行して進められた種的変質者を対象とする断種や妊娠中絶、婚姻規制、保安処分、安楽死等の人種衛生政策と同様に、より遠い目標であるドイツ民族の北方人種化に至る一つの過渡的措置でしかない。さらに、異人種や劣等分肢の除去が終わったにせよ、その後も、浄化された共同体の中で人種的遺伝的価値による位階づけが行われ、それを基に、より高い価値に定位する選抜淘汰が際限なく繰り返される。ヒムラーは、「われわれは、この淘汰には決して終わりがありえないことについて完全に了解するものである」という。「われわれの要求は、人種法律の効果や血と育種に対する理解の増進によりドイツ的人間が高みへと上昇するにつれて、年々より強化されることになる。」[113]

クリューガーが「運動が生の本質であり、形式であり、秩序である」[114]というように、民族指導の目的は、国家における統治とは異なり、端から、或る何らかの「固定した」秩序を形成し、維持することにはない。指導とは、最終目標の実現に向かって、また、そのために必要とされる民族の生と現存在の完全な掌握に向かって、現状を不断に乗り越え、休むことなく前進し、拡大し続ける際限のない変化の創出過程の謂いにほかならない。統治にとって、変化が、一時的な出来事、安定に至る一つの過程、手段でしかなかったとするならば、指導にとっての変化は、永遠の出来事であり、本質であり、目的そのものである。[115]終末状態はむろんのこと、一瞬の静止状態もありえず、民族指導は「永久の革命」[116]と化す。

（7）指導者原理

指導者が永久革命の先頭に立つ。彼の役割は、民族の最終目標を高く掲げ、その実現に向けた道筋と方策を決定し、被指導者団を指導し動員することにある。たとえ、固有の形成・発展法則が民族共同体を支配し、民族指導の目的が生存法則の執行にあるとはいえ、最終目標の実現のためのプログラムが演繹的に導き出されうるものではない以上、指導者の「意思」が民族を指導する上で決定的な重要性をもち、指導者の「決断」が必要となる。中でも、最終目標に至る道筋と方策の決定が重要である。『フェルキッシャー・ベオバハター』も、運動の本質は、所与のプログラムの単純な執行にあるのではなく、「意思」の活動にこそ見いだされねばならないとする。[117]

こうした意思の担い手は、当然のこと、民族の指導者をおいて他には存在しない。ヘスは、「第二革命」をめぐる激しい応酬の最中、指導者の統制に服さないSAによる下からの煽動行為に対し、これを革命の簒奪として厳しい非難を浴びせたが、[118]ヒトラーも、党創設記念日である一九三七年二月二四日の古参党員を前にした秘密演説会で、ユダヤ人問題の解決策の進捗状況にかかわって、運動のテンポの決定は唯一指導者に留保されるべき事柄であることをはっきりと確認している。「われわれの政策全体の最終目標が何であるか、それは、われわれにとって完全に明白である。私が常に念頭においていることは、後戻りを余儀なくされるような一歩、われわれに害が及ぶような一歩は決して踏み出さないこと、ただそれだけである。……肝心なことは、『何をなすことができ、何をなすことができないか』、そうした危険を嗅ぎ分ける鼻をもつことである」と。[119]ゲッベルスが、「指導者は、危険を覚悟する瞬間を決定するために、そこに存在する」[120]というように、多様な選択肢の中から、所与のあらゆる状況を勘案し、今ここでの最善の解決策を選び取り、たとえジグザグではあれ、段階を踏みながら最終目標へと的確に被指導者団を指導すること、そこに指導者に課せられた最大の責務と存在理由がある。[121] ヒトラーは、「登り道においてひたすら直登することのナンセンス」を説き、[122] 状況の変化や目標の達成度に応じた「路線の転換」の必要性を、さらには、「戦術の融通無碍」について語っている。[123]

これを「決断主義」ととらえることは妥当ではない。[124] それというのも、シュミット＝レオンハルトが、「指導者は民族の上にではなく、民族の中に存在する。民族に固有の意思に基づいて民族を統治するこの当の者を、われわれは指導者と呼ぶ」というように、[125] 指導者も、所詮、「民族意思の執行者」[126] でしかないのだから。ヒトラー自身も、一九三五／三六年の冬季救済事業の開幕演説において、「指導者はもっとも独立した人間であり、いかなる者に服することも、また、責任を負うこともない。ただ、自らの良心にのみ責任を負う」としながら、「そして、この良心はただ一つの命令権者をもっている。即ち、われわれの民族がそれである」と語っていたところである。[127]

もっとも、このことからただちに「指導者に対する民族の優位性」[128] が帰結されるわけではない。指導者が共同体の「必然的現象」[129] であり、指導者と共同体が不可分に結び合わされる指導者‐憲法体制にあっては、[130] 優位性の問題自体が成り立たない。民族の最良の子である指導者の人格の中に共同体そのものが体現されている限り、その都度の状況の中で彼が下す決定は常に民族の決定であり、彼の意思は同時に民族の意思そのものである。[131] クリューガーが「民族は指導者を通して発言し、指導者は民族の言葉を語る」[132] といい、ダームが「民族の意思は指導者を通して表現され、実現される」[133] というように、指導者は、文字通りの意味で、「民族の意思の中枢機関」を成す。[134]

他方、この民族意思は、市民国家における国民意思がそうであるような、被指導者団の間に現に存在する主観的な確信や意思の集約といったものではない。[135] なるほど、種の同一性の原理が支配する民族共同体にあっては、民族意思は、多くの場合、民族同胞の確信や意思と合致するものであるにせよ、そして、そうした合致を生み出すことが民族指導の課題の一つであるにせよ、しかし、民族意思は、本来、そうしたものから明確に区別される共同体それ自体の意思としてとらえられねばならないことに変わりはない。所与としての客観的な民族意思は、民族のもっとも優れた頭脳である指導者を通して自覚化され、その折々の状況の力学の中で指導者の決定として現実化される。[136]

一人の指導者が、種と運命の共有を前提に、民族の受任者として、最終目標の実現に向けて、民族の意思を決定し、被指導者団を指導する——これが、「ドイツ民族のもっとも内奥の本質に合致する真の民主主義」[137]と喧伝された「ゲルマン的民主主義」である。[138]匿名の世論と投票用紙に基づく非人格的な多数者の意思と決定による国家の統治に代わって、指導者、即ち、民族意思を体現し、最高の権威を有し、被指導者団の忠誠を受け、民族に対する究極の責任を担うただ一人の人格の意思と決定が運動を指導する。[139]多数決原理に代わる「指導者原理」である。この原理の本質をヒトラーはたった一言で表現する。「常に一つの意思が存在しなければならない」と。「一つの意思が決定する。運動は一つの意思によってのみ指導される。一つの意思があらゆるものを引き湊っていく。指導者が真にその名に相応しいものであろうとするならば、彼は自らの意思を民族の意思と成すだけの勇気をもたねばならない。[140]」

指導者が備えなければならない勇気はそれだけではない。必要とあらば、被指導者団の主観的な確信や信念に逆らってさえ、英雄的に戦うことが指導者の責務である。[141]能力の位階性により被指導者団が常に指導者の意思と決定を理解しうるとは限らない以上、指導者に対しては「恐れを知らぬ大胆さ」が求められる。[142]「ナチズム運動は英雄主義に対し信仰告白しなければならない」、そうヒトラーは一九三三年の党大会で語っている。「われわれにとって重要なことは、われわれが正しいと認める諸原理を一瞬たりと放棄することではなく、むしろ、あらゆる抵抗や困難を身に引き受ける覚悟である。われわれが抱く唯一の不安は、将来、われわれを不正直の故に、あるいは、無思慮の故に非難する時代がやって来ないかということである。民族を救わんとする者に許されていることは、英雄的に思惟することだけである。英雄的思考は、もし真実や誠実さがそのことを要求するならば、同時代の人々の同意を断念することをも絶えず覚悟しなければならない。[143]」

（8）政治的騎士団としての党

一人の指導者が被指導者団を指導するにせよ、彼が課題の全体を担い遂行することの不可能性はいうまでもない。そのために設けられた組織が「党」であり、その使命は、指導者の意を体して、指導者の手足となって民族指導を実行することにある。[144]党が指導者と被指導者団を架橋する結節点の地位に立つ。[145]

ヒトラーが、大管区指導者を前に、「世界観を体現し指導者に対する無条件の忠誠を誓約する機動力をもつ一つの機関が存在して、はじめて、被指導者団に対する指導はその効果を完全に発揮することが可能となる[146]」と語っているように、運動の成否は、民族の中からいかにして有能かつアクティヴな、そして、ファナティッシュな世界観の戦士を選抜し、指導者のまわりに結集し、党を一つの「政治的騎士団」[147]へと編成しうるかにかかっている。むろん、民族の誰もがそうした資質や能力を備えているわけではない。単に、世界観や指導者の信奉者であるというだけでは十分ではない。最終目標の実現のために、一切の抵抗を振り払って民族の生存法則を貫徹する勇気と力、狂信、必要とあらば自らの生命を犠牲にする断固たる覚悟をもつ者だけが「運動の使徒」となりうる。[148]ヒトラーが、その数をざっとドイツ民族の一％、六〇万ないし八〇万人と見積もった[149]彼らは、「伝道者」であると同時に「戦士」でもある。[150]彼らに求められる掟は、単に「私は信じる」という信仰告白ではなく、「私は戦う！」という誓約である。[151]

騎士団の選抜はどのようにして行われるのか。一九三三年の党大会でヒトラーは、闘争時代を回顧しながら、種の同一性の原理が自ずから運動の戦士を糾合するとの考えを披露する。「一九一八年の崩壊後に生じた問題は、先ず、かつて民族の形成に着手し、これを成就したところの、したがってまた、今後さらにこの共同体を唯一指導し、維持する能力を有する、あの偉大な人種核が今なおわれわれの民族の中に十分に残存しているか否かであり、第二に、この人種核を発見し、これに指導を委ねることに成功するか否かであった。……かくて、私は、一九一九年に一つのプログラムを発表し、平和的民主主義世界に対しことさらに痛撃を加える意図を宣言したのである。われわれの民族の中に〔われわれが必要とする〕種類の人間がなお存在するのであれば、勝利は確実であった。何故なら、〔運動のもつ〕決断と行動の狂信主義は類縁の人間を必ずや引き寄せるにちがいなかったからである。こうした資質を有する人々は、彼らがどこにいようと、いつの日か必ず自己の血に照応する声を耳にし、欲すると否とにかかわらず、彼らのもっとも内奥の本質の表現であるこの運動に従うはずであった。……この一四年の間、あたかも磁石が鋼鉄片を吸い寄せるかのように、われわれの運動は、ドイツ民族の中から、身分、職業、階層にかかわりなく、〔民族を〕形成し、維持する力を糾合したのである。[152]」

党は、指導者の手にある騎士団として、国民国家における政党とは異なる性格と使命を有する。ゲーリングは、「党は政党と比較可能なものではない。何故なら、党のプログラムは一つの世界観であるということが決して忘れられてはならないからである」という。[153]ヒトラーも、一九三三年の党大会において、より端的に、「ナチズムとは一個の世界観であり、政党ではない」と語っている。元来、全体性を標榜する世界観にとって、党が旧来の政党と無縁な組織であることは自明のことである。ネーセは、政党という名称の起源をラテン語の pars（＝der Teil）に遡りうるとし、それ故、政党は、元々決して全体を包含するものではなく、国民の一部を代表しうるにすぎないとする。(154) たしかに、政党というものが、或る特定のイデオロギーを掲げ、国民の中の一部の階級、階層等の利害を代表し、部分的な問題の解決を目標とする政治団体であるとするならば、ドイツ民族の世界観を標榜し、ドイツ民族の最終目標の実現のため、ドイツ民族を指導せんとする騎士団としての党が、従来の政党から根本的に区別される、固有の性格と使命をもつ組織であることは当然である。(155) ガウヴァイラーの言を引いておこう。「党は、民族の創造的な生存意思の表現であり、機関である。党はドイツ民族の選良を表現する。党は、決して旧来の意味の政党ではなく、世界観の闘争部隊である。党は、一つの階層、階級、宗派、あるいは、何らかの利益団体ではなく、民族全体に対する奉仕者であることを自覚するものである。(156)」

党は、何よりも先ず、民族の世界観の「守護者」である。(157) 世界観は、その組織化された中心を党の中にもち、それ故、党は民族の政治的見解、政治的良心、政治的意思を代表する組織となる。(158) 民族の世界観的統一を実現し、民族指導に最適の共同体を創造し指導者の用に供することが、世界観の闘争部隊である党の最大の課題である。(159) ヒトラーもまた、一九三五年の党大会の閉会演説の中で、党の使命は「民族指導を安定させるための前提条件を創造する」ことにあるとし、そのために求められる個別的任務として、すべてのドイツ人に対する世界観教育を通して被指導者団を構成すること、民族の世界観を確固として永遠に堅持し続ける細胞を生産するに相応しい党の内部組織を構築すること、民族指導を担当する最高かつ普遍的な指導部を編成することを挙げている。(160)

（9）指導部

民族の最良部分から政治的騎士団である党が、さらに、その最良部分から民族指導の中枢を成す「指導部」が編成される。(161) 指導部は、民族の指導者を頂点として、その指導者に直接服属する最高政治指導者のグループから始まり、党の下部組織の指導者に至るまで、「位階制」(162) により構成される政治組織である。その際、党は、常にそこから指導部が生み出されるための人的資源の巨大なプール、水源としての役割を担う。こうした指導部の編成は、ただ「自然的かつ合理的な選抜淘汰の過程」によってのみ可能である。「民族の中で真にもっとも優れた頭脳を持つ者たちが、出生、素性、家名、財産に関係なく、もっぱら、より高次の高みから与えられた使命に即して、民族に対する政治指導の任を付与される。(163)」最終目標に定位する無限の運動自体が選抜淘汰の舞台を成す。

ヒトラーによれば、「新たな『上層階級』は自然発生的に生まれるものではない。これは、人為的に創造される。そして、そのための手段はただ一つしか存在しない。闘争がそれである。権力をめぐる闘争の中から新たな指導部が選抜される。それこそが権力のための長期にわたる不屈の闘争の偉大な革命的意義なのである。この戦いの中で、単にドイツ民族のみならず、世界の運命を指導する新たな貴族階級が誕生する。」[164]

その際、選抜淘汰の基準として、ヒムラーが身長等の肉体のもつ人種的特徴を重視するのに対し[165]、ヒトラーは、精神的・性格的特徴こそが重要であるとする[166]。それというのも、「人間の能力は人種のみから帰結されるものではなく、むしろ、能力から出発して人種もまた帰結される」からである[167]。一九三九年三月の軍事大学校における演説はいう。「新たな歴史を創造するべく私が解決しなければならなかった課題は、一つの新たな選抜淘汰により政治指導にとって有用となる道具を構築することであった。そのためには、新たな組織の構築にとって必要となる有用な分肢を民族の中から発見しなければならなかった。北方人種のみがそうしたものでありえた。しかし、その際、われわれが警戒すべきは、北方人種をもっぱら外見的特徴から判断することであった。性格的特徴、つまりは、真に内的な精神的素因こそが決定的な要素である。」[168]

闘争の中から選抜され形成される指導部が、指導者と党、指導者と被指導者団の間にあって、民族指導の最高中枢を構成する。彼らが指導に与る権威は、指導者から政治的授任を受けること、そして、それが選抜淘汰の法則に基づいて行われることによる。それにより、指導部の一員、つまり政治指導者としての地位が「道徳的に正当化」され、「誇り高い民族の同意を獲得しうるのである。」そのことが実現された時、「指導部と民族の間にはいかなる対立も存在しないであろう」、そうヒトラーはいう[169]。

(10) 人格的授権

党及び指導部が、指導者と被指導者団の間にあって、指導者により示される構想や計画、指示等を具体化し、それに基づき最終目標の実現に向けて民族指導を実行する、従来の国家における政府・官吏団に代わる、民族指導の中枢機関であり、執行機関である。国家にあっては、大統領や首相から末端の官吏に至るまで、彼らが、憲法を頂点とする法規範による授権を根拠に官職と権限を獲得し、その見返りに、権力活動に対する制限、抑制を蒙るもの――隙間だらけの権力はそこから由来する必然である――であったとするならば、指導部を構成する上級指導者から末端の党の分肢組織の党員に至るまで、彼らは、指導者との人格的合一を根拠に、指導者から彼が有する民族指導の権能の一部を授与され、その結果、指導者の「政治的受任者」[170]として、授権の範囲内で、指導者に代わって、指導者の意を体して、指導者と同様の民族に対する全体的かつ無制約的な切れ目のない指導を担当する。[171]彼らの権力はもっぱら指導者との人格的な関係に依存し、その結果、彼らが有する権力の強さは、官僚機構の中のピラミッド型の位階に代わって、指導者を中心に彼との間で放射状に結ばれる人格的距離の大小に比例する。[172]

これが、国家における法治の原理に基づく規範的授権に代わる「人格的授権」である。[173]ゲーリングの言は人格的授権の本質をよく表現している。「私は長年にわたり指導者に対し無条件の忠誠をもって従い、今後も私の生涯の終わりまで彼に従い続けることであろう。しかし、指導者もまた私に対し同じ感情を抱いていることを承知するものであり、また、私が指導者から比類のない信頼を得ていることを誇りをもって語ることを許していただけよう。そして、まさしくこの信頼が私のすべての活動の根拠となっている。われわれの誰もが、指導者がその者に与えることを望むだけの権力を所有している。したがって、指導者とともに、指導者の後ろ立てがあって、はじめてわれわれは権力を有するのであり、彼の意思に反して、あるいは、彼がそのことを望むことなしには、その瞬間にわれわれは権力を完全に失うことになる。指導者が排除したいと望む者を失脚させるには、彼の一言があれば充分なのだ。」[174]

ゲーリングの言からは、人格的授権の特徴、中でもその中身の見えにくさがよく分かる。彼がいうように、「われわれの誰もが、指導者がその者に与えることを望むだけの権力を所有している」限り、最高政治指導部を構成する、たとえば、ゲーリングであれ、ヘス、ゲッベルス、ヒムラーであれ、彼らが、指導者から、今この時点において、如何なる権力を授与され、その範囲や対象が何であるかは、第三者からは不明というしかない。誰であれ、当事者以外、「指導者の意思」を推し量ることなどできない相談である。規範的授権が、法治の原理に基づく授権として、授権されたという事実、その及ぶ範囲や対象が国民の側から認識可能であり、また、そのことの故に、当然に、国民の側に常に何らかの安全地帯を保障するものであったとするならば、人格的授権は、法治の原理から解放された授権として、授権されたという事実、その及ぶ範囲や対象が被指導者団からは確認不可能であり、また、そのことの故に、当然に、被指導者団の側に何らの安全地帯を保障するものではない。その限り、人格的授権は、運動性と全体性の原理に見合った授権であり、「現存在の幅と深みの全体」を統御せんとする民族指導に相応しい方式である。

人格的授権を支配し可能とする掟が、上位の指導者に対する絶対的責任と下位に対する無制約的権威である。[175]国家における宣誓が、大統領や首相から末端の官吏に至るまで、「憲法に対する忠誠」、「法律に対する服従」を内容とすることは、規範的授権に見合ったものであったとするならば、上級指導者から末端の党員に至るまで、彼らの宣誓は、人格的授権に相応しく、指導者の「人格に対する誓約」を内容とする。党組織監督官の編集になる『党組織書』に掲載された宣誓文はいう。「私は、アドルフ・ヒトラーに対し変わらぬ忠誠を誓約する。私は、彼及び彼が任命した指導者に対し無条件の服従を誓約する。」[176] ここでは、宣誓は「宗教的な」[177] 意味合いさえ帯び、それにより、彼らの「全人格は指導者の用に供されるものとなる。」[178]

政治指導者等は、指導者への忠誠と服従を基に、指導者からの授権の範囲内で、最終目標の実現に向け必要となる一切の措置を決定し、執行する。ベッカーは、こうした行動を、指導者による「政治的指導（politische Führung）」から区別して「政治的指導の実行（politische Durchführung）」と位置づける。指導者のみが、最終目標の実現に向け、プランを構想し、その折々の状況の力学の中で具体的な方策を決定し、民族に対し告知する権能を有する。指導者に直属する最高政治指導者のグループから下部指導者、末端の党員に至るまで、彼らは、こうした指導者の決定に基づき、指導者から始まる人格的授権の連鎖の中で、かつ、自らに与えられた授権の範囲内で、必要な措置を決定し、実行する。[179] 指導の実行は、通常の国家における憲法等の法令と官吏や裁判官等の関係に見られるような、形式的な服従でもなければ、合理的な解釈に基づく決定の執行でもない。[180] ヒトラーにいわせれば、「歴史の創造は、そうしたものによっては不可能」である。[181] 単なる命令の受領者、解釈者、執行者ではなく、「固有の責任を担う協働者」[182] として、文言そのものではなく、文言から読み取られうる「指導者の意思」の実行こそが重要である。そのために、指導の実行者には、指導者の側近から末端の党員に至るまで、指導者の意思を読み取る能力が求められる。

戦時中の食卓談話は、闘争時代の経験に基づいて、民族指導における、「上からの大まかな指示」と「広範な自由裁量」の必要性を説いている。「下部の指導者に十分な固有の活動の余地を与えることによってのみ、真に能力のある者が見いだされうる。さもなければ、偏狭な官僚主義がはびこるだけに終わるであろう。指導者に責任が与えられる場合にはじめて、われわれは責任を喜んで引き受ける〔指導部〕を確保することが可能となる。それは、指導の課題全体を実行する上で必要不可欠なものである。」[183]

さらに、大まかな指示さえも不要であるのかもしれない。あれこれの些細な発言や行動から指導者の意思を付度し、先取りし、それに基づいて指導を実行することが可能であり、義務である。[184]党大会や国会といった公的な場だけではない。その折々食卓談話のような私的な会合や集まり等において、その折々に表明され、場合によっては、単なる目配せ等によって暗に示される指導者の意思に即して、今ここで必要となる一切の措置を実行することが求められる。[185]そして、指導者の意思の執行である限り、それが「合法的」であることに何の問題もない。[186]たとえ、それが殺人であったとしてもである。[187]そのため、授権の連鎖の中にある者たちに求められる資質は、指導者の意思を嗅ぎ取り、正確に理解するべく、「指導者の人格及び行動を直観的に把握する」能力であり、[188]さらには、「ひとたび〔指導者が〕Aという決定を下した場合、引き続きそこからB、Cという結論を当然のこととして論理的に導き出す」勇気である。[189]むろん、最大限の自由と責任が保障される[190]一方で、「指導者の命令に対する無条件の規律が要求されなければならない。」いったん指導者が事態に介入すれば、「彼の意思が最終決定であり、それに対しては無条件の服従が求められねばならない。[191]」

（11）民族指導の無法律性

国家に属し国家に対し法的請求権をもつ「人間の顔」をしたすべての者を、人種や思想と関係なく、被治者ととらえる国民国家にあっては、統治者の意思は最終的に常に「実力」によって担保されねばならなかった。一つには、相対立する多様な価値観や利害の中から準拠すべき法律を決定するためであり、今一つは、定立された法律を反対や抵抗を打ち破って貫徹するためである。その存在と執行が実力により担保されねばならない統治者の主観的意思の表現としての「法律」が、古き良き法の支配が終わった一二／三世紀以降、統治の手段、それも中核を成す重要な手段として位置づけられてきたことは、専制であれ、独裁制であれ、民主制であれ、何ら違いはなく、ヨーロッパ近代の歴史の中で、法律無き統治といったものを想像することは困難である。

それに対し、民族の生存法則がその存在を規定し貫徹する共同体にあっては、その間の事情はまったく異なる。シュラウトが、「世界観は血によって条件づけられている」とし、「遺伝素質を同じくする人間集団は、一定の精神的性向を有し、意識するとしないとにかかわらず、或る定められた仕方において行動し、決断し、外部世界の出来事を評価させる」と語るように、[192]種と運命の共有を前提に権威と忠誠で結ばれる指導者と被指導者団の間にあっては、外的な実力は異質なものであり、法律や命令と称する規範の類、強制力の契機は過剰であり不要となる。[193]フーバーは、民族指導にあっては、“Richtmann”であり“Vorkämpfer”である指導者から発せられる、最終目標へと定位する「計画」、「声明」、「指示」があれば十分であるとする。「一切の指導は、政治的プランを前提とし、それに基づいて行われる。指導が必要とするものは、プログラムであり、指針であり、構想である。こうした計画の立案が一切の政治的行動の前段階を成す。民族は、〔指導者の〕政治的声明を通じて、彼らに示された偉大な目標の実現に向かって呼び掛けられる。(194)」統治が、国民団を対象に、人為による法律の執行として、実力により担保される命令と服従を本質とするのに対し、指導は、被指導者団を対象に、民族の遺伝素質に刻まれた生存法則の執行として、権威と忠誠によって担保される呼びかけと呼応を本質とする。『党綱領』にいう「ドイツ普通法によるローマ法の置き換え」である。その際、指導者が自らに体現する民族の掟をどのような形式でもって表明するかは問題ではない。指導部や被指導者団、つまりは、指導者の直近に位置する上級指導者から下級指導者、末端の党員、さらには、一般の民族同胞に至るまで、彼らにとっては、党大会や国会での演説であれ、重大な政治的出来事の折々に発せられる布告であれ、形式の如何を問わず、表明された指導者の意思が存在すれば、それだけで、自らに課せられた“Mitarbeiter”としての義務を果たすには十分である。(195)

遺伝素質の共有に根拠を置く、それ故、法律と無縁な、法律に拠らない「無法律の（gesetzlos）体制」、それが指導者―憲法体制である。ヒトラーが、民族指導は「人格の上に構築される」という所以である。(196)ケルロイターもまた、「指導は、非人格的な規範のみに基づいて『支配』を行おうとする個人主義的自由主義の観念とは反対に、常に人間によって行われる」とする。(197)ライは、「われわれの時代の新しさは、われわれがはじめて人間の指導を打ち立てた」ことにあるという。「国家、市町村、官庁、軍隊、経済といったものならば、それらはどの時代にも存在していた。しかし、何千年来、はじめて、われわれの民族において真の意味での人間の指導が実現されたのだ。(198)」むろん、人格の指導は「人の支配」の復活を意味しない。それというのも、指導者は、民族の最良の子として、自らの人格に民族の運命と精神、つまりは、世界観＝生存法則を受肉し体現する者であるのだから。その限り、指導者から発せられる計画や声明、指示は、同時に、共同体のそれでもあり、民族の意思、民族の法の表現以外の何物でもない。無法律であるが「合法」である、そこに民族指導の本質がある。

もっとも、法律が、異質なものであり、不要であり、過剰であるにせよ、指導者にとって、法律の利用が禁じられているわけでも、立法がありえないわけでもない。民族の法を「法律」として告知する選択肢がないわけではない。しかし、法律には、民族指導の手段として、重大な限界があり欠陥がある。

一般に、立法者は、立法に際して、将来起こりうる無数の行為や事象の中から、法的評価の対象とすべき行為、事象を抽出し、立法目的に即してこれを整序し、類型化し、法的な定型として、各条文に個別的に規定する。それ故、法律は、常に、一定時点における、かつ、特定の、それ故、全体的ではなく、部分的な禁止、制限、許可、義務づけとしての性格を免れない。「禁じられていないことは許されている」のであり、或る事柄を規定することは、意図するとしないとにかかわらず、それ以外の事柄を放免することを意味する。法律は、常に、本来的に、国家から自由な領域、安全地帯を生産する。立法者が、たとえ制約のない立法権を行使し、自らの意のままに法律を制定したにせよ、それが有する妥当性は、時間的にも、内容的にも、常に限定されたものでしかない。こうした限界をもつ法律が運動性と全体性を原理とする民族指導の手段として相応しいものでなかったことは当然である。ヒトラーは、一九四二年一月二五日に『行政の更なる簡略化に関する指導者命令』[199]を布告したとき、そのことをよく承知していた。戦時における行政の簡略化を指示する中で、立法はこれを可能な限り避けること、避けられない場合にも、「もっとも単純、簡潔、素早い方法」を採るべきと命令する。運動の法則が最終目標に定位し不断に「今」を乗り越えようとする原理である限り、結局は、「持続したもの、動かないもの」のみを対象とし[200]、或る時点における権利と義務を確定するしかない法律が民族指導の「バリアー」[201]となることは不可避である。クリューガーは「法律は運動そのものの終わりを意味する」[202]とさえいう。さらに、また、全体性の法則が無限のアスペクトをもつ現存在の全体を統御せんとするものである限り、ここでも規定的であり限定的である性格を免れない法律がバリアーとなること、これまた同様である。

法律は、どんなに工夫しても、所詮、「隙間だらけ」の統治の手段でしかない。『断種法』をめぐるイエナ上級遺伝裁判所の決定はそのことをよく教えている。裁判所は、精神病質者に対する断種の必要性を認めながらも、管区医による申請を却下した理由を次のように説明する。「ラント治療・看護施設長による綿密かつ詳細な医学的鑑定は、精神分裂病の徴候の存在、及び軽微な精神分裂病の障害の表現と判断される傾向も否定した。Zは情緒不安定、動作に落ち着きのない衝動的かつ意思薄弱な精神病質者だということであった。……いずれにせよ、精神分裂病の罹患は明らかにならなかったのであり、それ故、Zに対する断種はこれを認めることはできない。そのための他の法律上の根拠も存在しない。……Zが子孫をもうけることは非常に望ましくはないにせよ、法律は残念ながらそのことから民族共同体を保護する可能性を保障していない。(203)」『断種法』が断種の対象を九つの疾患に限定する以上、イエナの判決は、法治の原理に基づく当然の結果であり、隙間だらけの法律-権力の限界をよく示している。『断種法』が教えるように、法律にとって安全地帯の存在をゼロにすることは不可能である。なるほど、一般条項や列挙項目の例示化、前文の設置等のよく知られた立法技術を使って、あるいは、司法や行政の段階においては、当然解釈や反対解釈、拡大解釈、類推解釈といった法律家に馴染みの手法を使って、こうした欠缺の或る程度の埋め合わせは可能であるかもしれない。しかし、運動性と全体性を原理とする民族指導が法律の助けを借りて自らの目的を達成しようとするならば、親衛隊の機関紙の指摘を待つまでもなく、「法律機械を全速回転させる」必要に迫られることになったであろうし、たとえそうしたところで、無限の時間の中で経過し、無限のアスペクトをもつ民族の生や現存在の全体を隈無く統御するべく「すべてを条文化する」ことの不可能性はいうまでもない。(204)

指導者権力は、本性上、法律-権力ではありえない。「無法律性（Gesetzlossigkeit）」が、全体性と運動性の法則の帰結であり、民族指導の本質を成す。そうしてはじめて、完璧な生-権力、即ち、民族であれ、個々の民族同胞であれ、それぞれの生の全体を対象とし生の展開のすべての局面を隅から隅まで掌握する切れ目のない権力が実現される。

（12）指導者の無謬性と最後の審判

指導者のもつ「無謬性」が、無法律の指導を是とし、その合法性を担保する。ディーツェによれば、「指導者が過ちを犯すこと、彼の行動が共同体〔の生存法則〕に違反することなどありえない。指導者は共同体の唯一の代表者であるが故に、彼が行う一切は真の共同体意思の新たな発現である。指導者の無謬性の原則は共同体の自然の法によって説明可能である。指導者の無謬性の教説は、絶対主義時代の神の恩寵を意味するものでは決してなく、むしろ、指導者と被指導者団の関係、つまりは、共同体の本質から由来する一つの単純な結果にすぎない。(205)」

しかし、たとえ指導者が無謬の存在であるにせよ、運動の本質が、所与のプログラムの単純な執行にではなく、意思の活動にこそ見いだされるべきものである限り、指導者の決定は常に民族の未来にとって重大な責任を伴うものとなる。先に紹介した冬季救済事業の演説の言葉――「指導者は自らの良心にのみ責任を負う。そして、この良心はただ一つの命権者をもっている。即ち、われわれの民族がそれである。」――がそうであるように、指導者権力は無制約的であるにせよ、指導者もまた、民族の子として、常に民族の生存法則に拘束され、責任を負うことに何ら変わりはない[206]。フライスラーは、こうした事態を、「指導者であることは一つの権利ではなく、一つの課題である」と表現する。「指導者であることの核心には課題を実現せよという一つの倫理的命令が存在する。指導者は責任抜きには考えられえない。むしろ、まさしく責任が指導者の本質を構成する。指導者であることは、もっともドイツ的な倫理的命令である『汝の義務に忠実であれ』を自らの身に引き受けることである[207]。」

責任と義務が指導者の本質を構成する限り、指導者が行う個々の民族指導、さらには、指導者そのものに対する審判は不可避である。むろん、ヒトラーが、食卓談話の中で、「法律家により作り出された一切の法にかかわる問題は造物主にとって何ら意味をもつものではない[208]」と語っているとおり、共同体が「指導者を何らかの監督、とりわけ、法律的なそれに服させること」などありえない話ではある[209]。法治の原理から解放された指導者にとって、国家におけるような、合憲性、合法律性の審査が無縁なものであること、いうまでもない[210]。指導者に対する審判が不可避であるとして、それは、憲法等の法規範ではなく、歴史、運命、より端的には、神による審判以外にはありえない[211]。

「ナチス党は一四年間の戦いの目的を達成した。しかし、その結果、党は歴史を前に未聞の責任を負うこととなった。われわれは、すべての者とともに将来秤にかけられ、評価されることになるであろう。われわれがこの審判に耐えうるか、歴史がわれわれを断罪するか、結果はそのいずれかである[212]。」これは一九三三年一二月一一日の国会開会式での発言である。あるいは、このちょうど八年後、一九四一年一二月一一日、アメリカに対する宣戦布告の決定を報告する国会演説の冒頭、ヒトラーは、神に対する義務について、そして、将来の世代に対する責任について語っている。「ドイツ民族がこの戦いを引き受けることが神の意思にかなうことであったとするならば、神が、私に対し、今後五〇〇年、一〇〇〇年にわたってドイツのみならず、ヨーロッパ、さらには、世界の歴史を決定づけるこの画期的戦いの指導を任じたことにつき感謝を捧げるものである。〔この戦いは〕単にわれわれ自身のためではなく、将来、それもはるか未来の世代のための戦いである。われわれは、今や、かつて例をみない歴史的大変革を実現すべき任務を造物主により命じられ、義務づけられたのである[213]。」たしかに、「言葉の至高の意味において歴史を創造するために運命により選ばれた[214]」民族の指導者を待ち受ける審判は、他日予定されているはずの「地球上の最後の、そして、最大の審判[215]」以外にはなかったにちがいない。

3　指導者-憲法体制の非国家的性格

指導者-憲法体制は、隙間だらけの法律-権力とは異なる、生-権力、即ち、生の全体に関心をもち、その展開のすべての局面に対して、その掌握を確立せんとする権力に即応した憲法体制であること、それが、主体性の形而上学の課題、即ち、「世界」の征服・支配・創造のために必要な最適の機械装置を構築し、人間を、その機械装置に徴用し-用立てるべく、訓育＝解剖政治学と育種＝生政治学を通じて、表象-制作に相応した新たな人間類型＝服従する主体へと作り替え、ゲ-シュテルに配置する、そうした課題への対応から生まれた憲法体制であること、そして、また、人間が、世界観相互の戦いの中で、神に代わって、力ずくで墨縄を引き存在者の「存在」を決定する最高審級の地位に立ち、「世界」を自己の宰領下に置く主体性の形而上学の要請に忠実に応える憲法体制であること、お分かりいただけたのではなかろうか。

生-権力に見合った指導者-憲法体制を構成する諸原理が、専制国家であれ、独裁国家であれ、市民国家であれ、およそ従来の法律-権力を核とする国家-憲法体制を構成する原理と異なる性格と内容をもつこと、当然であった。中でも、全体性と運動性の法則が、従来であれば国家にとって当たり前の固定した憲法の形成と存在を不可能なものとした。もし、第三ライヒの憲法が完成に至ったと仮定した場合、それは、不文であることは勿論、一瞬たりとも静止しない、不断に生成変化する憲法といったものであったのかもしれない。おそらく、そのような憲法の存在を想像することは、常人にとっては困難なことであったろうが。憲法というものが、元来、国家の最高法規として、今後何十年、何百年にも及ぶ国家建設のための設計図、文字通りの意味での“constitution”であるとするならば、指導者-憲法体制は、そもそも「憲法」と呼びうるものであったのかさえ疑問である。それほど、先の構成原理から浮かび上がる憲法像は、従来の憲法観から逸脱した異様な体制であるというほかない。

その異様性の最たるものが、ヨーロッパ近代の歴史にあって他に類を見ない指導者-憲法体制のもつ「非国家的性格」である。指導者、被指導者団、権威、忠誠、指導、テロル、全体性、運動性、指導者原理、人格的授権、無法律性等の構成原理は、すべてこの一点に収斂する。国家の希薄化、あるいは、端的に、消滅といってもよい。そのことは、憲法とは「国家」の最高法規であるとの観念を何の疑問もなく頭に刻み込まれ、国家と憲法の不可分性を当たり前のこととしてきた旧来の多くの法律家にとって、およそ理解しがたい、形容矛盾といってよい事態である。

何故そうなのか。この点に関するヘッケルの言は明快である。彼は次のようにいう。「イギリス革命、フランス革命、イタリア革命は国家の革命であった。しかし、ドイツ革命は世界観の革命である。この点にドイツ革命の本源的意義がある。ナチズムの世界観はその生命を『国家』から受け取るのではない。それは何ら『国家』の理念ではない。われわれはもはや『国家』の中にわれわれの政治的現存在の中心となるべき太陽を見るものではない。ロマン的な政治思想は『国家』を中心に回転する。彼らにとっては『国家』権力が政治的統一を構成する決定的な要素である。しかし、われわれの場合はそうではない。われわれの政治的統一を担うべきものは、唯一、種を同じくするドイツ民族の共同体思想と名誉意識のみであり、そこには『国家』が介在する余地はない。『国家』という言葉はわれわれにとって問題の外にある。[216]」ヒトラーも、一九三五年の党大会において、「ナチズムの教義の出発点は国家にではなく民族にある。ナチズムのあらゆる考察の焦点は、われわれがその歴史的生成にしたがって『ドイツ民族』と呼ぶ生ける実体にある」との考えを表明していた[217]が、指導者-憲法体制とは、畢竟、その根拠を「伝統的意味における国家ではなく、指導者と被指導者団から成る民族共同体」[218]にもつ、それ故に、ドイツ民族の「種に即した生存形式[219]」といった体のものであった。それは、第三ライヒを語る際に当時も今も人の口に上る、全体国家、全体主義国家、独裁国家、権威国家、大衆国家、一党国家、二重国家、指導者国家、ヒトラーの国家、民族国家といった切り口では到底とらえきれない体制であったというしかない。ブーフハイムが的確に指摘するとおり、第三ライヒの憲法体制は、「国家に対する明白かつ公然たる対決の中で発展し、実現された」ものであり、「国家に敵対的」な、「国家と共通するところもっとも少ない」体制であった[220]。

俄には信じ難い話ではある。そもそも、否定されるべき「国家」とはいかなるものであったのか。ナチスは、国家の何を異質とし、何を否定しようとしたのか。ラスキの見解を差し当たりの手掛かりとしよう。『国家――理論と現実』(1935)の中で、彼は国家に次のような定義を与えていた。「私が国家という言葉で意味するものは……、社会の構成分子であるあらゆる個人又は集団に対して、法的に最高の一つの強制的権威をもつことによって統合された社会である[221]。」「社会の構成分子」とか「法的に最高の一つの強制的権威」といった言葉をどのように理解するかはともかく、この定義に従う限り、指導者-憲法体制が、先のヒトラーやヘッケルの言にもかかわらず、ラスキがいうところの「国家」と必ずしも相容れないものでなかったといって差し支えないかもしれない。それというのも、この憲法体制もまた、「法的に最高の権威」をもつ民族の指導者が種と運命の共有により構成された一定の人間集団を統合する社会であることに変わりはなかったからである。それにもかかわらず、ヒトラー等が第三ライヒの非国家的性格を強調する場合、彼らは国家の中にナチズムの世界観と相容れない何か異質な要素を嗅ぎ取ったからにちがいない。それは、はたして何であったのか。

この疑問を解き明かすため、改めて、一九三五年の党大会での演説を見ることにしよう。先に引用した発言に続いて、民族共同体の形成途上における党と国家の役割の画定を試みたヒトラーは、世界観の守護者である党に対して、国家の課題を次のように規定していた。「国家は、歴史的に生成し発展した国家的組織の行政を、法律の枠内において、かつ、法律によって継続して行うことを課題とする」と[222]。要は、これがヒトラーのいう「国家」であった。それは、大統領や首相、国会、裁判所、内閣等の国家を構成する機関の一切の権力活動を憲法や法律等の法規範に依拠させようとする、近代の主権国家がその典型である「規範国家」にほかならなかった。三つの要素、即ち、①憲法を頂点として法律・命令・規則・処分等から成る位階的に構造化された実定的な規範体系、②かかる規範体系により授権された立法・司法・行政から成る統治機構、③大統領あるいは首相を頂点に、合法律性のエートスにより支配された専門的職業的官吏団から構成される国家がそうである[223]。

国家のもっとも本質的な特徴として、「正当な物理的強制力の独占」を挙げたのはウェーバーであったが[224]、統治機構が独占するこうした力は、大統領や首相からはじまって末端の官吏に至るまで、常に憲法を頂点とする規範体系によって根拠づけられ、整序されねばならなかった。そうすることによって、はじめて、暴力としての力（Gewalt）は正当な権力（Macht）へとその姿を変える。したがって、誰であれ、実力を法により権力へと転換できさえすれば、その内容の如何にかかわらず、統治の正当性を主張し、国民に対し自らの意思を貫徹することが可能であるというわけであった。それが統治の原則であること、専制国家であれ、独裁国家であれ、民主国家であれ、何ら違いはない。政治とは、所詮、実力を権力へと変える術策であり、被治者に如何にそのことを納得させるかの魔術であるといってよい。その魔法の杖が憲法を頂点とする位階的な規範体系であった。

この間の事情は、実は、発足時における第三ライヒにあっても違いがあったわけではない。ナチス党指導者であるアドルフ・ヒトラーの「ライヒ首相」就任は、『ライヒ憲法』第五三条――「ライヒ首相は、ライヒ大統領が任免する。」――に基づくものであったし、大統領官邸での就任宣誓式も『ライヒ首相及びライヒ大臣の法的身分に関する法律』第三条――「ライヒ大臣はその官職への就任に際しライヒ大統領の前で以下の宣誓を行う。」――に基づくものであった。憲法と法律が一介の政党党首にすぎないアドルフ・ヒトラーを正統な国家の機関である「ライヒ首相」へと作り替えたのである。あるいは、闘争時代からの共産主義者との戦いが、政権掌握後、単なる暴力ではなく、正当な権力の行使へと変化したのも、憲法を頂点とする一連の法規範による授権の連鎖のおかげであった。一九三三年二月二八日の『民族及び国家の保護のための大統領令』は、冒頭で命令の法的根拠を次のように確認している。「ライヒ憲法第四八条第二項に基づき、共産主義者による国家を危殆させる暴力行為を防止するため、次のごとく命令する。」さらに、『大統領令』を受けてプロイセン内務大臣ゲーリングが具体的な措置を警察に命じた三月二日の『ラント及び地区警察官署の管轄権の規制に関する命令(225)』でも法的根拠への言及が見られる。「一九三一年六月一日の警察行政法第三条第五項に基づき以下のごとく命令する。一九三三年二月二八日の民族及び国家の保護のための大統領令第一条に応じて、ラント警察官署は、定期刊行物の禁止、財産権の制限を命令する権限を有するものとする。郡警察官署は、人身の自由、結社の自由、集会の自由の制限、及び通信の秘密に対する干渉を命令する権限を有するものとする。」各警察官署は、ゲーリングの『命令』に基づき、共産主義者に対する保安拘禁等の措置を執行する。おそらく、拘禁に際して次のような命令書が示されたのであろう。「一九三三年二月二八日の大統領令第一条及び一九三三年三月二日の命令に基づき、貴下を、公共の安寧秩序のため、保安拘禁する(226)。」憲法から始まる法律・命令等による授権の連鎖に基づいて、はじめて、統治者の権威はその頂点から末端に至るまで根拠づけられ、一切の権力活動は、単なる暴力ではなく、「合法的」な活動として貫徹されうるものとなる。その意味で、位階的な規範体系は、ケルゼンがいうように、「力を法に転換する」ための仕掛けであった(227)。

「もっとも強い者であっても、自分の力を法に、服従を義務に変えないかぎり、いつまでも主人でありうるほど強い者では決してない」とはルソーの言である(228)。しかしながら、法規範は統治者にとって諸刃の剣でもある。授権の根拠は、同時に、権力に対し、通時的にも共時的にも、制限を課すものであったのだから。法規範による授権というものが、常に、「一定の」時点において、「一定の」事柄に関し、「一定の」権力を付与する性格を免れない以上、統治者が手にする権力は、常に、運動的ではなく固定的であり、全体的ではなく部分的であり、無制約的ではなく制約的なものとならざるをえない。権力は、或る定められた時点における、文字通りの意味で、「管轄権」であり、「権限」でしかない。先の『大統領令』でいえば、大統領の権限はライヒ憲法第四八条第二項が定める範囲を超えることはできず、ゲーリングの権限は『大統領令』による授権の範囲を超えることはできず、各警察官署の権限は『命令』の範囲をこえることはできない。警察による保安拘禁等の措置が、法文上、共産主義者に限定され、自由主義者や平和主義者等へと拡大することが許されないことも、こうした事情による。憲法や法律等の法規範は権力に嵌められた箍であり、それは法規範というものに本来備わった機能である。国家権力が好き勝手に法律を作ろうと、「全権授与」などありえないこと、道理であった。

「法の支配」とは、畢竟、憲法や法律が本来有するこうした原理的な制限機能の最大限の利用から生まれた統治原理にほかならない。市民国家は、国家の権力活動の「予測可能性」の確保と国民の「国家からの自由」の最大限の保障の手掛かりを、法規範、即ち、国民の一般意思の表現である憲法と国民の代表機関が制定する法律に求めたのである。権力活動の一切を、立法を含めて、憲法を頂点とする実定的な規範体系に依拠させることにより、市民階級が求める予測可能性及び基本的人権の保障にとって最大の脅威となる国家の恣意的な権力活動の排除と防止が可能となるというわけだ。立憲主義（constitutionalism）による制限された政府（limited government）の誕生である。ロックの言を引いておこう。

「絶対的恣意的な権力、あるいは、確立し固定された法なしに統治することは、いずれも、社会及び政府の目的と両立しうるものではない。……政府の権力のすべては、ただ社会の福祉のためだけに存在するのであり、恣意や放縦であってはならず、したがって、確定され公布された法によって行使されねばならない。そうすれば、国民は自分の義務を知り、法の枠の中で安全無事であることが可能となり、同時にまた、支配者も当然の限界の内に止められることとなる。……法の終わるところ、専制が始まる。[229]」あるいは、モンテスキュー。「政治的自由は制限された政府にのみ見いだすことが可能である。しかし、それは、制限された国家に常に存在するわけではなく、権力が濫用されないときにのみ存在する。しかし、およそ権力を有する人間がそれを濫用する傾きをもつことは、誰もが永遠に経験する事柄である。権力者は限界を感じるまで歩みを止めることはない。権力を濫用しえないようにするためには、事柄の配置によって、権力が権力を抑止するようにしなければならない。誰であれ、法律が義務づけていないことを行うように強制されず、また、法律が許していることをしないように強制されない、そうした憲法体制が存在しうるのである。[230]」つまり、憲法や法律なくして自由はありえず、一切の権力活動が憲法と法律に基づいて行われる場合にはじめて自由が実現される、それがロックやモンテスキューの言い分であった。まさしく、「法は自由の砦」である。ゲーテもまた、「私は、無秩序に我慢するよりは、むしろ、不正義を行おう。世界に法律がないよりは汝に対し不法が行われる方がまだましだ」と語っていたではないか。憲法制度や三権分立制度、議会制度、法令審査制度といった市民国家の根幹を成す制度は、法律が一切の権力活動の基となり権力活動を制限し抑制するための仕掛けであった。ナチスが何故政権掌握後真っ先に合法革命の名の下にこれらの制度を解体したのか、そうしなければならなかったのか。なるほど、差し当たり表面的にはそれは共同体建設に必要となる独裁権力の確立であったにせよ、単にそれにとどまらず、国家そのものの解体作業の一環としてとらえることにより、はじめて、合法革命がナチス革命の中で果たした役割も明らかとなる。

結局、ナチズムが、「国家」の中に見いだし、退けようとした異質な要素とは、近代の主権国家が有する規範的性格、つまりは、国家と規範の同一視であった。[231]とりわけ、国家の権力活動の予測可能性と基本的人権の保障に定位し、市民的な安寧と秩序の実現を最優先の課題として、憲法等の制定法規範に、国家の権威の一切を還元し、国家の権力活動の一切を依拠させ、その結果、権力及び権力活動の制限・抑制をもたらす「法治の原理」[232]こそが問題であった。法規範に元来備わる制限機能というものが、最終目標に定位する不断の運動の中で、権力を通時的にも共時的にも切れ目のないものとし、民族の生の全体、民族同胞の現存在の全体の統御を目指す民族指導と相いれなかったこと、当然である。先に、指導者–憲法体制は「無法律の体制」であるとした所以である。運動性の原理及び全体性の原理が、法規範、つまりは国家というものが存在する余地も理由もありえないものとした。ヒトラーは、法治の原理への信奉を基にして、「国家は、ただそれが存在しているというだけで、既に神聖な不可侵性が基礎づけられる」との法律家や大多数のドイツ人が抱く観念を、「人間の錯乱した頭脳から生み出された妄想」であるとして糾弾する。[233]繰り返し語られた「ナチズムとは運動である」との言は、法治の原理からの解放、国家それ自体に対する戦いの宣言であった。アーレントの指摘にあるように、運動にとって、所詮、「法律的、つまりは国家的な構造は障害でしかなかった。[234]」

それでは、指導者–憲法体制にあって、国家を介在させることなく、法治の原理に拠らず、指導者及び指導部の権威及び権能を根拠づけるものは何であったのか。それは「種の同一性」の原理をおいて他にはなかった。それこそが、指導者–憲法体制を支える究極の構成原理であり、存在根拠であった。[235]指導者は、憲法等の法規範による授権とは無関係に、被指導者団との種と運命の共有を前提に、民族のもっとも優れた血から生まれた者であることを唯一の根拠として、民族指導を担う権威と権能を手にする者となる。ヘーンは、「〔血と運命の共有に根拠を置く〕民族指導という概念により、国家権力の担い手という概念は克服された」と主張する。[236] 指導者権力とは、民族に根拠を置き、そこから授与された権力として、国家とは無関係な、国家の外にある、国家を超えた権力である。[237] 他方、被指導者団の忠誠義務も、民族に根拠を置き、そこから課せられる義務として、法規範により定められ、力により強制されるまでもない、国家と無関係な、国家の外にある、国家を超えた義務である。血の共有に基づく指導者と被指導者団の関係は、指導者の意思が実力により担保される必要性を失わせ、その結果、「力を法に転換する」仕掛けを不要とし、国家及び憲法等の法規範からその存在理由を奪い取ったのである。[238] 指導者は、ただ種と運命の共有を根拠に、消極的には、法治の原理に由来する一切の制限から解放され、積極的には、不断の運動に即応して、共同体の生全体及び民族同胞の現存在全体を統御する一切の民族指導を行う権力を有する者となったのだ。

指導者権力とは、ロックやモンテスキュー等が平等や自由等の啓蒙の基本理念の保護を目的に全力を挙げて否定せんとした、制約的ではなく無制約的であり、固定的ではなく運動的であり、部分的ではなく全体的な権力である。[239] それは、ヒトラーがいうように、自らの存在根拠である民族の世界観以外、他のいかなるものによっても制約されることのない権力である。[240] 指導者は、この無制約性の故に、しばしば誤って「独裁者」と呼ばれることにもなるのであるが、独裁権力の無制約性は、所詮、国家を前提とし、その枠組みの中で許されるものでしかない。たとえば、合法革命の過程において『民族及びライヒの困難除去のための法律』がライヒ政府に対し憲法にも議会にも制約されない「立法権」を授与し、その結果、「ライヒ政府の独裁」[241] と称される事態が生まれたにせよ、この立法権も所詮は国家権力の一つにすぎず、したがって、立法手続きの法定、官報による法律公布の必要等、憲法による授権に必然的に付随する制約を伴うものであることに変わりはなく、立法権の授与自体もまた、それが法律に基づくものであった限り、何時でも制限・剝奪可能なものであった。さらに、授権された立法権から生み出される法律が制限的機能をもつこと、改めて説明するまでもあるまい。

それに対し、指導者権力は、民族にその根拠を置くことにより、国家的制約を一切超越する権力である。ライヒ憲法に規定された大統領等の権限がそうであるような、「他の諸権限に対し限定可能な制限された管轄権という意味での権限」といったものではない。[242] そもそも、指導者の権力は、大統領の九つの権限――ライヒ議会解散権、外交権、ライヒ官吏・

将校の任免権、軍最高指揮権、対ラント強制権、緊急命令権、恩赦権、ライヒ首相・大臣の任免権、法律公布権――がそうであるように、個々に数え上げることが可能な権限の束といったものではない。それは、法治の原理に付き物の「憲法の欠缺」や「管轄権の欠缺」から解放された権力であり、運動の最終目標の実現に定位した民族指導に必要となる民族の生及び民族同胞の現存在全体に対する統御を可能とする、無制約的、運動的、全体的な権力である。(243)

こうした権力の根拠の変化が、指導者の地位に、従来の大統領や首相等の国家の統治者のそれとは異なる性格と内容をもたらした。シュトゥッカルト等は、「指導者の官職(Amt)は国家法的に何かまったく新しいものである」という。「それは、過去あるいは現在の他のいかなる制度とも比較することはできない。指導者は、独裁者でも、絶対君主でもない。彼は立憲君主や大統領とも比較可能なものではない。」(244)たしかに、そのとおりであったろう。しかし、シュトゥッカルト等が、「何かまったく新しいものである」としながら、なお「指導者の官職」について語るのに対し、トリーペルは「指導者は通常の法律用語法の意味で官職を有するものではない」とし、(245)ヘーンもまた「指導者と官職の所有者とは本質的に異なるものである」とする。(246)

何故、指導者の地位は官職ではなかったのか、何故、両者は相容れないものであったのか。その理由は、官職というものが元来もつ「非人格性」にある。或る一人の人物が、大統領であれ、首相であれ、憲法による授権に基づき国家の統治者としての地位と権限、つまりは、官職を付与された瞬間、それと引き換えに、彼は、一個の人格としてではなく、国家の一つの「機関」として、法の非人格的な執行者へと変貌する。彼の権力が、「権限」として、常に法的に制限されたものとならざるをえないのは、こうした事情による。その結果が隙間だらけの権力である。官職と管轄権は同義であるといってよい。こうした統治者の非人格化が法治の原理に由来するものであることは、「裁判官は法の言葉を述べる口である」(247)とのモンテスキューの言がよく物語っている。裁判官だけでなく、程度の差はあれ、大統領や首相もまた同様である。むろん、ヒンデンブルクであれ、シュトレーゼマンであれ、彼らが単なる機械人形でなかったことは、そのとおりであろう。しかし、大統領あるいは首相としての職務(Amt)は、憲法や法令がこれを規定するところであり、職務の執行に際して、何らかの個性の発現はあれ、人格それ自体は可能な限り抑圧され捨象されねばならず、まして、憲法や法令からの逸脱は許されるはずもない。暴力を正当な権力へと転換する見返りに、憲法を頂点とする規範体系は、生身の一人の人間を非人格的な権威ある正当な法の執行者へと作り替える装置として機能する。力の法への転換と非人格化は同じ一つの出来事である。統治者が常に代替可能であり、また、彼らの交代にもかかわらず、国家及び統治の継続性が確保されうるのもこうした理由による。

大統領や首相が非人格的な存在であるのに対して、指導者はその「人格」のままに指導者である。[248]彼の地位と権力は、種の同一性により根拠づけられる限り、憲法による力の法への転換を必要とせず、そのことの故に、指導者は、非人格化を蒙ることなく、自らの有する他に比類のない「民族のもっとも優れた子」としての人格のままに、民族の生存法則を執行し、権威ある正当な民族の指導者として、民族の生存法則を執行し、被指導者団に対し忠誠を求め義務づける地位と権力を手にする者となる。[249]それは、指導者がその「人格」の故に指導者としての地位と権力を手にする者である以上、当然のことである。もし、何らかの理由から非人格化を被るならば、その時には、指導者はもはや指導者ではありえない。こうした事態を指して、クリューガーは、「指導者は憲法体制の端緒でもあり、中心でもある」と表現する。さらに、彼はいう。「非人格的な憲法が先ずそこに存在し、それに基づいて或る人物がその執行者へと任命されるのではない。むしろ、指導者は既に憲法そのものである。憲法が或る人物を〔指導者の地位に〕就けるのではなく、〔民族の指導者である〕人格が憲法を決定する。[250]」

法治の原理から解放され、国家と無関係な、国家の外に、国家を超えた指導者‐憲法体制が現実のものとなる、そのとき、はじめて、フーコーが「西洋の歴史における根本的な現象」と呼んだ、おそらくは一七／八世紀に登場した「内政権力」にまで遡りうる、生全体を攻囲する「統治性化」が完成する。そして、フーコーの予想を超えてというべきか、そこでは、もはや「国家」の統治制化について語ることは不可能であり、そこから生み出される体制はもはや統治「国家」なんぞではない。むしろ、まったく逆に、統治性は国家と法律の解体・消滅をもって完成に至る。即ち、隙間だらけの国家権力に代わって、支配し命令するいっさいの諸要素が過剰となる、制約的ではなく無制約的であり、固定的ではなく運動的であり、部分的ではなく全体的な、切れ目のない「指導者権力」の出来がそうである。近代国家が、エカテリーナ二世の『勅令集』がそうであったように、制定法主義により失ったものを取り返さんとして、法律‐権力を生‐権力により代補させようとした、その結果は、庇を貸して母屋をとられたというべきか、皮肉にも、生‐権力による法律‐権力の乗っ取り、国家の消滅であった。以後、人は、統治ではなく、「指導」について語らねばならない。

第七章　指導者–国家–憲法体制

1　政権掌握とライヒ指導の受託

「種の同一性」が指導者–憲法体制の根幹を成す。しかし、それが短時日に実現可能なものではなかった以上、わずか一二年間に終わったナチスによる民族指導が過渡的な色合いを帯びざるをえなかったこと、当然であった。

一九三三年一月三〇日に発足したヒトラー政権の性格が、「議会における多数派に基礎を置く内閣」(1)であったのか、それとも、「一種の大統領直属の連立内閣」(2)であったのかはともかく、この日の出来事がライヒ憲法第五三条に基づくライヒ大統領による任命行為であり、ヒトラーの地位と権限もまた憲法に根拠を置き、憲法から由来するものとして、彼以前の歴代の首相のそれと何ら変わるところはなかった。ヒトラーは、ライヒ憲法に定められた官職、ライヒ首相職を有する者であり、したがってまた、彼の権限は、ライヒ憲法が定める権限以上のものでも、それ以下のものでもなかった。それ故、この日ヒトラーが手にした権力は、指導者権力、つまりは、民族の最良の子であることを唯一の根拠に民族から授与される、国家とは無関係な、国家の外にある、国家を超えた権力などではさらさらなく、一九三二年一一月の選挙の結果を基にした大統領による首相職への任命という、文字通り、ライヒ憲法を唯一の根拠に授与された、国家に由来する、国家の権力そのものであった。

首相就任の三日後、ヒンデンブルク大統領は、「ライヒ憲法第二五条に基づき、新たな国会選挙によってドイツ民族が国民連合政府の新たな形成に対し態度決定を行うようライヒ国会を解散する」との『解散命令』を布告するが、これもまた議院内閣制の下にあって憲政の常道に即したものであった。とりわけ、政権発足の経緯に鑑み、新内閣が早急に国民に対し信を問うことは当然であり、必要なことでもあった。三月五日の投票結果もまた、国法上は、ナチス党が国会における第一党の地位を確保し、ヒトラー内閣が国民により支持されたということ以外の何物でもなく、ナチスの勝利は一月三〇日に彼らが手にした権力の性格に何ら変更を加えるものではなかった。それは、翌六日の『ドイツ一般新聞』に掲載されたDr. F・Kによる党とヒトラーに対する警告を込めた論評が語っていたとおりである。「ナチス党はもはや権力のために戦う運動ではない。彼らは権力を獲得したのであり、今後の政策運営に際し、この新たな事態を考慮に入れることが求められている。ヒトラーは、ライヒ首相として、政治活動を開始することになったのである。この結果、ドイツの生存にかかわる諸問題もまた、彼にとってこれまでとはまったく異なる相貌をもったものとして立ちあらわれることになるであろう。突発的な出来事であれ、強権的な事柄であれ、彼はそれらの問題を政府あるいは行政の枠内で一挙に解決しうる巨大な権威を手に入れたのだ。しかして、今後、彼がライヒ大統領閣下の意図に沿って政治活動を展開するであろうことを、われわれは確信する。[3]」

　三月二一日、「国民高揚の日」と名付けられたこの日、ポツダムの衛戍教会で、国会議員の他、前皇太子、元王族、政府高官、外国要人等が臨席する中催された国会開会式において、ヒンデンブルク大統領はヒトラー政府とライヒ国会に対し次のように呼びかけた。「三月五日の選挙において、わが民族の多数が私の信任を受けた政府に対する支持を明らかにし、政府の活動に憲法上の根拠を与えた。ライヒ首相並びに大臣諸君に課せられた任務は多様かつ困難なものがある。諸君が確固たる意思をもってこれら任務の解決に邁進せられんことを確信する。新たなライヒ国会の議員諸君が政府を支持し、協力せられんことを期待するものである。[4]」大統領の発言の意図は明らかである。それは、大統領直属の内閣として国会に足掛かりをもたなかったブリューニング内閣、パーペン内閣、シュライヒャー内閣とは異なり、本来のライヒ憲法に基づく議院内閣制への復帰が実現されたことを改めて確認し、宣言することにあった。ヒンデンブルクの関心事は憲法を根拠に政権基盤を大統領から議会へ移すことにあったのであり、彼にとって、ヒトラーの権力がライヒ憲法に基礎を置く「国家」の権力であったことは、問題とするまでもない、自明のこと、当然のことであった。

　しかしながら、ヒトラーの認識と意図するところは明らかにそれとは異なっていた。短い演説を終えた大統領の着席をまって、そのわずか数フィート手前の演台にモーニングコートに身を包んで立ったヒトラーは、先ず、一月三〇日の出来事を総括することから始めた。「〔ドイツ民族とライヒを分裂と闘争の中に投げ込んだあのいまわしい大戦後〕自らの民族への信頼に根ざし、新たな共同体を形成せんとするドイツ統一の新しい運動が生まれました。この若いドイツに対し、閣下は高潔な決断をもって、一九三三年一月三〇日、ライヒの指導を託されたのです。」この後、今回の選挙の趣旨及びその結果の有する意義へと彼は話を進めた。「しかし、民族自身もまた新たなドイツの生存秩序に対し彼らの同意を表明する機会を与えられねばならないとの確信に基づき、国民政府を構成するわれわれ一同はドイツ国民に対し先の選挙戦において訴えかけを行いました。三月五日に、民族の多数により、断固たる決断に基づき、われわれに対し信仰告白が与えられたのです。……われわれは、ここに揺るぎない意思を表明いたします。ドイツ民族並びにライヒの再組織化という偉大な改革作業に着手し、断固たる決意をもって遂行せんことを。(5)」二日後の国会演説の中でも同様の発言が繰り返されている。「ナチズム運動は、猛烈な弾圧にもかかわらず、ドイツ人の多くの精神と意思をとらえ、防衛の戦いに糾合することに成功した。今や、この数週間のうちに、他の国民的団体と結んで、一九一八年以来ドイツを支配してきた勢力を排除し、革命により国家権力を国民的指導部の手に取り戻した。三月五日は、ドイツ民族がこの出来事に彼らの同意を与えた日であった。(6)」

つまり、ヒトラーにとって、一月三〇日の出来事は単なる政権交代ではなく、三月五日の選挙も、内閣の信任を求め、国会の多数派の形成を目指す従来の意味での国会選挙といったものでもなかった。彼に言わせれば、ライヒ大統領は、一月三〇日、「新しい運動」に「ライヒの指導を託した」のであり、ナチズム運動が合法革命により「国家権力を国民的指導部の手に取り戻した」のであり、ドイツ国民は、三月五日、新たな革命的事態に対し「信仰告白」し「同意を与えた」のである。その際、「指導」や「指導部」といった言葉を先に明らかにした字義通りの意味でとらえることが肝要である。後から見れば、三月五日の選挙がドイツ国民に求めたことは、ライヒ首相に代わる「指導者アドルフ・ヒトラー」、国家の統治に代わる「民族の指導」という未聞の統治形態に対する信任の是非であった。あるいは、表面上従来と何ら変わるところのない選挙に、ドイツ国民の多くがそれと気付かないままに、そうした仕掛けがセットされたというべきか。現に、ライヒ政府がドイツ国民に向けた二月一日の選挙アピールの中には、周到にも、「われわれは、国家と国民の指導者として、神に対し、われわれの良心に対し、わが民族に対し、われわれに与えられた使命を断固実現することを誓約するものであります(7)」との文言が盛り込まれ、ゲッベルスもまた二月二一日のベルリンでの演説において、「一月三〇日は体制が変革された日であった。……われわれが求めるものは〔民族指導に対する〕ドイツ民族の偉大な信任投票である(8)」との考えを表明していた。したがって、投票結果の有する意義もまた、ヒンデンブルクが期待した議院内閣制の復活といったことにはなかった。「新たなドイツの生存秩序」、即ち、ナチス党及びその指導者であるヒトラーが民族とライヒを指導する、そうした新たな憲法体制に対してドイツ民族が投票用紙を通じて信仰告白を行ったことにあった。(9) ゲーリングは、このことを、三月二一日の国会の冒頭、ライヒ議長としての挨拶の中で次のように確認し宣言してみせたのである。「紳士淑女諸君。われわれは今偉大な瞬間に立ち会っている。数週間にして国民革命の聖なる炎がドイツ民族をとらえた。ライヒ大統領閣下はドイツ民族に対し次のように問いかけられた。余が信任をもってドイツ民族の指導を委ねた国民高揚の指導者たちに諸君は付き従うことを欲するか、と。圧倒的多数がこの決断に従った。それはいまだかつてドイツの議会史になかったものである。(10)」

五カ月余り後の九月一日、ニュルンベルクで開催された「勝利の党大会」の開会式の終了後に夕刻から開かれた党文化会議においてこの日はじめて演壇に立ったヒトラーは、記念すべき演説を次の言葉で始めた。「ナチス党は、一九三三年一月三〇日、ライヒの政治指導を委託された(11)」と。もっとも、この時、ヒトラーはいささか謙虚でありすぎたのかもしれない。民族指導の受託者の地位に就いたものは、厳密にいうならば、ナチス党ではなく、ヒトラー自身であったのだから。指導者代理ヘスは、午前中に行われた開幕式の演説で、「党の指導者が国家と国民の指導者となったのだ」と宣言し、ヒトラーに次のように呼びかけた。「あなたは、国家と国民の指導者として、われわれの最終的勝利の保証人なのです。われわれは、あなたの中に体現された国家と国民の指導者に対し心より歓迎の意を表するものです。(12)」この時からおよそ八年後、一九四一／四二年の冬季救済事業の開幕式の中で、ヒトラーは、改めて、一月三〇日を「指導者」としての地位と身分が確立された日であるとしたが、そこにはもはやヒンデンブルクの名もドイツ民族の名も見当たらなかった。「神は、一九三三年一月、私に対しライヒの指導を託された。(13)」

2　党と国家の統一

一　党と国家の統一法

三月五日の選挙がドイツ国民に対し「指導者アドルフ・ヒトラーによる民族指導」に対する信任の是非を求める選挙であったにせよ、また、選挙の結果をうけた「党はライヒの政治指導を委託された」といったヒトラーの発言があったにせよ、この時点、制度的には、ヒトラー及びナチス党が民族とライヒを指導する状況になかったことはたしかである。ヒトラーは、当然のことながら、ただライヒ首相として国家権力の一つの機関でしかなく、ナチス党もまた中央党や社民党等と並ぶ一つの政党でしかなかった。「民族の意思と指導の権威が結びついた一つの憲法体制」の構築は遠い将来の課題であり、その実現のための不可欠の前提となるべき民族共同体の建設は今ようやく始まろうとしていたところであった。

当時、ヒトラーが実現しえたことは、三月二三日の国会演説にもあるように、せいぜい、「国家権力を国民的指導部の手に取り戻した」といった程度のものでしかなかった。なるほど、国家は、最終的にはその役割を終えることが予定されていたとはいえ、差し当たり当分の間、党と並んで、民族共同体建設にとって不可欠の「技術的な補助手段」として活用されるべきものであった。[15] 現に、ヒトラーは、戦時中の食卓談話の中で、「官僚主義」に対するいつもの批判を口にしながらも、行政の功績について語っていた。「私が当初内政及び外交上の成功を勝ち得たのは、国家行政を支えてきた古くからの『職業官吏団装置』のお陰である。党の組織はなるほど良き意思をもち、専門的知識に毒されてはいなかったものの、しかし、もし彼らだけを頼りに事をなし、民族行政なるものを行っていたならば、私は、困難な諸問題に直面し、惨めな失敗に陥っていたにちがいない。」[16] 何故一九三四年の時点においてレーム等SAに対する粛清が行われなければならなかったのか、その理由も明らかとなる。彼らの企図が「国家」の破壊を目指すものとみなされた限り、それは必然の出来事であった。「国家」に対する謀叛が粛清のための口実として利用されたこと、[17] 七月三日の閣議が一連の掃討活動を『国家』緊急防衛として正当な措置であった」との決定を下したことは決して理由のないことではなかった。[18] いずれ国家は解体されるべき運命にあったとはいえ、今はその時期ではなく、まして、レームの手に委ねられるような事柄ではなかったということだ。（第Ⅱ部第一〇章1参照）

ただし、指導者が国家を指導し、国家が指導者にとって有効な政治的手段となるために、国家がそれに相応した変容を迫られたこと、いうまでもない。それは、元来が私法上の登録団体でしかないナチス党についても同様であった。政権掌握後ただちに取り組んだ合法革命の目的も、一方において、国家を民族指導に相応しく改鋳することにより、他方において、ナチス党に民族指導に相応しい権威と位置づけを与えることにより、党と国家を両極とする新たな憲法体制を構築し、指導者に提供することにあった。一九三三年の党大会に関する公式の註釈が、「両極性の中に国民と国家の生はその表現を見いだすことになるであろう」[19] としていたように、神から民族の指導者たる地位を託されたヒトラーが、指導者−憲法体制の実現に向けて、党と国家をともに民族指導のための手段として位置づけ、利用する、[20] そうした暫定的な憲法体制が、両者の比重を絶えず変化させながらも、一九四五年の崩壊を迎えるまで、第三ライヒの「存在」を規定し、構成することになる。それは、旧来の国家‒憲法体制でも、将来の指導者‒憲法体制でもなく、それに至る過渡的かつ中間的な、ゲーリングがいうところの「第二段階」、「指導者‒国家‒憲法体制（Führer-Staat-Verfassung）」であった。

『全権授与法』や『ラントをライヒに強制的同質化するための暫定法律』等による国家の改鋳と並行して、ナチス党以外の諸政党の解散・禁止による強制的同質化が完了した七月六日、ヒトラーは、首相官邸にライヒ代官を招集し、一連の措置の意義を「党が今や国家となった」[21]との一言で表現した。この八日後、『政党新設禁止法』により複数政党制に代わる「ナチス一党体制」の確立を宣言したライヒ政府は、さらに、五カ月後の一二月一日、『党と国家の統一を保障するための法律』を公布し、ナチス党を第三ライヒの憲法体制の中に位置づけ、党の性格及び国家との関係を次のように規定した。

「ナチズム革命の勝利の結果、国家社会主義ドイツ労働者党がドイツ国家思想の担い手となり、国家と不可分に結ばれた。党は公法人とする。」

これは、一月三〇日に始まった合法革命がいかなる憲法体制の実現を目指すものであったのか、たとえ一見それが「独裁」的な体制に見えたにせよ、単に国家権力の掌握と改造で終わるものでもなければ、そもそも、国家という枠組に収まるものでもなかったことを、おぼろげながらもはじめて法律という形で国民の前に明らかにするものであった。『統一法』は、それまでひたすら国家権力の掌握と改造を目指してきた合法革命の転換点をなすものであったといってよい。ファブリツィウスが『統一法』を注釈する中でいうように、党と国家の統一は「ライヒ大統領が〔一九三三年一月三〇日に〕ナチス党指導者に対しライヒ首相職及び国家の監督を委ねた瞬間に実現された」ものであったにせよ、[22]『統一法』は、合法革命によりその実現が目指された指導者‒国家‒憲法体制の構成、その中でもとりわけ要となる党と国家の関係をはじめて明確に規定し、内外に向けて明らかにした点において、第三ライヒの歴史の中で画期を成す法律となった。シュトゥッカルトがこの法律を「真の憲法を形成する」[23]と評したことも故なきことではない。

二　民族指導の手段としての党と国家

それでは、「党がドイツ国家思想の担い手となり、国家と不可分に結ばれる」憲法的事態とは具体的にいかなるものであったのか。立法理由書はいう。「〔『政党新設禁止法』により〕ナチス党が獲得したドイツ国家における特別の地位を確立するべく、党と国家の不可分の結合を目に見える形で表現することが必要となった。統一法は党を憲法上国家の中に組み込むことによりそれを実現したのである」[24]と。こうした観点から、当初、フリックやケルロイター、ロイスがそうであるような、党が国家の官庁組織に組み込まれ、国家の一つの機関となったとの解釈が流布され[25]、その結果、たとえば業務上横領の罪に問われたSA中隊長が刑法第三五九条にいう「官吏」とみなされ有罪判決を受けるといった事態[26]が生じた。しかし、カール・シュミットは、こうした見方を、「国家と運動は一つに結ばれたものの、しかし、融合されたわけではない」として退ける。「それらは互いに分離されるものではないが、相互に区別されるものである。党は運動であることを止めるべきではなく、また、自らの生命の保全を目的に、単純に国家の組織の中に合流すべきものでもない。そうしたことは、国家にとっても、運動にとっても等しく危険なことである。[27]」

党と国家の関係を考える上で、何よりも先ず確認されるべきは、国家は、かつてそうであったような、自らに固有の意思と目的を有する独立の組織といったものではなく、民族の指導者の手の中にあって、民族の最終目標に奉仕する一つの手段、装置として位置づけられるべきものとなったという、この一点が重要である[28]。ヒトラーは、『我が闘争』[29]の中で、「国家は目的ではなく、一つの手段である」とし、国家のもつ手段的性格を強調し確認していた。「国家の目的は、肉体的・精神的に同じ種に属する人間の共同体を維持し、助成することにある。……国家の価値というものは、当該民族にとってこの制度が〔右の目的の実現にとって〕どの程度の価値を有するかによってもっぱら測られる。[30]」数年後の国防軍訴訟においても同様の考えが繰り返されている。「ナチス党は、国家の中に民族の維持という目的のための手段を見る。……民族主義的思想にとって、重要な事柄は民族の維持にあり、国家はそのための手段でしかない。[31]」

国家だけではない、党もまた、同様に、それが目的のための手段であることに何ら違いはなかった。一九三七年一月三〇日の国会演説が参考となる。「人間の作った組織や機関の意義、目的は、不変に存在し続ける民族の維持のためにそれぞれが果たす有用性によって測られる。したがって、民族が第一次的存在である。党は、第二次的存在として、民族の維持という目的のための手段でしかない。この課題に忠実である程度に応じて、党は有用であり、その存在が正当化される。もし、この課題が果たされなくなるならば、それは有害となり、改革ないし廃止されるかして、より良いものによって置き換えられねばならない。[32]」

もっとも、同じように目的のための手段として位置づけられ、指導者の手の中にあって民族指導のために協働すべきものとされながら、指導者との関係において、党と国家の間には明らかに根本的な相異があった。指導者と政治的騎士団である党の関係が、世界観に定位した権威と忠誠を前提とする「指導」のそれであったとするならば、共同体ではない国家との関係は、法規範に定位した命令と服従を前提とする「監督」のそれであり、そのことから指導者は国家の「監督者」に位置づけられるものであった。[33][34]

その関係が指導であれ、監督であれ、党と国家はともに、憲法体制の中に民族の指導者の手の内にある民族指導の手段として組み込まれた結果、それぞれの性格と役割は従来のそれから大きく変化する。国家は、もはや「機関を通して活動する法人格」としてとらえうるものではない。[35]ゲルバーやイェリネック等の伝統的な国家観によれば、国家は固有の独立した法人格を有し、大統領、首相等は国家という不可視の人格存在の「機関」として位置づけられるべきものであった。各機関の権限や活動の一切が国家の意思を表現する憲法や法律等の法規範の実現に定位し、かつ、それによって規定されねばならなかったことはこうした事情に由来する。しかしながら、民族共同体及び指導の原理の登場がこの間の事情を一変させてしまった。[36]民族の指導者は、国家を超え国家の外に立つ者として、当然に、国家の機関といったものではありえない。[37]彼は、憲法や法律ではなく、共同体の理念や生存法則に基づいて方針を決定し、民族を指導し、国家を監督する。

ここにおいて、国家が蒙った変容は明らかである。ヘーンは、一九三四年四月にヒトラーの訪問を受けたバイエルン首相が歓迎式典において「バイエルン国家は運動の機関である」と宣言したこと、あるいは、一九三三年一二月一五日の『プロイセン地方自治法』[38]が「民族に奉仕する国家の課題」について言及したことを引きながら、指導者ではなく、まったく逆に、国家の方が彼の「機関」として位置づけられることになったのだと結論する。[39]

こうした国家の在り様の変化は、ライヒ大臣が行う宣誓の変化の中にも確認することができる。ヒトラー内閣の閣僚たちが発足からわずか一〇カ月足らずの間に三度にわたる宣誓を求められたことは、この間の国家をめぐる変化の激しさを反映している。最初は、一月三〇日の就任宣誓式における『ライヒ首相及びライヒ大臣の法的身分に関する法律』に基づくものである。「私は、ドイツ民族の福利のために力を注ぎ、ライヒの憲法と法律を遵守し、私に課せられた責務を良心的に果たし、私の職務を偏りなく、万人に対し公正に遂行することを誓約いたします。」二度目の宣誓は一九三三年一〇月一七日の『宣誓法』に基づくものであり、名宛人はヒンデンブルク大統領のまま、わずかに文言が「ライヒの憲法と法律（die Verfassung und die Gesetze des Reichs）」から「憲法と法律（Verfassung und die Gesetze）」に変化した。

これを些細な変化というわけにはいかない。一月三〇日以降の憲法実態に即した変化であり、「憲法と法律」とは、従来のライヒ憲法や法律に取って代わるべく新たに制定された『民族及び国家の保護のための大統領令』や『民族及びライヒの困難除去のための法律』、『強制的同質化法』、『ライヒ代官法』、『政党新設禁止法』、『民族投票法』等を指すものと解すべきであろう。三度目が、一九三四年一〇月一六日、つまり、民族投票により「指導者兼ライヒ首相アドルフ・ヒトラー」の地位が承認されたおよそ二カ月後に制定された『宣誓法』に拠るものであった。「私は、ドイツライヒ及び民族の指導者アドルフ・ヒトラーに対し忠誠を尽くし服従し、ドイツ民族の福利のために私の力を注ぎ、法律を遵守し、私に課せられた責務を良心的に果たし、私の職務を偏りなく、万人に対し公正に遂行することを神かけて誓約いたします。」かつての宣誓が、ライヒ大統領という国家機関との間で取り交わされる誓約であったのに対して――一九三三年の二回の宣誓ではヒトラーもライヒ首相としてその義務を免れるものではなかった――、今回のそれは、党と国家の統一を前提に、国家の上に立ち、国家の外から国家を監督する「アドルフ・ヒトラー」との間で交わされる「人格的」な誓約であった(40)。これにより、ライヒ大臣は、自己の官職並びに彼が管轄する国家権力を、ヒトラーから人格的に授与され、ヒトラーの民族指導のために動員することを義務づけられたのである。誓約に「法律の遵守」とあるのは、「ヒトラーへの忠誠と服従」が、党の政治指導者がそうであるような、運動の法則によってではなく、国家に固有の方法に基づいて行うことを表現していた。『宣誓法』の意義は、第三ライヒの憲法体制にあって、国家権力が指導者権力の傘下にあり、その役割が法律を通して運動に奉仕することを明らかにし確認した点にある。

変化は大臣に限られなかった。大臣の下にあって国家の行政を担当する「官吏」の地位と役割もまた大きな変化を被った。既に、一九三三年四月七日の『官吏団再建法』が、党員章官吏、非アーリア人官吏、とりわけ共産主義者等の解任により官吏団の世界観的浄化を図ったこと、その結果、翌年八月二〇日の『宣誓法』がすべての官吏に対し「法律の遵守」と並んで「ドイツライヒ及び民族の指導者アドルフ・ヒトラーへの忠誠」を求めたことについては先に紹介したとおりである。しかし、『再建法』が時限立法であり、差し当たりの緊急避難的措置でしかなかった以上、一八七三年の『ライヒ官吏法』に代わる、ナチズムの世界観に即した官吏法の制定が当初からライヒ政府の日程にのぼっていたことは間違いなく、ライヒ内務省次官プフントナーがフリックの意向を受け内務省第四局に対し法案作成の指示を下したのは一九三四年六月一一日のことである(41)。もっとも、『ドイツ官吏法』の制定は一九三七年一月二六日、公布は同年七月一日のことであり、三年の遅延の理由は、プフントナーが、草案作成の最中、フリックに宛てた文書の中で、「官吏法の分野で何かまったく新たな制度を作ろうとする願望は十分理解することができます。しかし、数百年にわたって護り伝えられ、マルクス主義者が支配する時代においてすら維持されてきた官吏制度に関わる諸原則を打ち破るのでなければ、それはほとんど実現不可能といわざるをえません」[42]と訴えていたように、官吏団という典型的に国家的である一つの専門家集団を、元々相容れるはずのない指導者原理といかに調和させ、ナチス政治指導部の要請に合致した組織として指導者-国家-憲法体制の中に鋳込むのか、いわば「円積問題」[43]ともいうべき課題のもつ困難性にあった。実際、出来上がった『官吏法』は、フリックやプフントナー等の苦心が偲ばれる、指導者原理と国家原理の妥協の産物以外の何ものでもなかった。それ故にこそ、指導者-国家-憲法体制を体現する法律であったといえるのかもしれない。

『官吏法』は、第三ライヒの基本法の多くがそうであるように、本文に先立ち前文を置き、基本精神を宣言する。「ドイツ民族に根ざし、ナチズムの世界観により貫徹された職業官吏団は、ドイツライヒ及び民族の指導者であるアドルフ・ヒトラーと忠誠を以て結ばれ、ナチス国家の基本的支柱の一つを形成する。」職業官吏団に誰が含まれるか。註釈書は、ライヒ及びラントの官吏、地方自治団体及び市町村組合の地方官吏、公法上の団体並びにそれに準ずる施設及び機関の職員が該当し、一般の行政官の他、外交官、裁判官、警察官、国防軍官吏、郵便局員、教員、大学教授等が「ドイツ官吏」であるとする。[44]官吏は「指導者及びライヒに対し公法上の勤務関係及び忠誠関係に立ち」、そのことにより、彼らには、通常の国家には見られない、指導者-国家-憲法体制に固有の義務が生じる。官吏への任命自体が既に「国家指導部の信頼の証」であり、官吏は信頼に対し「自らの身分から生じる崇高な義務を絶えず自覚することを通して応える」ことが第一の義務であった。この義務から以下の「崇高な義務」が生まれる。「指導者に対し死に至るまで忠誠を尽くすべき」こと、「自らの活動全体を、ナチス党が民族と不可分の関係にあり、ドイツ国家思想の担い手であるという事実により整序すべき」こと、「常に一身を顧みずナチス国家に対し奉仕すべき」こと、「自らの職務上の義務を良心に基づいて果たすべき」こと、「職務の内外を問わず、自らの行態を通して、自らの職務に対して払われる尊敬と信頼に値することを証明する」こと、「自らの世帯に属する家族のすべてが不名誉な行為を行わないよう注意を払う」こと、「ライヒ又はナチス党の存立を危殆させる出来事に関し、たとえその事実を彼の職務と無関係に知った場合であれ、自らの上司にこれを報告する」ことがそうである。官吏が官吏である以上、むろん、官吏本来の義務を免れるものではない。官吏は、「自らの職務行為の合法律性に対し責任を負う」こと、「法律による特段の定めのある場合を除き、自己の上司又は特別の規定により自己に対し指示を与える権限を有する者の職務命令に従わなければならない」こと、「自己の職務行為に関する命令は、自己の上司又は特別の規定により自己に対し指示を与える権限を有する者のみから受けることができる」ことがそうである。

これらの義務に見合って、法律は、任命の条件として、「ドイツ人又は類縁の血を有する」こと、「ライヒ公民である」こと、「常に断固としてナチス国家のために一身を捧げる保障を提供する」ことを要求する。就任に際して、官吏は、「指導者及び国家と緊密な関係にあることを保障」するため、以下の宣誓を行うものとされた。「私は、ドイツライヒ及び民族の指導者アドルフ・ヒトラーに忠誠を尽くし服従すること、かつ、法律を遵守し私の職務義務を誠実に果たすことを神かけて誓約いたします。」これは、一九三四年八月二〇日の『宣誓法』の文言と同一であり、同年一〇月一六日の『宣誓法』により大臣に課せられた宣誓とも基本の内容に違いはない。官吏の宣誓が民族の指導者アドルフ・ヒトラーとの間で交わされる「人格的」な誓約であること、自らの職務の権能をヒトラーから人格的に授与されること、その役割が法律という手段をもって運動に奉仕すること、同様であった。もっとも、とりわけ党員である官吏の場合がそうであるように、一方における指導者に対する忠誠と服従、他方における法律の遵守と職務命令への服従、これら二つの義務が相反することがありえないわけではない。この問題に関して、注釈書は、官吏の義務が優先するとする。それは、「ナチス国家が指導者国家であり、すべての国家の権力が指導者に由来することによる」からであり、「官吏は、指導者に服従義務を負うのと同様に、指導者により任命された大臣、あるいは、指導者又は大臣により彼の上司として任命されたすべての者に対しても同様の義務を負う。したがって、党員である官吏は、党の上長の命令が職務命令に反する場合、従わないことを許される。[45]」職務義務違反による懲戒事犯の他、官吏が「常にナチス国家のために一身を捧げる保障を提供しない」場合、法律は、第七一条において、これを「政治的理由」による処分として、「指導者兼ライヒ首相は、ライヒ内務大臣との協議に基づく最高所轄官署からの申告により、この者を退役に処することができる」とする。「ヒトラー政府ほど嘘つきで、くだらない政府はいまだかつて存在したことはなかった」との発言[46]、民族投票における「否」の投票[47]、ドイツ式挨拶の拒否[48]、冬季救済事業への非協力[49]、国旗の不掲揚[50]、民族共同体の出来事への無関心、[51] これらは労働裁判所や懲戒裁判所により下された数多くの処分のほんの一例である。

変化は国家だけではない。ナチス党もまた、憲法体制の一翼を担うものとして、私法上の登録団体でしかなかった従来の政党に対し、それとはまったく異なる性格をもつものへと変化した。[52]『統一法』が「党は公法人とする」との規定を置いたことも、こうした事情によるものであり、立法理由書は、「ナチス党は、国家の中で自らに課せられた任務を果たすために、確固とした法形式を必要とするに至った。それ故、党は公法人の特徴をもつとされたのである」と解説する。[53] しかしながら、公法人というものが、元来、地方自治体や社会保険団体等がそうであるように、固有の法人格を付与された公的行政機関の一つとして、国家の目的の実現を任務とし、そのため、一方で、国家から特権を付与され、他方で、国家の監督に服する団体であった限り、国家を超え国家の外に立つ民族の指導者に直属する党は、当然のことながら、こうした公法人と同一視しうるものではなかった。[54] ヘーンが指摘するように、そもそも「団体」という概念でもってしてはナチス党のもつ固有の憲法的特質をとらえることは不可能であった。もし党が団体であるとするならば、国家の場合と同様に、党は機関を通して活動する一個の法人格の所有者となり、その場合には、党の指導者は、国家における大統領や首相と同様、団体である党の単なる機関にすぎないものとなる。団体という概念自体が指導者の政治的騎士団であるナチス党の本質に合致するものではなく、それでもあえて「公法人」と特徴づけるならば、それは、ヘーンの指摘にあるように、「ナチス党の卓越した地位を覆い隠す」ものでしかない。[55] さらに、「ナチス党は国家の中で自らに課せられた任務を果たすために……」との立法理由書の言にもかかわらず、党は、国家の特定目的の実現のために国家の中に設置された団体ではなく、国家と並ぶ第三ライヒの憲法体制を構成する要素であり、[56] その意味では、「憲法上の団体」、[57] より正確には、「ライヒの憲法体制を担う運動」[58] としてとらえられるべきものであった。それにもかかわらず、『統一法』があえて党を「公法人」と規定したことは、革命の勝利後にナチス党が新たに獲得した、従来の政党とは異なる、特別の公的性格を確認し、周知させるための、いわば「緊急避難」的な便宜的措置であったと解するしかない。[59] 実際、フーバーによれば、公法人にかかわる従来の法令、たとえばライヒ憲法第一三一条やライヒ民法第八三九条等のナチス党への適用がありえないことについては、法律学者の間で「完全な一致」が存在していた。[60] その後、一九三五年四月二九日の『第一施行令』は党を「共同体」と規定し直し、さらに、一九四二年一二月一二日の『ナチス党の法的地位に関する指導者命令』は『統一法』の文言そのものを削除する。新たな憲法的事態を前に変化の本質を理解できない法務省や内務省の右往左往ぶりが目に見えるようである。立法上の混乱から明らかとなることは、結局、ナチス党の地位が元来「法律の規定により把握可能なものではなかった」[61]という単純な事実であった。

三　党と国家の役割・機能

党と国家が、ともに指導者の手の中にある運動の道具であり、最終目標の実現に向けて協働する立場にあるにせよ、当然のことながら、両者はそれぞれに異なる役割、機能を担うものであった。さもなければ、党と国家の統一は単なる融合に終わったことであろう。それは、カール・シュミットが指摘するように、国家にとっても、運動にとっても、そして、何よりも指導者にとって、危険なことであった。求められるべきは、民族共同体の建設途上にあって、統一化が最大限の効果を発揮するべく、それぞれのもつ機能の特性に応じた民族の最終目標への貢献、奉仕の役割分担であった。この点に関し、行政の最高責任者であるフリックは、一九三九年のハンブルク行政アカデミーでの講演の中で、「国家の行政の範囲を党の領域に対して画定することが必要である」とした上で、党と国家の任務の在り様を次のように規定した。「党は民族を指導する。党は巨大なモーターであり、民族の生命を動かすダイナミックな力である。党の任務は、ナチズムの思想の純粋性を護り、ドイツ民族の中にそれを息づかせることであり、民族を指導し、その目的に向かって絶えず整序すること、指導部と民族の緊密な繋がりを不断に持続することにある。それに対し、国家の行政は〔法律を〕執行することにある。その任務は、法律をナチズムの世界観の諸原則及び目的の枠内において安定的かつ事態に即し均等に実行することにある。」[62]

党の任務に関しては、右のフリックの見解もそうであるが、『統一法』が「国家社会主義ドイツ労働者党がドイツ国家思想の担い手となり……」と規定したことの影響もあって、一般に、ドイツ民族に対する世界観教育を中心に、政治思想のトレーガーとしての役割を強調する見方が支配的であった。[63]実際、ヒトラーも、一九三五年の党大会において、「党の任務は、民族全体をナチズムの教義に基づいて教育し、彼らを国家の指導のために被指導者団として国家に配置することにある」[64]と語っていたところである。しかしながら、こうした役割は、重要ではあれ、党に課せられた任務の一部でしかない。ナチズムが世界観を標榜し、世界観というものが一人一人の民族同胞の現存在全体に対する支配と管理を要求するものである以上、「世界観の守護者」を任ずるナチス党の任務は単に民族のイデオローグとしてのそれにとどまるものではなかった。党は世界観の直接の執行者でもあったのであり、最終目標の実現に向け民族の生及び民族同胞の現存在全体を統御し整序することに党の課題があった。そして、実は、この点に関し、国家の課題もまた基本的に大きな違いがあったわけではない(65)。両者の相異は、課題の内容ではなく、その解決に至る手法にこそあったと見るべきである。国家の任務が、法治の原理に基づき、その折々にライヒ首相でもある指導者により裁可された法令を、明確な管轄領域の画定の下に、伝統的な行政的手段の行使により執行することにあったとするならば、党の任務は、法治の原理から解放され、指導者原理に基づき、指導者からの人格的授権と指導者に対する忠誠を根拠として、民族の生存法則を指導者がその都度決定する運動のテンポに即して執行することにあった(66)。そして、この点が大事なことであるが、指導者にとって、法律‐権力として常に隙間だらけの権力でしかない国家に対し、生存法則の直接の執行者である党が、生の全体に働きかけ生の展開を隙間なく掌握しうる切れ目のない生‐権力を代表する組織として、民族指導の中心となるより効果的な手段であったということだ。

以上から、多くの論者(67)の思い込みにもかかわらず、党と国家の管轄の画定は、少なくともそれぞれの任務の内容に関する限りは、元々不可能なことであったといわねばならない。条件さえ整えば、たとえば、ユダヤ人商店のボイコットはSAではなく警察によってでも可能であったろうし、精神薄弱者等に対する断種はライヒ内務省ではなく党のしかるべき機関によってでも可能であったろう。現に、共産主義者等の政治的敵対者に対する戦いは、二月二八日の『大統領令』の布告前後の時期、警察のみならず突撃隊によってでも行われていた。そして、実は、フリックも、「境界の画定」の必要性を唱えながら、別の或る所では、「両者の間に予め紙の上で明確な境界線を引くことが問題なのではない」とし、「両者の境界は徹頭徹尾流動的である」ことを承認していた(68)。共産主義者やユダヤ人に対する戦いをめぐるフリックとヒムラーの、あるいは、青少年教育をめぐるフリックやルストとシーラッハの、外交政策をめぐるノイラートとリッペントロープの、法典編纂をめぐるギュルトナーとフランクの主導権争い等々、第三ライヒの中で絶えず繰り返され定番ともなった管轄権をめぐる党と国家の主導権争いもまたそのことと無関係ではない。そして、管轄の確定が原理的に不可能である以上、こうした争いに決着をつけうる者は指導者をおいて他にはなかった。ネーセが『統一法』を解説する中で、「指導者は指導者として、党の任務を自らの判断に基づいて拡大し、国家のそれに対し境界設定を行う権利を有している」と指摘していた(69)とおりである。党と国家のいずれが当該任務を担当するかは、任務の性格に応じて、また、民族共同体建設の進捗度合に応じて、もっぱら指導者の裁量と判断に委ねられるべき事柄であった。最終目標に至る過程において、その折々の状況の下、指導者は、課題解決に向けて、それに見合った最適の手段を、選択的に、時には、並行的に、動員しうるのであり、党と国家は、そうした指導者の手の内にあって、それぞれが有する異なる機能と手段を通じてともに協働して最終目標の実現に貢献することを期待されたのである。(70) 結局、党と国家の統一とは、同じ目標に定位し、同じ課題の解決に向け、それぞれの固有の機能に応じて行われる役割分担の謂いにほかならなかった。(71) その限りにおいて、党と国家は、相互に「区別」されるべきものでありながら、不可分の「統一」を形成するものであったのだ。(72)

党と国家の関係を明らかにする上で、一九三五年の党大会におけるヒトラーの発言は、『統一法』やそれをめぐる法律家のさまざまな解釈論以上に決定的な意義を有するものであった。期間中に招集された国会が『人種法律』を制定したことにより、大会は、ユダヤ人問題の解決にとって画期をなす大会となったのであるが、同時に、ヒトラーが行った民族の敵に対する戦いにあたっての党と国家の役割分担に関する発言により、『統一法』が不分明なままに放置し、あるいは、ミスリードし、そのため法律家の間で多くの解釈論争を惹き起こした党と国家の役割、相互の関係の在り様が「根本的に解明」(73) されたという点においても、第三ライヒの憲法体制上、画期をなす大会となった。

大会初日、九月一一日の開幕演説の中で、ユダヤマルクス主義や議会制民主主義等の民族の敵の打倒後も残存する国内の敵に対する戦いの遂行の必要性について語ったヒトラーは、その戦いの方途とともに、党と国家の果たすべき役割に関する方針を明らかにした。「国内にある民族の敵に対する戦いは、形式的な官僚機構、及び、それが有する不十分さにより決して妨げられることはないであろうことを確認したい。むしろ、国家の形式的な官僚機構が問題の解決にとって不適当であることが明らかとなった場合には、それに代えて、民族の生存を確実に保障するべく、より生き生きとした強力な組織を設けることになるであろう。何故なら、民族は何らかの形式的な制度のためにそこに存在すると考え、その結果、或る制度が与えられた課題を解決しえない場合、民族はこの課題の解決を諦めねばならないと考えることは、この上もなく馬鹿げたことであるが故に。むしろ、実際はその反対なのだ。国家により解決されうる事柄は国家により解決されるのであり、国家がその本質上解決しえない事柄は運動により解決されることになるであろう。何故なら、国家もまた民族の生存のための一つの組織形式にすぎず、それは、民族の生存意思の直接的表現である党とナチス運動により支配され動員されるものにすぎないが故に。……目的は民族の維持にある。これがナチズムの世界観の基本原則である。民族の維持に明らかに害となるものは除去されねばならない。もし、一つの制度がこの課題を引き受けるのに適していないことが明らかとなった場合、別の制度がその課題を引き受け実行しなければならない。……万難を排して危険を芽のうちに摘み取る覚悟を有する限り、われわれは、国家のもつ内的本質に照らして異質であり、明らかにそれに相応しくないと思われる役割を、かような課題の解決にとってより適当と思われる制度に、もしそのことが必要とあらば、何時でも、立法的手段でもって委譲することを躊躇いはしないであろう！しかし、その決定はもっぱら指導部の意思に委ねられているのであり、個人の意思にではない。」(74)

民族の維持が目的であること、党と国家はそのための手段であること、国家には国家の機能の特性に応じた役割が存在すること、しかし、国家によっては解決不可能な課題が存在すること、それらの課題の解決は党に委譲されねばならないこと、そして、その決定は指導者の裁量に委ねられていること――以上がヒトラーの口から明らかにされた「党と国家の不可分の統一」の意味するところであった。これらの基本方針は、早速、四日後、その解決が運動にとって最大の課題であるユダヤ人問題に適用され、また、そのことによりヒトラーの意図と方針がより一層明白なものとなった。

九月一五日午後九時、ライヒ国会はゲーリング議長の挨拶から始まった。「議員諸君！諸君は自由の党大会が開催されているこのニュルンベルクの町に急遽招集された。何世紀もの時を経て、再び、この古い名誉ある都市がライヒ国会の開催の地として選ばれたのである。……本日、ここにライヒ国会が招集され、ライヒ国会もまたライヒ党大会と不可分に結びつけられたことに対し、ライヒ国会はわれわれの指導者に感謝を捧げるものである。このことはまた、党と国家の、そして、民族と運動の統一を明白かつ一義的に表現する出来事にほかならない。諸君は、これから行われる指導者兼ライヒ首相の演説によって、本日の会議のもつ重要性を理解することであろう。」(75)引き続き、『ライヒ国旗法』、『ライヒ公民法』、『血の保護法』の提案演説に立ったヒトラーは、内外のユダヤ人勢力によるドイツ及びドイツ人に対する挑発行動と、それに憤激したドイツ人の側からする防衛行為の恐れが新たなユダヤ人立法の必要を生み出したとの認識を披露した後、ユダヤ人問題の解決を進める上での党と国家の役割、その関係について、四日前の演説の趣旨に沿いながら、今後の方針を明らかにした。もし、この場に一五年前のミュンヘンのホフブロイハウスでの演説会に居合わせた人がいたならば、一五年間の変化のなさ、あるいは、首尾一貫性というべきか、そうしたことに気付かされたにちがいない。演説は、一五年前の発言――「われわれは〔ユダヤ人に対する戦いを〕差し当たり穏便なやり方で実行したいと考えている。しかし、そうしたやり方がうまくいかなくなった時には、容赦のない暴力の使用に訴えるつもりである。」――を忠実になぞるものであった。「〔ライヒ政府は今回立法的手段による問題の解決を決意したが〕その際、われわれが依拠した考えは以下のとおりである。即ち、一回限りの世俗的解決によって、ユダヤ民族との間にドイツ民族にとって我慢可能な関係を見いだすことを可能にする、そうした状況を作ることができはしないかということであった。この希望が果たされず、ユダヤ人の煽動がドイツ国内及び国際社会の中で今後も引き続き行われるようであるならば、その時には、改めて対策を講ずることが必要となろう。……『血の保護法』は、これからも失敗が繰り返される場合、最終的解決のために法律の力でもってナチス党に移管せざるをえなくなるであろう一つの問題を、法律という手段でもって規制しようとする試みである。法律の背後には党が立ち、そして、党とともに、党の背後にドイツ国民が立っている。[76]」三つの法律が国会の「歓呼」によって承認された後、ヒトラーは、先の演説の締め括りの言葉と関係した、いささか奇妙な呼び掛けでもって国会の閉会を宣言した。「議員諸君!諸君は本日ここに一つの法律に同意を与えた。……諸君は、国家が法律という手段を放棄することのないよう、尽力せよ。諸君は、わが民族が法律という道を今後も進むよう、尽力せよ。諸君は、ドイツ民族全体のこの上ない規律によってこれらの法律に高貴な価値が与えられるよう、尽力せよ。こうした諸々の事柄に対し諸君は責任を負うものである。[77]」ライヒ議員に負わされた「責任」は、彼らの全員がナチス党員かそのシンパであることを考えれば、むろん、象徴的な意味をもつものでしかない。ヒトラーの標的は、今後法律を執行・適用する行政及び司法当局に置かれていた。演説は、文字通り、官吏や法曹に対する威嚇であり恫喝であった。翌一六日の党大会の閉会演説の中で、改めて、「国家の任務は、歴史的に生成し発展した国家的組織の行政を法律の枠内で、かつ、法律によって継続することにある」との念押しをしたヒトラーは、さらに、古い国家の残滓が完全には払拭されていない現況に鑑み、国家の活動に対する党の側からの「監視」が必要不可欠であるとし、次のように結論した。「国家指導部の行路が明らかにナチスの諸原則と矛盾するところでは、党が警告し、必要な場合、それを正すため干渉することを余儀なくされるといった事態が生じうる。[78]」

結論は明らかであろう。党と国家はともに民族の生存法則の執行を課題とするものであった。ただ、その実現のための方法・手段において相異があったにすぎない。いずれの方法・手段が投入されるかは、運動のテンポと課題に即して、また、それぞれの手段の特性に応じて、その折々の状況を勘案しながら指導者が決定すべき事柄であった。その際、党と国家の関係が「両極性」のそれであったにせよ、「党が警告し、……干渉する」との発言からも明らかなように、党の国家に対する優位性は問題とするまでもない自明のことであった。一九三四年の党大会において、ヒトラーが、「国家がわれわれに命令するのではなく、われわれが国家に命令する」(79)と語った所以である。「国家ではなく、党が第一次的存在であり、「国家の存在理由は、官庁・官僚装置を使って、党により与えられた大きな方針を実現し、党の負担を軽減すること」にあった。(80)党が代表する生-権力は、もはや、法律-権力の代補として、「権力の末端にある毛細管的なある種の形態」といった役割に甘んずるものではない。事態はその真逆であり、生-権力が権力の中枢を占め、法律-権力に優位し、法律-権力を支配する。所詮、国家は、「党、ナチス運動により支配され動員される」指導者の手の内にある手段でしかない。(81)それ故、国家は、その任に堪えうるものでなくなったとき、当然のことながら、用済みとしてお払い箱となる運命にあったのだ。

もっとも、お払い箱を免れたにせよ、国家が、かつて経験したことのない未聞の新たな事態を前にして、「単に法律を執行するだけの中立的な国家」であることなど許されようはずもなかった。フライスラーが、「国家の一切の活動は、完全なナチズムの生活共同体の実現のために指導者が定めた目標に服さなければならない」と語っていたとおりである。「従来の国家が、中立性を維持するため、行うことを欲せず、行うことができなかった一切の事柄をナチズム国家は明白かつ断固として引き受ける。国家の一切の活動は一つの例外もなくナチズムの民族指導の掟に服さねばならない。一切の活動は民族の指導部の要請に即して整序され、この要請がどの程度実現されたかにつき評価されねばならない。われわれの時代は再び国家及びその個々の機関の一切の思惟、意思、活動を評価する尺度となる一つの基準を獲得した。(82)」

この「基準」がナチズムの世界観であった。国家もまた、党がそうであるように、「世界観の兵士」として、指導者の「闘争部隊」(83)となることを求められたのである。ゲーリングは国家を指導者の意を体して活動する「肉体」に譬えたが、(84)この肉体に宿る「魂」を形成する当のものが世界観であった。これなしには、国家は「魂のない、死んだ機械」に堕す。(85)それが、「ナチス党がドイツ国家思想の担い手である」との『統一法』の文言の意味するところであった。国家の諸活動が、立法であれ司法、行政であれ、いずれも基本的には法治の原理に服することに変わりはなかったにせよ、それらの目標及び方針の一切は党の掲げる世界観がこれを規定するのであり、[86]そこから生まれる世界観の統一性及び同調性が党と国家の統一性を保障する。[87]そして、この世界観が民族の最良の子であるアドルフ・ヒトラーの人格の中に体現される限りにおいて、彼が党と国家の統一の最終的な保障人であること、いうまでもない。党と国家の統一、両者の不可分の統合は、結局は、「人格結合の原理により保障され[88]」、民族の指導者が両者の結節点として、この統一を「眼に見える形で表現する。[89]」そして、この「表現」は、『統一法』から八カ月後、ヒンデンブルク大統領の死去と同時に、指導者-国家-憲法体制を構成するもう一つの基本法により法的な裏付けを与えられることになる。

3　指導者兼ライヒ首相アドルフ・ヒトラー

ライヒ政府は、一九三四年八月一日、『ドイツライヒの元首に関する法律』を公布し、「ライヒ大統領フォン・ヒンデンブルクの死去」を条件に、ライヒ憲法が定めるライヒ大統領の一切の権限を「指導者兼ライヒ首相アドルフ・ヒトラーに委譲する」との決定を下した。ヒトラーは、この時までに既に、ライヒ首相としての行政権の他に、実質的に、『全権授与法』により立法権を、『新構成法』により憲法制定権を、レーム事件を契機に「民族の最高裁判権所有者」としての地位を手にしていたが、今回の立法措置の結果、最後に残された大統領の権限を合わせて、国家権力の一切を掌握し監督する地位と権能を獲得するに至った。その意味で、『元首法』は、国家に対する完全な統御を完成したものとして、政権掌握以降ナチスが取り組んだ合法革命の終了を画し、新たな憲法体制の成立を宣言する法律として位置づけるに相応しい法律であった。[90]

ただし、『元首法』の意義を単に従来分離されていた大統領と首相という二つの官職の統合に見いだし、それにより最終的に全国家権力の統合、いわゆる「独裁体制」の確立が実現されたと解するならば、この新たな事態の本質を見誤ることとなる。そうではなくて、フーバーが、「指導者が自らの内にライヒのすべての高権を統合した[91]」というように、今回の出来事の意義は、「アドルフ・ヒトラー」という一個の生身の人格が民族及び党の指導者としての資格において立法・司法・行政にかかわる国家権力の一切を掌握し、国家を党と並んで民族指導実現のための一つの手段として自由に利用する地位と権能を獲得したという、指導者-国家-憲法体制の基本となる枠組みを最終的に確立し、内外に宣言したことにあった。この未聞の憲法体制の実体は、『元首法』及びその後に実施された「民族投票」に仕組まれた巧妙な仕掛けをときほぐすことによってはじめて目に見えるものとなる。

先ず、『元首法』の全文を確認しておこう。

ライヒ政府は、以下の法律を議決し、ここに、これを公布する。

第一条　ライヒ大統領の官職はライヒ首相の官職と統合する。これにより、ライヒ大統領の従来の権限は指導者兼ライヒ首相アドルフ・ヒトラー（der Führer und Reichskanzler Adolf Hitler）にこれを委譲する。彼は自己の代理人を定める。

第二条　本法律はライヒ大統領フォン・ヒンデンブルクの死去と同時に効力を発する。

全閣僚の副署を付して公布された法律を改めて読み返した際、国家の組織構成を定める基本法として、これがもついささか奇妙な体裁に気づかされる。もし単に二つの「官職の統合」が目的であったとするならば、「ライヒ大統領の従来の権限はライヒ首相にこれを委譲する」と規定するだけで十分である。国家法上からも、それが適切、妥当であったはずである。それというのも、元来、国家の統治組織にあっては、権限の委譲は官職に対して行われるのが本来の在り方であり、そのことによってはじめて権限の受託者の非人格性が担保され、法治の原理が保障され、ひいては、統治の継続性が確保されるからである。ところが、ここでは、権限の委譲がライヒ首相ではなく、「指導者兼ライヒ首相」という称号をもつ「アドルフ・ヒトラー」に対して行われる形がとられている。後段が「彼は自らの代理人を定める」としたことも右の事態を受けてのものである。

それでは、何故、「ライヒ首相」ではなく、「アドルフ・ヒトラー」であったのか。理由は一つしか考えられない。『元首法』が想定する憲法体制は、もはや従来の意味での国家‐憲法体制などではなかったという単純な事実である。国家の基本法に具体的な個人名が登場すること自体きわめて異例のことといわねばならないが、『元首法』は、一方で、権限委譲の対象を一個の生身の人格である「アドルフ・ヒトラー」とすることによって国家‐憲法体制との訣別を、他方で、その「アドルフ・ヒトラー」に対し「指導者兼ライヒ首相」という憲政史上例を見ない称号を付与することによって、民族の指導者が、党と合わせて、国家を民族の最終目標に奉仕する手段として位置づけ利用する、そうした第三ライヒの新たな憲法体制の基本的な構成と確立を内外に宣言したのだと解すればすべてが納得いく。即ち、「アドルフ・ヒトラー」という国家の外にある一個の代替不可能な人格が、ライヒ大統領やライヒ首相といった代替可能な非人格的な国家の官職に代わって、憲法体制の中核に位置し、「指導者」として、同時に、大統領の官職を統合した「ライヒ首相」職を担い、国家を指揮・監督するという、まったく新たな憲法体制——指導者-国家-憲法体制の出来がそうである。[92] したがって、「指導者兼ライヒ首相アドルフ・ヒトラー」という称号は、文字通り、国家の外に国家を超えて存在する「アドルフ・ヒトラー」の人格を介した運動と国家の結合という未聞の憲法体制を反映し表現するものであった。むろん、この結合は並列的なものでありようはずはなく、「指導者兼ライヒ首相」という称号——「ライヒ首相兼指導者」でないことに注意しよう——自体に既に運動の国家に対する優位性が表現されている。[93]「アドルフ・ヒトラー」の人格の中に体現された指導者権力という、国家とは無関係な、国家の外に由来し、国家を超える権力が、国家権力を指揮・監督し、党と並んで民族指導実現のための一つの手段として動員するという垂直的な権力構造がそうである。[94] その際、「指導者兼ライヒ首相アドルフ・ヒトラー」が、そのいずれの資格において行動するか、つまり、民族の「指導者」として行動するか、それとも、「ライヒ首相」として行動するかは、運動の進捗状況並びにその折々の状況に応じて、彼の裁量に委ねられるべき事柄であった。[95]

したがって、『元首法』の意義は、その名——*Staatsoberhauptgesetz*——に反して、国家の二つの官職の統合及び権限の委譲といったことにではなく、民族の指導者が党と国家の上に立ち両者を最終目標の実現に向け自在に動員する憲法体制を確立し宣言したことにあった。しかしながら、同時に、『元首法』にはこの憲法体制の死命を制しかねない重大な問題が潜んでいた。つまり、憲法体制の中核を成す、元来、国家の外にあり、国家を超える、それ故、国家法の対象とはなりえないはずの指導者及び指導者権力を国家法によって承認し権威づけるという奇妙なパラドックスがそれである。ちなみに、『元首法』自体は、憲法改正法律として、『ライヒ新構成法』第四条——「ライヒ政府は新しい憲法典を制定することができる。」——に根拠を置き、[96] さらに、この『新構成法』もまたライヒ国会によりライヒ憲法第七六条に定める憲法改正立法の手続を踏んで公布されたものであったことを確認しておこう。八月二日の『元首法の執行に関するライヒ首相命令』が、「内閣により決定され、かつ、憲法に基づき合法的に私の人格及びライヒ首相職に対しかつてのライヒ大統領の権限が委譲された……」と明言したとおり、「指導者兼ライヒ首相アドルフ・ヒトラー」の権威がライヒ憲法を頂点とする法治の原理に基づく授権の連鎖により根拠づけられ、その結果、彼の一切の権力及び権力活動がそこから正当性を受け取ることにつき、かつてのライヒ大統領やライヒ首相と何ら変わるところはなかった。実際、マイスナー／カイゼンベルクが、今回の立法措置により、指導者は「国家の機関」となり、「国家の人格」となったと主張したが[97]、それは法律解釈論としてきわめて真っ当なものであった。しかしながら、もしそうであったとするならば、「指導者兼ライヒ首相アドルフ・ヒトラー」は、結局は、一個の法律により創設された非人格的な国家の官職に堕し、彼の有する権力もまた単に一つの国家権力に堕することとなったであろう。その時には、「アドルフ・ヒトラー」はもはや国家の外に国家を超えて立つ指導者ではなく、彼の有する権力もまた運動的かつ全体的かつ無制約的な権力、つまりは指導者権力ではありえないものとなる。

こうした事態をヒトラーはよく承知していた。『元首法』公布の翌日、「ヒンデンブルク大統領の死去」により正式に「指導者兼ライヒ首相アドルフ・ヒトラー」に就いた彼が、『元首法の執行に関するライヒ首相命令』を布告し、ライヒ内務大臣に対し、「内閣により決定され、かつ、憲法に基づき合法的に私の人格及びライヒ首相職に対しかつてのライヒ大統領の権限が委譲されたことにつき、ドイツ民族の明白な裁可を受けることを私は希望する」として、国法的には無くもがなの、現にライヒ官房長官ランマースがまったく「不必要」な措置であるとした民族投票の実施を命じたのも[98]、結局は、規範的授権に代わって、その連鎖の外にある「民族」の裁可により「指導者兼ライヒ首相アドルフ・ヒトラー」の地位と権能を根拠づけ、指導者及び指導者権力を法治の原理の軛から解放しようとの意図から出たものであったと見て間違いない。『命令』はさらに次のようにいう。「一切の国家権力は民族に由来するものであり、自由かつ秘密の投票を通じて民族により承認されなければならないとの確固たる信念に基づき、私は、内閣の決定を必要な補足を付した上でただちにドイツ民族に問うべく自由な民族投票の機会を設けるよう、貴下に対し求めるものである。」ここには、いまだ不用意に「一切の国家権力は……」といった文言が使われているが、投票三日前のラジオ放送では、民族投票の目的がより明確な表現でもって語られている。「〔ライヒ大統領とライヒ首相〕の二つの役割の結合がいかに合理的であり、また、ライヒ政府の法律〔元首法〕がこの問題を憲法上いかに疑問の余地なく解決したにせよ、私は、ドイツライヒの新たな憲法体制を構築するというこの上もなく重大な一歩を踏み出す権能を先に私に与えられた全権から導き出すことを拒否しなければならない。否。それは民族自らが決定するものでなければならない。」[99]

しかしながら、これでもいまだ不十分であったといわざるをえない。民族投票に求められるべきは、『執行令』にある「裁可」でも、ラジオ放送にある「決定」でもなかったはずである。「指導者兼ライヒ首相アドルフ・ヒトラー」の地位と権能を民族による「裁可」や「決定」により根拠づけることは、一人の指導者が、民族の意思を決定し、被指導者団を指導するゲルマン的民主主義と合致するものではなかった。投票日当日、『フェルキッシャー・ベオバハター』が、改めて、今回の投票の目的が「アドルフ・ヒトラーの指導」への「信仰告白」の表明にあるとしたのはこうした疑念を払拭するためであったと解される。あるいは、試行錯誤の末にようやく事の本質に至り着いたというべきか。即ち、「ヒトラーがドイツのためにこれまで行ってきたすべての事柄に対しドイツ民族が残らず完全な同意を宣言することになるであろう八月一九日は、ヒトラーの偉大な歴史的活動の第二段階が始まる日でもある。民族の政治活動のすべての権力が彼の手に委ねられるのだ。それ故、八月一九日は偉大な国民統一の日であり、アドルフ・ヒトラーの指導の下にドイツ国民が自己自身を取り戻したことを全世界に対し信仰告白する日である。」(100)

投票用紙に基づく匿名の多数者による裁可でも決定でもない、「信仰告白」、即ち、民族同胞の一人一人が、被指導者団として、指導者アドルフ・ヒトラーとの血の共有を前提に、彼が民族のもっとも優れた血の体現者であり、そのことを唯一の根拠として、民族の最良の子であるという比類のない「人格」のままに、国家の外に、国家を超えて立ち、民族とライヒを指導し、国家を監督する権力を有する新たな憲法的事態を内外に宣明すること、それにより、『元首法』にまつわるパラドックスを打ち破り、法治の原理の罠から指導者及び指導者権力を救い出すこと、それが今回の民族投票の唯一にして最大の役割であった。民族投票は、ブラッハーがいうような、「擬似民主主義的な簒奪行為のカムフラージュ」(101)なんぞではさらさらなく、第三ライヒの憲法体制そのものにかかわって、法治の原理に基づく国民統治に代わり、種の同一性の原理に基づく民族指導の体制の確立を確認し宣明することにあった。かくして、八月一九日は、「ヒトラーの偉大な歴史的活動」、即ち、指導者–憲法体制の構築に向けた「第二段階」の開始を告げる記念日となったのだ。

もっとも、民族投票を「信仰告白」の表明と位置づけることにより問題のすべてが解決されたわけではない。それというのも、民族投票が、『元首法の執行に関するライヒ首相命令』により要請され、『民族投票法』に基づいて実施されるものであった以上、どこまでいっても「指導者兼ライヒ首相アドルフ・ヒトラー」の地位と権能は法治の原理の罠を免れるものではなかったからである。それは、たとえ、『元首法執行令』が、こうした命令に付き物の法的授権をもたず、そのことによって、「私は……希望する」との文言と合わせ、『元首法』にかかわる立法の淵源を国家法の位階的な体系の外に置こうとしたとしてもである。察するに、おそらく、ヒトラーにとって、民族投票は、元来、ランマースとは異なる意味であったにせよ、「不必要」なものであったのではなかったか。『元首法執行令』に、「〔ライヒ大統領の官職の統合及び権限の委譲に関係なく〕私は、職務の内外を問わず、従来通り、ただ指導者兼ライヒ首相と呼ばれるよう配慮されんことを希望する」とあるように、ヒトラーは、『元首法』はもちろん、民族投票を待つまでもなく、「従来通り」、つまりは、それ以前から既に民族及び党の指導者として「指導者兼ライヒ首相アドルフ・ヒトラー」であったことに相違ない。(102) その淵源が、彼の頭の中では、一九三三年一月三〇日に遡るものであったこと、そして、その授権の根拠が実はドイツ民族自体でもなかったことを、先に紹介した一九四一／四二年の冬季救済事業の開幕演説が証明していた。即ち、「神は、一九三三年一月、私に対しライヒの指導を委託された。」したがって、民族投票は、何ら実質的な意義をもつものではなく、「喝采を通した票決(103)」として、政権掌握の時点、おそくとも三月五日の時点において事実上既に成立していた憲法的事態(104)、即ち、民族の指導者であるアドルフ・ヒトラーの人格を介した運動と国家の結合という未聞の「指導者‐国家‐憲法体制」を、ヒンデンブルクの死を契機として、事後的に確認し、認知し、指導者アドルフ・ヒトラーと被指導者団である民族の団結と相互の信頼を内外に向けて宣言する「祝祭的行為(105)」でしかなかった。

　民族投票から半月後、ニュルンベルクの党大会は、ヒトラーによる「ドイツにおけるナチス権力の最終的確立が成就した」との勝利宣言でもって始まった。「ナチス革命は革命的権力事態としては終了した。革命はその望みうるすべてを余すところなく達成した。民族の指導部が今日ドイツにおいてあらゆる事柄について権力を有している。民族の指導部がナチス革命の結果あらゆる行動の可能性を手に入れた。ナチス運動のプログラムを実現しようとする指導部の意思に対して異を唱えることはもはやいかなる者によってであれ不可能となった。指導部の行動は、それがナチズムから委託された任務の執行である限り、戦術的、個人的、したがって、一時的な性質の諸要因以外、何ものによっても妨げられることはありえない。……一九世紀という神経質な時代はわれわれの手によって最終的に葬り去られた。これから一〇〇〇年間、ドイツにおいてもはやいかなる革命も起こることはないであろう。(106)」

　革命の終了宣言は、これから始まる、そして、おそらくは終わりのない、世界支配に定位したナチス運動の幕開けでしかなかった。そのための体制が今ようやく整えられた。指導者がすべての権力を掌握したこと、党と国家がともに民族指導の手段として位置づけられたこと、そのことの当然の結果として、法治の原理からの解放が実現されたこと、それが、「一九世紀という神経質な時代はわれわれの手によって最終的に葬り去られた」という宣言の意味するところであった。指導者–憲法体制の完成にはいまだ至らないにせよ、そのための前段階として、指導者–国家–憲法体制、即ち、指導者が、これ以降、世界の支配者にして所有者として、存在者の「存在」を宰領する最高審級の地位に立ち、自己自身への信頼に満ちた自己立法を可能とする新しい自由へ解き放たれ、党と国家を、最終目標に定位しつつ、その折々の与えられた状況の中で、自在に動員する、憲法体制が確立されたのである。それは、「力への意思」が自己の最高の勝利の凱歌を奏でる、かねてヒトラーが待ち望んだ「意思の勝利」の瞬間であった。

第八章　指導者‐国家‐憲法体制と立法

1　立法の新構成

一　三つの立法機関

指導者‐国家‐憲法体制の下、国家を民族指導の一つの手段と位置づけたヒトラーにとって、中でももっとも重要な国家高権が立法権であったことは、行政権や司法権が第三ライヒにあっても基本的には依然として法治の原理に基づくものである以上、当然のことであり、また、その立法権がもっとも早期に民族指導に見合った変容を迫られたことも、司法や行政が民族指導の有効な手段として機能するべく、先ずもって、新たな世界観に基づく法律を必要とし、その迅速な供給を求めた以上、これまた、当然のことであった。フレンケルが、『二重国家』のアメリカ版のための序文（1940）で、「八〇〇〇万から成る一つの民族を一つの『計画』により統御することとは、確実で明瞭な規則が存在し、その厳守が、必要とあらば、公法や私法を尺度として強制される場合にはじめて可能となる」と指摘していたように[1]、最終的には法律の消滅が予定されていたとはいえ、民族共同体の建設途上にあって、民族全体を統御し指導する上で「法律」のもつ有用性・効率性は否定しえないところであり、指導部にとって重要なことは、差し当たり、立法の廃棄ではなく、指導者‐国家‐憲法体制に即した立法の新構成であった。

そのための最初の措置が、一九三三年三月二四日の『全権授与法』による立法権の「ライヒ政府」への付与であった。法律が、「ライヒ法律は、ライヒ憲法が定める手続きによる他、ライヒ政府によってもこれを議決することができる。……ライヒ政府が議決したライヒ法律は、ライヒ国会及びライヒ参議院の制度を対象としない限り、ライヒ憲法に背反することができる」とし、ライヒ政府に対し、ライヒ国会と並んで、国会にはない機動的な立法権を付与したことは既に紹介したとおりである。さらに、同年七月一四日の『民族投票法』が、「ライヒ政府は、ライヒ政府が企図する措置について民族にその賛否を問うことができる。措置には法律が含まれる」とすることにより、「民族」もまた、間接的ではあれ、国会と政府に並ぶ第三の立法機関としての位置づけを与えられた。それでは、これら三つの立法機関は、指導者‐国家‐憲法体制の中で、いかなる性格と課題、機能を有するものであったのか。

二　ライヒ国会

ライヒ国会は、ライヒ憲法下にあって、三権分立制と複数政党制を前提に、主権者である国民の選挙により構成される代表機関であった。国会は、一方で、ライヒ法律の提案権及び議決権を有する立法機関であると同時に、他方で、ライヒ政府の監督機関としての権限を合わせもっていた。政府は国会に対し責任を負い、そのため、ライヒ首相及び国務大臣は職務の執行に際して国会の信任を必要とし、信任を失えば、辞職を余儀なくされた。ライヒ大統領に対しても、国会は解職のための国民投票の実施を提案することが可能であった。この他、国会には、首相及び国務大臣に対する国会、委員会への出席要請を行う権利、大統領、首相、国務大臣の憲法又は法律違反につきライヒ国事裁判所に公訴を提起する権利、大統領に対する刑事訴追に関する同意権等の権限があり、個々の議員についても、会期中の不逮捕特権、職務上知りえた事実に関する証言拒否権等の身分保障上の権利が付与されていた。むろん、国会の権限が無制限であったわけではない。特に大統領には、国会の解散権、法律の公布権の他、法律を公布に先立ち国民投票に付託する権利等が付与され、抑制・均衡のシステムが存在していた。しかしながら、国民の代表機関としての国会の優位性は明らかであった。

以上からも、いわゆるパーラメント・システムとしての国会が指導者原理の対極に位置するものであったこと、了解されるであろう。こうした国会が、ナチスによる政治指導の受託の結果、その役割を終えるに至ったことは当然である。既に闘争時代、ゲッベルスは、「われわれは反議会主義的政党であり、ワイマール憲法、及び、この憲法によって導入された共和主義的制度を拒否する。われわれがライヒ国会に参加するのは、デモクラシーの兵器庫の中に入って、その固有の武器を手に入れるためである。われわれは、ワイマール的信条をその固有の柱とともに麻痺させるために国会議員となる。われわれにとって、今日の状態を革命するのであれば、どんな合法的手段も正しい」[2]との考えを明らかにしていたが、ワイマールの議会制度の破壊のためには三つの法律があれば十分であった。『全権授与法』が立法権をライヒ政府に付与し、『政党新設禁止法』がナチス党以外の政党の存在を禁止した結果、三権分立制と複数政党制を根幹とする議会制度がその実質を失ったとするならば、『ライヒ新構成法』は、「ライヒ政府は新たな憲法典を制定することができる」とすることにより、『全権授与法』がなお留保していた制度的な保障を取り除き、国会の存在それ自体をライヒ政府の意思に依存させる状況を生み出した。『新構成法』が『全権授与法』制定後最初の国会立法となったことを考えれば、この時、ライヒ国会は、皮肉なことに、自らの生殺与奪の権をライヒ政府に委ね渡すことを最初の任務としたということになる。

国会選挙の在り様も大きく変化する。第三ライヒの歴史の中で三度実施された国会の解散・選挙の理由は、かつてそうであったような、政府と議会の対立といったことにはなかった。解散の名分として、画期をなす政治的に重大な出来事が利用された。議会制度崩壊後最初となった一九三三年一一月一二日の選挙の場合、一〇月一四日の国際連盟からの脱退がそうであり、一九三六年三月二九日の選挙の場合、三月七日のラインラント進駐がそうであり、一九三八年四月一〇日の選挙の場合、三月一三日のオーストリア併合がそうであった。解散命令からも、これらの選挙が通常の議会制度の下におけるそれとは異なる性格と役割を担うものであったことが分かる。一九三三年一〇月一四日の大統領令。「国家と国民の運命にかかわる現今の諸問題に関し自らが態度決定を行い、あわせて、ライヒ政府との一体性を表現する機会をドイツ民族に対し提供することを目的に、私はライヒ憲法第二五条に基づきライヒ国会を解散する。」この時の国会選挙の名ばかりの実体は先に紹介したとおりであるが、選挙後はじめてとなる国会において、ヒトラーが、「ドイツ民族全体は、一一月一二日、政府の背後に一致団結した民族が存在することを全世界に向かって宣言した。この日、われわれは、われわれの民族が、その深奥において健全な、信頼に足る民族であることを証明した。一一月一二日は、われわれに欠けている武器に代わって、団結した民族という無比の力をわれわれに授けた日であった(3)」と語ったとおり、国会選挙は、所詮、被指導者団であるドイツ民族が指導者アドルフ・ヒトラーに対し信仰告白を行い、彼の指導に対し祝祭的な同意を表明し、両者の一体性を内外に発信するための機会でしかなかった。他の二つの解散命令も大差なかった。一九三六年三月七日の指導者兼ライヒ首相命令には「ドイツ民族が祝祭的な同意を表明する機会を保障するため、私はライヒ国会を解散する」とあり、一九三八年三月一八日の指導者兼ライヒ首相命令には「オーストリアとドイツライヒの統合により生み出された大ドイツ民族ライヒに対しドイツ民族全体が信仰告白する機会を彼らに与えることを目的に……」とあった。

一九三六年三月の選挙の告示日に公布された『ライヒ選挙権法』が投票権者の範囲を「ライヒ公民」であるドイツ人又はそれと類縁の血を有するドイツ国籍所有者に限定したこと

は、そうした事態に見合った措置であった。ユダヤ人等が投票の権利を剝奪され、その一方で、ライヒ公民に対しては投票の義務が課せられた。そのため、反対や棄権はただちに忠誠義務違反とみなされ、ライヒ公民たる資格の剝奪、共同体からの排除を結果した。(4) 一九三八年の選挙を棄権した弁護士に対する名誉裁判所による資格剝奪の処分もその一つである。判決理由はいう。「被告人は三月二九日の選挙を故意に棄権した。ドイツ民族の圧倒的多数は、指導者が求めた選挙において、指導者及び彼の進める政策に対し熱烈な信仰告白を行った。この選挙は感謝の表現、忠誠の告白であり、かつての意味における選挙ではなかった。この選挙は、ドイツ民族が一致団結して指導者に従い、指導者により行われた措置を支持することを外国に対しても知らしめようとするものであった。〔被告人がライヒ憲法第一二五条に規定する選挙の自由を主張しようと〕いかなるドイツ人もこの選挙に無関心であることは許されない。(5)」当の選挙の実際の様子がどのようなものであったか。アイヒシュテット小管区宣伝管理部による世情報告書には次のようにある。「〔選挙〕集会への〔住民の〕出席は非常に良好であり、世論の状態も非常によい。〔住民の〕投票行動に対しては特別の注意が払われ、投票場への組織的な駆り出しが行われた。アイヒシュテット小管区で投票場へと連れて行かれなかった者は、死者か所在不明者のいずれかである。それ故、一〇〇％の投票率が達成された。七六市町村の内五二で指導者に対する支持が一〇〇％に達した。投票に対する監視が強力に行われた結果、誰が反対票を投じたかはほとんど明らかにすることができた。(6)」

制度面からも、選挙の在り様からも、国民代表機関としての国会の性格の変化は明白である。名称を除いてワイマールのそれと共通するところは何もなかった。ヒトラーが、一九三三年一一月の選挙後、招集した新議員を前に、新たな議会の課題は「指導部の偉大な建設事業に対しライヒ国会の権威をもって支持を与えることである」と宣言したように、国政に関する審議機関でも、政府に対する抑制・監視機関でもなく、指導者の手の内にある「民族指導のための一つの機関(7)」が新たな役割であった。『全権授与法』の提案演説における、「政府は国会そのものを廃止するつもりはない。それどころか、政府は将来にわたり自らとった措置をその折々国会に報告し、あるいは、一定の理由からそうすることが合目的であると判断した場合、国会の同意を得ることを留保するものである」との言葉に嘘はなかった。彼は、第三ライヒの画期をなす内外の重要な出来事、たとえば、国際連盟からの脱退、レーム事件、指導者兼ライヒ首相への就任、ラインラントの占領、英米への宣戦布告等に際し、国会を招集し、自らの政策と決定を民族全体に語りかける機会として国会を利用したのである。他方、国会にとっては、指導者と被指導者団の架け橋として、(8)壇上からのヒトラーの呼びかけに対し民族全体を代表し「喝采」の叫び声をもって応答することが唯一の任務となった。(9)こうして、国会は、議会ではなく、自らもまた一個の「被指導者団」の地位に立ち、(10)指導者意思と民族意思の合致を確認し、指導者と民族の団結と相互の信頼を内外に向けて表現し、発信する「祝祭的な国事行為」の場と化したのである。(11)

この間の事情は、国会が本来の任務とする立法に関しても違いはない。シュトゥッカルト等が「国会は指導者の意思にしたがって立法者として行動するにすぎない。法案審議は指導者がそのことを決定した場合に限られる」というように、(12)名目的には国会による立法であれ、法案提出のイニシアティヴは唯一民族の指導者であるヒトラーの手にあった。『全権授与法』の成立以降第三ライヒの全期間を通じて国会が議決した法律は以下の七つにすぎない。一九三四年一月三〇日の『新構成法』、一九三五年九月一五日の『ライヒ国旗法』、『ライヒ公民法』、『血の保護法』、一九三七年一月三〇日及び一九三九年一月三〇日の『民族及びライヒの困難除去のための法律の延長法』、一九三九年九月一日の『自由都市ダンツィヒをライヒに併合する法律』。ヒトラーが、祝祭的な国事行為の場としての国会に相応しく、これらの法律を選択し、提案したことは明らかである。(13)元々時限法であった『全権授与法』の延長のための二つの法律を除けば、五つの法律は、いずれも、ナチズムの世界観を表現し、あるいは、第三ライヒの画期をなす意義を有するものであった。もっとも、『新構成法』を除けば、これらの法律をライヒ政府が制定することに何の支障もなかったはずである。逆に、これらの法律の他にも国会による立法が相応しい法律があったかもしれない。しかし、ヒトラーは、これらの法律に限って、「一定の理由から」、ライヒ政府ではなく、国会が議決することが「合目的であると判断した」のである。

国会審議の実際はどうであったのか。『新構成法』が提案された一九三四年一月三〇日の国会の場合、既に審議の実体は存在しなかったものの、なお定められた三つの読会――法案の基本原則に関する討議、各条文に関する討議、決定――の体裁だけはかろうじて守られていた。ヒトラーとフリック、その仲間の名において提出された法案は、二時間余りの審議時間のほとんどを費やしたヒトラーによる演説――もっとも、その大半は法律とは直接関係をもたない外交問題についての長口舌であった――の後、『ライヒ議事規則』にしたがい読会に入った。以下はゲーリング議長の発言の記録のすべてである。「第一読会を開始する。発言の要求なし。よって審議を終了する。続いて第二読会を開始する。第一条に関する審議をお願いする。発言の要求なし。よって第一条は異議ないものと認める。第二条、異議なし。第三条、異議なし。第四条、異議なし。第五条、異議なし。第六条、異議なし。序文及び標題、同様に異議なし。次に第三読会を開始する。発言の要求なし。よって採決に移る。第一条から第六条、及び序文、標題を読み上げる。異議なしと認める。最終投票に移る。法案に賛成する諸君は起立されたい。――ライヒ新構成法は満場一致で承認されたことを確認する。」(14)

一九三五年九月一五日の国会はさらに一歩を進める。会議の冒頭、フリックが「今やライヒ国会も指導者原理に基づいて議事を進行すべき時がやってきた」と発言し、これを受けた国会は、『ライヒ議事規則』を廃止、合わせて、新たな規則が制定されるまでの間として、ライヒ国会議長ゲーリングに対し自由裁量による議事の進行を委ねた結果、(15)形式上からも国会審議の中心を構成すべき読会はその存在根拠を失うに至った。ライヒ国会議事録が伝える、『ライヒ国旗法』、『ライヒ公民法』、『血の保護法』の審議の様子は概略以下のとおりである。ヒトラー、ゲーリング、ヘス、フリックとその仲間を代表者とするナチス議員団の名において提案された三つの法案は、いずれも、ヒトラーによる提案理由の説明を受けた後、ただちに、ゲーリング議長の「ライヒ国会は以下の法案に対し憲法上必要とされる同意を与えることを欲するものである」との発言、それに続く各条文の朗読に対する出席者全員の「熱烈な拍手」と「歓声」による賛意の表明、さらに、議長の呼びかけ――「議員諸君、起立によってこれらの法案に同意を与えることをお願いする」――への応答の結果、「満場一致でもって承認された。」一時間に満たない国会審議の締めくくりは、ゲーリング議長による民族の指導者アドルフ・ヒトラーに対する感謝と忠誠の表明であった。「指導者閣下。閣下が本日民族の幸福と未来のために贈られたこれらの貴重な法律に対しドイツ民族の誰もが抱く感謝の念を閣下に捧げることをお許し願いたい。この感謝の念を言葉で言い表すことは不可能であり、また、忠誠の念、共感の念を言葉で表すことも不可能であります。民族全体が今日自らの強さと幸福を実感しているところです。それは、閣下の中に民族の指導者のみならず、民族の救済者を見いだしたからにほかなりません。ライヒ国会議員諸君、この瞬間、指導者によりドイツ人の何千年にわたる古くからの憧れが実現されたことに思いを致そう。一つの民族、一つのライヒ、一人の指導者の実現がそうである。救済者にして創造者である我らの指導者に対し勝利万歳を！」(16)

かくして、国会は、「指導部の偉大な建設事業に対し自らの権威をもって支持を与える」ための憲法上の一つの制度にすぎず、法案に対する審議でも投票でもなく、「喝采の票決」

を通して、指導者への信仰告白を表明し、指導者の権威と民族の意思の合致を内外に宣言するフォーラムと化した。[17] 国会の実体は、ヘスが「もっとも現代的なパーラメント」と呼んだニュルンベルクの党大会と何ら変わるところはなく、国会は、それと並んで同じ一つの課題、「ドイツ民族の共同体体験を眼に見える形で表現し、政治指導部の措置に対する共鳴板を形成する」[18]、そうした課題を担うものとなった。

三　ドイツ民族

「民族投票（Volksabstimmung）」の制度自体は目新しいものではない。ライヒ憲法第七三条は、国会と並ぶ第二の立法機関として、名称は異なるが、「国民投票（Volksentscheid）」の制度を設けていた。国民には憲法改正を含む法案提出の権利が保障され、有権者の一〇分の一以上が提出を請願した場合、国会による無修正での受け入れの拒否を条件として、国民投票に付すこととされていた。この他、憲法は、ライヒ国会が議決した法律について、一カ月以内にライヒ大統領の命令のある時、又は、議員の三分の一以上の請求により公布を延期し、かつ、選挙有権者の二〇分の一の申し出がある時は、それぞれ国民投票に付すことを義務づけていた。これが国民主権の直接の表現であったこと、いうまでもない。

民族投票制度もまた、その内実は何であれ、一切の権力の淵源は民族にあるとするゲルマン的民主主義の表現であった。実際、ライヒ内務大臣フリックも、一九三四年八月一九日の『元首法』に関する民族投票に際して行った官吏に対する呼びかけの中で、「全国家権力は民族から出発しなければならないとの確信に基づき、民族の指導者アドルフ・ヒトラーは、ライヒ大統領とライヒ首相の官職の統合に関する内閣の決定を自由な民族投票に付すこととしたのである」と語っていた。[19] しかしながら、匿名の世論と投票用紙に基づく非人格的な多数者の意思と決定による統治に代わって、自らの人格の中に民族を体現し、民族に対する責任を担う一人の指導者の意思と決定に民族の指導を委ねようとする第三ライヒの憲法体制にあって、民族投票の性格と在り様は当然従来の国民投票のそれから大きく異なるものとなる。

何よりも先ず、民族投票は、国民投票とは異なり、何らかの「決定」を目的とするものではなかった。それというのも、民族共同体にあっては、「民族は指導者を通して発言し、指導者は民族の言葉を語る」とされたように、民族の最良の子である指導者がその折々の状況の中で下す決定は常に既に被指導者団である民族のそれでもあり、彼の意思は同時に民族の意思そのものでもあったからである。さらに、民族が諸世代の歴史的統一体として時間と空間を超えた客観的な存在とみなされ、その結果、民族意思もまた、今現に存在する民族同胞の意思を超越した、共同体に内在する客観的な一つの所与ととらえられたことが挙げられる。こうした所与としての民族意思が、指導者を通して自覚化され、その都度の状況の力学の中で指導者の決定として現実化されるものであったことからすれば、そもそも、投票による民族意思の形成、決定などありえないことであった。[20]一九三三年七月一四日の法律名が“Gesetz über Volksentscheid”ではなく“Gesetz über Volks*abstimmung*”と標記されたこと、“Abstimmung”が文字通りには「同調」を意味する言葉であったことを確認しておけば十分である。

したがって、投票の実施が民族の側から発議されることもなければ、あるいは、この法律が審議された七月一四日の閣議でのフリックの発言――「現行の国民投票制度は、議会が前もって行った立法行為を事後的に票決するものにすぎない。特別に重要な問題については、ライヒ政府が作成した法案を直接民族の票決にかけることができるとすることが今日の事態に適うものと思われる。」――にもかかわらず、政策の是非がその決定以前に問われることもあるはずがなかった。[21]ライヒ官房長官ランマースも、「指導者は既に自らが下した決定について民族に問いかけるのだ」とする。「それも、その結果に対する評価を民族が行いうる時点においてそうするのである。〔指導者は〕自らのとる措置につき、それがいかに行われるべきかを事前に問いかけるのではない。民族はそもそもこうした問いかけに答える能力を有していない。むしろ、事後的にそれに対し同意するか否かが問われるのである。指導者国家の本質は、国家指導部が今後の計画に対し民族の見解を求めるのではなく、既に実行された措置につき彼らの同意を求めるところにある。」[22]実際、ライヒ国会議員選挙と同時に実施された一九三三年の民族投票の場合も、既にライヒ政府により国際連盟からの脱退が決定され、発表された後に、ドイツ民族に対し、「一〇月一四日のライヒ政府の声明において示された政府の政策に同意を与えるか、また、この政策を自らの固有の見解、意思の表現であると宣言する用意があるか」[23]が問いかけられた。さらに、現実には起こるはずもないことではあったが、万が一民族が同意を与えなかった場合であれ、既に決定された措置が無効となるわけでも、指導者が民族の意思に服さなければならないわけでもなかった。[24]

それでは、何のための民族投票であったのか。それは、指導者の意思と被指導者団である民族の意思の一致の確認、及び、それを通した指導の権威の確立と強化以外にはなかった。[25]フーバーがいうように、「民族投票は喝采を通した票決」であった。「それは〔指導者の決定を〕根拠づけるものではない。それ故、それ自体は何ら『裁可』でも『決定』でもない。それは、〔指導者の決定により〕生み出された政治的、法的現況に対して民族の側から行うところの『信仰告白』である。したがって、形式だけの民主主義に見られる投票による決着が問題なのではない。むしろ、信頼を表明するという行為そのものが重要である。アドルフ・ヒトラーが一九三三年三月二三日の国会で将来の憲法体制の原則であると宣言した『民族の意思と真の指導の権威の結合』は、こうした民族投票を通じて実現されるのである。」(26)

結局、民族投票は、一九三三年一一月一二日の投票に際してのヒンデンブルク大統領によるドイツ民族に対する呼びかけ――「明日、諸君が固い民族的団結と、諸君と政府の結束を示すことを期待する」(27)――に端的に表現されているように、ただ指導者と被指導者団である民族の一体化を確認し、内外に示威するための一つの政治的な「儀式」(28)でしかなかった。ライヒの画期を成し、とりわけ民族の喝采による儀式に相応しい指導者の措置が民族投票の対象として選ばれたのもそのためであった。それも、一二年の間に、わずかに三度、国際連盟からの脱退（一九三三年一一月一二日）、アドルフ・ヒトラーの指導者兼ライヒ首相への就任（一九三四年八月一九日）、オーストリア併合（一九三八年四月一〇日）に関して実施されたにすぎず、その中でも立法措置の是非が問われたケースは『元首法』にかかわって行われた一九三四年の民族投票のみであった。しかし、これもまた、単に「政治的な行為であり、立法的なそれとしては評価しうるものでなかった」(29)ことは、ランマースが投票をまったく「不必要」な措置であるとしたように、『元首法』が既にライヒ政府による立法として民族投票の有無にかかわりなく有効な法律として成立していたとおりである。結局、民族が国会、政府と並ぶ立法機関として位置づけられたにせよ、第三ライヒの憲法体制の中にあって、民族投票に与えられた性格と機能からして、実質上そうした機関としての役割を果たしうる余地はなかった。

四　ライヒ政府

第三ライヒにあって中核を成す真の立法機関は、ライヒ国会でも、民族でもなく、「ライヒ政府」であった。プリンツィンガーは、『全権授与法』以降に制定された法律の数を九九三と計算し、ライヒ国会による七つを除いて、残りがライヒ政府によるものであったとする。(30)たしかに、『全権授与法』により、「ライヒ政府が鈍重な議会主義的立法機械に取って代わる」(31)、指導者-国家-憲法体制に相応しい新たな事態が始まった。

しかしながら、ライヒ政府による立法という、ライヒ憲法が想定していない未聞の実態を理解するためには、ここでも、先ずもって、ライヒ政府がワイマールのそれとはまったく異なる性格と機能をもつ機関へと変貌したことを確認しておく必要がある。ライヒ憲法によれば、ライヒ首相は、「ライヒ大臣とともにライヒ政府を組織」し、「その議長を務め」、「ライヒ政府議事規則に基づき職務を行う」ものであった。「ライヒ政府の評議及び議決を必要とする事柄として、「すべての法律案、憲法又は法律が特に定める事項、及び、二つ以上のライヒ大臣の主任事務に関連し意見の一致を得ない問題」が挙げられ、議決は、「過半数により」決せられ、「可否同数の場合」に「議長が決する」とされていた。つまり、ライヒ政府は同輩者により構成される合議機関であり、ライヒ首相もまた他の大臣と同等の地位にある者でしかなく、かろうじて、大統領による大臣の任命が彼の指名によること、政府の議長となることによって「同輩者中の優越者」の地位を保証されていたにすぎない。しかし、パーペンが戦後の回想録の中で明らかにした「ヒトラーは、自らの見解が多数派に受け入れられないと知った時、多数により否決されるよりも、自ら進んでそれを取り下げることを選んだ[32]」といった当初の状況は、わずかの間に過去のものとなる。ゲッベルスが、政権掌握から三カ月足らずの四月二二日の日記に「内閣の中で指導者の権威が今や完全に確立されるに至った。もはや票決が行われることはない。指導者が決定を下すのだ[33]」と書いたように、この時点、もはや、ライヒ首相は同輩者中の上位者でも、ライヒ政府はライヒ首相と大臣からなる合議体でもなかった。ライヒ大臣は指導者の「助言者[34]」、「補助者[35]」へと、また、ライヒ政府は指導者の「助言団[36]」、「顧問団[37]」へと、その役割を変えたのである。こうした変化を当時の国法学者は次のように総括する。「指導者が彼の顧問団であるライヒ政府の頂点に立つ。彼はライヒ大臣の監督者であり、自由な裁量により、彼らを任命し、罷免する。ライヒ政府の決定は、ライヒ大臣からの意見聴取の後、指導者がこれを下す。投票が行われることはない。したがって、ライヒ政府内においてもナチズムの指導者原理が完全に貫徹されている。ライヒ政府は他のいかなる機関に対しても責任を負うものではない。ライヒ大臣は指導者に対して、そして、指導者自身はただ民族に対してのみ責任を負う[38]。」

それでは、ライヒ政府による立法の実際がどのようなものであったのか。ここでは、初期のケースとして、『政党新設禁止法』や『民族投票法』等、ライヒの新たな憲法体制を決する重要法案が審議され、一日の立法数からも頂点を成した一九三三年七月一四日の閣議を紹介しておこう。出席者は、ヒトラー首相の他、パーペン、ノイラート、フリック、クロージク、シュミット、ゼルテ、ギュルトナー、ブロンベルク、エルツ＝ルューベナッハ、ダレ、ゲッベルスの各大臣、プロイセン財務大臣ポピッツ、官房長官ランマース、マイスナー、フンク、ヒーアル等の各省次官、官房長等、そして、党指導者代理ヘスであった。この日審議された四三の議案の内、『政教条約』、人事案件等を除く三八の議案が立法案件であり、その内、提案通り承認された案件が二九、修正の条件付で承認された案件が七、承認に至らず取り下げられた案件が二であった。[39] 多くの法案が、『民族及び国家に敵対する勢力の財産没収に関する法律』がそうであるように、管轄大臣による提案理由の説明の後、ほとんど議論なしに承認された中で、出席者から強い異論が出され、審議が行われたケースが以下の三つの議案であった。

第四号議案である『政党新設禁止法』では、ライヒ内務大臣から当初提案された法文の内容に大幅な変更が加えられた。「新たな政党の設立、又は、解散された政党の組織的団結の保持を企図する者は、大逆犯及び背反犯として罰する。」これが元の文言であり、立法理由は次のとおりであった。「ワイマール体制の政党国家は勝利したナチス革命により打倒された。マルクス主義及び共産主義政党の代表者は民族代表から排除された。ドイツ国民戦線、中央党及びその他の政党は、こうした発展に鑑み、自ら解散の道を選んだ。諸政党の消滅により、長年にわたる国内の分裂状態に代わって、最終的にドイツにおける統一的な政治的意思が確立されるに至った。今後、こうした統一を再び打ち壊すことは、単にそれを危険に曝すことも含め、国家及び民族に対する犯罪となるであろう。」これに対し、ライヒ法務大臣は、「法律の中に刑罰威嚇に関する文言が存在しない。刑法典自体の条項をそのまま適用しうるわけではない。何故なら、刑法典が大逆罪、背反罪として規定するさまざまな行為は、それぞれに対応した特定の構成要件を前提としたものであるからである」と、立法技術上の問題点を指摘した上で、さらに、立法理由に関しても疑念を呈した。「現時点における法律の制定は心理学的に正しいものといえるであろうか。それはかえって諸政党の自己解散の印象を失わせるものとなる。この時期の立法は、政党の解散が内的な信念から行われたという事実を曖昧なものとするであろう。」ヒトラーがこれに、「心理的な懸念は理由のないものではない。本日法律を決定するにせよ、その公布を延期するといったことも考えられうるであろう」と応じたのに対し、フリックは、こうした懸念に理解を示しつつも、それは決定的なものではないとし、次のような提案を行った。「現在の状況に法律的な根拠を与えるためにも立法は必要である。法律の文言に関する懸念については、ライヒ法務大臣と協議し、法文を改めることとしたい。このことを条件として、法案の承認を求めるものである。」閣議はこれを了承し、その日の内に、ライヒ官房が新たな法文を作成、ライヒ内務大臣とライヒ法務大臣の副署をもって公布された。[40]

第五号議案である『民族投票法』の場合、ライヒ内務大臣が提案した法文の内容自体に実質的な変更はなかったものの、立法の形式に関し大幅な修正が加えられた。当初、法案はライヒ憲法第七三条の改正案として提案され、以下の条項を新たに同条第三項aとして追加する形式をとっていた。「民族投票は、ライヒ政府により作成された憲法改正法案を含む法案、又は、ライヒ政府により行われた決定が直接民族の票決に委ねられるべきとされた場合にも、行われるものとする。」立法理由は次のようにいう。「現行の国民投票制度は、議会が前もって行った立法行為を事後的に票決するものにすぎない。特別に重要な問題については、ライヒ政府が作成した法案を直接民族の票決にかけることができるとすることが今日の事態に適うものと思われる。」民族投票制度そのものに原則的に反対である旨を表明したライヒ国防大臣に続いて、プロイセン財務大臣は立法の形式に関し以下の疑問を呈した。ライヒ憲法の改正の形式を採用することは「心理学的に見て適切なものではない」と。さらに、彼は、立法形式として、憲法の改正ではなく、「民族投票に関する独立の法律の制定」を提案、これを受けて、ヒトラーが法文の作り直しをライヒ内務大臣に指示し、閣議はこれを了承した。これもまた、先の『政党新設禁止法』と同様、即日、ライヒ官房により法文が作成され、独立の法律として、ライヒ内務大臣の副署をもって公布された(41)。

第七号議案である『遺伝病を有する子孫の誕生を防止するための法律』をめぐっては、法案の内容そのものに関しパーペンから激しい異論が出された。「遺伝病の概念に関しては争いがあるところである。たとえば、精神分裂病は代表的な専門家によって治癒可能とされている。カトリック教会は教義上の理由から断種に反対している。断種の実行をもっぱら当事者の自発的な決定に委ねるとか、患者を監置するといった方策により、草案の内容を緩和する可能性が存在しないか、検討すべきである。提案された法案に対しては反対せざるをえない。」最低限の措置として法案修正の必要性を力説するパーペンに対し、ヒトラーはこれを一蹴した。「民族の維持のために行われる一切の措置は正当化される。遺伝病を有する人間が容易ならぬ規模において子孫を残し、他方、何百万という健全な子供たちが生まれないままに終わることが正しいというのであれば、法案が定める身体への侵害行為は単に取るに足らないものではないというだけではなく、道徳的にも妥当ではないという結論になろう。私は、原案を修正することなく承認するよう提案するものである。」パーペンは、改めて、遺伝病者の監置の可能性の検討を求め、さらに、ライヒ内務大臣が避妊手段の利用に対する処罰を検討する場合、これを歓迎する意思があることを付け加えた。フリックは、これに対し、監置の問題を検討する用意があることを明らかにしたものの、予想される膨大な費用の負担に鑑み、積極的な対応は約束しえない旨を言明。法案は原案どおり承認された。(42)

翌日の『フェルキッシャー・ベオバハター』は、「ライヒ政府による新たな立法 複数政党国家の終焉の確立」との大見出しの下に、前日の閣議において成立した『政党新設禁止法』等の主な法律を紹介するとともに、新たな政府の功績を報じた。「政府の活動を眼の当たりにして、今日の権威的政府が有する実行力、及び、かつての議会制度に立脚する無能な政府との根本的な相異といったものが、ドイツ民族の目にいやが上にも焼き付けられたにちがいない。短時日にこの上もなく重要な法律が制定されたのである。このことから新しい政府の有する途轍もなく大きな実行力といったものを知ることができるであろう。議会制度——それは幸いなことにわれわれの国民生活の中から一掃された——が、長年にわたり、実りのない議論を繰り広げ、民族全体を無意味な争いに引きずり込み、引き裂いてきたのに対し、今日のライヒ政府はアドルフ・ヒトラーの指導の下にわずかな期間に民族の求める多くの立法上の成果を生み出した。(43)」

七月一四日の閣議は、全大臣が出席し、その中で、パーペン等の発言に見られるように、曲がりなりにも審議が行われる等、合議体としての体裁を何とか維持していたといえようが、七月二〇日に決定された『ライヒ政府議事規則（各則）』の改正は閣議の在り様そのものを大きく変化させるものとなった。これ以降、立法の過程は、形式的にも実質的にも、閣議における評議とそれに基づく議決ではなく、「指導者の顧問団」としての内閣に見合った手続きに取って代わられた。(44)

先ず、一九二四年の『ライヒ政府議事規則』を確認しておこう。「ライヒ政府は、すべての法案、一般的な政治的に重要である命令の草案を、評議と議決のために提出しなければならない。……ライヒ政府は通例その議決を各大臣が出席する閣議において行う。事案の重要性に鑑み口頭による評議を必要としない場合、ライヒ官房長官は文書によりライヒ政府のメンバーの意見を聴取し同意を得ることができる。」これは、ライヒ憲法が、第六八条において、「法律案は、ライヒ政府により……提出される」として、ライヒ国会と並んでライヒ政府に法案提出権を付与し、第五七条において、政府内での法案作成の手続きに関し、「ライヒ大臣は法案をライヒ政府に提出し、その評議及び議決を求めなければならない」としていたことを受けたものである。

これに対し、『ライヒ政府議事規則（各則）第一改正令』(45)は、「簡略化された立法」と題して、『全権授与法』に基づく立法に関する手続きを次のように定める。「法律の草案は文書によって管轄大臣からライヒ官房長官に提出する。文書には、ライヒ政府による議決が必要であることを明示する。また、関係大臣が法案に同意しているか否かを明記しなければならない。意見の相異がある場合、関係大臣間の合意形成（大臣協議）について規定する議事規則（総則）第六八条の特別の尊重が求められる。意見の相異が残った場合、その旨を簡潔に報告しなければならない。……持ち回りによる議決の方法が認められる。」一九二四年の規則との相違は明らかである。改正は、ランマースが各大臣宛に送った三月一日の『回状』――「複数の省に関係する議題の提出は、事前の大臣間又は代理者間の協議により解決しえなかった事柄に限定すべきである」[46]――、及び、三月二日の閣議でのヒトラーの発言――「閣議では争点のみについて議決を行いうるように、事前に省庁間、又は、必要な場合には大臣間の協議によって問題の調整がはかられるべきである」[47]――を受けたものであり、これ以降、事前の各省庁間での協議が義務づけられ、従来は例外的であった「持ち回りによる議決」が一般的に行われうるものとなり、閣議の開催を不要とする可能性を開くに至った。

『改正令』に基づく手続きの実際を、ライヒ官房のヴィーンシュタイン局長は一九三六年一二月一五日のボンでの講演で概略次のように報告している。即ち、法案は、一般に、管轄大臣の下にある省官房の手により関係省庁との協議に基づいて作成され、管轄大臣から立法理由書とともに、議決方法の希望、及び、関係大臣の合意の有無を記載した文書を付してライヒ官房長官ランマースに提出される。事前に大臣協議が必要である場合、ランマースがこれを招集し、彼の主導の下に協議が行われる。当該法案を閣議の議事日程に組み込むか、持ち回りの議決によるかの決定もまた、管轄大臣からの提案を基に、最終的にライヒ官房長官が行う。持ち回りの場合、ランマースが「一定期間内、少なくとも八日以内に反対が表明されなかった場合、同意が得られたものとみなす」との文書とともに草案をライヒ政府の全構成員に送付し、反対意見が表明された時、管轄大臣と当該大臣の間で協議がもたれ、この結果、法案の修正に至った場合には、改めて先の手続きが繰り返される。閣議において評議が行われる場合も含め、関係大臣間の意見の調整は、ランマースの報告を基に、最終的に、ヒトラーがこれを決する。評議の終わった法案は、ヒトラーが裁可し、管轄大臣及び関係大臣の副署を付してして公布され、翌日から発効するという段取りであった[48]。

持ち回りによる議決は閣議の招集を基本的に不要なものとし、さらに、閣議に対する元々からのヒトラーの無関心が拍車をかけた。ディートリッヒの証言によれば、ヒンデンブルク大統領が健在であり、政府内でナチスの勢力が少数派であった間、「しぶしぶ」閣議を開き、「歯ぎしりしながら」妥協せざるをえない状況にあったが、(49)その後、ライヒ政府の同質化が完成し、そうした状況が克服された後も、国家行政に対する監督をライヒ政府を通じて行う意思など端から持ち合わせてはいなかった。(50)実際、ヒトラーは、早くから閣議そのものに関心を示さず、実務的な作業をランマースに任せっきりであり、(51)一九三五年以降は、閣議の開催を「そうせざるを得ない」(52)事情がある場合に限定し、しかも、一九三六年五月一二日や九月四日(53)の閣議がそうであるように、議長をゲーリングに委ねるといったことも珍しいことではなかった。(54)

一九三三年一月三〇日の夕刻に開かれた最初の閣議からはじまって、ライヒ政府は、当初の二カ月間で平均して二日に一度、合わせて三二回開いた閣議を、四月からの三カ月間で二〇回、その後の半年間で二〇回と徐々にその数を減少させ、持ち回りの議決方法が導入された一九三四年からはより間遠となり、一九三七年にかけて、それぞれ一九、一二、四、六を数えるだけとなった。クロージクは、戦後、「一九三五年から三七年にかけての重要な出来事――一般国防義務の導入、イギリスとの海軍協定、ラインラントの軍事的占領、ベルリン–ローマ枢軸、日本との防共協定――が閣議で評議されることはなかった」と回想している。「われわれがそのことをはじめて知ったのはラジオ放送や新聞を通じてであった。……ライヒ政府に代わって、ヒトラーの側近グループが一切の重要事項の決定に関与することとなった。具体的にはゲーリングやゲッベルス、リッペントロープ、ヘス、後にはボルマン、ヒムラーが、そして、軍事的案件の場合には、ブロンベルクやカイテル、国防軍の司令官連中がそうであった。(55)」実際、ヒトラーも、一九三七年一一月五日、ブロムベルクやフリッチュ、ゲーリング等の国防軍首脳を前に生活空間構想とその実現の方途について語った折り、冒頭、「本日の会議の議題は、これが外国であれば、閣議の席において本来説明しなければならないほど重要なものであるが、私としては、議題の重要性に鑑み、これを多人数で構成される閣議にかけることを差し控えることとしたい」と語っていた。(56)結局、閣議は、国防軍と外務省からフリッチュやノイラート等の保守派が一掃された翌日の一九三八年二月四日を最後として、それ以降招集されることはなかった。(57)

閣議のこうした形骸化、さらには、その終焉により、各ライヒ大臣による協議や評議の場が失われ、その結果、ライヒ政府は、合議機関はもちろんのこと、顧問団ですらなく、実質、それぞれに固有の管轄権を付与された各省の並列した束と化すに至った。グルーフマンは、こうした事態を、「管轄分権政治が内閣による共同統治に取って代わった」と表現する。(58)ニュルンベルクでのランマースの証言にあるとおり、既に『宣誓法』によりヒトラーと誓約的な「人格的依存」の関係に置かれていたライヒ大臣は、組織的にも、相互に分断され、孤立化し、単なる「管轄領域長以上のものではなくなった」のであり[59]、そうした彼らに残された道は、民族指導のいわば下請機関として、指導者の直接的な監督と指示、命令に服する以外にはなかった[60]。

ここに至って、ヒトラーは、「単に一般的な政治の方針のみならず、個々の問題に関しても、個人的に、かつ単独で、決定する」地位と権能を手にしたといってよい[61]。しかし、ヒトラーがそうした権能を実際に行使したわけではなかったことを、ランマースは、『第三ライヒにおける国家指導』と題する論説の中で、次のように解説している。「指導者が自らの人格の中に行政権力の全体を統括したからといって、国家の実際の行政の一切を指導者が自ら行っているということでは決してない。〔組織にとって〕下部指導者の個々の行為や措置への容喙の禁止は、その者の部下への権威を維持するために大切なことである。実際、指導者もまた、ライヒ政府を指導する上で、この原則を守ってきたのであり、そのことは、ライヒ大臣の地位がかつて以上に独立性を有していることからも明らかである。それは、たとえ、今日、ライヒ大臣が、彼の職務領域の全体に対して、また、一切の個々の措置や決定――副次的な場合も含め――に関して指導者の無制限の命令に服するとしてもそうである。指導者が下部指導者に対し求めるものは、責任の自覚であり、決断力、前進へのエネルギー、そして、真の権威といった事柄である[62]。」

ランマースの指摘からは、ライヒ首相としてのヒトラーと管轄領域長としてのライヒ大臣の関係が、党における指導者と下部指導者の人格的授権の関係と近似のものであることが分かる。一方における、「指導者の命令に対する無条件の規律」と、他方における、「上からの大まかな指示」、それに基づく「広範な自由裁量」の付与、そして、「責任」の明確化がそれである。たしかに、メディクスが指摘するとおり、運動の場合と同様、国家行政にあっても、一切の課題が指導者一人によって担われうるものではなかった以上、各ライヒ大臣に対する責任を伴った広範な権能の委譲は当然のこと、不可避のことであった[63]。

閣議の開催が間遠となり、一九三八年二月四日を最後に、以後まったく招集されなくなった結果、大臣間の協議の機会が大幅に縮小され、立法作業の主導権はライヒ政府から、実際に法案を準備し作成するライヒ官房と各省の手へと移行した。実際、ヒトラーは、一時、「特別な重要性をもたない法律の公布に関しては、形式的にも、これを管轄大臣に委譲する」ことを計画していたとされる[64]。これが実行に移されることはなかったものの、管轄分権主義が立法手続の更なる簡略化を生み出したことを、グルーフマンが紹介する二つの立法例は教えている。[65]

一つは、一九三六年六月二二日の『未成年者営利誘拐法』である。「恐喝の意図をもって他者の保護下にある未成年者を偽計、脅迫もしくは暴力により誘拐し、又は、その他の方法において自由を奪った者は死刑に処す。この条項に定める未成年者とは一八歳未満の者をいう。この法律は一九三六年六月一日に遡って効力を発するものとする。」これが新たに設けられた刑法第二三九条aである。立法の契機となったのは、その六日前、六月一六日にボンで発生した誘拐事件であった。犯人は、商人の一二歳になる男児を、父親が交通事故に遇ったとの偽計により学校から森の中に連れ出し、樹木に縛りつけた上、口を絆創膏で塞いだ後、父親に対し一八〇〇ライヒスマルクを要求、応じない場合、彼の息子は風呂の中で溺死させられることになるであろうとの手紙を送りつけた。従来の刑法典が、リンドバーグ事件ではじめて世間の注目を集めた営利を目的とする未成年者誘拐に関わる構成要件を知らず、そのため、今回の事件に対しても「個人の自由に対する罪」や「強盗罪」の適用により対応せざるをえないといった状況に対処するべく、ライヒ官房がライヒ法務省の協力の下に法案を作成し、遅くとも事件発生の翌々日には、それがヒトラーのもとに届けられ、彼の承認を受けたものと推測される。この時、ヒトラーは、当初ギュルトナーが刑事政策上の理由から「死刑」と並べて置いた「終身刑」の文言を削除している。[66]ランマースは一九日（金曜日）に出来上がった法案及び立法理由書を各大臣宛てに送付したが、そこには、「〔法案は〕既に指導者兼ライヒ首相の同意を得ている。……二二日（月曜日）正午までに反対の表明がない場合には同意が与えられたものとみなし、ただちに法律の公布を行う」との文書が添えられていた。[67]ランマースが同じ文書の中でギュルトナーに対して「二二日の夕刊紙への発表に備えた新聞告示の準備を行う」よう要請していたこと、さらに、同日のギュルトナー宛ての別の文書に、「ライヒ政府により承認され、指導者兼ライヒ首相により裁可された未成年者営利誘拐法を送付する。ライヒ官報による法律の報知は既に完了している」とあったことを合わせ考えるならば、一連の手続きは端から『議事規則』が定める手続きの体裁を取り繕うための「茶番」でしかなかった。[68]事は、八日後の六月三〇日にボン陪審裁判所が法律の遡及適用により死刑を宣告したことにより決着した。[69][70]

一九三八年六月二二日の『工作物利用による道路強盗に関する法律』の場合、より簡略化された、文字通り電光石火の立法手続がとられた。「略奪の意図をもって、自動車を停止させる工作物を路上に設置した者は、死刑に処す。この法律は一九三六年一月一日から効力を発するものとする。」以上が法律の全文である。事の発端は、ゲッツェ兄弟がベルリン周辺の路上で一九三六／三七年の二年間にわたって工作物を利用して行った自動車を対象とする略奪行為であった。一連の事件の中で二人を殺害した兄のヴァルターはともかく、獲物である自動車の停止を目的に伐採した樹木を路上に置き略奪行為に加担した弟のマックスについては、現行法による限り、死刑の宣告は困難であった。一九三八年春に逮捕され、ベルリンラント裁判所に付設された第二特別裁判所で審理が行われていたこの事件を聞きつけたヒトラーが、法務大臣ギュルトナー宛てに「私の希望は二人の被告に対し死刑が宣告されることにある」との意向を伝達させたのは、六月二〇日の夜、公判終了の四日前のことである。[71] ギュルトナーは、翌日、ベルヒテスガーデンに滞在中のヒトラーに至急報を送付、その中で、マックスに対する死刑判決を可能にする唯一の方策として、当時検討が進んでいた新刑法典の草案にある「工作物利用による道路強盗」に対する条項の立法化と遡及適用を提案し、同時に法律の案文を送付した。[72] これが、「略奪の意図」をもって何らかの工作物を路上に設置するという準備行為それ自体を処罰するものとして、ナチス意思刑法の表現であったことはともかく、公判の終了を目前に控え、ヒトラーは、ギュルトナーの勧めに応じて、草案を持ち回りの協議に付さない旨を決定し、六月二二日にこれを裁可した。[73]『ライヒ政府議事規則（各則）第一改正令』が必要とする「立法理由書」もまた、立法の動機が一般に明白であるとの理由から作成されずに済まされた。[74] ギュルトナーが草案のコピーを付して事の顚末をランマースに報告し、あわせて他の大臣への報知方を依頼したのは、官報発行当日の六月二三日、[75] そして、特別裁判所が二人の兄弟に対し八件の道路強盗罪を理由に死刑を宣告したのは翌日の二四日のことであった。[76]

管轄分権主義は立法手続の更なる簡略化をもたらしただけではない。立法の統一性の破壊は容易に想像されるところであるが、こうした事態をいっそう加速した事柄に法律による各大臣への広汎な命令の委任がある。ライヒ内務大臣は、早くも、一九三四年一一月一二日付でライヒ官房長官宛に書状を送り、このことがもたらす危険を警告していた。「最近、法律が、個々のライヒ大臣に対し、特定の事象‐法領域を対象に命令を布告する権能を授与するケースが増えている。こうした授権の中には、非常に広範囲にわたるケースがあり、そのため、通常であれば、法律により、つまり、ライヒ政府の決定により立法化されるべき大きな法領域が、管轄大臣のみによって新たに規定されるといった事態が生じている。かような命令の布告に際して、当該省庁の観点のみが決定的となり、そのため、ライヒの行政全体にとって必要不可欠であるはずの統一性が損なわれる危険が懸念される。とりわけ重要な問題として、関係大臣が、命令の布告に先立って、〔管轄大臣から〕事情を聴取し、また、異議を申し述べる、そうした機会を失ったことがある。それ故、上記のような授権を、特別な事情の故に通常の立法手続きを踏むことが不可能なケース、たとえば夏期の故に閣議の開催が間遠となるといった場合に限ることが必要である。[77]」

予想される混乱に備え、ライヒ官房に対し、各省による命令の布告を調整し、統括する役割が付与されていたものの、そうした調整はヒトラーの決定が求められるような重要問題に限定され[78]、また、ランマース自身が、後には、中立的調整者としての役割を放棄したことから[79]、結局、多くの場合、命令の布告を調整し、監視する部署が存在しないまま、一方で、各ライヒ大臣が他の官署を無視した命令を布告し、他方で、無視された官署の側が下部の機関に対しこれらの命令を存在しないものと見なすようにとの指示を出すといった事態の出来により、「重大な法の不安定」が危惧される状況にさえ立ち至った[80]。

分権主義がヒトラー自身にとっても重大な問題を孕むものであったことを、一九三七年の『ドイツ官吏法』制定後の混乱は教えている。職務義務違反による懲戒事犯の他、第七一条が政治的言動を理由とする官吏の免職を定めたことは先に紹介したとおりであるが、このとき、シュレーゲルベルガー法務次官は、裁判官を例外とするべく、第一七一条として、「裁判官は、彼が下した判決のザッハリッヒな内容を理由に退役に処せられることはない」との条項を挿入、事後になってその事実を知ったヒトラーは、一七一条にあくまで固執するギュルトナー等法務省に対抗して、一九三八年七月一二日、ランマースを使い全ライヒ大臣宛てに「判決もまた第七一条に基づく手続きを開始する契機となる」との『回状』を送付させた[81]。この出来事が明らかにしたことは、「上からの大まかな指示」が必ずしも常に存在するわけでも、また、各省の「自由な裁量」がヒトラーの思惑と常に合致するものでもなかったという、当たり前至極の現実である。『官吏法』のケースとは逆に、ヒトラーが個々のライヒ大臣や党指導者の要請に基づいて、しかも関係省庁との打ち合わせなしに、命令の布告を許可した結果、『ドイツ労働戦線に関する命令』の場合がそうであったように[82]、当該命令が既存の法律と矛盾し、干渉されたライヒ大臣からの抗議により、事後に、部分的な修正を余儀なくされるといった事態も生まれている[83]。

党もまたこうした混乱の埒外にあったわけではない。党官房長官ボルマンがランマースに宛てた一九四一年一一月一九日付の書状からは党の当惑が見て取れる。「大管区指導者から見て、ライヒ政府がその都度いかなる法を有効なものとみなしているのか、もはや認識しえない状況が生まれている。それ故、彼らは、今後ますます、いかなるライヒ法律が適用され、適用されるべきでないかを、自らの裁量に基づいて判断しないわけにはいかないものとなるであろう。(84)」

2　立法への党の関与

一　ライヒ全権委員フランク

立法権がライヒ政府等の国家機関に帰属するものであったにせよ、立法が、常に民族の世界観に定位し、その具体化を課題とするものであった限り、指導者-国家-憲法体制にあって、「ドイツ国家思想の担い手」である党が、立法に関しても、国家に優位し、「国家に命令する」立場にあることに変わりはない。(85)

当初、そのための窓口となったのが闘争時代から党とヒトラーの法律顧問であったフランクである。一九三三年四月二二日の閣議は、ライヒ法務大臣ギュルトナーから提案のあった「各ラント司法の強制的同質化及び法秩序の新たな形成のためのライヒ全権委員」の設置、並びに、全権委員へのフランク――彼は、当時、バイエルン法務大臣、ナチスドイツ法曹連盟指導者、党ライヒ法制局長官の職にあった――の任命を決定した。(86)二カ月後、フランクは、与えられた二つの任務の内、「法秩序の新たな形成」のため、自らの活動の拠点となるべき機関として、「ドイツ法アカデミー」を、ヘス、レーム、ゲッベルス、ギュルトナー、フリック、カール・シュミット、メッガー、ケルロイター等九五名に及ぶ党と国家、学界、実務界の重鎮や要人を網羅して設立した。(87)ライヒ法務省内で六月二六日に催された設立総会の挨拶の中で、フランクはアカデミーの必要性と役割を次のように明らかにした。

「ドイツ法の革新をナチズムの世界観に基づいて実行する上で、この革新を厳格な学問的方法の諸原則にしたがって準備するための機関の結成が緊急の政策課題となった。私がドイツ法アカデミーの設立を決意したのはこうした理由による。アカデミーの任務は、ライヒ及びラント各省の立法権限に干渉することなく、法律改正を提言し、法案を鑑定し、法と経済にかかわる政府の重要な措置に対して批判的意見を表明することにある。(88)」

バイエルン政府は、アカデミーに対し、九月二二日の法律(89)により法人格を付与したが、ライヒ政府もまた、翌年七月一一日、「アカデミーの活動が公法及び私法の領域においてこれまで果たしてきた重要性に鑑み、ライヒとの連携を実現するためライヒ法人格を付与することが必要である」として、(90)『ドイツ法アカデミーに関する法律』を公布する。法律は、アカデミーが「ライヒ法務大臣及び内務大臣の監督に服する」「ライヒ公法人」であること、議長が「ライヒ首相により任免される」こととし、これによりアカデミーの公的性格を明らかにするとともに、その任務を、バイエルンの法律の文言のまま、「アカデミーの課題は、ドイツ法の新たな形成を促進し、立法権を有する機関と密接かつ不断に連携をとりつつ、すべての法律の領域においてナチズムのプログラムを実現することにある」と規定した。さらに、同日のライヒ官報により布告された『定款』は、こうした課題が「確証された学問的方法の適用によって実行されるべき」ものであるとの観点から、アカデミーの活動分野として、学問的著作の編集及び刊行の支援や学会の開催等と並んで、「法案の作成、提案、鑑定及び準備」を挙げ、あわせて、「自らに課せられた任務の遂行に際し、個々の事案の審議のため特別委員会を設置する」ことを定めた。アカデミーの活動がナチズムの世界観により強く規定されるものであったことは当然として、中でも「人種の保全」が眼目であることを、フランクは一九三四年五月五日のベルリンでの記者会見の席で語っている。「われわれの立法の原則はわれわれの民族の価値ある人種的基盤の維持にある。これを動揺させる者はわれわれの民族の維持という基本的必然性を動揺させるものであり、ドイツにおいては決して理解されることはない。それ故、われわれの民族のもつアーリア的性格、つまりは、人種的に明白な性格をこのように鋭く際立たせる試みがドイツ民族の法の精神に属することは当然のことである。」[91]

『フェルキッシャー・ベオバハター』が正式の任命の一週間も前に「ナチス党員」フランクの就任を伝え、これにより「党が長年抱いてきたローマ法の排除という課題が実現されることになろう」と報じ[92]、また、『ドイツ法』が「ライヒ法の発展に対し決定的な影響力を行使するというわれわれの運動の長年の希望が成就された」と報じたように[93]、フランクのライヒ全権委員への任命は、少なくとも外見上は、運動の側が「固有のイニシアティヴに基づいて立法計画を立法機関に提言し、その実現に尽力する」[94]ための橋頭堡をライヒ政府の内部に築いたことにほかならず、それはとりもなおさず、ライヒ法務大臣として立法作業を統括するギュルトナーにとっては厄介なライバルの登場を意味するものであった。しかしながら、グルーフマンによると、この間の事情は必ずしもそれほど単純なものではなく、フランクの任命は、ギュルトナーの側からヒトラーに提案されたものであり、そこには二つの狙いが隠されていたという。一つは、ライヒ法務大臣就任の夢が破れ、そのためギュルトナーを中心に保守派が牛耳るライヒ法務省に対し党の側からする各ラント司法責任者の反対動員を企むフランクの気勢を削ぎ、彼を国家の権威の中に取り込もうとする狙い、今一つは、差し迫った司法及び立法改革の実行にあたり、党を代表する著名な法律家の協力を確保し、それにより、当時既にユダヤ人司法官吏や弁護士の追放政策をめぐって見られたような、法務省の強力な反対勢力になりかねない党の動きを牽制する狙いがそうであった。(95)

ギュルトナーは、四月五日のヒトラーとの会談で、渋る彼を説き伏せ、フランクのライヒ全権委員への任命の了解を取り付けたが、その彼に対し書状や電報を送付し、早急の任命を催促したフランクの行動は、(96)ギュルトナーにとっては狙い通りのものであったのかもしれない。ヒトラー自身はなお早期の任命に乗り気ではなかったとされるが、ギュルトナーは四月一一日付の書簡で改めて次回の閣議での決定を要請している。「フランク博士の希望の内容につきましては、今月五日にご説明申し上げたところです。その折り、私は、早急なドイツ法の新構成のために、ライヒ法務省とナチス党法制局の協力関係を作り出すことが効果的であり、また外部への強力なメッセージとなる旨をご説明申し上げました。具体的には、こうした結合は、私たちの同志であるフランク博士の人格の中に体現されることになるでありましょう。したがいまして、私は次回の閣議に、ライヒ大統領閣下がライヒ全権委員を設置し、フランク博士を任命されるようご提案するつもりであります。ライヒ全権委員の任務は、各ラントにおけるライヒ法律の統一的執行を保障することにありますが、加えて、ライヒ全権委員は、ライヒ法務省に設置が予定されている委員会に副委員長として所属し、立法の改革の準備を担当することとなります。(97)」この書状の写しを即日ギュルトナーから受け取ったフランクは、早速、彼に電報を返し、「ナチス党の名において」感謝の念を表明したが、(98)彼の熱意は、一週間後にヒトラーと話し合いの場をもち、そこにおいて直接彼から合意を取り付け、その旨を直ちにギュルトナーに打電したことにもあらわれていた。(99)たとえ同床異夢ではあれ、四月二二日の閣議の決定が双方にとって歓迎すべきものであったことはたしかなようである。

二　指導者代理ヘスと党官房長官ボルマン

しかしながら、ライヒ全権委員としてのフランクの役割は、短期間に、しかもその実をあげることなく終了する。任命からわずか一年八カ月後の一九三四年一二月一九日、ヒトラーは、フランクに書状を送り、ライヒ全権委員の解任と無任所大臣への任命を通知した。「ライヒ法務省とプロイセン法務省が統合され、また、一九三四年一二月五日の法律によりライヒが他のラントの司法行政に対する直接的な監督権を手にした結果、司法の強制的同質化の課題は解決されるに至った。法秩序の革新に関しては、貴殿はドイツ法アカデミーの中に模範となる恒常的な組織を創設したが、これにより貴殿は、狭義の司法の領域に限らず、すべての法の領域においてナチズムの世界観に基づく革新を実行する可能性を手に入れたのである。私は、ライヒ全権委員として貴殿が果たした倦むことのない、また、多くの成果を生み出した働きに対し心からの感謝と特別の称賛を贈るものである。ここに、私は、ヒンデンブルク大統領により貴殿に与えられた任務の終了を宣言し、同時に、貴殿をライヒ政府の無任所大臣として任命する。」(100)

司法の強制的同質化の完成が全権委員の任務の半分を消滅させ、法革新の任務もまた、全権委員ではなく、ドイツ法アカデミーがそれを担当するに十分であったというわけだ。これ以降、フランクは、一大臣として閣議での法案評議への参加は別にして、立法過程への特別のかかわりの足掛かりを喪失、他方、ヒトラーが名指ししたアカデミーもまた、活動の目標を「ドイツ法の全体的革新」(101)へと定位し、『ナチス刑法典』や『民族法典』といったナチズムの世界観に立脚した抜本的な法典の編纂事業を課題とすることにより(102)、ライヒ政府の立法が改正法や特別立法の手法による個別かつ緊急の対応に終始する中で(103)、現実の立法作業との接点をほとんど欠くものとなっていった。こうした事態を受けて、フランクは、一九三六年、影響力回復の手だてとして、ヒトラーに対し、あらゆる重要法案の作成作業へのアカデミーの参加を義務づけるようにとの要望を送ったものの、この面でも、ヒトラーの対応は、ライヒ官房長官を通じて、各大臣宛てに、「そのことが適当と判断される場合」アカデミーの意見を聴取する機会をもつようにとの回状を出すにとどまった。回状は、さらに、「特別に秘密保持を必要とし、あるいは、緊急の必要のある」法律については、その限りにあらずとし、また、立法活動の遅滞を招く事態はいかなる場合にあっても避けなければならないとして、事実上アカデミーの排除を決定づけるに至った(104)。

フランクの思いや努力にもかかわらず、党の側の主導権は、とうの昔に、指導者代理であるヘスの手に移っていた。ライヒ政府は、一九三三年六月二七日の閣議において、彼に対し閣議及びすべての大臣協議に出席する権限を付与し(105)、さらに、五カ月後の『党と国家の統一法』において、彼を「党機関と国家官庁との緊密な協働の保障」を目的に、「無任所大臣」として内閣の正式の構成員とする決定を下した結果、ヘスは閣議での法案評議に参加する、つまりは、党の世界観や利益を立法に反映させる最初の堡塁を確保するに至った。もっとも、これだけでは、フランクの立場と何ら変わりはなく、法案作成が管轄大臣の所掌とされている現状では、党の影響力を行使するには、不十分であった(106)。翌年七月二七日、バイロイト音楽祭に同道したヘスから法案の準備作業の段階からの関与の保障を求められたヒトラーは、[107]「党と国家の更なる統一化」を名目に、[108]ランマースを通じ以下の命令を各大臣宛てに送付した。「指導者代理兼ライヒ大臣ヘスは、ライヒの管轄する一切の事柄にかかわる法案の作成に関与するライヒ大臣の地位を有するものである。法案の作成にかかわる一切の活動は、他の関係大臣が関与する時点において、ヘスに対し報告すべきものとする。このことは、管轄大臣の他に関係する大臣が存在しない場合にも同様である。ライヒ大臣ヘスは草案に対し意見を表明する機会を与えられるものとする。以上のことは各省が布告する法命令にも準用される。[109]」この後も、ヒトラーは、ヘスの関与の範囲を、一九三五年四月六日に、「ライヒ官報による報知の対象となる一切の施行令」へと拡大し、[110]さらに、一九三八年四月一二日にはラント法律へと拡大する措置をとっている。後者の措置は、『ライヒ新構成法第一施行令』が、ラント法律の公布につき管轄大臣の同意の必要性を、また、法命令に関して事前の関与の可能性を定めたことを受けたものであり、ライヒ官房長官を通じて、各大臣宛に、これらの同意等についてもヘスの関与の保障を求める旨を通達した。[111]かくして、ヘスは、ライヒ及びラントの法令のすべてに関与し、一切の立法に党の意向を反映させ、世界観の実現を図るという、フランクがあれほど求めて手に入れることのできなかった、唯一無二の立場を自己のものとするに至ったのである。

もっとも、ヘスに与えられた権能は二つの理由から必ずしも彼の思惑どおりに機能したわけではなかったらしい。彼は一九三四年秋にランマースに対し次のような書簡を送りつけている。「法律及び法命令の草案の送達が遅れ、指定の期間内では的確な対応が不可能となるといったことにより、指導者から私に付与された権能が無意味なものになる事態があってはならない。私の関与はナチス党の態度表明そのものを意味し、また、事前に党のしかるべき部署の意見を聴取する必要があることをご承知願いたい。それ故、各大臣に対しては十分な期間をもって草案を送達するようお願いしなければならない。さもなければ、今後、検討のための十分な期間の保障のない草案に対しては私の同意を留保せざるをえない事態が生じうることとなるであろう。[112]」要望を受けたランマースは、半月後の一〇月二七日、指導者兼ライヒ首相の委任に基づき各大臣に対し、「今後、各大臣にあっては、法律及び命令の草案の送付に際して、〔ヘス及び彼の機関が〕検討のための十分な時間がとれるよう配慮することを要望する」との書簡を送付した。[113]これに対する各大臣の反応はどうであったか。ライヒ航空大臣ゲーリングがヘスに宛てた一一月一三日付の書簡には、「一切の法律及び命令の草案が遅くとも他の関係大臣に送達される時点に貴殿の手元に届くよう改めて

〔省官房に〕命じた」とあった。(114)

各省の側からのサボタージュだけではない。党の側からする越権もまたヘスの頭痛の種であったらしい。ライヒ官房長官は、一九三八年四月一三日、各大臣に対しヒトラーの命令を伝えている。「指導者は特別な理由から改めて明白に以下のことを命じた。立法にかかわる党及び分肢組織からの提案、要望は、ただナチス党指導者代理を通してのみ管轄大臣に対し送達されるべきものとする、と。私は、ライヒ大臣ヘスの希望により、この命令を各大臣に対し報知するものである。(115)」ヘスの頭越しに管轄大臣への働きかけを行おうとする党指導者たちの姿が眼に浮かぶ。その頃ランマースがヘスに宛てた書簡に次のようなものがある。「現在、ライヒ労働省において、住宅公社の設立に関する法律が検討中である。この問題に関して、ライヒ組織監督官〔ライ〕から私宛てに次のような意見と要望が寄せられた。公社の設立には『原則的かつ技術的理由から』反対せざるをえない、この点につき私の見解を指導者に伝えられんことをお願いするものである、と。貴殿はこれまで、あらゆる政治的問題、とりわけ立法に関して、ライヒ政府に対する党の見解の表明はもっぱら指導者代理を通して行うものであるとの考えを繰り返し表明してきた。それ故、私はライヒ組織監督官の上記の意向を貴殿に伝えるものである。今後の措置については貴殿の判断に委ねたい。この件を貴殿に報告したことについては既にライ氏に連絡済であることを申し添える。(116)」

もっとも、ヘスの側もまた自己の権能の拡大に余念がなかったようである。法案の準備段階に限らず、管轄大臣による法命令等の布告に関し直接的な関与を保障する法律として、一九三四年一二月一三日の『民事法上の請求権の補償に関する法律』がある。法律は、ナチス革命に伴う政治的行為により個人に発生した特別な損害に対する国家補償を健全な民族感情との合致を条件に行うことを定めたものであるが、管轄大臣であるライヒ内務大臣が「法律の施行又は補充に必要な法命令や行政命令」を布告する場合、ライヒ法務大臣、ライヒ大蔵大臣に加えて、「指導者代理の同意」が必要であるとの定めが置かれた。これは、法律が多くの場合一般的な原則のみを定め、詳細を命令に委ねるといった状況が一般化する中で、特に党の利害や世界観に直結する法律に関し、公布以降も党の側からの監督を確保せんとする意図によるものであった。同様の例は、『ライヒ公民法』、『血の保護法』、『ライヒ国境の保全と報復措置に関する法律』にも見いだされ、たとえば、『公民法』には、「ライヒ内務大臣は、指導者代理の承認を得た上、本法の施行及び補足に必要な法命令及び行政命令を布告する」とある。さらに、ヘスは、単なる協働や監督だけではなく、直接自ら命令を布告するという、管轄大臣と同様の権能を手に入れる。たとえば、『国家と党に対する陰謀的攻撃の防止及び党制服の保護のための法律』は、「指導者代理は、ライヒ法務大臣及びライヒ内務大臣の同意を条件に、第一条ないし第六条の施行及び補充のために必要となる命令を布告する」と定めている。同様の法律に、『ドイツ地方自治法』、『ナチス党及びその分肢組織の成員に対する訊問に関する法律』がある。

ヘスが一九四一年五月一〇日に突然の英国への単独飛行により失脚した後、彼の任務はボルマンに引き継がれた。指導者代理機関に代わって党官房の設置を決定したヒトラーは、五月二九日、『党官房長官の地位に関する指導者命令』を布告し、ボルマンを党官房長官及びライヒ監督官に任命するとともに、「党官房とライヒ最高官署の緊密な協働の保障」を目的に「ライヒ大臣の権能を有する」こととした。ランマースは、この決定に基づき、翌年一月一六日、『党官房長官の地位に関する指導者命令の執行のための命令』により立法へのボルマンの関与を改めて確認している。「立法への党の協働は、指導者の特別の決定がない限り、もっぱら党官房長官により行われる。党及びその分肢組織が立法に関し提案、要望がある場合、それらは党官房長官のみを通して管轄権を有するライヒ最高官署に対し送達される。党官房長官は一切の立法活動につき関係大臣の地位を有する。それ故、ライヒ最高官署は、法律等の作成作業に際し、党官房長官を当初から関与させるべきものとする。」

3　立法権の指導者権力化

一　指導者権力化のはじまり

ボルマンがヘスの後を引き継いだ頃、とっくに、第三ライヒの立法をめぐる状況は新たな段階を迎えていた。元来国家の三権の一つである立法権の指導者権力化、あるいは、その明白化とでも呼ぶべき現象の出来がそれである。換言すれば、この時期、民族の指導者であるアドルフ・ヒトラーが、立法権をハッキリと指導者権力を行使する上での一つの手段と位置づけ、ようやく、ライヒ国会やライヒ政府を隠れ蓑としてではなく、真に民族の唯一最高の立法権者としての姿を顕現させるに至ったということである。もっとも、それは、何か突然の出来事などではなく、『全権授与法』以来の第三ライヒの立法をめぐる憲法体制の漸進的な発展と変化の一つの到達点といった体の出来事にほかならず、その発展と変化の跡は、裁可、公布、副署、法的授権といった立法に固有のさして目立たない事柄の中に辿ることが可能である。

ライヒ国会であれ、ドイツ民族、ライヒ政府であれ、それぞれの有する立法権が『ライヒ憲法』、『民族投票法』、『全権授与法』といった国家法に基づくものである以上、各機関の性格や機能に大きな変化が生じたにせよ、また、実際の立法手続が、たとえ茶番であったにせよ、定められた法令に依拠し、とりわけ、裁可や官報による公布等が法律の成立要件を構成することにつき、その形式も含め、大きな変化はなかったといってよい。変化といえば、せいぜい、従来の「ライヒ国会は以下の法律を議決し、ライヒ参議院の同意を得てここにこれを公布する」との文言が、「ライヒ政府／ライヒ国会は以下の法律を議決し、ここにこれを公布する」に、また、署名者も従来の「ライヒ大統領」から「ライヒ首相」に、そして、一九三四年八月七日の『刑罰免除の保障に関する法律』以降は、八月九日の『畜産業並びに飼料国産化促進法』を唯一の例外として、「指導者兼ライヒ首相」に代わっただけである。これらの変化も、参議院の廃止、大統領の官職の統合といった制度的な変化を反映するものでしかなかった。

しかしながら、表面上の同一性あるいは類似性にもかかわらず、早期の段階で、両者の間には体制の根幹にかかわる無視できない相異が存在したことも事実である。『全権授与法』第三条は法律の「裁可」及び「公布」を次のように規定する。「ライヒ政府により議決されたライヒ法律は、ライヒ首相が裁可し、ライヒ官報をもってこれを公布する。(Die……Reichsgesetze werden vom Reichskanzler ausgefertigt und im Reichsgesetzblatt verkündet.)」これと対応するライヒ憲法第七〇条の規定は、「ライヒ大統領は、憲法にしたがって成立した法律を裁可し、ライヒ官報をもって公布しなければならない（Reichspräsident hat die……Gesetze auszufertigen und……zu verkünden.)」であった。二つの条項に見られる法文上の微妙な差異から、二つの憲法体制の下におけるライヒ大統領とライヒ首相の地位と権能の根本的な相異を読み取ることはそれほど困難なことではない。ライヒ大統領の裁可及び公布の行為は、「ライヒ大統領は、……しなければならない」との文言にもあるとおり、国会の優位の下に、第七三条第一項――「ライヒ国会が議決した法律は、一カ月以内にライヒ大統領の命令あるときは、公布に先立ち国民投票に付さなければならない。」――の例外的場合を除いて、基本的には形式的・儀礼的なものでしかなく、そのことが立法に関するライヒ国会の優位及びライヒ大統領の従属的地位をあらわしていたとするならば、『全権授与法』の「ライヒ首相が裁可し、……公布する」との規定は、裁可及び公布がライヒ首相に固有の権能であるというにとどまらず、第三ライヒにおける立法の最終的な淵源が、ライヒ首相、ひいては民族の指導者アドルフ・ヒトラーの手の中に存することを朧げながらも示すものであった。

同様の事態は、より明確な形で、管轄大臣が行う「副署」

の変化にも確認することができる。ライヒ憲法第五〇条がライヒ大統領令を含む法律の裁可、公布の要件として「ライヒ首相又は管轄ライヒ大臣の副署」を求めていたのに対し、『全権授与法』にはこれに相当する規定は見当たらない。単なる欠落ではなく、むしろ、フーバーがいうように、法律が意図的に副署を裁可、公布の効力要件とせず、不要とみなしたことの結果であったと見るのが妥当であろう(117)。元来、副署が、立憲制度の下において、管轄大臣等の国会に対する責任を明示し——*Gegenzeichnung* という名称はそこに由来する——、あわせて、大統領の権限の制限を意図するものであった限りにおいて(118)、こうした副署が第三ライヒの憲法体制の中に存在する余地をもたなかったとして(119)、それは当然のことであった。ライヒ首相、後には、指導者兼ライヒ首相であるヒトラーによる法律の裁可及び公布は管轄大臣の副署なしに行われうるのであり、このことは、先の第三条とあわせて、立法の最終的な淵源の所在をあらわすものであった。その意味で、元来ライヒ政府への立法権の授与を定めたにすぎない『全権授与法』の中に、既に、ライヒ首相、より実体に即していうならば、民族の指導者であるアドルフ・ヒトラーが立法の淵源の地位に立つ新たな憲法体制の在り様が、萌芽的にではあれ、反映され、表現されていたといってよい。

もっとも、第三ライヒの全期間を通じて、ライヒ国会のみならず、ライヒ政府が議決、公布した法律に管轄大臣等の副署が付されたことは従来と何ら変わりはなく、時には、『元首法』や『国防軍構成法』のように全大臣が名を連ねることもないわけではなかった。したがって、細部の違いはともかくとして、官報にあらわれた文言を見る限り、副署に関しても外面上二つの体制の間で大きな相異があったわけではない。しかしながら、ここでも、民族の指導者がライヒ首相となる指導者‐国家‐憲法体制の下にあって、副署が、ライヒ国会による立法の場合を含めて、ワイマールのそれとは何かまったく異なる役割を果たすものへと変化したことにつき疑問はない(120)。副署を表現する言葉として、Gegenzeichnung に代わって"*Mitzeichnung*"が一般に用いられるようになった(121)こともこうした変化と無関係ではなかったはずである。

副署に課せられた新たな役割とは何であったか。立法における指導者権力と国家権力の媒介項がそれであった。指導者兼ライヒ首相は、副署の許可を通して、管轄大臣等に対し、当該の法律、命令にかかわる領域において、彼が行う民族指導への協働の権能を付与し(122)、他方、管轄大臣等は、副署により、法律に表現された指導者の意思の誠実な執行を通した民族指導への協働を誓約するという仕掛けがそれである(123)。副署のこうした機能は、第三ライヒにおける立法の多くが基本的な枠組みの提示にとどまり、その具体化が管轄大臣等に委ねられていた実態に見合うものでもあった。たとえば、『血の保護法』には三つの施行令が、『ライヒ公民法』には一三の命令が、立法以降のユダヤ人問題の解決の進展に応じて、それぞれの法律の授権に基づき、関係するライヒ内務大臣等により布告された。キュンマーリングやフーバーがいうように、結局、副署は、国家が党と並ぶ民族指導の手段と位置づけられる憲法体制にあって、国家を代表する管轄大臣等が、法治の原理に基づいた単なる法律の執行者の地位にとどまらず、民族の指導者の *Mitarbeiter*、*Mitschöpfer* として、当該の法律、命令にかかわって、その草案作成の段階から、彼とともに、彼の意思に即して民族の課題の実現のために協働する、そうした彼らの地位と権能、責任を明示するものであったと解することが妥当である。(124) *Mitzeichnung* はそうした事態に見合った名称であった。一九三五年の『ライヒ政府議事規則改正令』(125)が、管轄大臣に事故ある時の副署の代理に関し、「第一六条第二項は既に妥当性を失ったとみなされる」として、同項が規定する「その他の大臣」に代えて当該大臣の下にある「次官」が副署を行うとしたことは、副署の機能の変化に対応する措置であった。副署が指導者と当該官署を代表する管轄大臣の間に交わされる一種の誓約であった以上、他の大臣による代理がありえないこと、当然であった。(126)

副署の新たな意義と機能からは、民族の指導者がライヒ首相という国家の官職を通して立法権を掌握し、他方、ライヒ国会及びライヒ政府は指導者の手の内にある立法のための道具でしかないという、第三ライヒの立法にかかわる憲法体制の在り様を見て取ることができる。なるほど、すべての法律には、「ライヒ政府/国会は以下の法律を議決し、ここにこれを公布する」との決まり文句が付せられることになってはいたものの、立法は、実質的には、指導者権力の一つの表現でしかなく、(127)真の立法者が「指導者兼ライヒ首相アドルフ・ヒトラー」である事態に変わりはなかった。(128)ウェーバーはこの間の事情をとらえて、「既に一九三四年、遅くとも一九三五年の時点において、政府及び国会による立法は、実際のところ、指導者の立法の表現形式以外の何物でもなく、立法権は指導者権力の構成要素の一つであるとの認識が一般的なものとなった」と指摘する。(129)

こうした事態をより明確に表現する立法例に『元首法』、『国防軍構成法』がある。二つの法律の特徴は全大臣の副署をもつことにあった。ウェーバーは、ここに見られる副署の機能として、協働とは異なる、祝祭的なそれを挙げている。「副署は、ライヒ政府が、民族と世界を前にして、指導者及び彼の歴史的責務と偉業に対し一致団結して行う祝祭的な信仰告白を表現するものである」と。(130)このことから明らかになることは、真の立法者はもはやライヒ政府なんぞではなかったという単純な事実である。それというのも、信仰告白は常に事後的な行為であり、そもそも自らが公布した法律に対する信仰告白といったものなどありえないことであったのだから。ここでは、形式上の立法者としてのライヒ政府の存在は、他の法律以上に希薄なものとなっている。ライヒ政府は、全大臣の署名とは裏腹に、いわば単に立法の形式的な体裁を整えるためだけに、法律の中に姿をあらわすにすぎない。

　さらに、『元首法』に関しては、副署のこうした機能にとどまらず、より具体的な変化の兆候を指摘することができる。『元首法』公布の翌日にライヒ首相により布告された『元首法の執行に関するライヒ首相命令』を見てみよう。ライヒ内務大臣に対し「私はドイツ民族の明白な裁可を受けることを希望する」として、早急の民族投票の実施を求めた『執行令』には、『元首法』とは対照的に通常の命令に見られる大臣の副署は一切なく、さらには、命令にとって本来あるはずの「法的授権」への言及も存在しない。副署はともかく、法的授権の不存在は法治の原理からしては到底説明不可能な事態であり、その限り、この間の事情は、「私は……希望する」との文言も含め、『元首法』にかかわる立法の淵源が憲法を頂点とする国家法の位階的な体系の外にあること、あるいは、外に置こうとする「私」の意図を物語るものであった。

二　指導者命令

　同様の事態は、従来上位規範による授権を不可欠としてきた国会の解散、民族投票の布告、勲章の授与に関する命令の中にも確認することができる。一九三六年三月七日の『ライヒ国会の解散及び新選挙実施に関する指導者兼ライヒ首相命令』は、ヒンデンブルク大統領が一九三三年二月一日に布告した同様の二つの命令と比較して、その法的根拠に関し法文上からも明らかにそれとわかる相異がある。大統領令が、それぞれ「ライヒ憲法第二五条に基づいて」、あるいは、「ライヒ選挙法第六条に基づいて」布告されたのに対し、一九三六年の命令にはそうした法的授権への言及は見当たらない。そこには、ただ、「私はライヒ国会を解散する。新選挙は……に実施される。指導者兼ライヒ首相」との文言、署名が存在するだけである。民族投票の場合も同様であり、ライヒ内務大臣フリックによる一九三三年一〇月一四日及び一九三四年八月三日の『民族投票実施令』が、いずれも、「一九三三年七月一四日の民族投票法第四条に基づき」布告されたのに対し、一九三八年三月一八日の『実施令』は、「オーストリアをドイツライヒに併合することにより生み出された大ドイツ民族ライヒに対しドイツ民族全体が信仰告白する機会を与えることを目的に、私は民族投票を命じる。指導者兼ライヒ首相」と定めるだけである。あるいは、一九三六年二月四日の

『オリンピック功労者に対する栄誉賞創設に関する指導者兼ライヒ首相命令』。ここでも、授権の根拠となるべき『称号、勲章、栄誉賞に関する法律』への言及は見当たらない。命令の冒頭の文言は以下のとおりである。「私は、ドイツで開催された一九三六年オリンピックゲームへの功績を讃え、ドイツ民族の感謝を明白な形で顕彰するべく、『ドイツオリンピック栄誉賞』を創設する。」

伝統的な法理論からすれば、上位規範の授権に基づかない命令が法的妥当性を欠くことはいうまでもない。ヒトラーが、あえて憲法や法律の規定を無視し、命令の根拠を指導者兼ライヒ首相である「私」に置いたことの理由は、命令のもつ人格的性格を強調し[131]、法治の原理からの解放を明確にすること以外には考えられない。ここには、指導者権力のもつ人格的性格、より端的にいうならば、「私」的性格がよく表現されている。

それ故、これら新たなタイプの命令は「指導者命令（Führerverordnung）」と呼ぶに相応しいものであった。共同体における指導者の権能が、元来、彼が有する民族の最良の血に由来し、法規範による授権の連鎖を必要としない、人格的なそれであったことについては、前述したとおりである。それにもかかわらず、自らの命令の根拠として憲法等の上位の規範を援用するならば、その時、民族の指導者は間違いなく単なる国家の機関に堕することになったであろう。その意味で、『元首法執行令』等の指導者命令は、立法においても、指導者の権威と責任が、『ライヒ憲法』や『全権授与法』、『新構成法』ではなく、彼自らの人格＝「私」以外の他のいかなるものにも依拠するものでないことを表現し、宣言するものであった[132]。それ故、法的授権の不在といういささか目立たない出来事の中に、「立法は指導者権力の直接的発現」であり[133]、ライヒ政府やライヒ国会の立法権は所詮仮のものにすぎないとの第三ライヒの憲法体制の根幹にかかわる新たな事態の出来を見て取ることが可能である。

指導者命令の布告の実際はどうであったのか。ランマースはニュルンベルクの法廷で次のような証言を残している。

「指導者命令は一二年の間に市民権を獲得するに至りました。これはむろん形式的な手続に服するものではありませんでした。命令の布告に際しては、関係する大臣に対してのみ意見の聴取がなされました。ただ聴取が行われただけであり、彼らの同意は必要のないものでした。何故なら、指導者が一人で決定したからです。指導者あるいは大臣が指導者命令の布告を望んだ場合、私が関係大臣に対しその旨を伝え、合わせて、それに関する意見の表明を求めました。指導者にとっては、聴取が行われたということだけで十分だったのです。彼らが反対したか、同意したかは、それ自体何の意味ももちませんでした。それというのも、決定権は唯一指導者の手にあったからです。[134]」もっとも、ヒトラーが、すべての指導者命令の布告に関し、草案作成段階から関与し、その詳細を把握していたとの想像もまた現実的ではない。レーベンティシュによれば、一九四二年七月二八日の『衛生・保健制度に関する指導者命令』の場合、この命令により衛生・保健制度全権受任者に任命されることになるブラントが、コンティ等のライバルを牽制し、自らの権能の確立を目的に、事前に草案を作成し、ランマースやボルマン等を介さず、直接ヒトラーに署名を求めたというのが実際の経緯であり、さらに、ブラントの権能の一層の拡大を内容とする翌年九月五日の『第二命令』の場合、ヒトラーはランマースに対し「命令の詳細のすべてを理解しているわけではない」と打ち明けたという。[135]

指導者命令の登場の結果、法律と命令を区別することの意味も必要性も失われてしまった。[136]両者の相異は単にそれぞれの出自の相異でしかない。[137]ライヒ政府あるいはライヒ国会を介した立法が「法律」の名で呼ばれ、指導者の直接的な立法が「命令」の名で呼ばれたというにすぎない。[138]ただ、指導者命令がより一層「高度に指導者の人格的決定」の性格を強く表現するものであったというだけである。[139]立法に際していずれの方法を採用するかは指導者の裁量に委ねられていた。[140]いずれにせよ、法律がかつて有していた命令に対する優位性は消滅する。[141]あるいは、しばしばそう主張されたように、法律と命令は「同じ位階に並ぶ法源」[142]となったわけでもない。むしろ、ライヒ官報が指導者命令を法律に前置して掲載したこと[143]に象徴されるように、両者の位階関係は逆転する。[144]法律が命令を改正し、廃止するのではなく、まったく逆に、指導者命令が法律を改正し、廃止する。[145]そのようにして、はじめて、『ライヒ鉄道法の改正のための指導者兼ライヒ首相命令』といった、法治国家では通常ありえない、いささか奇妙な、倒錯した標題を有する命令の存在についても納得がいく。フーバーは、こうした新たなタイプの命令を、上位規範に基づく従来の「法律依存型命令」に対し、「法律型命令」[146]、「独立型命令」[147]として分類する。術語上当初混在的に使用されていたものの、やがて、従来型の Verordnung と区別するために“Erlaß”の名を冠せられることになる独立型の指導者命令は、[148]文字通り「指導者立法」[149]として、特に開戦前後、ライヒ政府による立法が数を減らす中で、それに代わって重要な法源の地位を確立する。

たとえば、恩赦令。刑罰免除の実施に関しては、ライヒ憲法第四九条が「ライヒが実施する特赦はライヒ法律によることを要する」と定め、一九三四年二月一六日の『司法のライヒへの委譲に関する第一法律』もまた、「特赦はライヒ法律によってのみこれを行いうる」との規定を置いていた。この立法の趣旨は、『新構成法』によりラント高権が一掃されたことを受け、これまでラントが行ってきた特赦を含め、その一切をライヒに委ね渡すことにあり、したがって、これ以前から、刑罰の免除が、ライヒであれ、ラントであれ、法律による実施を必要としてきたことに変わりはなかった(150)。『第一法律』以降、ライヒ大統領とライヒ首相の官職の統合を機会に実施された一九三四年八月七日の特赦から始まり、オーストリア併合を機会とした一九三八年四月三〇日の特赦に至るまで四度実施された刑罰免除は、いずれもライヒ政府による『刑罰免除法』に基づくものであった。それに対し、一九三九年以降、刑罰免除の根拠法令は指導者兼ライヒ首相の「命令」に取って代わられる。最初のケースである一九三九年六月七日の『刑罰免除に関する指導者兼ライヒ首相命令』は、かつてズデーデンドイツ領内においてドイツ民族の保護のために犯され、チェコ・スロバキア法により有罪とされた犯罪等を対象とするものであったが、命令の前文には、「私は、ズデーデンドイツ領のライヒへの帰属を機会として、以下の基準に従い刑罰の免除を保障するものである」との文言が置かれていた。その後、比較的軽微な有罪判決を受けた国防軍兵士を対象とする一九三九年九月一日の『国防軍のための指導者兼ライヒ首相の恩赦令』では、その標題に「刑罰免除(Straffreiheit)」に代わって「恩赦（Gnade)」の文言が登場し、さらに、同年一〇月二一日の官吏を対象とする同様の命令では、布告者として、「指導者兼ライヒ首相」に代わって「指導者」が登場する。ウェルナーがいうように、「私は……保障する」との形式に基づいて布告される刑罰免除は、民族の指導者による高度の政治的指導行為の一つとして、もっぱら彼の人格から由来する恩寵にほかならず、その限り、もはや根拠となる法律の形式的なカテゴリーは問題ではなかった(151)。

刑罰免除が、ライヒ憲法第四九条の規定——「ライヒ大統領はライヒを代表して恩赦権を行使する。」——にもあるように、もともと、その事柄の性質上、指導者兼ライヒ首相に固有の権能の発現とみなされうる余地があったのに対し、本来もっぱら法律に委ねられ、それ故、ライヒ国会等の立法機関に留保されてきたもっとも固有の法領域である一般的な権利及び義務、制裁の創設もまた、指導者命令による立法措置を免れるものではなかった(152)。一九三五年七月三一日の『国防軍官吏の旅費報酬に関する指導者兼ライヒ首相命令』に始まり、その後、ユダヤ人を対象とする一九三八年一一月一六日の『制服着用の権利の剥奪に関する指導者兼ライヒ首相命令』、軍需物資の在庫の虚偽の報告等に対し死刑等を定めた一九四二年三月二一日の『軍備経済保護に関する指導者命令』等、特に戦時体制にかかわって多くの指導者命令が布告された中で、代表的な立法例として一九三八年八月一七日の『戦時特別刑法令』を挙げておこう。命令は、一般の法律や命令が冒頭に置くことを常とする「制定者」や「授権根拠」に関する文言を欠くことを除いて、その体裁、内容において、一九三四年四月二四日の『改正刑法』等と比べ、何ら異なるところのないものであった。第一条において、「軍刑法典に服するすべての者に対しドイツライヒ刑法典も適用する」と規定した命令は、第二条以下で、「特別構成要件」として、スパイ行為罪、義勇行為罪、国防力破壊罪、国防義務離脱罪等五つの構成要件を新設した。ちなみに、スパイ行為罪の条項は次のとおりである。「敵又はその利用のために他の者に通知する意図をもって、密かに又は虚偽の口実の下に、ドイツ軍又は同盟軍の交戦地域において情報を収集し、又は収集を企てた者は、スパイ行為の故に、死刑をもって処罰する。」

三　憲法制定権者アドルフ・ヒトラー

『戦時特別刑法令』からも分かるように、指導者命令の対象領域に特に制限があったわけではない。それは従来の意味での法律や命令の類にとどまらない。第三ライヒの体制の根幹にかかわり、それ故、通常であれば憲法の改正や制定を必要とし、そのため、ライヒ憲法がライヒ国会に、『全権授与法』及び『新構成法』がライヒ政府に留保していた領域もまた埒外にはなかった。むしろ、指導者命令が、人格的性格を明確に帯び、指導者の権威と責任、さらには、体制の形成意思をより強く表現するものであった[153]ことからするならば、第三ライヒの「体制＝憲法」にかかわる事柄こそは民族の指導者の立法行為の対象としてより相応しい領域であったといってよい[154]。それが顕著な現象となった時期が、民族の存亡を賭け指導者が民族の先頭に立つ世界観の戦いのための具体的な準備が始まった時期と重なることは決して偶然ではない。

一九三六年一〇月一八日の『四カ年計画実施令』が嚆矢となった。『実施令』が、その名に反して、法律どころか、一つの「憲法」であったことは、それがもつ体制にとっての重要性を云々するまでもなく、他ならぬライヒ政府自身による一〇月二九日の立法――『四カ年計画実施法』――が教えている。この法律は、その名のとおり、『実施令』が定めた「四カ年計画の実施」のための法律であり、「民族経済的に適正な価格及び報酬の実現」を目的に、「四カ年計画全権受託者に直属する価格形成ライヒ全権委員」の設置及び任務等を定めたものであるが、ここには、法律が命令の施行のために制定され、法律により任命された全権委員が命令により任命された全権受託者に服するといった、法律と命令の位階関係の奇妙な逆転現象が見られる[155]。これもまた、『四カ年計画実施令』が、その名に反して、法律の上位規範、つまりは、一個の「憲法」としての地位と性格を有するものであったと考えれば、すべて説明がつく。

形式的な議論はともかく、改めて、『四カ年計画実施令』の制定の経緯、及び、それがもつ憲法的性格をその内容に即して確認しておこう。ヒトラーは、一九三六年の党大会において、「今後四年以内に、ドイツは、われわれが有する化学、産業、鉱業により生産可能な原材料に関して、自足しうる体制を構築し、外国への依存から脱却しなければならない」として、「新四カ年計画の実施」を宣言する。(156) これが近い将来の戦争に備えた計画であったことは、演説の五日前の九月四日にライヒ国防大臣ブロンベルク、ライヒ経済大臣シャハト、ライヒ財務大臣クロージク等を集めて開かれた会議の席上でゲーリングが読み上げた『四カ年計画に関するヒトラーの覚書』に、「最終的解決は、われわれの民族の生活空間ないしは原材料・食糧基地の拡大にかかっている。この問題を今後解決することが政治指導部の任務である。……それ故、私は以下の事柄を課題とする。I．ドイツ陸軍は四年以内に攻撃能力を備えなければならない。II．ドイツ経済は四年以内に戦争能力を備えなければならない」(157) とあるとおりであった。このとき、ゲーリングは、「覚書の出発点はロシアとの対決が不可避であることの認識にある」とし、その上で、「指導者により命じられた最終目的の実現のため」、われわれは「技術的に可能なあらゆる分野で、最大限のエネルギーを投入し、自給自足体制を構築」しなければならないと訓示、最後に「指導者の命令の遂行は絶対的掟である」と結んだ。(158)

『四カ年計画実施令』の布告はこの一ヶ月余り後のことである。「私が名誉の党大会において告知した新四カ年計画の実施は、ドイツ民族が有する一切の諸力の統一した管理、及び、党と国家における一切の管轄部署の緊密な統括を必要とする。私は四カ年計画の実施を首相ゲーリング大将（Ministerpraesident Generaloberst Goering）に委任する。首相ゲーリング大将は、彼に委ねられた任務の遂行のために必要な措置を行い、かつ、その限りにおいて、法命令及び一般行政命令を布告する権能を有する。彼は、ライヒ最高官署を含む一切の官署並びに党及び党組織、附属団体の一切の部署から意見を聴取し、指示を与える権能を有する。指導者兼ライヒ首相」以上が『実施令』の全文である。四日後、「首相ゲーリング大将　四カ年計画全権受託者」は、『四カ年計画実施のための第一命令』(159) を布告し、党及び国家との関係を次のように規定した。「私に与えられた課題の達成は、私が管轄官署を最大限可能な限り利用することによってはじめて可能となる。……四カ年計画に関与する党及び国家の一切の者及び機関は私の命令に服する。」

「私は四カ年計画の実施を……委任する」とあり、「私に与えられた課題」とあるように、ゲーリングに対する授権が「人格的」な授権であることに留意しよう。「党と国家の一切の部署の統括」とあり、「党及び国家の一切の者及び機関は私の命令に服する」とあるように、ゲーリングの権限が「党と国家」に及ぶことに留意しよう。彼は、「指導者の最高協働者」[160]として、党と国家の外に、それらを超えて立ち、指導者から与えられた任務の実現のため、指導者に代わって、その課題にかかわる一切の党の機関及び国家の管轄官署を監督し、動員する、ミニ指導者権力とでも呼ぶべき全権を手に入れたのである。[161]「全権受託者（Beauftragter）」は新たな事態に見合った称号であったのであり、その際、全権受託者の全「権」が、国家権力ではなく、指導者権力を指すこと、いうまでもない。現に、ゲーリングは、一〇月二八日にスポーツ宮殿での演説において、ドイツ民族を前に、「私の全権は指導者の委託に由来する」ことを確認していた。「それは、民族の偉大な目的の達成のため〔党と国家の〕一切の諸力を統括し、動員せよというものである。……指導者が〔この任務のために〕ナチス主義者である私を派遣したのである。私が今ここに立っているのは、ナチズムの闘士として、また、指導者の受任者としてである。[162]」動員は党と国家に限られなかった。このとき、民族同胞の一人一人もまた全面的な協力と覚悟を求められたのである。「諸君は、ドイツ民族が偉大な民族たることを証明せよ。諸君は、偉大な指導者アドルフ・ヒトラーを戴くに相応しい存在たれ。諸君は、毎日、自分に何ができるか、事業の成功のためにいかなる貢献をなしうるかを自問せよ。[163]」

ところで、『実施令』にあるゲーリングのいささか奇妙な肩書、「首相ゲーリング大将」とは何であったのか。この肩書と、『第一命令』が基本政策を立案するための機関として設置した「大臣小評議会」とは無関係ではなかったはずである。評議員として、ライヒ官房長官ランマースの他、軍と経済にかかわる主要閣僚――ライヒ国防大臣ブロンベルク、ライヒ財務大臣クロージク、ライヒ食料大臣ダレ、プロイセン経済大臣ポピッツ、ライヒ大臣カール、原材料調達特命大臣ケプラーが名を連ねる小評議会が、ライヒ政府内の一組織というよりも、四カ年計画の実施にかかわって、ライヒ政府に代わる独立の機関として、ミニ政府とでも呼ぶべき組織である限り、ゲーリングがこの政府の長として「首相」と位置づけられたことに不思議はなかったのかもしれない。しかし、奇妙なことに、大臣小評議会は、命令布告の前日に開催され[164]ただけで、その後ほとんど招集されることはなく[165]、首相という称号に関しても、『第一命令』は、先に紹介したとおり、これに「四カ年計画全権受託者」を付加し、『四カ年計画実施法』では、首相の名が消え、「四カ年計画全権受託者」だけが登場する。これ以降、ゲーリングはもっぱら四カ年計画全権受託者の称号を使用する。(166) この奇妙な事態は、首相及び小評議会が国家権力に相当するものとして、ゲーリングに授与された指導者権力に見合うものでなかったと考えれば納得がいく。

『四カ年計画実施令』が、いささかの混乱があったにせよ、四カ年計画の実施に必要な指導者権力に相応しい憲法体制を創造したこと、了解されるのではなかろうか。「四カ年計画全権受託者」の設置は、ライヒ政府に代わる、国家を超え、国家の外側から、党と並んで国家官署を自在に操る一つの組織の創設を目的とするものであった。以後、ゲーリングの就任を伝える『フェルキッシャー・ベオバハター』が「ナチズムにより立てられた偉大な課題はただナチズムの手段によってのみ実現可能である」と報じたように、(167) 四カ年計画が、法治の原理から解放され、国家の官僚機構から生じる恐れのある一切の障害——"bürokratische Hemmnisse"(168)——を排除し、もっぱら指導者原理に即して運動性と全体性の法則に基づいて実行される体制がこうして整えられたのである。そうである以上、『実施令』の制定がライヒ国会やライヒ政府によることは元々ありえないことであった。それは、ただ、国家を超えた、国家の外にある民族の指導者によってのみ可能であった。『実施令』に繰り返し登場する「私」がその間の事情をよく表現している。ゲーリングが、間を置かず全権受託者を名乗ったこと、大臣小評議会を開催しなかったことも、彼が事態の本質をよく弁えていたということである。ヒトラーは、一二月一七日、経済界の代表者を前にして、「われわれにとってもはや『不可能』という言葉はない」と語ったが、この言は、四カ年計画の実施にかかわって、国家の制約から一切解放された指導者権力が確立されたことを誇示するものであった。このとき、ヒトラーは、ゲーリングが、四カ年計画全権受託者、即ち、文字通り指導者の分身であることの確認と念押しを行っている。「諸氏に対して希望することは、私が任命した人物を信頼せよ、ということである。その者は、私がこの課題を実現する上で投入しうる最良の人物である。彼はもっとも偉大な意思と決断力の持ち主であり、諸氏が一致団結してこの者につき従うことをお願いする。かくして、われわれはドイツ経済の確固たる基盤を確立しうることとなるのである。(169)」

『四カ年計画実施令』は、民族の指導者ヒトラーが、国家の制約から解放され、直接、自在に体制を構築する「憲法制定権者」としての姿をあらわした最初の証であった。ボースングは、今回の事態をとらえて、「指導者の立法権能に関して、これまで、それは他の何らかの機関〔ライヒ政府、ライヒ国会〕の協働を前提とするものではないかとの疑問が成立する余地があったが、実施令はこうした一切の疑問を一撃で粉砕した」とする。[170]ヒトラー自身も、およそ三カ月余り後、恒例となった一九三七年一月三〇日の国会演説において、今回の一連の措置を総括し、「ドイツ革命の結果、ドイツ民族の中にはただ一人の立法者が存在するのみとなった」ことを宣言した。[171]ウェーバーがいうように、「決定的な事柄は、ライヒの根本構造〔憲法体制〕に関する決定が〔国会や政府によるライヒ立法から広範に指導者の直接的な立法行為へと移された、この事実」にあった。「指導者命令による憲法の形成は、四カ年計画実施令を突破口として……実現され、その結果、憲法制定機関としてのライヒ政府、ライヒ国会の存在はますます背後に追いやられることとなった。同時に、それは憲法制定権力が指導者権力の直接的構成要素であることを明らかとするものでもあった。それ故、〔指導者の〕憲法制定権力があたかも一九三四年一月三〇日の新構成法や一九三三年三月二四日の全権授与法、さらには、ワイマール憲法第七六条に基づくものであると考え、既に克服されたはずの議会制的憲法体制による正当化を必要とし、その際、ライヒ政府やライヒ国会による立法の場合と同様の形式に拘束されるとする虚構は、最終的かつ明白な形で葬り去られるに至った。」[172]

開戦の準備に向けた動きが加速する中、『四カ年計画実施令』と同様の憲法的性格をもつ指導者命令が相次いで布告される。ポンセが「乾いた六月三〇日」[173]と呼んだ、第三ライヒにとって第二の体制変革の日となった一九三八年二月四日に布告された二つの命令がある。一つは、『国防軍の指導に関する命令』。「全国防軍に対する指揮権は今後私がこれを個人的（persönlich）に行使する。ライヒ国防省に設けられた従来の国防軍官署は、『国防軍最高司令部（Oberkommando der Wehrmacht＝OKW）』及び私の幕僚としての任務とともに、直接私の指揮下に置かれる。」この命令は第三ライヒの国防体制の基本を定めた一九三五年の『国防法』を全面的に改正するものであり、この結果、中間審級であるライヒ国防省及び国防大臣の官職が廃止され、さらに、国防大臣が有していた三軍に対する最高司令権も指導者の手に直に委ねられるに至った。これが近い将来の開戦に向けた軍事面での体制整備であったとするならば、『秘密内閣評議会の設置に関する命令』は外交面での体制整備を目的とするものであった。ヒトラーは、「私は外交政策の指導に関する私の評議機関として秘密内閣評議会を設置する」とした上で、議長にライヒ大臣ノイラートを、評議員にライヒ外務大臣リッペントロープ、プロイセン首相兼ライヒ航空大臣兼空軍最高司令官ゲーリング、指導者代理兼ライヒ大臣ヘス、ライヒ啓蒙宣伝大臣ゲッベルス、ライヒ大臣兼ライヒ官房長官ランマース、陸軍最高司令官ブラウヒッチュ、海軍最高司令官レーダー、国防軍最高指令部長官カイテルを任命する決定を下した。秘密内閣評議会は、その大仰な名称にもかかわらず、ゲーリングが、ニュルンベルクで、「私は誓って断言するが、この評議会はただの一分間ですら開かれたことはなかった[174]」と証言したように、単なるみせかけだけの機関でしかなかったのではあるが、それもまた、先の大臣小評議会と同様に、外交の指導者権力化のためのカムフラージュであったとすれば、納得される。二つの指導者命令が、国家と民族の総動員を必然とする全体戦争に向け、第三ライヒの体制の根幹を整備し形成する「憲法」としての役割と性格を担うものであったことを、六日付の『フェルキッシャー・ベオバハター』は、「最高指導者の手中に全権力の最強の集中化　指導者による歴史的決定」との見出しとともに、次のように報じた。「本日公表された指導者の諸決定はナチスによる国家指導の歴史において一つの標石を形成する。……ありきたりの組織の変更が問題なのではない。指導者国家の全体構造〔憲法体制〕にかかわる一つの決定的な意義をもつ措置が問題なのだ。[175]」

『四カ年計画実施令』等から明らかとなった第三ライヒの新たな憲法的事態は、開戦前々日の『国防評議会の組織に関する指導者命令』により、いっそう鮮明な形で表現された。『国防評議会令』は、「私は、現今の外交的緊張の時代に対応するべく、行政及び経済の統一的監督を目的に、以下のごとく命令する」として、陸軍元帥ゲーリングを議長に、指導者代理ヘス、ライヒ行政全権受任者フリック、経済全権受任者フンク、ライヒ大臣兼ライヒ官房長官ランマース、国防軍最高司令部長官カイテルを常任評議員とする「国防評議会」を設置するものであった。今回の措置の目的は、フリックによれば、開戦に伴う指導者の負担の軽減、及び、戦時体制下における行政と経済の統一的監督の実現を目的に、ライヒ国防の要請に機動的に応えうる戦時下の体制を新たに編成することにあった[176]。国防評議会は、戦時における「代替内閣」といったものではなく、指導者に直属する最高政治指導者を網羅し、外交と軍事を除く、行政と経済の領域を所掌する指導者の協働機関であり、それ故、従来のライヒ政府に取って代わる、「指導者にのみ直接責任を負うライヒ最高機関[177]」、即ち、指導者権力機関としての性格と機能を有するものであった。何故、フリック及びフンクが、それぞれ、ライヒ内務大臣、ライヒ経済大臣、つまりは「国家の機関」ではなく、「全権受任者」として位置づけられたのか、その理由も納得されよう。先の大臣小評議会がクロージクやダレ等を「大臣」のままメンバーとしたことに比べて、より一層の進化が確認される。

国防評議会の設置により、四カ年計画全権受託者、国防軍最高司令部、秘密内閣評議会とあわせ、軍事・外交・経済・行政にわたって全体戦争の遂行に対応した指導者権力体制が整備されるに至ったが、『国防評議会令』には、先の三つの命令と比べ、第三ライヒの憲法体制にかかわって重要な相違があった。更なる進化を遂げたといってもよい。第一に、これが、「指導者兼ライヒ首相」ではなく、「指導者」により布告された点が挙げられる。指導者兼ライヒ首相がなお国家に足がかりを置くものであったのに対し、これにより、『国防評議会令』が、国家を超えた、その外にある「民族の指導者」により布告され、かつ、ヒトラーの憲法制定権力が、国家を超えた、その外にある「民族の指導者」の地位と身分に由来し基づくことが、法文上からも眼に見える形で表現され裏付けられた。二つ目に、付与する立法権の内容にかかわる相違がある。第二項は、「国防評議会は、私がライヒ政府やライヒ国会に対し法律の制定を命じない限り、法律の効力を有する命令を布告することができるものとする」と定める。『四カ年計画実施令』がゲーリングに「法命令及び一般行政命令を布告する権能」を与えるとするにとどまったのに対し――ただし、公定の注釈書は、ゲーリングの権能に「形式的意味における法律」の制定も含まれるとする。[178]――、ここでは、授権の対象が法文上も「法律の効力を有する命令」であることが明記されるに至った。それは、形式上からも、『国防評議会令』が「憲法」の地位を有すること、指導者が「憲法制定権者」であることを疑問の余地なく明らかにするものであった。国防評議会の立法権の内容は、「より簡略化された形式」[179]ではあれ、第四の立法機関というべく、従来のライヒ政府やライヒ国会のそれと基本的に異なるものではなかった。『民族の害虫令』、『ラジオ放送令』、『重大少年犯罪者保護令』、『暴力犯罪者令』がそうであるように、評議会命令は「法律の効力を有」し、さらに、その対象は、前文に掲げられた課題に限定されず、「ライヒ立法が対象とするあらゆる事柄」に及ぶものであった。[180]評議会命令が、既存の法律を改正・廃止する力を有し、また、各大臣に命令の布告を委任することについても、ライヒ政府等による立法の場合と何ら違いはない。[181]もっとも、ザッハリッヒな面はともかくとして、その形式に関しては、戦時における特殊性を考慮して、いくつかの特例措置がとられている。指導者による裁可は法文上からも不要とされ、公定の注釈書は、その理由に、指導者が前線にあって首都を不在にすることが珍しいことではない戦時における機動的な政治指導の実現の確保を挙げている。[182]官報による布告に関しても、評議会命令の多くが、ゲーリング議長の署名及び管轄全権受任者等の副署を付し、「国防評議会は法律の効力をもって次のごとく命令する」との文言とともに、ライヒ官報に掲載されたこと、他の法律と相違なかったものの、制度上、『法令の布告に関する法律』[183]の適用を受けず、それ故、そのことが「ライヒ国防の理由から不適当である」場合、官報への掲載は必要ないものであった。[184]

さらに、第二項が第三ライヒの憲法史上に有する意義は、単に戦時における機動的な第四の立法機関の設置にとどまるものではなかった。問題の核心は、第二項の文言の内、国防評議会への授権の前提とされた部分、「私がライヒ政府、ライヒ国会に対し法律の制定を命じない限り……」にある。これにより、はじめて法文上からも、傍論的とはいえ、第三ライヒの憲法制定権を含む立法権の淵源が、「私」、民族の指導者アドルフ・ヒトラーにあり、ライヒ国会及びライヒ政府の立法権が、『ライヒ憲法』や『全権授与法』、『新構成法』といった法規範ではなく、国家の外に立ち国家とは無関係な指導者の人格それ自体に由来するものであるという、[185]指導者−国家−憲法体制の在り様が明らかにされるに至った、そのことが決定的に重要であった。かくして、イプセンは、今回の指導者命令は『全権授与法』から始まったナチス憲法の発展の最終局面を画するものであったとする。[186]

『国防評議会令』からほぼ四年後、命令の第二項に表現された思想は一九四三年五月一〇日の『政府立法に関する指導者命令』に最終的な結実を見る。『政府立法令』はライヒ政府の立法権を次のように規定する。「一九三三年三月二四日の法律が形式上一九四三年五月一〇日付で失効することに鑑み、私は以下のごとく決定する。即ち、ライヒ政府は一九三三年三月二四日の法律により委譲された権能を今後も行使するものとする。大ドイツライヒ国会がライヒ政府の有するこの権能を批准することを私は留保するものである。指導者アドルフ・ヒトラー」『全権授与法』の失効にライヒ国会が過去二度にわたる「延長」により対応してきたのに対し、『政府立法令』は、ライヒ国会ではなく、指導者である「私」が、法律の延長ではなく、新たにライヒ政府に対し立法権を授与するものであった。これにより、第三ライヒの憲法制定権を含む立法権の淵源が、『国防評議会令』第二項とは異なり、傍論的ではなく、真正面から、民族の指導者である「私」にあることが明示され、最終的な確認を得たのである。

この点に関し、興味ある事実は、一九三七年の最初の延長の際にライヒ国会に提案される予定となっていた『ライヒ立法に関する法律（案）』をめぐる経緯と結果である。このとき、ライヒ官房及び内務省、法務省により以下の草案が用意されていた。「第一条　法律は、ライヒ法律は、指導者兼ライヒ首相がこれを布告する。法律は、ライヒ大臣による提案に基づき、ライヒ政府がこれを評議する。第二条　ライヒ法律は、指導者兼ライヒ首相が裁可し、ライヒ官報をもってこれを公布する。[187]」法案は、立法権が「指導者兼ライヒ首相」に存在することを宣言し、また、ライヒ政府を指導者兼ライヒ首相の助言者の地位に置こうとするものであった。『全権授与法』に比べ、四年間の発展と進化の跡を確認できる法案であったといってよい。実際、ヒトラーは当初ライヒ国会による法案の議決を希望したとされる。[188] しかし、この法案が日の目を見ることはなかった。ヒトラーは、一月二六日の閣議において、突然、「心理学的理由」から法案提出を拒否し、結局、当面の弥縫策として、緊急避難的に、『全権授与法』の延長が決定されるに至ったというのがその間の事情であった。[189]

ヒトラーがいう「心理学的理由」とは何であったのか。彼は何故当初の方針を覆したのか。一般に、権力を志向する者は、たとえ独裁者であれ、その地位が単に物理的な力により担保されるだけでなく、法的にも承認されることを望むのが通常である。しかし、国家の外に立つ民族の指導者にとっては、こうした合法化による権力の確立は、不要であるだけではなく、むしろ、強力な内的権威を弱い外的権威によって置き換えるものとして、危険なものでしかなかった。[190] 指導者は、立法化を待つまでもなく、彼が有する人格の故に常に既に指導者であったのであり、それにもかかわらず、彼が有する権能に関してあえて何らかの法的承認を得ようとするならば、その瞬間に、指導者は、法治の原理の罠にとらえられ、法的授権の連鎖の中で、単なる国家の機関へと貶められ、指導者権力は国家権力に堕することになる。[191] その時には、間違いなく、指導者権力の無制約性も運動性も全体性も失われるにちがいない。所詮、人格に根拠を置く指導者権力は、非人格的な法律による権力の正当化、合法化とは相容れないものであった。[192] そのことにヒトラーは思い至った、それが彼のいう「心理学的理由」の意味するところであった。

それでは、『政府立法令』の最後の段落に登場する「留保」は何であったのか。公定の注釈書はこれを次のように解説する。「全権授与法の延長は、即自的には、その重要性に鑑み、ライヒ国会に留保された事柄であるとみなされるべきである。そのことは、単に過去の二つの延長法がライヒ国会法として公布されたというだけではなく、第三項の留保からも明らかなところである。指導者命令は、全体戦争の故に当分の間大ドイツ国会の招集が不可能であることから一時的措置として布告されたものにすぎず、そのため、将来の〔ライヒ国会による〕批准を留保するに至ったのだ」[193]と。つまり、今回の指導者命令にもかかわらず、ライヒ政府への立法権の授与は本来ライヒ国会の権能であることに変わりはなく、指導者によるそれはあくまで戦時における臨時的措置であったというわけだ。しかしながら、こうした理解は、今なお註釈者が法治の原理から自由ではないことの証明にほかならず、第三ライヒの憲法実態を無視した解釈であったといわねばならない。

問題は、『全権授与法』の「延長」ではなく、ライヒ政府の立法権の新たな「創設」にあったのであり、それが第二項に定める指導者による授権によって完成したことにつき何ら疑問はない。それ故、ライヒ国会による「批准」は、授権の完成にとっては元々不必要な手続であり、せいぜい、これまでもたびたび行われてきた指導者の画期を成す歴史的行為に対しドイツ民族が祝祭的な同意を表明する機会の提供といった程度の意味をもつものでしかなかった。[194] 第三項の留保は、先の解釈とはまったく逆に、「私は……」との文言とあわせて、ライヒ国会の立法権の淵源が民族の指導者であるアドルフ・ヒトラーに存することを改めて表現するものであった。

フーバーは、『政府立法令』の六年前に出版した著書の中で、「ライヒにおける一切の立法権は指導者の意思に遡る。ドイツライヒにはただ一人の立法者が存在するだけである。指導者自身がそうである。立法権は常に指導者により行使され、立法は、〔それが、ライヒ国会、ライヒ政府等のいずれによって行われようと〕指導者権力の一つの直接的表現以外の何物でもない」[195]との見解を明らかにしていたが、『四カ年計画実施令』から始まって、今ようやく、立法に関する指導者-国家-憲法体制の在り様が『政府立法令』により最終的に確認され、宣言されるに至った。即ち、アドルフ・ヒトラーが、民族の指導者であるという、ただそのことだけを根拠として、ライヒの最高立法権者＝憲法制定権者の地位に立ち、民族指導の手段として、自ら直接に立法権を行使し、あるいは、ライヒ国会、ライヒ政府を含む一切の立法機関の淵源として、それらを監督し利用する、そうした憲法体制がそうであった。

4　民族指導と立法

一　民族精神と法

第三ライヒにあって、立法機関が、形式的には、ライヒ国会、ライヒ政府、ドイツ民族、国防評議会等であったにせよ、指導者が「ただ一人の立法者」[196]であり、「一切の法が指導者から由来」[197]し、「指導者の意思が法律」[198]であり、「法と指導者の意思は同じ一つのもの」[199]であることに変わりはない。それ故、ライヒ政府等は、所詮、指導者が立法に際して利用する「枠組」[200]あるいは「一つの手続」[201]といったものでしかなかった。

しかし、こうした事態をとらえて、法は指導者の自由な意思の産物であると結論するならば、それもまた事態に適ったものではない。指導者は、ショムロが「立法者は任意のいかなる内容であれ法として定立しうる」と主張するような意味において、決して「自由ではなかった。[202]」ギュルトナーが

「法とは、ゲルマン的ドイツ的観念によれば、不断に形成、発展する民族の生存形象の不文の表現である(203)」と語っていたように、それぞれに立論の詳細に違いはあれ、ナチズムの法理論は、一様に、法と法律を同一視し、法は立法者の制定行為による人為的な所産であるとの実証主義的な観念を否定する。

こうした法観念の背景にあったのがナチズムに固有の人種・民族観である。ナチスが、人種を肉体的及び精神的特性を共有する人間集団としてとらえ、民族を構成する支配人種の精神的活動が当該民族の文化的特徴を刻印し決定するとみなしたことについては、前述したとおりである。その際、文化的特徴の中に、道徳や習俗等と並んで、当然のこと、「法」が含まれる。ディコウは次のようにいう。「ナチズムにとって、一切の法は、民族精神の表出形式として、民族に制約され、そこから生み出されるものである。法は、他の一切の民族精神の表出形式と同様に、有機的基体、いわゆる遺伝素質、人種にかかわって存在する。したがって、血の共有により生み出される民族共同体と無関係に、人為的に法規範を創造しうるといった事態など考えられえない。一切の法は、或る一定の特性を有する人種精神に属し、それとともに死滅し、あるいは、勝利を収めるものである(204)」

ディコウがいう「民族精神」は、容易に、サヴィニーのそれを想起させるものがある。実際、ニコライはサヴィニーを「第三ライヒの法哲学の先駆者」と位置づける(205)。しかしながら、カイマーは両者の間には或る一つの大きな相異があるという。民族精神は、サヴィニーの時代、人種のもつ基本的意義が未だ理解されていなかったが故に、「空疎かつ神秘的な概念」にとどまらざるをえなかったのに対し、今や、人種理論の進展により、具体的な内容を獲得するに至ったのだ、と。さらに、彼はいう。「われわれは、今日、民族精神が一個の自然科学的かつ精神科学的に認識可能な現実存在であることを承知する。最近の遺伝学、人種理論の成果が明らかにしたように、この地球上には、さまざまな人種、つまり遺伝素質を同じくする人間集団が存在し、それぞれに或る一定の肉体的特徴、精神的性向を共有し、この特性は変わることなく次の世代へと伝えられてゆく。精神とは内側から見た人種のことであり、逆にまた、人種とは精神の外面のことである。同じ人種に属する人間は精神的に共鳴しあい、精神的な経験を共有しあう。民族精神とは民族生活のあらゆる現象の中に見いだされるこうした事柄の謂にほかならない。今日、われわれは、同じ人種は同じ感情を有し、それ故、同じ法の精神、同じ法を生み出すことを承知している。かくて、法がそこから生まれる法感情は、生物学的、生存法則的に、つまりは、人種の中に根拠を置く(206)」

ドイツ民族にあっては、北方人種が民族精神がその中に根拠を置く人種であった。そこから由来する法秩序のもっとも基本的な構成原理が、指導者原理であり、全体性の法則、運動の法則、血の純粋性の原理、不平等性の原理、貴族主義的原理、生存闘争の原理、選抜・淘汰の原理、人格原理、責任原理、忠誠原理等々であった。これらの原理や法則から、さまざまな法、つまりは権利や義務、たとえば、生活空間の権利、強者の支配権、指導者の指導、被指導者団の忠誠と服従、混血の禁止、異人種の追放・抹殺、劣等者の断種・堕胎・安楽死、生来的犯罪者や共産主義者等に対する保安処分、子供に対する共同体の教育権、四人の子供の出産の義務等々が生じる。多くの民族に共通に見られる法制度についても、その機能や性格は他の民族のそれからは大きく異なる。カイマーは、「財産権は、個人に帰属する無制限の権利ではなく、共同体への配慮により制約を受ける社会的権利であり、同時に、一つの義務である」といい[207]、ギュットは、「婚姻と家族は、健全な子孫の増殖をもっとも優れて保障する制度である。婚姻締結は〔個人間の私的な契約行為ではなく〕国家の高権行為となり、家族は国家の特別の保護の下に置かれる」という[208]。

基本原理であれ、個々の権利や義務、制度であれ、こうした一切の法は、民族共同体にあっては、死せる文字として紙の上にではなく、それらのもっとも内奥の淵源である「血」の中に生き生きとした所与として書き込まれ、存在する[209]。したがって、共同体の各成員は、民族同胞として、北方人種の血を共有する限り、成文化を待つまでもなく法秩序に定位し、また、強制されるまでもなく、自らの一切の行動を、それに基づいて整序する[210]。何が法であり、何が不法であるかを感じ、知ることは、彼らにとって、教えられ、学ぶべきことではなく、血に由来する生得の能力の一つである[211]。それ故、たとえ違反行為が発生したとしても、国家の介入を待つまでもなく、共同体の手により、しかるべき適当な手段をもって解決され、失われた秩序の回復がはかられるはずのものである[212]。

しかしながら、このような共同体と法秩序の在り様は、それが種の同一性を前提とするものである限り、ひとたび異種の血が混入し、種の純粋性が損なわれ、民族が雑種化した場合、たちまち変質を被らざるをえないものとなる。国家及び国家権力の登場が求められ、不可避となるのはこうした状況においてである[213]。血の混合が生み出す共通の法感情の喪失、それに伴うさまざまな利害の出来や党派の対立は、国家及び国家権力の出現を不可避とし、それが、何が法であるかを決定し、強制することによってのみ収拾可能となる。それは、法律が一切の正義の基準となり、法律による決着が唯一共通の正義と化す、そうした社会である[214]。ニコライは、いかにも彼らしい表現で、「民族が混合し、ユダヤ化すればするほど、人々はすべての救いを『良き法律』に期待し、書かれた法律がすべての知恵の核心として登場する」という。ギリシャ末期や後期ローマの時代、あるいは、人間の顔をしたすべての者を包含する近代の国民国家がそうであったように、法律―権力を核とする立法国家の出来、その結果としての、法と法律を同一視し、一切の法の淵源を立法者に求める法実証主義の登場は、雑種化した民族にこそ相応しい、必然の出来事であった。(215)

二　立法及び立法者の役割

そうである以上、北方人種を中核とし類縁の人種から構成されるドイツ民族にとって、ローマ法に由来する、法は権力者が下す命令によりはじめて定立され、拘束力を有するとする実証主義的な法思想ほど、無縁なものはない。(216)しかしながら、ニコライ等も、たとえそうであったにせよ、現今の複雑な政治、経済等の状況下にあっては、立法及び立法者の役割が必要不可欠であることを否定しない。一つには、民族の法精神のもつ内容的な不十分性がある。それは、多くの場合、何が法であり、不法であるかにつき、一般的な方向性を指し示す程度のものでしかない。常に変化し多様な生活関係の中で、共同体が何を正義とみなし、何を義務とするかについては、その都度、民族同胞に対し、疑問の余地のない形で、これを明示する必要がある。(217)法の明晰性が共同体にあっても不可欠である事情に変わりはない。(218)二つには、生存法則の促進がある。勝利を収めた革命にとって、民族の法生活をその固有の発展法則の自ずからなる働きに委ねることなど考えられないことであった。ここにおいて、ナチズムの法理論はロマン主義の精神を凌駕する。(219)『断種法』や『血の保護法』がそうであるように、最終目標の実現に向け、自然的な法の発展を法の定立によって人為的に促進することが重要であった。

さらに、決定的な理由が加わる。共通の法精神を有し、民族同胞の間に共通の法感情を生み出すはずの共同体の存在は、少なくとも一九三三年当時、一つの目標であり、課題でしかなかったという現実である。第一次大戦の敗北の原因を「世界観の分裂」と「血の分裂」に求め、その克服による共同体の再構成を新たな指導部の第一の課題とせざるをえない状況にあって、今現にある人々の法感情にすべてを委ねることの不可能性はいうまでもない。(220)かつて、血の分裂に由来する異質なイデオロギーが跋扈する時代、民族の法精神は隠蔽、秘匿され、民族同胞の法感情もまた四分五裂の状態に置かれていたのであり、民族共同体の建設によりそうした状態が完全に克服されるまでの間、民族の内奥に潜む本来の法を認識し、表現する立法者の存在は不可欠であった。

民族共同体の建設とは民族の法精神を彫琢し形成する作業

と同義であり、その完成により立法者や法律を不要とし過剰となる日が到来するまで、法の明晰化であれ、生存法則の促進であれ、こうした役割を担いうる者は、当然のことながら、民族の指導者をおいて他には存在しなかった。[221] 彼のみが、民族のもっとも優れた血から生まれた者、民族の世界観をもっとも純粋かつ強固に体現する者として、何が真に民族の法であるかを宣明する「法の告知者」でありえたのである。[222] ただし、法の告知が「法の創造」でないことに留意しよう。[223] キュッヒェンホフはそれを「法の開示」[224] と呼ぶ。指導者が、民族の最良の子として、自らの人格の内に体現した民族の法精神を明るみに出し、被指導者団に対し、ドイツ民族の政治的発展に即して、今、何が法であり、何が不法であるかを確認し、宣明する。[225] その限り、指導者の立法権力は、独裁者のそれのように無制約ではありえず、指導者原理それ自体の中に内在的な制約を見いだし、[226] 彼は民族の法の言葉を述べる口でしかない。[227]

しかしながら、法の開示が単なる「法の発見」[228] に尽きるものでなかったこともまたたしかである。法精神や法感情は、たとえそれが民族の種に即したものであるにせよ、所詮、たいていは方向性を指し示す一般的な枠組といった体のものでしかなかったのだから。具体的秩序思想を提唱したカール・シュミットが、婚姻や家族等の制度と並んで、「指導者」をその構成要素の一つとし、「共同体において不可欠な指導」について語り、さらには、自らの法理論の正確な名称として、「具体的秩序−形成思想」を掲げた[229] こともこうして納得される。あるいは、ラレンツ。彼は、「民族精神の本質は形づくることにある」とさえいう。「この形成は、わけても客観的な出来事などではなく、決定、つまり主体の参加を要求する。……民族は指導者による決定によりはじめて歴史的に行動する民族、『政治的民族』となる。[230]」かくて、民族の法精神、法感情を基体として、最終目標に定位しつつ、その折々の運動の進捗状況に即し、さまざまな内的・外的事情を勘案しながら、民族の生存法則を構成原理として、今ここで、民族の種と運命に合致した最善の法を構成し、決定すること、それこそが立法にかかわって民族の指導者に課せられた最大の役割であり責務であった。[231]

三　民族指導の手段としての立法と法律

ヒトラーは、一九三七年一月三〇日の国会演説の中で、「ドイツ革命の結果、ドイツ民族の中にはただ一人の立法者が存在するのみとなった」と語っていたが、[232] この言葉のとおり、民族の法の淵源は、最終的に、唯一指導者自身に帰属し、[233] 一切の法が指導者の「意思」に収斂する。[234] 同時に、法の告知者としての指導者が、一切の責任から自由でありようはずもなく、もう一つの法の淵源である民族精神の拘束を受けるものであること、これまた当然であった(235)。しかしながら、たとえそうであったにせよ、彼自身が「それを通して自己を形成するところの民族精神それ自体(236)」とみなされた限り、彼の意思が常に直ちに民族の意思、つまりは民族の法であることに変わりなく、それ以外に共同体にあって法が存在しうるはずもなかった(237)。何が民族の世界観に合致し、何が民族の法であるかは、結局のところ、民族の最良の子として共同体を体現する指導者の意思がこれを決定する(238)。彼以外に法の告知者は存在せず、共同体のすべての法は、「民族の指導者により代表され(239)」、「指導者の人格それ自体の中にその眼に見える表現を見いだす(240)。」したがって、「指導者の無条件的優位性(241)」について語ることも不可能ではない。その担保が指導者のもつ「無謬性」であり、シェーンフェルトがいうように、法を告知する権能は、高次の審級から指導者に付与された、いわば「恩寵」とでもいうべきものであった(242)。

　ただし、念を押すまでもなく、立法は指導者にとっての民族指導の唯一の手段ではない。国家における統治が、多様な世界観の共存・競合を前提に、法律や命令によって行われることを原則とし不可避とするものであったのに対し、共同体における指導は、世界観、さらには、種の共有を前提に、法律や命令に限らず、それ以外の、さまざまな手段、方法をもって行われうるものであり(243)、立法は、あくまでもそのための、おそらくは、共同体の完成に至るまでの過渡的かつ補助的な「一つの手段」といったものでしかなかった(244)。フーバーは、「新たなライヒにとって立法権は中心的意義を失った」とする。「立法権は何ら独立の権力でも、国家の体制を決定づける権力でもない。それは政治指導の一部を構成するものにすぎない。政治指導者は立法という手段をいつでも利用することが可能であるが、しかし、この手段を必ず採用しなければならないというものでもない。それは〔法を〕形成する政治指導の一つの形式でしかない(245)。」

　立法をどの機関が担うかと同様に、そのこと以前に、立法という手段を採用するか否かも指導者の選択に委ねられた事柄であった(246)。それは、結局、「指導者兼ライヒ首相」であるヒトラーが、「ライヒ首相」として行動するか、それとも、「指導者」として直接行動するかの選択であった。『元首法』はヒトラーにそうした二つの手段を与えたのであり、その選択を彼に委ねたのである。前者にあっては、法の告知は、予め法令により定められた手続きと方式に基づいて行われるのに対し、後者にあっては、そうしたものは一切存在しない。そこに指導者の「法を告知する」という意思が認められれば、それだけで十分であった(247)。

　フーバーは、一九三九年九月一日の国会演説――「この戦いの中で私の身に万が一不測の事態が生じた場合、私の第一の後継者はゲーリング党員である。もしもゲーリング党員に不測の事態が生じた場合、ヘス党員がその後継者となる。諸君は、これらの者を指導者とし、彼らに対しても、私に対すると同様、盲目的忠誠と服従の義務を負うものである。」——をとりあげ、これもまた民族指導の一つであり、立法と同様、法的な拘束力を有するものとする。「指導者の宣言は、歴史的瞬間において、そして、祝祭的な形式をもって告知されたものであり、これは、たとえ法律としての体裁をとるものではなかったにせよ、拘束力を有する一個の法命題としての性格を有する。指導者は、かかる特別なケースがそうであるように、法を告知する上で、法律や命令とは異なる手段を利用することが可能である。大事なことは、〔形式ではなく〕明らかに法的な意義を有する決定が拘束力ある形をとって告知されたという事実の存在である。(248)」事は何も「祝祭的な演説」に限られない。その折々に行われる告示や指示、あるいは、計画、方針の表明、党大会等の政治集会や政治指導部の会合等における発言、さらには、頷きや目配せに至るまで、形式の如何にかかわらず、それぞれが指導部や被指導者団に対して「最終目標に至る道筋と方策」を指し示す意図と内容を有するものである限り、それらもまた同様であった。(249)ライが或る所で語っていたように、法律という形式に関係なく、そこに「アドルフ・ヒトラー」の署名があれば、それぞれの権能と義務を確定する上で、十分であった。(250)口頭の発言を異なって扱う理由は何もない。それもまた、「アドルフ・ヒトラー」の口から発せられたことが明らかであれば、それで十分であった。

立法と演説や告示等の相違は、フランクが「第三ライヒの国家法は指導者の歴史的意思に法的な形式を付与したものである」というように、(251)たかだか、民族の法精神や生存法則の定式化の有無、及び、その実現方法でしかない。立法行為が、国会や政府への法案提出から官報による公布に至るまで、予め法定された手続きに基づいて行われること、そしてまた、定立された個々の条項が明晰性を有すること、法の遵守が国家という装置を使って監視され強制されること——その限り、立法は民族に対する「政治的監督（Leitung）(252)」の性格を強く帯びる——、そうした点から見て、立法が、とりわけ民族共同体の形成途上において、指導者にとって民族指導の「卓越した」手段であることは、(253)その効果の点において、精神病者等に対する断種やユダヤ人の血の排除に関して繰り返されたヒトラー等の発言と、『断種法』や『人種法律』を比べれば、一目瞭然である。立法が民族の法を統一的に実現するための不可欠かつ効果的な手段であることに間違いはない。プラハトは共同体における立法の役割を次のように総括する。

「民族の法は、さしあたり、個々の民族同胞の正義の感情の中に表現される。むろん、その際、彼らの意思が共同体のそれと乖離することがありえないわけではない。監督や管理が必要とされるのはこうした理由からである。さらに加えて、彼らにとって必要なことは、常に民族共同体があれこれの場合において何を正義とし、何を要求するかを確実に把握する可能性である。法律は、こうしたことのためのもっとも確実かつ優れた指導の手段として位置づけられる。[254]」

ただし、法律が、たとえ民族指導の手段として利用されたにせよ、その性格と機能の両面で、一般の国家のそれから大きく異なることもまたたしかであった。ベッカーは、さしあたり、法律を「命令（Imperative）」ととらえる従来の一般的見解を退ける。[255]たしかに、命令というものが、元来、世界観や利害の対立・競合を前提に、当該社会における強者による物理的力を担保とした弱者に対する行為の要求・禁止を本質とし、さらにその実現の態様に関しても、行為者の動機を問わず、行為の外面的な一致のみを問題とするものであった限り、民族共同体にあっては、こうした命令としての法律について語りうる余地はなかった。なるほど、一部にはなお法律を「指導者の命令」ととらえる見解があったものの、[256]上記の意味での命令は、所詮、権威と忠誠の関係を前提に指導者の呼びかけと被指導者団の呼応を本質とする指導の概念と相いれるものでないこと、当然であった。

さらに、カール・シュミットやディコウは、法律は「規範（Norm）ではない」とさえいう。[257]もっとも、規範が、元々、個人や団体、機関の権利と義務、制裁を定める行為の準則とみなされるものであった以上、第三ライヒの法律もまた、民族同胞及び警察や裁判所等の国家機関の権利や義務、制裁を定める準則として、規範の一種であることに変わりはなかったはずである。それ故、問題は、法律が規範であるということの含意、とりわけ法治国家的なそれであった。つまり、法律が権利と義務、制裁を最終的かつ一義的に確定し、国民にとっても国家権力にとっても法律が定める以外に権利も義務もありえない、法律が国家権力の到達限界を画定するとする、規範主義的な観念が問題であった。[258]罪刑法定主義の原則――「法律なければ犯罪なし、法律なければ刑罰なし」――の中に、「法律が規範である」ことの意味するところが端的に表現されている。そして、自由主義の時代、規範としての法律が「国家からの自由」の最大限の保障に貢献したことは改めて確認するまでもない。それ故、「全体性の法則が運動の最高原理」となる民族共同体にあって、規範主義的な法観念が認められる余地がなかったことは当然である。

それでは、法律が命令でも規範でもないとするならば、はたして一体それは何であったのか。最終目標に至る道筋と方策に関する指導者の「計画」、「指針」、そこに第三ライヒの法律の有する基本的な性格と機能があった[259]。キュンマーリングは、「民族共同体を形成するという課題の枠組みの中に組み込まれるに至った」法律というものについて語っている。「法律は、国家の領域において、共同体を形成し、諸課題を解決するための手段であり、そうしたものとして指導者の用に供せられる。……法律は、単なる規範ではなく、指導者が構想するプランの表現にほかならない。指導者は最終目標を一挙に実現しうるわけではなく、ただ段階を踏んでそれに至りうるにすぎない。それ故、彼はその折々に個別のプログラムを提示し、さらに、プランによってそれを実現するのである。プランの役割はプログラムを実現するテンポを決定することにある。こうしたプログラム、プランを実現するための具体的な手段が法律である。こうして、法律は、プラン、プログラムを明確化し、それにより指針となる[260]。」

被指導者団は、民族の Richtmann である指導者が提示する法律を「指針（Richtlinie）」として、最終目標に至る道程の中で、今この時点において、共同体が何を正義とし、課題とするか、また、それに見合って、各自が指導者の Mitarbeiter として果たすべき役割が何であるかを了解する[261]。それ故、トットが一九三四年の党大会で語っていたように、法律は、第三ライヒにあっては、民族の課題解決に向けて「われわれの任務が開始される」「一つの発展の出発点」といった性格をもつ[262]。そこから生まれる責務は単に法律に違反しないという消極的な義務ではない。キュンマーリングは、「法律は、直接民族同胞に対し積極的な協働を要請し、指導者の被指導者団としての全人格的な参加を呼びかける。指導者は法律を通してすべての民族同胞の自発的な協働を訴えるのである」という[263]。あるいは、フーバー。「民族同胞の一人一人は、法律により、共同体の偉業の成否に対し責任を負う立場に置かれる。それ故、指導者は、国民が合法律的に行動するか否かを監視し、統御することで満足するものではない。問題は私的な恣意に対し制限を設けることにあるのではない。むしろ、指導者は、すべての民族同胞に対し、明示されたプランの枠組の中で民族の共通の課題への責任ある協働を呼びかける[264]。」

最終目標実現への協働の「呼びかけ」、そこに、命令でも、規範でもない、全体性と運動性を原理とする共同体に相応しい、指導者の告知としての法律の本質がある。被指導者団を構成する民族同胞の誰もが、呼びかけから免れることはできず、自らの全人格をプランの実現のために投入することを義務づけられたのである。法律は、もはや、市民国家においてそうであったような、国家からの自由、安全地帯を保障するといったものではなくなった。なるほど、権利や義務あるいは制裁が規定されていることに変わりはなかったにせよ、法律は、民族同胞の前に従来のそれとは異なる新たな相貌をもってその姿をあらわした。そのための重要な仕掛けに「前文」がある。

たとえば、『血の保護法』。「ドイツ人の血の純粋性がドイツ民族の存続のための前提であるとの認識に充たされ、また、ドイツ国民と国家を未来永劫にわたって保全せんとする確固たる意思により鼓舞され、ライヒ国会は全員一致をもって以下の法律を議決し、ここにこれを公布する。」冒頭に置かれた前文により、被指導者団は、立法者の定位する世界観及び意図並びに法律が定める罪と罰の淵源を知り、あわせて、民族同胞として、ユダヤ人問題の解決のために、法律が表現する指導者のプログラムやプランに即して、今何をなすべきかを理解するという仕掛けがそれであった。かくして、法律は、民族同胞にとっては、行動の指針として、指導者のプランの実現への協働の呼びかけとなり、他方、共同体の外にあるユダヤ人にとっては、有無をいわさぬ厳格な禁止と峻厳な刑罰威嚇の告知となる。

同様の立法形式を採る法令に、「外国放送の意図的聴取」、「報道の故意の流布」に対し死刑等を定めた一九三九年九月一日の『ラジオ放送令』、「生活必需品に属する原料又は生産物の滅却、横流し、抑留〔による〕生活物資の公平な配分の阻害」、「貨幣の退蔵」に対し死刑等を定めた一九三九年九月四日の『戦時経済令』、「購入制限された生産物の購入権、とりわけ購入明書なしの購入、交付」、「自己に帰属する〔購入〕証明書の営利目的をもってする他者への移譲」、「不正又は不完全な申告による購入権の詐取」、「購入制限された生産物の売惜しみ」等に対し軽懲役等を定めた一九四〇年四月六日の『消費規制刑罰令』がある。たとえば、『戦時経済令』の前文は次のように呼び掛ける。「祖国の国境の保全はドイツ民族同胞のすべてに対し最大の犠牲を要求する。兵士は武器をとり自己の生命を賭して祖国を防衛する。この最大の犠牲を眼前にして、自己のもてる一切の力と手段を民族及びライヒの自由に供し、もって統制ある経済生活の遂行を保障することは、銃後にあるすべての民族同胞にとっての自明の義務である。とりわけ、民族同胞各自が日常の暮らしの中で必要な節約をはかることはかかる義務の一つである。」

これらの法令に共通の現象として、立法目的を実現する上での刑罰威嚇の相対的低下を指摘することができる。立法者にとっては、命令全体の中で、本文もさることながら、前文に掲げた民族同胞に対する「特別な呼びかけ」こそが重要であった。長年にわたる訓育の結果、共同体と自己の運命を重ね合わせ、共同体への忠誠を常に既に自明の義務とするに至った民族同胞の多くにとっては、こうした呼びかけだけで十分であったであろう。命令の意図するところは、何よりも先ず、立法意図を明らかにし、民族同胞の注意を喚起し、責任を自覚させることにあったのであり、刑罰威嚇は、こうした呼びかけが効果を発揮しない、「義務意識を欠如した」裏切者や反社会的人物等に対して設けられた、いわば「二次的な手段」といったものでしかない。(265) フライスラーは、政権掌握の翌年の或る論文の中で、将来のナチス刑法は「健全な共同体分肢」に対する教育と「罪を犯す民族の屑」に対する厳格な刑罰威嚇により「共同体的意思の確立」という課題に応えなければならないとしていたが、(266) 立法者は、ようやく、ナチス刑法に相応しい新たな立法方式を発見したといえようか。

前文は刑法に限られなかった。同様の法令に、『ライヒ世襲農場法』、『ライヒ自然保護法』、『ドイツ官吏法』、『ドイツ地方自治法』、『ヒトラーユーゲント法』、『ライヒ狩猟法』、『ライヒ世襲農場法』、『青少年保護法』等がある。ここでも、前文が立法趣旨を明らかにし、民族に呼びかけ、民族を教化する意図をもって置かれたことに変わりはない。たとえば、『ライヒ世襲農場法』。「ライヒ政府は、旧来のドイツ的相続慣習を保護することにより、ドイツ民族の血の源泉としての農民層の維持を欲するものである。農場は、過剰な負債や相続による分割から保護されなければならず、これにより、農場は氏族の遺産として永遠に自由な農民の手の中に存続するものとなる。農業に関わる土地保有の健全な分割に向けて努力しなければならない。それは、国土の全体にわたって可能な限り平等に分割され生存能力を有する多数の中小農場の存在が、民族と国家の健全性を維持するためのもっとも優れた保障であるが故にである。この故に、ライヒ政府は、以下の法律を決定する。」

兵役義務の導入を決定した一九三五年三月一六日の『国防軍構成法』の場合、いささか様子が違っていた。官報には、法律に先立って、「ドイツ民族へ！」と題する六頁にわたる長文のライヒ政府の「宣言」が掲載され、この後、「以上の趣旨に基づきドイツ政府は本日以下の法律を決定する」との文言を挿んで、「国防軍における奉仕は一般国防義務に基づいて行われる」等の三カ条から成る法律の本文が掲げられている。宣言はいわば法律の前文に相当するものであり、同じ日、ヒトラーはこの宣言をラジオ放送により直接ドイツ民族に対し告知した。「今日のドイツ政府は、ただ一つ、精神的及び物質的権力を欲するのみである。即ち、ライヒにとって、また、全ヨーロッパにとって、平和の保障者となりうる権力がそうである。……しかるに、遺憾ながら、ドイツ政府は、過去数カ月にわたってドイツ以外の国々において軍備の継続的増強が行われている現実に注目せざるをえない。ソ連が、一〇一個師団、公認された九六万人の平時兵力を有する事実は、ヴェルサイユ条約の締結時点において予想だにされえなかった事態である。ドイツ政府は、他の諸国における同様の軍備拡張の急進化の中に、当時宣言された軍縮の理念が拒否された証拠を見る。……ドイツ政府は、かかる事態にあっては、ライヒの安全のために必要な措置をこれ以上延引することが、もはや不可能となったことを感ずるものである。」

むろん、すべての法令が前文を有していたわけではない。むしろ、それは例外的であった。しかし、そうした場合も、「立法理由書」が前文の代わりを果たしたのであり、『ライヒ政府議事規則（各則）第一改正令』が理由書の法案への添付と新聞への公表を義務づけたことはこうした事態に見合ったものであった。この間の事情は『我が闘争』も同様である。これもまた前文の役割を果たしたことに変わりはなく、たとえば、以下の行は『断種法』の前文とみなされうるものであった。「民族国家は、ただ健全である者だけが子供を生むべきで、病身であり欠陥があるにもかかわらず子供をもうけることはただ恥辱であり、むしろ、それを断念することこそが最高の名誉であるということに留意しなければならない。その場合、民族国家は何千年もの未来の保護者であることを自覚しなければならない。この未来を前にしては個人の希望や利己心は何ら尊重するに値しないものであり、引き下がらなければならない。民族国家はこうした認識を実行するために最新の医学的手段を利用すべきである。民族国家は、何か明らかに病気を持つ者や、遺伝的障害を持つ者、さらに、負担となる者に対し生殖不能と宣告し、これを実際に実行しなければならない。」この他、『党綱領』、党大会や国会等での指導者の演説や発言、あるいは、党機関紙やラジオ放送等を通じて政治指導部が行う法律の解説も同様であった。(267)

元来が無味乾燥な法律の条項とは異なり、「生きた言葉」(268)でもって「法律全体のプランを殊更に表現する」(269)前文の中に、命令でも規範でもない法律の「呼びかけ」としての性格がよく表現されている。それは、「法律の意義と必要性」に関する説明を通して、「民族に対し自発的な服従を呼び起こそうとする」ものとして、種と運命の共有を前提に、単なる統治者と被治者ではない、Richtmann である指導者と Mitarbeiter である被指導者団が権威と忠誠を根拠に民族の最終目標の実現に向かって協働する指導者‐国家‐憲法体制に相応しい立法形式であった。(270) プラハトは前文の果たす教育的機能を強調する。「前文の意義は、法律のもつ世界観的根拠並びに立法目的が何であるかを教示することにある。自らの出自の根拠、根本思想、目標を明らかにする法律は、そうしたことなしにただ民族共同体の生を定められた方向に導こうとする法律に比べ、はるかに民族の理解を得られるものとなる。……前文が、プログラムを宣言し、明らかにするのであり、その点で、それは教育的な意義を有しているといえる。立法者は、それにより、自らの措置に関する理解を民族の中に醸成し、同時に、定められた目標の実現と完成への協働を民族同胞一人一人に要請するのである。」(271)

むろん、法律は「呼びかけ」に尽きるものではない。なるほど、民族共同体への忠誠を自明の義務とするに至った民族同胞の多くにとっては、こうした呼びかけだけで十分であったであろう。しかしながら、共同体の形成途上において、いまだ共同体と自己の運命を完全には重ね合わせるに至らない民族同胞に対しては、呼びかけの効果は限定的、あるいは、まったく効果のないものであった。とりわけ、血の変質等の原因で民族の共通の運命への参加を拒否し、あるいは、参加の能力を元々有しない「種的変質者」、端から共同体の外にあって参加資格を有しない「異人種」がそうである。そうした彼らに対しては、呼びかけではなく、何らかの「強制」を伴った措置が必要であったこと、いうまでもない。(272)『ラジオ放送令』の前文が、「すべてのドイツ人が……外国放送の聴取を行わないことを……当然の義務とすることを期待するものである」とした後、最後に「こうした義務意識を欠如する民族同胞に対し国防評議会は以下の命令を発す」と定めたのもそうした理由からである。それ故、指導者にとって、刑罰威嚇等の強制手段が、たとえ「二次的」とはいえ、民族の課題を解決する上で必要不可欠である事情に変わりはない。(273)その限りにおいて、ヘッケルが、「法律は、最終的には、支配的な権力命令である。その背後には、命令に対する服従を強制する官僚装置が控えている」(274)というように、第三ライヒにおいても、元来が国家的手段である法律が、完全な呼びかけに解消されうるものではなく、共同体の外に身を置く者、外にある者に対し、命令と強制の性格を帯びるものであったこと、そして、呼びかけに応じなかった者たちへの制裁が、忠誠違反を伴って、犯した法益とは不釣り合いな厳格なものとなること、当然であった。

第九章　刑法典編纂事業とその挫折(1)

1　刑法典編纂事業の開始と草案の完成

勝利を収めた革命が、自らの世界観の体系化を眼目に、大規模な法典編纂事業に着手することは、ナポレオン法典の例を挙げるまでもない。それ故、第三ライヒにあっても、たとえ法律が余剰・不要となる指導者=憲法体制の実現が目標であったにせよ、それが今直ちには実現可能ではなく、民族共同体の建設にとって法律のもつ働きが不可欠とされる段階において、自在の立法権力を手にしたライヒ政府が、かつてワイマール共和国の時代、世界観の分裂と中央政府の弱体の故に頓挫した編纂化作業を再び起動させ、実行に移したとして、何の不思議もない。中でも、刑法典の改正作業が喫緊の課題とされたことは、刑法の内容と性格が一般に当該社会の世界観に強く規定されるものであること、さらに、一八七一年の『刑法典』が、その「圧倒的な自由主義的性格(2)」の故に、政治的敵対者や反社会的人物等に対する「闘争法(3)」としての役割を果たしうるものでなかったことから見て、当然のことであった。

一九三三年四月二二日、この日が第三ライヒにおける法典編纂事業の開始の日となった。ライヒ法務大臣ギュルトナーが、閣議に、「各ラント司法の強制的同質化及び法秩序の新たな形成のためのライヒ全権委員」の設置、並びに、全権委員へのフランクの任命を提案したことは既に紹介したとおりであるが、このとき、後者の任務に関し以下の説明を行っている。「ライヒ全権委員は、ライヒ法務省に設置が予定されている委員会に、副委員長として所属する。委員会は、法律の改革のための準備作業を委任されるものとする。委員会が取り組むべき課題は、刑法の改革をはじめとして、刑事裁判及び刑事執行手続の改革、さらに、株式会社法、和議法、著作権法、特許権等の産業上の権利に関する法、民事訴訟法等、〔ナチスによる権力掌握以前から〕改革のための準備作業がなされながら、議会の事情により決着に至らなかった一連の立法作業の完成である。(4)」

閣議で法典編纂事業の着手を承認されたものの、ギュルトナーがもっとも重要な課題領域であるとした刑法改革のための本格的な作業が始まったのは、ようやくその年の秋のことである。二月四日の『ドイツ民族への裏切及び大逆罪の策動に関するライヒ大統領令』、二月二八日の『ドイツ民族保護のための大統領令』、五月二六日の『改正刑法』等の緊急立法による政権掌握当初の新たな事態への対応が一段落した後、ギュルトナーは、九月二五日に、各ラント法務省に対し「仮提案」との副題を付した『一般刑法草案』[5]を送付した。[6]事前にプロイセン法務大臣カール及びバイエルン法務大臣フランクにも回覧された[7]『草案』は、五月六日のシュトットガルトでの法務大臣会議において了承された方針にのっとり、[8]一九二七年の国会に提出された『刑法草案』を基に、ライヒ法務省がその後の新たな展開を踏まえて、「自由主義的個人主義的夾雑物を除外」[9]し、加筆・修整したものであった。[10]ギュルトナーは添付の書状の中で次のように述べている。「ライヒ法務省内で刑法改革作業が再開され、新たなドイツ刑法典の報告草案が作成されるに至った。私は、今回、この草案を事前に報知することとした。報告草案は、晩秋に招集が予定されている刑法小委員会の審議の基礎となるものである。委員会の任務は、集中した審議により最終草案を作成し、一九三四年春頃には法律が成立するよう、審議を可能な限り促進することにある。各ラント法務省が刑法改革の現状について承知することを目的に報告草案を送達するが、同時に、私は、刑法改革に関し、とりわけ実務の領域から生じる希望や提案を早急に私宛にお寄せいただくようお願いするものである。」[11]

一〇月初旬に刑法委員会の構成を策定し終えた[12]ギュルトナーは、ライヒ首相から承認を得た後、[13]二六日付で各委員に招集状を送付、[14]「新たな国家の要請に合致したドイツ刑法典草案の作成」[15]を課題に、最初の会議を一一月三日にライヒ法務省において開催することを決定した。[16]会議の当日、ギュルトナーが明らかにした委員会の構成は以下のとおりである。委員長にはライヒ法務大臣であるギュルトナー自身が就任、副委員長として、バイエルン法務大臣フランクが「ライヒ全権委員としての彼の職務の故に」、また、プロイセン法務大臣カールが「〔ライヒ法務大臣の〕特別の要請に基づき」、それぞれ就任した。委員には、後日の更なる補充を条件に、ライヒ法務省からシュレーゲルベルガーとフライスラーの二人の次官、学界から、新世代を代表してメッガー（ミュンヘン大学）とダーム（キール大学）、旧世代を代表してコールラウシュ（ベルリン大学）とナグラー（ブレスラウ大学）が、実務界からは、クレー（ベルリンラント裁判所部長）、グラウ（デュッセルドルフラント裁判所長）、ローレンツ（ライプツィッヒラント裁判所長）が任命され、さらに、専門委員としてプロイセン及びバイエルンの両法務省から参事官であるクローネ、リーチュ、デュールの委員会への参加が紹介された[17]。この日の会合は、審議の対象を当面の間総則の基本原則に限定すること等、今後の委員会審議の方針についての簡単な紹介と次回開催日を決定して解散したが、この日留保された委員の補充に関し、ライヒ法務省は、第二回委員会の四日前に、実務界から、ゴルツ（弁護士・公証人）、W・ライマー（ベルリンラント裁判所検事正）、K・ライマー（ニュルンベルク＝フュールトラント裁判所長）の任命を発表した。この時点で、委員の総数は、委員長、副委員長を含めて一五名となり、その内、フライスラー、メッガー、ナグラー等七名がフランクの主宰するドイツ法アカデミーのメンバーであった[18]。

一九三三年一一月二七日に始まった総則に関する第一読会は、ギュルトナーがいうところの「刑法の本質に関する見解の変化をもっとも明瞭に表現する諸問題[19]」——罪刑法定主義、危険刑法か侵害刑法か、正犯と共犯、量刑、可罰的行為の分類、責任論、刑罰、保安矯正処分、時効等——をテーマに、延べ一八日間に及んだ会議を経て、一九三四年三月三日に予定の審議を終了した[20]。先の一九三三年九月二五日の『一般刑法草案』及び同年秋にカールにより出版された『ナチス刑法（プロイセン法務大臣覚書）』[21]を基に進められた審議の結果は、刑法委員会の下に設置された小委員会からの提言を加えた上で、『一般ドイツ刑法典草案　一九三四年[22]』としてまとめられ、五月一二日付で、ライヒ官房、関係大臣、各ラント法務省に送付された[23]。これと合わせて、ギュルトナーは、審議内容の報知を目的に、七月一二日、第一読会で発表されたフライスラー、K・シェファー、クレー等の一一編の報告を集めた『将来のドイツ刑法（総則）——刑法委員会事業報告——』を、「刑法改正事業の経過と現状」と題する自らの序文を付した上で出版している。総則の審議に引き続き、各則に関する第一読会が一九三四年四月一六日から開始され、殺人罪や傷害罪等の従来型の犯罪に加えて、民族に対する裏切、人種及び遺伝素質に対する侵害、民族の健全性に対する侵害、婚姻及び家族に対する侵害、民族指導に対する侵害、国防力に対する侵害等をテーマに、延べ三六日を費やし、同年九月二九日に審議を終了した[24]。翌年四月一二日付で、ギュルトナーは、先の総則編と同様、シャフシュタイン、ナグラー、メッガー等の三三編の報告を集めた『将来のドイツ刑法（各則）——刑法委員会事業報告——』を出版した。

二つの読会の審議結果は引き続き編集委員会の手により『ドイツ刑法典草案（刑法委員会草案　一九三三／三四年第一読会）[25]』としてまとめられた。「前文」は第一読会での審議未了を理由に掲載されなかったが、各則編、総則編の順に構成された全四三六条から成る『草案』を、ギュルトナーは、一九三五年一月八日付で、「内容の周知、関係する項目についての検討、修正希望の聴取」を目的にライヒ各省、プロイセン首相、プロイセン財務相、秘密国家警察局、ナチス党、ドイツ法アカデミー、ナチスドイツ法曹連盟宛に、三月一日までの回答期限を付して、送付した。[26]これに対しては、国防大臣、郵政大臣、交通大臣、労働大臣等から回答が寄せられたが、その中から国防大臣の修正提案の一部を紹介しておこう。「第一〇九条はライヒ政府の構成員に対する暴力行為につき、また、第二一四条は党指導部に対する同様の行為につき、それぞれ規定を置いている。ところが、国防軍指導部に対する暴力行為に関しては、何らの規定も存在しない。指導者兼ライヒ首相の方針によれば、国家は等しく国防軍と党に立脚するものである。国防軍指導部に対する刑法上の保護が党指導部のそれより低いものであってはならない。それ故、私は、国防軍に対する侮辱行為を定めた第四四条の後に第四四条aとして『国防軍指導部に対する暴力行為』を置くことを提案する。[27]」

第二読会は、第一読会の終了から半年後、一九三五年三月二二日に始まった。「可罰根拠としての刑法」、「実質的不法と類推」等の総則編に関する審議に引き続き、六月二四日からは「背反罪、大逆罪、民族への裏切」等の各則編の諸問題に関する審議に入り、一九三六年一月一七日に延べ四六日間に及んだ読会が終了した。[28]途中、一九三五年六月二〇日の議事録に添付された出席者リストからは、一九三四年一二月一九日付でライヒ全権委員の職を解かれたフランク、[29]カール、シュレーゲルベルガーの名が消え、代わって、ティエラック（ザクセン法務大臣）、ニートハマー（ライヒ裁判所参事官）、シャフシュタイン（キール大学）、ヘンケル（ブレスラウ大学）等の名が見いだされる。[30]第二読会の終了後、ギュルトナーは読会の諸決定の検証を目的に小委員会を設置、フライスラー、ティエラック、ニートハマー、コールラウシュ、ダーム、シャフシュタインから成る委員会は審議の結果を『ドイツ刑法典草案（刑法委員会草案　一九三五／三六年第二読会）[31]』にまとめ、これを受けて、「第二読会の総括」を目的に、全体委員会が招集された。[32]一〇月二六日から始まった全体委員会は三一日にすべての審議を終了、ギュルトナーは、最後に、「法律の公布後」に予定される祝祭的な記念式典での再会を約して、委員会の解散を宣言した。[33]前文と全四八三条から成る『ドイツ刑法典草案[34]』は一二月二日付で、『理由書』は一二月一六日付で、それぞれギュルトナーによりライヒ官房長官宛てに提出された。[35]

その折々に作成された草案及び委員会における審議の内容が一般に公表されることはなかった。先の『将来のドイツ刑法』はその代わりというべきものであったが、刑法委員会が終了した同じ日にギュルトナーとフライスラーにより、『新刑法――基本思想の案内――』が出版されている。「われわれは指導者がわれわれに教えたドイツ民族の生存に関する諸見解を新刑法作成のための根拠とした」との序言から始まる『新刑法』は、巻頭に読会が前提とした『ナチス刑法（プロイセン法務大臣覚書）』の主な「諸原則」を、中程に最終草案の「前文」を、巻末に刑法委員会の日程と簡単な記録を、それぞれ配し、その間にギュルトナーとフライスラーの論稿を挟むことにより、刑法委員会の全体的な活動とそれを導いた基本思想を明らかにしようとするものであった(36)。

ギュルトナーは、一一月四日、刑法委員会の活動とその結果の報知を目的に、ライヒ法務省内で記者会見を開いた。二日後の『フェルキッシャー・ベオバハター』は、その発言を「ドイツ刑法の革新」との見出しの下に伝えている。「一〇月三一日に刑法委員会はその任務を終了した。数週間の内に、活動の成果である刑法草案がライヒ政府に提出される予定である。刑法が元来道徳的かつ政治的世界観にその根拠をもつものである以上、国家の支配権をめぐり相互に相いれない世界観が争っていた間、新たな刑法の創造が不可能であったことは当然であった。ナチス革命の結果、ようやくドイツ刑法を新たに構築する基礎が生み出されるに至った。ただ、『我が闘争』や『党綱領』の中に基本方針が与えられているとはいえ、こうした諸原則から法律を生み出す道程は、長くまた多くの労力を要するものであった。党の長年にわたる戦いにより勝ち取られた世界観を刑法の編纂のために全面的に利用し、刑法の全領域をそれに従って新たに形成するという課題は、広範な作業を必要とし、それは委員会が党と国家の協力を得ることによりはじめて実現可能となったものである。」

この後、ナチスの世界観を表現するこれまでの代表的な立法例として、『常習犯罪者法』、一九三四年四月二四日及び翌年六月二八日の二つの『改正刑法』を挙げたギュルトナーは、さらに、『草案』の中から、新しい刑法思想を代表するものとして、責任論、保護法益――人種、遺伝素質、民族の健全性、国防力、労働力、名誉、家族、人倫等――を紹介し、次のように結論した。「新ドイツ刑法は、以上からもわかるとおり、恣意的な観念の産物ではない。われわれの今日の世界観、即ち、民族の感情及びわれわれの時代の必要性から生み出されたものである。ドイツ民族の世界観との間に実現された内的融合から、われわれは今後以下の事を期待しうるであろう。新たな刑法は、ドイツ民族の法的平和を実現し、民族を不法から強力かつ計画的に保護し、真面目な民族同胞に安全の感情を与え、民族の平安のために真なる正義に奉仕する、そうしたことのための有能な一つの道具となるにちがいない(37)。」

2　法典編纂をめぐる党と国家の確執

一九三六年一一月四日の記者会見において、ギュルトナーは刑法委員会への「党の協力」に言及したものの、その実態はおよそ「協力」から遠くかけ離れたものであった。既に、一九三三年一一月三日の開会式に、副委員長であるフランクが自らも候補者の一人である一一月一二日のライヒ国会議員の投票に向けた選挙運動を口実に姿を見せず、ライヒ全権委員機関に所属する上級参事官シュラウトを自らの代理として送り込んだところから、刑法委員会と党の、より端的には、ギュルトナーとフランクの確執の存在に気づいた者は少なくなかったにちがいない。その間の事情は、一旦メンバーから外れたゴルツが、闘争時代の党の弁護士としての経歴を買われ、一九三五年五月以降「党の代表者」として再び委員会に参加し、また、その彼が、先の『新刑法』にメッセージを寄せ、「指導者の意思の中で党と国家の合一が実現される。新たなドイツ刑法はかような党と国家の合一化への企ての一つの証明であり、今回の事業に参加したすべての者は〔編纂事業を通じて〕その実現を望んだのである」と党と国家の協力の必要性を語ったにせよ、変わりがあるわけではなかった。

両者の確執の原因は何であったのか。一九三三年四月二二日の閣議において、ギュルトナーが、「法秩序の新たな形成のためのライヒ全権委員」の新設と、フランクの全権委員及び委員会副委員長への任命をリードしたこと、さらに、フランクを懐柔せんとした彼の思惑については既に紹介したとおりであるが、ギュルトナーの誘いにのる形で、自ら進んでライヒ全権委員の地位と刑法委員会への参加を求めたフランクの意図がギュルトナーのそれとはまったく別のところにあったこと、いうまでもない。それは、五月一二日にベルリンで開催されたナチスドイツ法曹連盟の集会における、ギュルトナーやカールを前にした、「ドイツ法のための戦いはナチズムが所掌する課題であり、もっぱら運動の代表者により指導されるべき事柄である」との発言、あるいは、六月二六日にライヒ法務省内で行われたドイツ法アカデミーの設立総会での「ドイツ法の革新をナチズムの世界観に基づいて実行する上で、この革新を厳格な学問的方法の諸原則にしたがって準備するための機関の結成が緊急の政策課題となった。……アカデミーの任務は、ライヒ及びラント各省の立法権限に干渉することなく、法律改正を提言し、法案を鑑定し、法と経済にかかわる政府の重要な措置に対して批判的意見を表明することにある」との発言からも明らかなところであろう。

この間、ギュルトナーは、五月三一日付の書簡の中で、刑法委員会の開催に向けた準備のため、フランクに対し、刑法委員会の構成に関し、ナグラー、コールラウシュ、シャフシュタイン、メッガーと並んで、彼の勢力圏であるミュンヘンからエバーマイヤー、ベルトラムの名を挙げ、ライヒ首相の承認を得るためとして、事前の同意を求め[43]、さらに、六月九日にはライヒ法務省により作成された総則編を、そして、九月二一日に同じく各則編をそれぞれ送付し、事前の協議への参加を呼びかけたものの[44]、これらのいずれに対してもフランクは一切無視を決め込んだ[45]。両者の協議はようやく一〇月に入って実現され、ベルトラムをB・ライマーに差し替えるといった合意が取り交わされたが[46]、フランクの側に端から積極的に協力する意思などなかった。一〇月二六日付の刑法委員会の開催通知[47]に対し、翌二七日、会議の開催を「委員会規則が制定されるか、少なくとも〔一一月一二日の国会〕選挙が終了するまで」延期するよう求める電報を返した[48]フランクは、この前日、ベルリンで記者会見を開き、ギュルトナーに対し明確なナインを突きつけた。会見の模様を、翌日の『フェルキッシャー・ベオバハター』は、「ライヒ全権委員フランク博士　ナチス国家における法生活の改革について語る」との見出しとともに次のように報じている。「今回の会見で、フランク博士は、彼に委ねられた法改革の課題に関し詳細な説明を行った。……博士はライヒ全権委員の立場から〔法改革のために〕必要となる委員会〔をドイツ法アカデミーの中に〕設置することを明らかにした。その内、刑法委員会に関しては、古くからの闘士であり、法務省次官であるフライスラー博士が副委員長に任命され、今後四、五カ月以内に新刑法典の完成を目指すとの方針が明らかにされた。」引き続き、民事訴訟法、民法、経済法の改革方針に触れた後、最後に、「ライヒ全権委員の身分」に関する発言が紹介されている。「ライヒ法務省とライヒ全権委員の関係に関し、フランク博士は、これまで一般に誤解があったとして、以下の見解を披露した。ライヒ法務省がライヒの行政機関であるのに対し、ライヒ全権委員は、法改革という特別任務を負った、ライヒ首相に直属する、完全に独立のライヒ機関である、と。さらに、大臣は次のように続けた。ライヒ全権委員はナチス党ライヒ法制局長官と一体化した恒常的機関であり、その結果、今後、法の領域において、党の世界観が国家の中にもっともスムースな形で注入されることになるであろう、と[49]。」

この会見からも分かるように、ギュルトナーとフランクの「力くらべ[50]」が単なる会議の日程をめぐる駆け引きといったものでなかったこと、いうまでもない。それは、単に一つのきっかけ、口実にすぎなかった。法改革の主導権がいずれにあるのか、それが問題であった。フランクの二七日付の電報による延期要請に対し、同日、律儀にも「会議の延期は諸般の事情により不可能である」との電報で応じた[51]ギュルトナーに対し、フランクは二八日付で書簡を送り、改めて先の会見の内容を繰り返している。彼は、先ず、ギュルトナーが進めている計画を「ライヒ大統領閣下並びにライヒ首相閣下からドイツ法の改革のために私に個人的に与えられた任務及び全権と合致するものではない」と一蹴した後、さらに、自らの地位と任務、権能について次のように続けた。「私は、ライヒ全権委員としての資格において、私が所掌する法改革を準備するべく、四つの委員会を設置した。そのメンバーの幾人かはあなたが予定している委員会からも参加を求められている。しかし、法改革がライヒ全権委員である私に与えられた任務である以上、私は、われわれの委員会が法改革の作業に関し優先権を有することを主張せざるをえない。ただし、委員会の審議の結果をあなたに随時報告し、あなたがこの結果をあなたの望みどおりに内閣に提出しうるよう、配慮することにやぶさかではない。また、あなたがわれわれの委員会の作業に参加することを、心から歓迎する。なお、委員会の招集を一一月一二日に延期するようにとの私の希望が叶えられなかったが故に、残念ながら、この場を借りて、私並びにナチスの指導的地位にある者たちの協力が不可能となったことを申し上げねばならない。[52]」

当初予定の委員のほぼ半数をドイツ法アカデミーのメンバーが占める中、事ここに至ってようやくギュルトナーも事態の重大さに気づかされたのであろう。次官シュレーゲルベルガーがライヒ官房長官ランマースに宛てた一〇月三一日付の書簡は、法務省側の狼狽ぶりをあらわしている。「ギュルトナー大臣が明日ライヒ首相閣下との接見を希望いたしております件につき、あなたから明日早朝ライヒ首相閣下にお取り次ぎいただけるとの由、このこと大臣からうかがいました。私からも、明日の接見が実現されますよう、是非ともご配慮いただきたく、改めてお願い申し上げるしだいです。もはや猶予は許されません。事態はライヒ首相閣下との直接の面談が緊急不可欠に要請される状況となっています。最後に、万が一希望が叶えられない場合の大臣閣下の心痛をお察しいただきますよう、心よりお願い申し上げます。[53]」

ギュルトナー自身も手を拱いていたわけではない。同じ一〇月三一日にフランクに書簡を送り、先の二七日付の書簡にあった彼の主張に同調する考えのないことをハッキリと確認してみせた。先ず、ライヒ全権委員の地位及び任務に関するフランクの見解は、ギュルトナーが四月一一日付の書簡でヒトラーに提示し、また、フランク自身も一三日付の電報で賛意を表した見解と矛盾することを指摘した後、ギュルトナーは、さらに法改革に関する権能の所在に関し真っ向から反駁した。今後予定される法典編纂事業は「もっぱら〔ライヒ法務大臣である〕私にのみ課せられた任務」であり、それ故、ライヒ政府の権威のためにも、「内閣に提出されるべき草案を責任をもって作成する作業は法務省に委ねられた専権事項」であることにいかなる疑問もあってはならず、その当然の結果として、委員会の設置場所はライヒ法務省以外にはありえず、フランクが副委員長としてこれに所属することは既に四月一一日の書簡に明らかなとおりである、と。(54)

以上の措置だけでは不十分と考えたのであろう。同じ日にフランク宛ての書簡のコピーをヒトラーとヘスに送付するとともに、ランマースにも電話で報告したギュルトナーは、さらに、翌一一月一日、ランマース宛てに、ヒトラーとの接見が不可能となった万が一の場合に備えて、以下の三点につき、ヒトラーの了解をとるよう求める手紙を送った。ライヒ全権委員の管轄権は四月一一日付の書簡に定められたとおりであること、刑法委員会へのフランクの協力はヒトラーの希望するところであること、フランクは一〇月二六日の記者会見により一般に生じた疑問を解消するための適切な手段を講じること、がそれであった。(55)もっとも、こうした手配は取り越し苦労であったのかもしれない。ギュルトナーは、一日の午後、書簡が彼に到着する前にヒトラーと会談したランマースから、ヒトラーが彼の主張を全面的に認め、その結果、接見は「まったく必要のない」ものとなった旨の報告を電話で受け取った。ランマースによると、ギュルトナーの希望を伝えた彼に対しヒトラーは、法改革のための党と国家の協働は内閣の中でのみもっぱら「責任をもって」行われうるものであること、それ故、「内閣を破壊するような〔フランクの言動〕に対しては同意を与えることはできず」、今後もし同様の発言が繰り返される場合、ヘスに対しこれを禁ずる措置をとるよう授権したことを伝えた、とされる。(56)

しかしながら、事はこれで終わらなかった。フランクは、一〇月二七日付の書簡で仄めかしていたとおり、刑法委員会の開催を妨害する行為に出たからである。彼は、ドイツ法アカデミーの会員であり、ライヒ法務省の刑法委員会のメンバーにも予定されているフライスラーに対し、一一月二日、つまり刑法委員会の開会式前日の夕刻にアカデミーの側の委員会を招集するよう命じた。この件に関し、プロイセン法務大臣カールとフライスラー本人から報告を受けたギュルトナーは、彼らとの協議に基づき、最終的に、フライスラーはフランクの指示に従わないこと、彼自身は三日の刑法委員会の開会式に予定どおり出席することを決定し、これにより、ようやく一連の騒動にとりあえずの決着が付けられた。(57)

開会式への出席を拒否したフランクは、一二日の国会選挙の終了をまって反撃に出た。翌一三日、ランマースに電報を送り、司法問題をテーマにヒトラーとの会談を求めた彼は、(58)一六日にベルリンのテニスホールで開かれたナチスドイツ法曹連盟の大会において、その直前に行われたばかりの会談の結果を次のように報告した。「指導者は私に対し改めて以下のとおり言明した。彼は、ナチスドイツ法曹連盟の活動にもっとも強い関心を有するとともに、連盟の中にドイツ法曹の代表を見るものである、と。……私は、『ヒトラー万歳』と叫べば事が一切済むと信ずるような反動的人物に対しては断固たる態度をとるつもりである。本日、〔法改革のための〕各委員会が〔アカデミー内に〕設置され、次週からさっそく活動にとりかかる予定である。これらの委員会は他の機関により設置された委員会と同じ権利を有する。われわれの改革の目的は、一切をドイツの大地とドイツの人種に立脚する、そうした法を構築することにある。そのための最大の原則が『公益が私益に優先する』である。……指導者が本日私に保障したとおり、私は将来の法の指導者として彼から一〇〇％の信頼を与えられており、その限りにおいて、私が〔改革の〕旗を下ろすことなど決してありえない。[59]」

フランクが報告の中で「これらの委員会は……同じ権利を有するものである」と述べているところからもうかがえるとおり、おそらく、ヒトラーは、この日の会談において、一一月一日のランマース相手の発言とは異なり、いつもの「分割統治」の原則に則って、フランクの主張を一蹴することなく、ギュルトナーの法務省と並行に、ドイツ法アカデミーの活動を認める、そうした妥協策をとったと想像される。[60] 翌一七日に開かれたアカデミーの評議会は、法改革の推進を目的に、刑法、家族法、婚姻法、世襲農場法、官吏法、国際法等の分野毎に委員会を設置し、その内二一の委員会の責任者を決定したが、委員会の活動の根拠及び今後の活動方針をフランクは以下のように説明した。「〔これらの委員会は〕ライヒ首相アドルフ・ヒトラー閣下の委任と全権授与、及び管轄権を有するライヒ各省との合意に基づいて活動する。……刑法改革については、その動きを促進するために、〔法務省の〕委員会と〔ドイツ法アカデミーの〕委員会は、〔ギュルトナーとフランク〕の共同指導の下に統合されるに至った。プロイセン法務大臣カールがライヒ法務大臣ギュルトナーの、また、ザクセン法務大臣ティエラックがライヒ全権委員兼国務大臣フランクの、それぞれ代理を務めることになる。[61]」

一六日及び一七日のフランクの動き、とりわけ、二つの刑法委員会が「同じ権利」を有し、さらに「共同指導の下に統合」されるとの発言を伝えた『フェルキッシャー・ベオバハター』のニュースは、ライヒ法務省にとって思いもかけないものであった。青天の霹靂といってよい。シュレーゲルベルガーはカールと謀り、旅行中のギュルトナーの了解を得た後、アカデミーに対し、伝えられる新聞報道の内容は事実無根であり、今後改めてこの件に関して法務省の見解を送付する予定である旨を打電した。[62] ベルリンに戻ったギュルトナーがフランクに抗議の書簡を送ったのは、刑法委員会の第一読会が開始される四日前、一一月二三日のことである。「ドイツ法アカデミーが設置した各委員会の任務に関する新聞報道は、立法活動の指導権に関して〔社会の中に〕疑問を惹き起こす結果となった。冷静で事実に即した活動を行うためには、かかる不明瞭な事態を放置しておくことはできない。そのため、私はあなたに対し以下の説明を行うものである。」このような書き出しで、ギュルトナーは一つの国家の中で法典編纂事業が二つの組織により担われることなどありえないことを明らかにした。「国家が関与すべき事柄につき、目的を明確に自覚した上でこれを実行するためには、唯一の、しかも不可分に統一された責任と指導が必要とされる。このことは当然立法にとって、また、それにかかわって行われる刑法委員会の設置や構成等の準備活動にとっても妥当する。かかる活動の責任は、ライヒ法務省が自らの管轄権の枠内で担うべきものであり、そのための指導は当然に法務省に帰属しなければならない。それ故、私は、あなたが私の所掌する法案作成に関与しようとするならば、あなたの肩書が何であれ、私の指導に服することを求めるものである。」この後、法改革への広範な民族層の参加は歓迎すべきであり、望ましいものであるとしたギュルトナーは、ドイツ法アカデミーもまたそうした民族の一つのグループにすぎず、「それぞれが担う任務の明確な境界線を曖昧にすることは許されない」として、「同じ権利」の要求を一蹴、さらに、二つの委員会の「統合」問題に関し、次のように結論した。「私は刑法委員会のメンバーに七名のアカデミーの会員を加えることによって両者の関係の強化をはかったつもりである。『共同指導』の下にアカデミーの委員会とわれわれの委員会を『統合』しようとの企ては、概念的に不可能なことであり、それ故、拒否せざるをえない。[63]」

同日、ギュルトナーはヒトラーに対しても、フランク宛ての書状のコピーを送付するとともに、添付の書簡で改めて管轄権の明確化を求めた。「立法活動をライヒ法務省から奪い取り、他の委員会に引き受けさせようとする企ては、閣下の適切な措置により失敗に終わりました。私は閣下にこの件に関し感謝申し上げる次第です。しかし、残念ながら、この問題に最終的な決着がつけられるには至っていません。今月一八日付で報道されたような〔アカデミー提案の〕組織構成のあり方は実現可能なものとは考えられません。[64]」

翌二四日、フランクはさっそくギュルトナーに回答を返した。「あなたは、私があなたに服することを求めている。しかし、私にとって存在する指導者はただ一人、アドルフ・ヒトラー、その人以外に存在しない。それ故、指導者及びナチズムの理念を前にして負う責任が命ずる以外の行動をとることは私にとってできない相談である。私はナチスドイツ法曹連盟の設立者、指導者であり、また、ライヒ監督官の立場にあるが、そうした私に対し、あなたが自分の部下になるようにと命じることなどありえないことといわざるをえない。ドイツ法の改革は、今や成就されたナチズム革命に即し、ナチズムの理念を土台に、この理念を生み出した者たちによってのみ実現可能な課題である。あなたは、ドイツ国民党のメンバーとして、一四年の間、ナチズムとはまったく異なった典型的に市民的な法政策を支えてきた立場にある。自明のことではあるが、私が協働を望むのは、あなたがライヒ大臣である限りにおいてでしかない。……古い法学派と新たな未来志向の法理念との協働は完全な平等を基盤としてのみ実現可能である。もしあなたがこうした協働の実現を重要と考えるならば、それは、形式的にも、われわれの二つの委員会がともに同じ権利と義務によって導かれるということが前提とならねばならない。今や、あなたの最終的な態度決定をお願いする。私にとって、私の肩書は無であり、指導者への忠誠がすべてである。権利の平等が前提であり、この問題が解決されない限り、私が委員会に参加することなどありえない。[65]」翌々日、ギュルトナーから、再度、「立法活動の監督権に関し、私が先に送った書簡の内容が最終的な結論であるとみなしていただくよう、お願いする[66]」との回答を受け取ったフランクは、翌二七日、刑法委員会が本格的な活動を開始したその日に、ギュルトナーに以下の電報を返した。「私は、あなたとの協働を希望し、また、ドイツの立法活動に関し完全に対等な監督権を有するものであるとの確認が、同様に私の最終結論である。[67]」

二つの刑法委員会の活動は、この後、しばらくの間、平行して進行する。ギュルトナーの委員会が、一九三四年三月三日に第一読会を終了し、五月一二日に『一般ドイツ刑法典草案 一九三四年』を関係機関に送付、さらに、審議結果を七月一二日付で『将来のドイツ刑法（総則）』として出版したことは既に紹介したとおりであるが、これに対し、フランクの委員会もまた、五月二六日に開かれたアカデミーの作業会議[68]において、フライスラーの責任の下に総則編に関する審議結果をとりまとめ、審議の基礎となったティエラック、エトカー等の報告と合わせて六月に『一般ドイツ刑法の基礎に関するドイツ法アカデミー刑法委員会覚書』として出版した。アカデミーの審議は、「〔法務省の刑法委員会と〕同じ問題を対象に、平行かつ補充的な活動により、世界観的立場を特に強調する形[69]」で行われたとされるが、ギュルトナーもまた『覚書』の内容を『将来のドイツ刑法（総則）』の序文において次のように評価している。「刑法改正に関するドイツ法アカデミーの委員会の活動成果は、この委員会の審議がわれわれの委員会の審議よりも遅れて行われた結果、これを利用することはできなかった。しかし、幸いなことに、法務省次官フライスラー博士が、当委員会の委員であり、かつ、ドイツ法アカデミーの刑法委員会の委員長でもあるという事情により、アカデミーの委員会の審議に際して、先行した当委員会の審議結果を〔彼を通じて〕紹介することができた。一九三四年六月に出版されたアカデミーの覚書に明白であるように、アカデミーの委員会が当委員会の仮草案〔『一般ドイツ刑法典草案　一九三四年』〕に掲げている提案とほとんど同一の提案を行っていることは、私の喜びとするところである。[70]」

もっとも、ギュルトナーの「喜び」はフランクのそれではなかったようである。一九三五年一月三〇日の『フェルキッシャー・ベオバハター』はギュルトナーと彼の委員会に対するあからさまな不満を伝えている。「〔法務省の〕刑法委員会から最近私宛てに草案が送付されてきた。しかしながら、これにはなお重要な変更が必要であり、それはドイツ法アカデミーとの協働によって解決されねばならない。これまで繰り返し、ナチズムの思想財を法の領域において実現することの困難性が明らかにされてきた。協働は、ただ、事実に即した知識の他に、とりわけナチズムの闘争精神を断固自己のものとする者によってのみ可能である。[71]」この最後の発言からは

フランクの不満の原因が奈辺にあったかをうかがい知ることができる。フランクの不満、それを支えた強気の背景には、前年一二月一九日付で彼が受け取ったヒトラーの以下の書簡の存在があったのかもしれない。「あなたは、法秩序の再生に〔私と〕協働するべく、ドイツ法アカデミーの中に模範的な一つの機関を設置した。あなたは、それにより、狭義の司法に限らず、すべての法の領域においてナチズムの世界観を実現するべく、法改革のために〔私と〕協働する可能性を手にすることとなったのである。」一九四〇年のアカデミーの年次大会においてこの手紙の内容を紹介したフランクは、さらにこの時次のようなコメントを付している。「この言葉からも明らかなとおり、指導者がわれわれに課したドイツ法の全体的な新構成のための活動は、われわれの生存をかけた使命である。われわれの活動の一切はそのためにあり、この任務の達成がわれわれの活動を導く不断の目標となる。ドイツ民族のために、民族のすべての領域にわたり、ナチズムに基づく共同体生活の法秩序を構築し、保障することが、ドイツ法にかかわるわれわれが果たすべきアドルフ・ヒトラーの不滅の業績への貢献にほかならない。[72]」

もっとも、フランクが、党法制局長官として、アカデミーのそれとは異なる、もう一つの刑法委員会を党の内部に設置したことからみて、法務省の委員会のみならず、自らが主催

するドイツ法アカデミーの活動にも決して満足していなかったように思われる。彼は、一九三五年三月一一日、「ナチス党綱領に即した刑法の編成及び従来の〔法務省等の〕準備作業への〔党の〕態度決定」を目的に、[73] フィッシュバッハウにフライスラー、シャフシュタイン、グラウ等七名の委員、四名の協力者、二名の参加者を集めて刑法委員会を開催、[74] 六日間に及んだ審議の結果を『新ドイツ刑法のためのナチス綱領（第一部）』にまとめて出版した。委員会の基本精神をフランクは序文に明らかにしている。「刑法の中に、われわれは、民族の自己主張の意思、及び、民族の安定を将来にわたって保障せんとする国家の意思を見る。将来の刑法はアドルフ・ヒトラーに指導される国家の要求に合致するものでなければならない。……委員会は、純粋にナチズムの基盤に立脚し、ドイツ民族の永遠の法意思を起点として、共同体の優位のために個人のそれを破棄し、また、名誉がドイツ的男子たる意識及びドイツ民族生活の中心を成すことを要求するとともに、犯罪者は、その者が社会やその構成組織に対して負うべき義務の紐帯の強度に応じて、峻厳に罰せられることを要求する。[75]」この『綱領』が「新たな刑法のためにわれわれのナチズムの世界観の一般的な基本思想、とりわけ忠誠義務、名誉、共同体、贖罪の思想を明らかにする」[76] ものとして、「総則編」の性格を有するものであったのに対し、フランクは、基本思想を具体的な諸問題に応用するべく、改めて、一九三六年一〇月にフィッシュバッハウに委員会を招集し、その審議結果を『新ドイツ刑法のためのナチス綱領——各則編（第二部）』として出版した。『綱領』は、全部で六二の原則から成り、大きく「新刑法の各則に関する犯罪観の基本思想」と「犯罪」の二部構成とされ、後者はさらに以下の三章に分かれていた。「民族の基体的価値に対する犯罪」、「民族共同体の労働及び任務遂行に対する犯罪」、「民族共同体の成員の生命及び組織に対する犯罪」。

　この間、ギュルトナーとフランクの確執は新たな局面を迎えていた。事の発端は、司法行政のライヒへの統合をめぐるギュルトナーとカールの主導権争いに起因したカールの刑法委員会からの脱退にあった。カールは、元々プロイセン法務大臣として委員会に参加し、そのため正式な党指導部の代表者ではなかったものの、刑法改革に対する党の見解を代表する立場にあったことから、ギュルトナーは、一九三四年四月一六日の会議を最後に姿を見せなくなったカールに代わって、早急に党を代表する者の委員会への参加を必要とするに至った。[77] このため、ギュルトナーは、第二読会の開始が間近に迫った一九三五年一月一八日、指導者代理ヘスに対し代表委員の派遣を要請する書簡を送付した。「刑法委員会は本年二月中旬に〔先に関係機関に〕送付した草案に関する第二読会を開催する予定である。この第二読会にあっては、先の書簡で関係機関に提出を依頼したそれぞれの管轄領域にかかわる問題に関する意見だけではなく、とりわけ、党の指導的部局が草案に対していかなる見解を有するものであるかが明らかにされ、議論されることが必要となる。それは、委員会により最終的に決定された草案が、その時点において、あまり大きな変更なしに、ライヒ内閣に提出されるよう希望するからである。このため、私は、あなたが第二読会に党の代表者を派遣するならば、このことを大いに歓迎したい。この件、ご了解いただけるのであれば、ただちに代表委員の名前を私宛てに連絡されんことをお願いする。[78]」これに対するヘスの回答はおそらくギュルトナーにとって最悪の結果であったにちがいない。二月四日付の回答には次のようにあった。「ライヒ監督官兼ライヒ大臣フランク博士が、ドイツ刑法典草案に関する第二読会にナチス党代表委員として参加し、協働することにつき、同意を表明した。この他の事柄に関しては、彼と直接協議されることを希望する。なお、フランク博士は、指導者兼ライヒ首相がライヒ機関の法律案に対する私の関与に関し布告した一九三四年七月二七日の命令〔第Ⅱ部第八章2二参照〕に定める資格において、私を代理するものである。[79]」一九三四年一二月一九日付でライヒ全権委員の職を解かれたことにより委員会から姿を消したはずのフランクが、今度は、「ナチス党代表」として再登場するというわけであった。ギュルトナーの渋面が眼に浮かぶようである。

第二読会は、当初予定の二月一四日[80]が、司法行政のライヒへの移行に伴う業務多忙等を理由に、三月一一日[81]、さらに二二日へと延期されたが[82]、この日の会議の冒頭、ようやく姿を見せたフランクは委員会への参加を拒否する声明を発表し、その後ただちに会場を後にした。正式の議事録に掲載されなかった彼の発言はギュルトナーの記録によると次のようであった。「国家は、われわれにとっての目的であるナチズムの理念を実現するための手段でしかない。このテーゼは指導者により繰り返し明言されてきたところである。それはナチズムのプログラムの争う余地のない基本的思想財である。こうした見解に基づき、私は、刑法典にかかわる党の代表委員として、この委員会に参加しないことこそが目的に適ったことだと結論するに至った。それは、理念の守護者であるナチス党の性格から判断して、刑法委員会の手により完成した草案をナチス党の立場から改めて検討し、最終的な態度決定を行うことこそが必要なことである、と信じるからである。委員会が近々活動の成果の最終的な取りまとめの作業に入ることを大いに期待する。しかし、今ここではっきりと、ナチス党は委員会の成果に対する態度決定を明白に留保するということを強調しておきたい。つまり、委員会の結論がナチス党の

〔理念に〕合致しない場合、ナチス党はライヒ内閣に自らの草案を提出することを躊躇するものではない。運動はドイツ民族にとって重要な批判的機関であり、私がもしこの委員会に参加し、積極的に協働することになれば、それは党における私の立場、及び、国家にとって本来重要な批判的立場をも危険に曝すことになるであろう。ライヒ法務大臣閣下により草案が完成し、内閣がこれを受け取ることを、私は希望している。しかし、そのためには、草案が事前に党の代表委員により、また、指導者の第二の人格〔ライヒ首相〕又は本来第一義的である第一の人格〔党指導者〕により承認されるということが条件となる。今まさに二重の草案が生まれるという危険に直面している。その可能性はきわめて高いといわざるをえない。ギュルトナー博士、あなたはこの可能性を低く見積もるべきではない。何故なら、草案がナチス党の見解に合致しない場合、党は歴史に対する責任の故に自らの草案を用意することになるからである。[83]」

ギュルトナーは、フランクの「最後通牒[84]」ともいうべき以上の発言をさっそく翌日付の手紙でヘスに報告し、合わせて、二月四日の手紙で了解された「第二読会へのナチス党の協働の実現」の履行を求め、「現在もっとも重要な諸問題を審議中である」ことを理由に、フランクに代わる党の代表者の早急な派遣を要請した[85]。しかし、結局、三月三〇日に終了した最初の読会中には後任者の決定に至らず、その一カ月後の五月二日に再会された読会の冒頭、ようやくギュルトナーの口から代表委員の名前と決定の経緯が紹介されるに至った。「前回の会議の冒頭に、ライヒ大臣フランク博士から脱会の希望が表明された。私は、この希望に基づき、彼に対し文書で了解した旨を連絡した。〔三月二三日付の手紙で要請した件に関し〕ライヒ大臣ヘス氏はその後しばらくして私宛に回答を寄せた。それによると、彼は、今回の出来事を指導者に報告し、彼との合意に基づき、刑法典に関する今後の審議のために弁護士兼公証人ゴルッ氏を党の代表者に任命した。彼はゴルッ氏との協議を私に求め、その結果、本日ここにゴルッ氏が出席する運びとなったことを報告する[86]。」

3　刑法典草案の審議とその結末

刑法改革をめぐる激しい主導権争いは、結局、ギュルトナーの勝利に終わった。たとえ、それが「ピュロスの勝利[87]」であったとしてもである。フランク自身もまた、刑法委員会の活動がほぼ終了した一九三六年秋、自ら敗北宣言を行っている。この年のドイツ法アカデミーの年次大会の際、記者会見に応じた彼は、「刑法改革はアカデミーの所掌事項か」との質問に対し、概略次のような答えを返した。「ライヒ大臣が委員長をつとめる刑法委員会が、指導者からの特別の授権に基づき、ドイツ刑法の浄化に取り組んでいる。委員会はこれまでに多くの会議を重ね、草案の完成も間近な状況にある。刑法の対象にかかわる世界観的問題の解明に関しては、党法制局もまた個々の問題につき検討を加え、その成果は刑法委員会の議論に利用されてきた。〔私の管轄下にある〕諸委員会は、当然のことであるが、刑法委員会からの求めに応じて、協力を惜しまず、また、さまざまな支援を与えてきた。……刑法委員会が、ライヒ大臣ギュルトナー博士の指導の下に、ドイツ民族に対しナチス刑法を与えることに成功するよう、希望している。(88)」

一九三六年一二月一日に開かれた閣議において、ギュルトナーは、ヘスやフランクも出席する中、各閣僚に対し近日中に新たな刑法典の草案を理由書とともに送付することを報告、あわせて、「〔新刑法典〕の公布が一九三七年一月三〇日に実現されるべく、それまでの間に〔草案に関する〕意見があれば適宜申し述べるよう」にとの要請を行った。(89)翌二日、ギュルトナーは、以下の書状を添付した上で、草案をライヒ官房長官宛てに送付し、各大臣への配布方を依頼した。「指導者兼ライヒ首相の希望に基づき、ドイツ刑法典は一九三七年一月三〇日に公布される手筈となった。それ故、私は、草案をこの日の直近に開かれる閣議の議題に挙げ、一九三三年三月二四日の民族及びライヒの困難除去のための法律に基づいて議決されるようお願いするものである。(90)」当初書状にあった「指導者兼ライヒ首相の命令及び一二月一日の閣議の決定に基づき」との文言が、最終的に上記のとおり「指導者兼ライヒ首相の希望……」に書き改められたものの、(91)いずれにせよ、この時点、ギュルトナーは、先の閣議でヒトラーが異を唱えず、ヘスやフランクも口を挟まなかったことから、大方の了解が得られたとし、次回閣議での順調な議決を想定していたことは間違いない。(92)また、草案に対する党や国家からの修整要求に関しても、書状は、「指導者代理は、法案の作成に関し、彼の代理を通して刑法委員会の活動に常に関与してきたところである。また、〔刑法委員会は〕その他の国家機関とも絶えず協議を重ねてきた」として、「次回の閣議までの間に、ライヒ法務省の専門官（L・シェーファー、リーチュ、グラウ、K・シェーファー、ドナーニー）との協議により適切に解決されることになろう(93)」との見通しを明らかにしていた。つまり、これまでの審議の過程において、党及び国家の意見や要求等は十分に草案に反映され、今後は簡単な微調整で十分であった、というわけだ。さらに、四日には、各大臣宛てに文書を送付し、窓口となる五人の専門官がそれぞれ担当する草案の条項を明示するとともに、あわせて、迅速な協議のために、「文書の交換をできる限り避け、口頭又は電話によって行う」ようにと要請した。[94]

この間、ギュルトナーは刑法典の成立に備えたもう一つの手を打っている。先の二日付の文書に刑法典草案と並んで添付されていた法案――『ドイツ刑法典の施行に関する法律案』――がそうである。法律は、「一九三七年一月三〇日のドイツ刑法典の施行時期については、ライヒ法務大臣がこれを決定する。」との一カ条からなるものであったが、立法理由として、ギュルトナーは、新刑法典の精神と内容の理解のための十分な時間の用意の必要性、及び、関連法である刑事訴訟法、刑事執行法等の未整備を挙げ、そのため、「現時点では、刑法典の施行の期日を特定せず、その決定をライヒ法務大臣に委ねることが適切である」と結論していた。[95]

一二月一日の閣議で約束されながら、完成が遅れたため、結局二日の草案の発送に間に合わなかった「立法理由書」は、ようやく一六日付で各大臣宛てに送付され、[96]次回の閣議での決着への準備が整ったものの、その後の事態の進展は、一月三〇日の公布を信じて疑わなかったギュルトナーのまったく思いもよらないものであったにちがいない。最初の攻撃は、ここでもやはり、フランクからのものであった。ギュルトナーが一二月一七日付で受け取った書簡には次のようにあった。「ドイツ法アカデミーは、今回、刑法委員会の草案が提出されたことを受けて、立法へのドイツ法アカデミーの関与に関する一九三六年一〇月一三日の指導者兼ライヒ首相の回状に基づき、この草案に対する態度決定を行うこととした。そのため、私は、一九三七年一月一二日に開催するドイツ法アカデミーの拡大刑法委員会にあなたを招請するものである。」[97]フランクが引き合いに出したヒトラーの一〇月一三日の回状とは、先に紹介したとおり、ライヒ全権委員を解任された後立法過程への影響力の回復を目指すフランクの要望に応え、各管轄大臣に対し、法案作成段階で、「そのことが適当と判断される場合」、ドイツ法アカデミーの意見を聴取する機会を設けることを求めたものであったが、フランクは、今回、これを根拠に『刑法典』編纂の管轄大臣であるギュルトナーを協議の場に引っ張り出そうとしたというわけであった。これに対し、ギュルトナーは、二一日付で、「私は、ライヒ内閣の外で行われる法案に関する協議に参加する権利を有するものとは考えない。招集の根拠とされた指導者兼ライヒ首相の回状は、私の理解によれば、既に閣議に提出された法案には適用されないものである」との回答を返した。[98]

フランクの妨害行為に対して、ギュルトナーは、事の顚末を報告したヘス宛ての書簡の中でも、「回状は、閣議に法案が提出される以前の立法段階だけを想定する」ものであるとの見解を繰り返し、さらに、今後は「〔フランクは〕ただライヒ大臣の立場からのみ法案に対し意見を申し立てうるにすぎない[99]」として、これを一蹴したものの、翌二二日付でライヒ官房長官から受け取った書簡は、フランクのそれとは異なり、彼にとって決定的な意味をもつものであった。「指導者兼ライヒ首相は」とランマースはいう。「その後の検討の結果、一九三七年一月三〇日は新しいドイツ刑法典を公布する上で適当な日付とはいえないとの確信に至った。指導者兼ライヒ首相は、さらに、法案についての詳細な予備的審議が不可欠であり、したがってまた、ライヒ閣議における審議をその時までに終えることは不可能である、との考えに至った[100]。」翌二三日付のヘスからの書簡もまたこれに追い打ちをかけるに十分なものであった。「最近、草案に関する説明を受けたが、私だけではなく、他の大臣からも多くの提案と修整希望が提出されることが予想される。それ故、一九三七年一月三〇日に向けて議決が可能かは疑問である。さらに加えて、刑法改革に関する第二の重要な法律である刑事訴訟法が完成していないことを挙げねばならない。二つの法律のもつ緊密な関係から見て、刑法典を今ただちに議決により確定してしまうことは得策とはいえない。閣議において、先ず、第一読会を行い、そこでは、関連する法律案の作成が順調に進展するまで、修整を前提とした基本的な合意に留め、その後、第二読会において最終的な決定を行うことが妥当である[101]。」

こうした状況の下、一九三七年一月二六日に開かれた閣議において、ギュルトナーが、ただ、「刑法典草案をできる限り早期に議決するよう」にとの希望を語り、「この目的を実現するために可能な一切の事柄を行う用意がある」との決意表明しかできなかったとして、それもまた当然のことであった。閣議では、カールが「背反的噂の流布」の罪――「外国において真実の事柄を流布した者は、その事柄がドイツライヒ又はライヒ政府の威信を棄損するものである場合、……処罰される。」――に関する緊急の特別立法の必要性を訴えたが、これに対し、ギュルトナーは、かかる条項もまた刑法典に属するものであるとし、個別の事柄を対象とする先行的な特別立法を拒否。結局、閣議は、「既に開始されたライヒ内閣による個々の章に関する審議の後に、刑法典草案をできる限り早期に議決すべき」ことを「合意」して終了した[102]。

翌日、ギュルトナーとフランクの会談がランマースを交えて彼の屋敷内で行われた[103]。この時、フランクが、「ヘスは刑法に関する党内の監督責任を彼に委譲し、また、ヘスの省が有する刑法典に関する一切の文書を譲り受けた」と主張したのに対し、ギュルトナーは、「私はヘスからこの件につき今まで何らの報告も受けていない」との回答を返した[104]。翌日、ギュルトナーは、この件に関しヘスと電話で話し合いをもち、その結果を自らのノートに次のようにまとめている。「私がフランクからの報告をヘスに語ったところ、彼はそうした事実はないとした。また、刑法典の協議に際し党を代表する唯一の立場にある者はヘスであり、彼以外には存在しないことを確認した。私が、ライヒ大臣であるフランクの立場がヘスを拘束することになるかと質問したのに対して、彼の回答は、それは何ら問題とはならないというものであった。さらに、ヘスは以下の点を確認した。フランクの任務は、刑法典に関して党機関から寄せられる提案を単に集約し、ヘスに報告することでしかない、また、刑法典に関する書類については、フランクがそれを要求したことは事実であるが、彼に渡ってはいない、と。」この後、ギュルトナーが、今後の党への対応に関し、「フランクの刑法典草案に関する立場は他の閣僚のそれと何ら変わるものではない。したがって、私はこれまで通り指導者代理であるあなたを草案に対する党の唯一の代表者とみなすものである」との見解を表明し、ヘスはそれを了解したという。(105)

閣議から四日後の一月三〇日、ヒトラーは、恒例となった国会演説の中で、進行中の刑法改革の動きに触れ、その意義と今後の見通しについて語った。「民族を保全し、その安全を、反社会的分肢、つまりは、共同体の義務を免れんとし、共同体の利益を侵害するあの卑劣な連中から保護することが司法の果たすべき課題である。それ故、ドイツの法生活においても、今後、民族が個人の上に立つ。以上の簡単な確認から出発して、現在、もっとも偉大な改革が進行中であり、それはわれわれがかつて経験したことのないものである。そのために必要とされる〔立法〕措置はいまだ完成には至っていないものの、数週間の内に国民に対し公表される予定である。ドイツ司法は、新たなドイツ刑法典の中に、彼らが使命とするドイツ民族の保護のための根拠を見いだすであろう。(106)」「数週間の内に」とのヒトラーの言にもかかわらず、草案に関する本格的審議が始まったのはようやく当初予定の三月二日からさらに一週間遅れの三月九日の閣議からであった。この間、各大臣等から寄せられた修整要求に対する検討を目的に、二月四日から一三日にかけて拡大刑法委員会を開催(108)したギュルトナーは、その審議結果に基づいて第一条から第一三二条を対象に一〇箇所にわたる修整、追加を行い(109)、完成した草案の新版を二月二〇日付で「ライヒ閣議によるドイツ刑法典に関する審議の準備のために」ライヒ官房長官宛てに送付するとともに、各大臣への配布方を依頼した。(110)

三月九日の閣議が審議の対象としたのは、事前に送付された新版の内、前文及び第一部総則編（第一条〜第八八条）であった。ギュルトナーによる草案の基本的な解説の後、読会は、いきなり「前文」に対するヒトラーの異議申立てから始まった。前文は以下のとおりである。「ドイツ刑法はナチズムの基本観念により貫徹されなければならないとの確信に基づき、ライヒ政府はこの法律を議決し、ドイツ民族に付与するものである。法及び不法に関する民族の健全な感情が刑法の内容及びその適用を規定する。不法に対する贖罪、民族の保護、共同体意思の確立が刑法の意義であり、目的である。名誉と忠誠、人種と遺伝素質、国防力と労働力、育種と規律を保護することが刑法の課題である。『公益が私益に優先する』との原則が刑法の特徴を刻印する。以上の精神に基づき法律が作られた。法の宣告はこの精神に基づき職業的裁判官により行われるべきものであり、彼らは正義の守護者としてドイツ民族に奉仕する。[111]」冒頭部分に関し、ヒトラーは、「ナチズムの世界観はいまだ完全に実現されてはいない。一切の法律は、民族と国家が今この瞬間に置かれている状況に適合して作られたものでしかない」との理由を挙げ、「第一文に同意することはできない」との考えを明らかにした。つまり、ヒトラーの頭の中では、当該草案がたとえ制定、公布されようと、それは決してナチス刑法の完成版ではなく、所詮は暫定的なものでしかなかったというわけだ。[112]長い意見交換の後、冒頭部分を次のように書き改めることで決着した。「ドイツ刑法はドイツ民族の保全及びナチス国家の安全に奉仕するものとする。この目的のため、ライヒ政府は以下の法律を議決し、ドイツ民族に付与するものである。」さらに、第三文以下についても、文言の順番を組み替え、「民族の保護」を「不法に対する贖罪」の、「人種と遺伝素質」を「忠誠と名誉」の、それぞれ前に置くことで合意したが、これらの修整もヒトラーの「明白な希望」によるものであった。この後、各条項に関する読会により、「公職にある者」に法律が定める国防軍構成員や労働奉仕団員、弁護士、医師、薬剤師等の他に「党及び下部組織の職員」を含むこと（第三五条）の合意が得られた他、「自己喪失的酩酊」を単に責任軽減理由としないだけでなく、より積極的に加重理由とすること（第二三条）、「斬首」以外の死刑執行方法の採用の余地をライヒ法務大臣に付与すること（第二五条）等の若干の追加・修整を行った上で、この日の閣議は第八八条までの審議を行って終了した。ただし、審議結果の取り扱いに関しては、今後、個々の条項の文章表現につき、各大臣からの提案を基にライヒ法務大臣との合意により修整を行う余地を残すことで決着した。[113]

二カ月後に開かれた五月一一日の閣議は、ヒトラー議長の下、それまでに関係大臣等から寄せられた修整要求等[114]に基づきライヒ法務省により一部修整、追加を施された新版を基に、第二部各則編第一編「民族の保護」第一章「民族に対する裏切」から審議に入った。大逆罪及び背反罪に関する基本的見解として、ヒトラーが、「民族は、大逆罪及び背反罪が通常死刑でもって罰せられるもっとも重大な犯罪とみなすよう教育されねばならない」との方針を明らかにし、これにゲッペルスが強い支持を表明するとともに、さらに「大逆罪及び背反罪はとりわけ心情犯罪である」との見解を加えた。これらの見解を審議の出発点として、刑罰の加重を中心に、各条項の修整が決定された。ライヒ高権に対する大逆罪（第八九条）等のすべての条項につき、名誉喪失刑を死刑に先置すること、大逆罪の勧誘（第九二条）及び予備（第九三条）に対する刑罰を死刑とすること、背反罪の内、「行為がライヒの福利にとっていかなる危険も惹起しえなかった」ケースに対する減刑措置に関する規定（第一〇〇条第二項、第一〇一条第二項等）を削除すること、戦時における敵対国への武器による加担行為等（第一一〇条）に対する刑罰を死刑とすること、ライヒの外交関係にとって重要な意義を有する証拠の隠滅等の行為（第一一四条）及び背反的行為の勧誘（第一一八条）に対する刑罰を名誉喪失刑及び死刑とすること等がそうであった。この他、ドイツ民族の生存根拠に対する大逆罪（第九〇条）に関しては、同年一月三〇日の国会演説において、ヒトラーが「今日国家的に形成されてきたドイツ民族の真の生存を、一つの憲法により未来永劫確立し、われわれドイツ人の不滅の基本法へと高めることが、将来の課題となるであろう(115)」と発言したことを受けて(116)、ライヒ法務省の修整提案の通り(117)、保護法益を当初の「ドイツ民族の生存の根拠」から「ドイツライヒのナチス的憲法体制」に代えることにつき合意が得られた。第二章以降に関しては、第三章「ドイツ民族の名誉に対する侵害」の内、指導者兼ライヒ首相に対する名誉棄損罪（第一二三条）を「指導者兼ライヒ首相からの強い希望に基づいて」削除し、これをドイツ民族に対する名誉棄損罪（第一二四条）に統合することとした。この他、当初の第一七章「投票の保護」（第二八二条から第二八六条）を第三章aとして、同じく第一六章「外交関係の妨害」（第二七六条から第二八一条）を、第三章bとしてそれぞれ第一編に編入することを決定した(118)。

これ以降も、草案審議のための閣議が一九三七年六月二三日(119)、一二月九日(120)の二回にわたって開かれ、全体のほぼ半分にあたる第二一四条までの条項が、これまでと同様の審議の結果、一部修整の上、承認された。この間、一〇月六日に、ギュルトナーは、ヒトラーと刑法改革の継続に関する話し合いをもち、その際、「〔刑法典編纂〕作業の最大限の促進」の約束を取り付け、自らのノートに「刑法典草案は次回以降のすべての閣議の議題となるであろう」と書き記したものの(121)、彼の目論見は完全な見込み外れに終わった。草案審議のための閣議はこの後開かれた一二月九日の閣議が最後となり、閣議そのものも一九三八年二月五日を境に開催されなくなったからである。

最後の閣議から二カ月後の四月八日、ギュルトナーはウィーンに向かうヒトラーとリンツで草案の今後の取り扱いについて協議し、その結果を翌日二人の次官に次のように報告している。「指導者は、イタリア旅行から帰国した後、三回の閣議を連続して開き、そこで刑法典草案を議決することを約束した」と。[122] 五月一一日のヒトラーの帰国を待って、ギュルトナーは、この件に関し、翌日付でライヒ官房長官に宛て以下の書簡を送付した。「草案を議決し、ただちに公布することが今緊急に求められている。従来の法のもつ欠陥は、過渡期の間は我慢しうるものであったとはいえ、ますますそれと感じられるものとなってきた。既に多くの機関の長からは、私のもとに、草案の一部の条項だけでもただちに立法化するようにとの要請が届いている。とりわけ、オーストリアの併合はわれわれに草案の早急な議決を迫っている。形式的には一八五二年の制定になるものの、さらに一七八七年、一八〇三年にまで遡るオーストリア刑法典とライヒ刑法典との相異は実務に重大な困難をもたらすことが予想される。さらに、国防軍最高司令部長官からも、軍事的理由により、オーストリアとドイツの現行の軍刑法の統合のために国防軍刑法典草案の早急な議決の必要性が強調され、この解決のためには刑法典の制定が前提となることを理由に、草案の審議の促進が求められている。リンツにおいて指導者兼ライヒ首相との間でもった協議の中で、指導者は、イタリア訪問からの帰国後、草案の議決のために三回の閣議を開くことを約束した。」[123]

この書簡を受けたランマースは、六月三日付で各大臣宛てに、「今月中に刑法典草案の最終決定のための閣議が三回にわたって開かれる予定である。この開催が六月七日から一五日の間になるのか、今月中旬以降になるのかは未定である」[124]との文書を送付した。四日後の六月七日、ギュルトナーは、ライヒ官房長官宛てに、「ドイツ刑法典の草案の更なる審議の準備のために」、一九三七年一二月九日の閣議における審議結果の他、各大臣から寄せられた修整要求に基づいて作成した新版を送付するとともに、各大臣への配布方を依頼した。[125] しかしながら、七月に入っても、予定されていたはずの閣議の招集はなく、こうした事態を前にして、ライヒ官房とライヒ法務省の間で新たな議決方法の採用が検討され、[126] その結果は七月六日付の文書としてライヒ官房長官から各大臣宛てに送られた。「六月三日の文書で連絡した閣議の開催は、この間指導者兼ライヒ首相が他の事柄に忙殺されることになった結果、不可能となった。しかし、草案の議決の必要性が切迫していることに変わりはない。現行刑法の欠陥はますますそれと感じられるものとなっている。……指導者兼ライヒ首相は、こうした事態を前に、草案の議決の促進のために、ライヒ法務大臣の提案に基づき、以下の審議方法を採用することを私に対し委任した。1．草案の第一条から第二一四条はこれまでの閣議において既に解決済である。2．一九三八年六月七日付で送達した草案の第二一五条から第四八三条については、各大臣から一九三八年八月三一日までに修整提案が私のもとに提出されない限り、承認されたものとみなすこととする。[127]」

ライヒ内務大臣を中心に、[128] ライヒ経済大臣、[129] ライヒ宣伝啓蒙大臣、[130] 指導者代理等から寄せられた修整提案に対し、[131] ギュルトナーは「文書による草案の審議の継続を求める指導者の指示[132]」に基づいて関係大臣等との間で持ち回りの協議を行い、[133] 早期の決着に向けた努力を重ねたものの、丁度その最中、党の側から送付された九月三〇日付の二通の書簡はこうした彼らの努力に対し「致命的な打撃[134]」を与えるに十分なものであった。

その内、ヘスからライヒ官房長官に宛てられた書簡は、これまでも指摘されてきた刑法典を刑事訴訟法等の関連法律に先行して議決することへの疑問、経済背反罪や名誉棄損罪等の構成要件に関する修整意見の他に、党の立場から法典編纂そのものに対し決定的な疑問を突きつけるものであった。「私は、個々の条項の内容は別にして、刑法典に内在する構造的理由から、法典の議決には反対せざるをえない。指導者は、一九三七年一月三〇日の国会演説において、刑法典の制定により司法ははじめて民族の保全に奉仕するための根拠を手にすることになると語った。……その際、指導者は、個人のための安寧と秩序の維持に代わって、民族を出発点とすることにより、共通の義務を免れ、共通の利益を害せんとする連中から民族を革命的に保護することを刑法典の課題とした。指導者は、この目的のために、司法を党、国家、軍隊等とともに一つの戦線に位置づけたのである。司法の義務は、それらと協働して民族の保全につとめることにある。司法は、かかる反社会的人物に対する戦いにおいて、もっとも偉大な仲間を党の中に見いだすこととなった。」以上の認識から出発し、ヘスは、「草案の欠陥はこうした点について一切の配慮を欠くことにある」とし、さらに、党指導部が刑法典編纂に反対する根本的理由を明らかにした。「党は、自らに課せられた教育課題を実現するために、個々の民族同胞の内面にまで踏み込むことを常に求められている。その際、法益の侵害にまで至ることは避けられない。……自らの義務の履行のために個人の法益を侵害する者を訴追することがあってはならない。ところが、まったく逆に、草案は、その他の今日の法律と同様、個人に対し、彼らが党から身を守るための武器を提供するものとなっている。……今必要とされることは法律に対するこれまでとは異なった関係の在り様である。長い捜査や審理の挙げ句に、法律が、事後的に、党に対し訴訟の打ち切りや無罪放免、恩赦を与えるといったことは適切なやり方とはいえない。党が、最近の立法に表現されているとおり、国家とともにライヒの構成要素としてライヒの構造の中に組み込まれたと信じて間違いない以上、そのように結論して差し支えないであろう。……党の任務は、社会的観点から見て好ましからぬ日常生活の諸現象を除去することにあるが、その際、法律がそのことをわれわれに命じているか否かは問うところではない。党の活動範囲に限界はなく、また、党が個人の裁きをどのように行うべきかも予め定められうるものではない。……そうである以上、党の任務の遂行が必然的に個人の法益に対する侵害を伴わざるをえない所では法益の保護にも一定の制限が置かれるとする、そうした一般的規則がとっくの昔に作られていたとして、何ら不思議はないと考える。」ヘスの主張が、党及びその機関を新たな刑法典から解放し、この際、一挙に、政権掌握以降常に問題とされてきた党の活動と刑事司法、さらには、党と国家の関係そのものを解決せんとする意図に出たものであったことは明らかである。[135]「党の活動が」とヘスは続ける、「訴追機関により犯罪行為として捜査の対象とされるといった事態をできるだけ避けたいとするのが私の考えである。そのため、私はライヒ法務大臣に対し以下の提案を行ったところである。もともと軽微な事件の訴追に関し裁量権を有する訴追機関と、国家にかかわる重大事件に関し審理の打ち切りを命じる権能を有する指導者との間に一つの審級を設置し、訴追を放棄する公の利益が訴追を行うことの利益を上回る場合、法務大臣が指導者代理との合意に基づき訴追そのものの中止を命じる、といった方策が考えられる。」書簡の最後を、ヘスは指導者への仲介を依頼する言葉で締めくくった。「私は、指導者に対し私の見解を報告し、必要な場合には提案の補充説明を行う機会を設けていただくことをお願いするものである。いかなる場合であれ、私は指導者に先んじて事を決しようとする考えはない。[136]」

ヘスの書簡と同じ日、フランクもまたライヒ官房長官及び全閣僚に対し、「〔刑法典〕草案全体に対する私の基本的見解」を「審議未了となっている第二八七条から第四八三条に関する意見」を付して送付している。「ライヒ法務大臣がはじめて刑法典草案の説明を行った際、既に、私は、ナチズムの法改革にとって重要となるかかる領域を最終的に法典化する機が熟したといえるのかとの危惧を抱かされたものである。ドイツ民族の政治的健全性が不断に回復された結果、今ようやく、いくつかの理念的価値が民族共同体にとって有する意義が十全な形で認識されるに至ったところである。今日なお、ナチス国家がその保護を引き受けなければならないいくつかの基本的価値に関し、それらが民族同胞により議論の余地のない形で完全に受け入れられる程には確定されていないといった状況にある。」このように法典化の時機は未だ熟さずとしたフランクは、草案自体の中に見られる、構成要件の不適切な分割や無用のカズイスティック、不適切な法文表現、法典全体の構成・編別の技術的欠陥を指摘し、個々の条項のもつ重大な欠陥とあわせて、「こうした法律が実際適用された場合、不一致や不正義、さらには、望ましからざる政治的影響をもたらすにちがいない」と断じた。さらに、フランクは、これまでの草案審議の過程において、多くの条項に対し修整や追加が行われたことを挙げ、その結果、草案はナチズムの世界観に依拠した法典としての「統一性」を喪失するに至ったとし、現在行われている持ち回りの協議のやり方は、本来統一性を担保するはずの指導者兼ライヒ首相の指導力を排除し、こうした統一性の回復を阻害するものでしかない、と結論した。(137)

かかる党側の動きに対応するべく、ギュルトナーは一〇月一八日付の書簡でフランクに対し、「〔先に提出された〕草案の編成及び個々の構成要件に関する修整提案につき両省の専門官による協議を一一月三日にライヒ法務省内で行う」ことを提案、(138)さらに、その二日後、ライヒ官房長官宛てにフランクに対する反論を認めた書簡を送付した。先ず、「〔これまでの〕修整によって草案の統一性はいささかも損なわれていない」としたギュルトナーは、法典化が時期尚早であるとの主張に対しても次のようにやり返した。「今日のような変化の時代が包括的な法典化にとって好ましい時代でないことはたしかであれ、しかしながら、自由主義の時代に作られた古い法律をナチズムのそれによって置き換えることの必要性もまた否定しえないところである。ナチスライヒの成立から既に六年、かかる課題をさらに先送りすることは許されない。草案の早急な議決が必要であり、指導者からはそのための技術的手段が与えられている。」さらに、フランクから提出された異議の取り扱いに関しては、それらの内「未だ指導者の手により解決されていない」条項については、他の大臣から寄せられている修整提案と同様、「事態に即した検討を加え、また、フランク博士との協議によってできる限りの解決をはかる」とし、その上で予定される閣議での最終審議に臨みたいとした。(139)

ギュルトナーが提案した一一月三日の協議に関して、フランクは一〇月二六日付の書簡で、「草案全体に対する疑念が存在する」こと、さらに「指導者代理もまた、指導者の決定を求めるには、草案に対する根本的な疑念があるとしている」ことを理由に挙げて、「今〔個々の構成要件を対象に〕専門官による協議を行うことがはたして目的に適ったことか疑問がある」との回答を返した。(140)この後、フランクがビューラーを通じて「専門官による協議の前にギュルトナーとの直接の会談を行うこと」を求めたのに対し、ギュルトナーもまたE・シェーファーを通じて「提案を了解した。会談の時機についてはいずれ連絡する。ただし、予定されているヘスとの会談の結果を待ちたい」との回答を送った[141]。

指導者代理機関との意見の調整に関しては、フランクのそれとは異なり、ギュルトナーからの提案に基づき[142]、専門官による協議がライヒ内務省を含め一一月四日に行われ[143]、さらに、ライヒ官房長官は一一月一二日付のヘス宛ての書簡の中で、「九月三〇日付のあなたの書簡を私は指導者に報告するつもりであるが、そこで取り扱われている問題は非常に重要な意味をもつものと考えられることから、私は、あなたとライヒ法務大臣が共同して指導者に報告〔し、決定を仰ぐよう〕勧めるものである[144]」との考えを示し、ライヒ法務大臣にもこの写しを送付した。両者の協議の実現は丁度一カ月後のことになるが、事前に、ギュルトナーは、九月三〇日のヘスの書簡に対する自らの見解を文書にまとめ、これを一一月二二日付でランマースに送付するとともに[145]、ヘス宛てにもその写しを「あなたから寄せられた希望につき、私の今回の新たな提案に基づいて、一度われわれの間で協議をもつことを提案したい」との文書とともに送った[146]。

「指導者代理から提案された諸問題につき、指導者の決定が必要であるとの見解については、私も異存はない。指導者代理が求めている〔指導者への〕報告の場に私も参加することを希望する。……報告の準備を目的に、指導者代理の主張に対する私の見解を以下にまとめておきたい。」このような書き出しで始まるギュルトナーの一一月二二日付文書は、九月三〇日付のヘスの書簡のすべてにわたって逐一自説を展開するものであるが、その中心となったのは、いうまでもなく、党と刑法典、刑事司法の関係をめぐる問題であった。先ず、「司法は、反社会的人物に対する戦いにおいて、もっとも偉大な仲間を党の中に見いだすこととなった」とのヘスの主張に異論はないとしたものの、ギュルトナーは、「刑法典草案が党に制約を課し、その結果、党の教育活動に耐えがたい妨げとなるという指摘には賛成することはできない」とし、さらに、「党の機関が刑法命令に拘束されることについては何ら官吏と変わるところはない」と断じた上で、党を刑法、刑事司法から解放する考えのないことを改めて確認した。「たとえば、管区指導者が有害とみなした民族同胞を彼の確信に基づいて処罰する権能といったものは存在しない。彼らに対する刑罰は、それが生命刑であれ、名誉刑、財産刑であれ、そのための権限を有する国家の機関により、予め定められた手続きに従って課せられるべきものである。さもなければ、法的安定性は損なわれることになるであろう。しかして、ただ一つの統一的刑法が、また、その統一的執行のみが存在しうるのである。」もっとも、ギュルトナーも、「しばしば党が、特別措置に際して、客観的に、また、おそらくは主観的にもあれこれの構成要件に該当する行為（たとえば、公安の侵害、傷害、殺人、監禁）を行わざるをえない状況があること」については十分了解するものであるとする。ギュルトナーは、そのため、「こうしたケースに関しては、これまでは、刑事訴追を中止し、あるいは、刑罰免除法を適用する主観的理由がない限り、私は指導者兼ライヒ首相に公訴手続きの棄却（Niederschlagung）を提案するといった解決策を講じてきた」とし、もしヘスが要求するように中間審級を設置するならば、それは結果的にこうした指導者の権力を侵すものであると主張する。「従来の方策は指導者の国家高権にもっぱら配慮してとられてきたものであり、この方策を変更するようにとの提案を行うことは私にはできない。指導者代理は、かかるケースに対応するため、刑事手続きの開始又は継続の中止を命じる権能を有する一つの審級を設けようとのお考えをお持ちのようであるが、それは、指導者に対し、彼が有する刑事手続の取り下げの権能を他の機関に譲渡することを要請する結果となろう。かような機関の法制化は、私見によれば、従来排他的に指導者の手の中にあった重要な一つの国家高権を分割しようとするものでしかない。その結果、指導者は内外の注目を集める重要な事件に関する決定権を手放すことになろう。」このように事が指導者の権力にかかわりをもつことを理由に、ギュルトナーは、「この件に関する決定は指導者の判断に委ねることが妥当である」と結論した。

ギュルトナーとヘスの協議は一二月一二日に実現されたが、この結果をさっそく文書にまとめ、同日付でヘス宛てに送付したギュルトナーは、その中で、協議の対象となった第四二九条a、第四二四条、第二三一条、第三三四、第二四一条を挙げ、これらの条項につき「われわれは意見の一致を見た」とし、次のように結論している。「以上により、刑法典草案に関しわれわれの間にあった唯一の相異点が解決された。今後、あなたが草案に同意することを確約されんことをお願いする。」[147]

ギュルトナーの言にもかかわらず、もっとも重要な争点である党と刑法典及び刑事司法の関係をめぐる問題に合意が得られたわけではなかった。一三日付のヘスからギュルトナーに宛てた書簡には次のようにある。「新しい法律をただちに議決することにより、現行刑法の欠陥を早急に解決する必要があるとのあなたの指摘に鑑み、私は刑法典を先行的に議決することへの懸念を控える用意がある」と刑法典の単独公布に同意を示しながらも、なお、根本的な問題が未解決であることを指摘する。「しかしながら、第二部〔各則編〕の条項の議決に関しては以下の事柄が満たされることを前提に賛成したい。もし訴追しないことに関する公の利益が訴追の利益を上回る場合、構成要件や対象者に限定をつけることなく、政治的な中心審級により訴追の中止を命じることができるとする、そうした条項を含む手続法が作られるということをお願いする。以上の前提からあなたが出発されることをお願いすることである。」最後に、ヘスはギュルトナーに次のように念を押すことを忘れていなかった。「指導者への報告の際、私の以上の見解を伝えていただくようお願いするものである」と。[148]これに対し、ギュルトナーは一六日付の返書の中で、「草案の議決の前か第二部の施行の前に、あなたが希望された刑事手続法に関する条項が指導者により決定されなければならないとの考えに同意するものである」と明言するとともに、[149]同じ日、ランマースに対しても、「〔ヘスとの協議により〕刑法典草案の先行的議決に対する彼の懸念が払拭されるに至った」[150]ことを報告している。

ランマース宛ての書簡の最後で、ギュルトナーが、「いまだ実現されるに至っていないが、この協議の結果をまって、さらなる報告を行うことを約束する」としていたフランクとの協議は、両省の専門官の事前の話し合いを経て、ようやく年明けの一月一九日に実現されたものの、結果は、フランクが従来の主張を変えず、物別れに終わった。[151]とにもかくにもフランクとの協議を終えたギュルトナーは、二月一一日、ライヒ官房長官に対し、これまで行われてきた持ち回り協議の結果を次のように報告した。「〔経済背反罪をめぐる〕一部の問題を除き、今現在、関係機関のすべての責任者との間で刑法典草案に関する完全な合意が達成された。ただし、フランク大臣は現時点における草案の議決に反対であるとの基本的姿勢を変えるには至っていない。私が確信するところ、二年前に祝祭的に宣言され、その後の切迫した外交関係をめぐる問題によってこれまで延期されてきた刑法典草案の議決を妨げるものはもはや存在しなくなった。この確信は、軍刑法典草案に関連して〔刑法典の早期の議決を求めている〕ゲーリング元帥及び国防軍最高司令部長官と共有するものである。それ故、指導者兼ライヒ首相への報告の機会を設けていただき、刑法改革の実行、及び、指導者兼ライヒ首相の決定を必要とすると思われる個々の問題に関して私から直接説明することを希望するものである。[152]」

四月に草案の新版が完成し、[153]すべての準備が整ったものの、ヒトラーが法案の議決に向けて何らかの行動に出ることはなかった。前年末に、ギュルトナーは、ライヒ官房長官から、「指導者は刑法典草案の今後の取り扱いを一九三九年一月中旬に予定される閣議において決することを決定した」[154]との報告を受け取っていたものの、既に前年二月五日を最後に途絶えていた閣議が再び招集されることはなかった。手詰まりとなったギュルトナーが採った最後の手段は、彼自身はそのメンバーではなかったものの、国防軍との関係から刑法典の早期制定に積極的なゲーリングが議長をつとめる国防評議会による法案の議決であった。一九三九年一二月九日付でゲーリングに対し「刑法典草案に関するわれわれの協議に関連して、私は、国防評議会の開催日を決定し、会議への私の参加をお命じいただくようお願いするものである(155)」との書簡を送ったギュルトナーは、三日後の一二日に、ランマースに対してもゲーリング宛ての書簡の写しとともに、両者の協議の結果を次のように報告している。「ゲーリング元帥閣下は、口頭での協議に際し、刑法典草案の議決のために、国防評議会を二回程度、それも今週中に開催する意向をもっていることを明らかにした。この考えを私は心から歓迎する。……この件についてご承知おきいただくと同時に、国防評議会の開催の必要性をご認識いただくようお願いするものである(156)。」四日後に、ギュルトナーはゲーリングから先の一二月九日付の書簡を返送されたが、そこには、ゲーリングの自筆で次のような書き込みがなされていた。「①私は指導者と協議した。②多くの大臣が新年に入ってただちに会議を開催するように求めている。③法律の議決のために会議の時間がどの程度必要か、私宛てに報告をされたい(157)。」一二月一八日、ギュルトナーは、ゲーリングに対し、先の返信の礼を述べるとともに、国防評議会を「一九四〇年一月三日」に開催するよう求めた。「会議に要する時間は、私の計算では、せいぜい六時間程度であり、二回に分けて開けば十分であろう。それ以上の協議は必要とは思われない。既に草案の最初の二一四カ条は閣議において議決済であり、残りについてもすべての関係機関の長及び指導者代理の合意が得られている(158)。」

ギュルトナーはこの時半ば手中にしたはずの果実を結局失うことになる。彼がゲーリングとともにライヒ官房長官から受け取った一二月一八日付の書簡は、刑法典制定に向けた六年間にわたるこれまでの一切の努力が無に帰したことを告げていた。「私は、一九三九年一二月一二日付のあなたからの書簡に関して、指導者に対し、国防評議会がドイツ刑法典草案を命令草案として提出する計画であることを報告した。これに対する指導者の回答は以下のとおりである。ドイツ刑法典の議決は正規の立法方法により行われなければならない、また、この他にも、新刑法典の議決の時機が今なのかについては疑問がある、と。以上、私は間違いなくあなたに報告する(159)。」

4　立法の終焉

一　許されていないことは禁じられている

編纂化事業にゴーサインを出しながら、終始煮え切らない態度のまま、結局は、傍観者を決め込み、最後に民族の最高立法権者として法典化に引導を渡したヒトラーの思惑が奈辺にあったかはともかく、少なくともたしかな一つのことは、ヘスが、一九三八年九月三〇日付のランマースに宛てた書簡の中で、「党の活動範囲に限界はなく、任務の遂行にあたって、法律がそのことをわれわれに命じているか否かは問うところではない」と語っていたように、一方における、「現存在の幅と深みの全体」を統御せんとする指導者権力の要請と、他方における、どう工夫しても「安全地帯」をゼロにすることはできない法律との原理的な矛盾が、法典編纂にかけたギュルトナーの思いを吹き飛ばしたという、この事実である。さらに、今一つ付け加えるべきは、この時点、ギュルトナーの強い思いにもかかわらず、実利的な面からみて、包括的な法典制定の必要性などとっくの昔に雲散霧消してしまっていたという事実である。おそらく、ヒトラーと指導部にとって、ギュルトナーがようやくにして最後にまとめあげた四八九カ条の内、ただ一つの条項があれば十分であったと思われる。[160]第一条がそれである。「法律が可罰的であると宣言した行為、又は、健全な民族感情に基づき刑法の基本思想との一致により処罰に値する行為を行った者は罰せられる。行為を可罰的と宣言する特定の法律が存在しない場合、行為者は、その基本思想が当該行為にもっともよく適合する法律に基づき罰せられる。」この条項だけでは不足であるならば、さらに「前文」――「ドイツ刑法はドイツ民族の維持及びナチズム国家の保全に奉仕しなければならない。……法と不法にかかわる民族の健全な感情が刑法の内容及びその適用を規定する。民族の保護、不法の贖罪、共同体意思の確立が刑法の意味であり目的である。人種と遺伝素質、名誉と忠誠、国防力と労働力、規律と秩序の保護が刑法の課題である。『公益が私益に優先する』という信仰告白が刑法を刻印する。……以上の精神に基づき法が職業的裁判官により宣告される。裁判官は正義の守護者としてドイツ民族に奉仕する。」――を加えれば、あえて新たな刑法典を制定するまでもなく、一八七一年の『刑法典』をそのままに、部分的な改正や個別の緊急法令による必要最小限の立法措置により、刑法及び刑事司法は指導者の要請に応えることが可能であったにちがいない。それは、ゲッベルスが、或る時ヒトラーに対し、「民族同胞に広く知られたナチスの民族指導の諸原則を犯したすべての者に、軽懲役、重懲役、あるいは、とりわけ重大な場合にあっては死刑が宣告される、そうした一つの法律」の制定を提案し、さらに、「こうした法律によって、われわれは国内の戦争指導の全体を一つの新たな基礎の上に置き、とりわけ、これまでわれわれの追求の手を免れてきた事件の一切に対し断固たる措置をとることが可能となるであろう」と語っていたとおりである。[161]

実際、新刑法典の制定をまつまでもなく、既に一九三五年六月二八日の『改正刑法』は、「刑事司法の柔軟化、実質的正義の実現及び民族共同体のより効果的な保護」を目的に、罪刑法定主義の原則を宣言したそれまでの第二条に代わって、草案第一条とほぼ同様の以下の条項を置いていた。「法律が可罰的であると宣言した行為、又は、刑罰法規の基本思想もしくは健全な民族感情に基づき処罰に値する行為を行った者は罰せられる。行為に対し直接適用されるべき特定の刑罰法規が存在しない場合、行為はそれにもっともよく適合する基本精神をもつ法律に基づいて罰せられる。」同じ日、『刑事訴訟法』にも、第二条の改正と合わせて、第一七〇条aとして「健全な民族感情に基づき処罰に値する行為が法律上可罰的であると宣言されていない場合、検察官は、刑罰法規の基本思想がその行為に合致するか否か、又、この刑罰法規の類推適用により正義を実現しうるか否かを検討しなければならない」との条項が、第二六七条aとして「被告人が健全な民族感情に基づき処罰に値するものの、法律上可罰的であると宣言されていない行為を行ったことが公判において明らかとなった場合、裁判所は、刑罰法規の基本思想がその行為に合致するか否か、又、この刑罰法規の類推適用により正義を実現しうるか否かを検討しなければならない」との条項が追加された。[162]

この二カ月足らず後に、ギュルトナーは、ベルリンで開催された国際刑法・監獄会議で『ドイツ刑法革新の中の正義の思想』と題する記念講演を行い、その中で、『改正刑法』のもつ意義と機能に関して、次のようにライヒ法務省の見解について語っていた。「非難されるべきあらゆる行為はしかるべき報いを見いださねばならない。いかなる者も法律の網の目を潜り抜けることは許されない。むしろ、非難されるべき行為を行った者は、誰であれ、法律の不備にかかわりなく、本来彼に帰属すべき処罰を課せられなければならない。それ故、Nulla poena sine lege に対し、Nullum crimen sine poena という原則が打ち立てられた。」このように刑法改正の理由を明らかにしたギュルトナーは、さらに、この改正の結果、刑法及び刑事司法に対しまったく新たな課題、「真なる正義の実現」が課せられるに至ったとする。「法律が自らの定める刑罰規定に違反した者だけを処罰することで満足するならば、正義の目標をただ部分的に実現しうるにすぎないであろう。……いうまでもなく、将来起こりうるあらゆるケースを予見し、前もって制定法化することはいかなる立法者にとっても不可能なことである。しかし、法律が不完全であるからといって、非難されるべき行為に対する処罰が行われないようなことがあってはならない。むしろ、立法者が欠缺の存在を知ったならば、それを埋めるであろうと考えられる場合、処罰が実行されなければならない。それが真なる正義からする要求である。」もはや「形式的不法」は新たなナチス刑法の理念ではないとギュルトナーはいう。「それに代わって実質的不法の概念が登場した。民族共同体の利益に対するあらゆる侵害、民族の道徳秩序の要求に対するあらゆる違反が不法とみなされる。それ故、今後、ドイツでは法律によって禁じられていない場合でも不法が行われうるということになるであろう。刑罰による威嚇が存在しない場合でも、民族共同体が立てた生存目標に対するあらゆる侵害は不法となる。」かくして、法律は「法と不法に関する唯一の認識根拠」としての資格を喪失する。むろん、民族の指導者が自らの意思をその中に表現する法律が、「法を認識するためのもっとも重要な根拠である」ことに変わりはない。しかし、「立法者が生活のすべての状況を漏れなく規則化することの不可能であることを承知し、残された欠缺の補充を裁判官に任せた」限りにおいて、立法者と裁判官の関係はまったく新たな観点から規定し直されなければならなくなった。ちょうど、戦争において、全体の作戦目標だけを示し、その枠内での状況に応じた彼の意思の具体化を下位の指揮官に委ねる将軍のように、「立法者もまた、彼が立てた全体的な目標の枠の中での法の発見を裁判官に任せ」ざるをえないことに違いはない。その結果、「犯罪者に対する戦いにおいて、裁判官に対し状況に応じた行動が命じられることになった」とギュルトナーはいう。その際、これにより「法の不安定性」が惹起されないであろうかとの当然予想されうる疑問に対して彼は次のように反論する。「われわれはそう思わない。何故なら、ナチズムはドイツ民族に統一的な、民族全体を支配する世界観を与えたのだから。この統一的な世界観から裁判官は〔法を〕汲み取ることが可能である。世界観が立法の中心思想を認識し理解する根拠として法適用の統一性を保障することになる。[163]」

ギュルトナーの言のとおりであったとするならば、たとえ彼自身そのことに気づいていなかったにせよ、新刑法典の制定など不要なことであったといわねばならない。新たな第二条は、「刑罰法規の基本思想」、さらには「健全な民族感情」を法源とすることにより、具体的な立法の有無とかかわりなく、共同体の統一と団結を破壊せんとする一切の敵対分肢、有害分肢等に対し、ナチズムの世界観の立場から、共同体の保護のために必要とされる刑罰威嚇を行う「法律上の根拠」を検察官及び裁判官に提供するものであったのだから。共同体に生きる者からすれば、「禁じられていないことは許されている」に代わって、「許されていないことは禁じられている」、そうした時代が始まった。(164)「指導者が、汝の行動を知ったなら、是認するように行動せよ」(165)、それが第三ライヒの定言命令であった。それは、また、健全な民族感情を基に、指導者の意思を忖度し、何が許され、何が許されていないかを嗅ぎ分ける嗅覚をもつ者だけが生き残ることを許される時代の到来でもあった。刑法委員会のメンバーであるＫ・シェーファーは、誰であれ、もし適法か否かにつき確信をもつことができない時は、行為を差し控えることこそが賢明であり、それでもなおあえて事を行おうとする者は、そこから生ずる危険を覚悟しなければならないと警告する。(166)ドイツ人の多くは、ゲーテの「私は、無秩序に我慢するよりは、むしろ、不正義を行おう。世界に法律がないよりは汝に対し不法が行われる方がまだましだ」との言葉が真に意味するところを実感をもって受け取ったことであろう。隙間だらけの法律‐権力は雲散霧消し、かつて存在した安全地帯も消滅した。現存在の幅と深みの全体を覆い尽くす切れ目のない生‐権力の出来である。刑法は、たった一つの条項の置き換えにより、ナチズムの世界観を自己のものとせず、健全な民族感情を無視し侵害する輩たち、つまりは、民族の敵や裏切者、反社会的人物等に対する隙間のない闘争法としての性格と機能をもちえたのである。その意味で、カール・シュミットが総括するとおり、第二条の改正の結果、「なるほど新たな刑法典ではないにせよ、一つの新たな刑法が生み出された」のであり、「たとえ文言上個々の刑法典の条項は不変のままであったにせよ、それは本質的に従来のものとは異なる内容をもつことになった」のだ。(167)

第二条がどのような効果を発揮したのか。たとえば、アイゼナッハラント裁判所の判決。アーリア人血統の証明を求められたライヒ文筆家協会員が欺罔的手段でもってユダヤ系の出自を隠蔽しようとした行為に対し詐欺罪に関する刑法第二六三条の適用の是非が問題となったケースに関し、ラント裁判所は、適用の前提となる「違法な財産上の利益を獲得しようとする意図」及び「欺罔によりもたらされた財産上の損害」の存在を否定しながらも、詐欺罪の成立を認めた。「当裁判所は刑法第二条により被告人の処罰を可能と考える。彼女の行為に対しては第二六三条の根本精神がもっともよく該当する。彼女は、少なくとも彼女に本来帰属するはずのない地位を維持したいと考えたのであり、その地位は彼女に一定の活動を可能にするとともに、最後には経済的な利益をもたらす可能性をもつものであった。健全な民族感情によれば、このような行為もまた処罰されるべきものといえる。[168]」あるいは、ブレスラウ特別裁判所の判決。スターリングラードの戦闘で行方不明となった息子を持つ母親に対し、「あなたの子供から手紙を受け取った。彼は捕虜となり、スターリングラードで清掃作業に従事させられている」と語り、後日手紙を見せることを約束しながら、結局は「先日の話しは本当ではなかった。エープリルフールの冗談話で、からかおうとしただけだった」と白状した被告人に対し、特別裁判所は、傷害罪に関する第二二三条の類推適用を認め、有罪を宣告した。「行方不明の息子に関する母親の不安と焦燥は、被告人が癒しがたい心の傷を改めて暴くことにより一層大きなものとなった。被告人もそのことを承知していた。残酷な心情からなされたこのような冗談は健全な民族感情に照らして厳しい処罰に値する。兵士の家族に精神的苦痛を与えたり、強めたりすることを処罰する明白な法律の規定は存在しない。この欠缺は裁判官の法創造により埋められなければならない。類似的な原則としては、人間の身体の不可侵性を保障する身体の傷害についての条項が存在するのであり、それは精神に対する傷害についても無理なく同様に適用されうるのである。[169]」

同様の判決を積み重ねるまでもなく、二つの判決からも、罪刑法定主義の否定により、ただそれだけで「ナチス刑法」が生みだされる事情がよく了解されるのではなかろうか。ギュルトナーの刑法委員会が一〇七回にも及んだ会議の最初のテーマに「罪刑法定主義の原則」を選んだことは、後から見れば、彼らの編纂事業の結末を暗示するものであったのかもしれない。第一報告者に指名されたダームが、「罪刑法定主義の原則はナチズムの世界観と相容れるものではない」と断言し、さらに、「犯罪は形式的法律に対する違反ではなく、民族共同体に対する侵害であり、民族の生の生き生きとした諸原理に対する違反である」とした上で、「犯罪は書かれた法律からただちに認識可能なものではない。犯罪の矛先が向けられる民族の原理は、書かれた法律から独立に、即自的に存在する」と断じた時、[170]既に法典化編纂作業の挫折は決定されていた。

法典化の動きに止めを刺した一九三九年末の決定からおよそ二年後の一九四一年一一月一／二日の深夜のこと、ヒトラーは、東部戦線に設けられた総司令本部の中で、いつもの取り巻き連を相手に、行政について、司法について語り、さらに、立法について語った。「立法によって今より以上に構成要件を詳細に規定することはわれわれにとって何の役にも立たない。重要な事柄というものは、統一的な法律の適用が可能となるように概念的に整備しようとしても、そもそもそれは不可能なことなのだ。われわれにとって〔ナチズムの〕諸原則を現在ある法典に取って代わらせることが可能である。

イギリス人はいまだに憲法なるものをもっていない。彼らの憲法は不文の掟であり、それは成文化の必要なしに彼らの中に生きている。一人一人のイギリス人が国家と国民にかかわる一切の問題においてあの誇り高い態度をとるのも、彼らがこうした不文の掟を共有していることによる。(171)」

ヒトラーが、このとき、自らの「意思」そのものに第三ライヒにおける「不文の掟」の存在を見ていたとして、何の不思議もない。彼こそが、民族の最良の子として、民族の生存法則をもっとも純粋に体現する者であったのだから。そして、単に、掟を体現するだけでなく、彼自らが、必要とあらば、この掟を、裁判所や行政官署を介在させることなく、それらに代わって、直接執行せんとしたとして、これまた、何の不思議もない。彼が、民族の指導者として、被指導者団を指導する地位にあったのだから。きっかけだけが問題であった。一九三八年の道路強盗の場合がそうであるような、既に下された決定に対する事後的な容喙と緊急立法ではなく、あるいは、一九三九年九月一六日の『一般刑事手続改正法』が定める検事総長による「特別抗告」や、一九四〇年二月二一日の『刑事裁判所管轄権法』が定める検事総長による「無効抗告」といった手段(172)の利用でもなく、彼自らが、法治の原理から解放され、民族の掟を直接一人一人――裁判官であれ、官吏であれ、一般の民族同胞であれ――に対し執行し、彼らを意のままに義務づけ制裁する権限を有し、また、そうする意図のあることを被指導者団に宣明する、そのための絶好の機会が一九四二年の春に到来した。

二　四月二六日の決定

一九四二年三月一四日、オルデブルクラント裁判所は、海軍造船所で働くシュリットなる二九歳の建築技師に対し、妻を虐待行為により死に至らしめた「傷害致死」を理由に懲役五年の刑を言い渡した。二一日、たまたま『ベルリンイラストレーティッド夕刊紙』により事件と裁判の結果を知ったヒトラーは、その日の深夜、ライヒ法務大臣代理シュレーゲルベルガーに電話をし、「寛大な判決」に怒りを爆発させた。「これはこれまで何度も繰り返されてきた典型的な事件だ。彼のような暴力犯罪者が、五年もの間、安全な建物の中に、しかも、国の費用でもって匿われるというわけだ。何十万という真面目な男たちが、前線で、彼らの妻や子のために、自らの命を犠牲にしているというのに。この判決が直ちに破棄されない場合には、貴様と全司法を放逐するつもりだ。直ちにだ。もし行動を起こさない場合、私は、すべての裁判とすべての刑事訴追を親衛隊ライヒ指導者の手に委ね渡すこととする。(173)」二三日、シュレーゲルベルガーは、検事総長ブレットルに対し「特別抗告」を指示、二四日に抗告を受けたライヒ裁判所長官ブムケは、二六日に、特別刑事部の公判を三一日に開くことを決定した。[174] 三一日は関係者にとって目の回るような忙しい一日となったにちがいない。この日、シュレーゲルベルガーは、ベルリンにライヒ裁判所長官、民族裁判所長官、上級ラント裁判所長官、検事総長、控訴院検事長を招集し、ヒトラーの激しい怒りと要請を紹介、会議の結果を、その日の内に、ヒトラーに対し、「私は厳罰の要求を了解いたしております。裁判官の思いも同じであり、今後、〔裁判官に対する〕継続的な教化により十分な刑罰の宣告が行われるであろうとの確信をお持ちいただけることになると存じます」と報告した。[175] ライヒ裁判所特別刑事部は、同日、ラント裁判所の判決を破棄し、『暴力犯罪者令』第一条第一項により「死刑」を宣告、判決理由には、「シュリットが健全な民族感情に基づいて民族共同体から放逐されるべき暴力犯罪者としての本質の持ち主であることが明らかとなった」[176] とある。

これで事が済めば、気に食わない判決に容喙し、意のままにそれを覆したというだけで、今回も、道路強盗の場合と大差なかったはずである。事後立法であったか、法律が定める「特別抗告」を利用した措置であったか、違いはそれだけである。いずれの場合も、結局は、法治の原理に依拠するものであることに変わりはなかった。ヒトラーが意図したはずの指導者意思の執行が法律という箍を嵌められたといってよい。

むろん、彼はこれで事を終わらせるつもりはなかった。ヒトラーは、今回の事件を、法治の原理からの完全な解放を実現し、これまでの指導者-国家-憲法体制に引導を渡す絶好の機会としてとらえ返したのである。

事件からおよそ一カ月後、四月二六日は、法律でもなければ、命令でもない、まして法典でもなく、それらに代わって、「指導者の意思」そのものが民族の生存の掟となり、さらにそれだけでなく、指導者が、必要とあらば、直接、裁判所や行政官署を飛び越えて、それも単に判決への容喙といったことにとどまらず、被指導者団全体を対象に、個別具体的な一切の事柄に介入し、一切を決する、そうしたまったく新たな体制の到来を内外に宣言する日となった。

この日、ヒトラーは、第三ライヒの最後となった国会において、招集された議員を前に一つの権能の裁可を要求した。「私は、その解決が国家の存亡を決する重大な課題に対し無条件の服従と行動が捧げられない場合、直ちにこれに干渉し、自ら相応の措置をとる権能を、国民が私に対し付与せられんことを期待する。戦線、銃後、輸送機関、行政、司法は、勝利の達成というただ一つの思想に服さねばならない。この時にあたって、何人といえども既存の法と権利に固執することは許されず、むしろ、今日存在するのは義務のみであることを知らねばならない。それ故、私はドイツライヒ国会に対し以下の明白な裁可を求めるものである。即ち、すべての者に彼らの義務の履行を求め、また、私の良心に照らして義務を履行していないと認められる者どもに対しては、彼らが誰であるか、いかなる既得権を有しているかに関係なく、懲戒処分を行い、その職から追放する定立された権能を私が有していることの確認がそれである。」演説の矛先は、この後、司法に向けられた。演説で噴出したヒトラーの激しい怒りは、これまで『ドイツ官吏法』第一七一条――「裁判官は、彼が下した判決のザッハリッヒな内容を理由に退役に処せられることはない。」――により辛うじてその地位を維持してきた裁判官を震え上がらせるに十分なものがあった。「私は、ドイツの裁判所が、国家は彼らのために存在するのではなく、彼らが国家のために存在するのだということ、ドイツを含むこの世界は、形式的な法が生き残るために滅びてはならず、逆に、ドイツが生き残らなければならないのであり、裁判所の形式的な解釈がそれと矛盾しようと、そんなことはどうでもいいということを理解してもらいたい。……私は、今後、同様の事件に介入し、裁判官が現今の情勢に真摯に向き合おうとしないのであれば、彼らを罷免するつもりである。」[177]

裁判官を名指しし恫喝するだけの理由がヒトラーの側にあったということだ。堪忍袋の緒が切れたというべきか。彼にとって、法律への準拠によりすべてが免責されると考える裁判官の「ねじ曲がった精神」[178]は、食卓談話の中で、繰り返し、「法律家の誰もが生まれつきの欠陥人間であるか、いずれそうなる連中だ」、「法律家を育成することは詐欺師にこそ相応しい」、「かつて旅役者は皮剝ぎ場に埋葬されたが、今日それに相応しいのは法律家である」[179]等々の侮蔑の言葉を投げつけたように、常に「癤の種」[180]以外の何物でもなかった。むろん、裁判官だけが問題であったわけではない。非難すべきは法律家全体であり、とりわけ問題は法治の原理に囚われ「概念をもってする計算」を理想とする彼らの規範主義的思考であった。裁判官は右代表として真っ先に標的とされたにすぎない。

演説の終了後、ただちに、ゲーリング議長の提唱により、ライヒ国会は、[181]立法機関としての最後の務めを果たすべく、以下の「決定」を満場一致で議決した。[182]

「ドイツ民族の存亡を賭けた戦争の今日の時点にあって、指導者が、勝利を実現し促進する一切の事柄を実行しうるという彼によって要求せられた権能を掌握するものでなければならないことは自明のことである。それ故、指導者は、既存の法規に拘束されることなく、国民と国家の指導者、国防軍最高司令官、政府の長、最高行政権所有者、最高裁判権所有者、かつ、党の指導者として、いついかなる状況においてであれ、必要とあらば、すべてのドイツ人――兵士、将校、下級又は上級官吏、裁判官、党の指導的又は下級職員、労働者、被傭者を問わず――に対し彼らの義務の履行を彼にとって適当と思われるあらゆる手段を使って強制し、また、かかる義務に対する侵害がなされた場合、自らの良心に基づき、その者の法的権利にかかわりなく、当人に相応しい贖罪を科し、個別に所定の手続きをとることなく、彼の職業、身分、地位から追放することが可能な立場にあるものとする。」

彼の存在と行動が「法」そのものとなった指導者の誕生であり、隙間だらけの法律-権力に代わる切れ目の無い生-権力の完成である。ライヒ国会の「決定」を伝える『ドイツ司法』の見出しは事態の本質を正確に表現するものであった。「全権力が指導者に！」[183]ただし、「権力」を「国家」権力ととらえないようにしよう。ここでは、「指導者」権力による国家権力の廃棄が問題であったのだから。それ故、ライヒ官報が、議決を、法律でも命令でもなく、「大ドイツライヒ国会の『決定』」として報知したことは故なきことではない。もし仮にこれが「法律」であったなら、たとえその内容が包括的なものであれ、単なるありきたりの位階的な法的授権に堕したにちがいない。指導者の「権力」は法治の原理の罠にとらえられたままに終わったことであろう。さらにいうならば、「決定」もまた真に事態に即応した標記ではなかったのかもしれない。ライヒ国会に求められたことは、権力の創造ではなく、単なる確認、あるいは、祝祭的な宣明でしかなかったのだから。いずれにせよ、ライヒ国会は、最後の国会に相応しく、文字通り、立法機関としての自らの役割をこれを最後に封印し、立法と法律の優越性の終焉、法治の原理の無効をはっきりと内外に宣言し刻印することにより、ゲーリングが語ったとおり、「民族の発展に標石」を置き、「歴史」となったのだ。[184]

これ以降も、第三ライヒの崩壊に至るまで、ライヒ政府や国防評議会等による立法は続くものの、四月二六日は、指導者であるヒトラーがそのことを望めば、彼の「意思」が、法律はむろんのこと、指導者命令としての体裁をとる必要さえなく、ただちに、それだけで「法」となり、さらに加えて、この法を司法や行政を介在させることなく直接執行するという、国家が用済みとされお払い箱となる、ヨーロッパ世界が、古き良き法に代えて「法律」を統治の手段とする立法国家を確立して以来、かつて経験したことのない未聞の「法律無き体制」、即ち、正真正銘無制約的であり運動的であり全体的である指導者権力がハッキリと目に見える形をもってその姿をあらわす日となった。

第一〇章　民族の生存法則の執行

1　第二革命の制圧

一　長いナイフの夜

指導者が、国家の外に、国家を超えて立ち、彼の存在と行動が「法」そのものとなる指導者権力の登場は、何も、一九四二年四月二六日を待つまでもなかった。ドイツ民族の多くが、指導者が望みさえすれば、彼が民族の掟を直接執行し、法治の原理どころか、国家そのものがいとも容易く吹っ飛んでしまう現実を思い知らされたのは、政権掌握から間もなく、合法革命の最中、予想もしない形で突如出来した「長いナイフの夜」であった。それは、その奇妙な名に相応しく、たしかに、第三ライヒばかりか、ドイツの歴史の中に、ヒトラーの言葉のとおり、「悲しみと警告の追憶となって永久に残るであろう事件」となった。

事の発端は、一九三三年夏から翌年の夏にかけて、SAを中心とするいわゆる「第二革命」をめぐる党の路線問題であった。「国民高揚はわれわれの戦いの目的でも目標でもない。」SA幕僚長レームがヒトラー流の合法革命に異を唱えたのは政権掌握から半年足らずの六月のことである。「それはドイツ革命の第一段階にすぎない。それ故、突撃隊と親衛隊は、ドイツ革命が停滞したり、途中で戦列から離れた者たちによって裏切られたりすることを看過することはできない。今や、国家革命が終わりを告げ、そこからナチズム革命が生まれる絶好の潮時となったのだ。われわれはドイツ革命実現の不退転の保証人である。」(1) レームの挑発に対し、ヒトラーは七月一日、当の突撃隊幹部等を前にして、「私は現在の秩序を乱そうとする一切の企てをただ混乱をもたらすだけのいわゆる第二革命と同じように鎮圧するつもりである」とやり返した。(2) 一〇日後、ライヒ内務大臣フリックもまた、「第二革命について語ることはドイツ革命に対する端的なサボタージュ」であるとし、たとえ突撃隊であろうと「あらゆるサボタージュの企てに対しては二月二八日の大統領令に基づきもっとも厳しい措置が科せられるにちがいない」との警告を発した。[3]ゲッベルスもまた、七月一七日、「革命は自己目的ではなく、民族の生存及びわれわれの人種の存続の維持という目的のための手段にすぎない。ヒトラーはわれわれの革命を正しい瞬間にストップさせた」とし、「第二革命について語る偽装したボルシェヴィキ分子」に対し、「ナチス革命の終了」を宣言。[4]レームも負けてはいなかった。八月六日、テンペルホーフ飛行場に八万の突撃隊を集めて、従来の主張を取り下げる意思のないことを公言した。「突撃隊の任務はもう終わったなどと考える者がいたとしたら、われわれはここにこうして存在し、たとえ何事が起ころうと、ここに留まろうと思えば、そうできるのだということを承知しなければならない。[5]」

第二革命をめぐる激しい応酬は、革命の果実の分捕り合いといった色合いをもつものであったことは別にして、元々は『党綱領』[6]にまで遡る争いであり、対立の焦点は、ナチス革命をもっぱら政治革命と見るか、それとも経済革命までも含めるかといった点にあった。ともに「国家社会主義」を標榜しながら両者の理解はまったく異なっていた。七月六日のライヒ代官会議の席上、ヒトラーが「解き放たれた革命の流れは革新という安全な河床へと導かなければならない。或る一人の立派な実業家がいまだナチス主義者になっていなくともこれを追放することがあってはならない。経済にあって、唯一決定的な事柄はその人のもつ能力だけである[7]」との考えを表明していたように、彼らにとって『党綱領』の掲げる「企業の国有化」や「利子奴隷制の廃止」等の社会主義的スローガンは単なる飾り物でしかなかった。当時やっと味方につけた経済界を経済の社会化によって敵に回すことなど思いもよらないことであった。経済ではなく、「人間」の社会化がヒトラーの次なる関心事であり、ナチス革命の本来の課題であった。

ヒトラーとレームの確執の原因に、もう一つ、突撃隊と国防軍の関係があった。この頃、レームはラウシュニングを相手に軍隊の新たな革命的構築をめぐる日頃の鬱憤をぶちまけている。「アドルフは卑怯者だ。彼はわれわれすべてを裏切っている。彼が親しくしているのは東プロイセンの将軍達だ。われわれが革命家であるならば、フランス革命の国民軍のように、われわれの熱狂の中から何か新しいものが生まれなければならない。新しい規律、新しい組織原理がそうである。戦争は単なる武力行使ではない。古くさいプロイセンの軍隊から、われわれの革命軍を作るわけにはいかない。アドルフは既成の軍隊を引き継ぎ、『専門家』によってそれを修理させようと考えている。私はその言葉を聞いて頭にきた。後からナチス化するという。だが一体後になってどこから革命精神が生まれてくるというのか。[8]」しかし、ヒトラーにとって、レームの主張は経済の社会化に劣らず、危険な問題を孕んでいた。もし国防軍が反旗を翻せばたちまち彼の手にした権力など雲散霧消することを、彼は誰よりもよく承知していた。国防軍に対する完全な支配権を確立するまでは何としても国防軍の支持を取りつける、それが当時絶対に譲ることのできない一線であった。

一年余りにわたった争いに一挙にけりをつける時がやってきた。一九三四年六月三〇日から七月二日にかけて、レームとそのグループは、ありもしない国家に対する「謀反」を口実に、何らの法律上の根拠も、一切の正規の手続きもなく、ただヒトラーの命令に基づいて、党、しかも、当時突撃隊の一組織でしかなかったヒムラー率いる親衛隊の手により粛清されてしまったのである。犠牲者数はどれほどであったのか。二〇〇名とも一〇〇〇名以上とも伝えられるが、七月一三日の国会においてヒトラーの口から明らかにされた数字からも、法治国家にあって、それがどれほど途方もない出来事であったかが分かろうというものである。「一九名のＳＡ高級指導者及び三一名のＳＡ指導者と隊員、謀反に参画した三名のＳＳ指導者が射殺された。一三名のＳＡ指導者及び民間人が逮捕に抵抗したが故に生命を失うハメとなった。三名の者がその場で自殺した。ＳＡの隊員ではない五名の党員が関与を理由に射殺された。さらに三名のＳＳ隊員が射殺されたが、それは、保安拘禁された者への非道な虐待の罪によるものである。[9]」当局がまとめた公式の犠牲者リストには、およそ謀反とは無関係と思われる人たち、元首相シュライヒャー将軍夫妻、彼の盟友であるブレドウ将軍、闘争時代に袂を分かったグレゴール・シュトラッサー、パーペンの秘書ボーゼ、保守派の哲学者エドガー・ユング、かつてミュンヘン一揆を鎮圧したカール、『我が闘争』[10]の執筆を手伝ったとされるシュテンプレ神父等の名がある。文字通り、「長いナイフの夜」であった。

二　国家緊急防衛措置法

六月三〇日、「アドルフ・ヒトラー　党及びＳＡ最高指導者」の名において、ＳＡ幕僚長の交代を告げる布告が新聞に発表された。「私は、本日をもって、レーム幕僚長を解任し、党及びＳＡから追放した。私は、後任の幕僚長に上級グループ指導者ルッツエを任命する。彼の命令に服さず反抗するＳＡ指導者及び隊員は、ＳＡ及び党から除名され、あるいは、直ちに逮捕され、査問に付される。[11]」翌七月一日、いまだ粛清が続く中、ライヒ国防大臣ブロンベルクが、国防軍の感謝とヒトラーへの忠誠を誓約する告示を出した。「指導者は、軍人たるに相応しい断固たる決意と模範となる勇気をもって、反逆者及び裏切者を攻撃し打倒した。国防軍は、民族全体の武器の担い手として、〔レーム一派の粛清への〕感謝を献身と忠誠をもって表現するであろう。国防軍は、指導者により求められた新たなSAとの良き関係を共通の理念の自覚の下に築いていくものである。危機的な状況は至る所で克服された。(12)」翌七月二日、ヒンデンブルク大統領はヒトラーに対しノイデックから感謝の意を打電した。「私が受け取った報告から、貴下が、断固として決断を下し、自らの身を挺した勇敢な直接行動により、謀反の一切の企てを芽の内に摘み取ったことを、承知するものである。貴下は、ドイツ民族を重大な危険から救済した。ここに、私は、貴下に対し私の心からの感謝と率直な称賛を贈るものである。(13)」同じ日、ヒトラーは新聞を通じてドイツ民族に対し、「浄化作戦は昨晩をもって完了した」との告示を発表した。「今後、同様の作戦が行われることはない。ドイツの秩序の再建と保全のためにとられたすべての作戦行動は二四時間のうちに終了した。ライヒの全体において、今や、完全な安寧と秩序が取り戻された。民族全体は、この上もない感謝の念をもって指導者に付き従っている。(14)」

最後の行はあながち自画自賛ではなかったのかもしれない。バイエルンにあるエバーマンシュタット郡の郡長による七月一四日付の半月毎の世情報告書には、「住民は、指導者がSA幕僚長レームとSAの反逆的な指導者に対して自ら断固たる措置をとり粛清を行ったことを歓迎している。とりわけ、国家指導部への信頼とライヒ首相に対する個人的尊敬は至る所で高まった」とある。(15)もっとも、これが身内からの報告として、何がしかの割引が必要かもしれないが、亡命社会民主党の『ドイツ通信』もまた、「ほとんどすべての地区からの報告は、国民の圧倒的多数がヒトラーをその断固たる決断の故に称賛し、事件を重大なものと受け止め憤慨しているのはほんの僅かな人々にすぎないという点で一致が見られる」(16)としている点からみて、大方の反応は好意的なものであったと想像される。

すべてが終わった七月三日、ヒトラーは閣議を招集した。そこで、何が協議され、何が決定されたのか。『フェルキッシャー・ベオバハター』が報じる公式のコミュニケは以下のとおりである。「本日開催の閣議において、ライヒ首相アドルフ・ヒトラーが、はじめに、大逆の企ての出来及びその鎮圧の経緯について詳細な説明を行った。ライヒ首相は、何千という生命が失われる危険が差し迫る中、電撃的な行動が不可避であったことを強調した。ライヒ国防大臣ブロンベルクが、ライヒ内閣と国防軍の名において、指導者に対し、彼の断固かつ勇気ある行動がドイツ民族を内戦の危機から救ったことに感謝の意を表した。……閣議は、ただ一カ条からなる『国家緊急防衛措置法』を承認した。即ち、『一九三四年六月三〇日、七月一日及び二日の大逆的及び背反的攻撃を鎮圧するためにとられた諸措置は国家緊急防衛として正当な措置であった。』これに関して、ライヒ法務大臣ギュルトナーは、国家への反逆行為が実行される前にとられた緊急防衛措置は、権利とみなされるだけでなく、政治家に課せられた義務とみなされねばならないとのコメントを付け加えた。この後、ライヒ政府は、党と国家の統一法を改正し、ＳＡ幕僚長を内閣の一員から除外する決定を下した。(17)」

『国家緊急防衛措置法』なる法律の名称は、事件の性格と指導部の対応をよく表現するものであった。今回の措置によりヒトラー等最高政治指導部が「国家」を防衛せんとしたことに疑問はない。レーム等の動向が国家の破壊を目指すものとみなされた限り、そして、いずれ国家は解体されるべき運命にあったとはいえ、今はその時期ではなく、まして、レームの手に委ねられるような事柄ではなかった限り、そうであった。たとえ鎮圧の口実とされた「大逆的及び背反的攻撃」がでっち上げであったとしてもである。しかし、そのためにとられた手段が「緊急」防衛措置として、超法律的な国家の枠組を超えるものであったことについても疑問はない。ヒトラー等は、このとき、超国家的措置により国家の存在を護ったのである。たとえ当分の間にしろ「党と国家の統一」の名の下に国家をナチス革命のために最大限利用せんとした彼らにはそうするだけの理由があったのだ。

もっとも、指導部の意図はともかく、「緊急防衛措置」が、多くの国民、とりわけ法に携わる者たちに不安と不満を惹き起こしたこともまたたしかであった。七月一二日、ギュルトナーは、プロイセン控訴院検事長及び検事正を招集、フライスラー、ヒムラー、ハイドリッヒも参加したこの会議において、粛清の一方の立役者であったゲーリングが、検事長等の疑問を封じるべく、今回の措置を結果したナチス流の法思想が如何なるものであるかを明らかにした。「すべてが滅びるとも法は生き残らねばならないとの誇張された命題は、われわれにとっては無縁のものである。法は本源的なものではなく、民族こそが根本にある。法は民族の共同生活・共同作業のための土台でしかない。それ故、形式主義的な法概念の過大視はわれわれにとって問題ではない。しかし、国家と民族の維持のための法は全力をもって主張されねばならない。……法と指導者の意思は同じ一つのものである。……諸君の義務は、ナチス国家の法を全力でもって擁護することにある。……三日間にわたった国家と国民の指導者の行動は民族の法意識をこの上もない形で実現するものであった。即自的に既に法的に正当であり、また、〔『国家緊急防衛措置法』により〕法律的な根拠を見いだした一連の行動に対し、いかなる者であれ、それを審査する権限といったものを主張することはできない。……私から諸君に対しハッキリと確認しておきたいことがある。それは、法の支配は厳格に守られねばならないということだ。しかして、ただ一つの法が妥当する。指導者が決定した法がそれである。」(18)

七月一三日、ようやく公の場に姿をあらわしたヒトラーは、ライヒ国会の壇上から、多くのドイツ国民が抱く不安と疑問に応えるべく、国会議員に対し、そして、実況放送するラジオの前に集まった国民に対し、事件の経緯と意義について、また、自己の行動の拠って来る所以について語った。「政府の命を受けて、ライヒ国会議長ヘルマン・ゲーリングが本日諸君を招集したのは、国家と国民を代表するに相応しい国会の場において、われわれの歴史の中に悲しみと警告の追憶となって永久に残るであろう事件について私が民族に対し説明する機会を設けるためであった。」こう切り出したヒトラーは、今回の緊急措置は「革命を自己目的とし、その中に恒久状態を見ようとする」レームとそのグループが「民族の本源的な発展に加えた力ずくの妨害」を排除するためにとられたやむをえない措置であり、「法律や権威の尊重」といった従来の観念は「脱党者や暴動者の革命」を前にして沈黙せざるをえなかったと釈明した。反革命の危険が切迫し、六月三〇日、ついに非常招集がベルリン及びミュンヘンのSAに対して出されるに至った状況の下、「私がとりえた決断はただ一つしかなかった。災厄が防止されねばならなかった限りにおいて、電光石火の行動が不可避であった。革命の拡大を阻止しうるものは、ただ仮借なき流血の干渉のみであった。かくて、一万の罪のないSA隊員の血が流されるよりは、一〇〇人の謀反人が抹殺される方がましだということに何の疑問もありえなかった。」続いて、ヒトラーは、ドイツ民族の多くが等しく抱いていた疑問に、これ以上ない明白な回答を与えた。「何故、断罪のために正規の裁判所を用いなかったのかと私を非難する者があれば、その時、その者に対して言いうることはただ次のことだけである。この瞬間、私は国家と国民の運命に対して責任を負い、したがってドイツ民族の最高裁判権所有者であったのだ、と。」これに続いた言葉は、最高裁判権の執行が尋常の手段によるものではないこと、そして、今回の出来事が一回限りのものではないことを、国民に悟らせるものであったにちがいない。「私は、謀反の首謀者どもを銃殺するように命じた。さらに、私は、われわれの内なる泉を毒する潰瘍を生の肉に至るまで焼き尽くせと命じた。……国民は、国家の存在を脅かす者は、誰であれ、処罰されずにはすまないことを承知しなければならない。そして、国家に対して手を上げる者があれば、その者の運命は確実な死であることを、誰もが未来永劫心に刻まなければならない。」(19)この後、ゲーリング議長が、国会を代表して、ヒトラーに対し、「あなたは民族の信頼を有し、その信頼に基づいてドイツの新たな構成のために必要となる一切の事柄を行うことができるのです」との信頼と感謝の言葉を捧げた。「本日われわれがこの場において下す『ライヒ政府の説明を承認し、ライヒ首相が断固たる決意をもって祖国を内戦と無秩序から救済したことに感謝を捧げるものである』との決定は、民族の一人一人が男も女も等しく心に抱く思いにほかなりません。ドイツは無秩序によって覆い尽くされたと諸外国が信じようとも、ドイツ民族はそれに対して唯一の叫び声でもって応えるでしょう。『われわれすべては、われわれの指導者が行う一切の行動を常に正しいものとして承認する』と。」(20)

周到に計算された演説であった。おそらく、それは彼の目論見通りの成功を収めたのであろう。先の郡長の報告書には、「指導者がライヒ国会で行った演説は、ラジオを通じて、食堂や公共広場において、至るところで中継放送され、事の次第を詳細に明らかにしたことにより、住民の間に安心感を与える結果をもたらした。演説は、すべての民族同胞によって、また、これまで傍観者的立場をとってきた民族同胞によっても、拍手喝采をもって受け入れられた」とある。(21)

暴力による政治的敵対者の粛清という法治国家にあって起こるはずのない事件を前にして、ドイツ国民の多くが、おそらくはそれまでのSAの蛮行への不満と反感が背景にあったのであろうが、「満足」と「歓迎」の意を表したにせよ、今回の出来事は、彼らがそう考えたように、謀反の鎮圧による法治国家的秩序の回復でもなければ、彼らがそう望んだように、国家を謀反から救済するための止むを得ない一回限りの超法規的な例外的措置といったものでもなかった。ドイツ国民の多くがそれと気付かなかったにせよ、六月三〇日の出来事は、法律–権力が極小化又はゼロと化し、生–権力が極大化する、やがて一九四五年の崩壊に至るまで、第三ライヒの憲法体制を規定することになるナチズムの支配原理、彼らがいうところの指導者原理の最初の大掛かりな発現でしかなかった。

当時、事件の渦中にあって、事態の推移を身をもって体験した二人の戦後の証言がある。一人は、SAの若い指導者の一人であり、後にゲッベルスの専属秘書となったナウマンである。一九七一年に歴史作家であるトランドのインタビューを受けた彼は次のように証言している。「レーム事件は、第三ライヒの展開にとって重要な意味をもつものでした。われわれは、この時はじめて、全官僚機構と法曹界のみならず国防軍によっても承認された不法（unlawful）かつ法の手続きによらない（illegal）行為を経験したのです。それは何から何まで不法であり法的手続きを無視したものでしたが、誰一人立ち上がって、『ここまでは仕方ないが、これ以上は許せない』と叫ぶことはありませんでした。教会でさえ何もしなかったのです。彼らの誰であれ、何が起こったか知らなかったと弁明する資格はありません。誰もが、何が起こったかを知っていました。これは終わりの始まりだったのです。何故なら、その時を境にして、流れは法と合法から無法と非合法に変わり、もはや時計の針を元に戻すことは不可能となったからです。[22]」今一人は、当時副首相の地位にあったものの、六月一七日にマールブルク大学で行った演説の手痛いしっぺ返しを受け、側近の秘書等が犠牲となり、自らも一時自宅軟禁の憂き目にあったパーペンである。戦後の回顧録には次のようにある。「これらの日々の中で私が感じた気分、ボーゼやユング、クラウスナー、シュライヒャー等多くの人たちに対する卑劣な殺害に直面した私の驚き、私の怒りについて語ることなど無しで済ますことができればどれほどよかったことか。私は、その時はじめて、犯罪的な出来事にまったく無防備に向かい合うといった感情を抱かされたのだが、そうした感情は、その後の第三ライヒの年月の中で何ら珍しいものではなくなった。……殺害されたＳＡの指導者たちがろくでもない連中であり、その中には犯罪者も含まれていたにせよ、行動の全体を覆う無法律性（Gesetzlossigkeit）は、国家のモラルを動揺させ、その影響は見通すことのできないほどのものであった。[23]」

ところで、パーペンが名前を挙げたユングは六月一七日の講演の原稿の執筆者であり、それは「合法革命」を隠れ蓑に当時展開されていたナチス流の政治理念と手法を真っ向から批判するものであった。ヒトラーが何故ユングを粛清のリストに入れたのか、彼の何がヒトラーの怒りを買ったのか、講演内容を見れば納得されよう。それは長いナイフの夜を結果した国家観の対極に位置するものであった。「いかなる国民も、歴史の批判に耐えることを望むならば、下からの反乱をいつまでも続けるわけにはいかない。いつかは、運動に終止符が打たれなければならない。いつかは、独立した司法と確固とした国家権力により統合された強固な社会的組織が生み出されなければならない。永遠の力動から形あるものが生まれることは決してない。ドイツは、何時それが停止に至るのか誰も知らないが如き、あてのない行進の隊列となってはならない。……政治家は形式を生み出すために存在するのであり、彼が配慮すべきはただ一つ、国家と国民である。国家が唯一の権力であり、国民の誰もが要求する権利を有する事柄、即ち、不変の正義の最後の保障である。それ故、国家はどんな二元主義にも結局は堪えることはできないのであり、党と国家の二元主義に満足な解決を与えることができるか、そこにドイツ革命の成功とわれわれの民族の未来がかかっている。[24]」ユングが虎の尾を踏んだことがよく分かる演説ではある。

三日間の出来事が、それを直接体験したナウマンやパーペンのいうとおり、“unlawful”であり、“illegal”であり、“Gesetzlossigkeit”であったことに疑問はない。しかし、たとえそうであったにせよ、これを単なる暴力支配の出来ととらえ、喧伝されたナチズムの法治国家とは、結局のところ、「明らかな不法国家、恣意の支配する体制、犯罪行為による支配であった」(25)と断罪するだけに終わるならば、六月三〇日の事件の本質、それが第三ライヒの憲法体制の中で有した意義、果たした役割をとらえそこねることになる。改めて、七月三日の法律――「一九三四年六月三〇日、七月一日及び二日の大逆的及び背反的攻撃を鎮圧するためにとられた諸措置は国家緊急防衛として正当な措置であった。」――に立ち返り、法務大臣ギュルトナーが立法によって何を正当化し、実現しようとしたのか、法律に込めた彼の意図が何であったのか、先ずそうしたことを確認することからはじめよう。

実行責任者であったゲーリングやヒムラー、ハイドリッヒにとって、そして、何よりも、首謀者であったヒトラーにとって、事が終わった後の彼らの最大の関心事は、たとえ国家の救済という大義名分があったにせよ、何処から見ても殺人行為以外の何物でもない粛清行為をいかにして「合法化」し、国民に納得させるかにあった。もし警察や検察、裁判所が覚悟を決めれば、彼らを殺人の罪で逮捕し起訴し刑務所に送り込むことも不可能でなかったはずである。そうした状況下にあって、ヒトラー等にとって、「恩赦」や「刑事訴追の棄却」は問題外であった。なるほど、それによって実行者は放免になるにせよ、いずれの場合も、当該行為が「犯罪」である事実を変えるものではなかったのだから。一方で、粛清そのものを合法化し、他方で、法治の原理を護るという、この無理難題を解決する魔法の杖が「国家緊急防衛」という概念であった。ヒトラーは、閣議で、自己の行動を正当化するべく、「〔今回の出来事は〕それに対し裁判といった手続きをとることなど考えられない軍事的な謀反であった。船の上で反乱が起こった場合を想像してみるがよい。その場合、船長が即座に反乱を鎮圧することは、彼の権利であるばかりでなく、義務でもある。今回、ライヒ首相である私がただちに鎮圧行為に出なければ、ライヒの多くの所でSAと警察の間で砲兵戦が展開されたことであろう」と語ったが(26)、要は、粛清行為は、謀反から国家と国民を護るための「正当防衛」にほかならなかったということだ。ちなみに、刑法第五三条には、「行為がやむをえず正当防衛によりなされた場合、可罰となる行為は存在しない」とある。五三条は個人間の殺人等の犯罪行為を想定したものであるが、ギュルトナーは、ヒトラーの求めに応じて、これを国家に拡張し、これまでなかった「国家緊急防衛」なる概念を創造してみせたのである。(27) ただし、これを単に「正当防衛」の国家への拡張ととらえることは正しくない。それというのも、国家緊急防衛なる概念は、諸措置の一切が「正当」であること、つまり、一般の正当防衛がそうであるような、違法性の阻却を云々するまでもない、端から、殺人罪の構成要件に該当せず、訴追の対象となりうるものではないことを決定し宣言するものであったのだから。

ギュルトナーが、法務大臣として、法治国家にあって禁じ手ともいうべき事後立法の措置を採った背景には、ともかくにも、どこから見ても犯罪行為以外の何物でもない諸措置を、たとえ事後法と誹られようと、「法律」により正当化し、時計の針を元に戻すことによって、何とか法治国家の体裁を取り繕い、さらに加えて、今回の法的措置を「一九三四年六月三〇日、七月一日及び二日」の行為に限定することにより、指導者権力の跳梁を封じ込め、国家‐憲法体制をギリギリのところで護ろうとする彼の法律家としての意地と思惑があったと想像される。(28) そうした取り繕いを可能としたのが、ありもしない「大逆的及び背反的攻撃」のでっち上げであり、「国家緊急防衛措置」なる概念の創造であった。このとき、ギュルトナーは、同時に、結果はともかく、大逆的及び背反的攻撃とはおよそ無関係な、それに乗じて実行されたシュライヒャー将軍夫妻等の殺害に対する訴追の可能性を残すことにも成功したのである。(29) 結局、『国家緊急防衛措置法』は、ギュルトナーにとって、「合法革命」の看板から逸脱し革命行為の運動化を狙うヒトラー一派に、法治の箍を嵌め直し、一矢報いるための、散々コケにされ追いつめられた保守派ができる、精一杯の抵抗であり仕掛けであった。

対して、ヒトラーやゲーリングにとっての『国家緊急防衛措置法』とは何であったのか。所詮、それは、余計なもの、過剰なものでしかなかった。ヒトラーは、国会で宣言したように、ドイツ民族の「最高裁判権所有者」として、直接、民族の法に基づいてレーム等を断罪しただけのことであり、彼の行動は、ゲーリングの七月一二日の演説にいうとおり、「即自的に法的に正当」であったのだから。つまり、粛清は、端からおよそ無法・非合法の殺人などではなく、それ自体が、たとえ合法律的ではなくとも、民族の指導者による、「合法」的な、一個の裁判であり、判決であり、死刑の執行であった。一九四二年四月二六日のライヒ国会の『決定』がこうした観念を具体化し普遍化したものでしかなかったことがよく分かるであろう。

それにもかかわらず、当時、ヒトラー等が余剰であり不要であるはずの立法措置を受け入れた理由は、ただ一つしか考えられない。それは、いまだ民族共同体の建設が途上にある段階にあって、『国家緊急防衛措置法』は、何はともあれ、たとえ事後的であれ、粛清行為が合法的であることを、国民、とりわけ従前の法治の原理に囚われたままのギュルトナーに代表される保守派の官僚や法曹にも納得させ、彼らを黙らせる手っ取り早い方策であったということである。ゲーリングも、先の演説で、検事長等を前に「〔『国家緊急防衛措置法』により〕法律的な根拠を見いだした一連の行動に対し、いかなる者であれ、それを審査する権限といったものを主張することはできない」と釘を刺していたではないか。ナウマンの証言にある、誰もが何が起こったかを知りながら、誰もが声を上げなかった理由がこれであった。彼らはたった一つの法律の見返りに一切の批判を封印したのである。あるいは、法律は、実のところ、裸の暴力に怖じ気づいた彼らにとって、「口を噤む」格好の口実として、歓迎すべきものであったのかもしれない。ちょうど、前年の授権法国会において、中央党等が、法治の原理に惑わされ、革命の運動化の阻止を期待して、『全権授与法』を受け入れたと同じ状況が、再現されたといってもよい。ヒトラー等にとって、事後的な立法による正当化という代償を払ったにせよ、差し当たり、小うるさい連中を法治国家の幻想を逆手にとって沈黙させただけで十分であった。

三　指導者が法を護る

当代随一の法学者であるカール・シュミットが、緊急に『ドイツ法曹新聞』に寄稿し、ヒトラーとゲーリングの言を国法学的に基礎づけ、「指導者が法を護る」新たな憲法体制の到来を解説し擁護したのは、事件終熄から一ヵ月足らずのことであった。「指導者は、危機の瞬間に、自らが有する指導者としての地位と権能に基づき、最高裁判権所有者として、直接法を創造した時、彼は法を最悪の濫用から護ったのである。真の指導者は常に裁判官でもある。指導者としての地位と権能から裁判官の地位と権能が生まれる。この二つを分離し、あるいは、対立させようと欲する者は、裁判官を指導者の対立者、あるいは、対立者の道具とさせ、その結果、司法の助けを借りて国家を根本から作り替えようとするものとなる。……実際、指導者の行動は真の裁判権の行使であった。それは司法に服するものではなく、それ自体が最高の司法であった。……指導者の裁判官としての地位と権能は、民族のすべての法が由来する同じ法源に根拠を置く。最高の危機において、最高の法が確証され、裁判官〔である指導者〕による報復的な法の実現により最高度に表現される。一切の法が民族の生存権から生まれる。……指導者の裁判官としての行動が際立って表現されたのがあの三日間の出来事全体であった。彼は、運動の最高政治指導者である彼に対してなされた下級指導者たちの忠誠違反を、運動の指導者として、断罪した。運動の指導者は、〔民族の〕指導者として、裁判官の任務を担うのであり、それに内在する法は他のいかなる者によっても実現不可能なものである。(30)」

レーム等に対する粛清は、単なる暴力といったものではなく、民族の生存法則の執行であり、指導者‐憲法体制の構成原理の一つである「テロル」の発現以外の何物でもなかった。立法による正当化といった問題は些末な事柄でしかなかった。法律などというものはギュルトナー等保守派の自己満足のための玩具として打ち捨てておけばよかった。そんなものは何時でも取り上げることができるし、ツケはいずれ熨斗をつけて返せば済む話であった。ヒトラーは、一連の出来事によって、保守派に対し、指導者権力の威力、並びに、必要とあらばいつでも民族の掟を直接実行に移す意思のあることを十分に見せつけることができたのであり、そして、何よりも、彼らを含めドイツ国民全体に対し、第三ライヒがこれまでの法治の原理とは異なる原理に立脚する憲法体制であることを気付かせ思い知らせるという有り余る果実をこのとき手に入れたのである。そして、もう一つの果実は、ドイツ国民はもはや法律を越えた裸の暴力の支配に対し立ち上がる意思も気力も持ち合わせるものでないという、この事実が確認されたことであった。

レーム事件は、いつかは国民に悟らせるべき指導者権力というものの実体を明らかにするための格好の練習台として利用されたのである。もしそれがなければ、代わりとなる事件がでっちあげられていたにちがいない。指導者は法律から自由であること、法律を超える民族の法が存在すること、指導者の意思と法が合致すること、指導者が法を宣明すること、指導者が最高裁判権所有者であること、指導者が直接法を執行すること、それには仮借なき流血が伴うこと――要は、指導者が国家と法律の上に立ち、指導者の「存在」が法そのものである、そうした「無法律性」を本質とする新たな憲法体制の在り様が事件の一連の過程を通して明らかとなり確認されたこと、そこに「六月三〇日」が第三ライヒの歴史の中で有した意義があった。

2　警察による予防的措置の執行

一　民族及び国家の保護のための大統領令と保安拘禁の開始

六月三〇日の出来事は、たしかに、パーペンの述懐にあるように、「その後の第三ライヒの年月の中で何ら珍しいものではなくなった」指導者原理の最初の大掛かりな表現であった。しかし、体制の外にいた冷静な観察者にとって、「長いナイフの夜」は決して思いがけない突発的な事件ではなかったはずである。それ以前、既に、合法革命の途次、法治の原理からの解放は、共産主義者等に対する戦いの最前線において、第三ライヒのごくありふれた日常的な風景のひとつとなっていた。

なるほど、民族の敵に対する闘争が、『ドイツ民族保護のための大統領令』や『ドイツ民族への裏切及び大逆罪の策動に関するライヒ大統領令』等の特別立法、『刑法典』の改正、さらには、特別裁判所や民族裁判所によって遂行されたことは既に紹介したとおりである。しかし、これらは所詮法治の原理に基づく戦いにすぎず、それ相応の有効な役割を果たしたにせよ、共同体の最大限効果的な保護を課題とする政治指導部にとって十分に満足のいくものではなかった。法律–権力は、どんなに工夫をしても、当然のことながら、切れ目のない権力とはなりえなかったということだ。

第一に、刑法的・訴訟的手段の発動は一般に具体的な可罰行為の発生を前提とするものであることが挙げられる。たとえ意思刑法の観点から刑罰権発動の時点を可能な限り前進させたとしても、その効果は限定されたものでしかない。「既遂の大逆罪は既に一つの国家の終わりを意味する」との言葉が象徴するように、共同体の確実な保護のためには、後手を踏まないこと、事後の応報ではなく、犯罪が行われる以前に共同体の敵を発見し、監視し、無害化することこそが肝要であった。[31] メンツェルが、攻撃の照準は「共産主義者の攻撃ではなく、共産主義への信仰告白」に合わせなければならないと主張するとおり、[32] 何よりも先ず殲滅されるべきは、あれこれの敵対的企てではなく、その背後に控え、かかる行為に駆り立てるナチズムとは異質な世界観であり、[33] さらにいうならば、こうした世界観を生み出しそれに共鳴する異種の血や変質した血そのものであった。

第二に、刑事司法のもつ内在的限界がある。国会放火事件に関し、長時間にわたる公開の審理の挙げ句、ドイツ共産党議員団長等四人の共産主義者を結局は無罪放免せざるをえなかったライヒ裁判所の判決に見られるように、法治国家にあっては当たり前至極の司法の独立性と客観性に定位した法律に基づく厳格な訴訟手続きの遵守は、民族の敵に対する迅速かつ合目的な処断を求める政治指導部の意向と到底相容れるものではなかった。なるほど、特別裁判所や民族裁判所が、従来の司法の欠陥を補い、それに代わって大きな役割を果たしたことはそのとおりである。しかし、こうした裁判所でさえ、刑罰法規を前提とし、たとえ些細であれ何らかの可罰的行為の発生を待たなければならなかったことに変わりはない。

さらに根本的な理由が加わる。法治の原理が、たとえ「法律機械を全速回転させた」ところで、指導者権力の需要に応えうるものでないことを、ヒトラーはよく承知していた。国会放火事件の翌日から突撃隊等の手によりドイツ全土で始まった共産主義者等の大量拘禁の波が、やがて政治的敵対者の「大量殺戮」をもたらすのではなかろうかとの内外の噂の真偽を質した『デイリー・エクスプレス』特派員デルマーに対して、ヒトラーは、「私はバルトロメーウスの夜の虐殺を何ら必要としない。民族及び国家の保護のための大統領令に基づきわれわれは〔特別〕裁判所を作った。この裁判所がすべての国家の敵を裁判にかけ、定められた手続にしたがって彼らをきっぱりと片づけることであろう」と応じたが、[34] こうした言にもかかわらず、ラウシュニング相手の発言は、この時期既にヒトラーの真意が別のところにあったことを教えている。「私の閣僚どもは、私のことを教養のない野蛮人だと考えている。然り！われわれは野蛮人である。われわれはそうあることを欲する。……ヒューマンな感情に考慮を払うことなど論外である。……われわれはあらゆるセンチメンタルな感情を振り払い、冷酷にならねばならない。……合法的手続でもって自己の良心を納得させようとすることは、臆病な市民的無定見以外の何物でもない。存在する法はただ一つ、国家と国民の生存権だけである。私は事を為さねばならない——ただそれだけが重要であり、それ以外は何もなく、そうしたことは取り澄ました市民的尺度では計ることのできないものなのだ。国会放火事件は私に干渉のきっかけを与えてくれた。私は今後そうするつもりである。」[35]

民族の敵との戦いの要石として最前線に投入された部隊が警察であった。その警察に、単に刑事司法の下働きとしてではなく、自己完結的に敵との戦いを遂行するべく与えられた恰好の法的手段、それが放火事件の翌日に布告された『民族及び国家の保護のための大統領令』である。「共産主義者による国家を危殆させる暴力行為の防止」を目的に、「ライヒ憲法第一一四条、第一一五条、第一一七条、第一一八条、第一二三条、第一二四条及び第一五三条は当分の間その効力を停止する」との決定が下された瞬間、これ以降、警察は、とりあえずは「共産主義者」に限ってではあるが、法治の原理から解放され、民族の敵を共同体から排除し殲滅する権力を手に入れたのである。逆に、共産主義者は、これ以降、一切の憲法上の保障——人身の自由、住居の不可侵、通信の秘密、表現の自由、検閲の禁止、集会の自由、結社の自由、所有権の保障——を失い、国家から自由な安全地帯を取り上げられ、いわば素裸のままで警察権力の前に放り出されたのである。

とりわけ第一一四条の停止が決定的に重要な意味をもっていた。これにより、個人の存在の最後の砦ともいうべき「身体的自由」を警察の恣意的な干渉から守る一切の手だては失われてしまった。「保安拘禁（Schutzhaft）」の解禁である。ちなみに、バイエルン政治警察の警察署長等に対する一九三六年八月一日付布告[36]には、「保安拘禁は一九三三年二月二八日の民族と国家を保護するためのライヒ大統領令に基づいて執行される。ワイマール憲法第一一四条の停止が警察にとって個人の人格の自由に干渉する法的な可能性をもたらしたのであり、そのもっとも厳格な干渉が保安拘禁である」とある。

保安拘禁は、可罰的行為の存在を前提に、裁判所による法的手続きに基づいて執行される「刑事拘禁」はむろんのこと、一九三一年の『プロイセン警察行政法』が規定する「公の安全又は秩序に対する直接の差し迫った警察的危険の防止」を目的に行われる二日間の「警察監置」、あるいは、一九三三年二月四日の『ドイツ民族保護のための大統領令』が規定する背反罪等の「強い嫌疑が存在する」場合に「公の安全の確保」を目的に行われる最大三カ月間の「警察拘禁」ともはっきりと異なる性格と内容をもつものであった。ここでは、プロイセン内務大臣ゲーリングの三月三日の『回状』[37]がいうとおり、「大統領令に定める目的の実現にとって、そのことが合目的でありかつ必要とみなされる限り」、警察は、ただ「共産主義者である」というそれだけの理由で、つまり、可罰行為はむろんのこと、「直接的な差し迫った危険」であれ、「強い嫌疑」であれ、そうした一切の条件なしに、『プロイセン警察行政法』第一四条、第四一条に代表される「警察活動に対し従来設けられてきたライヒ法律及びラント法律の一切の制限」なしに、それ故にまた一切の司法手続き抜きに、自らの判断のみに基づいて、彼らを自由に逮捕し、自らが管理する強制収容所の中に、しかも、期間の制限なしに拘禁することが可能となった。以後、ベストが「政治警察は一切の拘束から解放され、必要な目的の達成に適した一切の手段を用いうる立場になければならない」と語っていたように[38]、第三ライヒの崩壊に至るまで、法治の原理の埒外に置かれた保安拘禁と強制収容所が、政治警察にとって、共産主義者等政治的敵対者との戦いのための最強の手段であり続けることとなる。

三月一日、ゲーリングは、ラジオ放送を通じて、共産主義に対する力ずくの戦いを宣言した。「私の任務は共産主義のもつ暴力的危険に対する戦いを組織化することにある。単なる防衛のための戦いではない。共産主義の危険を克服し、共産主義をわれわれの民族から抹殺することが私のもっとも重要な任務である。[39]」たしかに、三月五日のライヒ国会選挙、二一日のポツダムの日、二四日の授権法国会と続く「合法革命」の成否を決する一連の政治日程の中で、ナチス指導部にとって政治的な敵対勢力を抹殺する上で保安拘禁以上に効果的な手段は他に存在しなかった。ライヒ内務大臣フリックの三月一〇日のフランクフルトでの演説は、ナチスの仇敵である共産主義者に対する最後通告であった。「〔三月五日の〕国会選挙の結果、ライヒ政府に対し民族の敵、マルクス主義を最終的に清算する任務が課せられるに至った。三月二一日に新たな国会が招集された時、共産主義者は緊急かつ有用な労働により国会への出席を妨げられることになろう。彼らは再び生産的な労働に従事する習慣を身につけなければならない。そのための機会が強制収容所の中で与えられるのだ。」(40)

既に、政権掌握直後から開始された共産主義者等の反体制分肢との闘いの中で、彼らの拘禁を目的に、何らの法的根拠も、また、中央政府からの指示も統御もなしに、突撃隊が管理する工場や倉庫、地下室等が収容施設として利用されていたが、『フェルキッシャー・ベオバハター』が、ミュンヘン警察署長ヒムラーの手によりダハウ近郊の爆薬工場跡地に後の収容所のモデルとなる最初の「公認」の強制収容所の建設を伝えたのは、フリックの演説から一〇日余り後、「国民高揚の日」の翌日のことである。「ここにはマルクス主義の活動家のすべてが収容される予定である。彼ら共産主義者が釈放されることはもはやありえない。それというのも、過去の多くの事例が証明するとおり、彼らは一旦釈放されるや否やたちまち敵対的な行動に走るからである。」(41)その後、四月末までのわずかな間に五〇を下らない強制収容所が、ブレスラウ近郊のビュルゴイ、ベルリン近郊のケーニヒスヴスターハウゼン、ザクセンのホーエンシュタイン等ドイツ全土に建設されていった。(42)この時期行われた保安拘禁の規模については、ライヒ内務大臣が啓蒙宣伝大臣に宛てた九月一一日付の『回状』(43)が、七月三一日現在の拘禁数として、二六七八九人という数字を挙げているところから、おおよその見当がつく。もっとも、これには、『大統領令』の布告後も、大都市において警察を上回る規模で行われた突撃隊、親衛隊による無統制のいわゆる「野生化」した拘禁は含まれていない。ザウアーは、これらを含めて一〇万人を挙げ、これでも「決して高すぎる数字ではない」とする。(44)

保安拘禁は多様な効果をもつ措置であった。共産主義者等政治敵対者の共同体からの排除にとどまらない、同時に、生殖過程からの排除として彼らの有する変質した遺伝素質を淘汰するという人種生物学的な機能を営むものであり、さらに加えて、期待された役割に全体主義的支配の道具としての機能がある。ボイコットや人種立法等の反ユダヤ主義政策と同様、民族全体を自由に操作可能な組織なき大衆へと鋳造する上で保安拘禁がいかに有効な道具であったか、アレンが報告するノルトハイムの実情がよく教えている。「ライヒスバンナーの指導者であるデッペが、『今後の取り調べの必要からいまだ秘密のままにしておかなければならないいくつかの理由に基づき』拘禁されたことが報じられたのは三月一四日のことであった。翌日、彼は何の説明もなしに釈放された。しかし、市評議会の最初の会議が行われた日の午後、再び彼は拘禁された。その理由は、『彼が購読しているザール地方の新聞から得た反政府的ニュースを流布した疑いがある』というものであった。……拘禁の理由は非常に些細なものであり、そのことが、それ以上に悪いことをしたならば、より厳しい取り扱いを受けるのではないかとの印象を人々に植えつけるのに役立った。たとえば、鉄兜団がやがて『突撃隊を粉砕するであろう』と語ったという理由で一人の社会民主党の評議会議員が、また、『ナチズムに対する侮辱的言動』を理由に一人の労働者が拘禁された。こうした事実から、一九三三年の夏の半ばには、ノルトハイムの人々が新しい体制に反対する発言をしただけで警察の追求を受けるはめになるという印象をもったとして何の不思議もなかった。実際、人々はこうした状況に気付いていただけでなく、まさしくそのことにより、彼ら自身がテロルの効果をより一層補強したのである。誰かが隣人や友人に注意を喚起する度に、恐怖の雰囲気はますます強化されることになった。……或る人々は、それを実際見たわけでもなかったのに、将来法律の保護を奪い取られることになる人物の『リスト』を知っていると主張した。『それは四つのグループに分けられ、Aグループは射殺され、Bグループは強制収容所に送られる……。』こうしたわけで、ゲシュタポは噂と恐怖によって異常な効果を発揮したのである。テロルの生み出すこのような雰囲気の中で、友人同士の間でさえ、相手は自分が生き延びるために密告するにちがいないとの考えが生まれた。たとえば、一九三三年のはじめの頃、パーティの席上でヒトラーの物真似を行ったルーマン博士が、翌朝パーティを主催した家の女主人により党本部に密告されるといった事件が起こった。このことはすぐさま人々に知れ渡り、やがてノルトハイムの市民はパーティなどには出席しないほうが賢明だと悟ることになった。……こうした状況の下で、ナチスは人々を威嚇するためにほとんど何もする必要はなかった。みせしめのため左右両派の人物を攻撃し、残りのすべてを社会の自然な成り行きに任せればよかったのである。」(45)

ここでも、ヒトラーがラウシュニング相手に、反ユダヤ主義の効用について語った言葉がそっくりそのまま当てはまる。保安拘禁が、「われわれの政治的闘争の拡大のための不可欠の補助手段」であったこと、「短時間の内に世界全体の概念と尺度を転覆させた」こと、「自信満々の俗物どもに対する効果的な威嚇として、あるいは、偏狭固陋なデモクラシーに対する警告として」機能したこと、共産主義者等の政治的敵対者は「われわれの最良の助力者」であったことがそうであった。

二　警察機構の再編成と警察の課題

もっとも、政治的敵対者に対する恰好の武器を手に入れたにもかかわらず、当初ライヒ政府の側にそれを効果的に使用する体制が十分に整っていたわけではない。警察高権がラントに帰属する状況の下では、共同体の敵に対する戦いの組織化は当面各ラント政府の手に委ねられざるをえなかったからである。

首都ベルリンを擁する最大のラントであるプロイセンはどうであったのか。政権掌握直後、内務大臣として全警察を掌握したゲーリングが、共産主義者等との戦いの差し当たりの拠点と定めたのが共和制の時代から左右両派の政治的犯罪の取り締まりにあたってきたベルリン警視庁ⅠA課である。三月一日のラジオ放送で「私の任務は共産主義のもつ暴力的危険に対する戦いを組織化すること」にあると語ったゲーリングは、この言葉通り、四月一一日に内務大臣を兼職したままパーペンの後を襲い首相に就任するや、半月後の二六日、『秘密国家警察局設置法』[46]を公布する。「国家の存立及び安全に向けられた一切の企図に対抗する効果的な戦い」の体制強化を目的に、「秘密国家警察局（Geheime Staatspolizeiamt＝GESTAPA）」をベルリン南西一一街区プリンツ・アルブレヒト街八番地に設置し、これが「政治警察の任務」を「普通警察と並んで又はそれに代わって遂行する」ものとし、組織の態様に関して、「ラント警察官署である」こと、「内務大臣に直属する」こと、「内務大臣が秘密国家警察局の管轄事項及び管轄地域を規定する」こととした。任務の具体的内容については、同日布告の『政治警察の新組織に関する内務大臣命令』[47]が規定する。「自己に所属の執行官吏をもって、各ラント警察区域にある支署（国家警察官署）の援助及び普通警察官署の支援を受け、ラント全域において国家に危険な一切の政治的企図を探査し、捜査の結果を収集かつ評価し、不断に内務大臣である私に報告し、常に私の決定に必要となる資料を用意し、最後に、他の警察官署に対しても、政治的に重要な観察され確認された最新の情報を提供し、かつ、注意を喚起することにある。この他、秘密国家警察局は、自らの管轄の範囲内において、他の警察官署に対し、警察的措置を要求し、指示を与えることができる。」

こうして、最大のラントであるプロイセンにおいて、四月二六日の法律と命令により、二月二八日の『大統領令』に見合った政治警察の任務を担う独立の官署が設置されたのではあるが、秘密国家警察局が「ラント警察官署の機関」として「内務大臣に直属する」一個の行政組織であることに変わりはなかった。このため、ゲーリング首相は、一一月三〇日、政治警察の内務大臣からの分離独立を目的に、『秘密国家警察法』[48]を公布する。法律は、新たに「秘密国家警察（Geheime Staatspolizei)」、いわゆる「ゲシュタポ（GESTAPO）」を設置し、これを内務大臣の管轄の外に置くものとした。第一条はいう。「秘密国家警察は、国内行政の独立した分肢組織を成す。首相をもってその長官とする。首相は秘密国家警察長官代理に業務の遂行を常に委任する。」管轄領域に関して、第二条は、秘密国家警察に「従来一般及び内務行政官署が遂行してきた政治警察の業務が帰属する。個々に如何なる業務が委譲されるかは、秘密国家警察長官である首相がこれを決定する」とし、第三条は、秘密国家警察局に「これまで内務省により行われてきた政治警察の業務を委譲する」ものとした。

プロイセンの動きと相前後するように、バイエルンでは、一九三三年四月一日、内務省内に政治警察及び強制収容所を管轄する「バイエルン政治警察長官」という新たな官職の設置が(49)、バーデンでは、八月二六日、「国家に敵対的又は危険な策動の探査及びこれとの戦い」を目的に「ラント刑事警察局が秘密国家警察局として政治警察の任務を遂行する」ことが決定された(50)。しかしながら、ベストが後に回顧しているように、任務の性質上本来ライヒ全体における統一した組織と活動が求められる政治警察にとって、ラント毎に独立した異なる組織態様をもつ政治警察が存在する状況は、共産主義者等政治的敵対者に対する予防的闘争を行う上で、各政治警察の間で大きな相異を生み出し、そのことが結果的に、たとえば、国家に敵対的な勢力を取り逃がしたり、民族同胞の抱く全ライヒに共通する警察的措置への期待を裏切るといった重大な危険をもたらす恐れがあった(51)。

当時、立法的措置であれ、行政的措置であれ、差し当たり上からの統一化が期待できない状況下にあって、各ラントの政治警察の統合に大きな役割を果たすことになったのが「親衛隊ライヒ指導者ヒムラー」である。一九三三年四月二日、その前日に新設されたばかりの「バイエルン政治警察長官」に就任した彼は、その後一九三四年一月までの間にプロイセンを除くすべてのラントの政治警察長官に(52)、また、同年四月二〇日、プロイセン首相ゲーリングの命により「プロイセン秘密国家警察長官代理」に就任、さらに、一一月二〇日、ゲーリングが、「組織的理由に基づき私は秘密国家警察長官代理である親衛隊ライヒ指導者ヒムラー氏に対し、秘密国家警察の業務事項についても、これを委託しなければならなくなった。秘密国家警察長官代理は今後唯一私に対する責任の下にプロイセン秘密国家警察の業務全体を指導することになる。私がこれまで留保してきた業務事項に関する文書交換は『プロイセン秘密国家警察　長官代理』の名称の下に行われる。このことを周知させることにより、プロイセン秘密国家警察のすべての業務事項に関する文書交換は今後直接かつ排他的にベルリン南西一一街区プリンツ・アルブレヒト街八番地秘密国家警察局宛てに行うようお願いするものである」との『回状』[53]を布告した瞬間、ヒムラーは、「親衛隊ライヒ指導者としての彼個人の人格を通して全ラントの政治警察の統合を実現」[54]し、「ライヒにおけるすべての政治警察の指導権を自己の手中に収める」に至ったのである。[55]なお、ゲーリングからヒムラーへの警察権限の委譲はいささか解せぬ感もあるが、この経緯に関して、ゲーリングは戦後ニュルンベルクの法廷において次のような証言を残している。「私は私自身が私の警察を指揮することを望んでいました。しかし、指導者が、私にヒムラーへの委譲を要望し、そうすることが正しいことであり好都合なことだと語り、国家の敵との戦いは全ライヒを通じて統一された方式により行うことが必要だと説明したとき、私は警察をヒムラーの手に委ね渡すことにしたのです。」[56]これが、先の回状にある「私は……これを委託しなければならなくなった」との消極的な物言いの意味するところであったのであろう。

政治警察を含む全ドイツ警察の統合化は、一九三四年一月三〇日の『新構成法』が「ラントの高権はライヒ政府に移行する」と定めたことにより、ライヒ政府の所掌するところとなる。ちなみに、同様の問題を抱えた司法に関して、ライヒ政府は、「司法権をライヒに委譲する」ための三つの法律によりわずかな期間に統合を実現している。一九三四年二月一六日の『第一法律』は、「すべての裁判所はドイツ民族の名において裁判する。ライヒ大統領は、恩赦権の他、係属中の刑事事件を棄却する権利を有する」と定めることにより、司法権がライヒに帰属する旨を宣言、これを受けて、同年一二月五日の『第二法律』は、「国家司法はナチス国家において一体である。司法は、ライヒに帰属し、ライヒによる統一的行政を必要とする。各ラントの最高司法官署の管轄権はライヒ法務大臣に委譲する」と定め、さらに、翌年一月二四日の『第三法律』は、「各ラントの司法行政の監督がライヒ法務大臣の手の中に統合された結果、ライヒは、司法高権の担い手として、全司法を、すべての管轄権及び権利、義務、並びに、すべての司法官署及び司法職員とともに、継受する。一九三五年四月一日をもって、各ラント司法官署はライヒ官署に、各ラント司法官吏はライヒ直接官吏となる。各ラント司法官署の使用人及び労務者はライヒの勤務に就く」と定めた。

立法的措置により行われた司法の統合化に対し、警察の場合、それとは異なる手法がとられた。一九三六年六月一七日、ライヒ政府ではなく、「指導者兼ライヒ首相」が、警察の統合化を目的に、『ライヒ内務省内ドイツ警察長官を設置する命令』を布告した。全文は以下のとおりである。

Ⅰ．ライヒにおける警察が行う任務の統一のため、ライヒ内務省内ドイツ警察長官（Chef der Deutschen Polizei im Reichsministerium des Innern）を設置し、同時に、この者にライヒ及びプロイセン内務省の業務領域に属する一切の警察事項の監督及び調整を委任する。

Ⅱ．（1）ライヒ内務省内ドイツ警察長官に、プロイセン秘密国家警察長官代理、親衛隊ライヒ指導者ハインリッヒ・ヒムラーを任命する。

（2）同人はライヒ及びプロイセン内務大臣に人格的かつ直接に服する。

（3）同人は自己の業務領域に関しライヒ及びプロイセン内務大臣が不在の場合これを代理する。

（4）同人の称号は、親衛隊ライヒ指導者兼ライヒ内務省内ドイツ警察長官とする。

Ⅲ．ライヒ内務省内ドイツ警察長官は、自己の業務領域に関わる限り、閣議に出席する。

Ⅳ．私は、本命令の施行をライヒ及びプロイセン内務大臣に委任する。

指導者兼ライヒ首相　ライヒ内務大臣

「プロイセン秘密国家警察長官代理　親衛隊ライヒ指導者ハインリッヒ・ヒムラー」が「ライヒ内務省内ドイツ警察長官」に任命された瞬間、全警察活動に関し、法制度上ドイツ史の中ではじめてライヒ全体に及ぶ統一的な管轄体制が確立されるに至った。翌日、ウンター・デン・リンデンにあるライヒ内務省の中庭で執り行われた就任式において、ヒムラーはフリック等の出席者を前にして自らの任務を次のように宣言した。「われわれの国土はヨーロッパの心臓部に位置し、周りを開かれた国境と、ますますボルシェヴィキ化されつつある一つの世界によって取り囲まれている。あらゆるものを破壊せんとするボルシェヴィズムに対する戦いは何世代にもわたる闘争となることを覚悟しなければならない。民族全体をかかる戦いへと動員すること、そして、国防軍がライヒの外的安全の確保を自らの使命とするのと同様に、ライヒの内的安全の保護のため、親衛隊という騎士団と溶接された警察を構築すること――以上が私に与えられた課題であることを承知するものである。」(57)

司法の統合が、各ラント司法高権のライヒへの帰属及びライヒ法務大臣への管轄権の委譲という、あくまで国家という枠内で行われた国家組織の組み替えであったとするならば、警察の統合は、ヒムラーの「親衛隊という騎士団と溶接された警察」との言にあるように、単なる国家組織の組み替えに収まるような出来事ではなかった。国家の一組織であるはずの警察の統合は、同時に、ナチス党の一組織である親衛隊との統合でもあった。さらに、この統合は、『党と国家の統一法』が実現せんとした「党と国家の統一」の単なる警察版といったものでもなかった。『統一法』が、党と国家の「不可分」の統一をナチス党を「ドイツ国家思想の担い手」とすることにより実現せんとし、そのため、国家がなお国家としての存在を維持し原則的に法治の原理に従うものであったのに対し、今回の措置は、「親衛隊と溶接された警察」として、警察を親衛隊に組み込み[58]、警察に、親衛隊の精神のみならず、その行動原理を移植し、それにより警察組織を脱国家化し、その活動を法治の原理から解放せんとするものであった[59]。

一九三七年の党大会、ヒトラーが、はじめて彼の眼前で分列行進を披露したドイツ警察に対し、「今後、ますます、ドイツを政治的に指導する運動との間に緊密な関係が構築されねばならない」と檄を飛ばしたように[60]、ドイツ警察は、「指導者の手の中にある闘争部隊[61]」として、「伝統的な国家のいかなる組織類型にもあてはまらない[62]」未聞の組織となることを運命づけられたのである。他方、親衛隊にとっても、これは大きな変化であった。一九三八年八月一七日の「指導者兼ライヒ首相」による秘密命令[63]には次のようにある。「私は、〔ヒムラーを〕一九三六年六月一七日付で、親衛隊ライヒ指導者兼ライヒ内務省内ドイツ警察長官に任命したことにより、ドイツ警察の統一化及び新構成のための基礎を創造した。これにより、従前から親衛隊ライヒ指導者兼ドイツ警察長官の指揮下にあったナチス党親衛隊はドイツ警察の任務と緊密に結合されるに至った。」

それでは、「親衛隊という騎士団と溶接された警察」は如何にして実現されたのか。それは具体的に如何なる組織であり、その権限や活動にかかわって如何なる事態が出来したのか。『設置令』の文言に立ち戻ってそれを確認しておこう。

本来、警察組織のライヒへの統合が課題であるならば、ライヒ内務省に「ドイツ警察」を設置し、「ドイツ警察長官」なる官職を設ければ済むことであった。これがもっとも合理的な国家組織の再編の在り方といってよい。しかし、『設置令』が定めたことは、そうではなく、「ライヒ内務省内」に「ドイツ警察長官」を設置し、その者に「ライヒ及びプロイセン内務省の業務領域に属する一切の警察事項の監督及び調整」を行う権限を「委任」することであった。組織ではなく官職の設置を優先し目的とするかのような、この奇妙な事態が意図するところは、第二項が、ライヒ内務省内ドイツ警察長官に、「ハインリッヒ・ヒムラー」を「親衛隊ライヒ指導者」としての地位と資格のままに任命したことにより、はじめて十全に了解可能となる。即ち、「ハインリッヒ・ヒムラー」という一個の生身の人格が、警察高権の一切を掌握し、警察を、親衛隊と並んで、「ボルシェヴィズムとの戦いに民族を動員し、かつ、ライヒの内的安全を保護する」課題に投入するという、指導者‐国家‐憲法体制に即した、共産主義者や犯罪者等の殲滅戦争のための基本となる体制が構築されたという、この一点こそが重要であった。これにより、ヒムラーは、国家と党を超越する立場に立って、警察（国家）と親衛隊（党）を自在に動員し投入する地位と権能を手に入れたのである。この間の事情は、「アドルフ・ヒトラー」という一個の生身の人格が民族の指導者としての資格において国家権力の一切を掌握し、国家を党と並んで民族指導実現のための一つの手段として自在に利用する地位と権能を獲得したという事情と相似のものであったといってよい。「ヒムラーの発案による(64)」とされる「親衛隊ライヒ指導者兼ライヒ内務省内ドイツ警察長官」という称号が「指導者兼ライヒ首相」と重なり合うこと、偶然ではない。

しかし、ヒムラーは、思惑通り、はたして、ヒトラーが国家の上に立って国家権力を自由にできたと同様に、警察高権を自由にする地位と権能を手にすることができたのか。『設置令』を見る限り、事態はまったく逆であった。彼は、所詮、「ライヒ内務省内」に設けられたドイツ警察長官でしかなく、さらには、「ライヒ及びプロイセン内務大臣に人格的かつ直接に服する」立場でしかなく、せいぜい、「自己の業務領域に関しライヒ及びプロイセン内務大臣が不在の場合これを代理する」者でしかなかった。要は、どこをどう見ても、ドイツ警察長官ヒムラーがライヒ内務大臣フリックに従属する立場にあることは否定しようがなかった。

はたして、実際はどうであったのか。この問題を検討するにあたって、当のフリックが、ライヒ最高官署、ライヒ代官、ラント政府等宛に送付した、その名も「親衛隊ライヒ指導者兼ライヒ内務省内ドイツ警察長官の法的地位」と題する一九三七年五月一五日の『回状(65)』が手掛かりとなる。彼はこの中で、親衛隊ライヒ指導者のライヒ内務省内ドイツ警察長官への任命が、「あたかも、それにより、私の省に従属する特別の官署、又は、私の省の外部にある官署が生み出されたかのように」誤ってとらえられ、さらに、かかる「誤解」から、「親衛隊ライヒ指導者兼ライヒドイツ警察長官が、この称号の下に法律や命令により〔ライヒ内務〕大臣に留保されている決定を行う権能に関して疑問が招来されている」とし、誤解や疑問を解くべく、ヒムラーの地位と権能を次のようなものと明言した。「親衛隊ライヒ指導者兼ライヒ内務省内ドイツ警察長官は、彼の業務領域にあって、常に私を代理する者である。その際、親衛隊ライヒ指導者兼ライヒ内務省内ドイツ警察長官が、私の省の官署名称を使うか、彼に特別に割り当てられた称号を使うかに、何ら違いはない。彼の決定はいかなる場合にも大臣としての決定である。」

フリックの意図は、『設置令』の文言に即して、ドイツ警察は内務大臣の監督下にある国家行政組織の一つであること、ヒムラーは「彼の業務領域」に限って「内務大臣を代理する」者として従属的地位にあることを改めて確認することにあったのであろうが、ブーフハイムは、フリックの拠り所となるはずの「ライヒ及びプロイセン内務大臣に人格的かつ直接に服する」との文言は、彼の思いとはまったく逆に、第三ライヒの憲法体制にあっては、「警察の完全な独立性の証」にほかならないとする。実際、ランマースは、ニュルンベルクの法廷で、ヒムラーは親衛隊ライヒ指導者として警察に対し命令を下し、これに対し、フリックはライヒ内務大臣として何らの干渉もできなかったとの証言を残している(66)。この奇妙な事態は、ブーフハイムによれば、「第三ライヒにおける政治権力の担い手が、国家ではなく、指導者である」ことを前提としてはじめて了解可能となる。「国家及び党における一切の権力は指導者権力から導出されるのであり、その際、民族の政治意思の担い手とされた党が国家に対し優越する地位に立つ。……ライヒの憲法体制においては、政治指導部の組織は行政機関に優位し、政治指導部の組織の中では、指導者により近く彼と直接の結びつきをもつ組織が上位にある。それ故、親衛隊ライヒ指導者は、憲法上、ライヒ内務大臣に優位する立場にあった。こうした優位性は、〔フリックに〕『人格的かつ直接に服する』ことにより弱められなかったばかりか、むしろ、正当化され確証されさえした。それというのも、彼が二人の上役に『人格的かつ直接に服する』や否や、より上位の上役が常に優越的な地位をもち、その結果、下位の上役は当該部局の管轄権や規律から生じる部下の義務を引き合いに出すことが不可能となる事態が生み出されたからである(67)。」ちなみに、ヒムラーのヒトラーへの「人格的かつ直接に服する」関係は、ヒトラーが、レーム事件直後の一九三四年七月二〇日付の指令において、レーム一派の掃討に果たした「SSの功績」に報いるべく、「SSをナチス党内の独立組織」へと格上げし、「SSライヒ指導者はSA最高指導者〔アドルフ・ヒトラー〕に直属する(68)」とした際に実現されていたところである。政治指導部内での権力は指導者との間で結ばれる「人格的距離の大小」により決定されるのであり(69)、結局、『設置令』にある「人格的かつ直接に服する」との文言は、フリックをヒムラーに優位させるどころか、まったく逆に、彼を人格的授権の罠に嵌め、従属的立場へと貶める仕掛けであった。

さらに、こうした人格的授権という仕掛けから、民族の敵に対する殲滅戦争を遂行する上で、もう一つの重大かつ決定的な事態が帰結される(70)。それは、警察活動の法治の原理からの完全な解放である。先の回状において、フリックは、「親衛隊ライヒ指導者兼ライヒ内務省内ドイツ警察長官が、この称号の下に法律や命令により〔ライヒ内務〕大臣に留保されている決定を行う権能」に関して生まれた「疑問」を払拭すると語っていたように、彼の意図は、「常に私を代理する者」にすぎないヒムラーの権限を「法律や命令により〔ライヒ内務〕大臣に留保されている決定」に限ることにより、従属的地位と同時に法治の原理への拘束を確認せんとするものであったのであろう。しかし、この点においても、フリックの思惑は見当違いであったというしかない。警察の法治の原理からの解放は、部分的とはいえ、既に二月二八日の『大統領令』により実現されていたところであり、フリックもまたそのことを承知の上でこの機会に警察活動全体に対し「法律や命令」の箍をはめようとしたのであろうが、『設置令』がもたらした事態は、フリックの思惑とはまったく逆に、『大統領令』がなお残していた法治の原理からの完全な解放であった。なるほど、『大統領令』により解き放たれた保安拘禁が共産主義者等との戦いにおいて絶大な効果を発揮したにせよ、それが『大統領令』に根拠を置くという事態そのものが、いまだ警察の課題が国家に由来し、警察活動が法治の原理の軛の下にあることを表現していたことに間違いはない。保安拘禁の対象が法文上「共産主義者」に限られることもそうした一つであった。保安拘禁の根拠をめぐっては、当初から法律学者の間で論争があり、それが『大統領令』にあるとするテスマー(71)やシュポール(72)に対し、ガイゲンミューラー(73)やハーメル(74)が、『大統領令』は警察に対するネガティヴな制限を取り除いただけであり、保安拘禁の根拠は「新たな国家観」あるいは「警察の任務の本質」に求められるべきものと主張したのも、軛からの解放を求めてのことであった。『設置令』はこうした議論に決着をつけただけではない。「親衛隊ライヒ指導者兼ライヒ内務省内ドイツ警察長官」の地位と権能がヒトラーからヒムラーへの人格的授権により根拠づけられた結果、保安拘禁のみならず、警察活動全体に関し、警察の権能と課題が国家ではなく指導者に由来すること(75)、警察は行政から指導の領域へと足を踏み入れたこと(76)、警察の任務が法律ではなく民族の生存法則の執行にあること(77)、運動性と全体性が警察活動の基本原理となったこと(78)、警察の課題は規定不可能であること(79)、警察活動に対する司法審査が不要かつ不可能となったこと(80)——そうした一切が帰結されたのである。

フリックは、新たな事態の出来を理解しなかった、あるいは、理解しようとしなかったといえようが、それは彼に限ったことではない。フランクもその一人であり、彼が、『設置令』を絶好の機会として、自らが主宰するドイツ法アカデミーの中に警察活動全体を統轄する「警察基本法」の立案を課題とする「警察法部会」を設けたのも、警察活動に法治の原理の箍を嵌めようとしてのことであった。こうした動きに対し、一九三六年一〇月一一日、当の部会の設立総会に招かれたヒムラーは、記念講演において、フランクやヘーン、シュトゥッカルト等部会のメンバーを前にして、保守派からの警察活動が恣意的に行われているとの非難を一蹴し、法治の原理に服する意思のないことをハッキリと確認し宣言してみせた。「私がこれから語る事柄は、ドイツ法アカデミーにとって場違いで奇異なものと聞こえるかもしれないが、諸君がこれを理解してくれるものと確信している。われわれナチス主義者は、われわれが体現する法なしに活動することはできなかったが、しかし、法律がなくとも活動することはできたのである。私にとって、端から、われわれの活動が法律の条項に合致しているかどうかは問題ではなかった。私にとって任務を遂行するに際しての大事な原則は、指導者と民族に対して責任を負うことができ、かつ、健全な人間悟性に適う事柄を、私の良心にかけて実行するということである。ドイツ民族の存亡がかかったこの時代にあって、誰かが『法律の蹂躙』を嘆こうと、そんなことは私の知ったことではない。……われわれは、われわれの活動を通して、新たな法、ドイツ民族の生存権に必要となる基礎を築いたのである。[81]」

『設置令』以降も、規範的授権が行われ、あるいは、利用されることがあろうと、原理的には、それは不要であり過剰なものであった。[82] 二月二八日の『大統領令』もまた然りである。[83] たとえ援用されることがあるにせよ、それは、法治の原理を装い、口うるさい連中を黙らせる縁飾り程度の役割を果たすものでしかなかった。かくして、ドイツ警察が、国家を超えて、国家の外に立ち、「運動と結合し」、[84]「指導者の手の内にある道具」[85]となるための準備が用意万端整った。

ヒムラーは、ドイツ警察長官に任命されるや、早速、ドイツ警察機構全体の再編、彼がいう「親衛隊という騎士団と溶接された警察」の構築に取りかかった。一方には、治安警察、地方警察、市町村警察からなる「秩序警察」を、他方には、刑事警察、政治警察からなる「保安警察」を配置し、前者の長官にSS大将ダルューゲを、後者の長官にSS中将ハイドリッヒをそれぞれ任命した。[86] こうした警察機構の編成が警察の新たな課題領域に即して行われたことを、ヒムラーは翌年フリックの六〇歳記念祝賀論集に寄せた論文の中で明らかにしている。先ず、ドイツ警察に与えられた二つの基本的課題として、「指導部により欲せられた秩序の創設・維持」並びに「民族及び国家の保護」を挙げ、前者が秩序警察に、後者が保安警察にそれぞれ割り当てられたとし、さらに、保安警察内部における刑事警察と政治警察の役割分担についても、それぞれが対象とすべき民族の敵に即して次のように規定する。「〔民族と国家に対する〕攻撃者とは以下の者たちをいう。

肉体的又は精神的変質により民族共同体との本性的な絆を自ら断ち切り、自己の個人的利益を恣に追求する中で、民族及び共同体の保護のために設けられているさまざまな法令を侵害する人間が先ず挙げられる。刑事警察がこれらの犯罪者集団に対する監視を担当する。次に、ドイツ民族の統一を粉砕し、民族の国家的力を破壊しようと企てる人間、これが第二のグループを成す。秘密国家警察がこれらの民族及び国家の敵に対する不断の戦いの遂行を指導する。全体として保安警察の課題は防衛的かつ闘争的な性格をもつ。[87]」かくして、親衛隊と溶接された警察が、民族共同体建設の最前線に配置され、民族の敵との戦いにおいて決定的に重要な役割を演じる体制が整えられるに至った。

むろん、事は組織的な統一だけで済むものではない。同時に、「人的な統一」がはかられねばならなかった。この内的統一の実現が、各ラント警察組織の監督を引き受けて以来の親衛隊ライヒ指導者の課題でもあったのであり、ベストによると、それは次のようにして行われたという。「親衛隊の採用条件に合致する警察官は、これを〔同時に〕親衛隊に編入する。彼らは警察の地位に相当する親衛隊の階級を付与され、この結果、警察での勤務は親衛隊の相応する地位における勤務と同一のものとみなされた。親衛隊に編入された警察官は、制服勤務の秩序警察のメンバーを除き、親衛隊の制服を着用し、それにより、外部からも統一が目に見えるものとなる。警察官に対する世界観教育は、当該の親衛隊の部署の受託官がこれを担当し、親衛隊及び警察の双方にとって、親衛隊ライヒ指導部による統一的な統御が実現された。[88]」教育の実際に関して、オーレンドルフは、ニュルンベルクの法廷において、「たとえば、武装SSにより彼ら若い世代を教育し訓練するといったように、SSの組織が国家警察に新兵を供給するために利用された」との証言を残している。彼が、この中で、SSと警察の「溶接」を「アマルガメーション」と言い換えたのも理由のないことではなかったのであろう。[89]

親衛隊との溶接により組織的にも人的にも一新されたドイツ警察の課題が、秩序警察のそれを含め、一九三一年の『プロイセン警察行政法』第一四条が規定する「公の安全又は秩序を脅かす危険の防止」にとどまるものでなかったことはいうまでもない。警察を「個人の自由に対する生まれながらの敵」であるとみなし、「国家からの自由な領域」を守るべく、警察の役割を消極的に、実定法秩序により保護された法人を含む各個人の円滑な社会的経済的活動を妨げる「危険の防止」、それも「単なる理論的可能性」にとどまらない、「警察の介入がなければ損害が発生するであろうといった重大な蓋然性」をもつ「差し迫った」危険の防止に限定しようとした[90]

『警察行政法』の世界観的前提が今や完全に失われてしまった。民族同胞一人一人の「存在」、その者が「あり」、「何であり」、「如何にある」かの統御を目指す民族共同体にあっては、警察の課題を語る上で、個人の自由の「制限」の是非、その程度といったことは端から問題とはなりえなかった。「一人一人が民族共同体に対し負う義務のすべての領域を統御する」(91)ため、「非合理的な方法で個人の自由を掌握し個人の自由の中に浸透すること」(92)が問題であった。保安警察を任されたハイドリッヒは、警察の課題が「世界観及び生活領域の保安」にあることを次のように確認する。「確実なことは、ライヒのすべての人間を全体的かつ不断に掌握し、かつ、それとの関連の下で個々の人間の状況を不断に監視する可能性が警察官署の手の中に与えられたということである」と。(93)

ただし、ハイドリッヒの言を単に「抑圧的」なそれととらえないようにしよう。親衛隊保安情報部（ＳＤ）のシュヴェーダー大尉が、『政治警察』(1937) の中で、「政治警察の全組織的活動の根本思想は、民族の有する行動力を極限にまで高め、共同体の用に供するために、民族にとって異質な、それ故、民族にとって破壊的な一切のエネルギーを排除することにある」としていたように、「排除」は民族の諸力を統合するための前提であり条件でしかなかった。そのため、シュヴェーダーは、政治警察の任務を絶対主義時代のそれと混同することを強く戒め、その任務は、「民族を麻痺させることではなく、民族の団結した行動力を最高度に高め、一切のエネルギーを一つの方向へと凝集させることにある」と主張する。(94)

かくて、警察活動の対象を民族の敵や犯罪者に限る時代は過去のものとなった。ライヒに居住する誰もが対象となり、警察は、彼らの現存在に対する隙間のない監視と統御を任務とすることにより、指導者が求めて止まない、機械装置が徴用し‐用立てるに相応しい服従する主体を生産するという、その中心に「創造し、生産するメカニズム」が位置する生‐権力の重要な担い手のひとつとなったのである。

三　保安警察の理念と予防的措置の拡大

一九三八年の党大会、三二〇〇名の秩序警察の一団が、ルーネ文字で標記されたＳＳの記章を左胸ポケット下部に付した緑の制服に身を包み、(95)指導者アドルフ・ヒトラーの眼前を、親衛隊ライヒ指導者兼ドイツ警察長官ハインリッヒ・ヒムラーを先頭に、親衛隊の部隊とともに分列行進する光景は、警察が「親衛隊という騎士団と溶接され」、「運動の編隊に組み込まれ、運動の一角を構成する」「新たな時代」が始まったことを実感させるものであった。(96)

むろん、組織整備だけが問題であったわけではない。それに劣らず、警察活動にかかわる新たな任務の整備が重要であった。この点に関し、『設置令』は何の定めも置いていないが、その四カ月余り前の一九三六年二月一〇日にプロイセン首相ゲーリングが公布した『秘密国家警察法』(97)は警察の任務を次のように規定する。「秘密国家警察は、国家の全領域内における国家に危険な一切の企てを探査し、これと戦い、捜査の結果を集約し、評価し、ラント政府に報告し、その他の官庁に対し、彼らにとって重要な最新の情報を不断に提供し、注意を喚起する任務を負う。」当時のドイツにあって、これは単なるラント法ではなかった。実際、ゲシュタポの最高顧問であったベストによれば、法律は「ライヒ最高指導部の意思表明」と位置づけられ(98)、第一条は、『設置令』の制定後、「ライヒ全体の秘密国家警察に適用されるものとみなされるに至った。(99)」

政治警察の活動を指導した理念と精神が何であったか。ベストが与えた以下の註釈以上に明快な解説はない。「ナチズムは、その政治的全体性の原則に基づき、全体の意思形成に順応しようとしない一切の政治的な意思形成を許すことはできない。他の政治的見解を貫徹し、維持しようとする一切の企ては、不可分の民族有機体の健全な統一を脅かす病的現象として、その者の主観的意思とは無関係に淘汰されねばならない。こうした原則から、ナチス指導者国家はドイツにおいてはじめて時代の要請に合致した政治警察を生み出した。ドイツ民族体の政治的健康状態を注意深く監視し、一切の病的徴候を素早く認識し、破壊的な芽を確認し、一切の適切な手段を使って、これを排除すること、それがわれわれの時代の民族的指導者国家における政治警察の理念でありエートスである。(100)」

ベストが民族共同体を人間の体と類比させ、その統一を脅かし破壊する企てを「病的兆候」、「病的現象」と表現し、それらの鎮圧を「淘汰」と呼んだことを、単に比喩としてではなく、文字通りの意味においてとらえることが肝要である。これらの言葉に政治警察の精神と理念が端的に表現されている。共産主義者等政治的敵対者の行動は、単なる法令違反を超えた、変質した、あるいは、異質な遺伝素質に由来する現象、つまり、正常から逸脱した病的兆候、病的現象としてとらえられるべきものであり、その限り、保安拘禁が、種的変質者たる彼らを生殖活動から隔離するものとして、彼らの悪しき遺伝素質を淘汰し、民族の生物学的統一を保護する機能を営むものでもあったこと、さらに加えて、「世界観は血によって条件づけられている」とみなされた限り、彼らの生物学的淘汰が民族の世界観的統一を実現するための不可避の前提であったこと、容易に納得されるであろう。

淘汰されるべき病的兆候とは、ベストの言にもあるとおり、文字通り「一切の」それであった。単に大逆的・背反的行為等の明確に敵対的な企てだけではない。全体性の原理が個人の現存在の私的性格を完全に廃棄し、すべてをより高次な意味で政治化するものであった限り、淘汰されるべき病的兆候には、変質した、あるいは異質な遺伝素質に衝き動かされ、民族共同体から自己自身を疎外しようとする、民族にとって有害な、あるいは民族と異質な「一切の」企て及び精神が含まれることが予定されていた。たとえば、人前での政府に対する不平・不満(101)、政府の経済政策へのサボタージュ(102)、ソ連の賛美(103)、自室でのリープクネヒトの肖像画の掲示(104)、公の祝賀行事におけるヒトラー式挨拶の拒否(105)、冬季救済事業への腐った林檎の送付(106)等の反抗的行為の他、悲観的な物言い、あげあし取りといった日常何処にでも見られる些細な言動、あるいは、高利貸、価格の吊り上げ、公の金庫を食い物にする寄食生活(107)、さらには、女性のボクシング試合、劇場での堕胎シーンの上映(108)、自動販売機による避妊具の販売(109)等といったさして政治的色彩をもたない行為に至るまでがそうである。いずれの行為も、民族共同体の健全な不可分の統一を脅かすものとして、大逆や反逆的行為と何ら変わることのない、共同体から摘出されるべき病的兆候とみなされたのである。

　その際、かつての警察法の下で警察による干渉の条件と考えられていた(110)、当該行為により現実に周囲の人々の感情が害されたか、平和な生活が直接脅かされたかは問題ではなかった(111)。さらにまた、先のベストの解説にも見られるとおり、行為者の側に共同体に敵対的な、あるいは、害を加えようとの「主観的意図」があったか否かも問題ではなかった。たとえば、ライヒ裁判所が、二月二八日の『大統領令』に基づきバーデン内務大臣により布告された「聖書研究者の会」に対する解散命令の妥当性をめぐって争われた事件に関し、「団体の規約が国家に敵対的な目的の実現を予め規定していたか、また、この目的が個々のメンバーによって意識されていたかは何ら問題とはならない。むしろ、重要なことは団体が実際のところどのように行動したかということである(112)」と判示したように、行為者の主観的意図は問題ではなく、ただ当該行為が結果的に政治指導部の求める民族共同体の統一を破壊し、共同体の力を弱体化させるという「客観的な危険性」が存在すればそれで十分であった(113)。したがって、「危険性」は、「敵対的よりも広い概念」であり、「国家に敵対的なプログラムに基づく企てのみならず、結果において国家に危険をもたらす——その目的が何であるかにかかわりなく——一切の企てを包含する」概念であった(114)。

　そうであるならば、『秘密国家警察法』が、秘密国家警察の活動の対象を、一九三三年七月一四日の『財産没収法』にいう「国家に敵対的」でも、あるいは、同年四月二六日の

『政治警察の新組織に関する内務大臣命令』[115]にいう「国家にとって危険な一切の政治的企て」でもなく、端的に「国家にとって危険な一切の企て」と規定したことも納得がいく。もっとも、ここにいう「国家」を行政官庁や裁判所、軍隊等の「国家機関」としてとらえられてはならない。ナチズムにとっての国家とは所詮民族共同体を維持し保護する二義的な存在でしかなかったのだから。フーバーは、この間の事情を整理するべく、立法者は、「国家」という言葉でもって、「民族共同体の政治的生活秩序」、つまりは「ドイツ民族の政治的形象」を想定していたとするが[116]、より直截的に、「民族共同体」そのものととらえ直すことが妥当でもあり必要でもある。こうした事情は、秘密「国家」警察なる名称と合わせ、立法者がいまだ古い観念の呪縛から解き放たれていないことの証左ともいえようが、それはともかく、民族共同体が常に指導者の望む理想に向けて不断に継続発展する生成途上のものでしかなかった限りにおいて、政治警察の任務にかつての警察が知らなかった「ダイナミックな要素」が付け加わる[117]。或る時点において、共同体の統合が脅かされたか否か、そのために政治警察の活動が必要とされるか否かは、国家の側から、あれこれの法令に即してではなく、もっぱら運動の側から、運動のスケジュールに即して規定されねばならなかった[118]。したがって、警察活動の限界は、ヘーンが指摘するように、「その都度の秩序により警察に立てられた課題の所で終わる」[119]のであり、そうである以上、こうした限界設定をかつてのように予め法律や命令でもって行うことは不可能であるばかりでなく、そもそも、そうすることの意味も失われてしまった[120]。

一方で、政治警察が個々の民族同胞の現存在全体を統御しようとし、他方で、政治警察の課題の内容と限界が絶えず運動の進展に即して整序されなければならなかった限り、そして、そうである以上、警察活動もまた当然に法治の原理から解放され運動の掟に即して整序されなければならなかった限り、二月二八日の『大統領令』が、合法革命の途次、とりわけ『ドイツ警察長官設置令』以前、政治警察の活動にとって有した比類のない意義と重要性は、これを強調しても強調しすぎることはない。なるほど、それは、先に指摘したとおり、いまだ規範的授権という古い形を残すものであったにせよ、また、『設置令』の登場により無くもがなのものとなったのではあるが、とりわけ法治の原理が行政や司法を強く支配する初期の段階において、従来警察活動に嵌められてきた箍である『ライヒ憲法』や『プロイセン警察行政法』等の法律の一切の制限から政治警察を解放し、さらには、予め一定時点において罪と罰を特定する従来の刑事立法とは異なり、政治警察に対し、運動の進展に即応し、運動がその折り折り新たに生み出し続ける一切の民族の客観的敵を自在に拘禁し、共同体から排除する権限を与えるものであった限りにおいて、合法革命及び民族共同体建設の進捗状況に応じて、続々と生み出される敵対分肢や異質分肢との戦いの中で圧倒的なパフォーマンスを誇ったことは間違いない。実際、ベストは、国会炎上の翌日から開始された保安拘禁の歴史は「国家にとって危険な企てのカタログ」[121]に新たな項目を書き加える歴史以外の何物でもなかったとする。

プロイセン内務大臣ゲーリングが、保安拘禁の対象者を、一九三三年三月三日の『回状』において、「共産主義者と協力し、間接的ではあれ、彼らの犯罪目的を援助し、促進しようとする連中」、つまりは、社会民主主義者や無政府主義者へと拡大したことを皮切りに、『政党新設禁止法』が制定された前後の時期、民主主義者、中央党指導部、バイエルン人民党指導部、ドイツ国家人民党員、王政主義者、ブルジョワ的とりわけユダヤ人ジャーナリスト・編集者・弁護士、さらには、不評の経営者・官吏等も保安拘禁を免れうるものではなくなっていた。[122] むろん、『大統領令』が前文において「共産主義者」を名指ししていたことはそのとおりである。しかし、学説の多くが「前文の文言は立法者の動機を表明したにすぎず、命令の法的構成要素ではない」と主張し、[123] ライヒ裁判所もまた「前文によって身近な目的、つまり、ライヒ大統領が害された秩序と安全の再建をそれを通して達成しようとした目的が単に表現されているにすぎない」との見解を示す[124]に及んで、辛うじて残っていた法治の原理が粉砕され、共産主義者以外の政治的敵対者への拡大に対する歯止めは失われてしまった。

ところが、他の政治的敵対者への拡大といったこの図式もゲーリング等によっていとも簡単に打ち破られる。ゲーリングは、一九三三年一一月一三日、ということは、『常習犯罪者法』の公布の一一日前、施行の一カ月半以上も前に、『職業犯罪者に対する予防拘禁執行令』[125]を布告する。「生命及び財産に対する犯罪的攻撃の予防」を目的に、刑事警察に対し「〔犯罪による収入に生計をもっぱら又は大部分依存している〕職業犯罪者」の他、「刑法第一七三条〔血族又は姻族である尊属・卑属、兄弟姉妹との性交〕、第一七四条〔後見人が被後見人と、養親が養子と、教師が生徒と……の間において行う猥褻行為〕、第一七七条〔暴力又は身体・生命に対する現在的危険をもってする脅迫による婚姻外の性交等〕、第一七八条〔第一七六条〔暴力又は身体・生命に対する現在的危険をもってする脅迫による猥褻行為等〕及び第一七七条に定める行為による被害者の死亡の惹起〕に基づき三度の有罪判決を受けた常習道徳犯罪者」に対する「予防拘禁」を命じるとともに、例外的に以下の人物に対しても同様の措置をとるよう求めた。「①職業犯罪者ではないにせよ共同体にとって危険な人物、具体的には、殺人、強盗、侵入窃盗、放火を将来企てるであろうとの犯罪意思をそれ自体は特定の構成要件の前提を充たさない行為を通して明らかにした者、又は、詐欺もしくは利欲心から行われた行為の故に過去に一度有罪判決を受けた者で、かつ、貨幣、小切手、手形、株券、パスポートを変造もしくは偽造した者、又は、幽霊会社の設立もしくは担保詐欺、出資詐欺、消費貸借詐欺、職業紹介詐欺、小切手詐欺、手形詐欺を行った者。②青少年を道徳的に危殆させ、又は、常習的な露出症者であり、かつ、過去に同様の犯罪により一度有罪判決を受けた成人。」この二年後、フリックが、ゲーリングの向こうを張るように、『淫行又は人倫及び礼節を侵害する物品により公の安全又は秩序を危殆させた者に対する予防拘禁執行令』(126)を布告したことにより、予防拘禁の対象者は、「刑法第一七五条b〔動物との間で行われる反自然的淫行〕、第一八四条第一号〔猥褻の文書、図画もしくはその他の表現物の陳列、頒布、販売、又は公衆の出入りする場所における展示、掲示、その他の手段による普及、又は普及の目的をもって行うこれらの制作、貯蔵、広告、推薦〕、第二号〔猥褻の文書、図画又はその他の表現物の一六歳未満の者への対価を受けて行う交付、提供〕、第四号〔猥褻の使途を有する物の公衆の出入りする場所における展示又は公衆への広告、提供〕に基づき一九三三年一月三一日以後に下された判決を含め過去に二度の有罪判決を受けた者」へと拡大されるに至った。

これらの命令は刑事警察に対し犯罪の「予防的」措置の執行を命じる――予防拘禁（Vorbeugungshaft）という名称はこの点に由来する――ものであり、その限り、刑事警察の任務を裁判所の補助機関としてもっぱら可罰行為の追跡と行為者の逮捕に限定してきた『プロイセン警察行政法』第一四条の規定はむろんのこと、危険な常習犯罪者等を対象に裁判所による保安監置等の措置を導入した『常習犯罪者法』の精神とも異なり、それをはるかに凌駕する機能をもつものであった。刑事警察の任務が、元来、保安・矯正処分の場合であれ、常に何らかの可罰行為の発生を前提とし、行為者の追跡に限定され、その者の逮捕により役割が終了したのに対し、今や、警察はこうした制約を離れ、職業犯罪者や性犯罪者等を犯罪行為の実行を待つことなく、しかも、裁判所の関与抜きに、彼らを逮捕し必要な期間拘禁することが可能となった。その意味では、ここでいう予防拘禁とは二月二八日の『大統領令』に法的根拠を置くことを含め、保安拘禁と実質的に何ら変わるところはなく、ただ一般に政治警察により行われる共産主義者等に対する拘禁から区別してそう呼ばれるにすぎないものであった。

もっとも、二月二八日の『大統領令』がはっきりと「共産主義者」の名を挙げていた以上、社会民主主義者等の政治的敵対者への拡大はともかく、一般の犯罪者にまで警察の措置を拡大することについては当然国民の側からの懸念なり批判なりが予想されるところであり、これに対して、ダルューゲは自らの著書の中で「何故職業犯罪者から住民を保護するために、彼らに対し保安拘禁という武器を使用しないのか、その理由が私には理解できない(127)」との反論を用意し、ヒムラーもまたラジオ放送の中で刑事警察の新たな任務への理解を次のように求めていた。「私は、犯罪の実行を待つのではなく、むしろ、過去に判決を受けしばしば処罰されたことのある犯罪者を従来よりはるかに広範囲にわたって孤立化させ、人々を彼らから守るという私の方法を容赦なく貫徹してきました。その際、私が自らの行動の指針としたのは以下の考えです。同様の罪により何年にもわたる軽懲役刑や重懲役刑を宣告された経験をもつルンペンによってわが子を犯罪の被害者とされた両親は、誰であれ、われわれに次のような正当な、しかし、厳しい非難をなすであろうということです。つまり、犯罪が行われてから下される刑罰は肉体的にも精神的にも健全で優れた子供を不幸な両親に返すことはできないという非難がそれです。われわれは、過去何年にもわたり、しばしば法律に違反し、繰り返し同じ犯罪を行う……反社会的分肢を拾い集め、強制収容所に送り込んできたのです(128)。」

この時期の予防拘禁の規模と模様については、一一月一三日の執行令に関するダルューゲの報告が残されている。「ゲーリングによる署名後二四時間以内に一三四人の職業犯罪者が予防拘禁された。彼らは当初トルガウ近郊のリヒテンブルク教育収容所に、後に、適当な労働の可能性を提供しうるハノーバーのエシュテルヴェーゲン収容所に移された。一九三五年末現在、そこには四七六人の職業犯罪者が政治的拘禁者から厳密に区別されて収容されている。内訳は、侵入窃盗二一五人、窃盗一四四人、詐欺及び盗品故買六六人、道徳犯罪者三八人、強盗一三人である。これら四七六人全体の懲役年数を合わせると重懲役二一三一九年、軽懲役二四九二年である(129)。」こうした数字を多いと見るか少ないと見るかはともかく、ヘーンがこれらの措置に関して、「問題とされるべきは個々の職業犯罪者でも、いわんや個々の行為でもない。そうではなくて、計画的に民族共同体から反社会的現象そのもの、つまり職業犯罪者集団を淘汰することが肝要であった(130)」と総括したように、予防拘禁が人種生物学的な意義と機能を期待され、そうした役割を担うものであったこと、保安処分や保安拘禁と何ら変わりはない。

一九三四年一一月一三日、プロイセン首相ゲーリングは、アメリカ大使ドッドをはじめ内外の政治家、法律学者を集めベルリン市庁の大ホールで開かれたドイツ法アカデミーの大会において、『民族共同体の基礎としての法的安定性』と題する講演を行い、当時進行中の保安・予防拘禁に言及し、これらの措置はかつてドイツ史の中で見られた「帝国追放」の現代版であるとした。「民族共同体のすべての成員は法律の保護を受ける権利を有しています。しかし、それは、むろん、この名誉ある言葉の真なる意味で真面目な民族同胞として民族共同体の中で自らの役割を果たす限りにおいてでしかありません。服従を拒む者、明らかに民族共同体に逆らい、これを破壊する者、国家と共同体を裏切る者、彼らは自らの行動を通して民族共同体の法律の外に自己を置き、それにより保護を受ける権利を失うものとなります。……かつて今日よりはるかに強く人々の胸の中に法感情が刻み込まれていた時代、一般に追放と呼ばれる事態が存在していました。人々は或る一定の分肢を追放し、フォーゲルフライとし、それにより彼らを法と法律の外に置いたのです。……われわれの祖先はこのような国家の敵を平和喪失者と呼び、中世の時代、彼らに対しては帝国追放が宣告されたのです。われわれもまたこうした分肢を排除いたします。われわれが定めた公民権剝奪条項はかつての法思想に再び形を与えるものにほかなりません。むろん、よりヒューマンな形ではありますが、しかし、あくまで古代ゲルマン的意味においてであることは申すまでもありません。私が、最初の日から、利己心あるいは反社会的性向から共同体及び民族同胞に危害を及ぼし、邪魔となるすべての連中に対し容赦なき戦いと抹殺を宣告したのはこうした理由からだったのです。(131)」

たしかに、ゲーリングの主張に従う限り、警察による予防活動の対象を政治的敵対者はむろんのこと職業犯罪者や道徳犯罪者等に限定する理由も必要もなかった。実際、この頃バイエルンでは保安拘禁の対象者が「共同体にとって危険となり、害となる一切の反社会的分肢」にまで及んでいたことを示す資料(132)が残されている。バイエルン首相に宛て、保安拘禁の現状についての憂慮を表明したライヒ代官エップの一九三四年三月二〇日付の文書と、四月一三日付のバイエルン内務省の回答がそれである。エップは先ずバイエルンとプロイセンの拘禁者数の比較から出発する。「最近の新聞報道で明らかとなったプロイセンにおける拘禁者数（二八〇〇人）は、ベルリンにある管轄部局から先日私宛てに連絡のあった数字を大幅に下回っています。こうした事実から、また、つい先頃のオラニエンブルク強制収容所の閉鎖から、最近プロイセンにおいて継続的に拘禁者の大量の解放がなされているという事態が説明されるにちがいありません。ところが、バイエルン政治警察長官の最新の月間報告によれば、バイエルンにおける拘禁者数は三五〇〇人に上り、その内二二〇〇人がダハウに収容されています。」エップは、二つのラントの規模、さらに、プロイセンにおけるマルクス主義者の活動の過激さからして、到底理解しえないこうした不均衡の原因は「バイエルン警察当局が行ってきた保安拘禁の理由に眼を通す」場合にはじめて了解可能なものとなるとし、以下の例を列挙する。飲酒癖、妻に対する虐待、雀の捕獲、盗伐、組織の金品の着服、不道徳な生活態度、重大な暴力行為、労働忌避、市町村議会・市長・各地区指導者・突撃隊の隊員及び指導者・全権委員・ライヒ及びラント高官に対する侮辱、反社会的行態（賃金の切下げ、従業員の劣悪な宿泊環境、従業員に対する暴行）、法律・命令に対する不満及び批判、人格的安全の危殆化がそうであった。エップが、こうした例に見られる保安拘禁の理由の拡大は住民の法感情と合致せず、法秩序への信頼を失わせかねないとし、刑法的手段の利用を求めたのに対し、バイエルン内務省は、四月一三日付の回答において、保安拘禁の有効性を改めて主張するとともに、今後も縮小する意思のないことを確認した。「貴殿とは異なり、われわれは保安拘禁がナチズムの感情に合致するものと考えます。……飲酒癖、盗伐、金品着服、不道徳な行状、労働忌避等の理由で行われる保安拘禁が、バイエルンにおける犯罪の減少に重要な役割を果たしているという事実があります。保安拘禁に対する恐れが、数多くの常習犯罪者をして、彼らの従来の生活態度を継続することを防いでいるのです。」

その後も保安拘禁の対象者が継続的に拡大されていったことは、一九三五／三六年の政治警察の多くの『回状』[133]が示している。たとえば、ドイツ国内の問題に関しあてこすりを行った非アーリア人芸術家、一般公衆に重大な憤激をもたらした人種汚濁者、真面目な聖書研究者、生活必需品の価格の吊り上げを企てた者、帰国亡命者等がそうであった。こうした雑多な理由による保安拘禁の他にも、本来私的であるはずの個人間の契約関係もまた政治警察の監視の目を免れるものではなかった。「農場における契約違反の防止」を目的に、「民族を害する利己主義の故に」保安拘禁が執行されるべき者として、正当な理由なしに職場を放棄した農場労働者、他の農場経営者から労働者を引き抜いた農場主、農場労働者に対し契約違反を唆した者等が挙げられている。

政治的理由による保安拘禁に関しても、この時期、同様の拡大傾向を確認することができる。同じバイエルンに関し、ブロシャートは、残された政治警察の報告書[134]をもとに一九三六年三月三〇日から一一月二日までの期間に保安拘禁された一七九一のケースを分析し、その結果を次のようにまとめている。大逆罪の予備又は予備の嫌疑、共産党又は社民党のための活動やプロパガンダ、真面目な聖書研究者の禁止された活動、公の安全の破壊又は危殆化、民族を害する行態といった拘禁理由の他に、二三七を下らないケースにおいて、国家に有害又は敵対的な行態が、また若干のケースでは政治的活動、壊敗的行態が、さらに、全体の二〇％にあたる三四〇のケースでは国家に敵対的な言辞が挙げられている。具体的には、人々を慄然とさせる噂の流布、指導者に対する侮辱、指導的人物に対する侮辱、ハーケンクロイツに対する軽蔑、シュトライヒャーに対する侮蔑的発言等がそれであり、この他国家に有害な行態といった理由の背後にも同様のケースが隠されていると判断される。これらの拘禁理由から、ブロシャートは、「ナチス指導部に対する批判が保安拘禁という手段を使って息の根を止められた」のであり、「一九三五／三六年の過渡的段階において、政府にとっての強制収容所の重要な役割はまさしくこの点にあったのだ」と結論する。(135)

一九三六年八月一日、バイエルン政治警察は、現行の保安拘禁令の棚卸しを行い、新たに『保安拘禁執行に関する一般的指針』(136)を布告した。そこには、政治警察の任務に関し次のような一般的基準が設けられている。「一切の政治的軽罪及び重罪、並びに、ナチズム国家に敵対もしくは国家の努力及び目的を蔑ろにし、又は危殆させる一切の活動及び意思表明に対し、政治警察は迅速かつ厳格な対抗措置をとる義務を負う。」何故、「シュトライヒャーに対する侮蔑的発言」が、「人々を慄然とさせる噂の流布」が保安拘禁の対象とされなければならなかったか、納得される。共産主義者等の明確な政治的敵対者に限らず、文字通り「一切のニュアンスをもった国家の敵」に対する「合目的かつ強力な鎮圧」が政治警察の課題となった。この他にも、「非政治的」な反社会的分肢に関しては、これを政治的敵対者と区別した上で、「先ず〔常習犯罪者法に基づき〕予め警察及び裁判所による保安監置の措置がとられなければならない」としながらも、必要な場合保安拘禁されるべき分肢として、乞食、放浪者、ジプシー、浮浪者、労働忌避者、無為徒食の者、売春婦、不平家、精神病質者、精神病者、職業犯罪者、常習犯罪者、道徳犯罪者、盗伐者、ポン引き、飲んだくれ、交通違反者等を挙げる。かつてのブライドウエル・ホスピタルやアムステルダムの懲治館も顔負けの、「十把ひとからげの閉じ込め」である。

明確な法的基準もなしに野放図に執行される保安・予防拘禁が、保守派から、国家の存立に必要不可欠な最低限の法的安定性を破壊するものとして、格好の攻撃の標的とされ、厳しい批判に曝されたこと、当然といえば当然であった。フランクは、先に紹介した一九三六年一〇月一一日の警察法部会設立総会において、招待した当のドイツ警察長官ヒムラーを前に、日頃の鬱憤をぶちまけた。「人々が、第三ライヒにあっては、法の安定に対する要求が顧慮されることなく、国家の権力が恣意的に適用され、『暴力が法に優先する』現状が罷り通っているとわれわれに語ること以上に屈辱的なことはない。ドイツにおいて法の不安定と法の崩壊が支配し、ナチズムとは個人の自由の領域の破壊にほかならないとの訴えや非難が繰り返されている」、そう指摘したフランクは、その上で、「警察活動は、純粋に恣意的な活動とならないよう、前もって設けられた法秩序の全体的経過の中に常に組み込まれなければならない……。そのためには、指導者及び彼が選任したドイツ警察長官の意思に即した警察基本法の制定が不可欠である。基本法は、ドイツ警察の全体組織を第三ライヒの全体構造の中に法的に組み込むものでなければならない」[137]と、警察法の制定による法治の原理の再構築の必要性を強調したものの、この直後、彼の眼前で、「われわれナチス主義者は、われわれが体現する法なしに活動することはできなかったが、しかし、法律がなくとも活動することはできたのである」と言い放ったヒムラーにとって、フランクの非難は何ら痛痒を感じるものではなかったことであろう。

法制度上、ヒムラーに対抗しうる者があるとすれば、ライヒ内務大臣フリックをおいて他にはなかった。彼の劣位については先述したとおりであるが、それでも、フリックがライヒ全域の警察を監督する立場にあることに相違はなく、彼は、警察活動に法治の原理の網をかけるべく、ライヒ的規模で保安・予防拘禁を統一的に規制しようとの試みを何度か行っている。

最初が一九三四年四月一二日に各ラント政府及びライヒ代官宛てに布告された『保安拘禁令』[138]である。「今日見られるドイツ国内の状況の安定化に鑑み、ライヒ全域に保安拘禁に関する制限的規定を設けることが可能となった」[139]との認識を基にして、冒頭、「各ラントは大統領令により必要な場合保安拘禁を執行する権限を有することになった。ところが、その後、大統領令が予想もしない事例に対し保安拘禁が実行される事態が生まれている。保安拘禁を完全に廃止するための条件は未だ整っていないが故に、差し当たり、その濫用の防止のため、私は保安拘禁の決定及び執行につき以下の命令を布告するものである」、このように命令の意図が法治の原理の回復にあることを明らかにしたフリックは、そのための具体的措置として、先ず、管轄権につき、これが、プロイセンでは秘密国家警察局、行政長官、行政区長官、ベルリン警察長官、国家警察分署に、その他のラントではラント政府が予め定めた右に相当する官署に「唯一排他的に帰属する」ことを明言し、突撃隊、親衛隊による無統制の「野生化」した拘禁を否定した。次に、保安拘禁の執行を、「拘禁者本人の保護」及び「行態、とりわけ国家に敵対的な活動により公の安全及び秩序が直接危殆させられた」場合に限定し、これ以外のケース、たとえば、「自己に帰属する私権又は公権の行使（告発、告訴、抗告）」、「何らかの経済的行為（賃金紛争、労働者の解雇等）」にかかわって行われる保安拘禁を禁止、さらに、「可罰的行為、その他非難すべき行為に対する懲罰」の代用としての保安拘禁についてもこれを禁止した。拘禁手続きに関しては、「拘禁に際し、又は、拘禁後二四時間以内」に、「文書による署名入りの保安拘禁命令を手交」し、「保安拘禁理由」を明示すること、また、近親者の要請に対しても、特別な反対理由がない限り、「拘禁理由及び拘禁場所を報告する」ことを義務とした。拘禁の執行場所について、もっぱら「国家の拘禁施設又は強制収容所において行うべき」ものとし、拘禁期間について、「保安拘禁の目的がそのことを必要とする期間継続する」としながらも以下の制限を設けた。「保安拘禁の命令がラント最高官庁により下されなかった場合、拘禁後八日以内にラント最高官庁による承認がない限り拘禁者を釈放しなければならない。ラント最高官庁が拘禁命令を下し、あるいは、承認した場合も、拘禁後三カ月以内にラント最高官庁が職権を以て拘禁者の釈放の可否を審査し、保安拘禁が継続される場合にもこの審査は三カ月毎に繰り返し行わなければならない。」

『拘禁令』の冒頭に置かれた「厳格な順守を要請するものである」との文言にもかかわらず、これがほとんど守られなかったことは、フリック自身が、後に、「私が緊急に必要とみなしたことは、保安拘禁の執行の根拠、期間、態様につき、いかなる基準に基づいて実行されるべきかを明らかにすることであった。ところが、拘禁令は、とうの昔に、政治警察の活動により無効にされてしまった」[140]と嘆いていたとおりである。実際、先に紹介したエップに対するバイエルン内務省の回答はフリックの命令の翌日に発せられたものであり、バイエルン政治警察の一九三五／三六年の回状の多くもフリックの命令の趣旨に合致するものではなかった。

一九三四年の『保安拘禁令』をいとも簡単に無視されたフリックは、その後の事態の展開を踏まえ、一方で、バイエルン等での保安警察の活動をある程度追認しつつ、他方で、恣意的な拘禁が住民の間にもたらす「法的不安定性に対する不安と不平」を解消するべく、刑事警察及び政治警察の両面にわたって、ライヒ全域での統一的規則の制定を再度試みることになる。

一九三七年一二月一四日付で各ラント政府、国家刑事警察等に対し布告された『予防拘禁令』[141]は、「犯罪を職業とし、かつ犯罪から得られる金銭により、生活の全部もしくは一部を賄った経験をもつか又は現に賄っている」職業犯罪者、及び「犯罪的衝動又は性向により繰り返し同一又は同種の犯罪を行う」常習犯罪者を対象に、当事者の居住地又は滞在地を管轄する刑事警察分署による「計画的監視」又は「予防拘禁」の執行を定められた条件の下に行うものとする。計画的監視の具体例として、命令は二〇に上る措置を挙げている。たとえば、許可なく住所又は居所を立ち去ることの禁止、一定の人物との交際又は同居の禁止、一定の公共交通手段の利用の禁止、一定の飲食店への立入の禁止、アルコール飲料の摂取の禁止、動物の飼育の禁止、真面目に労働することの義務等がそうである。計画的監視の下に置かれる者として、「自らの利欲心から行った犯罪の故に、過去に少なくとも三度重懲役又は三カ月以上の軽懲役の有罪判決を受けた者」、「予防拘禁から釈放された者」、「民族共同体の保護のために計画的監視が不可欠と判断される者」等が、予防拘禁の対象者として、「警察の計画的監視下において、自らに課せられた命令に有責的に違反し又は可罰的行為を行った職業犯罪者もしくは常習犯罪者」、「その者の行った犯罪が重大であり、かつ再犯の危険性の故に、彼の放置が共同体にとって重大な危険となる者、又はそれ自体は一定の可罰的構成要件の前提を充たさないものの、その行為により重大な犯罪を行う意思を露呈させた者」、「職業犯罪者又は常習犯罪者ではないにせよ、〔放浪者、売春婦、性病患者、飲酒癖のある者、労働忌避者等のように〕自らの反社会的行態により共同体を危殆させた者」等が挙げられている。予防拘禁の執行は、「改善施設、労働収容所において、又は、ライヒ刑事警察局の命令に基づきその他の方法で行われる」ものとし、拘禁期間に関しては、一部の例外を除いて、「予防拘禁の目的がそのことを必要とする期間継続する。遅くとも二年以内に、一二カ月が経過した時点で、その継続が必要か否かを審査しなければならない。拘禁が継続される場合、その都度一二カ月が経過した時点において拘禁の継続期間を決定しなければならない」とした。

保安拘禁に関しても、フリックは、一九三四年の命令に代え、一九三八年一月二五日付で秘密国家警察局に対し『保安拘禁令』[142]を布告する。「保安拘禁は、秘密国家警察の強制措置として、一切の民族及び国家に敵対的な企てを防止するため、自らの行態により民族及び国家の存立と安全を危殆させた人物に対し命じられうるものとする。保安拘禁は、刑罰目的のために、あるいは刑事拘禁の代用として命じられることがあってはならない。可罰的行為に対しては、裁判所により判決が行われなければならない。」以上が一般原則である。管轄権に関して、命令は、一九三四年の『保安拘禁令』を大幅に改め、「排他的に秘密国家警察局に帰属する」ものとする。ライヒ代官及びラント政府から管轄権を剥奪した理由として、フリックは、「人格的自由に対する重大な侵害を伴うこうした措置が、ライヒ政府により求められた目的の実現のため、かつまた中央官庁の統括の下に絶対的に必要な範囲内で、ライヒ全域において統一的に実行されることを保障し、かつ人々にそのことを周知させる必要があった」ことを挙げる。拘禁の手続きに関して、先の命令とほぼ同様の規定を設けるとともに、拘禁場所についても、「保安拘禁は原則として国家の強制収容所において執行されなければならない」とした。

フリックのこうした努力にもかかわらず、この頃既に、予防的措置の執行はライヒ的規模において彼の予想もしない新たな段階に突入していた。一九三七年一月二七日、国家刑事警察／プロイセン刑事警察局は、すべての刑事警察支（分）署に対し「刑事警察の見解に基づき職業犯罪者、常習犯罪者、常習道徳犯罪者と認められ、かつ、現在釈放中の各管轄区域内に居住するすべての犯罪者のリストを速やかに送付する」ようにとの布告を発した。「その際、警察による予防拘禁に関する従来の諸規定は斟酌するに及ばない。リストは添付の見本にしたがって作成されなければならない。……計画の目的とするところは、特定時点での職業犯罪者に対する不意打ちによる大規模な予防拘禁にある。それ故、リストの作成は疑問の余地のないよう、また、リストナンバーは変更してはならない。措置の執行に際しては、拘禁されるべき職業犯罪者のリストナンバーのみが電信により送付される。[143]」この時対象とされた犯罪者は、少なくとも過去に六回の有罪判決を受け、かつ六年ないし七年の重懲役刑を受けた者であったが[144]、今回の措置のもつ特異な点は、拘禁の対象者の数と執行の日が特定されたことにある。一切の準備が完了した二月二三日、親衛隊ライヒ指導者兼ライヒ内務省内ドイツ警察長官ヒムラーが国家刑事警察及びプロイセン刑事警察局に宛てた『回状[145]』には次のような指示がある。「ナチズムの精神に担われたドイツ刑事警察のこれまでの措置により、犯罪が減少するに至ったことについて疑問の余地はない。しかし、いまだライヒのさまざまな領域において、犯罪者の存在が目につく。彼らは、強盗、組織的侵入窃盗、重大な道徳犯罪によって住民を強い不安に陥れている。単に反社会的というだけではない。まさしく国家に敵対的な態度が彼らの犯罪行為の中に見いだされる。更なる犯罪を可能な限り防止するため、私は一九三三年二月二八日の大統領令第一条に基づき、およそ二〇〇〇人の職業犯罪者、常習犯罪者、共同体にとって危険な道徳犯罪者の予防拘禁を命じる。私はプロイセン刑事警察局に対しこの措置の執行を委任する。刑事警察分署から私宛てに名前が報告された共同体にとって危険な道徳犯罪者、労働に従事していない職業犯罪者、常習犯罪者から、ライヒ全域でおよそ二〇〇〇人を選抜し、一撃の下に即日彼らを拘禁し、強制収容所に収容することを求めるものである。」四日後の二月二七日、プロイセン刑事警察局は、各刑事警察支（分）署に対し、「一九三七年二月二三日の命令の執行のため、一九三七年一月二七日の回状を参照の上、一九三七年三月九日を期して同封のリストに掲載された人物に対する予防拘禁の執行を命じる」との布告を発した。「拘禁者は更なる指示がない限り、ザクセンハウゼン、ザクセンブルク、リヒテンブルク、ダハウに収容する。ユダヤ人は原則としてダハウに、女性についてはもっぱらモリンゲンの女性強制収容所に送致する。拘禁者の調書は、一九三七年一月二七日付の回状に基づき、これを作成し、直接当該の強制収容所所長に送付するものとする[146]。」

翌年、同様の措置が労働忌避者や反社会的人物へと拡大された。一九三八年一月二六日、親衛隊ライヒ指導者兼ライヒ内務省内ドイツ警察長官ヒムラーは、秘密国家警察局及び国家警察支（分）署署長宛てに『回状』[147]を送付し、「労働忌避者」を対象とする「一回限りの包括的かつ不意打ちの攻撃」の準備を命じた。「労働忌避者とは、労働能力のある年令層の男子の内、最近行われた管区医による医学的鑑定の結果、労働能力が確認され、あるいは確認されうる者にして、かつこれまで二度にわたり紹介された仕事への就業を正当な理由なしに拒否し、あるいは、就業したものの、短時日の内に十分な理由なく再びこれを放棄した者をいう。地区の管轄権を有する労働局に対しては、既に彼らが把握する労働忌避者を二月一八日から三月四日までの間に調査し、国家警察支（分）署に報告することが命じられた。国家警察支（分）署は、これとは別に、自己の管轄領域に居住する労働忌避分肢に対する調査を行わなければならない。この調査の終了後、国家警察支（分）署は一九三八年三月四日から三月九日までの間に、確認された人物を拘禁し、拘禁者の調書を一九三八年三月一五日までに秘密国家警察局に提出するものとする。拘禁者はもっぱらブッヘンヴァルト強制収容所に収容する。」

労働忌避者の選抜が具体的にどのように行われたか。ブロシャート等の編集による『ナチス時代のバイエルン』が、当時の地区警察の月間報告書をもとにエバーマンシュタット郡の様子を伝えている。「エバーマンシュタットでは、命令の執行にあたり、地区警察署長がとりわけその都度管轄権を有する町村当局と接触をもったことがうかがわれる。そして、町村当局のいくつかは、彼らにとって、あるいは住民の多数にとって邪魔であり、労働忌避者とみなされる人物を厄介払いする機会として、これを利用した。とりわけ、外見からは『健康』に見えながら、性格的道徳的欠陥の故に労働能力を欠き、住居や生活費用の面で、それまで町村から援助を受けていた者たちがそうであった。予防拘禁及び強制収容所はこうした問題を片づけるたしかな手段とみなされた。……八日間にわたる調査の結果、三月六日にはゲシュタポに送致される九名の労働忌避者のリストが地区警察所長の手により作成されたが、リストの検討から明らかとなることは、この『人物の確認』がきわめて形式的かつ軽率に、しばしば、密告、それも『変わり者』から解放されたいという家族からのものも含め、密告に基づいて当事者からの聴取もなしに行われたという事実である。[148]」リストの中から一つだけ挙げておこう。「E。一九〇三年生まれ。W地在住の独身の陶工。貨幣偽造及び侵入窃盗の故に前科をもつ。彼は規則正しい労働に従事していない。彼は時折陶工の仕事をし、また、しばしば補助労働者として働いている。たいていは家の中でのらくら暮らしている。少しのお金を稼いだ場合、それが底をつくまで一切働こうとしない。一九三七年二月まで窃盗の故に服役していた。Eは健康であり、かつ労働能力を有している。[149]」

労働忌避者に対する攻撃が完了して間もなくの六月一日、新たに、ライヒ刑事警察局が国家刑事警察及び刑事警察支署に対し「反社会的人物」を対象とする包括的措置の執行を命じた。「刑事警察は、一九三七年一二月一四日の命令をもっとも厳格に適用することにより、六月一三日から一八日の間に、それぞれの刑事警察支署の管轄区域から少なくとも二〇〇人の労働能力を有する男性（反社会的人物）を予防拘禁しなければならない。その際、とりわけ考慮されるべきは以下の人物である。①目下のところ定職をもたずあちこちを渡り歩く放浪者、②固定した住所の有無にかかわりなく乞食を行う者、③ジプシー、及び、規則正しい労働への意思を一切もたず又は犯罪を犯しジプシーと同じように放浪する者、④かつて同じ行為により刑事訴追を受け、たとえその時立証されなかったにせよ、その後もなおヒモや娼婦仲間と交際している女衒又はポン引きを行う強い疑いのある者、⑤公務執行妨害、身体傷害、暴力行為、住居侵入等の行為の故に多くの前科をもち、そのことにより民族共同体の秩序へ自らを組み入れる意思をもたないことを明らかにした者。以上の他、同様に、刑事警察支署の管轄領域に居住する一カ月以上の軽懲役の前科をもつすべてのユダヤ人男性を予防拘禁しなければならない。拘禁されたすべての人物について調書の送付を要求する。拘禁者はただちにブッヘンヴァルト強制収容所へ送致する。拘禁者の総数は遅くとも六月二〇日正午までに私宛てに報告されなければならない。[150]」

これら一連の保安警察の措置が目前に迫った全体戦争に備えた「労働力の確保」を目的とするものであったことは、一月二六日のヒムラーの命令が拘禁の対象を「労働能力が確認され、又は確認されうる者」に限定し、あるいは、六月一日のハイドリッヒの命令が「四カ年計画の厳格な遂行が一切の労働力の投入を必要とする。反社会的人物が労働を免れ、それによって四カ年計画をサボタージュすることは許されない」としていたことからもおおよそ察しがつく。もっとも、共同体の予防的保護が依然として重要なテーマであることに変わりはない。しかも、それは、ハイドリッヒが反社会的人物の計画的拘禁の執行理由として、「犯罪者集団が、反社会的人物の中にその根を有し、絶えずそこから補充される」ことを挙げていたように、ここでも単に犯罪からの共同体の安全の保護だけが問題であったわけではない。ライヒ刑事警察局による一九三八年四月四日付の『犯罪に対する予防的闘争の遂行に関する指針』[151]が、乞食や放浪者等の「反社会的人物」を「ナチス国家において自明である秩序に自己を組み入れる意思をもちあわせていない人物」と定義していたこと、そして、職業犯罪者や労働忌避者等にも共通するこうした定義を、改めて、当時支配的であった「自己の現存在を共同体に組み入れる能力と遺伝素質の間には関係がある」との観念に重ね合わせるならば、予防拘禁、とりわけ拘禁対象・拘禁数・期間を予め特定しライヒ的規模で一斉に行われる一連の作戦の中に、それまでの保安拘禁や予防拘禁以上に、より明確な形で「民族の中の悪しき血の流れを〔根こそぎ〕断ち切り」、「籾殻と実を選別」[152]せんとする指導部の強い意図を読み取ることができる。ブロシャートは、これらの措置を総括して、ハイドリッヒ等は、ライヒ的規模での計画的な予防拘禁の執行を通して、民族共同体をいわば「出来の悪い芽を定期的に『摘み取る』種苗場」のように取り扱ったのであり、「犯罪問題の処理を遺伝病問題と同様の方法で、『無害化』、『除去』、『淘汰』といった根源的な措置でもって解決しようとした」のであったと結論する。[153]

四　戦時における特別措置の執行

民族の敵に対する刑法、刑事司法による戦いが一九三九年九月一日を境により一層先鋭化したように、警察による戦いもまた同様であった。既に、その二年程前、ヒムラーは、親衛隊幹部を前にした演説において、「戦争が始まれば現在存在する強制収容所だけでは不十分となろう」[154]との見通しを語っていたが、開戦後一ヵ月当たりの拘禁者数が一九三五／三六年当時の一〇倍にも上り[155]、さらに、保安拘禁からの釈放が原則として禁止されたこととあいまって[156]、既存のダハウ、ブッヘンヴァルト、ザクセンハウゼン、マウトハウゼン、フロッセンビュルク、ラーヴェンスブルュックに収容しきれなくなった拘禁者の収容並びに戦時経済への拘禁者の労働力の動員を目的に、新たに親衛隊経済・行政本部の手によってアウシュヴィッツ、ノイエンガーメン、ルブリン、ナッツヴァイラー等に大規模な強制収容所が建設されていった。[157]

この時期、ライヒ刑事警察局、後に、ライヒ保安本部を中心に布告された数多くの保安拘禁令[158]には、拘禁対象として、刑罰法令の網の目から漏れ落ちた、共同体の統一と団結を脅かす文字通り種々雑多な危険分肢、不穏分肢、反社会的人物の姿を見ることができる。たとえば、「いまだ逮捕されず、全体動員の場合、民族共同体にとって特別な危険をもつ保護するに値しない人物」、「ライヒ領域内で労働に従事しながら、何らかの不穏当な振る舞いをするポーランド人」、「一旦拘禁され、その後移住のため釈放されながら、いまだ移住を行おうとしないユダヤ人」、「精神的障害（精神病質、精神薄弱、癲癇性人格変質）の故に、住民の間に不安を惹起する恐れをもつ人物」、「保健衛生官署の指示に従わない性病患者」、「地区警察官署の許可を受けずに、居住地、滞在地を立ち去ろうとするジプシー及びその混血児」、「警察の手入れに際し、労働忌避の故に逮捕され、かつ前科を有する者」、「占いにより住民の間に重大な不安を醸成するジプシーの女占い師」、「飲酒運転により道路交通を危殆させ、又は事故を惹起し、又は運転不適格者であることが明らかとなった者」、「保安監置から釈放された者」、「一九一九年から一九三三年の間に一五年又は終身の重懲役、死刑の判決を受け、その後釈放された者」、「複数の相手と交渉をもつ同性愛者」、「刑事警察の警告にもかかわらず、婚姻健全法に定める婚姻障害を有する内縁関係を継続する者」、「去勢後も共同体、とりわけ青少年にとって重大な危険性をもつ者」、「特別に非難すべき事情、たとえば過度の貪欲さ、又は民族共同体の利益に対する無関心、低劣な心情の故に戦時経済令に違反する経済怠業者」等がそうである。

しかし、戦争の開始がもたらしたものは単に拘禁者の増加や対象者の拡大だけではなかった。一九三九年九月三日、英仏による対独宣戦布告が行われたその日、ハイドリッヒは、全国家警察支署署長宛てに「戦時における内的安全の諸原則」と題する『回状』[159]を送付し、「指導者の掲げる目標の実現に向け、一切の破壊や妨害に対抗し、民族のもつ一切の諸力の統一的な投入を保障する」ことを目的に、今後の保安警察の活動に関し、「ドイツ民族の団結及び闘争意思を壊敗させる一切の企てを容赦なく鎮圧しなければならない」等の七項目にわたる統一指針を示した。その後、指針をめぐって生じた「一切の誤解を避けるため」として、改めて九月二〇日付で全国家警察支（分）署に対し同様の『回状』[160]を布告したハイドリッヒは、この中でより厳格な表現でもって戦時における国家警察の権限と課題――「ドイツ民族の団結及び闘争意思を壊敗させる一切の企てをただちに容赦なき過酷さと厳格さでもって鎮圧しなければならない」――を確認し、さらに、「その非難性、危険性又は宣伝上の影響に鑑み、誰彼の区別なくもっとも無慈悲な措置によって淘汰することが相応しい企て」に対して「通常の方法」とは異なる「特別措置」、「上からの命令に基づく情け容赦のない清算」の執行を授権した。サボタージュ、煽動、軍隊や規模の大きい人間集団の壊体、大量の買溜め、共産主義又はマルクス主義的活動が対象であった。しかし、これらは単なる例示であり、すべてを網羅するものではないとハイドリッヒはいう。「あれこれのケースが特別措置に相応しいものであるか否かを心理学的政治的敏感さでもって決定する権限は、国家警察支（分）署に留保されねばならない。」もっとも、同時期に公布された多くの戦時刑法が、同様にドイツ民族の団結と闘争意思の保護を目的に、これらのケースの多くを可罰的行為としていたことから、今回刑事警察に与えられた権限が刑事司法の活動と競合関係に立つことは避けられず、そのため、ハイドリッヒは、裁判所を出し抜くべく、「特別に重大な場合、〔保安警察長官からの〕最終決定が到着するまで、拘禁者の捜査判事への引渡が行われないよう、直ちに管轄権ある国家警察支（分）署へ報告」することを義務づけた。

ザクセンハウゼン強制収容所で執行された最初の特別措置の模様について、当時副所長であったヘスの戦後の報告がある。「最初の犠牲者は、デッサウのユンカース工場で防空作業に従事することを拒否した一人の共産主義者であった。工場防衛部隊からの通告に基づき当地の国家警察の手により拘禁された彼はベルリンにある秘密国家警察に送致された。尋問の後、報告を受けた親衛隊ライヒ指導者は即時の射殺を命じた。午後一〇時、秘密国家警察局のミューラーから一通の命令を携えた伝令がそちらに向かっているとの連絡が入った直後、国家警察官二人と縛られた一人の民間人を乗せた一台の自動車が到着した。所長が伝達された文書を開封すると、そこには短く以下の事柄が記載されていた。『何某は親衛隊ライヒ指導者の命令に基づき射殺されるべきものである。同人に対し拘禁部屋においてこの旨を伝え、一時間後に処刑を執行しなければならない。』[161]」出し抜かれたライヒ内務省が後に新聞記事等を基に作成したリストによれば、この犠牲者は「無国籍を理由に飛行場の防空壕建設を拒否した」ヨハン・ハイネンであり、執行日は九月七日であった。リストには、この他、一九四〇年九月六日から翌年一月二〇日までに執行された一八の特別措置が記録されている。執行理由のいくつかを挙げておこう。放火及びサボタージュ、聖書研究者による奉仕義務の拒否、海軍士官を騙った詐欺、ユダヤ人によるドイツ人女性に対する暴行、親衛隊郵便輸送車に対する攻撃、軍需企業における労働拒否、銀行強盗未遂、灯火管制下における強盗、少女に対する道徳犯罪、白昼での少女に対するナイフを使った暴行・略奪・傷害、兵士の家族に対する詐欺等であった。[162]

結局、保安警察は、戦争を[163]「全体的プランに基づき体系的に〔民族の敵〕を抹殺する」ための絶好の機会として利用したのである。ブロシャートも、「一連の新たな強制措置を導いた思想は〔同時期に行われた〕いわゆる安楽死命令の場合と何ら変わるものではなかった」と指摘する。「明らかに、それは、戦争がもたらした例外状態を隠れ蓑とし、ナチズムの世界観により命じられながら、平和時には内外の世論に鑑み実行不可能であった『民族体の浄化』を一挙に実現しようとするものであった。戦争は、いわばナチズム革命及び共同体の全体的変革の新たな段階を準備するべく、先行の政治的敵対者の淘汰をいわゆる民族政治的・生物学的浄化作戦によって補うために利用されたのだ。」(164)

五　共同体不適者法（案）

一九四三年八月九日、それは犯罪及び犯罪者に対する生物学的闘争の開始を告げた『常習犯罪者法』からほぼ一〇年後のことであったが、ライヒ内務大臣フリックは、ライヒ法務大臣ティエラックの了解の下に、ライヒ官房長官ランマースに宛て、『共同体不適者の取扱のための法律（案）』(165)を送付した。草案は、一九四〇年以降、内務省、法務省、労働省、大蔵省等の関係機関の間で検討されてきたプラン(166)に基づいて、犯罪者を中心に、共同体に自己を適合させる意思や能力をもたない、いわゆる「共同体不適者」を対象とする従来の立法、司法及び警察の措置を総括し、彼らに対する闘争を体系化し規範化しようとの意図の下に作成されたものであった。

「自らの行態により民族共同体に害を及ぼす共同体不適者につき、彼らを有用な分肢として確実に共同体に組み込むか、あるいは、民族共同体に更なる危害を加えることを確実に防止するため、ライヒ政府は以下の法律を制定し、ここにこれを公布する」との文言で始まる草案は、第一章において「共同体不適者」を次のように定義する。「①自己の人格及び行状に照らし、とりわけ悟性又は性格の異常な欠陥により、民族共同体の最小限の要求を自力によって充足させる能力を欠くことを認識させる者（無能者）、②ａ仕事嫌い又は放蕩により、役に立たない、不経済又は放恣な生活を送り、かつ、それにより他者もしくは社会全体に負担となり、又は危殆させる者（穀潰し、食客）、あるいは、乞食もしくは放浪、労働忌避、盗み、詐欺、その他の軽い犯罪行為への性癖、又は日中における過度の飲酒癖をもち、もしくはかかる理由により扶養義務を重大に侵害する者（ろくでなし）、ｂ協調性の欠如又は喧嘩好きにより社会全体の平和を執拗に乱す者（治安攪乱者）、③自己の人格と行状に照らし犯罪行為への気質を有することを認識させる者（共同体に敵対的な犯罪者及び性向的犯罪者）。」

共同体不適者に対する具体的措置として、第二章は、無能者、穀潰し、食客等の「非犯罪的共同体不適者」を対象に、

「警察による監視」、及び、監視が不十分な場合の「社会福祉連盟への引渡」、より厳格な監視が必要な場合の「警察が管理する収容所への収容」を規定する。第三章は、「犯罪的共同体不適者」を対象に、「犯罪行為の反復により、及びその他の行状や人格に照らし、重大な犯罪行為への傾向が認識される」場合につき、この者を「共同体に敵対的な犯罪者」として、「より重い刑罰が規定されず、又は警察への引渡が行われない限り、裁判官は不定期の重懲役刑を宣告する」ものとする。それは、「彼らの有する遺伝生物学的特性に照らし、彼らが民族共同体にとってもはや危険とも、負担ともならないようにするために、どれだけの期間が必要となるかを予め決定することが不可能であるから」だとされる。それ故、裁判官が、審理中に「共同体に敵対的な犯罪者の民族共同体への組込はもはや期待されえないとの確信に至った」場合、あるいは、司法当局が不定期刑の執行中に「犯罪者の性癖又は傾向に基づき、当人の民族共同体への組込はもはや期待されえないとの確信に至った」場合、いずれも共同体の保護を目的に「改善不能として警察に引き渡すべき」ものとする。「道徳性への反復した攻撃、及びその者の人格に照らし、小児との淫行、凌辱、淫行の強制、男性間の淫行、性的欲求から行われる身体傷害、動物虐待、公然と行われる淫行的行為への性癖又は傾向を認識させた男性」に対し、これを「道徳犯罪者」として、「公の安全がそのことを必要とする場合、裁判官は自由刑と並んで去勢を命じるべき」とする。第四章は、「少年共同体不適者」に関する特別の規定として、第三章が定める場合を除き、少年に対する警察措置は「彼らの民族共同体への組込が教育当局の説明に照らし公の少年援護手段でもっては達成されないことが明らかである場合に限って許される」とし、また、不定期刑の執行を『重大少年犯罪者令』及び『少年不定期刑宣告令』の前提が存在する場合に限定するとともに、司法当局に対し、少年に科せられた不定期刑の執行の間、あるいは、刑期の終了後、「民族共同体への組込」が期待されえないことが明らかとなった場合、警察への引渡を許可する。第五章は、共同体不適者、とりわけ無能者、ろくでなしが、絶えず警察、裁判所に厄介をかけ、民族共同体の負担となる、そうした家族の一員であることが経験上しばしば認められることを理由に、彼らに対する「断種の実行」を命令する。

添付された『理由書』[167]は立法意図を解説する。「犯罪者集団が劣等な家族から途切れなく供給され続けるものであることは、ここ数十年来の経験の教えるところである。こうした家族の個々の分肢が繰り返し同様の悪しき家族の分肢と結合し、その結果、単に劣等性が次の世代に遺伝されるというだけでなく、しばしばそこから犯罪者集団が生み出されることにもなる。これらの人間は、共同体思想と相容れない異質な生活を送り、決して共同体と一体感をもたず、しばしば共同体にとって役に立たない、あるいは、まったく共同体に敵対する、それ故、いずれにせよ共同体に不適な者となる。……共同体不適者（反社会的人物）から共同体を保護するため、強制的な手段が用いられなければならない。……犯罪の予防的闘争のため、権力掌握後ライヒ刑事警察により実行された共同体不適者に対する措置の根拠とされたのは、『ナチズムにとって、共同体が問題となるとき、個人は何ら価値あるものではない』との原則である。……中心に位置すべきは共同体の保護である。法律の草案は、従来の警察措置を承継し、新たに形成し、さらに加えて、共同体不適者による犯罪行為に対する裁判、並びに、彼らに対する断種のための法的根拠を設けることにより、こうした要請に応えようとするものである。」

フリックの意図が、指導者からの人格的授権を根拠に、民族の生存法則の執行と称して、法治の原理を無視し、明確な法的根拠もなしに行われてきた保安警察、とりわけ刑事警察による予防拘禁活動に法律の箍を嵌め、あわせて、親衛隊ライヒ指導者兼ドイツ警察長官ヒムラーを自己の監督下に置こうとすることにあったと想像される。その意味では、今回の法案は、一九三四年の『保安拘禁令』や一九三七年の『予防拘禁令』の延長線上に位置づけられるものであった。むろん、法治原理からの離反が加速する戦争最中のこの時期、フリックの希望が叶えられるはずもなかったが、草案は、『常習犯罪者法』以来、立法、司法及び警察により遂行されてきた犯罪者を中心とする反社会的人物に対する闘争を、はじめて明確な形で人種生物学的観点から体系化せんとしたものとして、ナチスの犯罪・犯罪者観の発展を知る上で貴重なものがあったといえようし、法案及び理由書の内容から見て、フリックとヒムラーの差は、たとえそれがどれほど大きなものであったにせよ、所詮、国家か運動か、法律か法則か、方法論の違いにすぎなかったと見ることも不可能ではない。フリックは、国家行政の最高責任者の立場から、合法革命のいわば推進モーターとしての役割を担い、ヒトラーの権力の確立及び民族共同体の建設に最大の貢献を果したのであるが、そして、ヒトラーが戦時中の食卓談話の中で「私が当初内政及び外交上の成功を勝ち得たのは、国家行政を支えてきた古くからの『職業官吏団装置』のお陰であった」と語ったとき、彼の念頭には当然にフリックの姿があったのであろうが、その彼が、長年にわたり忠勤を励んできたライヒ内務大臣の職を解かれ、ライヴァルであったヒムラーにその地位を譲り、カール・フランクが権勢を揮う僻遠の地ベーメン・メーレン保護領に前任者ノイラートに代わって名ばかりの総督として赴任することになるのは、ランマースに法案を送付したわずか半月後の八月二四日のことである。それは、第三ライヒにおける法治の原理の敗北と終焉を刻印づけた日でもあった。

3　戦時における人種衛生の展開

一　生きるに値しない生命の抹殺の解禁

ポーランド侵攻で始まった生活空間獲得のための全体戦争は、人種衛生の面でも、法律を超えた、まったく新たな措置の実行に一つのきっかけを与えるものとなった。それまで辛うじて嵌められていたわずかばかりの箍が外され、民族共同体は文字通りの種苗場と化したのである。育種の掟が、誰憚ることなく、その真の姿をあらわしたといってよい。隔離でも、断種でも、堕胎でもない、生存中の人間の生命そのものの抹殺、「安楽死」がそれである。ビンディングがナチスの政権掌握の一〇年以上も前に主張した、「治療不能の低脳者」がそうであるような「まともな人間の真逆」にある「生きるに値しない生命の抹殺」が愈々封印を解かれ「解禁」されるに至った[168]。われわれは、そこに、「生かし、死ぬに任せる」権力にとどまらない、それ以上の権力、「生を管理し、死を製造する」権力の出来を確認することができる。そして、それが、当然のこと、法律‐権力ではありえなかったことを。

安楽死実行の理由は何であったのか。そのための統括部局となった指導者官房第二局局長であったブラックは、戦後のニュルンベルクでの医師裁判において以下の証言を残している。「安楽死の導入によりヒトラーが目的としたことは、結局のところ、精神病院や類似の施設に収容され、ライヒにとってもはや何ら有用な存在とはみなされえない、そうした人々を淘汰することにあったのです。これらの人々は穀潰しとみなされ、彼らを抹殺することにより、余った医師、看護人、看護婦、その他の人材、病院のベッド、他の施設を国防軍の用に供することが可能となる、それがヒトラーの考えでした[169]。」

こうした観念は、ホッヘがビンディングとの共著の中で述べた「社会にとって負担となる重荷を除去し、彼らの保護に費やされる人的・物的財貨を解放し生産的な目的のために動員すべき[170]」との主張の中に見いだされるのであるが、第三ライヒにあって、むろん、経済的な事柄だけが安楽死実行の理由であったわけではない。安楽死は『断種法』や『妊娠中絶法』を生み出したナチス人種衛生思想の論理的帰結でもあったのだから。さらに遡れば、あの機械装置に行き着く。誰もが、世界観相互の戦いに最後の勝利を収めるべく、労働者、あるいは、兵士であれ、技術者であれ……、彼らを生み育てる母であれ、機械装置に徴用され‐用立てられ、計算可能であり代替可能な一個の歯車として、ゲーシュテルに配置される、そうした主体性の形而上学が支配する時代にあって、端から規格外である精神病者等が「生きるに値しない生命」として共同体の中に居場所を与えられなかったこと、当然であった。

戦争は直接の原因というよりも、安楽死実行の全権受任者であったブラントが戦後の裁判で語ったように、こうした帰結を実行に移すための絶好の機会として利用されたにすぎない。「〔安楽死に対しては〕教会の側からの抵抗が予想されますが、このような抵抗は戦時にあっては平和時におけるような役割を演じることは不可能であり、その結果、問題はより円滑かつ容易に解決可能なものとなるであろうというのがヒトラーの考えだったのです。実際、彼は一九三五年〔の党大会において〕ライヒ医師指導者ワグナーに対し、戦争が始まれば安楽死問題に着手し、それを実行することになるであろうと語っていたということです。」[171]

もっとも、人種的に無価値な分肢に対する抹殺が戦時になってはじめて開始されたというわけではなかったらしい。バイエルン内務省保健衛生局全権委員であり、後に安楽死計画実行のメンバーとなるシュルツェは、既に一九三三年にミュンヘンで開かれた医学アカデミーの開会演説の中で、精神薄弱者、精神病質者等に対する断種の不十分性と、それに代わる淘汰の必要性を主張した後、さらに「こうした政策が既に部分的にせよわれわれの今日の強制収容所の中で開始されている」ことを認める発言を行っている。[172] あるいは、メンバーの一人であったニッチェも、戦後、「権力掌握の直後から多くの大管区指導者の手によって精神病院の中で秘密の内に安楽死が行われていた」との証言を残している。[173]

二　子供に対する安楽死

生きるに値しない生命に対する中央からの組織的な措置が具体化されるには、日付の特定は困難であるが、おそらくは一九三八年から一九三九年にかけての或る時期、ライプツィヒ大学病院小児科を舞台とした或る「出来事」を待たなければならなかった。この日、小児科長であるカーテル教授とクナウエル夫妻の間で、「盲目で、片方の足と腕の一部を欠損し、さらに白痴と思われる」新生児の生存の見込みについての話し合いがもたれた。教授の意見は、子供の「死」が本人にとっても両親にとっても最良の解決策であるというものであった。夫妻は躊躇いながらも教授の助言にしたがって、指導者の赦免を求める手紙を指導者官房宛てに送ることとした。[174] 指導者第二局b部長であったヘーフェルマンはこの時の様子を二二年後次のように証言している。「私がこの申請を受け取りました。それは私の部署に手紙が到着したからです。ヒトラーの裁可が求められていましたので、私はただちに第一局のボルマン局長に回送しました。純粋に赦免が求められていましたから、私はライヒ内務大臣及び法務大臣の関与は必要ないものと判断しました。私が承知する限り、ヒトラーでさえこれまでこうした赦免を行ったことがありませんでしたので、他の官署の関与など私にとって考えられないことだったのです。[175]」報告を受け取ったヒトラーは早速彼の主侍医であるブラントをライプツィヒに派遣したが、その折り、彼は、「子供の担当医師と接触し、父親の申出が真実であるかどうかを確かめた」上で、「もし事実がそうであったなら、医師に対しヒトラーの名において安楽死を実行することができる旨を伝える」よう命じたという。ヒトラーはさらに、「重要な事柄は、両親が後になって安楽死について自ら罪を感じるようなことがあってはならないことである」とし、また、「今回の措置により医師に対し何らかの法的手続きが行われるような事態が生まれた場合、自らの責任においてそうしたことがないよう取り計らうであろう」とも付け加えた。[176]

おそらく七月頃と推測されるその後の一般的授権の経緯については、ヘーフェルマンの法廷での証言が残されている。「〔ライプツィヒでの〕事件の結果、ヒトラーはブラントと〔指導者官房長官〕ブーラーに対し、先のケースと類似のケースにつき類似の措置を執行する権限を付与するに至ったのです。この授権は、ブラントが今回の事件の結果をヒトラーに報告した際に行われたにちがいありません。こうした授権の経緯は、私がブラントから個人的に聞かされたものです。ヒトラーは、その際、同時に、この種の申請の一切の取り扱いは唯一指導者官房の管轄権に属するものであるとの決定を下しました。この命令に関連して、ライヒ内務省に対して、今後到着する類似の申請については、指導者官房にこれを回すようにとの指示がなされました。このようにして、ライヒ内務省第四局部長であるリンデン博士が、私の知る限りでは、はじめてこうした措置にかかわることとなったのです。[177]」

証言からは、安楽死の実行が指導者の決定によること、安楽死の授権が人格的なそれであったことが分かる。新たな任務は指導者官房第二局にある「遺伝的‐先天的重大障害の科学的研究のためのライヒ委員会」に委ねられ、これにライヒ医師指導者兼ライヒ保健衛生指導者コンティが協力する体制が整えられた。[178]コンティは、この後、九月、狩猟中に負った重傷により辞任を申し出たギュットの後を承けライヒ内務省次官として第四局（保健衛生及び民族改良）を統括する地位に就任する。

ライヒ委員会の起源に関し、ローツ／アリィは、ギュットが一九三六／三七年に構想した「ライヒ最高遺伝裁判所」に遡ることができるとする。最高裁判所が設置されることはなかったものの、その後、この構想から、遺伝的健全性にかかわる司法を統括する絶対的決定権と調停権を有する秘密の組織として「遺伝的健全性の諸問題に関するライヒ委員会」が誕生し、時日を置かず、一九三七年末から三八年初めにかけての時期に、「遺伝的‐先天的重大障害の科学的研究のためのライヒ委員会」へと改称された。これは、「委員会の科学的に底礎された長期的な計画性を強調し、かつ、『遺伝的健全性に関わる実務』を超越する権能を表現するため」であったとされる。ライヒ委員会が指導者官房に設置されたことは、「官房が日常的に『ネガティヴな人口政策』に関する苦情や文書の受け皿となっていたこと」によるものであり、そこが、本性上法治の原理の埒を越境する委員会にとって、「適正な」場所であった。断種や中絶・堕胎にかかわる問題、婚姻禁止や婚姻貸付金等をめぐる議論、要は民族の品種改良にかかわって、短期間の内に、「フレキシブルで高権的な鑑定‐決定機関」の地位を確かなものとした委員会は、逸脱的少数者（ジプシー、反社会的人物、ユダヤ人混血者、劣等な大家族、施設に収容された慢性疾患者等）を監督する多様な組織を束ねる「応用人口政策及び医学的研究の中心機関」として発展を遂げる。おそらく、改称直後からであろう、淘汰に関する最高審議機関として「安楽死」をネガティヴな人口政策のための兵器庫へ編入する検討作業を開始したライヒ委員会は、一九三九年二月から五月にかけて指導者官房トップとの間で繰り返された安楽死問題をテーマとする会合を通じ、長期的な計画機関としてだけでなく、精神病者や人種的に望ましくない分肢等の殺害に向けた短期的な作戦行動への準備を整えたと推測される。ライヒ委員会が子供の安楽死の実行部隊となったことは当然の成り行きであった。委員会の専門家は、クナウエル事件を「今後、不治と宣告された者を、単に断種しあるいは隔離するだけでなく、完全に抹殺することが可能となった」ことの「ゴーサイン」として受け取ったのである。(179)

ライヒ内務大臣フリックは、八月一八日、助産婦及び医師宛てに秘密の『回状』(180)を送付する。これは「科学的研究」の対象となる新生児を委員会に提供することを目的とするものであった。「先天的奇形及び精神的発育不全に関する科学的研究の遂行のために、当該ケースを可能な限り早期に把握することが必要である。それ故、私は次のように命令する。誕生した子供が次に掲げる重大な先天的障害を有する疑いのある場合、子供の誕生に立ち会った助産婦は、分娩のため医師の介添えが行われた場合も含め、子供の誕生地を管轄する保健衛生官署に対し、保健衛生官吏のもとに用意される文書にしたがって報告を行わなければならない。①白痴及び蒙古症（盲や聾を伴う特別な場合）、②小頭症（とりわけ頭蓋の異常な小ささ）、③重大又は進行性の水頭症（脳水腫）、④あらゆる種類の奇形、とりわけ四肢の完全な欠損、頭や脊柱等の重大な亀裂形成、⑤リットル症候を含む麻痺。……さらに、医師が職務活動の中で右に挙げた五つの障害のいずれか一つの障害を有しかつ三歳未満の子供の存在を知った場合、同様にこれを報告しなければならない。」

提出された報告書は官吏医によってライヒ委員会に送付され、ヘーフェルマンによるチェックを受けた後、疑わしいケースについては委員会のメンバーである三人の鑑定医――カーテル（ライプツィヒ大学小児科教授）、ハインツェ（ベルリン大学小児科教授）、ヴェンツラー（ゲーリング侍医）――の判断に委ねられた。その際、直接の診断が行われたわけではなく、調査票の記載だけが子供たちの生死を決定した。彼らが一致して「＋」のマークを付けた場合、ヘーフェルマンにより作成され、ブラックが署名した「授権証書」に基づき、ヴィースロッホやカウフボイレン、アイヒベルク等全国の療養所や看護所に設けられたおよそ二八の「小児専門科」において特別な「治療」が実施された[181]。「治療手段」としては、プファンミューラーにより餓死が採用されたエグルフィング・ハールや一部の施設を除いて、ルミナール液の継続投与[182]、モルフィネ、スコポラミン等薬剤の使用が報告されているが、こうした方法の他にも、ゲルデンでは、少なくとも二度にわたり、合わせておよそ一〇〇人の子供がブランデンブルクのガス室に送られている[183]。

「治療」の内容、目的は秘匿されるべきものであった。「遺伝的-先天的重大障害の科学的研究のためのライヒ委員会」の名称がそのまま使用されたことは、カムフラージュのためであったし、それだけでなく、委員会の存在自体が最後まで公にされることはなかった。先のフリックの回状にも安楽死についての言及は見当たらない。表向き目的として掲げられたのは「科学的研究」である。こうしたカムフラージュがとりわけ両親の同意を円滑に取り付けるためのものであったとして、一九四〇年七月一日のフリックの『回状』[184]の中にも次のような指示がある。「官吏医の任務は、問題となっている子供の両親に対し、彼らの近くの指定された施設ないし病院において提供される治療の可能性について知らせることであり、同時に、子供を早急に入院させるよう彼らを説得することである。その際、両親に対しては、個々の病気に対する治療によって、従来見込みのなかったケースについても、確かな治癒が見込まれうるものであることを説明しなければならない。」もっとも、ブラックの戦後の供述によれば、治癒の可能性だけではなく、「多くの場合、子供の死を結果するかもしれない」との言が付されたというが[185]、これは事後に予想される非難を予め回避するためであったのであろう。両親の同意の取り付けのため、時には、監護権の剥奪等の威嚇的措置がとられたものの、(186)大抵は、上記のようなカムフラージュにより円滑に事は運んだ。(187)子供に対する治療が決定された後、委員会から所轄の保健衛生官署署長に送付される通知書にもカムフラージュをより完全なものとするための説明が挿入されていた。「詳細な専門的鑑定の結果、小児専門科への受入が決定されました。ここでは、ライヒ委員会により定められた処置に基づいて、最善の看護と最新の治療が行われる予定であります。(188)」結局、プラーテン＝ハラームントの指摘にあるとおり、ナチスは、「科学の名において、精神薄弱や奇形の子供を持つ両親のナチズムに対する信頼を悪用する」ことによって、自らの計画を進めようとしたことは明らかである。「なるほど、いかなる子供も両親の同意なしにはライヒ委員会の施設に収容されることはなかったにせよ、委員会の施設の目的は秘匿されたままであり、両親にまことしやかに語って聞かされたことは、科学の進歩が彼らの子供に利益をもたらすであろうということであった。(189)」

子供自身の「利益」はともかく、指導部は安楽死からいかなる利益を期待したのか。フリックが一九四一年九月二〇日付で各ライヒ代官等に宛てた「奇形等の障害をもつ新生児の取扱」に関する『回状』(190)は、「重大な肉体的奇形や精神的障害を持つ子供」に対し「しかるべき措置」をとることが「民族共同体の最大の利益」であるとした上で、さらにその「利益」の具体的な中身を解説する。「子供を施設に保護することにより、両親の経済的精神的な負担が軽減され、また、病気の子供のせいで家族の中の健康な子供の世話が妨げられるといったことも防ぐことが可能となる。子供の病気の原因が遺伝的なものでない場合でも、両親が病気の子供の世話のために次の子供を生むことを諦めるといったことがしばしば見受けられる。子供の保護によってこうした一切の好ましからざる状態が解消されることになるであろう。施設での専門的な調査により、障害の遺伝性（の有無）が判明し、場合によれば両親に更なる子供の誕生を促すことも期待される。」

対象となる子供の年令は、当初の三歳から、八歳、一二歳、一七歳へと引き上げられ、(191)また、遺伝的障害を有する場合だけではなく、ユダヤ人、ジプシー、さらに、反社会的精神病質者とみなされた教育不可能な子供をも対象に、戦争の終結に至るまで、少なく見積もって五〇〇〇人を殺害したとされる(192)この計画はより大規模な抹殺計画の端緒でしかなかった。

三　不治の病人に対する安楽死

一九三九年七月五日、ちょうど子供に対する安楽死計画が動き始めていた頃、ギュット——当時、ライヒ内務省次官（第四局担当）であり、親衛隊人口政策・優生学局長の地位にあった——は、ミュンヘンで『第三ライヒにおける人種改良』と題する講演を行ったが、その中に次のような一節がある。『改良』という言葉は現に存在するものを超え、未来へ向けてより優れた何かを創造する、そうした事柄を意味しています。われわれが考える人種改良は、果樹の品種改良に努力する真摯な園芸家の作業と比較しうるものなのです。彼らはより豊かで優れた収穫を目的として、そのために害虫を殺し、病気の原因を取り除き、ひこばえを剪定し、土地を耕し、絶えず通気を心掛け、肥料をやり、灌漑を行います。さらに、彼らは新たに植えつける樹木の細心の選別により、また、その他、品種改良のための諸々の措置によって果樹全体の現況を改善しようと努力するのです。人種改良もまたこれとちょうど同じであり、右に述べた事柄の一切、あるいは、それ以上の事柄が、人口を増殖し、自らの有する価値ある人種的財貨を改善するため、一つの国家によって実行されなければならないのです。[193]」ここには、『婚姻奨励法』や『断種法』に始まる一連の人種衛生学的措置のもつ意義と目的が、誰にもわかる比喩を通して語られている。婚姻・出産の奨励、多子家族の保護のための諸々の措置がより優れた品種の増殖を目的とするいわば「施肥」であり「灌漑」であったとするならば、保安拘禁や保安・矯正処分、断種、妊娠中絶、安楽死等はドイツ民族体という栽培地に生えた「雑草を除去」し、「ひこばえを剪定」する作業であった。中でも安楽死は、それがもつ直截性の故に、そのためのもっとも効果的な手段であったことは想像に難くない。そればかりか、安楽死は、保安拘禁等による生殖過程からの隔離、断種による生殖能力の除去、堕胎による新しい生命の誕生の阻止といった先行の人種衛生学的措置が、それによってはじめて完結する措置として位置づけられたのである。

正確な日付の特定は困難ではあるが、ギュットの講演の前後の時期、おそらくは、子供の安楽死に関する一般的授権が行われたちょうどその頃、一九三九年七月、ヒトラーは、指導者官房第一局局長ボルマン、内閣官房長官ランマース、ライヒ保健衛生指導者コンティを招集し、「不治の病人」に対する安楽死計画の存在を打ち明けた。[194]ランマースは戦後その時の模様を証言している。「指導者が私の眼の前で安楽死問題について語ったのはこの時がはじめてでした。生きる値打ちをもたない生命に対し何らかの措置を行うことにより、彼らを死に至らせることが正義に適ったことなのだ、彼はそのように主張したのです。具体的な例として、排泄行為をまともに行うことができず、自らの排泄物を口にし、食物と区別しえないような精神病者が挙げられました。さらに、彼は言いました。こうした生きるに値しない被造物の生命を抹殺することは正義にかなったことであり、それによって病院、医師、看護人といったものを節約することが可能となる、と。[195]」

当初、コンティに、その後間もなく指導者官房からの強い要望により、彼に代わって計画の実行を委任された指導者官房長兼ライヒ監督官ブーラーと親衛隊中佐ブラントは早速準備作業に着手した。計画の直接の遂行責任者として指導者官房第二局局長ブラックと第二局b部長ヘーフェルマンが選ばれ、ライヒ内務省第四局部長リンデンの参加も決定した。引き続き、安楽死の実行に直接携わる医師団の編成に取り掛かったブーラーとブラックは、先ず、親衛隊ライヒ指導者ヒムラーの支援を得ながら、リーダー格となるべき医師として、ヴュルツブルク大学精神科教授であるハイデ――彼は、政権掌握直後に発生した、当時親衛隊大佐であり後に強制収容所総監の地位に就くアイケとラインプファルツ大管区指導者ビュルケルをめぐるトラブルに際しヒムラーの知遇を得、また、早くから断種問題に関心をもち、一九三六年以降、親衛隊衛生保健局長グラーヴィッツの要請により、強制収容所における精神医学的・神経学的・遺伝生物学的調査を統括する立場にあった[196]――の参加を取り付け、その後、ハイデとリンデンの協力の下に、計画遂行の中核を担うべき医師のリストアップの作業に入った。リストには、先のライヒ委員会のメンバーでもあるヴェンツラー、ウンガー、ベンダーの他に、ド・クリニス、シュナイダー、キーン、ハインツェ、プファンミュラーの名前が見られるが、後から加わるニッチェを含め、彼らはいずれも当時のドイツ精神医学界において指導的立場にある大学教授や精神病院長であった[197]。

八月一〇日、これらの医師をベルリンに招集したブーラーは、彼らを前に安楽死計画の存在を明らかにし、それへの協力を要請するとともに、さらに、計画は『断種法』制定以来指導者によって繰り返し練られてきたものであること、その目的はやがて始まる戦争が生み出す傷病者のためのベッドや医師等の人員の確保にあること、ヒトラーは外交上の理由から法律の制定を拒否したこと、それにもかかわらず刑事訴追は行われないこと、計画への参加は個人の判断に委ねられること等についての説明を行った。引き続き、参加者一同はコンティによってライヒ内務大臣フリックに引き会わされ、その場で、個人的理由から計画の策定への参加のみを表明したド・クリニスを除き、全員が計画への全面協力を快諾した[198]。ここでも、安楽死の実行が指導者の決定によること、安楽死の授権が人格的なそれであったこと、安楽死の実施のため指導者官房を中心としライヒ内務省が協力する体制がとられたこと、子供の安楽死の場合と異なるところはない。

九月二一日、ライヒ内務省第四局は、各ラント政府等宛てに一通の『回状』[199]を送付し、一〇月一五日までに管轄区域に存在する一切の治療施設、看護施設、さらに「精神薄弱者、癲癇病者、その他の精神病者、老人性痴呆症患者を長期にわたり収容している」老人ホーム、サナトリウム等の施設につき、施設の名称、正確な住所、施設の所有者又は設立者、ベッド数の報告を求めた。これが「精神病者、癲癇病者、精神薄弱者を長期にわたり収容しているライヒのすべての施設の把握」を目的とするものであったのに対し、個々の収容患者の把握を目的に、一〇月九日、ライヒ内務大臣により各施設の長宛てに以下の『回状』[200]が送付された。「計画経済の必要性に鑑み、治療施設、看護施設の把握のため、付属の調査票に、添付した記入の手引に従い、ただちに必要な事項を記入し当方宛てに返送されることを求める。施設長自らが医師でない場合、個々の患者の調査票への記入は主任医師により行うものとする。診断の項目については、できうる限り正確な記述をお願いする。可能な場合、現在の症状についての簡単な報告を行うことが望ましい。」添付された手引には、調査票への記入が必要な患者として以下の者が挙がっていた。「①次に掲げるいずれかの病気に罹患し、かつ、施設内の作業所の仕事に従事しえず、又は、機械的な労働（選別等）しか行いえない者。精神分裂病、癲癇病（外因性の場合、戦争の障害によるものか、その他の原因によるものかを報告せよ）、老人性疾患、無反応性麻痺及びその他の梅毒疾患、一切の精神薄弱、脳炎、ハンチントン氏病及びその他の末期神経病。②少なくとも過去五年間継続的に施設に収容されている者。③犯罪者であり精神病を有し保安監置されている者。④ドイツ国籍をもたず、又はドイツ人もしくはそれと類縁の血をもたない者。この場合、人種及び国籍の報告を必要とする。」

これもまた正確な日付は不明であるが、ブラントによれば、おそらく一〇月末頃までに[201]、ヒトラーは口頭で与えた先の授権を文書化している。これが、後にニュルンベルクの法廷でその存在が明らかにされるいわゆる『安楽死命令』[202]である。「ライヒ監督官ブーラーと医学博士ブラントは、指定された医師の権能を拡大し、人知の及ぶ限り不治とみなされる患者につき、その者の病状をもっとも厳密に判断した上で恩寵の死を与えることができることを責任をもって委任された。アドルフ・ヒトラー」個人用の便箋に、一切の肩書き無しに、ただ「アドルフ・ヒトラー」とのみ署名されたこの文書が通常の意味での法律・命令の類でなかったことは明白である。しかし、「アドルフ・ヒトラー」の署名がある以上、第三ライヒの「法」であることもまた明白であった。ヒトラーが命令の日付を敢えて「一九三九年九月一日」に遡らせたことは、戦争が必要とする医師やベッド、医薬品の確保といった実利的な問題の他に、国内の劣等分肢の浄化による民族共同体の建設作業が、彼の頭の中で、東方の生活空間の獲得による新たな世界秩序の構築の企てと密接不可分に結び合わされていたことをうかがわせる。

「安楽死命令」が唯一医師に与えられた文書による保障であった。しかし、ロース／アリィによれば、この前後の時期、指導者官房を中心に安楽死の法制化に向けた作業が進行していた。一九三九年二月から五月にかけて指導者官房トップと遺伝的-先天的重大障害の科学的研究のためのライヒ委員会の間で安楽死問題をテーマとする会議がたびたびもたれたことは先に紹介したとおりであるが、このときの協議が、おそらく、生きるに値しない生命の抹殺を法制化する最初の契機となったのであろう。協議の結果は文書（今日所在不明）にまとめられ、ブーラーを経てヒトラーに、さらに、侍医であるモレルに渡り、彼により作成された「生きるに値しない生命の抹殺」に関する法律のための覚書が七月にヒトラーに提出されたと推測される。(203) 覚書の冒頭には次のようにある。「精神病者、即ち、生まれつき又は少なくとも［文字が欠落］才以降、肉体的・精神的にきわめて重度の出来損ないの状態にあり、その結果、継続的な介護によってしか生命を永らえることができず、その者の容姿が奇形の故に人々に悪寒を催させ、周囲の人々との精神的な関わりがもっとも低次の動物的な段階にとどまる、そうした精神病者の生命は生きるに値しない生命の抹殺に関する法律の基準にしたがって医学的措置により短縮可能とされる。(204)」これが子供及び不治の患者に対する安楽死の授権の時期と重なることから、また、覚書の文言や思想との類似性から、両者の間に何らかの関係があったとみて間違いあるまい。(205)

八月に、覚書との関連は不明であるが、指導者官房において、再び、安楽死問題に関する会議が、ブーラー、ブラック、ヘーフェルマン、リンデン、ド・クリニス、ニッチェ等により開催された。このとき、不治の患者に関するヒトラーの口頭での授権の文書化が取り上げられ、何度かの協議を経て、一〇月に、ド・クリニスが最終案文を作成し、ヒトラーが署名した文書が先の「安楽死命令」である。(206) もっとも、「命令」は刑事訴追を恐れる医師の懸念を完全に払拭するものではなく、そのため、一九四〇年春――後述のように、その頃既に安楽死は実験・準備段階を経て本格的な実行段階に入っていた――、ヘーフェルマン、リンデン、ハインツェ、ハイデ、ヴェンツエラーにより、法的安定性の確保と権能の明確な画定を目的に、命令に代わる法案作成のための協議が始まった。(207) おそらく「生存不能者の安楽死（Sterbehilfe）に関する法律」と題された法案が、ライヒ委員会の専門家やT４の鑑定医、各ラントの医療行政のトップ、ライヒ保安本部等の関係者に送付される段になって、ライヒ保安本部が介入、これは、ハイドリッヒが、彼らが計画する保安拘禁等による共同体不適者の掃討作戦に安楽死を組み込む好機ととらえたことによる。法案の標題も「生存不能者及び共同体不適者の安楽死に関する法律」へと変更され、七月三日にシュトゥッカルト、カーテル、ハイデ、ニッチェ、ド・クリニス、プファンミュ－ラ－等およそ三〇名の関係者に送付された[208]。ブラックがその内の一人ブランデンブルク監督官エバールに宛てた七月六日付の手紙には「法案はすべての者により歓迎された」とある[209]。しかし、へーフェルマンの戦後の証言によると、その後、ブラックは彼のすすめにより共同体不適者に関わる部分を切り離し[210]、改めて、手直しされた「不治の患者及び生存不能者の苦悩終結に関する法律」が「施行令」と合わせて八月三一日に先の関係者に送付され、おそらく一〇月のことであろう、およそ三〇名の――ただし、法案の受取人と完全に一致するものではない――参加者により協議のための会合がもたれた[211]。議事録を基にロ－ツ／アリィが再構成した法案――『不治の患者の安楽死に関する法律』――の前文及び第一条、第二条は以下のとおりである。「前文　不治の病気の故に自らの苦痛の終焉を切望する人間、又は、不治の慢性的障害により創造的生存の不可能なる人間の生命を維持することは、……［以下の文言は不明である。意味内容に即して、「民族共同体の倫理的規範と相容れるものではない。」］　第一条　自己又は他者にとって大きな負担となる不治の病気又は確実に死に至る病気に罹患している者は、その者の明白な要請に基づき、特別に授権された医師の裁可をもって、医師により安楽死を与えることができる。第二条　不治の精神病により生涯にわたり介護を必要とする患者の生命は、医師の措置により、その者の気付かない形で、これを終わらせることができる[212]。」

一九四〇年秋、へーフェルマンは、戦後の証言によると、ブラックから「ヒトラ－は、かかる法律の公開は敵の宣伝に鑑み合目的ではないとの理由により、法律の布告を拒否した」との報告を受け取ったという[213]。ここには、この一年足らず前、刑法典編纂事業にゴーサインを出しながら、結局は、傍観者を決め込み、最後に民族の最高立法権者として法典化に引導を渡したと同じ構図を見ることができる。拒否の理由に関し、ロ－ツ／アリィは、ヒトラ－の言にもあり、また、巷間言われるような、「敵の宣伝」や「秘密保持」が問題であったわけではないとする。現に一九四〇年夏の段階で住民にとって秘密の事柄ではなくなっていたのだから。問題は「効率」にあったと彼らはいう。もし法律が制定され、法律が求める「二年間の施設における観察期間」の設置等の厳格な手続きや検査が実施された場合、数千人程度の人間を「生きるに値しない」と科学的に判別し殺害するだけで二年が必要と考えれば、予想される対象者数からみて安楽死の完成は「百年規模」の事業になったにちがいない、と[214]。たしかにそうした事情があったことは否定できないであろう。しかし、そのことを含め、安楽死が、その本質からして、法律‐権力により法治の原理に基づいて実行されうる類の事柄ではなかったこと、そこに根本的な理由があったのではなかったか。

安楽死の実行にとって、差し当たり解決すべき問題に殺害手段の開発があった。予想される対象者数から判断して、子供の場合における「特別な治療」は問題外であった。既にハイデの選任に力を貸したヒムラーは、その折りブラント等に対し今後の計画への協力を約束していたが[215]、安楽死の実行を目前に控えた時期、「迅速かつ確実、しかも苦痛を伴わない殺害手段」の開発という厄介な問題を抱えていたブーラーとブラックは、この問題の検討をライヒ保安本部第五局（刑事警察局）局長である親衛隊中将ネーベに委託し、さらに、ネーベはこの任務を犯罪技術研究所化学物理部門の責任者ヴィットマンに下命した。その後間もなく、指導者官房に彼を呼び寄せたブラックは、ヘーフェルマンやネーベ等の立会いの下、安楽死計画の詳細を説明するとともに、いまだ決着を見ない殺害手段に関し専門家としての助言を求めた。この折り、ヴィットマンは、従来彼が行ってきた一酸化炭素ガス中毒の研究を基に、純粋な一酸化炭素ガスを夜間患者の病室に注入し、眠り込ませる方法を提案した[216]。

これを受けたブラックは、一〇月九日——おそらく「安楽死命令」が文書化される直前の頃のことであろう——、指導者官房にヘーフェルマン、リンデン、ハイデ、ニッチェ等を招集し、殺害の「方法」及び「対象」の問題に関する最終的な打ち合わせ作業に入った。先ず、予想される対象者数として、ブラックは六五〇〇〇ないし七〇〇〇〇人という数字を示した。これは「一〇〇〇：一〇：五：一という割合から算出されたものである」という。「つまり、一〇〇〇人の内一〇人が精神医学的な看護を、その内の五人が施設への恒常的収容を必要とする。しかし、その内の一人の患者は作戦行動の対象となる。したがって、われわれの作戦の対象は一〇〇〇人当たり一人という計算になる。これを大ドイツライヒの人口数にあてはめた場合、先の数字が弾き出される。」懸案となっている殺害方法の問題については、ニッチェが、安楽死を「医学的治療」と位置づけたいとの医師としての思いからか、前もって行った実験結果に基づき注射による殺害を強く主張したものの、会議は予想される対象者数から見て薬剤の投与を含め医学的方法を不可能と判断し、先のヴィットマンの提案に基づき、「一酸化炭素ガス」を不治の患者の「殺菌」[217]の手段として採用することを決定した[218]。

最初の実験的なガス殺が、一九四〇年一月上旬、ブーラー、ブラント、ブラック、ヘーフェルマン、コンティ、リンデン、ハイデ、ニッチェ、ヴィルト等の立会いの下に、ベルリン近郊のブランデンブルク精神病院において実施された。この時、同時にブラントとコンティの手によりモルフィネ・スコポラミン等の注射による殺害も試みられたが、今回の措置は、正確には「実験」というよりも、ニッチェの他、[219]あくまでも医学的措置として薬物の注射を主張するブラントに対し、ガス殺の有効性を明らかにし、かつ殺害施設の責任者に予定されていたエバール（ブランデンブルク）やシューマン（グラーフェネック）等に対するデモンストレーションの意味合いをもっていた。[220]ガス殺の模様については、ネーベ配下のベッカー――彼は犯罪技術研究所から指導者官房に派遣され、ベルリン安楽死センターのガス専門家となる――の証言が残されている。「私はブラックの命令により最初の安楽死の実験に立会いました。施設の建物は特別にこの目的のために制作されたものでした。縦横約三メートルと五メートル、高さ三メートル程のタイルを貼ったシャワールームに似せて作られ、部屋の周囲にはベンチが設けられ、床上一〇センチメートル程のところに、壁に沿って直径一インチ程の水道管が引かれていました。この管には小さな穴が開けられ、そこから一酸化炭素ガスが吹き出す仕組みとなっていたのです。ガス貯蔵器は部屋の外に置かれ、既にガスを供給する管と接続された状態にありました。施設の設計を担当したのは親衛隊建築局の技師でした。……最初のガス殺はヴィットマン博士自らの手によって行われました。……看護人がおよそ一八ないし二〇名の患者を『シャワールーム』のところに連れてきました。彼らは控えの間で服を脱ぎ、完全に裸になりました。扉が彼らの背後で閉められました。おとなしく部屋の中へ入り、決して興奮する様子は見せませんでした。ヴィットマン博士がガス装置の操作を開始しました。覗き穴を通して中の様子を見ることができましたが、およそ一分後に彼らはひっくり返るかベンチに横たわりました。何の騒ぎも起きませんでした。さらに五分が経過し、部屋の換気が行われました。特別に編成された親衛隊員が死体を特殊な運搬台に載せて部屋の外に出し、その後、焼却炉へと運ばれていきました。[221]」

ブランデンブルクの他、同様のガス室が設置されたグラーフェネック、ハルトハイム、ゾネンシュタイン、ベルンブルク、ハダマールの各精神病院に送り込まれる患者の選別作業は子供に対する場合と大差なかった。各施設からライヒ内務省第四局を経由してベルリンの本部に送り返されてきた調査票は、コピーされた後、全部で四二人の医師の中から適宜に選ばれた三人の下級鑑定医に送付され、彼らはそれぞれ独立に行った鑑定に基づき、患者が人種的に無価値であり、安楽死の対象とすべき場合は赤の「＋」マークを、対象者とすべきでない場合は青の「－」マークを、不明の場合は「？」のマークを調査票に記入し、上級鑑定医が最終的な決定を下す段取りになっていた。[222]この作業は、当初内務省からの強い要望に基づきもっぱらリンデンによって担当されていたが、その後ハイデが加わり、さらに半年後にはニッチェがリンデンに取って代わった[223]。

患者の生死を分けた一連の作業の実際がいかに杜撰なものであったか、下級鑑定医の一人であったシュレックは次のように証言する。「一九四〇年四月から一二月末にかけて、ベルリンから私宛てに書留小包が送られてきました。その都度二〇〇枚の調査票のコピーが到着したのです。小包は週に一度、場合によれば二、三週間の間隔をあけて送られてきました。最初に送られてきた調査票の大部分はバーデンにある各施設からのものでした。……先に申し述べました期間に〔私の本来の仕事のかたわら〕ざっと見積もって一五〇〇〇枚の調査票を鑑定しました。付け加えますが、しばしば一週間に二〇〇枚入りの小包を二度受け取るといったこともあったのです[224]。」

判断の基準は何であったのか。下級鑑定医のメネッケによると、一九四〇年二月にベルリンでの会合においてブラックから、「当該患者の病状に基づいて下される判断は、患者が、調査票に記入された事項に照らし、精神的かつ肉体的に衰弱し、その結果、生きるに値しない生命という概念に該当するものであるか否かという観点に即して取りまとめなければならない」との指示を受けたという。「労働、つまり役に立つ労働に従事しうる患者はこの計画の対象から除外されるべきであったのです。いかなる労働が役に立ち、役に立たないかの線引は困難でした。ブラックが持ち合わせていた概念はただ労働可能というものでしかなかったのです。私の承知する限り、彼はこの概念について詳しい註釈を加えませんでした。ブラックがわれわれに一般的に要請したことは、疑わしい場合であれ、境界的な場合であれ、この計画の目的に沿うような形で鑑定を行うことでした。結局、彼が依拠した立場は、医学的に擁護しうるものではありませんでした。多くの健全な人々が生命を失わなければならない戦争の最中にあって、民族共同体にとってどっちみち役立たずのこれらの患者は扶養の対象とはなりえない、これらの人々を排除するとしても、それは何ら驚くべきことではない、それが彼の考えだったのです[225]。」

患者の移送を要請された施設の一つであるベーテルでは、ショルシュ院長により選別のための基準が作成された。「①植物状態：交流能力の欠如、即ち、一切の精神的活動なし、言語理解能力・発話能力・表現理解能力の全般的欠如、……自力による食物摂取不能、……完全な永続的介護の必要性。②労働不能：精神分裂病による活動性の喪失。重度の痴呆、痴愚又は重大な肉体的障害（場合によっては、正常な精神と知能を有していても）による作業工程の理解能力の喪失。③

機械的な作業能力：(クッションの詰め物のために綿布をバラバラにするといった) ほぐす作業、……しかし、より複雑な仕事も同様である。たとえば、紙袋貼りや紙の折り畳み。鋳造のための錫箔の選別。分類作業。部分的に見れば勤勉な労働者。④家事、台所や庭仕事における補助作業能力。純粋な機械的作業以上のもの。⑤より自立した有用な作業能力。……⑥充分に自立した作業能力。健康人の労働能力にほぼ代替可能。⑦非常に良好な作業能力。[226]」患者を送り出す施設自体がこうした基準を設ける意図が、犠牲となる患者数の可能な限りの抑制にあったのか、[227]あるいは、ナチス医師団への協力にあったのか[228]はともかく、この基準――①から③のグループ、場合によれば④までが犠牲者とされたと考えられる[229]――からは、労働能力の有無、要は、機械装置により任用され用象としてゲーシュテルに配置されうる能力の有無が当事者にとって最大の関心事であった事情を確認することができる。そして、おそらくは鑑定医による実際の選別作業もこうした類の基準に基づいて行われていたのであろう。ショルシュがミンデンの行政長官に宛てた一九四一年一月二〇日付文書には、「業績遂行能力の鑑定に際し、われわれが患者の分類に使っている七つのカテゴリーの合目的性が証明されています[230]」とある。

調査票の送付後数週間の内に各施設がベルリンから受け取った書類には、患者の移送は国防委員会の計画経済のために必要な措置として行われること、添付されたリストに記載された患者は指定された日――それは、たいていは書類の到着から二、三日以内のことであったが――に行われる公益患者輸送協会による輸送に備えて準備を整えておくようにとの指示があった。[231]患者の輸送から殺害施設におけるガス殺の模様については、計画に参加した看護婦クナイスラーの戦後の裁判における供述がある。「〔一九四〇年一月四日、ライヒ内務省の一室で秘密の厳守並びに服従の宣誓を行った後〕私たちはバスでグラーフェネック城へ向かいました。私たちの活動は三月に開始されました。さまざまな施設に出向き、グラーフェネックに患者を連れて帰ることが私の任務の一つだったのです。一度の輸送はおよそ七〇人からなり、こうした輸送がほとんど毎日行われました。到着後、彼らはバラックに収容され、シューマン博士とバウムハルト博士が調査票をもとに簡単な診察を行いました。この二人の医師が一人一人の患者につきガス殺すべきか否かを最終的に決定したのです。たいていの場合、患者は到着後二四時間以内に殺されました。患者のほとんどが殺害される前に医師の手によりモルフィネ・スコポラミン2ccの注射を受けました。[232]」

計画の実行のため新たに設けられた機関には、作戦行動を一般の人々の眼から秘匿するべく、いずれもその実体をカムフラージュする名称が付けられていた。殺害施設の職員の雇用に関し管轄権をもつ機関は「病院制度中央財団」であり、調査票の各施設への送付と患者の鑑定に責任をもつ機関は「ライヒ療養・看護施設事業団」であり、患者の輸送を担当する機関は「公益患者輸送協会」という具合であった。各施設への患者の照会、あるいは、患者の移送の際には、「戦時における計画経済遂行の必要性」といった口実が用いられた。あるいは、各施設から殺害施設への患者の輸送が中間段階としていわゆる「観察施設」を経由して行われたことは、殺害施設の効率的運用と同時に家族からの追跡を困難にするための措置でもあった。カムフラージュの最後の仕上げは、家族からの問い合わせに対し殺害施設から送付される「悔やみ状」であった。「ライヒ国防委員会の措置の一貫として一九四〇年七月二六日に当施設に移送されてきましたあなたの娘F. Sch. は、八月五日突然思いがけず脳腫瘍のために死亡いたしました。重い精神的病気に鑑み、亡くなられた方にとって生は苦痛を意味するものでしかありませんでした。それ故、あなたは彼女の死を救済としてお受けとりになるにちがいありません。現在、当施設におきましては伝染病が蔓延し、警察は即時の火葬を求めております。遺骨を収めた骨壺を警察の手によりお送りいたしますので、送付先の墓地をお知らせ下さい。伝染病防止の理由から警察により当地への訪問が禁止されています故、疑問があります場合は手紙にてお願い申し上げます。[233]」

安楽死センターの中心部門が、当初のポツダム広場にあったコロンビアハウスからティアガルテン街四番地のオフィスに移った一九四〇年四月以降、地名に因んで「T4作戦」の名で呼ばれるこの計画は、一九四〇年一月からの二〇カ月間に、精神分裂病や躁鬱病に罹患している精神病者、精神薄弱者、癲癇病者、精神病質者、進行性麻痺患者、梅毒患者、慢性アルコール症患者、結核患者、癌患者、聾唖者、老人等を含め、ブランデンブルク等六つの殺害施設において合計七〇二七三人を殺害した後[234]、一九四一年八月二四日にヒトラーからブラントに下された突然の口頭命令により中止された。ベルンブルクの監督官エバールの一九四三年一月一五日付の活動日誌には、「病院制度中央財団並びにすべての施設の活動が一九四一年八月二四日の時点で中断するに至った。この時以降、消毒作業はまったくわずかな範囲において実施されているにすぎない[235]」とある。

中止の理由の詳細は明らかではない。考えられることとしては、カムフラージュの失敗により広がった住民の不安、教会を中心とする反対、計画の実行が明確な法的根拠をもたないことに異議を唱える司法及び行政当局との衝突、外交上の配慮、東方地域の解放がもたらすより大規模な絶滅計画の可能性への期待等が挙げられるであろうが、しかし、先のエバールのノートからもうかがわれるように、これにより完全に安楽死計画が終わったわけではなかったし、また、エバールのノートにもかかわらず、それは「まったくわずかな範囲」に限定されてしまったわけでもなかった。中止命令以前既に稼働を終えていたグラーフェネックとブランデンブルクを除く四つのガス施設の内、ハダマールが停止しただけであり、ハルトハイム、ゾネンシュタイン、ベルンブルクではその後も、後に紹介する「共同体不適者」を対象とするガス殺が実行されていた。ブラックは、一九四一年一一月末にゾネンシュタインで開かれた会議の席上、各施設の医師、技術責任者を前に、「作戦は一九四一年八月に出された停止命令により終了したわけではない。今後も継続される予定である」と計画の続行を明らかにしていた[236]。実際、ガス殺の継続については多くの証言が残されている。たとえば、ハイデとニッチェの秘書を務めたイルゼは、「T４作戦のストップに関する情報は何も私の耳に入りませんでした」と主張し、当初からガス殺に関与していたヴィットマンもまた、尋問者から「中止命令」について聞かされた時、驚いて次のように証言している。「公式には安楽死の停止についてまったく何も知りませんでした。むろん、非公式にもそうでした。安楽死は戦争終結に至るまで実行されていたというのが私の認識です[237]。」

療養所や看護所の壁の背後で別の新たな抹殺が進行していた。ベルリンからの統制を受けたT４による計画的な安楽死に対し、ブラックが「野生化した安楽死」と呼んだ特別措置である。この間の事情の一端を明らかにするものとして、メネッケの戦後の法廷における証言がある。「私は計画に参加している他の仲間との雑談の中で耳にしたことがあります。あれこれの医師が施設の中で当該患者の抹殺の必要性について確信したならば、注射によってであれ、過剰投薬によってであれ、その者の殺害を進んで行ったとして、それは望ましくないものではない、と。ここで行われていたことは、一切の規範も、一切の手続きもない措置だったのです[238]。」すべては療養所や看護所の個々の医師、看護婦、看護人の手に委ねられていた。ここでも、生死を分けた基準が「労働能力」であったにせよ、夜尿症、逃亡の企て、盗み、反抗的態度、騒々しさ、不潔、自慰行為、同性愛もまた患者にとって死を意味するものであった[239]。

殺害方法として、注射や投薬の他に、一部ではより巧妙な手段が使われていた。食事の節減がもたらす栄養失調による「衰弱死」、「餓死」である。バイエルンでは、保健衛生局国家委員シュルツェが、一九四二年一一月一七日に内務省で行われた各施設の責任者との会合において、治癒見込みのない患者に対する食事として「特別食」の導入を要請している[240]。

この時講演を行ったファルトハウザーは、特別食の具体例として、「炭水化物抜き、脂肪抜き、肉なし、ほんの僅かのパン、水だけで調理した野菜」を挙げ、こうした食事によっておよそ二、三カ月後には死がもたらされることになるであろうと語った。(241) 二週間後、バイエルン内務省が各施設に布告した『飢餓命令』(242) には次のようにある。「戦争がもたらした食料事情及び労働に従事する収容者の健康状態に鑑み、療養所及び看護所のすべての収容者に対し、その者が生産的労働を行っているか、治療中であるか、何らこれといった有用な労働を行うことなしにただ看護のためだけに収容されているかに関係なく、一律に同じ食事を与えることはもはや責任ある態度とはみなされえない。それ故、ただちに有用な労働に従事し、あるいは、治療中の収容者、さらには発育途中の子供、戦争による傷病者、老人性精神病罹患者に対し、その他の収容者の犠牲の下に、量的質的側面からより良い食事を与えるべきものとする。」

　野性化した安楽死だけではない。先の中止命令から間もなく、戦争、とりわけドイツに対する空襲による人的・物的消耗が激化する中で、人種的に健全で、治癒可能な者の生命の救済を優先的に行うために、彼らが必要とするベッドや医師、薬品等の確保を目的に、再び療養所や看護所の精神病者等を対象とする新たな計画的措置が準備されていた。いわゆる「ブラント作戦」である。一九四一年一〇月二三日、ライヒ行政全権受任者フリックによる『療養所及び看護所を管掌するライヒ受託者の任命に関する命令』の布告が発端であった。「病院のベッドに対する高い需要は、適当な療養所及び看護所、あるいは、かかる施設の一部を病院又は野戦病院として徴用することを必要とするに至った。多数の者の避難所の確保のためにも、しばしば施設の空間が求められている。かかる諸問題をもっぱら地域的な観点や個々の施設の運営者の観点から解決することは、容易には解決しえない多くの不都合を生み出すにちがいない。そうしたことを回避するために、現在存在するすべての施設の空間をライヒ全域にわたって計画的に管理することが求められている。」以上の観点から、フリックは「療養所及び看護所を管掌するライヒ受託者」の制度を設け、リンデンを任命するとともに、彼に対し「精神病者、精神薄弱者、癲癇病者、精神病質者を長期にわたり収容し、看護」する「療養所及び看護所の領域において計画経済から生じる諸課題」の遂行を義務づけ、その課題解決のために「ライヒ療養・看護施設事業団指導者との協議の下に必要な措置を執行する」権限を授与した。これは、要するに、空襲による負傷者等の収容のため、療養所等の施設の運用を効率的に行おうとするものであり、やがて事態の進展とともに、元から収容されていた精神病者等の「除去」の問題が生じるであろうことは当然予想されうるところであった。

翌年七月二八日、ヒトラーが安楽死実行の全権受任者ブラントを改めて「私に個人的に従属し、私の命令に直接服する」「衛生・保健制度全権受任者」に任命し、「衛生・保健制度の軍事部門と民事部門の間での医師、病院、薬剤等の需要の調整を行う」特別任務を与えた[243]ことは、先にライヒ受託者に任命されたリンデンがT4作戦の中枢メンバーであったこと、さらに同時に協力を命じられたライヒ療養・看護施設事業団がT4作戦の中枢機関であったことと合わせて、「除去」される精神病者等の運命を暗示するものであった。ブラントの任命直後の八月五日、リンデンは療養所及び看護所を管轄する各地方官署に宛て一通の文書を送付した。「最近繰り返し明らかとなってきたことは、災害時において必要となる病床を確保するために、ますます療養所及び看護所に頼らざるをえないという事情である。計画経済の目的から従来施設内に確保されたベッドが他の目的に転用されたことに鑑み、今後予想される一層の需要に応えるために、追加的措置が必要とされるに至った。それ故、私は八月一五日までに報告をお願いするものである。」このように調査の趣旨を明らかにしたリンデンは、具体的に以下の三項目についての回答を要求した。「①管轄区域に存在する施設（慈善的及び私立施設を含む）が最大限現存のベッドを利用した場合、今後どれだけの精神病者が収容可能となるか。②災害時、緊急の措置を講じた場合、右に加えて、（a）暖房のある廊下、共同空間等、（b）施設の礼拝堂の中に今後どれだけの精神病者が収容可能となるか。③（空襲の危険のある領域に関してのみ）特別の災害状況が発生した場合、救急病院としての利用を目的に、いかなる療養所及び看護所が完全に開放可能となるか。その場合、できうる限り特別に空襲の危険が存在しないとみなされうる施設を挙げることをお願いする。[244]」

こうした措置の結果当然予想される、施設が満杯となり、過剰となった場合の対応方に関し、リンデンの上司である内務省第四局局長クロップが九月二三日付で各施設の管理責任者に以下の指示を通達している。「精神病者を集中化し、かつ、個々の施設の中に応急のベッドを設けることにより生じる不都合は若干の期間我慢しなければならない。しかし、私はライヒ受託者との協力の下、そうした不都合を除去するために努力するつもりである。その際、一時的に生じた過剰は、精神病者をより危険の少ない地域の施設へ移送することによって解決されることになるであろう。それ故、今後移送しなければならない精神病者の数を、個々のケース毎に私宛てに詳細に報告することをお願いする。予め施設を完全に無人化したり、患者の数を減少させる措置を取ることはお止めいただきたい[245]。」クロップがいう「移送」が安楽死を目的とし、意味するものであったとして、注目されるべきは、今回の移送が、T4作戦に見られたような、受け入れる殺害施設の能力に即した画一的な移送ではなかったことである。先のリンデンのアンケートにも見られるように、かつて安楽死により開放されたベッドの大部分が結局は兵舎等他の目的に転用されたことの反省から、今回ブラント等は、移送されるべき患者の数を、空襲等により地域毎に生じるベッドの需要に応じて個々に決めてゆく方法を採用したのである。その意味で、空襲等による被害者の発生を待って、その人数分だけライヒ療養・看護施設事業団の手によって移送される精神病者等は、いわば「将来の患者のための座席確保者」[246]の役割を担うものであった。

翌年四月四日、リンデンは、各地方官署に対し、T4作戦の中で功績のあった医師を各療養所及び看護所の指導的地位に採用するようにとの要請を行ったが、これには次のような説明が付されていた。「ライヒ療養・看護施設事業団により遂行された措置が再び一定の時点において再開される予定である。その際、執行の方法は以前と異なったものとなることが予想される。とりわけ、公立の療養所及び看護所が大部分の措置の実行を引き受けなければならないと考えられる。まさしくそうなった場合、こうした措置を無条件に承諾する監督者の存在がきわめて重要なものとなるであろう。[247]」この新たな作戦のために「特別に選抜された実務担当の精神科医」たちは、八月一七日、その直前にブラントから安楽死実行の委任を受けたニッチェによりベルリンに招集された。この会議において、患者の割当や殺害リストの中央からの送付は行われないこと、そうしたことはもっぱら個々の需要に応じて施設の判断で行われること、殺害方法として注射による過剰な薬剤の注入を行うことが取り決められた。[248]

この年の春からラインラントで始まった患者の移送は、夏以降、精神病者の他に、老人ホームの収容者、さらには空襲や戦闘のショックにより精神に異常をきたした民間人や兵士を含め、[249]ウェストファーレン、ハンブルク、ベルリンへと拡大した。[250]メセリッツ、ティーゲンホーフ、ヴァルトハイム、アンスバッハ、ゲルデン、アイヒベルク、カルメンホーフ等の精神病院が移送される患者の受入施設であった。[251]移送がまったく秘密の内に行われたことについては、メセリッツへ肉親を送られた或る家族の証言が残されている。「私の姉は、一九四三年、家族の知らない間に、ベーテルの病院から、先ずギューテルスローの看護所へ、さらにそこから時をおかず、われわれの承諾もなしに、今度はメセリッツへと移送されたのです。」移送の理由や根拠について問い質す家族に対し、ギューテルスローの主任医師は、「こうした一切は戦傷者のための施設を生み出すために行われているのであり、『指導者』の命令によるものだ」と答えたという。[252]

移送の目的は戦傷者のためのベッドの確保だけではなかった。一九四四年八月二六日の空襲により建物の大部分を失ったキール大学は、代替施設の確保のために学長等をベルリンに派遣し、ブラントに対しシュレスヴィッヒ国立療養所のおよそ一〇〇〇人の患者の移送を約束させている。この折り、ブラントは患者の移送先について何ら触れなかったものの、学長等がキールに戻って暫くして後或る日突然七〇〇人の患者の移送が報告され、それから間もなくメセリッツから最初の患者の死亡公告が当地の新聞に掲載された。[253]

移送の事情が何であれ、患者を待ち受ける運命に違いはなかった。移送された施設での特別措置の実際の様子については、ヴァルトハイムの監督官であるヴィッシャーがニッチェに送った手紙が残されている。「ところで、ベルリンで説明を受けました任務は完全に順調に進行しています。私が担当する患者数は毎月平均して二〇名から三〇名といったところです。現在まで、患者自身についても、家族の側についても何ら厄介は起こっていません。ほとんど毎日新たな患者が到着し、一切をやり遂げるために私たちは活発に働かなければなりません。[254]」しかし、任務の遂行は必ずしも順調ではなかったらしい。数週間後の手紙には次のような訴えがある。「ほとんど毎日新たな患者がライプツィヒ、ケムニッツ、マイセンに囲まれた地域から私のところに送られてまいります。そのため、私は休む間もなく働かねばなりません。……ただし、私には必要な薬剤がまったく不足いたしております。[255]」

四　共同体不適者に対する安楽死

Ｔ４作戦の最中、「14f13作戦」と呼ばれる新たな特別措置が準備されていた。「14f」が強制収容所内での死亡を、「13」がその死因（ガス殺）を表現する略号であった[256]ことからもわかるように、今回の計画は、強制収容所に収容されている「共同体不適者」、とりわけ「政治的又は人種的に望ましくなく、かつ経済的に無用な生命[257]」の殺害を目的とするものであった。一九四一年のはじめ、親衛隊ライヒ指導者ヒムラーの要請を受けたブーラーは、今回の作戦のため、Ｔ４の医師の中からハイデを責任者とし、この他に、ニッチェ、シューマン、メネッケ、ヴィッシャー等を選任したが、彼らの任務はダハウ、ザクセンハウゼン、ブッヘンヴァルト、マウトハウゼン、アウシュヴィッツ、ナッツヴァイラー、フロッセンブルク等の強制収容所に出向き、収容者の中からＴ４の管理下にあるガス室に送り込むべき「厄介者」を「選別」することにあった。[258]

ダハウの収容所医師であったムティヒは作業の実際を次のように証言している。「一九四一年秋、収容所内の病院を訪れたローリング博士から近々ハイデを団長とする四名の医師がダハウを訪問することになるであろうとの連絡を受けました。この委員会の任務は、安楽死のために移送すべき労働不能の囚人を把握し、彼らをガス殺のためにマウトハウゼン強制収容所に移送することにあったのです。委員会が到着したのはそれから間もなくのことです。私を含め収容所の医師は委員会及びその活動に何らかかわりませんでした。しかし、私は、これら四名の精神科医が二つのバラックの間に離して置かれた四つの机に座り、彼らの前に何百人という囚人が並ばされた様子をこの眼で見たのです。そこでは、一人一人の囚人につき、彼らの労働能力と政治的行為を手掛かりに再調査がなされ、それに応じて選別が行われていきました。この委員会のダハウでの滞在日数はほんのわずかのものであり、これほど多くの囚人をこんな短期間に医学的に調査することは不可能であったにちがいありません。調査はただ個々の囚人を調査票と照らし合わせるだけのものだったのです。(259)」

杜撰な選別の様子は、メネッケがブッヘンヴァルトから妻に宛てた手紙からもうかがうことができる。一九四一年一一月二九日付の手紙は彼を含む三人の医師のその日までの活動の成果を次のように報告している。

シュマーレンバッハ

25.11.41:	79
26.11.41:	10
	—
	89

ミューラー

25.11.41:	63
26.11.41:	43
27.11.41:	129
28.11.41:	115
29.11.41:	53
	—
	403

メネッケ

25.11.41:	—
26.11.41:	35
27.11.41:	181
28.11.41:	183
29.11.41:	71
	—
	470

さらに、メネッケは、なお二〇〇〇人の調査が翌日以降に残されているとし、その内自らが担当しなければならない一〇三八人の予定表を紹介している。

1.12.41:	約 170
2.12.41:	〃 85
3.12.41:	〃 170
4.12.41:	〃 170
5.12.41:	〃 170
11.12.41:	〃 160
12.12.41:	〃 113
	—
	1,038(260)

たしかに、こんなに多数の者を、こんなにわずかの期間に

医学的に調査することなど到底不可能なことであったろう。実際、残された調査結果を見る限り、それらはとても「医学的」と呼べるような代物ではなかった。「診断結果：ドイツに対する敵対的心情。主症状：共産党の有名な活動家、悪質な煽動家にして攪乱者」、「診断結果：衝動的かつ抑制のない精神病質者。主症状：継続的人種汚濁、長期にわたる自由刑」、「診断結果：ドイツに対する狂信的な憎悪と反社会的精神病質者。主症状：筋金入りの共産主義者」等々。(261) その多くは名前から判断してユダヤ人と推測されるのであるが、精神病の有無など端から問題ではなかった。実際、メネッケもオラニエンブルクからの手紙の中で、「ここではもっぱら『社会に敵対する人物』か否かだけが問題とされているのです」と報告していたし、(262) 囚人たちの眼からも収容所を訪れた医師たちは「白衣をまとったゲシュタポの係官」としか映らなかった。(263)

ただ、こうした共産主義者等に対する安楽死もまた人種衛生学的措置の一環であったことに変わりはない。共同体への忠誠を北方人の「種的特性」と見るナチズムの立場からする限り、彼らもまた精神病者と同様に共同体から淘汰されるべき「種的変質者」であることに何ら違いはなかった。アリィが指摘するように、ここでは医学的基準と社会的基準が相互に結びつき、交換可能であった。(264) この点に関し、ニュルンベルクの法廷でのブラントの弁護人と証人として出廷したメネッケのやりとりが参考となる。「問：あなたの話では、政治的囚人及びユダヤ人もまた評価の対象となったということですね。答：その通りです。問：その際、それはいかなる観点から行われたのですか。答：ユダヤ人は、健康上の観点ではなく、彼らの拘禁理由の観点から評価が下されました。問：つまり、それは政治的並びに人種的な考慮が行われたということですか。答：その通りです。……問：こうした手続きにより、人種的並びに政治的理由に基づく措置が最初に実行されたのは何時のことだったのですか。答：多分ブッヘンヴァルトかダハウが最初だったと思います。問：その場合、前もってどのような手続きが行われたのですか。強制収容所の中でのあなたの任務はいかなるものだったのですか。答：予め抽出された囚人について精神病や精神病質が存在するか否かの調査を行うことでした。問：先ず手始めは精神病の有無が問題であったということですか。答：医学的問題です。問：そして、その後に政治的並びに人種的問題が検討されたということですか。答：その通りです。つまり、政治的並びに人種的問題と並んで、それから再び純粋に医学的な評価を行わなければならなかったのです。問：それでは、医学的観点から評価しなければならない精神病者と、政治的並びに人種的観点から評価しなければならない、そうした二つのケースがあったということですか。答：それらは分離できない事柄です。それらは区別して扱われたわけでも、明確に分離されたわけでもありません。[265]」

14f13作戦は、戦争の進展に伴う労働力不足を背景に、軍需産業へのすべての囚人の動員を理由に、いったん一九四三年四月二七日付の親衛隊経済・管理本部の命令により中止されるに至ったが、[266]その後、一九四四年四月一一日、囚人の継続的移送がもたらす食料事情と衛生状態の悪化、多数の病人の発生に直面したマウトハウゼン強制収容所の要請によって再開された。今回の犠牲者は、もはや機械装置の用象たりえない、強制労働により衰弱し労働不能となった「東部からの労働者」、たとえば、ロシア人捕虜、ハンガリー系ユダヤ人、とりわけ「ムーゼルマン（回教徒）」と呼ばれた餓死寸前にまで衰弱し生きる気力を失った囚人たちであった。続々と移送される新たな囚人のための空席確保をもっぱらの目的として、もはや調査表の作成も、医師による調査もなしに、すべては強制収容所の手に委ねられたこの作戦は、マウトハウゼンからの囚人を引き受けていたハルトハイムのガス室の解体が始まる一九四四年一二月一二日まで継続した。[267]

共同体不適者のもう一つのグループは、ライヒ法務省の管理下に置かれていた常習犯罪者等の「反社会的犯罪者」である。ここでは、安楽死計画そのものに強く反対してきたギュルトナーの死が転機となった。後任者の正式な就任までの間、法務大臣代理となったシュレーゲルベルガーは、各検事長に宛てた一九四二年二月六日の『回状』[268]の中で、「〔責任無能力又は限定責任能力の状態において犯罪を行った故に〕刑法第四二条a第一号、第四二条bに基づき療養所及び看護所への収容を命じられたユダヤ人」、「刑の執行中に精神病に罹患し、執行施設に付属の精神病棟への収容が不適切であるユダヤ人」を管轄区域毎に指定されたランゲンホルン療養・看護所、ゲルデン―ブランデンブルク精神病院等五つの施設へ集中的に収容することを命じた。これは将来に備えた一つの準備措置であったとして、法務省の方針転換は、八月二〇日、民族裁判所長官であったティエラックがライヒ法務大臣に就任したことにより決定的となった。就任直後、早速刑罰の執行を管轄する第五局の係官を招集した彼は、ヒトラーの言葉を借りながら新たな方針を明らかにした。「民族のもっとも優れた分肢の生命が前線で失われているこの時期、施設の中で安全を保障されている劣等な犯罪者を機雷の除去作業に駆り立て、労働を通して死に至らしめることは好ましいことである。[269]」九月一四日のゲッベルスとの会談で彼の支持をとりつけた[270]ティエラックは、その四日後、ウクライナの前線宿舎にヒムラーを訪問し、ロッテンベルガーやシュトレッケンバッハ等の立会いの下に、彼との間で、服役中の「反社会的分肢」を「労働を通して抹殺する」ため親衛隊ライヒ指導者に引き渡す合意を交わした。この時対象として挙げられたのは、保安監置中の者の他、三年以上の刑罰を宣告されたユダヤ人、ジプシー、ロシア人、ウクライナ人、ポーランド人、八年以上の刑罰を宣告されたチェコ人及びドイツ人の全員であった。(271)

ティエラックは、合意の結果を指導者に報告するため、一〇月一三日付でボルマン宛てに書簡を送付したが、文面からは今回の決定に至った彼らの精神といったものがうかがえる。それは司法の責任の完全な放棄の表明であり、法治の原理——それがなお残されていたとしてのことであるが——への訣別宣言であった。「ドイツ民族体をポーランド人、ロシア人、ユダヤ人、ジプシーから解放し、また、ライヒに帰属した東方領域をドイツ民族の移住地として解放するという考えから、私はポーランド人、ロシア人、ユダヤ人、ジプシーに対する刑の執行を親衛隊ライヒ指導者に委ねようとの計画をもっています。今回の計画の出発点にあるのは、これら諸民族の成員を根絶するにあたって〔国家の機関である〕司法はわずかの寄与しか行いえないということです。彼らを何年もの間ドイツの刑務所や監獄に収容し保護を与えることには何の意味も見いだせません。それは、今日広範に行われているように、彼らの労働力が戦争目的に利用されるとしても、そうなのです。(272)」

一〇月一九／二〇日に各刑務所長に対して決定が通知されたのに続いて、二日後の二二日には囚人を管理する上級ラント裁判所及び民族裁判所の各検事長、グラーツ、インスブルック、リンツ、ウィーンの各上級ラント裁判所所長に対し『回状』(273)が送付された。それに先立つ一〇月三日からＴ４のメンバーであるルンケル、ボルムの二人により責任無能力者や限定責任能力者を収容する療養所・看護所に対して、(274)また、一一月に入って法務省の役人により刑務所に対して、(275)それぞれ選別のための巡回作業が開始されている。鑑定の実際は先に紹介した強制収容所囚人に対するメネッケ等のそれと大差なかった。(276)調査結果は法務省第五局に集約された後、警察に引き渡すべき囚人のリストが作成され、それらは各検事長を経由し当該の各施設に送付される段取りとなっていた。(277)

引き渡しの規模がどの程度のものであったかについては、強制収容所を管轄する親衛隊経済・管理本部長官ポールが一九四三年四月にライヒ法務大臣に宛てた報告が参考になる。それによると、その時点までにマウトハウゼン、アウシュヴィッツ等に送致された囚人の総数は一二六五八人、その内五九三五人が既に死亡していた。(278)実際にどのような囚人が「反社会的犯罪者」として選別の対象となったかは、この年のはじめにハンブルクからマウトハウゼンに移送された五〇人のリストから或る程度の推測が可能である。たとえば、「一九二八年に道徳犯罪により有罪、その後詐欺等により軽懲役刑を宣告される。一九三五年に断種を受け、一九三八年八月以来ハンブルクラント裁判所の決定に基づきランゲンホルン療養・看護所に収容。慢性のアルコール中毒、不平家」、「一九三五年に強姦未遂の故にハンブルクラント裁判所の決定によりランゲンホルンに収容」、「一九三九年に責任無能力の状態で行われた道徳犯罪の故にハンブルクラント裁判所の命令によりランゲンホルンに収容」、「一九三七年に責任無能力の状態で行われた同性愛的淫行の故にハンブルク区裁判所の命令により収容」、「一九三四年にアルスタードルフからランゲンホルンに移送。精神病質にして反社会的行態。危険な精神病者。重い前科を有する」、「一九三六年に謀殺未遂の故に逮捕され、その後責任無能力の故にランゲンホルンに収容」等々。[279]

もっとも、犯罪者の引き渡しが順調に進んだわけではなかったらしい。ヒムラーが求めたものは彼の管轄下にある強制収容所での有用な労働力であったのに対し、犯罪者を送り出す各施設の管理者もまた有能な囚人を自らの施設の作業のために確保し、できるだけ病弱者を引き渡そうとしたからである。先にポールが法務大臣に報告書を送り付けたのも、送られてくる囚人の死亡率の高さにショックを受けたことによるものであったし[280]、逆に、各施設にとっても戦争が激化する中で労働力の確保は死活にかかわる問題となっていた。たとえば、ヴィースロッホ療養・看護所事務長がカールスルーエの検事長に送った一九四三年三月一九日付の書簡には次のようにある。「この数年来あらゆる点において良好な状態にあり、施設にとって大きな助けとなっている囚人がいます。国防軍に召集された施設の職員の仕事の多くが彼らにより滞りなく遂行されています。ライヒ法務省が問題を再検討され、もし可能であるならば、施設の利益のために、われわれが推薦する患者を施設に留めておくことをお許しいただきたく存じます。[281]」

両者の対立は、最終的には「療養所及び看護所を管掌するライヒ受託者」であるリンデンの勝利に終わった。ティエラックは、七月二日、各検事長に対し、既に彼らの手元に送付されている移送のためのリストがライヒ内務省第四局との再度の協議に基づき無効とされたこと、それに代わって作成された新しいリストを送付せざるをえなくなったことを伝えている。新たなリストからは予め「他の労働力によっては置き換えることが不可能であるか、合目的ではない」囚人が除かれ、逆に、前年一〇月二二日の回状ではその取り扱いが留保されていた[282]「（精神医学的観点から警察に引き渡すことが適当と判断される）精神病に罹患した囚人」がリストアップされていた。さらに、ティエラックはこのリストもまた「最終的なものではない」とし、「今後関係する療養所・看護所との協議に基づいてリストから除外すべき人物の確定作業を行うことを希望する」との文言を付け加えている。(283)

一カ月後、リンデンは法務省との協議の結果を関係する療養所・看護所の管理責任者に対して通告した。この中で、改めて、「警察が刑法第四二条bにより療養所又は看護所に収容されている囚人の引き取りを表明しているこの機会を最大限利用」し、「浄化作戦により各施設で生じているベッド不足を解消する」ため、「望ましくない破壊的分肢を一掃」すべきことを要請したリンデンは、(284)さらに懸案となっている問題に決定的な指示を下した。囚人を警察に引き渡すべきか否かについての決定権は各施設の管理責任者に帰属するものであり、強制収容所への送致の是非の判断についても将来的には中央の機関が行うのではなく、各施設に委ねられることになるであろう、と。(285)こうした指示に基づいて、この後、たとえばヴィースロッホでは、労働可能な囚人が施設に留め置かれ、病気に罹り衰弱した囚人がハダマールへ移送されていった。(286)

4　ユダヤ人問題の最終解決

箍を外された育種の掟の最大の標的がユダヤ人であった。安楽死は、それが人類にとって未聞の出来事であったにせよ、後から見れば、ユダヤ人問題の「最終解決」に必要なノウハウを収集するための予備的な実験といった体のものでしかなかった。最終解決が実行に移されるとき、安楽死をはるかに凌駕する規模での「生を管理し、死を製造する」権力、即ち、生-権力の正真正銘の本性が暴露され、無限の力の跳梁を確認することができるにちがいない。かつてブルクハルトが「技術の所産としての国家」に見た、「それ自身の衝動に委ねられた」、「一切の法を侮蔑し、一切の健全な形成を萌芽のうちに窒息させ、束縛のない利己心のもっとも恐ろしい特徴を露にする」権力が、おそらくはブルクハルトの予想だにしなかった形で、愈々持てる本領を発揮する、その時を迎えたのである。

一　経済のアーリア化

『血の保護法』は、これからも失敗が繰り返される場合、最終的解決のために法律の力でもってナチス党に移管せざるをえなくなるであろう一つの問題を、法律という手段でもって規制しようとする試みである。」――一九三五年九月一五日の国会において、ヒトラーがいささか回りくどい表現で予言していたとおり、反ユダヤ人政策が「法律という手段」を放棄し、「ナチス党に移管」されるまで、残された時間はそれほど多くはなかった。

当時ヴュルツブルク大学歯学部学生であったスターンの『回想録』によると、「〔人種法律の制定により〕今やドイツ全土のユダヤ人たちが無理矢理眠りから覚まされ、事態のより一層の悪化と自らの将来に対する大きな不安を抱かされることとなった。人々はこれまで以上にはっきりと新しい法律を一つのシグナルとして理解し、本気になってドイツからできるだけ速やかに立ち去る準備にとりかかった」という[287]。もっとも、スターンとは対照的に、レーゼナー――彼はライヒ内務省においてシュトゥッカルト次官の下で人種問題担当課長として『人種法律』をはじめ多くの人種立法の立案に参画した――の戦後の報告によれば、当時一部では新たな法律を、それ以前からユダヤ人との婚姻に関し行政や司法の一部で行われていた恣意的な対応を抑制し、失われた法的安定性を回復するものとして「歓迎する」雰囲気さえ見られたという[288]。たしかにそうした面は否定しえなかったにせよ、その後の事態の展開を待つまでもなく、九月一九日の親衛隊機関紙のコメントを見る限り、スターンの理解と対応がより正しいものであったことは明らかである。「新たな法律は自らの掲げる課題解決へ向けたナチズムの断固たる意思を表現するものである。事態が今後どのように展開するのか、それを決定するのはユダヤ人自身である。指導者は国会の演説の中で、新たな法律が不十分であるとなった場合、改めてより厳格な措置をとることを何ら躊躇するものではないとの見解を表明した。今日ユダヤ人はこの言葉を一つの警告として受け止めなければならない。」[289]

いうまでもなく、ナチスの側に今後の展開をユダヤ人の出方に委ねるつもりなど端からなかった。決定的な転機は一九三八年一一月に訪れるが、それまでのおよそ三年間は、生存権力への移行のための準備期間として、法律や命令によりユダヤ人に嵌められた反ユダヤ主義の箍が徐々に締め上げられ、最後は彼らの息の根を止める、そのための準備期間であった。

『人種法律』の制定直後から、ライヒ政府は、民族の政治指導及び共同体生活にとって重要となる公的あるいはそれに準ずるさまざまな職業分野からユダヤ人を追放するための作業を再開し、拡大する措置をとる。たとえば、公証人、代理公証人、商事陪席判事、参審裁判官、陪審裁判官、相続裁判所長官、ライヒ世襲農場裁判所長官、世襲農場裁判所官吏、破産管財人、仲裁者、食肉検査官、公印配付者、ラント警察構成員、医師、獣医、薬剤師、栄養士、弁理士、弁護士、看護婦、郵便職員、測量技師、相場仲買人等がアーリア人条項の適用対象となり、映画館、薬局、外国為替業務、法律相談、競売業、私立学校、個人授業、銃器・弾薬の製造・加工・修理、警備、不動産取引、婚姻仲介、通訳等の業務が禁止の対象となった[290]。

この時期の反ユダヤ主義政策の特徴の一つに、それまで抑制されてきた経済全体の「アーリア化」に向けた準備作業の開始がある。政権掌握当初からしばらくの間、ライヒ政府が雇傭創出や景気回復といった経済の再建策を優先せざるをえなかった事情は、たとえば、一九三三年七月一四日の閣議決定が条件付とはいえ公共発注へのユダヤ人企業の参加を承認したこと、[291]あるいは、一九三五年に貯蓄銀行が行ったユダヤ人に対するボイコットに関して、ライヒ経済大臣シャハトがドイツ貯蓄銀行協会に宛てた九月一一日付の文書の中で、「アーリア人企業と非アーリア人企業の区別を行うことは不可能である」とし、「いわゆるアーリア人条項は経済の分野に適用されてはならない」と要請した[292]ところにもあらわれていた。しかし、こうした状況はその後の失業問題の解消等急速なドイツ経済の立ち直りによって大きな変化を迎える。オリンピックが「決定的な転換点であった」とスターンは回顧している。「その時までボイコットの命令はなるほど忘れ去られたわけではありませんでしたが、しかし、格別に強調されることもなく、それればかりかしばしば無視されさえしていました。〔ところが〕一九三六年以降、ユダヤ人との一切の交渉が経済的であれ私的であれ、次第に眼に見えて後退していったのです。[293]」

行政面での転換は、一九三七年秋、それまで経済の再建を最優先課題として党によるアーリア化政策の実行に反対してきたライヒ経済大臣シャハトの失脚によってもたらされた。それから数カ月後、国防軍ではブロンベルクとフリッチュが、外務省ではノイラートがそれぞれ失脚するのであるが、これら保守派の大物の退陣はナチスの政策の運動化に対する最後の防波堤が崩れたことを意味していた。経済の分野も例外ではない。経済政策をめぐって激しい主導権争いを演じたあげく、ライヴァルの追い落としに成功したゲーリングがシャハトの残した経済官僚を一掃し、経済省を「四カ年計画の執行機関[294]」へと再編し終わった頃、その背後では近い将来予想される本格的なアーリア化政策実行のための準備作業が始まっていた。

「ユダヤ人企業とは何か」についての概念規定が出発点であった。一九三八年初頭、経済省が、外国為替及び輸入原材料をできる限り国家・経済政策上重要な一定の事柄に振り向けることを目的に、[295]「ユダヤ人企業」への割当量の削減を命じた措置に関連し、[296]ライヒ経済大臣ゲーリングは、企業の「ユダヤ的性格」確認のための照会先となった商工会議所事業団に宛てた一月四日付の秘密の『回状[297]』の中で、「ユダヤ人企業とみなされる」場合を列挙した。①個人企業で、所有者がユダヤ人である場合、②合名会社又は合資会社で、ユダヤ人が無限責任社員である場合、③法人企業で、（a）法律上の代表権を有するユダヤ人が存在する場合、又は（b）監査役会の構成員の四分の一以上がユダヤ人である場合、又は（c）ユダヤ人が資本もしくは議決権に関し決定的な力を有する場合、④その他、事実上ユダヤ人の支配的影響下にある場合がそうであり、最後に「疑わしい場合」は、ゲーリング宛てに「決裁」を仰ぐよう定められていた。その後、六月一四日の『ライヒ公民法第三命令』が改めてユダヤ人企業についての法的定義を行い、これを一般に公布する措置をとったが、内容に関しては、「ユダヤ人企業の支店」及び「支店の責任者がユダヤ人である非ユダヤ人企業の支店」を追加した他は、先の回状と大差なかった。

　ユダヤ人企業の定義が与えられたことにより、経済のアーリア化の実行は時間の問題となった。シャハトの辞任後、ゲーリングを挟んで、一九三八年二月五日にライヒ経済大臣に就任したフンクは、三月一日、ライヒ最高官署及びラント政府に宛てた『回状』[298]の中でライヒ経済省の方針転換を明らかにする。「一九三三年七月一四日の閣議決定が前提とした雇傭創出という純経済的観点は、ここ数年における失業問題の解決に伴い重要な意味を失った。今日命じられていることは、公共発注の分野においてもナチズムの経済政策の諸原則を考慮に入れ、ユダヤ人の影響力を撃退することである。」さらに、『公民法第三命令』の布告当日にヴュルテンベルク内務大臣に宛てた『回状』[299]では、より一般的な表現でかつての抑制的な経済政策の放棄が表明されている。「私が一九三五年九月一一日付の回状の中で主張した観点は今日もはや維持されうるものではなくなった。むしろ、今後は四カ年計画全権受託者の指令に従い、ユダヤ人を経済分野からも可能な限り速やかに排除することが求められている。」

　四月に入ると、『ユダヤ人企業偽装防止令』が、いわゆる「ユダヤ人企業のダミー化」の防止を目的に、企業のユダヤ的性格を隠蔽する等の行為を禁止し、その四日後には、『ユダヤ人財産申告令』が、「ユダヤ人財産の在庫調べ」を目的に、五〇〇〇ライヒスマルク以上の財産を国内外に有するすべてのユダヤ人、ユダヤ人を配偶者に持つ非ユダヤ人、国内に同様の財産を有するすべての外国籍をもつユダヤ人を対象に、六月三〇日までに「全財産の申告及び評価」並びに「財産の変化（増加又は減少）の届出」を義務づけた。命令公布の翌日には、対象となる五二万を超えるユダヤ人の内一三五七五〇〇人が申告を行い、その総額は七〇億五〇〇〇万ライヒスマルクにのぼった。[300]

　『公民法第三命令』のもつ重要性は、ユダヤ人企業の定義を公開したこと以上に、ユダヤ人企業の「登記」を命じたことにある。登記簿への記載と、市長又は地区警察官署による登記簿の管理が定められたことにより、アーリア化政策の実行に際し、関係する官署及び当事者が必要に応じ「ユダヤ人企業である」ことの確認を何時でも確実に行いうる態勢が整えられた。さらに加えて、命令はライヒ経済大臣に対し登記されたユダヤ人企業に「特別な目印」を付けることの義務を課す権限を付与したが、この後、街のそこかしこでペンキ職人がショーウインドーにユダヤ人商店主の名前を大きな文字で書き込む光景が見られたという(301)。この作業がいかなる意味をもち、いかなる効果を発揮するか、人々は数カ月後ドイツ全土で生じる出来事により知ることになる。

ユダヤ人迫害の歴史の中でも決定的な意味をもつ「水晶の夜」と名づけられたこの事件の直後、一九三八年一二月三日、ライヒ内務大臣及びライヒ経済大臣は経済のアーリア化の仕上げとして『ユダヤ人財産没収令』を布告する。これは、ユダヤ人企業の所有者に対し一定期間内での企業の売却又は清算を、また、同様に、農業及び林業の経営者に対し土地所有権や組合持分等の財産を含む企業の売却を命じるものであった。いずれの場合にも、必要な範囲で管轄官署の手により管財人が任命され、経営の当面の継続並びに売却又は清算の執行にあたった。この他、ユダヤ人全体を対象に、不動産及び地上権や鉱業権等の不動産と同様の権利、抵当権等の不動産に対する権利の取得並びに不動産の強制競売への参加を禁止し、株券、鉱山株券、確定利息付有価証券、類似の有価証券については、既に所有している分に関しては命令の発効後一週間以内に、今後新たに獲得する分に関しては獲得後一週間以内に、それぞれ外国為替銀行への寄託を義務づけ、寄託された有価証券の処分及び引渡に関しライヒ経済大臣の裁可を必要とするとした。金・白金・銀製品、宝石、真珠、一〇〇〇ライヒスマルクを超えるその他の装身具及び美術品についても、それぞれ取得、質入、仲介なしの売却が禁止された。

二　ユダヤ人名の強制と身分証明書・ユダヤ人旅券の交付

同じ頃、近い将来の包括的なユダヤ人問題の解決にとって必要不可欠となるもうひとつの準備作業が進行していた。ユダヤ人名の強制と身分証明書、ユダヤ人旅券の導入である。

前者に関し、一九三八年一月五日の『改姓法』が、一方で、ドイツ国籍所有者及びドイツライヒに居住し又は居所を有する無国籍者に対し「重大理由」の存在を条件に「改姓」の申請を許可するとともに、他方で、一九三三年一月三〇日以前に許可された改姓については、それが「望ましくないとみなされる場合」「取り消しうる」ものとした。法律自体はユダヤ人名の改姓について直接触れてはいなかったものの、三日後のライヒ内務大臣の『回状』(302)は、改姓の重大理由の具体例として、「ドイツ人血統者がユダヤ的姓を有する」場合を挙げ、逆に、「ユダヤ人及び混血児の申請は改姓によりその者の血統が隠蔽されるが故に認められえない」とした。子供の名に関しても、八月一七日の『改姓法第二施行令』が「ユダヤ人はライヒ内務大臣が設けた命名に関する指針に記載された名の使用のみを許される」と定め、翌一八日付のラント政府等に宛てたフリックの『回状』[303]は、ドイツ国籍を有する子供はドイツ的名を使用すること、ドイツ国籍を有するユダヤ人又は無国籍のユダヤ人は付録に掲げた名のみを使用すること、その他のドイツ国籍所有者がこれらの名を使用することは認められないとの指針を示し、その上で、ユダヤ人が使用可能な名として、男性についてはアベル、イサク等一八五の名を、女性についてはリベカ、ラケル等九一の名を列挙する。これら以外の名を既に有するユダヤ人については、一九三九年一月一日以降、男性は「イスラエル」を、女性は「サラ」をそれぞれ自らの名に付け加え、三カ月以内に戸籍吏並びに地区警察官署への文書による届け出を義務づけた。

　これらの措置に隠された不吉な意図は、平行して実施された身分証明書の導入と旅券に関する新たな措置によって明らかとなる。ライヒ政府は、七月二三日の『身分証明書令』により一五歳以上のドイツ国籍所有者全員を対象に身分証明書の導入を決定し、さらに、翌二三日の『第三告示』によって、ユダヤ人を対象に、一九三八年一二月三一日までに、年令と関係なく所轄の警察官署に身分証明書の交付を申請すること、一五歳以上のユダヤ人は常に身分証明書を携行し、官署からの要求がある場合ただちにそれによって自らの身分を明らかにすること、国家又は党の官署への書類の提出や照会、届出等に際し自発的にユダヤ人であることを明示し、身分証明書の登録地、登録番号を記載し、口頭の場合には身分証明書を提出することを義務づけ、さらに加えて、『改姓法第二施行令』により身分証明書への「J」マークの押印を決定した。同様の措置として、一〇月五日の『ユダヤ人旅券令』がライヒ国内に居所をもつすべてのユダヤ人の旅券の無効を宣言し、当該旅券の旅券局への二週間以内の提出を義務づけ、国内用旅券については、新たに交付される身分証明書でもって代用し、海外用旅券については、所有者がユダヤ人であることを示す「J」マークを新たに押印することによって有効となるとした。

　もっとも、これらの措置によっても、外見上ただちにユダヤ人をドイツ人から区別することは不可能であった。実際、ユダヤ人が、彼らに加えられた購買制限をくぐり抜け、食料品を購入し、買占めを図るといった事態が生じているとして、ライヒ内務大臣フリックは、一九四一年九月一日、『ユダヤ人表示に関する警察命令』を布告し、九月一五日以降、満六才以上のすべてのユダヤ人を対象に「公開の場」での「ユダヤ人星形章」の着用を義務づけた。[304] 星形章は、掌のひら大の大きさで、黄色地に黒く縁どられた正六角星の中心に「ユダヤ人」と黒く表示され、衣服の左胸部に固く縫いつけなければならなかった。翌年三月には、さらなる表示として、ライヒ保安本部により、すべてのユダヤ人住居に対し玄関扉への黒いユダヤの星印の貼り付けが命じられている。(305)

『ライヒ公民法』が行った「血」という眼に見えない基準による選別が一目瞭然具体的に眼に見える形で表現されたことにより、これ以降、警察をはじめ国家及び党の諸機関は、反ユダヤ人政策を遂行する上で必要不可欠となる「ユダヤ人である」ことの容易かつ確実な確認手段を手に入れたのである。(306) 一連の措置の最大の眼目がこうしたことにあったとして、この他に、ヒルバーグは、身元表示がもたらした心理的な、「おそらくはもっとも重要な」効果について触れている。「被害者の気力の萎え」がそれである。「新たな制度はユダヤ人を以前よりいっそう従順で扱いやすい存在にした。ユダヤの星を身につけた者は人目に曝され、あらゆる方向から凝視されているように感じたのである。それはまるで全住民が警察力となって、自分を監視し、自分の行動を見張っているかのようであった。」むろん、これらの「追放の印」を投げ捨てることもできたであろう。しかし、それが単なる罰金や拘留ですまない、より重大な身の危険と隣り合わせのものであった以上、大多数のユダヤ人は、そうした勇気をもつことのできないまま、「星印を身につけ、それにより自らの運命を封印した。(307)」

三　水晶の夜

一九三八年一〇月一四日、ゲーリングがライヒ空軍省で行った四カ年計画に関する演説は、それから一カ月足らず後、ドイツで始まった決定的な展開を見るならば、ナチスがその折々ユダヤ人に対して行ってきたさまざまな宣戦布告の中でもきわめて重要な意味をもつものであった。「ユダヤ人問題は、その解決のため今やあらゆる手段を使って取り組まなければならない課題となった。何故なら、彼らには経済の領域からとっとと出ていってもらわねばならないからである。」ただし、ゲーリングは、その際、「オーストリアにおいて行われてきたような無統制のアーリア化は断固阻止しなければならない」とした。「こうした野蛮な作戦行動を止めさせることが必要である。ユダヤ人問題の解決が無能な党員たちのための慈善事業とみなされるようなことがあってはならない。……アーリア化は党の仕事ではない。それは唯一もっぱら国家の問題である。(308)」しかし、たとえそのことが「国家の問題」であったにせよ、この時期、ゲーリングがこれから始まる新たな戦いの手段を「国家的」なそれに限定するつもりなどなかったこともまたたしかであった。ユダヤ人問題は、「今やその解決のためにあらゆる手段を使って取り組まなければならない」、そうした段階に到り着いたのだ。

攻撃開始の「きっかけ」だけが問題であった。それは、先の演説から一カ月足らず後、思いがけないところからもたらされた。一一月七日にパリで起こったポーランド系ユダヤ人学生グリュンスパンによるドイツ大使館員フォム・ラート狙撃事件である。「ドイツ民族は間違いなくこの新たな行為からしかるべき結論を引き出すことになろう[309]」との『フェルキッシャー・ベオバハター』の脅しを待つまでもなく、政権掌握から既に六年近く、ナチスのやり方に精通した者たち、とりわけ国会放火事件とそれに続く一連の出来事を記憶する人々にとって今回の事件が何をもたらすことになるかは明白であった。実際、当時一七歳であったユダヤ人少女インゲ・ドイッチュクローンによると、その頃ユダヤ人たちの会話は常に「せめて彼が死にさえしなければ……」という枕言葉で始まったという。「彼らはラートに対する殺害行為がナチスにこの上もない口実を与えることになるのではないかとのもっともな不安を感じていたのです[310]。」

不安は早くも事件発生から二日後に現実のものとなる。ちょうどビヤホール・プッチの一五周年記念日にあたっていたこの日、ミュンヘン市旧庁舎ホールで行われていた記念式典の最中にラート死亡の報せを受け取ったヒトラーは、ただちに恒例の演説を取り止め、ゲッベルスと二人きりで話し合った後、「SAを解き放つべき時がやって来た[311]」との言葉を残して市内の私邸に戻った。午後一〇時、ヒトラーに代わって演壇に立ったゲッベルスは大管区指導者等を前に、「既にクルヘッセン及びマグデブルク＝アンハルト大管区では反ユダヤ主義的決起が開始され、ユダヤ人商店の破壊とシナゴーグへの放火が行われている」ことを報告、さらにこの後、決定的な言葉を付け加えた。「指導者は、こうした示威行動が党によって準備されたものでも、組織されたものでもなく、自発的に生まれたものである限り、それを抑制するには及ばないとの決定を下した[312]。」

これは「宣戦布告」以外の何物でもなかった。ただちにその旨が出席者により各大管区事務局に電話で通報され、さらに、突撃隊に出動命令が発せられるまでものの数時間もかからなかった。東プロイセンのナイデンブルクでは、地区の記念式典終了後に隊員の昇進祝いの酒が振る舞われている最中の午前二時頃、管区指導者から部隊長に対し命令が下された。「大使館員フォム・ラートの暗殺に対する報復として、今晩東プロイセンのシナゴーグをことごとく焼き払うものとする。加えて、すべてのユダヤ系商店を占拠し、ユダヤ人を拘禁し、業務用書類を焼却するものとする。ただし、貴重な物品の破壊は禁じられている。これらの措置は国家警察と連携して実施される。この作戦に対する責任は管区指導者が負う。[313]」

　一連の授権の連鎖が「人格的」なそれであったことは見てのとおりである。大管区指導者等はゲッベルスの発言を何故ユダヤ人に対する「宣戦布告」ととらえることができたのか。党最高裁判所が作成した一九三九年二月一三日付の『一九三八年一一月九日の反ユダヤ人示威に関する経緯及び党裁判所の審理に関する報告書』――これは、ゲーリングからの委託に基づき、ポグロムの中で行われた人種汚濁や殺人等の罪故に裁判に付され、あるいは、保安拘禁されたSA隊員につき党の立場から独自の調査と審理を行った結果をまとめたものである――の中に次のような指摘がある。「ライヒ宣伝大臣が口頭で与えた指示は、党は対外的には示威行動の主謀者と見られてはならないが、実際には示威を組織し実行すべきものであるというように、列席したすべての党指導者により理解された。……命令が下された状況の再調査の結果から明らかになったことは、闘争時代以来の党員にとって、党が組織者として表面に姿をあらわす意図のない場合、完全に明確かつ詳細にわたる命令が与えられることはないのが当然のことであったということである。それ故、このような党員は一つの命令から言葉で表現されている以上のことを読み取ることに慣れている。他方、命令者の側でも、党の利益のため、すべてを言い尽くさず、彼がその命令によって達成しようとする目的を暗示するにとどめるのが通例である。それ故、下級指導者たちの多くは、口頭や電話での必ずしも適切に定式化されたものとはいえない命令――ユダヤ人グリュンシュパンではなく、ユダヤ人全体が同志フォム・ラートの死に責任がある、したがって、ドイツ民族はユダヤ人全体に対し復讐を実行する、……ピストルを携行し……、各人はSA隊員として今何をなすべきかを承知しなければならない――を同志フォム・ラートの血の償いにユダヤ人の血が流れなければならぬと理解したのである。[314]」

　この時、連携を求められた国家警察の対応にはいささか微妙なものがある。第二局ミューラーが全国家警察支（分）署宛に「シナゴーグが保管する重要文書資料の押収」及び「二乃至三万人の裕福なユダヤ人の拘禁」を命じるテレタイプを送信した[315]のに続いて、午前一時二〇分、ハイドリッヒは予想される事態への対応策を全国家警察支（分）署及び親衛隊保安情報部管区支部・地方支部宛てに打電した。「パリで起こった暗殺事件の結果、今夜の内（一九三八年一一月九日から一〇日）にライヒ全土でユダヤ人に対する示威行動が行われることが予想されうるに至った。こうした事態に対処するため以下の命令を布告するものである。①国家警察支署指導者又はその代理人は、この電信を受け取った後ただちに地区を管轄する政治指導部――大管区指導部又は管区指導部――と電話連絡をとり、示威行動の実施に関して打ち合わせを行うこと。……（ａ）ドイツ人の生命、財産を危険に曝すことのない措置のみが認められている。（たとえばシナゴーグの焼き打ちは、周囲への類焼の危険がない場合にのみ、これを認めてよい。）（ｂ）ユダヤ人商店及び住居に対する破壊は許されるが、略奪は認められていない。警察はこの指令の実施を監視し、略奪者を拘禁する任務を負う。……②以上の方針が守られる限り、警察は現に行われている示威行動を妨げてはならない。むしろ、行うべきは先の方針が守られるよう監視することである。③すべてのシナゴーグとユダヤ教団体事務所に保存されている文書資料を押収せよ。……⑤すべての地区でできるだけ多くの、とりわけ裕福なユダヤ人を拘禁せよ。[316]」

砕け散ったショーウインドー等のガラスに因んで後に「水晶の夜」と呼ばれたポグロムの実際はどのようなものであったのか。インゲは当夜のベルリンの様子を伝えている。「ベルリンの街路は大混乱の状態に陥っていました。大小の斧や棍棒を持った突撃隊の男たちが、目印によって容易に判別できるユダヤ人商店の窓ガラスを叩き割り、徹底的な破壊を行ったのです。クーアフュルステンダムでは、泥だらけのマネキン人形がガラスの破片の中に横たわっていました。破壊と暴力の光景をいっそう完璧なものにしたのは略奪者たちです。商店の中では、引き抜かれた引き出しが転がり、洗濯物が散乱し、家具は打ち砕かれ、陶器は叩き割られ、帽子は踏み潰されていました。もうもうとした濃い煙がファーザーネン通りの上に立ちこめていましたが、そこはシナゴーグがあった所です。……警察と消防は傍観者を決め込み、せいぜい見物人を火事場から遠ざけるぐらいのことしかしなかったのです。[317]」

放火と破壊だけではない。この夜とられたもう一つの重要な作戦行動が警察による「裕福なユダヤ人の拘禁」であった。既にパリでの暗殺行為の四日前に、親衛隊機関紙は「ユダヤ人だけに限られた職業できちんと生活のための収益を得ていないすべてのユダヤ人を隔離収容しなければならない[318]」と公言していたが、今や、政治的敵対行為、ヒトラー式挨拶の拒否のような反社会的行為、些細な犯罪行為といったものではなく、ただ「ユダヤ人である」ことを理由とする大規模な拘禁が開始されたのである。「ダハウ、ブッヘンヴァルト、ザクセンハウゼンの各収容所にはそれぞれ一〇〇〇〇人の収容が可能である[320]」との至急報をベルリンのゲシュタポから受け取った各国家警察支（分）署の手によって、ダハウに一〇九一一人、ブッヘンヴァルトに九八四五人、ザクセンハウゼンにおよそ六〇〇〇ないし一〇〇〇〇人のユダヤ人が送りこまれた。[321]

公証人であったノイマンは、連行されるトラックの中で、移送担当者から「〔ミュンヘンで〕イギリスもわれわれに譲歩した。われわれは今やわれわれが思う通りにユダヤ人問題を解決するつもりである」[322]と聞かされたというが、収容所に到着した彼らを待ち受けていた現実は彼らの予想をはるかに超えたものであったにちがいない。「常に千人単位で囚人が到着したにもかかわらず、親衛隊が大きな鉄格子の門ではなく、一人用の狭い通路しか開けなかったことにより、大勢の人々が入口の所でつっかえてしまった。鉄の棒や鞭、棍棒をもった各ブロック長がこの通路と平行して立ち並び、新参の者たちをさんざんに打ちのめした。そのため到着したばかりのユダヤ人はたちまち残らず負傷するはめとなった。当時収容所で起こったことはわずかな言葉で表現しうるものではない。既に最初の夜に六八人のユダヤ人が精神に異常をきたし、荒れ狂う犬のようなゾンマーたちによって殴り殺されたことだけを指摘するにとどめよう。四〇〇人からせいぜい五〇〇人用のバラックに二〇〇〇人ものユダヤ人が詰め込まれた。衛生状態はとても想像もできないほどのものであった。百マルク紙幣がトイレットペーパーの代用として使用された。親衛隊の軍曹たちはユダヤ人の頭を満杯になったトイレの便槽に突っ込み、窒息させたりもした。或る日、冷たくなった鯨肉を食べた後、殆どの囚人が下痢症状に陥った時、バラックの収容所は凄まじい様相を呈するに至った。トイレの傍には、下痢のためもはや使用できなくなった帽子や服、下着が山のように積み上げられた。」[323]

政治指導部に今回のポグロムを長引かせるつもりはなかった。法治国家にはありえない、無秩序の暴力の行使に対しては指導部内部からも反対の声が挙がっていた。早くも一〇日の夕刻には中止が決定され、その日の内にゲッベルスの声明がすべての放送局を通じて報知された。「ユダヤ人による卑劣なパリ駐在ドイツ大使館員暗殺行為に対するドイツ民族の正当にして当然の憤激は昨夜大規模な爆発をもたらすに至った。ライヒの多くの都市や町でユダヤ人の建物と商店に対する報復がなされた。しかし、これ以降すべての住民に対し、一切の更なる示威行動や反撃をその種類を問わずただちに中止するよう厳しく要請する。」[324]これ以上の破壊と略奪はドイツ経済に重大な損害を与えるだけであった。差し当たり政治指導部にとっては、ユダヤ人とドイツ人の双方に、指導者権力の威力を見せつけ、「ユダヤ人の生活圏をより一層狭め、いまだ残存しているユダヤ人の経済的・文化的な自立性を機能停止に追い込んでゆく」[325]、そのための「口実」が与えられただけで十分であった。ゲッベルスが先の声明で、「パリで起こった暗殺行為に対する最終回答は今後立法や命令という手段でもってユダヤ人に対し与えられることになるであろう」と語っていたように、彼らの関心は早くも今回の騒動から「法律的」な手段でもっていかに多くの果実を引き出すかに向けられていた。

中止命令から二日後、陸軍元帥ゲーリングは対応策の協議のための関係閣僚会議をライヒ空軍省に招集した。出席者の顔触れはこの日の会議の重要性とテーマの広がりを示していた。そこには、内務大臣フリック、法務大臣ギュルトナー、大蔵大臣クロージク、民族啓蒙宣伝大臣ゲッベルス、経済大臣フンク、宗教大臣カールの他、内務省次官シュトゥッカルト、外務省次官補ヴェルマン、保安警察兼親衛隊保安情報部長官ハイドリッヒ、秩序警察長官ダルューゲ、ウィーン大管区指導者ビュルケル、さらに加えて、保険業界の代表者の顔があった。午前一一時、「諸君、本日の会議は決定的な重要性をもっている。私は、指導者代理ボルマンから、彼が指導者の委任に基づいて認めた一通の書状を受け取った。そこには、今こそユダヤ人問題に関し統一的な対応措置がとられ、しかるべき解決がはかられなければならないと書かれていた。昨日、改めて指導者から私宛てに電話があり、決定的な措置を中央にあって統括するように命じられたところである」とのゲーリングの発言で始まり、四時間近くに及んだ会議の中で一体何が議論され決定されたのか。終了間際にゲーリングの口から飛び出した発言――「もう一度言わせてもらえば、ドイツではユダヤ人でありたくないものだ」からもおおよそ察しがつこうというものであったが、ユダヤ人たちはこの後それこそ「矢継ぎ早に」発せられる法律、命令により、否応もなく自らの不吉な運命に直面させられることとなった。(326)

ゲーリングは、早速その日の内に、四カ年計画全権受託者の名において三つの命令を布告した。『贖罪命令』は、『財産申告令』により全財産の申告義務を負うドイツ国籍・無国籍のユダヤ人を対象に、各自財産の二〇％（後に二五％へと引き上げられた）、総額一〇億ライヒスマルクの「課徴金」の支払いを義務づけ、『街頭景観修復命令』は、ポグロムにより破壊されたユダヤ人企業及び住居の所有者に対しその修復を彼ら自身の費用でもってただちに行うことを義務づけ、『ドイツ経済生活からユダヤ人を排除するための命令』は、一年余り以前に『改正営業法』が警備、不動産取引、婚姻仲介、通訳等の業務を禁止した後を受けて、より一般的な業務からの排除を目的に、一九三九年一月一日以降、小売業、通信販売業、配達業、自営手工業の経営等の禁止、協同組合からの追放等を定めた。同じ日、ゲッベルスもまた一つの命令を布告している。ライヒ文化協会会長である彼に相応しく、文化施設、とりわけ劇場、映画館、音楽会、講演会、演芸場（寄席、キャバレー、サーカス等）、ダンスホール、文化的展覧会への入場を即時禁止するといったものであった。(327)そこには、「劇場や映画館においてユダヤ人と並んで座ることをドイツ人に求めることはわれわれドイツ人の芸術生活の品位を貶めるものである」との理由が付されていた。(328)

翌日ベルリンで開かれた冬季救済事業の名誉協力者の集会で挨拶に立ったゲッベルスは、政府が前日決定した命令や方針を紹介した後、さらに次の言葉を付け加えた。「ユダヤ人グリュンスパンが行おうとしたことはドイツ民族そのものを撃つことであった。わが民族は自らの政府を通じてそれに相応しい回答を与えた。〔ゲーリングの指揮の下にとられた対抗措置は〕ドイツ政府とドイツ民族の完全かつ不可分の一体化を表現するものであることを断固確信する。ユダヤ人問題は今後ごく短期間の内にドイツ民族の感情を満足させる解決策を見いだすことであろう。民族がそれを欲するのであり、われわれはただ民族の意思を実行するのみである。(329)」

『フェルキッシャー・ベオバハター』は、ゲッベルスの演説を「ユダヤ人問題の最終解決　すべてのユダヤ人企業はドイツ人のものへ」との大見出しとともに一面トップで報じたが、同じ紙面に掲載された『公正な裁き』と題する無署名の論説はユダヤ人の一縷の望み――彼らがいまだそれをもっていたとしてのことであるが――を完全に打ち砕くものであったにちがいない。「ナチズムはこれまでユダヤ人に対しナチズムの前提なり目的なりを十分理解するための時間を与えてきた。今やわれわれはドイツ民族を更なる被害から救うべく従来の戦術を変更しなければならなくなった。ユダヤ人が、これまでのところ、すべてのドイツ人に対し距離を置き、尊敬の念をもって接する態度を身に付けることができなかったのであれば、今や徹底的にそのことを強制しなければならない。彼らは、人種的自覚をもったドイツ民族の只中で、当然もつべき礼儀も謙虚さも弁えることがない。そのことが、彼らに対し、パリの卑劣な殺人行為への回答として、ずっと以前から彼らにとって既に相応しかった一切の事柄をもたらしたのである。今や堪忍袋の緒が切れた。ドイツ人の忍耐も限界に達した。すべてのユダヤ人は今後一切の慈悲なしに取り扱われることになるであろう。そのことを欲したのは彼ら自身なのだ。(330)」

これは単なる脅し文句ではなかった。その頃先の拘禁から釈放されたユダヤ人の姿を眼にした誰もが、「一切の慈悲なしに取り扱われる」ことが具体的に何を意味するかをはっきりと思い知ったにちがいない。「彼らの頭は剃られ、ある者は酷く痩せ細り、ある者は殴られたことにより顔の形が変わってしまっていたのです。殆どの者はもはや正気のようには見えませんでした。(331)」収容所帰りの彼らを眺めるインゲたちも無論安全地帯にいたわけではない。今後同じように無慈悲な取り扱いを受けない保障は誰にもなかった。今やすべてのユダヤ人が対象となった。その者の職業や地位、財産とは無関係に、「ユダヤ人である」というただそれだけの理由で、一切の権利を剝奪し、彼ら全員を日常の社会生活から完全に締め出すことが問題であった。実際、会議の翌日から再びさまざまな内容をもつ、しかし、やがて近い将来ただ一つの目標に定位し収斂する、それこそ無数の命令や布告がユダヤ人の頭上に降りかかった。

その一つ一つは到底紹介しきれないものの、この時期の特徴の一つとして、先のゲッベルスによる文化施設への入場禁止に見られるような、日常生活に直接かかわる権利の剝奪や公共の場からの閉め出しを挙げることができる。ドイツ人学校への通学の禁止、ユダヤ人学校への転校の命令、公的扶助の原則停止、小売商店・通信販売会社・注文引受所の閉鎖と清算、爆発物取扱許可の取消、公開の場所への立入制限、国民連帯の日における外出禁止、伝書鳩の所有・販売の禁止、自動車の運転の禁止、乗用自動車及びオートバイの所有の禁止、運転免許証の引渡、自動車の売却命令、美術館・博物館・映画館・スポーツ宮殿・遊園地・競技場・浴場・プール等への入場禁止、大学施設・図書館の利用の禁止、助産行為の禁止、寝台車・食堂車の利用の禁止、党員が利用するホテル・飲食店への立入禁止、歯科医・獣医・薬剤師の免許の失効、治療師・歯科技工士の医療行為の禁止、金製品・宝石・真珠等の公設購買所への引渡、狩猟権の剝奪、借家法上の保護の剝奪、外国への贈答物品の発送の禁止、旅行代理業の営業禁止、薬局の営業権の譲渡、医師免許交付の停止、湯治場の利用の禁止、宝籤の販売・賞金の交付の禁止、ユダヤ人学校の閉鎖等々。[332] ポグロム直後からポーランド侵攻に至るおよそ九カ月余りの間に文字通り「矢継ぎ早や」に打ち出された法令による措置の数々は、たしかに一一月一二日の会議でゲーリングが語っていたとおり、ユダヤ人にとってのみならず、指導部自身にとっても「目が回るほど」のものであったことであろう。

四　ユダヤ人殲滅の予言

ゲッベルスが一九四一／四二年度の戦時冬季救済事業の開幕演説の中で語った「一九三三年から一九三九年にかけてわれわれが成し遂げたさまざまな事柄は、われわれが本来目標とするところのほんの除幕にすぎないものであった[333]」との言葉は、とりわけ反ユダヤ人政策に該当する。ユダヤ人商店等のボイコットに始まりポグロムに至る一連の措置が、単にユダヤ人の権利剝奪、孤立化を目的とするにとどまるものでなかったこと、その背後には常にただ一つの「最終目的」が存在し、それに定位しつつ、その折々の与えられた状況の中で、たとえジグザグではあれ、可能な最善の解決策として段階を踏みながら計画され実行されたものであったことを、一九三七年春に行われた党の後継者養成のためのフォーゲルザンク政治学校の開校式におけるヒトラーの秘密演説が教えている。このとき、彼は、八〇〇名の管区指導者を前に、当時或る新聞がユダヤ人商店に対する目印の書き込みを要求したことに触れ、この編集者の要求を余計なお節介だとして退けた上で、自らの方針について語っている。「われわれの政策全体の最終目的が何であるか、それはわれわれにとって完全に明白である。私が常に念頭においていることは、後戻りを余儀なくされるような一歩、われわれに害が及ぶような一歩は決して踏み出さないこと、ただそれだけである。私は常に一か八かのぎりぎりのところまで進んだが、しかし、決して限界を踏み外すようなことはしなかった。肝心なことは、『何をなすことができ、何をなすことができないか』、そうした危険を嗅ぎ分ける鼻を持つことである。私は無理を承知で今ただちに敵に戦いを挑むつもりはない。私は戦いを欲するが故に『戦う』というのではない。そうではなく、私はただ次のようにいうだけだ。『私はお前を破滅させてやる。私は策をめぐらし、お前が決して反撃できないよう、巧みに隅っこに追い詰めた上で、その後お前の心臓に致命的な一突きを見舞うのだ』と[334]。」

彼が「完全に明白」であるという最終目的が具体的にいかなるものであったかはともかく、既に政治活動の最初期の頃、先に紹介したゲムリッヒに宛てた手紙の中で、反ユダヤ主義の最終目的として「ユダヤ人全体を断固除去する」ことを挙げ、あるいは、その半年後の演説でも、「〔われわれが今後進める革命は〕ユダヤの屑どもを徹底的に掃除する革命となるであろう」との考えを表明していたように、ヒトラーが当初からユダヤ人を単に警察力や武力によって制圧・征服すべき政治的・軍事的な敵対者以上の特別の存在として位置づけていたことは明白である。もっとも、ここでいう「除去する」、「掃除する」がただちに後年の生物学的な「殲滅」、「根絶」を意味するものであったかはさだかではない。むしろ、一九二〇年二月に発表され、ヒトラーもまたその作成に参画したとされる『党綱領』が、ユダヤ人をはじめ民族同胞となりえない非国家市民は、国家の全人口の食料を充たすことが不可能な場合、「ライヒから追放されるべきである」と定めていたように、当初、ヒトラーの念頭にあったのは、せいぜいドイツあるいはヨーロッパからのユダヤ人の「移住」といった程度のことでしかなかったのかもしれない。同じ頃の党集会での、「何千人ものドイツ人が移住する前に先ずユダヤ人が出ていかねばならない[335]」、「ユダヤ人は客である。もし客として振る舞うことができないならばとっとと出ていってもらおう。世界は広いし、彼らはあらゆる気候に耐えられるのだ[336]」

といった発言もこうした見方を裏付けている。

しかし、党綱領の発表から半年後、ザルツブルクで行われた演説を見る限り、ヒトラーの本心はもっと別のところにあったと想像される。内容のみならず、とりわけ用語法の点で、二〇年余り後、アウシュヴィッツのガス工場が本格稼働を始めた頃、ヒムラー等を前に行った後に紹介する発言と類似することに驚かされる。「諸君は病原体を殺すことなく、つまり、病原菌を殲滅することなく、病気と戦うことが可能であるなどと信じはしないであろう。また、諸君は、人種の結核をもたらす病原体から解放されるよう配慮することなしに、民族が人種の結核と戦えるなどと信じはしないであろう。ユダヤ人という病原体がわれわれのもとから除去されない限り、ユダヤ人の活動がなくなることも、民族に対する毒殺が止むことも決してないであろう。(337)」

それでは、この頃、「ユダヤ人という病原体」によりもたらされる「人種の結核」からドイツ民族を保護するため、どのような闘争方法が考えられていたのか。一九二〇年四月六日の演説の中で、「たとえ悪魔と手を結ばねばならないとしても、どんな手段でもわれわれには正当化されるにちがいない(338)」との覚悟を表明したヒトラーは、翌年三月一三日の『フェルキッシャー・ベオバハター』に掲載した「ラーテナウとサンチョ・パンサ」の中で次のように語っていた。「われわれはユダヤ人によるわが民族に対する浸食を、もし必要とあらば、彼ら病原菌を強制収容所に保安拘禁することで阻止するものである」と。(339)ここにいう「保安拘禁」が、常習犯罪者等に対する保安処分や共産主義者等に対する保安拘禁と同様に、当然に被収容者から生殖の機会を剝奪するものであった限り、もしこうした措置が生殖能力をもつユダヤ人全体に狙いを定めて実施された場合、彼らの生物学的存在は、たとえ緩慢ではあれ、確実な死を迎えることとなったであろう。

しかし、ヒトラーにとってはこうした措置も必ずしも十分なものではなかったのかもしれない。一九二四年の夏、ランツベルクの刑務所を訪れた一人の党員を前にして彼は語っていた。「いやいや、私がユダヤ人に対する闘争方法に関して見解を変更したというのはまったくそのとおりです。私はこれまであまりに寛大過ぎたのです。私は、私の本の執筆中に、われわれが上手くやり遂げるためには、今後はもっとも厳しい闘争手段が使われねばならないという認識に到達しました。これは、わが民族のみならず、すべての民族にとって死活にかかわる問題だと確信しています。何故ならユダヤ人は世界のペストだからです。(340)」そして、実際、この時執筆中と語った『我が闘争』の中で、ヒトラーは「もっとも厳しい闘争手段」として「毒ガス」による殺害といった方法を仄めかすことになる。「戦争が始まった時、そして戦争の最中にでも、あらゆる階層から構成され、あらゆる職業をもった最良のドイツ人労働者数十万人が戦場で被らなければならなかったと同じように、これらの一万二千か一万五千のヘブライ人の民族破壊者連中を一度毒ガスの中に放り込んでやったとしたら、前線での数百万の犠牲も無益なものではなかったであろう。それどころか、一万二千のならず者どもを適当な時期に片づけておいたならば、おそらく将来のために価値あるまともな百万のドイツ人の生命が救われただろうに。(341)」この言葉をただちに後年のアウシュヴィッツ等のガス室と結び付けることが可能かは別にして、数万単位の抹殺が問題でなかったことだけはたしかである。ラウシュニングは、政権掌握間もなくの頃、ヒトラーから「人種単位の除去が私の任務である」との見解を聞かされていた。「自然は無慈悲である。だからわれわれもまたそうであって何ら躊躇うことはない。望ましくない人種を体系的に比較的苦痛もなく、ともかく流血の惨事もなく死滅させる多くの方法がある。自然の本能があらゆる生物に厳命するところは、自らの敵を単に征服するのみならず、殲滅することである。(342)」

こうした観念、こうした目標、こうした計画の存在は決して一般のドイツ民族、当のユダヤ人たちにさえも秘匿されるべきものでも、秘匿されていたわけでもなかった。たとえば、フランケン大管区指導者シュトライヒャーが編集責任者となり、「ユダヤ人はわれわれの災いである」等のスローガンを毎号紙面のトップに掲げ、低劣な反ユダヤ主義を売り物にしていた『シュテュルマー』は、数十万の読者を対象に「ユダヤ人の殲滅」について繰り返し語っていた。「ナチス・ドイツはユダヤ人を無害化する努力を重ねてきた。ユダヤ人問題はいまだ解決されるに至っていない。最後のユダヤ人がドイツを立ち去ったとしてもいまだ解決されたことにはならない。世界中のユダヤ人が殲滅された、その時はじめて解決したといえるのである。」あるいは、「ユダヤ人と南京虫は互いに非常によく似た存在である。彼らはどちらも害虫である。彼らは東方からわれわれの所にやってきた。そして、ともに唾棄すべき災厄となっている。当初その存在に殆ど気付くことはないが、やがて人は自らの身を守るために焼き殺す以外に方法がなくなる程に増殖するものなのである。南京虫を駆除できない者は、逆に南京虫に征服されて食い尽くされてしまう。ユダヤ人の場合もそれと何ら変わるところはない。(343)」

三流新聞の主張を低級な感性から出た戯言と聞き流せたにせよ、一九三三年四月のボイコットに際して布告された声明文を注意深く読んだ者は、この時点、既に政治指導部の意図が『シュテュルマー』のそれと大差ないことに気づいたかもしれない。「今回のボイコットは差し当たり純粋に経済的な性質をもつものである。それはユダヤ人の人格あるいは生命に向けられたものではない。[344]」もっともこうした婉曲的な表現を理解しえなかった者たちにとっても、同じ年の党大会でのヒトラーの発言は疑う余地のないものではなかったか。「偉大な歴史家であるモムゼンはかつてユダヤ人を諸民族の生存の『腐敗酵素』であると呼んだが、ドイツにおけるこの腐敗の進行は非常に広範囲にわたって見られるものであった。……これまでドイツ民族を破壊してきた張本人どもが今後さらに一層彼らの永遠に変わることのない否定的な破壊活動によって、ドイツ民族を意思なき民族、寄る辺なき民族に貶めようとするならば、決してそのことを見過ごすわけにはいかない。それ故、運動のもっとも重要な課題は何かといえば、それはドイツ民族の有する抵抗力を破壊せんとするこうした企てに対し断固たる戦いを宣言し、彼らを完全に殲滅させるまでこの戦いを続行することである。[345]」

これら一連の動きの中で、一九三五年九月一五日の国会はたしかに一つの画期をなす出来事であった。それは単に血のボイコットが法制化されたからだというだけではない。その折りのヒトラーの発言――『血の保護法』は、今後も失敗が繰り返されるような場合、最終的解決のために法律によってナチス党に移管せざるをえなくなるであろう一つの問題を法律によって規制しようとする試みである。」――は、暗示的な言い回しを残しながらも、反ユダヤ人政策が、個々の権利の制限や剥奪にとどまらず、将来、法律によらない方法によって遂行される事態が出来するであろうことを、ドイツ民族と当のユダヤ人に対し公言するものであった。このとき「無理矢理眠りから目覚めさせられた」（スターン）ユダヤ人の多くは、「法律によらない措置」が何をもたらすか、前年のレーム事件の記憶に照らして、不吉な思いを抱いたにちがいない。

それでは、『人種法律』が「最終的解決」に至る暫定措置であったとした場合、最終目的それ自体は、いかなる時期に、いかなる状況の下で実行されうるものと考えられていたのか。ラウシュニングを相手に「人種単位の除去」について語ったヒトラーは、さらに続けて、「私が将来ドイツ人の血を戦争という鋼鉄の雷雨の中に送り込むことになった場合、私には害虫のように自己増殖を続ける何百万という劣等人種を除去する権利があるのではなかろうか[346]」との考えを披露していたが、この発言は、ユダヤ人問題の最終解決が、ヒトラーの頭の中で、彼のもう一つの目標である「生活空間獲得のための戦争」と密接不可分に結び合わされていたことを物語るものであった。そして、ポグロム直後に開かれた会議の席上でゲーリングもまた、「近い将来ドイツライヒが外交上の衝突に至った場合、われわれは何よりも先ずドイツ国内においてユダヤ人との間で大規模な決着をつけることを考えなければならなくなるであろう」と発言していたのである。[347]

ユダヤ人問題の最終解決に至る長い道程の中で重要な意味をもったこの会議から一〇日余り後、親衛隊機関紙が「ユダヤ人諸君、次に起こるのは何か?」と問いかけ、「炎と剣による根絶」を訴えた時、それが政治指導部の意図を先取りし、代弁するものであったと見て間違いない。「それは必要な措置なのである。世界のいかなる力もわれわれを阻止できない。われわれは今後ユダヤ人問題の全体的解決に着手するつもりである。プログラムは明白だ。完全な排除と完全な分離！ドイツ民族の仇敵であるユダヤ人とこれ以上一つ屋根の下に住むことをドイツ人に対して期待することはできない。……われわれは今日過酷な運命の前に立っている。われわれが国家の秩序を守るため犯罪者に対してそうするのが常であるように、炎と剣によってユダヤ人の下等世界を根絶しなければならない。その結果はドイツにおけるユダヤ人の事実上の、そしてまた、最終的な終焉、即ち、徹底的な殲滅となるであろう。[348]」

この時期、ヒトラーは会談をもった外国政府の高官に対して、ユダヤ人問題の解決に向けた自らの決意を驚くべき率直さでもって打ち明けている。先の親衛隊機関紙と同じ日、南アフリカ国防・経済大臣ピローとの会談では、イギリスの理解とチェンバレン内閣の支持を得るためユダヤ人問題の耐えうる解決策を模索するようにとの彼の進言を退け、次のように付け加えた。「問題は近い将来解決されることになるであろう。これは断固たる私の意思である。ところで、ユダヤ人問題というものは単にドイツにのみかかわる事柄ではない。ヨーロッパ全体の問題である。それは今日至る所で起こっている。ポーランドしかり、チェコスロバキアしかり、そして、フランス、イギリスも同様である。私たちにとって、ユダヤ人とは一つの纏まった共同体以外の何物でもない。……ユダヤ人はいつの日かヨーロッパからその姿を消すことになるであろう。[349]」二カ月後の翌年一月二一日、チェコ外相チヴァルコフスキーとの会談ではより露骨な表現が使われた。「われわれはユダヤ人を殲滅するつもりである。彼らが一九一八年一一月九日に行ったことを償わなければならない時がやってきたのだ。復讐は必ず実行されるであろう。[350]」

一九三九年一月三〇日、六回目を迎えた政権掌握記念日にあたるこの日、ヒトラーが行った国会演説は、その後繰り返し機会ある毎にこの演説に言及したことにも見られるように——もっとも、奇妙なことに日付はどういうわけか常に九月一日、ポーランド侵攻の日であったとされるのではあるが——、ユダヤ人に対する決定的な宣戦布告としての意味をもつものであった。一九三三年の党大会での発言を字義通りのものとして受け取らなかった人々、あるいは、一九三三年のボイコットの声明文や一九三五年の国会での演説の暗示的な表現を読み取れなかった人々、『シュテュルマー』や『シュヴァルツェ・コール』の記事を戯れ言として読み流した人々、そうした人々も今回ばかりは、前年秋のポグロムの経験に鑑み、ヒトラーが本気で事を構えようとしていることをはっきりと理解したにちがいない。「われわれドイツ人にとってのみならず、長く記憶されるべきこの日にあたって、私は或る一つの事柄についてはっきりと言明しておきたい。私はこれまでの生涯の中でしばしば予言者として振る舞ってきたが、同時に、そのためたいていは嘲笑を浴びてきた。かつて権力をめぐる戦いの最中、私が将来ドイツにおける国家並びにドイツ民族全体の指導権を掌握し、その後多くの他の問題とともにユダヤ人問題を解決するであろうと予言した時、真先に私の予言を哄笑でもって迎えたのは他ならぬ彼らユダヤ民族であった。当時響き渡ったこの哄笑は、私が思うに、その頃既にユダヤ人達の喉を締めつけ、彼らを窒息させていたのではなかったか。今日再び私は予言者となろう。もし国際主義的ユダヤ人金融資本家どもがヨーロッパの内外で再び諸民族を世界戦争に引き込むことに成功したとしても、その結果は地球のボルシェヴィキ化、ユダヤ人の勝利ではなく、ヨーロッパにおけるユダヤ人種の殲滅となるであろう、と。」(351)

五　国外移住と強制移送

一九三九年一月三〇日の国会での演説の前後、既にヒトラーの頭の中にユダヤ人問題の「最終解決」に向けた覚悟が生じていたにせよ、そのための政策がただちに実行に移されたわけでも、そうしえたわけでもない。むしろ、指導部が採用した方策は、国会演説の六日前に四カ年計画全権受託者ゲーリングがライヒ内務大臣に対し「ユダヤ人の国外移住を全力でもって促進する」(352)ため「ユダヤ人国外移住ライヒ中央本部」の設置を命じたように、政権掌握以来ユダヤ人の側から自発的に行われてきた「国外移住」を党と国家の側から組織化し推進することであった。

もっとも、この時期「ユダヤ人の殲滅」について声高に語られながら、何故移住政策がとられたかは不明であり、奇妙なことでもあった。そこからして、繰り返し主張された殲滅が「口先」だけのことであり、大戦中の大量殺戮に関しても即興的性格が取り沙汰されることにもなるのではあるが、しかし、政治指導部の意図は、開戦を間近に控え、全体戦争に不可欠の銃後の世界観的団結のためにも、また、ドイツ民族に立ちはだかる不倶戴天の敵の手先を国内に抱え込まないためにも、ライヒをとりあえず早急にユダヤ人の居住しない地域とすることにあったのではなかったか。さらにつけ加えていうならば、ドイツがやがてこの地球全体を支配すると考えられていた限り、ユダヤ人が何処に移住しようと、ユダヤ人問題の最終解決の実現にとって何ら支障はなかったということかもしれない。その場合、国外移住は一時的な猶予策であり、遅かれ早かれ彼らを待ち受ける運命に大きな違いはなかったのだということになる。もしそうだとすれば、国外移住が困難になった場合、猶予策が放棄され、最終解決の実行に舵を切ったとして不思議はなかった。現に、ライヒ保安本部が、戦局の不利が明白となった一九四一年一一月二三日、『国外移住禁止令』[353]を布告したこと、後述のヴァンゼー会議が、国外移住に代えて、強制移送と労働による淘汰、生き残った者の処理を決定したことも、こうした推測を裏付けている。

一九三九年一月の時点、指導部の意図が奈辺にあったかはともかく、ライヒ内務省内に設置され、保安警察長官の指揮下に置かれた「ユダヤ人国外移住ライヒ中央本部」の任務は以下のとおりであった。「①ユダヤ人の国外移住をより一層推進するため、その準備に必要な一切の措置をとること。その他、国外移住申請の統一的準備を行うのに適当なユダヤ人組織を設置すること。国内外の通貨の調達及び有効利用を行うための一切の措置をとること。ライヒ官署との協力の下に移住のために相応しい目的地を確保すること。②国外移住を指揮すること。その他、貧しいユダヤ人の優先的国外移住に努めること。③国外移住の申請を中央にあって統括し、個々の国外移住者が必要とする国家による証明書類の作成を早急かつ円滑に行い、又、国外移住の進行を監視することにより、個々のケースにおける国外移住の実行を容易にすること。」要するに中央本部の任務は、ハイドリッヒが設立命令から半月後に秘密国家警察局で開いた第一回実務者会議で報告したように、「〔ユダヤ人の移住促進のため〕多くの点で対立しあうこれまでの手続き全体を統一的に整序し、かつ、ユダヤ人のために可能な限り単純化する」ことにあった。[354]五カ月後、『ライヒ公民法第一〇命令』が、ゲーリングの指令にあった「統一的準備を行うのに適当なユダヤ人組織」として、ベルリンに本部を置く「ドイツ在住ユダヤ人ライヒ連合会」の設置を定め、すべてのユダヤ人団体の連合会への統合を目的として、ライヒ内務大臣に既存の社団、組合、財団に対する解散命令権を与えたことにより、移住促進のための条件は整えられた。

こうした措置の結果、ポグロムによるユダヤ人の側からの移住希望の増加と相まって、一九三三年以降、三八〇〇〇人、二二〇〇〇人、二一〇〇〇人、二四五〇〇人、二三五〇〇人、四〇〇〇〇人と推移してきた移住者の数は、[355]一九三九年に大幅な増加を見る。六月二九日に開かれたライヒ中央本部の会議では以下の数字が報告されている。二月一日から五月三一日までの期間、旧ライヒから三四〇四〇人、オーストリアから三四三二〇人。旧ライヒについていえば、わずか四カ月間でそれまでの最高を記録した前年実績のほぼ九〇％の移住が行われたことになる[356]。そして、この一年間の移住者総数は七八〇〇〇〇人というものであった[357]。

ライヒ外務省もまた、すべての在外公館宛てに送付した『回状[358]』――「一九三八年における外交政策の要素としてのユダヤ人問題」――の中で、「ライヒに居住するすべてのユダヤ人の海外移住」という「ユダヤ人政策の最終目的」を円滑に実現するために「移住の流れをコントロールし、可能な限り監督する」ことを、「ドイツ外交政策の重要課題の一つ」として掲げていたが、この時期既に国外移住は厄介な問題に直面していた。それまでユダヤ人を受け入れてきた多くの国が門戸を閉ざし始めたのである。先の中央本部の会議でも、「絶えず新たな入国差止命令が布告されている」との報告がなされている。「たとえば、チリは入国・定住申請の取り扱いを今後一年間原則として中止することを決定した。ボリビアは向こう六カ月間一切の入国を停止した。パラグアイは入国の完全な停止を決定した。ウルグアイは入国料を値上げしたことにより、外国為替の欠乏に鑑み今後の移住の可能性はほとんどなくなった。キューバは五月五日の新たな入国管理令によりユダヤ人の入国をほぼ完全に阻止するに至った。今後も海外移住の規模を少なくとも従来と変わらない水準で維持しうるためには、こうした困難を何らかの仕方で克服することが是非とも要望されなければならない[359]。」

こうした事情だけでなく、ポーランドへの侵攻による大戦の勃発は、当然のことながら、ユダヤ人問題の解決に大きな影響を与えずにはすまなかった。それは、一方で、六月二九日の会議が求めた国外移住の可能性を大幅に奪いとるとともに、他方で、ヒトラーの手の中にライヒのみならずヨーロッパユダヤ人全体の運命を委ね渡し、彼らを対象とするより抜本的な解決の課題と、同時に、新たな可能性を与えることとなったからである。

ハイドリッヒがベルリンに特務部隊隊長を招集し、ユダヤ人問題の最終解決に至る概略を報告、差し当たり必要とされる「準備的任務」を指示したのは、九月二一日、ポーランド分割がソ連との間で合意される六日前のことである。会議の決定はその日の内に『占領地域におけるユダヤ人問題について[360]』にまとめられ、至急報でもって特務部隊隊長宛てに送付された。基本方針として、「(長期間を要する) 最終目的」と「この最終目的の実現に至る (短期間で実行される) 諸段階」の区別の必要性を明らかにした後、ハイドリッヒはさらに次のように付け加えた。「厳秘を要する策定された総轄的措置 (最終目的)」の実現のため、「最初の準備措置として、先ずユダヤ人を地方から大都市へ強制的に集中移送し収容することが必要である。」ダンツィヒ、西プロイセン、ポーゼン、東オーバーシュレージエンの各地域については、可能な限りユダヤ人を追放し、ごく少数の都市に集中収容することが目標となる。その他の占領地域については、「今後予定される措置の実行を容易にするため」、ごく限られた少数の地点を集中収容のための拠点とし、その際、「鉄道の分岐駅又は少なくとも鉄道線路沿いに存在する」都市をそうした拠点としなければならない。

旧ポーランド内では、当初の小規模なゲットーに続いて、一九四〇年春以降、ロッツを皮切りに巨大なゲットーがワルシャワ、クラカウ、ルブリン、ラードム、レムベルクに建設され、ポーランド、さらには、ライヒやその他の占領地域から移送されてくるユダヤ人の差し当たりの住処となった。最大のゲットーとなったワルシャワでは、行政長官フィッシャーの一〇月二日付命令により建設が開始され、一〇月三一日までにユダヤ人居住区内のポーランド人に対して区外への移転が、逆に区外のユダヤ人に対して区内への移転が義務づけられた。[361]当時一〇歳の少女であったヤニナ・ダヴィドはゲットー内の生活の実際を次のように報告している。「一一月になるとゲットーの門が閉ざされました。寒い気候にもかかわらずチフスが流行し、私たちはこのまま春になったら一体どうなることかと心配しました。しかし、そんな先のことよりも毎日が不安と絶望の連続だったのです。食料の配給はますます減らされ、一日に黒パン約二〇グラム、じゃがいも数個、オートミールと人参のジャム少量ずつ、それと一カ月に卵一個になり、パンの値段は一ポンド一二ズローティとなりました。熟練工の日当は一五から二〇ズローティだったのです。ポーランド各地からも、ドイツやチェコスロバキアからも寄る辺のないよそ者たちを満載した列車が到着し、遅かれ早かれ困窮者収容センターに収容され、次から次に飢えと伝染病の犠牲になりました。……ゲットーには五〇万近いユダヤ人がおり、市内のほぼ百区画を占領していました。ざっと一部屋に一四人が住んでいた勘定になります。[362]」

ゲットーめがけて各地からユダヤ人の強制移送が行われていたこの時期、公式には国外移住政策が放棄されたわけではなかった。一九四〇年四月二四日付のライヒ保安本部の『回状』[363]には依然として「ライヒからのユダヤ人の移住を強力に推進しなければならない」との文言が見られるし、六月三日付のライヒ内務大臣の『回状』[364]は、ユダヤ人を対象に「国外移住の目的」が認められる場合に限ってのみ「前科の記載なき行状証明書の定められた期間内での例外的な交付」を行うべき旨を指示していた。しかし、ハイドリッヒが外務省に宛てた六月二四日付の報告書からは、これまでのような国外移住が不可能な事態に陥っていた様子が分かる。「私は、元帥閣下から、一九三九年一月、ライヒ全土からユダヤ人を国外移住させるため、その実行を委任された。その後、重大な困難にもかかわらず、また、戦時にあってさえ、引き続きユダヤ人の国外移住は上首尾のうちに行われてきた。一九三九年一月一日に私の官署が任務を引き受けて以来、今日に至るまで、ライヒから移住したユダヤ人の総数は二〇万人を越えるものとなっている。ところで、今日ドイツが支配する領域全体におよそ三二五万のユダヤ人が存在するが、問題全体の解決はもはや国外移住によっては不可能な事態となった。それ故、領域的最終解決が求められている。[365]」

ここでいう「領域的最終解決」とはおそらく追放政策を指すものであったのであろう。この頃、ヒムラーは『東方民族問題の処理』と題する文書の中で「アフリカあるいはその他の植民地への大規模な移住」について言及し[366]、ヒトラーも六月一八日のムッソリーニとの短い会談で「マダガスカル島にイスラエル国家を建設することも可能である」との考えを打ち明けていた[367]。ちょうど半月前には、外務省ドイツ局ユダヤ人課課長ラーデマッハーが、「ドイツの戦争目的の基本的確定」に関して作成した文書の中で、ユダヤ人問題解決のための考えうるシナリオの一つとして、西方ユダヤ人のマダガスカル島への移住の可能性に触れ[368]、七月二日付の文書では、マダガスカルをドイツの委任統治地域とし、そこに親衛隊ライヒ指導者により管理される巨大ゲットーを建設するといった計画を提案していた[369]。半年後、ライヒ内務省のレーゼナーはライヒ保安本部第四局B・四課にあって移住問題に取り組んでいたアイヒマンから口頭で同様の計画について聞かされたとする。「ユダヤ人の強制退去はごく近い将来に予定されている若干の計画と、差し当たり遠い将来に予定されている一つの計画にしたがって遂行されることになる。近い計画は、ドイツ系の帰国移民が必要とする住居の確保を目的にユダヤ人を強制移送しようとするものである。しかし、近い計画は必要最小限の範囲にとどめなければならない。何故なら、どっちみち遠い計画がやがて一切の作業を不必要とすることになるであろうから。遠い計画は戦争終結後にドイツが占領したヨーロッパ全土のユダヤ人を四年ないし五年計画でもってマダガスカルへ追放しようとするものである。およそ六〇〇万のユダヤ人が対象となるであろう。[370]」

もっとも、イギリスが思いがけなく徹底抗戦を宣言し、早期の戦争集結の見込みの立たなくなったこの時期、はたして指導部が本気でインド洋の孤島マダガスカルへの大量移住を考えていたかはさだかではない。また、この計画の最終目的が単なる集団移住に終わるものであったのか、その先に更なる措置が待ち受けていたのかも定かではない。しかし、いずれにせよ、ヴァンゼー会議から二〇日余り後、計画の立案に参画していたラーデマッハーがビールフェルト公使宛に計画の中止と、それに至った経緯を報告した頃、既にヘウムノ及びアウシュヴィッツではユダヤ人のガス殺が開始されていた。「一九四〇年八月に私はユダヤ人問題の最終解決のために私の担当部局が起草した計画書をあなたに引き渡しました。問題解決のため講和条約の中でフランスに対しマダガスカル島の割譲を要求し、また任務の実際の遂行はライヒ保安本部に委ねられる計画でした。この計画に沿って、ハイドリッヒはヨーロッパにおけるユダヤ人問題の解決を実行する権限を指導者から与えられていたのです。ところが、その後ソ連に対する戦いが開始された結果、最終解決のために自由に利用できる新たな領域を手に入れる可能性が生まれました。それに応じて、指導者は、ユダヤ人をマダガスカルではなく東方へと移送すべきであるとの決定を下したのです。したがいまして、マダガスカルは今後最終解決を実行する上でもはや考慮に入れる必要のないものとなりました[371]。」

六　三重の戦争

一九四〇年一二月一八日、ヒトラーは『戦争指導に関する指令第二一号[372]』を布告し、国防軍に対し一九四一年五月一五日までに「迅速な作戦によるソヴィエト・ロシア殲滅の準備」を整えるよう命じるとともに、「バルバロッサ」と名づけた作戦の「最終目標」を次のように規定した。「ヴォルガ河からアルハンゲルスクに至る線上においてアジア・ロシアに対する防衛線を築くこと。最後まで生き残ったウラル地方は必要とあらばその後空軍によって抹殺すること。」それから二〇日余り後、年が変わった一九四一年一月九日、ヒトラーはベルグホーフに国防軍最高首脳を招集し、彼らを前にロシアとの戦いが最終目標の中にどう位置づけられるかについて語った。「ロシアという巨大な空間は無限の財貨を包蔵している。ドイツはロシアを経済的、政治的に支配しなければならない。それにより将来諸大陸に対する戦いを遂行する無限の可能性を手に入れることができる。そうすればもはやいかなる者によっても打ち負かされることはありえない。作戦が実行に移されればヨーロッパは固唾を飲むであろう[373]。」

ソ連との戦いが、単に空間にとどまらず、同時に、世界観の戦いでもあることは先に紹介したとおりである。さらに加えて、ロシアがドイツ民族の不倶戴天の敵であるユダヤ人によりボルシェヴィキ化し、国際主義的ユダヤ人の母国であった限り、戦いは、ポーランド侵攻の七カ月前に陸軍の師団長等に打ち明けたように、「自覚的に遂行される人種戦争[374]」として位置づけられるべきものでもあった。『我が闘争』や『第二の書』を一読して明らかなとおり、これら三つの戦いが当初からヒトラーの戦略構想全体の中で分かちがたく結び合わされていたことは疑いない。ただし、そのことはヒトラーが自らの手で三つの戦いを結び合わせたことを意味しない。少なくとも彼の認識による限りはそうではなかった。『我が闘争』はいう。「われわれはヨーロッパの南方及び西方に向かう永遠のゲルマン人の移動をストップし、東方の土地に視線を向ける。この時、われわれにはあたかも運命自体が暗示を与えようと欲しているかのように思われる。運命がロシアをボルシェヴィズムに委ね渡したことにより、従来この国家を存立させ、その存立を保障してきたあの知性ある者たちがロシア民族から奪い取られる結果となった。……彼らに代わってユダヤ人が登場した。[375]」つまり、ナチズムの世界観を規定する三つのモティーフ――生活空間構想、世界観闘争、人種戦争が、ロシアにおけるユダヤボルシェヴィズムの誕生という最近の出来事により、思いもかけず、ロシアという大地、ソ連という一つの国家を舞台にして邂逅し収斂するに至ったというわけである。ドイツ民族にとって必要不可欠の東方の生活空間が同じ地球支配をめぐって戦う永遠のライヴァルであるユダヤ人により支配され、彼らの牙城となったという思いがけない出来事の中に、ヒトラーが「運命」の予兆を感じたとして何の不思議もない。まさに天の配剤であった。それは、ヒトラーにとってこの戦いが勝利に終わることは火を見るよりも明らかなことであったという意味においてもそうであった。ロシアを支配下に収めたユダヤ人が、ナチズムの人種理論にあって、もっとも劣等な、組織の分解酵素とみなされるべき人種であった限り、ロシアは、それが有する巨大な生活空間にもかかわらず、もっとも優れた人種的価値を有するドイツ民族の敵ではありえなかった。「ロシア軍は虚構の存在である」といい[376]、「ソ連との戦争なんぞは砂箱遊びにすぎない[377]」とヒトラーはいう。戦火を交えるまでもない。既に「東方の巨大な国家は崩壊寸前」であった。「国家としてのロシアの終焉」は約束されたも同然であった。「われわれは、民族主義的人種理論の正当性をこの上もなく論証することになるであろう一大破局の目撃者となるために運命により選ばれたのである。[378]」

八回目を迎えた政権掌握記念日、ヒトラーはベルリンのスポーツ宮殿からドイツ民族と、そして、何よりもユダヤ人に対し呼び掛けた。「一九四一年という新しい年がヨーロッパの新たな秩序にとって歴史的な年となることを私は確信する。一九三九年九月一日にドイツ国会で私が述べたことを思い出していただきたい。私は、その時、世界がユダヤ人の手によって再び大戦の中に投げ込まれる事態が生まれた場合、すべてのユダヤ人はヨーロッパにおける役割を終えることになるであろうと言ったのである。かつて私の予言を聞く度にそうしてきたように、彼らは今日もまだこの予言を笑いとばそうとするのかもしれない。しかし、この問題についても私が正しく事態を見通していたことは、ここ数カ月、数年の内に証明されることであろう。[379]」

たしかに、ユダヤ人の側に勝ち目はなかった。予言者ヒトラーは同時に計画の「実行者」でもあったのだから。演説から一カ月余り後の一九四一年三月三日、ヒトラーは国防軍最高司令部に対し「人種戦争」に関する最初の基本的指令を発した。「近く行われる軍事行動は単に武器を持った戦いに尽きるものではない。それ以上のものである。軍事行動の目的の一つは二つの世界観の対決にある。敵の軍事力を打倒するだけではこの戦いは終わらない。……これまで民族の『抑圧者』であったユダヤボルシェヴィキの知識階級が除去されなければならない。[380]」三月三〇日、官邸に三軍の将校を招集したヒトラーは、彼らを前に、目前に迫った戦いのもつ特異な性格を説明し、戦いへの覚悟を求めた。この日のヒトラーの発言の要諦を陸軍参謀総長ハルダーは日記に書き留めている。「ロシアに対するわれわれの任務。軍の粉砕と国家の解体。二つの世界観の戦い。ボルシェヴィズムに対し誤った判断をもつことは反社会的犯罪に等しい。共産主義は将来に対する巨大な危険。軍人同士としての戦友意識を棄てなければならない。殲滅戦争が問題となる。戦いは壊体の毒に対して遂行されねばならない。これは軍法会議の問題ではない。政治委員やGPUの連中は犯罪者であり、犯罪者として取り扱われなければならない。戦いは西部におけるそれとは非常に異なったものとなるであろう。東部においては苛酷であることが未来に対して寛大なことなのだ。各指揮者には自らの躊躇いを克服する犠牲が求められている。[381]」

もっとも、これらの指示や演説は、国防軍首脳にとって予想外のものではなかったはずである。一九三九年、国防軍最高司令部が編集・出版した教化用小冊子『ドイツ史の中のユダヤ人』には、「われわれドイツ人は今日二重の戦いを遂行するものである。非ユダヤ系諸民族に対しては、われわれはただわれわれの生存の利益を確保しようとするにすぎない。彼らには敬意を払い、騎士道に則った戦いを行うものである。しかし、世界ユダヤ人に対しては、有害な寄生虫を相手にするがごとく戦う」とある。[382]実際、ロシア侵攻の直前、国防軍最高司令部が布告した二つの命令は、未曾有の戦争への国防軍の加担を証明するものであった。六月四日付の『ロシアにおける戦闘部隊の行動指針』[383]は、バルバロッサ作戦に参加する全部隊に対し、ロシアとの戦いの性格を明らかにし、戦いへの覚悟を求めた。「ボルシェヴィズムはナチス・ドイツ民族の不倶戴天の敵である。今回の戦いはボルシェヴィキの煽動者、パルチザン、怠業者、ユダヤ人に対する無慈悲かつ断固たる措置の執行並びに一切の積極的消極的抵抗の完全な排除を要求する。戦いは狡猾なものとなることが予想されるが故に、赤軍のすべての兵士に対しては、たとえ捕虜であれ、最大の克己と細心の注意が命じられる。とりわけ、赤軍のアジア人兵士はわれわれにとって予見しがたい理解不可能な存在であり、陰険、非情な者たちである。……ソヴィエト連邦は、その多数がスラブ人、カフカズ人及びアジア人の諸民族により構成された国家であり、ボルシェヴィキの権力者の暴力がそれを統合している。ユダヤ人が現にこのソ連の支配者である。」二日後、ヴァルリモントの名において布告された『政治委員命令[384]』は赤軍の政治委員に対する清算措置を命じた。「ボルシェヴィズムに対する戦いにあっては、敵の行動が人道ないし国際法の諸原則に基づくであろうと仮定してはならない。……①この戦いの中で、これらの分肢に寛容な態度をとり、国際法上の配慮を示すことは誤りである。彼らは、われわれの安全にとっても、獲得された地域の早急な平定にとっても危険な存在である。②野蛮でアジア的な闘争の主謀者が政治委員である。彼らに対しては即座に躊躇うことなくもっとも厳格な措置が執行されなければならない。それ故、戦闘中であれ抵抗中であれ、彼らを捕らえた場合、原則として即刻武器により片づけなければならない。」

戦いのすべてを国防軍が担ったわけではない。世界観と人種をめぐる戦いの主たる担い手となったのがヒムラー率いる親衛隊である。三月三日の指示を受けたヨードルは、これにより当時作成中の『指令第二一号に関する特別分野に関する指針』の一部修正が必要となったとして、改めて、国防軍最高司令部に対し、「親衛隊ライヒ指導者の率いる部隊が軍が作戦行動を展開中の領域に投入されなければならないか否か」を検討するようにとの指示を出している[385]。その後、親衛隊ライヒ指導者との協議を経て、最終的に決定された『特別分野に関する指針[386]』は、ヒムラーの任務と権限を次のとおり規定した。「陸軍の作戦地域内において、親衛隊ライヒ指導者は、指導者の委任に基づき、政治的行政の準備のための特別任務――対立する二つの政治体制の間で最終的な決着をつけなければならない闘争から生じるところの諸々の任務――を任されるものとする。この任務の範囲内で親衛隊ライヒ指導者は独立しかつ自己の責任において行動する。」この時陸軍最高司令部とハイドリッヒの協議に委ねられた特別任務[387]にかかわる詳細は、ブラウヒッチュの四月二八日付の『布告』の中に見ることができる。布告は、先ず、「戦闘部隊の外部で行われる特別な保安警察上の任務の遂行のため、保安警察（親衛隊保安情報部）特務部隊の作戦地域への投入が不可避となった」とした上で、「特務部隊」の任務として、「作戦行動開始以前に確定された物品（ライヒと国家に敵対的な組織・団体・集団の品物・文書・カード等）の保全及び特に重要な人物（指導的立場にある亡命者、怠業者、テロリスト等）の拘禁」、「国家とライヒに敵対的な企ての探索及び打倒」を挙げ、さらに、「特務部隊はこれらの任務の枠内で自己の責任において一般住民に対し執行措置を実行することを授権されるものである」と定めた。

「特務部隊」は、ヒムラーとハイドリッヒにより組織され、対ポーランド戦以降、陸軍が展開する作戦地域内において、自らの責任の下に、事実上陸軍部隊から独立して、保安警察にかかわる任務を遂行するために設けられた保安警察・親衛隊保安情報部長官の指揮下にある戦闘部隊であった。バルバロッサ作戦にはA、B、C、Dの四部隊が編成、投入され、各部隊の将官クラスはゲシュタポ、親衛隊保安情報部、刑事警察から、その他のメンバーの大部分は武装親衛隊及び秩序警察から選抜された者たちであった。[388] 各部隊の規模については、その細部に関しいくつかの異なる報告があるが、ヘーネによると、各部隊は七〇ないし一二〇名から成る特務中隊、二〇ないし三〇名から成る特務小隊により編成され、全体の隊員数は、A隊が最大で九九〇名、D隊が最小で五〇〇名であった。[389]

「一般住民に対する執行措置」、つまりは、軍により制圧された領域内に居住する東方ユダヤ人の「清算」がこれら特務部隊の中心任務であった。それでは、四つの部隊に対して、何時、何処で、誰によって、如何なる内容の命令が下されたのか。ごく限られた文書資料を除けば、当事者の錯綜した証言が残されているだけである。四人の特務部隊隊長の内唯一人ニュルンベルクの法廷に立ったD隊隊長オーレンドルフ――彼は、ライプツィヒ、ゲッチンゲン等の大学で学び、法学博士の学位を有していた――は、一九四五年一一月五日付の宣誓供述書において、「一九四一年六月、ヒムラーから特務部隊の指揮を命じられました。……ヒムラーは、われわれの重要な任務はユダヤ人、つまり、女性、男性及び子供並びに共産主義活動家の除去にあると説明したのです」とし、[390] さらに、翌年一月三日の法廷では概略次のような証言を行っている。「対ロシア戦の開始の前、われわれが任務につく三、四日前、プレッチュに特務部隊及び特務中隊の隊長が集められ、この会議の席上、ライヒ保安本部のシュトレッケンバッハから口頭でハイドリッヒ並びにヒムラーの命令が伝達されました。その命令というのは、保安警察及び親衛隊保安情報部の通常の任務に関する一般的命令と、それに加えて、清算命令、即ち、ロシアにおける特務部隊の作戦行動の領域内でユダヤ人及びソヴィエト政治委員を清算しなければならないというものでした。[391]」あるいは、B隊に属する第7a特務中隊隊長であったブルーメの一九四七年六月二九日付の宣誓供述書によると、一九四一年六月の或る日、デューベンに招集された特務部隊と特務中隊の隊長を前に、ハイドリッヒとシュトレッケンバッハが『特務部隊の任務について』と題する講演を行い、出席者は「ユダヤ人殲滅の任務についての報告を受けた」という。「東方ユダヤ人はボルシェヴィズムの知的貯水池である。それ故、指導者の見解によれば、彼らは殲滅されなければならない、そのように説明されたのです。」さらに、ブルーメによれば、六月一七日にもベルリンのゲシュタポ本部で同様の会議がもたれ、その席上、ハイドリッヒは、プレッチュでの会議におけるシュトレッケンバッハの説明を前提に、「われわれが既に指導者の命令を承知しているものとして、もっぱらわれわれと国防軍の関係について」説明を行ったという。(392)

オーレンドルフとブルーメの証言の間には微妙な相異が見られるものの、少なくとも独ソ開戦以前に特務部隊に対しユダヤ人一般を対象とした殲滅命令が下されたとする点では一致する。戦後の特務部隊裁判において共同被告人とされたブローベル等特務中隊隊長の多くもまた、オーレンドルフの主張に沿った供述を行っている。(393) しかし、彼らの証言通り、はたして独ソ開戦以前に東方ユダヤ人「全体」の殺害が命じられていたかは、一九五五年にソ連抑留から帰国したシュトレッケンバッハが「殲滅命令」の伝達を否定したこともあって(394)必ずしも明確ではない。敗戦から一四年後、A隊に属する第三特務中隊隊長であったイェーガーはベルリンでの会議の模様をいささか曖昧な言い回しで次のように回想している。「私が思い出すことができるのはただ次の事実だけです。ハイドリッヒは挨拶の中で、対ロシア戦が開始された時、東方のユダヤ人のすべてが射殺されなければならないと宣言したのです。この点に関し付け加えておきたいのですが、ハイドリッヒがすべてのユダヤ人を射殺しなければならないと言ったのか、それとも特定のユダヤ人を射殺しなければならないと言ったのか、今となっては思い出すことができません。(395)」

はたして殺害命令が「すべてのユダヤ人」を対象とするものであったのか否か。この時期ハイドリッヒが特務部隊の任務に関し布告し、今日残されている二つの命令を見る限り、答は否定的となる。先ず、イェッケルン等四人の親衛隊・警察上級指導者に宛てた七月二日付の文書は、(396)六月一七日の会議で下された命令の周知徹底を目的に、その内容を要約したものとされるが、そこには、「処刑されるべき」者としてコミンテルンの活動家、党・中央委員会・管区委員会・地区委員会の上級活動家、中級活動家及び過激な下級活動家、国民政治委員、その他過激な分肢（怠業者、宣伝活動家、パルチザン、暗殺者、煽動者等）と並んで「党及び国家機関に属するユダヤ人」が挙げられている。つまり、殺害の対象は「すべてのユダヤ人」ではなかったということである。さらに、六月二八日に作成され、七月一七日付で布告された『特務命令第八号』は、「除去すべき分肢」として、党と国家の重要な活動家、赤軍の政治委員、経済界の指導的人物、知識階級等と並んで「あらゆるユダヤ人」を挙げていたものの、この命令が元来「ソヴィエトロシア人を収容する捕虜収容所の清掃に関する指針」として布告されたものであったことを考えれば、ここでも「あらゆるユダヤ人」とはあくまでも「捕虜」となったユダヤ人の全員でしかなかったと解するのが妥当であろう。[397][398]

いずれにせよ、この時期、いまだ最終的な殲滅命令は特務部隊の知るところではなかったのではないか。先の七月二日付の文書が、「新たに占領する地域においても反共産主義的・反ユダヤ主義的勢力が行う自浄の企てを妨害することなく、逆にこれを密かに誘発するようすべきである」と指示していたことも、こうした見方を裏付けている。それというのも、これ以前一般的な殲滅命令が下されていたとするならば、こうした指示は不必要であったにちがいなかったのだから。差し当たり殺害対象が特定のユダヤ人に限られていたが故に、一般のユダヤ人に対しては「自浄の企て」、つまりは一般民衆の下からのポグロムに期待せざるをえなかったということではなかったか。[399]

ところが、『特務命令第八号』が布告された前日の七月一六日、総司令本部では新たな動きが生まれていた。今後の占領政策の検討をテーマに、ヒトラーは、ローゼンベルク、ランマース、カイテル、ゲーリング、ボルマンを招集、コーヒータイムを挟んで前後五時間に及んだ協議の中で、「〔ロシア人が下した〕パルチザン戦はわれわれに刃向かう者どもを抹殺する可能性をわれわれに与えてくれた。……われわれは必要な一切の措置――射殺、強制移住等――を行うし、行いうる。……巨大な空間はできるだけ速やかに解放されねばならない」、こう方針を示したヒトラーは、さらに続いて、「これを行う最善の方法は歪んだ観念をもつすべての者どもを射殺することである」と結論した。「歪んだ観念をもつすべての者」がユダヤ人一般を指すものであったと解しうるとするならば、少なくとも東部地域のユダヤ人に関する限り、ヒトラーは遅くともこの時点までに彼らの「殲滅」を決断していたことになる。[400]

それでは、当初の限定的な命令に代わって、特務部隊に対し何時包括的な殲滅命令が下されたのか。シュトライムは、C隊の第五特務中隊隊長シュルツやB隊の第八特務中隊隊長ブラドフィッシュ等の証言及び各部隊の報告書を手掛かりに、ロシア侵攻の数週間後、七月末から八月末にかけての時期ではなかったかと推測する。たとえば、ブラドフィッシュはB

隊隊長ネーベから命令を伝達されたのはおそらく七月中頃であったとし、シュルツは、八月頃C隊隊長ラッシュがイェッケルンの名前を出しながら、今後「いかなる復讐者も残さないため」ユダヤ人の女性と子供に対しても処刑を執行すべきとの命令を伝えたという。こうした証言は特務部隊の報告書によっても裏付けられる。イェーガーが率いる第三特務中隊の処刑リストには、八月一五／六日以降、それまでの七月二日付の文書に沿った処刑理由に代わって、まったく一般的に「ユダヤ人男性、ユダヤ人女性、ユダヤ人子供」が登場する。あるいは、C隊に属する第四a特務中隊の報告書は八月の時点で「あらゆる年令層のユダヤ人男女」を対象とする殲滅作戦が開始されたことを、D隊の報告書も八月の時点で「ユダヤ人問題の解決がもっとも重要な課題の一つとして着手された」ことを伝えている(401)。そして、このことに呼応するかのように、ビューランが指摘するところによれば、この時期以降、すべての部隊の報告書には犠牲者数の急激な増加が見られる。たとえば、イェーガーの部隊では、七月の総計四二三九人が八月には三七一八六人に、D隊の場合、八月一九日までの総計八四二五人が、その後九月三〇日までの四〇日間余りの間に三五七八二人へと跳ね上がる(402)。これらの証言や報告書から見て、ロシア侵攻から一カ月余りの時点で、前線部隊の作戦行動に決定的な変化が生まれたことが推測される。

第六軍最高司令官フォン・ライヘナウ元帥は、東方地域で展開中の各部隊に対する一〇月一〇日付の秘密命令において、今回の戦いの目的と性格を、「ユダヤボルシェヴィキ体制に対する戦争のもっとも重要な目標は、彼らの権力手段を完全に破壊し、かつ、ヨーロッパ文化領域におけるアジア的影響を根絶することにある。……各兵士は、東方地域にあっては、単に戦争のルールに従う戦闘員であるだけではなく、仮借なき民族主義的理念の担い手であり、かつ、ドイツ民族並びにその類縁民族に加えられてきたあらゆる残虐行為の復讐者でもある」と規定し、さらに加えて、「それ故、各兵士は、下等人間であるユダヤ人に対し厳しいが正当な贖罪を行わせる必要性というものについて完全な了解をもたなければならない(403)」と説いたが、この最後の行は、おそらく婦女子をも巻き込んだ特務部隊の殲滅作戦に対して一般の兵士がもったにちがいない疑問に答えようとするものではなかったか。実際、ヒルバーグは、国防軍兵士の間で起こった批判や怒りの存在について報告している(404)。ライヘナウの命令はヒトラーから「優秀」との評価を与えられ、一〇月二八日には、カイテルの指示に基づき、写しが陸軍最高司令部の手により第六軍以外の各司令官宛てに「同様の布告を発令するように」との指令を付して送付された(405)。

作戦開始から三カ月足らず、リトアニア、レットランド、エストランド、白ルテニアに展開したシュターレッカー率いるA隊が一〇月一五日までの作戦行動に関し作成した大部の報告書には、「保安警察による清掃活動の目的がユダヤ人を可能な限り除去すること」にあったこと、それ故、「特務中隊により各都市において、農村部において広範な処刑措置が実行された」ことの記述が見いだされる。これが文字通り「包括的除去」であったことを、報告書に添付された「これまでに実行された処刑の総数」が物語っている。四地域全体で一二一八一七人が処刑され、その内三三八七人の共産主義者を除く一一八四三〇人、全体の九七％がユダヤ人で占められていた。[406]この他、報告書には、リトアニアとレットランドでのポグロムにより殺害されたユダヤ人五五〇〇人、旧ロシア領域内で清算されたユダヤ人、共産主義者、パルチザン二〇〇〇人、精神病者七四八人、ティルジットの国家警察と親衛隊保安情報部支部による国境巡察中に処刑された共産主義者とユダヤ人五五〇二人が挙げられ、これらを合わせた総数は一三五五六七人に上っていた。三カ月後、一九四二年初頭と推測されるA隊の報告書は与えられた任務の終了を宣言した。「東方地域における体系的な清掃活動は、基本的命令に従いユダヤ人を可能な限り完全に除去することを目的とするものであった。この目的は、白ルテニアを除けば、これまで二二九〇五二人のユダヤ人を処刑することによって一応達成されたといえる段階に達した。[407]」

七　最終解決の実行

一九四一年七月三一日、特務部隊による清算活動が開始されて間もなくの頃、一通の『委任命令』[408]が大ドイツライヒ元帥兼四カ年計画全権受託者兼国防評議会議長ゲーリングから保安警察及びSD長官兼親衛隊中将ハイドリッヒに対し下された。「一九三九年一月二四日付の命令により既に貴官に対し、ユダヤ人問題を状況に即した最適な方法で解決するため、移住ないし強制移送という形式で処理する任務を委ねたが、この任務の補完を目的として以下の事柄を委任する。即ち、ドイツが支配するヨーロッパの地域において、ユダヤ人問題の全体的解決をはかるため、一切の必要な準備を組織的、実務的、物質的な面にわたって整えること。他の中央官署の管轄権がこのことに抵触する限り、各中央官署は協力すべきものとする。次に、懸案となっているユダヤ人問題の最終解決の実行のため、ただちに組織的、実務的、物質的な準備措置に関する全体的計画を提示することを委任する。」

そこに付されたゲーリングの肩書からも明らかなように、『委任命令』は、「死を管理する」権力の発現として、国家法の埒外にあって、規範的授権の類ではなかった。この命令が布告された前後の時期、ユダヤ人問題の最終解決の実行に向けて下されたさまざまな決定と授権の連鎖の連なりは、錯綜し、途切れ、容易には見通せないのであるが、その端緒が指導者にあったことは間違いなく、そのことを、実行責任者であったヒムラー自身が、一九四四年一月二六日、ポーゼンにおいて、およそ三〇〇名の国防軍の幹部連を前に次のように明かしている。「指導者が、私に対し、ユダヤ人問題の全体的解決を実行するようにと命令したとき、私は、当初、私の勇敢な親衛隊のメンバーをこのような恐るべき任務に投入すべきか躊躇した。……しかし、結局は、それが指導者の命令である以上、いかなる躊躇いも許されるはずのものではなかった。[409]」

最終解決は、共産主義者等政治的敵対者に対する戦いにより開始され、レーム一派の粛清やポグロム、安楽死命令によりその正体をあらわした指導者原理の大掛かりな表現であり指導者権力の総決算でもあった。ここでも、指導者が、最終目的を定立し、その実現に向けてプランを構想し、その折々の状況の力学の中で具体的な決定を下すことに変わりはなく、下部の政治指導者たちが、ゲーリングやヒムラーを含め、与えられた授権の範囲内で、固有の責任を担う協働者として指導者の意思を実行すること、同様であった。最終目的がユダヤ人の生物学的根絶にあること、そして、それはただテロルによってのみ実現可能であることは、ヒトラーがさまざまな機会に明示的あるいは暗示的に繰り返し語ってきたところであり、その時はたとえ発言の真意を測りかねるところがあったにせよ、今や、指導者の指揮棒の一振りで、最高政治指導者のグループから末端の党員に至るまで、そして、脇役としてであれ必要に応じて法律-権力も加えて、最終目的に向けた運動を開始する、そうした段階に立ち至った。もっとも、このことから、アウシュヴィッツに至る道が一直線のそれであったと結論するならば、それは早計というものである。これまでも、そして、これ以降も、さまざまな外的・内的要因が重層的に重なりあい、事態がジグザグに、時には矛盾し、時には衝突し、時には錯綜し、時には妥協し、進行したことに間違いはない。そのことの故に最終解決の「即興的性格」が云々されることにもなるのではあるが、ジグザグな事態の進行は、最終目的の不在に由来するものではなく、共産主義者等との戦いや精神病者等に対する安楽死、あるいは、ポグロムの際にも見られたと同様の、法律-権力ではない、運動性と全体性を構成原理とし、その折々の状況を勘案しながら、人格的授権、即ち、上からの大まかな指示と広範な自由裁量を内容とする授権の連鎖で組み立てられる指導者権力に見合う事態であった。

最終的なゴーサインが何時出されたのか。それを証明する確たる文書の類は発見されていない。フリードレンダーは、一九四一年八月のヒムラーから特務部隊隊長ブラドフィッシュへの「この命令はヒトラーによるものであり、一個の法律としての効力を有する」との発言等を挙げ、「十中八九、一九四一年夏に口頭により」絶滅命令が下されたのであろうとする[410]。機械装置を起動させるには、二人きりの秘密の話し合いの中で、あるいは、何かの立ち話の折りに表明される言葉、場合によっては、暗示的な、さらには、単なる目配せだけでも十分であったのかもしれない。安楽死命令の場合にあっては、実行担当者である医師が元来は指導者権力体制の枠外に立つ者であったが故に、なお必要とした文書による授権は、ここではまったく不要なものであったと想像される。ヒトラーは、彼の口頭あるいは目配せによる決定が、人格的授権の連鎖によって下部へと伝えられ、この連鎖の中にある誰もが、オーレンドルフがニュルンベルクで語ったように、「大きな機械装置の下部を支える一つの歯車[411]」として、今ここで与えられた状況の中で決定を実行するに必要な結論を、自らの地位と権能に即し、当然のこととして論理的に導き出し、しかるべき手を打つであろうことを十分に期待しえたのであり、そして、彼らもまた、たとえ個々に矛盾し衝突する事態を招くことがあったにせよ、実際にそうした期待に応えたのである。かかる授権と実行の在り方は、先に紹介した党最高裁判所の一九三九年二月一三日付の『反ユダヤ人示威に関する経緯及び党裁判所の審理に関する報告書』にあるとおり、彼らが闘争時代から慣れ親しみ、水晶の夜において、規模に違いはあれ、検証済みの方法でもあったのだ。後からみれば、ポグロムは、そのための予行演習であり、リッパにその役割を果たしたといえよう。

戦後多くの人々を驚かせた、実行担当者の責任逃れとも思われる発言、たとえば、ヒムラーの「私はユダヤ人問題に関心はなかった。しかし、自分は兵士であり、それ故、最高指揮官の命令を無条件に執行する義務があった[412]」との言、あるいは、アウシュヴィッツ強制収容所所長ヘスの「『指導者が命令し、われわれが従う』――これはわれわれにとって決して単なる決まり文句でもスローガンでもなかった。……われわれが指導者の命令を実行するに際して依拠した鉄のごとき首尾一貫性を前にして、一切の人間的な感情はこれを沈黙させねばならなかった[413]」との言は、文字通りに、これを受け取らねばならない。それは、機械装置に任用され用象としてゲーシュテルに配置された正真正銘の服従する主体である彼らにこそ相応しい発言であった。

ハイドリッヒもまたそうした主体の一人として人格的授権の連鎖を構成する、それも上位の重要な鎖の一つであった。彼が「全体的計画」の最終調整を目的に大ヴァンゼー街に置かれた親衛隊保安情報部（ＳＤ）のゲストハウスにライヒ東方占領省、ライヒ内務省、四カ年計画全権受託者、ライヒ法務省、総督府、ライヒ外務省、党官房、内閣官房、人種・移住本部、ライヒ保安本部、保安警察・親衛隊保安情報部の一四名の代表者を招集したのは、『委任命令』からおよそ半年後の一九四二年一月二〇日のことであった。当初会議は一二月九日に予定され、それが、前日の日本軍による真珠湾攻撃とアメリカの対日宣戦の結果、この日に延期されたものであったとされるが[414]、当初の一二月九日は決して意味のない日付ではなかったと思われる。この年の秋には、ベウゼツ、ソビブル、トレブリンカ、アウシュヴィッツでガス施設の建設が始まり、ヘウムノで最初のガス殺が開始されたのはこの前日のことであった。さらに、三日前の一二月六日には、ロシア軍の反攻によりドイツ軍の勝利の可能性が完全についえるという、決定的な事態が出来している。生活空間の獲得の可能性が消滅した結果、もう一つ残された包括的なユダヤ人の殲滅に向けた戦いの実行に最終的なゴーサインが下されたとの推測[415]もあながち的外れではないのかもしれない。

冒頭、ハイドリッヒは、会議の目的が最終解決に関する「原則的諸問題の解明」並びに「関係する中央諸機関の指導方針の統一化」にあることを明らかにした上で、「ユダヤ人問題の最終解決の実行を中央にあって統括する権限が、地理的境界に関係なく、親衛隊ライヒ指導者兼ドイツ警察長官に帰属する」ことを確認し、これまでの経緯と今後の基本方針を明らかにした。「政権掌握以降一九四一年一〇月三一日までの間に全部でおよそ五三七〇〇〇人のユダヤ人の国外移住が行われたが、……親衛隊ライヒ指導者兼ドイツ警察長官は、戦時における移住の危険並びに東部の可能性に鑑みユダヤ人の移住の禁止を命令した。既に指導者が下した相応の裁可に従い、今後の新たな解決策として、移住に代わり、ユダヤ人の東方地域への強制移送が採用されるに至った。」しかし、ハイドリッヒは「現在、東方地域において、来るべきユダヤ人問題の最終解決のために重要な意味をもつ実際的な諸経験が蓄積されている」ことを理由に、「こうした措置も単なる待避策とみなされなければならない」とする。それでは、最終解決の実行に至る過程の中で、「およそ一一〇〇万人」と見積もられる大量のユダヤ人、とりわけ東方地域に強制移送された彼らをどう取り扱おうとしていたのか。「関係諸機関の指導の下、適切な手段でもってユダヤ人を東部地域に労働力として投入しなければならない。労働能力を有するユダヤ人は男女別に大規模な労働部隊に編成し、当該地域の道路建設に従事させられる。その際、大部分が自然の淘汰作用によって倒れることは疑いない。最後まで生き残る者がいるとして、彼らは疑いもなくもっとも抵抗力を有する者であるが故に、適切な方法でもって処理されなければならない。」端から労働能力をもたない者たち、たとえば子供や老人、病弱者、虚弱者等の運命はいうまでもなかった。ハイドリッヒはいう。「このようにして最終解決が実行に移されるに従い、ヨーロッパは西から東へと梳られることになるであろう。[416]」以上の言からは、ユダヤ人を、彼らの生の最後の段階に至るまで、それが可能である限り、機械装置のために徴用し-用立てんとする意図がハッキリと読み取れる。死を運命づけられた彼らもまた、ゲ-シュテルに配置される用象として、生ある限り、彼らを根こそぎの抹殺へと追い込んだ世界観のために、服従する主体であることを求められたのである。

この頃、ヒトラーは繰り返しさまざまな機会を通してユダヤ人の「殲滅」について語っている。ヴァンゼー会議から三日後の一月二三日、彼は、ユダヤ人問題の最終解決の統括責任者である親衛隊ライヒ指導者兼ドイツ警察長官ヒムラーを相手に、「われわれは過激に行動しなければならない」との考えを明かしていた。「歯を抜く場合、一気に抜くと痛みは急速に消え去る。ユダヤ人はヨーロッパから姿を消さねばならない。……教皇支配の時代、ローマではユダヤ人が虐待された。一八三〇年まで年に一度八人のユダヤ人がロバに乗せられ、ローマ市内を引き回された。私はといえば、ただユダヤ人に対し出て行けといっているだけである。しかし、彼らが自発的に出て行くことを拒否した場合、殲滅以外に道はない。[417]」四日後にも狼の巣で同様の発言を行った[418]ヒトラーは、一月三〇日、スポーツ宮殿での恒例の演説の中で、三年前の国会発言を繰り返し、「今度こそ『眼には眼を、歯には歯を』という古いユダヤの掟が適用されるのだ」と公言した。「アーリア民族が根絶されるか、それともユダヤ民族がヨーロッパから消えてなくなるか、そのいずれかでしかこの戦争が決着しえないことがわれわれの眼に明らかとなってきた。……何時の時代であれわれわれの世界のもっとも悪しき敵であった者どもが少なくとも今後千年間その役割を終えるであろう時がやってきたのだ。[419]」三週間後、再びヒムラーを前にした発言は、チクロンBの本格使用が既にアウシュヴィッツで始まっていたことを考えるならば、象徴的な意味をもつものであった。「ユダヤ人というウイルスの発見はこれまでに世界で企てられた最大の革命の一つであった。われわれが行おうとする戦いは、前世紀にパストゥールやコッホが戦ったそれと同じ性質のものである。いかに多くの病がユダヤウイルスに原因を有していることか。……ユダヤ人を除去する場合にはじめてわれわれは健康を回復することが可能となる。[420]」そして、これは、ハイドリッヒに『委任命令』が下される丁度三週間前の七月一〇日、古くからの党員であり、当時リッペントロープの連絡将校を務めていたヘーウェル相手の発言と正確に呼応しあうものであった。「私は政治におけるロベルト・コッホであると感じている。彼はバクテリアを発見し、同時に、医学に新たな方法を指し示した。私はユダヤ人が一切の社会的壊体のバクテリアであり酵素であることを発見したのだ。[421]」これらの発言を、先に紹介した『党綱領』の発表から半年後のザルツブルクでの演説――「諸君は病原体を殺すことなく、つまり、病原菌を殲滅することなく、病気と戦うことが可能であるなどと信じはしないであろう。……ユダヤ人という病原体がわれわれのもとから除去されない限り、ユダヤ人の活動がなくなることも、民族に対する毒殺が止むことも決してないであろう。」――と比較したとき、そこに見られる類似性には驚かされるばかりである。ヒトラーの世界観が、反ユダヤ人政策に関しても、不変であったことを確認することができる。

ユダヤ人というウイルスを発見し、その殲滅を決意したヒトラーにとって、その実行に先立って解決しておかなければならない問題に、コッホが結核菌に対して行ったと同じように、このウイルスを短期間に、しかも確実容易に「解毒」するための「新たな方法」を発見し確立することがあった。そして、先の会議でハイドリッヒが「現在東方地域において、来るべきユダヤ人問題の最終解決のために重要な意味をもつ実際的な諸経験が蓄積されている」と語っていたように、この時点、彼等は課題をほぼ解決し終えていたのである。

ハイドリッヒのいう「実際的な諸経験」の一つが、ロシアで展開されていた特務部隊の作戦行動、政治委員や戦争捕虜、ユダヤ人等の殺害であった。特務部隊は当初清算手段として「銃殺」を採用していたが、それがもたらす血生臭い光景は、多くの隊員に服従拒否やアルコールへの逃避、重い精神障害といった厄介な問題を生み出す程のものとなっていた。一九四一年八月、ミンスクを訪れ、自らもユダヤ人捕虜の射殺の凄惨な光景に大きなショックを受けたヒムラーは、この後、特務部隊隊長ネーベに対し「より人間的」な殺戮方法の検討を命じている。[422]この他、占領地域の拡大に伴うユダヤ人の圧倒的な量的増加という問題もまた、射殺に代わる方法が求められた背景にあったのであろう。ポーランド総督フランクの一二月一六日のクラカウでの閣議における発言は、ヨーロッパ各地から強制移送されてくる大量のユダヤ人を抱え込んだ彼の戸惑いをよく表現している。「われわれはユダヤ人を殲滅しなければならない。その際、こうした空前絶後の出来事を従来の観念でもって律することはできない。いずれにせよ、われわれは目標に至る方法を発見するよう迫られている。私の懸念もこの点にある。今日総督府領内には三五〇万ものユダヤ人が住んでいるのだ。この三五〇万のユダヤ人をわれわれは射殺することも毒殺することもできない。[423]」

ミンスクでは、先のヒムラーの命令を受けたネーベの指導の下に、九月に入って、ライヒ保安本部犯罪技術研究所の親衛隊中尉ヴィットマンを中心に、射殺に代わる新たな方法のテストが始まっていた。彼らがいずれも安楽死の実行に初期の頃から関係していたことは既に紹介したとおりである。テストはロシア人の精神病者を対象とし、殺害手段として爆薬と自動車の排気ガスが試された[424]。ヴィットマン等は事前の準備、事後の処理の容易さを理由に、密閉した部屋の中に自動車からの排気ガスを注入する方法がより有効であるとの結論に至ったものの、ヒムラーは、結局、移動可能なガス室、いわゆる「ガス自動車」の採用を決定した。既に一九三九年末からダンツィヒや東プロイセン、ヴァルテラントにおける精神病者殺害のために親衛隊大尉ランゲの率いる特務部隊が一酸化炭素貯蔵器を備えたガス自動車――これには「カイザーコーヒー商会」という銘板が取り付けられていた――を使用していたが[425]、ヒムラーが求めたものは「より能率的なガス自動車」であった[426]。先のガス自動車の製造を担当したライヒ保安本部の技術部主任であるラウフ中佐に開発命令が下された。犯罪技術研究所のヘース少佐やヴィットマン、ベッカー等との緊密な協力の下に、晩秋には排気ガスを利用する新しいガス自動車のテストがロシア人捕虜を対象にザクセンハウゼン強制収容所で行われ[427]、その後、翌年六月までに順次完成したおよそ二〇〇台のガス自動車――小さいタイプは二五ないし三〇人、大きいタイプは五〇ないし六〇人を処理する能力をもっていた――が東部戦線で作戦行動中の特務部隊に引き渡された[428]。

こうした東部戦線の動きと並行して、旧ポーランド内のゲットーのユダヤ人の運命についてもこの時期重大な変化が生じていた。食料事情の極度の悪化と、飢餓の開始である。ソ連侵攻から間もなくの頃、ロッツのゲットーを抱えるヴァルテラント大管区の親衛隊警察上級指導者の幕僚付親衛隊少佐ヘップナーは、ライヒ保安本部のアイヒマンに対し、「この冬にはおそらくユダヤ人の全員を食わせることは不可能な事態となるでしょう。労働不能のユダヤ人を何らかの即効的な措置により片づけてしまうことがもっとも人道的な解決策ではないのか、そうしたことを真剣に検討しなければなりません」[429]との書簡を送付したが、こうした事態を前にして、大管区指導者である親衛隊中将グライザーは、この年の秋、ヒムラーに対し特別措置の裁可を要請するに至った[430]。決定を受けたハイドリッヒの命によりランゲの特務部隊が派遣され、彼らはロッツの西方七〇㎞にあるヘウムノの森の中に大小三台のガス自動車を設置した。当初近傍のユダヤ人を対象に一二月八日に開始されたガス殺の対象は、その後、翌年一月一四日付のロッツ・ユダヤ人評議会議長ルムコフスキーの『強制退去命令』[431]に基づきゲットーを追われたユダヤ人へと拡大された。(432)既に二年前のゲットー建設の折り、行政長官親衛隊准将ユーベルヘールがグライザーに宛てた書簡の中に、「ゲットーの建設は当然のことながら暫定措置である。ゲットー及びロッツの町から何時、如何なる手段によってユダヤ人が一掃されるかについてはまだ公表する時期ではない。いずれにせよ、われわれの最終目的はこの悪疫の腫れ物を完全に焼き尽くすことにある」(433)との報告が見られるが、その時の予言が今ようやく現実のものとなろうとしていた。

ヘウムノでのガス殺が始まった頃、ライヒ領域内では、ポグロム後に加速されたユダヤ人の権利剥奪と社会生活からの排除の動きが、ポーランドへの侵攻の時期を経て、最終局面を迎えようとしていた。それは、たとえば、肉やバター・野菜・ミルク・卵・脱脂乳・米・ココア等の食料品の割当・配給の打切、食料品の購買時間の制限、公設市場への立入の時間制限、衣料切符・布地の購買券の割当の廃止、ラジオの所有禁止、電話加入権の剝奪、電話接続の停止、公衆電話の利用禁止、書籍・雑誌・新聞・官報の販売禁止、借家人保護法の適用排除、公共交通機関の利用制限、超過勤務及び祝祭日労働の割増賃金・扶養手当・誕生及び結婚特別補助・死亡手当・クリスマス特別手当等の労働法上の権利の剝奪、失業補償金の支給制限、青少年の労働時間の特例措置の廃止、雇傭主に対する次回労働日までの解約告知権の付与、人損事故に対する請求権の剝奪、ユダヤ人を対象とする死因処分の無効、一八歳から五五歳の労働能力を持つ男女に対する労働動員、千ライヒスマルクを越える装身具・骨董品の売買の禁止、小切手の利用禁止及び発行済小切手の没収、巡回図書館の利用禁止、ユダヤ人学校の閉鎖、ユダヤ人子弟に対する教員による教育の禁止、勲章・名誉章・その他の記章の着用の禁止、市場・見本市への立入禁止、寝台車・食堂車・長距離列車・船舶の利用禁止、待合室等駅施設の利用制限、週末・休日の鉄道の利用禁止、切符自動販売機の利用禁止、国外移住の禁止、外国居留者の財産の没収、配給品以外の食料の販売制限、電気器具・光学器具・自転車・写真機・タイプライター・計算機・複写機・カメラ・毛皮類・毛織物類・登山靴・安全剃刀・ユダヤ人墓地の門扉等の供出命令、菓子・花・アイスクリームの販売禁止、床屋の利用禁止、アーリア人住居への訪問の禁止、犬・猫・鳥等の家畜飼育の禁止等々、日常生活のあらゆる面に及ぶものであった。(434)この頃既に、ドイツ国内に居住するユダヤ人の総数は、政権掌握時の六%程度の三万人強にまで減少し、(435)『官吏団再建法』に始まったユダヤ人立法は「ようやくその終焉の時期を迎えよう」としていた。(436)一九四一年一一月二五日の『ライヒ公民法第一一命令』が日常の居住地を外国とするユダヤ人からのドイツ国籍の剝奪及び財産のライヒへの帰属を決定したのに続いて、一九四三年に布告された二つの命令が一連の人種立法の最後を画するものとなった。四月二五日の『ライヒ公民法第一二命令』は、一般のドイツ国籍所有者の他に、ドイツライヒに居住する者の法的地位に関し、「一般的命令又は個別の決定により承認されたか承認される取消可能なドイツ国籍所有者」と「ドイツ民族に属さない者で、ドイツライヒに居住し、一般的命令又は個別の決定により承認されたか承認されるドイツライヒの保護を受ける者」という二つの新たなカテゴリーを設け、その上で、ユダヤ人は、ジプシーとともに、「国籍所有者となりえず」、また、「取消可能なドイツ国籍所有者、ドイツライヒの保護を受ける者でありえない」とした。これが生きているユダヤ人の完全な権利の剝奪であったとするならば、七月一日の『ライヒ公民法第一三命令』は死亡したユダヤ人の権利剝奪のためのものであった。「ユダヤ人の死後、その者の財産はライヒに帰属するものとする。」ユダヤ人立法に指導的役割を果たしたライヒ内務省次官シュトゥッカルトは、この頃、「人種立法の目的は既に達成されたものと考えられる」との総括を行っている。「それ故、人種立法〔の役割〕は本質的に終了したものとみなされてよい。それは、ユダヤ人問題を一時的に解決するものであったと同時に、最終解決を決定的に準備するものでもあった。多くの法令は、ドイツがユダヤ人問題の最終解決の実行に着手する時点で、実際的な重要性を失うことを予定されていたのである。」(437)

シュトゥッカルトの総括は、国家が、たとえ補助的にではあれ、ユダヤ人問題の解決にかかわる時期が過ぎ去ったことを確認し宣言するものであった。これまで、第二革命の制圧には『国家緊急防衛措置法』による正当化が行われたように、警察による予防措置の執行には二月二八日の『大統領令』による裏付けが存在したように、安楽死にはライヒ内務省第四局の協働が不可欠であったように、それぞれに、指導者権力の発動というにはなお幾許かの足りないものがあったのではあるが、今や、ユダヤ人問題の解決は、ポグロムと三重の戦争を経て、親衛隊による民族の生存法則の執行という、国家権力を過剰とし不要とする段階に立ち至った。

ヘウムノでガス殺が開始される一カ月程前、スモレンスクの前線への旅の途中にヴィルナのゲットーを視察したゲッベルスは、その時の模様を日記に書き残している。「ゲットー内をひとわたり巡回したところ、その光景は恐ろしいものであった。ここではユダヤ人が互いに積み重なり、醜悪な状況を呈している。見るに耐えず、まして、手で触れることなど思いもよらない。……街路を恐ろしい風体をした者たちがうろつきまわり、私など夜間とても彼らと出くわす気にはなれない。ユダヤ人は文明化された人類にとりつく虱である。何らかの方法で抹殺しなければならない。さもなくば、彼らは繰り返し厄介で不快な役割を演じ続けることになるであろう。(438)」この時期、総督府領内のゲットーも同様の事態に陥っていたことは既に紹介したヤニナ・ダヴィドの手記にも見られるとおりである。しかし、続々と強制移送されてくるユダヤ人の増加にもかかわらず、フランク総督の一九四一年七月一七日付の勤務日誌に、「総督はこれ以上のゲットーの建設を望んではいない。六月一九日、指導者が、ユダヤ人は近い将来総督府領から追放され、今後総督府領はいわば単なる通過ゲットーにすぎないものとなるであろうとの計画をはっきりと明らかにした(439)」との書き込みが見られるように、ゲットーの増設は問題外であった。

　それでは、ヒムラー等はこの冬をかろうじて生き延びたユダヤ人たちをどう「始末」しようとしていたのか。さらに、彼らの背後にはライヒのみならずオランダ、フランス、ベルギー、ノルウェー、デンマーク、白ロシア等新たにドイツの支配下に入った各地域で強制移送を待つ多くのユダヤ人が控えていた。はたして翌年の春以降東部では何が起ころうとしていたのか。「総督府領からの追放」の先に彼らを待ち受けていたものは何であったのか。フランクは一二月一六日の閣議で「われわれは三五〇万のユダヤ人を射殺することも毒殺することもできない」と語っていたが、そのすぐ後に新たな作戦の中身を次のように仄めかしていた。「しかし、ライヒからやがて連絡があるはずの大規模な措置と関連し、何らかの方法でもって彼らを抹殺する、そうした攻撃を仕掛けることが可能となるであろう。そのことに成功すれば、総督府領はライヒと同様にユダヤ人が一人もいないところとなるにちがいない。(440)」

　フランクの念頭にあった「攻撃」がその頃ヘウムノで始まった組織的なガス殺であったことは疑いない。また、この年の夏から秋にかけての時期、総督府領内に滞留するユダヤ人の一掃を目的に、ヒムラーからルブリン地区親衛隊警察指導者である親衛隊少将グロボツニクに下命されたいわゆる「ラインハルト作戦」のために、新たな抹殺施設の建設が計画され、一部は既に着工されていたことについても彼は当然承知していたはずである。ベウゼツ、ソビブル、トレブリンカのガス施設がそうであり、これらは、それぞれ一九四一年の晩秋から翌年初夏にかけて建設が始まり、三月、五月、七月に完成し運転を開始する。(441)

　今回の作戦においても、先のガス自動車の開発の場合と同様、あるいはそれ以上に親衛隊とＴ４の協力関係を見いだすことができる。三つの絶滅収容所の建設を指揮し、後に特務部隊隊長として三つの施設の監督官となった親衛隊大尉ヴィルト、ガス室の建設に重要な役割を果たしたランバートはいずれもＴ４のエキスパートであったし、これらの収容所所長となったエバール、シュタングル、ヘリング、ライヒライトナー、フランツもブランデンブルクやベルンブルク、ハルトハイム等の殺害施設においてそれぞれ指導的役割を果たした人物である。カウルは「T4は親衛隊を手ほどきする教師として彼らの卒業生を送り込む学校であった(442)」とするが、この間の事情は、安楽死計画の責任者の一人であるブラックがヒムラーに宛てた一九四二年六月二三日付の書簡によっても裏付けられる。「私はライヒ監督官ブーラーからの指示に基づき、グロボツニク少将に対し、彼の特別任務の遂行を助けるべく、既にずっと以前から私の部下の一部を自由に利用させてきました。今回彼からの新たな要請に基づき、私は改めて部下を派遣することにいたしました(443)。」さらにブラックの戦後の証言によると、こうした人材派遣は、「安楽死計画の中止によってお役御免となる人員を温存し、戦争終結後の新しい計画に備える」ために、おそらくはヒムラーとの協議に基づきブーラーにより決定されたものであった(444)。指導者官房からラインハルト作戦に用立てられた人員の規模がどれほどのものであったか。グロボツニクが親衛隊人事局に宛てた一九四三年一〇月二七日付の書簡の中に「九二人」という数字がある(445)。ルュッケルルによると、一部の例外を除いて、「絶滅収容所のドイツ人職員のほとんどがT4から派遣された者たちによって占められ」、実際、両者の緊密な関係をあらわすように、「T4の指導部（ブーラー、ブランケンブルク、アルレス）がしばしば絶滅収容所を視察に訪れ」、また、派遣された職員にかかわる日常的な業務、たとえば休暇や召還の申請、給料の支払い、郵便物の配達はT4の事務局により管理されていた(446)。

ベウゼツの施設が完成したちょうどその頃、ゲッベルスはいつもの日記に、「ルブリンを手始めに総督府領内のユダヤ人が目下東部に向けて強制移送されつつある。そのやり方はひどく野蛮なもので、ここではこれ以上はっきりと描写することが不可能なほどである。指導者が新たな世界戦争の惹起の代償として彼らに餞別代わりに与えた予言は、今もっとも恐ろしい仕方で実現され始めている(447)」と書いたが、ヒトラーが長年抱き続けたユダヤ人問題の解決は今ようやく最終段階を迎えようとしていた。

収容所に到着したユダヤ人たちを待ち受けていたものは、ヘウムノのガス自動車に代わって、ヴィルトにより設計されたディーゼルエンジンの排気ガスを利用する「常設のガス室」であった。これらのガス室の処理能力はガス自動車の比ではなかった。ベウゼツの場合、当初のブリキで内装された木造のバラックの能力はせいぜい一〇〇ないし一五〇人程度のものであったが、その後六月末に完成した石造りの施設では、六つのガス室を使って、一度に一五〇〇人ものユダヤ人を処理することが可能であった。[448] 例によってここでも巧妙なカムフラージュが施されていた。ベウゼッツの施設を目撃した者の証言によると、左右に有刺鉄線が二重に張りめぐらされ、「吸入室・浴室へ」との表示が掛けられた白樺の小さな並木道を行くと、「周囲にゼラニウムの植えられた浴室と見える建物があらわれた。そこから階段があり、その左右には、ガレージにあるような木の扉の付いた五メートル四方、高さ一・九メートルの部屋が三つずつ設けられていた。その後ろ側は暗くてよく見えなかったが、積卸し用の大きな木の扉が付いていたようである。屋根の上には、『皮肉なちょっとした冗談』のつもりか、ダビデの星が掲げられていた。[449]」

ベウゼッツ等の「純粋」な、つまり、即時の抹殺のみを目的として建設された収容所と並んで、当初親衛隊作戦本部、その後ポールの率いる親衛隊経済・行政本部の管轄下にあって元来戦争捕虜や政治犯の強制収容所であったヴァルテラント大管区内のアウシュヴィッツと総督府内のマイダネク（ルブリン）にも大規模な殺人工場を建設する計画が動き始めていた。マイダネクでは、一九四二年七月に最初の小さな火葬場が、次いで遅くとも一〇月に本格的なガス工場が完成し、[450] 翌年秋、おそらく一一月はじめまでの間に、ポーランド人やソ連の戦争捕虜と並んで、ドイツ、オランダ、ハンガリー等から移送されたユダヤ人を対象にチクロンBや一酸化炭素ガスによる殲滅作戦が実行されることになる。[451] しかし、ヒムラーが最大の殺人センターとして選んだのは、ワルシャワ北西二四〇㎞の地点、交通の要衝にあるアウシュヴィッツであった。

建設計画の経緯については、強制収容所所長であった親衛隊中佐ヘスが『回想録』の中で次のように伝えている。「一九四一年夏、正確な日付は今となっては思い出すことができないが、私は突然ベルリンの親衛隊ライヒ指導者のもとに赴くようにとの命令を受けた。しかも、それは彼の副官を通じた直接のものであった。この時、ヒムラーはそれまでの習慣と異なり、副官を遠ざけた上で、およそ次のような意味のことを打ち明けた。即ち、指導者はユダヤ人問題の最終解決を命じた。われわれ親衛隊は命令を実行しなければならない。東部にある既存の抹殺施設では、計画中のこうした大掛かりな作戦を遂行することは不可能である。それ故、私はアウシュヴィッツをそれに当てることにした。交通の便が良いこと、予定される地域の隔離と偽装が容易であることが理由である。……詳細については、ライヒ保安本部の親衛隊少佐アイヒマンを通じて近日中に連絡を受け取るはずである。[452]」

当のアイヒマンもまた、後年のイスラエル警察の尋問に対し、ロシア侵攻の二カ月か三カ月後にハイドリッヒからベルリンの事務室に呼び出しを受けたとし、そこでのやりとりを次のように供述している。「国外移住に関するちょっとした話を糸口に、ハイドリッヒは『指導者は肉体的抹殺を命じたのだ』と言いました。これは彼の言ったとおりの言葉です。それから、彼は自分の発言の衝撃を試そうとするかのように、普段とは違って長い時間押し黙ったのです。私は今でもはっきりと思い出すことができます。彼は大層慎重に自らの言葉を選んだので、最初のうち彼が何を言おうとしているのかわかりませんでした。やがて私は理解しました。しかし、私は何も言いませんでした。何か言うことができたでしょうか。何故なら、そのようなこと、つまり暴力的解決を考えたことなど一度もなかったからです。それから彼は私に言いました。『アイヒマン、ルブリンのグロボツニクに会いに行ってくれ。指導者は既に彼に対し必要な命令を与えている。[453]』

ヘスがベルリンで指示を受けた四週間後、アウシュヴィッツを訪れたアイヒマンとの話し合いはもっぱら「殺害方法」について費やされた。「問題となりうるのはガスだけであった。銃殺によって予想されうる大量の人間を片づけることは絶対に不可能であったろう。アイヒマンはそれまで東部で行われてきたトラックの排気ガスによる殺害を私に紹介した。しかし、これもまたアウシュヴィッツにおいて予想される大量の移送者には問題とならなかった。一酸化炭素ガスを浴室に吹き込むといった方法による殺害はライヒの数カ所で精神病患者を抹殺するのに使われていたのだが、あまりに施設に手がかかるし、ガスの製造もこれほど大量となると問題があった。結局、この件については結論が出ないまま終わった。[454]」

一九四一年夏頃から、アウシュヴィッツではロシア人政治将校、政治委員等の戦争捕虜に対する銃殺が行われていた。しかし、この清算活動の最中に思いがけない出来事が起こった。「私が公用の旅行に出ていた間に、私の代理であった拘禁所長フリッチュが殺害のためにガスを使用したのである。それがまさにチクロンBであった。」帰還後フリッチュから事の次第の報告を受けたヘスは、次に移送されてきたグループを対象に改めてガス殺を行うことを決定した。この時の様子をヘスは次のように記している。「ガス殺は第一一ブロックの地下拘禁室で行われた。私もガスマスクを着けてこの現場を見届けた。密閉された部屋の中に〔薬剤が〕投入されるや、たちまち死が訪れた。息を詰まらせるような短い叫び声が聞こえただけで、その瞬間に一切が終わっていた。……ロシア人の戦争捕虜の殺害について何か想念をもつといったことは当時の私にはまったくなかった。ただ正直に言っておかねばならないことは、このガス殺が私の心を落ち着かせてくれたということである。近いうちにユダヤ人の大量抹殺が開始される予定になっていたのに、いまだにアイヒマンも私も予想される大量抹殺の方法を見つけ出せないままでいたのである。ガスによることは確かであったが、そのガスの種類と方法についてはわからなかった。ところが、今やわれわれはガスと方法を発見したのである。[455]」九月三日と推定される[456]この二度目のガス殺については、当時アウシュヴィッツの看護人をしていたチェコ人囚人ヴェックの証言[457]も残されているが、その規模はかなり大きなものであったらしい。チェフの『収容所事件暦』によると、犠牲者は、およそ六〇〇人のロシア人捕虜、それに加えて、収容所医師である親衛隊大尉シュヴェラが収容所内の囚人病院から選び出した二五〇人の患者であった。[458]

この後まもなく、第一一ブロックの地下室の使用勝手の悪さを理由に、古い火葬場に付属する死体置場がガス室へと改装された（第一火葬場）。九月一六日に行われた最初のガス殺の犠牲者もまたロシア人の捕虜であった。[459]それでは、ユダヤ人を対象とするガス殺が開始されたのは何時頃のことであったのか。ヘスは「もはや今となっては指摘することはできない」としながらも、「たしか一九四一年九月はまだであったし、おそらく一九四二年一月のことではなかったかと思う」と記している。「最初に対象となったのは上シュレージエンからのユダヤ人であった。……移送者の数は一〇〇〇人を越えなかった。[460]」しかし、親衛隊伍長でありブロック長であったシュタルクはそれ以前から小規模ながらもユダヤ人のガス殺が行われていたとする。「既に一九四一年の秋にはアウシュヴィッツ強制収容所の一室を使ったガス殺が開始されていました。部屋の収容力は二〇〇から三〇〇人程度であり、窓はなく、ただ閂で特別に塞がれた一枚の扉だけがついていました。天井には、少しの間隔を置いて、直径三五cm程の二つの穴が開けられ、この開口部から粒状のチクロンBが投入されたのです。……私がかかわったガス殺の場合、対象となったのはもっぱらユダヤ人でした。……ユダヤ人に対する最初のガス殺は一九四一年秋に実行されました。私は銃殺の場合と同様、グラブナーから員数を確認するため火葬場に行くようにと命じられたのです。火葬場の傍には男性、女性、子供、そして乳飲み子を含めおよそ二〇〇から二五〇人のユダヤ人がいました。ユダヤ人全員が部屋に入った後、閂が閉じられ、衛生係がチクロンBを開口部から投入したのです。[461]」シュタルクの証言は、マダイスキーが紹介するアウシュヴィッツ収容所管理官であったムルカの報告とも符合する。「一九四一年の後半、ソ連から様々なユダヤ人グループがアウシュヴィッツに到着しました。大抵の場合、これらのユダヤ人は銃殺されましたが、その一部に対してはガス殺が行われたのです。[462]」

この時期はやがて始まる本格的な大量抹殺に向けたいわば「技術的準備」[463]のための「実験期間」[464]であったと推測される。アウシュヴィッツ第二収容所（ビルケナウ）で、最初の本格的な殺害施設として、農業倉庫のガス室への改装（第一倉庫）が完了したのは一九四二年一月のことである。春以降アイヒマンの監督の下に全支配地域からアウシュヴィッツに続々と移送されてくるユダヤ人に対応するために、六月にビルケナウでもう一つの農業倉庫の改装（第二倉庫）が行われ──これらの倉庫で殺害された死体は墓穴に埋められた[465]──、さらに、一二月末に取り壊された第一倉庫に代わって、より近代的な装備を備えた二つの巨大な火葬場（第二及び第三火葬場）と、それに比べれば小規模の二つの火葬場（第四及び第五火葬場）の建設が始まった[466]。翌年の三月と六月に完成した大きな火葬場の場合、地下に脱衣室と換気自在のガス室を有し、死体をエレベーターにより地上にある焼却炉へと送り込む仕組みとなっていたのに対し、三月と四月に完成した小さな方の火葬場では、より簡略化された方式がとられ、脱衣室等の設備はいずれも地上に設置され、シャワールームのようなカムフラージュも施されていなかった[467]。これら四つの火葬場の一日当たりの処理能力については、建設責任者である親衛隊少佐ビショッフが親衛隊経済行政本部に送った六月二八日付の報告書に、それぞれ一施設当たり一四四〇人と七六八人という数字がある[468]。

アウシュヴィッツは殺人工場であると同時に、ユダヤ人の労働力を搾取するための巨大な強制労働収容所でもあった。移送されてきたユダヤ人は収容所内に設けられた軍需工場だけではなく、付設の補助収容所内にあるIGファルベン、クルップ、ジーメンス等の工場へと送り込まれた。ここでは、ヴァンゼー会議でのハイドリッヒの言にあるとおり、「労働による時間をかけた抹殺」と「ガスによる即座の抹殺」が平行して実施されていた。結果に違いはなかったにせよ、差し当たり運命を分けたのは、機械装置にとって有用か無用か、労働能力の有無であった。そのため、アウシュヴィッツに到着したユダヤ人たちが真先に受けなければならなかった洗礼が、引込線のホームで行われる親衛隊の医師による選別作業であった。選別結果に関して、ウェラースは、フランスから移送されたユダヤ人の六〇・五%が、ベルギー、オランダ、ギリシアから移送されたユダヤ人についてはほぼ七〇%前後が直ちにガス室へ送り込まれたという。しかし、量的に圧倒的多数を占めたポーランド及びソ連からのユダヤ人については、詳細は不明であるとしながらも、そのほとんどがガス室に直行となったのではないかと推測する[469]。

ミュンスター大学医学部教授クレーマー博士は、一九四二年八月二九日から一一月一八日までの間、先天的遺伝素質の研究のため親衛隊収容所医師としてアウシュヴィッツに滞在し、その折り立ち会った「特別行動」と称する選別とガス殺の模様を日記に書き残している。「九月二日：午前三時に屋外で行われた特別行動にはじめて立ち会う。これに比べれば、ダンテの地獄なんぞはほとんど喜劇のようなものだ。アウシュヴィッツが殲滅キャンプと呼ばれるのも理由のないことではない。九月五日：正午、ＦＫＬ〔ビルケナウ〕に収容されていた人々（ムーゼルマン）に対する特別行動に立ち会う。恐怖の絶頂。ティロー曹長がいうとおり、われわれは世界の肛門にいるのだ。夜の八時頃、再びオランダから移送されてきた人々に対する特別行動に立ち会う(470)。」

百万前後ともいわれるユダヤ人を犠牲にしたガス殺の実際の様子についてはヘス自身の報告を挙げておこう。「殺されることが決まったユダヤ人はできるだけ静かに男女別々に火葬場へと導かれた。脱衣室に入った彼らは特別部隊の囚人の世話係から、自国語で、これから浴室に行き、虱の駆除を行う、衣類は消毒後すぐにわかるようにきちんと並べ、場所を覚えておくようにと申し渡された。……脱衣後、ユダヤ人はガス室に連れて行かれた。この部屋にはシャワーの蛇口や水道管が付設され、完全に浴室らしくみせかけてあった。先ず子供を連れた女が、それから男が入った。……扉がネジ閉めされると、待ち構えていた消毒班がただちにガス室の天井にある投入孔から床まで届く排気管の中にガスを投入した。即座にガスが発生し、およそ三分の一は即死の状態であった。残る者は、よろめき、叫び、空気を求めてもがいたものの、しかし、叫び声はほどなく喉鳴りに変わり、数分のうちに全員が倒れた。ガスを投入してから三〇分後に扉が開けられ、換気装置が働き始め、すぐに死体の搬出が始まった。死体は特別部隊の手により金歯を抜かれ、女性の髪の毛が切り取られた。その後、死体はエレベーターにより前もって火を入れた焼却炉へと運ばれていった。死体は状態に応じて炉の各室に三体まで入れられた。焼却時間は平均して二〇分であった。灰は、休みなく続けられる焼却の間に、炉棚から下に落とされ、絶え間無く運び出され、粉砕された。トラックでヴァイセル河に運ばれた骨粉は、シャベルで河の中に投げ込まれ、たちまち押し流され、溶解していった(471)。」輸送列車により収容所に搬入された生身のユダヤ人たちが短時間に灰に姿を変える様は、あたかもオートメーションによる工場さながらであり、人類がはじめて経験する「工業化された(472)」大量殺害であった。

ヨーロッパユダヤ人全体の生物学的抹殺を目的とし、実際、アウシュヴィッツ等のガス室の他、ゲットーでの飢えや伝染病、あるいは射殺等を含め、正確な数は不明であるが、一説には五一〇万にのぼるユダヤ人を殺害したとされる(473)最終解決は、ヒトラーの頭の中では、かつて人類の歴史の中で繰り返された勝者による敗者に対する「殺戮」といったものではなかった。地球の歴史を生活空間をめぐる諸民族・人種の生存闘争の歴史ととらえ、北方人種の中核を成すドイツ民族の勝利が神の意思であるとしたヒトラーにとって、ユダヤ人、即ち、ドイツ民族と異なる神から生まれ、世界支配を運命づけられたドイツ民族の前に立ちはだかり、あまつさえ神意の証ともいうべきドイツ民族の生物学的優秀性を血によって破壊せんと企むユダヤ人を人種単位で抹殺したところで、それは「神の意思に適った」ことであった。『我が闘争』はいう。「ユダヤ人がマルクシズムの教説の助けを借りて世界の諸民族に勝つならば、その時、彼らの王冠は人類の死の花冠となり、この遊星は再び何百万年前のように住む人もなくエーテルの中を回転することになるであろう。それ故、私は今日全能の創造主の精神において行動すべきと信じるものである。私はユダヤ人を防ぐことによって主の御業のために戦うのである。[474]」

もっとも、こうした表現からファナティッシュな精神的昂揚やヒロイズムを読み取ろうとするならば、おそらくそれは当たっていない。ユダヤ人に対する戦いは、彼らの頭の中では、それぞれに大義を掲げた国家間のそれといったものではなく、むしろ、ユダヤ人の側から仕掛けられたドイツ民族体の雑種化・遺伝素質の壊体の阻止を目的とした戦いとして、いわば健康な肉体に寄生する細菌や虱・蚤の駆除と何ら変わりのないものであった。ユダヤ人を「ウイルス」と呼び、「われわれが行おうとする戦いは、前世紀にパストゥールやコッホが戦ったそれと同じ性質のものである」と語ったヒトラーの言葉、あるいは、「ユダヤ人は文明化された人類にとりつく虱である」とのゲッベルスの言葉が想起される。それらは単なる比喩的表現ではなかった。ヘス等が最適の殺害手段として最後に選び出したチクロンBが、元々南京虫等の駆除を目的に製造されたものであり、その供給を引き受けたデゲシュ社（DEGESCH）の正式名称が「ドイツ害虫駆除有限会社（Deutsche Gesellschaft für Schädlingsbekämpfung GmbH）[475]」であったと聞けば、そこには単なる暗合以上の何かがあったと思わざるをえない。ユダヤ人の殲滅は、シュターレッカー率いるA隊の報告書に「清掃活動」とあるように、あるいは、アウシュヴィッツのガス室が本格稼働を始めたちょうどその頃、ハリコフでヒムラーがそう語っていたように、彼らにとって所詮は「衛生の問題」以上のものではなかった。[476]ニュルンベルクの法廷で、八〇人のユダヤ人をナッツヴァイラー強制収容所のガス室に送り込んだ——それは、ストラスブール大学解剖学研究所所長ヒルト博士が人種の科学的研究のために求めた「下等人間を代表するユダヤボルシェヴィキの政治委員の頭蓋骨」の収集を目的に親衛隊最高指導部からの命令により行われたものであった——責任を問われた親衛隊大尉クラマーの証言は、こうした観念に見合うものであった。「私は、このようなことを行うに際し、何の感情ももちませんでした。」[477]ヒロイズムとはおよそ無縁な、奇妙に冷静な彼らの言葉は、一九一九年九月一六日付のゲムリッヒ宛の手紙の中で語られた「理性的な反ユダヤ主義」の表現であり、その行き着く結果であった。

この手紙から四半世紀余り後、死の二カ月余り前、ヒトラーは、大本営でボルマンを相手に、自らが反ユダヤ主義に与えた固有の性格と運動の成果を総括し、最後に最終解決が必ずや後世の人々により感謝をもって迎えられるにちがいないと結んだ。「ナチズムの功績ははじめてユダヤ人問題に現実的に取り組んだことにある。ナチズムは世界支配を企むユダヤ人の意図を暴露し、詳細かつ徹底的にこれを追求するとともに、彼らが我が物とした一切の枢要な地位を剝奪し、また、ドイツ人の生活空間から彼らの毒素を一掃するとの不退転の決意をもって彼らを追放したのである。その際、われわれにとって重要であったのは、われわれの生存にとって不可欠な、しかも、最後の瞬間に実施されたラディカルな解毒療法にあったのであり、それなくしてはわれわれは惨めに滅び去ったことであろう。……開戦にあたって、私は彼らに最後の警告を発した。彼らが再び世界を戦争に巻き込むことがあるならば、今度こそ容赦はしない、ヨーロッパの害虫は最終的に撲滅されることになるであろう、そのようにはっきりと宣言した。……ユダヤ人という膿瘍は私が切開したのである。未来はそのことにつき永遠にわれわれに感謝を忘れることはないであろう。[478]」

第一一章　血によって署名された永遠の法典

敵対者や反社会的人物等の「変質者」に対する保安・予防拘禁、精神病者や精神薄弱者等の「劣等者」に対する安楽死、ユダヤ人等「異人種」に対するジェノサイド――これらは、いずれも、第二革命の制圧の際にはじめてその真の姿を露呈した指導者権力の発現であると同時に、先行の婚姻禁止、断種、妊娠中絶、保安処分等の人種衛生学的措置と合わせて、指導者-憲法体制の前提となる種共同体の実現に向けた措置でもあった。ヒトラーは、一九三七年の党大会において、ミュンヘン・オーバーバイエルン大管区指導者ワグナーに代読させたナチス党員に対する『声明』の中で、「ドイツが最大の革命を経験するのは、この国ではじめて計画的に着手された民族及び人種衛生学を通じてである。ドイツ民族を対象とする人種政策によってもたらされる効果は、われわれの民族の未来にとって、他のいかなる法律のそれよりも決定的なものとなるであろう」との考えを表明していたが、このいささか謎めいた発言の意味するところが今ようやく明らかとなる。ブラウセが「民族共同体は民族共同体そのものとして既に憲法である」と語っていたように、指導者-憲法体制の構築が民族共同体の建設と不可分の企てとして、ただ、その作業を通じてのみ実現可能であった限り、共同体建設の要となる人種衛生学的措置、つまりは、精神薄弱者の断種であれ、妊婦の中絶であれ、常習犯罪者の保安処分であれ、性犯罪者の去勢であれ、共産主義者の保安拘禁であれ、労働忌避者の予防拘禁であれ、異人種との婚姻の禁止であれ、民族の害虫の死刑であれ、不治の患者の安楽死であれ、ユダヤ人のガス殺であれ……、種共同体の実現に向けた一つひとつの措置が、共同世界の溶解、強制的同質化、学校教育やマスメディア、文化の統制管理等の運命共同体の建設に向けたさまざまな措置とあわせて、それ自体、既に、指導者-憲法体制の構築のための企てとして位置づけられ、ドイツに文字通り「最大の革命」、即ち、憲法体制の根源的変革をもたらすものであった。有り体にいうならば、断種された或る一人の精神薄弱者、中絶された或る一人の妊婦、保安監置された或る一人の常習犯罪者、去勢された或る一人の性犯罪者、保安拘禁された或る一人の共産主義者、予防拘禁された或る一人の労働忌避者、結婚を禁止された或る一人の異人種、死刑に処された或る一人の民族の害虫、安楽死された或る一人の不治の患者、ガス殺された或る一人のユダヤ人……、彼らはそのことにより指導者‐憲法体制の礎石の一つとなったのである。

もっとも、断種や安楽死、ガス殺等で十分事が足りたというわけではない。これらは、いずれも、民族の品種改良のための「負」の措置にすぎなかった以上、それらに加えて、「正」の措置、つまりはドイツ民族体の「北方人種」化が図られねばならなかった。一九三三年の党大会におけるヒトラーの発言を振り返っておこう。「ナチズムとは一個の世界観である」、そう語ったヒトラーは、世界観が民族の一切の活動の基点となり法則となること、世界観は人種と不可分であること、人種の統一化が法律や規則、強制を不要とするであろうことを言明した。「世界観があらゆる生活の出来事・現象に対する態度決定の出発点であり、あらゆる活動を拘束し義務づける法則である。いまだ堕落を知らない始源的な民族は、自らの本能の中にもっとも自然的な世界観を有し、それが、民族の生存にかかわる一切の問題に対し、もっとも自然的かつもっとも有益な態度を自動的にとらせるのである。……それ故、当の生命体が運命により選ばれた一個の種により構成される場合、拘束する規則や義務づける法律の制定を不要とする。ところが、本質的に異なる種に属する個体が肉体的に混合する場合、民族の生存にかかわる影響や要求への対応如何に関し、態度決定を混乱させ、異なる種に起因するバラバラな対応は、ただ法律や規則によってのみ統一化されうるのであり、そのため強制が不可避となる。……ナチズムは、われわれの民族の中に多様な人種的実体が存在することを認識している。しかし、ナチズムは、われわれの民族の政治的文化的指導が、あの人種、即ち、彼らのもつ英雄主義により、また、彼らの内的な素質により、多様な要素の複合体からドイツ民族なるものを生み出した、あの人種の相貌と表現を受け取ることを希望する。……ナチズムは、今日のドイツ民族の中で、何百年にもわたってこれまでドイツ民族体の形成を刺激し実現してきた構成要素の本質を支配的な影響力をもつものとし、そこからもっとも明白な成果を生みだそうとするものである。」[1] ヒトラーがいう「あの人種」が北方人種を指すことはいうまでもなかろう。民族共同体が、単一人種、即ち、北方人種により構成される、そのとき、指導者‐憲法体制は盤石の基盤の上に打ち立てられ、法律を過剰とし不要とする民族指導が可能となるというわけであった。

指導者‐憲法体制が種の同一性に根拠を置くものであった限り、断種や保安拘禁、婚姻禁止、安楽死、ガス殺等の人種衛生学的措置が、せいぜいのところ、ドイツ民族の品種改良に向けた、一つの、それも「消極的」[2]なステップでしかなかったことがよく分かる。ダレもまた、『掟としての育種』(1944)の中で、反ユダヤ人政策を回顧し、人種法律等の一連の立法により「血の問題という処女地に巨大な一歩が踏み出された」としながらも、農民と雑草の比喩を借りながら、所詮、それは「ドイツ人の優れた血の増殖」に向けた「準備作業」の域を出るものではなかったとする。「肥沃な大地といえども、もし農民が骨身を惜しまず雑草を摘み取り、あるいは、何か別の方法で根絶やしにしないとすれば、雑草が繁茂し、はびこることは常に見られる現象である。畑からどれだけの収穫が得られるかは、畑地を耕し、実りを世話することに劣らず、雑草を除去し、はびこらせないことにかかっている。農民のこうした作業と同様に、われわれのユダヤ人立法もまた、ユダヤ人の血という雑草をわれわれから遠ざけることによって、ドイツ人の血という畑を種蒔きに適したものにするために必要とされる一つの準備作業といったものであった。」人種立法がユダヤ人という雑草を「遠ざける」作業であったとするならば、ダレ自身も当然承知していたはずの、当時アウシュヴィッツ等で進行していたガス殺は文字通り雑草の「根絶」を目的とする措置であった。ダレによれば、こうした「準備作業」が一段落した後、引き続き、「われわれの血を保護し養うことにより、いわばドイツ人の生存を支える畑を耕し、われわれの民族に実りと収穫をもたらす」、そのような、最終目標の実現に向けた、より「積極的」な品種改良政策――北方人種化が実行されねばならなかった。[3]

『保健衛生制度統一化法』や『婚姻奨励法』、『児童補助金給付命令』による、婚姻相談、婚姻適格証明書の交付、婚姻貸付金の貸与、児童補助金の給付等は、なるほど、断種や保安処分等とは異なり、品種改良のための積極的な措置としての性格を有するものであったが、その執行に際して、一人一人が北方人種であるのか、ディナール人種、あるいは地中海人種……であるのか、彼らの人種帰属が問われることはなく、そうである以上、その効果の程は、差し当たり、ドイツ民族の有する遺伝素質全体の嵩上げ程度のものでしかなかった。ヒトラーもまた、『我が闘争』の中で、一方で、肉体的・精神的に退化し、病気をもつ者の生殖能力や生殖可能性を剝奪し、他方で、民族のもっとも健全な担い手のもつ生殖能力を計画的に保護するならば、今日の民族は「肉体的・精神的退化の萌芽から解放されることとなろう」と語っていたが、そこには「差し当たり少なくとも」との限定が付されていた。[4]同じ『我が闘争』の中に、「今日もなお、われわれドイツ民族体の中で混血せずにいる大部分が、わが将来に対してもっとも価値ある財宝を見ることができる北方ゲルマン系の人々であることは神の恵みである。……全能の神の恵みによりこの地上に贈られた最高の人間を維持し育成するという課題は真に高い使命である」[5]とあるように、ヒトラーの最終目標が、当初から、ドイツ民族全体ではなく、「民族の中のもっとも価値ある人種の生殖能力の強化」[6]を通した民族の品種改良に置かれていたことは間違いない。

ここでもう一度、シュテムラーの言葉を確認しておくことは無駄ではあるまい。彼は、優生学と人種改良学の相違を明らかにし、人種政策の本来の課題を次のようなものとしていた。「優生学は、或る人間、或る家族、或る民族が遺伝的に健全であるか否か、遺伝病に罹患していないか否かだけをもっぱら問題とし、〔民族の〕人種的構成については無関心を決め込もうとする。それに対し、人種改良学は、……民族の人種的構成に対しても注意を向け、必要な場合にはこの構成を変えようとするものである。……価値ある家族に対しては劣等な家族と異なった援助を与えなければならないように、もっとも価値ある人種に対しては劣等な人種と異なった取り扱いと保護育成が必要となる。」つまり、種共同体の建設の本来の目的が、北方人種化を目標として、ドイツ民族の人種構成に定位し、その構成比を変えようとすることにあった限り、ドイツ民族全体を対象とし、個別に人種帰属を問題とすることのなかった『婚姻奨励法』や『婚姻健全法』等の人種衛生学的措置は、たとえ民族の品種改良を進める上で避けては通れないステップであったにせよ、所詮は「雑種化した民族の人種改良学」といった体のものでしかなかったということである。

むろん、ダレがいう「積極的な品種改良政策」、シュテムラーのいう「人種改良学」が実際にドイツ民族に対し適用された場合、それにより民族全体の中に北方人種を頂点とする「血の階層制」が持ち込まれることは避けられないことであった。ヒトラーもまた、一九三六年の或る演説の中で、「遺伝素質に基づいてドイツ民族を整序し、分類する」、そうした課題を引き受けなければならない時代の到来について語っていた[7]。こうした階層制は、血という自然的な所与に基づくものである以上、それが実行に移された場合、封建的な身分制度以上に、一人一人にとって動かしがたい序列と感じられることになったにちがいない。たとえそうであったにせよ、ギュンターは、『ドイツ民族の人種学』（1922）の中で、個人主義の観念に囚われた人々だけが「そのことを不快と感じるのである」とし、その上で、「ドイツ民族体の内部にあって、北方人の血が『望ましい』ものであり、非北方人の血が『望ましくない』ものであることをはっきりと宣言する」責務と勇気が必要であると説いていた[8]。ただし、さしあたり、非北方人にも同じドイツ民族の血を持つものとして民族共同体の中でそれなりの役割と位置づけが用意されていたのであり、モリソンは、非北方人の不安を宥めるべく、「われわれはディナール人種や東方人種の特徴をもつ民族同胞を、そのことの故に僅かな価値しかもたない分肢とみなすつもりはない」とする。「もっぱら重要なことは、いかにしてそれぞれが自らの人種の天分に応じて〔民族〕全体に自らを組み入れるかということである。北方人種の冷静な行動力が東方人種の勤勉さによって補われることをわれわれは十分評価したいし、ディナール人種の戦闘的な無鉄砲さは往々にしてわれわれにとって好ましいものである。(9)」

北方人種の血の純粋性の保護と増殖が、種共同体建設のための、そして、血と精神の間に関連がある以上、当然に、運命共同体の建設のための、最終かつ本来の課題であった。課題の実現は、事の性格上、若者の配偶者の選択如何にかかっていたのであり、そのために必要な心構えがさまざまな機会を通して説かれている。たとえば、イェルンス／シュヴァープの『人種衛生学入門』。「ドイツ民族を構成する主要な要素は北方人種である。彼らによってドイツ民族の在り様が刻印され、ドイツ文化が形成されてきた。今後もこうしたことが維持されるべきだとするならば、北方人の血の割合がドイツ民族の中にあってこれ以上後退するようなことがあってはならない。北方人種化が民族の品種改良のもっとも重要な目標である。諸君が今後配偶者を求めようとする場合、相手が北方人の特徴を有する人間でなければならないということを銘記せよ。(10)」あるいは、『配偶者選択のための十の掟』。「汝はドイツ人として同じ血又は北方人の血を持つ配偶者を選択せよ。相互異なった人種が混血するところでは不調和が生まれる。相互に調和しない人種の混合は人間及び民族の生活の中に変質と没落をもたらす。北方人とは何か。北方人種は人類とその発展にとってもっとも価値ある人種である。すべてのドイツ人は多かれ少なかれその血を分有している。この持分を維持し、増加させることが汝にとっての神聖な義務である。(11)」若者だけではない。フォッケ／ライマーが紹介する「北方系の妻を求む」との『ハンブルク外国人新聞』に掲載された広告は、北方思想が広く国民の中に行き渡っていたことを教えている。「六〇歳の鰥夫。古い家柄の男系の血筋を絶やさないため、私のために子供を産む用意のある北方系の女性との再婚を望む。(12)」

「神聖な義務」が、ユダヤ人との婚姻や混血の禁止のように、法律上の義務とされるには至らなかったものの、そして、また、その義務の実現のために指導者権力が発動されることはなかったものの、早い段階から北方人種化を構成原理として積極的に採用した組織に、「ドイツ民族の血の純粋性の保護者」を任ずるヒムラー率いる親衛隊がある。親衛隊機関紙編集長ダルカンによる『親衛隊の歴史・課題・組織』は、

「人種問題」が運動内部にあってさえ「当たり前至極な反ユダヤ主義から生まれたネガティヴな概念」としてしかとらえられていなかった時代、これを「親衛隊構築のための固有の組織上の課題」としたことに「親衛隊ライヒ指導者の最大かつ決定的な功績の一つ」があったとする。[13] ヒムラー自身もまた、親衛隊の歴史・世界観をまとめた小冊子の中で、誇らしげに、「血の価値及び選抜の認識がわれわれにとって〔組織構成のための〕最初の指針となったのだ」と書いている。「これは〔私が親衛隊の指導を引き継いだ〕一九二九年に〔組織構成の〕前提とされ、今後も親衛隊が存在し続ける限り有効性を保ち続けることであろう。われわれは、雑種化し収穫の衰えた品種を再び純化するべく先ず畑に出かけて宿根草を除去する育種家と同様に、親衛隊の構築にとって不用と思われる人間を純粋に外面的な相貌を手掛かりに取り除く作業に取り掛かった。この淘汰のために採られた方法は、北方人をモデルとして、肉体的にもっとも近似する者を選抜するというものであった。」ヒムラーによれば、こうした淘汰の「基準は年々改良され厳格なものとなっていった」という。「淘汰に決して終わりはないということをわれわれは完全に承知していた。百年後あるいは数百年後、われわれの後継者が個々の志願者に求める条件は今日のそれよりも何倍も厳しいものとなるにちがいない。」[14]

たしかに、戦争の最中ハリコフでの演説の中で自らそう語っていたように、ヒムラーは、「血の問題を実行によって実際に解決した」、あるいは、少なくとも解決しようとした「最初の人間」であった。[15]「ドイツに奉仕する能力を有する優れた血の結社の創造」[16]が最終目標であった。ヒムラーはそのために誰の眼にも明らかな基準を採用する。一・七メートル以上の身長とブロンドの髪、青い眼、それが親衛隊員となろうとする者の条件であった。むろん、それだけではなく、ヒトラーユーゲントにおける成績証明書、健康診断書、家族の遺伝的健全性に関する証明書、一七五〇年まで遡る家系図等の提出も同時に求められた。しかし、ヒムラーにとって、その者のもつ「肉体的特徴」こそが何よりも重要な要件であった。[17]

こうした選抜方針に対しては、ヒトラーが「われわれは北方人をもっぱら外面的特徴から判断することを避けなければならない。何故なら、雑婚の場合、外面的な相貌が内面的な性格的特徴と必ずしも一致しないということをわれわれは今日十分に承知しているからである」[18]と釘を刺したように、あるいは、イェルンス／シュヴァープの『入門』が、配偶者の選択に際してではあるが、「頭蓋骨を測定する必要はない。髪の毛や眼もそれだけでは重要ではない。とりわけ重要なことは精神であり、北方人の特徴をもっているか否かである」[19]

と説いていたように、北方人の精神的特徴、たとえば、服従や自己犠牲、闘争の精神を重視すべきとする考え方がある中で、あの従順なヒムラーが、何故、ヒトラーの意向に逆らってまで、肉体的特徴にこだわったのか。その答は一九三七年に国防軍国民政治学校での演説の中に見ることができる。この時、「身長、ブロンドの髪、青い眼」といった人間の外見的な姿をもっぱら評価の対象とすることに対する批判を「十分承知するものである」としながら、なお、彼は次のように自説の正しさを説いていた。「私が真先に一定の身長を要求したのは、一定以上の身長を持つ人間は望ましい血を何らかの仕方で所有しているにちがいないことを私が承知していたからである。……もっとも、身長だけが問題であったわけではない。われわれは当人の写真を送付させるようにした。送られてきた写真のすべてにつき、私自らが眼を通し、その者の顔に異なった血の明白な特徴、たとえば盛り上がった頬骨といったものが見られないかと調べたものである。私が何故そうしたことを行ったのか。一つの経験的事実に注意を向けていただきたい。諸君は一九一八／一九年の労兵会のメンバーを想起するがよい。諸君は次の事実を確認しうるであろう。われわれドイツ人の眼に何か奇妙に映り、奇妙な相貌を持った彼らの大多数は何かわれわれとは異なった血の持ち主であったという事実がそれである。[20]」

「血の結社」の創造に向けた具体策の一つに、一九三一年末にヒムラーが布告した『親衛隊の婚姻命令』[21]がある。『婚姻命令』は、後に、一九三八年の『婚姻法施行令』が『婚姻法』第一三条――「婚姻の締結のために、上位官署の特別の許可を要する国防軍及び労働奉仕団の所属者並びに官吏は、右の許可なしに婚姻することはできない。」――の「親衛隊ライヒ指導者の命令により特別の許可を必要とする親衛隊隊員」への準用を定めたことにより国家法の性格を付与されるに至ったのであるが、命令は、先ず、親衛隊が「特別な観点から選抜された北方人の血をもつドイツ人男性の結社である」ことを確認し、その上で、婚姻許可制度の導入と目標を次のように宣言する。「ナチズムの世界観に従い、かつ、われわれの民族の将来は人種的・遺伝的に優れた血の選抜と保存にかかっているとの認識に基づき、私は親衛隊の未婚の隊員すべてを対象に一九三二年一月一日より『婚姻許可』の制度を導入する。目標とするところは、北方人の血を有するドイツ人の遺伝的に健全な価値ある血縁集団である。」婚姻許可は「もっぱら人種的遺伝的観点のみ」に基づいて「親衛隊ライヒ指導者」により与えられ、婚姻許可の取扱は「親衛隊人種局」がこれを担当した。人種局が『親衛隊血統書』の作成、管理を行い」、血統書には、「隊員の家族」も、婚姻許可の授与後又は登録申請の許可後、登録される手筈となっていた。命令の最後に置かれた以下の文言は、神の領域に踏み込もうとする未聞の企てに立ち向かう畏れと決意の表明であったのかもしれない。「親衛隊はこの命令の制定により重大な意義をもつ一歩が踏み出されたことを確信する。われわれはいかなる冷笑、嘲笑、誤解にも動じるものではない。未来はわれわれのものである！」たしかに、第三ライヒが一九四五年五月八日に突然の終焉を迎えることがなければ、また、彼らがそう望んだように、「千年王国」が実現されていたならば、親衛隊の『婚姻命令』がすべてのドイツ人にとっての普遍的な生存の掟となる日が到来したことであろう。

「血統書」がいかなるものであり、いかなる役割を担うものであったのか。ラウシュニングは興味あるエピソードを紹介する。一九三二年夏、ダレが主催する東方政策に関する内輪の討論会に招かれた折りのことである。「その頃ダレは、ナチスのエリート、とりわけ親衛隊の生物学的遺伝素質について大量の詳細な資料を収納する巨大なカードボックスを作成中であった。彼はヒムラーの委託に基づいて新興貴族の血統集を作成していた。それは計画的に育成されるべき貴族人種のための系統台帳あるいは血統証明書であり、どこの育種組合でも利用している実証ずみの原則に則っていた。私はダレからカードボックスの棚と膨大なカードを見せられた。鉄製のカードボックスの棚を指差しながら、ダレは、『ここから新しい貴族が生まれる。われわれは最良の血を集めることになるであろう』と語った。『僅かに純粋な血を残す雄と雌を掛け合わせ、由緒あるハノーバー種の馬を再び作り出すのと同様に、われわれはもっとも優れたドイツ人の血を材料に、交配によって不純な要素を取り除き、何世代かをかけて再び純粋な北方ドイツ人を育成することになるであろう。ドイツ民族のすべてを純粋化することが不可能であることはわかっている。しかし、新たなドイツ貴族は文字通りの意味で品種改良を受けたものとなるであろう。(22)』」

品種改良のための材料は「ドイツ人」に限られなかった。それが他のヨーロッパ諸民族の中にも見いだされる限り、「われわれは北方人種の血をわれわれのもとに集めなければなりません」、そのように、ヒムラーは、一九四二年春の或る日、狼の巣で、ヒトラーを前に「血統の魚釣り」について語っていた。「毎年一度、フランスのゲルマン系住民の中から幼い子供を選び出してドイツの寄宿舎に入れ、彼らが偶然身に付けたフランス人の国民性を洗い落とし、彼らに自らの有するゲルマン的血統及び偉大なゲルマン民族への帰属を自覚させなければなりません。(23)」これは絵空事の世界のお伽噺などではなかった。実際、この頃、ポーランドやオランダ、ノルウェー等の占領地域では、「生命の泉」を利用した計画が動き始めていた。この奇妙な名称をもつ施設は、元々は人種的かつ遺伝生物学的に価値ある未婚の妊婦の出産の支援と誕生する子供の養育を目的に、親衛隊により建設され管理運営された一種の福祉施設であったが[24]、大戦中、生命の泉は親衛隊が特にポーランドで行った血統の魚釣りにより孤児院や両親から略奪した子供たちの一時的な養育施設としても利用された。厳格な人種的及び遺伝生物学的検査をパスした子供たちは、ドイツ語の訓練とナチズムの世界観に関する基礎的教育を施された後、名前を含む一切の出自を変えられ、施設で生まれた子供たちとともに、人種的にも政治的にも申し分ないとされたドイツ人の養親や里親へと引き取られ、ドイツ人として育てられていった[25]。

さて、先の狼の巣での「血統の魚釣り」の話に戻るならば、その折、ヒトラーは、ヒムラーに対し、こうした試みが世界観的教育抜きに行われた場合、それは意味のないものとなるとの懸念を表明したとされる。しかし、北方人種の血を世界中から集めるべきであるとする点において、彼の考えがヒムラーのそれと違いがあったわけではない。先のダレの討論会で、ヒトラーもまた、「われわれは、われわれの闘争に貢献した他の諸国民の代表者を新たに生み出される貴族階級に迎えるつもりである。この点に関して、私の意見はダレやヒムラーのそれとまったく変わるところはない。われわれは間もなく今日の狭隘な国家主義の限界を抜け出すことであろう。わが党員諸君、世界帝国はなるほど先ず国民的基盤の上に誕生する。しかし、ほどなくこれを後にすることになるであろう」との考えを表明していた[26]。「世界帝国」に、ニーチェが言う「支配者たる人種」の育成を課題とする「国際的人種連合」を重ね合わせることも不可能ではないのかもしれない。ニーチェは、「大地の支配者」となった「高級種の人間」が「ヨーロッパをもっとも御し易く使い勝手のよい道具として利用する」、「この上もなく冷酷な自己‐立法の上に築きあげられた新しい巨大な貴族政治」の到来について語っていた[27]。

「世界帝国」は夢物語ではなかった。一九四一年秋、それはドイツがフランス等ヨーロッパ諸国を屈伏させ国防軍をロシアに侵攻させた頃のことであるが、大本営を訪れたイタリア外相は、ヒトラーの口から、「ヨーロッパの連帯感情が東方における戦いによりはじめて生まれるに至ったという事実」について聞かされた。「このことはとりわけ将来にとって大きな重要性をもつであろう。後の世代はヨーロッパ・アメリカ問題と対決しなければならない。ドイツかイギリスかといった問題はもはや重要ではない。ファシズム、ナチズム、あるいは、それらと対立する政治制度といったものも問題ではない。アフリカの植民地を従えたヨーロッパ経済圏内部のヨーロッパ全体の共通利益が問題となる[28]。」

公式の場での、「われわれは、ドイツ民族のために、その存続のために、そして、その生存闘争の遂行のために生き、かつ戦うものである」といった発言が、ドイツ国民に対する眼眩ましであり、真の意図をカムフラージュするものであったことがよく分かる話ではある。ヒトラーにとって、ドイツという国家や国民はむろんのこと、民族さえも、所詮は、世界帝国に至るための「単なる端緒」[29]でしかなかった。「国家・国民（Nation）という概念は無意味なものとなったのだ」、一九三四年の秋の或る日、彼はラウシュニングを相手にこう語り始めた。「私がなおそうした概念で事を開始しなければならなかったのは、現代という時代の歴史的制約によるものであった。この誤った概念を除去し、政治的にはいまだ使い慣らされていない人種（Rasse）によって置き換えることが肝要である。未来の秩序を構成する概念として、歴史的に形成されてきた民族（Volk）ではなく、それによって覆い隠されてきた人種が選び取られねばならない。むろん、科学的な意味において人種など存在しないことを私も承知している。しかし、私は、政治家として、これまでの歴史的なしがらみの上に築かれてきた秩序を解体し、まったく新たな反歴史的秩序を力ずくで生み出し、これに思想的な根拠を与えることができる、そうした概念を必要としている。……かつてフランスは国民という概念を武器に彼らの大革命を国境を越えて世界に広めた。ナチズムは人種という概念を武器にして革命を遂行し、世界に新たな秩序を与えるであろう。既に、国民という概念が、純粋に王朝的な封建国家に対して、民族という生物学的概念を導入したように、われわれの革命は、歴史主義を超克し、〔人種という〕純粋に生物学的価値の承認に向かう更なる一歩であり、最後の一歩なのである。私は、ドイツにおいてナチズムが遂行している新たな淘汰の過程を、全ヨーロッパ、全世界を舞台にして開始させるであろう。すべての国民の中で北方的分肢が再び台頭し、支配的要素となるであろう。……厳しい時代がやって来る。世界は新たな掟を受け取ることになるであろう。しかし、何時の日か、われわれはイギリス、フランス、アメリカにいる新たな男たちを糾合する。それは、彼らが世界の巨大な転換のプロセスに身を投じ、進んで協力する時である。その時には、ありきたりの国家主義の中から残さなければならないものはそう多くはあるまい。それはドイツについても同様である。それに代わって、同じ支配人種に属する人々の間に、言葉の相異を超えた、相互の了解が生まれることになるにちがいない。」[30]

ヒトラーの言は単純明快である。ここには、内輪のトークの気安さも手伝ってか、演説等にあっては多くの場合曖昧なままに放置され覆い隠されてきた「国民」「民族」「人種」の違いを前提した上で、誰にも分かる言葉で、彼の終生変わらぬ政治テーマが、国家主義はむろんのこと、民族主義でさえなく、人種主義によるそれらの克服であったことがはっきりと語られている。「国家」が人種の如何を問わず国籍の所有のみを条件に人間の顔をしたすべての者により構成される団体であったとするならば、あるいは、「民族共同体」がドイツ人の血又はそれと類縁の血の共有を条件に国籍所有者により構成される団体であったとするならば、「人種共同体」は、国境を越えた北方人種の血の所有を条件に北方人の顔をした者のみにより構成される団体であった。国家が、血及び世界観の分裂により、秩序の形成維持のために、統治機構としての国家権力及び統治の手段としての法律を不可欠とする――国家‐憲法体制――のに対し、あるいは、民族共同体が、運命と種の共有化の過程において、類縁とはいえ複数の人種の存在により、なお、補助的ではあれ、国家権力及び法律を必要とする――指導者‐国家‐憲法体制――のに対し、人種共同体は、北方人種という単一人種により構成され、種と運命の同一化により、国家権力及び法律を過剰とし不要とし、指導者‐憲法体制を現実のものとする。その完成が遥か遠い未来の出来事ではあれ、ナチズムとは、ヒトラーが「われわれの革命は純粋に生物学的価値の承認に向かう最後の一歩である」と語っていたように、ヨーロッパ近代が、ローマ法の再発見以来長年にわたり自明としてきた国家権力に根拠を置く法律による統治を、遺伝素質に根拠を置く指導によって置き換え乗り越えようとする政治運動であった。

しかし、人種政策、品種改良のもたらす効果が「他のいかなる法律のそれよりも決定的なもの」であったにせよ、事柄の性質上、当然に、速効的なものではありえなかった。ゲーリングが「第二段階」、「第三段階」の建設について語った所以でもある。革命が長期にわたるものとならざるをえなかったことは、ヒトラー自らが、「われわれは何百年かけてドイツ民族を改良するであろう」と語っていたように[31]、そして、その嚆矢となる人種法律に関して、九月一五日の国会において、「この法律のもつ全体的意義が十分に理解されるためには何世紀もの時間が必要となるであろう」と語っていたように[32]、人種共同体の建設が一〇年や二〇年ではなく、一〇〇年を単位とする課題であったことからすれば、自明のことであった。それは、憲法典の交代によって短時日に決着がつく通常の革命とは異なり、「すべてのドイツ人が新たに形づくられ、改造されるまで完成することはない[33]」、世代を超えて引き継がれなければならない革命であった。こうした事情を考えれば、ラウシュニングを相手に、「私に課せられた課題は、かつてドイツを指導したビスマルクやその他の人達のそれに比べより一層困難なものである」と語ったことにも納得がいく。しかし、たとえそれがどれほど困難な課題であったにせよ、ドイツ民族の再構成、品種改良が完成し、さらには、北方人種の血を世界中から糾合することにより、ヨーロッパ規模で運命と種の共同体が実現した、そのときには、世界帝国は、紛れもなく、「すべての者の血によって署名され、何者によっても侵すことのできない永遠の法典」[34]を手にすることが可能となるにちがいない。

結語　夢の結末

ナチス第三ライヒが、（1）ヨーロッパ近代を規定した主体性の形而上学の課題、即ち、「世界」の征服・支配・創造に定位し、人間を、表象‐制作する主体としての任に堪えるよう、訓育と育種を通して新たな人間類型＝服従する主体へと作り替え、機械装置により徴用され‐用立てられる用象として、ゲ―シュテルに配置する、そうした課題に忠実に、運命と種を共有する民族共同体の建設、そして、それによる切れ目のない生‐権力の創造を最大の政治テーマとしたこと、（2）その際、民族共同体の「存在」を規定する本質的要素を遺伝素質に見定め、北方人種に定位したドイツ民族の生物学的な品種改良を、ナチズムの成否を決する決定的に重要な課題と位置づけたこと、（3）そのため、民族の指導者が、かつて神が有していた主体＝理性の地位を襲い、自己を、神に代わって、世界観を基に墨縄を引き、存在者の「存在」を決定し、「世界」を表象‐制作する最高審級として屹立させ、自然の支配者にして所有者となったこと――こうした事態を前にして、ヒトラーが、政権掌握から間もなくの頃、ラウシュニングを相手に語った言葉が第三ライヒの歴史の中で有した意義を改めて確認することができる。ナチズムの一切は、そこから始まり、そこへと収斂するものであったのだから。

「われわれの革命は純粋に生物学的価値の承認へと向かう更なる前進の一歩であり、あるいは、最後の一歩である。……天地創造はいまだ終わっていない。……新しい人間の種が今その輪郭をあらわしはじめている。……ナチズムをただ政治運動としてしか理解しない者はナチズムについて何も知らないに等しい。ナチズムは宗教以上のものでさえある。それは、新しい人間創造への意思である。」

単に第三ライヒの歴史だけではない、この言がヨーロッパ近代の歴史の中で有した比類のない意義は、これを、四〇〇年も昔、デューラーが描く『メレンコリアⅠ』の世界と照合するとき、はじめて十全に明らかとなる。右手にコンパスを持つメランコリアが、床に散乱する釘や直定規、三角定規、鋸、面取鉋、やっとこ、墨壺等の大工道具に取り囲まれ、白い眼差しをもって、建築途中の家の中央に腰掛ける姿を想い返そうではないか。やがて、懐疑から目覚め、翼を広げて天空に飛翔し、宇宙の秩序を認識した彼女は、自然の掟を基に神の創造事業を継続するという巨大な課題に取り組むこととなるであろう。今、数百年に及んだ長い準備の時を経て、ようやくにして、建築途中の家は、メランコリアの意思を引き継ぐ新たなデミウルゴスを見いだしたのだ。デューラーは、死後に出版された『人体均衡論四書』に、「理論に通じた〔人の〕心には作ろうと思えば作ることのできる影像が充満している。そのような人が幾百年も生きることができ、このような理論を正しく使用し、またこのようなことに対して生来の素質を持つならば、その人は神の賦与した力によって、かつて見られたこともなく、他の人の思いもよらなかったような人間とその他の被造物の新しい形態を、日毎に多量に注ぎ出し、作り出すことであろう(1)」との言葉を遺したが、今、彼の些か謎めいた予言が、おそらくは彼の思い及ばなかった形であったであろうが、現実のものとなろうとしていた。むろん、「理論に通じた人」が「画家」を指すことは、デューラーが明記するところではある。しかし、理論に通じた画家とは「表象し-制作する」主体の謂いにほかならない限り、彼の予言はそっくりそのまま主体性の形而上学全体に当てはまるものとして、さほど的外れではあるまい。四〇〇年後、神が開始した宇宙創造を、神に代わって、完成させせんとする巨大な事業が、「われわれは、神の御業を助け、神の御意思を実現しようとするものである」と公言し、「世界」に墨縄を引き、「世界」の「存在」を決定し、「世界」を表象-制作するために必要な権力の一切とテクノロジー、そして、何よりもそれを実行せんとする力への意思、さらには、善悪の彼岸に立つ覚悟を備えた一人の男により受け継がれ、「新たな人間」の創造に向けた訓育と育種、中でも、人種衛生や民族改良にかかわるさまざまな正負の措置、たとえば、精神薄弱者等の断種や妊娠中絶、性犯罪者の去勢、常習犯罪者等の保安処分、共産主義者等の保安拘禁、常習犯罪者等の予防拘禁、民族の害虫等の死刑、精神病者等の安楽死、ユダヤ人のガス殺等の措置が、また、婚姻相談、婚姻適格証明書の交付、婚姻貸付金の貸与、児童補助金の給付等の措置が、それぞれ計画され、実行に移されたのである。

　これらの措置の実行に際し、先ずもって、措置の対象者の選別と特定が必要とされたこと、いうまでもない。誰がドイツ人の血を有する者であり、誰がユダヤ人であり、誰が精神薄弱者であり、誰が精神病者であり、誰が敵対的人物であり、誰が反社会的人物であり、誰が常習犯罪者であり、誰が危険な性犯罪者であり、誰が婚姻障害事由に該当する者であり、誰が婚姻貸付金の貸与者として相応しい者であり、どの家族が児童補助金の給付者として相応しい家族であり……、そもそも、この者、この家族が、機械装置にとって、価値ある者、価値ある家族であるのか否か、価値ある者、価値ある家族であるとして、それはどの程度においてそうであるのか、そうした判定、それも、六八〇〇万という膨大な人口を対象に、効率的に判定する技術を必要としたのであり、その整備が喫緊の課題となったのである。ここでもまた、テクノロジーが主体性の形而上学の到達範囲を確定すること、何ら変わりはない。

そのために必要な制度整備の最初の一歩となる法律が一九三四年七月三日の『保健衛生制度統一化法』であった。『統一化法』は、各地区の下級行政官署に「保健衛生官署」の付設を義務づけ、この官署の指揮をライヒ内務大臣の監督に服する「国家官吏医」に委ねることにより、既に制定され、あるいは、当時準備中の人口・人種政策的諸立法のライヒ的規模における統一的・効果的執行を保障しようとするものであった。[2] 保健衛生官署の具体的任務として、「保健衛生に関する民族啓蒙」、「学校保健衛生」、「母子相談」、「結核患者、性病患者、不具者、病弱者及び伝染病患者に対する看護」、「体育活動の助成・促進のための医学的協力」等が定められ、中でも「婚姻相談を含む遺伝・人種改良」がもっとも重要な任務であったことは、『第一施行令』が「遺伝・人種改良の諸原則が保健衛生のすべての部門において配慮されなければならない」としていたとおりである。この任務の具体的内容に関して、『第一施行令』は、「自然人口動態の調査」、「出生数の減少に対する戦いの強力な支援」、「断種法が規定する官吏医の任務の遂行」、「民族の価値ある遺伝素質の保護・改良と婚姻相談」の四項目を挙げ、さらに、『第三施行令』が、これら四項目の内とりわけ民族の質的改良にかかわる任務の遂行を目的に、各保健衛生官署に対し「遺伝・人種改良のための相談所の設置」を義務づけた。

こうした人種衛生・改良のための制度整備の中で、とりわけ重要と思われる事柄は、『第三施行令』が、相談所の中心任務である「住民への相談と助言」の活動を通して相談所が所有するに至った住民一人一人に関する「調査結果及び関係書類」に関して、各保健衛生官署に対し、これらを基に、今後の相談活動への有効活用を目的に、「遺伝・生物学的カード」の作成と管理を義務づけた点にある。ライヒ内務大臣フリックが各ラント政府宛に布告した一九三五年五月二一日の『回状』[3]は、カード作成の目的、管理、運営の詳細を定めるが、その中で、「家系図」の作成をカード作成の準備作業として位置づけ、その理由に、「相談者の遺伝的健全性に関する評価」を行う上で、「相談者の氏族の中に存する何らかの遺伝的疾患又は特別に価値ある特性の確認が不可欠である」ことを挙げている。マスフェラーの解説もまた、「一人一人

表7

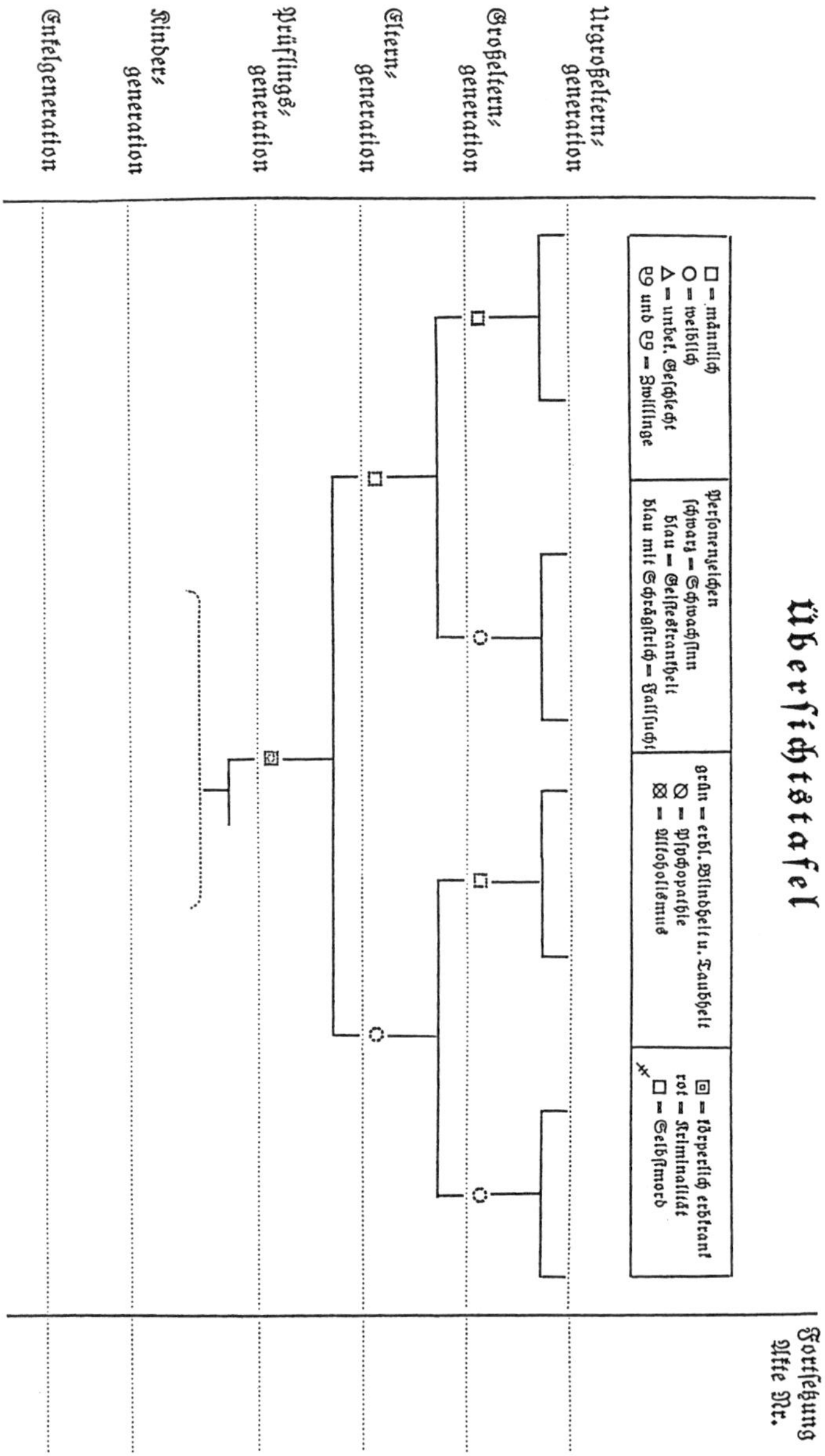

(A. Gütt/H. Linden/F. Maßfeller, Blutschutz-und Ehegesundheitsgesetz, 2. Aufl., S. 289)

の人間に対する遺伝生物学的評価というものは、当人だけを対象としては何も確定的なことはいえない」とする。「必要なことは、その者が両親及び祖先から受け継いだ遺伝素質を明らかにすることである。それ故、通例、系譜学的・医学的調査が個人に対する最終的評価に先行しなければならない。[4]」

「家系図」がいかなるものであったか。回状に付された書式見本（表7）を見てみよう。相談者である本人を中心に、必要な場合には曾祖父母を含め、その者と八分の一以上の血を共有するすべての近親者が、当該氏族の有する遺伝素質の実体の一望化を可能にするため、障害、疾患、犯罪歴等の有無を示す記号とともに一枚の図の中に収められる段取りとなっていた。図の中の□は男性、○は女性を表わし、たとえば、精神薄弱者の場合、□又は○を「黒」で塗りつぶす。以下、精神病者は「青」、癲癇病は「青に斜線」、遺伝性盲・聾は「緑」、精神病質者は「／」、アルコール中毒は「×」、遺伝性肉体的疾患は「回」、犯罪者は「赤」、自殺は「≠」の記号で表記する。家系図の第二頁以降には、図に記載された近親者に関するその他のデータ、たとえば、宗教、肉体的特徴、人種、重要な病気、死因、性格的特徴、特に注目すべき才能等が父の父、父の母、母の父、母の母、父、父の兄弟姉妹、母、母の兄弟姉妹、本人、兄弟姉妹、兄弟姉妹の子供、子供及び孫の順に、そして同親等の者については年令順に記入する。

個々の特徴の記載に関し回状は以下の指示を置く。「肉体的特徴については、クレッチュマーの類型――細長型、筋骨型、肥満型――に従い、これを記述しなければならない。人種の帰属についても、同様に簡潔に、その者の特徴を主として形成する人種的特徴――北方人種、ファーレン人種、地中海人種、アルプス人種、東方バルト人種、ディナール人種――に従い、とりわけ、ユダヤ人、モンゴロイド、ネグロ、その他の人種的特徴については、これを特記しなければならない。過去及び現在の肉体的・精神的疾患については、（奇形、嗜癖、性的逸脱、病的及び異常な感情特性等を含め）重要となる疾患のみをドイツ語で記載しなければならない。性格的特徴については、気質、基本的性向、意思特性、権威志向性、幻想、性癖の特徴について、それぞれ箇条書きに表記しなければならない。さらに、この他、変人、真理愛、反社会的行態、必要な場合には犯罪行為も含め、それらの特徴を記載することが求められる。特に注目すべき才能については、平均をはるかに超える才能のみが該当し、その際問題となるのは精神的（数学、言語、組織形成に関する）才能、芸術的（音楽、絵画、素描、彫刻に関する）才能、実践的（技術、技量、スポーツに関する）才能である。」

住民一人一人の「遺伝・生物学的カード」（表8）の作成は、こうした「家系図」を基に行われ、その他、学校、裁判

表8

A | B | C | D | E | F | G | H | I | J | K | L | M | N | O | P | Q | R | S | Sch | St | T | U | V | W | X | Y | Z | Mb | Sb | Sch | FE | Tbc | Gb | Kb | Psb | Alk | NA | Bs | Ed | Ep | EE | B | K | Ek | Auss

Fürsorge

Positive — Auslese — Negative

1. Amt

4. Zuname　Vorname (Rufname unterstreichen)　geb.: Mädchenname bei Frauen

14. Eltern blutsverwandt: ja / nein
Onkel/Nichte, Tante/Neffe, Geschw.-Kinder

2. Nr. der Akte

5. Geburtsort　Bezirk

6. Geburtstag, -monat, -jahr

7. ehelich, unehelich

8. Religion bei der Geburt

9. Zwilling: ja — nein
gleich- / anders- geschlechtl.

15. .... Kind der Eltern
von insgesamt .... Kindern
davon:
totgeboren ....
noch lebend ....

3. Tag der Kartenausst.

10. genaue Berufsangabe

11. ledig, ... mal verheiratet, verwitwet, geschieden

12. Heiratsalter Jahre

13. Eigene Kinder insges. ....
davon unehelich ....
davon: totgeboren.......
noch lebend.......

16. Wohnort (Unterstützungswohnsitz)
Ort:　Wohnung:

17. Frühere Krankheiten

18. Anstaltsaufenthalte

19. Hauptdiagnose
Ärztlich:
Erbbiologisch:
Sozial:

20.
Gestorben am:
Todesursache:

21. Vorkommen hochwertiger Eigenschaften in der Sippe
Art:　Verwandtschaftsgrad:

22. Vorkommen von Erbkrankheiten in der Sippe
Art:　Verwandtschaftsgrad:

23. arisch — nichtarisch
Körperbautyp nach Kretschmer
Vorwiegender Rassenanteil:
mit .... Einschlag
Haarfarbe: ....
Augenfarbe: ....
Schädelform: ....

24. Schulart u. Schulleistungen
.... mal sitzengeblieben

25. Körperliche Entwicklung

26. Charakterentwicklung, Sonderbegabungen

27. Erbkrankheit
....
Zur U. angezeigt am: ....
Antragsteller: ....
EG: .... Aktenz. ....
Beschluß auf: .... Zugest. am ....
Durchgeführt am: ....
Aussetzung bis: ....
wegen: ....
EOG: ....

28. .... mal vorbestraft wegen:
Am .... in ....
wegen ....
unter Pflegschaft gestellt, entmündigt, entmannt, nach § 42 k StGB, aus § 51 StGB, § 58 StGB, § 3 JGG freigesprochen, Sicherheitsverwahrung, Fürsorgeerziehung angeordnet.
Gerichte:　Geschäftszeichen:

Kriminalbiologisch untersucht am ....
in ....

(A. Gütt/H. Linden/F. Maßfeller, Blutschutz-und Ehegesundheitsgestz, 2. Aufl., S. 294)

所、病院、精神病院、看護施設、青少年局、厚生局等の有する資料、さらには、国勢調査の結果によって補われ、やがて個々のカードは当該個人及び家族の有する遺伝的人種的社会的情報を網羅した欠缺のないレファレンスカードへと整理されてゆくことが予定されていた。作成されたカードの原本は当人の居住する保健衛生官署に、副本は当人の誕生地を管轄する保健衛生官署にそれぞれ保存され、さらに、カードの21（一族の中の優れた特性の存在）、22（一族の中の遺伝病の存在）、27（遺伝病）、28（犯罪歴）の項目のいずれかに記載があるすべての場合、もう一通の副本が「保健衛生及び民族改良」を担当するライヒ内務省第四局に送付すべきものとされた。つまり、高い価値を有する家族、逆に、遺伝的疾患を有する人物・家族、犯罪生物学的に重要な意味を有する人物、要するに、消極的であれ積極的であれ、民族の品種改良にとって特に重要と思われる一人一人のドイツ人及びその氏族に関する遺伝情報がライヒ内務省に設置されたカードボックスの中に収納される手筈となっていた。ラウシュニングが、政権掌握の前年の夏に、ダレから見せられたという親衛隊員のカードを収めたカードボックスが想起される。遺伝生物学的カードの作成と管理の目的は、遺伝的に健全な者及び家族の助成であれ、あるいは、有害な者及び家族の除去であれ、ドイツ民族を対象とする品種改良事業の効果的な運営にとって必要不可欠となる「全住民の遺伝生物学的棚卸し」(5)にあり、住民一人一人につき作成されるカードはいわばドイツ民族全体の有する遺伝素質に関する「土地台帳」(6)としての性格と機能を担うものであった。カードボックスは、民族共同体を保護飼育場と見立て、ドイツ民族体の遺伝的健全性を維持・強化するべく、「遺伝病的子孫や反社会的子孫の誕生の防止（ausjättende Erbpflege）」及び「遺伝的に健全で人種的に価値ある家族の増殖（fördernde Erbpflege）」を課題とする保健衛生のためのデータベースであった(7)。

こうしたデータベースの整備は、「世界」の征服・支配・創造に動員されるべき新たな人間類型を効率的に生産する上で、不可欠の前提条件であったにちがいない。ここにおいて、ヨーロッパ近代が生み出した統治術は新たな段階に到達したといってよい。あるいは、生-権力が元来有していた可能性を現実化するテクノロジーがようやく開発されたというべきか。それは、癩病の場合の排除でもなければ、ペストの場合の閉じ込めでもなく、天然痘の場合の塊としての人間集団を対象とする統計学的な調整でもない。共同体のすべての成員を対象に、一人一人の現存在の幅と深みの全体の透視が問題であった。それがあってはじめて、単に「生かし、死ぬに任せる」だけでなく、「如何に生かし、如何に死なせる」かが決定されうるものとなる。生と死を管理する権力の出来である。その要が成員毎に作成される一枚のカードであったということだ。ここでも「閉じ込め」が行われることに変わりはない。ただし、一般施療院や監獄等の物理的な空間ではなく、二次元の一枚の白い紙が監禁場所であり、生身の肉体ではなく、記号化された情報がその対象であった。人々は、己の与り知らぬところで、そして、そのことを何ら実感することもなく、四六時中、誕生から死に至るまで、あるいは、死の後も、目に見えない空間に閉じ込められ、管理されることとなったのだ。そこにわれわれが見るものは、法律は言うに及ばず、規律型の社会でさえなく、一切のデータを集約・管理し、それに基づいて成員の価値を測り、その思考と行動をいつでもどこでも予測し制御する「管理社会」(8)、より正確には、情報を管理し、情報により管理する「情報管理社会」の到来である。生-権力が、従来、身体・精神・知識を対象とする規律権力＝解剖政治学と人口集団を対象とする調整権力＝生政治学から構成されていたとするならば、以後、現存在の全体を対象とする第三の権力＝政治学が登場する。それを、透視権力＝管理政治学と呼ぶことも可能である。生-権力の目的と機能が、権力の諸効果を社会のもっとも細かな粒子にまで確実にゆきわたらせ、生の展開のすべての局面に対して、その掌握を確立せんとすることにあったとして、なお、そこには足りないものがあったということだ。透視権力は、先行の二つの権力を廃棄するのではなく、それに付加され、それを囲い込み、底礎づける権力であり、それにより、規律権力及び調整権力もまた、はじめて、その機能を十全に発揮し、その課題を十全に果たしうるものとなる。切れ目のない権力の完成であり、生全体を攻囲する統治制化の実現である。

透視権力＝管理政治学にとって肝心要となるカードの制作が途方もない労力と時間を伴うことは容易に察しがつく。半端な数ではない。対象者は六八〇〇万の国民全体である。しかも、カードに記載されるべき情報は、姓名からはじまって、誕生地、誕生日、嫡出性の有無、誕生時の宗教、双生児（同性、異性）、職業、独身又は既婚（回数）、結婚年齢、子供の数、両親の血縁度、両親の子供の総数（その内、死産の数、生存者数）及び何番目の子供、住所、既往症、施設への収容、主な診断結果（医学的、生物学的、社会的）、死亡（原因）、一族の優れた特性の存在、一族の中の遺伝病の存在、アーリア人又は非アーリア人、学歴及び成績、身体的発達の特徴、性格的発達の特徴、遺伝病、前科にわたる広範なものであり、項目の追加も当然に予想されるところであった。

ナチスは、これらのデータをどのようにして一枚のカードに集約し、それをどのように利用しようとしていたのか。ブラックは、『IBMとホロコースト』(2001)の中で、長い間歴史家が解明してこなかった一つの疑問、何十年もの間誰にも分からなかった疑問から出発する。「ドイツ人は常にユダヤ人の名簿を持っていた。或る日、突然、恐ろしい形相をしたＳＳの一団が突然街の一角にやってきて、名簿に載っている者は明日東方への移住のため駅に集合するようにとの通達を張り出していく。しかし、ナチスはその名簿をどのようにして手に入れたのか。[9]」むろん、事はユダヤ人に限られはしなかったはずである。六八〇〇万のドイツ国民全体の名簿があって、はじめて、ユダヤ人の特定化、名簿の作成が可能であったにちがいないのだから。ブラックの答は、「ＩＢＭドイツの国勢調査システム、及び、類似の高度な人口計数・登録技術」であった。[10] 彼らだけが、「住民の身元を特定し、分類し、人口を測定し、ユダヤ人をアーリア人から区別するシステムを設計し実行することができた」のである。[11] 作業の中核を成すテクノロジーが、一九世紀末に、アメリカ国勢局統計調査室で国勢調査の統計処理を担当した経験をもつドイツ系アメリカ人ハーマン・ホレリス――彼は後のＩＢＭの基となる「タビュレーティング・マシーン・カンパニー」を創設する――により開発された「ホレリス・マシーン」と称される計算機械であった。[12]

一枚のパンチ・カードに、穿孔機により、各人の属性、性別、年齢、国籍、宗教、職業等を表現する穴が指定の箇所に開けられ、このカードを「読み取り機に入れる。簡単に調整できるバネ式の装置と、穴を感知するブラシの電気的接触を用いて、カードは自動フィーダーで送られては『読み取られる。』そうして処理されたカードは指定のパンチ穴によって仕分けされる。何百万というカードを分類し、さらに、分類しなおすことができる。データごとの穴で分類を繰り返すだけで、欲しい特徴をどれでも取り出すことが可能であった。人口全体の特徴を描き出したり、その人口の中の任意のグループを抽出したりすることもできた。極端な話、カードに開ける穴の数と仕分けする回数さえ限らなければ、何百万人もの中からたった一人を特定することさえ不可能ではない。すべてのパンチカードは、それぞれ、穴の和の限界まで情報を詰め込むことのできる倉庫であった。それは、まさに、人間につけられる一九世紀のバーコードだった。[13]」ちなみに、ホレリスが用意したカードは、一ドル紙幣と同じ大きさをもち、全部で二八八の穴を開けることが可能であった。一八八九年に特許を取得した彼の機械は、早速翌年に実施された国勢調査に動員され、統計処理に携わる人々が夢に見た性能を実証する。このとき、国勢調査局は、六三〇〇万人の調査結果がワシントンに届いてからわずか一カ月後に総人口数を発表することができたという。むろん、事は単純な総数の算出にとどまらない。「生まれた子供の数」、「生存している子供の数」、「英語を話す家庭の数」等々の設問に応じて、自在に、集計結果を出力することが可能であった。[14]

ＩＢＭの技術は、国勢調査に限られない、統計処理を必要とするさまざまな分野で同様に革命をもたらした。今や、「生身の人間が紙と鉛筆で計算する時代は終わろうとしていた。[15]」古くは、フィレンツェやヴェネチアにおいて始まり、グラントやペッティが「数字」に託した政治算術の夢を現実とするテクノロジーの登場である。先進国は競ってホレリス・マシーンを導入し、政府であれ、鉄道会社や電力会社等の企業であれ、ＩＢＭが提供するソリューション抜きにしては効率的な統治も経営も成り立ちえないものとなった。ドイツもまた例外ではない。それどころか、国民の全体的管理、国民一人一人の現存在の統御を目指すヒトラー・ナチスの登場は、ＩＢＭの技術に、「前代未聞の、おそらく誰も想像すらしたことのない、驚くべき統計分野を開いた」のである。[16]そのことにより、ドイツはＩＢＭにとって最大の顧客となり、他方、ナチスにとってＩＢＭは世界観の戦いのためのなくてはならない戦略的パートナーとなった。以後、ＩＢＭが提供する技術がナチスの戦いの限界を画することとなる。ワトソン社長が国際商工会議所会頭として一九三七年にベルリンで開催された総会のためドイツを訪れた際、ヒトラーから授与され彼の胸に飾られたドイツ鷲功労メダルが何よりも両者の同盟を物語っていた。

それでは、ナチスは、ＩＢＭの最新の技術を、実際、何のために、どのように利用したのか。それは彼らに何をもたらしたのか。

ブラックは、ベルゲン・ベルゼン強制収容所の様子を紹介する。火葬場からほんの数メートル、囚人たちが「獅子の穴」と呼ぶブロック長の宿舎、そこがホレリス式パンチカードが処理される場所であった。一九四四年一二月、そこに、運良くガス室送りを免れたルドルフ・ヘイムという一人のオランダ系ユダヤ人が労務のために配置された。彼は、与えられた仕事の傍ら、ＳＳ隊員が行うカードの選別作業を横目に見るうち、その流れをすぐに理解した。「毎日、強制労働者が送り込まれる。囚人はホレリス式カードによって識別され、そこには、国籍、生年月日、既婚・未婚の別、子供の数、収監理由、身体的特徴、職業上の技能といった情報が、それぞれの列に開けた穴で記されていた。〔囚人を特性に応じて仕分けする〕一六のコード分類が穴の位置によって列3と列4に並べられていた。穴3は同性愛者、穴9は反社会的人物、穴12はジプシーを意味した。穴8がユダヤ人である。カードに基づいて紙に打ち出される一覧表には、囚人が〔五桁の〕個人コード番号で記されていた。列34は『退所理由』という項目だった。コード2は単に他の収容所に移送されて労働を継続することを意味した。自然死はコード3。処刑はコード

4。自殺がコード5。不吉な番号であるコード6は『特別措置』と表示された。」ヘイムは囚人グループの職業構成の調べ方も覚えた。「先ず、各囚人の個人カードを選別機に入れる。そうしてダイヤルを合わせれば、特定の職業や労働技能、年齢層、作業部隊に必要な言語能力等に該当する者を選り分けられる仕組であった。」ヘイムは、やがて、こうした機械によって何が行われているのか、事の真実を理解した。「何十万人という人間が、ホレリス・システムを通して識別され、選別され、割り振られ、移送されていること、そして、番号とパンチカードが彼らを人間でなくしてしまったこと、を。」[17]こうした事態をとらえて、ブラックは、「情報時代の夜明けは人間の尊厳の落日とともに始まった」という。[18]

一見ただの四角い白いカードにしか見えない。しかし、或る決められたルールに基づいて整然と穴が開けられた横五・二五インチ×縦三・二五インチの一枚のカードは、囚人たちを選別し、彼らの運命を決する力をもっていた。生身の人間は、その者がもつ性別や年齢、身体、職業、国籍、宗教、人種等々の人格的属性が数字や記号に置き換えられ、逆に、置き換え不可能な特徴の一切が捨象されることにより、機械装置による支配と統御を受けるに相応しく、完璧に計算可能な res extensa へと還元され、客体化されたのである。ホレリスもまたデカルトの忠実な、おそらくは、当時にあって、もっとも優秀な徒であった。彼が生み出した計算機械は、もっとも計算化に困難な生身の人間及びその集団を計算可能な数字と記号に置き換えることにより、指導者のために、「世界」の管理と支配に立ちはだかる最後の障壁を取っ払ったのである。

ホレリス・システム——電気式キーパンチ機、組パンチ機、サマリーパンチ機、キーパンチ検孔機、選別機、図表作成機——による選別は、ベルゲン・ベルゼン収容所に限られたものでも、ユダヤ人に限られたものでもない。医療機関や婚姻相談所、福祉事務所を訪れるごく普通の人々もその支配から免れるものではなかった。彼らはIBMの技術者の協力の下に開発された全国共通の「質問票」を手渡された。先に紹介した『第三施行令』に定める住民一人一人に関する「調査結果及び関係書類」も、こうした質問票から基礎データを手に入れたのであろう。彼らが何気なしに書く国籍や性別、年齢、職業、病歴等の特徴や事情は、後に、コード番号に即してパンチカードの所定の位置にパンチ穴で記録される。コード化の作業という新しい仕事に対処するため、『ホレリス新聞』は多くの号で医師や職員を対象に、「ホレリス互換書式に固有の記入法を指導した。或る号では、欄12のいくつかの列を『特別の特徴』とするよう注意している。反社会的人物は第一列に1のコードを記す。二列目には盲目等の障害をコード

1とする。精神疾患は2、不具は3、聾者は5。合わせて、断種済みの親はs、親の疾病のために断種済みの子はasと記された。職業についても、統一コードが設定された。工場労働者はコード19、ホテルや迎賓館の労働者は23、芸能人は26、失業者は28。これらのコードは、書式の欄8に手書きで記入された。病気もコード化された。インフルエンザが3、狼瘡が7、梅毒が9、糖尿病が15。これらは欄9に記入された。コード分類とパンチ処理が済むと、すべてのデータが機械で選別された。[19]」

一九三三年四月一二日、第三ライヒにとって最初となる国勢調査が始まった。これまでの国勢調査がそうであったような、長い時間をかけた手作業による集計は問題外であった。何より求められたことは、迅速な集計による、ドイツ国民の生物的・政治的・社会的棚卸しであり、人口集団に墨縄を引き、一人一人をゲーシュテルに最適配置するために必要なデータの一望化であった。手作業によっては到底不可能な仕事を請け負い、要請に応えたのがベルリンにあるIBMの子会社、デホマク（DEHOMAG＝Deutsche Hollerith Maschinen Gesellschaft）である。四一〇〇万の人口を擁するプロイセンでは、六月一六日、よく訓練された五〇万の調査員による戸別訪問が開始され、九月中旬になると、回収された世帯毎の調査票が、六〇〇〇個の段ボール箱となって、アレクサンダー広場にある人口調査複合施設に到着しはじめた。「ぎっしり並んだパンチング・ステーションの列についた約四五〇人のデータ入力者が、特大の調査質問票に合わせた背の高い直立型の作業ディスプレイに向かって働いていた。……絶え間ない『スピード・パンチング』作業は、必要とあれば二回から三回のシフトで行われ、昼も夜も、デホマクの従業員は四一〇〇万人のプロイセン住民の個人情報を一時間にカード一五〇枚の割合で入力し続けた。……パンチによって、各列に個人情報が入力された。居住地域、性別、年齢、母語、子供の数、現在の職業、副業といったものである。……列22『宗教』では、穴1・プロテスタント、穴2・カトリック、穴3・ユダヤ教のいずれかをパンチ、列23及び24『国籍』では、ポーランド語話者は行10に記録することとされた。……住民の中にユダヤ人が発見されると、特別な『ユダヤ人計数カード』が出生地を記録した。これらのユダヤ人計数カードは別に処理された。その後に、三五工程かけて二五のカテゴリーの情報を相互参照し、フィルタリングする。職業、住居、出身国、その他さまざまな特徴によってひたすら選別を繰り返す。それらは、すべて、土地登記、共同体名簿、教会といったところからの情報と照合され、膨大な新しいデータベースが作られる。[20]」

IBMがナチスに提供した技術は、魔法のごとき正確さで人を識別し数えることができ、さらに、より複雑な作業、データを記録し、処理し、検索し、分析すること、要は、党や国家のそれぞれの部局が民族共同体の建設及び全体戦争の遂行のためにその折々に必要とするさまざまなソリューション、たとえば、人口の年齢別・性別構成比、子供の出生率・数、独身者比率、職業別ユダヤ人比率、年齢別・男女別ユダヤ人数、市町村に居住するユダヤ人・異人種間婚姻者・犯罪者・精神薄弱者・精神病者・労働忌避者・熟練労働者の一覧名簿、食糧配給表、労働力配置表、兵力配置表、移送されるユダヤ人名簿等々を提供することができたのである。国家刑事警察／プロイセン刑事警察局が、一九三七年一月二七日、すべての刑事警察支（分）署に対し、職業犯罪者や常習犯罪者、常習道徳犯罪者等のリストの速やかな送付を命じた際にも、あるいは、安楽死に関して、一九三九年一〇月九日付のライヒ内務大臣の回状が各治療施設・看護施設に対し分裂病者や精神薄弱者等の個々の患者の現況に関する調査票の提出を義務づけた際にも、当然、そこにはIBMの技術の存在が前提されていたのであろう。

ホレリス・システムに不可能はなかった。パンチカードに入力できさえすれば、事の大小に関係なく、求められるいかなる情報も出力することが可能であった。たとえば、ポーランドの大管区指導者に対して、彼が必要とする数だけの、「ポーランド語を話す非ポーランド国籍の技術者の正確な氏名と現住所」を提供することがそうであった。必要なソリューションは、「パンチカードを選別機に通し」さえすれば簡単に見つけることができ、「必要な人数が見つかれば、機械は自動的に停止した。」[22]あるいは、一九四二年一月二〇日に開かれたヴァンゼー会議の席上にハイドリッヒが全体的計画の根拠として提出した国・地域別の膨大なユダヤ人人口リスト（**表9**）もそうであった。「出席者たちは、この会議には出席していなかった、位階は下だが重要な三人の専門家に多くの点で依存していた。一人は、人種統計調査の専門家ローデリヒ・プラーテ、二人目はヒムラー自らが選んだ統計の大家リヒャルト・コルヘル、三人目はアドルフ・アイヒマンであった。プラーテはコルヘルのアシスタントであり、両者ともホレリスの専門家であった。」[23]

一九三四年一月八日、ホレリス・マシーンを製造する新工場の除幕式が、ベルリンにある人口調査複合施設内の広大なデホマクのパンチカード作業場に、ナチス党幹部、プロイセン統計局長と職員、デホマク幹部を集めて行われた。挨拶に立ったハイディンガー社長は、デホマクが民族共同体の建設にいかなる貢献をなしうるか、これ以上ない比喩を使って明らかにし、指導者への全面的な協力を約束した。「医師は人体を診察し、すべての器官が体全体の利益となるように働い

表 9

Land（国）		Zahl（犠牲者数）
A. Altreich		131800
Ostmark		43700
Ostgebiete		420000
Generalgouvernement		2284000
Bialystok		400000
Protektorat Böhmen und Mähren		74200
Estland-judenfrei-		——
Lettland		3500
Litauen		34000
Belgien		43000
Dänemark		5600
Frankreich/Besetztes Gebiet		165000
Unbesetztes Gebiet		700000
Griechenland		69600
Niederlande		160800
Norwegen		1300
B. Bulgarien		48000
England		330000
Finnland		2300
Irland		4000
Italien einschl. Sardinien		58000
Albanien		200
Kroatien		40000
Portugal		3000
Rumänien einschl. Bessarabien		342000
Schweden		8000
Schweiz		18000
Serbien		10000
Slowakei		88000
Spanien		6000
Türkei（europ. Teil）		55500
Ungarn		742800
UdSSR		5000000
Ukraine	2994684	
Weißrußland ausschl. Bialystok	446484	
Zusammen:		über　11000000

(H. A. Jacobsen/W. Jochmann (Hg.), Ausge-wählte Dokumente zur Geschichte des Nationalsozi-alismus 1933–1945. Bd.3., 1961.)

ているかどうかを判断します。われわれは医師によく似ています。ドイツの体を一つ一つの細胞ごとに解剖するのです。われわれは、すべての個人の特徴を小さなカードに記録します。これらは生命をもたないただのカードではなく、まったく逆に、後になって、一時間に二五〇〇〇枚の割合で特定の特徴に選別されるときに、生きた力を発揮するのです。これらの特徴は人間の体の組織のように分類され、われわれの図表作成機の助けを借りて計算され判定されるのです。われわれは、われわれの医師〔指導者アドルフ・ヒトラー〕のためにその診察に必要な資料を提供するという仕事に協力できることを誇りに思うものであります。それによって、われわれの医師は、計算された価値が国民の健康と調和するか否かを判断することができるのです。ということは、そうでない場合には、われわれの医師はその病的状況を正すための矯正処置をとることができるということでもあります。……われわれは、われらの医師に絶大な信頼を置き、彼の指示に盲目的な信仰をもって従います。なぜなら、われわれは、彼がわれら国民を偉大な未来へと導いてくれることを知っているからです。われらドイツ国民と指導者万歳。」[24]

データを記録し、処理し、検索し、分析し、求められたソリューションを迅速かつ正確に提供するＩＢＭの技術の根底には、もっとも基本的な機能である「計算する」ことがあった。「世界」を res extensa としてとらえ、存在者の「存在」の根拠と本質を計算可能性に求めたヨーロッパ近代にとって、ピサの商人フィボナッチ（1170 頃–1250 頃）が、『計算盤の書』（1202）により、西洋世界にゼロを含むインド・アラビア数字や四則計算、分数計算、比例算等を紹介したことから始まり、三角法や三次・四次方程式の解法、対数計算法、解析幾何学、微分積分学等の新たな計算方法の開発、それと並んで、演算能力の高い計算器具や機械の開発もまた、その成否を決する重要な課題であった。彼らは、知識が力の及ぶ範囲を決定し、計算能力が彼らの形而上学の到達限界を画するものであることをよく承知していた。古くは計算盤（アバカス）の受容と改良があり、その後、ネピアやシカルト、パスカル、ライプニッツ等の科学者や技術者が挑んだ計算機の開発という課題に、ホレリスは最高の回答を与えたのである。

図版 4

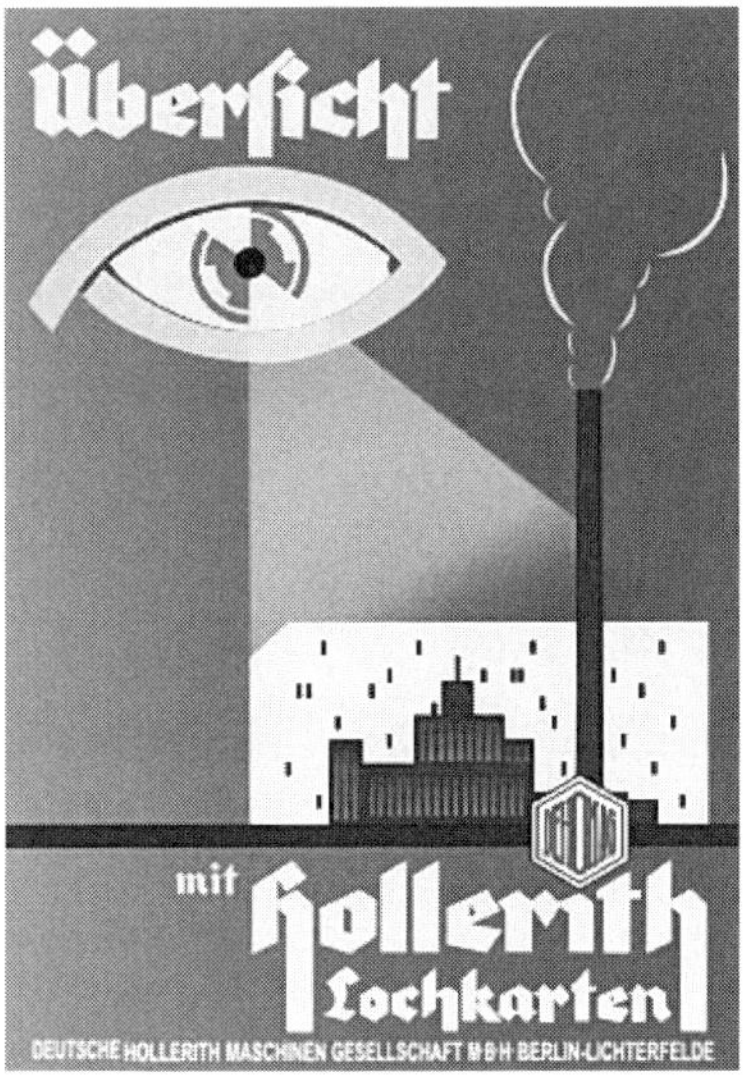

ハイデガーは、魔法の機械が指導者から求められるまま第三ライヒの処々方々でカタカタと乾いた金属音をたてながら忠実にいつ果てるともない作表作業を行っている大戦の最中、戦後『形而上学の克服』としてまとめられる覚書の中で、「計算する」ことに指導と不可分の主体性の形而上学の本質があることを見いだしていた。「存在するものの全体性の保全を計画的に計算することが指導であり、この指導に奉仕し、尺度を付与するものとしての武装労働者が指導者である。彼らは存在するものの濫用〔全体動員〕の保全のために一切の領分を見渡す。それは、彼らが画定された全体をくまなく透視し、そうすることによって迷誤をその計算可能性において支配するからである。――〔一切の事柄が〕徹頭徹尾計算と計画の支配下に置かれる。」[25]

デホマクが一九三四年にＩＢＭの技術と能力を誇示するために制作した一枚の宣伝ポスター（**図版４**）がある。大きく見開いた一つの目が空中に浮かんでいる。それは、あたかも片眼の巨人キュクロプスのようでもある。目から照射されるピラミッド型の視覚光線が下界を照らし、一枚の白いパンチカードをバックに、大きな建物、一本の高い煙突が立つ工場、そこから立ち上る煙を光の束の中に浮き上がらせている。指導者の求めに応じて、第三ライヒに暮らす一人一人が「あり」、「何であり」、「如何にある」かを決定するパンチ穴は、あたかも街路をそぞろ歩くその者たちの姿のようでもある。ポスターの上には“Übersicht”、下には“mit Hollerith Lochkarten”の文字が刻まれている。「ホレリスのパンチカードで上からすべてを見透す。」

「すべてを見透す一つの目」――それは、ヨーロッパ近代にとって、決して馴染みのないものではない。一枚の板絵の真ん中に開けた小さな穴からサン・ジョヴァンニ洗礼堂を透視するブルネッレスキのそれであり、空間の任意の一点から光のピラミッドを透視するマサッチョやウッチェロ等遠近法の画家のそれであり、地球の外に立って太陽と惑星の動きを透視するコペルニクスやケプラー等自然哲学者のそれであり、そして、ベンサムが考案したパノプティコンの中央塔に立ち囚人の動きを四六時中透視する監視人のそれであった。ただし、大きな相違がある。空中に浮かぶ目が、生身の人間ではなく、計算機械のそれであったことを確認しておこう。それは、ひたすら数論と幾何学によって存在者の「存在」を算出し意のままに自由に処理し、統御する可能性の確立を目指してきたヨーロッパ近代に相応しい眼差しであった。

ホレリス・マシーンという一つの目によって上から見透かされる民族共同体は巨大なパノプティコンそのものであった。ここに囚われた人々は、監獄や精神病院がそうであるような、犯罪者や精神病者、精神障害者の類に限られない。ここでは、もはや分割基準としての理性の出る幕はない。犯罪者であるか否かに関係なく、正常か異常かに関係なく、共同体に敵対的か協力的かに関係なく、職業や身分、年齢、性別、宗教、人種等に関係なく、第三ライヒに暮らす誰もがパノプティコンの囚われ人となったのである。そこから逃れる術はない。生まれてから死ぬまで、そこが彼らの生涯の住処となる。「大いなる閉じ込め」の完成である。なるほど、ここには、共同体の成員すべてを覆うような巨大な建物も、彼らを隔離し孤立させる仕切壁も、睥睨する監視塔も見当たらない。しかし、人々の目にそれとは見えないこの現代のパノプティコンにも、ベンサムが設計したパノプティコンに固有の三つの働きのすべてを確認することができる。「個別化」の働き、「可視化」の働き、そして、「自動化」の働きがそうである。

ナチスが政権掌握後真っ先に取り組んだ階級社会の解体、共同世界の溶解は、普通の社会であれば、人々をさまざまに結びつける紐帯を切断し、彼らを無構造化し、さらに、反ユダヤ主義やテロルの恐怖がこれに追い打ちをかけ、加えて、隣人や同僚、友人、師弟、親子、兄弟、夫婦等々の間で行われる密告がアトム化を決定づけた。共同体の成員の誰もが、目に見えない仕切壁によって独房に閉じ込められ、「個別化」されたのである。ベンサムが結局は断念した「独居拘禁」が完璧に実現されたといえようか。

その彼らの「存在」、その者が「あり」、「何であり」、「如何にある」かのすべては、空中に浮かんだ一つの目によって透視され、記号化され、一枚のカードによって「可視化」される。かくして、生身の人間の「存在」は計算機械によりカードの中に集約された複数の記号の塊と等価となる。地上にいる誰もが空中の目から照射される透視光線から逃れるすべはない。遠近法による恒常的で隙間のない巨大な一望監視の完成である。光の視錐を任意の中間に挿入した一枚の平面により切断して得られる画像が、民族同胞と敵対分肢・異質分肢・異人種を選り分け、民族同胞を、彼らの価値に相応して、労働者として、兵士として、技術者として、指導者として……、そして、彼らを産み育てる母として、地球支配をめぐる世界観の戦いのために動員しゲーシュテルに配置するに必要な、指導者の手の中に収められるカードにほかならない。切断の位置と角度をさまざまに変えることにより、指導者が折々に必要とするカードの出力は自在に調整され、共同体の成員一人一人が有する価値が測られる。

かく個別化され可視化の対象となった民族同胞は、訓育を通じて共同体の世界観を内面化し、育種を通じて北方人種の遺伝素質を己の細胞の中に取り込むことにより、主体性の形而上学が求めてやまない、機械装置により徴用され‐用立てられる標準化・規格化された計算可能かつ代替可能な一個の歯車、表象‐制作に立ち向かう服従する主体となって、ゲーシュテルへ配置される。指導者は、統御する主体として、被指導者団の前に‐対して‐立ち、被指導者団は、統御される客体として、指導者の前に‐向けて‐ために‐立つ。指導者が指揮棒を一振りするとき、被指導者団は、ルイ一四世の一八〇〇〇名の兵士がそうであったのと同様、あたかもスイッチが入った機械人形のように、「世界」の征服・支配・創造に向けて、一糸乱れぬ行進を開始する。現存在の幅と深みの全体を統御する権力作用の「自動化」の完成である。

そのとき、指導者は、神に代わって、「世界」の構成主体の高みに立ち、自在に、「世界」に墨縄を引き、「世界」の「存在」を決定し、「世界」を表象し‐制作する最高審級となった己の存在を実感することであろう。しかし、その絶頂にあって、指導者は、おそらく、機械装置の求めに忠実に彼が全体動員しその歯車とした被指導者団と同様に、自身もまた機械装置により任用されゲーシュテルに配置された用象の一つでしかないことに思い至るにちがいない。すべての「存在」を宰領するかのような彼もまた、所詮は、機械装置の臣下へと貶められた一個の服従する主体でしかないことを。

機械装置が、人間に代わって、主体＝基体となり、一方に世界観を、他方に科学技術を従え、「世界」を征服し支配し創造するべく、一切のヒトとモノを自在に徴用し‐用立て、際限のない自己運動を開始する、それこそが主体性の形而上学の完成された姿である。ヨーロッパ近代が、その持てる叡智のすべてを結集し、何世代にもわたって追い求めてきた夢の実現の瞬間である。機械装置が勝利の凱歌を奏でるとき、われわれは、かつてニーチェが到来を予言した、支配し命令し強制するいっさいの諸要素――統治の単位としての国家、統治の主体としての国家権力、統治の客体としての国民、統治の手段としての法律が過剰となり不要となる憲法体制の出来の目撃者となる。

あとがき

ジェノサイドに至り着くナチスの不法支配をもたらした「悪魔」の正体が何であったのか、われわれは、今ようやくその姿を捉えたといってよいのではないか。主体性の形而上学、中でも、その中核を成す、「世界」の前に‐対して‐立つという、ルネサンスに起源をもち、ヨーロッパ近代が長年にわたって研ぎ澄ましてきた「世界」への構えがその正体であった。かかる「構え」が、自己自身への信頼に満ちた自己立法を可能とする新しい自由へと人間を解き放った当のものであった。複式簿記による金と物の流れの統御も、遠近法による絵画の制作も、自然哲学による宇宙の掟の認識も、科学技術による自然の支配も、そして、ナチス第三ライヒによる新たな人間の創造も、ともに、同じ哲学に根を持つ構えから生み出された、ヨーロッパ近代の物語を構成する出来事であった。精神病者や精神薄弱者等を劣等な血を持つ者として、あるいは、ユダヤ人を異なる血を有する者として、ただそのことだけを理由に、生きるに値しない生命と位置づけ、計画し実行した根こそぎの抹殺も、一切の存在者の「存在」が力への意思によって刻印づけられるあの真理の根本動向の発現であった。

機械化され食糧産業となった農業も、絶滅収容所における工業化された死体の製造も、その本質において、何ら変わるところのない、同じ一つの出来事であった。すべてを透視し、一切の存在者を支配し征服し創造せんとする主体性の形而上学が、所詮は数ある存在者の一つにすぎない生身の人間を、それが「あり」、「何であり」、「如何にある」かに関し、他の存在者と同様、墨縄を引くべき客体としてとらえたことに何の不思議もない。そのために必要とされ生み出された最適の統治の在り様が、隙間だらけの法律‐権力に代わる、主体性の本質帰結としての切れ目のない生‐権力であった。ナチスが行ったことは、主体性の形而上学の要請にあくまで忠実に、あり余るほどの権力を最大限動員し、従来の権力がなお有していた躊躇いを振り払い、力への意思をもち、善悪の彼岸に立ち、永遠回帰の教説を掟として、この統治の術を思い通りにその極限にまで研ぎ澄まし、それに相応しい憲法体制を作り上げた、ただそれだけのことである。そして、それにより、あたかもパンドラの箱を開けるかのように、近代理性のもつ無限の可能性とその正体を誰の眼にも明らかにしてみせたのである。

たしかに、「ジェノサイドはまさに近代的権力の夢であった」のだ。ただし、「権力」を単に政治的なそれとしてとらえないようにしよう。これを力への意思の「力」としてとらえることにより、はじめて、フーコーの言のもつ存在史的真実が明らかとなる。

ジェノサイド、さらには、その前提となった現存在の全体的支配の再来の防止のために書かれるべき処方箋が何であるか、今ならわれわれはそれに答を返すことができる。それは、ルネサンスに起源をもつ前に-対して-立つという「世界」への構えの転回以外にはなかったにちがいない。二〇世紀の前半、それも、ナチス登場の直前に、ユクスキュルが「環世界(Umwelt)」を、フッサールが「生活世界(Lebenswelt)」を、ハイデガーが「世界-内-存在(In-der-Welt-Sein)」を人間と世界の関係の在り様として主張したことは決して偶然ではなかったはずである。彼らは、それぞれに、人間を自然の支配者にして所有者とせんとしたデカルト的な二元論の限界と行き着く先を予感し、それへの対抗軸の構築を模索し提案していたのかもしれない。ハイデガーは、一時、ナチズム運動に近代の超克の可能性を見たのであるが、そして、そのことが彼に対応を誤らせる因ともなったのであるが、ナチス第三ライヒが当然の如く選んだ形而上学は主体性のそれであり、彼らは、自らの世界観を実現するべく、一切の躊躇いを振り払い、科学技術の助けを借りながら、そこから可能な限りの帰結を導き出したのである。それは、主体性の形而上学の実践として、地球規模で規定された技術と近代的人間の邂逅であった。

はたして、われわれは「世界」への構えの存在論的転回を成し遂げることができるであろうか。そもそも、服従する主体として、前に-対して-立つことが第二の本性と化し、生活世界に自らの体系を押しつけ理念の衣を被せ、像となった「世界」を何の疑問もなくありのままの現実ととらえることに慣れきった今日のわれわれにとって、転回を試みようと意思すること自体が可能か、大いに疑問である。現存在の全体的支配を可能としジェノサイドに行き着いた前に-対して-立つという「世界」への構えは、二一世紀の今日においてもなお、克服されるどころか、いまだ存在者の「存在」を規定し続けていることに変わりはなく、それどころか、地球的規模で、より一層の拡大と進化を遂げている。第二次大戦後の情報技術及び生命科学の飛躍的発展は、主体性の形而上学の到達限界を無限ともいえる地平へと押しやった。今日、権力は、その気になれば、現存在の幅と深みの全体を完璧に透視し管理し支配することも不可能ではなく、また、機械装置が求める新たな人間類型を科学技術により生産する、そうした時代の到来さえも遠い未来の夢物語ではなくなった。われわれは、今、そうした時代を生きている。ルネサンス以来、ヨーロッパ近代の物語を紡いできた近代的自我の長い旅はいまだ完結にはいたっていない。

構えの転回が不可能であるどころか、それがよりいっそう強固に、時には暴力的に、存在者の「存在」を規定し拘束する中で、長い旅路の果てにわれわれを待ち受けるものが何であるのか、ヨーロッパ近代の物語が最終的にいかなる結末を迎えるのか、われわれはそれを知らない。しかし、これまで書かれた物語の一つが紛れもなく絶滅収容所でありガス室であった以上、しかも、それらが、結局は、子が親を殺すように、近代という時代を生みだしたはずの「個人」を文字通り抹殺するものであった以上、今後も近代的自我の物語を紡ぎ続ける限り、あるいは、そうせざるをえない限り、近代的権力の夢を打ち壊し、その再来の防止のための処方箋を書くことは、われわれにとって避けては通れない未来に対する責務であり、喫緊の課題であることに変わりはない。

なるほど、構えの転回ほどには完璧ではないにせよ、実は、その答を見つけることはそれほど困難なことではない。改めて、ナチスの政権掌握からガス室に至った政治過程を振り返ってみるだけでよい。政権掌握後、彼らが真っ先に掲げた政治課題が何であったかを想い返すだけでよい。そう、合法革命がそうであったのであり、ナチスには何が何でも真っ先にそれに着手しそれを成功させなければならない理由があったのだ。彼らは、ワイマールの立憲体制こそが、現存在の全体的支配、そして、ジェノサイドに行き着きそれを必要とした新たな人間類型の生産にとって最大の障害となることをよく承知していた。単に法律=権力であるというだけではない。それがもたらす網の目が最大限大きくされ、天賦人権による保護を受け、国家の権力活動の一切が常に国民代表の許可=法律を必要とする、自由で民主的な憲法体制こそが真っ先に打ち壊されるべき当のものであったということだ。個人主義、及び、それに基づく平等主義・自由主義・福祉主義・民主主義・平和主義といった理念、そこから帰結される生命権・幸福追求権・平等権・自由権・生存権・参政権等の人権、そして、それらの理念と人権を保障し実現するための三つの制度的保障、即ち、権力活動の量的抑制を図る私的自治、権力活動の恣意を防止する法の支配、悪法の制定を阻止する三権分立制度・議会制度・憲法制度・法令審査制度、一言で表現するならば、市民革命に淵源をもつ自由で民主的な立憲体制というシステム、ナチスは、そこに彼らの最終目標の実現に立ちはだかる最大の障壁を見いだしたのである。彼らが何故あれほど繰り返し「一七八九年」の抹殺を叫んだのか、今ならその理由がよく分かる。そうである以上、われわれが現存在への全体的支配に対する抵抗の手掛かりを、そして、ジェノサイドの再来の防止の手掛かりを、国民の一般意思の表現である憲法を頂点に置く立憲体制——これもまた理性の所産であり、近代的自我が紡いだ物語の一つであることを忘れないでおこう——の維持と実現に見定めることは、「世界」への構えの全面的な転回が今差し当たって困難な状況にあって、最善とまでは言えなくとも、理に適った方策といえるのではなかろうか。それらは、いずれも、ラートブルフが一二年間にわたるナチスの統治の後に見いだした、「ことさらにする懐疑のみがその存在を疑いうる」、そうした類の価値であり理念である。書かれるべき処方箋は、きわめて平凡なものといってよい。何か未知の遠い手の届かないところにではなく、われわれのごく身近に既に存在していたということだ。

むろん、問題はシステムだけではない。立憲体制が設計どおりの機能を果たすには、本来主権者＝主体であるはずの個々の現存在の在り様が問題となることというまでもない。合法革命の成功をもたらしたものが何であったのか。現存在に対する全体的支配、そして、ジェノサイドを可能としたものが何であったのか。単にナチスの手練手管だけが要因であったわけではないであろう。求められるべきは、ライヒ官房長官ランマースがそうであったような、ライヒ内務省次官シュトッカルトがそうであったような、あるいは、安楽死計画下級鑑定医メネッケ、特務部隊隊長オーレンドルフ、ライヒ保安本部第四局課長アイヒマン、アウシュヴィッツ強制収容所所長ヘス……、デホマク社長ハイディンガー、さらには、ヒトラーユーゲントの下部リーダーであったマシュマンのような末端の名も無きMitarbeiterも含めて、機械装置の中で、「服従する主体」、即ち、徴用され-用立てられて-立つ用象と化し、表象する力を欠如し、自分が実際に何を行っているかを決して表象することがないまま、ただ回転するだけの歯車であり続けることの拒否である。「主体」であること、即ち、表象する力、つまりは、前に-対して-立つことの復権こそが肝要である。ただし、対して-立つべき相手は、機械装置であり、それが操る政治権力であることを確認しておこう。たとえそのことがどれほど困難なことであるにせよ、眼差しの転回、かつてブルネッレスキやコペルニクス、ガリレオがはじめて自己のものとしたあの原初の「異なる眼」の獲得があってはじめて、一方的に管理し支配され徴用される立場から解放され、逆に、管理し支配し徴用する立場を取り戻すことが可能となる。それは、技術化した動物であることからの脱却であり、主体性の脱自我化の反転である。その瞬間、存在者全体が、人間を含め、徴用し-用立てられ用象として配置されるゲ-シュテルが崩壊し、「世界」は、服従する主体が当然のこととしてきた日常的な親和性・既知性を失い、特権的な方向性も意味ももたない無規定な姿をわれわれの前に曝すこととなるにちがいない。実存的覚醒であり、自由な精神の復権である。

一九四三年二月二二日、フライスラーの民族裁判所は、その四日前にゲシュタポにより逮捕されたハンス・ショル、ゾフィー・ショル、クリストフ・プロープスト、いずれもミュンヘン大学学生である三名の被告に対し、大逆予備の罪及び国防力破壊の罪により死刑を宣告した。即日斬首の刑が執行されたハンス等に続いて、四月一九日、同志であったヴィリー・グラーフ、アレクサンダー・シュモレル、そして、彼ら学生の精神的指導者であったクルト・フーバー教授もまた同様の罪に問われ死刑に処せられた。「白い薔薇」と題する六通のビラを作成し配布したことが彼らの罪であった。そこにあったのは、「ナチズムと関係する一切のものから絶縁せよ(1)」、「心にまとう無関心のマントを破り捨てよ(2)」との決-断（Ent-schlossenheit）の呼びかけであり、「言論の自由、信仰の自由、国家の恣意に対する個々の市民の擁護(3)」という、ヨーロッパ近代が紡いだもう一つの物語への信仰告白であった。

ナチスが、彼らを皆殺しにしたいと思う程、彼らの中に感じた恐怖は、国家に対する大逆でもなければ利敵行為でもない。かつて、民族共同体、民族同胞、郷土愛といった言葉に魅了され、ナチス運動に共鳴し、ヒトラーユーゲントの一員として行進に参加しながら、やがて、縦隊の群れの一員であることに疑問を感じ、それを体制の批判へと昇華させ、一枚のビラに表現し、遠い鏡として、「鈍重不感の眠り」からの覚醒を(4)、そして、「浅薄で意思を失った同調者の群れからの解放(5)」を呼び掛ける、彼らの現存在の内に出来した眼差しの転回、「異なる眼」、それこそがナチスが感じた最大の恐怖にほかならなかったということである。

フォン・モルトケ伯。抵抗グループのひとつであったクライザウ・サークルの中心人物であり、フライスラーの法廷において大逆罪の故に死刑を宣告された彼は、自らを絞首台に吊した罪が「異なる眼」にあることをよく承知していた。判決の前日、獄中から夫人に宛てた最後の手紙には次のようにあった。「われわれ三人がやったことといえば、ただ考えただけでした。この世間から隔絶した三人の思想、そう単なる思想なのですが、ナチスはそれに感染した人を皆殺しにしたいと思うほど恐怖を抱いたということなのです。われわれはただ一緒に考えたという理由から絞首刑に処せられるのです。ビラ一枚作ったことさえ一度もなく、暴力の意図もなく、ただ存在したのは思想だけだったのです(6)。」

白薔薇のメンバーであれ、モルトケ伯等であれ、彼らに対する断罪は、「世界」の墨縄を引く権力を奪い合う世界観相互の戦いのため、機械装置の意を体し、被指導者団を、世界観の兵士としてゲ‐シュテルに配置し、思うがままに統御し動員するべく、自己の前に‐自己に向けて‐自己のために‐立てた指導者にとって、何がもっとも不都合な真実であったか、それを今日のわれわれに伝えている、そう結論してもよいのではなかろうか。

人名索引

（頻出する人名〔ヒトラー〕は索引より除外した。）

あ 行

アイゼンステイン E.L.Eisenstein　123, 175–178

アイヒマン A.O.Eichmann　248f., 855, 870, 875–878, 907, 916, *xxi*, *xxii*

アウグスティヌス A.Augustinus　82, 90, 121, 158, 179

アヴェラール P.Abélard　121

アウトブロス Autobulus　165

青木保　1, 4

アークライト R.Arkwright　232

アグリコラ G.Agricola　63, 90

アグリッパ H.C.Agrippa von Nettesheim　179

アックルシウス Accurusius　256

アデラード Aderad of Bath　129

アドルノ T.W.Adorno　1–4

アナクシマンドロス Anaximandros　81, 182–184, 203

アナクシメネス Anaximenes　182

アピアヌス P.Apianus　140, 176, *xiii*

阿部玄治　117

アポロニウス Apollonius　127

荒川紘　81, 182–185

アリィ G.Aly　808, 815f., 828

アリエス P.Ariès　53f., 88f.

アリスタルコス Aristarchos　126, 170

アリストテレス Aristoteles　81, 113, 120, 125–130, 134f., 139, 158, 160f., 163, 165–168, 170, 172–174, 177, 187f., 203, 237, 253

アルキノス Alcious　132, 137, 169

アルキメデス Archimedes　128f.

アル＝ファーリズミー al-Khawarazmi　128f.

アルベルティ L.B.Alberti　13, 15, 19f., 22–27, 29–32, 36–38, 41–43, 45, 48, 50, 66–68, 89, 96, 104–107, 109–111, 113, 116, 125, 157, 164, 196, 200, 217, 231, 258

アルレス D.Allers　874

アレン W.S.Allen　438, 582f., 610, 772

アーレント H.Arendt　248f., 436f., 443, 598, 631, *xxi*, *xxii*

アンタル F.Antal　27, 32

アンツェレフスキ F.Anzelewsky　9, 21, 33, 37f., 44, 48, 93, 233, *iv*

アンリ三世 Henri III　55

イヴン＝スィナー Ibn Sina　128f.

イエイツ F.Yates　175, 177f., 180–182

イェーガー K.Jäger　861, 863

イェッケルン F.Jeckeln　861, 863

イエリネック G.Jellinek　642

イエーリング R.v.Jhering　257f.

イエルンス E.Jörns　426, 525, 887f.

池上俊一　59f., 91

石井幸三　*xxviii*

石鍋真澄　102

伊東俊太郎　170, 173, *xii*

イプセン H.P.Ipsen　701

イリイチ I.Illich　70, 90, 120

イルゼ H.Ilse　822

イルネリウス Irnerius　256f.

ヴァイス W.Weiß　497

ヴァイツゼッカー R.K.F.v.Weizsäcker　iii

ヴァザーリ G.Vasari　13f., 19, 23, 100, 102, 104, 108, 113f., 116, 201

ヴァルター B.Walther　39f., xiii

ヴァルリモント W.Warlimont　859

ヴィアッカー F.Wieacker　267

ヴィアトール J.P.Viator　38

ヴィッシャー Wischer　826

ヴィットマン A.Widmann　817f., 822, 870
ヴィッラーニ G.Villani　99
ヴィッラーニ P.Villani　29
ウィテロ Witelo　176, *xiii*
ヴィドマンシュタット J.A.Widmanstetter　135f.
ウィトルーウィウス Vitruvius　35, 113, 116f.
ヴィノグラドフ P.Vinogradoff　256
ヴィラン一四世 Vilain XIV　310
ウィリス T.Willis　296
ヴィルト C.Wirth　817, 873f.
ヴィーンシュタイン R.A.Wienstein　674
ヴィントシャイト B.Windscheid　258
ウェイシンガー H.Weisinger　122
ヴェック J.Vacek　877
ウェーバー M.Weber　608, 628
ウェーバー W.Weber　689, 698
ウェラース G.Wellers　878
ウェルス O.Wels　407, 409
ウェルナー Werner　693
ヴェルナン J.P.Vernant　81, 182–184
ヴェルフリン H.Wölfflin　36
ヴェルマン E.Woermann　843
ヴェロッキオ A.Verrocchio　29
ヴェンツラー E.Wentzler　810, 813, 815, *liv*
ウォード R.C.Ward　362
ヴォルゲムート M.Wolgemut　32f.
ヴォルテール Voltaire　301
ヴォルフ C.Wolf　258
ヴォルフ E.Wolf　480
ヴォルフ N.Wolf　15f., 108
ウザーデル G.Usadel　464, 521
ウッチェロ P.Uccello　14, 23, 36, 41f., 44, 47, 104, 106f., 111, 214f., 231, 240, 910
ウルピアヌス Ulpianus　254, 258
ウンガー H.Unger　813
エアジンク J.Ersing　405, 409
エウドクソス Eudoxos　126
エウフェミア Eufemia　40, 46
エカテリーナ二世 Ekaterina II　330, 634
エスキロール J.E.D.Esquirol　293, 333
エップ F.X.R.v.Epp　791f.
エトカー F.Oetker　728
エドワード六世 Edward VI　285f.
エバーマイヤー L.Ebermayer　723
エバール I.Eberl　816, 818, 821f., 874, *liii*, *liv*
エムペドクレス Empedocles　127
エラスムス Erasmus　39, 65, 85, 88, 138, 143, 281
エリアス N.Erias　86
エリウゲナ Eriugena　158
エルツ＝ルューベナッハ F.v.Elz-Rübenach　670
エールリッヒ E.Ehlich　271
エンゲルト K.Engert　498
大内兵衛　*xxvi*
岡田温司　45f.
オジアンダー A.Osiander　139–141, 143, 149
オスターマン A.Ostermann　567
オーチス A.Otis　348f.
オックマン J.Hocmann　297
オットー三世 Otto III　12
オリーゴ I.Origo　56, 96
オーレンドルフ O.Ohlendorf　783, 860f., 866, 916, *xxii*

か　行

ガイウス Gaius　254, 258
ガイゲンミューラー O.Geigenmüller　781
カイゼンベルク G.Kaisenberg　656
カイテル W.Keitel　675, 699, 862f.
カイマー R.Kaimer　704f.
ガウヴァイラー O.Gauweiller　617
カウル F.K.Kaul　874, *liii*
カーショウ I.Kershaw　581
カース L.Kaas　397, 404f.
カステッリ B.Castelli　143f., 147

カゾボン Casaubon 178
ガダマー H.Gadamer 437
ガッサー A.Gasser 138
カッシーラー E.Cassirer 44, 82f., 125, 148f., 165
カッチーニ T.Caccini 144, 149
カーデ F.Kade 524
カーテル W.Catel 807, 810, 816
カーニイ H.Kearney 175, 180, 189
樺山紘一 85, 92
カミュ A.Camus 168
カミン L.Kamin 355, 361
カメラリウス J.Camerarius 39
ガラス W.Gallas 481
ガリレオ Galileo 39, 97f., 120, 126, 130, 134, 143–150, 153, 155–157, 161f., 167, 169–174, 184, 188–191, 201, 213, 215f., 224, 228, 916, *v*, *xv*
ガル F.Gall 338
カール G.v.Kahr 759
カール H.Kerrl 412, 696, 718–720, 722, 725f., 730, 735, 843
カルヴァン J.Calvin 142, 289f.
カール大帝 Charlemagne 72, 76, 111f., 120, 230
カルパッチョ V.Carpaccio 36
ガレノス C.Galenus 128
ガレン E.Garin 121, 167f., 181
カント I.Kant 172, 187
カンパネッラ T.Campanella 179
カンパン R.Campin 11, 13, 90
キケロ Cicero 117
ギーゼ T.Giese 136–142
ギディングス F.H.Giddings 339
キニカト F.Kinnicutt 361
キーヌス Cinus 256
ギベルティ L.Ghiberti 23, 28, 91f., 94f., 104, 106, 111, 196
ギュット A.Gütt 369, 543, 546f., 550f., 557, 705, 808, 811f.
キュッヒェンホフ G.Küchenhoff 707
ギュルトナー F.Gürtner 396, 472, 481, 485, 490f., 493, 498, 507, 648, 670, 677–682, 703, 717–736, 738–740, 742–749, 751, 761, 765–768, 829, 843, *liii*
ギュンター H.F.K.Günther 380, 425f., 571, 886
キュンマーリング K.Kümmerling 689, 711
ギヨ Guyot 302
キルシュタイン Kirstein 564
ギルバート W.Gilbert 151, 180
キーン B.Kihn 813
ギンガリッチ O.Gingerich 140, 143, 145, 149–151
クザーヌス N.Cusanus 39
グーテンベルク J.Gutenberg 176
クナイスラー P.Kneissler 820
クナウエル Knauer 807, 809
グライザー A.Greiser 870f.
グライスパッハ W.G.Gleispach 506, 512
クライン M.Kline 41, 134
グラウ F.Grau 718, 730, 733
クラヴィウス C.Clavius 149
グラーヴィッツ E.Grawitz 813
クラウスナー Klausner 764
クラーク K.Clark 21, 30, 102
グラーフ W.Graf 917
グラーフ・ツゥ・ドーナ A.Graf zu Dohna 564
グラブナー Grabner 877
クラプフェンバウアー H.Krapfenbauer 381
クラマー J.Kramer 880
クランツ H.W.Kranz 487
グラント J.Graunt 329, 904
グラント M.Grant 364, 366f.
クリーク E.Krieck 452
クリスティーナ Kristina 195
クーリッシェル J.Kulischer 73, 78
クリティアス Critias 131
クリバンスキー R.Klibansky 153f., 235f.

クリューガー H.Krüger　613f., 623, 634
グリュンスパン H.Grynszpan　839f., 844
グールド S.Gould　350, 362
グルーフマン L.Gruchmann　675, 677, 681
クレー E.Klee　471f., 482, 489, 492, 511, 718f.
グレゴリウス一世 Gregorius I　7
クレッシー D.R.Cressey　300
クレーマー J.F.Kremer　878
クレメンス七世 Clemens VII　135
クレモナのゲラルド Gerard of Cremona　119, 129
クロージク L.S.v.Krosigk　396f., 670, 675, 695f., 699, 843
グロース W.Groß　519f., 527
グローステスト R.Grosseteste　106, 158, 161
クロスビー A.W.Crosby　9, 20, 97f., 105
クロップ F.Cropp　824
クローネ Crone　494, 719
グロープケ H.Globke　592f., 596
グロボツニク O.Globocnik　873f., 876
クロムビー A.C.Crombie　158, 177, 181
クロンプトン S.Crompton　232
クーン T.Kuhn　152
ケイ J. Kay　232
ケインズ J.M.Keynes　180
ケヴルズ D.J.Kevles　366
ケストラー A.Koestler　149–151
ゲッツェ兄弟 Götze　678
ケットゲン A.Köttgen　608
ゲッベルス J.Goebbels　2, 383, 395, 399–401, 409, 417, 455–457, 462, 498f., 576f., 582, 600, 606, 613, 619, 637, 670, 675, 689, 698, 738, 747, 758, 763, 829, 839f., 842–845, 872, 874, 880
ゲーテ J.W.v.Goethe　97, 134, 156, 272, 631, 750
ケプラー J.Kepler　39, 41, 67, 126, 137, 140f., 143, 147, 149, 151, 153f., 161f., 165, 167, 169, 171, 180, 188–191, 201, 215f., 237, 910, *xv*
ケプラー W.K.Keppler　696
ゲムリッヒ A.Gemlich　572, 578, 584, 846, 881
ゲーリング H.Göring　391, 396f., 400, 407f., 411, 414, 417, 435, 462, 499, 579, 588, 600–603, 616, 619, 629f., 638, 640, 650, 652, 665f., 675, 684, 695–701, 709, 745f., 754f., 761f., 765–767, 771, 774–776, 785, 788–791, 810, 834f., 838, 840, 843–845, 849, 851f., 862, 864f., 893
ケルステン F.Kersten　524
ケルゼン H.Kelsen　629
ゲルバー K.F.W.v.Gerber　642
ケルロイター O.Koellreuter　641
ケルン F.Kern　259–261
ゲレケ Gereke　397
コイレ A.Koyré　142, 167, 171f., 174
ゴダード H.H.Goddard　353f., 367
コッホ R.Koch　868f., 880
コベリンスキー H.Kobelinski　515
コペルニクス N.Copernicus　40, 43, 97, 119, 125f., 130, 132–143, 145–153, 155f., 158, 160–167, 170f., 173, 175–178, 180, 182, 184, 187–191, 201, 208f., 213, 215f., 219f., 224f., 227f., 233, 910, 916, *v*, *xv*
ゴヤ Goya　280
小山清男　17f., 101
ゴーリング C.Goring　339
ゴルツ R.G.v.Goltz　719, 722, 732
コルティ E.C.Corti　101
ゴルトマン Goldmann　565
コルヘル R.Korherr　907
コールラウシュ E.Kohlrausch　512, 562, 564, 718, 720, 723
コレジオ G.Coresio　172
コロンビエ J.Colombier　295f.
コンティ L.Conti　692, 808, 812f., 817f.
近藤恒一　83
ゴンブリッチ E.H.Gombrich　15, 100f.

さ 行

サイファー W.Sypher　42, 49, 51, 161, *xvi*
ザウアー W.Sauer　772
サヴィニー F.C.v.Savigny　258, 271, 704
ザクスル F.Saxl　153, 235f.
サクロボスコ Sacrobosco　129
サザランド E.H.Sutherland　300
サド Marquis de Sade　280f.
佐藤康邦　43, 100, 102, 125
サルトル J.P.Sartre　93, 168, 210, 372
ザロモン F.P.v.Salomon　463
シェーナー J.Schöner　136–138, *xiii*
シェファー E.Schäfer　743
シェファー K.Schäfer　719, 733, 750
シェファー L.Schäfer　507, 733
シェム H.Schemm　381, 445, 577, 605
シェーンフェルト W.Schönfeld　708
シェーンベルク N.v.Schönberg　135, 143, 147
シカルト W.Schckard　909
シクロフスキー V.Shklovsky　168
四宮恭二　580
柴田治三郎　*xi*
シーフォード R.Seaford　80
清水広一郎　99
下村耕史　34, 39
下村寅太郎　20, 31, 125, 188, 231, *xxiii*
シモン T.Simon　342
シャイラー W.L.Shirer　458, 462, 498
シャハト H.Schacht　695, 834f.
シャープ H.Sharp　363
シャフシュタイン F.Schaffstein　471, 476, 719f., 723, 730
シャルマイヤー W.Schallmayer　561, 567
シャロン Charron　281
ジャンソン H.W.Janson/A.F.Janson　17, 23
ジャン二世 Jean II　12
シャンブール Chanbroud　304
シュヴァーブ J.Schwab　426, 525, 887f.
シュヴァルツ O.Schwarz　507
シュヴェーダー A.Schweder　784
シュヴェラ S.Schwela　877
シュタール G.E.Stahl　172
シュタルク H.Stark　877
シュターレッカー F.W.Stahlecker　864, 880
シュタングル F.Stangl　874
シュテムラー O.Staemmler　368, 425, 529, 567, 886
シュテュルツベッヒアー M.Stürzbecher　548
シュテルン W.Stern　345f., 348
シュテンプル P.B.Stempfle　759
シュトゥッカルト W.Stuckart　592f., 596, 599, 633, 640, 665, 782, 816, 833, 843, 872, 916
シュトライヒャー J.Streicher　578, 793, 848
シュトライム A.Streim　862
シュトラッサー G.Strasser　1, 759
シュトリーダー P.Strieder　38
シュトレッケンバッハ B.Streckenbach　829, 860f.
シュナイダー C.Schneider　813
シュナイダー H.Schneider　403
シュナイダー N.Schneider　87
シュポール W.Spohr　781
シュマーレンバッハ K.Schmalenbach　827
シューマン H.Schumann　818, 820, 826, *liv*
シュミット C.Schmitt　403, 410, 602, 607, 641, 647, 680, 707, 710, 750, 767
シュミット K.Schmitt　670
シュミット＝ライヒナー E.Schmidt-Leichner　512
シュミット＝レオンハルト H.Schmidt-Leonhardt　614
シュムール H.W.Schmuhl　549
シュモレル A.Schmorell　917
シュライバー J.Schreiber　140

シュライヒャー K.v.Schleicher　396, 402, 636, 759, 764, 766
シュラウト R.Schraut　380, 425, 621, 722
シュリット E.Schlitt　752f.
シュルツ P.Schulz　862f.
シュルツェ W.Schultze　807, 822
シュレーゲルベルガー F.Schlegelberger　679, 718, 720, 724, 726, 752f., 829
シュレック J.A.Schreck　819
ジョーダン T.G.Jordan　74
ジョット Giotto　12, 14–20, 23, 26f., 29, 43, 47, 50, 58, 68, 99f., 102, 104–108, 110, 116f., 122, 163, 182, 188, 196, 201, 228, 256, 269
ショムロ F.Somló　271, 703
ショル兄妹 Scholl　463f., 499, 917
ショルシュ G.Schorsch　819f.
ショーンガウアー M.Schongauer　33f.
ジョンソン A.Johnson　361
ジョンソン R.H.Johnson　365
シーラッハ B.v.Schirach　450, 648
ジルボーグ G.Zilboorg　296
ジンメル G.Simmel　78, 80
スカンツォーニ G.v.Scanzoni　526, 558
スクロベーニ E.Scrovegni　12, 18, 50, 108
スターリン I.V.Stalin　389
スターン B.Stern　456, 833f., 849
スパイクマン N.J.Spykman　80f.
諏訪春雄　*x*
セジッツィ Segizzi　146
世良晃志郎　262, 268, *xxii*
ゼーリッヒ E.Seelig　*xxvi*
ゼルテ F.Seldte　397, 670
セルピヨン F.Serpillon　302
ゾイデ H.Seuse　68
ソクラテス Socrates　81, 131, 203, 214
ゾンバルト W.Sombart　98

た　行

ダヴィド J.David　854, 873
ダーウィン C.Darwin　561
高階秀爾　92
ダグデール R.Dugdale　339
ダティーニ F.Datini　57–59, 66, 85, 87, 95–97, 99, 101, 219, 262
田中英道　108, *viii*
田中三修　248f.
ダニエルソン D.Danielson　135
ダービー一家 Darby　232
ターマン L.Terman　347–352, 354f.
ダミヤン Damiens　298–302, 331
ダーム G.Dahm　481f., 487, 510f., 614, 718, 720, 751
ダルカン G.d'Alquen　887
ダルモン P.Darmon　338
ダルューゲ K.Daluege　782, 790, 843
ダレ R.W.Darré　435, 518f., 521, 525, 571, 670, 696, 699, 885f., 890f., 901
タレス Thales　81, 126, 182f.
ダンテ Dante　11, 27, 41, 107–110, 158, 195f., 256f.
ダンティスクス J.Dantiscus　138
ダントレーヴ A.P.d'Entreves　258, 268
ターンブル R.J.Turnbull　311
ダンマー Dammer　539
チヴァルコフスキー F.Chvalkovsky　850
チェフ D.Czech　877
チェンニーニ C.Cennini　15, 116
チマブーエ Cimabue　14f., 19
チャップマン P.D.Chapman　348, 350, 354
チャプリン C.Chaplin　244
ツァッハマン Zachmann　548
辻茂　46, 103–107, 109
ヅビッチャー F.Dubitscher　546
ツマルツリク H.G.Zmarzlik　443
ディー J.Dee　179
ティエラック O.Tierack　468, 491, 499f., 509, 513, 607, 720, 726, 728, 803, 829–831
ティエリ Thierry of Chartres　158
ディオゲニアノス Diogenianus　164, *xiv*
ティコ Tycho　149, 158, 160f., 167, 169,

177, 215, *xv*
ディコウ L.Dikow　704, 710
ディーツェ H.H.Dietze　624
ディッグス T.Digges　149, 151
ディックソン V.Dickson　348
ディートリッヒ O.Dietrich　674
ティマイオス Timaeus　131
ディミトロフ G.Dimitrow　400
ディヨン P.Deyon　302, 306f.
ティロー H.Thilo　879
ティンダル W.Tyndale　143
テオドシオス Theodosius　128
デカルト R.Descartes　50, 147f., 156–160, 166, 189–192, 202–209, 211, 216–220, 224, 226, 228, 232f., 237, 281–284, 329, 337, 352, 372, 905, 914
デザルグ G.Desargues　41
デシャン E.Deschamps　280
テスマー H.Tesmer　781
デュポール Duport　333
デューラー A.Dürer　21, 26, 30, 32–37, 39–41, 43–48, 50, 65, 67, 87, 90, 93, 95, 108, 196, 214f., 231, 233, 235–240, 280, 372, 895f., *iv*, *xv*, *xx*, *lxii*
デュール A.Dürr　719
デュルメン R.Dülmen　56
テュンダレス Tyndares　164f.
デリダ J.Derrida　282
デルマー S.Delmer　400, 770
ドイッチュクローン I.Deutschkron　839, 841, 844
トゥアン Y.F.Tuan　47, 51f., 54
ドヴォルシャック M.Dvořák　19
ドゥッチョ Duccio　14, 16f., 20, 102, 110
ドゥルーズ G.Deleuze　*lviii*
ド・クリニス M.de Crinis　813, 815f., *liv*
トット F.Todt　711
ドッド W.E.Dodd　790
トドロフ T.Todorov　7, 10, 13f., 29
ドナッテロ Donatello　13f., 23, 104, 106, 113, 116
ドナーニー H.Dohnanyi　733
ド・フリース de Vries　367
トマス・アクイナス Thomas Aquinas　130
ド・ラ・サール de La Salle　317
ドラマール de Lamare　327
トリチェリ E.Torricelli　172, 174
トリテミウス J.Trithemius　179
トリーペル H.Triepel　633
トルグラー E.Torgler　400, 495
ドレスデン S.Dresden　119
トレヤール J.B.Treilhard　370
ドンネル G.Donner　141

な　行

ナウマン W.Naumann　763, 765, 767
中村満紀男　354, 362
ナグラー J.Nagler　486, 718f., 723
ナポレオン Napoléon　306, 370
ニコライ H.Nicolai　488, 492, 501, 512, 704–706
西本晃二　*xii*, *xxiii*
西村貞二　93
ニーチェ F.W.Nietzsche　168, 188, 219–226, 240–243, 246, 291, 312, 316, 324, 326, 373, 516, 521, 570, 891, 912
ニッチェ H.Nitsche　807, 813, 815–819, 822, 825f.
ニートハマー E.Niethammer　720
ニューコメン T.Newcomen　232
ニューゼ K.H.Nüse　485
ニュートン I.Newton　98, 126, 155, 157, 161f., 175, 180, 188f., 190, 215, *xv*
ネーセ G.Neeße　608, 617, 648
ネピア J.Napier　909
ネーベ A.Nebe　817f., 863, 869
ノアック E.Noack　507
ノイマン Siegfried Neumann　842
ノイマン Sigmund Neumann　434
ノイラート K.v.Neurath　396f., 670, 675, 698, 805, 834

野田良之　271

は 行

ハイデ W.Heyde　813, 815–817, 819, 822, 826f.
ハイディンガー W.Heidinger　907, 916
ハイデガー M.Heidegger　3f., 43, 47, 122, 158f., 166, 171, 174, 202–206, 209f., 212–216, 218–221, 226, 228, 239f., 245–249, 351f, 428, 516, 909, 914, *i*, *xxi*
ハイドリッヒ R.Heydrich　761, 765, 782, 784, 799–802, 815, 840, 843, 852–856, 859–861, 864, 866–870, 875–878, 907, *liv*
ハイネン J.Heinen　802
ハインジウス Heinsius　553
ハインツェ H.Heinze　810, 813, 815, *liv*
バウムハルト Baumhardt　820
パウルス Paulus　254, 258
パウルス三世 Paulus III　147
バーク P.Burke　111–114, 116, 118, 121, *xi*
バクサンドール M.Baxandall　8
ハーグリーブズ J.Hargreaves　232
パスカル B.Pascal　202, 281f., 909
ハスキンズ C.H.Haskins　111
パストゥール L.Pasteur　868, 880
バターフィールド H.Butterfield　151, 167, 169, 172, 174
パチョーリ L.Pacioli　21, 31f., 37f., 97f., 201
バック Buck　366
ハッセー E.Hussey　184
ハーネスト J.Harnest　36
パノフスキー E.Panofsky　17, 20, 33f., 37f., 40f., 46, 102f., 108f., 116, 125, 153, 235f., 238, *xx*
パーペン F.v.Papen　396f., 401f., 412, 417, 636, 670, 672f., 759, 764f., 768, 774
ハーメル W.Hamel　781
パラケルスス Paracelsus　179
パリジウス H.Parisius　498
バルザック G.de Balzac　194
ハルダー F.Halder　389, 858
バルドゥス Baldus　256
バルトルス Bartolus　256f.
バルバリ J.de Barbari　35f., *iv*
パルメニデス Parmenides　203
ハワード J.Howard　284, 291f., 302f., 310f., 318
ハワード T.Howard　361
ハーンウェイ J.Hanway　310
ハンフシュテングル E.Hanfstaengl　459f.
ハンマーシュタイン K.v.Hammerstein　383
ヒーアル K.Hierl　450, 671
ピエロ Piero della Franceska　23, 27, 30f., 42, 107
ピコ G.Pico　92, 179, 196, 226
ピサーノ A.Pisano　92
ピザン C de Pizan　68f., 94, 196
ビショッフ K.Bischoff　878
ビスマルク O.v.Bismarck　893
ヒッパルコス Hipparchus　127
ヒッペル R.v.Hippel　309
ビネー A.Binet　341–348, 351–354, *xxvi*
ピネル P.Pinel　295–297, 338
ヒポクラテス Hippocrates　128
ヒムラー H.Himmler　413, 462, 522, 525, 529f., 576, 605, 612, 618f., 648, 675, 759, 761, 765, 772, 775–782, 784, 790, 793f., 797–800, 805, 813, 817, 826, 829, 831, 847, 855, 859f., 865f., 868–870, 873–875, 880, 887–891, 907, *li*
ピュサン J.-B.Pussin　295f.
ビューラー Bühler　742
ビュラール J.Bulard　335
ビュリダン J.Buridan　120f., 161
ビュルケル J.Bürckel　843
平井泰太郎　98
ピルクハイマー W.Pirckheimer　35, 37f., 40
ヒルグルーバー A.Hillgruber　389

ヒルデブラント H.Hildebrandt 453
ヒルト A.Hirt 880
ヒルバーグ R.Hilberg 838, 863, *lxi*
ビールフェルト G.Bielfeld 856
ピレンヌ H.Pirenne 71–74, 81, 255, *xxiii*
ピロー O.Pirow 850
ピロラオス Philolaos 184
ビンディング K.Binding 564, 806
ヒンデンブルク P.v.Hindenburg 395–397, 400f., 409, 417, 422, 584, 635–638, 642, 653f., 656, 658f., 674, 683, 690, 760
ファブリツィウス Fabricius 640
ファルトハウザー V.Falthauser 823, *liv*
ファン・エイク J.van Eyck 10, 13f., 18, 21, 29f., 50, 102
ファン・デル・ウェイデン R.van der Weyden 13, 34
ファントリ A.Fantoli 142f., 151
フィチーノ. M.Ficino 113, 133, 143, 178f., 182, 236
フィッシャー L.Fischer 854
フィボナッチ Fibonacci 909
フィンガー O.Finger 554
フェイガン B.Fagan 74
フォーゲリン G.Vögelin 138
フォスカリーニ P.A.Foscarini 145
フォッケ H.Focke 887
フォルストフ E.Forstoff 467
フォン・ゾースト K.v.Soest 11
フォン・ユスティ J.H.v.Justi 327
フーゲンベルク A.Hugenberg 397f., 401, 416f.
フゴ Hugo v.St.Viktor 90f., 158
フーコー M.Foucault 2–4, 226, 273–275, 277, 279–282, 288f., 292f., 298, 302–304, 307, 312f., 315, 319, 325, 327f., 330, 334, 336f., 340, 370, 373–375, 442, 526, 634, 914, *lviii*
藤本哲也 339
フッサール E.Husserl 122, 166, 173f., 210, 914, *xvi*
プトレマイオス C.Ptolemaeus 20, 23, 117, 119, 127–129, 134, 139f., 151–153, 156, 158, 160–163, 167, 176f., 181, 253, *xiii*
フーバー E.R.Huber 469, 608, 621, 646, 653, 668, 688f., 692, 703, 708, 711, *xlvii*
フーバー F.Huber 446
フーバー K.Huber 917
プファンミューラー H.Pfannmüller 813, 816
プーフェンドルフ S.v.Pufendorf 258
ブーフハイム H.Buchheim 443, 627, 780
プフントナー H.Pfundtner 643f.
ブムケ E.Bumke 753
ブーラー P.Bouhler 808, 813–815, 817, 826, 874
フラ・アンジェリコ Fra Angelico 14, 23
フライスラー R.Freisler 464, 467, 470, 474f., 477, 480, 484, 489, 491, 493, 499f., 506, 511f., 625, 713, 718–721, 723, 725, 728–730, 761, 917, *xlvi*
ブラウセ H.B.Brauße 602, 607, 883
ブラウヒッチュ W.v.Brauchitsch 699, 859
ブラウン O.Braun 411
ブラクトン H.Bracton 78, 260
プラケンティーヌス Placentinus 256f., 259
ブラッカー G.A.Brucker 58, 103, 106, 110
ブラック E.Black 902, 904f.
ブラック V.Brack 806, 810, 813, 815–819, 822, 874, *liii*
ブラックストーン Blackstone 311
ブラックトン H.Bracton 260
フラッド R.Fludd 165
ブラッハー K.D.Bracher 409, 582, 657
プラーテ R.Plate 907
プラーテン＝ハラームント A.Platen=Hallermund 811
ブラドフィッシュ O.Bradfisch 862, 866

プラトン Platon　81, 113, 131, 152f., 163–165, 179, 203
プラハト K.Pracht　709, 714
フランカステル G./P.Francastel　12, 15, 42, 47, 107, *v*, *ix*
ブランカッチ Brancacci　13
フランク H.Frank　396, 413, 418, 486, 488f., 495, 501, 648, 680–684, 709, 717–720, 722–736, 741–745, 781f., 794, 869, 873
フランク J.P.Frank　327
フランク K.H.Frank　805
フランチェスコ Francesco d'Assisi　121
フランツ K.Franz　874
ブラント A.Blunt　31
ブラント K.Brandt　692, 807f., 813f., 817f., 821, 824–826, 828
ブラント S.Brant　278, 280
ブリガム C.C.Brigham　355–358, 361f.
フリシウス G.Frisius　137
プリチャード Pritchard　338
フリック W.Frick　396, 400–402, 404, 408, 413, 415, 417, 420, 445–449, 517, 523f., 531–533, 537f., 541f., 545, 549, 552, 555f., 586, 588, 592, 641, 643f., 647f., 665–668, 670–672, 680, 690, 699, 757, 771f., 777, 779–782, 789, 794–797, 803, 805, 809–811, 813, 823, 837, 843, 897
フリッチュ F.W.v.Fritzsch　675, 834
フリッチュ K.Fritzsch　876
フリーデル E.Friedell　93, 116–118, 314
フリードリッヒ一世 Friedrich I　263–265
フリードリッヒ二世 Friedrich II　265f., 269
フリードレンダー S.Friedländer　865
プリニョン Prugnon　333
ブリューゲル（父）P.Bruegel　32, 69
ブリューニング H.Brüning　402, 636
ブリンツィンガー O.L.Brintzinger　669
ブルグデルファー F.Bugdörfer　527, 538f.
ブルクハルト J.Burckhardt　7, 11, 24, 30, 82f., 92, 111f., 114f., 117–119, 123, 231, 256, 268f., 328, 832, *xxiii*
フルゴーニ C.Frugoni　69
プルタルコス Plutarch　113, 164, *xiv*
ブルーニ L.Bruni　113
ブルネッレスキ F.Brunelleschi　13, 19–23, 32, 40f, 46, 66, 92, 94, 105–107, 110f., 113, 116, 122, 125f., 166, 174, 182, 196, 200, 208, 214f., 219, 224, 269, 323, 373, 910, 916
ブルーノ G.Bruno　151, 179
プールバッハ G.Purbach　39, 129, 136, 158
ブルーメ W.Blume　860f.
フレッサウ K.I.Flessau　447
プレッツ A.Ploez　561, 566
ブレットル E.Brettle　752
ブレドウ F.v.Bredow　759
ブレヒト B.Brecht　168f., 437
プレフェアー L.Playfair　233
フレンケル E.Fraenkel　661
ブロシャート M.Broszat　489, 792f., 798, 800, 803
ブロック M.Bloch　64, 71f., 75, 79, 255, 259, 262–264
ブロッホ E.Bloch　168
プロープスト C.Probst　917
ブローベル P.Blobel　861
フロルス Florus　165
ブロンベルク W.v.Blomberg　422, 670, 675, 695f., 759f., 834
フンク W.Funk　671, 699, 835
ヘイ D.Hay　122
ベイトソン W.Bateson　367
ヘイム R.Cheim　904f.
ヘーウェル W.Hewel　868
ベークマン I.Beeckman　193
ベーコン F.Bacon　217, 228f., 233, 239f.
ベーコン R.Bacon　106, 158, 161
ヘス R.Heß　435, 462, 519, 588, 610, 613,

619, 638, 666f., 671, 675, 680, 682–686, 698f., 709, 725, 730–736, 740f., 743–745, 747
ヘス R.Höss　802, 866, 875–877, 879f., 916
ヘース W.Heeß　870
ベスト W.Best　771, 775, 783, 785f., 788, *li*
ベッカー A.Becker　818, 870
ベッカー E.Becker　620, 710
ベッカリーア C.Beccaria　272, 300–304, 307, 312, 487
ヘッケル J.Heckel　627, 715
ペッティ W.Petty　329, 904, *xxvi*
ヘップナー R.H.Höppner　870
ベッリーニ兄弟 Bellini　34–36
ベッローシ L.Bellosi　12, 18
ヘーデマン J.W.Hedemann　444
ペトラルカ F. Petrarca　11, 19, 27, 44, 50f., 82–84, 95, 107–110, 113, 116, 120, 122, 142f, 196, 211, 256f.
ペトレイウス J.Petreius　138–141, *xiii*
ヘーネ H.Höhne　860
ベーハイム M.Behaim　44
ヘーフェルマン H.Hefelmann　807f., 810, 813, 815–817
ベーメ H.Böhme　154, 236–238, *xv*
ヘラクレイトス Heraclitus　203
ベラルミーノ R.Bellarmino　145f.
ベリー侯ジャン Jean I　10, 12, 84f.
ヘリング G.Hering　874
ヘルヴァルト H.G.Herwart　132, 189
ベルグボーム K.Bergbohm　271
ベルクマン E.Bergmann　518
ベルジャーエフ N.Berdyaev　249f.
ヘールトヘン・トット・シント・ヤンス Geertgen tot Sint Jans　34
ベルトラム Bertram　723
ベレンソン B.Berenson　23, 42
ベン G.Benn　517
ヘーン R.Höhn　632f., 642, 646, 782, 787, 790
ベンサム J.Bentham　321, 370f., 373–375, 910f., *xxviii*
ベンダー Bender　813
ペンダーグラスト M.Pendergrast　104
ヘンリー八世 Henry VIII　285
ホイジンガ J.Huizinga　102, 123, *xii*
ボーヴォワール S.de Beauvoir　94
ボースング H.Boßung　697
ボーゼ H.v.Bose　759, 764
ボダン J.Bodin　267f., 328
ボッカッチョ J.Boccaccio　17, 19, 44, 87, 113
ボック G.Bock　549
ボッシュ H.Bosch　278, 280
ボッティチェリ S.Botticelli　27, 31
ホッブス T.Hobbes　268, *xxvi*
ホッヘ A.Hoche　564, 806
ボテロ G.Botero　327f.
ボネ H.Bonnet　335
ポピッツ J.Poppitz　670, 696
ポピノー P.Popene　365f.
ボマノワール P.Beaumanoir　265
ホームズ O.W.Holmes　366
ポール O.Pohl　830f., 875
ホルクハイマー M.Horkheimer　1–4
ボルスト O.Borst　53
ボルマン M.Bormann　577, 675, 679, 682, 686, 692, 808, 812, 830, 843, 862, 881
ホレリス H.Hollerith　903, 905, 909
ポンスレー J.-V.Poncelet　41
ポンセ A.F.Poncet　462, 698
ポンターノ G.Pontano　137
ポンティング C.Ponting　73, *vii*

ま 行

マイエルヌ T.Mayerne　327
マイスナー O.Meißner　397, 402, 656, 670
マイヤー R.Maier　410
マイル K.Mayr　572, *xxxiv*
マインホフ Meinhof　546
マキャベリ N.Machiavelli　113, 327
マサッチョ Masaccio　13f., 21, 23, 27, 30,

41, 44, 47, 104–106, 110f., 116, 182, 188, 214f., 219, 231, 240, 910
マシュマン M.Maschmann　441, 443, 461, 463, 916
マスフェラー F.Maßfeller　548, 897
マソリーノ Masolino　13, 23
マダイスキー C.Madajczyk　877
マネッティ G.Manetti　21f., 42, 46, 92, 107
マルシャン G.Marchant　279
マルティーニ S.Martini　27, 102, 108
マン K.Mann　517
マンテーニャ A.Mantegna　27, 34, 36
ミケランジェロ Michelangelo　14
ミシュレ J.Michelet　111, 114, 117, 162f.
ミハイル大公 Michel　324
宮田光雄　439, 452, *lvii*
ミュシャンブレッド R.Munchembled　54, 57
ミューラー H.Müller　802, 840
ミューラー K.A.v.Müller　460, *xxxiv*
ミューラー R.Müller　827
ムカーマン H.Muckermann　562, 567
ムッソリーニ B.Mussolini　855
ムティヒ Muthig　826
村上陽一郎　128, *xv*
村田数之亮　100
ムルカ Mulka　877
メイン H.Maine　255
メストリン M.Maestlin　140f., 149–151, 153
メツガー E.Mezger　483f., 510f., 718f., 723
メディクス F.A.Medicus　676
メネッケ F.Mennecke　819, 822, 826–828, 830, 916
メランヒトン P.Melanchthon　137
メルセンヌ M.Mersenne　148, 191, 194
メルロ＝ポンティ M.Merleau-Ponty　210
メンツェル E.Menzel　769
メンデル G.J.Mendel　331, 354, 367, 547
モーズリー H.Maudslay　232
モーゼス Moses　129
モラン J.-B.Morin　194
モリス C.Morris　70, 120
モリソン T.Mollison　887
モルトケ H.J.G.v.Moltke　480, 917f.
モレル B.A.Morel　338
モレル T.Morell　815
モンジュ G.Monge　41
モンタナーリ M.Montanari　73
モンタネリ／ジェルヴァーゾ I.Montanelli/R.Gervaso　95f., 99
モンテスキュー Montesquieu　271, 301, 630, 632f.
モンテーニュ Montaigne　50, 54, 63, 85f., 93, 95, 97f., 196, 281f.

や　行

ヤーキーズ R.Yerkes　348–351, 353, 355f., 358
矢崎光圀　437
山本義隆　20, 39, 44, 129, 142, 163, 230
ユクスキュル J.v.Uexküll　914
ユークリッド Eukleídēs　20, 22, 38, 40f., 117, 128f., 151, 176, 253
ユスティニアヌス帝 Iustinianus　254, 258
ユーベルヘール F.Uebelhör　871
ユンガー E.Jünger　239
ユング E.Jung　759, 764
ヨーゼフ二世 Joseph II　307
ヨードル A.Jodol　859
米本昌平　*lviii*

ら　行

ライ R.Ley　382, 417, 435, 515, 622, 685, 709
ライヒライトナー F.Reichleitner　874
ライプニッツ G.W.Leibniz　909
ライヘナウ W.Reichenau　863

ライマー B.Leimer 723
ライマー K.Leimer 719
ライマー U.Reimer 887
ライマー W.Reimer 719
ラインハルト F.Reinhardt 533, 540
ラインホルト E.Reinhold 136, 149f., 152, 160
ラウシュニング H.Rauschning 2, 382, 387, 432, 436, 459, 516, 573f., 581, 610, 758, 770, 773, 848f., 890, 892f., 895, 901
ラウフ W.Rauff 870
ラクタンティウス Lactantius 179
ラスキ H.Laski 627
ラッシュ O.Rasch 863
ラーデマッハー F.Rademacher 855f.
ラート E.v.Rath 581, 839f.
ラートブルフ G.Radbruch i, ii, 420, 564, 916
ラファエロ Raffaello 14, 36
ラフリン H.H.Laughlin 359, 361, 364, 366
ラムス P.Ramus 151
ラレンツ K.Larenz 444, 707
ランゲ H.Lange 870
ランゲ J.Lange 562
ランドグレーベ L.Landgrebe 210
ランバート E.Rambert 873
ランブール兄弟 Limburg 10f., 15
ランマース H.Lammers 440, 452, 611, 656, 658, 668–670, 674–679, 684–686, 691f., 696, 698f., 724–726, 735, 739, 745–747, 780, 803, 806, 812, 862, 916
リアル L.Liard 271
リストウ E.Ristow 602
リーチュ O.Rietzsch 490, 502, 512, 719, 733
リッペントロープ J.v.Ribbentrop 648, 675, 698
リフキン J.Rifkin 361
リュカス Lucas 338
リリエンタール G.Lilienthal 561, 567
リンデン H.Linden 546, 808, 813, 815, 817, 819, 823–825, 831f.
リン・ホワイト・Jr L.White,Jr. 66, 72, 144, 229f., *vii*
ルイ二世 Louis II 12
ルイ一四世 Louis XIV 55, 59, 85, 266, 286–288, 293, 302, 314, 323f., 370, 375, 911
ルヴォア Louvois 314
ル＝ゴフ J.Le Goff 63, 76
ルスト B.Rust 447f., 648
ルソー J.-J.Rousseau 50, 301, 629
ルター M.Luther 65, 142, 289f.
ルッツエ V.Rutze 759
ルッベ M.van der Lubbe 495
ルドゥ C.N Ledoux 321
ルトケ F.Ruttke 426
ル・ペルティエ Le Peletier 301, 303f.
ルムコフスキー C.Rumkowski 870
ルュッケルル A.Rückerl 874
ルューベナッハ F.v.Eltz-Rübenach 396
ル・ロワ・ラデュリ E.Le Roy Ladurie 51, 64
レーヴェンシュタイン Löwenstein 564
レーヴェンティシュ D.Rebentisch 692
レオナルド Leonardo da Vinci 14–16, 26–31, 36, 41–44, 47f., 105, 108, 116, 125, 157f., 167, 172, 188, 215, 217, 231f., 280
レギオモンタヌス Regiomontanus 39f., 129, 138, 158, 176
レコード R.Recorde 151
レーゼナー B.Lösener 833, 855
レーダー E.Raeder 699
レティクス G.Rheticus 136–140, 149f., 155, 169, *xiii*
レーデラー E.Lederer 436
レーム E.Röhm 435, 639, 757–762, 766, 768, 780, 865
レモン Raymond of Toledo 129
レンツ E.Lenz 523
レンツ F.Lenz 536, 566, *liv*

ロイス H.Reuß　641
ロヴェルニュ Lauvergne　338
ローゼンベルク A.Rosenberg　1, 517, 611, 862
ローツ H.Roth　808, 815f.
ロック J.Locke　630, 632
ロッシ P.Rossi　181
ロッスム G.Rossum　62, 66
ロッテンベルガー C.Rothenberger　829
ロリーニ N.Lorini　143f.
ローリング Lolling　827
ローレンツ Lorenz　718
ロレンツェッティ A.Lorenzetti　65, 68, 108–110
ロンブローゾ C.Lombroso　338f., *xxvi*
ワグナー A.Wagner　883
ワグナー G.Wagner　520, 540, 807
ワット J.Watt　232
ワトソン T.J.Watson　904

事項索引

（頻出する用語〔ナチス，ナチス党，ナチズム〕は索引より除外した。）

あ　行

さ　行

た　行

な　行

は　行

ま　行

や　行

ら　行

注

はしがき

(1) G. Radbruch, Rechtsphilosophie, 3. Aufl., 1932, S. 81.［田中耕太郎訳,『法哲学』(ラートブルフ著作集 1), 1961］ (2) G. Radbruch, Rechtsphilosophie, 8. Aufl., 1973, S. 328.［村上淳一訳,『実定法と自然法』(ラートブルフ著作集 4), 1961］ (3) *Ibid.*, S. 339.［小林直樹訳,『実定法と自然法』(ラートブルフ著作集 4)］ (4) H. D. Schelauske, Naturrechtsdiskussion in Deutchland, 1968, S. 19. (5) G. Radbruch, *op. cit.*, S. 328.

序「ジェノサイドは近代的権力の夢であった」のか？

(1) M. Horkheimer/T. W. Adorno, Dialektik der Aufklärung, 1969［1947］, S. 9.［徳永恂訳,『啓蒙の弁証法』, 1990］ (2) *Ibid.*, S. 2. (3) *Ibid.*, S. 3. (4) *Ibid.*, S. 7. (5) 青木保,『異文化理解への 12 章』, 1998, p. 120. (6) H. Drost, Zeitschrift für Politik, 1933, S. 297. (7) Völkischer Beobachter, 22. 2. 1921. (8) Nationalsozialistische Briefe, 1929/30, S. 24. (9) J. Goebbels, Revolution der Deutschen, 1933, S. 155. (10) H. Rauschning, Gespräche mit Hitler, 1940, S. 219.［船戸満之訳,『ヒトラーとの対話』, 1972］ (11) M. Horkheimer/T. W. Adorno, *op. cit.*, S. 3f. (12) *Ibid.*, S. 1. (13) M. Foucault, Dits et écrits, t. 2, 1976–1988, 2001［1994］, p. 958.［『ミシェル・フーコー思考集成 VIII』, 2001］ (14) *Ibid.*, p. 535.［『ミシェル・フーコー思考集成 VII』, 2000］ (15) *Ibid.*, p. 536. (16) *Ibid.*, p. 803, 954f. (17) M. Foucault, Histoire de la sexualité, t. 1, 1976, p. 180.［渡辺守章訳,『性の歴史 I』, 1986］ (18) カルル・レーヴィット, 柴田治三郎訳,『ヨーロッパのニヒリズム』, 1974, p. 90. (19) Der Spiegel, 31. Mai 1976, S. 212.［川原栄峰訳,「ハイデッガーの弁明」, 理想, 1976. 5.］ (20) 一九六六年にシュピーゲル誌と行った対談の中で, ハイデガーは,「総長を辞めた後私は授業という私の使命だけに専心しました. ……一九三六年には一連のニーチェ講義が始まりました. 聞く耳を持っていた人はみんな, これがナチズムとの一つの対決であったということを聴き取りました」と語っている. (Der Spiegel, 31. Mai 1976, S. 204.) (21) M. Heidegger, Was ist Metaphysik?, 1965, S. 43.［大江精志郎訳,『形而上学とは何か』, 1961］ (22) M. Heidegger, Einführung in die Metaphysik, 1953, S. 152.［川原栄峰訳,『形而上学入門』, 1960］「内的真理」及び「巨大さ」が意味するところについて, それぞれ第 I 部第四章 1, 6 を参照. (23) M. Heidegger, Gesamtausgabe, Bd. 79, 2. Aufl., 2005, S. 27.［森一郎／ハルトムート・ブフナー訳,『ブレーメン講演とフライブルク講演』(ハイデッガー全集 79), 2003］ (24) M. Heidegger, Einführung in die Metaphysik, S. 152. この言は, 先の「この運動の内的真理と巨大さ」の後に括弧書きで付されたものである. これが何時の時点で書かれたかに関し, 講義の際に言及されなかったこともあり, 一九五三年の公刊の際に付加された可能性も否定できないが, ハイデガー自身は, 公刊に際して付した「序」の中で,「草稿を書く時に同時に書かれたもの」とし, シュピーゲル対談でも「私の原稿には既に書かれていました」と繰り返し, さらに次のように語っている.「そして, その言葉は, 技術に関する当時の私の見解に正確に対応しています. ただ, 技術の本質をゲ–シュテルととらえる後の解釈にはまだ合致していません. 私がその箇所を読み上げなかったのは, 聴講者が〔括弧の中を読まなくとも本文を〕正しく理解すると確信していたからです.」(S. 204f.) 書かれた時期の問題を含め, これらの言が意味するところについての対照的な解釈として, 木田元,『ハイデガーの思想』(岩波新書), 1993, p. 192f.; S. Vietta, Heideggers Kritik am Nationalsozialismus und an der Technik, 1989, S. 31.［谷崎秋彦訳,『ハイデガー：ナチズム／技術』, 1997］を参

照.

第I部　夢のはじまり——ヨーロッパ近代の相貌と本質

第一章　科学的遠近法の誕生

(1) J. Burckhardt, Die Kultur der Renaissance in Italien, 2009［1860］, S. 92.［柴田治三郎訳,『イタリア・ルネサンスの文化』, 1974］ (2) T. Todorov, Eloge de l'individu, 2004［2000］, p. 41.［岡田温司／大塚直子訳,『個の礼賛』, 2002］ (3) F. Antal, Florentine painting and its social background, 1986［1948］, p. 277.［中森義宗訳,『フィレンツェ絵画とその社会的背景』, 1968］ (4) T. Todorov, *op. cit*., p. 41ff. (5) E. Panofsky, The life and art of Albrecht Duerer, 1971［1955］, p. 243.［中森義宗／清水忠訳,『アルブレヒト・デューラー～生涯と芸術～』, 1984］ (6) M. Baxandall, Painting and experience in fifteenth century Italy, 2. edition, 1988, p. 45ff.［篠塚二三男他訳,『ルネサンス絵画の社会史』, 1989］ (7) A. W. Crosby, The measure of reality, 2009［1997］, p. 166ff.［小沢千重子訳,『数量化革命』, 2003］ (8) *Ibid*., p. 168f. (9) F. Anzelewsky, Dürer: Werk und Wirkung, 1988, S. 29.［前川誠郎／勝国興訳,『デューラー 人と作品』, 1982］ (10) Les Très riches heures du duc de Berry. texte de Raymond Cazelles, préface de Umberto Eco, 2003［1988］, p. 214ff.［木島俊介訳,『ベリー侯の豪華時禱書』, 1989］ (11) T. Todorov, *op. cit*., p. 92ff. (12) F. Antal, *op. cit*., p. 298. (13) Les Très riches heures du duc de Berry, p. 214. (14) F. Boespflug/E. König, Les "Très Belles Heures" de Jean de France, duc de Berry, 1998［冨永良子訳,『ベリー公のいとも美しき時禱書』, 2002］ (15) T. Todorov, *op. cit*., p. 55. (16) *Ibid*., p. 134f. (17) J. Burckhardt, *op. cit*., S. 277. (18) 近藤恒一編訳,『ペトラルカ ルネサンス書簡集』, 1989, p. 62ff. (19) J. Burckhardt, *op. cit*., S. 277ff. (20) L. ベッローシ, 野村幸弘訳,『イタリア・ルネサンスの巨匠たち②ジョット』, 1994, p. 54. (21) G. Francastel/P. Francastel, Le portrait, 1969, p. 63ff.［天羽均訳,『人物画論』, 1987］ (22) *Ibid*., p. 76. (23) *Ibid*., p. 77f. (24) G. Vasari, The lives of the artists, Translated by J. C. Bondanella, 1998, p. 106f.［平川祐弘／小谷年司訳,『芸術家列伝 1』, 2011］ (25) O. Casazza, Masaccio and the Brancacci Chapel, 1990, p. 7f.［松浦弘明訳,『イタリア・ルネサンスの巨匠たち③マザッチョ』, 1994］ (26) J. Burckhardt, *op. cit*., S. 141. (27) G. Francastel/P. Francastel, *op. cit*., p. 81. (28) T. Todorov, *op. cit*., p. 10, 119ff. (29) *Ibid*., p. 154, 171. 田中は,「この像をファン・アイク自身とする理由はない」とする.(『画家と自画像』(講談社学術文庫), 2003, p. 25.) (30) T. Todorov, *op. cit*., p. 138f. (31) L. B. Alberti, On painting, Translated by J. R. Spencer, 1966［1956］, p. 95.［三輪福松訳,『絵画論』, 1971］ (32) Les Très riches heures du duc de Berry, p. 38. (33) ヴァザーリ研究会編訳,『ヴァザーリの芸術論』, 1980, p. 201. (34) G. Vasari, *op. cit*., p. 8f. (35) *Ibid*., p. 13. (36) C. D'Andrea Cennini, The craftsman's handbook, Translated by D. V. Thompson Jr., 1954, p. 15.［中村彝／藤井久枝訳,『芸術の書』, 1985］ (37) L. B. Alberti, *op. cit*., p. 77. (38) Leonard da Vinci: Treatise on painting. Vol. I, Translated by A. H. McMahon, 1956, p. 26.［杉浦明平訳,『レオナルド・ダ・ヴィンチの手記』(岩波文庫), 1954/58］ (39) P. Francastel, Peinture et société, 1952, p. 65f.［大島清次訳,『絵画と社会』, 1968］ (40) M. Baxandall, *op. cit*., p. 119ff. (41) E. H. Gombrich, The story of art, 16. Edition, 2010［1995］, p. 201.［天野衛他訳,『美術の物語』, 2007］ (42) N. Wolf, Giott Di Bondone, 2006, S. 49f.［Kazuhiro Akase 訳,『ジョット・ディ・ボンドーネ』, 2008］ (43) *Ibid*., S. 89. (44) L. B. Alberti, *op. cit*., p. 72ff. (45) *Ibid*., p. 72f. (46) E. Panofsky, *op. cit*., p. 244. (47) 小山清男,『遠近法』, 1998, p. 34ff. (48) H. W. Janson/A. F. Janson, History of art for young people, 1992, p. 181.［木村重信／藤田治彦訳,『西洋美術の歴史』, 2001］ (49) E. Panofsky, Aufsätze zu Grundfragen der Kunstwissenshaft, 1964, S. 115f.［木田元監訳,『象徴形式としての遠近法』(ちくま学芸文庫), 2003］ (50) M. Kline, Mathe-

matics in western culture, 1954, p. 130.［中山茂訳,『数学の文化史』, 2011］（51）E. Panofsky, *op. cit.*, S. 116.　（52）G. Boccaccio, Dekameron, A new English version by C. O. Cuileanain based on J. Payne's 1886 translation, 2004, p. 437f.　（53）L. Bellosi, Giotto, 1981, p. 4.［野村幸弘訳,『イタリア・ルネサンスの巨匠たち②ジョット』, 1994］（54）H. W. Janson/A. F. Janson, *op. cit.*, p. 182.　（55）N. Wolf, *op. cit.*, S. 40.　（56）小山清男, *op. cit.*, p. 46ff.　（57）G. Vasari, *op. cit.*, p. 16.　（58）A. W. Crosby, *op. cit.*, p. 175.　（59）G. Boccaccio, *op. cit.*, p. 437.　（60）G. Vasari, *op. cit.*, p. 19.　（61）*Ibid.*, p. 35.　（62）M. Dvořák, Geschichte der italienischen Kunst im Zeitalter der Renaissance, Bd. 1., 1927, S. 15ff.［中村茂夫訳,『イタリア・ルネサンス美術史（上）』, 1968］（63）E. Panofsky, Renaissance and renascences in western art, 2. edition, 1965, p. 162.［中森義宗／清水忠訳,『ルネサンスの春』, 1973］（64）下村寅太郎,『ルネサンス研究』, 1989, p. 271.　（65）A. W. Crosby, *op. cit.*, p. 181.　（66）山本義隆,『一六世紀文化革命 2』, 2007, p. 448ff.　（67）E. Panofsky, *op. cit.*　（68）K. Clark, The art of humanism, 1983［1970］, p. 48.［岡田温司訳,『ヒューマニズムの芸術』, 2009］（69）F. Anzelewsky, *op. cit.*　（70）K. Clark, *op. cit.*, p. 44ff.　（71）A. Manetti, The life of Brunelleschi, 1970, p. 42, 44.［浅井朋子訳,『ブルネッレスキ伝』, 1989］（72）*Ibid.*, p. 44, 46.　（73）A. Panofsky, The life and art of Albrecht Duerer, p. 249.　（74）小山清男, *op. cit.*, p. 50ff.　（75）*Ibid.*, p. 50.　（76）辻茂,『遠近法の誕生』, 1995, p. 160.　（77）B. Berenson, Italian painters of the renaissance, 1975［1930］, p. 64, 66.［八代監訳,『ルネッサンスのイタリア画家』, 1961］（78）H. W. Janson/A. F. Janson, *op. cit.*, p. 230.　（79）G. Vasari, *op. cit.*, p. 102.　（80）L. B. Alberti, *op. cit.*, p. 40.　（81）*Ibid.*, p. 43.　（82）*Ibid.*, p. 40.　（83）*Ibid.*, p. 46f.　（84）*Ibid.*, p. 47f.　（85）*Ibid.*, p. 52.　（86）*Ibid.*, p. 55.　（87）*Ibid.*, p. 56f. 図1, 2, 3 は，英訳者である J. R. Spencer が技法解説の理解のために作成したものである.（*Ibid.*, p. 110f.）（88）*Ibid.*, p. 58.　（89）K. Lange und F. Fuchse（Hg.）, Dürers Schriftlicher Nachlass, 1893, S. 319.　（90）L. B. Alberti, *op. cit.*, p. 68f.　（91）Leonard da Vinci: Notebooks, Selected by I. A. Richter, 2008［1952］, p. 112.［杉浦明平訳,『レオナルド・ダ・ヴィンチの手記』（岩波文庫）, 1954/58］（92）H. A. Suh, Leonardo's notebooks, 2005, p. 92.［森田義之監訳,『レオナルド・ダ・ヴィンチ　天才の素描と手稿』, 2012］（93）L. B. Alberti, *op. cit.*, p. 90.　（94）Leonard da Vinci: Notebooks, p. 212.　（95）*Ibid.*, p. 118.　（96）F. Antal, *op. cit.*, p. 275f.　（97）*Ibid.*, p. 278ff.; A. Chastel, Der Mensch der Rennaisance.（（Hg.）E. Garin）, 1990, S. 252ff.［高階秀爾訳,『ルネサンス人』, 1990］（98）石鍋真澄,『聖母の都市シエナ』, 1988, p. 178.　（99）M. Baxandall, *op. cit.*, p. 3ff.　（100）A. Chastel, *op. cit.*, S. 257.　（101）高階秀爾,『フィレンツェ』（中公新書）, 1966, p. 119f.　（102）P. Burke, The italian renaissance culture and society in Italy, 2. edition, 1999, p. 119ff.［森田義之／柴野均訳,『新版イタリア・ルネサンスの文化と社会』, 2000］（103）F. Antal, *op. cit.*, p. 282.　（104）Leonard da Vinci: Notebooks, p. 4.　（105）Leonard da Vinci: Treatise on painting. Vol. I, p. 37.　（106）Leonard da Vinci: Notebooks, p. 189.　（107）Leonard da Vinci: Treatise on painting. Vol. I, p. 24.　（108）H. W. Janson/A. F. Janson, *op. cit.*, p. 217.　（109）L. B. Alberti, *op. cit.*, p. 64.　（110）*Ibid.*, p. 90.　（111）*Ibid.*　（112）*Ibid.*, p. 89ff.　（113）*Ibid.*, p. 72ff.　（114）*Ibid.*, p. 43ff.　（115）W. Sypher, Literature and technology, 1968, p. 86.［野島秀勝訳,『文学とテクノロジー』, 1972］（116）T. Todorov, *op. cit.*, p. 169ff.　（117）J. Burckhardt, *op. cit.*, S. 143.　（118）K. Clark, *op. cit.*, p. 101.　（119）Leonard da Vinci: Treatise on painting. Vol. I, p. 162.　（120）Leonard da Vinci: Notebooks, p. 212.　（121）*Ibid.*, p. 113, 133.　（122）古田光,『レオナルド・ダ・ヴィンチ』, 2008, p. 132.　（123）Leonard da Vinci: Treatise on painting. Vol. I, p. 162f.　（124）Leonard da Vinci: Notebooks, p. 185.　（125）下村寅太郎,『ルネサンスとバロックの人間像』, 1993, p. 363.　（126）下村寅太郎,『ルネサンス研究』, 1989, p. 308ff.　（127）A. W. Crosby, *op. cit.*, p. 214f.　（128）A. Blunt, Artistic theory in Italy 1450–1600, 2009（1962）, p. 55f.［中森義宗訳,『イタリアの美術』, 1968］（129）M. Baxandall, *op. cit.*, p. 16f.　（130）F.

Antal, *op. cit.*, p. 376. (131) Dürers Schriftlicher Nachlass, S. 41.［前川誠郎訳，『デューラー 自伝と書簡』(岩波文庫), 2009］ (132) F. Anzelewsky, *op. cit.*, S. 125. (133) Dürers Schriftlicher Nachlass, S. 8. (134) E. Panofsky, *op. cit.*, p. 35. (135) F. Anzelewsky, *op. cit.*, S. 39, 42. (136) E. Panofsky, *op. cit.*, p. 23. (137) F. Anzelewsky, *op. cit.*, S. 30. (138) *Ibid.*, S. 23, 27. (139) E. Panofsky, *op. cit.* (140) Dürers Schriftlicher Nachlass, S. 3. (141) E. Panofsky, *op. cit.*, p. 4. (142) 下村耕史訳編，『絵画論注解』, 2001, p. 6.（第一部デューラーの「絵画論」について） (143) H. Wölfflin, Die Kunst Albrecht Dürers, 1926, S. 24.［永井繁樹／青山愛香訳，『アルブレヒト・デューラーの芸術』, 2008］ (144) F. Anzelewsky, *op. cit.*, S. 58f. (145) 下村耕史訳編，『「測定法教則」注解』, 2008, p. 198f.（第二部解説） (146) F. Anzelewsky, *op. cit.*, S. 125. (147) Dürers Schriftlicher Nachlass, S. 22. (148) *Ibid.*, S. 342f. バルバリから人体像を見せられたのが何時のことであったのかについてデューラーは何も語っていない．この件につき，アンツェレフスキーは，「二人の出会いは一四九四〜九五年のことであっただろう」とし（*op. cit.*, S. 59.），前川も『アルブレヒト・デューラー「人体均衡論四書」注解』（下村耕史訳・注）の「序言」で次のように指摘している．「〔出会いの時期について〕この人〔バルバリ〕がニュルンベルクへ移住した1500年以降のこととするのが定説である．しかし両者はもっと早く，恐らくは若きデューラーの第一次ヴェネツィア滞在期（1494–95年）に遡って相識になったとみてよいのではあるまいか．『私はその頃まだ若く……』というデューラーの言葉は，……自信に満ちた自画像を描いた1500年以後の画家自身を指したものとするよりは，それ以前のことであったとするのが適切であろう．」これに対し，下村が同書に掲載した「年譜」には，「1500年4月20日，バルバリがニュルンベルクに来る．その影響下に人体均衡論の研究を始める」(p. 347.) とある． (149) E. Panofsky, *op. cit.*, p. 35. (150) F. Anzelewsky, *op. cit.*, S. 97ff. (151) *Ibid.*, S. 102f. (152) E. Panofsky, *op. cit.*, p. 264. (153) F. Anzelewsky, *op. cit.*, S. 136. (154) E. Panofsky, *op. cit.* (155) *Ibid.*, p. 119. (156) H. Wölfflin, *op. cit.*, S. 172. (157) F. Anzelewsky, *op. cit.*, S. 55. (158) *Ibid.*, S. 59. (159) J. Harnest, Dürer und die Perspektive. IN: P. Strieder, Dürer, 2. Aufl., 1989, S. 350.［勝國興監訳，『デューラー』, 1996］ (160) P. Strieder, *op. cit.*, S. 112. (161) E. Panofsky, *op. cit.*, p. 37. (162) H. Wölfflin, *op. cit.*, S. 61f. (163) F. Anzelewsky, *op. cit.*, S. 104ff. (164) E. Panofsky, *op. cit.*, p. 60. (165) *Ibid.*, p. 84. (166) F. Anzelewsky, *op. cit.*, S. 106. (167) *Ibid.*, S. 106ff. (168) E. Panofsky, *op. cit.*, p. 248. (169) Dürers Schriftlicher Nachlass, S. 40f. (170) F. Anzelewsky, *op. cit.*, S. 136. (171) P. Strieder, *op. cit.*, S. 27. (172) E. Panofsky, *op. cit.*, p. 251. (173) *Ibid.*, p. 117f. (174) F. Anzelewsky, *op. cit.*, S. 154. (175) E. Panofsky, *op. cit.*, p. 155. (176) F. Anzelewsky, *op. cit.*, S. 182. (177) *Ibid.*, S. 154ff. (178) *Ibid.*, S. 242. (179) A. Peltzer (Hg.), Albrecht Dürer's Unterweisung der Messung, 1908［1525］, S. 16.［下村耕史訳編，『「測定法教則」注解』, 2008］ (180) *Ibid.*, S. 15. (181) 下村耕史訳編，『「測定法教則」注解』, p. 279.（三浦伸夫,「第二編数学史におけるデューラー」） (182) H. Wölfflin, *op. cit.*, S. 35. (183) 下村耕史訳編，『「測定法教則」注解』, p. 215.（第二部解説） (184) 山本義隆，『一六世紀文化革命 1』, p. 91. (185) 下村耕史訳編, *op. cit.*, p. 210.（第二部解説） (186) *Ibid.*, p. 210f. (187) 山本義隆，『世界の見方の転換 1』, 2014, p. 260ff. (188) N. Copernicus, On the revolutions of heavenly spheres, Translated by C. G. Wallis, 1995, p. 292.［高橋憲一訳・解説，『コペルニクス・天球回転論』, 1993; 矢島祐利訳・解説，『コペルニクス・天体の回転について』(岩波文庫), 1953］ (189) F. Anzelewsky, *op. cit.*, S. 154. (190) P. Strieder, *op. cit.*, S. 57. (191) 下村耕史訳編, *op. cit.*, p. 211.（第二部解説） (192) A. Peltzer (Hg.), *op. cit.*, S. 164. (193) E. Panofsky, *op. cit.*, p. 270. (194) *Ibid.*, p. 253. (195) *Ibid.* (196) M. Kline, *op. cit.*, p. 144, 158. (197) Dante Alighieri, The banquet, Translated by K. Hillard, 1889, p. 64. ダンテは，むろん，prospettivaを光学の意味において使用している．これが絵画の技法としての「遠近法」の意味をもつのは一世紀以上も後のことである． (198) A. W. Crosby, *op. cit.*, p. 196. (199) E. Panofsky, Aufsätze zu Grundfragen

der Kunstwissenshaft, S. 123. (200) Leonard da Vinci: Notebooks, p. 214. (201) P. Francastel, *op. cit.*, p. 46, 66f. (202) W. Sypher, Four stages of renaissance style, 1978, p. 58f.［河村錠一郎訳，『ルネサンス様式の四段階』，2003］ (203) M. Baxandall, *op. cit.*, p. 121. (204) Leonard da Vinci: Treatise on painting. Vol. I, p. 26. (205) Leonard da Vinci: Notebooks, p. 204. (206) *Ibid.*, p. 212. (207) 佐藤康邦，『絵画空間の哲学』，2008, p. 33. (208) Dürers Schriftlicher Nachlass, S. 319. (209) E. Panofsky, *op. cit.* (210) L. B. Alberti, *op. cit.*, p. 89. (211) E. Cassirer, The individual and the cosmos in renaissance philosophy, Translated by M. Domandi, 1963, p. 86.［薗田坦訳，『個と宇宙』，1991］ (212) F. Anzelewsky, *op. cit.*, fig. 176. (213) 織田武雄，『地図の歴史――世界篇』，1974, p. 83. (214) F. Anzelewsky, *op. cit.*, S. 185. (215) P. Whitfield, The image of the world. 20 centuries of world maps, 1997［1994］, p. 52.［樺山紘一監修和田真理子／加藤修治訳，『世界図の歴史』，1997］ (216) F. Anzelewsky, *op. cit.*, S. 187. (217) 山本義隆，『一六世紀文化革命 1』，p. 74. (218) Leonard da Vinci: Notebooks, p. 196. (219) 池上俊一，『イタリア・ルネサンス再考』(講談社学術文庫), 2007, p. 82, 103. (220) L. B. Alberti, *op. cit.*, p. 89. (221) P. Francastel, *op. cit.*, p. 131. (222) A. Peltzer (Hg.), *op. cit.*, S. 179ff. (223) A. Dürer, The painter's manual, Translated and with a commentary by W. L. Strauss, 1977, p. 434. (224) L. B. Alberti, *op. cit.*, p. 68. (225) 岡田温司，『視覚と近代』(大林信治／山中浩司編), 1999, p. 21ff. (226) 辻茂, *op. cit.*, p. 130ff. (227) 岡田温司, *op. cit.*, p. 23. (228) E. Panofsky, *op. cit.*, S. 101. (229) *Ibid.* (230) A. Manetti, *op. cit.*, p. 42. (231) Dürers Schriftlicher Nachlass, S. 319. (232) T. Todorov, *op. cit.*, p. 106. (233) P. Francastel, *op. cit.*, p. 98. フランカステルは，本文で引用した言に続いて，「そこにこそ，新時代を創出する偉大な歴史的位置の画される理由がある」とする．ただし，彼は，「近代精神の特徴的な様相」とは何か，「新時代を画する偉大な歴史的位置」が何であるかについては，コペルニクスやガリレオ等に繋がる「合理的で数学的な新思考」(p. 86.)，「世界に対する一つの新しい人間態度」(p. 97.) といった言葉以上の事柄については何も語らない．解き明かされるべき問題はその先にある．「新しい人間態度」とは何か，その起源・由来は何か，それは「数学的合理的思考」とどう関わりあうのか，「偉大な歴史的位置」とは何かという問題である．これらの詳細については，次章で論じる予定である． (234) *Ibid.*, p. 104. (235) 下村寅太郎, *op. cit.*, p. 278. (236) T. Todorov, *op. cit.*, p. 106f. (237) 小山清男, *op. cit.*, p. 59. (238) Leonard da Vinci: Notebooks, p. 204. (239) Y. F. Tuan, Segmented worlds and self, 1984［1982］, p. 106.［阿部一訳，『個人空間の誕生』，1993］ (240) E. Panofsky, *op. cit.*, S. 123. (241) Y. F. Tuan, *op. cit.* (242) E. Panofsky, *op. cit.*, S. 126. (243) L. B. Alberti, *op. cit.*, p. 64. (244) *Ibid.*, p. 63. (245) Leonard da Vinci: Notebooks, p. 189. (246) Leonard da Vinci: Treatise on painting. Vol. I, p. 113. (247) F. Anzelewsky, *op. cit.*, Frontispiz.

第二章　近代という時代

(1) W. Sypher, Literature and technology, p. 85f. (2) J. P. Hennessy, The portrait in the renaissance, 1963, p. 66.［中江彬／兼重護／山田義顕訳，『ルネサンスの肖像画』，2002］ (3) G. Vasari, The lives of the artists, p. 183. (4) F. Petrarque, Sur ma propre ignorance et celle de beaucoup d'autres, Traduction de J. Bertrand, 1929, p. 13. (5) M. Montaigne, Essais, t. 2, Edition de Maurice Rat, Classiques Garnier, 1962, p. 61.［関根秀雄訳，『随想録』，1970］ (6) Descartes Oeuvres philosophiques, t. 1,Édition de F. Alquié, 1963, p. 578.［谷川多佳子訳，『方法序説』(岩波文庫), 1997］ (7) J. J. Rousseau Oeuvres completes I, Les confessions, 1959, p. 5.［小林善彦訳，『ルソー全集』，1986］ (8) Y. F. Tuan, Segmented worlds and self, p. 3. (9) *Ibid.*, p. 56ff. (10) *Ibid.*, p. 56. (11) J. Chapelot/R. Fossier, Le village et la maison au Moyen Age,

1980, p. 222ff.（12）Y. F. Tuan, *op. cit.*（13）Emmanuel Le Roy Ladurie, Montaillou, 1975, p. 69ff.［井上幸治／渡邊昌美／波木居純一訳,『モンタイユー』, 1990］（14）Y. F. Tuan, *op. cit.*, p. 59.（15）P. Ariès, L'enfant et la vie familiale sous l'ancien régime, 1973, p. 292ff.［杉山光信／杉山恵美子訳,『子供の誕生』, 1980］（16）J. Gies/F. Gies, Life in a medieval city, 1969, p. 34, 37, 43f.［青島淑子訳,『中世ヨーロッパの都市の生活』, 2006］（17）E. Ennen, Frauen im Mittlalter, 1987［1984］, S. 187f.［阿部謹也／泉真樹子訳,『西洋中世の女たち』, 1992］（18）*Ibid.*, S. 188.（19）R. Dülmen, Kultur und Alltag in der Frühen Neuzeit, Bd. 1, Das Haus und seine Menschen 16.-18. Jahrhundert, 1990, S. 58.［佐藤正樹訳,『近世の文化と日常生活』, 1993］（20）*Ibid.*, S. 63.（21）O. Borst, Alltagsleben im Mittelalter, 1983, S. 256.［永野藤男／井本晌二／青木誠之訳,『中世ヨーロッパ生活誌』, 1985］（22）P. Ariès, *op. cit.*, p. 289ff.（23）Y. F. Tuan, *op. cit.*, p. 56.（24）P. Ariès, *op. cit.*, p. 293f.（25）Y. F. Tuan, *op. cit.*, p. 84.（26）*Ibid.*, p. 58.（27）N. Elias,Über den Prozess der Zivilsation, Bd. 1, 1997［1939］, S. 315.［赤井慧爾／中村元保／吉田正勝訳,『文明化の過程』, 2010］; Y. F. Tuan, *op. cit.*, p. 72ff.; R. Dülmen, *op. cit.*（28）Y. F. Tuan, *op. cit.*, p. 72.（29）P. Ariès, *op. cit.*, p. 294.（30）Y. F. Tuan, *op. cit.*, p. 73.（31）M. Montaigne, Journal de voyage, 1983, p. 93.［関根秀雄／斉藤広信訳,『モンテーニュ旅日記』, 1992］（32）E. R. Ladurie, *op. cit.*, p. 206.（33）*Ibid.*, p. 77ff.（34）R. Munchembled, L'invention de l'homme modern, 1988, p. 61ff.［石井洋二郎訳,『近代人の誕生』, 1992］（35）Y. F. Tuan, *op. cit.*, p. 70f.（36）N. Elias, *op. cit.*, S. 318.（37）Y. F. Tuan, *op. cit.*, p. 74.（38）*Ibid.*, p. 70f.（39）R. Munchembled, *op. cit.*, p. 225.（40）J.-R. Pitte, Gastronomie française, 1991, p. 128.［千石玲子訳,『美食のフランス』, 1996］（41）R. Munchembled, *op. cit.*, p. 226.（42）F. Braudel, The structures of everyday life, Translated by M. Kochan, 1981, p. 308.［村上光彦訳,『日常性の構造』, 1985］（43）P. Ariès, *op. cit.*, p. 309.（44）*Ibid.*, p. 299.（45）*Ibid.*, p. 220f.（46）I. Origo, The merchant of Plato, 1992［1957］, p. 59ff.［篠田綾子訳,『プラートの商人』, 2008］（47）R. Dülmen, *op. cit.*（48）R. Munchembled, *op. cit.*, p. 16f.（49）*Ibid.*, p. 26f.（50）*Ibid.*, p. 36ff.（51）Y. F. Tuan, *op. cit.*, p. 64ff.（52）I. Origo, *op. cit.*, p. 229ff.（53）N. Wolf, Giott Di Bondone, S. 29.（54）I. Origo, *op. cit.*, p. 228.（55）N. Wolf, *op. cit.*（56）I. Origo, *op. cit.*, p. 232.（57）*Ibid.*, p. 225ff.（58）黒田泰介,『イタリア・ルネサンス都市逍遥』, 2011, p. 118f.（59）G. A. Brucker, Renaissance Florence, 1984［1969］, p. 13, 22.［森田義之／松本典明訳,『ルネサンス都市フィレンツェ』, 2011］（60）Y. F. Tuan, *op. cit.*, p. 61ff.（61）P. Ariès, *op. cit.*, p. 22.（62）R. Dülmen, *op. cit.*, S. 56, 244.（63）池上俊一,『イタリアルネサンス再　考』, p. 202f.（64）P. Ariès, *op. cit.*, p. 299ff.（65）G. Rossum, Die Geschichte der Stunde, 2007［1992］, S. 377.［藤田幸一郎／篠原敏昭／岩波敦子訳,『時間の歴史』, 1999］（66）J. Attali, Histoires du temps, 1982, p. 138.［蔵持不三也訳,『時間の歴史』, 1986］（67）G. Rossum, *op. cit.*（68）J. Attali, *op. cit.*, p. 80f.（69）G. Rossum, *op. cit.*, S. 120ff.（70）*Ibid.*, S. 171ff.（71）A. W. Crosby, The Measure of reality, p. 80.（72）*Ibid.*, p. 81f.（73）*Ibid.*, p. 82.（74）G. Rossum, *op. cit.*, S. 166.（75）*Ibid.*, S. 209ff.（76）*Ibid.*, S. 192.（77）A. W. Crosby, *op. cit.*, p. 80.（78）G. Rossum, *op. cit.*, S. 215f.（79）*Ibid.*, S. 196.（80）*Ibid.*, S. 303f.（81）*Ibid.*, S. 331.（82）G. Agricola, De Re Metallica, Translated by H. C. Hoover/L. H. Hoover, 1912, p. 99f.［三枝博音訳,『デ・レ・メタリカ』, 1968］（83）M. Montaigne, *op. cit.*, p. 123, 152.（84）Le Goff, Time, work and culture in the Middle Ages, Translated by A. Goldhammer, 1980, p. 49.［加納治訳,『もうひとつの中世のために』, 2006］（85）G. Rossum, *op. cit.*, S. 488.（86）*Ibid.*, S. 204f.（87）*Ibid.*（88）M. Bloch, La société féodale, 1968［1939］, p. 118.［新村猛他訳,『封建社会』, 1973］（89）E. Le Roy Ladurie, *op. cit.*, p. 419ff.（90）G. Rossum, *op. cit.*, S. 193.（91）*Ibid.*, S. 190ff.（92）*Ibid.*, S. 279.（93）J. Attali, *op. cit.*, p. 103f.（94）G. Rossum, *op. cit.*, S. 14.（95）*Ibid.*（96）E. Jünger, Das Sanduhrbuch, 1957, S. 138.［今村孝訳,『砂時計の書』, 1978］

(97) J. Attali, *op. cit.*, p. 107. (98) G. Rossum, *op. cit.*, S. 315. (99) *Ibid.*, S. 350ff. (100) E. Jünger, *op. cit.*, S. 159ff. (101) *Ibid.*, S. 189ff. (102) G. Rossum, *op. cit.*, S. 158. (103) A. Manetti, The life of Brunelleschi, p. 50, 52. (104) G. Rossum, *op. cit.*, S. 159ff. (105) L. White, Jr., Medieval technology and social change, 1962, p. 127.［内田星美訳,『中世の技術と社会変動』, 1985］(106) G. Rossum, *op. cit.*, S. 296f. (107) L. B. Alberti, The family in Renaissance Frolence, Ttranslated by R. N. Watkins, 1969, p. 123.［池上俊一／徳橋曜訳,『家族論』, 2010］(108) Dürers Schriftlicher Nachlass, S. 4f. (109) L. B. Alberti, *op. cit.* (110) A. Koestler, The sleepwalkers, 1989［1959］, p. 233.［小尾信弥／木村博訳,『ヨハネス・ケプラー』(ちくま学芸文庫), 2008］(111) L. B. Alberti, *op. cit.*, p. 165. (112) J. P.-Hennessy, *op. cit.* (113) L. B. Alberti, *op. cit.*, p. 166, 171f. (114) 森洋子編著,『ブリューゲル全作品』, 1988, p. 204ff. (115) キアーラ・フルゴーニ, 谷古宇尚訳,『イタリア・ルネサンスの巨匠たち ⑥ロレンツェッティ兄弟』, 1994, p. 68f. (116) 森洋子編著, *op. cit.*, p. 207. (117) キアーラ・フルゴーニ, *op. cit.*, p. 69. (118) C. Morris, The discovery of the individual. 1050–1200., 1972, p. 5ff.［古田暁訳,『個人の発見』, 1983］(119) I. Illich, In the vineyard of the text, 1996［1993］, p. 22.［岡部佳代訳,『テクストのぶどう畑で』, 1995］(120) H. Pirenne, Medieval cities. Their origins and the revival of trade, Translated by F. D. Halsey, 1948［1925］, p. 82.［佐々木克己訳,『中世都市』, 1988］(121) *Ibid.*, p. 24. (122) *Ibid.*, p. 17ff. (123) *Ibid.*, p. 18. (124) *Ibid.*, p. 24. (125) *Ibid.*, p. 26. (126) *Ibid.*, p. 29. (127) *Ibid.*, p. 26. (128) *Ibid.*, p. 35. (129) *Ibid.*, p. 32. (130) *Ibid.*, p. 30. (131) *Ibid.*, p. 35. (132) *Ibid.*, p. 63ff. (133) *Ibid.*, p. 75. (134) M. Bloch, *op. cit.*, p. 107f. (135) H. P. Pirenne, *op. cit.*, p. 85. (136) M. Bloch, *op. cit.*, p. 106. (137) H. P. Pirenne, *op. cit.*, p. 42. (138) *Ibid.*, p. 40f. (139) *Ibid.*, p. 41. (140) *Ibid.*, p. 36f. (141) *Ibid.*, p. 37. (142) *Ibid.*, p. 35. (143) M. Bloch, *op. cit.*, p. 110f. (144) L. White, Jr., *op. cit.*, p. 53. (145) 中世西ヨーロッパ最大の農業革新ともいわれる三圃農法の登場時期は，この種の技術革新の例に漏れず，ハッキリとはしない．ポンティングは，八〇〇年頃フランスの北東部で始まったとし（C. Ponting, A green history of the world, 1992［1991］, p. 96.［石弘之・京都大学環境史研究会訳,『緑の世界史』, 1994］)，リン・ホワイト・Jr. は，「この種の研究がいちばん進んでいるドイツにおいてさえ，紀元八〇〇年より少し前に始まって，そのあと普及するまで数世紀を要したという以上確かなことはいえない」とする．(*op. cit.*, p. 74.）丹下は，三圃制度は，「九世紀には一部地域で普及」が始まり，「千年以降西欧各地に普及し」，その「本格的成立は一一〜一二世紀であったとする点で，歴史家の見解はほぼ一致している」とする．(丹下栄,『15 のテーマで学ぶ中世ヨーロッパ史』(堀越宏一／甚野尚志編著), 2013, p. 150, 154, 157.) (146) B. H. Slicher van Bath, The agrarian history of Western Europe, 1963, Part II. Chapter 3.［速水融訳,『西ヨーロッパ農業発達史』, 1969］(147) H. P. Pirenne, *op. cit.*, p. 80. (148) J. Kulischer, Allgemeine Wirtschaftsgeschichte des Mittelalters und der Neuzeit, Bd. 1, 1928, S. 127.［伊藤栄／諸田實訳,『ヨーロッパ中世経済史』, 1974］(149) M. Montanari, The culture of food, Translated by C. Ipsen, 1994, p. 40f.［山辺規子／城戸照子訳,『ヨーロッパの食文化』, 1999］(150) C. Ponting, *op. cit.*, p. 122ff. (151) B. Fagan, The great warming: climate change and the rise and fall of civilizations, 2008, p. 33.［東郷えりか訳,『千年前の人類を襲った大温暖化』, 2008］(152) T. G. Jordan, The european culture area, 2. edition, 1988, p. 148.［山本正三／石井英也訳,『ヨーロッパ文化：その形成と空間構造』, 1989］(153) H. P. Pirenne, *op. cit.*, p. 82. (154) *Ibid.*, p. 83ff. (155) *Ibid.*, p. 87. (156) *Ibid.*, p. 89. (157) *Ibid.*, p. 90. (158) *Ibid.* (159) M. Bloch, *op. cit.*, p. 112. (160) *Ibid.*, p. 106. (161) *Ibid.*, p. 113. (162) E. Ennen, Die europäische Stadt des Mittelalters, 4. verebessrte Aufl., 1987, S. 89.［佐々木克己訳,『ヨーロッパの中世都市』, 1987］(163) J. Kulischer, *op. cit.*, S. 253ff. (164) *Ibid.*, S. 230f. (165) 堀米庸三,『世界の歴史③中世ヨーロッパ』, 1983, p. 394ff. (166) H. P. Pirenne, *op. cit.*, p. 221f. (167) J. Kulischer, *op. cit.*, S. 316f. (168) 本山美彦,『貨幣と世界

システム』, 1986, p. 90. (169) J. Kulischer, *op. cit.*, S. 320f. (170) H. P. Pirenne, *op. cit.*, p. 37. (171) J. le Goff, Le moyen age et l'argent, 2010, p. 75f.［井上櫻子訳,『中世と貨幣』, 2015］(172) J. Kulischer, *op. cit.*, S. 322ff. (173) *Ibid.*, S. 330. (174) H. P. Pirenne, *op. cit.*, p. 193. (175) *Ibid.*, p. 114. (176) A. Verhulst, The rise of cities in North-West Europe, 1999, p. 119f., 142.［森本芳樹他訳,『中世都市の形成』, 2001］(177) R. W. Southern, The making of the middle ages, 1953, p. 107f.［森岡敬一郎／池上忠弘訳,『中世の形成』, 1987］(178) J. Kulischer, *op. cit.*, S. 113f. (179) *Ibid.*, S. 114f. (180) *Ibid.*, S. 115. (181) G. Simmel, Philosophie des Geldes, 1922［1900］, S. 297ff.［居安正訳,『ジンメル著作集3貨幣の哲学（綜合篇）』, 2004］(182) R. W. Southern, *op. cit.*, p. 107. (183) J. Kulischer, *op. cit*, S. 131f. (184) M. Bloch, *op. cit.*, p. 108ff. (185) H. P. Pirenne, *op. cit.*, p. 226. (186) M. Bloch, *op. cit.*, p. 109. (187) *Ibid.* (188) N. J. Spykman, The social theory of Georg Simmel, 1925, p. 251. (189) NHKスペシャル取材班,『ヒューマン――なぜヒトは人間になれたのか』, 2012, p. 385f. (190) J. P. Vernant, Les origines de la pensée grecque, 1962, p. 63ff., 96ff.［吉田敦彦訳,『ギリシア思想の起源』］; 荒川紘,『科学と科学者の条件』, 1989, p. 165ff. (191) J. Burckhardt, Die Kultur der Renaissance in Italien, S. 279. (192) 近藤恒一編訳,『ペトラルカ ルネサンス書簡集』(岩波文庫), p. 62ff. (193) *Ibid.*, p. 74f. (194) E. Cassirer, The individual and the cosmos in renaissance philosophy, Translated by M. Domandi, p. 144. (195) 近藤恒一編訳, *op. cit.*, p. 59.（解説）(196) J. Burckhardt, *op. cit.*, S. 134f. (197) N. Elias, *op. cit.*, S. 203. (198) Les Très riches heures du duc de Berry, p. 15. (199) Y. F. Tuan, *op. cit.*, p. 46f. (200) Erasme de Rotterdam, La civilité puerile, Traduction par A. Bonneau, 1877, p. 73. (201) 樺山紘一,『中世の路上から』, 1986, p. 194ff. (202) F. Braudel, *op. cit.*, p. 206. (203) Erasme de Rotterdam, *op. cit.* (204) M. P. Cosman, Fabulous Feasts, 2002［1976］, p. 17.［加藤恭子・平野加代子訳,『中世の饗宴』, 1989］(205) キアーラ・フルゴーニ, 高橋友子訳,『ヨーロッパ中世ものづくし』, 2010, p. 170f. (206) I. Origo, *op. cit.*, p. 236. (207) M. Montaigne, Essais, t. 2, p. 538. (208) M. Montaigne, Journal de voyage, p. 101. (209) *Ibid.*, p. 195. (210) R. Munchembled, *op. cit.*, p. 244. (211) Erasme de Rotterdam, *op. cit.*, p. 117. (212) M. Montaigne, Essais, t. 2, p. 538. (213) M. Montaigne, Journal de voyage, p. 189. (214) N. Elias, *op. cit.*, S. 320. (215) *Ibid.*, S. 317f. (216) M. Pendergrast, Mirror, 2003, p. 117ff.［樋口幸子訳,『鏡の歴史』, 2007］(217) I. Origo, *op. cit.*, p. 234. (218) *Ibid.*, p. 88. (219) M. Pendergrast, *op. cit.*, p. 132. (220) F. Anzelewsky, Dürer: Werk und Wirkung, S. 19. (221) M. Pendergrast, *op. cit.*, p. 141ff. (222) N. Schneider, The art of the portrait, 1994, p. 6. (223) P. Ariès, *op. cit.*, p. 227ff. (224) R. Munchembled, *op. cit.*, p. 135ff. (225) J. Solé, L'amour en occident à l'époque modern, 1976, p. 96ff.［西川長夫訳,『性愛の社会史』, 1985］(226) R. Munchembled, *op. cit.*, p. 141. (227) *Ibid.*, p. 182. (228) *Ibid.*, p. 135. (229) *Ibid.*, p. 151, 238. (230) N. Elias, *op. cit.*, S. 167f. (231) *Ibid.*, S. 158. (232) P. Ariès, *op. cit.*, p. 278ff. (233) *Ibid.*, p. 286ff. (234) 池上俊一, *op. cit.*, p. 173ff. (235) アルベルティ他, 前之園幸一郎／田辺敬子訳,『イタリア・ルネッサンス期教育論』, 1975, p. 99ff. (236) I. Illich, *op. cit.*, p. 54. (237) M. Parkes, Histoire de la lecture dans le monde occidental. ((éd.) G. Cavllo/R. Charitier), 2001［1995］, p. 118.［月村辰雄他訳,『読むことの歴史』, 2000］(238) A. W. Crosby, *op. cit.*, p. 134. (239) I. Illich, *op. cit.*, p. 21f. (240) *Ibid.*, p. 87. (241) A. W. Crosby, *op. cit.*, p. 136. (242) *Ibid.* (243) *Ibid.* (244) Y. F. Tuan, *op. cit.*, p. 82 (245) P. Burke, The italian renaissance culture and Society in Italy, p. 198. (246) 池上俊一, *op. cit*, p. 227. (247) *Ibid.* (248) J. P.-Hennessy, *op. cit.*, p. 72. 田中は，これを「自覚的に彫刻家によって彫られた最初の自分の肖像であろう」とする．(田中英道,『画家と自画像』, p. 22.) (249) 樺山紘一,『ルネサンス』, 1993, p. 67. (250) 高階秀爾,『フィレンツェ』(中公新書), 1966, p. 71. (251) A. Manetti, *op. cit.*, p. 50. (252) *Ibid.*, p. 46ff. (253) 高階秀爾, *op. cit*, p. 119f. (254) J. Burckhardt, *op. cit.*, S. 332.

(255) Giovanni Pico Della Mirandola, De la dignité de L'homme, traduit du latin par Yves Hersant, 1993, p. 7f.［大出哲／阿部包／伊藤博明訳,『人間の尊厳について』, 1985］(256) E. Friedell, Kulturgeschichte der Neuzeit, 2. Aufl., 2008, S. 200.［宮下啓三訳,『近代文化史』, 1987/88］(257) F. Anzelewsky, *op. cit*. (258) *Ibid*., S. 251. (259) *Ibid*., S. 19. (260) Dürers Schriftlicher Nachlass, S. 103. (261) 西村貞二,『ルネサンスと宗教改革』, 1993, p. 186f. (262) M. Montaigne, *op. cit*., p. 506. (263) *Ibid*., p. 249. (264) M. Montaigne, Essais, t. 1, p. 422. (265) M. Montaigne, Essais, t. 2, p. 61. (266) M. G. ムッツァレッリ, 伊藤亜紀訳,『フランス宮廷のイタリア女性』, 2010, p. 24. (267) S. de Beauvoir, Le deuxième sexe I, 1976［1949］, p. 174.［井上たか子／木村信子監訳,『決定版 第二の性①事実と神話』, 1997］(268) モンタネッリ／ジェルヴァーゾ, 藤沢道郎訳,『ルネサンスの歴史（上）』(中公文庫), 1985, p. 127ff. (269) I. Origo, *op. cit*., p. 7f. (270) モンタネッリ／ジェルヴァーゾ, *op. cit*., p. 140. (271) I. Origo, *op. cit*., p. 7f, 30ff.; 橋本寿哉,『中世イタリア複式簿記生成史』, 2009, p. 248ff. (272) モンタネッリ／ジェルヴァーゾ, *op. cit*., p. 140f. (273) I. Origo, *op. cit*., p. 17. (274) L. B. Alberti, *op. cit*., p. 197. (275) A. W. Crosby, *op. cit*., p. 205. (276) 橋　本　寿　哉, *op. cit*., p. 262. (277) J. W. von Goethe, Wilhelm Meisters Lehrjahre, Hamburger Lesehefte Verlag, S. 29.［山崎章甫訳,『ヴィルヘルム・マイスターの修業時代』(岩波文庫), 2000］(278) A. W. Crosby, *op. cit*., p. 206ff. (279) *Ibid*., p. 210ff. (280) *Ibid*., p. 219f. (281) *Ibid*., p. 208. (282) *Ibid*., p. 222. (283) W. Sombart, Der moderne Kapitalisimus, Bd. 2, Erster Halbband, 1922, S. 118ff. (284) *Ibid*., S. 119. (285) C. Bec, Le siècle des medicis, 1977, p. 19.［西本晃二訳,『メジチ家の世紀』, 1980］(286) W. Sombart, *op. cit*., S. 124. (287) C. Bec, *op. cit*. (288) P. Burke, *op. cit*., p. 203. (289) 前之園幸一郎,『ルネサンスの知の饗宴』(佐藤三夫編), 1994, p. 201. (290) 清水広一郎,『中世イタリア商人の世界』, 1982, p. 22. (291) *Ibid*., p. 30. (292) J. Burckhardt, *op. cit*., S. 88. (293) J. W. von Goethe, *op. cit*., S. 28f. (294) W. Sombart, *op. cit*., S. 120. (295) J. Burckhardt, *op. cit*., S. 95. (296) G. Vasari, *op. cit*., p. 35. (297) 佐藤康邦,『絵画空間の哲学』, p. 30. (298) E. H. Gombrich, The story of art, 16. edition, p. 81. (299) 村田数之亮, 西洋古典学研究, 14巻 (1966), p. 9. (300) 佐藤康邦, *op. cit*. (301) *Ibid*. (302) 村田数之亮, *op. cit*., p. 9f. (303) 佐藤康邦, *op. cit*., p. 29f. (304) 村田数之亮, *op. cit*., p. 8. (305) E. H. Gombrich, *op. cit*., p. 113. (306) 小山清男,『遠近法』, p. 29. (307) E. C. Corti, Untergang und Auferstehung von Pompeji und Herculaneum, 9. ergaenzte Aufl., 1978［1940］, S. 46ff.［松谷健二訳,『ポンペイ』, 1964］(308) *Ibid*., S. 42. (309) *Ibid*., S. 107. (310) *Ibid*., S. 42. (311) E. H. Gombrich, *op. cit*., p. 229. (312) 小　山　清　男, *op. cit*. (313) G. Vasari, *op. cit*., p. 13. (314) チェチリアン・ヤンネッラ, 石原宏訳,『イタリア・ルネサンスの巨匠たち⑤シモーネ・マルティーニ』, 1994, p. 10. (315) 佐藤康邦, *op. cit*., p. 59f. (316) *Ibid*. (317) 石鍋真澄,『聖母の都市シエナ』, p. 148f. (318) E. Panofsky, Aufsätze zu Grundfragen der Kunstwissenshaft, S. 119. (319) 佐　藤　康　邦, *op. cit*., p. 62f. (320) G. A. Brucker, *op. cit*., p. 242. (321) E. Panofsky, Renaissance and renascences in western art, 2. edititon, p. 162. (322) 辻茂,『遠近法の誕生』, p. 142f, 163. (323) M. Pendergrast, *op. cit*., p. 131f. (324) 辻　茂, *op. cit*., p. 154ff. (325) K. Clark, The art of humanism, p. 102f. (326) G. Vasari, *op. cit*., p. 75. (327) *Ibid*., p. 83. (328) 辻茂, *op. cit*., p. 164. (329) Leonard da Vinci: Notebooks, p. 214. (330) M. Dvořák, Geschichte der italienischen Kunst im Zeitalter der Renaissance, Bd. 1, S. 38, 43. (331) A. W. Crosby, *op. cit*., p. 176f. (332) 辻　茂, *op. cit*, p. 86. (333) *Ibid*., p. 219. (334) *Ibid*., p. 197ff. (335) *Ibid*., p. 213. (336) 山本義隆,『一六世紀文化革命 1』, p. 76f. (337) G. A. Brucker, *op. cit*., p. 242f. (338) P. Francastel, Peinture et société, p. 77, 97. フランカステルの指摘は，江戸時代の日本における遠近法の受容が，何故，限定的，きわめて中途半端なものにとどまったか，その原因を考える上で，参考となる．一八世紀以降，長崎から入ってきたオランダ絵画と中国絵画に見られる遠近法は，先ず，秋田蘭画の誕生を促すものとなった．

平賀源内（1728–1780）が久保田藩（秋田藩）に伝えた南蛮渡りの技法は，小田野直武（1750–1780），佐竹曙山（1748–1785）等の関心を惹き，日本ではじめての遠近法による風景画等として成立した．これは司馬江漢（1747–1818）へと伝えられ，『相州鎌倉七里浜図』（1796）等の作品が残されることになるが，秋田蘭画そのものは，直武や曙山の死によって短期間で姿を消す．遠近法の影響は，その後，浮世絵，とりわけ，葛飾北斎（1760?–1849）や歌川広重（1797–1858）の風景画に見ることができる．伝統的な浮世絵が日本古来の俯瞰図法を基本とするのに対し，『富嶽三十六景』や『東海道五十三次』には一見してそれとは異なる技法に基づく作画が見られる．辻は，曲亭馬琴の文章に歌川豊広の絵を合わせた黄表紙（1803）に「庭の景色が納戸の節穴から室内に映り込む様子」が描かれ，また，葛飾北斎の『富嶽百景 節穴の不二』（1834）に「雨戸の節穴から差し込む光で，富士が障子に逆さに映っており，それを見て驚く人々の様子」が描かれていることを紹介している（『遠近法の誕生』，p. 76ff.）が，こうした「投影現象」に北斎等の浮世絵師が関心をもっていたことは間違いないようである．問題は，はたして，彼らが駆使した「異なる技法」を真に遠近法と呼べるか，西洋の数学的遠近法と同じものであったのかということである．浮世絵の技法の解明に取り組んだ諏訪によると，菱川師宣（1618–1694）等多くの絵師により描かれ，浮世絵を代表する立姿美人図には「視点の移動」による描法が見られるという．よく知られた『見返り美人図』がそうであるように，不自然とも見える身体の捻れは，「絵師の視点がけっして一か所に固定されず，女性の姿態をめぐって移動している」ことにより生み出されたものである．（『日本人と遠近法』（ちくま新書），1998, p. 104f.）こうした「視点の移動」は，浮世絵に特徴的な技法として，遠近法の受容後も受け継がれ，たとえば，鈴木春信（1725?–1770）の作品である『お仙と団扇売り』では，背景の鳥居等が遠近法によって描かれているのに対し，前景の中心となる人物は視点の移動によって描かれている．つまり，一つの作品に複数の技法，視点が同居している．（p. 105ff.）これは遠近法の一点透視とは明らかに異なる原理による描写である．同じことは，北斎の代表作である『富嶽三十六景 神奈川沖浪裏』（1833）にも見てとることができる．諏訪の解説を聞いてみよう．「前景の二艘の小舟，中景の一艘の小舟，遠景の富士……前景から中景，遠景と順次に小さく，なだらかに連続して断絶がない．そこにはヨーロッパの遠近法の摂取のあとをみることができる．しかし，厳密な幾何学的線遠近法が適用されているのではなく，その三部のそれぞれのなかでは自由に視点を移動させて描写している．前景の波頭，舟，舟のなかの人物などをみると，絵師の視点が一か所に固定されておらず，前景のなかを自由に移動して対象に接近していることがわかる．」（p. 108f.）厳密な数学的遠近法による作画は，結局，司馬江漢等のわずかな例外を除けば，明治の到来を待たなければならなかった．「日本の美術はなぜ独自の遠近法をもたなかったのか．」（p. 19.）遠近法の受容後も，「なぜ日本の画家たちは対象をえがくときに視点を移動させるのか．」（p. 111.）こう問いかけた諏訪の回答は，概略，「画家の視点を一点に固定する線遠近法の技法は，キリスト教に代表される唯一絶対神の信仰を生んだ精神風土の産物に他ならない．それに対し，あらゆる存在に神を感得するアニミズムの信仰を基盤に多神教を誕生させた日本においては，視点を固定する遠近法は馴染みのない技法であり，視点移動の表現となって現われ，遠近法とは異なる構成法を与えることになった」というものである．（p. 125ff.）たしかに，アルベルティが遠近法の画家を「もう一つの神」に準えたように，定められた一点から，世界に–対して–立ち，世界を幾何学的に構成する画家の在り様が，幾何学に基づいて宇宙を創造する神の姿と重なりあうものであることから考えて，諏訪が主張するように，一神教としてのキリスト教の信仰が遠近法の誕生と無関係ではなかった，それどころか，そこに遠い淵源が求められることもたしかなところであろう．しかし，疑問も残る．もし，諏訪がいうとおりであるならば，西洋における遠近法の誕生が，何故，キリスト教が強い支配力をもっていた中世の時代ではなかったのか，異教の神々への関心を最高度に高めたルネサンスの到来を待たなければならなかったのか，説明がつかない．遠近法の起源は，本文で詳論したように，商業と都市のルネサンスを背景とした，「自我意識」の誕生，及び，それに伴う「前に–対して–立つ」という人間と世界との新たな関係の出来にこそ求められるのであり，そのように考えれば，西洋において遠近法の誕生が近代を待たなければならなかったことに納得がいく．それ

では,「多神教を誕生させた日本においては, 視点を固定する遠近法は馴染みのない技法であり, 視点移動の表現となって現われ……」との指摘はどうか. 平賀源内等が南蛮渡りの技法に関心を抱いた, そのことに, 近代的自我の誕生とまではいえなくとも, 少なくともその兆しを見いだしうるのではなかろうか. 彼らは新しい技法に彼らの内に出来したこれまでとは違った世界への構えの表現を嗅ぎ取ったのではなかったか. その背景には, 当時の江戸が人口百万人超の世界最大の都市であったこと, 商業や手工業の繁栄, 貨幣経済の浸透, 経済的に自立した町人層の勃興という事情があったのではなかったか. ただし, その後も視点の移動が踏襲されたように, 受容は, 一部を除き, 中途半端に終わったことは間違いなく, その原因は結局は近代的自我の未成熟の他になく, 後に紹介する地上の遠近法に対する天使の遠近法と同様の事情があったのではなかったか. (339) N. Wolf, *op. cit.*, S. 84. (340) 田中英道, *op. cit.*, p. 21. (341) *Ibid.* (342) *Ibid.*, p. 17. (343) *Ibid.*, p. 21. (344) N. Wolf, *op. cit.*, S. 9. (345) *Ibid.*, S. 86. (346) 田中は,『最後の審判』にある肖像をジョットに同定することに対して,「寄進者たち〔スクロヴェーニ〕ほどの写実性が乏しい」として否定的である. (*op. cit.*, p. 35.) (347) E. Panofsky, Aufsätze zu Grundfragen der Kunstwissenshaft, S. 117. (348) L. B. Alberti, On painting, p. 56f. (349) 辻茂,『遠近法の発見』, 1996, p. 70ff, 127. (350) *Ibid.*, p. 96ff. (351) *Ibid.*, p. 116ff, 126. (352) *Ibid.*, p. 121f. (353) *Ibid.*, p. 116f., 123ff., 127. (354) *Ibid.*, p. 118. (355) 天使の遠近法と地上の遠近法がともに「幾何学」に依拠することについて疑問はない. 両者の相違は, 数学者がいう「触覚的幾何学」と「視覚的幾何学」の差に求められる. クラインは,「透視法の研究から,〔数学者の中で〕人間の触覚による世界と眼で見る世界が違うという考えがおこった」という.「ユークリッド幾何学は触覚的である. たとえば, それはくっついてしまう平行線を決して扱わない. こういう直線の存在は, 手で確かめられないが眼には認められる. われわれは平行線というものを決して見ない. レールは遠方でくっついてしまうように見えるのである. ユークリッドの世界は触覚で確かめうる有限の世界である.」つまり, そこには, 特定の視点の存在は認められない. まさに自由に浮遊する天使の視点である. それに対して, 遠近法では, 画家は或る一点に立ってモデルを凝視する. 視点の固定である. 眼からモデルに向かう光線の束を, 両者の間の任意の一点に置いた平面, たとえばガラス板で切断することにより一つの画面が得られる. 画家が特定の一点に立ってモデルと対峙する以上, 平行線は, この画面上では, 実際に眼で見えているように,「収斂するよう描かなければならない.」そのため, 画家はユークリッド幾何学にはなかった「線の位置や, 線と線の交差を示す定理」を必要としたのであり, それに応えたのが「視覚的幾何学」, すなわちデザルグに始まる射影幾何学であった. (M. Kline, Mathematics in Western culture, p. 159ff.) (356) P. O. Kristeller, Renaissance thought, 1961, p. 118. [渡辺守道訳,『ルネサンスの思想』, 1977] (357) 森田鉄郎,『ルネサンス期イタリア社会』, 1967, p. 73. (358) P. Burke, The renaissance, 2. edition, 1997, p. 1. [亀長洋子訳,『ルネサンス』, 2005] バークの引用には省略が見られる. 肝心要と思われる以下の箇所を何故省略したのか, いささか解せないところがある.「意識の二つの面——世界に向かう面と自己自身の内面に向かう面——……. その結果, 国家やその他世界のさまざまな事象を『客観的』に観察し, 操作することが開始され, 同時に,『主観的なもの』が全力で立ち上がった. ……一三世紀の末頃, 個性的な人格をもったイタリア人が蠢き出し, それまで個人中心の観念を抑圧してきた呪縛が完全に打ち破られ, 多数の一つ一つの顔が無限の個性をもったものとしてその姿をあらわした.」 (359) J. Burckhardt, *op. cit.*, S. 170. (360) *Ibid.*, S. 171. (361) P. Burke, *op. cit.*, p. 3. (362) *Ibid.*, p. 5f. (363) *Ibid.*, p. 22. (364) *Ibid.*, p. 7. (365) *Ibid.*, p. 22. (366) *Ibid.*, p. 57. (367) *Ibid.*, p. 7. (368) *Ibid.*, p. 57. (369) *Ibid.*, p. 7ff. (370) *Ibid.*, p. 22. (371) *Ibid.*, p. 22f. (372) *Ibid.*, p. 22. (373) *Ibid.*, p. 61. (374)「民族精神」が何であるかについて, 訳者の柴田治三郎の訳注を引いておく.「六世紀に侵住したランゴバルド人がしだいにローマ化を遂げ, ローマ遺民との間に融合も進んで新しいイタリア人が形成され, それを軸としてイタリア民族精神の再充実が遂げられてゆく. さらに, 民族感情の反撥もからんだ. 神聖ローマ帝国支配に対して市民的自治の勝利を獲得してゆく過程は, 新しいイタリア民族精神を勃興させる. そして,

この新民族精神が，都市の経済的発展にともなう商工市民の自覚と結びつき，ルネサンスの精神的基盤を用意した.」(『イタリア・ルネサンスの文化（上)』，p. 356.）なお，柴田が「新民族精神」と呼ぶところのものは，ブルクハルトがいう「近代イタリア精神」のことであろう．　**(375)** J. Burckhardt, *op. cit.*, S. 169.　**(376)** P. Burke, *op. cit.*, p. 9.　**(377)** L. B. Alberti, *op. cit.*, p. 40.　**(378)** P. Burke, *op. cit.*　**(379)** E. Panofsky, Renaissance and renascences in western art, 2. edition, p. 162.　**(380)** E. Panofsky, *op. cit.*, p. 157.　**(381)** E. Friedell, *op. cit.*, S. 201.　**(382)** E. Panofsky, *op. cit.*, p. 19.　**(383)** E. Friedell, *op. cit.*, S. 206.　**(384)** J. Burckhardt, *op. cit.*, S. 171.　**(385)** P. Burke, *op. cit.*, p. 23.　**(386)** J. Michelet, Histoire de France au seizième siècle: Renaissance, 1855, p. III.［大野一道／立川孝一監訳『フランス史 III』，2010］**(387)** 阿部玄治 ,『ルネサンスの人間像』(中森義宗／岩重政敏編), 1981 , p. 13.　**(388)** A. W. Crosby, *op. cit.*, p. 179.　**(389)** E. Friedell, *op. cit.*, S. 201.　**(390)** J. Burckhardt, *op. cit.*, S. 17.　**(391)** S. Dresden, L'humanisme et la renaissance, 1967, p. 223f.［高田勇訳，『ルネサンス精神史』，1983］**(392)** 伊東は，一二世紀ルネサンスを可能とした「内因」として，封建制の確立，食糧生産の増大，商業の復活，都市の勃興，大学の成立，知識人の誕生を，そして，「外因」として，アラビアやビザンティンの文明の受容を挙げる．(『十二世紀ルネサンス』(講談社学術文庫), 2006, p. 38ff.）たしかにそのとおりであったろう．否定する理由は何もない．しかし，ホイジンガが通常のルネサンスにも立ちまさると評した「ひとつの新しい誕生」を，なるほどそれ抜きにはありえなかったにせよ，都市や商業の復活・勃興と直に結びつけ，そこから生まれた出来事であると結論づけてよいものか．そもそも，都市の住民である知識人がアラビアの新しい学術に関心を抱いた理由は何であったのか．内因と外因を繋ぐ，もう一つの要因があったはずである．知識というものが世界との関係の切り結び方の一つの表現である以上，彼らが新たな学術に関心をもち，その受容に動いた要因として求められるべきは，商業や都市の復活を揺籃として，そこから生み出された，たとえいまだ完全ではないにせよ，やがて一四世紀ルネサンスにおいて確立される世界への新たな構えではなかったか．それがなければ，ユークリッドであれ，アリストテレスであれ，プトレマイオス……であれ，彼らの関心を引くこともなく，用無きものとして打ち捨てられていたにちがいない．彼らは，アラビア世界が伝えた古典・古代の文献の中に，彼らと同じ世界への構えを嗅ぎ取り，新たな構えを表現する手掛かりを見いだした――それこそが，内因と外因を繋ぎ，一二世紀ルネサンスという「ひとつの新しい誕生」をもたらした真の要因ではなかったか．　**(393)** 西本は，『ルネッサンス史』(2015）において，ルネッサンスとは何か，それがいかなる状況下で生み出されたかについて，次のように解説する．「イタリア半島においては，商業の勃興を促した十三世紀半ばの経済・政治・社会の変動が都市への人口の集中を招き，それと共に市民の中に貧富の階層差が生じ，さらに特権階級の封建貴族層も加わって対立と騒乱が起こる．この不安定な状況はしかし，それまで固定化されていた中世的な社会の枠組から人々を解き放ち，あらゆる分野で新しいエネルギーを放出させる．それこそがルネッサンスなのである.」(p. 66.）たしかに，「商業」と「都市」の勃興抜きにルネッサンスがありえなかったことにつき疑問はない．しかし，問題はその先にある．はたして，「不安定な状況」が「中世的な枠組からの解放」をもたらした当のものであったかは問わないとしても，中世的な枠組に代わっていかなる「枠組」が出来したのか，その特徴は何であったのか,「新しいエネルギー」とは何であったのか，何故それが「ルネッサンス」なる出来事を出来させたのか，そもそも「ルネッサンス」とは何であったのか，それが問われねばならない．**(394)** E. Garin, L'humanisme Italien, traduit par S. Crippa/M. A. Limoni, 2005, p. 10.［清水純一訳，『イタリアのヒューマニズム』，1960］**(395)** D. Hay, Dictionary of the history of ideas. ((ed.) P. P. Wiener), Vol. IV, 1973, p. 126f.［清水純一／甚野尚志／斎藤泰弘／天野恵／佐々木力訳，『ルネサンスと人文主義』，1987］**(396)** H. Weisinger, Dictionary of the history of ideas. ((ed.) Philip P. Wiener), Vol. IV, p. 148.　**(397)** J. Huizinga, Das Problem der Renaissance/Renaissance und Realismus, 1971［1952], S. 48.［里見元一郎他訳，『ホイジンガ選集④』，1971］**(398)** E. L. Eisenstein, The printing revolution in early modern europe, 1983, p. 109, 111, 143.

［別宮貞徳監訳，『印刷革命』，1987］

第三章　自然科学の誕生

(1) Leonard da Vinci: Notebooks, p. 189f.　(2) *Ibid.*, p. 185　(3) E. Panofsky, Aufsätze zu Grundfragen der Kunstwissenshaft, S. 122.　(4) 佐藤康邦，『絵画空間の哲学』，p. 47.　(5) 下村寅太郎，『近代科学史論』，1992, p. 118f, 278f.　(6) *Ibid*, p. 119.　(7) 村上陽一郎，『奇跡を考える』，1996 , p. 57ff.　(8) 山本義隆，『一六世紀文化革命 2』，p. 451f.　(9) Genesis, Translated and Commentary by R. Alter, 1996, p. 3ff.［関根正雄訳，『旧約聖書 創世記』，1956］(10) Plato, Timaeus and Critias, Translated by B. Jowett, 2009, p. 22ff.［種山恭子訳，『プラトン全集⑫ティマイオス』，1975］(11) Alcinous: The Handbook of Platonism, 2002［1993］, p. 20f, 24ff.［大貫隆，『グノーシス考』，2000］(12) 荒井献／柴田有訳，『ヘルメス文書』，1980, p. 27ff.（解説）(13) Hermetica, Translated by B. P. Copenhaver, 2002［1992］, p. 1ff.［先に挙げた荒井献／柴田有訳，『ヘルメス文書』は，A. D. Nock/A.-J. Festugière, Hermes Trismégiste I, II, 1972/73 を底本とする．］(14) *Ibid.*, p. xlix（introduction），200（notes）．(15) *Ibid.*, p. 58ff.　(16) G. Galilei, Dialog concerning the two world systems, Translated by S. Drake, 2001, p. 119.［青木靖三訳，『天文対話』（岩波文庫），1959］(17) M. Kline, Mathematics in western culture, p. 109.　(18) H. Blumenberg, Die Genesis der kopernikanischen Welt, 1981［1975］, S. 619.［座小田豊／後藤嘉也／小熊正久訳，『コペルニクス的宇宙の生成 3』，2011］(19) 矢島祐利訳・解説，『コペルニクス・天体の回転について』（岩波文庫），p. 89.（解説）(20)『天球回転論』では「両の眼」という表現が使われている．「もし，われわれが両の眼で事態をしっかり見さえすれば，諸惑星相互の連関の合理的な秩序および宇宙全体の調和はその真実の姿をわれわれに教えてくれることであろう．」（N. Copernicus, On the revolutions of heavenly spheres, Translated by C. G. Wallis, p. 19.）(21) E. Trunz (Hg.), Goethes Werke, Bd. 14, 1981, S. 81.［高橋義人／前田富士男／南大路振一／嶋田洋一郎／中島芳郎訳，『色彩論-II』，1999］(22) N. Copernicus, *op. cit.*, p. 7.　(23) 高橋憲一訳・解説 ,『コペルニクス・天球回転論』，p. 79.（第二部解題）(24) *Ibid.*, p. 168.（第三部解説）(25) *Ibid.*, p. 79.（第二部解題）(26) Three copernican treatises, Translated with introduction and notes by E. Rosen, 2004［1959］, p. 58f.［高橋憲一訳・解説 , *op. cit.*, p. 84f.］(27) D. Danielson, The first copernican, 2006, p. 65.［田中靖夫訳，『コペルニクスの仕掛人』，2008］(28) 高橋憲一訳・解説 , *op. cit.*, p. 169.（第三部解説）(29) *Ibid.*, p. 11.　(30) D. Danielson, *op. cit.*, p. 44.　(31) O. Gingerich, The book nobody read, 2005［2004］, p. 19.［柴田裕之訳，『誰も読まなかったコペルニクス』，2005］(32) 高橋憲一訳・解説 , *op. cit.*, p. 4.（コペルニクス『天球回転論』解題）(33) この時レティクスが献呈した三冊の装丁本には五つの著作が収められていた．プトレマイオスのギリシア語版『アルマゲスト』（1538），ウィテロのギリシア語版『光学』（1535），アピアヌスの『第一動者の道具』（1534），ユークリッドのギリシア語版『原論』（1533），レギオモンタヌスの『三角形概論』（1533）がそうである．『アルマゲスト』と『原論』はバーゼルで出版され，残りはニュルンベルクのペトレイウスによる出版であった．これらの書物の他に，水星の三点の観測記録が献呈されている．（D. Danielson, *op. cit.*, p. 58.）(34) Three copernican treatises, p. 9f.　(35) O. Gingerich, *op. cit.*, p. 12.　(36) D. Danielson, *op. cit.*, p. 76.　(37)『天球回転論』第五巻には水星の位置について，「われわれは，ニュルンベルクで注意深く観測されたものから三点を借用した．最初の観測は，レギオモンタヌスの弟子であるベルンハルト・ヴァルターにより行われ，……第二，第三の観測は，ヨハネス・シェーナーにより行われた」とある．（N. Copernicus, *op. cit.*, p. 292.）(38) Three copernican treatises, p. 135.　(39) O. Gingerichi, *op. cit.*, p. 17.　(40) D. Danielson, *op. cit.*, p. 71.　(41) *Ibid.*, p. 80.　(42) *Ibid.*, p. 36, 79f.　(43) *Ibid.*, p. 33ff.　(44) *Ibid.*, p. 80f.　(45) 高橋憲一訳・解説 , *op. cit.*, p. 172.（第三部解説）(46) N. Copernicus, *op. cit.*, p. 5.　(47) *Ibid.*　(48) D. Daniel-

son, *op. cit.*, p. 87f.　(49) N. Copernicus, *op. cit.*, p. 4.　(50) *Ibid.*, p. 7.　(51) *Ibid.*, p. 3f.　(52) 高橋憲一訳・解説, *op. cit.*, p. 173.（第三部解説）　(53) O. Gingerich/J. MacLaclan, Nicolaus Copernicus, 2005, p. 102.［林大訳,『コペルニクス』, 2008］　(54) *Ibid.*, p. 103.　(55) D. Danielson, *op. cit.*, p. 110.　(56) *Ibid.*, p. 112f.　(57) *Ibid.*, p. 106f.　(58) *Ibid.*, p. 4.　(59) O. Gingerich, *op. cit.*, p. 158f.　(60) *Ibid.*, p. 159.　(61) *Ibid.*, p. 141.　(62) *Ibid.*, p. 164.　(63) O. Gingerich/J. MacLaclan, *op. cit.*, p. 101f.　(64) D. Danielson, *op. cit.*, p. 4f.　(65) N. Copernicus, *op. cit.*, p. 23ff.　(66) T. Kuhn, The copernican revolution, 1957, p. 191f.［常石敬一訳,『コペルニクス革命』, 1976］　(67) 山本義隆,『世界の見方の転換 2』, p. 589ff.　(68) 村上陽一郎,『西欧近代科学』, 1971, p. 96.　(69) A. Fantoli, Galileo, Third English Edition, 2003, p. 25ff.［須藤和夫訳,『ガリレオ』, 2010］　(70) 山本義隆,『一六世紀文化革命 2』, p. 574ff.　(71) O. Gingerich, *op. cit.*, p. 141f.　(72) A. Fantoli, *op. cit.*, p. 127.　(73) *Ibid.*, p. 129f.　(74) L. White, Jr., Machine ex deo, 1968, p. 89.［青木靖三訳,『機械と神』, 1999］　(75) A. Fantoli, *op. cit.*, p. 131.　(76) *Ibid.*, p. 132f.　(77) *Ibid.*, p. 175f.　(78) *Ibid.*, p. 183.　(79) 高橋憲一訳・解説, *op. cit.*, p. 74f.（付録 2）　(80) A. Fantoli, *op. cit.*, p. 184.　(81) 高橋憲一訳・解説, *op. cit.*　(82) O. Gingerich, *op. cit.*, p. 146.　(83) *Ibid.*, p. 142.　(84) A. Fantoli, *op. cit.*, p. 177f.　(85) *Ibid.*, p. 179f.　(86) *Ibid.*, p. 187f.　(87) *Ibid.*, p. 271ff.　(88) *Ibid.*, p. 181f.　(89) *Ibid.*, p. 179.　(90) *Ibid.*, p. 332f.　(91) Descartes Oeuvres philosophiques, t. 1, p. 633.　(92) *Ibid.*, p. 492.　(93) *Ibid.*, p. 632.　(94) *Ibid.*, p. 487f.　(95) E. Cassirer, Die Philosophie der Aufkrärung, 1932, S. 55f.［中野好之訳,『啓蒙主義の哲学』, 1962］　(96) A. Koestler, The sleepwalkers, p. 194.　(97) N. Copernicus, *op. cit.*, p. 7.　(98) O. Gingerich, *op. cit.*, p. 20ff.　(99) *Ibid.*, p. 21.　(100) *Ibid.*, p. 142.　(101) E. Garin, Science and civic life in the italian renaissance, Translated by P. Munz, 1969, p. 133.［清水純一／斎藤泰弘訳,『イタリア・ルネサンスにおける市民生活と科学・魔術』, 1975］　(102) E. Zilsel, Roots of scientific thought.（(ed.) P. P. Wiener/A. Noland), 1958［1957], p. 279f.［青木靖三訳,『科学革命の新研　究』, 1961］　(103) O. Gingerich, *op. cit.*, p. 22ff.　(104) *Ibid.*, p. 25.　(105) *Ibid.*, p. 128.　(106) *Ibid.*, p. 156f.　(107) *Ibid.*, p. 255.　(108) *Ibid.*, p. 63.　(109) A. Fantoli, *op. cit.*, p. 28f.　(110) O. Gingerich/J. MacLaclan, *op. cit.*, p. 108.　(111) H. Butterfield, The origins of modern science. 1300–1800, 1965［1957], p. 39.［渡辺正雄訳,『近代科学の誕生』(講談社学術文庫), 1978］　(112) O. Gingerich, *op. cit.*, p. 54f., 264.　(113) Three copernican treatises, p. 90.　(114) A. Armitage, Sun stand thou still, 1947, p. 157.［奥住喜重訳,『太陽よ, 汝は動かず』, 1962］　(115) T. Kuhn, *op. cit.*, p. 171f.　(116) *Ibid.*, p. 172.　(117) *Ibid.*, p. vii.　(118) プルタルコスは,『食卓歓談』の中で, ディオゲニアノスの発言——「プラトンは, 神はつねに幾何学を行っていると主張した時, そのことで何を思い描いていたのだろうか. もっとも, これがほんとうにプラトンの言葉と仮定してのことだが.」——を引き取って,「この言葉はプラトンの著作のどこにも明記されているわけではないが, そう信頼するに十分な理由があるし, いかにもプラトンが言いそうな言葉でもある」と語っている.（Pultarch, Moralia, Vol. IX, Translated by E. L. Minar/FH. Sandbach/W. C. Helmbold, 1961, p. 119.［柳沼重剛編訳,『食卓歓談集』(岩波文庫), 1987］）　(119) 下村寅太郎, *op. cit.*, p. 362f.　(120) N. Copernicus, *op. cit.*, p. 8.　(121) T. Kuhn, *op. cit.*, p. 209.　(122) E. Husserl, Husseriana, Bd. VI, 1962, S. 30.［細谷恒夫・木田元訳,『ヨーロッパ諸学の危機と超越論的現象学』, 1974］　(123) G. Galilei, Dialogues concerning two new sciences, Edited, with commentary by S. Hawking, 2002, p. 105.［今野武雄／日田節次訳,『新科学対話』(岩波文庫), 1937］　(124) 山田慶兒／谷泰訳,『ガリレオ・偽金鑑識官』(中公クラシックス), 2009, p. 57.　(125) E. Cassirer, Das Erkenntnisproblem, Bd. 1, 1971, S. 316.［須田朗／宮武昭／村岡晋一訳,『認識問題』, 2010］　(126) J. Kepler, The harmony of the world, Translated by E. J. Eiton/A. M. Duncan/J. V. Field, 1997, p. 304.［岸本良彦訳,『宇宙の調和』, 2009］　(127) R. Klibansky/E. Panofsky/F. Saxl, Saturn und Melancholie, 1992［1964], S. 478.［田中英道監訳,『土星とメランコリー』, 1991］

(128) *Ibid.*, Fig. 109.　(129) *Ibid.*, Fig. 111.　(130) *Ibid.*, Fig. 115.　(131) *Ibid.*, S. 466.　(132) H. Böhme, Albrecht Dürer: Melencolia I. Im Labyrinth der Deutung, 1991 [1989], S. 40ff. [加藤淳夫訳,『デューラー「メレンコリアI」解釈の迷宮』] なお, ベーメは天文学者の図をデューラーの作とするが, パノフスキーの『デューラー』の巻末の作品リストには見当たらない.『土星とメランコリー』に類似の構図の木版画（図版100）が「天文学者. ヨハンネス・アンゲルス『明瞭なる渾天儀』の扉. ヴェネツィア, 一四九四年」と紹介されている.（S. 589.）(133) H. Minkowski (Hg.), Johannes Kepler: Leben und Briefe, 1953, S. 43.　(134) Georg Joachim Rhetikus, 1514–1574: Eine Bio-Bibliographie, Bd. 3, 1968, S. 45.　(135) I. Newton, The principia, Translated by A. Mote, 1995, p. 440ff. [河辺六男訳,『ニュートン』(世界の名著26), 1971]「科学革命」と称されるように, コペルニクス等が今日的な科学的方法論の創始者としての地位に立つことに疑問はない. しかし, 彼らが「科学」を自覚的に展開したものでも,「科学者」でもなかったこと, それについても疑問はない. 彼らは, 結果として, 科学の創始に至ったのであり, その原動力となったのが,「神の知恵の知る真理」を解き明かし,「神の知恵の偉大」を称揚せんとするキリスト者としての意思であり使命感であった. コペルニクスが聖職者であったこと, ケプラーが大学で神学科に籍を置き聖職者を志望していたこと, ガリレオが敬虔なキリスト者であり有能な素人神学者であったこと, ニュートンが『ダニエル書と聖ヨハネの黙示録の預言についての考察』を著したことは決して偶然ではあるまい. 村上は, 自然哲学を神学に結びつけていた紐帯が切断され,「聖俗革命」, 即ち, 科学の神学からの解放が実現されるのは, ようやく一八世紀以降のこととする.（村上陽一郎,『聖俗革命』, 1976）(136) Descartes Oeuvres philosophiques, t. 1, p. 90. [野田又夫訳,『精神指導の規則』(岩波文庫), 1974]　(137)『ガリレオ・偽金鑑識官』, p. 125ff.　(138) Descartes Oeuvres philosophiques, t. 1, p. 91f.　(139) G. Galileo, Dialog concerning the two world systems, p. 236.　(140) (ed.) A. E. Shapiro, The optical papers of ISAAC NEWTON, Vol. I, The optical lectures 1670–1672, 1984, p. 439.　(141) A. C. Crombie, Augustine to Galileo, I, 1979 [1952], p. 88. [渡辺正雄／青木靖三訳,『中世から近代への科学史』, 1962/68]　(142) *Ibid.*, p. 46.　(143) *Ibid.*, p. 88f.　(144) The opus majus of Roger Bacon, Translated by R. B. Burke, 2000, p. 116. [高橋憲一訳,『ロジャー・ベイコン』(科学の名著3), 1980]　(145) Leonard da Vinci: Notebooks, p. 9.　(146) A. C. Crombie, *op. cit.*, p. 89.　(147) M. Heidegger, Die Frage nach dem Ding, 1987 [1962], S. 78f. [高山守／クラウス・オビリーク訳,『物への問い』(ハイデッガー全集41), 1989]　(148) M. Boss (Hg.), M. Heidegger: Zollikoner Seminare, 1987, S. 137. [木村敏／村本詔司訳,『ハイデッガー・ツォリコン・ゼミナール』, 1991]　(149) Descartes Oeuvres philosophiques, t. 1, p. 98.　(150) M. Heidegger: Zollikoner Seminare, S. 136.　(151) Descartes Oeuvres philosophiques, t. 1, p. 96ff.　(152) *Ibid.*, p. 584.　(153) *Ibid.*, p. 588f.　(154) *Ibid.*, p. 95f.　(155)「きわめつきの現実主義者」であったティコが, 天文学と宇宙論を, 思弁を排し,「精緻な観測と厳密な数学にもとづく近代の科学に変換」させようとし, そのため, ウロニボルクに天文台を建設し, 当時他に比類のない精細なデータを手にしながら（山本,『世界の見方の転換3』, p. 872ff.), 何故「事物の真理」への道を踏み誤ったのか. その最大にして唯一の原因は, 結局, 彼が観察対象である自然と「距離」をとることができないまま, 自然を「浄化」しえなかったこと以外にはなかった.　(156) N. Copernicus, *op. cit.*, p. 12f.　(157) D. Danielson, *op. cit.*, p. 63.　(158) J. Michelet, Histoire de France au seizième siècle: Renaissance, p. 311.　(159) M. Kline, *op. cit.*, p. 24ff.　(160) 山本,『世界の見方の転換2』, p. 438.　(161) N. Elias,Über den Prozess der Zivilsation, Bd. 1, S. 60ff.　(162) Pultarch, Moralia, Vol. IX, p. 119ff.　(163) *Ibid.*, p. 123.　(164) *Ibid.*, p. 125.　(165) E. Cassirer, *op. cit.*, S. 349.　(166) E. A. Burtt, The metaphysical foundations of modern physical science, 1952 [1924], p. 90. [市場泰男訳,『近代科学の形而上学的基礎』, 1988]　(167) E. Husserl, *op. cit.*, S. 30.　(168) M. Heidegger, Die Frage nach dem Ding, S. 71f.　(169) *Ibid.*, S. 58.　(170) M. Heidegger, Die Grundprobleme der Phänomenologie (Gesamtausgabe, Bd. 24.), 1975, S. 457. [溝口兢一他訳,『現象学

の根本諸問題』（ハイデッガー全集 24), 2001］（171）M. Heidegger, Die Frage nach dem Ding, S. 58f., 71f. （172）M. Heidegger: Zollikoner Seminare, S. 23, 128f. （173）A. Koyré, Etudes galileennes, 1980［1939], p. 15.［菅谷暁訳，『ガリレオ研究』，1988］（174）E. Garin, *op. cit.*, p. 135ff. （175）H. Butterfield, *op. cit.*, p. 14. （176）V. Sklovskij, Theorie der Prosa, 1966, S. 12ff.［水野忠夫訳，『散文の理論』，1971］（177）Bertolt Brecht Gesammelte Werke, Bd. VII, 1967, S. 301.［千田是也編訳，『今日の世界は演劇によって再現できるか』，1962］（178）E. Bloch, Verfremdungen, Bd. 1, 1977（1962), S. 89.［片岡啓治他訳，『異化』，1976］（179）M. Heidegger, Sein und Zeit, 1967［1926], S. 149.［辻村公一訳，『有と時』（世界の大思想 28), 1967］（180）J. P. Sartre, La nausée, 2011［1938], p. 181f.［白井浩司訳，『嘔吐』，1965］（181）F. Nietzche, Menschliches, Allzumennschliches. Ein Buch für Freie Geiste, Kröners Taschenausgabe, Bd. 72, Nr. 225. （182）*Ibid.*, Nr. 34. （183）Bertolt Brecht Gesammelte Werke, Bd. VII, S. 681f. （184）H. Butterfield, *op. cit.*, p. 13. （185）*Ibid.* （186）*Ibid.* （187）Three copernican treatises, p. 165. （188）G. Galilei, Dialog concerning the two world systems, p. 389. （189）*Ibid.*, p. 381. （190）伊東俊太郎，『ガリレオ』（人類の知的遺産 31）1985, p. 84f. （191）M. Heidegger, Die Frage nach dem Ding, S. 72. （192）伊東俊太郎 , *op. cit.*, p. 130. （193）A. Koyré, *op. cit.*, p. 153. （194）G. Galilei, Dialogues concerning two new sciences, p. 123. （195）*Ibid.*, p. 136f. （196）A. Koyré, Roots of scientific thought: a cultural perspective.（(ed.）P. P. Wiener/A. Noland), 1957, p. 150.［伊東俊太郎訳，『科学革命の新研究』，1961］（197）H. Butterfield, *op. cit.*, p. 94. （198）Kants Werke. Akademie Textausgabe. Bd. 3. Kritik der reinen Vernunft, 2. Aufl., 1968（1787), S. 10.［有福孝岳訳，『純粋理性批判』（カント全集 4), 2001］（199）Leonard da Vinci: Notebooks, p. 8. （200）山本義隆，『一六世紀文化革命 2』，p. 708. （201）E. Cassirer, *op. cit.*, S. 316. （202）伊東俊太郎 , *op. cit.*, p. 163f. （203）E. Husserl, *op. cit.*, S. 53. （204）*Ibid.*, S. 51f. フッサールのガリレオ批判に関し想起されるのは，サイファーの「〔ウッチェロやピエロがそうであるように，理論科学者であった画家たちは〕自分の美の世界に，一つの統一，比例の閉じた体系を押し被せようとした」との指摘である．彼らもまた，「比例の閉じた体系」，即ち，「理念の衣」をあるがままの世界に着せたこと同様であった．そして，人々がこの衣をあるがままの現実と受け取ったこと，絵画による表現であれ宇宙の認識であれ同様であった．いずれも，遠近法の画家と自然哲学者が世界への構えと方法論を共有していたことの結果であったとすれば，納得がいく． （205）*Ibid.*, S. 19. （206）H. Butterfield, *op. cit.*, p. 7. （207）H. Butterfield, Harvard Library Bulltin, Vol., 13, 1959, p. 345. （208）坂本賢三，『ベーコン』（人類の知的遺産 30), 1981, p. 28. （209）A. Koyré, *op. cit.*, p. 147. （210）A. Koyré, From the closed world to the infinite universe, 2008［1957], p. 6.［野沢協訳，『コスモスの崩壊』，1974］（211）E. L. Eisenstein, The printing revolution in early modern europe, p. 253. （212）*Ibid.* （213）*Ibid.*, p. 254. （214）*Ibid.*, p. 253. （215）*Ibid.*, p. 255. （216）*Ibid.*, p. 204. （217）*Ibid.* （218）*Ibid.*, p. 206. （219）*Ibid.*, p. 274. （220）*Ibid.*, p. 204. （221）*Ibid.*, p. 255. （222）*Ibid.*, p. 259. （223）*Ibid.*, p. 257. （224）*Ibid.*, p. 255. （225）F. Yates, Giordano Bruno and the hermetic tradition, 2002［1964], p. 487.［前野佳彦訳，『ジョルダノ・ブルーノとヘルメス教の伝統』，2010］（226）*Ibid.* （227）*Ibid.*, p. 488. （228）F. Yates, Art, science, and history in the renaissance.（(ed.）C. S. Singleton), 1967, p. 255. （229）F. Yates, Giordano Bruno and the hermetic tradition, p. 1ff. （230）W. Shumaker, The occult sciences in the renaissance, 1979［1972], p. 232.［田口清一訳，『ルネサンスのオカルト学』，1987］（231）F. Yates, *op. cit.*, p. 18ff. （232）*Ibid.*, p. 44ff. （233）W. Shumaker, *op. cit.*, p. 206. （234）*Ibid.*, p. 204f. （235）N. Copernicus, *op. cit.*, p. 24f. （236）The collected writings of John Mayhard Keynes, Vol. 10, 1972, p. 363f.［大野忠男訳，『ケインズ全集 10』，1980］（237）H. Kearney, Science and change 1500–1700, 1971, p. 187, 189, 193.［中山茂／高柳雄一訳，『科学革命の時代』，1983］（238）F. Yates, *op. cit.*, p. 161ff. （239）*Ibid.*, p. 174f. （240）P. Rossi, Reason, experi-

ment, and mysticism in the scientific revolution. ((ed.) M. L. R. Bonelli/W. R. Shea), 1975, p. 261, 264, 270. ［村上陽一郎他訳，『科学革命における理性と神秘主義』，1985］（241）荒川紘，『科学と科学者の条件』，p. ixf.（242）J. P. Vernant, Les origines de la pensée grecque, p. 96f.（243）*Ibid.*, p. 115.（244）荒川，*op. cit.*, p. x.（245）J. P. Vernant, *op. cit.*, chapter VII, VIII.（246）荒 川，*op. cit.*, p. 165.（247）*Ibid.*, p. 9（248）*Ibid.*, p. 165f., 170f.（249）*Ibid.*, p. 168f.（250）*Ibid.*, p. 239.（251）*Ibid.*, p. 75f.（252）*Ibid.*, p. 56f.

第四章　近代の形而上学

（1）Kants Werke: Akademie Textausgabe, Bd. 3, Kritik der reinen Vernunft, 2. Aufl., S. 11f.（2）F. Nietzsche, Der Wille zur Macht, Kröners Taschenausgabe, Bd. 78, Nr. 636.［原佑訳，『ニーチェ 権力への意志』(世界の大思想 II-9), 1967］（3）D. Danielson, The first copernican, p. 64.（4）下村寅太郎，『近代科学史論』，p. 35f, 43.（5）H. Kearney, Science and change 1500-1700, p. 194.（6）J. Henry, The scientific revolution and the origins of modern science, 1997, p. 21.［東慎一郎訳，『一七世紀科学革命』，2005］（7）M. Casper (Hg.), J. Kepler Gesammelte Werke, Bd. XV, Briefe 1604-1607, S. 516.（8）伊東俊太郎，『ガリレオ』(人類の知的遺産 31), p. 100.（9）Descartes Oeuvres philosophiques, t. 3, p. 781f.［山田弘明他訳，『哲学原理』(ちくま学芸文庫), 2009］（10）*Ibid.*, p. 782.（11）Descartes Oeuvres philosophiques, t. 1, p. 522.（12）Descartes Oeuvres philosophiques, t. 3, p. 779.（13）Descartes Oeuvres philosophiques, t. 1, p. 584.（14）「明晰」，「判明」とは何か．『哲学原理』は次のように説明する．「私が明晰と呼ぶ認識は，注意する精神に現前し，かつ明らかである認識である．たとえば，直観している眼に現前し，それを十分力強くかつハッキリと刺激するものは，われわれによって明晰に見られる，とわれわれが言うようにである．他方，判明と呼ぶ認識は明晰であると同時に，他のすべてのものから分離され，かつ切り離されていて，自らのうちに明晰なもの以外は何も含まないような認識である．」(Descartes Oeuvres philosophiques, t. 3, premiere partie, Nr. 45.)（15）Descartes Oeuvres philosophiques, t. 1, p. 570.（16）*Ibid.*, p. 571.（17）*Ibid.*, p. 568.（18）*Ibid.*（19）*Ibid.*, p. 571.（20）*Ibid.*（21）*Ibid.*, p. 574f.（22）*Ibid.*, p. 571.（23）*Ibid.*, p. 576f.（24）所雄章，『デカルト』(人類の知的遺産 32), 1981, p. 81.（25）*Ibid.*, p. 83ff.（26）Descartes Oeuvres philosophiques, t. 1, p. 579.（27）*Ibid.*, p. 584.（28）*Ibid.*, p. 586f.（29）所 雄 章，*op, cit.*, p. 234.（30）Descartes Oeuvres philosophiques, t. 1, p. 589f.（31）*Ibid.*, p. 590.（32）*Ibid.*, p. 590f.（33）*Ibid.*, p. 599.（34）所 雄 章，*op, cit.*, p. 120ff.（35）Descartes Oeuvres philosophiques, t. 1, p. 600.（36）*Ibid.*, p. 578.（37）*Ibid.*（38）*Ibid.*, p. 601.（39）Descartes Oeuvres philosophiques, t. 2, p. 405.［山田弘明訳，『省察』(ちくま学芸文庫), 2006］（40）Descartes Oeuvres philosophiques, t. 1, p. 601.（41）*Ibid.*, p. 259.（42）*Ibid.*, p. 601.（43）Descartes Oeuvres philosophiques, t. 2, p. 404f.（44）Descartes Oeuvres philosophiques, t. 1, p. 602.（45）Descartes Oeuvres philosophiques, t. 2, p. 399.（46）*Ibid.*, p. 404.（47）*Ibid.*, p. 405f.（48）*Ibid.*, p. 408.（49）Descartes Oeuvres philosophiques, t. 3, p. 93.（50）Descartes Oeuvres philosophiques, t. 2, p. 432.（51）*Ibid.*, p. 408, 455f., 458.（52）*Ibid.*, p. 412.（53）*Ibid.*, p. 415.（54）*Ibid.*, p. 415f.（55）Descartes Oeuvres philosophiques, t. 3, p. 94f.（56）Descartes Oeuvres philosophiques, t. 2, p. 415.（57）Descartes Oeuvres philosophiques, t. 1, p. 603f.（58）*Ibid.*, p. 603.（59）Descartes Oeuvres philosophiques, t. 3, p. 95.（60）Descartes Oeuvres philosophiques, t. 2, p. 419.（61）Descartes Oeuvres philosophiques, t. 1, p. 604.（62）Descartes Oeuvres philosophiques, t. 3, p. 122.（63）Descartes Oeuvres philosophiques, t. 1, p. 604.（64）*Ibid.*（65）Descartes Oeuvres philosophiques, t. 2, p. 418.（66）Descartes Oeuvres philosophiques, t. 3, p. 775.（67）Descartes Oeuvres philosophiques, t. 1, p. 603.（68）Descartes Oeuvres philosophiques, t. 3, p. 772.（69）

Descartes Oeuvres philosophiques, t. 1, p. 603. (70) Descartes Oeuvres philosophiques, t. 2, p. 467. (71) *Ibid*., p. 408, 443, 444. (72) *Ibid*., p. 423ff. (73) Descartes Oeuvres philosophiques, t. 3, p. 776. (74) Descartes Oeuvres philosophiques, t. 2, p. 443. (75) *Ibid*., p. 469. (76) Descartes Oeuvres philosophiques, t. 1, p. 574. (77) *Ibid*., p. 90ff. (78) *Ibid*., p. 98. (79) Descartes Oeuvres philosophiques, t. 2, p. 480. (80) *Ibid*., p. 443. (81) Descartes Oeuvres philosophiques, t. 1, p. 568. (82) *Ibid*., p. 604f. (83) M. Heidegger, Holzwege, 1963, S. 80. [桑木務訳,『世界像の時代』, 1962] (84) Descartes Oeuvres philosophiques, t. 1, p. 610. (85) Descartes Oeuvres philosophiques, t. 3, p. 105. (86) Descartes Oeuvres philosophiques, t. 2, p. 453. (87) Descartes Oeuvres philosophiques, t. 3, p. 109. (88) Oeuvres Complètes de Blaise Pascal, t. 3, texte établi, présenté et annoté par J. Mesnard, 1991, p. 424. (89) M. Heidegger, Identität und Differenz, 1957, S. 45. [大江精志郎訳,『同一性と差異性』, 1960] (90) M. Heidegger, Holzwege, S. 69. (91) M. Heidegger, Nietzsche, Bd. II, 1961, S. 142. [細谷貞雄訳,『ニーチェ』, 1975/77; 薗田宗人訳,『ニーチェ』, 1976/77] (92) *Ibid*., S. 147. (93) *Ibid*., S. 150. (94) *Ibid*., S. 151. (95) *Ibid*. (96) *Ibid*., S. 164. (97) *Ibid*., S. 151f. (98) *Ibid*., S. 153. (99) *Ibid*., S. 155. (100) *Ibid*., S. 153. (101) *Ibid*., S. 154f. (102) *Ibid*., S. 158f. (103) *Ibid*., S. 160. (104) *Ibid*., S. 161. (105) Descartes Oeuvres philosophiques, t. 2, p. 564. (106) M. Heidegger, *op. cit*. (107) *Ibid*., S. 161f. (108) M. Heidegger, Die Frage nach dem Ding, S. 81. (109) M. Heidegger, Nietzsche, Bd. II, S. 155. (110) *Ibid*., S. 157. (111) *Ibid*., S. 295f. (112) *Ibid*., S. 155, 168. (113) *Ibid*., S. 162. (114) *Ibid*., S. 164f. (115) *Ibid*., S. 162. (116) *Ibid*., S. 141f.; Holzwege, S. 81. (117) M. Heidegger, Nietzsche, Bd. II, S. 141f.; Die Frage nach dem Ding, S. 81. (118) *Ibid*., S. 82f. (119) *Ibid*., S. 81f. (120) M. Heidegger, Nietzsche, Bd. II, S. 296f. (121) M. Heidegger, Der Satz vom Grund, 1965, S. 46, 54. [辻村公一訳,『根拠律』, 1962] (122) M. Heidegger, Holzwege, S. 81. (123) E. Husserl, Husserliana, Bd. V, 1952, S. 148. (124) M. Heidegger, Sein und Zeit, S. 65. (125) E. Husserl, Husserliana, Bd. VIII, 1959, S. 413. (126) M. M. Ponty, Phénoménologie de la perception, 1945, p. 169. [竹内芳郎／小木貞孝訳,『知覚の現象学』, 1967] (127) L. Landgrebe, Der Weg der Phänomenologie, 1967 [1963], S. 48. [山崎傭佑／甲斐博見／高橋正和訳,『現象学の道』, 1980] (128) E. Husserl, *op. cit*., S. 413, 426. (129) M. Heidegger, *op. cit*., S. 52ff. (130) *Ibid*., S. 365. (131) H. Hohl, Lebenswelt und Geschichte, 1962, S. 45. [深谷昭三／阿部未来訳,『生活世界と歴史』, 1983] (132) M. Heidegger, *op. cit*., S. 55. (133) *Ibid*., S. 53f. (134) *Ibid*., S. 203. (135) M. Heidegger, Vorträge und Aufsätze, Teil II, 3. Aufl., 1967, S. 52, 54. (136) M. Heidegger, Holzwege, S. 41f., 49, 319f., 323. (137) M. Heidegger, Sein und Zeit, S. 72. (138) M. Heidegger, Was ist Metaphysik?, S. 7. (139) M. Heidegger,Über den Humanisumus, 1968 [1949], S. 35. [桑木務訳,『ヒューマニズムについて』(角川文庫), 1958] (140) M. Heidegger, Was ist Metaphysik?, S. 14. (141) M. Heidegger,Über den Humanisumus, S. 13. (142) *Ibid*., S. 20. (143) M. Heidegger, Vorträge und Aufsätze, Teil III, S. 54. (144) M. Heidegger, Der Satz vom Grund, S. 121f. (145) M. Heidegger,Über den Humanisumus, S. 19f. (146) M. Heidegger, Holzwege, S. 8. (147) M. Heidegger, Sein und Zeit, S. 68f. (148) *Ibid*., S. 83ff. (149) *Ibid*., S. 71. (150) *Ibid*., S. 69. (151) M. Heidegger, Vorträge und Aufsätze, Teil II, S. 50. [森一朗／ハルトムート・ブフナー訳,『ブレーメン講演とフライブルク講演』(ハイデッガー全集79)] (152) M. Heidegger, Sein und Zeit, S. 69. (153) *Ibid*., S. 71. (154) *Ibid*., S. 65. (155) M. Heidegger, Holzwege, S. 82. (156) *Ibid*., S. 85. (157) *Ibid*., S. 83ff. (158) *Ibid*., S. 82. (159) Leonard da Vinci: Notebooks, p. 190. (160) M. Heidegger, *op. cit*. (161) M. Heidegger, Die Frage nach dem Ding, S. 75. (162) Descartes Oeuvres philosophiques, t. 1, p. 632ff. (163) The works of Francis Bacon, Vol. IV, 1962, p. 37. [桂寿一訳,『ノヴム・オルガヌム』(岩波文庫), 1978] (164) *Ibid*., Book I, Nr. 81. (165) *Ibid*., p. 35. (166) *Ibid*., Book I, Nr. 1. (167)

Ibid., Book I, Nr. 3.　(168) *Ibid.*, Book II, Nr. 1.　(169) *Ibid.*, Book I, Nr. 129.　(170) M. Heidegger: Zollikoner Seminare, S. 135f.　(171) *Ibid.*, S. 175.　(172) Nietzsche's Werke, Naumann Ausgabe, 2. Abtheilung, Bd. 13, 1903, S. 52.　(173) M. Heidegger, Nietzsche, Bd. II, S. 149.　(174) M. Heidegger, Gesamtausgabe, Bd. 50, S. 97.　(175) F. Nietzsche, Also sprach Zarathustra, Kröners Taschenausgabe, Bd. 75, S. 122. [高橋健二／秋山英夫訳,『こうツァラツストラは語った』(世界の大思想25), 1965]　(176) M. Heidegger, Holzwege, S. 225. [細谷貞雄訳,『ニーチェの言葉・「神は死せり」』, 1954]　(177) M. Heidegger: Zollikoner Seminare, S. 139.　(178) M. Heidegger, Nietzsche, Bd. I, S. 477ff.　(179) F. Nietzsche, Der Wille zur Macht, Nr. 693.　(180) F. Nietzsche, Jenseits von Gut und Böse, Kröners Taschenausgabe, Bd. 76, Nr. 186. [信太正三訳,『善悪の彼岸』(ニーチェ全集10), 1967]　(181) F. Nietzsche, Der Wille zur Macht, Nr. 1067.　(182) M. Heidegger, Vorträge und Aufsätze, Teil I, S. 81f. [関口浩訳,『技術への問い　マルティン・ハイデッガー』, 2009]　(183) F. Nietzsche, *op. cit.*, Nr. 675.　(184) M. Heidegger, Holzwege, S. 219.　(185) *Ibid.*　(186) F. Nietzsche, *op. cit.*, Nr. 1062.　(187) *Ibid.*, Nr. 1067.　(188) F. Nietzsche, Die Fröhliche Wissenshaft, Kröners Taschenausgabe, Bd. 74, Nr. 341. [信太正三訳,『悦ばしき知識』(ニーチェ全集8), 1962]　(189) F. Nietzsche, Also sprach Zarathustra, S. 172f.　(190) F. Nietzsche, Die Fröhliche Wissenshaft, Nr. 343.　(191) *Ibid.*, Nr. 125.　(192) F. Nietzsche, Der Wille zur Macht, Nr. 1.　(193) *Ibid.*　(194) *Ibid.*, Nr. 2.　(195) *Ibid.*, Nr. 7.　(196) *Ibid.*, Nr. 30.　(197) F. Nietzsche, Die Fröhliche Wissenshaft, Nr. 125.　(198) F. Nietzsche, Der Wille zur Macht, Nr. 28.　(199) *Ibid.*　(200) M. Heidegger, Nietzsche, Bd. II, S. 276.　(201) F. Nietzsche, *op. cit.*, Nr. 507.　(202) *Ibid.*, Nr. 51.　(203) *Ibid.*, Nr. 17.　(204) *Ibid.*　(205) *Ibid.*, Nr. 20.　(206) F. Nietzsche, Also sprach Zarathustra, S. 30.　(207) F. Nietzsche, Der Wille zur Macht, Nr. 30.　(208) *Ibid.*, S. 99.　(209) *Ibid.*, Nr. 606.　(210) F. Nietzsche, Ecce Homo, Kröners Taschenausgabe, Bd. 77., S. 359. [秋山英夫訳,『この人を見よ』(世界の大思想25), 1965]　(211) F. Nietzsche, Der Wille zur Macht, S. 99.　(212) *Ibid.*, Nr. 136.　(213) *Ibid.*, S. 99.　(214) *Ibid.*, Nr. 3.　(215) *Ibid.*, Nr. 12A.　(216) *Ibid.*, Nr. 14.　(217) *Ibid.*, Nr. 22.　(218) F. Nietzsche, Die Fröhliche Wissenshaft, Nr. 125.　(219) M. Heidegger, Holzwege, S. 238.　(220) Nietzsche's Werke, Naumann Ausgabe, 2. Abteilung, Bd. 13, 1903, S. 172.　(221) M. Heidegger, *op. cit.*, S. 219.　(222) F. Nietzsche, Der Wille zur Macht, Nr. 715.　(223) *Ibid.*, Nr. 636.　(224) *Ibid.*, Nr. 481, 590, 616.　(225) *Ibid.*, Nr. 608.　(226) M. Heidegger, Nietzsche, Bd. II, S. 281.　(227) F. Nietzsche, Also sprach Zarathustra, S. 84, 318.　(228) F. Nietzsche, Der Wille zur Macht, Nr. 962.　(229) *Ibid.*, Nr. 515.　(230) F. Nietzsche, Die Fröhliche Wissenshaft, Nr. 109.　(231) M. Foucault, Dits et écrits, t. 1, 1954–1975, 2001 [1994], p. 1414. [『ミシェル・フーコー思考集成V』, 2005]　(232) *Ibid.*, p. 1419.　(233) Nietzsche's Werke, Naumann Ausgabe, 2. Abteilung, Bd. 12, 1901, S. 207.　(234) M. Heidegger, Vorträge und Aufsätze, Teil I, S. 82.　(235) M. Heidegger, Holzwege, S. 87.　(236) *Ibid.*, S. 86f.　(237) Nitzsche's Werke, Kröner Ausgabe, 2. Abteilung, Bd. 16, 1911, S. 417. この言は，クレーナー版 "Der Wille zur Macht" Nr. 905 にほぼそのままの形で収められている．　(238) M. Heidegger, Nietzsche, Bd. II, S. 184.　(239) *Ibid.*, S. 62.　(240) M. Heidegger, Holzwege, S. 265. [手塚富雄／高橋英夫訳,『乏しき時代の詩人』, 1958]　(241) M. Heidegger, Nietzsche, Bd. II, S. 300f.　(242) M. Heidegger, Holzwege, S. 270.　(243) M. Heidegger, Vorträge und Aufsätze, Teil I, S. 66.　(244) M. Heidegger, Nietzsche, Bd. II, S. 301.　(245) *Ibid.*　(246) M. Heidegger, Holzwege, S. 266.　(247) *Ibid.*　(248) *Ibid.*, S. 87.　(249) M. Heidegger, Nietzsche, Bd. II, S. 300.　(250) *Ibid.*　(251) *Ibid.*, S. 303.　(252) *Ibid.*, S. 62.　(253) M. Heidegger, Holzwege, S. 237.　(254) *Ibid.*, S. 236.　(255) M. Heidegger, Vorträge und Aufsätze, Teil I, S. 72.　(256) L. White Jr., Machine ex deo, p. 84.　(257) N. Berdyaev, The meaning of history, Trnslated by G. Reavey, 2009 [1936], p. 115f. [氷

上英広訳,『歴史の意味』, 1998］（258）*Ibid*., p. 85.（259）*Ibid*., p. 86.（260）*Ibid*., p. 85f.（261）*Ibid*., p. 86.（262）*Ibid*., p. 93.（263）L. White, Jr., Medieval technology and social change, p. 56f.（264）山本義隆,『古典力学の形成』, 1997, p. 361.（265）M. Heidegger, Gesamtausgabe, Bd. 65, 2003［1994］, S. 108f.［大橋良介他訳,『哲学への寄与論稿』（ハイデッガー全集65）, 2005］（266）J. Burckhardt, Die Kultur der Renaissance in Italien, S. 83.（267）下村寅太郎,『精神史の中の芸術家』, 1981, p. 134f.（268）Leonard da Vinci: Notebooks, p. 10.（269）杉浦明平,『レオナルド・ダ・ヴィンチの手記（下）』（岩波文庫）, p. 353.（あとがき）（270）B. Gille, Les ingénieurs de la Renaissance, 1964, chapitre 8.［山田慶兒訳,『ルネサンスの工学者たち』, 2005］（271）T. S. Ashton, The industrial revolution. 1760–1830, 1948, p. 67ff.［中川敬一郎訳,『産業革命』, 1953］（272）E. Ashby, Technology and the academics, 1958, p. 54ff.［島田雄次郎訳,『科学革命と大学』, 1977］（273）F. Anzelewsky, Dürer: Werk und Wirkung, S. 255.（274）H. Böhme, Albrecht Dürer: Melencolia I. Im Labyrinth der Deutung.（275）R. Klibansky/E. Panofsky/F. Saxl, Saturn und Melancholie, S. 406ff.（276）*Ibid*., S. 447.（277）E. Panofsky, The life and art of Albrecht Dürer, p. 162.（278）戸塚七郎訳,『アリストテレス全集11問題集』, 1968, p. 413f.（279）E. Panofsky, *op. cit*., p. 167.（280）H. Böhme, *op. cit*., S. 72.（281）Ibid., S. 68f., 72.（282）R. Klibansky/E. Panofsky/F. Saxl, *op. cit*., S. 406.; H. Böhme, *op. cit*., S. 12, 22f.（283）R. Klibansky/E. Panofsky/F. Saxl, *op. cit*.（284）パノフスキー等は，ネッテスハイムのアグリッパの『オカルト哲学について』が『メレンコリアI』の「主要な典拠」であったとし（S. 492f.），アグリッパがこの書の中で展開している，サトゥルヌスの影響下に生まれたメランコリーの霊感が作用する三段階,「想像力」,「理性」,「叡智」（S. 504.）に対応して，デューラーは,「『メレンコリアI』を『想像的メランコリア（［芸術家のメランコリア］)』ととらえ,『メレンコリアII』（「理性的メランコリア」）から『メレンコリアIII』（「叡智的メランコリア」）へと上昇する最初の段階として表現している」とする.（S. 492.）（285）M. Heidegger, Einfuhrung in die Metaphysik, S. 34.（286）M. Heidegger, Das Rektorat 1933/34, 1983, S. 24f.（287）M. Heidegger, Einführung in die Metaphysik, S. 152.（288）M. Heidegger, Nietzsche, Bd. II, S. 165.（289）F. Nietzsche, Der Wille zur Macht, Nr. 866.（290）M. Heidegger, Holzwege, S. 87.（291）M. Heidegger, Gesamtausgabe, Bd. 65, S. 442.（292）F. Nietzsche, *op. cit*.（293）M. Heidegger, Nietzsche, Bd. I, S. 526.（294）F. Nietzsche, *op. cit*., Nr. 684.（295）F. Nietzsche, Ecce Homo, S. 338.（296）M. Heidegger, *op. cit*., S. 517ff.（297）F. Nietzsche, Der Wille zur Macht, Nr. 863.（298）*Ibid*., Nr. 979.（299）*Ibid*., Nr. 980.（300）Nietzsche's Werke, Kröner Ausgabe, 2. Abteilung, Bd. 16, S. 420.（301）F. Nietzsche, Der Wille zur Macht, Nr. 866.（302）*Ibid*., Nr. 895.（303）*Ibid*., Nr. 866.（304）*Ibid*., Nr. 903.（305）M. Heidegger, Gesamtausgabe, Bd. 66, S. 174.（306）M. Heidegger, Nietzsche, Bd. II, S. 309.（307）M. Heidegger, Vorträge und Aufsätze, Teil I, S. 89.（308）F. Nietzsche, *op. cit*., Nr. 888.（309）*Ibid*., Nr. 733.（310）*Ibid*., Nr. 734.（311）Nietzsche Werke（G. Colli/M. Montinari（Hg.)), 8. Abteilung, Bd. 3, 1972, S. 452.［氷上英廣訳,『ニーチェ全集II–12』, 白水社, 1985］（312）F. Nietzsche, *op. cit*., Nr. 734.（313）Nietzsche Werke, 5. Abteilung, Bd. 2, 1973, S. 445.［三島憲一訳,『ニーチェ全集I–12』, 白水社, 1981］（314）Nietzsche Werke, 8. Abteilung, Bd. 3, S. 451.（315）Nietzsche Werke, 5. Abteilung, Bd. 2, S. 446.（316）F. Nietzsche, *op. cit*., Nr. 898.（317）*Ibid*., Nr. 862.（318）M. Heidegger, Holzwege, S. 271.（319）M. Heidegger, Vorträge und Aufsätze, Teil I, S. 85.（320）*Ibid*., S. 85f.（321）*Ibid*., S. 85f., 88.（322）M. Heidegger, Gesamtausgabe, Bd. 50, S. 115ff.（323）M. Foucault, Surveiller et punir, 1975, p. 32.［田村俶,『監獄の誕生』, 1977］（324）M. Heidegger, *op. cit*., S. 89.（325）M. Heidegger, Gesamtausgabe, Bd. 45, S. 179.（326）M. Heidegger, Holzwege, S. 267.（327）M. Heidegger, Gesamtausgabe, Bd. 69, S. 44.（328）M. Heidegger, Nietzsche, Bd. II, S. 333.（329）M. Heidegger, Gesamtausgabe, Bd. 79, S. 24ff.［森一郎／ハルト

ムート・ブフナー訳,『ブレーメン講演とフライブルク講演』(ハイデッガー全集79)〕 (330) M. Heidegger, Vorträge und Aufsätze, Teil I, S. 16. (331) M. Heidegger, Gesamtausgabe, Bd. 79, S. 26. (332) *Ibid.*, S. 44. (333) F. Nietzsche, *op. cit.*, Nr. 866. ニーチェが法律や規則を必要としない国家を念頭に置き，また，理想としていたことは,「或る古代のシナ人がいった，国家が没落に瀕するとき，そこには多くの法律が存在するということを聞いたことがある，と」(Nr. 745),「普通選挙の，いいかえれば，もっとも低劣な本性の持ち主どもがそれを恃んでおのれを法律として高級な本性の持ち主たちに押しつける組織の絶滅」(Nr. 862) の言からもうかがえるところである. (334) M. Heidegger, Vorträge und Aufsätze, Teil I, S. 87. (335) M. Heidegger, Holzwege, S. 267. (336) M. Heidegger, Distanz und Nähe: Reflexionen und Analysen zur Kunst der Gegenwart. (Petra Jäger/Rudolf Lüthe (Hg.)), 1983, S. 17. (337) M. Heidegger, Der Satz vom Grund, S. 65f. (338) M. Heidegger, Vorträge und Aufsätze, Teil I, S. 53. (339) M. Heidegger, Holzwege, S. 268. (340) M. Heidegger, Vorträge und Aufsätze, Teil I, S. 19. “Gestell” は，辞書的には，台，足場，骨組等の意味をもつ．しかし，この語にハイフンを入れた標記 (Ge-stell) からも想像されるとおり，ハイデガーが，自身語るように,「あえてこの語をこれまでまったく慣用されていない意義で用いている」(*Ibid.*) ことはいうまでもない．Gebirge が山々の集まりを表現するように，Ge-stell もまた “stellen” の集まりをあらわしている．「Ge-stell とは，現に在るものを徴用し–用立てる (Bestellen) という仕方で用象として開示するよう，人間を徴用し–用立てる，あの用立てること (Stellen) の取り集めを意味する.」(*Ibid.*, S. 20.) たとえば，原子力発電にかかわる人間・事物・科学・技術・国家・マスメディア等の徴用・用立ての連鎖が Ge-stell である．ただし，徴用し–用立てることの目的が人間を表象–制作へと動員することにあるが故に，stellen には，be-*stellen* の他に vor-*stellen*, her-*stellen* も含まれることを確認しておこう．辻村公一／ハルトムート・ブフナーは，“Ge-stell” は「第二次世界戦争中の『召集』(Gestellung) 乃至『召集令』(Gestellungsbefehl) から思いついたのであろう」とする (『ハイデッガー全集9』訳語解説) が，たしかに,「召集」は文字通り国民全体を世界支配のために徴用し–用立てる出来事として Ge-stell の典型例であったといってよい．Ge-stell を日本語に置き換えることはほとんど不可能であり，いまだ，この語の定訳といえるものはない．たとえば,「集–立」(関口浩,『技術への問い』, p. 31.；辻村公一／ハルトムート・ブフナー,『ハイデッガー全集9』訳語解説),「総かり立て体制」(森一郎／ハルトムート・ブフナー,『ハイデッガー全集79』, p. 24.),「立て集め」(茅野良男,『ハイデッガー』(人類の知的遺産75), p. 93.),「仕組み」(大江精志郎,『同一性と差異性』, p. 23.),「組立」(辻村公一／ハルトムート・ブフナー,『根拠律』訳注 p. 282.),「巨大–収奪機構」(渡辺二郎,『ヒューマニズムについて』訳注 p. 289.),「Ge-stell (ゲシュテル)」(渡辺二郎,『ハイデガーの存在思想』, p. 267.),「ゲ・シュテル」(轟孝夫,『ハイデガーの技術論』, p. 79.) があるが，意味的には，中田光雄の「地球規模–巨大統制装置」(『哲学とナショナリズム』, 2014, p. 240.) がもっとも近いかもしれない. (341) M. Heidegger, Gesamtausgabe, Bd. 79, S. 33. (342) M. Heidegger, Vorträge und Aufsätze, Teil I, S. 17ff. (343) M. Heidegger, Gesamtausgabe, Bd. 79, S. 68. (344) 田中三彦,『原発はなぜ危険か 元設計技師の証言』(岩波新書), 1990, p. 192. (345) H. Arendt, Eichmann in Jerusalem, Neuausgabe 1986, 9. Aufl., 1995, S. 48ff.〔大久保和郎訳,『イェルサレムのアイヒマン』, 1969〕 (346) *Ibid.*, S. 326. 裁判が被告人とすべきは，一個の人間ではなく,「機械装置」そのものではなかったか．防弾ガラス張りの被告人席に座るアイヒマンは，彼を徴用し–用立てた機械装置の影でしかなかったのではないか．今にして思えば，裁判官たちをはじめ誰もがそのことに思い至らなかったことが，裁きを行う者，裁かれる者，傍聴する者たちすべてを覆った奇妙な違和感の原因であったと思われる．アーレントは,「アイヒマン裁判が提出した中心的問題は，疑いもなく，責任意識の〔存否の〕問題であり，それは，近代の法体系が不法の意識を犯罪行為の本質と見る立場に立つ以上，当然のことであった」(S. 327.) とする．しかし，彼女の見るところ，法廷が「悪を行う意図」を立証できなかったことにより，結局，彼を有罪とする根拠は，近代法が野蛮とみなし拒否した命題に求める

しかなかったとして，彼女はヨサル・ロガトの言を引用する．即ち，「大きな犯罪は力ずくで自然をねじ伏せ，そのため大地自らが報復を叫ぶ．悪は自然の調和を乱し，その回復は罪の購いによってのみ可能である．不正を蒙った集団が罪ある者を罰することは，道徳的秩序に対する義務である．」(S. 327.) こう指摘することにより，アーレントは，裁判の不合理性を明らかにすると同時に，彼女もまた，裁かれている者がアイヒマンであるという呪縛から自由ではないことを自ら暴露する．しかし，本来，被告人席に座るべき者があったとすれば，それは，生身の人間ではなく，機械装置以外にはなかったのではないか．特務部隊Ｄ隊隊長であったオーレンドルフは，ニュルンベルクの法廷で，「私は，大きな機械装置の下部を支える一つの歯車にすぎなかったのです」との言葉を残している．(R. Manvell, SS and Gestapo, 1969, p. 93.［渡辺修訳，『ゲシュタポ』，1984］) もっとも，機械装置というものが「悪を行う意図」を持ち得るはずのものではない以上，また，それが「道徳的秩序」と無関係であった以上，端から裁判は成り立ち得ないものであったというしかない．イェルサレムのアイヒマンは，結局は，弁護人が言うように，「スケープゴート」でしかなかったということだ．もっとも，弁護人がその正体を承知していたわけではなかったであろうが．アーレントは，法廷でのアイヒマンの最後の言葉を紹介している．「正義にかけた自分の期待は裏切られた．自分は常に真実を語ることを心がけたのに，法廷は自分を信じなかった．法廷は自分を理解しなかった．……私は，あなたがたが私をそう仕立て上げたいと願っているような，人非人などではありません．私は或る誤った推論の犠牲者なのです．……私が今ハッキリと確信していることは，私は，この法廷において，他人が行ったことのために，その者の身代わりに，罰せられねばならないという，このことです．」(S. 294.) たしかに，アイヒマンは，自分が「スケープゴート」であること，「他人が行ったことのために，その者の身代わりに」罰せられることをよく承知していた．しかし，その彼もまた，その「他者」が誰であるか，その者の正体が何であるかを理解することのないまま，「従容として絞首台に上った」(S. 299.) のである．　**(347)** M. Heidegger, Gesamtausgabe, Bd. 65, S. 495.　**(348)** M. Heidegger, Holzwege, S. 271.　**(349)** H. Arendt, *op. cit.*, S. 16.　**(350)** M. Heidegger, *op. cit.*, S. 98.　**(351)** N. Berdyaev, *op. cit.*, p. 152, 155f.

第五章　主体性の形而上学と近代国家

(1) 三戸壽，『法哲学講座②』，1956, p. 190ff.; P. Vinogradoff, Roman law in mediaeval europe, 1968［1929］, chapter 1.［矢田一男／小堀憲助／真田芳憲訳，『中世ヨーロッパにおけるローマ法』，1967］　**(2)** 田中周友，『法哲学講座②』，p. 111.　**(3)** *Ibid.*, p. 105ff.；ヴィノグラドフ，『中世ヨーロッパにおけるローマ法』, 第一章訳注 (19)　**(4)** 船田亨二，『ローマ法第一巻』(改版), 1968, p. 452.　**(5)** P. Vinogradoff, *op. cit.*, p. 55.　**(6)** M. Bloch, La société féodale, p. 114.　**(7)** 林　毅，『西洋法史学の諸問題』，1978, p. 103f.　**(8)** P. Vinogradoff, *op. cit.*, p. 143f.　**(9)** H. Planitz, Deutsches Privatrecht, 1948, S. 67.　**(10)** 林毅，『西洋中世自治都市と都市法』，1991, p. 165ff, 206ff., 291ff.　**(11)** F. Wieacker, Privatrechtsgeschichte der Neuzeit unter besonderer Berücksichtigung der deutschen Entwicklung, 1952, S. 38, 42.［鈴木禄弥訳，『近世私法史』，1961］　**(12)** R. v. Jhering, Der Geist des römischen Rechts auf den verschiedenen Stufen seiner Entwicklung, Erster Teil, 7. und 8. Aufl., 1924, S. 1.［原田慶吉監訳，『ローマ法の精神』，1950］　**(13)** A. P. d'Entreves, Natural law, 2. edition, 1972［1970］, p. 23f.［久保正幡訳，『自然法』，1952］　**(14)** *Ibid.*, p. 29ff.　**(15)** *Ibid.*, p. 33.　**(16)** 世良晃志郎，『法哲学講座②』，p. 151.　**(17)** 以下，封建社会における法と国制に関する記述は，F. Kern, Recht und Verfassung im Mittelalter, 1981［1952］(世良晃志郎訳，『中世の法と国制』，1968)，及び，世良晃志郎，『西洋中世法の性格』(法学 16 巻 1–3 号)；同，『法哲学講座②』p. 115ff. による．なお，ケルン説に対しては，K. クレーシェルと G. ケープラーによってこれを否定する見解が主張されているが，彼らに対する世良の批判につき，『「良き古き法」と中世的法観念』(『法理学の諸問題』(1976) 所収) p. 206ff. 参照.　**(18)** M. Bloch, *op.*

cit., p. 165ff. (19) 世良晃志郎,『法哲学講座②』, p. 119ff. (20) F. Kern, *op. cit.*, S. 39ff. (21) 久保正幡／石川武／直居淳訳,『ザクセンシュピーゲル・ラント法』, 1977, p. 300. (22) *Ibid.*, p. 334. (23) F. Kern, *op. cit.*, S. 16. (24) *Ibid.*, S. 18. (25) 船田亨二,『法哲学講座②』, p. 60ff. (26) H. Pirenne, Medieval cities, p. 190ff. ピレンヌは，一一二七年にフランドル伯から「日々その慣習法を改める」権能を与えられたブリュージュの市民の例を紹介している. (27) 林毅,『西洋法史学の諸問題』, p. 125ff., 137ff. (28) 世良晃志郎, 法学（東北大学）16 巻 1 号 , p. 53f. (29) M. Bloch, *op. cit.*, p. 171. (30) 世良晃志郎 , *op. cit.*, p. 128f. (31) M. Bloch, *op. cit.*, p. 171f. (32) 林毅 , *op. cit.*, p. 138. (33) M. Bloch, *op. cit.*, p. 581ff. (34) 船田亨二,『法律思想史』, 1947, p. 251f. (35) 世良晃志郎 , *op. cit.*, p. 151. (36) L. Weinrich (Hg.), Quellen zur deutschen Verfassungs-, Wirtschafts-und Sozialgeschichte bis 1250, 1977, Nr. 64. (37) M. Bloch, *op. cit.*, p. 578. (38) L. Weinrich (Hg.), *op. cit.*, Nr. 44. (39) *Ibid.*, Nr. 65. (40) *Ibid.*, Nr. 57. (41) *Ibid.*, Nr. 73. (42) *Ibid.*, Nr. 77. (43) H. Mitteis/H. Lieberich, Deutsche Rechtsgeschichte, 19. Aufl., 1992, S. 230.［世良晃志郎訳,『ドイツ法制史概説』, 1971］ (44) L. Weinrich (Hg.), *op. cit.*, Nr. 119. (45) H. Mitteis/H. Lieberich, *op. cit.*, S. 229. (46) L. Weinrich (Hg.), *op. cit.*, Nr. 113. (47) 塙浩訳,『ボマノワール「ボヴェジの慣習法書」』, 1992 , p. 591. (48) 世良晃志郎,『法哲学講座 ②』, p. 155. (49) 林　毅 , *op. cit.*, p. 84ff, 99. (50) A. P. d'Entreves, *op. cit.*, p. 37. (51) J. Bodin,Über den Staat. Auswahl,Übersetzung und Nachwort von G. Niedhart, 1976, S. 20, 22, 26. (52) F. Wieacker, *op. cit.*, S. 45. (53) J. Bodin, *op. cit.*, S. 19. (54) *Ibid.*, S. 24f. (55) *Ibid.*, S. 19. (56) T. Hobbes, Leviathan, or, the matter, forme and power of a commonwealth, ecclesiasticall and civil, edited with an introduction by M. Oakeshott, 1946, p. 112.［水田洋／田中浩訳,『ホッブズ リヴァイアサン（国家論）』(世界の大思想 9), 1974］ (57) J. Burckhardt, Die Kultur der Renaissance in Italien, S. 18. (58) *Ibid.* (59) 世良晃志郎, 法学 16 巻 3 号 , p. 73. (60) A. P. d'Entrèves, The notion of the state, 1967, p. 89.［石上良平訳,『国家とは何か』, 1972］ (61) J. Burckhardt, *op. cit.*, S. 19. (62) *Ibid.*, S. 92f. (63) *Ibid.*, S. 18.「技術の所産としての国家」の原語は “Der Staat als Kunstwerk” である．従来「芸術作品としての国家」と訳されてきたが，これが誤訳であることは下村がつとに指摘するところであり（下村寅太郎,『ブルクハルト研究』(下村寅太郎著作集 9), 1994, p. 223.)，最近では，西本がこれを「(政治的）技術の所産としての国家」と訳すべきとする.「『クーンスト』は，ふつう『芸術』と訳される単語であるが，それ以外にもギリシャ語の『テクネー』に当たる『技術』という意味があり，……ブルクハルトはここで『クーンスト』をまさに『技術』の意味で用いている.」(『ルネッサンス史』, p. 1f.) (64) Entscheidungen des Reichsgerichts in Zivilsachen, Bd. 1, 1880, S. 252. (65) 山田晟,『法哲学講座③』, 1956, p. 173, 177. (66) F. C. von Savigny, Vom Beruf unserer Zeit für Gesetzgebung und Rechtswissenschaft, 3. Auf., 1840, S. 29. (67) E. Ehrlich, Grundlagender Soziologie des Rechts, 1967［1913］, S. 264.［川上倫逸訳,『法社会学の基礎理論』, 1984］ (68) *Ibid.*, S. 263. (69) Montesquieu, De l'esprit des lois, t. 1, 192?, II-11-6.［野田良之他訳,『法の精神』(岩波文庫), 1989］ (70) 野田良之,『法哲学講座③』, p. 216. (71) L. Liard, L'enseignement supérieur en France, t. 2, 1894, p. 397. (72) B. Windscheid, Lehrbuch des Pandektenrechts, Bd. 1, 9. Aufl., 1906, S. 111. (73) F. Somló, Juristische Grundlehre, 2. Aufl., 1973［1929］, S. 308. (74) K. Bergbohm, Jurisprudenz und Rechtsphilosophie, Bd. 1, 1973［1892］, S. 144. (75) F. Borkenau, Der Übergang vom feudalen zum bürgerlichen Weltbild, 1934, S. 152.［水田洋他訳,『封建的世界像から市民的世界像へ』, 1965］ (76) C. Beccaria, On crimes and punishments, Translated by D. Young, 1986, p. 18.［小谷眞男訳,『犯罪と刑罰』, 2011］ (77) M. Foucault, Dits et écrits, t. 2, p. 1009. (78) Goethes Werke, I. Abt., Bd. 42, (II. Abt.), Weimarer Ausgabe, 1907, S. 215. (79) M. Foucault, *op. cit.*, p. 198f.［『ミシェル・フーコー思考集成 VI』, 2000］ (80) M. Foucault, Histoire de la sexualité, t. 1, p. 177ff. (81) M. Foucault, Sécurité, territoire, population, 2004, p. 169.［高桑和己訳,『安

全・領土・人口』, 2007〕 (82) M. Foucault, Les anormaux, 1999, p. 80.〔慎改康之訳,『異常者たち』, 2002〕 (83) M. Foucault, Sécurité, territoire, population, p. 169. (84) M. Foucault, *op. cit.*, p. 113. (85) *Ibid.* (86) M. Foucault, Dits et écrits, t. 2, p. 629f. (87) *Ibid.*, p. 944. (88) M. Foucault, Securite, territoire, population, p. 124ff. (89) M. Foucault, Dits et écrits, t. 2, p. 944. (90) 高桑和己訳,『安全・領土・人口』, p. 142, 訳注 7. (91) M. Foucault, Sécurité, territoire, population, p. 126. (92) M. Foucault, Il faut défender la société, 1997, p. 216.〔石田英敬／小野正嗣訳,『社会は防衛しなければならない』, 2007〕 (93) M. Foucault, Histoire de la sexualité, t. 1, p. 188. (94) M. Foucault, Dits et écrits, t. 1, p. 1463.; t. 2, p. 75, 373f. (95) M. Foucault, Histoire de la sexualité, t. 1, p. 182. (96) M. Foucault, Le pouvoir psychiatrique, 2003, p. 42.〔慎改康之訳,『精神医学の権力』, 2006〕 (97) M. Foucault, Histoire de la sexualité, t. 1, p. 178f. (98) *Ibid.*, p. 179. (99) *Ibid.*, p. 180. (100) *Ibid.*, p. 179. (101) M. Foucault, Il faut défender la société, p. 220. (102) M. Foucault, Les anormaux, p. 48. (103) M. Foucault, Dits et écrits, t. 2, p. 201. (104) *Ibid.*, p. 149. (105) M. Foucault, Les anormaux, p. 48. (106) M. Foucault, Histoire de la sexualité, t. 1, p. 189. (107) M. Foucault, Les anormaux, p. 24. (108) *Ibid.*, p. 48. (109) M. Foucault, Histoire de la sexualité, t. 1, p. 190. (110) M. Foucault, Histoire de la folie a l'age classique, 1961, préface〔田村俶訳,『狂気の歴史』, 1975〕 (111) M. Foucault, Histoire de la folie a l'age classique, 1972, p. 15ff. (112) *Ibid.*, p. 19ff. (113) *Ibid.*, p. 21. (114) *Ibid.*, p. 21ff. (115) *Ibid.*, p. 26ff. (116) *Ibid.*, p. 30ff. (117) *Ibid.*, p. 36ff. (118) *Ibid.*, p. 41f. (119) *Ibid.*, p. 54f. (120) *Ibid.*, p. 55. (121) *Ibid.*, p. 56. (122) *Ibid.*, p. 67f. (123) *Ibid.*, p. 69f. (124) *Ibid.*, p. 67. (125) J. Derrida, L'écriture et la difference, 1967, p. 53.〔若桑毅他訳,『エクリチュールと差異』, 1977〕 (126) *Ibid.*, p. 74. (127) *Ibid.* (128) Descartes Oeuvres philosophiques, t. 2, p. 405f. (129) J. Derrida, *op. cit.*, p. 77. (130) M. Foucault, *op. cit.*, p. 71. (131) J. Howard, The state of the prisons, 1929〔1777〕, p. 5.〔川北稔／森本真美訳,『監獄事情』(岩波文庫), 1994〕 (132) 乳原孝,『エリザベス朝時代の犯罪者たち』, 1998, p. 195f. (133) 田代不二男,『英国の救貧制度』, 1958, p. 36ff. (134) 乳原 , *op. cit.*, p. 149. (135) *Ibid.*, p. 149f. (136) *Ibid.*, p. 1. (137) *Ibid.*, p. 150f. (138) *Ibid.*, p. 150ff. (139) *Ibid.*, p. 236. (140) *Ibid.*, p. 169. (141) *Ibid.*, p. 199, 226, 240f. (142) M. Foucault, *op. cit.*, p. 668. (143) *Ibid.*, p. 79, 92f. (144) *Ibid.*, p. 74. (145) *Ibid.*, p. 77f. (146) *Ibid.*, p. 91. (147) *Ibid.*, p. 73. (148) *Ibid.*, p. 670. (149) *Ibid.*, p. 103f. (150) M. Foucault, Les anormaux, p. 44. (151) M. Foucault, Sécurité, territoire, population, p. 11f. (152) M. Foucault, Histoire de la folie a l'age classique, p. 73. (153) *Ibid.*, p. 80. (154) *Ibid.*, p. 86. (155) *Ibid.*, p. 84. (156) *Ibid.*, p. 113ff. (157) *Ibid.*, p. 84. (158) *Ibid.*, p. 95. (159) *Ibid.*, p. 107. (160) J. Howard, *op. cit.*, p. 66ff. (161) M. Foucault, *op. cit.*, p. 671. (162) *Ibid.*, p. 74. (163) *Ibid.*, p. 95. (164) *Ibid.*, p. 99. (165) J. Esquirol, Des maladies mentales considérées sous les rapports médical, hygiénique et médico-légal, t. 2, 1838, p. 412. (166) M. Foucault, *op. cit.*, p. 102. (167) *Ibid.*, p. 498. (168) *Ibid.*, p. 496. (169) *Ibid.*, p. 481. (170) *Ibid.* (171) *Ibid.*, p. 678. (172) *Ibid.*, p. 481f. (173) *Ibid.*, p. 524. (174) *Ibid.*, p. 483. (175) *Ibid.*, p. 501. (176) *Ibid.*, p. 526. (177) *Ibid.*, p. 527f. (178) *Ibid.*, p. 529. (179) 濱中淑彦,『記述的精神病理学の黎明』, 2010, p. 118ff. (180) M. Foucault, *op. cit.*, p. 581. (181) *Ibid.*, p. 530. (182) *Ibid.*, p. 583. (183) G. Zilboorg, A history of medicial psychology, 1941, p. 312.〔神谷美恵子訳,『医学的心理学史』, 1958〕 (184) *Ibid.*, p. 316. (185) *Ibid.*, p. 321. (186) *Ibid.*, p. 323f. (187) M. Foucault, *op. cit.*, p. 582f. (188) G. Zilboorg, *op. cit.*, p. 254ff. (189) *Ibid.*, p. 261. (190) M. Foucault, *op. cit.*, p. 601. (191) *Ibid.*, p. 614. (192) *Ibid.*, p. 593f. (193) *Ibid.*, p. 604ff. (194) J. Hochmann, Histoire de la psychiatrie, 3. édition, 2013, p. 11f.〔阿部恵一郎訳,『精神医学の歴史〔新版〕』, 2007〕 (195) M. Foucault, *op. cit.*, p. 99. (196) *Ibid.*, p. 502. (197) M. Foucault, Surveiller et punir, p. 9f. (198) *Ibid.*, p.

41ff. (199) *Ibid.*, p. 51ff. (200) *Ibid.*, p. 15. (201) E. H. Sutherland/D. R. Cressey, Principles of criminology, 6. Edition, 1960, p. 284. ［平野龍一／所一彦訳，『犯罪の対策〈犯罪学原論 II〉』，1962］ (202) M. Foucault, *op. cit.*, p. 17. (203) C. Beccaria, *op. cit.*, p. 9. (204) *Ibid.*, p. 14ff. (205) *Ibid.*, p. 8. (206) *Ibid.*, p. 8f. (207) *Ibid.*, p. 10. (208) *Ibid.*, p. 48ff. (209) *Ibid.*, p. 47. (210) *Ibid.*, p. 23. (211) *Ibid.*, p. 37. (212) *Ibid.*, p. 41f. (213) *Ibid.*, p. 39f. (214) *Ibid.*, p. 37. (215) *Ibid.*, p. 36. (216) *Ibid.*, p. 29, 49. (217) *Ibid.*, p. 36, 53 (218) Archives parlementaires, premiere serie, t. 26, p. 321f. (219) Montesquieu, De l'esprit des lois, t. 1, II–12–4. (220) C. Beccaria, *op. cit.*, p. 36. (221) 中村義孝訳，『ルイ十四世 1670 年刑事王令』，立命館法学 263 号，p. 257ff.; 鈴木教司編訳，『フランス刑事諸王令』，2008, p. 86ff. (222) M. Foucault, *op. cit.*, p. 139. (223) P. Deyon, Le temps des prisons, 1975, p. 31. ［福井憲彦訳，『監獄の時代』，1982］ (224) *Ibid.* (225) C. Beccaria, *op. cit.*, p. 33. (226) *Ibid.*, p. 50. (227) Archives parlementaires, premiere serie, t. 26, p. 322f. (228) J. Howard, *op. cit.*, p. 10. (229) *Ibid.*, p. 8. (230) *Ibid.*, p. 1. (231) *Ibid.*, p. 8. (232) C. Beccaria, *op. cit.*, p. 36. (233) M. Foucault, *op. cit.*, p. 140. (234) *Ibid.*, p. 141. (235) *Ibid.*, p. 135. (236) Archives parlementaires, premiere serie, t. 26, p. 332f. (237) *Ibid.*, p. 618. (238) 内田博文／中村義孝，立命館法学 96 号，p. 44ff. (239) P. Deyon, *op. cit.*, p. 101ff. (240) 中村義孝編訳，『ナポレオン刑事法典史料集成』，2006, p. 147ff. (241) P. Deyon, *op. cit.*, p. 103, 120f. (242) M. Foucault, *op. cit.*, p. 138. (243) *Ibid.* (244) *Ibid.*, p. 141. (245) 小野坂弘，法政理論（新潟大学）1 巻 2 号，p. 68. (246) M. Foucault, *op. cit.*, p. 142. (247) 塙浩，『フランス・ドイツ刑事法史』，1992, p. 138. (248) E. Seelig, Lehrbuch der Kriminologie, 2. Aufl., 1951, S. 291. ［植村秀三訳，『犯罪学』，1962］ (249) R. v. Hippel, Zeitschrift für die gesamte Strafrechtswissenshaft, Bd. 18, S. 439f. (250) 瀧川幸辰，『刑法史の断層面』，1963, p. 109f. (251) M. Foucault, *op. cit.*, p. 142f. (252) R. v. Hippel, *op. cit.*, S. 440f; T. Sellin, Pioneering in penology, 1944, p. 25ff., 30. (253) F. v. Liszt/E. Schmidt, Lehrbuch des deutschen Srrafrechts, 24. Aufl., 1922, S. 256. (254) R. v. Hippel, *op. cit.*, S. 470. (255) R. v. Hippel, Deutsches Strafrecht, Bd. 1, 1925, S. 247f. (256) E. Schmidt, Einfuhrung in die Geschichte der deutschen Strafrechtspflege, 3. Aufl., 1965, S. 192. (257) 瀧川幸辰，*op. cit.*, p. 122. (258) F. v. Liszt/E. Schmidt, *op. cit.* (259) E. Schmidt, *op. cit.*, S. 193. (260) J. Howard, *op. cit.*, p. 116. (261) M. Foucault, *op. cit.*, p. 144. (262) J. Howard, *op. cit.*, p. 114f. (263) *Ibid.*, p. 115ff. (264) M. Foucault, *op. cit.*, p. 144f. (265) *Ibid.*, p. 146. (266) R. J. Turnbull, A visit to the Philadelphia prison, 1796, p. 26ff. (267) E. Seelig, *op. cit.*, S. 292. (268) M. Foucault, *op. cit.*, p. 148f. (269) 塙浩，*op. cit.*, p. 142. (270) E. Seelig, *op. cit.* (271) R. v. Hippel, Zeitschrift für die gesamte Strafrechtswissenshaft, Bd. 18, S. 650f. (272) M. Foucault, *op. cit.*, p. 160. (273) *Ibid.*, p. 177f. (274) E. Friedell, Kulturgeschichte der Neuzeit, 2. Aufl., S. 506. (275) M. Foucault, *op. cit.*, p. 160. (276) M. Foucault, Histoire de la sexualité, t. 1, p. 183. (277) M. Foucault, Surveiller et punir, p. 162. (278) *Ibid.* (279) 高木太郎，『義務教育制度の研究』，1968, p. 60ff.; 梅根悟監修，『世界教育史大系 28』，1977, p. 21ff. (280) O. Clemen (Hg.), Luthers Werke in Auswahl, Bd. 4, S. 177. (281) 高木太郎，*op. cit.*, p. 62f. (282) 奥平康照，『近代西洋教育史』，1984, p. 31ff. (283) *Ibid.*, p. 33ff. (284) M. Foucault, *op. cit.*, p. 179. (285) *Ibid.*, p. 160. (286) J. Howard, *op. cit.*, p. 43. (287) M. Foucault, *op. cit.*, p. 166f. (288) *Ibid.*, p. 167ff. (289) *Ibid.*, p. 175ff. (290) *Ibid.*, p. 183ff. (291) *Ibid.*, p. 201ff. (292) *Ibid.*, p. 209ff. (293) *Ibid.*, p. 148ff. (294) *Ibid.*, p. 217ff. (295) *Ibid.*, p. 220f. (296) *Ibid.*, p. 190ff. (297) M. Foucault, Il faut défender la société, p. 216. (298) M. Foucault, Histoire de la sexualité, t. 1, p. 180. (299) *Ibid.*, p. 183. (300) M. Foucault, Dits et écrits. t. 2, p. 1012f. (301) M. Foucault, Il faut défender la société, p. 225f. (302) *Ibid.*, p. 223. (303) M. Foucault, Sécurité, territoire, population, p. 321ff. (304) M. Foucault, Histoire de la sexualité,

t. 1, p. 35ff. (305) M. Foucault, Sécurité, territoire, population, p. 243. (306) M. Foucault, Dits et écrits. t. 2, p. 1639. (307) M. Foucault, Sécurité, territoire, population, p. 321. (308) M. Foucault, Dits et écrits, t. 2, p. 1640f. (309) *Ibid.*, p. 1641. (310) *Ibid.*, p. 1642. (311) *Ibid.*, p. 1644ff. (312) *Ibid.*, p. 1633f. (313) M. Foucault, Sécurité, territoire, population, p. 330ff. (314) M. Foucault, Histoire de la sexualité, t. 1, p. 183. (315) *Ibid.*, p. 182. (316) J. Bodin, *op. cit.*, S. 100f.; Six livres de la république. livre 6, 1986, p. 7ff. (317) M. Foucault, Sécurité, territoire, population, p. 12. (318) J. Burckhardt, *op. cit.*, S. 82ff. (319) M. Foucault, *op. cit.*, p. 323. (320) J. Graunt, Natural and political obsevationed in a following index and made upon the bills of mortalitiy, 1975, p. 78f.［久留間鮫造訳，『グラント 死亡表に関する自然的および政治的諸観察』，1968］ (321) 小杉肇，『統計学史通論』，1969, p. 58. (322) W. Petty, Political arithmetic, 1690.［大内兵衛訳，『政治算術』，1969］当時のイギリスにおいて政治算術が生まれた背景を，大内は邦訳書に付した「ペッティの生涯と業績」の中で解説する．先ず，ペッティの著書から「私がこれをなす〔政治算術〕に当たって採用する方法は，いまのところあまり普通ではない．私は，単に比較級や最高級の言葉を使い理知的な説明をする代わりに，私の言おうとするところを，数量と重量と尺度とによって表現するという方法によったからである」を引いた大内は，さらに，次のように指摘する．「彼の方法がもっぱら観察と比較とに立ち形而上学的主観的思索を排しているのは，全く新時代の実証主義的科学主義である．……当時勃然として台頭しつつあった自然科学の新しい空気に負うものといわねばならない．ことに著しいのは，彼の数学主義であって，彼はその著作の全面を通じて数字にその立論の証明を求めようとし，政治算術の無限の発展性を信じている．これもまたニュートンを生んだ時代の空気の反映であり，ことに数学に長じていた畏友ホッブスに負うところが多いといわれている．」(p. 37ff.) (323) M. Foucault, *op. cit.*, p. 347. (324) *Ibid.*, p. 267. (325) *Ibid.*, p. 347. (326) M. Foucault, Histoire de la sexualité, t. 1, p. 188. (327) M. Foucault, Les anormaux, p. 82f. (328) *Ibid.*, p. 103. (329) *Ibid.*, p. 127. (330) *Ibid.*, p. 94. (331) *Ibid.* (332) *Ibid.*, p. 102ff. (333) *Ibid.*, p. 84f. (334) *Ibid.*, p. 84. (335) Archives parlementaires. premiere serie, t. 26, p. 645. (336) M. Foucault, *op. cit.* (337) *Ibid.*, p. 114. (338) *Ibid.*, p. 115f. (339) *Ibid.*, p. 115. (340) *Ibid.*, p. 120. (341) *Ibid.*, p. 121ff. (342) *Ibid.*, p. 275. (343) *Ibid.*, p. 275f. (344) *Ibid.*, p. 301f. (345) M. Foucault, Histoire de la sexualité, t. 1, p. 44. (346) *Ibid.* (347) M. Foucault, Les anormaux, p. 122. (348) *Ibid.*, p. 281f. (349) *Ibid.*, p. 296. (350) P. Darmon, Médecins et assassins à la Belle Epoque, 1989, p. 38ff.［鈴木秀治訳，『医者と殺人者』，1992］ (351) *Ibid.*, p. 40ff.; E. Seelig, *op. cit.*, S. 23f.; 菊田幸一，『犯罪学』，1998, p. 19f. (352) 菊田幸一, *op. cit.*, p. 19. (353) P. Darmon, *op. cit.*, p. 53. (354) G. Lombroso Ferrero, Criminal man. According to the classification of Cesare Lombroso, Introduction by C. Lombroso, 1911, p. XVf. (355) C. Lombroso, Criminal man, Translated and with a new introduction by M. Gibson/N. H. Rafter, 2006, p. 264. (356) 藤本哲也，『犯罪学要論』，1988, p. 5f. (357) ゼーリッヒはロンブローゾの業績を次のように位置づけている．「ロンブローゾの理論は，他の研究者達の検証に堪えることができなかった．とりわけ，ベルリンの監獄医ベールは，包括的な研究により，刑務所の収容者はどのような統一的標識によっても犯罪者でない一般の住民から区別されることはなく，したがって，人間の形態学的変種としての生来性犯罪人は存在しないということを明らかにした．しかし，ロンブローゾが，犯罪人に対する自然科学的考察により，今日の犯罪学研究の糸口を開いたという，歴史的功績は否定されない．」(S. 25.) (358) M. Foucault, *op. cit.*, p. 298. (359) *Ibid.*, p. 298f. (360) *Ibid.*, p. 298. (361) *Ibid.* (362) L'année psychologique, 11 (1905), p. 163.［中野善達／大沢正子訳，『知能の発達と評価』，1982］ (363) *Ibid.*, p. 168. (364) *Ibid.*, p. 195. (365) *Ibid.*, p. 194. (366) ビネー等は，当初，知能の相違を身体的・人類学的尺度により説明するべく，頭蓋や容貌，筆跡，手形を研究対象に取り上げ，この内，頭蓋測定については，一〇年間にわたって研究を続け，その間，一ダース以上の論文を発表したというが（T. H. Wolf, Alfred

Binet, 1973, p. 153f.［宇津木保訳,『ビネの生涯』, 1979］), 結局, 彼らは,「頭を測ることによって知能を測るという考えはばかげている」として, このアプローチを放棄する.（S. Gould, The mismeasure of man, 1996［1981］, p. 176ff.［鈴木善次／森脇靖子訳,『人間の測りまちがい』, 1989］）（367）L'année psychologique, 11（1905), p. 199ff.　（368）*Ibid*., p. 194.　（369）L'année psychologique, 14（1908), p. 58f.　（370）*Ibid*., p. 3ff.　（371）*Ibid*., p. 82.　（372）*Ibid*., p. 65.　（373）*Ibid*., p. 91.　（374）*Ibid*., p. 88.　（375）*Ibid*., p. 89.　（376）L'année psychologique, 17（1911), p. 146ff.　（377）*Ibid*., p. 147.　（378）L'année psychologique, 14（1908), p. 82f.　（379）*Ibid*., p. 83.（380）佐藤達哉,『知能指数』(講談社現代新書), 1997, p. 90.　（381）L'année psychologique, 11（1905), p. 223.　（382）W. Stern, Die psychologischen Methode der Intelligenzprüfung und deren Anwendung an Schulkindern, 1912, S. 28f., 55.　（383）*Ibid*., S. 25f.　（384）L. Terman, The intelligence of school children, 1919, p. 8.　（385）L'année psychologique, 11（1905), p. 198.　（386）*Ibid*., p. 195f.　（387）*Ibid*., p. 198f.　（388）L'année psychologique, 17（1911), p. 166f.　（389）L'année psychologique, 14（1908), p. 60.　（390）P. D. Chapman, Schools as sorters, 1988, p. 39.［菅田洋一郎／玉村公二彦訳,『知能検査の開発と選別システムの功罪』, 1995］（391）*Ibid*., p. 40.　（392）*Ibid*., p. 29. これは知能検査に批判的であったウォリンの言葉とされる.　（393）L. Terman, The measurement of intelligence. An explanation of and a complete guide for the use of the Stanford revision and extension of the Binet-Simon intelligence scale, 1916, p. 51f.　（394）*Ibid*., p. 56ff.　（395）L'année psychologique, 11（1905), p194f.　（396）L. Terman, *op. cit*., p. 53ff, 65ff, 78ff.　（397）P. D. Chapman, *op. cit*., p. 55ff.　（398）*Ibid*., p. 66.　（399）(ed.) R. Yerkes, Psychological examining in the United States Army, 1921, p. 299.　（400）*Ibid*., p. 299ff.（401）L. Terman, The psychological Bulletin, Vol. 15（1918), p. 160.　（402）S. Gould, *op. cit*., p. 235.　（403）C. Brigham, A study of american intelligence, 1923, p. xxii.　（404）*Ibid*., p. xxii, Part I: Section I.　（405）*Ibid*., p. xxii, Part I: Section II.　（406）*Ibid*., p. xxii, Part I: Section III.　（407）*Ibid*., p. xxii.（408）P. D. Chapman, *op. cit*., p. 68.　（409）*Ibid*.; S. Gould, *op. cit*., p. 224.　（410）L. Terman, *op. cit*., p. 177.　（411）S. Gould, *op. cit*., p. 224f.　（412）P. D. Chapman, *op. cit*., p. 77f, 94ff.　（413）*Ibid*., p. 95.　（414）*Ibid*., p. 77f.　（415）*Ibid*., p. 1f.　（416）L. Terman, The intelligence of school children, p. 10.　（417）*Ibid*., p. 8.　（418）L. Terman, Journal of educational Research, 1920, p. 31.　（419）L'année psychologique, 11（1905), p. 191.　（420）H. H. Goddard, Journal of Psycho-asthenics, 1913, p. 105.　（421）H. H. Goddard, Feeble-mindedness: its causes and consequences, 1923, p. ix.　（422）H. H. Goddard, Human efficiency and levels of intelligence, 1920, p. 1.　（423）中村満紀男編著,『優生学と障害者』, 2004, p. 123f.　（424）P. D. Chapman, *op. cit*., p. 28, 31.　（425）L. Terman, The measurement of intelligence, p. 6.　（426）L. Terman, The intelligence of school children, p. 55f.　（427）S. Gould, *op. cit*., p. 247ff.　（428）L. Kamin, The science and politics of I. Q., 1974, p. 20.［岩井勇児訳,『IQの科学と政治』, 1977］（429）C. Brigham, *op. cit*., p. xixff.　（430）*Ibid*., p. xxiv.　（431）*Ibid*., Table No. 28, 29.　（432）*Ibid*., p. 100.　（433）S. Gould, *op. cit*., p. 248, 250, 256ff.　（434）C. Brigham, *op. cit*., p. 210.（435）The statutes at large of the United States of America, Vol. 39（1917), p. 874.　（436）H. H. Laughlin, Eugenical News: Current Record of Race Hygiene, Vol. 2（1917), p. 22.　（437）Statistical abstract of the United States, 1928, No. 96.　（438）The statutes at large of the United States of America, Vol. 42（1921), p. 5.　（439）Statistical abstract of the United States, 1928, No. 107.　（440）*Ibid*., No. 102.　（441）川原謙一,『アメリカ移民法』, 1990, p. 75ff.　（442）United States Statutes at Large, Vol. 43（1924), p. 153.　（443）Statistical abstract of the United States, 1928, No. 101, 107.　（444）M. M. Nagi, The Journal of American History, Vol. 86, No. 1, p. 74.　（445）L. Kamin, *op. cit*., p. 23.　（446）H. H. Laughlin, *op. cit*.　（447）T. Howard/J. Rifkin, Who should play God?: The artificial creation of life and what it means for the fu-

ture of the human race, 1977, p. 69f.［磯野直秀訳,『遺伝工学の時代』, 1979］（448）S. Gould, *op. cit.*, p. 262. （449）R. C. Ward, The Eugenics Review, 1916, January, p. 270. （450）中村満紀男 , *op. cit.*, p. 76f. （451）*Ibid.*, p. 84f., 88. （452）J. R. Spinner,Ärztliches Recht, 1914, S. 324. （453）S. Trombley, The right to reproduce, 1988, p. 49f.［藤田真利子訳,『優生思想の歴史』, 2000］; 中村満紀男編著 , *op. cit.*, p. 98ff. （454）Flood, The American Journal of Psychology, 1899, p. 299. （455）H. H. Laughlin, Eugenical sterilization in the United States, 1922, p. 145f. （456）中村満紀男 , *op. cit.*, p. 107ff. （457）H. H. Laughlin, *op. cit.*, p. 35f. （458）J. R. Spinner, *op. cit.*, S. 329. （459）H. H. Laughlin, *op. cit.*, p. 15ff. （460）*Ibid.*, p. 446f. （461）*Ibid.*, p. 446. （462）P. B. Popenoe/R. H. Jhonson, Applied eugenics, 1918, p. 171. （463）中村満紀男 , *op. cit.*, p. 197. （464）M. Grant, The passing of the great race, 1916, p. 49. （465）P. B. Popenoe/R. H. Jhonson, *op. cit.*, p. 149. （466）H. H. Laughlin, *op. cit.*, p. 146. （467）*Ibid.*, p. 142ff. （468）Buck v. Bell, 274 U. S. 200（1927） （469）C. D. Bowen, Yankee from Olympus, 1944, p. vii. （470）D. J. Kevles, In the name of eugenics, 1985, p. 111f.［西俣総平訳,『優生学の名のもとに』, 1993］（471）H. H. Goddard, Psychology of the normal and subnormal, 1919, p. 244. （472）G. L. Weinberg（Hg.）, Hitlers Zweites Buch, 1961, S. 78, 127. （473）M. Staemmler, Rassenpflege im völkischen Staat, 1939［1933］, S. 49f. （474）A. Gütt, Die Rassenpflege im Dritten Reich, 1940, S. 7f. （475）Zentralles Staatsarchiv der DDR.15.01/26248,Bl.422ff. （476）N. Elias,Über den Prozess der Zivilsation, Bd. 2, S. 281. （477）M. Foucault, Surveiller et punir, p. 253. （478）The Works of Jeremy Bentham, published under the superintendence of his executor, J. Bowring, Vol. 4, 1962, p. 39. （479）*Ibid.*, p. 40f. （480）*Ibid.*, p. 47. （481）*Ibid.*, p. 59. （482）石井は，ベンサムが「人は独り居る時よりも更に独りならざる時なし」との文を引用したこと［p. 47.］から判断して，彼にとって，「独居処遇が，犯罪者に良心の呵責を促し，悔い改めるという更正に適合的な方法」であり，「独居処遇は個人的な責任自覚の場」であるととらえられたのであったとする．ところが，独居拘禁の考えは数年後に書かれたと思われる『後書き』では放棄されている．何故そうなのか．石井は，当初「その性質上更正の目的に役立つ」［p. 47.］と考えた独居拘禁がマイナスに働くととらえかえされたからではないかとする．ベンサムは，「独居処遇を，『憂鬱な意気消沈や陰惨な無感覚を引き起こす』［p. 74.］『野蛮』［p. 71.］性をもつと認識したのである」，と．『後書き』で，人間の社会性に注目した「会話」，「交流」，「相互的更正」［p. 141.］といった言葉が登場するのも，こうした理由からとすれば納得がいく．石井が指摘するように，独居拘禁否定の背景に，ベンサムの中で「個人主義的色彩の強い人間観」から「社会的人間観の色彩を濃くした人間観」への変化が生じたということなのであろう．（石井幸三，龍谷法学 35 巻 2 号 , p. 3ff.）（483）桜井哲夫,『フーコー 知と権力』(『現代思想の冒険者たち 26』), 1996, p. 245. （484）The Works of Jeremy Bentham, Vol. 4, p. 44. （485）*Ibid.*, p. 40. （486）*Ibid.*, p. 40, 44. （487）*Ibid.*, p. 66. （488）*Ibid.*, p. 45, 88. （489）*Ibid.*, p. 44. （490）M. Foucault, *op. cit.*, p. 236. （491）*Ibid.* （492）The Works of Jeremy Bentham, Vol. 4, p. 39. （493）M. Foucault, *op. cit.*, p. 234f. （494）The Works of Jeremy Bentham, Vol. 4, p. 40. （495）M. Foucault, *op. cit.*, p. 239. （496）The Works of Jeremy Bentham, Vol. 4, p. 40.

第Ⅱ部 夢の展開――ナチス・ドイツの憲法体制

略語表

BA	Bundesarchiv Koblenz
DJ	Deutsche Justiz
DJT	Deutscher Juristentag

DJZ	Deutsche Juristenzeitung
DokDtP	P. M. Benneckenstein（Hg.）, Dokumente der deutschen Politik, 1938/39
Domarus	M. Domarus（Hg.）, Hitler. Reden und Proklamationen. 1932–1945, 1963
DR	Deutsches Recht
DRPS	Deutscher Reichsanzeiger und Preussischer Staatsanzeiger
DStR	Deutsches Strafrecht
DVBl	Deutsche Verwaltungsblätter
IfZ	Institut für Zeitgeschichte（Hg.）, Hitler. Reden, Schriften, Anordnungen. Feburar 1925 bis Januar 1933, 1992/94/95/96/97
Jäckel/Kuhn	E. Jäckel/A. Kuhn（Hg.）, Hitler. Sämtliche Aufzeichnungen. 1905–1924, 1980
JAKDR	Jahrbuch der Akademie für Deutsches Recht
Jochmann	W. Jochmann（Hg.）, Adolf Hitler. Monologe im Führer-Hauptquartier 1941–1944, 1980
JöR	Jahrbuch des öffentlichen Rechts
JW	Juristische Wochenschrift
MBliV	Ministerilablatt für die Preußische innere Verwaltung（ab 1936: des Reichs-und Preußischen Ministerium des Innern）
MK	A. Hitler, Mein Kampf, Bd. 1, 32. bis 34. Aufl., 1934［1925］; Bd. 2, 27. und 28. Aufl., 1934［1927］〔平野一郎／将積茂訳，『わが闘争』，1978〕
Picker	H. Picker（Hg.）, Hitlers Tischgespräche im Führerhauptquartier, 3. Aufl., 1976
P/N	H. Pfundtner/R. Neubert（Hg.）, Das neue Deutsche Reichsrecht
Quellen	J. Regge/W. Schubert（Hg.）, Quellen zur Reform des Straf-und Strafprozeßrechts. II. Abteilung. NS-Zeit（1933–1939）-Strafgesetzbuch
Rauschning	H. Rauschning, Gespräche mit Hitler, 1940〔船戸満之訳，『ヒトラーとの対話』，1972年〕
RGBl	Reichsgesetzblatt. Teil I
RVBl	Reichsverwaltungsblatt
SK	Das Schwarze Korps
StBVR	Stenographische Berichte über die Verhandlungen des Reichstages
TMWC	Trial of the Major War Criminals before the International Military Tribunal, 1947–49
VA	Verwaltungsarchiv
VB	Völkischer Beobachter
VfZ	Vierteljahrshefte für Zeitgeschichte
ZAKDR	Zeitschrift der Akademie für Deutsches Recht
ZB	G. L. Weinberg（Hg.）, Hitlers Zweites Buch, 1961
ZStW	Zeitschrift für die gesamte Staatswissenschaft
ZStrW	Zeitschrift für die gesamte Strafrechtswissenschaft

第一章　ナチズムの世界観

(1) Die Reden Hitlers am Reichsparteitag 1933, 1934, S. 22f.　(2) R. Schlaut, DR, 1934, S. 73.　(3) Jäckel/Kuhn, S. 184ff.　(4) R. Ley, Wir alle helfen dem Führer, 1937, S. 23.　(5) Ritter-

busch, JW, 1934, S. 2194.　(6) O. Dietrich, Der Nationalsozialismus als Weltanschauung und Staatsgedanke. (Grundlagen , Aufbau und Wirtschaftsordnug des nationalsozialistischen Stattes. 1-1-2), S. 6.　(7) F. Reinhardt, Reichssteuerblatt, 1936, S. 1046.　(8) StBVR, Bd. 457, S. 8.　(9) MK, S. 506.　(10) MK, S. 506ff.　(11) Hans Schemm Spricht, 1935, S. 314.　(12) Domarus, S. 445.　(13) H. Krapfenbauer, Die sozialistische Bedeutung der NS-Gemeinschaft "Kraft durch Freude", 1937, S. 15f.　(14) Picker, S. 487.　(15) G. Usadel, Zucht und Ordnung, 1935, S. 16.　(16) R. Ley, Soldaten der Arbeit, 1938, S. 71. ただし，ライはいささか寛容でありすぎたのかもしれない．睡眠もまた指導者の眼差しを免れるものでなかったことにつき，宮田光雄，『ナチ・ドイツと言語』(岩波新書), 2002, p. 165ff.　(17) Rauschning, S. 179ff.　(18) VfZ, 1954, S. 434f.　(19) MK, S. 729.　(20) MK, S. 143.　(21) ZB, S. 53f.　(22) ZB, S. 54.　(23) ZB, S. 83.　(24) ZB, S. 54.　(25) MK, S. 143.　(26) MK, S. 143ff.; ZB, S. 56ff.　(27) MK, S. 741.　(28) ZB, S. 53.　(29) MK, S. 742.　(30) ZB, S. 114.　(31) ZB, S. 55.　(32) MK, S. 740.　(33) IfZ, Bd. II/1, S. 168.　(34) ZB, S. 54f.　(35) ZB, S. 55.　(36) ZB, S. 55.　(37) MK, S. 741.　(38) MK, S. 741.　(39) IfZ, Bd. III/1, S. 168.　(40) Jäckel/Kuhn, S. 887.　(41) IfZ, Bd. III/1, S. 110.　(42) TMWC, Bd. 26, p. 329.　(43) ZB, S. 54.　(44) MK, S. 148f.　(45) Jochmann, S. 148f.　(46) H. A. Jacobsen/W. Jochmann (Hg.), Ausgewählte Dokumente zur Geschichte des Nationalsozialismus. 1933–1945, Bd. 1, 1961.　(47) H. Frank, Im Angesicht des Galgens, 1953, S. 421.　(48) Domarus, S. 1498.　(49) MK, S. 147.　(50) MK, S. 147.　(51) IfZ, Bd. III/1, S. 169.　(52) TMWC, Bd. 34, p. 456ff.　(53) TMWC, Bd. 26, p. 47ff.　(54) P. E. Schramm (Hg.), Kriegstagebuch des Oberkommandos der Wehrmacht, Bd. 1, 1961, S. 258.　(55) Führer-Reden zum Kriegs-Winterhilfswerk 1941/1942, 1941, S. 5.　(56) H. R. Trevor-Roper (Hg.), Hitlers Politisches Testament, 1981, S. 57.　(57) MK, S. 728.　(58) ZB, S. 102.　(59) Rauschning, S. 115.　(60) MK, S. 729.　(61) Rauschning, S. 116, 126.　(62) MK, S. 782.　(63) R. G. Reuth (Hg.), Joseph Goebbels Tagebücher , Bd. 5: 1924–1945, 1992, S. 1928f.　(64) F. Halder, Kriegstagebuch. Tägliche Aufzeinungen des Chefs des Generalstabes des Heeres 1939–1942, Bd. 2, 1962, S. 336.　(65) M. Djilas, Conversations with Stalin, 1962, p. 114. [新庄哲生訳，『スターリンとの対話』，1968]　(66) A. Hillgruber, Auswärtigen Amt　Informationsdienst für die Auslandsverretungen　240–312. 73. Beilagen zum Blauen Dienst VII/Nr. 23. Nr. 87, S. 8ff.　(67) Jochmann, S. 290.　(68) A. Hillgruber (Hg.), Staatsmänner und Diplomaten bei Hitler, Bd. 1, 1967, S. 654f.　(69) Jochmann, S. 94.　(70) MK, S. 689f.　(71) Domarus, S. 637f, 1391.　(72) F. Halder, Kriegstagebuch. Tögliche Aufzeichnungen des Chefs des Generastabs des Heeres 1939–1942, Bd. 3, 1964, S. 29.　(73) TMWC, Bd. 38, p. 88.　(74) Jochmann, S. 109.　(75) Picker, S. 71.　(76) Jochmann, S. 109f.; (ed.) L. P. Lochner, The Goebbels Diaries 1942–1943, 1970 [1948], p. 357f.　(77) A. Speer, Erinnerungen, 1979 [1969], S. 83. [品田豊治訳，『ナチス・狂気の内幕』，1970]　(78) A. Hillgruber (Hg.), *op. cit.*, S. 632f.　(79) MK, S. 372.　(80) ZB, S. 64ff.　(81) ZB, S. 128.　(82) MK, S. 742f.　(83) A. Speer, *op. cit.*, S. 188.　(84) MK, S. 420f.　(85) ZB, S. 65.　(86) H. Göring, DJ, 1935, S. 1373.　(87) IfZ, Bd. IV/1, S. 84.　(88) Die Reden Hitlers am Reichsparteitag 1933, S. 33.　(89) MK, S. 421.　(90) MK, S. 147, 422.　(91) TMWC, Bd. 41, p. 25.　(92) Domarus, S. 74f.　(93) Picker, S. 481f.　(94) Picker, S. 481f.　(95) MK, S. 438.　(96) Domarus, S. 1499.　(97) IfZ, Bd. IV/1, S. 95.　(98) BA. NS. 6/777, Bl. 14.

第二章　合法革命

(1) J. Goebbels, Vom Kaiserhof zur Reichskanzlei, 1934, S. 251ff. [西城信訳，『ゲッベルスの日記』，1974]　(2) P. Bucher, Der Reichswehrprozeß, 1967, S. 270.　(3) H. Frank, Im Angesicht

des Galgens, S. 156. (4) H. Lammers, Reich und Ostmark, 1938, S. 10. (5) L. G. F. von Krosigk, Es gescha in Deutschland, 1951, S. 147. (6) E. von Kleist-Schmenzin, Politsche Studien, Heft 106, 1959, S. 92. (7) TMWC, Bd. 25, p. 372ff. (8) R. Morsey, VfZ, 1961, S. 191ff. (9) M. Broszat, Der Machtergreifung, 1984, S. 205f. (10) Die Reden Hitlers als Kanzler, 1934, S. 5ff. (11) C. Schmitt, DR, 1934, S. 28. (12) J. Goebbels, Revolution der Deutschen, 1933, S. 125ff. (13) K. Steinbrink, Die Revolution Adolf Hitlers, 1934, S. 43. (14) S. Delmer, Die Deutschen und Ich, 1961, S. 191. (15) J. Goebbels, Vom Kaiserhof zur Reichskanzlei, S. 254. (16) *Ibid.*, S. 256. (17) Deutsche Allgemeine Zeitung, Ausgabe Groß-Berlin vom 6. 3. 1933. (18) R. Morsey (Hg.), Das "Ermächtigungsgesetz" vom 24. März 1933, 1976 [1968], S. 13. (19) F. P.-Heffter/C.-H. Ule/K. Dernedde/J. Brennert, JöR, 1934, S. 166. (20) TMWC, Bd. 31, p. 405. (21) H. Schneider, VfZ, 1953, S. 200f. (22) TMWC, Bd. 31, p. 412. (23) StBVR, Bd. 457, Nr. 6. Antrag. (24) H. Schneider, VfZ, 1953, S. 198f. (25) C. Schmitt, DJZ, 1933, S. 455. (26) C. Schmitt, DR, 1934, S. 28. (27) U. Scheuner, Archiv für öffentlichen Rechts, 1934, S. 300. (28) R. Morsey (Hg.), *op. cit.*, S. 13. (29) VB, 11. 3. 1933. [VBからの引用は，特記以外 Norddeutsche Ausgabeによる] (30) StBVR, Bd. 457, Nr. 5. Antrag. (31) StBVR, Bd. 457, S. 24f. (32) R. Morsey (Hg.), *op. cit.*, S. 26. (33) *Ibid.*, S. 66f. (34) *Ibid.*, S. 58f. (35) StBVR, Bd. 457, S. 26ff. (36) StBVR, Bd. 457, S. 33f. (37) StBVR, Bd. 457, S. 37ff. (38) StBVR, Bd. 457, S. 40. (39) StBVR, Bd. 457, S. 40. (40) StBVR, Bd. 457, S. 42ff. (41) 前著（『ナチス・ドイツの社会と国家』，p. 32.）では「必要な賛成票四三二」としたが，本文に挙げた理由から，これを「四二三」と訂正する. (42) H. Schneider, VfZ, 1953, S. 207f. (43) K. D. Bracher, Die deutsche Diktatur, 1969, S. 231. [山口定／高橋進訳，『ドイツの独裁』，1975] (44) J. Goebbels, *op. cit.*, S. 287. (45) W. Niess, Machtergreifung 33, 1982, S. 107. (46) StBVR, Bd. 457, S. 36. (47) R. Maier, Ein Grundstein wird gelegt, 1964, S. 329. (48) W. Niess, *op. cit.* (49) F. Tobias, Der Reichstagsbrand, 1962, S. 628. (50) C. Schmitt, DJZ, 1933, S. 455f. (51) VB, 25. 3. 1933. (52) E. Gritzbach (Hg.), Hermann Göring. Reden und Aufsätze, 1938, S. 37. (53) MK, S. 648. (54) Domarus, S. 195f. (55) StBVR, Bd. 457, S. 32. (56) F. P.-Heffter/C.-H. Ule/C. Dernedde, Sonderausgabe aus JöR, 1935, S. 159. (57) *Ibid.*, S. 160. (58) *Ibid.* (59) *Ibid.*, S. 162. (60) K. D. Bracher, *op. cit.*, S. 223f. (61) F. P.-Heffter/C.-H. Ule/C. Dernedde, *op. cit.*, S. 129. (62) VB, 11. 3. 1933. (63) Preußische Gesetzsammlung, 1933, S. 198. (64) E. R. Huber, Verfassungsrecht des Großdeutschen Reiches, 2. Aufl., 1939, S. 322. (65) Medicus, Nationalsozialistisches Handbuch für Recht und Gesetzgebung. (H. Frank (Hg.)), 1935, S. 350. (66) E. R. Huber, *op. cit.*, S. 344. (67) Berliner Börsen-Zeitung vom 23. 3. 1934. (68) O. koellreutter, Deutsches Verfassungsrecht, 1935, S. 106. [矢部貞治／田川博三訳，『ナチス・ドイツ憲法論』，1939] (69) E. R. Huber, *op. cit.*, S. 345. (70) O. koellreutter, *op. cit.* (71) *Ibid.*, S. 344. (72) E. R. Huber, *op. cit.*, S. 323. (73) P/N. Ia-14, S. 4 (neu). (74) P/N. Ia-14, S. 3 (neu). (75) O. koellreutter, *op. cit.*, S. 110. (76) H. Nicolai, Der Neuaufbau des Reiches nach dem Reichsreformgesetz vom 30. Januar 1934, 1934, S. 64. (77) A. Köttgen, JöR, 1937, S. 98. (78) DokDtP, Bd. 2, S. 112ff. (79) W. Frick, Nationalsozialistisches Handbuch für Recht und Gesetzgebung. (H. Frank (Hg.)), S. 389. (80) C. Schmitt, DR, 1934, S. 29. (81) W. Hofer (Hg.), Der Nationalsozialismus Dokumente 1933–1945, 1979 [1957], Nr. 28. [救仁郷繁訳，『ナチス・ドキュメント 1933–1945』，1975] (82) F. P.-Heffter/C.-H. Ule/C. Dernedde, *op. cit.*, S. 21f. (83) Die Reden Hitlers als Kanzler, S. 62f. (84) VB, 14. 11. 1933. (85) VB, 13. 12. 1933. (86) Akten der Reichskanzlei. Regierung Hitler. 1933–1938. Teil I: 1933/34, Bd. 1. S. 250. (87) H. Frank, Recht und Verwaltung, 1939, S. 33. (88) J. Heckel, DVBl, 1937, S. 58. (89) *Ibid.*, S. 30. (90) W. Frick, DR, 1934, S, 26. (91) Picker, S. 61. (92) E. Schütze, Festschrift für W.

Frick zum 60. Geburtstag, 1937, S. 48. (93) VB, 9/10. 4. 1933. (94) G. Radbruch, Rechtsphilosophie, 8. Aufl., S. 58. (Einleitung von Erik Wolf: Gustav Radbruchs Leben und Werk) (95) H. Mommsen, Beamtentum in Dritten Reich, 1966, S. 45. (96) P/N. Ic–4, S. 1 (neu, August 1941.) (97) W. Stuckart/H. v. R = v. Hoewel/R. Schidermair, Der Staatsaufbau des Deutschen Reichs, 1943, S. 147. (98) VB, 13. 12. 1933. (99) VB, 29. 6. 1933 (100) Domarus, S. 405. (101) RGBl, 1934, S. 753. (102) VB, 21. 8. 1934. (103) Domarus, S. 445.

第三章　課題としての民族共同体の建設

(1) MK, S. 729. (2) ZB, S. 106. (3) IfZ, Bd. IV/1, S. 92. (4) P. Bucher, Der Reichswehrprozeß, S. 241ff. (5) IfZ, Bd. III/1, S. 54. (6) MK, S. 436f. (7) MK, S. 310. (8) MK, S. 247. (9) Domarus, S. 205. (10) BA. NS. 11/28, Bl. 103f. (11) R. Kluge/H. Krüger, Verfassung und Verwaltung im Dritten Reich, 1937, S. 71f. (12) H. Günther, Rassenkunde des deutschen Volkes, 1924 [1922], S. 19. (13) M. Staemmler, Rassenpflege im völkischen Staat, 1939 [1933], S. 15. (14) C. K. Behrens (Hg.), Was ist Rasse?, 1934, S. 77. (15) H. Günther, *op. cit.* (16) IfZ, Bd. III/1, S. 163. (17) W. Stuckart/H. Globke, Kommentare zur deutschen Rassengesetzgebung, Bd. 1, 1936, S. 2. (18) C. K. Behrens (Hg.), *op. cit.*, S. 78. (19) E. Jörns/J. Schwab, Rassenhygienische Fibel, 1937, S. 99f. (20) C. K. Behrens (Hg.), *op. cit.* (21) M. Staemmler, *op. cit.*, S. 22. (22) W. Groß, Der Rassengedanke im neuen Geschichtsbild, 1936, S. 12, 24. (23) A. Hitler, VB, 3. 5. 1937. (24) SS-Hauptamt (Hg.), Lehrplan für die weltanschauliche Erziehung in der SS und Polizei, 1944, S. 72. (25) E. Jörns/J. Schwab, *op. cit.*, S. 99. (26) IfZ, Bd. II/1, S. 229. (27) MK, S. 422, 732. (28) BA. NS. 26/60, Bl. 12. (29) F. Brennecke (Hg.), Handbuch für die Schulung in der Hitlerjugend. Vom deutschen Volk und seinem Lebensraum, 1937, S. 28. ヒトラーの見積もりはもっと少ないものであり，一九二七年四月六日のミュンヘンの演説では，「北方アーリア人は九〇〇万ないし一〇〇〇万人を数える」としていた．(VB, 8. 4. 1927.) (30) C. K. Behrens (Hg.), *op. cit.*, S. 13. (31) H. Günther, *op. cit.*, S. 429. (32) Domarus, S. 761. (33) IfZ, Bd. IV/1, S. 95. (34) ZB, S. 70. (35) VB, 21. 8. 1934. (36) Domarus, S. 288. (37) (ed.) N. H. Baynes, The Speeches of Adolf Hitler, 1942, p. 482. (38) Die Reden Hitlers am Parteitag der Freiheit 1935, 1936, S. 81.

第四章　運命共同体の建設

(1) Domarus, S. 81ff. (2) TMWC, Bd. 26, p. 523. (3) ZB, S. 63. (4) MK, S. 168. (5) MK, S. 597. (6) Führer-Reden zum Winterhilfswerk 1933–1936, 1937, S. 14. (7) Führer-Reden zum Winterhilfswerk 1937 und 1938, 1939, S. 13. (8) Domarus, S. 88. (9) P. Bucher, Reichswehrprozeß, S. 252. (10) Domarus, S. 286. (11) VB, 18. 7. 1933. (12) Rauschning, S. 257. (13) Domarus, S. 371. (14) VB, 4. 7. 1933. (15) Hans Schemm Spricht, 1935, S. 283. (16) MK, S. 475. (17) Rob. Kammann = Barmen, VB, 6. 2. 1934. (18) Führer-Reden zum Kriegs = Winterhilfswerk 1939 und 1940, 1940, S. 22. (19) Rauschning, S. 198. (20) J. Goebbels, Revolution der Deutschen, S. 148f. (21) Domarus, S. 88. (22) Jäckel/Kuhn, S. 621. (23) Jäckel/Kuhn, S. 193. (24) Reden des Führers am Parteitag der Ehre 1936, 3. Aufl., 1936, S. 21. (25) S. Neumann, Permanent Revolution, 1965 [1942], S. 106ff. [岩永健吉郎／岡義達／高木誠訳，『大衆国家と独裁』，1960] (26) *Ibid.*, S. 111. (27) [1942] H. Arendt, Elemente und Ursprünge totaler Herrschaft, 4. Aufl., 1995, S. 509. [大久保和郎訳，『全体主義の起源』，1972] (28) S. Kracauer, Die Angestellten, 1980 [1929], S. 91. [神崎巌訳，『サラリーマン』，1979] (29) S. Neu-

mann, *op. cit.*, S. 110. (30) H. Arendt, *op. cit.*, S. 531. (31) *Ibid.*, S. 532. (32) S. Neumann, *op. cit.* (33) Rauschning, S. 197. (34) H. Arendt, *op. cit.*, S. 515. (35) E. Lederer, State of the Masses, 1967［1940］, p. 106.［青井和夫／岩城完之訳,『大衆の国家』, 1961］(36) *Ibid.*, p. 107. (37) Rauschning, S. 141. (38) E. Hauptmann (Hg.), Bertolt Brecht Gesammelte Werke, Bd. 2, 1967, S. 1143.［千田是也訳,『ブレヒト戯曲集②』, 1961］(39) H. G. Gadamer, Philosophische Lehrjahre, 1977, S. 117.［中村志朗訳,『哲学修業時代』, 1982］(40) 矢崎光圀,『法実証主義』, 1963, p. 68f., 102. (41) H. Arendt, *op. cit.*, S. 524. (42) C. Berning, Vom "Abstammungsnachweis" zum "Zuchtwart", 1964, S. 95. (43) K. H. Brackmann/R. Birkenhauer, NS-Deutsch, 1988, S. 88. (44) W. Allen, The Nazi seizure of power, 1984［1965］, p. 17f., 221ff.［西義之訳,『ヒトラーが町にやってきた』, 1968］(45) 宮田光雄,『ナチ・ドイツの精神構造』, 1991, p. 157. (46) H. Lammers, Reich und Ostmark, 1938, S. 34. (47) DokDtP, Bd. 5, S. 39. (48) K. Borcherding, Wege und Ziele politischer Bildung in Deutschland, 1965, S. 57. (49) Die Reden Hitlers am Parteitag der Freiheit 1935, S. 57. (50) F. P.-Heffter/C.-H. Ule/C. Dernedde, Sonderausgabe aus JöR, 1935, S. 47. (51) VB, 3. 5. 1937. (52) Jäckel/Kuhn, S. 916. (53) MK, S. 452. (54) MK, S. 462. (55) Rauschning, S. 237. (56) MK, S. 462. (57) M. Maschmann, Fazit. Mein Weg in der Hitler Jugend, 3. Aufl., 1980, S. 170f. (58) MK, S. 462. (59) Jäckel/Kuhn, S. 916. (60) Rauschning, S. 46f. (61) MK, S. 468f. (62) H. Arendt, *op. cit.*, S. 698. (63) *Ibid.*, S. 697. (64) H. Buchheim, Totalitäre Herrschaft, 1962, S. 17. (65) H. Glaser/A. Silenius (Hg.), Jugend im Dritten Reich, 1975, S. 11f. (66) H. B. Brauße, Die Führungsordnung des deutschen Volkes, 1940, S. 64f. (67) R. Benze, Erziehung im Grossdeutschen Reich, 3. Aufl., 1943, S. 15. (68) J. W. Hedemann/H. Lehmann/W. Siebert, Volksgesetzbuch. Grundregeln und Buch, 1. Teil, 1942, S. 11. (69) K. Larenz, DJT, 1939, S. 560. (70) H. Boberach (Hg.), Richterbriefe, 1975, S. 48f. (71) *Ibid.*, S. 50. (72) Hans Schemm Spricht, S. 219. (73) Erziehung und Unterricht in der Höheren Schule, 1938, S. 14. (74) F. Hiller (Hg.), Deutsche Erziehung im neuen Staat, 1936, S. 24ff. (75) H. Schemm, Deutsche Schule und deutsche Erziehung in Vergangenheit, Gegenwart und Zukunft, 1934, S. 9. (76) F. Huber, Allgemeine Unterrichtslehre, 1944, S. 58. (77) Erziehung und Unterricht in der Höheren Schule, S. 18. (78) F. Huber, *op. cit.*, S. 58, 73. (79) Zentralblatt für die gesamte Unterrichts = Verwaltung in Preußen, 1934, S. 43. (80) K. I. Flessau, Schule der Diktatur, 1977, S. 53. (81) Erziehung und Unterricht in der Volksschule, 1940, S. 6f. (82) Erziehung und Unterricht in der Höheren Schule, S. 9ff. (83) Erziehung und Unterricht in der Volksschule, S. 9. (84) P/N. Id-18, S. 1 (neu). ライヒ憲法第一四五条が「就学は一般的義務である. その義務は八学年以上を有する小学校と, これに続く一八歳までの上級学校を終了することにより履行される」と定めていたが, この原則は就学義務に関する統一立法を生み出すことはなく, 義務教育期間について, たとえば, バイエルンやヴュルテンベルクでは七年間, シュレスヴィヒ＝ホルスタインでは九年間とされ, 開始時期にも異なりがあった. (85) B. von Schirach, Die Hitler Jugend. Idee und Gestalt, 1934, S. 9. (86) P/N. Id-13, S. 2a (10) neu. (87) VB, 19. 1. 1937. (88) P/N. Id-13, S. 2a (1) neu. (89) Picker, S. 366f. (90) H. Boberach, Jugend unter Hitler, 1982, S. 39f. (91) F. Brennecke (Hg.), Handbuch für die Schulungsarbeit in der Hitlerjugend. Vom deutschen Volk und seinem Lebensraum. (92) VB, 3. 5. 1937. (93) VB, 11. 9. 1936. (94) P/N. IVf-3, S. 4 (neu). (95) DokDtP, Bd. 1, S. 251. (96) Die Reden Hitlers am Parteitag der Freiheit 1935, S. 43. (97) R. Lingelbach, Erziehung und Erziehungstheorie im nationalsozialistische Deutschland, 1970, S. 137f. (98) 宮田光雄, *op. cit.*, p. 377. (99) Domarus, S. 643. (100) W. Maaß, Erziehung im neuen Staat. (R. Benze/G. Gräfer (Hg.)), 1940, S. 272. (101) Domarus, S. 486, 724. (102) M. Mayer, They thought they were free, 1966［1955］, p105.［田中浩／金井和子訳,『彼らは自由だと思っていた』, 1983］(103)

Deutschland-Berichte der Sozialdemokratischen Partei Deutschlands (Sopade) 1934–1940, 2. Jg., 1980, S. 1375f. (104) Rauschning, S. 257. (105) Jaeckel/Kuhn, S. 916. (106) MK, S. 262ff. (107) J. Goebbels, Vom Kaiserhof zum Reichskanzlei, S. 28, 140. (108) J. Goebbels, Revolution der Deutschen, S. 135ff. (109) *Ibid.*, S. 186f. (110) B. Stern, So war es, 1985, S. 53. (111) J. Goebbels, *op. cit.*, S. 144f. (112) H. Heiber (Hg.), Goebbels-Reden, Bd. 1, 1971, S. 89ff. (113) DokDtP, Bd. 1, S. 327ff. (114) W. L. Shirer, The rise and fall of the Third Reich, 1960, p. 248. [井上勇訳,『第三帝国の興亡』, 1961] (115) Domarus, S. 976. (116) Domarus, S. 2078. (117) VfZ 1961, S. 104ff. (118) Rauschning, S. 198. (119) MK, S. 371. (120) Rauschning, S. 197ff. (121) MK, S. 536. (122) E. Hanfstaengl, Hitler. The missing years, 1957, S. 33ff. (123) MK, S. 530ff. (124) Rauschning, S. 198f. (125) K. A. v. Müller, Im Wandel einer Welt, 1966, S. 144f. 右派の歴史学者でありゴットフリード・フェーダーの義兄弟でもあったミューラー(1882–1964) は, 一九一九年六月――この頃, 彼は大学にポストをもたず, ミュンヘン大学の地方史講座教授への就任は一九二八年のことである――, バイエルン国防軍により開設されヒトラーも参加した国防軍兵士を対象とする反ボルシェヴィズム啓発講習会の講師を務め, その折り, 講義後のグループ討論の中でヒトラーの雄弁の才を見いだしたとされる. 後年, ミューラーは最初の出会いの様子を次のように書き残している.「『君は知っているかね, 君の学生の中に生まれながらの雄弁家がいることを.』私は, 講義の終わった後, 私の学生時代からの友人〔マイル大尉〕に尋ねた.『えっ, そいつは何処に座っているんだ.』私は, その場所を指差した.『ああ, 奴はリスト聯隊所属のヒトラーだ. おーい, ヒトラー, こちらへ来たまえ.』呼ばれた彼は, ぎこちなく, 何か挑戦的な当惑を示しながら, 教壇のところにやってきた. 会話は嚙み合ないまま終わった.」(K. A. von Müller, Mars und Venus, 1954, S. 338f.) (126) M. Maschmann, *op. cit.*, S. 8f. (127) W. Allen, *op. cit.*, p. 216. (128) K. Behnken (Hg.), *op. cit.*, S. 1375. (129) K. Schmeer, Die Regie des öffentlichen Lebens im Dritten Reich, 1956, S. 108ff. (130) W. L. Shirer, Berlin Diary 1934–1941, 1943, p. 15f. [大久保和郎／大島かおり訳,『ベルリン日記』, 1997] (131) A. F. Poncet, Souvenirs d'une ambassade à Berlin, Septembre 1931-Octobre 1938, 1946, p. 268. (132) T. Abel, Why Hitler came into power, 1938, p. 153. [小池四郎訳,『ヒトラーとその運動』, 1940] (133) W. Brügger, Nationalsozialistisches Bildungswesen, 1937, S. 577. (134) K. D. Bracher/W. Sauer/G. Schulz, Die nationalsozialistische Machtergreifung, 2. Aufl., 1962, S. 840. (135) I. Scholl, Die weiße Rose, 1979 [1953], S. 13f. [内垣啓一訳,『白ばらは散らず』, 1964] (136) G. Usadel, Zucht und Ordnung, S. 26f. (137) *Ibid.*, S. 27. (138) Reden des Führers am Parteitag der Ehre 1936, 3. Aufl., S. 45f. (139) R. Freisler, DJ, 1938, S. 1870. (140) Hans Schemm Spricht, S. 406. (141) E. R. Huber, ZStW, 1936, S. 440. (142) RVBl, 1936, S. 316f. (143) Beschl. d. AG. Frankfurt a. M., Jugend und Recht, 1935, S. 237. (144) H. Reuß, Verwaltungs Archiv , 1936, S. 224. (145) K. Larenz, Deutsche Rechtswissenschaft, 1936, S. 33. (146) R. Kluge/H. Krüger, Verfassung und Verwaltung im Dritten Reich, S. 74. (147) Die Reden Hitlers am Parteitag der Freiheit 1935, S. 57. (148) Reichsministerialblatt, 1933, S. 672. (149) Die Reden Hitlers am Parteitag der Freiheit 1935, S. 57f. (150) E. Forstoff, Der totale Staat, 2. Aufl., 1934, S. 46. (151) R. Freisler, Das neue Strafrecht, 1936, S. 39. (152) Reden des Führers am Parteitag der Ehre 1936, 3. Aufl., S. 78. (153) R. Freisler, Festschrift für Heinrich Lehmann zum 60. Geburtstag, 1937, S. 49. (154) Domarus, S. 981. (155) Domarus, S. 1923. (156) Domarus, S. 1316f. (157) G. Thierack, Denkschrift des Zentralausschusses der Strafrechtsabteilung der Akademie für Deutsches Recht über die Grundzüge eines Allgemeinen Deutschen Strafrechts, 1934, S. 27. (158) H. Frank (Hg.), Nationalsozialistische Leitsätze für ein neues deutsches Strafrecht, 1. Teil, 1935, S. 20ff. (159) Führer-Reden zum Winterhilfswerk 1933–1936, S. 30. (160) *Ibid.*, S. 15. (161) Jäckel/Kuhn, S. 913. (162) H. Göring, ZAKDR, 1934, S. 234. (163) F. Gürtner, Archiv für

Kriminologie 1933, S. 198. (164) H. Göring, *op. cit.* (165) E. R. Huber, Verfassungsrecht des Großdeutschen Reiches, 2. Aufl., S. 366. (166) W. Frick, Der Neuaufbau des Reichs, 1934, S. 25. (167) E. Boepple (Hg.), Adolf Hitlers Reden, 1934, S. 72. (168) W. Frick, *op. cit.* (169) Domarus, S. 227. (170) StBVR, Bd. 457, S. 27f. (171) R. Freisler, DStR, 1934, S. 5f. (172) Quellen, Bd. 1, 1. Teil, S. 409. (173) R. Freisler, JAKDR, 1933/34, S. 116. (174) F. Schaffstein, DStR, 1935, S. 101. (175) *Ibid.* (176) F. Schaffstein, Grundfragen der neuen Rechtswissenschaft, 1935, S. 109f. (177) K. Klee, DStR, 1936, S. 2. (178) Quellen, Bd. 1, 2. Teil, S. 1. (179) F. Gürtner, Das neue Strafrecht, 2. Aufl., 1936, S. 17. (180) *Ibid.* (181) Domarus, S. 1316f. (182) P/N. IIRV-2, S. 4 (neu). (183) G. Weisenborn, Der Lautlose Aufstand, 1953, S. 265ff. [佐藤晃一訳編,『声なき蜂起』, 1956] (184) Wächter, DJ, 1940, S. 474. (185) Picker, S. 331f. (186) R. Freisler, DJ, 1940, S. 885. (187) R. Freisler, DJ, 1939, S. 1566. (188) F. Schaffstein, *op. cit.*, S. 137. (189) R. Freisler, Das kommende deutsche Strafrecht. Allgemeine Teil. (F. Gürtner (Hg.), 2. Aufl., 1935, S. 18. (190) R. Freisler, Denkschrift des Zentralausschusses der Strafrechtsabteilung des Akademie für Deutsches Recht über die Grundzüge eines Allgemeinen Deutschen Strafrechts, S. 13. (191) R. Frank, Das Strafgesetzbuch für das Deutsches Recht, 18. Aufl., 1931, S. 252f. (192) DJ, 1934, S. 595. (193) R. Freisler, DJ, 1939, S. 1566f. (194) Quellen, Bd. 1, 1. Teil, S. 410. (195) P/N. IIc-23, S. 6. (196) P/N. IIc-6, S. 222. (197) P/N. IIc-22, S. 5f. (198) P/N. IIc-22, S. 5f. (199) W. Wagner, Der Volksgerichtshof im nationalsozialistischen Staat, 1974, Anlage 29. (200) Helmuth J. Graf von Moltke 1907-1945. Letzte Briefe aus dem Gefängnis Tegel, 1951, S. 30f., 40ff. (201) A. Lenz, Mitteilungen der kriminalbiologischen Gesellschaft, 1938, S. 12. (202) E. Wolf, Vom Wesen des Täters, 1932, S. 19f. (203) W. Gallas, ZStrW, 1940, S. 379. (204) A. Lenz, *op. cit.*, S. 10f. (205) F. Gürtner, *op. cit.*, S. 29. (206) G. Dahm, Grundfragen der neuen Rechtswissenschaft, S. 102. (207) K. Klee, DStR, 1936, S. 6. (208) R. Frank, *op. cit.*, S. 269. (209) G. Dahm, Der Tätertyp im Strafrecht, 1940, S. 4f. (210) Domarus, S. 422. (211) E. Mezger, ZStrW, 1940, S. 365f. (212) H. Mittelbach, DR, 1940, S. 1497f. (213) P/N. IIc-19, S. 1. (214) R. Freisler, DJ, 1939, S. 1450. (215) R. Freisler, DJ, 1939, S. 1852. (216) E. Mezger, ZAKDR, 1940, S. 62. (217) R. Freisler, DJ, 1940, S. 54. (218) Reichsgericht, Urt. v. 30. 5. 1940, DR, 1940, S. 1422f. (219) J. Nagler, ZAKDR, 1940, S. 226f. (220) K. H. Nüse, DJ, 1941, S. 358f. (221) F. Gürtner, DJ, 1939, S. 1754. (222) H. Frank (Hg.), Nationalsozialistische Leitsätze für ein neues deutsches Strafrecht, 2. Teil, 1936, S. 117. (223) P/N. IIc-6, S. 171f. (224) H. Mittelbach, DR, 1942, S. 426. (225) J. Nagler (Hg.), Strafgesetzbuch nach dem neuesten Stand der Gesetzgebung. Leibziger Kommentar, Bd. 2, 6./7. Aufl., 1951, S. 182. (226) G. Dahm, *op. cit.*, S. 4ff. (227) E. Forstoff, Der totale Staat, 1. Aufl., 1933, S. 38ff. (228) H. W. Kranz, Die Gemeinschaftsunfähigen, 1. Teil, 1939, S. 9. (229) W. Darré, Um Blut und Boden, 1941, S. 317. (230) H. Nicolai, Rassengesetzliche Rechtslehre, 2. Aufl., 1933, S. 45f. (231) G. Dahm, Grundfragen der neuen Rechtswissenschaft, S. 88. (232) H. Frank, Nationalsozialistische Strafrechtspolitik, 1938, S. 32. (233) M. Broszat, Der Staat Hitlers, 1979 [1969], S. 418f. (234) Quellen, Bd. 1, 1. Teil, S. 178, 188. (235) H. Frank (Hg.), Nationalsozialistische Leitsätze für ein neues deutsches Strafrecht, 1. Teil., S. 11, 23f.; R. Freisler, Das neue Strafrecht, S. 40. (236) K. Klee, Archiv für Rechts-und Sozialphilosophie, 1934/35, S. 487ff. (237) F. Gürtner, Das neue Strafrecht, S. 30. (238) K. Larenz, Zeitschrift für Deutsche Kulturphilosophie, 1935, S. 36. (239) G. Dahm, ZStW, 1935, S. 286. (240) J. W. Hedemann/H. Lehmann/W. Siebert, *op. cit.*, S. 29. (241) G. Dahm, Gemeinschaft und Strafrecht, 1935, S. 9. (242) Rietzsch, Das kommende deutsche Strafrecht. Allgemeine Teil. (F. Gürtner (Hg.)), 2. Aufl., S. 119. (243) K. Larenz, *op. cit.*, S.

37. (244) Domarus, S. 1923f. (245) H. Boberach (Hg.), Richterbriefe, S. 102f. (246) Volksgerichtshof, Urt. v. 5. 8. 1943., BA. 10J17/41gH194/43. (247) Volksgerichtshof, Urt. v. 13. 12. 1944., BA. 1-H357/449J230/44. (248) R. Freisler, DJZ, 1935, S. 911. (249) Volksgerichtshof., Urt. v. 25. 7. 1944, W. Wagner, *op. cit.*, S. 120f. (250) K. Klee, DStR, 1942, S. 69. (251) R. Kaimer, Hochschule für Politik der NSDAP. Ein Leitfaden, 1933, S. 97. (252) H. Nicolai, *op. cit.*, S. 18. (253) W. G. von Gleispach, DStrR, 1941, S. 4. (254) F. Gürtner, DJ, 1940, S. 3. (255) R. Freisler, DJ, 1938, S. 1859. (256) DJ, 1935, S. 1811. (257) Chrone, DJ, 1933, S. 384. (258) P/N. IIa-8, S. 8a (2). (259) P/N. IIa-26, S. 1 (neu). (260) H. Frank, Im Angesicht des Galgens, S. 57. (261) VB, 24/25/26. 12. 1933. (262) DJ, 1934, S. 597. (263) DJZ, 1936, S. 562f. (264) W. Wagner, *op. cit.*, S. 22. (265) DJZ, 1936, S. 562. (266) R. Freisler, ZAKDR, 1935, S. 91. (267) H. Hillermeier (Hg.), Im Namen des Deutschen Volkes, 2. Aufl., 1982, S. 33. (268) W. Weiß, DR, 1935, S. 518. (269) Reichsgericht, Urt. v. 21. 3. 1935, DJ, 1935, S. 850. (270) Lämmle, DR, 1944, S. 505. (271) Lämmle, JW, 1938, S. 2569. (272) W. L. Shirer, *op. cit.*, S. 269. (273) K. Engert, DR, 1939, S. 485. (274) F. Gürtner, DJ, 1937, S. 1235. (275) H. Glaser, Das Dritte Reich, 1961, S. 133. [関楠生訳,『ヒトラーとナチス』, 1963] (276) K. Engert, DR, 1939, S. 485. (277) Werner, Nationalsozialistisches Handbuch für Recht und Gesetzgebung. (H. Frank (Hg.)), S. 1410. (278) R. Freisler, VB, 22. 4. 1936. (279) H. Hillermeier (Hg.), *op. cit.*, S. 33f. (280) G. Thierack, DJ, 1945, S. 41. (281) M. Broszat, VfZ, 1958, S. 437ff. (282) Bundesminister der Justiz (Hg.), Im Namen des Deutschen Volkes. Justiz und Nationalsozialismus, 1989, S. 210. (283) G. Weisenborn (Hg.), *op. cit.*, S. 261ff. (284) Bundesminister der Justiz (Hg.), *op. cit.*, S. 213. (285) C. Zentner/F. Bedürftig (Hg.), Das Grosse Lexikon des Dritten Reiches, 1985, S. 612. (286) W. Wagner, *op. cit.*, Anlage 35. (287) DRPS, 1933, Nr. 277. (288) Rietzsch, DJ, 1933, S. 745f. (289) R. Freisler, DJ, 1938, S. 626. (290) DRPS, 1933, Nr. 277. (291) Reichsgericht, Urt. v. 19. 4. 1934, JW, 1934, S. 1662. (292) Reichsgericht, Urt. v. 25. 9. 1934, JW, 1934, S. 3130. (293) Reichsgericht, Urt. v. 19. 4. 1934, JW, 1934, S. 1662. (294) Reichsgericht, Urt. v. 25. 8. 1938, DJ, 1938, S. 1597. (295) Reichsgericht, Urt. v. 18. 4. 1939, DJ, 1939, S. 869. (296) P/N. IIc-10, S. 3 (neu) ff. (297) G. Dahm, Der Tätertyp im Strafrecht, S. 27ff. (298) Reichsgericht, Urt. v. 8. 6. 1934, JW, 1934, S. 2057. (299) P/N. IIc-10, S. 5 (neu) f. (300) P. Bockelmann, ZAKDR, 1940, S. 311. (301) Reichsgericht, Urt. v. 19. 4. 1934, JW, 1934, S. 1662. (302) Reichsgericht, Urt. v. 26. 8. 1938, DJ, 1938, S. 1597. (303) Reichsgericht, Urt. v. 26. 8. 1938, DJ, 1938, S. 1597. (304) Reichsgericht, Urt. v. 27. 4. 1939, DR, 1939, S. 987. (305) Reichsgericht, Urt. v. 9. 1. 1939, JW, 1939, S. 477. (306) Reichsgericht, Urt. v. 11. 10. 1938, JW, 1938, S. 3101. (307) R. Freisler, Beiträge zur Rechtserneuerung. Heft 8. Römischer Kongreß für Kriminologie, S. 22. (308) T. Vierstein, Erblehre und Rassenhygiene im völkischen Staat. (E. Rüdin (Hg.)), 1934, S. 338ff.; F. Stumpfl, Erbanlage und Verbrechen, 1935, S. 284f. (309) E. Ristow, Erbgesundheitsrecht, 1935, S. 239. (310) A. Gütt, Ausmerzung krankhafter Erbanlagen, 1934, S. 35. (311) W. G. v. Gleispach, Mitteilungen der IKV, Neue Folge, Bd. 6 (1933), S. 167. (312) Reichsgericht, Urt. v. 28. 9. 1934, JW, 1935, S. 519. (313) P/N. II-c10, S. 36 (neu). (314) P/N. II-c10, S. 44a (1) (neu). (315) C. Müller, Das Gewohnheitsverbrechergesetz vom 24. November 1933, 1997, S. 34f. (316) DJ, 1933, S. 862. (317) DJ, 1937, S. 1872. (318) MBliV, 1939, S. 1181. (319) O. Schwarz/E. Noack, Die Gesetzgebung des Dritten Reiches, 1934, S. 15f. (320) R. Freisler, DJ, 1938, S. 626. (321) R. Freisler, DJ, 1940, S. 53f. (322) F. Exner, ZStrW, 1940, S. 340f. (323) Reichsgericht, Urt. v. 10. 10. 1940, DR, 1941, S. 43. (324) G. Thierack, DJ, 1934, S. 540f. (325) P/N. II-c24, S. 60. (326) G. Dahm, DR, 1944, S. 2. (327) Thiemann, DR, 1941, S. 2651. (328) Reichsgericht,

Urt. v. 2. 10. 1942, DR, 1942. S. 1781. (329) G. Dahm, DR, 1944, S. 3. (330) E. Mezger, Deutsches Jugendrecht, 1944, S. 90. (331) G. Dahm, DR, 1944, S. 3f. (332) *Ibid.*, S. 2. (333) *Ibid.* (334) *Ibid.* (335) *Ibid.*, S. 3. (336) R. Freisler, DJ, 1941, S. 930f. (337) K. Klee, DStR, 1942, S. 71. (338) Schmidt-Leichner, DR, 1943, S. 884. (339) G. Dahm, DR, 1942, S. 403. (340) H. Nicolai, DR, 1933, S. 3f. (341) G. Dahm, DR, 1944, S. 4. (342) P/N. II-c6, S. 170. (343) H. Boberach (Hg.), *op. cit.*, S. 56f.

第五章　種共同体の建設

(1) H. A. Jacobsen/W. Jochmann (Hg.), Ausgewählte Dokumente zur Geschichte des Nationalsozialismus. 1933–1945, Bd. 1., 1961. (2) Der Weg zur Ordensburg, 1937, S. 6, 8. (3) H. Kobelinski, Der Vormarsch, Blätter der Wikinger, August 1927, Folge 3, S. 52. (4) Domarus, S. 288. (5) VB, 18/19. 6. 1933. (6) Domarus, S. 564. (7) Reden des Führers am Parteitag der Arbeit 1937, 1938, S. 24. (8) Rauschning, S. 218, 231ff. (9) A. Rosenberg, Der Mythos des 20. Jahrhunderts, 1939 [1930], S. 2. [吹田順助／上村清延訳，『二十世紀の神話』，1938] (10) C. K. Behrens (Hg.), Was ist Rasse?, S. 61. (11) G. Benn, Der neue Staat und die Intelektuellen, 1933, S. 25ff. (12) E. Bergmann, Deutschland. Das Bildungsland der neuen Menschheit, 1933, S. 16. (13) ZB, S. 78, 127. (14) A. Gütt, Die Rassenpflege im Dritten Reich, 1940, S. 7f. (15) R. Höhn, Vom Wesen der Gemeinschaft, 1934, S. 27. (16) W. Darré, Zucht als Gebot, 1944, S. 35f. (17) *Ibid.*, S. 17. (18) Der Parteitag Großdeutschland vom 5. bis 12. September 1938, 1938, S. 81. (19) Die Reden Hitlers am Reichsparteitag 1933, S. 23f. (20) W. Darré, Um Blut und Boden, S. 311f. (21) W. Groß, Rassenpolitische Erziehung, 1934, S. 7ff. (22) Der Parteitag der Freiheit vom 10.–16. September 1935, 1935, S. 90ff. (23) *Ibid.*, S. 95f. (24) VB (Bayernausgabe), 7. 8. 1929. (25) Rauschning, S. 210. (26) E. Bergmann, Erkenntnisgeist und Muttergeist, 2. Aufl., 1933, S. 431. (27) Rauschning, S. 22. (28) G. Usadel, Zucht und Ordnung, S. 19. (29) H. W. Kranz, Archiv für Rassen-und Gesellschaftsideologie, 1935, S. 62. (30) H. Himmler, TMWC, Bd. 29, p. 108f. (31) Seibert, VB, 28. 7. 1940. (32) Domarus, S. 544. (33) Die Reden Hitlers am Parteitag der Freiheit 1935, S. 54. (34) C. K. Behrens (Hg.), *op. cit.*, S. 59ff. (35) A. R. Gruber (Hg.), Weibliche Erziehung im NSLB, 1934, S. 34ff. (36) Erziehung und Unterricht in der Volksschule, S. 10. (37) Erziehung und Unterricht in der Höhren Schule, S. 17f., 153. (38) *Ibid.*, S. 153. (39) C. K. Behrens (Hg.), *op. cit.*, S. 8. (40) F. Kade, Die Wende in der Mädchenerziehung, 1937, S. 7. (41) F. Lenz, Die Rasse als Wertprinzip. Zur Erneuerung der Ethik, 1933, S. 44. (42) F. Kersten, Totenkopf und Treue, 1955, S. 92. (43) Jochmann, S. 149, 151. (44) E. Jörns/J. Schwab, Rassenhygienische Fibel, S. 103ff. (45) W. Darré, *op. cit.*, S. 33f. (46) MK, S. 275. (47) G. Usadel, *op. cit.*, S. 16. (48) G. v. Scanzoni, Das großdeutsche Ehegesetz v. 6. 7. 1938, 1939, S. 1f. (49) Picker, S. 487. (50) A. Gütt, *op. cit.*, S. 12. (51) *Ibid.*, S. 11. (52) G. v. Scanzoni, *op. cit.*, S. 34. (53) P/N. IIb–59, S. 18 (neu). (54) E. Rüdin (Hg.), Erblehre und Rassenhygiene im völkischen Staat, S. 55f. (55) MK, S. 144f. (56) MK, S. 145. (57) ZB, S. 56f. (58) VB (Bayernausgabe), 18. 7. 1928. (59) ZB, S. 51. (60) SK, 25. 1. 1940. (61) M. Staemmler, Rassenpflege im völkischen Staat, S. 78. (62) H. Himmler, VB, 17. 1. 1937. (63) H. Himmler, Grundfragen der deutsche Polizei, 1937, S. 14. (64) P/N. IIc–6, S. 8. (neu). (65) G. Bock, Zwangssterilisation im Nationalsozialismus, 1986, S. 159ff. (66) SK, 4. 3. 1937. (67) F. Kersten, *op. cit.*, S. 68f. (68) P/N. IIc–6, S. 84. (69) Reichsgericht, Urt. v. 23. 4. 1880, Entscheidungen des Reichsgerichts in Strafsachen, Bd. 1, S. 395. (70) P/N. IIc–6, S. 84f. (71) MBliV, 1941, S. 257. (72) P/N. IIc–6, S. 211.

(73) P/N. IIc-6, S. 215. (74) DokDtP, Bd. 1, S. 170ff. (75) RGBl, 1935, S. 47. (76) RGBl, 1938, S. 357. (77) RGBl, 1939, S. 1331. (78) RGBl, 1941, S. 115. (79) F. Reinhardt, DRPS, 1933, Nr. 199. (80) *Ibid.* (81) P/N.Va-3, S. 1 (neu. Sept. 1941) f. (82) Reichs-Gesundheitsblatt, 1934, S. 269ff. (83) Reichs-Gesundheitsblatt, 1939, S. 70f. (84) Reichs-Gesundheitsblatt, 1940, S. 483ff. (85) Reichssteuerblatt, 1938, S. 345ff., 1942, S. 337ff. (86) BA. R43II/721, Bl. 97. (87) MBliV, 1940, S. 1519ff. (88) Reden des Führers am Parteitag der Ehre 1936, S. 44. (89) F. Burgdörfer, Bevölkerungsentwicklung im Dritten Reich, 1937, S. 27. (90) *Ibid.*, S. 38. (91) *Ibid.*, S. 39. (92) *Ibid.*, S. 29. (93) Dammer, Deutsche Steuer-Zeitung und Wirtschaftlicher Beobachter, 1940, S. 495f. (94) VB, 25/26. 12. 1938. (95) L. Peters, Volkslexikon. Drittes Reich, 1994, S. 181. (96) G. Tidl, Die Frau im Nataionalsozialismus, 1984, S. 175. (97) MK, S. 446f. (98) DokDtP, Bd. 1, S. 170ff. (99) Gütt, DR, 1935, S. 30. (100) DRPS, 1933, Nr. 172. (101) ErbgesObGer. Königsberg, Beschl. v. 22. 7. 1936, JW, 1936, S. 3057. (102) A. Gütt/E. Rüdin/F. Ruttke, Gesetz zur Verhütung erbkranken Nachwuchses vom 14. Juli 1933, 2. Aufl., 1936, S. 108. (103) ErbgesObGer. Oldenburg, Beschl. v. 5. 3. 1937, JW, 1937, S. 2059. (104) P/N. IVd-3, S. 6 (neu). (105) DJ, 1933, S. 862. (106) DJ, 1934, S. 725. (107) P/N. IVd-3, S. 3 (neu). (108) ErbgesObGer. Düsseldorf, Beschl. v. 18. 4. 1935, JW, 1935, S. 1869. (109) ErbgesObGer. Kiel, Beschl. v. 23. 10. 1935, JW, 1936, S. 266. (110) F. Dubitscher, Der Erbarzt, 1935, S. 58. (111) A. Gütt/E. Rüdin/F. Ruttke, *op. cit.*, S. 127. (112) ErbgesObGer. Naumburg, Beschl. v. 20. 12. 1935, JW, 1936, S. 999f. (113) ErbgesObGer. Jena, Beschl. v. 13. 1. 1937, JW, 1937, S. 947f. (114) P/N. IVd-3, S. 6 (neu). (115) ErbgesObGer. Berlin, Beschl. v. 4. 4. 1935, JW, 1935, S. 2504. (116) ErbgesObGer. Dresden, Beschl. v. 20. 7. 1935, JW, 1935, S. 3114f. (117) ErbgesObGer. Berlin, Beschl. v. 12. 10. 1935, JW, 1935, S. 3479. (118) P/N. IVd-3, S. 5 (neu). (119) Meinhof, JW, 1935, S. 2689ff. (120) A. Gütt/E. Rüdin/F. Ruttke, *op. cit.*, S. 108f. (121) *Ibid.*, S. 132, 138f. (122) *Ibid.*, S. 120. (123) *Ibid.*, S. 140. (124) *Ibid.*, S. 146, 154, 160f. (125) 重大な遺伝性奇形に関して ErbgesObGer. Naumburg, Beschl. v. 17. 5. 1935, JW, 1935, S. 2504., 遺伝性聾に関して BErbgesObGer. Kiel, Beschl. v. 3. 7. 1935, JW, 1935, S. 2504f., 遺伝性盲に関して ErbgesObGer. Berlin, Beschl. v. 3. 2. 1937, JW, 1937, S. 950. (126) W. Skalweit, Der öffentliche Gesundheitsdienst, 1935, S. 403. (127) A. Gütt/E. Rüdin/F. Ruttke, *op. cit.*, S. 180. (128) J. Lange, ZStrW, 1933, S. 706. (129) Zeitschrift der evangerische Kranken-und Pflegeanstalten, Heft 2, 1935, S. 30f. (130) F. Maßfeller, DJ, 1935, S. 780ff. (131) Grunau, JW, 1935, S. 3. (132) Zachmann, DR, 1935, S. 41. (133) M. Stürzbecher,Öffentliche Gesundheits-Wesen, 1974, S. 350ff. (134) P/N. IVd-3, S. 53. (135) G. Bock, *op. cit.*, S. 230ff. (136) H. W. Schmuhl, Rassenhygiene, Nationalsozialismus, Euthanasie, 1987, S. 163. (137) K. Dörner (Hg.), Fortschritte der Psychiatrie im Umgang mit Menschen, 1985, S. 101. (138) DokDtP, Bd. 1, S. 173. (139) Zentralles Staatsarchiv der DDR. 15. 01/26248, Bl. 422ff. (140) A. Gütt, Die Rassenpflege im Dritten Reich, S. 11. (141) A. Gütt, Bevölkerungs-und Rassenpolitik (Grundlagen, Aufbau und Wirtschatsordnung des nationalsozialistischen Stattes, 1-2-12), S. 25. (142) 3. Beiheft zum Reichs-Gesundheitsblatt, 1935, S. 53ff. (143) A. Gütt/H. Linden/F. Maßfeller, Blutscutz-und Ehegesundheitsgesetz, 1937, S. 283ff. (144) C. K. Behrens (Hg.), *op. cit.*, S. 10ff. (145) Reichsgericht, Urt. v. 7. 8. 1939., DR, 1939, S. 1818. (146) P/N. IVd-13, S. 4 (neu). (147) Grunau, ZAKDR, 1936, S. 239. (148) O. Finger, Rasse und Recht, 1937/38, S. 159 (149) A. Gütt/H. Linden/F. Maßfeller, *op. cit.*, S. 25. (150) P/N. IVd-13, S. 9 (neu). (151) MBliV, 1935, S. 1299. (152) MBliV, 1935, S. 1295. (153) A. Gütt/H. Linden/F. Maßfeller, *op. cit.* (154) DJ, 1938, S. 1102ff. (155) Reichsgericht, Urt. v. 24. 2. 1910, Entscheidungen des Reichsgerichts in Zivilsachen, Bd. 73, S. 134. (156)

D. v. Scanzoni, *op. cit.*, S. 63ff. (157) Reichsgericht, Urt. v. 10. 10. 1938, JW, 1939, S. 156ff. (158) DR, 1943, S. 345f. (159) OLG. Düsseldorf, Urt. v. 26. 11. 1934, JW, 1935, S. 226. (160) Reichsgericht, Urt. v. 10. 10. 1935, JW, 1936, S. 376f. (161) Reichsgericht, Urt. v. 11. 6. 1936, JW, 1936, S. 2537. (162) LG. Halberstadt, Urt. v. 3. 7. 1936, DJ, 1936, S. 1537. (163) LG. Rudolstadt, Urt. v. 11. 1. 1937, JW, 1937, S. 1308f. (164) LG. Hamburg, Urt. v. 14. 2. 1935, JW, 1935, S. 1447. (165) DJ, 1938, S. 1109. (166) H. Ficker, JW, 1938, S. 2067. (167) Reichsgericht, Beschl. v. 4. 7. 1942, DR, 1942, S. 1336. (168) Reichsgericht, Urt. v. 17. 4. 1939, DR, 1939, S. 1074f. (169) Reichsgericht, Urt. v. 6. 11. 1939, DR, 1940, S. 160f. (170) G. Lilienthal, Medizin historisches Journal 1979, S. 114ff.; G. Bock, *op. cit.*, S. 23ff.; 米本昌平,『遺伝管理社会』, 1989, p. 42ff. (171) Deutsches Ärzteblatt, 1932, S. 119. (172) Eugenik, 1931/32, S. 241ff. (173) *Ibid.*, S. 248f. (174) *Ibid.*, S. 233f. (175) Zentralles Staatsarchiv der DDR. 15. 01/26248, Bl. 101f. (176) Mitteilungen der Internationalen Kriminalistischen Vereinigung. Neue Folge, Bd. 6 (1933), S. 125f. (177) H. Harmsen, Die innere Mission, Bd. 26 (1931), S. 338f. (178) H. Harmsen, Gesundheitsfürsorge. Zeitschrift der Evangelischen Kranken-und Pflegeanstalten, Jg. 7 (1933), S. 6f. (179) Zentralles Staatsarchiv der DDR. 15. 01/26248, Bl. 119ff. (180) F. Lenz, Archiv für Rassen-und Gesellschaftsbiologie, 1931, S. 300, 308. (181) F. Lenz, Menschliche Auslese und Rassenhygiene, 2. Aufl., 1929, S. 162. (182) W. Weichardt (Hg.), Ergebnisse der Hygiene, Bakteriologie, Immunitätsforschung und experimentellen Terapie, Bd. 2., 1917, S. 455f. (183) G. Lilienthal, *op. cit.*, S. 117. (184) M. Staemmler, *op. cit.*, S. 49f. (185) BA. NS. 11/28, Bl. 127. (186) Der deutsche Student, Märzthaft. 1934, S. 161. (187) BA. NS. 26/60, Bl. 12. (188) Der deutsche Student, Märzthaft. 1934, S. 161. (189) MK, S. 436f. (190) MK, S. 437. (191) MK, S. 437. (192) MK, S. 438f. (193) MK, S. 312. (194) MK, S. 314. (195) MK, S. 441f. (196) MK, S. 147. (197) MK, S. 312. (198) MK, S. 359. (199) MK, S. 444f. (200) MK, S. 438f. (201) MK, S. 439. (202) W. Darré, Neuadel aus Blut und Boden, 1930, S. 188ff. (203) MK, S. 123. (204) Jäckel/Kuhn, S. 88f. (205) MK, S. 329. (206) MK, S. 422. (207) MK, S. 317. (208) Der Reichsführer-SS SS-Hauptamt (Hg.), Der Untermensch, 1935. (209) Rauschning, S. 227f. (210) Jäckel/Kuhn, S. 659. (211) MK, S. 703. (212) Rauschning, S. 223f. (213) MK, S. 70. (214) Rauschning, S. 221f. (215) Jäckel/Kuhn, S. 620. (216) Jäckel/Kuhn, S. 186f. (217) ZB, S. 221. (218) A. Hillgruber (Hg.), Staatsmänner und Diplomaten bei Hitler, Bd. 1, S. 614. (219) ZB, S. 158. (220) MK, S. 750f. (221) Der Beauftragte des Führers für die Überwachung der gesamten geistigen und weltanschulichen Schulung und Erziehung der NSDAP (Hg.), Deutschland ordnet Europa neu, 1942, S. 45f. (222) Archiv des Reichsnährstandes, 1935, S. 45. (223) J. Goebbels, Der Angriff. Aufsätze aus der Kampfzeit, 1935, S. 324. (224) Jochmann, S. 293. (225) MK, S. 59. (226) W. Maser (Hg.), Hitlers Briefe und Notizen, 1973, S. 372ff. [西義之訳,『ヒトラー自身のヒトラー』, 1974] (227) Hans Schemm Spricht, S. 35. (228) Jäckel/Kuhn, S. 128. (229) Jäckel/Kuhn, S. 89f. (230) J. Goebbels, Vom Kaiserhof zur Reichskanzlei, S. 288. (231) W. Hofer (Hg.), Der Nationalsozialismus Dokumente 1933–1945, Nr. 158. (232) U. D. Adam, Judenpolitik im Dritte Reich, 1979, S. 47. (233) H. Krausnick, Anatomie des SS-Staates, Bd. 2, 3. Aufl., 1982, S. 258f. (234) M. Broszat/E. Fröhrich/F. Wiesemann (Hg.), Bayern in der NS-Zeit, Bd. 1, 1977, S. 432. (235) J. Hohlfeld (Hg.), Dokumente der deutsche Politik und Geschichte von 1848 bis zur Gegenwart, Bd. 4, 1951, S. 25. (236) Deutsche Allgemeine Zeitung, v. 9. 3. 1933. (237) H. Krausnick, *op. cit.*, S. 258. (238) VB, 21. 3. 1933. (239) 四宮恭二,『ヒトラー・1932〜34 (下)』, 1981, p. 47 ff. (240) H. D. Schmidt/G. Schneider/W. Sommer (Hg.), Juden unterm Hakenkreuz, Bd. 1, 1983, S. 80f. (241) J. Walk (Hg.), Das Sonderecht für die Juden im NS-Staat, 1981, S. 7. (242)

Ibid., S. 9.　(243) F. J. Heyen, Nationalsozialismus im Alltag, 1967, S. 134.　(244) H. Krausnick, *op. cit.*, S. 260.　(245) Rauschning, S. 220.　(246) M. Broszat/E. Fröhrich/F. Wiesemann (Hg.), *op. cit.*, S. 367f.　(247) G. Hirschferld/L. Kettenacker (Hg.), Der "Führerstaat": Mythos und Realität, 1981, S. 136.　(248) Rauschning, S. 222.　(249) K. D. Bracher, Die deutsche Diktatur, S. 278.　(250) J. Goebbels, *op. cit.*, S. 291.　(251) W. S. Allen, The Nazi seizure of power, S. 218ff.　(252) Deutschland-Berichte der Sozialdemokratischen Partei Deutschlands (Sopade) 1934–1940, 5. Jg., 1980, S. 1206f.　(253)『第二施行令』及び『第三施行令』による「官吏」の範囲の拡大について，第二部第二章3参照．この他，個別の命令により排除された職業として，大学講師・助手（バーデン），判事補（プロイセン），国防軍労務者・被傭者，ライヒ法務省労務者・被傭者，司法修習生（プロイセン），仲裁裁判官（プロイセン），戸籍吏（プロイセン），高等学校教育試補（プロイセン），公職担当者（ザクセン），薬剤師試験官（プロイセン），大学助手（プロイセン），薬剤師試補（ヘッセン），訴訟代理人がある．(J. Walk (Hg.), *op. cit.*, S. 13ff.)　(254) J. Hohlfeld (Hg.), *op. cit.*, S. 47f.　(255) Reichsministerialblatt, 1935, S. 65.　(256) J. Walk (Hg.), *op. cit.*, S. 10ff.　(257) MBliV, 1934, S. 159.　(258) J. Walk (Hg.), *op. cit.*, S. 31.　(259) Reichsministerialblatt, 1933, S. 672.　(260) MBliV, 1935, S. 629.　(261) StBVR, Bd. 458, S. 57.　(262) MK, S. 557.　(263) MK, S. 490f.　(264) A. Rosenberg, *op. cit.*, S. 579, 595.　(265) W. Stuckart/H. Globke, Kommentare zur deutschen Rassengesetzgebung, Bd. 1, S. 59f.　(266) P/N. Ia–23, S. 5 (neu).　(267) DJZ, 1935, S. 1391.　(268) P/N. Ia–23, S. 7 (neu).　(269) P/N. Ia–23, S. 7 (neu).　(270) MBliV, 1935, S. 1429.　(271) P/N. Ia–23, S. 7 (neu).　(272) P/N. Ia–23, S. 8 (neu).　(273) W. Stuckart/H. Globke, *op. cit.*, S. 64.　(274) MBliV, 1935, S. 1429.　(275) P/N. Ia–23, S. 8 (neu) f.　(276) W. Stuckart/H. Globke, *op. cit.*　(277) J. Walk (Hg.), *op. cit.*, S. 172.　(278) Reichsgericht, Urt. v. 2. 9. 1936, JW, 1936, S. 3052f.　(279) MBliV, 1935, S. 1429.　(280) W. Stuckart/H. Globke, *op. cit.*, S. 75f.　(281) P/N. Ia–23, S. 11 (neu).　(282) P/N. Ia–24, S. 7 (neu).　(283) W. Stuckart/H. Globke, *op. cit.*, S. 127f.　(284) MBliV, 1935, S. 1429.　(285) W. Stuckart/H. Globke, *op. cit.*, S. 136f.　(286) Etscheidungen des Reichsgrichts in Strafsachen, Bd. 70 (1937), S. 375ff.　(287) Urt. d. RG. v. 7. 1. 937, JW, 1937, S. 468.　(288) Reichsgericht, Urt. v. 24. 7. 1936, JW, 1936, S. 2714.　(289) W. Stuckart/H. Globke, *op. cit.*, S. 112.　(290) *Ibid.*, S. 122.　(291) J. Walk (Hg.), *op. cit.*, S. 131.　(292) *Ibid.*, S. 191f.　(293) R. Leppin, JW, 1937, S. 3078.　(294) W. Stuckart/H. Globke, *op. cit.*, S. 114f.　(295) R. Leppin, JW, 1938, S. 1865.　(296) W. Stuckart/H. Globke, *op. cit.*, S. 114.　(297) *Ibid.*, S. 115.　(298) R. Leppin, JW, 1938, S. 1863f.　(299) Reichsgericht, Urt. v. 17. 12. 1936, JW, 1937, S. 469.　(300) Reichsgericht, Urt. v. 22. 11. 1937, JW, 1938, S. 34.　(301) W. Stuckart/H. Globke, *op. cit.*　(302) Reichsgericht, Urt. v. 8. 10. 1937, JW, 1937, S. 3217.　(303) R. Leppin, JW, 1938, S. 1865.　(304) W. Stuckart/H. Globke, *op. cit.*, S. 79, 145.　(305) MBliV, 1935, S. 1455.　(306) E. Calic (Hg.), Ohne Maske. Hitler-Briting Geheimgespräche 1931, 1968, S. 33f.［鹿毛達雄訳，『ヒトラーは語る』，1977］　(307) H. Arendt, Elemente und Ursprünge totaler Herrschaft, 4. Aufl., S. 565f.　(308) *Ibid.*, S. 594.

第六章　指導者-憲法体制

(1) DR, 1935, S. 557f.　(2) H. Heiber (Hg.), Goebbels-Reden, Bd. 1, S. 230.　(3) StBVR, Bd. 458, S. 59.　(4) Die Reden Hitlers am Parteitag der Freiheit 1935, S. 80ff., 84.　(5) VB, 13. 12. 1933.　(6) C. Schmitt, DR, 1934, S. 28.　(7) E. Ristow, Erbgesundheitsrecht, S. 3.　(8) H. B. Brauße, Die Führungsordnung des deutschen Volkes, S. 36.　(9) Domarus, S. 1922.　(10) E. R. Huber, Wesen und Inhalt der politischen Verfassung, 1935, S. 82.　(11) H. Lammers, Reich und

Ostmark, 1938, S. 16. (12) H. Krüger, Führer und Führung, 1935, S. 45. (13) G. K. Schmelzeisen, Das Recht im nationalsozialistischen Weltbild, 1934, S. 47f. (14) E. Becker, Festgabe der Rechts-und Staatswissenschaften Fakultät Marburg für Erich Jung, 1937, S. 16. (15) MK, S. 492. (16) MK, S. 493, 500. (17) H. Picker, S. 488. (18) O. Maißner/G. Kaisenberg, Staats-und Verwaltungsrecht im Dritten Reich, 1935, S. 162. (19) E. Becker, *op. cit.*, S. 14. (20) Rauschning, S. 198. (21) H. Stadelmann, Die rechtliche Stellung der NS-Volkswohlfarht und des Winterhilfswerkes des Deutschen Volkes, 1938, S. 31f. (22) E. Forstoff, Der totale Staat, 2. Aufl., S. 37. (23) H. Triepel, Die Hegemonie, 1961 [1938], S. 22f. (24) E. Walz, DJT, 1936, S. 257. (25) E. R. Huber, *op. cit.*, S. 81. (26) Die Reden Hitlers am Reichsparteitag 1933, S. 39. (27) H. B. Brauße, *op. cit.*, S. 55. (28) E. R. Huber, ZStW, 1935, S. 42. (29) E. R. Huber, ZStW, 1935, S. 229. (30) G. Dahm, Deutsches Recht, 1944, S. 225f. (31) H. Himmler, Festschrift für W. Frick zum 60. Geburtstag, S. 127. (32) A. Hitler, VB, 19. 7. 1937. (33) MK, S. 316. (34) Hans Schemm Spricht, S. 31. (35) *Ibid.*, S. 51. (36) H. Lammers, *op. cit.*, S. 21. (37) E. R. Huber, ZStW, 1935, S. 229. (38) Der Parteitag Großdeutschland vom 5. bis 12. September 1938, S. 330. (39) C. Dernedde, JW, 1934, S. 957. (40) G. Küchenhoff, Handwörterbuch der Rechtswissenschaft. Ergänzungsband. VIII, der Umbruch 1933/36, 1937, S. 198. (41) R. Heß, DJ, 1936, S. 796. (42) C. Dernedde, JW, 1934, S. 957f. (43) W. Stuckart, Nationalsozialismus und Staatsrecht (Grundlagen, Aufbau und Wirtschatsordnung des nationalsozialistischen Stattes, 1-2-15), S. 28. (44) H. Krüger, *op. cit.*, S. 27. (45) J. Goebbels, Die zweite Revolution, 1926, S. 5. (46) H. Krüger, *op. cit.* (47) *Ibid.*, S. 15. (48) H. Franzen, Gestz und Richter, 1935, S. 26. (49) H. Triepel, *op. cit.*, S. 57. (50) H. Krüger, *op. cit.*, S. 48. (51) H. Frank (Hg.), Nationalsozialistische Leitsätze für ein neues deutsches Strafrecht, 2. Teil, S. 11, 55. (52) Der Kongress zu Nürnberg vom 5. bis 10. September 1934, 1934, S. 163f. (53) E. Becker, *op. cit.*, S. 16f. (54) H. Krüger, *op. cit.*, S. 38. (55) H. Frank, VB, 18. 8. 1934. (56) H. Frank (Hg.), Nationalsozialistische Leitsätze für ein neues deutsches Strafrecht, 1. Teil, S. 20ff. (57) G. Thierack, Denkschrift des Zentralausschusses der Strafrechtsabteilung der Akademie für Deutsches Recht über die Grundzüge eines Allgemeinen Deutschen Strafrechts, S. 27. (58) R. Höhn, DR, 1935, S. 290. (59) E. R. Huber, ZStW, 1941, S. 530. (60) E. Forstoff, *op. cit.*, S. 36. (61) H. B. Brauße, VA, 1937, S. 83. (62) E. Becker, Diktatur und Führung, 1935, S. 17ff. (63) C. Schmitt, Staat, Bewegung, Volk, 1933, S. 41. [初宿正典他訳,『ナチスとシュミット』, 1976] (64) C. H. Ule, VA, 1940, S. 241ff., 255. (65) H. Kobelinski, Der Vormarsch. Blätter der Wikinger, August 1927, Folge 3, S. 51. (66) R. Höhn, DRW, 1937, S. 207. (67) Die Reden Hitlers am Reichsparteitag 1933, S. 41. (68) H. B. Brauße, Die Führungsordnung des deutschen Volkes, S. 96. (69) G. Krause, DR, 1935, S. 205. (70) H. B. Brauße, *op. cit.*, S. 56f. (71) H. Triepel, *op. cit.*, S. 40. (72) M. Weber, Wirtschaft und Gesellschaft, 3. Aufl., 1947, S. 28. [清水幾太郎訳,『社会学の根本概念』, 1972] (73) R. Höhn, DRW, 1937, S. 215. (74) E. R. Huber, Verfassungsrecht des Großdeutschen Reiches, 2. Aufl., S. 230ff.; G. Neeße, Führergewalt, 1940, S. 44ff. (75) C. H. Ule, VA, 1940, S. 241ff. (76) A. Köttgen, JöR, 1938, S. 49. (77) Picker, S. 488f. (78) E. Becker, *op. cit.*, S. 34. (79) R. Höhn, DRW, 1937, S. 208ff. (80) E. R. Huber, ZStW, 1936, S. 405. (81) R. Höhn, DRW, 1937, S. 212. (82) R. Höhn, DR, 1935, S. 298. (83) R. Höhn, Die Wandlung im staatsrechtlichen Denken, 1934, S. 40. (84) H. Nicolai, Rassengesetzliche Rechtslehre, 2. Aufl., S. 32. (85) Kier, Nationalsozialistisches Handbuch für Recht und Gesetzgebung. (H. Frank (Hg.)), S. 23. (86) VB, 3. 5. 1937. (87) H. B. Brauße, DR, 1935, S. 205. (88) C. G. Meinhof, JW, 1935, S. 3077. (89) Domarus, S. 763. (90) H. Göring, DJ, 1940, S. 3. (91) Picker, S. 489. (92) C. G. Meinhoff, JW, 1935, S.

3077. (93) E. Forstoff, Der totale Staat, 1. Aufl., S. 39. (94) H. Arendt, Elemente und Ursprünge totaler Herrschaft, 4. Aufl., S. 711. (95) *Ibid.* (96) Rauschning, S. 222. (97) K. D. Bracher, Die deutsche Diktatur, S. 278. (98) Deutschland-Berichte der Sozialdemokratischen Partei Deutschlands (Sopade) 1934–1940, 3. Jg., 1980, S. 9. (99) Der Kongress zu Nürnberg vom 5. bis 10. September 1934, S. 18. (100) E. R. Huber, ZStW, 1935, S. 40. (101) Rauschning, S. 179. (102) H. Frank, Nationalsozialistische Strafrechtspolitik, S. 16. (103) O. Maißner/G. Kaisenberg, *op. cit.*, S. 162. (104) VB, 18. 1. 1937. (105) H. Lammers, DJ, 1934, S. 1300. (106) E. Wolf, Archiv für Rechts-und Sozialphilosophie, 1934/35, S. 355. (107) J. Binder, Der deutsche Volksstaat, 1934, S. 33. (108) Rob. Kammann = Barmen, VB, 4/5. 2. 1934. (109) H. Henkel, Strafrichter und Gesetz im neuen Staat, 1934, S. 52. (110) W. Hamel, Deutsches Verwaltungsrecht. (H. Frank (Hg.)), 1937, S. 388. (111) Rauschning, S. 175. (112) E. Krieck, Nationalpolitische Erziehung, 1933, S. 38. (113) H. Himmler, Die Schutzstaffel (Grundlagen, Aufbau und Wirtschatsordnung des nationalsozialistischen Stattes, 1–1–7b), S. 5. (114) H. Krüger, *op. cit.*, S. 41. (115) *Ibid.*, S. 43. (116) Rauschning, S. 165. (117) VB, 4. 11. 1930. (118) VB, 26. 6. 1934. (119) H. von Kotze/H. Krausnick (Hg.), Es spricht der Führers, 1966, S. 147f. (120) DokDtP, Bd. 4, S. 9f. (121) H. A. Jacobsen (Hg.), Der Zweite Weltkrieg, S. 181. (122) Rauschning, S. 126. (123) Der Kongress zu Nürnberg vom 5. bis 10. September 1934, S. 211. (124) H. B. Brauße, Die Führungsordnung des deutschen Volkes, S. 6f. (125) H. Schmidt-Leonhardt, Deutsches Kulturrecht, 1936, S. 13. (126) O. Dietrich, Der Nationalsozialismus als Weltanschauung und Staatsgedanke. (Grundlagen , Aufbau und Wirtschaftsordnug des nationalsozialistischen Stattes. 1–1–2), S. 6. (127) Führer-Reden zum Winterhilfswerk 1933–1936, S. 12f. (128) H. Reuß, VA, 1936, S. 231ff. (129) H. B. Brauße, *op. cit.*, S. 7. (130) *Ibid.*, S. 31. (131) K. Larenz, Deutsche Rechtserneuerung und Rechtsphilosophie, 1934, S. 44. (132) H. Krüger, DR, 1935, S. 210. (133) G. Dahm, *op. cit.*, S. 225. (134) R. Freisler, DStR, 1936, S. 65. (135) E. R. Huber, Verfassungsrecht des Großdeutschen Reiches, 2. Aufl., S. 194f. (136) *Ibid.*, S. 194ff. (137) H. Lammers, VB, 3. 9. 1938. (138) MK, S. 99. (139) MK, S. 378. (140) Domarus, S. 564. (141) E. R. Huber, *op. cit.*, S. 196. (142) Picker, S. 488ff. (143) Die Reden Hitlers am Reichsparteitag 1933, S. 20. (144) W. Stuckart/G. Neeße, Partei und Staat, 1938, S. 14. (145) W. Stuckart, DR, 1936, S. 346. (146) VB, 4. 2. 1934. (147) W. Stuckart/H. v. R = v. Hoewel/R. Schidermair, Der Staatsaufbau des Deutschen Reichs, S. 109. (148) Der Kongreß zu Nürnberg vom 5. bis 10. September 1934, S. 204f. (149) VB, 4. 9. 1928. (150) Der Reichsorganisationsleiter der NSDAP (Hg.), Organisationsbuch der NSDAP, 1936, S. 15. (151) Der Kongreß zu Nürnberg vom 5. bis 10. September 1934, S. 211. (152) Die Reden Hitlers am Reichsparteitag 1933, S. 40f. (153) VB, 28. 10. 1935. (154) G. Neeße, Das Gesetz zur Sicherung der Einheit von Partei und Staat, 1934, S. 8. (155) H. Nicolai, *op. cit.*, S. 6. (156) O. Gauweiller, Rechtseinrichtungen und Rechtsaufgaben der Bewegung, 1939, S. 2. (157) W. Stuckart/H. v. R = v. Hoewel/R. Schidermair, *op. cit.* (158) Die Reden Hitlers am Parteitag der Freiheit 1935, S. 79. (159) W. Stuckart/G. Neeße, *op. cit.* (160) Die Reden Hitlers am Parteitag der Freiheit 1935, S. 80ff. (161) *Ibid.*, S. 80. (162) BA, NS. 11/28, Bl. 139. (163) DokDtP, Bd. 5, 1938, S. 30. (164) Rauschning, S. 45. (165) H. Himmler, *op. cit.*, S. 4. (166) Hitlers Rede vom 25. 1. 1939, H-A. Jacobsen/W. Jochmann (Hg.), Ausgewählte Dokumente zur Geschichte des Nationalsozialismus 1933–1945, Bd. 1, 1961. (167) Die Reden Hitlers am Reichsparteitag 1933, S. 37. (168) BA, NS. 11/28, Bl. 138f. (169) Der Parteitag Großdeutschland vom 5. bis 12. September 1938, S. 330. (170) Organisationsbuch der NSDAP, S. 15. (171) M. Rauh, Historisches Jahrbuch, 1987, S. 115f. (172) L. Gruchmann, Justiz im dritten Reich,

1988, S. 750f. (173) D. Rebentisch/K. Teppe, Verwaltung contra Menschenführung im Staat Hitlers, 1986, S. 26. (174) H. Göring, Aufbau einer Nation, 1934, S. 53f. (175) MK, S. 378, 493, 501f., 661. (176) Organisationsbuch der NSDAP, S. 16. (177) Heckel, DVBl, 1937, S. 59. (178) Freisler, DJ, 1934. S. 1073. (179) E. Becker, *op. cit.*, S. 36f. (180) W. Hamel, DJT, 1936, S. 1466. (181) W. Jochmann, S. 123. (182) P. D. Thiele, Partei und Staat, 1971, S. 31. (183) Picker, S. 382f. (184) W. Best, Die Deutsche Polizei, 1941, S. 26. (185) W. Hamel, DJT, 1936, S. 1466. (186) W. Best, *op. cit.* (187) TMWC, Bd. 32, p. 29. (188) W. Hamel, DJT, 1936, S. 1466. (189) Picker, S. 160. (190) M. Rauh, *op. cit.*, S. 114. (191) Picker, S. 383. (192) R. Schlaut, DR, 1934, S. 73. (193) E. R. Huber, ZStW, 1941, S. 530. (194) E. R. Huber, ZStW, 1935, S. 210. (195) H. B. Braußе, *op. cit.*, S. 60. (196) MK, S. 493. (197) O. Koellreutter, Der Aufbau des deutschen Führerstaates, 1936, S. 14. (198) R. Ley, Wir alle helfen dem Führer, S. 167. (199) M. Moll (Hg.), “Führer-Erlasse” 1939–1945, 1997, S. 231ff. (200) G. Neeße, Partei und Staat, 1936, S. 56. (201) R. Ley, Soldaten der Arbeit, S. 138. (202) H. Krüger, Führer und Führung, S. 43, 46. (203) ErbgesObGer. Jena, Beschl. v. 25. 1. 1939, DR, 1939, S. 731. (204) SK, 15. 5. 1941. (205) H. H. Dietze, Naturrecht in der Gegenwart, 1936, S. 299f. (206) R. Höhn, DR, 1935, S. 298. (207) R. Freisler, DJ, 1933, S. 670. (208) Picker, S. 113. (209) H. B. Brauße, *op. cit.*, S. 52. (210) H. Frank, Deutsche Verwaltung, 1938, S. 739. (211) W. Best, *op. cit.*, S. 27. (212) VB, 13. 12. 1933. (213) Domarus, S. 1794. (214) Die Reden Hitlers am Parteitag der Freiheit 1935, S. 85. (215) MK, S. 475. (216) J. Heckel, Der deutsche Staat der Gegenwart. (C. Schmitt (Hg.)), 1935, S. 11f. (217) Die Reden Hitlers am Parteitag der Freiheit 1935, S. 77. (218) H. B. Brauße, *op. cit.*, S. 36. (219) H. Göring, ZAKDR, 1934, S. 234. (220) H. Buchheim, Totalitäre Herrschaft, S. 110. (221) H. J. Laski, The state in theory and practice, 1960 [1935], p. 21. [石上良平訳，『国家――理論と現実』，1952] (222) Die Reden Hitlers am Parteitag der Freiheit 1935, S. 80. (223) W. Stuckart, DJT, 1936, S. 273. (224) M. Weber, *op. cit.*, S. 29. (225) Preußische Gesetzsammlung, 1933, S. 33. (226) R. Manvell, SS and Gestapo, 1969, p. 31. [渡辺修訳，『ゲシュタポ』，1971] (227) H. Kelsen, Die philosophischen Grundlagen der Naturrechtslehre und des Rechtspositivismus, 1928, S. 65. [黒田覚／長尾龍一訳，『自然法論と法実証主義』，1973] (228) J. J. Rousseau, Contrat social ou principes du droit politique, 1762, p. 11. [桑原武夫／前川貞次郎訳，『社会契約論』，1954] (229) J. Locke, Treatises of government, No. 137, 202. [伊藤宏之訳，『全訳統治論』，1997] (230) Montesquieu, De l'esprit des lois, II–11–4. (231) C. Schmitt, *op. cit.*, S. 32ff. (232) MK, S. 426. (233) MK, S. 426. (234) H. Arendt, *op. cit.*, S. 621. (235) C. Schmitt, *op. cit.*, S. 42. (236) R. Höhn, DR, 1935, S. 290. (237) G. Neeße, Führergewalt, S. 47ff. (238) Ritterbusch, JW, 1934, S. 2195. (239) E. R. Huber, Verfassungsrecht des Großdeutschen Reiches, 2. Aufl., S. 230. (240) Führer-Reden zum Winterhilfswerk 1933–1936, S. 12f. (241) K. D. Bracher/W. Sauer/G. Schulz (Hg.), Die Nationalsozialistische Machtergreifung, S. 422. (242) E. R. Huber, *op. cit.*, S. 233f. (243) J. Heckel, DVBl, 1937, S. 61. (244) W. Stuckart/H. v. R = v. Hoewel/R. Schidermair, *op. cit.*, S. 76f. (245) H. Triepel, *op. cit.*, S. 54. (246) R. Höhn, DRW, 1937, S. 209. (247) Montesquieu, *op. cit.*, II–11–6. (248) H. Krüger, *op. cit.*, S. 15. (249) G. Dahm, *op. cit.*, S. 226. (250) H. Krüger, *op. cit.*, S. 45f.

第七章　指導者-国家-憲法体制

(1) W. L. Shirer, The rise and fall of the Third Reich, p. 188f. (2) H. Lammers, Reich und Ostmark, 1938, S. 10. (3) Deutsche Allgemeine Zeitung, Ausgabe Groß-Berlin v. 6. 3. 1933.

(4) StBVR, Bd. 457, S. 5. (5) StBVR, Bd. 457, S. 7. (6) StBVR. Bd. 457, S. 26. (7) Die Reden Hitlers als Kanzler, S. 6. (8) J. Goebbels, Revolution der Deutschen, S. 126, 129. (9) H. Lammers, DJ, 1934, S. 1297. (10) StBVR, Bd. 457, S. 16. (11) Die Reden Hitlers am Reichsparteitag 1933, S. 22. (12) VB, 2. 9. 1933. (13) Führer-Rede zum Kriegs-Winterhilfswerk 1941/42, S. 6. (14) Die Reden Hitlers am Parteitag der Freiheit 1935, S. 81. (15) Organisationsbuch der NSDAP, S. 487. (16) Picker, S. 61. (17) Domarus, S. 406, 422. (18) Domarus, S. 405f. (19) K. D. Bracher, Die deutsche Diktatur, S. 253. (20) H. B. Braußе, Die Führungsordnung des deutschen Volkes, S. 70f. (21) Domarus, S. 287. (22) P/N. Ib–4, S. 1. (23) W. Stuckart, DJT, 1936, S. 276. (24) DRPS, 1933, Nr. 284. (25) W. Frick, Der Neuaufbau des Reichs, S. 14.; H. Reuß, JW, 1935, S. 2315. (26) Reichsgericht, Urt. v. 17. 6. 1935, DJ, 1935, S. 1100. (27) C. Shmitt, DR, 1934, S. 30. (28) G. Neeße, Führergewalt, S. 56f. (29) MK, S. 431. (30) MK, S. 433, 435. (31) P. Bucher, Der Reichswehrprozeß, S. 265, 275. (32) DokDtP, Bd. 5, S. 32. (33) P/N. Ib–4, S. 1. (34) R. Höhn, Die Wandlung im staatsrechtlichen Denken, S. 35. (35) *Ibid.*, S. 17. (36) *Ibid.*, S. 31. (37) F. W. Jerusalem, Der Staat, 1935, S. 308f. (38) Preußische Gesetzsammlung, 1933, S. 427. (39) R. Höhn, *op. cit.*, S. 33f. (40) W. Stuckart/H. v. R = v. Hoewel/R. Schidermair, Der Staatsaufbau des Deutschen Reichs, S. 82. (41) H. Mommsen, Beamtentum in Dritten Reich, S. 203, A. 1. (42) *Ibid.*, S. 204. (43) *Ibid.*, S. 93. (44) P/N. Ic–12, S. 1 (neu). (45) P/N. Ic–12, S. 24 (neu). (46) Reichsarbeitsgericht, Urt. v. 13. 5. 1936, Arbeitsrechts-Sammlung, Bd. 27, S. 58ff. (47) Reichsdienststrafhof, Urt. des I. Dienststraffsenats v. 29. 5. 1940, Entscheidungen des Reichsdienststrafhof, 1941, S. 41ff. (48) Reichsdienststrafhof, Urt. des I. Dienststraffsenats v. 3. 5. 1939., Entscheidungen des Reichsdienststrafhof, 1941, S. 1ff. (49) Reichsarbeitsgericht, Urt. v. 15. 6. 1938, Arbeitsrechts-Sammlung, Bd. 34, S. 205ff. (50) Reichsdienststrafhof, Urt. des II. Dienststraffsenats v. 16. 5. 1940, Entscheidungen des Reichsdienststrafhof, 1941, S. 23. (51) OVG. Preußen, Entsch. v. 17. 11. 1936, RVBl, 1937, S. 245ff. (52) H. Messerschmidt, Das Reich im Nationalsozialistischen Weltbild, 1940, S. 68ff. (53) DRPS, 1933, Nr. 284. (54) G. Neeße, Das Gesetz zur Sicherung der Einheit von Partei und Staat, S. 41. (55) R. Höhn, DR, 1935, S. 299f. (56) Leitfaden für Gesetz-und Verordnungensentwürfe, 1937, S. 10. (57) J. Heckel, Berichte über die Lage und das Studium des öffentlichen Rechts, 1935, S. 19. (58) E. R. Huber, DRW, 1939, S. 326. (59) E. Dackweiler, Jugend und Recht, 1936, S. 64. (60) E. R. Huber, DRW, 1939, S. 323f. (61) BA. R43II/694, Bl. 100. (62) W. Frick, DV, 1939, S. 39. (63) z. B., R. Ley, Soldaten der Arbeit, S. 169ff.; E. R. Huber, DRW, 1939, S. 324. (64) Die Reden Hitlers am Parteitag der Freiheit 1935, S. 80f. (65) W. Stuckart/H. v. R = v. Hoewel/R. Schidermair, *op. cit.*, S. 11. (66) H. Frank, Rechtsgrundlegende des nationalsozialistischen Führerstaates, 1938, S. 34. (67) z. B., W. Stuckart, DJT, 1936, S. 279f.; H. Reuß, VA, 1936, S. 12ff. (68) DV, 1936, S. 331. (69) G. Neeße, *op. cit.*, S. 42. (70) F. M. du Prel, DR, 1934, S. 430. (71) H. Göring, VB, 28. 10. 1935. (72) W. Sommer, DJZ, 1936, S. 593. (73) R. Höhn, DR, 1935, S. 475. (74) Die Reden Hitlers am Parteitag der Freiheit 1935, S. 14ff. (75) StBVR, Bd. 458, S. 57. (76) StBVR, Bd. 458, S. 59. (77) StBVR, Bd. 458, S. 62. (78) Die Reden Hitlers am Parteitag der Freiheit 1935, S. 81. (79) Der Kongress zu Nürnberg vom 5. bis 10. September 1934, S. 162. (80) R. Höhn, DR, 1935, S. 477. (81) Die Reden Hitlers am Parteitag der Freiheit 1935, S. 16. (82) R. Freisler, Richter und Gesetz, 1935, S. 7f. (83) R. Höhn, DR, 1936, S. 306. (84) H. Göring, VB, 28. 10. 1935. (85) P/N. Ib–4, S. 2. (86) W. Frick, ABC des Deutschen Beamtengesetzes, 1935, S. 11. (87) E. Haidn/L. Fischer, Das Recht des NSDAP, 1937, S. 54. (88) *Ibid.* (89) G. Dahm, Deutsches Recht, S. 220. (90) Ritterbusch, JW, 1934, S. 2194. (91) E. R. Huber, Verfassungsrecht des

Großdeutschen Reiches, 2. Aufl., S. 230. (92) A. Köttgen, JöR, 1937, S. 67f. (93) E. R. Huber, *op. cit.*, S. 222. (94) R. Kluge/H. Krüger, Verfassung und Verwaltung im Dritten Reich, S. 51. (95) G. Küchenhoff, Handwörterbuch der Rechtswissenschaft, Ergänzungsband. VIII, der Umbruch 1933/36, 1937, S. 204. (96) P/N. Ia-20, S. 1. (97) O. Maißner/G. Kaisenberg, Staats- und Verwaltungsrecht im Dritten Reich, S. 65. (98) H. Lammers, DJ, 1934, S. 1299. (99) Domarus, S. 441. (100) VB, 19/20. 8. 1934. (101) K. D. Bracher, *op. cit.*, S. 265. (102) E. R. Huber, *op. cit.*, S. 216f. (103) E. R. Huber, ZStW, 1935, S. 205. (104) H. Korte, DV, 1942, S. 475. (105) F. P.-Heffter/C.-H. Ule/C. Dernedde, Sonderausgabe aus JöR, 1935, S. 78. 民族投票の性格と機能の詳細について，第Ⅱ部第八章１ 二参照. (106) Der Kongress zu Nürnberg vom 5. bis 10. September 1934, S. 22ff.

第八章　指導者-国家-憲法体制と立法

(1) E. Fraenkel, Der Doppelstaat, 1974, S. 23. (2) J. Goebbels, Der Angriff, 1930, S. 71. (3) VB, 13. 12. 1933. (4) E. R. Huber, Verfassungsrecht des Großdeutschen Reiches, 2. Aufl., S. 203. (5) Ehrengericht, Urt. v. 23. 1. 1939, Entscheidungen des Ehrengerichtshofes bei der Reichs-Rechtsanwaltskammer, Bd. 33, S. 8ff. (6) M. Broszat/E. Fröhlich/F. Wiesemann (Hg.), Bayern in der NS-Zeit, Bd. 1, S. 504. (7) H. Lammers, Reich und Ostmark, 1938, S. 27. (8) K. Kümmerling, Der Sinnwandel des Gesetzbegriffes im nationalsozialistischen Staate, 1938, S. 39. (9) A. Köttgen, JöR, 1937, S. 77f. (10) K. Kümmerling, *op. cit.* (11) F. P.-Heffter/C.-H. Ule/C. D. Dernedde, Sonderausgabe aus JöR, 1935, S. 81. (12) W. Stuckart/H. v. R = v. Hoewel/R. Schiedermair, Der Staatsaufbau des Deutschen Reichs, S. 93. (13) *Ibid.* (14) StBVR, Bd. 458, S. 20. (15) StBVR, Bd. 458, S. 57. (16) StBVR, Bd. 458, S. 61f. (17) E. R. Huber, *op. cit.*, S. 207ff. (18) A. Köttgen, JöR, 1937, S. 78. (19) VB, 18. 8. 1934. (20) E. R. Huber, ZStW, 1935, S. 229. (21) F. P.-Heffter/C.-H. Ule/C. Dernedde, *op. cit.*, S. 78. (22) H. Lammers, *op. cit.*, S. 21f., 29. (23) RGBl, 1933, S. 732. (24) E. R. Huber, Verfassungsrecht des Großdeutschen Reiches, 2. Aufl., S. 202. (25) W. Frick, Der Neuaufbau des Reichs, S. 13. (26) E. R. Huber, ZStW, 1935, S. 205. (27) VB, 12/13. 11. 1933. (28) S. Neumann, Permanent revolution, p. 148. (29) Hoche, Reich und Länder, 1936, S. 68. (30) O. L. Brintzinger, Die Deutsche Rundschau, 80. Jg., 1954, S. 352. (31) H. Krüger, DR, 1937, S. 312. (32) F. v. Papen, Die Wahrheit: eine Gasse, 1952, S. 294f. (33) J. Goebbels, Vom Kaiserhof zur Reichskanzlei, S. 302. (34) H. Krüger, DR, 1937, S. 311. (35) R. Höhn, Die Wandlung im staatsrechtlichen Denken, S. 37. (36) U. Scheuner, DRW, 1940, S. 27. (37) H. Lammers, *op. cit.*, S. 28. (38) W. Stuckart/H. v. R = v. Hoewel/R. Schidermair, *op. cit.*, S. 81f. (39) Akten der Reichskanzlei. Regierung Hitler 1933-1938, Teil I: 1933/34, Bd. 1, S. 659ff. (40) *Ibid.*, S. 661f. (41) *Ibid.*, S. 662f. (42) *Ibid.*, S. 664f. (43) VB, 15. 7. 1933. (44) Reichsministerialblatt, 1924, S. 173. (45) Reichsministerialblatt, 1933, S. 386. (46) Akten der Reichskanzlei. Regierung Hitler 1933-1938, Teil I: 1933/34, Bd. 1, S. 156, A. 29. (47) *Ibid.*, S. 156. (48) BA. R43II/1036, Bl. 85ff. (49) O. Dietrich, 12 Jahre mit Hitler, 1955, S. 249. (50) M. Broszat, Der Staat Hitlers, S. 353f. (51) D. Rebentisch, Führerstaat und Verwaltung im Zweiten Weltkrieg, 1989, S. 38. (52) TMWC, Bd. 27, p. 135. (53) TMWC, Bd. 36, p. 488. (54) D. Rebentisch, *op. cit.*, S. 39. (55) L. v. Krosigk, Es gescha in Deutschland, S. 203f. (56) TMWC, Bd. 25, p. 403. (57) L. Gruchmann, Festschrift für Ernst Fraenkel zum 75. Geburtstag, 1973, S. 192. (58) *Ibid.*, S. 200. (59) H. Lammers, TMWC, Bd. 11, p. 55. (60) L. Gruchmann, *op. cit.*, S. 212. (61) R. Kluge/H. Krüger, Verfassung und Verwaltung im Dritte Reich, S. 53. (62) VB, 3. 9. 1938. (63) F.

A. Medicus, Das Reichsministerium des Innern, 1940, S. 41. (64) L. Gruchmann, *op. cit.*, S. 198. (65) L. Gruchmann, Justiz im Dritten Reich 1933–1940, S. 895ff. (66) *Ibid.*, S. 895. (67) BA. R43II/1513, Bl. 2. (68) BA. R43II/1513, Bl. 5. (69) L. Gruchmann, *op. cit.* (70) P/N. IIc–6, S. 99. (71) BA. R43II/1513, Bl. 94. (72) BA. R43II/1513, Bl. 94. (73) BA. R43II/1513, Bl. 94. (74) P/N. IIc–6, S. 117. (75) BA. R43II/1513, Bl. 94. (76) P/N. IIc–6, S. 117. 今回の措置が超法規的ないわば「水際」の対応であり，それ故，「後の祭り」となる可能性がなかったわけではない．一九三九年九月一六日の『一般刑事手続改正法』は，こうした事態を避けるためもあったのであろう，ライヒ裁判所付検事総長に対し，判決確定後一年内に，「判決の正当性に対する重大な疑念の故に新たな公判が必要であると判断した」場合，「特別抗告（außerordentlicher Einspruch）」を行う権限を付与し，ライヒ裁判所特別刑事部が「新たに」公判を行うこととした．この後，一九四〇年二月二一日の『刑事裁判所管轄権法』は，ライヒ裁判所付検事総長に対し，区裁判所・ラント裁判所・特別裁判所の判決に限って，判決確定後一年内に，「判決が認定された事実への法の適用の誤りの故に不正である」場合，「無効抗告（Nichtigkeitsbeschwerde）」を行う権限を付与し，ライヒ裁判所が，公判により，あるいは，検事総長の同意を条件に公判なしに，判決により決定するとした．さらに，一九四二年八月一三日の『刑事司法簡素化命令』は，無効抗告を行いうる場合として，「法の適用の誤り」の他，「認定された事実の正当性又は量刑に重大な疑念がある」場合を追加した．抗告の権限が法文上「検事総長」にあるにせよ，指導者が必要に応じ彼に対し「命令」することは当然に予想されるところであり（R. Freisler, DJ, 1939, S. 1597.），実際，ヒトラーは，一九四一年九月一四／一五日の食卓談話の中で次のように語っている．「法律家は，非常時には別の掟が妥当するということが理解できない．私が今注目していることは，『ブレーメン』でただ楽しみのためだけに放火した若者に対し死刑が宣告されるかだ．彼らがそうしない場合に備えて，既に，奴をただちに銃殺せよとの命令を出している．」（Jochmann, S. 60.）特別抗告に関し，フライスラーは，これを「指導者権力」，即ち，「指導者が最高裁判権所有者であり」，「一切の判決は指導者の正当化を必要とする」との観念に由来するものとし――そのため，法文にかかわらず，指導者の抗告に制限はない――（DJ, 1939, S. 1570, 1597f.），リヒテンバーガーも，「誤った判決を排除」するための「国家指導の手段」（DR, 1940, S. 2134.）としての性格と機能をもつものとする．彼らの指摘は，むろん，無効抗告にも当てはまるものであった． (77) BA. R43II/693, Bl. 112f. (78) A. Wagner, Die deutsche Justiz und der Nationalsozialismus, Bd. 1, 1968, S. 217.; M. Broszatt, VfZ, 1958, S. 396. (79) M. Broszatt, Der Staat Hitlers, S. 201f. (80) L. Gruchmann, Festschrift für Ernst Fraenkel zum 75. Geburtstag, S. 199. (81) *Ibid.* (82) M. Broszatt, *op. cit.*, S. 385. (83) L. Gruchmann, *op. cit.*, S. 199f. (84) L. Gruchmann, *op. cit.*, S. 217. A. 48. (85) J. Heckel, DVBl, 1937, S. 62. (86) Akten der Reichskanzlei. Regierung Hitler 1933–1938, Teil I: 1933/34, Bd. 1, S. 364f. (87) DJ, 1933, S. 478. (88) JAKDR, 1933/34, S. 7. (89) Gesetz-und Verordnungs-Blatt für den Freistaat Bayern, 1933, S. 277. (90) P/N. IId–5, S. 1. (91) JAKDR, 1933/34, S. 177. (92) VB, 16/17/18. 4. 1933. (93) DR, 1933, S. 28. (94) Bührer, Nationalsozialistisches Handbuch für Recht und Gesetzgebung. (H. Frank (Hg.)), S. 1584. (95) L. Gruchmann, Justiz im Dritten Reich 1933–1940, S. 89, 754. (96) *Ibid.*, S. 89. (97) BA. R22/4723, Bl. 251. (98) BA. R22/4723, Bl. 250, 253. (99) BA. R22/4723, Bl. 254. (100) DR, 1935, S. 18. (101) H. Frank, ZAKDR, 1940, S. 341. (102) JAKDR, 1939/40, S. IXf. (103) L. Gruchmann, *op. cit.*, S. 752f. (104) *Ibid.*, S. 747f. (105) Akten der Reichskanzlei. Regierung Hitler 1933–1938, Teil I: 1933/34, Bd. 1, S. 601. (106) Sommer, Deutsches Verwaltungsrecht. (H. Frank (Hg.)), S. 170. (107) L. Gruchmann, *op. cit.*, S. 748. (108) Deutschen Nachritenbüro v. 27. 7. 1934. (109) BA. R43II/694, Bl. 80f. (110) BA. R43II/694, Bl. 99. (111) BA. R43II/694, Bl. 120. (112) BA. R43II/694, Bl. 85. (113) BA. R43II/694, Bl. 88. (114) BA. R43II/694, Bl. 91. (115) BA. R43II/694, Bl. 123. (116) BA. R43II/694, Bl. 126. (117) E. R. Huber, Verfassungsrecht des

Großdeutschen Reiches, 2. Aufl., S. 228f.　(118) *Ibid.*, S. 228.　(119) H. Korte, DV, 1942, S. 501.　(120) H. Krüger, DR, 1937, S. 312.　(121) W. Weber, JAKDR, 1937, S. 184.　(122) *Ibid.*, S. 196.　(123) Berthold, DV, 1935, S. 272.　(124) K. Kümmerling, *op. cit.*, S. 37f.; E. R. Huber, *op. cit.*, S. 229.　(125) Reichsministerialblatt, 1935, S. 423.　(126) Hoche, Reich und Länder, 1936, S. 67.　(127) E. R. Huber, *op. cit.*, S. 237f.　(128) H. B. Brauße, Die Führungsordnung des deutschen Volkes, S. 72.　(129) W. Weber, ZStW, 1942, S. 132.　(130) W. Weber, JAKDR, 1937, S. 194.　(131) E. R. Huber, *op. cit.*, S. 253.　(132) W. Weber, ZStW, 1942, S. 135.　(133) E. R. Huber, *op. cit.*, S. 257.　(134) A. Platen-Hallermund, Die Tötung Geisteskranker in Deutschland, 1948, S. 19f.　(135) D. Rebentisch, *op. cit.*, S. 383f.　(136) G. Dahm, Deutsches Recht, S. 232.　(137) W. Weber, ZStW, 1942, S. 124.　(138) A. Köttgen, JöR, 1937, S. 147.　(139) E. R. Huber, *op. cit.*, S. 253.　(140) W. Weber, ZStW, 1942, S. 135.　(141) W. Best, DR, 1939, S. 48.　(142) U. Scheuner, DRW, 1940, S. 33f.　(143) z. B., RGBl, 1939, S. 2179.　(144) H. Korte, DV, 1942, S. 500f.　(145) E. R. Huber, ZStW, 1941, S. 550.　(146) E. R. Huber, Verfassungsrecht des Großdeutschen Reiches, 2. Aufl., S. 251ff.　(147) E. R. Huber, ZStW, 1941, S. 550.　(148) W. Weber, ZStW, 1942, S. 123.　(149) *Ibid.*, S. 132.　(150) P/N. IIa-10, S. 2.　(151) Werner, ZAKDR, 1940, S. 130.　(152) W. Weber, ZStW, 1942, S. 109.　(153) *Ibid.*, S. 135.　(154) H. Korte, DV, 1942, S. 498.　(155) H. Boßung, RVBl, 1937, S. 118f.　(156) VB, 10. 9. 1936.　(157) VHfZ, 1955, S. 206, 210.　(158) TMWC, Bd. 36, p. 489ff.　(159) BA. R43II/353a, Bl. 26ff.　(160) Dahm, *op. cit.*, S. 228.　(161) A. Köttgen, JöR, 1937, S. 85.　(162) E. Gritzbach (Hg.), Hermann Goering. Reden und Aufsätze, S. 256, 274.　(163) *Ibid.*, S. 256f.　(164) A. Kube, Pour le mérite und Hakenkreuz, 1986, S. 159.　(165) L. Gruchmann, Festschrift für Ernst Fraenkel zum 75. Geburtstag, S. 200.　(166) A. Kube, *op. cit.*, S. 159f.　(167) VB, 21. 10. 1936.　(168) Domarus, S. 652.　(169) Domarus, S. 658. 四カ年計画全権受託者（Beauftragter für den Vierjahresplan）と同様の全権受任者に，「ライヒ行政全権受任者（Generalbevollmächtigte für die Reichsverwaltung)」及び「経済全権受任者（Generalbevollmächtigte für die Wirtschaft)」がある．いずれも，一九三八年九月四日の『ライヒ国防法』(TMWC, Bd. 28, p. 319ff.）が全体戦争を可能とする体制整備を目的に設けた機関であり，ライヒ行政全権受任者にはライヒ防衛の準備に必要な経済行政を除く非軍事的行政の統一的指導が，経済全権受任者にはライヒ防衛の準備に必要な軍需産業を除く一切の経済の監督が委任され，そのため，前者は内務省，法務省，教育省等を，後者は経済省，食糧省，労働省等を，それぞれ管轄するものとされた．四カ年計画全権受託者との類似は明らかであるが，大きな違いは，『ライヒ国防法』が「ライヒ政府」により制定された「法律」であったという点にある．しかも，『ライヒ国防法』は，第一条において，ご丁寧にも，「指導者兼ライヒ首相は，国家権力全体の所有者として，ライヒ領域又はその一部を対象に，『国防準備態勢』を宣言することができる」と明記していたように，全権受任者の設置と授権は，国家の枠組の中で，国家法により行われたのであり，その限り，全権受任者の全「権」は，少なくとも，法律の文言上は，指導者権力ではなく，単に各省を統合しただけの国家権力であったと解すべきものとなる．四カ年計画全権受託者（Beauftragter）と異なる全権受任者（Generalbevollmächtigte）との称号も，こうしたことと関係しているのであろう．授権された権力の中には「既存の法律から逸脱する法命令を布告する権能」が含まれ，これが法律により与えられたという意味では，フーバーがこれを「非公開の全権授与法」と呼んだ（E. R. Huber, ZStW, 1941, S. 575.）ことは当たっているのかもしれない．いずれにせよ，授権の根拠から判断して，『四カ年計画実施令』からの「後退」を指摘することも可能であるが，何故そうなのかは不明である．同日付の指導者兼ライヒ首相による「ライヒ国防法に関する覚書」が「法律の公開は行わない」としたことも，こうしたいささか腑に落ちない事態と何らかの関係があるのかもしれない．　(170) H. Boßung, RVBl, 1937, S. 118.　(171) DokDtP, Bd. 5, S. 32.　(172) W. Weber, ZStW, 1942, S. 112.　(173) A. F. Poncet, Souvenirs d'une ambassade à Berlin, Septembre 1931–Octobre 1938, p. 290.

(174) TMWC, Bd. 9, p. 290. (175) VB, 6. 2. 1938. (176) W. Frick, RVBl, 1940, S. 126 (177) *Ibid.* (178) P/N. Ib-30, S. 2. (179) P/N. IRV-1, S. 1. (180) H. P. Ipsen, RVBl, 1940, S. 24. (181) U. Scheuner, DRW, 1940, S. 36. (182) P/N. IRV-1, S. 1. (183) RGBl, 1923, S. 959. (184) U. Scheuner, DRW, 1940, S. 32. (185) W. Stuckart/H. v. R = v. Hoewel/R. Schiedermair, *op. cit.*, S. 93. (186) H. P. Ipsen, RVBl, 1940, S. 24. (187) L. Gruchmann, op. cit., S. 191. (188) BA. R43II/694a, Bl. 59. (189) BA. R43II/694a, Bl. 60. (190) H. Triepel, Die Hegemonie, S. 48. (191) *Ibid.*, S. 48ff. (192) D. Rebentisch, *op. cit.*, S. 46. (193) P/N. Ia-1, S. 6. (194) StBVR, Bd. 457, S. 31. (195) E. R. Huber, Verfassungsrecht des Großdeutschen Reiches, 2. Aufl., S. 237f. (196) DokDtP, Bd. 5, S. 32. (197) H. Frank, ZAKDR 1937, S. 290. (198) H. Frank, DR, 1936, S. 3. (199) H. Göring, DJ, 1934, S. 881f. (200) A. Köttgen, JöR, 1937, S. 145. (201) H. P. Ipsen, RVBl, 1940, S. 24. (202) K. Larenz, Deutsche Rechtserneuerung und Rechtsphilosophie, S. 33. (203) F. Gürtner, DJ, 1935, S. 464. (204) L. Dikow, Die Neugestaltung des Deutschen Bürgerlichen Rechts, 1937, S. 23f. (205) H. Nicolai, Rasse und Recht, 1933, S. 46. (206) R. Kaimer, Hochschule für Politik der Nationalsozialistische Arbeiterpartei. Ein Leitfaden. (J. Wagner/A. Beck (Hg.)), 1933, S. 91f. (207) *Ibid.*, S. 86. (208) A. Gütt, Die Rassenpflege im Dritten Reich, S. 12. (209) E. Wolf, Richtiges Recht im nationalsozialistischen Staate, 1934, S. 3. (210) K. Pracht, Der Gesesetzesvorspruch, 1937, S. 14. (211) R. Kaimer, *op. cit.*, S. 86. (212) K. Pracht, *op. cit.* (213) K. Larenz, DRW, 1936, S. 34f. (214) R. Kaimer, *op. cit.*, S. 92. (215) H. Nicolai, Rassengesetzliche Rechtslehre, 2. Aufl., S. 29. (216) *Ibid.*, S. 14. (217) G. Dahm/F. Schaffstein, Methode und System des neuen Strafrechts, 1937, S. 34. (218) K. Kümmerling, *op. cit.*, S. 53f. (219) H. Lange, DJT, 1933, S. 186. (220) M. v. Filseck, DJT, 1936, S. 311. (221) E. R. Huber, *op. cit.*, S. 244. (222) J. Heckel, Bericht über die Lage und das Studium des öffentlichen Rechts, S. 22. (223) K. Siegert, Grundzüge des Strafrechts im neuen Staate, 1934, S. 17. (224) G. Küchenhoff, Nationaler Gemeinschaftsstaat. Volksrecht und Volksrechtsprechung, 1934, S. 25. (225) R. Kluge/H. Krüger, *op. cit.*, S. 4. (226) H. Reuß, VA, 1936, S. 233f. (227) K. Siegert, JW, 1935, S. 889. (228) E. R. Huber, *op. cit.*, S. 241. (229) C. Schmitt,Über die drei Arten des Rechtswissenschaftlichen Denkens, 1934, S. 21f., 51, 58. [加藤新平／田中成明訳,『危機の政治理論』, 1973] (230) K. Larenz, Zeitschrift für Deutsche Kulturphilosophie, 1935, S. 56. (231) H. Frank, Nationalsozialistische Strafrechtspolitik, S. 7. (232) DokDtP, Bd. 5, S. 32. (233) A. Lingg, DVBl, 1936, S. 203. (234) R. Freisler, Nationalsozialistisches Recht und Rechtsdenken, 1938, S. 67. (235) K. Kümmerling, *op. cit.*, S. 50. (236) K. Larenz, *op. cit.*, S. 58. (237) G. Küchenhoff, Der Gerichtssal, 1941, S. 302ff. (238) K. Larenz, Deutsche Rechtserneuerung und Rechtsphilosophie, S. 34. (239) H. Göring, DJ, 1935, S. 538. (240) DR, 1934, S. 429. (241) H. Hildebrand, Rechtsfindung im neuen Deutschen Staate, 1935, S. 36. (242) W. Schönfeld, DRW, 1939, S. 215. (243) T. Maunz, Gestalt und Recht der Polizei, 1943, S. 27. (244) U. Scheuner, Festschrift für R. Hübner zum siebzigsten Geburtstag, 1935, S. 213. (245) E. R. Huber, *op. cit.*, S. 236f. (246) A. Köttgen, JöR, 1937, S. 70. (247) G. Küchenhoff, Handwörterbuch der Rechtswissenschaft, Ergänzungsband, VIII, der Umbruch 1933/36, S. 204. (248) E. R. Huber, ZStW, 1941, S. 542. (249) T. Maunz, *op. cit.*, S. 27. (250) Zit. bei LAG. Berlin, Urt. v. 17. 11. 1934, DJ, 1935, S. 73. (251) H. Frank, Im Angesicht des Galgens, S. 466f. (252) U. Scheuner, *op. cit.* (253) K. Kümmerling, *op. cit.*, S. 43. (254) K. Pracht, *op. cit.*, S. 15f. (255) E. Becker, Diktatur und Führung, S. 31. (256) H. Hildebrand, *op. cit.*, S. 41. (257) C. Schmitt, ZAKDR, 1935, S. 439.; L. Dikow, *op. cit.*, S. 26. (258) H. Rössiger, Führertum und Verwaltungsgerichtsbarkeit, 1936, S. 21f. (259) H. H. Dietze, Der Gesetzesvorspruch, 1939, S. 29f. (260) K. Kümmerling, *op. cit.*,

S. 45ff. (261) K. Pracht, *op. cit.* (262) F. Todt, Der Kongreß zu Nürnberg vom 5. bis 10. September 1934, S. 40. (263) K. Kümmerling, *op. cit.*, S. 50. (264) E. R. Huber, Verfassungsrecht des Großdeutschen Reiches, 2. Aufl., S. 197. (265) W. Tegtmeyer, DR, 1940, S. 354. (266) R. Freisler, DStR, 1934, S. 5. (267) C. H. Ule, VA, 1940, S. 43. (268) H. H. Dietze, *op. cit.*, S. 64. (269) *Ibid.*, S. 105. (270) C. H. Ule, VA, 1940, S. 43. (271) K. Pracht, *op. cit.*, S. 106, 108. (272) C. H. Ule, VA, 1940, S. 39ff. (273) W. Tegtmeyer, DR, 1940, S. 354. (274) J. Heckel, DVBl, 1935, S. 163.

第九章　刑法典編纂事業とその挫折

(1) 刑法典編纂事業に関し，ホッヘは，“Die gleichgeschaltete Justiz”（1967）において，「一九三六年一〇月にライヒ法務大臣は〔刑法典〕草案を閣議に提出した．第一編『民族の保護』に関する審議は一九三七年五月一一日に行われた．その結果はよく知られていない」(S. 46.) としていた．しかし，その後，刑法委員会の審議経過・結果の全貌がレッゲ，シューベルト等の編集になる“Quellen zur Reform des Straf-und Strafprozeßrechts. II. Abteilung.”（1988〜1994）により，また，閣議における法案審議の経過がグルーフマンの“Justiz im Dritten Reich 1933–1940”（1987）により連邦文書館所蔵の未公刊資料を基に明らかにされるに至った．本章は特にグルーフマンの研究に依拠するものである． (2) P/N. IIC–6, S. 1 (neu). (3) R. Freisler, DStR, 1934, S. 5. (4) Akten der Reichskanzlei. Regierung Hitler 1933–1938, Teil I: 1933/34, Bd. 1, S. 365f. (5) Quellen, Bd. 1, 1. Teil, S. 1ff. (6) BA. R22/4723, Bl. 244f. (7) BA. R22/4723, Bl. 242, 244. (8) BA. R22/4723, Bl. 241, 244. (9) R. Freisler, DJ, 1933, S. 623. (10) Quellen, Bd. 2, 1. Teil, S. XIV. (11) Quellen, Bd. 1, 1. Teil, S. 1f, A. 1. (12) Quellen, Bd. 2, 1. Teil, S. XIV. (13) BA. R22/4723, Bl. 243. (14) BA. R22/4723, Bl. 245. (15) BA. R22/852, Bl. 15. (16) Quellen, Bd. 2, 1. Teil, S. 1. (17) Quellen, Bd. 2, 1. Teil, S. 1.; DJ, 1933, S. 622. (18) DJ, 1933, S. 728. (19) Quellen, Bd. 2, 1. Teil, S. 2. (20) DJ, 1936, S. 1699. (21) F. Gürtner (Hg.), Das kommende deutsche Strafrecht. Allgemeiner Teil, 2. Aufl., S. 7. (22) Quellen, Bd. 1, 1. Teil, S. 83ff. (23) Quellen, Bd. 2, 1. Teil, S. XV. (24) DJ, 1936, S. 1699. (25) Quellen, Bd. 1, 1. Teil, S. 103ff. (26) BA. R22/852, Bl. 15ff. (27) BA. R22/852, Bl. 21. (28) DJ, 1936, S. 1699f. (29) DR, 1935, S. 18. (30) Quellen, Bd. 2, 3. Teil, S. 544. (31) Quellen, Bd. 1, 1. Teil, S. 341ff. (32) BA. R22/854, Bl. 276. (33) Quellen, Bd. 2, 4. Teil, S. 494. (34) Quellen, Bd. 1, 1. Teil, S. 409ff. (35) BA. R22/854, Bl. 291, 302. (36) F. Gürtner/R. Freisler (Hg.), Das neue Strafrecht. Grundsätzliche Gedanken zum Geleit, 1936. (37) VB, 6. 11. 1936. (38) L. Gruchmann, Justiz im Dritten Reich. 1933–1940, S. 757. (39) Quellen, Bd. 2, 3. Teil, S. 233. (40) F. Gürtner/R. Freisler (Hg.), *op. cit.*, S. 13. (41) BA. R43II/1505, Bl. 46. (42) JAKDR, 1933/34, S. 7. (43) BA. R22/4723, Bl. 241.; Quellen, Bd. 2, 1. Teil, S. XIV, A. 16. (44) BA. R22/4723, Bl. 242. (45) Quellen, Bd. 2, 1. Teil, S. XIV, A. 16. (46) Quellen, Bd. 2, 1. Teil, S. XIV, A. 16. (47) BA. R22/4723, Bl. 243. (48) L. Gruchmann, *op. cit.*, S. 754f. (49) VB, 27. 10. 1933. (50) L. Gruchmann, *op. cit.*, S. 754. (51) *Ibid.*, S. 755. (52) BA. R22/4723, Bl. 238f. (53) BA. R22/4723, Bl. 237. (54) L. Gruchmann, *op. cit.*, S. 756. (55) *Ibid.* (56) *Ibid.*, S. 757. (57) *Ibid.* (58) *Ibid.* (59) VB, 17. 11. 1933. (60) L. Gruchmann, *op. cit.* (61) VB, 18. 11. 1933. (62) L. Gruchmann, *op. cit.*, S. 758. (63) BA. R22/4723, Bl. 235. (64) BA. R22/4723, Bl. 234. (65) BA. R22/4723, Bl. 227. (66) BA. R22/4723, Bl. 222. (67) BA. R22/4723, Bl. 216. (68) DJ, 1934, S. 715. (69) JAKDR, 1933/4, S. 168. (70) F. Gürtner (Hg.), *op. cit.*, S. 7. (71) VB (Süd. Ausgabe), 30. 1. 1935. (72) H. Frank, ZAKDR, 1940, S. 341. (73) H. Frank (Hg.), Nationalsozialistische Leitsätze für ein neues deutsche

Strafrecht, 1. Teil, 2. Aufl., S. 8. (74) *Ibid*., S. 7f. (75) *Ibid*., S. 5f. (76) H. Frank (Hg.), Nationalsozialistische Leitsätze für ein neues deutsche Strafrecht, 2. Teil, S. 5. (77) L. Gruchmann, *op. cit*., S. 767. (78) BA. R22/852, Bl. 70f. (79) BA. R22/852, Bl. 343. (80) BA. R22/852, Bl. 331. (81) BA. R22/852, Bl. 336. (82) BA. R22/852, Bl. 349. (83) BA. R22/852, Bl. 356ff. (84) L. Gruchmann, *op. cit*., S. 769. (85) BA. R22/852, Bl. 357f. (86) Quellen, Bd. 2, 3. Teil, S. 233. (87) E. Reitter, Franz Gürtner. Politische Biographie eines deutschen Juristen 1881–1941, 1976, S. 150. (88) DJ, 1936, S. 1666. (89) Akten der Reichskanzlei. Regierung Hitler 1933–1945, Bd. III: 1936, S. 733. (90) BA. R22/854, Bl. 291. (91) BA. R22/854, Bl. 291. (92) L. Gruchmann, *op. cit*., S. 792. (93) BA. R22/854, Bl. 291f. (94) BA. R22/854, Bl. 297f. (95) BA. R22/854, Bl. 294f. (96) BA. R22/854, Bl. 302. (97) BA. R22/854, Bl. 304. (98) BA. R22/854, Bl. 307. (99) BA. R22/854, Bl. 306. (100) BA. R22/854, Bl. 320. (101) BA. R22/854, Bl. 321f. (102) Quellen, Bd. 1, 2. Teil, S. 617. (103) BA. R43II/1513, Bl. 53. (104) BA. R43II/1513, Bl. 54. (105) BA. R43II/1513, Bl. 54f. (106) VB, 31. 1. 1937. (107) BA. R22/854, Bl. 555. (108) BA. R22/854, Bl. 557. (109) BA. R22/854, Bl. 428ff. (110) BA. R22/854, Bl. 427. (111) Quellen, Bd. 1, 1. Teil, S. 409. (112) L. Gruchmann, *op. cit*., S. 798. (113) BA. R22/855, Bl. 167f. (114) BA. R22/855, Bl. 24ff. (115) Domarus, S. 674. (116) BA. R22/855, Bl. 25. (117) BA. R22/855, Bl. 34. (118) BA. R22/855, Bl. 162f., 169f. (119) BA. R22/855, Bl. 171ff. (120) BA. R22/855, Bl. 212ff. (121) BA. R22/855, Bl. 158. (122) BA. R22/855, Bl. 351. (123) BA. R22/855, Bl. 218ff. (124) BA. R22/855, Bl. 260. (125) BA. R22/855, Bl. 220ff. (126) BA. R22/855, Bl. 262ff., 264. (127) BA. R22/855, Bl. 291. (128) BA. R22/856, Bl. 48f., 57, 74ff., 119ff. (129) BA. R22/855, Bl. 286. (130) BA. R22/856, Bl. 146ff. (131) BA. R22/856, Bl. 82ff. (132) BA. R22/856, Bl. 137. (133) zB., BA. R22/856, Bl. 152ff. (134) L. Gruchmann, *op. cit*., S. 807. (135) *Ibid*., S. 808. (136) BA. R22/856, Bl. 167ff. (137) BA. R22/855, Bl. 298ff. (138) BA. R22/855, Bl. 296. (139) BA. R22/855, Bl. 349f. (140) BA. R22/855, Bl. 375. (141) BA. R22/855, Bl. 377a. (142) BA. R22/856, Bl. 46f. (143) BA. R22/856, Bl. 86ff. (144) BA. R22/856, Bl. 173. (145) BA. R22/856, Bl. 174ff. (146) BA. R22/856, Bl. 179. (147) BA. R22/856, Bl. 181. (148) BA. R22/856, Bl. 185. (149) BA. R22/856, Bl. 186. (150) BA. R22/856, Bl. 186. (151) BA. R22/855, Bl. 377a. (152) BA. R22/856, Bl. 210ff. (153) BA. R22/855, Bl. 401ff. (154) BA. R22/855, Bl. 361. (155) BA. R22/856, Bl. 137. (156) BA. R22/856, Bl. 139. (157) BA. R22/856, Bl. 140. (158) BA. R22/856, Bl. 141. (159) BA. R22/856, Bl. 144. (160) Quellen, Bd. 1, 1. Teil, S. 409ff. (161) R. G. Reuth (Hg.), Josef Goebbels Tagebücher 1924–1945, Bd. 5: 1943–1945, S. 1771. (162) Amtliche Sonderveröffentlichungen der Deutschen Justiz, Nr. 10, S. 27. (163) F. Gürtner, Das neue Strafrecht, S. 22ff. (164) G. Küchenhoff, Nationaler Gemeinschaftsstaat. Volksrecht und Volksrechtsprechung, S. 11. (165) H. Frank, Die Technik des Stattes, 1942, S. 15f. (166) K. Schäfer, Das kommende deutsche Strafrecht. Allgemeine Teil. (F. Gürtner (Hg.)), 2. Aufl., S. 203. (167) C. Schmitt, DJZ, 1935, S. 923. (168) LG. Eisenach, Urt. v. 8. 12. 1938, JW, 1938, S. 338f. (169) SondGer. Breslau, Urt. v. 28. 8. 1943, DR, 1944, S. 23f. (170) Quellen, Bd. 2, 1. Teil, S. 5f. (171) Jochmann, S. 120f. (172) 第Ⅱ部第八章注（76）参照. (173) Domarus, S. 1857. (174) C. Schiller, Das Oberlanndesgericht Karlsruhe im Dritten Reich, 1997, S. 200. (175) W. Johe, Die gleichgeschaltete Justiz, S. 173. (176) *Ibid*., S. 174. (177) StBVR, Bd. 460, S. 117. 演説が生み出した反響のおおよそは，ハム上級ラント裁判所長官が七月七日付でライヒ法務大臣に宛てた現況報告書からも或る程度想像がつく.「国会における指導者の演説は裁判官の中に驚愕を惹き起こしました. ……司法に対する指導者の批判は，人々の間で，一部では意地悪い喜びを，また，一部では裁判官に対する同情を呼び起こしました. ……裁判官にとってとりわけ痛ましいこと

は，裁判官は独立して判決を下しているということを信じない声が増えていることです．私が思うに，判決の独立性に対する人々の信頼を回復させることが肝要です．」（M. Broszat, VfZ, 1958, S. 436.）（178）Hitler's Table-Talk, 1988［1953］, p. 375.［吉田八岑訳，『ヒトラーのテーブル・トーク 1941–1944』，1994］（179）Picker, S. 103f., 158ff., 450f.; Jochmann, S. 60, 140, 271f.（180）K. Oldenhage, Verwaltung contra Menschenfuhrung im Staat Hitlers.（D. Rebentisch/K. Teppe（Hg.）), S. 101.（181）RGBl, 1942, S. 247.（182）StBVR, Bd. 460, S. 119f.（183）DJ, 1942, S. 283.（184）StBVR, Bd. 460, S. 119.

第一〇章　民族の生存法則の執行

（1）Nationalsozialistische Monatshefte, 1933, S. 252ff.（2）（ed.）N. Baynes, The speeches of Adolf Hitler, p. 287.（3）DokDtP, Bd. 1, S. 68f.（4）DokDtP, Bd. 1, S. 72f.（5）K. Heiden, Der Führer, 1944, S. 724.（6）W. Hofer（Hg.）, Der Nationalsozialismus Dokumente 1933–1945, Nr. 14.（7）Domarus, S. 286.（8）Rauschning, S. 143f.（9）Domarus, S. 422.（10）H. Bennecke, Die Reichswehr und der “Röhm-Putsch”, 1964, S. 87f.（11）Domarus, S. 397.（12）Domarus, S. 405.（13）Domarus, S. 405.（14）Domarus, S. 405.（15）M. Broszat/E. Fröhlich/F. Wiesemann（Hg.）, Bayern in der NS-Zeit, Bd. 1, S. 71.（16）Deutschland-Berichte der Sozialdemokratischen Partei Deutschlands（Sopade）1934–1940, 1. Jg., S. 199.（17）Domarus, S. 406.（18）DJ, 1934, S. 881f.（19）StBVR, Bd. 458, S. 21ff.（20）StBVR, Bd. 458, S. 23f.（21）M. Broszat/E. Fröhlich/F. Wiesemann（Hg.）, *op. cit.*（22）J. Toland, Adolf Hitler, 1976, p. 352.［永井淳訳，『アドルフ・ヒトラー』，1979］（23）F. v. Papen, Der Wahrheit: eine Gasse, S. 359f.（24）Ursachen und Folgen. Vom deutschen Zusammenbruch 1918 und 1945 bis zur Staatlichen Neuordnung Deutschalands in der Gegenwart, Bd. 10, S. 162f.（25）K. D. Bracher, Die deutsche Diktatur, S. 263.（26）Akten der Reichskanzlei. Regierung Hitler 1933–1938, Teil I: 1933/34, Bd. 2, S. 1357.（27）L. Gruchmann, Justiz im Dritten Reich. 1933–1940, S. 452.（28）*Ibid.*, S. 451f.（29）シュライヒャー将軍夫妻等個別ケースへの捜査，刑事訴追とその顚末の詳細については，*Ibid.*, S. 455ff. 参照．（30）DJZ, 1934, S. 946ff.［古賀敬太／佐野誠編，『カール・シュミット時事論文集』，2000］（31）VB, 22. 1. 1936.（32）E. Menzel, DVBl, 1937, S. 430f.（33）R. Heydrich, DR, 1936, S. 121.（34）S. Delmer, Die Deutschen und Ich, S. 196. なお，特別裁判所の設置根拠は，ヒトラーのいう二月二八日の『大統領令』ではなく，正しくは，一九三一年の『経済及び財政の保全並びに政治的無法行為の鎮圧に関する第三次ライヒ大統領令』であった．（35）Rauschning, S. 78f.（36）BA. Schumacher/271.（37）MBliV, 1933, S. 233.（38）DR, 1936, S. 126.（39）DokDtP, Bd. 1, S. 19, 23.（40）VB, 11. 3. 1933.（41）VB, 22. 3. 1933.（42）W. Niess, Machtergreifung 33, S. 96.（43）BA. R43II/398, Bl. 91f.（44）K. D. Bracher/W. Sauer/G. Sculz, Die nationalsozialistische Machtergreifung, S. 871.（45）W. S. Allen, The Nazi seizure of power, p. 187ff.（46）Preußische Gesetzsammlung, 1933, S. 122.（47）MBliV, 1933, S. 503.（48）Preußische Gesetzsammlung, 1933, S. 413.（49）Gesetz-und Verordnungsblatt für den Freistaat Bayern, 1933, S. 95.（50）Badisches Gesetz-und Verordnungs-Blatt, 1933, S. 173.（51）W. Best, DR, 1939, S. 45.（52）ベストによれば，ヒムラーが各ラントの政治警察長官に任命された日付は以下のとおりである．バイエルン：1933. 4. 2，メクレンブルク：1933. 11. 27，リューベック：1933. 11. 27，ヴュルテンベルク：1933. 12. 9，バーデン：1933. 12. 19，ヘッセン：1933. 12. 21，チューリンゲン：1933. 12. 21，アンハルト：1933. 12. 21，ハンブルク：1933. 12. 27，オルデンブルク：1934. 1. 5，ブレーメン：1934. 5. 1，ザクセン：1934. 1. 18（DR, 1939, S. 46.）（53）H. Buchheim, Anatomie des SS-Staates, Bd. 1, 2. Aufl., 1979, S. 43.（54）W. Best, DR, 1939, S. 46.（55）W. Best, DR, 1936, S. 127.（56）TMWC, Bd. 9, p. 260.（57）VB, 19. 6. 1936.（58）W.

Best, Die Deutsche Polizei, S. 101. (59) K. Daluge, VB, 16. 1. 1937. (60) Domarus, S. 720. (61) T. Maunz, Gestalt und Recht der Polizei, S. 7. (62) *Ibid.*, S. 29. (63) TMWC, Bd. 26, p. 190. (64) TMWC, Bd. 11, p. 59f. (65) MBliV, 1937, S. 788f. (66) TMWC, Bd. 11, p. 60. (67) H. Buchheim, VHfZ, 1955, S. 135f. (68) Domarus, S. 425f. (69) L. Gruchmann, *op. cit.*, S. 750f. (70) W. Best, JAKDR, 1937, S. 135. (71) H. Tesmer, DR, 1936, S. 135. (72) W. Spohr, Die Schutzhaft, 1934, S. 6. (73) O. Geigenmüller, Die politische Schutzhaft im NS. Deutchland, 1937, S. 25. (74) W. Hamel, Deutsches Verwaltungsrecht. (Frank (Hg.)), S. 395. (75) T. Maunz, *op. cit.*, S. 27. (76) W. Hammel, DRW, 1942, S. 28f. (77) W. Hamel, Deutsches Verwaltungsrecht. (Frank (Hg.)), S. 392. (78) O. Geigenmüller, *op. cit.*, S. 23f.; OVG. Hamburg, Urt. v. 19. 11. 1937, RVBl, 1938, S. 147. (79) R. Höhn, DRW, 1936, S. 114. (80) J. M. Ritter, JW, 1934, S. 2220. (81) H. Himmler, Grundfragen der deutsche Polizei, S. 11f. (82) W. Hammel, DR, 1935, S. 416. (83) R. Nebinger, Reichspolizeirecht, 1943, S. 19f. (84) Domarus, S. 720. (85) T. Maunz, *op. cit.*, S. 7. (86) MBliV, 1936, S. 947. (87) H. Himmler, Festschrift für W. Frick zum 60. Geburtstag, S. 129f. (88) W. Best, Die Deutsche Polizei, S. 108f. (89) TMWC, Bd. 4, p. 329. オーレンドルフの証言には続きがある.「このアマルガメーションは，後に，ヒムラーにより，SSと内務省，国内行政全体との間に同様の関係を構築するべく，拡大されるに至った.」 (90) Drews, Preußisches Polizeirecht, 3. Aufl., 1931, S. 9ff. (91) E. Haidn/L. Fischer, Das Recht des NSDAP, S. 479. (92) W. Hamel, DR, 1935, S. 414. (93) H. Buchheim, Anatomie des SS-Staates, Bd. 1, 2. Aufl., S. 100. (94) A. Schweder, Politische Polizei, 1937, S. 145. (95) 親衛隊に編入された警察官の内，秩序警察以外の者は親衛隊の制服を着用したのに対し，秩序警察官に関しては，一九三七年一月一七日の指導者命令が制服の左胸にルーネ文字で標記されたSSの記章を付けることとした．(VB, 18. 1. 1937.) (96) Der Parteitag Großdeutschland vom 5. bis 12. September 1938, S. 309f. (97) Preussische Gesetzsammlung, 1936, S. 21. (98) W. Best, *op. cit.*, S. 44. (99) *Ibid.* (100) W. Best, DR, 1936, S. 125f. (101) W. Hamel, DR, 1935, S. 327f. (102) W. Spohr, *op. cit.*, S. 7. (103) W. Hamel, DR, 1935, S. 414. (104) W. Hamel, DR, 1935, S. 415. (105) K. Lauer, RVBl, 1934, S. 974. (106) E. Dackweiler, RVBl, 1936, S. 755. (107) W. Hamel, DJZ, 1935, S. 328. (108) W. Hamel, DR, 1935, S. 414f. (109) OVG. Sächsen, Entsch. v. 11. 1. 1935., JW, 1935, S. 976. (110) OVG. Tühringen, Entsch. v. 1. 10. 1930, JW, 1931, S. 98ff. (111) W. Hamel, DR, 1935, S. 414f. (112) Reichsgericht, Urt. v. 4. 10. 1935, JW, 1935, S. 3377f. (113) W. Best, Deutsches Verwaltungsrecht. (H. Frank (Hg.)), S. 419. (114) *Ibid.*, S. 421. (115) MBliV, 1933, S. 503. (116) R. Huber, ZAKDR, 1938, S. 81. (117) A. Schweder, *op. cit.*, S. 164. (118) O. Geigenmüller, *op. cit.*, S. 24. (119) R. Höhn, DRW, 1936, S. 114. (120) A. Köttgen, Deutsche Verwaltung, 1936, S. 145f. (121) W. Best, *op. cit.*, S. 421. (122) M. Broszat, Anatomie des SS-Staates, Bd. 2, 3. Aufl., S. 23. (123) Cremer, JW, 1933, S. 2257. (124) Reichsgericht, Urt. v. 23. 1. 1934, JW, 1934, S. 767. (125) W. Lehmann, Der alte und der neue Polizeibegriff, 1937, S. 105f. (126) *Ibid.*, S. 107. (127) K. Dalüge, Nationalsozialistischer Kampf gegen das Verbrechertum, 1936, S. 33. (128) B. F. Smith/A. F. Peterson (Hg.), H. Himmler: Geheimreden, 1974, S. 110f. (129) K. Dalüge, *op. cit.*, S. 39f. (130) R. Höhn, Grundfragen der deutsche Polizei, S. 31. (131) H. Göring, ZAKDR, 1934, S. 234ff. (132) BA. R43II/398, Bl. 134ff. (133) BA. Schumacher/271. (134) BA. R58/802, 803. (135) M. Broszat, *op. cit.*, S. 41ff. (136) BA. Schumacher/271. (137) H. Frank, Grundfragen der deutsche Polizei, S. 8f. (138) BA. R43II/398, Bl. 128ff. (139) Deutsches Nachrichtenbüro (Nacht-Ausgabe) v. 12. 4. 1934. (140) TMWC, Bd. 26, p. 289. (141) Reichssicherheitshauptamt-Amt V-(Hg.), Vorbeugende Verbrechensbekämpfung. Erlass-Sammlung, 1941, S. 41ff. (142) BA. R58/1027, Bl. 1ff. (143) Vorbeugende Verbrechensbekämpfung. Erlass-Sammlung, S. 27.

(144) B. F. Smith/A. F. Peterson (Hg.), *op. cit.*, S. 112.　(145) Vorbeugende Verbrechensbekämpfung. Erlass-Sammlung, S. 28.　(146) *Ibid.*, S. 29.　(147) *Ibid.*, S. 46ff.　(148) M. Broszat/E. Fröhlich/F. Wiesemann (Hg.), *op. cit.*, S. 117ff.　(149) *Ibid.*, S. 119.　(150) *Ibid.*, S. 81f.　(151) Vorbeugende Verbrechensbekämpfung. Erlass-Sammlung, S. 65ff.　(152) Reichskriminalpolizeiamt (Hg.), Organisation und Meldedienst der Reichskriminalpolizeiamt, 1939, S. 20ff.　(153) M. Broszat, VfZ, 1958, S. 394f.　(154) B. F. Smith/A. F. Peterson (Hg.), *op. cit.*, S. 111f.　(155) M. Broszat, Anatomie des SS-Staates, Bd. 2., 3. Aufl., S. 94f.　(156) BA. R58/1027, Bl. 106.　(157) TMWC, Bd. 38, p. 363ff.　(158) Vorbeugende Verbrechensbekämpfung. Erlass-Sammlung, S. 139ff.　(159) BA. R58/243, Bl. 202ff.　(160) BA. R58/243, Bl. 215.　(161) M. Broszat (Hg.), Rudolf Höss: Kommandant in Auschwitz. Autobiographische Aufzeinungen, 1981 [1963], S. 71f. [片岡啓治訳,『アウシュヴィッツ収容所』, 1972]　(162) M. Broszat, VfZ, 1958, S. 412ff.　(163) R. Höhn, *op. cit.*, S. 26.　(164) M. Broszat, Anatomie des SS-Staates, Bd. 2, 3. Aufl., S. 93.　(165) TMWC, Bd. 27, p. 451ff.　(166) G. Werle, Justiz-Strafrecht und polizeiliche Verbrechensbekämpfung im Dritten Reich, 1989, S. 621ff.　(167) TMWC, Bd. 27, p. 457ff.　(168) K. Binding/A. Hoche, Die Freigabe der Vernichtung lebensunwerten Lebens. Ihre Maß und ihre Form, 2. Aufl., 1922, S. 31f. [森下直貴 / 佐野誠訳,『「生きるに値しない命」とはだれのことか』, 2001]　(169) E. Klee (Hg.), Dokumente zur Euthanasie, 1985, S. 85f.　(170) K. Binding/A. Hoche, *op. cit.*, S. 53ff.　(171) A. Platen-Hallermund, Die Tötung Geisteskranker in Deutschland, S. 22f.　(172) *Ibid.*, S. 34f.　(173) E. Klee, "Euthanasie" im NS-Staat: Die "Vernichtung lebensunwerten Lebens", 3. Aufl., 1983, S. 47. [松下正明訳,『第三帝国と安楽死』, 1999]　(174) F. K. Kaul, Die Psychiatrie im Strudel der Euthanasie, 1979, S. 21. カウルは,「この日」を「一九三九年五月二三日」と特定するが, 大方の論者は, 詳細な日時は不明とし, 手紙の送付・到着を「一九三八年末か一九三九年初め」のこととする.　(175) *Ibid.*, S. 24.　(176) Trials of War Criminals before the Nurenberg Military Tribunals under Control Law No. 10. Nuremberg, October 1946–April 1947, Bd. 1, p. 894.　(177) F. K. Kaul, *op. cit.*, S. 34.　(178) K. Dörner, VfZ, 1967, S. 140.　(179) H. Roth (Hg.), Erfassung zur Vernichtung, 1984, S. 104ff.　(180) E. Klee (Hg.), *op. cit.*, S. 239.　(181) F. K. Kaul, *op. cit.*, S. 35f.　(182) *Ibid.*, S. 38f.　(183) E. Klee, *op. cit.*, S. 300.　(184) MBliV, 1940, S. 1437.　(185) A. Platen-Hallermund, *op. cit.*, S. 44f.　(186) H. W. Schmuhl, Rassenhygiene, Nationalsozialismus, Euthanasie, S. 185.　(187) A. Platen-Hallermund, *op. cit.*, S. 44.　(188) H. Erhardt, Euthanasie und Vernichtung Lebensunwerten Lebens, 1965, S. 30.　(189) A. Platen-Hallermund, *op. cit.*　(190) K. Wild, Volk und Gesundheit. (E. Wolff/W. Wuttke (Hg.)), 1988, S. 173.　(191) A. Mitscherlich/F. Mielke (Hg.), Medizin ohne Menschlichkeit, 1978 [1969], S. 212.　(192) H. W. Schmuhl, *op. cit.*, S. 189.　(193) A. Gütt, Die Rassenpflege im Dritten Reich, S. 7f.　(194) E. Klee, *op. cit.*, S. 83.　(195) A. Platen-Hallermund, *op. cit.*, S. 22.　(196) E. Klee, *op. cit.*, S. 59f.　(197) H. W. Schmuhl, *op. cit.*, S. 190f.　(198) F. K. Kaul, *op. cit.*, S. 58.　(199) E. Klee, *op. cit.*, S. 87f.　(200) *Ibid.*, S. 90ff.　(201) *Ibid.*, S. 100.　(202) BA. R. 22/4209, Bl. 1. 連邦文書館に保存されたこの文書には, 手書きによる "Von Bouhler mir übergeben am 27. 8. 40 Dr. Gürtner" の書き込みがある. 一年近い経過の後, 漸くライヒ法務大臣ギュルトナーは「安楽死命令」の写しを見せられたということであろう. このことから, ギュルトナーと法務省が安楽死の実行はむろんのこと, さらに, 後述の法制化作業の埒外にあったことが想像される. 署名が, Reichsjusutizminister Franz Gürtner ではなく, "Dr. Gürtner" であることも思惑あってのことであったのであろう.　(203) H. Roth (Hg.), *op. cit.*, S. 109.　(204) *Ibid.*, Dokument 2.　(205) *Ibid.*, S. 110.　(206) *Ibid.*, S. 111.　(207) *Ibid.*, S. 112f., Dokument 5.　(208) *Ibid.*, S. 113f. ここでは, 安楽死を指す言葉として, Euthanasie に代わって "Sterbehilfe" が使われている. 文字通りには「死の幇助」である. エバールは, ブラックに宛てた

一九四〇年七月六日付の書簡の中で，「Sterbehilfe は馴染みがない語ではあるが，法律ができればしかるべき内容をもつことになろう」とする．（Dokument 4.）（209）*Ibid.*, Dokument 4.（210）*Ibid.*, Dokument 5.（211）*Ibid.*, S. 114f. Dokument 6. に添付された参加者リストには，ド・クリニス，エバール，ファルトハウザー，ハイドリッヒ，ハインツェ，レンツ，プファンミューラー，シューマン，ヴェンツラー等二五人の名前がある．その多くが T4 のメンバーであった．（212）*Ibid.*, Dokument 7.（213）*Ibid.*, Dokument 5.（214）*Ibid.*, S. 116.（215）H. W. Schmuhl, *op. cit.*, S. 191.（216）E. Klee, *op. cit.*, S. 84f.（217）G. Aly, Aussonderung und Tod, 1985, S. 21.（218）F. K. Kaul, *op. cit.*, S. 63f.（219）E. Klee, *op. cit.*, S. 110.（220）H. W. Schmuhl, *op. cit.*, S. 196f.（221）E. Klee, *op. cit.*, S. 109ff.（222）H. W. Schmuhl, *op. cit.*, S. 201f.（223）E. Klee, *op. cit.*, S. 117f.（224）*Ibid.*, S. 120f.（225）*Ibid.*, S. 118f.（226）E. Klee（Hg.）, *op. cit.*, S. 188f.（227）河島幸雄,『戦争・ナチズム・教会』, 1993, p. 345.（228）木畑和子，東洋英和女学院短大研究紀要33号，p. 58.（229）E. Klee（Hg.）, *op. cit.*, S. 187.（230）*Ibid.*, S. 188.（231）A. Platen-Hallermund, *op. cit.*, S. 62.（232）A. Mitscherlich/F. Mielke（Hg.）, *op. cit.*, S. 187f.（233）*Ibid.*, S. 195.（234）E. Klee（Hg.）, *op. cit.*, S. 232f.（235）E. Klee, *op. cit.*, S. 339.（236）*Ibid.*, S. 418.（237）E. Klee（Hg.）, *op. cit.*, S. 221f.（238）A. Mitscherlich/F. Mielke（Hg.）, *op. cit.*, S. 212.（239）H. W. Schmuhl, *op. cit.*, S. 223.（240）E. Klee, *op. cit.*, S. 429.（241）E. Klee（Hg.）, *op. cit.*, S. 286.（242）*Ibid.*, S. 287.（243）RGBl, 1942, S. 515.（244）BA. R18/5576, Bl. 269f.（245）BA. R18/3768, Bl. 31.（246）G. Aly, *op. cit.*, S. 57.（247）A. Finzen, Auf dem Dienstweg, 1983, S. 100.（248）G. Aly, *op. cit.*, S. 61.（249）*Ibid.*, S. 65ff.（250）*Ibid.*, S. 60.（251）H. W. Schmuhl, *op. cit.*, S. 232.（252）G. Aly, *op. cit.*, S. 64.（253）*Ibid.*, S. 64f.（254）*Ibid.*, S. 61.（255）*Ibid.*, S. 61f.（256）H. W. Schmuhl, *op. cit.*, S. 217.（257）H. Ehrhardt, *op. cit.*, S. 38.（258）E. Klee, *op. cit.*, S. 345.（259）A. Mitscherlich/F. Mielke（Hg.）, *op. cit.*, S. 217.（260）P. Chroust（Hg.）, Friedrich Mennecke: Innenansichten eines medizinischen Täters im Nationalsozialismus, Bd. 1, 1988, S. 262.（261）A. Platen-Hallermund, *op. cit.*, S. 75f.（262）P. Chroust（Hg.）, *op. cit.*, S. 195.（263）E. Klee, *op. cit.*, S. 350.（264）G. Aly, Aktion T4, 1989, S. 11.（265）A. Mitscherlich/F. Mielke（Hg.）, *op. cit.*, S. 215f.（266）E. Klee, *op. cit.*, S. 351.（267）*Ibid.*, S. 354f.（268）G. Aly, Aussonderung und Tod, S. 49f.（269）E. Klee, *op. cit.*, S. 358.（270）*Ibid.*（271）TMWC, Bd. 26, p. 200ff.（272）E. Klee, *op. cit.*, S. 358f.（273）*Ibid.*, S. 359.（274）G. Aly, *op. cit.*, S. 51.（275）E. Klee, *op. cit.*（276）*Ibid.*（277）G. Aly, *op. cit.*（278）E. Klee, *op. cit.*（279）G. Aly, *op. cit.*, S. 52.（280）E. Klee, *op. cit.*（281）G. Aly, *op. cit.*, S. 53f.（282）*Ibid.*, S. 53.（283）*Ibid.*, S. 54.（284）E. Klee, *op. cit.*, S. 360f.（285）G. Aly, *op. cit.*（286）*Ibid.*（287）B. Stern, So war es, S. 84.（288）B. Lösener, VfZ, 1961, S. 278f.（289）SK, 19. 9. 1935.（290）J. Walk（Hg.）, Das Sonderrecht für die Juden im NS-Staat, S. 131ff.（291）P. Sauer（Hg.）, Dokumente über die Verfolgung der Jüdischen Bürger in Baden-Würtenberg durch das Nationalsozialistische Regime 1933–1945, 1. Teil, 1966, S. 195.（292）*Ibid.*, S. 189.（293）B. Stern, *op. cit.*, S. 55.（294）U. D. Adam, Judenpolitik im Dritte Reich, S. 172f.（295）W. A. Boelcke, Die deutsche Wirtschaft 1930–1945, 1983, S. 210f.（296）J. Walk（Hg.）, *op. cit.*, S. 210.（297）P. Sauer（Hg.）, *op. cit.*, S. 193.（298）*Ibid.*, S. 195.（299）*Ibid.*, S. 203.（300）W. A. Boelcke, *op. cit.*, S. 214.（301）I. Deutschkron, Ich trug den gelben Stern, 1985［1978］, S. 30f.［馬場謙一訳,『黄色い星を背負て』, 1991］（302）MBliV, 1938, S. 69.（303）MBliV, 1938, S. 1345.（304）B. Lösener, VfZ, 1961, S. 302f.（305）J. Walk（Hg.）, *op. cit.*, S. 366.（306）P/N. Ib–1, S. 25.（307）R. Hilberg, Die Vernichtung der europäischen Juden, 1994, S. 188f.［望田幸男／原田一美／井上茂子訳,『ヨーロッパユダヤ人の絶滅』, 1997］（308）TMWC, Bd. 27, p. 163.（309）VB（Münchener Ausgabe）, 8. 11. 1938.（310）I. Deutschkron, *op. cit.*, S. 36.（311）TMWC, Bd. 12, p. 381.（312）TMWC, Bd. 32, p. 21.（313）

H. J. Döscher, Reichskristalnacht, 1988, S. 96. ［小岸昭訳，『水晶の夜』，1990］ (314) TMWC, Bd. 32, p. 21ff. 党最高裁判所は，「命令の存在」を前提にSA隊員に対する公判の取り消しの要請等の措置を決定したのであるが，報告書の中で，命令の在り方に関して以下の疑問を呈している．「命令を受け取った者が，命令を下した者の意思を見抜き，それに従って行動するであろうことを期待して，ことさらに不明瞭な形で命令を発することは，規律の観点から見て，今後あってはならないことではなかろうか．闘争時代にあっては，党が主謀者であることを国家に見破られることなく，政治的な成果を挙げるためには，そうしたことは個々のケースに応じて止むを得ないことであったかもしれない．しかし，今日もはやこのようなことが必要とされる状況にはない．むしろ，兵士が命令者の意思に従い本来何をなすべきかについてあれこれ熟慮しなければならないような事態を避けることこそが肝要である．何故なら，かような熟慮は重要な任務の遂行にあたって誤った結果をもたらすことにもなりかねず，また命令者が文字通りの命令の受領，実行を望んでいる場合にも熟慮が行われるといったことが起こりうるからである．いずれにせよ，結果はナチズムの規律と責任の破壊である．」(TMWC, Bd. 32, p. 27.) (315) TMWC, Bd. 25, p. 376f. (316) TMWC, Bd. 31, p. 515ff. (317) I. Deutschkron, *op. cit.*, S. 34f. (318) SK, 3. 11. 1938. (319) S. Neumann, Nacht über Deutschland, 1978, S. 107. (320) J. Walk (Hg.), *op. cit.*, S. 253. (321) R. Thalmann, Die Kristalnacht, 1987, S. 163. (322) S. Neumann, *op. cit.*, S. 112. (323) E. Kogon, Der SS-Staat, 1988 [1974], S. 229f. (324) VB, 11. 11. 1938. (325) H. J. Döscher, *op. cit.*, S. 173. (326) TMWC, Bd. 28, p. 499ff. (327) J. Hohlfeld (Hg.), Dokumente der deutsche Politik und Geschichte von 1848 bis zur Gegenwart, Bd. 4, S. 502. (328) VB, 14. 11. 1938. (329) VB, 14. 11. 1938. (330) VB, 14. 11. 1938. (331) I. Deutschkron, *op. cit.*, S. 42. (332) J. Walk (Hg.), *op. cit.*, S. 253ff. (333) Führer-Reden zum Kriegs-Winterhilfswerk 1942/1943, 1942, S. 8. (334) H. von Kotze/H. Krausnick (Hg.), Es spricht der Führers, S. 147f. (335) Jäckel/Kuhn, S. 151. (336) Jäckel/Kuhn, S. 931. (337) Jäckel/Kuhn, S. 176f. (338) Jäckel/Kuhn, S. 120. (339) VB, 13. 3. 1921. (340) Jäckel/Kuhn, S. 1242. (341) MK, S. 772. (342) Rauschning, S. 129f. (343) H. Glaser, Das Dritte Reich, S. 40. (344) H. D. Schmidt/G. Schneider/W. Sommer (Hg.), Juden unterm Hakenkreuz, Bd. 1, S. 70. (345) Die Reden Hitlers am Reichsparteitag 1933, S. 14f. (346) Rauschning, S. 129. (347) TMWC, Bd. 28, p. 538f. (348) SK, 24. 11. 1938. (349) Akten zur Deutschen Auswärtigen Politik 1918–1945, Serie D, (1937–1945), Bd. 4, S. 293. (350) *Ibid.*, S. 170. (351) Domarus, S. 1058. (352) P. Sauer (Hg.), Dokumente über die Verfolgung der Jüdischen Bürger in Baden-Würtenberg durch das Nationalsozialistische Regime 1933–1945, II. Teil, 1966, S. 119. (353) H. D. Schmid/G. Schneider/W. Sommer (Hg.), Juden unterm Hakenkreuz, Bd. 2, 1983, S. 31. (354) Akten zur Deutschen Auswärtigen Politik 1918–1945, Serie D, (1937–1945), Bd. 5, S. 788. (355) H. Genschel, Die Verdrängung der Juden aus der Wirtschaft im Dritten Reich, 1966, Anhang I, Tab. XII. (356) H. D. Schmid/G. Schneider/W. Sommer (Hg.), *op. cit.*, S. 25. (357) H. Genschel, *op. cit.* (358) Akten zur Deutschen Auswärtigen Politik 1918–1945, SerieD, (1937–1945), Bd. 5, S. 780ff. (359) H. D. Schmid/G. Schneider/W. Sommer (Hg.), *op. cit.*, S. 24ff. (360) *Ibid.*, S. 48ff. (361) *Ibid.*, S. 55. (362) J. David, Ein Stück Himmel, Ein Stück Erde, Ein Stück Fremde, 1986, S. 124, 157ff. ［松本たま訳，『ゲットーの四角い空』，1985］ (363) J. Walk (Hg.), *op. cit.*, S. 320. (364) MBliV, 1940, S. 1046. (365) H. D. Schmid/G. Schneider/W. Sommer (Hg.), *op. cit.*, S. 27. (366) VfZ, 1957, S. 197. (367) P. Schmidt, Statist auf Diplomatischer Bühne 1923–1945, 1961 [1949], S. 485. (368) H. Krausnick, Anatomie des SS-Staates, Bd. 2, 3. Aufl., S. 292. (369) H. D. Schmid/G. Schneider/W. Sommer (Hg.), *op. cit.*, S. 27ff. (370) B. Lösener, VfZ, 1961, S. 296. (371) H. D. Schmid/G. Schneider/W. Sommer, (Hg.), *op. cit.*, S. 43. (372) TMWC, Bd. 26, p. 47ff. (373) P. E. Schramm (Hg.), Kriegstagebuch des Oberkommandos der Wehrmacht, Bd. 1, S.

258. (374) BA. NS. 11/28. 131, Bl. 105. (375) MK, S. 742f. (376) A. Hillgruber (Hg.), Staatsmänner und Diplomaten bei Hitler, Bd. 1, S. 385. (377) A. Speer, Erinnerungen, S. 188. (378) MK, S. 743. (379) Domarus, S. 1663. (380) P. E. Schramm (Hg.), *op. cit.*, S. 341. (381) F. Halder, Kriegstagebuch. Tägliche Aufzeichnungen des Chefs des Generalstabes des Heeres 1939–1942, Bd. 2, S. 335ff. (382) C. A. Hoberg, Der Juden in der deutschen Geschichte, 1939, S. 41f. (383) H. A. Jacobsen, Anatomie des SS-Staates, Bd. 2, 3. Aufl., S. 187f. (384) *Ibid.*, S. 188ff. (385) P. E. Schramm (Hg.), *op. cit.*, S. 341. (386) TMWC, Bd. 26, p. 53f. (387) H. A. Jacobsen, *op. cit.*, S. 171ff. (388) TMWC, Bd. 4, p. 316, 324.; Bd. 31, p. 40. (389) H. Höhne, Der Orden unter dem Totenkopf, 1969, S. 328. [森亮一訳,『SSの歴史』, 1981] (390) TMWC, Bd. 31, p. 39. (391) TMWC, Bd. 4, p. 316ff. (392) H. Krausnick, Hitlers Einsatzgruppen, 1985, S. 138f. (393) A. Streim, Die Behandlung sowjetischer Kriegsgefangener im Fall Barbarossa, 1981, S. 75f. (394) A. Streim, Der Mord an den Juden im Zweiten Weltkrieg. (E. Jäckel/J. Rohwer (Hg.)), 1985, S. 107. (395) H. Krausnick, Der Mord an den Juden im Zweiten Weltkrieg. (E. Jäckel/J. Rohwer (Hg.)), S. 92. (396) H. Krausnick, Anatomie des SS-Staates, Bd. 2, 3. Aufl., S. 300. (397) *Ibid.*, S. 301. (398) *Ibid.*, S. 200. (399) A. Streim, *op. cit.*, S. 112. (400) TMWC, Bd. 38, p. 86ff. (401) A. Streim, *op. cit.*, S. 107ff. (402) P. Burrin, Hitler et les juifs, 1989, p. 124. [佐川和茂／佐川愛子訳,『ヒトラーとユダヤ人』, 1996] (403) TMWC, Bd. 35, p. 84ff. (404) R. Hilberg, *op. cit.*, S. 337. (405) *Ibid.* (406) TMWC, Bd. 37, p. 670ff. (407) TMWC, Bd. 30, p. 72. (408) TMWC, Bd. 26, p. 266f. (409) G. Fleming, Hitler und die Endlösung, 1987, S. 65. (410) S. Friedländer, Einführung zum G. Fleming "Hitler und die Endlösung", S. XXXIVff. (411) R. Manvell, SS and Gestapo, p. 93. (412) TMWC, Bd. 42, p. 565. (413) M. Broszat (Hg.), *op. cit.*, S. 124, 133. (414) L. S. Dawidowicz, The war against the Jews 1933–1945, 1975, p. 182. (415) S. Haffner, Anmerkungen zu Hitler, 1981 [1978], S. 138f. [赤羽龍夫訳,『ヒトラーとは何か』, 1979]) (416) L. Poliakow/J. Wulf (Hg.), Das Dritte Reich und die Juden, 1955, S. 121ff. (417) Hitler's Table-Talk, p. 235. (418) Jochmann, S. 241. (419) Domarus, S. 1828f. (420) Hitler's Table-Talk, p. 332. (421) M. Broszat, VHfZ, 1977, S. 749. A. 20. (422) G. Reitlinger, Die Endlösung, 1961, S. 235. (423) W. Präg/W. Jacobmeyer, Das Diensttagebuch des deutschen Generalgouverneurs in Polen 1939–1945, 1975, S. 457f. (424) E. Klee, *op. cit.*, S. 369f. (425) H. W. Schmuhl, *op. cit.*, S. 241. (426) E. Klee, *op. cit.*, S. 370. (427) H. W. Schmuhl, *op. cit.*, S. 244f. (428) E. Kogon u. a. (Hg.), Nationalsozialistische Massentötungen durch Giftgas, 1989 [1983], S. 84. (429) *Ibid.*, S. 110f. (430) H. Höhne, *op. cit.*, S. 342f. (431) A. Adelson/R. Lapides (Hg.), Lotz Ghetto, 1989, S. 203ff. (432) I. Gutman (Hg.), Enzyklopädie des Holocaust, 1995, S. 281f. (433) A. Rückerl (Hg.), NS-Vernichtungslager im Spiegel deutscher Strafprozesse, 1979 [1977], S. 255. (434) B. Blau, Das Ausnahmerecht für die Juden in Deutschland 1933–1945, 3. Aufl., 1965, S. 9f. (435) J. Walk (Hg.), *op. cit.*, S. 303ff. (436) Judentum und Recht, 1943, Nr. 5, S. 1. (437) TMWC, Bd. 2, p. 201. (438) R. G. Reuth (Hg.), Joseph Goebbels Tagebücher, Bd. 4: 1940–1942, 1992, S. 1695f. (439) W. Präg/W. Jacobmeyer, *op. cit.*, S. 386. (440) *Ibid.*, S. 458. (441) I. Gutman (Hg.), *op. cit.*, S. 15. ヒルバーグはソビブルの施設の完成時期を「四月」とする. (*op. cit.*, S. 941.) (442) F. K. Kaul, *op. cit.*, S. 151ff. (443) H. D. Schmitt/G. Schneider/W. Sommer (Hg.), *op. cit.*, S. 46. (444) G. Reitlinger, *op. cit.*, S. 151f. (445) A. Rückerl (Hg.), *op. cit.*, S. 117f. (446) *Ibid.*, S. 72f. (447) R. G. Reuth (Hg.), *op. cit.*, S. 1776. (448) A. Rückerl (Hg.), *op. cit.*, S. 133. (449) L. Poliakow/J. Wulf (Hg.), *op. cit.*, S. 106. (450) W. Scheffler, Der Mord an den Juden im Zweiten Weltkrieg. (E. Jöckel/J. Rohwer (Hg.)), S. 147f. (451) C. Zentner/F. Bedürftig (Hg.), Das Grosse Lexikon des Dritten Reiches, S. 370. (452) M. Broszat (Hg.), *op. cit.*, S.

157. (453) J. v. Lang (Hg.), Eichmann Interrogated, 1983, S. 75. (454) M. Broszat (Hg.), *op. cit.*, S. 158. (455) *Ibid.*, S. 126f. (456) D. Czech, Kalendarium der Ereignisse im Konzentrationslager Auschwitz-Birkenau 1939–1945, 1989, S. 117. (457) Y. Bauer, Der Mord an den Juden im Zweiten Weltkrieg. (E. Jöckel/J. Rohwer (Hg.)), S. 167. (458) D. Czech, *op. cit.*, S. 117f. (459) *Ibid.*, S. 122. (460) M. Broszat (Hg.), *op. cit.*, S. 159f. (461) Y. Bauer, *op. cit.*, S. 169. (462) C. Madajczyk, Der Mord an den Juden im Zweiten Weltkrieg. (E. Jöckel/J. Rohwer (Hg.)), S. 174. (463) *Ibid.*, S. 175. (464) A. Rückerl, Der Mord an den Juden im Zweiten Weltkrieg. (E. Jöckel/J. Rohwer (Hg.)), S. 175f. (465) R. Hilberg, *op. cit.*, S. 947. (466) E. Kogon u. a. (Hg.), *op. cit.*, S. 206. (467) M. Broszat (Hg.), *op. cit.*, S. 164.; E. Kogon u. a. (Hg.), *op. cit.*, S. 218. (468) E. Kogon u. a. (Hg.), *op. cit.*, S. 219. (469) *Ibid.*, S. 238f. (470) Hefte von Auschwitz, Vol. 13 (1971), S. 41f. (471) M. Broszat (Hg.), *op. cit.*, S. 170ff. (472) W. Benz, Der Holocaust, 2. Aufl., 1996, S. 101. (473) R. Hilberg, *op. cit.*, S. 1299. (474) MK, S. 69f. (475) R. Hilberg, *op. cit.*, S. 948ff. (476) Nazi Conspiracy and Aggression, Bd. 4, p. 574. (477) TMWC, Bd. 19, p. 568. (478) H. R. Trevor-Roper (Hg.), Hitlers Politisches Testament, S. 64ff.

第一一章　血によって署名された永遠の法典

(1) Die Reden Hitlers am Reichsparteitag 1933, S. 22ff. (2) H. Nicolai, Der Staat im nationalsozialistische Weltbild, 4. Aufl., 1935, S. 11f. (3) W. Darré, Zucht als Gebot, S. 17. (4) MK, S. 446ff. (5) MK, S. 438f. (6) MK, S. 448. (7) BA. NS. 26/60, Bl. 21. (8) H. Günther, Rassenkunde des deutsches Volkes, S. 415. (9) T. Mollison, Erblehre und Rassenhygiene im völkischen Staat. (E. Rüdin (Hg.)), S. 43. (10) E. Jörns/J. Schwab, Rassenhygienische Fibel, S. 101f. (11) S. K. Behrens (Hg.), Was ist Rasse?, S. 12f. (12) H. Focke/U. Reimer, Alltag unterm Hakenkreuz, 1979, S. 121. ［山本尤／鈴木直訳，『ヒトラー政権下の日常生活』，1984］ (13) P. M. Benneckenstein (Hg.), Der Organisatorische Aufbau, Bd. 2, 1939, S. 205. (14) H. Himmler, Die Schutzstaffel, S. 4f. (15) B. F. Smith/A. F. Peterson (Hg.), H. Himmler: Geheimreden, S. 200. (16) TMWC, Bd. 29, p. 109. (17) TMWC, Bd. 29, p. 207ff. (18) BA. NS. 11/28, Bl. 139. (19) E. Jörns/J. Schwab, *op. cit.*, S. 103. (20) TMWC, Bd. 29, p. 208. (21) P. M. Benneckenstein (Hg.), *op. cit.*, S. 205f. (22) Rauschning, S. 36. (23) Picker, S. 195. (24) G. Lilienthal, Der Lebensborn e. V., 1993, S. 43. 一九三八年八月一五日に南バイエルンのシュタインヘーリング村に三〇の妊婦用ベッドと五五の子供用ベッドを備えた最初の施設が誕生した．(S. 49.) その後，バート・ポルツィン，クロスターハイデ，ヴィスバーデン等に，大戦中には，ノルウェー，ベルギー，フランス等に，特に国防軍兵士や親衛隊隊員と現地女性との間に生まれた価値ある子供の保護を目的に (RGBl, 1942, S. 488.)，同様の施設が建設された．(S. 260f.) (25) *Ibid.*, S. 207ff. (26) Rauschning, S. 46. (27) F. Nietzsche, Der Wille zur Macht, Nr. 960. (28) A. Hillgruber (Hg.), Staatsmänner und Diplomaten bei Hitler, Bd. 1, S. 632f. (29) Rauschning, S. 30. (30) Rauschning, S. 218ff. (31) Domarus, S. 564. (32) StBVR, Bd. 458, S. 62. (33) VB, 18/19. 6. 1933. (34) Domarus, S. 1922.

結語　夢の結末

(1) B. Hinz (Hg.), Albrecht Dürer: Vier Bücher von menschlicher Proportion (1528), 2011, S. 223. ［前川誠郎監修／下村耕史訳・注，『アルブレヒト・デューラー「人体均衡論四書」注解』，1995］ 引用文の冒頭にある「理論」の原語は "Kunst" である．Kunst は一般には「技術」「技能」

「技量」と訳されるが，宮田は，デューラーにあっては，これは，「『知的な事柄』を言い表すものであり，それなくしては，いかなる芸術家も満足のいく作品を制作することができない，あの『理論』のことを意味したのである．そして，この『理論』とは，芸術の科学的，合理主義的基礎であるところの数学原理，とりわけ幾何学的原理にほかならなかった．換言すれば，それは，絵画の遠近法理論，並びに人体比例理論のことであった」と指摘する．（宮田嘉久，『デューラーとその時代』，1992, p. 120f.）（2）P/N. IVd–9, S. 1.（3）A. Gütt/H. Linden/F. Maßfeller, Blutscutz-und Ehegesundheitsgesetz, S. 283ff.（4）F. Maßfeller, JW, 1935, S. 2109.（5）T. Vierstein, Erblehre und Rassenhygiene im völkischen Staat.（E. Rüdin（Hg.）), S. 333.（6）*Ibid.*, S. 335.（7）A. Gütt, Dienst an der Rasse als Aufgabe der Staatspolitik, 1934, S. 12ff.（8）ドゥルーズは，一九九〇年春のネグリとの対談の中で，「私たちが『管理社会』の時代にさしかかったことはたしかで，いまの社会は厳密な意味で規律型とは呼べないものになりました」とし，フーコーについて，「彼はふつう，規律社会と，その中心的な技術である監禁にいどんだ思想家だと思われています．しかし，じつをいうとフーコーは，規律社会とは私たちにとって過去のものとなりつつある社会であり，もはや私たちの姿を映していないということを明らかにした先駆者の一人なのです」と語っていたが（G. Deleuze, Pourparlers, 1990, chapitre V.［宮林寛訳，『記号と事件』，1992］），ナチス第三ライヒは，そうした「管理社会」の先駆であったとみなされうる．ちなみに，ナチスの優生社会を「遺伝管理社会」と表現したのは米本昌平であり，『遺伝管理社会――ナチスと近未来』の出版は一九八九年のことである．（9）E. Black, IBM and the Holocaust, 2001, p. 10.［小川京子訳，『IBMとホロコースト』，2001］（10）*Ibid.*（11）*Ibid.*, p. 47.（12）*Ibid.*, p. 24f.（13）*Ibid.*, p. 25.（14）H. H. Goldstine, The computer: from Pascal to von Neumann, 1972, p. 69f.［末包良太他訳，『計算機の歴史』，1979］（15）E. Black, *op. cit.*, p. 24.（16）*Ibid.*, p. 47.（17）*Ibid.*, p. 20ff. 一六のコード番号の分類は以下のとおりである．政治犯：1，聖書研究者：2，同性愛者：3，軍隊からの追放者：4，聖職者：5，スペイン人共産主義者：6，外国人労働者：7，ユダヤ人：8，反社会的人物：9，常習犯罪者：10，保安監置者／重大犯罪者：11，ジプシー：12，戦争捕虜：13，夜と霧命令による拘禁者：14，労働忌避者：15，外交官：16．これらの囚人は，コード番号にしたがって色で区別された「三角形の布」を胸に縫い付けた縞柄の制服を身にまとわされた．政治犯は「赤」であり，同性愛者は「ピンク」，犯罪者は「緑」といった具合であり，ユダヤ人の場合は，二枚の三角形の布を組み合わせた「ダヴィデの星」であった．（p. 362f.）（18）*Ibid.*, p. 104.（19）*Ibid.*, p. 94f.（20）*Ibid.*, p. 56ff.（21）*Ibid.*, p. 24.（22）*Ibid.*, p. 205f.（23）*Ibid.*, p. 366. ブラックの勘違いであろう，アイヒマンは会議の出席メンバーであった．（L. Poliakow/J. Wulf（Hg.）, Das Dritte Reich und die Juden, S. 119.）（24）*Ibid.*, p. 81f.（25）M. Heidegger, Vorträge und Aufsätze, Teil 1, S. 85ff.

あとがき

（1）I. Scholl, Die weiße Rose, S. 128.（2）*Ibid.*（3）*Ibid.*, S. 129.（4）*Ibid.*, S. 112.（5）*Ibid.*, S. 104.（6）Helmuth J. Graf von Moltke 1907–1945. Letzte Briefe aus dem Gefängnis Tegel, S. 40ff.

図等の出典

図1　L. B. Alberti, On Painting. Translated by J. R. Spencer, 1966［1956］, p. 110.
図2　L. B. Alberti, On Painting. Translated by J. R. Spencer, 1966［1956］, p. 111.
図3　L. B. Alberti, On Painting. Translated by J. R. Spencer, 1966［1956］, p. 111.
図版1　A. Dürer, The painter's manual, Translated and with a commentary by W. L. Strauss, 1977, p. 434.

図版 2　F. Anzelewsky, Dürer: Werk und Wirkung, 1988, S. 183.
図版 3　M. Foucault, Surveller et punir, 1975, Fig. 2.
図版 4　E. Black, IBM and Holocaust, 2001.

著者略歴

1945年　奈良県に生まれる
1972年　大阪大学大学院法学研究科博士課程中退
専　攻　法哲学、法思想史
　　　　静岡大学名誉教授
著訳書　『ナチスドイツの社会と国家――民族共同体の形成と展開』
　　　　（勁草書房、1998 年）
　　　　『自然法の多義性』（共著、創文社、1991 年）
　　　　『自然法――反省と展望』（共著、創文社、1987 年）
　　　　『現代の法思想』（共著、有斐閣、1985 年）
　　　　ハート『法の概念』（共訳、みすず書房、1976 年）

ナチズムは夢か　ヨーロッパ近代の物語

2016 年 10 月 20 日　第 1 版第 1 刷発行

著　者　南《みなみ》　利《とし》　明《あき》
発行者　井　村　寿　人

発行所　株式会社　勁《けい》　草《そう》　書　房

112-0005　東京都文京区水道 2-1-1　振替　00150-2-175253
（編集）電話 03-3815-5277／FAX　03-3814-6968
（営業）電話 03-3814-6861／FAX　03-3814-6854
理想社・牧製本

ISBN978-4-326-20056-6　　Printed in Japan